河北农村统计年鉴

2013

河北省人民政府办公厅
河 北 省 统 计 局 编

中国统计出版社
China Statistics Press

©中国统计出版社　2013
版权所有。未经许可，本书的任何部分不得以任何方式在世界任何地区以任何文字翻印、拷贝、仿制或转载。
© 2013 China Statistics Press
All rights reserved. No part of the publication may be reproduced or transmitted in any form or by any means, electronic or mechanical, including photocopying, recording, or any information storage and retrieval system, without written permission from the publisher.

图书在版编目(CIP)数据

河北农村统计年鉴. 2013/河北省人民政府办公厅，河北省统计局编.
—北京：　中国统计出版社，2013.9
ISBN 978-7-5037-6927-6
Ⅰ.①河…
Ⅱ.①河…②河…
Ⅲ.①农业统计—统计资料—河北省—2013—年鉴
Ⅳ.①F327.22-66

中国版本图书馆CIP数据核字(2013)第196107号

河北农村统计年鉴—2013

作　　者/河北省人民政府办公厅　河北省统计局
责任编辑/佘竞雄　张春风
装帧设计/张春风
出版发行/中国统计出版社
地　　址/北京市丰台区西三环南路甲6号
邮政编码/100073
电　　话/邮购(010)63376909　　书店（010）68783171
网　　址/ http: // csp.stats.gov.cn
印　　刷/石家庄天荣印刷有限公司
经　　销/新华书店
开　　本/ 890×1240毫米　1/16
字　　数/1200千字
印　　张/37
版　　别/2013年9月第1版
版　　次/2013年9月第1次印刷
书　　号/ISBN 978-7-5037-6322-9/F·3037
定　　价/260.00元

如有印装错误，由本社发行部负责调换。

编 辑 说 明

2012年，在省委、省政府的正确领导下，全省各地全面学习贯彻党的十八大和省委八届二次、三次、四次全会精神，深入落实科学发展观，加快发展现代农业，增强农业综合生产能力；加大强农惠农富农政策力度，增强农村发展活力；加大统筹城乡发展力度，促进城乡共同繁荣；深入推进新农村建设和扶贫开发，全面改善农村生产生活条件；着力促进农民增收，保持农民收入持续较快增长。全省农业农村经济总体保持稳定发展，为全省国民经济的平稳较快发展提供了有力支撑。为全面反映2012年全省在全面建成小康社会奋斗目标和推进社会主义新农村建设中农业生产、农村经济和农民生活发生的新成就和新变化，更好地服务于经济建设、领导决策和公众需要，我们编辑了《河北农村统计年鉴-2013》。

《河北农村统计年鉴-2013》在保持历年《年鉴》基本框架的同时，根据2012年全省农村经济、社会发展的新形势、新特点和新变化，对部分内容作了调整。为了让广大干部、群众了解党中央、国务院关于促进农业发展的方针政策和省委、省政府的工作部署，本《年鉴》特载了《中共中央 国务院关于加快发展现代农业进一步增强农村发展活力的若干意见》和《中共河北省委 河北省人民政府关于加快发展现代农业增强农村发展活力的实施意见》。根据2012年全省农村工作的新特点，本《年鉴》刊载了部分市、县农业现代化、一产抓特色、县域经济发展、农村改革、幸福乡村建设、扶贫攻坚等全省农业和农村重点工作领域方面的一些典型经验和成效。

本《年鉴》统计资料表中符号说明：“…”表示数据不足本项最小单位，“空格”表示该项统计数据不详或无该项统计资料，“#”表示其中的主要项。

为保证本《年鉴》按时、保质出版，省委、省政府有关领导高度重视，省直有关部门及各市、县给予了大力支持，全体编办人员为此付出了艰苦的努力，在此一并表示感谢！

本《年鉴》在编辑过程中，我们力图精益求精，但仍难免有不妥之处，敬请广大读者提出宝贵意见。

《河北农村统计年鉴》编辑部

2013年9月

《河北农村统计年鉴——2013》编辑委员会名单

主　任： 沈小平　河北省人民政府副省长

副主任： 曹振国　河北省人民政府副秘书长
杨景祥　河北省统计局副局长
李广恩　河北省人大常委会农业和农村工作委员会主任

委　员：
赵金平　河北省人民政府农办副主任
于　明　河北省发展和改革委员会副主任
牛金禄　河北省财政厅副厅长、省农发办主任
黄立强　河北省人大常委会农业和农村工作委员会副主任
刘湛菁　国家统计局河北调查总队副总队长
李永山　河北省农业厅副厅长
刘凤庭　河北省林业厅副厅长
刘凯军　河北省水利厅副厅长
徐阔庭　河北省扶贫开发领导小组办公室副主任
关福来　河北省气象局副局长
张维亮　河北省国土资源厅副厅长
王慧军　河北省农林科学院院长
桑卫京　河北省住房和城乡建设厅总规划师
李从民　河北省科学技术厅副巡视员
徐春芳　河北省人口和计划生育委员会副主任
王玉武　农业发展银行河北省分行行长
杨洲群　河北省粮食局副局长
邓沛然　河北省供销合作总社主任
张立霞　河北省物价局局长
张　钰　河北省畜牧兽医局局长
吴更雨　河北省水产局局长
王雅君　河北省中小企业局副局长
张树志　石家庄市委常委、农工委书记
刘建立　唐山市人民政府副市长
王亚洲　秦皇岛市人民政府副市长
王进江　邯郸市人民政府副市长
邱文双　邢台市人民政府副市长
杨　猛　保定市人民政府副市长
李　敏　张家口市人民政府副市长
刘新宇　承德市人民政府副市长
陈　平　沧州市人民政府常务副市长
王俊臣　廊坊市人民政府副市长
任　民　衡水市人民政府常委副市长

主　编： 曹振国　杨景祥　牛金禄

副主编： 徐付军　张春风

编辑部主任： 徐付军　张春风　邢永春

编辑部副主任： 王振涛　刘海涛　周　魁　王永晖

编　辑： 徐付军　张春风　王振涛　刘海涛　周　魁　王永晖　李红兵　尹广远　孙玉梅　徐清泉
蒋晓雷　马　前　侍国云　王拥军　吕　强　胡佳琪　赵士宁　杨晓威

特约编辑： 谢增平　伍建光　张国良　李思光　闫香妥　边文辉　庞俊永　耿锋先　石　锋　赵学风
雷　霞　李延军　曹世茹　刘　伟　阎立波　李俊文　高振峰　王时伟　姚辰彦　张　清
杨淑梅　夏铭玉　郭　宁　宋宝英　谢　静　朱桂英　高永阁　李秀娟　孔令三　李亚男
韩明涛　赵敏涛　商　尧　李金鹏　刘志忠　成静波　张双翼　郗秀梅　王　艳　陈立财
刘兆春　刘诗军　林秋生　陈建军　赵秀丽　韩树明　秘贵喜　赵　鑫

统计制图： 马　前

目 录

I 特 载

II 领导讲话

III 社会经济发展报告

综合篇

部门篇

Ⅳ 经验选载

Ⅴ 农业法规 文件选载

Ⅵ 统计图

Ⅶ 统计资料

各市情况

Ⅷ 2012年河北农村工作大事记

Ⅸ 附 录

Ⅰ 特 载

中共中央 国务院关于加快发展现代农业进一步增强农村发展活力的若干意见

（2012年12月31日）

全面贯彻落实党的十八大精神，坚定不移沿着中国特色社会主义道路前进，为全面建成小康社会而奋斗，必须固本强基，始终把解决好农业农村农民问题作为全党工作重中之重，把城乡发展一体化作为解决“三农”问题的根本途径；必须统筹协调，促进工业化、信息化、城镇化、农业现代化同步发展，着力强化现代农业基础支撑，深入推进社会主义新农村建设。

党的十六大以来，我们深入贯彻落实科学发展观，全面推进“三农”实践创新、理论创新、制度创新，全面确立重中之重、统筹城乡、“四化同步”等战略思想，全面制定一系列多予少取放活和工业反哺农业、城市支持农村的重大政策，全面构建农业生产经营、农业支持保护、农村社会保障、城乡协调发展的制度框架，农业生产得到很大发展、农村面貌得到很大改善、农民群众得到很大实惠，农业农村发展实现了历史性跨越，迎来了又一个黄金期，初步探索出一条中国特色农业现代化道路。粮食产量实现“九连增”，农业综合生产能力迈上新台阶。农民增收实现“九连快”，农村贫困人口生存和温饱问题基本解决。农村民生加速改善，办了许多深得民心的大事好事。农村综合改革和集体林权制度改革取得重大进展，城乡分割的体制障碍加快破除。农村党群干群关系明显改善，农村社会保持和谐稳定。农业农村形势好，为我国综合国力在国际风云变幻中大幅提升，为现代化建设在重重风险挑战中昂首迈进，为党和国家事业在各种困难考验中兴旺发达，注入了强劲动力，增添了应对底气，赢得了战略主动。实践证明，中央推动农村改革发展的大政方针完全正确，出台的强农惠农富农政策卓有成效。

伴随工业化、城镇化深入推进，我国农业农村发展正在进入新的阶段，呈现出农业综合生产成本上升、农产品供求结构性矛盾突出、农村社会结构加速转型、城乡发展加快融合的态势。人多地少水缺的矛盾加剧，农产品需求总量刚性增长、消费结构快速升级，农业对外依存度明显提高，保障国家粮食安全和重要农产品有效供给任务艰巨；农村劳动力大量流动，农户兼业化、村庄空心化、人口老龄化趋势明显，农民利益诉求多元，加强和创新农村社会管理势在必行；国民经济与农村发展的关联度显著增强，农业资源要素流失加快，建立城乡要素平等交换机制的要求更为迫切，缩小城乡区域发展差距和居民收入分配差距任重道远。我们必须顺应阶段变化，遵循发展规律，增强忧患意识，举全党全国之力持之以恒强化农业、惠及农村、富裕农民。

2013年农业农村工作的总体要求是：全面贯彻党的十八大精神，以邓小平理论、“三个代表”重要思想、科学发展观为指导，落实“四化同步”的战略部署，按照保供增收惠民生、改革创新添活力的工作目标，加大农村改革力度、政策扶持力度、科技驱动力度，围绕现代农业建设，充分发挥农村基本经营制度的优越性，着力构建集约化、专业化、组织化、社会化相结合的新型农业经营体系，进一步解放和发展农村社会生产力，巩固和发展农业农村大好形势。

一、建立重要农产品供给保障机制，努力夯实现代农业物质基础

确保国家粮食安全，保障重要农产品有效供给，始终是发展现代农业的首要任务。必须毫不放松粮食生产，加

快构建现代农业产业体系，着力强化农业物质技术支撑。

1. 稳定发展农业生产。粮食生产要坚持稳定面积、优化结构、主攻单产的总要求，确保丰产丰收。继续开展粮食稳定增产行动，着力加强800个产粮大县基础设施建设，推进东北四省区节水增粮行动、粮食丰产科技工程。支持优势产区棉花、油料、糖料生产基地建设。扩大粮棉油糖高产创建规模，在重点产区实行整建制推进，集成推广区域性、标准化高产高效模式。深入实施测土配方施肥，加强重大病虫害监测预警与联防联控能力建设。加大新一轮“菜篮子”工程实施力度，扩大园艺作物标准园和畜禽水产品标准化养殖示范场创建规模。以奖代补支持现代农业示范区建设试点。推进种养业良种工程，加快农作物制种基地和新品种引进示范场建设。加强渔船升级改造、渔政执法船艇建造和避风港建设，支持发展远洋渔业。

2. 强化农业物质技术装备。落实和完善最严格的耕地保护制度，加大力度推进高标准农田建设。加快大中型灌区配套改造、灌排泵站更新改造、中小河流治理，扩大小型农田水利重点县覆盖范围，大力发展高效节水灌溉，加大雨水集蓄利用、堰塘整治等工程建设力度，提高防汛抗旱减灾能力。加大财政对小型水库建设和除险加固支持力度。及时足额计提并管好用好从土地出让收益中提取的农田水利建设资金。加快落实农业灌排工程运行管理费用由财政适当补助的政策。加强农业科技创新能力条件建设和知识产权保护，继续实施种业发展等重点科技专项，加快粮棉油糖等农机装备、高效安全肥料农药兽药研发。推进国家农业科技园区和高新技术产业示范区建设。

3. 提高农产品流通效率。统筹规划农产品市场流通网络布局，重点支持重要农产品集散地、优势农产品产地市场建设，加强农产品期货市场建设，适时增加新的农产品期货品种，培育具有国内外影响力的农产品价格形成和交易中心。加快推进以城市标准化菜市场、生鲜超市、城乡集贸市场为主体的农产品零售市场建设。加强粮油仓储物流设施建设，发展农产品冷冻贮藏、分级包装、电子结算。健全覆盖农产品收集、加工、运输、销售各环节的冷链物流体系。大力培育现代流通方式和新型流通业态，发展农产品网上交易、连锁分销和农民网店。继续实施“北粮南运”、“南菜北运”、“西果东送”、万村千乡市场工程、新农村现代流通网络工程，启动农产品现代流通综合示范区创建。支持供销合作社、大型商贸集团、邮政系统开展农产品流通。深入实施商标富农工程，强化农产品地理标志和商标保护。

4. 完善农产品市场调控。充分发挥价格对农业生产和农民增收的激励作用，按照生产成本加合理利润的原则，继续提高小麦、稻谷最低收购价，适时启动玉米、大豆、油菜籽、棉花、食糖等农产品临时收储。优化粮食等大宗农产品储备品种结构和区域布局，完善粮棉油糖进口转储制度。健全重要农产品市场监测预警机制，认真执行生猪市场价格调控预案，改善鲜活农产品调控办法。完善农产品进出口税收调控政策，加强进口关税配额管理，健全大宗品种进口报告制度，强化敏感品种进口监测。推动进口来源多元化，规范进出口秩序，打击走私行为。加强和完善农产品信息统计发布制度，建立市场调控效果评估制度。扩大农资产品储备品种。

5. 提升食品安全水平。改革和健全食品安全监管体制，加强综合协调联动，落实从田头到餐桌的全程监管责任，加快形成符合国情、科学完善的食品安全体系。健全农产品质量安全和食品安全追溯体系。强化农业生产过程环境监测，严格农业投入品生产经营使用管理，积极开展农业面源污染和畜禽养殖污染防治。支持农产品批发市场食品安全检测室（站）建设，补助检验检测费用。健全基层食品安全工作体系，加大监管机构建设投入，全面提升监管能力和水平。

二、健全农业支持保护制度，不断加大强农惠农富农政策力度

适应农业进入高投入、高成本、高风险发展时期的客观要求，必须更加自觉、更加坚定地加强对农业的支持保护。要在稳定完善强化行之有效政策基础上，着力构建“三农”投入稳定增长长效机制，确保总量持续增加、比例稳步提高。

1. 加大农业补贴力度。按照增加总量、优化存量、用好增量、加强监管的要求，不断强化农业补贴政策，完善主产区利益补偿、耕地保护补偿、生态补偿办法，加快让农业获得合理利润、让主产区财力逐步达到全国或全省平均水平。继续增加农业补贴资金规模，新增补贴向主产区和优势产区集中，向专业大户、家庭农场、农民合作社等新型生产经营主体倾斜。落实好对种粮农民直接补贴、良种补贴政策，扩大农机具购置补贴规模，推进农机以旧换新试点。完善农资综合补贴动态调整机制，逐步扩大种粮大户补贴试点范围。继续实施农业防灾减灾稳产增产关键技术补助和土壤有机质提升补助，支持开展农作物病虫害专业化统防统治，启动低毒低残留农药和高效缓释肥料使用补助试点。完善畜牧业生产扶持政策，支持发展肉牛肉羊，落实远洋渔业补贴及税收减免政策。增加产粮（油）大县奖励资金，实施生猪调出大县奖励政策，研究制定粮食作物制种大县奖励政策。增加农业综合开发财政资金投入。现代农业生产发展资金重点支持粮食及地方优势特色产业加快发展。

2. 改善农村金融服务。加强国家对农村金融改革发展

的扶持和引导，切实加大商业性金融支农力度，充分发挥政策性金融和合作性金融作用，确保持续加大涉农信贷投放。创新金融产品和服务，优先满足农户信贷需求，加大新型生产经营主体信贷支持力度。加强财税杠杆与金融政策的有效配合，落实县域金融机构涉农贷款增量奖励、农村金融机构定向费用补贴、农户贷款税收优惠、小额担保贷款贴息等政策。稳定县（市）农村信用社法人地位，继续深化农村信用社改革。探索农业银行服务“三农”新模式，强化农业发展银行政策性职能定位，鼓励国家开发银行推动现代农业和新农村建设。支持社会资本参与设立新型农村金融机构。改善农村支付服务条件，畅通支付结算渠道。加强涉农信贷与保险协作配合，创新符合农村特点的抵（质）押担保方式和融资工具，建立多层次、多形式的农业信用担保体系。扩大林权抵押贷款规模，完善林业贷款贴息政策。健全政策性农业保险制度，完善农业保险保费补贴政策，加大对中西部地区、生产大县农业保险保费补贴力度，适当提高部分险种的保费补贴比例。开展农作物制种、渔业、农机、农房保险和重点国有林区森林保险保费补贴试点。推进建立财政支持的农业保险大灾风险分散机制。支持符合条件的农业产业化龙头企业和各类农业相关企业通过多层次资本市场筹集发展资金。

3. 鼓励社会资本投向新农村建设。各行各业制定发展规划、安排项目、增加投资要主动向农村倾斜。引导国有企业参与和支持农业农村发展。鼓励企业和社会组织采取投资筹资、捐款捐助、人才和技术支持等方式在农村兴办医疗卫生、教育培训、社会福利、社会服务、文化旅游体育等各类事业，按规定享受税收优惠、管护费用补助等政策。落实公益性捐赠农村公益事业项目支出所得税前扣除政策。鼓励企业以多种投资方式建设农村生产生活基础设施。

三、创新农业生产经营体制，稳步提高农民组织化程度

农业生产经营组织创新是推进现代农业建设的核心和基础。要尊重和保障农户生产经营的主体地位，培育和壮大新型农业生产经营组织，充分激发农村生产要素潜能。

1. 稳定农村土地承包关系。抓紧研究现有土地承包关系保持稳定并长久不变的具体实现形式，完善相关法律制度。坚持依法自愿有偿原则，引导农村土地承包经营权有序流转，鼓励和支持承包土地向专业大户、家庭农场、农民合作社流转，发展多种形式的适度规模经营。结合农田基本建设，鼓励农民采取互利互换方式，解决承包地块细碎化问题。土地流转不得搞强迫命令，确保不损害农民权益、不改变土地用途、不破坏农业综合生产能力。探索建立严格的工商企业租赁农户承包耕地（林地、草原）准入和监管制度。规范土地流转程序，逐步健全县乡村三级服务网络，强化信息沟通、政策咨询、合同签订、价格评估等流转服务。加强农村土地承包经营纠纷调解仲裁体系建设。深化国有农垦管理体制改革，扩大国有农场办社会职能改革试点。稳步推进农村综合改革示范试点。

2. 努力提高农户集约经营水平。按照规模化、专业化、标准化发展要求，引导农户采用先进适用技术和现代生产要素，加快转变农业生产经营方式。创造良好的政策和法律环境，采取奖励补助等多种办法，扶持联户经营、专业大户、家庭农场。大力培育新型农民和农村实用人才，着力加强农业职业教育和职业培训。充分利用各类培训资源，加大专业大户、家庭农场经营者培训力度，提高他们的生产技能和经营管理水平。制定专门计划，对符合条件的中高等学校毕业生、退役军人、返乡农民工务农创业给予补助和贷款支持。

3. 大力支持发展多种形式的新型农民合作组织。农民合作社是带动农户进入市场的基本主体，是发展农村集体经济的新型实体，是创新农村社会管理的有效载体。按照积极发展、逐步规范、强化扶持、提升素质的要求，加大力度、加快步伐发展农民合作社，切实提高引领带动能力和市场竞争能力。鼓励农民兴办专业合作和股份合作等多元化、多类型合作社。实行部门联合评定示范社机制，分级建立示范社名录，把示范社作为政策扶持重点。安排部分财政投资项目直接投向符合条件的合作社，引导国家补助项目形成的资产移交合作社管护，指导合作社建立健全项目资产管护机制。增加农民合作社发展资金，支持合作社改善生产经营条件、增强发展能力。逐步扩大农村土地整理、农业综合开发、农田水利建设、农技推广等涉农项目由合作社承担的规模。对示范社建设鲜活农产品仓储物流设施、兴办农产品加工业给予补助。在信用评定基础上对示范社开展联合授信，有条件的地方予以贷款贴息，规范合作社开展信用合作。完善合作社税收优惠政策，把合作社纳入国民经济统计并作为单独纳税主体列入税务登记，做好合作社发票领用等工作。创新适合合作社生产经营特点的保险产品和服务。建立合作社带头人人才库和培训基地，广泛开展合作社带头人、经营管理人员和辅导员培训，引导高校毕业生到合作社工作。落实设施农用地政策，合作社生产设施用地和附属设施用地按农用地管理。引导农民合作社以产品和产业为纽带开展合作与联合，积极探索合作社联社登记管理办法。抓紧研究修订农民专业合作社法。

4. 培育壮大龙头企业。支持龙头企业通过兼并、重组、收购、控股等方式组建大型企业集团。创建农业产业化示

范基地，促进龙头企业集群发展。推动龙头企业与农户建立紧密型利益联结机制，采取保底收购、股份分红、利润返还等方式，让农户更多分享加工销售收益。鼓励和引导城市工商资本到农村发展适合企业化经营的种养业。增加扶持农业产业化资金，支持龙头企业建设原料基地、节能减排、培育品牌。逐步扩大农产品加工增值税进项税额核定扣除试点行业范围。适当扩大农产品产地初加工补助项目试点范围。

四、构建农业社会化服务新机制，大力培育发展多元服务主体

建设中国特色现代农业，必须建立完善的农业社会化服务体系。要坚持主体多元化、服务专业化、运行市场化的方向，充分发挥公共服务机构作用，加快构建公益性服务与经营性服务相结合、专项服务与综合服务相协调的新型农业社会化服务体系。

1.强化农业公益性服务体系。不断提升乡镇或区域性农业技术推广、动植物疫病防控、农产品质量监管等公共服务机构的服务能力。继续实施基层农技推广体系改革与建设项目，建立补助经费与服务绩效挂钩的激励机制。继续实施农业技术推广机构条件建设项目，不断改善推广条件。支持高等学校、职业院校、科研院所通过建设新农村发展研究院、农业综合服务示范基地等方式，面向农村开展农业技术推广。加强乡镇或小流域水利、基层林业公共服务机构和抗旱服务组织、防汛机动抢险队伍建设。充分发挥供销合作社在农业社会化服务中的重要作用。加快推进农村气象信息服务和人工影响天气工作体系与能力建设，提高农业气象服务和农村气象灾害防御水平。

2.培育农业经营性服务组织。支持农民合作社、专业服务公司、专业技术协会、农民用水合作组织、农民经纪人、涉农企业等为农业生产经营提供低成本、便利化、全方位的服务，发挥经营性服务组织的生力军作用。采取政府订购、定向委托、奖励补助、招投标等方式，引导经营性服务组织参与公益性服务，大力开展病虫害统防统治、动物疫病防控、农田灌排、地膜覆盖和回收等生产性服务。推进科技特派员农村科技创业行动。培育会计审计、资产评估、政策法律咨询等涉农中介服务组织。对符合条件的农业经营性服务业务免征营业税。

3.创新服务方式和手段。鼓励搭建区域性农业社会化服务综合平台。发展专家大院、院县共建、农村科技服务超市、庄稼医院、专业服务公司加合作社加农户、涉农企业加专家加农户等服务模式，积极推行技物结合、技术承包、全程托管服务，促进农业先进适用技术到田到户。开展农业社会化服务示范县创建。整合资源建设乡村综合服务社和服务中心。加快用信息化手段推进现代农业建设，启动金农工程二期，推动国家农村信息化试点省建设。发展农业信息服务，重点开发信息采集、精准作业、农村远程数字化和可视化、气象预测预报、灾害预警等技术。

五、改革农村集体产权制度，有效保障农民财产权利

建立归属清晰、权能完整、流转顺畅、保护严格的农村集体产权制度，是激发农业农村发展活力的内在要求。必须健全农村集体经济组织资金资产资源管理制度，依法保障农民的土地承包经营权、宅基地使用权、集体收益分配权。

1.全面开展农村土地确权登记颁证工作。健全农村土地承包经营权登记制度，强化对农村耕地、林地等各类土地承包经营权的物权保护。用5年时间基本完成农村土地承包经营权确权登记颁证工作，妥善解决农户承包地块面积不准、四至不清等问题。加快包括农村宅基地在内的农村集体土地所有权和建设用地使用权地籍调查，尽快完成确权登记颁证工作。农村土地确权登记颁证工作经费纳入地方财政预算，中央财政予以补助。各级党委和政府要高度重视，有关部门要密切配合，确保按时完成农村土地确权登记颁证工作。深化集体林权制度改革，提高林权证发证率和到户率。推进国有林场改革试点，探索国有林区改革。加快推进牧区草原承包工作，启动牧区草原承包经营权确权登记颁证试点。

2.加快推进征地制度改革。依法征收农民集体所有土地，要提高农民在土地增值收益中的分配比例，确保被征地农民生活水平有提高、长远生计有保障。加快修订土地管理法，尽快出台农民集体所有土地征收补偿条例。完善征地补偿办法，合理确定补偿标准，严格征地程序，约束征地行为，补偿资金不落实的不得批准和实施征地。改革和完善农村宅基地制度，加强管理，依法保障农户宅基地使用权。依法推进农村土地综合整治，严格规范城乡建设用地增减挂钩试点和集体经营性建设用地流转。农村集体非经营性建设用地不得进入市场。

3.加强农村集体“三资”管理。因地制宜探索集体经济多种有效实现形式，不断壮大集体经济实力。以清产核资、资产量化、股权管理为主要内容，加快推进农村集体“三资”管理的制度化、规范化、信息化。健全农村集体财务预决算、收入管理、开支审批、资产台账和资源登记等制度，严格农村集体资产承包、租赁、处置和资源开发利用的民主程序，支持建设农村集体“三资”信息化监管平台。鼓励具备条件的地方推进农村集体产权股份合作制改革。探索集体经济组织成员资格界定的具体办法。

六、改进农村公共服务机制，积极推进城乡公共资源均衡配置

按照提高水平、完善机制、逐步并轨的要求，大力推动社会事业发展和基础设施建设向农村倾斜，努力缩小城乡差距，加快实现城乡基本公共服务均等化。

1. 加强农村基础设施建设。加大公共财政对农村基础设施建设的覆盖力度，逐步建立投入保障和运行管护机制。“十二五”期间基本解决农村饮水安全问题。农村电网升级改造要注重改善农村居民用电和农业生产经营供电设施，中央投资继续支持农村水电供电区电网改造和农村水电增效扩容改造。推进西部地区、连片特困地区乡镇、建制村通沥青（水泥）路建设和东中部地区县乡公路改造、连通工程建设，加大农村公路桥梁、安保工程建设和渡口改造力度，继续推进农村乡镇客运站网建设。加快宽带网络等农村信息基础设施建设。促进农村沼气可持续发展，优化项目结构，创新管理方式，鼓励新技术研发应用。加大力度推进农村危房改造和国有林区（场）棚户区、国有垦区危房改造，加快实施游牧民定居工程和以船为家渔民上岸安居工程。健全村级公益事业一事一议财政奖补机制，积极推进公益性乡村债务清理化解试点。科学规划村庄建设，严格规划管理，合理控制建设强度，注重方便农民生产生活，保持乡村功能和特色。制定专门规划，启动专项工程，加大力度保护有历史文化价值和民族、地域元素的传统村落和民居。农村居民点迁建和村庄撤并，必须尊重农民意愿，经村民会议同意。不提倡、不鼓励在城镇规划区外拆并村庄、建设大规模的农民集中居住区，不得强制农民搬迁和上楼居住。加强山洪、地质灾害防治，加大避灾移民搬迁投入。

2. 大力发展农村社会事业。完善农村中小学校舍建设改造长效机制。办好村小学和教学点，改善办学条件，配强师资力量，方便农村学生就近上学。设立专项资金，对在连片特困地区乡、村学校和教学点工作的教师给予生活补助。深入实施农村重点文化惠民工程，建立农村文化投入保障机制。健全农村三级医疗卫生服务网络，加强乡村医生队伍建设。继续提高新型农村合作医疗政府补助标准，积极推进异地结算。健全新型农村社会养老保险政策体系，建立科学合理的保障水平调整机制，研究探索与其他养老保险制度衔接整合的政策措施。加强农村最低生活保障的规范管理，有条件的地方研究制定城乡最低生活保障相对统一的标准。完善农村优抚制度，加快农村社会养老服务体系建设。加大扶贫开发投入，全面实施连片特困地区区域发展与扶贫攻坚规划。搞好农村人口和计划生育工作。

3. 有序推进农业转移人口市民化。把推进人口城镇化特别是农民工在城镇落户作为城镇化的重要任务。加快改革户籍制度，落实放宽中小城市和小城镇落户条件的政策。加强农民工职业培训、社会保障、权益保护，推动农民工平等享有劳动报酬、子女教育、公共卫生、计划生育、住房租购、文化服务等基本权益，努力实现城镇基本公共服务常住人口全覆盖。各级党委、政府和社会各界要高度重视农村留守儿童、留守妇女、留守老人问题，加强生产扶持、社会救助、人文关怀，切实保障他们的基本权益和人身安全。

4. 推进农村生态文明建设。加强农村生态建设、环境保护和综合整治，努力建设美丽乡村。加大三北防护林、天然林保护等重大生态修复工程实施力度，推进荒漠化、石漠化、水土流失综合治理。巩固退耕还林成果，统筹安排新的退耕还林任务。探索开展沙化土地封禁保护区建设试点工作。加强国家木材战略储备基地和林区基础设施建设，提高中央财政国家级公益林补偿标准，增加湿地保护投入，完善林木良种、造林、森林抚育等林业补贴政策，积极发展林下经济。继续实施草原生态保护补助奖励政策。加强农作物秸秆综合利用。搞好农村垃圾、污水处理和土壤环境治理，实施乡村清洁工程，加快农村河道、水环境综合整治。发展乡村旅游和休闲农业。创建生态文明示范县和示范村镇。开展宜居村镇建设综合技术集成示范。

七、完善乡村治理机制，切实加强以党组织为核心的农村基层组织建设

顺应农村经济社会结构、城乡利益格局、农民思想观念的深刻变化，加强农村基层党建工作，不断推进农村基层民主政治建设，提高农村社会管理科学化水平，建立健全符合国情、规范有序、充满活力的乡村治理机制。

1. 强化农村基层党组织建设。切实发挥基层党组织战斗堡垒作用，夯实党在农村的执政基础。扩大农村党组织和党的工作覆盖面，加强基层党组织带头人队伍建设。强化村干部“一定三有”政策，健全村级组织运转和基本公共服务经费保障机制，提升推动农村发展、服务农民群众能力。加强农民合作社党建工作，完善组织设置，理顺隶属关系，探索功能定位。加强农村党风廉政建设，强化农村基层干部教育、管理和监督，开展集中查办和预防涉农惠农领域贪污贿赂等职务犯罪专项工作，坚决查处发生在农民身边的腐败问题。

2. 加强农村基层民主管理。进一步健全村党组织领导的充满活力的村民自治机制，继续推广“四议两公开”等工作法。充分发挥村务监督委员会作用，逐步建立责权明

晰、衔接配套、运转有效的村级民主监督机制。不断完善村务公开民主管理，以县（市、区）为单位统一公开目录和时间，丰富公开内容，规范公开程序，实现村务公开由事后公开向事前、事中延伸。深入推进乡镇政务公开，推行乡镇财政预算、公共资源配置、重大建设项目、社会公益事业等领域的信息公开。有序发展民事调解、文化娱乐、红白喜事理事会等社区性社会组织，发挥农民自我管理、自我服务、自我教育、自我监督的作用。

3. 维护农民群众合法权益。坚持党和政府主导，依法维护、统筹兼顾广大农民群众多种利益，畅通和规范诉求表达、利益协调、权益保障渠道，加强农村信访工作，引导群众依法理性维护自身权益。通过人民调解、行政调解、司法调解等有效途径，妥善处理农村各种矛盾纠纷。依法保障外出村民在本村、外来人口在居住村的民主权利和物质利益。推进和谐矿区建设。建立减轻农民负担长效机制。巩固乡镇机构改革成果，加强社会管理和公共服务职能，推动乡镇干部直接联系服务群众。

4. 保障农村社会公共安全。加强农村抗灾救灾、警务消防、疫病防控等设施建设，严格执行农村学校、医院等公共设施建筑质量标准，增强农村突发公共事件和自然灾害的应对处置能力。深化农村平安建设，完善立体化社会治安防控体系，落实在农村警务室连续工作一定年限人员的有关激励政策。加强农村交通安全管理，创建平安畅通县市。依法打击乡村黑恶势力、黄赌毒和各种刑事犯罪。切实加强农村精神文明建设，深入开展群众性精神文明创建活动，全面提高农民思想道德素质和科学文化素质。加强农村法制宣传教育，落实党的民族和宗教政策，树立健康文明、遵纪守法的社会新风尚。

各级党委和政府要切实加强和改善对“三农”工作的领导，确保劲头不松懈、力度不减弱、力量有加强。各级党政领导干部要把熟悉党的“三农”政策和国情农情作为必修课，把善于做好新时期“三农”工作当作基本功，切实转变工作作风，深入基层调查研究，不断提高“三农”工作水平。要坚持从实际出发，因地制宜、分类指导各地推动“三农”工作。各地区各部门要明确职责分工，加强监督检查，实施绩效评价，开展强农惠农富农政策执行情况“回头看”，确保不折不扣落到实处。尊重农民首创精神，鼓励各地积极探索、勇于改革、大胆创新，做好农村改革试验区工作，及时总结推广各地成功经验。

加快发展现代农业，进一步增强农村发展活力，意义重大、任务繁重。让我们紧密团结在以习近平同志为总书记的党中央周围，奋力拼搏，锐意进取，求真务实，再创农村改革发展新的辉煌！

（中发〔2013〕1号）

中共河北省委　河北省人民政府
关于加快发展现代农业增强农村发展活力的实施意见

（2013年1月18日）

为认真贯彻落实《中共中央　国务院关于加快发展现代农业进一步增强农村发展活力的若干意见》（中发〔2013〕1号），结合我省实际，提出如下实施意见。

一、从全面建成小康社会的战略高度，充分认识加快发展现代农业、增强农村发展活力的重要性、紧迫性

1. 全面建成小康社会，重点在农村，难点是增收，必须加快发展现代农业，深入挖掘农业内部增收潜力。当前，农业生产成本不断提高，务农比较效益偏低，依靠传统农业增产增收难度进一步加大，必须采取积极有效的措施，加快发展现代农业，提高农业盈利能力，促进农民收入实现持续较快增长。

2. 促进“四化同步”，短板在农业现代化，必须大力改造传统农业，不断增强对工业化、城镇化、信息化的支撑能力和接受辐射的能力。我省现代农业发展相对滞后，主要体现在产业特色和竞争优势不明显，区域布局不合理，新型经营主体培育发展不够，标准化、产业化水平不高，必须进一步完善现代农业产业体系，加快转变农业发展方式，增强粮食等重要农产品供给能力和市场竞争力。

3. 推动城乡发展一体化，出路在改革，必须创新农业生产经营体制机制，切实增强农业农村发展活力。随着经济社会的不断发展，农村分工分业深化，农户分层分化加快，分散的生产经营方式已难以适应现代农业发展的要求，必须进一步深化农村改革，加快构建集约化、专业化、组织化、社会化相结合的新型农业经营体系，激活农业农村发展潜力。

各级各部门要站在全面建成小康社会的战略高度，充分认识加快发展现代农业、增强农村发展活力的重要性和

紧迫性，按照“四化同步”、城乡发展一体化的要求，紧紧围绕保供增收惠民生、改革创新添活力工作目标，加大农村改革力度、政策扶持力度、科技驱动力度，加快创新农业生产经营体制机制，着力培育发展新型农业生产经营主体和多元化服务主体，稳步推进农村产权制度改革，进一步解放和发展农村生产力，为建设经济强省、和谐河北和全面建成小康社会提供坚实支撑。

二、创新区域化布局，把“一产抓特色”落实到田间地头

按照“一产抓特色”要求，加大农业结构调整力度，优化特色产业布局，加强基础设施建设，强化物质技术支撑，推动农业出特色、提质量、增效益。

4. 优化特色产业布局。加快修订完善优势农产品布局规划，推进农产品布局调整，立足比较优势，打破行政区划，打造集中连片的特色高效农业产业带，重点推进环京津现代农业示范带、山区优质果品产业带、农区畜牧产业带、沿海高效渔业产业带建设。加快城市近郊现代农业生产基地建设，大力发展都市农业、休闲农业、生态农业、循环农业。加快山区综合开发，推进山区特色产业基地建设。推动“一县一业、一村一品、多村一品”发展，着力培育一批特色明显、竞争力强的专业乡镇和专业村。现代农业生产发展资金和新增农业补贴资金重点向主产区和优势产区倾斜。

5. 调整农业产业结构。稳定发展粮食，集中力量打造4000万亩粮食生产核心区，加强高产创建和吨粮市县建设，力争2013年粮食总产达到655亿斤以上。完善粮食主产区利益补偿机制，加大对86个粮食生产大县支持力度，让主产区财力逐步达到全省平均水平。加快发展苹果、梨、红枣、核桃、板栗、葡萄等优质果品，建设一批果品生产基地县，果树种植面积达到2750万亩。因地制宜发展林下经济、花卉苗木、速生丰产林、野生动物繁育利用等特色产业。加强优势畜牧水产主产区建设，重点抓好1013个省部级畜禽标准化规模养殖示范场建设。推动蔬菜产业提质增效，重点支持57个蔬菜生产大县建设，蔬菜种植面积达到2000万亩以上，设施蔬菜种植面积比重达到48%。促进中药材产业发展，培育壮大中药材特色种植县。

6. 加快现代农业示范区建设。以环京津现代农业示范带建设为重点，加快建成一批产业特色鲜明、科技含量高、经营规模大、技术装备先进、综合效益明显的现代农业示范区。积极整合高效设施农业、农业科技、农业综合开发、农业产业化经营、农产品质量建设等项目资金支持示范区建设，对区内的重点项目在要素配置上给予倾斜。加大对入区企业、合作社等市场主体的政策扶持力度，在用地、用水、用电、贷款等方面给予倾斜。实施以奖代补，支持现代农业示范区建设试点。

7. 加强优势产区基础建设。围绕优势产区特色产业体系建设，认真谋划和组织实施一批现代农业建设重点项目。加大对优势产区项目和资金支持，各级财政基础设施建设资金和项目集中向优势产区投放。各级财政增加农业综合开发资金投入，积极推进优势产区土地集中联片整治，扩大中低产田改造规模，新建100万亩高标准农田。加快优势产区水利设施配套建设，实施规模化节水灌溉增效示范工程。加强优势产区装备建设，对优势产区农机购置进行重点补贴，促进农机农艺结合。加强粮油等重要农产品仓储物流设施建设，落实国家收储政策。

三、创新产权化配置，增加农民财产性收入

坚持和完善农村基本经营制度，稳步推进农村产权制度改革，依法维护农民的土地承包经营权、宅基地使用权和集体收益分配权，壮大集体经济实力，增加农民财产性收入。

8. 加快农村各类产权明晰与确权。健全农村土地承包经营权登记制度，强化对农村耕地、林地、草原等各类土地承包经营权的物权保护，用5年时间基本完成农村土地承包经营权确权登记颁证工作。积极探索现有土地承包关系保持稳定并长久不变的具体实现形式。巩固集体林权制度改革成果，进一步提高林权发证率和到户率，深入推进林权配套改革，积极稳妥推进国有林场改革。加快包括农村宅基地在内的农村集体土地所有权、建设用地使用权和农民住房、生产设施等地上附着物的确权登记颁证工作。农村土地确权登记颁证工作经费纳入地方财政预算。稳步推进农村产权制度改革试点工作，积极推广向农民发放土地承包经营权证、宅基地使用权证、房屋所有权证、集体收益分配权证等“四证”的经验做法。严格依法征收农民集体所有土地，严格征地程序，规范征地行为，补偿资金不落实不得批准和实施征地。完善征地补偿办法，合理确定补偿标准，提高农民在土地增值收益中分配比例，探索长效补偿机制，确保被征地农民生活水平有提高、长远生计有保障。

9. 推动农村各类产权可抵押可流转。在农村各类产权明晰和确权登记颁证的基础上，积极探索各类产权可抵押可流转的途径与方式。探索以县为单位，整合现有资源，搭建综合交易平台，健全服务网络，推动各类产权可抵押可流转。加快推进土地承包经营权流转，流转比例每年提高1.5个百分点以上。在所有权不变和符合土地利用总体规划的前提下，鼓励和引导农村集体经营性建设用地使用权采用出让、租赁、作价出资（入股）、转让等方式进行

流转。积极开展城乡建设用地增减挂钩试点，有序推进农村新民居建设，推动农村土地节约集约利用，增减挂钩形成的土地收益及时全部返还农村，用于支持农业农村发展和改善农民生产生活条件。鼓励和引导闲置宅基地和房屋在农村集体经济组织范围内流转，积极探索农村宅基地和房屋抵押的具体办法。

10. 推动农村集体经济股份制改造。加强农村集体资金、资产、资源“三资”管理，健全农村集体财务预决算、收入管理、开支审批、资产台账和资源登记等制度，严格农村集体资产承包、租赁、处置和资源开发利用的民主程序，支持建设农村集体“三资”信息化监管平台。以清产核资、资产量化、股权管理为主要内容，因地制宜开展农村集体经济股份制改造试点，把传统集体经济组织改造成为集体经济组织成员按份持股的新型集体经济组织。

四、创新合作化组织，加快农村新型合作经济发展

按照“积极发展、逐步规范、强化扶持、提升素质”的要求，创新合作形式，拓展合作内涵，加大支持力度，推动多元化、多类型农民合作社加快发展，提高合作社引领带动能力和市场竞争力。年内，全省依法注册的农民合作社数量达到3.5万家以上。

11. 推动农民合作社由生产合作向土地合作拓展。积极发展土地合作社，引导和鼓励农民以土地承包经营权入股、转让、托管、租赁等方式开展土地合作。支持合作社以长期承包、季节性租赁、错季互换耕作等多种方式承包经营土地，扩大生产规模。有条件的地方政府对土地流转期限在5年以上、流转面积100亩以上的合作社等规模经营主体要给予奖补。加快研究解决土地合作社注册登记问题。

12. 推动农民合作社由资产合作向资本合作拓展。鼓励农民以各种生产要素开展股份合作，引导农村集体经济组织、龙头企业、工商企业等出资入股合作社，扩大农民合作社资本规模。加强监管，规范合作社开展信用合作。积极开展农民合作社信用评定，加大对示范社联合授信力度，通过授信贷款、订单质押贷款、土地承包经营权抵押贷款等途径对合作社进行信贷支持，有条件的地方对合作社贷款予以贴息。

13. 推动农民合作社由专业合作向综合性合作拓展。引导农民合作社以产品和产业为纽带，开展多种形式的合作与联合。鼓励合作社由生产资料采购、产品销售、技术服务等专业合作，向加工、仓储、物流等一体化综合性合作拓展，符合条件的综合性合作社优先享受省级农业产业化龙头企业扶持政策。鼓励农民合作社由单社合作向多社合作拓展，积极发展合作社联社，探索依托新型供销合作社体制建立跨区域、跨行业合作社网络。认真做好合作社联社登记管理工作。

14. 加大对农民合作社政策支持力度。增加农民合作社发展专项资金，支持合作社改善生产经营条件、增强发展能力。安排部分财政投资项目直接投向符合条件的合作社，引导财政补助项目形成的资产移交合作社管护，指导合作社建立健全项目资产管护机制。逐步扩大农村土地整理、农业综合开发、农田水利建设、农技推广等涉农项目由合作社承担的规模。深入开展示范社建设行动，分级建立示范社名录，整合各类支农资金重点支持示范社发展。认真落实合作社税收优惠政策，做好合作社发票领用等工作。探索开展适合合作社生产经营特点的保险产品和服务。落实合作社生产设施和附属设施用地按农用地管理政策。加大培训支持力度，建立健全培训基地，广泛开展合作社带头人、经营管理人员和辅导员培训，引导高校毕业生到合作社工作。积极推动农民合作社开展与大型超市、社区、科研机构、大专院校、龙头企业、金融部门的合作。加快出台我省农民合作社地方性配套法规。

五、创新产业化经营，培育新型农业生产经营主体

在大力发展农民合作社的同时，加快培育壮大农业产业化龙头企业、家庭农场、农业公司等新型农业生产经营主体，创新农业生产经营方式，加快自然人农业向法人农业转变，引领现代农业发展。

15. 壮大农业产业化龙头企业。支持农业产业化龙头企业通过兼并、重组、收购、控股等方式组建大型企业集团，加快培养100家行业领军企业。积极扶持成长型龙头企业发展。着力抓好国家级和省级农业产业化示范基地建设，引导龙头企业入园进区，促进企业集群式发展，力争年产值100亿元以上的农产品加工产业园区达到5个。完善财政扶持政策，强化信贷支持，拓宽融资渠道，鼓励龙头企业上市融资，支持龙头企业建设原料基地、节能减排、培育品牌。推动龙头企业与农户建立紧密型利益联结机制，采取保底收购、股份分红、利润返还等形式，让农户更多分享加工销售收益。全省农业产业化经营率每年提高1.5个百分点以上。

16. 扶持家庭农场发展。在稳定完善农村基本经营制度的基础上，按照依法、自愿、有偿原则，促进土地等生产要素向生产经营能手、种养大户集中，积极引导其向家庭农场发展，通过增加技术、资本投入，提高家庭经营集约化水平。要优先安排适宜家庭农场申报的农业项目，落实用地、人才引进等优惠政策。在不破坏耕作层的前提下，

允许家庭农场按规定建设生产管理用房。加大金融信贷支持，允许家庭农场以大型农用机械、农业设施等抵押贷款，支持农业担保机构优先为家庭农场提供贷款担保。加强培训指导，增强农场主综合素质，提高家庭农场经营管理水平。

17. 培育农业公司。积极鼓励各类市场主体兴办覆盖农产品生产、加工、流通各个环节、形式多样的农业公司，重点培育一批以“农业公司+农民合作社+农产品生产基地”为主要形式的产加销一体化综合体。支持农产品加工企业向优势产区集中，鼓励和引导城市工商资本到农村发展适合企业化经营的种养业，探索建立工商企业租赁农户承包耕地（林地、草原）准入和监管制度。积极发展劳动密集型农产品加工企业，促进农民就近就地转移就业。以产业园区、现代农业示范区为依托，加快引进资金、技术和先进管理经验，提高农业公司集聚度和经营实力。对符合条件的中高等学校毕业生、退役军人、返乡农民工务农创业给予补助和贷款。

六、创新标准化生产，提高农产品质量和竞争力

健全和完善农产品标准质量安全体系，实施从田头到餐桌全程监管监控，确保让群众吃上安全放心的农产品，提高市场竞争力。

18. 完善农产品标准体系。加快农产品质量安全标准的制修订步伐，研究制定一批有自主知识产权、符合我省农业发展需要的新标准，逐步实现农产品生产、加工、销售诸环节相关标准的配套、统一。严格执行农产品生产、流通强制性国家标准和行业标准，鼓励农产品加工企业制定高于国家标准或者行业标准的企业标准，或直接采用国际标准生产。

19. 强化农产品全流程安全监管。加强农业生产过程环境监测，建立农产品产地环境背景值普查和定点监测制度。开展农业面源污染、地膜污染和畜禽养殖污染防治，加强动物重大疫病防控。严格农业投入品生产经营使用管理，加大对剧毒、高毒农药的监管力度。加快农产品质量安全市级质检中心和县级质检站建设，建立健全乡级农产品质量安全监管服务机构。支持农产品批发市场食品安全检测室（站）建设，检验检测费用由各级财政给予补助。健全和完善质量安全监管工作机制，落实质量安全监管责任。

20. 实行农产品质量安全追溯。以无公害农产品、绿色食品、有机农产品和农产品地理标志获证企业和产品为基础，严格农产品包装标识规范化管理，积极推行农产品原产地标识，严厉打击假冒标识行为。推广应用商品条码技术，完善农产品在生产、储存、运输等环节的流通信息，确保农产品溯源信息畅通。推行农产品市场准入制度，县级以上城区加快实行农产品市场准入。逐步建立缺陷农产品召回制度，建立农产品销售信息台帐，确保问题农产品及时召回处理。支持建设标准化生产示范区、绿色和有机农产品生产基地，从源头上确保农产品质量安全。

21. 培育开发农产品品牌。加快研究制订农产品品牌建设指导标准和发展规划，推进农产品品牌建设。积极发展农业区域品牌，依托名牌农产品开展品牌整合，支持名牌农产品企业拓展基地、扩大规模，不断提高品牌影响力。鼓励农产品生产加工企业进行无公害农产品、绿色食品和有机农产品品牌认证。开展名牌农产品评选认定，加大宣传推介力度，提高品牌知名度。深入开展商标富农工程，强化农产品地理标志和商标保护。

七、创新社会化服务，发展多元化农业服务主体

坚持主体多元化、服务专业化、运行市场化的方向，加快构建公益服务和经营性服务相结合、专项服务和综合服务相协调的新型农业服务体系。

22. 加快供销社体制改革。推进基层供销合作社向新型农民合作经济组织转变，改革市县供销合作社，逐步建立与现代农业发展相适应的合作社服务体系。支持供销社系统以基层社为载体，以社有企业为骨干，整合资源建设农产品配送中心和乡村综合服务社、服务中心，推动物流配送连锁化、规模化。支持县及县以上供销社组建融资担保机构，积极探索开展农村金融服务。

23. 强化农业公益性服务。充分发挥乡镇或区域性农业技术推广、动植物疫病防控、农产品质量监管等公共服务机构的作用，积极整合机构资源，不断提升服务能力。继续实施基层农业技术推广体系改革和建设项目，建立补助经费与服务绩效挂钩的激励机制。健全县级动物卫生监督机构、动物疫病防控机构，推进水生动物疫病防治站建设。加强基层水利、基层林业公共服务机构和抗旱服务组织、防汛机动抢险队伍建设。加快构建农产品市场流通网络，重点支持重要农产品集散地、优势农产品产地市场建设，健全覆盖农产品收集、加工、运输、销售各环节的冷链物流体系，积极发展网上交易、连锁分销和农民网店。加强农业信息基础设施建设，整合涉农信息资源，开发农业科技、农产品市场信息、农村气象等应用服务平台，实现省市县乡网络互通、资源共享。

24. 培育经营性服务主体。大力发展各类市场化服务主体，重点支持农民合作社、专业服务公司、专业技术协会、农民经纪人、涉农企业等，为农业生产提供全方位服务。积极推行专家大院、院县共建、农村科技服务超市、

庄稼医院、专业服务公司加合作社加农户、涉农企业加专家加农户等服务模式。大力发展专业服务、托管服务、连锁服务等服务方式，促进农业服务到田到户。培育会计审计、资产评估、政策法律咨询等涉农中介服务组织。采取政府订购、定向委托、奖励补助、招投标等方式，积极引导经营性服务组织参与公益性服务。对符合条件的农业经营性服务业务免征营业税。

25. 加快培养农村人才队伍。以各涉农职业学校、农业广播电视学校、农技推广中心等为依托，大力发展农村职业教育，培育一大批懂技术、会经营、能管理的新型农民。实施农村免费中等职业教育，支持涉农职业学校为农村贫困家庭每户培养一名致富能手。强化县级职教中心建设，优化涉农专业设置。扩大农村劳动力培训阳光工程、农村紧缺人才培训和富余劳动力转移工程、农民“持证下田”工程以及科普惠民兴村计划规模。深入实施基层干部素质教育工程和新农村建设“双带头人”培养工程，重点培养一批农村发展致富带头人。继续实施“一村一名大学生”工程。

26. 加强农业科技支撑体系建设。加强农业科技创新能力建设，加大对46个省级以上涉农科技创新平台支持力度，推动重点试验室和工程技术中心建设。推进良种产业化科技创新专项建设，推进现代农作物种业发展，加快培育一批小麦、棉花、玉米、谷子、蔬菜等具有自主知识产权的优良品种，选育引进一批果品、畜禽、水产品、蔬菜、林木新品种。实施粮食丰产、精品农业科技示范、生物质能源高效利用等重大科技工程，大力推广农作物高效生产、畜禽健康养殖、果蔬提质增效、深耕施肥、微灌水肥一体化、病虫草害统防统治等先进适用技术。实施科技特派员创新创业“双百”工程，鼓励科技人员到基层创办领办科技型企业。支持科研院所和大专院校到农村建立科技成果转化示范基地。

八、加强和改进党对“三农”工作领导，不断提高发展现代农业的能力和水平

各级各部门要坚持重中之重的战略思想不动摇，强农惠农富农的政策力度不减弱，推进农村改革发展的步伐不放慢，切实提高“三农”工作的领导水平，为加快发展现代农业、增强农村发展活力提供组织保障。

27. 健全农村工作领导体制机制。强化党委政府统一领导、领导小组统筹协调、综合部门组织推动、专业部门各负其责的农村工作领导体制机制。各级党委政府，特别是县级党委政府要把“三农”工作摆上重要议事日程，在工作部署、政策制定、干部配备上重点倾斜。各级农村工作领导小组要切实担负起领导责任，充分发挥把方向、定政策、抓典型、搞动员、强保障的重要作用。农村工作综合部门要切实做好综合协调、任务分解、督导检查、评价考核工作，继续推行和完善市、县党委或政府负责同志担任农村工作综合部门主要负责人的做法。各涉农部门要在制定规划、安排项目、增加投资上主动向“三农”倾斜。各农口部门要凝心聚力、履职尽责，切实发挥推动现代农业发展、增强农村发展活力的职能作用。要切实改进工作作风，深入实施各级领导干部直接联系农户制度，听取农民心声，贴心服务群众，维护好农民群众的合法权益。

28. 加大投入力度。开展强农惠农富农政策执行情况“回头看”，确保现有政策不折不扣落到实处。各级财政要进一步加大“三农”投入，着力构建“三农”投入稳定增长的长效机制，确保总量持续增加、比例稳步提高。以县为平台，围绕发展现代农业、增强农村发展活力的重点领域和关键环节，积极整合涉农资金，集中力量办大事。继续加大扶贫开发力度，重点向环首都扶贫攻坚示范区、燕山-太行山集中连片特困地区和黑龙港流域贫困地区倾斜。加大涉农信贷投放，落实金融机构涉农贷款增量奖励和定向费用补贴、农户贷款税收优惠、小额担保贷款贴息等政策。继续深化农村信用社改革，强化农业发展银行政策性信贷作用，探索农业银行服务新模式，推动国家开发银行支持现代农业和新农村建设，鼓励社会资本积极参与在农村设立新型金融机构。创新符合农村特点的抵（质）押担保方式和融资工具，解决农户和新型经营主体贷款难问题。鼓励县（市）设立农业开发公司和农业担保公司。健全政策性农业保险制度，完善农业保险保费补贴政策。建立健全村级公益事业一事一议财政奖补机制，鼓励和引导农民群众投资投劳。积极鼓励引导工商资本、民间资本参与现代农业发展和农业基础设施建设，努力形成多元化投入新格局。

29. 加强分类指导。发展现代农业，创新农业生产经营体制机制，涉及多方面、深层次的制度调整，必须坚持分类指导、因地制宜，在试点基础上逐步推开。各地要根据资源禀赋、产业基础和发展水平，充分尊重农民群众的意愿，积极稳妥地推进各项工作。要围绕特色产业发展、农业综合开发、农业产业化经营、农民合作组织建设、农业社会化服务、农村产权制度改革等方面，积极开展示范县、示范乡、示范村、示范社、示范区建设，加快推出一批特色鲜明、类型多样、示范性强的先进典型，不断增强辐射带动能力，以点带面、扩大效应。组织开展示范典型评定活动，加大对各类示范典型的扶持奖励力度。分层次组织观摩交流，开展宣传推介，切实发挥示范引领作用。

30. 强化考核和责任落实。健全完善农业农村工作考核评价机制，把全省“三农”工作各项重点任务分解到相关部门和单位，列入省直部门和市、县领导班子考核范围。

省委督查室、省政府督查室、省委农工部要把“三农”工作落实情况作为重点督导内容，加强督促检查。省直有关部门要制定实施方案，把任务层层分解落实到具体单位和责任人，不断创新工作思路，切实加大工作力度，及时研究解决工作推进中存在的问题和制约因素，确保工作落实到位。

（冀发〔2013〕1号）

Ⅱ　领导讲话

赵勇同志在全省农村工作会议上的讲话

（2012年2月14日）

这次会议是在建设经济强省、和谐河北的大格局下，对全省农业农村工作进行专题部署的一次重要会议。刚才，传达了温家宝总理、回良玉副总理在中央农村工作会议上的重要讲话和张庆黎书记在省委常委会议上的重要讲话精神。中央领导和省委主要领导的讲话思想深刻、内涵丰富，针对性、指导性很强，为今后“三农”工作的发展指明了方向，各地各部门都要深刻领会、认真贯彻。前不久下发的省委一号文件，出台了一系列强农惠农措施，在全省引起热烈反响，我们要认真抓好落实。

2011年，面对国内外经济形势复杂多变、农产品价格异常波动、50年不遇特大干旱等严峻形势，在省委、省政府的坚强领导下，我们认真贯彻落实党中央、国务院关于“三农”工作的各项方针政策，全省农业农村工作取得显著成效。一是粮食生产再创新成绩。实现了“八连增”，总产达634.5亿斤，单产达673斤，创历史最好成绩。二是农业竞争力实现新提升。农业产业结构不断优化、整体效益不断提高，畜牧、蔬菜、果品三大优势产业占农林牧渔业产值比重达68.4%，农业产业化经营率达60%以上。农民专业合作组织达2万家，带动农户220万户，占总农户的14.5%。三是农民收入跨上新台阶。全省农民人均纯收入达到7120元，同比增长19.5%，年度增量首次突破千元，达到1162元，增速同比加快3.8个百分点，是15年来增长最快的一年。四是农村面貌实现新改观。全力推进农村新民居建设示范工程，共启动省级示范村5000个，已经开工建设的4177个，已建成和基本建成的2256个。农村环境综合治理取得积极成效。五是农村民生建设迈出新步伐。全省农村教育、文化、卫生和社会保障水平进一步提高，新农合医疗筹资标准达到人均290元，其中财政补助标准提高到240元，106个新型农村社会养老保险试点县（市、区）参保率达到95.31%，农村最低生活保障标准提高到每年1717元。六是农村改革取得新进展。统筹城乡发展试点工作顺利推进，农村土地流转步伐加快，全省土地承包经营权流转总面积达1052.9万亩，占家庭承包耕地总面积的12.7%，比上年提高4.1个百分点。集体林权制度改革完成明晰产权8243万亩，占总任务的99.5%。

2011年农业农村工作的好形势，为保持全省经济社会平稳较快发展提供了有力支撑，为维护社会和谐稳定作出了重要贡献，为战胜各种风险挑战奠定了坚实基础。这些成绩来之不易，是省委、省政府始终重视和加强“三农”工作的结果，是各级各部门和广大基层干部群众共同奋斗的结果。在此，我代表省委、省政府向全省农业农村战线的干部职工和科技人员，向农村基层干部和广大农民群众，向关心支持“三农”工作的社会各界表示衷心感谢！2012年是党的十八大召开之年，是全面落实省第八次党代会精神、建设经济强省和谐河北第一年，是实施“十二五”规划的关键一年，做好农业农村工作，关系全局、意义重大。下面，我讲几点意见。

一、从建设经济强省、和谐河北的战略高度，对“三农”工作进行再认识

随着工业化、城镇化加速推进，一产在经济总量中的份额逐步下降。在这种情况下，尤其需要各级领导干部正确认识“三农”工作。农业是国民经济的基础，农村繁荣稳定是整个社会繁荣稳定的基础，农民问题始终是我国革命、建设、改革的根本问题。我省是农业大省，“三农”工作成效如何，直接影响建设经济强省、和谐河北进程。各级各部门必须站在战略和全局的高度，牢固树立、自觉践行中央关于解决“三农”问题是全党工作重中之重的战略思想，切实增强做好“三农”工作的使命感和责任感。

（一）深刻认识新的历史时期“三农”工作的新特征。近年来，我国农业农村经济进入了一个快速发展的轨道，呈现出新的阶段性特征。突出表现在“五个深刻变化”。一是国家和农民的分配关系发生深刻变化。2006年国家全面取消了农业税，延续了2600年的按地亩向农民征税的制度从此退出历史舞台。在此基础上，国家实行了种粮农民直接补贴、良种补贴、农机具购置补贴和农资综合补贴等一系列强农惠农富农政策，改革了农村义务教育经费保障机制，推行了新农合、农村低保、新型农村养老保险等社会保障制度，农村基本实现了种地有补贴、上学不交费、看病能报销。这一系列重大改革进一步理顺了国家和农民的分配关系，开启了农民休养生息的新时代。二是工农城乡分割的格局发生深刻变化。限制城乡人口自由流动的各项政策逐步取消，城乡通道进一步打开，城乡联系日益增强。城市的高楼大厦基本是农民工建设的，在城市工人阶级的构成中农民已占相当比重。农村不再单纯是经济发展的资源输出地，正在成为城市产业转移、要素转移的接受地，在城乡协调发展中担当起越来越能动的一个角色。三是农业盈利能力弱的状况发生深刻变化。从自然再生产的视角看，农业是弱质产业；但从经济再生产角度分析，农业尤其是现代农业已不再是弱质产业。2010年我省工业增加值率为26.54%，农业为59.47%，农业的产出率明显高于工业。工业项目的投资回收周期基本在5年以上，有的甚至超过10年，而设施蔬菜等高效农业的投资回收周期一般为1—2年。随着强农惠农政策的实施、农业科技水平的提升、农业基础设施的完善，现代农业的比较效益将进一步提升。四是农村社会结构发生深刻变化。农村人口流动性增强，跨城乡、跨地区转移增加。农民的身份日益多元化，出现了农民工人、个体工商者、私营企业主、农民企业家等不同的职业身份。农民的利益诉求多元化，由直接利益的追求转向对土地征占、环境保护等长远利益的维护，涉及层面由农村内部延伸到整个社会。农民的组织方式多元化，农民专业合作经济组织、各类协会等社会性中介服务组织在提高农民的组织化程度、增强农民的话语权、维护农村经济秩序方面，正在发挥越来越重要的作用。五是农业农村经济与世界经济的关联性发生深刻变化。我国加入WTO后，农业与农村不再是封闭的系统，而是融入国际大市场、参与国际分工与合作。更多农产品开始走向世界，更多农业项目受到外资青睐，更多国外资金、技术和人才开始进入农业领域，使我们能够有效利用国际资源推动农业结构调整。

综上所述，进入新的历史阶段，国家和农民的分配关系、工业和农业的关系、城市和农村的关系都在悄然发生深刻变化。这些深刻变化意味着农业农村发展正在深刻影响着整个现代化进程，要求我们必须跳出“三农”看“三农”、跳出“三农”抓“三农”。需要指出的是，尽管在新的历史时期呈现了一些新特征，但“三农”工作的基本面没有变，农村生产力发展还相对落后，市场化程度还比较低，城乡发展不协调问题还比较突出，农业科技水平还比较低，农民的生活品质还亟待改善。农业基础仍然薄弱，最需要加强；农村发展仍然滞后，最需要扶持；农民增收仍然困难，最需要加快。因此，贯彻“重中之重”的战略思想绝不能有丝毫动摇。

（二）深刻认识我省“三农”工作的新优势。做好新形势下的“三农”工作，面临着许多困难和问题，特别是连续多年的增产增收之后，出现滑坡和拐点的几率在累积、风险在上升。但是，进一步做好“三农”工作，我们拥有许多有利条件和独特优势，发展潜力很大，经过努力，完全可以在已有的基础上实现新跨越。一是自然资源优势。我省属典型的温带季风性气候，热量条件好、光照充足，雨热同期、无霜期较长，9000万亩耕地以平原为主，面积大、质量好，并且调整产业结构的空间和余地很大，是发展现代农业的最佳区域之一。二是产品多样性优势。我省是全国唯一兼有高原、盆地、山区、丘陵、平原、湖泊、海洋等地貌类型的省份，农业品种资源十分丰富，仅栽培和野生果树就有100多种，能够满足市场的综合和多样化需求，为农业差异化、特色化、品牌化发展奠定了基础。三是农业科技资源优势。河北农大、省农科院、张家口农科院等在国内具有较高知名度，农业科技人才和创新成果较多。北京、天津聚集着众多全国著名的农林院校和科研院所，随着环首都绿色经济圈建设、京津冀一体化等重大战略的实施，我省与京津进行农业科技合作与创新具有得天独厚的条件。四是市场优势。我省紧邻京津两个特大型城市，区域内人口基数大、居民收入高、消费层次多样、高端需求旺盛。按京津两地常住人口计算，每年粮食、鲜菜、水果、肉、蛋和鲜奶的消费支出达1528亿元，如果我省能占领70%的市场份额，每年就有1100亿元的销售额，平均到全省每个农民身上为2700多元。通过以上分析可以看到，河北发展农业的优势明显、潜力巨大，“三农”工作大有可为，只要路子对头、措施得当，完全可以实现跨越式发展。

（三）深刻认识“三农”工作在建设经济强省、和谐河北中担负的新使命。一是承担着保证我省经济又好又快发展的使命。现阶段，部分行业产能过剩、产品积压和就业压力加大等问题，都与城乡购买力不平衡、农村购买力不足有直接关系。只有大幅度增加农民收入，提高农村购买力，整个经济结构才会趋于平衡，经济发展才会进入良性运行。尤其是在中央明确把经济发展的根本立足点放在扩大内需特别是消费需求的形势下，提高农村购买力水平，更加成为事关经济发展全局的迫切任务。从消费看，

2011年我省农村居民人均消费只有城镇的五分之二，如果达到城镇的平均水平，就可以每年增加消费2750多亿元。从投资看，粗略匡算，仅新民居建设、农村基础设施建设和现代农业建设就有2万多亿元的投资需求。另外，从出口看，我省农业有近百亿美元的出口潜力。这些需求一旦释放出来，全省经济发展局面会为之一新。二是承担着促进社会和谐稳定的使命。目前我省农村总体稳定，但仍存在大量矛盾纠纷和不和谐因素。2011年全省近15万件次信访中，县以下占56%，其中农村土地征占、宅基地纠纷、村务公开、村“两委”换届等引发的信访占总量的30%。同时，农村稳定与城市稳定的关联性日益增强。特别是我省农民工达1500万之多，这一庞大群体的稳定不仅关系农村，而且直接影响城市乃至全社会的稳定。建设和谐河北，必须首先建设和谐稳定的农村。三是承担着巩固党的执政基础的使命。工农联盟是我国政权的基础，发展工农联盟是我们党的重要方针。虽然近年来我省农业农村工作取得很大成绩，但城乡差距巨大的状况没有根本改观。农业农村发展相对较慢，农村面貌相对落后，农民生产生活条件亟待改善；还有一些基层党组织软弱涣散、凝聚力战斗力不强，村级组织运行还不规范，党群干群关系比较紧张。基础不牢，地动山摇。“三农”问题解决不好，就可能危及我们党执政的阶级基础和群众基础。这就要求我们以更大决心和力度解决好“三农”问题，保障和改善农村民生，密切党同农民群众的血肉联系，最广泛地把农民群众团结在党的周围。

面对新形势下“三农”工作的新特征、新优势、新使命，各地各部门要更加自觉地从战略和全局高度把握“三农”工作，更加自觉地把“三农”工作摆上突出位置，更加自觉地加大“三农”工作推进力度，努力以“三农”工作的新成效活跃建设经济强省、和谐河北的全局。

二、以“三化”同步、城乡统筹为基本方略，积极构建农村现代化新格局

胡锦涛总书记强调：“没有农村的现代化就没有国家的现代化”。在整个现代化进程中，农村现代化是重点，也是难点。推进农村现代化，要以“三化”同步、城乡统筹为基本方略，立足当前、谋划长远，大力发展现代农业，加快建设现代农村，着力培育现代农民，积极探索具有中国特色、河北特点的农村现代化建设新路子。新型工业化、新型城镇化、农村现代化是一个相互关联、相互影响的整体，一定要统筹协调推进，决不能孤立地抓某一个方面。

在农村城镇化上，要实现城镇合理布局下的空间与人口双重城镇化。一方面，加快推进主城区扩张、县城扩容、中心镇扩大，把中心城市周边、县城周边的农村逐步纳入城市规划建设范围，与城市一体规划、一体建设，一步到位实现农村变社区、农民变市民。另一方面，要加大力度清理不合理政策和限制，降低进入门槛，完善配套政策，让符合条件的农村人口真正融入城市、安居乐业。要下决心改变依靠牺牲农民土地财产权利降低工业化、城镇化成本的发展模式，提高农民群众在土地增值收益中的分配比例，让他们充分分享工业化、城镇化的发展成果。

在乡村建设布局上，要实现农村社区的优化格局。我国人口规模巨大，即使今后城镇化水平大幅提高，仍将有数亿人生活在农村，必须让他们也过上现代文明生活。因此，我们必须一手抓城镇化，一手抓新农村建设。推进新农村建设，必须针对我省村庄偏小、偏散、偏乱的现实，充分考虑今后农村人口转移的趋势，按照统筹城乡发展、聚居人口适度、服务半径合理、资源配置有效、功能相对齐全的原则，科学编制村镇布局规划，以中心村为重点，积极稳妥地开展村庄整合，加快建设农村新型社区，推动农民居住区由分散向集中转变、由传统村落向现代社区转变。要有效整合涉农资源，重点提升中心村基础设施和公共服务水平，以配套的基础设施、完善的公共服务、便利的生活条件吸引周边村农民到中心村居住生活。暂时保留的村庄，也要积极开展空心村整治，实现建新房与建新村的有机结合，加快改善农民群众生产生活条件。

在农村经济发展上，要实现一、二、三次产业深度融合发展。现代化的农村，必须以发达完善的现代产业体系为支撑。要在推进现代农业建设的同时，下大力补齐二、三产业这个“短板”，实现农村三次产业互动发展、城乡产业融合发展。以农业产业化为有效途径，壮大龙头企业，完善产业体系，改造传统农业，推动产加销一条龙、贸工农一体化，尤其要大力发展农村现代服务业。鼓励引导城市工商企业向农村扩散、产业链条向农村延伸，依托其技术、研发、资本优势，有效集聚农村土地、人力和自然资源，实现城乡产业互动融合，加速农村工业化进程。科学优化农村生产力布局，以县域产业园区为载体，完善基础设施，配套物流服务，推动企业向园区集中、要素向园区集聚，实现特色优势产业的集约化发展。

在农业经济形态上，要实现农业产业市场化。发展现代农业，必须克服分散的小规模家庭经营难以与统一的大市场对接、难以承接现代生产要素实现集约化经营的难题。要着眼于把家庭小生产纳入社会化大市场体系，加快培育发展农工商公司、龙头企业、农民专业合作组织等新型经营主体，实现农业经营主体由自然人向企业法人的转变。要以新型农业经营组织为载体，加大科技、资本、人才等现代生产要素的密集投放，实现集约化经营、规模化生产，示范带动农业农村经济的现代化发展。要引导农民加快土地流转，依托农工商公司或龙头企业建设专业化生

产基地，提升组织化程度和规模化水平。

在农村社会治理模式上，要实现政府、村民自治组织和村民共同治理。随着城乡互动不断增强，农村社会结构开始由同质化变为多元化，农民由安土重迁变为城乡间流动迁徙。要适应农村社会的深刻变化，积极探索城乡一体的社会治理新模式。完善党和政府主导的维护农民权益机制，畅通农民利益诉求的表达渠道和解决机制。培育发展新型农村经济社会组织，提高农村社会自我管理、自我服务能力。要进一步完善村民自治制度，使基层民主更加程序化、规范化、法制化。完善城乡一体化的应急管理体制和社会矛盾调处机制，维护农村社会和谐稳定。

在农村生态建设上，要实现田园特色的可持续发展。工业化、城镇化加速推进的大背景下，农村生态环境面临的压力日益加大。建设现代农村，必须立足可持续发展，把生态建设放在重要位置。要充分考虑农村与城镇的功能性差异，超前考虑逆城镇化阶段的趋向需求，突出农村特色，保持田园风光和良好生态环境。依托自然资源，拓展农业多种功能，实现产业发展和生态建设的互促双赢。

推进农村现代化，是整个河北现代化建设的基础工程和长期任务。农业农村战线的同志们心中要有这样一幅蓝图，始终心无旁骛地朝着这个目标去努力，还要让广大群众心中有这样一个愿景，始终满怀憧憬地去创造自己的幸福生活，干部群众同心协力开创河北农村现代建设的美好未来。

三、突出五项重点，推进农业增效、农民增收、农村增活力

今年省委一号文件明确了全省农业农村工作的五项重点工作，并分别成立了专门的工作协调小组，对具体任务目标进行了责任分解，下一步关键是从五个方面抓好落实。

（一）大力发展现代农业。要按照庆黎书记提出的“一产抓特色”的要求，切实加快现代农业发展步伐。要以“吨粮市”、“吨粮县”建设和高产创建为抓手，在全省集中打造4000万亩粮食生产核心区，大幅度提高单产和品质，稳步提升粮食产量，确保粮食安全不出问题。在此基础上，调整农业产业结构，转变农业发展方式，集中力量打造一批规划布局合理、生产要素集聚、技术装备先进、经营机制完善的现代农业示范区。以此为龙头，示范带动全省现代农业建设上水平。具体工作中，要重点推进“五化”。一是区域化布局。全省重点规划建设环京津现代农业、沿海高效渔业、农区畜牧和山区优质果品四大产业带，有关部门要制定具体发展规划、配套政策和实施步骤，确保年内启动、两年成形、三年见效。各地也要围绕畜牧、蔬菜、果品三大产业发展，结合自然条件、市场条件和产业基础，在不同区域规划建设不同类型的优势产业区，形成若干集中连片的特色高效产业带或核心区。要在城市近郊区重点规划发展都市农业、休闲农业、生态农业、循环农业等新型农业业态。二是规模化种养。要加大土地流转的支持引导力度，让更多土地资源向现代农业示范区和种养大户、家庭农场等规模经营主体集中。每个省级现代农业示范区的面积要达到5000—10000亩，用3年时间全省至少建成100个。对发展规模种养的农户、企业、合作社，要制定有效的优惠和扶持政策。三是标准化生产。现代农业示范区要严格按照标准化要求组织生产，并率先建成标准化生产示范区，增加我省无公害农产品、绿色食品和有机农产品数量。要健全完善全省农业标准、农产品质量监测、农产品质量认证和社会化服务四大体系，提高标准化生产整体水平。有条件的地方要积极推行农产品质量追溯、产地准出、市场准入和产品召回等制度，从田园到餐桌对农产品质量实行全程监控，确保食品质量安全。四是集成化创新。要针对农民实际需求，把各种农业技术配套组装起来，加强农机、农艺、信息化相互融合，开发和推广“套餐式”、“配餐式”、“傻瓜式”技术，提高适用性和有效性。这项工作，由省农业行政部门牵头，农业科研院所密切配合，尽快制定方案，搞好技术开发和示范推广，今年每个县都要抓几个不同类型的试点。五是产业化经营。要发展壮大龙头企业，重点支持366家省级龙头企业加快发展，推进100个投资亿元以上的产业化建设项目。市、县都要安排农业产业化专项资金，对竞争实力强、辐射带动能力大的龙头企业给予重点支持。要鼓励龙头企业与农户建立完善利益联结机制，真正做到收益共享、风险共担。要大力发展农民专业合作社和各种社会化服务组织，全面落实对农民专业合作组织的各项支持政策。要实施品牌战略，培育一批在全省、全国甚至国际上叫得响的农产品品牌，提高我省农业竞争力。“五化”是一个整体，要统筹推进，切实发挥好现代农业建设在调整农业结构、促进科技创新、推动三次产业融合发展、创新农村体制机制上的牵动和引领作用。

这里需要强调的是，要高度重视林业工作，把果品和花卉产业发展纳入现代农业建设的统一布局，切实加大工作力度。强力推进全省果品和花卉苗木产业结构调整，建设果品强省；强力实施科技兴林，提高林业发展的科技贡献率；强力推进造林绿化，确保全省森林覆盖率稳步提高；强力推进林权配套改革，增强林业发展活力。要层层签订责任状，将林业建设各项目标分解落实到每级政府，落实到人，务求实效。

（二）大力发展县域经济。县域经济是统筹城乡发展的重要基础和关键节点，是促进农民增收的重要平台和有力抓手。要紧紧围绕省第八次党代会提出的实施“腾飞计

划”，坚持“抓两头、带中间”，突出抓好“前三十强”和“后三十弱”，使“前三十强”发展得更大更强，“后三十弱”跨越发展、迎头赶上，力争五年内全省县域经济总量实现倍增。一是加强统一规划。县域发展规划要综合考虑城乡建设、产业发展、资源利用、环境保护、生态文明等各方面因素，特别是要做到国民经济、城镇建设和土地利用规划“三规合一”。既要搞好总体战略规划，又要重视专项规划和控制性详规。规划一经批准，任何企业进驻、项目落地都要严格按规划执行。二是推动县城扩容升级。县城扩容升级在推进城镇化建设上具有低成本的优势。要按照吸纳人口、增加就业、辐射周边、带动农村“四位一体”的思路，完善县城规划，把县城周边逐步纳入城市总体布局。大力推动城中村、近郊村村改居和乡改街，使之与城市社区完全接轨，推进县城近郊区率先实现城镇化。逐步把一批县城建成中小城市。要坚持高水平建设和管理，完善县城功能，提高承载能力，引导生产要素和优质资源向县城集中，增强县城对经济发展的辐射带动作用。三是推动园区做大做强。园区是发展县域经济的载体和依托。每个县都要按照资源集约利用、产业集群发展、服务集聚配套的要求，集中力量抓好1—2个园区，促进县域经济集中集约集优发展。要千方百计招商引资，特别是抓住京津、沿海省份等先进地区产业转移的机会，下大力引进收益高、污染小、对结构调整拉动力强的大项目、好项目。要大力推行项目代办制，为投资者提供全程“保姆式”服务，促进项目尽快开工建设。四是推动全民创业。市场主体是创造财富的源动力，我省市场主体数量与周边和发达省份相比还有较大差距。要认真落实各项创业扶持政策，全面推行“零成本”注册和一元钱注册公司等办法，进一步降低创业门槛和风险，在货款发放、税费减免、技术服务、信息咨询等方面加强支持，着力培育一大批民营企业家、个体私营工商业户，催生壮大更多市场主体。五是推动简政放权。要进一步完善扩权强县、扩权强镇有关政策，切实增强县域自主发展能力和活力。要最大限度地下放管理权限，扩大基层政府的自主权。要完善审批服务，建立健全省、市、县、乡四级行政服务中心，尽快实现对审批行为的实时监察、预警纠错和绩效评估。

（三）大力改善农民生产生活条件。要紧紧围绕实施“幸福乡村计划”，按照综合整治“山、水、林、田、村”，加强“水、电、路、讯、房”基础设施建设，提升“科、教、文、卫、保”公共服务水平的总体要求，打造“布局合理、设施完善，环境优美、生活便利，安居乐业、文明和谐”的新型农村。一是要在编制和提升规划上着力。坚持规划先行，聘请一流的规划设计单位，科学编制幸福乡村建设总体规划和各类专项规划，完善提升县级全域规划，确保每个村庄都有“规”可依，避免盲目建设。年内每个县、每个乡（镇）、每个村都要编制完成幸福乡村建设规划。二是要在基础设施建设上着力。要从农民群众最急需、农村最薄弱的地方入手，集中匹配项目、投放资金，加快完善农村基础设施和配套功能。要把新民居建设作为实施幸福乡村计划的突破口，在巩固提高已有5000个示范村的基础上，今年再规划启动2000个省级示范村。要强力推进农村饮水安全工程，年内解决400万农村人口的饮水问题，确保三年内让群众都喝上干净卫生的水。要全面推广“户清、村集、乡运、县处理”的农村垃圾集中处理模式，年内各县（市、区）都要做到一半以上的行政村实现垃圾集中处理。还要下决心解决好农村道路硬化问题。三是要在激活农民主体作用上着力。农民群众是建设幸福乡村的主体。要用党的利民惠民政策和幸福乡村的美好前景，引导农民群众主动参与新民居建设，主动参与农村环境整治，主动参与植树造林，以主人翁姿态投入农村各项建设当中，用自己的双手建设美好幸福家园。要加大涉农资金整合和奖补力度，调动群众积极性。一事一议财政奖补村级公益事业建设资金，优先用于群众积极性高的村。四是要在示范点建设上着力。今年，全省要在永久保留的中心村或行政村中优选1000个村，整合使用农村建设资金，集中力量重点建设，确保年内取得实质性进展，两年基本建成幸福乡村示范点，充分发挥引领带动作用。

（四）大力实施扶贫攻坚行动。要举全省之力，打一场扶贫攻坚战。一要摸清底数。按照2300元的新的国家扶贫标准，对全省农村贫困人口重新建档立卡，不仅要准确掌握扶贫对象人数，还要掌握他们的贫困程度、致贫原因等相关情况，并作出分析，在此基础上有针对性地实施扶贫开发措施。二要突出重点。省委、省政府已经决定，以紧邻首都的涞水等9个县为重点，启动环首都扶贫攻坚示范区建设，统一制定实施扶贫攻坚规划，集中培育一批扶贫产业、实施一批扶贫工程，在全省率先突破。9个重点县和相关省直部门、相关市要围绕“三年取得突破性进展、十年彻底脱贫”的目标，抓紧进行项目、资金、人才的准备和测算，研究制定强有力的推进举措，积极探索区域发展与扶贫开发统筹推进的新路子、各种扶贫路径多措并举的新路子、整县整乡整村推进和扶贫到户相结合的新路子、脱贫致富与社会进步相结合的新路子。省里拟于近期召开会议进行部署，有关市、县不要等，要结合自身实际迅速启动，确保年内有实质性进度。同时，要继续抓好燕山——太行山和黑龙港流域等重点特困区域的扶贫工作。三要综合施策。积极推进产业扶贫，以规模养殖、设施蔬菜、优质果品为重点，全省每年扶持10万个贫困家庭发展增收项目。积极推进科技扶贫，支持大专院校、科研单位与贫困地区合作，培育一批科技型扶贫企业。积极推进人才扶贫，结合正在开展的加强基层建设年活动，派出由机关干部、退休或退居二线的老同志、大学生村官和医疗卫生服务志愿者组成的工作队，驻村帮扶，形成机制。积极推进整村扶贫，全省启动3000个整村推进扶贫重点村。积极推进移民扶贫，引导不适宜居住地区的农民向小城镇、中心村集聚。积极推动对口扶贫，组织党政机关、企事业单位、大专院校和经济实力较强的县（市、区），开展对口帮扶。

（五）大力深化农村改革。要紧紧围绕农村增活力，大胆改革不相适应的体制机制。一要突破难点。农村产权制度改革要以登记确权为突破口，加快农村地籍调查，2012年基本完成农村集体各类土地的所有权确权登记颁证，推进包括农户宅基地在内的农村集体建设用地使用权登记颁证工作，稳步扩大土地承包经营权登记试点。农村金融改革要重点深化农村信用社改革，支持有条件的县级农信社改制为商业银行。大力发展小额贷款公司，争取每个县（市）增建一家。探索新的贷款主体和新的担保方式。二要试点先行。要研究制定省一级的《农村产权制度改革试点工作方案》，每个设区市选择1个县（市）先行试点，时机成熟后出台推进全省改革的指导意见。今年要在试点县启动农村集体经济股份制改造和农村产权交易平台建设试点。农村金融改革每市也要确定一个试点县（市），加快农村金融产品和服务方式创新。统筹城乡发展各试点市、县（市），要进一步加大城乡规划、基础设施、产业布局、生态环境、社会事业和管理体制“六个一体化”推进力度，在实践中探寻规律、摸索路径、积累经验。三要鼓励探索。支持各地探索农村产权流转的新路径、新办法，逐步建立流转市场体系，搭建流转交易服务平台，健全流转制度机制，加快实现农村资源可抵押、可流转、可置换、可交易。积极探索发展壮大农村集体经济的有效路径，完善村级集体财富积累机制，最大限度盘活农村集体资产、资金、资源。还要注意在统筹城乡改革中探索促进农民增收的新路子，特别是以推进非农就业为核心，促进农民工资性收入大幅增长；以推进基本公共服务覆盖为保障，促进农民转移性收入较快增长；以激活农村生产要素为突破口，促进农民财产性收入显著增长。

“三农”工作千头万绪，必须集中精力抓主要矛盾。抓好省委一号文件确定的这五项重点工作，就抓住了当前“三农”工作的主要任务、薄弱环节和增长点，起到牵一发而动全身的作用，从而活跃农业农村工作全局，促进经济强省、和谐河北建设。

四、切实加强党对“三农”工作的领导，着力破解制约农业农村发展的瓶颈

党管农村是我们党的优良传统和重大原则，也是推进农村改革发展的根本保证。新时期加强党对农村工作的领导，要把握好五个重点，即把方向、定政策、抓典型、搞动员、强保障。把方向，就是要牢固树立“重中之重”的战略思想，扎实推进“三化同步”、城乡统筹。定政策，就是要发挥政策的保障、调节、支撑作用，研究制定更多有效推动“三农”工作的政策措施。抓典型，就是要大胆探索有利于农业增效、农民增收、农村增活力的好做法、好路子，以点带面、点面结合，不断提高“三农”工作水平。搞动员，就是要广泛发动社会方方面面的力量，关心农民、支持农业、投身农村，形成“三农”工作强大合力。强保障，就是要在资金、人才、政策上给予重点倾斜，最大限度地为“三农”工作创造环境和条件。要按照省委一号文件要求，加强党委农村工作综合部门建设，继续实行市、县党委或政府负责人担任农村工作综合机构主要领导的做法。

加强党对农村工作的领导，落实“重中之重”的战略思想，首先要体现在工作摆位上。各市、县党政主要领导要按照中央关于“党委和政府主要领导要亲自抓农村工作，省、市、县（市）党委要有负责同志分管农村工作，县（市）党委要把工作重点和主要精力放在农村工作上”的要求，真重视、真用心、真上手，不断提高领导新时期“三农”工作的能力和水平。提高领导能力和水平，很重要的是提高破解制约农业农村发展瓶颈的能力，以此推动各项工作实现新跨越。

一是破解资金瓶颈。要拓宽思路、广开渠道，促进城乡资源的平等交换，解决好“钱从哪里来”的问题，千方百计为农业农村发展提供资金支撑。在财政投入上，要按照“存量适度调整、增量重点倾斜”的方针，用于农业农村的总量、增量资金每年都有增加。预算内固定资产投资要重点用于农村基础设施建设，总量和比重每年都有所提高。土地出让收益要优先用于农业土地开发和农村基础设施建设，确保做到土地出让收入按纯收益不低于15%的比例计提并全部用于农业土地开发，从土地出让收益中提取10%用于农田水利建设。在金融投入上，各涉农金融机构要以服务“三农”为己任，加大信贷投放力度，保持涉农贷款增量占比不低于上年，涉农贷款增速高于同期各项贷款增速。农行新增贷款的50%要用于农业，农信社要设立支持“三农”的专项贷款。要鼓励各地探索致富带头人担保、农户联保和龙头企业为农户担保、保险公司担保等担保方式，以及林权、宅基地使用权抵押等抵押方式，为农民提供便捷的金融服务。农行、农信社等金融机构要学习山东寿光经验，研究制定蔬菜大棚抵押借款的具体办法，解决设施蔬菜发展融资难题。在利用境外省外资本上，要把农业招商放在与工业、服务业同等重要的地位，在全省掀起农业招商的热潮，农业大市、大县、环首都地区等要

开展农业专项招商活动，力争年内新上一批农业大项目、好项目。在吸引社会资本上，要探索财政贴息、奖补等激励措施，充分发挥财政资金的“杠杆”撬动效应，引导社会资本投向“三农”。要按照“谁投资、谁所有、谁受益”的原则，吸引社会资本参与经营性农业基础设施建设。大力推动城市工商企业参与发展现代农业，引导资源型企业选择农业作为转型的接续产业，支持他们高标准建设现代农业示范区。这次邀请60多名企业代表参加会议，就是要形成鼓励支持工商资本参与现代农业发展的导向。

二是破解土地制约的瓶颈。土地是最稀缺、最宝贵的资源，破解土地瓶颈，关键要靠挖潜。要用好国家城乡建设用地增减挂钩政策，充分挖掘农村集体建设用地潜力，保证新民居建设用地，推动城乡统筹发展。要清理盘活荒山、荒坡、废弃砖瓦窑、坑塘等闲置土地，转换出建设用地。要积极探索农村集体建设用地利用新机制，对使用依法批准的农村集体建设用地用于农业产业化项目和基础设施建设，可不占用建设用地计划指标，不再办理农用地转用审批手续。要抓好工矿废弃地复垦调整利用试点工作，尽可能多争取试点县（市），多争取调整利用挂钩指标规模，努力增加建设用地有效供给。

三是破解水利设施瓶颈。水利是农业的命脉。目前我省还有近3000万亩农田没有节水灌溉设施，有2000多万亩“望天田”，农业“靠天吃饭”的局面还没有根本改变。各地一定要把水利作为基础设施建设的优先领域，把农田水利建设作为农村基础设施建设的重点任务，从根本上扭转水利建设明显滞后局面。一要强化责任。把水利建设纳入经济社会发展的总体规划和年度计划，列入领导班子和领导干部政绩考核的重要内容，加强督导检查，做到有布置、有检查、有评估、有奖惩。二要加大投入。要尽快出台水利建设基金征收和管理办法，抓紧制定从土地出让收益中提取农田水利建设资金的办法，强化省级统筹。要充分利用财政贴息、中长期政策性贷款、收益权质押贷款等优惠政策，不断增加水利建设的信贷资金。要广泛吸引社会资金进入水电开发、城市供排水和污水处理等基础设施建设，形成政府主导、社会参与、多元投入的新格局。三要发动群众。完善相关政策，通过以奖代补、先干后补、民办公补等多种方式，支持农民为改善生产生活条件兴修水利。四要突出重点。强力推进南水北调、引黄入冀、双峰寺水库等重大资源配置工程，以及农田水利、饮水安全、水利扶贫等重点工程的组织实施，确保按时间节点完成任务。

四是破解科技瓶颈。提高农业效益、农民收入，根本出路在科技。要在关键领域技术创新上突破。整合科技创新资源，围绕我省畜牧、果品、蔬菜等优势主导产业，开展集中攻关，着力突破农业重大关键技术和共性技术。推进现代种业发展，抓好新品种培育和配套生产技术研究，提高蔬菜、畜牧领域的育种水平，提升良种对农业产业的支撑能力。在技术集成上突破。筛选一批发展优势突出、链条完整、示范作用强的县（市）和企业，以现代农业示范区为依托，强化农大、农科院和京津科研机构等方面的技术集成，促进技术熟化和产业化开发，每个县都要建成几个各具特色的科技集成示范点。推进三河、玉田等国家农业科技园区建设，2012年新建10—15个省级园区，使“十二五”期间省级园区达到30个以上。要在农业科技示范推广上突破。加强农技推广体系建设，以星火科技12396信息服务试点省建设为主要抓手，完善省、市、县、乡四级科技信息服务网络体系建设，增强信息化科技服务能力。鼓励农技人员下乡开展科技创业，在派出期间，其原职级、工资福利和岗位保留不变，在工资、职务、职称晋升等方面与单位在职人员一视同仁，其科技创业、成果转让、科技服务收入和技术入股分红为合法收入。

五是破解人才瓶颈。要针对农村人才短缺和人才流失的实际，加快建立与农村改革发展需要相适应的人才工作机制，着力培养引进一大批有文化、懂技术、会经营、能创新的农村人才。要加大力度培育人才。各高校特别是农林类院校、高等职业院校，要适应农业农村改革发展需要，优化专业和课程设置，同时积极组织百万高校师生利用两个假期，开展体验省情、服务群众实践活动，到农村进行支教和城乡规划设计等服务。各县（市、区）要依托职教中心，整合职业技术教育资源，紧紧围绕企业用工和实用致富技能开展对农民的培训。要千方百计引进人才。对农村改革发展急需的各类人才特别是领军人才，要面向京津和海内外引进，在户籍管理、手续调动等方面实行全程“绿灯”、“一站式”服务。对带技术、带项目来我省创业的优秀农业科技和经营人才，要在启动资金、建设土地、风险投资等方面给予专项支持。要创优环境留住人才。推广正定县评选“农村好青年”的办法，对具有高中以上文化程度的农村青年特别是回乡大中专毕业生中的优秀人才，可任命为村党支部书记助理或村主任助理，给予相应生活补贴，同时为他们扎根农村创业提供良好环境和条件，从而减少农村人才外流，选好农村发展带头人，备足村“两委”后备力量。

六是破解农民工市民化的瓶颈。农民工市民化，是广大农民工的愿望，也是推进城镇化的一条捷径。多数农民愿意到县城和中小城市落户，要把农民变为中小城市的居民，通过走进工业化完成城镇化。要继续深化户籍制度改革。全面落实我省关于“在县城以上城市合法经营、依法纳税六个月以上的，或连续务工六个月以上、连续缴纳养老保险六个月以上的，均可办理本人及家属落户手续”的政策规定，满足农民工、农村人口进城的需求。积极推进居住证管理制度，使农民工享受与城镇户籍人员平等的各项权利。要完善对农民工的社会保障。大力推行劳动合同制管理，将进城务工的农民工纳入城镇职工养老、医疗、工伤、失业和生育保险范围，探索解决城镇社会保险和农村社会保险的转移接续办法，保障农民工子女平等接受义务教育，解除农民工的后顾之忧。要积极改善农民工居住条件。认真落实《河北省城镇住房保障办法》，将农民工纳入城镇住房困难居民范围，提供救助和扶持，保障其享有基本的居住条件。鼓励探索农民工住房公积金制度和为农民工提供公租房的办法。要依法保证农民工在农村的合法权益。农民工进城后，依然享受对承包地、宅基地和村集体经济的权利。要健全农村土地承包经营权登记制度，全面落实农民工对承包土地的各项权利，依法保障农民工的宅基地和集体经济权益不受侵害。

最后，我再强调一下农村基层组织建设和农村稳定问题。在农村基层组织建设上，要深入开展创先争优活动，充分发挥广大党员在新农村建设中的示范带头作用。要将村“两委”换届作为当务之急，各地党政主要负责同志高度关注、加强领导，全面抓好以党组织为核心的村级组织配套建设，选好配强村党组织书记和村委会主任。尤其是选配好后进村的党支部书记和村委会主任，本村没有合适人选的，要在更大范围内选人。继续开展农村党的建设。“三级联创”活动，深入实施农村基层干部“素质工程”、“双育工程”，推行村“两委”干部任期目标承诺和“双述双评”制度，深化“一定三有”机制，不断提高农村党员干部队伍素质，为农业农村发展提供坚实的组织保证。在维护农村稳定上，要全面落实大维稳“六个以”总要求和信访稳定“八三”工作法，结合开展加强基层建设年活动，下决心化积案、消重案、防新案，下大力治理治安乱村。加强和改进群众工作，完善预矛盾纠纷排查调处体系，建立健全群众利益协调、诉求表达、权益保障等机制。针对当前农村土地征占、环境污染、移民搬迁、“两委”换届等引发的矛盾和问题，大力推进科学执政、民主执政、依法执政，规范各级干部的执政行为，坚决杜绝一边“灭火”、一边违法施政“放火”的现象。要培树良好村风民风，理直气壮地教育引导群众知法、守法，通过勤奋劳动、诚实劳动创造美好生活。对宗族宗派势力干扰村务的要依法严厉打击，对黑恶势力露头就打、绝不手软，为农业农村发展提供良好的社会环境。

保持农业农村发展的好势头，开创农村现代化新局面，意义非凡、任务艰巨，让我们着眼全局、埋头工作，圆满完成今年农业农村发展的各项目标任务，努力为经济强省、和谐河北建设作出更大贡献，以优异成绩迎接党的十八大胜利召开！

沈小平同志在全省农村工作会议结束时的讲话

（2012年2月15日）

全省农村工作会议就要结束了。会上，传达了中央农村工作会议精神和省委常委会议上庆黎书记的讲话精神，总结了去年工作，部署了今年任务，表彰了先进单位，交流了特色经验。这是一次明确方向、谋划举措的会议，是一次凝聚力量、坚定信心的会议，是一次温故知新、相互学习的会议。下面，我就贯彻落实好会议精神，讲几点意见。

一、要在统一思想上下功夫

只有统一思想，才能统一行动，才能形成攻坚克难的强大合力。一要切实把思想统一到对农业农村总体形势的分析判断上来。近年来，在国内外经济形势复杂多变、农产品市场供需不断波动、生产要素价格持续上升的大背景下，我省实现了粮食生产“8连增”、农民增收“8连快”，确实来之不易。这既是“人努力”的联动结果，又有“天帮忙”的客观原因。同时，也必须清醒地认识到，在连续多年增产增收之后，各种支撑要素已经绷得很紧，出现滑坡拐点的几率在累积、风险在上升。在高基数高水平上，要延续农业农村发展的好势头，任务很重；在高成本高风险下，要继续提高农业产出效益，约束增多；在高增长高期望中，要持续缩小城乡收入差距，难度加大。因此，我们既要看到现实基础和有利条件，也要看到潜在问题和不利因素，严防骄傲自满、盲目乐观，增强忧患意识、责任意识。绝不能因为连续多年增产增收而思想麻痹，绝不能因为农村面貌有所改善而投入减弱，绝不能因为农村发展持续向好而工作松懈。二要切实把思想统一到“一产抓特色”的发展战略上来。对“特色”不能狭隘地理解、片面地追求，特色不是“凤毛麟角”、更不是“稀奇古怪”，而是比较优势、特殊资源。抓特色的着眼点是提高农业效益，增加农民收入；着力点是发挥比较优势、培育竞争优势。从河北的实际情况分析，我们突出的优势是在区位上环绕京津大市场，在资源上具有地型地貌和气候的多样性。庞大的消费群体构成了对主要农产品量和质的需求，多样性的地域和气候条件有利于形成对五颜六色消费食品的有效供给。因此，要围绕市场抓特色，围绕“三品”（品种、品质、品牌）抓特色，围绕增收抓特色，大力发展畜牧、蔬菜、果品三大优势产业，并按照区域化布局、规模化种养、标准化生产、产业化经营的总体要求，真正形成“人无我有、人有我大、人大我强、人强我优”的市场竞争力。三要切实把思想统一到发展现代农业的主攻方向上来。构建高产、优质、高效、生态、安全的农业体系，要树立现代生产理念。不仅研究生产什么、谁来生产，还要研究为谁生产、在哪生产。要瞄准市场建基地，优化布局成规模。要善用先进经营方式。注重“三作”，一是开放合作，面向两个市场，利用两种资源，谋求战略合作，加快发展步伐；二是资本运作，支持有条件的农业企业通过设立产业基金、在境内外上市等途径，拓宽融资渠道，提升管理水平；三是理性操作，不能单凭经验办事，只靠传统办法，要善于运用科学的手段搞定量分析，并以此结果为依据，研究问题，指导工作。要强化质量安全意识。生态、安全是发展现代农业的基本要求，对此切不可麻痹大意。要加快检验检测体系、质量追溯体系、风险评估体系建设，严把产前环境评价和投入品监管关、产中标准化生产关、产后质量检测关，实施农产品质量全程监管。

二、要在关键环节上下功夫

“三农”工作错综复杂，千头万绪，必须紧紧扭住具有战略性、全局性和长远性的关键环节。一抓产业化经营。这是转变发展方式、建设现代农业的必由之路。要把培育壮大龙头企业作为重中之重，加大项目谋划储备力度，做深做实前期工作；加强协调调度，下大力解决“瓶颈”制约问题，确保既定的100个投资亿元以上重点项目如期或提前竣工投产。要依托龙头企业、合作组织、种养大户，加快建设一批优质专用原料生产基地。要因地制宜推广合同、合作、股份制等联结形式，系紧利益纽带，构建公司与农户收益共享、风险共担的经济共同体。二抓农业科技进步。今年中央1号文件聚焦农业科技，出台了6个方面23条政策措施。省委省政府也将印发实施意见，明确具体要求。贯彻落实中央和我省文件精神，要理解和把握好几个关键点。一是在科技创新上，要取得“两大成果”，即通过实施重大工程专项，取得一批实用技术成果、一批自主创新成果，并切实解决科技与经济脱节问题；二是在技术推广上，要落实“四项政策”，即“一个衔接、一个创办、两个覆盖”（基层在岗的农技推广人员工资收入与基层事业单位人员工资收入平均水平相衔接，鼓励农业科技人员在农村一线创办经济实体和专业合作组织，基层农技推广体系改革与建设示范县项目基本覆盖农业县，农技推广机构条件建设项目覆盖全部乡镇）；三是在新型农业农村实用人才培养上，要采取“三个举措”，即提高涉农学科生均拨款标准，加快中等职业教育免费进程并落实职业技能培训补贴政策，对基层农技人员普遍进行培训。各级各有关部门要把农业科技摆上更加突出位置，下决心突破体制机制障碍，充分发挥科技进步在现代农业发展中的支撑作用。三抓水利基础建设。全面落实“广开源、重节水、强治理、惠民生”的要求，加快推进南水北调配套工程、引黄入冀补淀工程和双峰寺水库建设；加紧骨干河道、中小河流治理和病险水库除险加固，汛前完成45座小型水库除险加固任务；抓好小农水重点县、现代农业项目县和大中型灌区续建配套与节水改造，年内新增节水灌溉面积240万亩；加大农村饮水安全工程建设力度，确保400万群众吃上干净卫生水；全力推进最严格水资源管理制度试点工作，切实加强水资源管理“三条红线”建设。四抓体制机制创新。对此，赵勇副书记已作全面部署，我再强调三件事。第一，农村集体各类土地的所有权确权登记颁证要加快步伐，年底前全部完成，同时抓好农户宅基地和集体建设用地使用权确权登记颁证、土地承包经营权登记试点工作。第二，土地承包经营权流转要加快推进，通过强化管理和服务，健全纠纷调解仲裁制度，发展多种形式的适度规模经营，完成流转比例达到14.2%的目标任务。第三，专业合作经济组织要加快发展，规范运行，年内新增农民专业合作社2000家，扶持省级示范社130家。

三、要在狠抓落实上下功夫

今年“三农”工作的大政方针已定，关键在抓好落实。一要分解目标、落实责任。对省八次党代会、经济工作会和这次会议部署的“三农”重点工作，各地各有关部门要结合实际，将每项目标任务量化、细化、具体化。要按照“层层分解、逐级承担、人人有责”的要求，明确责任主体、工作标准和完成时限，真正形成一级抓一级、层层抓落实的格局。二要及时发现、有效推广。要深入实际，调查研究，认真总结新农村建设、特色农业发展、农村改革、农民增收等方面的成功经验，培育树立一批可看可学、能见成效的样板。要加强宣传引导，充分发挥典型的示范带动作用。三要观摩调度、督导检查。对新农村建设、农业产业化发展中的重点项目定期组织参观学习，营造看中学、比中超的浓厚氛围。对政策措施落实、重要任务完成及重点工程进展等情况，要真督实查，严格考评，褒优贬劣。

四、要在“始于足下”上下功夫

立春已过，雨水将至，春忙在即，贯彻落实好这次会议精神，必须从眼下抓起，从自我做起。一要扎实搞好春季麦田管理。据农情调查，目前全省小麦一类苗占45.3%，二类苗占44.7%，出苗好、群体足、个体壮，是近年来较好的一年。但是，由于小麦生长周期长，管理环节多，春季发生病虫害、旺长、干旱和“倒春寒”的可能性较大。因此，要及时组织专家会商，依据苗情、墒情和病虫情，提出意见建议，科学指导春管。要动员农技人员深入田间地头，引导和帮助农民落实肥水管理措施。要加强预测预报，完善应急预案，有效应对突发自然灾害。要搞好农资调运和供应，严格市场监管，维护农民合法权益。二要切实抓好森林草原防火。去年，省政府出台了《关于进一步加强森林草原防火工作的意见》，明确了目标任务和主要举措。从落实情况看，一些地方重视程度低，投入力度小，工作进度慢。眼下正处在防火紧要期，各级各有关部门要以全面实施这个意见为抓手，及时制定真招实策，拿出真金白银，加大基础设施建设力度，充实加强专业队伍和物资储备。一旦出现火险，要打早、打小、打了。三要高度重视动物疫病防控。从近期形势看，周边国家和地区重大动物疫情频发，国内重大动物疫病病原复杂，部分地区人畜共患病持续上升。要切实加大春季集中免疫力度，做到“应免尽免、不留空档”。要加强监测预警，突出重点区域，扩大覆盖范围，及时发现疫情。要严格动物检疫监管，强化部门和区域协作，杜绝监督漏洞。要完善防控预案，落实人力物力保障，搞好应急处置，严防重大动物疫病发生。四要合力推进扶贫开发。为尽快启动新一轮扶贫攻坚行动，近期要抓紧做好三件事：一是认真调查摸底。按照新的标准在摸清扶贫对象底数的基础上，建档立卡，做到户有卡、村有册、乡有薄、县录入。这项工作务必6月底前完成。二是制定实施意见。为落实国家新十年扶贫开发纲要，省委省政府将出台实施意见。省扶贫办要尽快修改完善，按程序报批，争取2月底前下发。三是科学编制规划。把燕山-太行山区、黑龙港流域、环首都9县作为主战场，制定三个区域的扶贫攻坚规划。各地各有关部门要协调联动，主动对接，确保5月底前完成。

张庆黎同志在全省扶贫开发暨环首都扶贫攻坚示范区建设工作会议上的讲话

（2012年2月29日）

中央对扶贫开发工作始终高度重视，先后作出了一系列重大决策部署。去年5月印发的《中国农村扶贫开发纲要（2011—2020年）》，确定了今后10年我国扶贫开发的目标任务和重大举措。在去年底召开的中央扶贫开发工作会议上，胡锦涛总书记、温家宝总理等中央领导同志发表了重要讲话，为我们做好新时期扶贫开发工作进一步指明了方向，以此为标志拉开了新阶段扶贫开发的序幕，吹响了打好扶贫攻坚战的号角。特别是国家大幅度提高扶贫标准、进一步深化扶贫内涵，这是社会发展进步的重要体现，是我们党执政为民的重要体现。各地各部门各单位一定要认真学习贯彻，切实把思想和行动统一到中央精神上来，举全省之力打好新一轮扶贫开发攻坚战。

河北贫困人口较多，扶贫开发任务很重。改革开放以来，农村家庭联产承包责任制的实施，极大地解放和发展了农村生产力，一部分群众迅速走上致富道路，同时也为解决贫困人口温饱问题奠定了重要基础。之后，在国家有组织、有计划、大规模推进农村扶贫开发的大背景下，我省认真贯彻“八七”扶贫攻坚计划和新世纪头10年扶贫开发纲要，坚持党委领导、政府主导，全民动员、合力攻坚，扶贫开发工作取得显著成绩。农村贫困人口由2001年的570万减少到2010年的350万，贫困群众的生活由缺吃少穿到基本解决温饱，各项社会事业由严重滞后到全面进步，贫困地区的面貌发生了明显变化。这是党中央、国务院坚强领导的结果，是贫困地区广大干部群众艰苦奋斗的结果，也是方方面面共同努力的结果。在这里，我代表省委、省政府，向受到表彰的先进集体、先进个人表示热烈的祝贺，向贫困地区广大干部群众和扶贫开发战线的同志们表示亲切的慰问，向长期以来关心支持河北扶贫开发事业的各部门各单位和各界人士表示崇高的敬意！

这次会议选择在贫困地区召开，并在各地设立分会场，会前省委常委会和省政府常务会作了专题研究，会上组织实地观摩和讨论交流，还要出台我省贯彻中央新10年扶贫开发纲要的《实施意见》。召开这么一个高规格大规模的会议，采取这么大举措推动扶贫开发工作，充分表明了省委、省政府打好这场硬仗、啃下这块硬骨头的决心和意志。这次会议之所以选在列入国家连片的特殊困难地区的燕山——太行山地区和省里确定的环首都扶贫攻坚示范区的涞水县召开，主要是让同志们亲眼看一下贫困县的情况，亲身体会一下在这里工作生活的人民群众和广大基层干部所面临的困难、付出的艰辛，以及老百姓对党的感情、善良纯朴的美德和盼望富裕的心情。我们常讲：不到长城非好汉，不到现场没体验。只有到了这里实地看一看老百姓的生产生活状况，才能感受贫困，体验艰苦，磨炼意志，提升境界，从而增强打好这场扶贫攻坚战的紧迫感和责任感。上午我们实地考察了涞水县的3个村，使大家思想上受到了深刻的教育，心灵上受到了很大震撼。刚才，庆伟同志作了很好的讲话，对我省扶贫开发工作作了全面总结，对当前和今后一个时期的任务进行了安排部署，思路清晰，目标明确，措施具体，各地各部门各单位要认真抓好贯彻落实。下面，我讲几点意见。

一、统一思想认识，坚定推进新阶段扶贫开发的信心

当前，我们正处于全面建设小康社会的关键时期，正处于深化改革开放、加快转变经济发展方式的攻坚时期，也进入了新的10年扶贫攻坚时期。河北同全国一样，扶贫开发从以解决温饱为主要任务的阶段，转入巩固温饱成果、加快脱贫致富、改善生态环境、提高发展能力、缩小发展差距的新阶段。推进新一轮扶贫开发，首要的是提高思想认识，切实增强做好这项工作的责任感和紧迫感。

第一，坚持以人为本、执政为民，要求必须打好扶贫开发攻坚战。实现好人民群众的根本利益，是我们一切工作的出发点和落脚点。让贫困群众吃饱穿暖、脱贫致富，是实践党的宗旨最直接最现实的体现。特别要看到的是，我省按国家新的标准划定的62个重点贫困县中，有57个是革命老区县，在革命战争年代，这里的人民群众把最好的粮食作军粮，用最好的棉布作军装，送最好的儿郎上战场，为民族解放和新中国建立付出了巨大牺牲，涌现出了“平山团”、狼牙山五壮士等一大批英模和先烈。在和平建设时期，老区人民又为河北乃至全国的经济社会发展，尤其是为首都保水源、阻沙源和保稳定、促和谐作出了很大贡献。对此，我们永远不能忘记！现在，新中国成立60多年了，改革开放也30多年了，如果不能尽快让贫困群众脱贫致富，我们就无法向革命先烈和老区人民交代。各级党委、政府一定要站在密切党与群众的血肉联系、巩固党的执政基础的高度，切实把加快扶贫开发进程作为义不容辞的政治责任，作为重中之重的紧迫任务抓紧抓实抓好。

第二，建设经济强省、和谐河北，要求必须打好扶贫开发攻坚战。省第八次党代会确定了建设经济强省、和谐河北的战略目标，体现了全省人民的共同意志，受到了上上下下、方方面面的广泛认同。实现这一宏伟目标，最艰巨最繁重的任务在农村、在贫困地区。据测算，我省贫困县人均 GDP、人均地方财政收入、农民人均纯收入，分别是全省平均水平的49.5%、26.2%和66.4%。特别是燕山——太行山区、张承坝上地区、黑龙港流域干旱盐碱区和环首都贫困县，自然条件较差，经济基础薄弱，社会事业滞后，已成为建设经济强省、和谐河北的“短板”和“洼地”。还要看到的是，如果按照我省以前的1500元扶贫标准计算，目前有350万农村贫困人口；如果按照中央2300元新的扶贫标准测算，我省农村贫困人口可能在870万左右。无论是做大经济总量还是提升发展质量，无论是改善人民生活还是推进社会进步，贫困地区都是最难啃的硬骨头。我们一定要以更大的决心、更强的力度、更有效的举措，扎实做好扶贫开发的各项工作，使贫困地区在较短的时间内发生较大的变化。

第三，实现协调发展、共同富裕，要求必须打好扶贫开发攻坚战。协调发展是科学发展的基本要求，共同富裕是社会主义的本质要求。贫穷不是社会主义，两级分化也不是社会主义。实现河北更好更快更大发展，既要推进优势地区聚集发展，做大沿海经济，又要促进贫困地区加快发展，缩小地区差距，努力构筑区域经济发展新格局。现在距2020年实现全面建设小康社会的目标，满打满算只有9年的时间了。对贫困地区来讲，目标和时间是一样的，起点和条件是不同的，可以说时间紧、任务重、难度大，仅靠自身努力难以实现。只有举全省之力，深入推进扶贫开发，推动贫困地区加快发展、跨越式发展，才能充分体现社会主义制度的优越性，充分调动广大人民群众的积极性，确保让贫困群众与全省人民同步进入全面小康，共享改革发展成果。

发展是解决贫困地区所有问题的基础和关键。贫困地区最急的是发展，贫困群众最盼的是发展。这道理那道理，发展才是硬道理；这变化那变化，发展才会有大变化。全省各地各部门各单位一定要从全局和战略的高度，不断加深对搞好扶贫开发重大意义的认识，广泛动员起来，迅速行动起来，向贫困宣战，摆开主战场，打好攻坚战，为贫困地区更好更快更大发展，为贫困人民群众创造幸福生活而攻坚克难、不懈奋斗。

二、明确目标任务，全面展开新一轮扶贫开发攻坚战

推进新阶段扶贫开发的总体要求是：高举中国特色社会主义伟大旗帜，以邓小平理论和“三个代表”重要思想为指导，深入贯彻落实科学发展观，全面落实中央扶贫开发工作会议和省第八次党代会精神，以贫困村和贫困户为主要对象，以集中连片特困地区为主战场，以改善生产生活条件为基础，以增加农民收入为核心，坚持政府主导、

分级负责，坚持集中扶持、重点突破，坚持统筹发展、打造亮点，努力推动贫困地区经济社会更好更快更大发展。

根据中央精神，结合河北实际，我省提出了新一轮扶贫开发的主要目标。总的是，到2020年实现贫困地区生产条件有大改变、生活条件有大改善、社会事业有大发展、社保水平有大提高、生态环境有大改观，具备劳动能力的扶贫对象掌握创业本领、走上致富道路，缺乏劳动能力的贫困人口享受农村低保、确保基本生活。具体讲，就是稳定实现扶贫对象的“两不三有”，即：不愁吃、不愁穿、有学上、有医疗、有房住。“两不”是最基本的，核心在“吃穿”，关键是不发愁。“三有”是上层次的，也是健康生活的基本需要，关键是有内涵。不愁吃，不是说有碗饭、不挨饿就行了，而是要家中有余粮，柴米油盐不断顿，不仅吃得饱，而且尽量吃得好。不愁穿，不是说有件衣裳能遮体、一件衣服管冬夏，而是要有换洗的衣裳、有不同季节的衣服，特别是冬天能保暖、不受冻。有学上，不是说简单地做到有人教书、有地方上学，更不是破房子、泥台子、土孩子，而是要有达标的基础设施和师资力量，确保所有适龄儿童都能够接受完整的义务教育，决不能让一个孩子因贫困而失学或辍学。有医疗，不是说有病能打上针、吃上药就可以了，而是要提高新型农村合作医疗参合率和服务水平，让所有的贫困群众能够看得上病、看得好病，尽量少生病，尽量减少因病返贫。有房住，不是说只是有个地方能避风雨、能容身，而是要不断改善农村困难家庭居住条件，让贫困群众能够住上安全实用的房。

做好新阶段扶贫开发工作，总的要求是：决心要大，措施要硬，效果要好。具体地讲就是：要坚持开发式扶贫方针，更加注重转变经济发展方式，更加注重增强扶贫对象自我发展能力，更加注重基本公共服务均等化，更加注重解决制约发展的突出问题。实践中，要把握好“五个一”：

第一，要突出一个重点。就是改善生产生活条件，为贫困地区经济社会发展打下坚实的基础。从我省实际看，交通不便、信息闭塞、缺水少电、生态脆弱等，是长期制约贫困地区发展的主要瓶颈。有的地方至今仍然是种地望天收，人畜饮水难，农副产品运不出去，广播电视没有信号。要把加强水电路讯房建设、山水林田村整治、科教文卫保配套，作为扶贫攻坚的着力点和突破口，抓住不放，持续用力，整合资源，提高实效，从根本上扭转贫困地区基础条件落后的局面。要加强县城和小城镇改造建设，完善配套设施和功能，提升综合承载能力，促进人口向城镇有序转移。

第二，要找准一条路子。就是紧紧瞄准贫困群体，多渠道增加农民收入，使贫困群众走上脱贫致富之路。扶贫开发不是权宜之计，也不是一时的救济，最终是要立足实际培育产业，带动农民持续增收，让群众的票子多起来、腰包鼓起来，生活水平像芝麻开花一样节节高。要全面实施“一产抓特色、二产抓提升、三产抓拓展”的发展战略，宜农则农，宜林则林，宜牧则牧，宜菜则菜，宜工则工，宜商则商，宜游则游，各唱各的拿手戏，各打各的优势牌，不能照抄照搬别人的经验。要抓好劳务培训，组织好劳务输出，促进贫困地区劳务经济发展。只要是有利于科学发展、增加群众收入、改变贫困面貌的产业和项目，都要积极支持，促其做大做强。

第三，要完善一个格局。就是充分发挥专项扶贫、行业扶贫、社会扶贫的作用，巩固和发展“三位一体”大扶贫格局。扶贫开发是一项社会系统工程，把多方力量、多种举措有机结合起来，才能最大限度地扩大扶贫资源，做到优势互补，提高工作成效。要管好用好专项扶贫资金，认真组织实施整村推进、产业发展、以工代赈、易地搬迁等扶贫工程；要切实履行行业职能，在资金、项目、政策等方面实施倾斜，促进贫困地区发展环境和条件的改善；要鼓励引导社会各界参与扶贫开发，群策群力地加快贫困地区发展、促进贫困群众脱贫致富。

第四，要强化一个保障。就是发展社会事业、健全社会保障、创新社会管理，不断提高基本公共服务水平。从现实看，贫困地区之所以贫困，除自然条件外，社会事业发展滞后、社会保障水平低、社会管理相对薄弱、人口无序膨胀是重要因素。如果这方面没有大的突破，不仅难以从根本上解决问题，即使脱贫也容易因病、因灾、因学等而返贫。要下大力加快贫困地区教育文化、公共卫生等社会事业的发展，完善以农村低保、新型合作医疗、新型农村养老保险为核心的社会保障体系，积极推动社会管理创新，优化社会服务，做好人口与计划生育工作，为实现稳定脱贫构筑坚强后盾。

第五，要抓住一个关键。就是加强基层组织建设，打造扶贫开发的坚强战斗堡垒，留下永远不走的工作队。多年的实践证明，给钱给物，不如帮助建个好支部，有了强有力的基层组织和好的带头人，群众就有了主心骨。要把扶贫开发与全省正在开展的加强基层建设年活动紧密结合起来，按照10个“一定要”的要求，以干部下基层为抓手，以创先争优为动力，以后进村转化为重点，健全组织，配强班子，尤其要把那些思想政治素质好、脱贫致富本领大、组织协调能力强的优秀人才选拔到农村党组织书记和村委会主任岗位上来，更好地带领群众脱贫致富。

三、汇聚全省之力，加快打造环首都扶贫攻坚示范区

环首都是我省独有的区位。由于自然、历史等多种原因，我省在首都周围还有相当数量的贫困县，与北京现代大都市形成强烈反差。那边是气派繁华的高楼大厦，这边

是低矮破旧的土坯房；那边是宽阔平坦的公路，这边是崎岖不平的道路，被形容为“地界相连两重天、欧洲非洲各一边”。就拿我省环首都的9个特困县来说：2010年人均生产总值只有15459元，全部财政收入人均1544元，地方一般预算收入人均702元，农民人均纯收入3034元，不要说与紧邻的北京郊区相比了，就是与河北省的平均数相比差距都是很大的。再拿涞水县与相邻的北京房山区相比，差距就更大了。（1）去年人均生产总值：涞水是1.1万元，房山是4.4万元；（2）全部财政收入：涞水是3亿元，房山是117.5亿元；（3）居民储蓄：涞水是50亿元，房山是476.5亿元；（4）农民人均纯收入：涞水是4224元，房山是13527元；（5）城镇居民人均可支配收入：涞水是1.3万元，房山是2.7万元。可以说，不比不知道，一比吓一跳。

对我省的环首都贫困带，中央非常关心，各方面十分关注。推进扶贫开发同其他工作一样，平均用力齐步走是难以达到预期效果的，应该坚持先易后难，先吃肉后啃骨头，支持有条件的地方加快发展，发挥示范带动作用。兴隆、滦平、丰宁、沽源、赤城、蔚县、涞源、易县、涞水等9县紧邻北京，是国家和我省确定的重点扶贫开发区域，这一地区贫困人口多但发展潜力大，集中力量扶一扶、推一推，就能早日见到成效，并为其他地方脱贫致富积累经验、闯出路子，当好示范。我们要从河北的独特区位和贫困地区的现实条件出发，以贯彻落实新阶段扶贫开发纲要和中央扶贫开发工作会议精神为契机，坚持重点先行、率先突破，举全省之力抓好环首都扶贫攻坚示范区建设，经过二三年的艰苦努力，打造展示扶贫开发成果的一道靓丽风景线，走出一条生产发展、生活富裕、生态良好的发展之路。当前和今后一个时期，务求在四个方面取得突破。

第一，基础设施要跨大步。要适应新阶段扶贫开发的新要求，顺应贫困群众过上更好生活的新期待，把基础设施建设作为硬任务、硬指标，开展攻坚战，强力往前推，尽快与北京郊县对接，向更高水准迈进。对与群众生产生活密切相关的农田水利、交通电力、通讯邮政、饮水安全、教育文化、医疗卫生、危房改造等事项，要理一理，排一排，找准薄弱环节，逐一加以解决。要分清轻重缓急，科学制定规划。确定长期目标和年度计划，要从最紧迫的问题入手，从群众反映最强烈的问题抓起，尊重民意、集中财力，每年办成几件看得见、用得上、能受益的实事。要认真组织实施，对每项任务进行细化、量化、具体化，明确责任主体、工作标准和完成时限，对重点工程要组建专门班子抓监管、抓质量、抓进度，干一项、成一项，真正发挥作用。经过几年努力，确保打一场漂亮的基础设施翻身仗。

第二，特色产业要上水平。脱贫致富，归根结底靠产业发展、靠项目支撑。要结合各自实际，发挥比较优势，在突出特色、特色增效上下功夫，在项目建设、培育产业上见成效，为增加群众收入、发展县域经济栽上“摇钱树”，养上“下蛋鸡”。农业要坚持人无我有、人有我优，瞄准首都市场调整结构，依靠科学技术提高品质，走优质高效、加工增值的路子，做到不求其多、但求其特，不求其全、但求其精，推出一批“绿色菜”、“健康果”、“放心肉”。旅游业要把丰富的自然资源和深厚的人文内涵有机结合起来，提炼主题、打响品牌，整合资源、串连成线，做足做好山水、冰雪、草原、温泉、长城、民俗、古迹等文章，完善吃住行游购娱全过程、全方位服务，打造首都居民旅游、休闲、度假的重要目的地。特别要通过农家乐、乡村游等方式，让广大群众参与进来、从中受益。有条件的地方要把改造提升传统产业与培育发展新兴产业结合起来，促其上规模上档次，在壮大经济实力的同时，创造更多的就业机会和岗位。通过多措并举，确保每个扶贫对象增收有项目、致富有门路。

第三，生态环境要争一流。生态环境是生命线。好的生态不仅给人们提供好的生活环境，而且是一笔十分重要的财富，从某种意义上讲，保护生态是脱贫之基，改善生态是致富之道。贫困地区要本着对子孙后代负责的态度，像爱护眼睛一样爱护生态，像延续生命一样建设生态，决不能以牺牲生态为代价换取一时的发展。要把“绿”与“富”结合起来，统筹扶贫开发和生态建设，大力实施首都水资源可持续利用、京津风沙源治理、退耕还林还草等重点生态工程，构筑首都绿色屏障，建设脱贫致富的“绿色银行”。要抓好源头治理，加快改水、改厨、改厕、改圈步伐，变传统的放养散养为舍饲养殖，变烧柴烧草做饭取暖为利用沼气、太阳能等清洁能源，使生产生活方式与生态环境要求相适应。首都周边一些地方环境容量有限，属于限制开发区域，决不能搞能耗高、污染大的项目，现有项目也要按照节能减排的要求加大治理力度，不达标的要坚决淘汰。通过扎实有效的工作，确保人民群众富起来，确保贫困地区的天更蓝、地更绿、山更青、水更秀。

第四，农民素质要大提升。实现脱贫致富，外部帮扶是条件，自身努力是基础，提高素质是关键。要在抓好经济建设这个硬实力的同时，努力把文化建设这个软实力搞上去，大力实施文化惠民工程，提高广大贫困群众的综合素质，培养造就一代有觉悟、有文化、懂技术、会经营的新型农民，使脱贫的办法越来越多、致富的路子越走越宽。要坚持“扶贫”与“扶志”相结合，突出抓好形势政策教育，让群众真正明白惠在何处、惠从何来，坚定热爱党、热爱祖国、热爱社会主义的信念，树立自强自立、艰苦奋斗意识，增强改变贫困面貌的信心和斗志，以自己的辛勤劳动创造美好的生活。要坚持“输血”与“造血”相结合，强化技能培训和职业教育，有针对性地送知识、送技术、送信息，提高贫困群众的自我发展能力，努力实现一次培训，改变命运；一人就业，全家脱贫。要坚持“群体”与“个体”相结合，发挥先进典型的引领作用，形成一个能人支撑一个项目、带动一个产业、领富一方百姓的良好局面。通过深入细致的工作，确保广大农民群众的素质有一个大的提高。

推进环首都扶贫攻坚示范区建设，要发挥区位优势，加大开放力度，以开放促开发、促跨越。要解放思想，善于用开放的思路谋划和推动工作，特别要善于借船出海、借梯上楼、借鸡下蛋，不能“守着金山没饭吃、紧邻源泉没水喝”。要抓住用好区域经济一体化和国家重点扶持集中连片特殊困难地区的重大机遇，主动接受首都辐射，自觉融入首都发展，在政策、功能、产业、设施等方面搞好对接，把更多的资源和要素引进来为我所用，使更多的产品和服务走出去占领市场。要注重发挥好各类园区的聚集作用，完善招商引资的平台和载体，优化投资环境，提供优质服务，切实做到引得来、留得住、发展得好，使扶贫开发活力更足、步伐更快。

四、加强组织领导，确保新阶段扶贫攻坚不断取得新胜利

推进新阶段扶贫开发，是全党全社会的一件大事，是历史赋予我们的庄严使命。各级党委、政府要把这项工作纳入经济社会发展全局，摆上重要议事日程，及时研究解决重大问题。要按照一个好的精神状态、一个好的工作作风、一个好的工作业绩“三个一”的要求，做到执政为民重视扶贫，以人为本谋划扶贫，统筹城乡推动扶贫，改革开放促进扶贫，求真务实抓好扶贫。

第一，一定要落实领导责任。要实行扶贫开发工作责任制，建立和完善省负总责、市抓推进、县抓落实和片为重点、工作到村、扶贫到户的管理体制和工作机制，一级抓一级、层层抓落实，责任到人、任务上肩。党政“一把手”特别是贫困县的党政主要负责同志要认真履行第一责任人的职责，既抓决策部署，更抓推动落实。省委、省政府将把扶贫工作纳入市县领导班子和领导干部综合考核评价体系，严格考评，兑现奖惩，更好地激励各级干部做好工作。发展与稳定是相辅相成的，没有稳定的环境，什么都干不成。贫困地区要坚持发展是第一要务、稳定是第一责任，一手抓扶贫攻坚不动摇，一手抓和谐稳定不放松，为党的十八大胜利召开，为各项事业健康发展创造良好的社会环境。

第二，一定要强化政策支持。着眼于推进新阶段扶贫开发，中央出台了一系列扶持政策，我省除这次会上出台的贯彻中央纲要的《实施意见》外，还将专门出台大力度支持燕山——太行山区和环首都连片特殊困难地区扶贫攻坚的政策措施，出台支持黑龙港流域扶贫开发的政策措施。各地各部门各单位都要怀着对贫困地区人民群众的深厚感情，本着务实、高效、管用的原则，整合各方面的资源，倾力支持扶贫开发。要搞好扶贫开发与其他政策的衔接配套，并根据实施情况及时完善，尽快形成有利于贫困地区加快发展的配套政策体系，最大限度地发挥政策效应。

第三，一定要加大资金投入。要充分发挥政府投入在扶贫开发中的主导作用，在积极争取国家支持的同时，加大各级财政投入，确保扶贫开发资金稳定增长。我省财力还不宽裕，要优化调整财政支出结构，该省的一定要省下来，但扶贫资金一定要足额到位，决不能拖欠。从实际看，现在一方面扶贫资金有限，另一方面条块分割，使用分散，缺乏统筹协调。要坚持渠道不乱、用途不变、各负其责、各记其功，加强各类资金整合，把钱用在关键处，集中财力办大事，提高资金使用效率，决不能撒胡椒面、平面推。同时，要采取多种方式，引导信贷资金和社会资金投向贫困地区，有效破解资金瓶颈。省里将出台金融支持扶贫的实施意见，各地要积极主动地做好相关工作。

第四，一定要形成工作合力。扶贫攻坚是全社会的共同责任。各机关单位、人民团体、国有企业、高等院校、军队武警等都要按照“三位一体”大扶贫格局的要求，各尽其责，积极参与，承担相应的定点扶贫任务，一定5年，不脱贫不脱钩，不致富不撤离。要鼓励引导非公有制企业、社会组织发挥各自优势，履行社会责任，通过多种方式投身扶贫开发。要充分发挥各级老促会的作用，积极创造条件，支持他们开展调研、牵线搭桥、协调联络，为促进革命老区加快发展贡献力量。在这里我特别要指出的是，举全省之力打好扶贫开发攻坚战，要实行严格的责任制，实行省级领导包县，厅级领导包乡镇，处级领导包村。要加强宣传教育和正面引导，通过多种形式展示扶贫开发的成就经验和典型事迹，弘扬中华民族扶贫济困的优良传统，在全社会形成关心贫困地区、关爱贫困群众的浓厚氛围。

第五，一定要紧紧依靠广大人民群众。能不能把扶贫攻坚这个硬仗打好，关键是要相信和依靠基层的干部和群众，充分发挥基层干部群众的积极性和创造性。他们祖祖辈辈生活在这里，对这里的山山水水、乡情村情最了解、最有感情、最有发言权，他们中蕴藏着无限的创造力，从今天考察的这3个村就充分证明了这一点。石亭镇曲家磨村和北京房山区的郑家磨村地连地、村挨村，人家郑家磨村已经过上了幸福的日子，而我们的曲家磨村仍然过着让人看了就心酸的穷日子，尽管这样，但这里的百姓对党和社会主义充满了深厚感情，对美好的生活十分渴望。宋各庄乡郭各庄村，几年前还是一个远近闻名的穷村、“光棍

村”，这几年在党的富民政策的引领下，在村支书郭志刚同志的带领下，找准了优势，唱了特色戏，靠独特的麻核桃、薄皮核桃和串枝红杏，已找到了致富的路子，逐步过上了好日子，老百姓对党支部、对支部书记充满了感情，发自内心地拥护，55岁的老党员村民刘桂明的一席话令人感动。还有娄村乡石圭村通过学习山东寿光的经验，发展了设施大棚菜，使这个村开始走出困境，走向富裕。从这3个村的实践中，我们可以悟出许多许多，但最主要的有这么4点：（1）党的富民政策一定要宣传落实好；（2）老百姓的积极性、创造性一定要发掘保护好；（3）当地的优势一定要发挥好；（4）村里的带头人一定要选好。一句话，事在人为，有志者事竟成。

第六，一定要加强队伍建设。贫困地区的干部队伍处在扶贫开发前沿，各级扶贫开发部门承担着具体组织协调、指导帮扶的重任，抓好自身建设至关重要。扶贫攻坚，干字当先。贫困地区的干部要发扬忠诚、敬业、吃苦、奉献的优良传统，牢记职责、一心为民，把全部心思和精力投入到改变贫困面貌中，切实做到人在岗上、岗在心上，群众不富、寝食难安；要苦干不能苦熬，要只争朝夕，不能慢慢腾腾，坚持工作在基层、战斗在一线，宁肯自己多受累，也要让群众快脱贫，宁肯自己掉上几斤肉，也要让群众走上致富路。要加强检查考核，把对群众感情深不深、扶贫开发抓得紧不紧、工作业绩实不实作为检验贫困地区干部的一个硬杠杠。对那些长期在贫困地区工作、实绩突出的干部要给予褒奖重用，对那些几年下来面貌依旧、无所作为的要坚决调整，决不让群众公认、竭力干事的人吃亏，决不让不谋其政、不干实事的人沾光。各级扶贫部门的干部要深入研究新阶段扶贫开发的新情况新问题，始终把贫困群众的安危冷暖放在心上，急群众之所急，干群众之所盼，为贫困地区加快发展建功立业，不辜负各级党委、政府和广大人民群众的殷切期望。要加强扶贫办队伍建设，尤其是62个扶贫开发工作重点县的机构设置、人员编制、办公经费及车辆，要根据工作需要，本着加强的原则，配齐配强，对扶贫干部在政治上给予关心，工作上大力支持，为他们创造良好的工作条件。

推进扶贫开发是民心工程，是民生之本。现在目标任务已经明确，攻坚号角已经吹响。我们一定要在以胡锦涛同志为总书记的党中央坚强领导下，高举中国特色社会主义伟大旗帜，深入贯彻落实科学发展观，坚定信心，开拓进取，扎实工作，全力打好新阶段扶贫开发攻坚战，以优异成绩迎接党的十八大胜利召开，向党和人民交上一份满意的答卷！

张庆伟同志在全省扶贫开发暨环首都扶贫攻坚示范区建设工作会议上的讲话

（2012年2月29日）

这次会议主要是深入贯彻落实中央扶贫开发工作会议、省第八次党代会和省“两会”精神，全面总结我省前10年扶贫开发工作取得的成绩，深入分析面临的新形势，对当前和今后一个时期的扶贫开发工作进行安排部署。庆黎书记将作重要讲话，我们一定要认真学习领会，抓好贯彻落实。下面，我讲几点意见。

一、坚持把扶贫开发摆在经济社会发展的战略位置

搞好扶贫开发、努力消除贫困，是我们党和政府统筹城乡发展、实现共同富裕的重大举措，是全面建设小康社会、加快社会主义现代化建设的战略任务。党中央、国务院始终高度重视扶贫开发工作。胡锦涛总书记、温家宝总理等中央领导同志在中央扶贫开发工作会议上强调，扶贫开发是一项长期而重大的任务，是一项崇高而伟大的事业，必须扎实做好扶贫开发工作，确保到2020年实现全面建设小康社会目标。这为我们做好新一轮扶贫开发工作指明了方向。

改革开放30多年特别是近10年来，省委、省政府把解决贫困问题作为事关经济发展和社会稳定全局的大事，围绕扶贫攻坚计划和农村扶贫开发规划的实施，开展了有计划、有组织的大规模扶贫开发，取得了显著成绩。坚持把发展作为实现减贫的根本举措，着力发展富民产业，实现了贫困人口大幅度减少。按照国家原扶贫标准，全省贫困人口由2001年的570万人减少到2010年的350万人，10年减少220万人，贫困发生率由10.6%下降到6.3%。坚持以加强基础设施建设为突破口，着力提高公共服务水平，促进了贫困地区生产生活条件的改善。全省52个重点县解决饮水困难人口338万人、饮水困难牲畜208万头，新增基本农田14.7万公顷，新修公路2.3万公里，贫困村实现了户户通电，对5.1万特困人口实施了易地扶贫搬迁，基本完成7000多个贫困村的整村推进任务。坚持走开发式扶贫的路子，大力实施“扶贫开发细胞工程”，提高了贫困地区的自我

发展能力。帮助29万贫困家庭建设了经常性增收项目，培训转移贫困劳动力13万人，开展实用技术培训27万人次，2010年全省52个扶贫开发重点县农民人均纯收入达到3642元，年均递增7.7%。坚持政府主导、群众参与、部门帮扶、社会推动，集中力量扶贫攻坚，形成了大扶贫工作新格局。大力实施党政机关、企事业单位、大专院校（科研单位）、经济强县“四帮一”扶贫工程，充分发挥工商联、工经联、老区建设促进会等社会组织的桥梁作用，鼓励民营企业、扶贫志愿者等社会力量参与扶贫开发，构建起多层次、宽领域、全方位的扶贫开发新模式。

当前，扶贫开发已经从以解决温饱为主转入巩固温饱成果、加快脱贫致富、改善生态环境、提高发展能力、缩小发展差距的新阶段，加快推进扶贫开发面临着许多困难和问题。一是标准提高形成了新挑战。按照2300元的新扶贫标准测算，我省贫困人口在870万左右，其中扶贫对象近700万，约占乡村总人口的13%，与10年前相比不降反增。二是内涵深化赋予了新任务。国家新的扶贫目标，对贫困户收入、集体经济、村容村貌、特色产业、综合实力、民生保障等都提出了明确要求，既包括生存需要，又包括发展需要，扶贫开发的任务更加艰巨。三是战略调整增加了新难度。中央把集中连片特困地区作为新阶段扶贫开发的重点，我省燕山——太行山深山区和黑龙港流域，大部分处于国家和省划定的连片特困地区，贫困面大、条件恶劣、基础薄弱、发展缓慢，整体脱贫的难度加大。四是返贫加剧带来了新压力。我省自然灾害频发，贫困地区的抗灾能力较弱、人口整体素质不高，加之疾病、市场风险等因素的影响，导致返贫压力加大，相对贫困问题凸显。在时间紧、任务重、难度大的情况下，要实现全面稳定脱贫，需要付出更加艰辛的努力。

做好新时期的扶贫开发工作，面临着难得的机遇。中央扶贫开发工作会议的召开、《中国农村扶贫开发纲要（2011—2020年）》的实施，为全面做好新时期扶贫开发工作提供了有力保障。省第八次党代会、省“两会”提出举全省之力打好扶贫攻坚战，为深入推进扶贫开发工作创造了有利条件。贫困地区干部群众想脱贫、盼致富的愿望十分强烈，实现更好更快更大发展的热情和干劲空前高涨，为深入推进扶贫开发工作营造了良好氛围。

贫穷不是社会主义。全面消除贫困、实现共同富裕，是社会主义制度优越性的根本体现，是全面建设小康社会的必然要求，是建设经济强省、和谐河北的现实需要。各级各部门一定要充分认识扶贫开发的重要性和紧迫性，切实增强责任感、使命感，以更大的决心、更强的力度、更实的举措，推动新阶段扶贫开发工作迈出新步伐。

二、举全省之力打好新时期扶贫开发攻坚战

古人云，众力并则万钧举。省第八次党代会明确提出要举全省之力打好扶贫攻坚战，省委、省政府下发了我省新10年扶贫实施意见。落实这一要求和实施意见，我们必须从现在做起，集中力量和智慧，只争朝夕，全力以赴地做好扶贫开发工作。当前和今后一个时期，全省扶贫开发工作的主要目标是：力争到2015年，扶贫对象人均纯收入增幅高于全省农民收入平均水平，贫困地区基本公共服务主要指标接近全省平均水平；到2020年，稳定实现扶贫对象不愁吃、不愁穿，保障其义务教育、基本医疗和住房目标，使贫困地区的生产条件有大改变、生活条件有大改善、社会事业有大发展、社会保障水平有大提高、生态环境有大改观，基本公共服务均等化水平明显提高，发展差距进一步缩小。围绕实现这一目标，要以连片特困地区和环首都贫困地区为扶贫开发主战场，统筹兼顾、突出重点、协调推进、全面发展，确保在以下五个方面取得实质性进展。

（一）实施扶贫攻坚，推动连片特困地区加快发展。实施集中连片特困地区扶贫攻坚，是中央推进区域协调发展的重大决策，是新阶段扶贫开发战略的重大创新。要继续坚持开发式扶贫方针，加大连片特困地区扶贫开发力度。

坚持规划先行。连片特困地区扶贫攻坚是一项综合治理的系统工程，必须搞好规划布局。要围绕“区域发展带动扶贫开发、扶贫开发促进区域发展”的要求，在摸清底数的基础上，加快制定燕山——太行山和环首都连片特殊困难地区、黑龙港流域等重点区域发展与扶贫攻坚规划，抓紧编制整村推进、扶贫搬迁、定点帮扶等各类专项扶贫开发规划。规划要突出区域特点和比较优势，重点加强和改善民生，体现宏观性、前瞻性、指导性。由省扶贫办牵头，组织各有关市县和省有关部门认真做好前期工作，为规划的制定创造有利条件。

突破重点区域。国家划定的燕山——太行山特困片区，涉及张家口、承德、保定3市22个县。这些县紧邻和环绕首都北京，要全力支持、集中投入、综合开发，优先解决制约发展的瓶颈，加快基础设施建设，提升公共服务水平，培育特色优势产业，尽快改变落后面貌。要结合我省实际，把以沧州、衡水、邢台、邯郸为重点的黑龙港地区作为省级连片特困地区，参照国家政策予以支持，促其快速发展。

强化政策扶持。对特殊困难地区，必须特别对待、重点倾斜、优先支持。国家和省大型项目、重点工程和新兴产业要优先向符合条件的特困地区安排，适当提高连片特困地区重点项目投资补助标准或资本金注入比例，提高农

村小型基础设施建设补助标准。要整合资源要素，推动基本公共服务向贫困地区延伸、向贫困人口覆盖，在连片特困地区实施一批教育、卫生、文化、就业、社会保障等民生工程，改善贫困地区的生产生活条件。

搞好片外扶贫。坚持统筹推进、协调发展，加快国家和省定特困片区外的重点县和贫困村的扶贫开发，特别是对新进入的国家和省级重点县，要有针对性地采取措施，做好基础工作，加大政策宣传，确保顺利推进。唐山、廊坊及省内其他较发达地区都存在一定数量的贫困人口，要结合本地实际，制定扶贫计划，增加扶贫投入，搞好自主扶贫，尽快脱贫致富。

（二）推进开发式扶贫，提高贫困地区自我发展能力。促进扶贫对象自我发展，是改变贫困地区落后面貌、实现脱贫致富的根本出路。要创新发展思路和发展模式，不断增强贫困地区的“造血”功能。

加快基础设施建设。全面提升贫困地区基础设施和公共服务水平，着力实施一批基础性、公益性重大基础设施项目，大力推进农村饮水安全、道路、电力、农田水利和农村危房改造工程，加强贫困地区文化、信息基础设施建设。力争到2020年，贫困地区农田基础设施建设水平、农村饮水安全保障程度和自来水普及率进一步提高，贫困地区基本实现乡乡通三级公路、行政村通等级公路、具备条件的自然村全部通公路，全面完成贫困地区农村危房改造任务。要在群众自愿的前提下，抓好扶贫移民搬迁和生态移民，特别是对燕山——太行山区条件恶劣、灾害频发的区域和部分坝上区域，要实施整体搬迁，引导搬迁户向小城镇、中心村集聚，从根本上摆脱贫困。

大力发展特色产业。按照“扶贫到户、产业开发”的思路，以实施扶贫开发“细胞工程”为载体，积极推广农业先进适用技术，抓好设施蔬菜、优质果品、特色养殖的规模化、标准化建设。加大对龙头企业、农民专业合作组织的扶持力度，力争每年帮扶10万个增收脱贫示范户，到2015年列入规划的每个贫困家庭有一个稳定增收项目，到2020年在重点县基本形成县有龙头带动、乡有特色产业、村有合作组织、户有增收项目的发展格局。

提高农民致富本领。以提高就业、创业能力为目标，深入实施“雨露计划”，加强贫困地区实用技术人才、经营管理人才的培养。对贫困村初中高中毕业后未升学、未就业的新生劳动力，引导和鼓励其接受就业培训，对有意外出的劳动力实施转移就业技能培训。力争到2015年，使有培训需求的农民工普遍得到一次以上的技能培训，使贫困地区每个贫困家庭至少有一人掌握一门以上实用技术。

完善农村社保体系。要进一步完善贫困地区农村居民最低生活保障制度和五保供养、临时救助、新型农村社会养老保险制度，农村最低生活保障标准、人均补差要与全国平均水平同步增长，新型农村社会养老保险年底前要实现全覆盖。要切实解决好农村残疾人和贫困老年人的生活问题，力争到2015年农村困难老人集中供养率达到70%以上，做到需保尽保、应保必保。

（三）深化社会扶贫，进一步巩固发展大扶贫格局。动员社会力量广泛参与扶贫开发，是推动先富帮后富、促进共同富裕的有效途径。要按照坚持、巩固、发展、提高的要求，大力实行专项扶贫、行业扶贫、社会扶贫“三位一体”扶贫模式，努力形成扶贫开发的强大合力。

深入开展定点扶贫。精心组织党政机关、国有企事业单位开展定点扶贫，对重点村实行全覆盖，确保列入规划的贫困村都有领导联系、都有单位帮扶、都有干部驻村。各帮扶单位要结合开展加强基层建设年活动，主动承担任务，制定帮扶规划，筹措帮扶资金，确保帮扶村按期脱贫。要积极搞好对中直单位、驻冀部队、武警部队参与定点扶贫的协调服务，为帮扶工作创造良好的环境。

加强区域扶贫协作。按照优势互补、互惠互利、共同发展的原则，借鉴我省援藏援疆和支援四川平武重建工作的经验做法，进一步深化“一对一”对口帮扶，完善发达地区与贫困地区联系帮扶长效机制。凡是有帮扶任务的综合经济实力较强的县（市、区），对所帮扶的扶贫开发重点县，要在资金投入、产业发展、基础设施建设、干部交流、人员培训等方面，加大帮扶力度，加强合作交流，促进对口帮扶县尽快摆脱贫困。

鼓励多种方式扶贫。弘扬扶贫济困的优良传统，增强社会责任意识，引导各类组织和个人通过多种方式参与扶贫开发。鼓励支持民营企业到贫困地区投资兴业，动员和组织广大高校毕业生开展“三支一扶”活动，注重发挥各类社会组织的作用，开展多种形式的帮困活动。大力宣传和表彰社会扶贫的先进典型，营造全社会关心支持扶贫开发的浓厚氛围。

（四）坚持自主扶贫，激发贫困地区发展的内在动力。贫困地区的干部群众有没有改天换地、战胜贫穷的雄心壮志，有没有不等不靠、积极进取的顽强毅力，决定着脱贫致富的进程和成效。贫困地区的广大干部群众要发扬自力更生、艰苦奋斗的精神，开动脑筋，埋头苦干，用自己的努力改变贫困面貌，用自己的劳动创造幸福生活。

要充分发挥主体作用。坚持把外部的支持帮助与内部的努力进取结合起来，通过加大政策宣传、先进典型带动，激发贫困地区广大干部群众的积极性、主动性和创造性。坚决克服“等、靠、要”的思想，把脱贫致富的基点放在建好班子、选好路子、办好项目上，自力更生，艰苦奋斗，逐步实现脱贫致富，建设幸福美好家园。

要广开脱贫致富门路。创造性地贯彻落实国家和省的扶贫开发政策，利用本地优势，发展高效农业，深化农产品深加工，提高农产品附加值。坚持把扶贫开发与社会主义新农村建设结合起来，加强农村商业网点建设，扩大和繁荣农村市场，积极发展乡村游、休闲观光农业，实现绿色发展。大力优化发展环境，加快引进一批有影响力的大企业、大集团投资兴业，带动农民增收致富。

要脚踏实地干事创业。贫困地区的广大干部特别是党政主要负责同志，要深入实际、深入基层、深入群众，开展调查研究，了解群众疾苦，掌握实际情况，研究脱贫致富办法。对重点难点工作，要亲自研究部署、亲自协调落实，实实在在地察民情、解民忧、帮民富。

（五）率先实现突破，建设好环首都扶贫攻坚示范区。加快环首都贫困地区发展，事关经济强省、和谐河北建设，事关首都和谐稳定，事关党和国家形象。省委、省政府决定，把紧邻北京的9个县作为重中之重，率先突破，示范带动，努力探索具有河北特点的扶贫开发新路子。

做到高目标定位。经过几年的努力，使这一区域每个贫困家庭有一个增收项目，扶贫对象年人均纯收入增幅高于全省平均水平，9个县与北京相邻县（区）的发展差距明显缩小。坚持高起点规划，组织一流的设计单位和专家，充分征求社会各界的意见和建议，高质量编制总体规划和专项规划。实现无缝隙衔接，规划既要与我省“十二五”发展规划、专项规划、贯彻落实国家扶贫开发纲要的《实施意见》有机衔接，又要加强与国家特困片区区域发展与扶贫攻坚总体规划、北京市相关规划的对接，做到统筹规划、一体推进、同步发展。要抓紧制定出台相应的政策措施，为环首都扶贫攻坚示范区建设提供政策支持。

坚持高质量推进。要抓好特色农业，以一村一品、一乡一业为目标，充分发挥环首都区位优势，瞄准首都市场需求，调整和优化农业产业结构，大力推进规模养殖、精品蔬菜、优质果品、中药材种植等优势特色产业，增加群众收入。抓好龙头带动，积极引进和培育一批规模大、实力强、辐射带动面广的龙头企业，支持企业与贫困户建立联结机制，为农户提供增收项目和就业岗位。“十二五”期间，示范区每个县都要引进和培育3—5家带动能力强的龙头企业。抓好产需对接，加强行业协会、合作组织、农民经纪人队伍建设，大力发展订单农业、农超对接和网络营销，多渠道拓展市场空间，加强产需对接，促进扶贫产业快速发展。抓好非农产业，大力发展都市农业、休闲农业、乡村旅游，支持种养能手、返乡农民工创办实业，推动农村富余劳动力有序转移。抓好生态建设，围绕环首都绿色生态环保圈建设，大范围实施植树造林，尤其要大力推动经济林的种植，实现生态效益与经济效益双丰收。

三、奋力开创我省扶贫开发事业新局面

加快新时期扶贫开发，功在当代、利在千秋、惠及子孙。全省各级各部门要把思想和行动统一到中央的战略决策上来，统一到省委、省政府的安排部署上来，以坚定不移的决心、顽强拼搏的精神、扎实有效的工作，努力夺取扶贫开发事业的新胜利。

第一，落实责任，合力推动。各级党委、政府要切实把扶贫开发摆在更加重要的位置，坚持党政“一把手”负总责，逐级落实任务，层层分解指标。各级扶贫开发领导小组和各有关部门要各司其职、密切配合、相互支持。各级扶贫工作部门要切实负起责任，加强指导协调，研究解决问题，形成推进扶贫开发工作的整体合力。

第二，完善政策，强化保障。严格落实中央和省支持贫困地区发展的政策，进一步完善支持特色产业发展的政策措施。推动贫困地区金融产品和服务方式创新，支持农村互助合作组织发展，鼓励贫困地区县域法人金融机构开展小额信贷业务，并主要在当地使用新增可贷资金。各地新增建设用地指标要优先满足贫困地区建设项目和易地扶贫搬迁需求，支持贫困地区合理有序开发利用矿产资源。

第三，整合财力，加大投入。中央下达财政扶贫资金新增部分主要用于燕山——太行山连片特困地区。省财政安排专项资金支持连片特困地区发展，2012年省财政安排扶贫资金3亿元，以后将逐年递增。各扶贫开发重点县和有扶贫任务的市，每年也要从地方财政收入中安排预算内资金用于扶贫开发。既要充分发挥政府扶贫资金的作用，更要注重引导社会资金投入，构建多元化投入格局。要管好用好扶贫资金，强化审计监督，提高资金使用效率。

第四，健全机制，科学实施。要从实际出发，按照新的扶贫标准，认真负责地摸清底数，建档立卡。完善统计监测机制，健全扶贫开发统计与监测制度，制定科学的监测方案，做好相关信息的采集、整理、反馈和发布工作。要健全督促检查机制，加强对扶贫开发规划实施、项目落实等工作的督促检查，使各项工作有布置、有检查、有评估，确保扶贫开发工作顺利推进。

扶贫开发任务艰巨，责任重大。我们一定要在以胡锦涛同志为总书记的党中央坚强领导下，深入贯彻落实科学发展观，按照党中央、国务院和省委、省政府的决策部署，抢抓机遇，乘势而上，奋发有为地推进新时期扶贫开发，为建设经济强省、和谐河北作出新的更大贡献！

赵勇同志在全省扶贫开发暨环首都扶贫攻坚示范区建设工作会议上的讲话

（2012年3月1日）

这次会议开得很成功，圆满完成了各项议程，达到了预期目的。在讨论和发言中，会议代表精神振奋、激情澎湃、摩拳擦掌，纷纷表示要把会议精神付诸行动、大干一场，有了这种好的精神状态，就没有克服不了的困难、就没有创造不了的奇迹。可以说，大家热烈的讨论和精彩的发言是对这次会议最好的总结。

大家一致认为，这次会议对扶贫工作的认识之高前所未有。庆黎书记、庆伟省长的重要讲话从战略和全局的高度，从建设经济强省、和谐河北的高度，从实现协调发展、共同富裕的高度，深刻阐述了扶贫工作的重大意义，充分体现了省委、省政府以人为本、执政为民的责任感，体现了亲民爱民的情怀。大家一致认为，这次会议对扶贫工作的力度之大前所未有。省委、省政府提出举全省之力打好扶贫开发攻坚战，发布了贯彻落实国家扶贫开发10年纲要的实施意见，这次会议提出了3年取得突破性进展、10年消灭贫困县的明确要求，这样的雄心壮志让人倍受鼓舞。一些贫困地区干部群众收看了会议电视直播后，激动不已，对党和政府充满感激之情。大家一致认为，这次会议对扶贫工作的措施之硬前所未有。庆黎书记提出了“五个一”的硬任务和“六个一定要”的严格要求，庆伟省长部署了五个方面具体工作目标，特别是提出省级干部要包县、厅级干部要包乡、县级干部要包村，把扶贫开发纳入领导班子的考核，再次重申“两个决不让”，即决不让群众公认、竭力干事的吃亏，决不让不谋其政、不干其事的人沾光，对广大干部形成了有力的激励。大家普遍反映，通过这次会议，提高了认识，统一了思想，明确了任务，明晰了措施，坚定了信心，鼓足了干劲。我相信，这次会议必将掀开河北扶贫开发事业的崭新一页，必将开启建设经济强省、和谐河北以及全面建设小康社会新的历史篇章。

目前，全省扶贫攻坚的责任在肩、任务在手，关键是抓好落实。就如何抓落实，我强调“六抓”。

一、抓规划编制

规划编制是统筹和推进扶贫工作的一个基础和前提。举全省之力打好扶贫攻坚战，要在科学规划的指导下，统筹各方、打整体战。目前，到2020年全面实现小康社会还有9年时间，因此整个扶贫规划大体上要分三个阶段进行编制。从现在开始，第一个3年要实现贫困地区扶贫工作突破性进展；第二个3年要提升贫困地区脱贫致富整体水平；最后一个3年要真正形成可持续发展的能力。

要层层编制。市、县、乡、村四级都要有规划。市级规划要侧重统筹市域范围内的交通、电力、水利等重大基础设施和重大产业项目、园区建设、城市布局等等。县级是主体，要按照县域经济的总体规划来统筹制定扶贫规划，侧重区域产业布局、项目和园区建设，具体到贫困乡、贫困村的产业布局调整，重大产业项目选择，政策、资金、人才等配套措施。乡级重点是做好中心村的规划，同时要做好产业规划。村级规划要到户、到项目，主要是一村一品，确保每户都有具体的脱贫项目。

要科学编制。这方面要舍得花钱，舍得下力量。要按照主体功能区规划的标准，综合考虑空间布局、基础设施、产业发展、人力资源、社会事业和生态建设等因素来编制，既要有总体规划，又要有专项规划。要找专业团队论证，广泛听取方方面面的意见，使规划真正具有科学性和前瞻性。

要搞好衔接。不搞好衔接，规划就没有操作性。扶贫规划要和国家、省、市“十二五”规划相衔接，与环首都绿色经济圈规划相衔接，与国家确定的扶贫开发重点片区规划相衔接，还要和省直部门的行业规划相衔接。每个厅局都要明确一名副厅级干部和一个业务处，指导全省重点贫困县的规划编制工作。扶贫办负责规划编制的统筹协调和组织指导。

要加快进度。市、县、乡、村都要明确一名领导负责推动规划编制工作。3月底以前要完成县级以下的规划，4月底以前要完成市级的规划，5月底以前要完成全省的统筹规划。一年之计在于春，今年扶贫项目的摆布要和规划编制同步展开，要在编制规划的同时抓紧谋划实施项目，提高工作效率。

二、抓重点突破

抓重点、带全局是有效的工作方法。全省扶贫开发工作要明确三个重点：

一是抓区域上的重点。全省扶贫开发的主战场是3个片区，即环首都地区、燕山——太行山片区和黑龙港流域。环首都扶贫攻坚示范区9个县要率先突破，积累经验，走出一条扶贫开发可持续发展的新路子，在全省树立样板，为面上提供经验。燕山——太行山片区22个县作为国家支持的重点地区，要按照国家统一部署和省里配套跟进的政策，力争3年取得突破性进展，在全省扶贫攻坚战中走在前列。黑龙港流域近30个县贫困程度也很深、条件也很差，干旱缺水，矿产资源匮乏，地方财力差，要立足于打整体战、打攻坚战，集中力量突破。需要强调的是，对贫困的革命老区要高看一眼、厚爱一层，在落实扶贫政策和措施时，同等条件下对老区要优先考虑。

二是抓县域内的重点。要落实庆黎书记和庆伟省长在昨天会议上提出的要求，按照2300元的标准，实事求是地摸清贫困村和贫困人口底数，把县一级扶贫的重点区域明确到乡、明确到村。从目前掌握情况看，全省国家和省级贫困村约6500个，目前已列入扶贫规划的3000个，还有3500个没有启动。这次会后，6500个贫困村都要启动规划编制和扶贫开发，尽管在扶持政策上有所侧重，但一定要确保每个贫困村都要展开扶贫攻坚工作。

三是抓贫困对象上的重点。目前，在全省320万贫困户中，有120万户没有劳动能力的可以享受低保政策，另外的200万户就是我们扶贫的重点对象。对每一个扶贫对象都要建档立卡，逐户制定帮扶措施，不让一个贫困户“掉队”。

三、抓综合施治

贫困往往是多种因素造成的。我们要从实际出发，多管齐下，综合施治。总结近几年的经验，概括起来，扶贫有十大举措，也可以叫“扶贫十法”。一是产业扶贫。既要有一产项目，做到一村一品；又要有二产项目，把富县和富民结合起来；还要有三产项目，带动就业，增加税收。要给每个有劳动能力的贫困户谋划一个产业扶贫项目。比如，可以发挥距离北京市场近、物流成本比周边省份低的独特优势，大力发展蔬菜大棚等设施农业，发展肉蛋奶禽等养殖业，发展乡村旅游等服务业。二是科技扶贫。一方面要把全省农业科技人员派到乡村做科技特派员，直接实施科技脱贫项目；另一方面要大力开展对农民的科技培训，动员农业院校的教师、农业技术推广人员、农村科技致富带头人等在大棚里、在田间地头搞培训，让每个贫困家庭至少有一个人掌握一门技术。三是人才扶贫。要有一个好的村支部书记，还要有科技特派员、大学生村官等一批优秀人才进驻贫困村，提高发展的内在动力。四是基础设施扶贫。要加大对贫困地区修桥、铺路、打井、兴修水利等基础设施建设的扶贫力度，改善贫困地区的生产生活条件。今年5000个重点帮扶村要争取全部实现村间道路硬化。五是移民扶贫。不具备基本生产生活条件的地方，要移民到小城镇、中心村。六是劳务扶贫。去年全省农民人均纯收入中53%是劳务收入，在相当长的时期内，劳务收入还将在农民收入中占有很大比重。要成建制地组织贫困家庭劳动力到北京、央企甚至国外打工，增加收入。七是生态扶贫。继续抓退耕还林还草，通过改善生态，提高贫困地区可持续发展能力。八是整村扶贫。实现贫困村3年脱贫致富、10年彻底摆脱贫困，既要规划到一家一户，又要整合力量实行整村推进。九是对口扶贫。省直机关、企事业单位、高等院校要启动新一轮对口扶贫，唐山、廊坊等发展水平较高的地区要和贫困地区的市、县结对子，各市、县都要落实对口扶贫措施。省扶贫办和省委省直工委要抓紧制定对口帮扶的实施意见。十是社会扶贫。要广泛动员企业、贤达人士等社会力量参与扶贫事业。各地都要研究落实这十项措施的具体政策和措施，编印成册，发放给下乡干部、村干部和贫困群众，指导做好扶贫工作。

四、抓要素支撑

重点是强化以下五个方面的支撑：

一是政策支撑。会后要抓紧制定出台以下几个方面的政策：一是环首都扶贫攻坚示范区和燕山——太行山片区扶持政策，除了国家支持政策之外，省里还要叠加特殊的扶持政策；二是专门针对黑龙港流域的扶持政策；三是引导社会力量支持扶贫的若干政策，包括企业捐赠、税前列支、社会各界向贫困地区捐款捐物等等。各市、县都要根据省里制定的政策，研究出台更多含金量高、具有操作性的扶贫配套政策。

二是资金支撑。有的贫困地区并不缺少项目，缺少的是资金。省财政要尽全力给予支持，各省直部门的专项资金都要重点支持贫困地区。特别是要按照庆黎书记的要求，财政资金到县一级要实行打捆使用，集中投放到贫困村，发挥最大效用。要鼓励引导金融机构支持扶贫，各大银行特别是“农字头”金融机构要确保扶贫贷款投放额度进一步增加。要培育更多具有法人资格的市场主体，成为具有贷款资格的贷款主体。要创新担保方式，每个重点贫困县都要建一个担保公司，同时探索农户联保、公务员联保、林权、宅基地、蔬菜大棚抵押担保等新的担保方式，解决好扶贫融资难题。要像抓工业招商引资一样抓扶贫招商引资，引导更多的龙头企业投资扶贫开发项目。

三是土地支撑。土地利用年度计划要向贫困地区倾斜，要从机动指标里单列出一部分，用于贫困地区县域经济和产业化龙头项目。在安排城乡用地增减挂钩周转指标方面，对贫困地区要给予重点支持。要用足用好工矿区废弃地、荒山荒坡等闲置土地改造的政策，用以转换出建设用地。对经依法批准用于农业产业化项目和基础设施建设的农村集体建设用地，可不再办理农用地转用审批手续。

四是人才支撑。要以“两委”换届为契机，选好配强贫困村的党支部书记，不胜任的坚决调下来。每个贫困村都要配一个大学生村官，除省里分配的指标外，各市、县还要再选派各自的大学生村官。要倡导“1+2”帮扶模式，即动员一个退休或退居二线的县级干部担任村党支部第一书记兼扶贫指导员，再加上一个大学生村官和一个大学生村医，共同进驻贫困村。要按照省里即将下发的有关文件要求，选派农业技术人员到贫困村领办扶贫项目，担任科技特派员。人才问题解决了，路子谋划清楚了，市场找好了，投入跟进、技术跟进，一两年就能使一个村彻底摆脱贫困。

五是保险支撑。要大力发展农业保险，省、市、县三级财政要给予适当补贴，探索试行蔬菜价格保险等新的险种，尽快建立健全农业保险体系，解决农民发展脱贫项目的后顾之忧，让老百姓吃下“定心丸”。

五、抓配套推进

扶贫开发的本质是发展问题，要把扶贫开发纳入经济社会发展的全局之中，与相关领域工作结合起来、配套推进，不能就扶贫抓扶贫。

要把扶贫和区域发展战略配套推进。特别是与构建环首都绿色经济圈、加快河北沿海地区发展、打造冀中南经济区等国家和省里的发展战略配套起来推进，这样才能统筹解决重大基础设施建设问题，才能发挥大项目带动作用，才有利于招商引资。环首都扶贫攻坚示范区建设要主动融入环首都绿色经济圈的发展之中，实现资源共享、优势互补、联动发展。燕山——太行山片区、黑龙港流域也要按照打造经济板块的规律去布局，不仅要摘掉贫困帽子，还要争取成为推动全省跨越式发展的潜力地区。

要把扶贫和县域经济发展配套推进。扶贫开发要与县域经济一体谋划、统筹安排，使扶贫开发和城镇化、工业化有机结合，使富县和富民有机结合。要抓县城扩容升级，一步规划到位，逐步实施，把县城建成20到30万人口的中小城市，增强辐射带动能力。要抓园区建设，千方百计招商引资，下大力引进收益高、污染小、动力强的大项目，促进县域经济集中集约集优发展。要加快推动全民创业，扶持壮大更多市场主体，在贫困地区掀起创业热潮。县域经济整体实力提高了，以工补农、城乡统筹才有基础，扶贫开发才有保障。

要把扶贫和现代农业发展配套推进。与一家一户的分散式扶贫相比，走现代农业的路子，搞区域化布局、规模化种养、标准化生产、集成化创新和产业化经营，见效更快、效果更好。贫困地区尤其要加大土地流转的力度，引进龙头企业，实施产业化经营，带动一个村甚至几个村整体脱贫致富。要帮助贫困村科学调整农业结构，大力发展设施农业、高效农业，促进增产增效。要加大现代农业技术的推广力度，广泛推行标准化生产和集成化创新，提高贫困地区农业生产的科技含量。

要把扶贫与社会事业配套推进。要把扶贫开发与推进幸福乡村计划结合起来，既要搞好“山、水、林、田、村”整治，加强“水、电、路、讯、房”建设，更要提升“科、教、文、卫、保”服务水平，把这15个字结合起来，配套推进，整体提升可持续发展能力。社保、医疗卫生、科技、教育、文化等相关部门都要制定专项规划，有计划、有步骤地加大支持力度。

六、抓凝聚合力

举全省之力打好扶贫攻坚战，不是一个地方、一个部门的事，更不仅仅是分管副书记、分管副市长、分管副县长的事，各级各部门都要负起责任来。

要落实领导分包责任。省扶贫办和有关部门要抓紧制定省级干部包县、厅级干部包乡、县级干部包村的具体方案，逐级明确领导责任，一定3年。领导分包贫困村要和万名干部下基层驻村帮扶有机结合起来，但也要有所区别，必须分包重点贫困村。

要严格落实奖惩。省委、省政府正在研究制定扶贫工作的指标考核体系，将扶贫开发工作纳入各级领导班子和领导干部的实绩考核，省扶贫办、省委组织部要尽快修订完善，抓紧出台。要按照庆黎书记的要求，加大考核奖惩力度，对那些长期在贫困地区工作、实绩突出的干部要给予褒奖重用，对那些几年下来面貌依旧、无所作为的要坚决调整。

要动员全社会力量。各地在召开扶贫开发工作会议时，不能只召集党政机关干部，要借鉴全省农村工作会议的开法，邀请有关企业家参会，动员各行各业支持扶贫。要广泛发动人民群众以各种形式支持贫困地区，鼓励国家机关工作人员本着自愿的原则，每人联系一个贫困户，进行力所能及的帮扶。贫困地区的群众更要坚持自力更生、艰苦创业，不等不靠，以自己的辛勤劳动创造美好生活。

最后我再强调两点，一是抓好全省农村工作会议的贯彻落实。全省农村工作会议召开后，各地动作很快、抓得很紧，措施也很有力，希望继续抓好贯彻落实，并和这次扶贫工作会议结合起来，紧紧围绕既定的五项重点工作，扎实推进、务求实效。二是抓好全国“两会”期间的信访稳定工作。要严格按照中央要求，把矛盾纠纷排查调处、接访和稳控等工作做得细之再细、实之再实，确保全国“两会”期间我省不发生进京赴省的集体访和“非访”。

激动人心的号角已经吹响，扶贫攻坚的战场已经摆开。时代在召唤我们，全省干部群众在期待我们，让我们拿出老一辈党和国家领导人在西柏坡指挥三大战役那种攻坚克难的精神和劲头，以实际行动来证明，我们完全可以战胜贫困，夺取全省扶贫攻坚战的全面胜利。

沈小平同志在全省春季农业生产工作电视电话会议上的讲话

（2012年3月31日）

刚才，振国同志宣读了省政府《关于对2011年粮食生产先进县奖励的决定》，张静同志通报了全省森林火灾情况；邯郸市、石家庄市、定州市和武安市政府分别作了交流发言，对他们的经验、做法、政策、措施要相互学习，相互借鉴。下面，我结合贯彻落实全国春季农业生产工作会议精神，就抓好春耕生产和森林草原防火讲点意见。

一、关于春耕生产

春分已过，清明将至，我省已进入春耕备耕的关键时期、大忙季节。不失时机地抓好春耕生产，事关全年粮食稳定增产、农民持续增收，事关经济发展和社会稳定大局。去冬今春以来，我省降水少而不均，造成一些地区出现不同程度的干旱。1-3月，平均降水9.8毫米，较常年同期偏少4成，目前有470万亩麦田受旱，1030万亩白地墒情不足，18万人存在季节性饮水困难。由于气象灾害的突发性、异常性、不可预见性日益突出，后期天气情况很难准确把握，各类自然灾害、农作物病虫害发生的几率较大。据气象部门预测，4、5月份全省大部分地区降水较常年偏少，旱情有可能持续发展；同时，大风天气增多，易发生小麦后期倒伏；根腐病、吸浆虫等小麦病虫害和麦田杂草可能偏重发生。各级各有关部门一定要客观分析、科学研判，切实增强责任感和紧迫感，统筹谋划、精心组织，协调推进、狠抓落实。

第一，着力抓好麦田管理。据农情调查，目前我省小麦长势均衡、群体适宜、个体健壮、墒情较好，一类苗占45.6%，二类苗占45.4%，是近年来较好的一年。但是，由于小麦生长周期长，管理环节多，发生灾害风险大。因此，各地要立足抗大灾、抗多灾，制定完善灾害预防和处置预案，实施分类指导，因时、因地、因苗、因墒落实好田间管理措施，努力夺取夏粮丰收。一要适时镇压锄划。要有效利用农机具，对墒情较差、播前整地质量不高、出现旺长的麦田搞好镇压，增温、提墒、控旺。要引导农民对镇压后和墒情较好的麦田实施锄划，通过疏松表层土壤，增温、保墒、灭草。二要科学运筹水肥。根据专家意见，要按照先三类、后二类、再一类的顺序，对小麦实施水肥管理。三类麦田要以促为主，在返青期和拔节中期分别浇水追肥，增穗数争粒数；二类麦田要促控并举，在起身期浇水追肥，多分蘖保成穗；一类麦田要控促结合，在拔节期浇水追肥，壮大蘖成大穗。旱情较重的麦田，要及早浇水保苗。三要预防病虫草害。切实加强监测预警，做到早发现、早防治。指导农民科学用药，混合喷施，除草防病同时进行。要大力实施统防统治，组织区域性联防联控和群防群治，努力提高防治效果。要落实补贴政策，提早做好准备，适时开展“一喷三防”。

第二，着力抓好春耕春播。春播是全年农业生产的重头，各地务必要高度重视，科学把握，在高起点上适时播种，在高标准下应播尽播。一是强化科技支撑。要从实际出发，筛选一批优良品种、先进实用技术，组装配套，有效推广。要加快高产示范方和园艺标准园建设，发挥好展示转化平台的带动作用。要认真落实“一衔接、两覆盖”政策，提高基层农技推广机构服务能力和水平。要通过多种方式，有针对性地开展农民培训，培养科学种养能手。二是发展高效种植。要抓住春季调整农业结构的有利时机，加强市场预测，及时发布信息，引导农民扩大蔬菜、油料、中药材等高效经济作物和市场紧缺品种种植。三是落实物资保障。要加强调运储备，保证种子、化肥、农药、农膜等农资充足供应。搞好用电、用油调度，确保抗旱和春季生产需求。要大力推进产销衔接，构建新型营销网络，发展连锁配送经营，降低农资流通成本。要加强市场监管，深入开展农资打假专项行动，保持价格基本稳定，切实维护农民利益。四是强化政策支持。今年，中央和省都进一步加大了对农业的支持力度，各地要细化、实化、强化“三农”政策，多出真招实策，多拿真金白银，多办好事实事，该出台的措施早出台，该批复的项目早批复，该下达的资金早下达。要加强政策宣传和督促落实，最大程度发挥激励效应。

第三，着力抓好水利建设。各地各部门要按照既定部署，加大工作力度，全面提高抗御旱涝灾害能力。当前要围绕服务春耕生产，重点抓好三项工作：一是科学调度抗旱水源。要加强协调联动，统筹管理库、河、渠，用足用好地上水。搞好井灌区设施维修，保障正常运行，高效利用地下水。二是加强农田水利建设。继续抓好大中型灌区续建配套与节水改造，扩大有效灌溉面积。合理利用中央小型农田水利设施建设补助资金，在农业大县大力发展高效节水灌溉。在山丘区兴修一批"五小"水利工程，提高引蓄水能力。三是确保群众生活用水。实施应急水源工程，解决好临时饮水困难地区群众生活用水。扎实推进农村饮水安全工程建设，强化项目监督管理，严格饮用水源保护，今年必须保质保量地解决400万农村人口饮水安全问题。

第四，着力抓好气象服务。气象工作涉及农业抗灾全局，贯穿全年始终。要全方位开展为农服务，任何时候都不可松懈。一要提高预测预报能力。扎实推进农业气象灾害监测预警系统建设，对干旱、大风、低温冻害、暴雨、冰雹等农业高影响天气，要提高预报准确率，增强发布时效性，扩大信息覆盖面。二要适时组织人工增雨。加快人工影响天气基地和标准化地面作业站点建设，增强人工影响天气对农业生产的保障能力。做好各项准备，一旦气象条件适宜，及时开展地空增雨作业。三要强化部门合作联动。气象部门要加强与农业、林业、水利等部门的联系与沟通，建立健全会商机制，及时研究提出对策建议，做到资源共享、信息互通，实现应急预案与预警信息有效互动。

二、关于森林草原防火

省政府《关于进一步加强森林草原防火工作的意见》出台后，各级各有关部门在贯彻落实中，加大基础设施投入，健全预警监测体系，完善通信指挥系统，加强扑火队伍建设，增加灭火物资储备，全省森林草原火灾综合防控能力得到提升。截至昨天，共发生森林火灾31起，同比减少7起。在肯定成绩的同时，必须清醒看到，森林草原防火形势仍十分严峻。特别是清明至"五一"前后，气温回升快，大风天气多，农事活动频繁，春防到了最紧要关头。迁西"2·28"、滦平"3·29"两起典型的森林火灾再次给我们敲响了警钟，这暴露出有的地方、有些区域责任还没有真正落实，措施还没有完全到位，还存在死角和盲区。各地一定要克服麻痹思想和厌战情绪，真正把各项防控措施落到实处，坚决打好春防这场硬仗。一是宣传教育要到位。多年来，我省森林火灾发生绝大多数是人为引起。为此，要继续把宣传教育作为必不可少的基础工作来抓，省、市、县各级都要通过报纸、广播、电视和网络等大众媒体，广泛宣传当前防火形势的严峻性、发生火灾的危害性和做好防火工作的重要性，真正做到家喻户晓、人人皆知。同时，要狠抓火灾案件查处，公开曝光典型案例，开展警示教育，做到查处一案、警示一片、教育一方。二是火源管控要到位。各地要坚决执行在高火险期对重点区域实行封山管理的规定，严禁火种火源上山入林。清明到来前，应封未封的地方，须尽快发布政府令。要按照省政府《意见》要求配备护林员（1000亩林地1名护林员），在林区入口设立防火检查站，加大对重点地段的巡查密度，加强对智障人员和少年儿童监管，对国有林区、环京区域等重点部位死看死守。要组织森林公安等执法力量，集中开展专项打击行动，推进规范用火和依法管火。三是排查整治要到位。要集中一个月时间，对各类火灾隐患进行拉网式排查，不能有任何盲区，不忽视任何细节。清明节前，要抓紧组织力量清理可燃物，特别是加大对墓地杂草和田间秸秆的清理力度。"五一"节前，集中清除重点林区和旅游景区火灾隐患。要持续开展督导检查，确保专项整治取得实效。四是应急处置要到位。市、县要专门制定清明、"五一"期间火灾应急处置预案，开展模拟演练，提高实战水平。要加紧组建以水灭火专业队伍，增强扑救大火能力。要实行大风预警机制，提早做好应对准备。各级森林消防专业队伍要始终处于临战状态，发生火灾迅速出击，打早打小打了。五是责任落实要到位。要认真执行森林防火行政首长负责制和部门分工责任制。各级政府主要领导是第一责任人，要亲自抓；分管领导是直接责任人，要具体抓。森防指各成员单位要按照职责分工，各司其职，各负其责，协调联动，形成合力。要加大问责力度，对因失职渎职发生火灾、造成重大损失的，彻查深究，严肃处理。

赵勇同志在环首都扶贫攻坚示范区建设工作调度会上的讲话

（2012年5月8日，根据录音整理）

今天这次会议是经庆黎书记、庆伟省长同意召开的，目的是交流情况、互相对标，强力推进环首都扶贫攻坚示范区建设。省委、省政府对环首都扶贫攻坚示范区建设高度重视，庆黎书记、庆伟省长多次进行强调并提出明确要求。昨天，庆黎书记又专门作出重要批示："建设环首都扶贫攻坚示范区，是贯彻落实省第八次党代表大会精神，全面做好我省扶贫开发工作的重大举措。示范区三市、九县党委、政府和省直有关部门要认真贯彻落实中央和省扶贫开发工作会议精神，以强烈的事业心和责任感，明确工作任务，强化工作措施，狠抓工作落实，确保环首都扶贫攻坚示范区建设各项工作大力度推进，确保取得扎扎实实的成效，为建设经济强省、和谐河北作出新的更大的贡献。”我们要按照庆黎书记的要求，进一步加大工作力度，确保环首都扶贫攻坚示范区建设率先取得突破，力争三年时间基本摆脱贫困。

今天上午，我们参观了赤城县的四个扶贫项目。刚才，环首都三市、九县和六个省直部门作了很好的发言。我相信大家的感受一样，很受鼓舞，有一种坐不住的感觉。全省扶贫开发暨环首都扶贫攻坚示范区建设工作会议之后，经过各市、县和省直部门共同努力，环首都扶贫攻坚工作已经形成良好开局，突出体现在以下几个方面。第一，领导重视。有关市、县和省直部门把扶贫攻坚摆在突出位置，党政主要领导亲自谋划、亲自部署、亲自推动，重视程度前所未有。张家口市委书记王晓东同志多次召开会议和现场调度，仅赤城县就来了七八次，在扶贫点一住就是好几天。保定市委书记许宁同志刚刚到任就在易县召开会议，谋划推进工作，并带领市四套班子逐县现场办公。承德市委书记郑雪碧同志亲自担任扶贫工作委员会主任，建立了高规格的领导机构，谋划实施了“六大工程”。第二，行动迅速。两个多月来，各地、各有关部门坚决贯彻省委、省政府的决策部署，抓紧召开会议、明确任务、制定措施。各级干部雷厉风行、奔赴一线，态度非常坚决、行动非常迅速。第三，措施有力。环首都三市、九县都基本摸清了底数，制定了规划，明确了责任，出台了一批政策，实施了一批扶贫项目，落实了一系列专项投入。特别是在财力十分紧张的情况下，张家口市投入扶贫资金达24.4亿元，涞水县达3100万元。赤城、涞水等县不等不靠，结合自身实际制定出台了一系列扶贫攻坚政策，这些都体现了坚定的决心。第四，初见成效。干部群众的精神面貌发生很大变化，脱贫致富的信心很足。赤城县一位普通村民代表深有感触地写了一首诗《巨变》，读后让我们切实感受到了这种精神面貌的改变。一些贫困村的环境面貌发生很大变化，以往脏、乱、差的现象有很大改观。一些贫困村的产业发展初见成效，公司引进来了、大棚建起来了、养殖场开工了。按照这样的思路和劲头来抓，我们有理由对三年基本摆脱贫困充满信心。

特别是赤城县在很多方面走在前头，一些经验和做法值得我们学习借鉴。总结起来是“五个真”：一是领导真重视。县委书记和县长把扶贫攻坚当成发展和跨越的机遇，拿出主要精力来抓。他们发扬“拼命三郎”精神，多次到北京、石家庄、唐山等地跑项目、学经验，经常白天到一线调度，晚上开会研究到凌晨，付出了巨大心血。二是干部真用心。各级干部全面投入到扶贫攻坚中来，实行县级干部包一乡两村，科局、乡镇一把手包两村十户，一般干部包十户，53家企业分别联系两村，实现了包村包户全覆盖。三是群众真参与。把全县群众都发动起来，投入到大棚的建设、房前屋后的植树造林、垃圾的清运、村庄面貌的整治等各项工作中，使群众焕发出脱贫致富的巨大热情。四是干群真苦干。广大干部群众发扬“白加黑”、“五加二”精神，不休节假日，连续作战、不辞辛苦，表现出艰苦奋斗的良好风貌。五是工作真求实。他们组织开展解放思想大讨论活动，搞了一系列创新务实的举措，把所有贫困村纳入扶贫攻坚范围，做到同步推进。当然，其他几个县的做法也各具特色，都取得了初步成效。

在肯定成绩的同时，还要看到存在的一些问题。一是一些地方还存在“等、靠、要”思想，主动想办法，创造性地扶贫还不够。二是在破解土地、金融、人才等瓶颈问题上力度、办法还不够。三是省直部门对九个县的政策倾斜还不够，措施还不具体，力度还不够大。四是九个县的工作进展不平衡，每个县内部的工作进展也不平衡。这些问题要引起高度重视，采取有力措施解决。

下一步，要按照庆黎书记的批示，围绕三年基本脱贫这个目标，真正用打攻坚战的办法来推进工作。古人讲，要赢得一场战争，要成就一番事业，主要是把握好“势、道、术”三个字。今天我就讲这三个字。

一、要形成打攻坚战之“势”

“势”就是事物发展大的趋势和发展方向。形成打攻坚战之势，就是要明大势、造声势、有气势，形成扶贫攻坚的强劲态势。没有一股“势”，很多问题就难以解决，三年就不可能脱贫；形成一股“势”，很多矛盾问题就会迎刃而解，就能排山倒海、势如破竹。

一要在思想认识上把握大势。什么是“大势”？中央启动实施新10年扶贫规划纲要，提出了一系列硬指标、硬任务，这就是“大势”。省委提出举全省之力抓扶贫攻坚，庆黎书记多次强调环首都九县是扶贫的重中之重，这就是“大势”。环首都绿色经济圈、京津冀一体化战略和河北沿海地区发展规划的实施，带来了重大机遇，使我们能够把环首都扶贫攻坚摆到区域经济发展的大战略中来谋划、来推进，这就是“大势”。把握大势，就必须抢抓机遇，顺势而为，乘势而上，强力推动扶贫攻坚工作取得突破。

二要在组织发动上形成声势。张家口市、赤城县的经验值得借鉴。他们召开广播电视大会进行动员，一直开到村党支部书记，并动员所有群众收听收看。各县都要这么做，发动不充分的要补课。要切实做好“三个发动”，一是发动干部，让每一名干部都担负起扶贫攻坚的任务；二是发动群众，让每一名群众都听到党委、政府的号召，都自觉用自己的双手创造美好生活；三是发动社会，动员方方面面的力量参与到扶贫开发事业中来。

三要在工作推进上突出气势。工作推进不能平铺直叙，更不能只抓几个点。环首都九县所有的贫困村要全面推进，不能再分重点与非重点。在扶贫的问题上，我们必须尽量往前赶，不能让群众等待。要明确目标，力争三年基本脱贫，下定决心，背水一战，不留退路。要层层签订责任状，明确阶段性目标，制定刚性的、具体的推进措施，真正形成一股打攻坚战的气势。

四要在舆论宣传上营造强势。大家都看到，在赤城的大街小巷，都张贴起各种扶贫攻坚的标语口号。各县都要充分利用广播电视、标语口号、宣传册各种形式，宣传扶贫攻坚的目标任务、政策措施、项目安排等，激发干部群众投身扶贫攻坚的热情，营造一种万众一心、势不可挡的舆论强势。

二、要把握打攻坚战之“道”

“道”就是规律。把握攻坚之道，就是要研究新形势，把握新规律，找准工作着力点和突破口。过去我们讲开发式扶贫，现在看来还不够。通过扶贫，不但要促进产业发展，还要使整个区域的竞争力明显提升；不但要提高群众的收入，还要提高群众的生活品质；不但要摆脱贫困，还要形成可持续脱贫的能力。当前，扶贫工作最重要的一条规律，就是要按照科学发展观的要求走出一条科学发展式的扶贫新路子。要按统筹兼顾的方法，把扶贫攻坚和区域发展统筹推进，特别是与环首都绿色经济圈建设统筹推进；把扶贫攻坚和县域经济的发展统筹推进，把富县和富民结合起来；把扶贫攻坚和现代农业的发展统筹推进，通过发展现代农业而不是搞一家一户的小农经济来脱贫；要把扶贫攻坚和社会事业的发展统筹推进，让群众过上更加幸福的生活。这就需要我们解放思想，下更大的功夫和气力抓好扶贫攻坚示范区建设，摸索经验，率先突破，在全省起到示范作用。

从这一段的工作实践看，在工作推进中关键是要掌握八大基本路径。一是制定大规划。要按照三年基本摆脱贫困的要求进行整体规划，每年到什么程度都要有计划、有步骤，同时还要编制好产业规划、村庄规划、绿化规划等专项规划。二是推动大流转。没有大流转不可能发展现代农业，越是贫困地区的土地越要大流转，让流转以后的农民成为农业工人。土地要优先流转给本村专业大户、龙头企业和合作社。要建立土地流转市场和专门的工作机构，依法规范流转行为。要保护农民利益，保证农民的收益比种地收益略高并持续增长，保证流转的农民每户至少有一人就业。三是引导大流动。要把县城做大，鼓励农民向县城集中。环首都九县县城扩容升级三年内都要有一个明显的进展，争取形成一个中小城市的框架。要组织农民劳务输出，到北京、到周边城镇、到龙头企业打工，还要引导外地事业有成的人返乡创业，实现“双向流动”。这是一股不可低估的重要力量，一定要利用好。四是构建大生态。环首都九县是首都的生态屏障，保护生态环境我们责无旁贷。要加大植树造林力度，特别是开展道路两旁、房前屋后的植树造林。要善于运用市场化手段推进造林绿化，鼓励公司、企业参与植树造林。要进一步实施退耕还林还草，以更大力度改善生态环境。五是发展大产业。扶贫攻坚，关键是要有产业支撑。要因地制宜发展链状经济，在贫困地区形成若干个产业链。要发展特色经济，实现“一乡一业、一村一品”。要发展园区经济，不仅要建立农业园区，还要搞工业园区，有条件的中心镇、中心村要利用集体建设用地搞工业园区。当然，发展乡村工业不能“村村点火、户户冒烟”，一定要搞出特色来，搞绿色经济、循环经济。六是建设大社区。要结合移民搬迁、旧村改造，通过并村等方式建设新型农村社区。要下决心引导农民向中心村聚集，这样可以节约大量土地指标，通过增减挂钩政策，解决建新村的资金问题，群众花很少的钱就能住上新房。今年全省土地增减挂钩指标要重点用于中心村建设。七是实施大开放。解决扶贫资金问题，引进战略投资者是一条重要渠道。要解放思想，像抓工业招商一样抓农业招商引资，进一步扩大农业对外开放，承接产业转移。八是出台大政策。省里的政策要抓紧出台，并且要有含金量，市、县也要制定切合实际的政策，使人、财、物向贫困地区倾斜。没有政策保障，生产要素不可能优化配置，企业不可能积极参与。我们要制定各种优惠政策，包括以企业的名字命名、奖励等，调动企业和方方面面的积极性。

在具体的工作当中，要围绕落实庆黎书记提出的“基础设施要跨大步，特色产业要上水平，生态环境要争一流，农民收入要大提升”的要求和庆伟省长提出的“五项重点工作”，在环首都扶贫攻坚示范区建设中打好“六场攻坚战”。

一是科学规划攻坚战。省扶贫办、省发展改革委要加大力度，把燕山——太行山片区规划、环首都扶贫攻坚规划尽快拿出来，并跟国家规划搞好对接。各县要下决心搞好本县的规划，包括三年脱贫的总体规划和产业、基础设施、园林绿化规划等一系列专项规划。一定要把规划搞实，使规划管用、可操作，每栋房屋、每条道路的建设甚至包括绿化都要有规可依。要像赤城一样，做到县委书记亲自担任县规划委员会的主任，每个乡镇成立规划建设办公室，把规划的编制和执行统管起来。

二是基础设施建设攻坚战。要实现一个区域整体发展水平的提升，基础设施建设是关键。今天参会的省交通运输厅、省水利厅、省发展改革委等省直部门，要对环首都九县提出的公路、铁路、机场、水利设施建设等要求，进行深入研究，细化具体措施，投入更多的精力与各县进行对接。基础设施建设要全面提速，特别是积极与北京市相关部门和郊县对接，推进基础设施与北京互联互通，构建环首都一小时经济圈。已开工的项目要倒排工期、落实责任，整合资金、加快进度。

三是特色产业培育发展攻坚战。这是扶贫工作的核心和重要抓手。环首都九县都不是粮食生产核心区，一定要解放思想，痛下决心调整农业结构，发展特色产业，宜菜则菜、宜林则林、宜牧则牧。要大力引进龙头企业，把产业发展与土地流转和园区建设有机结合起来。重点抓好"三大产业"：一是蔬菜产业。北京对蔬菜的需求量巨大，我们要发挥区位优势，占领北京市场。九县都要做到有劳动能力的人均一亩菜、户均一个棚，带动农民脱贫致富。二是养殖业。结合各县实际，大力发展养猪、养牛、养鸡等产业，要特别注意引进大公司，搞规模养殖，带动群众搞养殖小区。三是果品产业。适合种果品的县要进一步扩大规模，改善品质，搞好贮藏和加工。抓好"三大产业"的同时，还可以发展药材、花卉、苗木和乡村工业等产业。

四是幸福乡村建设攻坚战。把农民增收和改善生产生活条件结合起来是今年省委一号文件的核心要求。改善生产生活条件的具体措施就是实施幸福乡村计划。最近，为落实庆黎书记提出的"山、水、林、田、村，水、电、路、讯、房，科、教、文、卫、保"15字要求，省里制定了幸福乡村计划实施方案，环首都九县在落实这个方案上要率先突破。要把扶贫攻坚与实施幸福乡村计划一并展开、同步推进，通过引导群众向小城镇移居和规划建设一批中心村，一步到位建成幸福乡村。对需要永久保留的一些村庄的建设，包括进行危房改造，要通过科学设计和采用新材料，逐步提高建设质量、完善各种功能。对饮水安全、村街道路、电力通讯等群众反映强烈的问题，要在三年之内基本解决。当前，要集中进行乡村环境整治，开展"四清四化"，即清垃圾、清杂物、清残垣断壁和路障、清危房，净化、绿化、美化、亮化，确保今年内乡村环境、村容村貌有明显改善。

五是招商引资攻坚战。实现可持续的脱贫，必须引进若干的法人和战略投资者。目前，北京市有多家企业要向周边转移，环首都九县要把招商引资的重点放在北京，主动了解哪些产业适合转移到本县，特别是要盯住央企全力跑办、主动对接，把工作做细，拉出项目单子。省里将适时搭建一个平台，帮助各县进行深入对接。各县都要成立专门的招商班子，在北京设立招商联络处，全面加大招商引资力度。

六是乡村治理创新攻坚战。推进扶贫攻坚需要一定的体制机制支撑。"三个起来"就是一套新的乡村治理模式，环首都九县要在扶贫攻坚中逐步推广这一模式。一是把农民重新组织起来，实现党组织、民主自治组织、经济合作组织、维稳组织全覆盖，提高农民组织化程度。二是让村民真正自治起来，全面推行村代会制度，由支部书记担任村代会主席，每10—15户选一个村民代表，由无记名投票方式产生，村里大事都要经村代会讨论，把党的领导和村民自治真正结合起来，由"村官自治"变为"村民自治"。三是使农村发展和谐起来，通过抓一村一品、现代农业园区、乡村工业，抓社会治安综合治理，加快发展、化解矛盾、促进和谐。

三、要运用好打攻坚战之"术"

"术"就是战略战术。形成攻坚之"势"、把握攻坚之"道"后，还要用好攻坚之"术"，解决好过河的"桥"和"船"的问题。攻坚之"术"核心是"六个落实"。

一是落实"举全省之力"。扶贫攻坚是省委、省政府确定的"两个举全省之力"之一。实现举全省之力，需要制定具体的落实措施。举全省之力，就是省、市、县各级领导要把扶贫攻坚牢牢抓在手上，省直有关部门要拿出实实在在的倾斜政策，相对发达地区要主动对环首都九县给予人、财、物等方面支持，形成优质资源向贫困地区流动的强大合力。这方面请省委办公厅、省政府办公厅、省扶贫办加大协调调度的力度。

二是落实政策。这次会上提交的省委、省政府《关于加大对燕山——太行山连片特困地区及环首都扶贫攻坚示范区支持力度的若干政策措施》讨论稿，请大家认真研究，提出意见建议，修改后尽快出台。总的感觉，有些省直部门的政策支持力度还远远不够，就此问题我和小平同志下一步还要专门召开调度会，听取省直各部门的专题汇报。一定要拿出更多、更有力的政策措施，对环首都九县给予倾斜，这方面必须动真格的，给钱、给物、给项目、给政策。

三是落实资金。对资金问题，要多渠道解决。各级财政投入要向贫困地区倾斜，省直各部门的专项资金要向贫困地区倾斜，重点支持环首都地区。财政投入肯定要进一步加大，但决不能单纯依靠财政，关键是要靠金融、靠市场手段来解决问题。环首都九县每县要成立两个公司，一个是担保公司，一个是幸福乡村开发建设投资公司，作为贷款融资的平台。有了这个平台，就可以更方便地融资。这要作为一条硬要求来落实。还要面向社会筹资，大力引进战略投资者，为扶贫攻坚注入强劲动力。

四是落实帮扶措施。经过反复研究，并报请庆黎书记、庆伟省长同意，决定对环首都九个贫困县每县落实"七个一”：即帮助引进一家央企来投资；明确一个省属企业来投资；明确一所省属大学来支持；明确一个国家级或省级科研院所来搞科技扶贫；明确一家金融机构来提供资金支持；明确一家综合省直厅局来帮扶；帮助审批一个省级开发区。这“七个一”由省委办公厅、省政府办公厅和省扶贫办一起来协调，抓紧落实。

五是落实人才。要推广赤城县的经验，给环首都九县所有贫困村每村派驻五个人，做到“五个一”：即每村明确一名县处级干部牵头帮扶；配一名第一书记，可以是现职干部，最好是退居二线的老同志；配一名大学生村官；配一名科技特派员；配一名规划师。各县要从实际出发，有条件的地方还要配备一名大学生村医，做到“六个一”。

六是落实考评。环首都九县要实行每周一调度、每月一分析，三市要做到每季一调度，省里要实行每半年一调度、一年一考评、三年一总评。同时，省里将把扶贫攻坚纳入领导班子和领导干部综合考核评价体系，考评的具体指标和办法，由省扶贫办商有关部门制定。要强化考核结果运用，对三年基本脱贫的县委书记、县长给予褒奖重用，对完不成任务的县委书记、县长要坚决调整。

这次会后，希望大家以更大的决心、更实的举措、更大的力度，开创环首都扶贫攻坚示范区建设的崭新局面，做到天天都有新变化、月月都有新进展、年年都有新突破，给省委、省政府，给全省人民尤其是贫困地区的人民群众交一份满意的答卷。

沈小平同志在全省防汛抗旱暨“三夏”生产工作电视电话会议上的讲话

（2012年6月6日）

刚才，清林、国岭、受棠、学祥同志分别通报了防汛抗旱、“三夏”生产、夏粮收购及夏收期间和汛期天气形势。四位厅局长的发言，目标明确，措施可行，我都赞同。下面，我就防汛抗旱和“三夏”生产两方面工作讲些意见。

一、关于防汛抗旱

当前，我省已进入汛期。今年防汛抗旱工作总的要求是：坚持以人为本，把保障人民群众生命安全作为重中之重，坚持依法防控、科学防控、群防群控，确保大型和重点中型水库不垮坝，一般中型和小型水库标准内洪水不垮坝，主要河道堤防不决口，蓄滞洪区分洪滞洪不死人。在实际工作中，要坚持六个“立足于”。

（一）立足于紧，切实提高防汛意识。近年来，各地不断加强防洪保安工程建设，完善各项防控机制，全省防汛抗旱能力和水平明显提升。但是，从诸多因素分析，对今年防汛的复杂性、艰巨性切不可低估，进入汛期，必须绷紧防大汛、抗大洪、抢大险、救大灾这根弦。从气象条件上看，据预测，今年夏季，全国多雨范围较去年明显增大，我省东部和中南部地区降水量比常年偏多1—2成，洪涝灾害可能重于去年。从自然规律上看，自“96·8”以来，我省已经连续16年没有发生大洪水，时间间隔越长，发生的几率越高。从河系分布上看，我省河流众多，且呈扇形分布；地势西高东低，上游山高坡陡、源短流急，中游地势平坦、行洪缓慢，下游淤积严重、尾闾不畅，极易暴雨成灾。从工程体系上看，部分河道行洪达不到设计要求，581座小型水库存在病险问题，60%以上的海堤低于规划标准，山洪灾害防御能力较弱，蓄滞洪区建设滞后，城市防洪排涝能力普遍偏低。从防汛力量上看，一些地方抢险队伍实战经验还不够足，群防群控机制还不完善，干部群众水患意识还比较淡薄。有鉴于此，对今年防汛形势，各级各有关部门必须保持清醒认识，把问题估计得更充分些，把措施制定得更周密些，把工作做得更扎实些。

（二）立足于早，提前做好应对准备。重点是“四抓”：一抓预案完善。要从实战需要出发，抓紧修订防汛预案，增强科学性和可操作性。各级领导、技术参谋和相关责任人要认真领会、把握预案，做到内容熟悉，程序清楚，运用得当，确保高效。二抓队伍建设。针对农村劳动力流动性大的实际，要搞好摸底调查，从组织、人员、任务等方面加强群众性抗洪抢险队伍建设。16支省级以上专业抢险队(4支国家级、12支省级)要尽快集结待命，开展培训演练，维护保养设备，随时准备投入战斗。要加强与驻军和武警部队联系，明确抢险任务，搞好军民联防。三抓物料储备。按照防汛专储、部门代储、群众号料相结合的原则，落实各类防汛物资。今年省级已新增3000万元防汛物资，各地也要从实际出发增储物资，确保抗洪抢险需要。四抓督导检查。按照管理单位自查、主管部门检查、上级防汛部门抽查的要求，抓紧开展防汛检查。对查出的问题，要登记造册，限期整改；对因特殊情况来不及处理的，要制定应急度汛方案，落实相关补救措施。

（三）立足于实，加强工程建设管理。切实做到“三要”：一要抓好除险加固。按照“安全第一、预防为主”的原则，强化581座小型病险水库度汛措施。对正在加固的15座水库，要合理安排工期，精心组织施工，在确保工程质量的前提下，加快建设进度；主汛期前完不成主体工程的，要制定度汛预案、应急抢险方案和超标准洪水防御方案，坚决防止垮坝事件发生。二要推进河道整治。充分利用主汛期前这段时间，整修险段，加固堤防，确保安全行洪。按照“谁设障、谁清除”的原则，落实责任人员，开展专项治理，限期完成清障。三要加强蓄滞洪区安全建设。对影响蓄滞洪区正常启用的控制设施、围坝工程以及避水台、撤退路等，要实施应急加固。已下达投资计划的安新县防洪堤、文安县城防洪堤等工程，要落实配套资金，加快施工进度，确保如期完成。

（四）立足于细，重点抓好薄弱环节。从我省实际看，要紧紧盯住四个薄弱环节。一是山洪灾害。要对燕山、太行山区可能会发生的短时局地洪涝，切不可麻痹大意。要把责任落实到县、到乡、到村。切实加强监测预警，完善防、抢、撤、救预案，最大限度地避免人员伤亡。二是山区尾矿库。对开矿、修路等弃渣弃土堵塞沟壑而形成的阻水障碍，施工单位在大汛之前必须及时清除，排除隐患。三是小水库。要落实包库领导、值守人员、通信预警设施和转移方案。病险小水库和头顶库汛期要空库迎汛，确保下游居民的生命安全。四是城市内涝。有关部门要加紧检修排水设施，疏通管网，提高防御能力。处在低洼地带的机关、学校、企事业单位和居民区，要及早落实自保措施。

（五）立足于强，全面提升保障水平。要抓好“三个强化”：一是强化监测预警。对雨情、水情、工情、灾情等信息要及时收集、整理、分析、发布和反馈，增强预报预警的准确率和预见性，为提前做好防灾避险准备赢得时间和空间。二是强化决策指挥。要健全以行政首长为核心、以技术专家为支撑、以工程运用为基础、以异地会商为手段的决策指挥体系。行政首长要统揽全局、从容应对、果断决策、科学指挥；技术专家要精通业务、把握汛情、深入研判、参谋到位；工程运用要实时监控、合理调度、规避风险、确保安全；异地会商要渠道畅通、信息及时、数据充分、判断准确。三是强化应急处置。遇有汛情灾情，交通、通信、电力等部门要快速反应，全力抢修水毁道路、通信设施、电力线路，保障交通运输畅通、汛令传递及时、抗洪供电安全。

（六）立足于严，确保部署落实到位。这里强调“四严”：一是严明责任。要把防汛抗旱摆上重要位置，一把手亲自抓、分管领导具体抓、班子成员共同抓。要按照《防洪法》规定，全面落实以行政首长负责制为核心的“五种责任制”。各级分包领导要切实负起责任，从汛前检查、维修加固到汛期调度、抗洪抢险、救灾安置等要一包到底。二是严阵以待。各级各有关部门要密切关注天气变化，准确掌握汛情形势，共同进入临战状态；遇有突发洪水和险情，要及时发现，果断处置。三是严格调度。水库要在确保工程安全前提下，发挥好拦洪、削峰、错峰作用，减轻下游防洪压力。河道要根据设计标准和行洪能力，及时调整泄洪流量，确保主要堤防不决口。蓄滞洪区要尽量减少洪水淹没范围，充分引洪蓄洪，恢复湿地，补充地下水。四是严肃纪律。要牢固树立大局意识、协作意识，严格执行上级指令。一旦发生重大汛情，要在第一时间向省防办报告。大汛期间，各级防汛责任人要坚守岗位，履职尽责。对违抗命令、失职渎职而造成严重后果的，要依法依纪，严厉查处。

二、关于“三夏”生产

昨天是芒种，我省麦收即将从南向北陆续展开，“三夏”大忙的序幕已经拉开。各级各有关部门要抢抓农时、环环紧扣，切实做好收、种、管、购等各项工作。

（一）抓收。集中时间，集中力量，抢收抢打，颗粒归仓。要加强气象服务。做好干热风、连阴雨、大风等灾害性天气及短时临近天气预测预报和预警信息发布。要科学调度农机。制定完善跨区作业方案，及时发布收获进度和作业信息，调度本地跨区作业机具及时返回，组织外地农机具来冀抢收作业，力争成熟一块、收获一块。备齐备足维修配件，搞好农机跟踪服务。充分发挥农机大户、专业合作社和服务小分队带动作用，提高农机作业组织化程度。要保障农机用油。石油部门要合理调度资源，增加柴油市场投放，增设临时加油站点；落实优惠政策，改善服务质量，保障农机用油供应充足、价格稳定。要维护作业秩序。认真落实《收费公路管理条例》相关规定，加强重点地区、重点路段疏导，确保跨区作业机具免费顺畅通行。

（二）抓种。加快播种进度，提高播种质量。一要引导农民调整种植结构，扩大玉米、豆类、杂粮等市场行情趋势较好的农作物的种植面积。二要抢时抢墒播种，力争收获一块播种一块，增加适期播种面积。要组织好跨区机播，讲求播种质量，确保一播全苗。三要充分发挥良种补贴政策效应，引导农民选用生育期短、适宜密植的品种。大力推广“一增四改”（增加种植密度，改种耐密型高产品种，改平播为地膜覆盖，改粗放用肥为配方施肥，改人工种植为机械作业）玉米高产综合栽培技术，为提高单产，增加收益奠定基础。

（三）抓管。要坚持种后即管，精细落实各项措施。一是查苗补苗。要发挥好专家和技术人员的作用，指导农民适时开展查苗补种、间苗定苗、中耕除草、施肥浇水等田间管理，确保苗齐、苗壮、苗均。二是除治病虫。加强监测预警，及时发布信息，指导农民掌握最佳时机，合理选用农药，科学防治病虫害。大力实施统防统治，组织区域性联防联控和群防群治，努力提高防治效果。三是防御灾害。健全防灾减灾预案及信息共享联动机制，指导农民采取有效措施，最大程度减轻干旱、洪涝、大风、冰雹等自然灾害损失。

（四）抓购。加强政策宣传，完善收储措施，及早把夏粮收购安排好。要落实托市收购政策。按照《2012年小麦最低收购价执行预案》，强化市场价格跟踪监测，及时启动预案，切实维护农民利益。要加强收购组织指导。有关部门要密切配合，搞好场地、资金、技术的服务支持，方便农民售粮。要严格执行质价政策，做到优质优价，现场结清粮款，杜绝压级压价等损害农民利益行为。要继续发挥好国有粮食企业的主渠道作用，积极引导各类粮食企业入市收购，改善服务方式，让农民售粮放心舒心。要维护粮食市场秩序。认真做好收购资格核查，切实规范粮食收购活动。要加大政策执行情况检查力度，坚决查处各种违法违规行为，保证夏粮收储的顺利进行。

赵勇同志在河北省推进幸福乡村建设暨农村环境综合整治现场观摩会上的讲话

（2012年9月21日，根据录音整理）

这次会议，是庆黎书记、庆伟省长批准召开的一次重要会议。会议就是要发出一个强烈信号，向千百年来的农村落后习俗宣战，在全省掀起幸福乡村建设和农村环境整治热潮，着力改善发展环境、着力改善生态环境，进一步提升河北发展的竞争力。今天上午，马兰翠同志、崔江水同志分别带队进行了现场观摩。刚才，沈小平同志传达了庆黎书记的一系列重要批示精神。就幸福乡村建设，庆黎书记要求紧紧围绕“15个字”，有组织有计划地深入推进，帮助农民加快建设幸福美好家园；就农村环境综合整治，庆黎书记要求借鉴邢台经验，既要在全省搞起来，又要建立长效机制，使之常态化，更要依靠群众。各地各部门要把庆黎书记的批示精神作为工作的重要指针，认真抓好贯彻落实。王爱民等7位同志分别介绍了宝贵经验，听了很受启发、很受鼓舞。几位同志跟我讲，这次会议开得值、值得开，没想到邢台变化这么大，没想到群众对农村环境整治评价这么高，没想到一个经济实力还不太强的市在很短时间把农村环境整治工作做到了全覆盖，邢台经验值得学、能够学得到。还有的同志讲，如果把邢台经验在全省面上都落实了，河北的面貌将发生巨大变化，发展环境也会有一个明显改善。大家一定要认真学习借鉴邢台等地的经验做法，把幸福乡村建设和农村环境整治抓实抓好。

今年省委1号文件下发和全省农村工作会议召开之后，各市、县党委、政府高度重视、深入贯彻，把幸福乡村建设与加强基层建设年活动、与环首都扶贫攻坚示范区建设、与灾后重建结合起来，取得了实实在在的成效。特别是着力在以下几个方面下功夫：一是抓示范引导。全省分两批启动了幸福乡村示范点（新民居建设示范村）2240个，以重点突破活跃全局的工作格局基本形成。二是抓政策扶持。省本级安排4亿元专项资金加大对幸福乡村和新民居建设的支持，市、县两级也安排了专项资金支持示范点建设。三是抓资源整合。研究制定了以县为平台整合涉农资金的具体办法，集中向幸福乡村示范点倾斜。四是抓融资平台。走市场化路子，与国开行合作，在承德、张家口、保定3市5县开展融资试点工作，加快扶贫攻坚重点县和洪涝重灾县的幸福乡村建设步伐。总的看，各地对幸福乡村建设的思想认识在逐步统一，方向是明确的、推进是扎实的、群众是拥护的。

在推进幸福乡村建设过程中，各地普遍把农村环境整治作为突破口，特别是邢台市认真落实庆黎书记在巨鹿县调研时的指示精神，以壮士断腕的决心、抓铁有痕的精神，打了一场农村环境卫生整治的硬仗，农村面貌发生了翻天覆地的变化，群众交口称赞。概括起来，邢台经验关键是四条：一是领导上手。市委书记亲自抓，市长牵头抓，各级领导都把这项工作作为关系邢台发展全局的一件大事来抓，党政主要领导亲自谋划部署、亲自督导协调，付出了巨大心血。二是干部上心。县、乡、村各级干部全部投入到工作当中，县领导包乡，乡干部包村，村干部包片，做到了真用心思、真下功夫、真抓实干。三是群众上前。把全市群众都发动起来，投入到垃圾清运、污水处理、厕所改造、植树造林的实际行动中，出动劳力563万人次，群众迸发出空前的热情和巨大的能量。四是保障上位。建立了一套资金、设施、队伍、考核等保障机制，有力地保证了工作顺利推进。邢台的实践证明，只要我们心系群众、措施有力、持之以恒，农村环境这个“老大难”问题就一定能够破解。正像刚才有些同志谈到的，邢台能做到的事情，别的市、县没有理由做不到。结合邢台的经验和做法，我想就加大幸福乡村建设推进力度、掀起农村环境综合整治的热潮，讲几点意见。

一、从战略和全局高度进一步深化幸福乡村建设的认识

现在的社会是一个“多维”的社会，我们的思维也应该是一个“多维”的思维，从各个不同的维度来思考和把握事物发展规律和前进方向，这有利于我们统一思想、坚定信心。总体看，各地对幸福乡村建设是重视的，但在认识上还有一些模糊的甚至错误的东西需要澄清、需要理顺。对幸福乡村建设问题，要从三个维度来看待和分析。

一是从历史的维度来看，幸福乡村建设是人类社会文明进步的必然要求。千百年来，农村面貌一直是落后的，环境脏、乱、差，道路靠雨涮、污水靠蒸发、垃圾靠风刮，房子像仓库、下雨一脚泥、晴天一身灰，冬天更是一派凋零的景象。千百年来，农民一直盼望过上与城里人一样的平等生活，这是人类文明进步的要求，是我们这一代共产党人必须肩负的历史责任。现在，到了向这种落后面貌宣战的时候，这种面貌再不改变，对不起生养我们的农民兄弟和父老乡亲。改变农村面貌、缩小城乡差距，要以实现城乡等值化为目标，实现“五个大体相当”，即城乡居民购买力水平大体相当、公共服务水平大体相当、社会保障水平大体相当、生活便利程度大体相当和综合素质大体相当。实现这“五个大体相当”，既是农民所思所盼，也应该是我们共产党人对事业的追求。

二是从逻辑的维度来看，幸福乡村建设是农村现代化发展规律使然。有的同志讲，现在大量农民进城，搞幸福乡村建设是不是背离了城市化发展趋势呢?有的村是要合并的，现在搞幸福乡村建设会不会造成浪费呢?等等。从经济社会发展的内在逻辑看这个问题，幸福乡村建设符合规律，应该做、必须做。首先，幸福乡村建设是个动态的过程。的确，有的村要扩容提升，有的村要逐步撤并消亡。但即使消亡也有一个过程，不能因为要撤并了，就不搞建设了，不让群众改善生产生活条件，这没有道理，也不公平。我们必须在坚持长远考虑、长远规划的前提下，现在把能做的事情先做起来，让所有群众公平地享受改革发展的成果。其次，幸福乡村建设是一个“三化”同步的过程。幸福乡村建设是在城镇化、工业化、农村现代化“三化”同步的大背景下展开的。我们在幸福乡村建设过程中，必然要把农村现代化与工业化、城镇化统筹起来考虑，而不是孤立地搞乡村建设，这客观上必将对小城镇建设、县城扩容升级和乡村工业发展起到促进作用。第三，幸福乡村建设是一个嬗变的过程。嬗变在《辞海》里的解释是彻底改变。我们的幸福乡村建设不是简单的清清垃圾、搞搞卫生、建建房子，而是一场革命，是对乡村生产生活、治理方式的一次彻底变革，既要有量的变化，又要有质的飞跃。

三是从问题和目标的维度来看，幸福乡村建设是一个事关全局的综合性抓手。抓好幸福乡村建设，既能解决千百年来农村面貌落后、农民生活品质低下的问题，又能加快农村现代化这一目标的实现。首先，幸福乡村建设能够推动经济发展。经济发展是幸福乡村建设的应有之义和重要内容，经济不发展，幸福乡村建设就没有根基，必须以经济发展促进幸福乡村建设，以幸福乡村建设推动经济发展。其次，幸福乡村建设是扩大内需的需要。近年来，农村基础设施欠账很多、水平很低，这方面内需潜力巨大。2011年，我省农村居民人均消费只有城镇的五分之二，如果达到城镇平均水平，每年可以增加消费2750多亿元。粗略匡算，我省仅新民居建设、农村基础设施建设和现代农业建设就可拉动4万多亿元投资需求。第三，幸福乡村建设是着力改善“两个环境”的需要。建设幸福乡村、整治农村环境，既是改善生态环境，也是改善发展环境，农村面貌改善了，就会成为一道靓丽的风景线，为全省发展环境改善增光添彩。第四，幸福乡村建设关系党和政府的执政形象。通过幸福乡村建设，改变农村落后面貌，就会使农民群众对党和政府更加拥护，这就是给我们党的执政形象加分。总之，各级各部门都要进一步统一思想、坚定信心、下定决心，把幸福乡村建设作为经济强省、和谐河北建设的一项发展工程、民心工程、生态工程、基础工程，扎扎实实抓出成效。

二、以壮士断腕的气魄扎实推进幸福乡村建设

中国农村经历了三次革命。第一次是土改，第二次是家庭承包经营，现在正在进行的第三次革命，就是推进“三化”同步、城乡统筹，加快农村现代化步伐。这场革命中幸福乡村建设是一个重要抓手。今年以来，我省幸福乡村建设取得了积极进展，但实事求是地讲，农民生产生活条件改善的步伐还不够快，与群众的期待还有差距。究其原因，除了政策、资金等瓶颈制约外，一个很重要的原因就是有些干部存在思想认识上的误区，没有用心用力去解决问题。这次会议就是要统一思想认识，研究完善措施，把这项工作扎扎实实开展起来，坚持不懈抓下去。

省委1号文件把幸福乡村建设的总体目标概括为24个字，就是“布局合理、设施完善，环境优美、生活便利，安居乐业、文明和谐”，这24个字涵盖了新农村幸福生活的方方面面，也为我们描绘出了幸福乡村的美好蓝图。幸福乡村建设的主要任务就是15个字，即庆黎书记提出来的推进“山、水、林、田、村”综合整治，加强“水、电、

路、讯（邮）、房”基础设施建设，提升“科、教、文、卫、保”公共服务水平，推动城市基础设施向农村延伸、公共服务向农村覆盖、现代文明向农村辐射。24个字的目标实现了，15个字的任务落实到位了，幸福乡村就基本建成了。

在推进幸福乡村建设过程中，既要从总体上把握，又要有量化的具体措施，有一些实实在在的抓手和载体。上世纪九十年代提出的“经营城市”，使城市发展进入了新阶段。“经营城市”是让土地等城市资源升值，然后拿出更多资金来加强城市功能建设，反过来又让城市升值，形成良性循环。我们要参考借鉴这一理念，用“经营乡村”的理念来推进幸福乡村建设。具体讲，要集中抓好“八个一”：

一要突出一个引领。即规划引领。凡搞建设，必先有规划。近年来，围绕新农村建设，各地制定了一批规划，但存在水平不高、覆盖不全、统筹衔接不够等问题。这次保定“7·21”洪灾的教训很深刻，其中一条就是由于规划缺失、管理缺位，农民把房子建到了河道中，造成巨大损失。应当明确，幸福乡村建设是新农村建设的总抓手，要以幸福乡村建设规划统领新农村建设各项规划。今年年底前，各县（市、区）要编制完成覆盖全域的幸福乡村建设总体规划，并以此为遵循，编制和完善村镇布局、产业发展、基础设施、公共服务等专项规划。乡、村两级要重点做好村庄建设规划，凡是永久保留的村都要有规划。要把幸福乡村建设规划与县域经济社会发展规划、土地利用总体规划、扶贫攻坚规划等结合起来，使之相互匹配、紧密衔接。要注重规划的科学性和前瞻性，充分考虑城镇化发展、村庄变迁和人口变化趋势，统筹兼顾，留好接口。预计到2024年，我省人口将达到峰值，届时全省总人口为7630万左右，按城镇化率达到70%计算，生活在农村的人口大约2300万。村庄数量、公用设施配套等方面的规划，都要适应这种趋向，确保规划既能管住当前，又能管好长远。为抓好规划编制和实施，这里要特别强调一点，各乡镇都要设置规划管理办公室，加强规划管理的职能。

二要找准一个突破口。即农村环境综合整治。这个突破口撕开了，群众看到了实实在在的变化，就会自觉参与进来，就能汇聚起强大力量，为幸福乡村建设打下良好的群众基础。这项工作下面我还要展开讲。

三要找准一个着力点。即新民居建设。改善住房条件，是群众最关心、要求最迫切的事情。当前我省新民居建设的进度还不够快、标准还不够高、亮点还不够多，下一步要用足用好城乡建设用地增减挂钩政策，加大建设力度。各地要结合自身实际，探索多种模式。比如，利用增减挂钩政策加快中心村镇建设模式。把土地指标拿到县城来用，用土地指标的级差地租来支持中心村镇建设，把节约的宅基地变成资本，农民基本不花钱或者少花钱就能住上新房。再比如，涉农资金打捆投入模式。对重新选址建新村的，整合涉农资金用于基础设施建设，把道路、上下水管网、电力、绿化等基础设施一步建到位，划出若干的宅基地，按照省推荐的新民居建设样式，组织群众自己来建设，建成之后把老宅基地全部复垦。当然，也可以采用分散改造提升等多种模式。总之，要以新民居建设为着力点，推动幸福乡村建设15个字的落实。

四要夯实一个基础。即产业发展。没有繁荣的农村经济，就不会有农民收入的不断增加，幸福乡村建设也难以持续推进。要着力推动农村一、二、三次产业的协调融合发展。围绕发展“一村一品”特色产业，要以土地大流转为支撑，借鉴和推广北京平谷正大蛋鸡项目政府、银行、龙头企业、农民合作组织“四位一体”的模式，培育发展设施农业和规模养殖，壮大特色产业，增加农民收入。要把发展乡村工业作为繁荣农村经济的重要举措，大力发展农产品加工业，加速与城市工业对接。要适应村镇布局调整的新趋势，把新型农村社区、现代农业示范园区和乡村工业园区建设结合起来，一并规划、统筹推进，推动三区合一，构建工业与农业融合、生活与就业互动的幸福乡村格局。

五要强化一个保障。即公共服务和社会保障。建设幸福乡村、提升农民幸福感，关键是让他们享有与城市大体相当的公共服务和社会保障。要把握好城乡公共服务和社会保障逐步并轨的大趋势，积极推动城市优质服务资源向农村配置。教育、文化、科技、民政、卫生等有关部门，要对全省农村公共服务需求进行摸底，对公共服务设施的布局和建设深入研究，根据村庄大小和人口基数，合理配置设施数量和规模。提升农村公共服务和社会保障水平，要立足现有条件，把能够做的事情做好，在乡一级构建“四个一”联系和服务群众的新型纽带，即给乡镇下放一批权力，增强乡镇联系服务群众能力和对村一级的带动能力；建立一个便民服务中心，让群众不出乡就能办理各种事项；建立一套民情档案，准确掌握每个村每个群众的情况；为每户群众发放一张连心卡，让群众随时能联系到乡、村两级主要干部、乡镇服务中心和包村干部、工作人员。

六要保留一个特色。即保留农村田园特色。除城市、县城和镇周边可以一步到位实现城镇化之外，大多数农村都要用好自然条件，体现农村特点，保持田园风光和良好生态环境。要充分挖掘地方文化内涵，民居、设施等单体建筑的样式、体量、高度、色彩等要体现地域特色和传统风貌，决不能千村一面。要把农村生态建设放在重要位置，加大退耕还林、还草和植树造林力度，营造“村在林中、院在树中、人在绿中”的优美环境。

七要明确一个主体。即尊重群众的主体地位、发挥群众的主体作用。要充分尊重农民意愿，无论是规划制定、项目摆布，还是设施建设都要充分征求群众意见，发挥村民代表会议的重要作用。要广泛调动农民群众的积极性、主动性和创造性，围绕幸福乡村建设15个字，实行一字一破题，一题一席事，一事一商议，一议一结论，用幸福乡村建设的美好前景感召群众，引导他们用自己的双手建设幸福生活和美好家园。在这方面，可以借鉴韩国新村运动的经验，从一开始，他们就注重通过思想教育来唤醒农民、启发农民、感召农民、激励农民，每天早晨在各村大喇叭播放“我们都来拼一把”的歌曲，培育农民“勤勉、自助、协同”精神，激发他们的积极性。同时，他们将乡村分为基础村、自助村、自立村三类，实行分类补贴，鼓励先进、鞭策后进。我们要借鉴这一做法，对群众积极性高的村，政策上要优先支持、项目上要优先安排。

八要突破一批瓶颈。即要紧紧围绕破解资金、土地、信贷、人才等制约瓶颈，创新政策，整合资源，落实配套，搭建平台，尽快形成一整套推进幸福乡村建设的政策体系。围绕破解资金瓶颈，各级财政要设立幸福乡村建设专项资金，重点对幸福乡村示范点进行奖补。要参照加强基层建设年活动项目帮扶的经验，每年确定幸福乡村计划的项目名录和建设重点，整合涉农资源，统筹安排、集中投放、重点支持。围绕破解土地瓶颈，充分利用城乡建设用地增减挂钩政策，对需要周转和置换用地指标的幸福乡村示范点优先安排。充分利用国土资发〔2007〕220号和〔2010〕155号文件政策，解决好设施农业和规模养殖的用地问题。围绕破解金融瓶颈，农行、农信社等金融机构，要积极开展承包地、林权、农房“三权”抵押贷款，大力推广惠农卡，满足农民发展产业、修建住房的贷款需求。要搭建投融资平台，支持有条件的县（市）组建政府主导的幸福乡村建设开发公司。围绕破解人才瓶颈，全面推广正定县评选“农村好青年”的经验，加快实施农村青年人才开发工程，着力培育引进一批有文化、懂经营、会管理、能创新的农村人才。围绕破解科技瓶颈，落实农村科技特派员各项政策，鼓励科技人员带技术、带项目到农村创业发展。

“八个一”是对全省面上的要求，省定幸福乡村建设示范点要先行一步，高起点规划、高水平推进，发挥示范带动作用。围绕“八个一”，要努力走出一条具有河北特色的幸福乡村建设新路子。在总体把握上，要坚持城乡一体规划，村庄集中布局，产业融合发展，社保逐步并轨；在推进时序上，要实行科学规划引领，环境整治破题，基础设施先行，新民居建设牵动，公共服务跟进；在推进主体上，要坚持党委、政府引导，农民群众自主，社会各界支持。

三、把农村环境综合整治作为幸福乡村建设的突破口

总的要求，就是按照庆黎书记要求，推广邢台经验，下死决心、下大力气，在全省打一场农村环境综合整治的攻坚战，务求在不太长的时间内，使全省农村环境有一个翻天覆地的变化。

一要明确目标要求。由省环境保护厅牵头，省委农工部、省文明办、省住房城乡建设厅等部门参与，借鉴邢台的经验，抓紧制定全省农村环境综合整治的实施方案。总的目标要求就是“四清四化”和“五改”。“四清”，一是清垃圾，推行户清、村集、乡运、县处理的模式，彻底改变垃圾随处乱扔、随处可见的情况；二是清杂物，对街道两侧的各种杂物进行清理，彻底改变柴草、粪土等乱堆乱放状况；三是清残垣断壁和路障，对占道和影响交通的各类私搭乱建进行清理，保证道路畅通；四是清庭院，对农民家中的脏乱差现象进行治理，做到整洁有序。“四化”，一是绿化，除在农民房前屋后和道路两侧植树外，还可因村制宜，通过种植蔬菜、药材、花卉、草皮等进行村内绿化；二是美化，对村庄建设的选材用料、建筑样式、墙面颜色等进行规划和提升；三是亮化，加大照明设施投入，让农村的晚上亮起来；四是净化，对垃圾、污水等进行集中治理。“五改”，一是改路，加快村内道路硬化，逐户实现硬化道路入户；二是改水，推行联村集中供水，加快排污管网建设；三是改厕，对旱厕进行改造，逐步让农民用上水冲厕所；四是改圈，推行小区规模化养殖；五是改垃圾处理，推进垃圾分类处理和循环利用。在“四清四化”和“五改”的基础上，要把工作逐步延伸到对整个农村环境的改造，包括农村的面源污染治理等等。

二要开展集中整治。这次会议之后，各地要把开展农村环境整治作为迎接党的十八大召开、贯彻党的十八大精神的一项重要工作，抓紧部署、迅速行动、掀起高潮。要将沿京津、沿城区、沿公路铁路、沿重要景点的村庄作为先行先试的重点，强力治理、重点示范，确保在十八大召开之前全部完成“四清”任务，同时“四化”的标准要明显提升。明年春节前，全省所有村庄都要全面完成“四清”任务、提升“四化”水平，“五改”各项工作也要逐步展开。

三要建立长效机制。根治农村环境卫生顽疾，决不能搞“一阵风”，集中整治只能管一时，常态机制才能管长远。各地要围绕落实庆黎书记提出的“注意做好保持长久、巩固提高的工作”的指示，重点建立健全以下保障机制。要完善资金保障机制。除各级财政要给予支持外，还要运用信贷、能人出资、群众集资、部门和社会帮扶等多种手

段筹措资金，解决经费不足问题。要完善设施保障机制。要配备垃圾清运车，建设垃圾池和填埋场，配备垃圾箱，建设污水管道等等，把这些设施建设好、管护好。要完善队伍保障机制。原则上每四到五百户要有一个垃圾保洁员，市、县财政要出资，从待遇上给予保障，同时要引导农民自觉自愿地交垃圾保洁费。建议各村找有劳动能力的低保对象来担任保洁员，这样既解决了农村保洁常态化问题，又解决了低保对象的生活问题。要完善教育约束机制。通过加强卫生健康知识宣传，制定村民公约、签订卫生责任状等形式，引导农民自觉养成文明卫生的习惯。

四要实行全民动员。要把社会各界广泛动员起来，参与到农村环境综合整治中去。要把教育群众、发动群众的工作做充分、做扎实，通过思想引导、激励约束等各种手段，调动群众投身环境整治的积极性。要推广南和县做法，组织公职人员回原籍，从自己的家人、亲属做起，对群众进行教育引导，并帮助指导村里环境整治工作。要把人民团体、企事业单位、大专院校、科研院所等单位都发动起来，与重点村开展结对帮扶，在全社会营造关心支持农村环境综合整治的深厚氛围。

五要放大工作效应。农村环境综合整治决不是简单的治理环境卫生问题，而是以此为切入点，促进农村各个方面的深刻变革。要以环境整治促进农民思想观念的变革。环境改变人、造就人，要通过环境的改变、设施的提升，引导农民摒弃根深蒂固的传统落后思想，树立讲文明、讲卫生、讲道德和保护生态环境的新观念。要以环境整治促进农民生活方式的变革。通过改善环境，引导他们改变生活陋习，追求现代文明的生活方式。要以环境整治促进农村生产方式的变革。通过加强农村生态建设和环境保护，引导农民减少农药、化肥使用量，发展循环农业、绿色农业、生态农业。要以环境整治促进农村管理方式的变革。推广肃宁县“四个覆盖”的经验，通过建立农村环境建设的长效机制，提高农民自我管理、自我服务的能力，为加强和创新社会管理探索路径和经验。

四、以强有力的组织领导确保幸福乡村建设和农村环境综合整治顺利推进

实施幸福乡村计划，掀起农村环境综合整治热潮，是一项关系广大农民切身利益，关系经济强省、和谐河北建设全局和长远的重大工程。各地各部门都要高度重视起来，找准定位，细化措施，确保落实。

一要加强组织领导。各级党委、政府要把这项工作作为推进新农村建设的一个重要抓手，摆上日程，真重视、真用心、真上手。这次会后，各市、县都要召开党政班子或四套班子联席会，统一思想，抓好落实。这里强调，这项工作要实行书记抓、抓书记，各级“一把手”要负总责、亲自抓。各级农村工作领导小组要具体抓，主管农村工作的负责同志要认真谋划，及时推进，深入一线指导。

二要加强宣传引导。会议结束后，要在全省掀起一个幸福乡村建设和农村环境综合整治的宣传发动热潮。各大媒体要开设专题专栏，站在巩固农业农村“重中之重”地位，落实省委、省政府“两个着力改善”部署的高度，宣传幸福乡村建设和环境整治的目标要求、工作措施，宣传各地工作成效和好做法好经验，营造浓厚的氛围，激发群众的热情。

三要加强考核督导。要把这项工作纳入领导班子和领导干部的实绩考核。各级农村工作领导小组要加强调度，及时发现和解决存在的问题，对幸福乡村示范点要建立台账，每季一报表、半年一调度、年终一考评。对于环境整治，省农村工作领导小组办公室要商省环境保护厅等部门，制定专门的督导考核办法，加强协调调度。各级党委、政府督查部门要开展明查暗访，加强督导检查。要建立激励约束机制，对工作成效显著的，以省委、省政府名义进行表彰，对工作不力、进展迟缓的要通报批评、限期整改。

最后，我简要强调一下当前农业农村工作的几个问题。

一、今年省委1号文件确定的五项重点工作要协调推进，近期组织一次“回头看”，看哪些工作还没做到位，抓紧“补课”，确保按时间节点完成工作目标，确保给省委、省政府和农民群众交一份满意答卷。

二、从现在开始，要谋划明年的“三农”工作，特别是认真谋划深化农村改革工作，紧紧围绕土地制度改革、农村金融改革、农村合作经济组织改革、农村经营方式改革、农村产权制度改革等，进行深入思考和实践。

三、要进一步加大扶贫攻坚力度，在抓好环首都扶贫攻坚示范区工作的同时，加大其他贫困县扶贫开发的推进力度。对环首都9个县的很多政策措施也适用于其他贫困县，近期要召开专门推进会，研究和落实有关政策措施。

四、加强基层建设年活动现在到了最后攻坚阶段，一要在“十件实事”上进行攻坚，保证高质量高标准完成；二要在长效机制建设上进行攻坚；三要在组建一支“永不走的工作队”上进行攻坚。

五、农村稳定关系社会大局稳定，要深入贯彻庆黎书记在全省维护社会稳定工作会议上的重要讲话精神，把各项部署和要求在农村落到实处。要做到“五个到位”，就是把矛盾排查到位、问题解决到位、有困难的救助到位、缠访闹访的依法处置到位、重点人稳控到位，为党的十八大召开营造良好氛围。

六、今年秋收秋播在即，根据以往经验和技术要求，今年玉米收割要适当晚几天，这样颗粒会饱满一些，产量

会高一些。与此同时，还要注意不能影响小麦的播种期，不失时机地组织好小麦播种工作。

沈小平同志在全省农业产业化工作调度会上的讲话

（2012年12月28日）

这次会议筹备过程中，省政府办公厅综合三处和省产业化办的同志，对观摩地点多次进行了沟通和现场考察，最终选在邯郸东部的广平和曲周两县。昨天大家实地看了部分项目和加工园区，对为什么选在这及其特点应有同感和共识，概括起来有以下四点：一是集聚效应好。曲周的加工园区吸引了26家企业入驻，广平的食品园区落户了12个项目，初步形成了集群发展，实现了集约经营。二是产业链条长。兴龙生化公司从面粉到小麦胚芽油、再到精细麦麸完成三层次深加工，这在世界上还是第一家。三是科技含量高。香道公司的一根粉条就含有5项专利；晨光集团是国家院士工作站和博士后创新基地，获省部级科技进步一等奖就有两项，专利达35项。四是带动能力强。兴龙公司30万吨玉米深加工项目可消化40万亩生产基地玉米；晨光的甜菊糖项目联结了5000多农户，户均增收1万多元，是种粮收益的2倍以上。

去年11月召开了全省农业产业化会，一年过去了会议贯彻落实的什么样，采取了什么措施，取得了什么效果。刚才，王宇同志通报了有关情况，各市也作了交流发言，各有特色，各有千秋。总的感觉，各级各有关部门对农业产业化经营重视程度较高，支持力度加大，各项工作抓得紧、抓得实，取得了明显成效，特别是在项目建设上有新起色、新变化、新突破、新亮点。从进度看，前三季度新开工项目909个，竣工424个，同比分别增长32%和15%，其中亿元以上新开工项目360个，竣工90个，分别增长112%和26%；从合作看，新引进世界500强项目10个（7家企业），国内500强项目16个（5家企业），央企项目4个，国家级龙头企业项目17个。从强度看，新开项目总投资1184亿元，单个项目平均投资1.3亿元，同比分别增长63%和23%。从效益看，开工项目投产达效后，预计年可新增产值2300亿元，带动农户136万，户均增收3500元以上，如能实现，综合效益将会有较大提升。

但是，必须清醒地看到，与新形势、新任务对农业产业化发展的新要求相比，仍存在一些不容忽视的问题，特别是项目建设上，突出表现为“五多五少”。在投资结构上，种养基地项目多，精深加工项目少。今年续建和新开工的1455个项目中，加工类627个，占43%，其中，二次以上深加工项目仅占18%。二是建设规模上，小项目多，战略支撑项目少。前三季度新开工项目中，投资5000万元以下的占46%，10亿元以上的仅占5%，20亿元以上的只有1.3%。三是项目储备上，入库项目多，成熟项目少。省产业化项目库内投资1000万元以上的项目有1678个，其中前期工作正在可研阶段的223个，具备开工条件的仅85个。四是要素支撑上，企业需求多，落实到位少。今年在建1455个项目，需要银行贷款380亿元，实际到位仅70亿元，不足五分之一；需建设用地指标15万亩，已落实的不足4%，缺口更大。五是推进机制上，老办法、老思路多，新措施、新突破少。多数项目未能按产业化经营模式推进，在产加销、协力配套和利益联结上紧密度不够；条块分割、政出多门问题仍较突出，致使一些扶持政策难落实，制约瓶颈难破解；各市虽都安排了专项扶持资金，但最多的1000万元，最少不足100万元，而且在安排上多数都撒了芝麻盐，其结果是杯水车薪，无济于事。

在去年的会上，我曾就农业产业化经营与大家做了沟通交流，今天的会议就不全面讲了，只重点强调项目建设问题。因为各位都知道，农业产业化经营的关键是龙头企业带动，而龙头企业发展又必须以项目为抓手、作支撑。无论是培育产业集群，还是构建现代产业体系；无论是延伸产业链条，还是带动农民持续增收，都必须把项目建设放在心上、抓在手上、落在地上。我们要进一步增强上项目的意识和责任，按照“谋划一批、储备一批、开工一批、投产一批”的要求，精心组织、协调联动，真正形成抓机遇、上项目、促发展的局面。在实际工作中，突出抓好四个“度”：

一、提升谋划储备强度

上项目不是一朝一夕、一蹴而就的事，需要一个从初识、到深化、至成熟的周期，在此过程中，谋划是基础，前期是关键。谋必须系统的谋而非零碎的谋、集合的谋而非孤立的谋，深入的谋而非表层的谋，重点要解决好“谋什么，怎么谋”的问题。谋什么要注意三点，一要把握产业定位。农业产业化项目植根于农业、发展于农村、贴近于农民，以农产品为基本原料，其特点和属性决定了谋项目不宜“无中生有”而应“借题发挥”。要立足当地资源和产业优势、突出区域特色，依托龙头企业，充分挖掘现实和潜在市场需求，科学合理定位。二要注重利益联结。

农产品加工项目原料需求大、基地面积广、涉及农户多，“长途跋涉”必然增加运营成本，“脱离本土”势必有悖经营理念。因此，项目谋划既要考虑合理半径内有生产基地，能够满足加工需求；又要考虑带动千家万户，能够促进农民促增收致富。三要延伸产业链条。在一定程度上看，农产品加工链条每延长“一寸”、效益就可增加“一尺”，加工层次越深、增值空间越大，也就是我们所说的乘数效应。要以精深加工为方向，以开发高端、终端产品为重点，引导企业围绕增强创新能力，重点谋划一批延伸链条项目，提高竞争力。怎么谋要抓住三个“一”，有一个好规划。可通过招标、合作等方式，选定国际国内有影响力的咨询机构或科研院所，编制修订产业化发展规划和园区建设规划，明确方向和重点、产业定位和空间布局，为项目谋划提供先导，摆脱“逮住什么算什么”的路径。有一个好团队。要立足主体，巧借外力，聚集懂行的能人、专家，形成想干事、会干事、能干成事又不出事的人才力量，紧盯市场，超前谋划，集中精力搞可研，加大力度跑前期。要坚持不懈、一抓到底，谋就谋深、做就做实。有一个好保障。无论政府还是企业，都要舍得拿出钱来谋项目、做前期。可从产业化资金中安排一部分前期费专项用于项目谋划、论证和前期跑办，钱一定要用在“刀刃”上，讲求方法，注重实效。

二、拓延开放合作深度

要紧紧把握当前产业化提质增效、转型升级的有利时机，抓住各类工商资本向农产品种养、加工、流通领域加速转移的难得机遇，吸引众伙伴、建设好项目、培育大产业，下大力引进战略投资者。一是底数要清。紧盯世界500强、“央字号”企业，特别是那些资本实力雄厚、技术水平先进、营销网络发达的国家级龙头百强企业，通过多种渠道和方式了解他们的发展战略、投资计划、实施区域，找准合作基点，圈定潜在对象。二是重点要准。从“捡到篮子都是菜”转向“提着篮子去选菜”。围绕产业发展方向和当地资源、市场优势，着眼产业链条长、技术含量高、带动能力强的项目，锁定合作目标，集中力量实施攻关。三是跟踪要紧。以锲而不舍的精神和不达目的不罢休的韧劲，主动联系、搞好衔接，环环紧扣、一步不松，明确责任、专人盯办，建立跟踪台帐，随时掌握进度。四是洽谈要“明”。谈项目应做到聪明不糊涂、开明不保守、精明不愚钝，注重用翔实的数据和科学的分析，有针对性地吸引投资者；要多算总帐、大帐、活帐，少算散账、小帐、死帐，坚守合作底线、降低投资成本，保障双方都有获利空间。五是合作要诚。严格按照协议条款履行承诺，促进项目早落地、早开工、早投产、早达效，能使客商信得过、留得住、做得大、发展快。要主动服务，不断拓宽领域，创新内容，切忌项目引进前市长请客商、项目开工后客商请科长的现象发生；要千方百计帮助解决基础设施、人力资源及水电路讯等配套问题，让合作伙伴放心投入，顺心办事，安心发展，并以商引商。为进一步支持开放合作，省政府已确定，对引进世界和国内500强及国家级龙头企业投资10亿元以上且按协议完成年度投资计划的，从产业化资金中给予300-500万元的奖励。

三、缓解要素制约程度

近年来，由于国家宏观政策调整，土地、资金等要素紧缺问题已经成为新上项目的主要制约因素。对此，我们必须因地制宜，综合施策，千方百计破瓶颈、解难题。一方面要落实政策。认真贯彻国务院和省政府扶持龙头企业发展的政策措施，努力缓解要素制约。特别是项目建设用地方面，要研究透、落实好。如国土部、农业部《关于完善设施农用地管理有关问题的通知》（国土资发[2010]155号）文件规定，对直接用于或者服务于农业生产的设施用地按农用地管理，不需再办理转用审批手续。对这些政策，既要用好，也要用足、用活。同时，要争取把更多的大项目特别是与央企合作的项目列入省重点，以得到用地指标上的倾斜。要全面落实城乡建设用地增减挂钩和工矿废弃地复垦利用试点政策，增加产业化项目用地指标。要加大低效、闲置、废弃地和批而未供、供而未用土地清理处置力度，真正使有限的资源发挥最大效应。另一方面要拓宽渠道。扩大直接融资。发挥财政专项资金和省级投融资公司的导向作用，吸引更多的社会资本投向产业化项目。引导龙头企业加快股份制改造，推进一批企业上市融资；对一时达不到主板上市条件的企业，可推荐到股权交易所挂牌；同时，做好已上市龙头企业再融资，积极培育上市后备资源。搞好间接融资。继续推进银企对接，有效搭建项目资金供需平台。引导龙头企业用好金融机构创新产品，通过股权、产权、保单质押贷款。要筛选、推荐一批规模大、前景好、信誉度高的龙头企业，争取成为省农发行的“战略黄金客户”，享受信贷优惠政策，满足其项目资金需求。

四、加大机制创新力度

这里，我强调“三个以”：以龙头拉动项目。要引导龙头企业树立主体意识，增强上项目的主动性，建立科学的项目决策体系和责任制度，提高项目建设的质量和效率。支持龙头企业加强与国内外大集团、大公司的“靠挂”，引进先进技术，提升装备水平，增强抵御风险的能力。鼓励企业引进有胆识、有能力、有责任感的“人才龙头”，通过人才引项目、上了项目用人才。以园区聚集项目。昨天我们参观的两个园区，大家会有共识，就是在市场竞争由单个企业“独闯江湖”向产业集群“协同作战”转变的趋势下，加工园区已成为招商引资、承接项目的有效载体。要按已有的规划，进一步科学定位、优化布局。要注重一体化发展，上下游链结，在加强基础设施和服务平台建设的同时，按照产加销一条龙的要求，吸引产业链型的核心企业投资园区，建成一个项目，培育一个龙头，聚集一批企业，形成一条产业链。以改革驱动项目。要推进土地流转。加快土地承包经营权流转，发展适度规模经营，健全流转市场，完善服务体系，鼓励龙头企业参与蔬菜果品标准示范园、畜牧养殖规范化基地建设，高起点、高标准实施一批专业化、规模化的特色产业基地项目。要发展合作组织。坚持一手抓规模扩大、一手抓规范提高，推动农民合作组织快速健康发展。鼓励合作组织兴办农业公司或参股龙头企业，建设农产品深加工、仓储、冷链物流等生产和流通项目，延伸经营链条。要规范经营主体。对股权单一、家族式管理的各类产业化经营主体，要引导其进行股份制改造，并按照现代企业制度要求，完善法人治理结构，建立规范的决策经营机制，为其做大做强奠定体制基础。

围绕中心　服务大局　开创农业和农村法制建设新局面

——黄荣同志在河北省人大农业和农村工作研讨会上的讲话

（2012年7月10日）

这次全省人大农业和农村工作研讨会的主要目的，是总结交流本届人大五年来开展农业和农村工作的新进展、新成效、新经验和新体会。

上午，全国人大常委会委员、全国人大农业与农村委员会副主任委员刘振伟同志就“当前农村政策和农业法制建设的几个问题”作了一个非常好的报告。大家听了之后很受启发和教育，对我们做好今后人大农业和农村工作具有较强的指导意义。

刚才，各市与会同志从不同侧面就本届人大开展农业和农村立法、监督工作情况及经验体会进行了交流。总的看，本届人大以来，省和各市人大常委会坚持围绕中心、服务大局，紧紧围绕推动中央和省、市委关于“三农”工作重大决策部署和各项强农惠农富农政策措施的贯彻落实，以科学发展为主题，以加快转变农业发展方式为主线，以推进农业和农村法制建设为根本任务，依法履职，扎实做好农业和农村立法、监督工作，为推动农业和农村经济社会又好又快发展作出了新的贡献，同时也积累了做好人大农业和农村工作的新经验，为今后开展人大农业和农村工作提供了有益借鉴。

下面，我就省人大常委会五年来农业和农村立法、监督工作作一简要总结并谈几点体会。

一、以提高立法质量为重点，坚持科学立法、民主立法，农业和农村立法工作取得新进展

本届省人大常委会十分重视农业和农村立法工作，坚持以人为本、立法为民的理念，坚持科学立法、民主立法，从农业和农村经济社会发展需要出发，以提高立法质量为重点，一手抓法规制定，一手抓法规清理，不断完善农业和农村地方性法规体系，使农业和农村立法取得了新进展。截止目前，共审查办理人大代表和政府立法议案9件，其中制定出台2件，正在审议2件；修改法规12件，废止法规2件，提前介入参与立法调研5项。

（一）坚持突出重点、急需先立，着力抓好农业和农村法规的制定工作。依法推动农业和农村经济稳定发展，有法可依是前提。从我省农业和农村立法现状来看，还有不少农业和农村经济发展急需的法规没有出台，有的法规因不适应当前新形势的要求急需进行修改。对此，省人大常委会从促进和保障农业稳定发展、农民持续增收的需要出发，按照突出重点、急需先立的原则，确定了农业和农村立法五年规划和年度计划，并不断加强和改进立法工作，从而加快了立法进度，提高了立法质量。截至目前，已制定出台和正在审议农业农村法规4件。一是为规范奶业生产经营行为，保障生鲜牛奶和乳制品质量安全，维护奶业生产者、经营者、消费者合法权益，促进我省奶业健康有序发展，省十一届人大常委会第四次会议于2008年7月18日审议出台了《河北省奶业条例》。二是为保证《水法》在我省的贯彻实施，合理开发、利用、节约和保护水资源，加强水资源管理，实现水资源可持续利用，保障水与经济社会协调发展，省十一届人大常委会第十九次会议于2010年9月29日审议出台了《河北省实施〈水法〉办法》。这部法规一个鲜明的特点，就是体现了实行最严格的水资源管理制度的理念，将用水总量控制、用水效率控制、水功能区限制纳污这“三条红线”纳入了地方性法规，这在

全国地方立法中尚属首例。三是为稳定和完善农村土地承包关系，赋予农民长期而有保障的土地使用权，维护土地承包当事人的合法权益，促进农业和农村经济持续稳定发展，省人大常委会将农村土地承包立法作为立法工作的重点来抓，已连续三年列入立法计划、历经三次常委会议审议《河北省农村土地承包条例（草案）》。目前该条例（草案）已经基本成熟，计划今年年底之前制定出台。四是为鼓励和扶持发展农业机械，加强农业机械安全监督管理，提高农业机械化水平，推进现代农业发展，省人大常委会将重新制定《河北省农业机械管理条例》列入了今年立法计划。省十一届人大常委会第二十九次会议对该条例（草案）进行了初审，7月下旬第三十一次常委会议将对该条例（草案）进行二审，计划今年年底之前制定出台。

（二）坚持与时俱进、立改废并重，着力抓好农业和农村法规清理工作。开展地方性法规清理工作，是确保到2010年形成有中国特色社会主义法律体系的重要任务。按照全国人大常委会统一部署和省委批准的法规清理工作实施方案，2010年省人大常委会部署开展了地方性法规清理工作。省人大常委会农工委坚持把开展农业和农村法规清理作为立法工作的重中之重来抓，及时制定了法规清理工作方案，成立了由省直农口部门负责同志参加的法规清理工作领导小组，明确了分工，落实了责任，集中力量对现行29件农业和农村法规进行了认真清理，并根据不同情况，提出了分类处理意见。省十一届人大常委会第十七次会议于2010年7月30日作出了《关于修改部分法规的决定》和《关于废止部分法规的决定》，其中对列入清理范围的29件农业和农村法规，决定保留15件、采取“打包”方式修改12件、废止2件，圆满完成了法规清理任务。2011年按照省人大常委会统一部署，又对农业和农村法规中有关行政强制规定进行了专项清理。通过两次清理，基本解决了现行农业和农村法规中存在的与农业和农村经济社会发展明显不适应、不一致、不协调的问题。

（三）坚持提前介入、积极参与，着力抓好农业和农村立法前期准备工作。省人大常委会注重掌握立法工作主动权，发挥立法机关的主导作用，并强调在制定立法计划、起草、审议和修改法规草案各个环节坚持和贯彻立法宗旨。省人大常委会农工委坚持提前介入、积极参与，及时掌握立法进展情况，加强对立法工作的指导与协调，积极会同省直农口部门开展法规起草、立法调研、修改论证等前期准备工作，有力地推动了立法工作开展。五年来，除已制定和审议的法规外，还对农产品质量安全、气象灾害防御、草原、水土保持、农民专业合作社等项立法开展了专题调研和考察活动，并对相关法规草案进行了修改完善，为下一步加快立法步伐打下了良好基础。

二、以增强监督实效为核心，坚持围绕中心、服务大局，农业和农村监督工作取得新成效

省人大常委会高度重视农业和农村监督工作，坚持“围绕中心、服务大局，突出重点、注重实效”的监督工作思路，坚持多种监督形式相结合，紧紧围绕中央和省委“三农”工作重点、关系农村改革发展大局和农民群众切身利益的重大问题以及社会关注的热点难点问题，进一步加大监督力度，使农业和农村监督工作取得了新成效。五年来，共听取和审议省政府涉农工作报告9项、组织开展执法检查3次、执法调研3次、专题视察5次、专题调研10次，有力地推动了“三农”工作开展和农业与农村法律法规的贯彻实施。

（一）围绕中央和省委推进农村改革发展决策部署的贯彻落实开展监督，促进“三农”工作扎实开展。

加强对农村改革发展和“三农”工作的监督。为深入贯彻落实党的十七届三中全会推进农村改革发展决定和省委七届四次全会精神，依法加强“三农”工作，推动农业法、农村土地承包法和强农惠农政策的贯彻落实，促进农村改革发展扎实推进，2008年12月省人大常委会组织开展了农业法、农村土地承包法执法检查。在省十一届人大常委会第八次会议上，听取和审议了《执法检查组关于检查农业法、农村土地承包法贯彻实施情况的报告》和《省政府关于“三农”工作情况的报告》。针对执法检查中发现的问题和常委会组成人员审议意见，重点就统筹城乡发展、落实强农惠农政策、加强土地承包管理、严格耕地保护和节约用地制度、发展农业产业化经营、促进农民持续增收、加快社会主义新农村建设等问题，提出了意见和建议。2009年11月又进行跟踪监督，审议了《省政府关于落实省人大常委会农业法、农村土地承包法执法检查报告审议意见整改情况的报告》，促进了我省“三农”工作深入开展。

加强对林业改革发展和集体林权制度改革情况的监督。为推动中央和省委关于林业改革与发展和推进集体林权制度改革重大决策部署的贯彻落实，监督和支持政府切实解决集体林权制度改革和林业发展中面临的突出问题，促进全省林业又好又快发展，2009年8月省人大常委会组织开展了集体林权制度改革情况专题调研。在省十一届人大常委会第十一次会议上，听取和审议了《省政府关于我省林业改革与发展情况的报告》，同时审议了《农工委关于我省集体林权制度改革情况的调研报告》。针对专题调研中发现的问题和常委会组成人员审议意见，重点就巩固和发展集体林权制度改革成果、建立森林资源资产评估体系和集体林权流转制度、加大对林业投入力度、落实强林

惠林政策、发展林业社会化服务体系等问题，提出了意见和建议。

加强对水利改革发展和农田水利建设情况的监督。为推动中央和省委关于加快水利改革发展重大决策部署的贯彻落实，切实把农田水利作为农村基础设施建设的重点任务，突出加强农田水利建设，推动我省农田水利实现跨越式发展，2011年4月和6月省人大常委会组织开展了农田水利建设及抗旱促春管保丰收情况专题视察。在省十一届人大常委会第二十四次会议上，听取和审议了《省政府关于水利改革发展情况的报告》，同时审议了《视察组关于视察农田水利建设情况的报告》。针对在视察中发现的问题和常委会组成人员审议意见，重点就加大落实力度，加快推进水利改革发展；加大投入力度，建立水利建设投入增长机制；加大水资源管理力度，推进科学治水、依法治水；加大节水力度，推进节水型社会建设；加大法制建设力度，推动水法律法规贯彻实施等问题，提出了意见和建议。

加强对社会主义新农村建设情况的监督。为推动中央和省委关于社会主义新农村建设重大决策部署的贯彻落实，加大统筹城乡发展力度，进一步夯实农业和农村发展基础，加快我省社会主义新农村建设，2010年10月省人大常委会组织开展了社会主义新农村建设情况专题视察。省十一届人大常委会第二十次会议审议了《视察组关于视察我省社会主义新农村建设情况的报告》。针对在视察中发现的问题和常委会组成人员的审议意见，提出了要统筹城乡发展，建立以城带乡、城乡互动的新机制；加快农业和农村经济发展，进一步夯实新农村建设经济基础；加强农村基础设施建设，改善农民生产生活条件；因地制宜，稳步推进新民居示范村建设等意见和建议。

（二）围绕推动农业和农村法律法规的贯彻实施开展监督，促进政府部门依法行政工作深入开展。

加强对《农产品质量安全法》实施情况的监督。为推动《农产品质量安全法》的贯彻实施，保障农产品质量安全，维护人民群众身体健康，促进农业和农村经济持续健康发展，2009年6月省人大常委会组织开展了《农产品质量安全法》执法检查。在省十一届人大常委会第十次会议上，听取和审议了《执法检查组关于检查农产品质量安全法贯彻实施情况的报告》和《省政府关于贯彻实施农产品质量安全法工作情况的报告》。针对农产品质量安全方面存在的问题，重点就加大法律宣传力度，增强干部群众法律意识；进一步抓好源头治理，实现全程监控；完善监管体系和制度，建立农产品质量安全长效机制；建立部门协调机制，加强农产品产前、产中、产后监管和服务；加快农产品质量安全立法等问题，提出了意见和建议。

加强对《农业技术推广法》实施情况的监督。为推动《农业技术推广法》的贯彻实施，加强农技推广工作，促进农业科技成果转化与应用，加快农业科技进步，保障农业和农村经济持续稳定发展，2010年8月省人大常委会组织开展了《农业技术推广法》执法检查。在省十一届人大常委会第十九次会议上，听取和审议了《执法检查组关于检查农业技术推广法贯彻实施情况的报告》和《省政府关于贯彻实施农业技术推广法和加强基层农业技术推广体系改革与建设工作情况的报告》。针对执法检查中发现的问题和常委会审议意见，提出了加大改革力度，积极推进基层农技推广体系改革与建设；加大投入力度，加强基层农技推广机构服务能力建设；加大培训力度，提高农技推广人员业务素质和农民科技素质；加大培育力度，积极发展多元化农技推广服务组织；加大宣传贯彻力度，推动《农业技术推广法》贯彻实施等意见和建议。省政府及有关部门认真整改落实，有力地推动了《农业技术推广法》的贯彻实施，促进了农技推广工作的开展。

加强对《水法》实施情况的监督。为推动《水法》的贯彻实施，合理开发、利用、节约和保护水资源，推进农田水利工程建设与管理，促进农业和农村经济社会又好又快发展，2008年5月省人大常委会组织开展了《水法》执法调研。省十一届人大常委会第四次会议审议了《农工委关于贯彻实施水法情况的调研报告》。针对执法调研中发现的问题和常委会审议意见，提出了加大投入力度，加快农田水利工程建设；采取综合措施，建设节水型农业；加强水资源管理，进一步理顺水务管理体制；加强执法队伍建设，严格依法履行职责等意见和建议。根据2012年省人大常委会监督工作安排，为加强水资源管理，实行最严格的水资源管理制度，实现水资源可持续利用，促进水与经济社会协调发展，今年6月下旬省人大常委会又组织开展了贯彻实施《水法》加强水资源管理情况执法调研，执法调研报告将提请9月下旬第三十二次常委会议审议。

加强对《河北省义务植树条例》实施情况的监督。为推动《河北省义务植树条例》的贯彻实施，增强广大公民绿化意识，加快国土绿化步伐，促进生态文明建设和经济社会可持续发展，2012年4月省人大常委会组织开展了贯彻实施《河北省义务植树条例》情况执法调研。省十一届人大常委会第三十次会议审议了《农工委关于贯彻实施河北省义务植树条例情况的执法调研报告》。针对义务植树活动中存在的问题，重点就加大组织领导力度，推动义务植树活动扎实开展；加大财政投入力度，为义务植树活动提供经费保障；加大政策落实力度，健全完善义务植树政策体系；加强各级绿委会机构建设，充分发挥其职能作用；加大义务植树执法力度，推动条例更好地贯彻实施等问题，提出了意见和建议。

（三）围绕农村民生和农民群众关心的热点问题开展

监督，促进农村民生问题的改善。

加强对农村社会保障体系建设情况的监督。为推动我省农村社会保障体系建设，加大统筹城乡发展力度，改善农村民生，逐步实现基本公共服务均等化，促进农村社会和谐，2009年11月和2010年3月省人大常委会组织开展了以农村低保、五保供养、新农合、新农保、被征地农民和农民工社保等为主要内容的农村社会保障体系建设情况专题调研。在省十一届人大常委会第十六次会议上，听取和审议了《省政府关于全省农村社会保障体系建设情况的报告》，同时审议了《农工委关于我省农村社会保障体系建设情况的调研报告》。针对农村社保体系建设中存在的问题，提出了加快实施新农保制度步伐、积极推进被征地农民和农民工社保工作、加强农村社保体系建设的统筹协调、建立健全农村社保资金投入机制、加强农村社保制度的统筹衔接与配套、加强基层保障能力建设等意见和建议。

加强对农村扶贫开发情况的监督。为认真贯彻落实中央和省委关于扶贫开发的决策部署，深入推进扶贫开发工作，保障和改善民生，促进我省贫困地区经济社会更好更快发展，2011年8月省人大常委会组织开展了农村扶贫开发情况专题调研。在省十一届人大常委会第二十六次会议上，听取和审议了《省政府关于农村扶贫开发情况的报告》，同时审议了《农工委关于农村扶贫开发情况的调研报告》。针对专题调研中发现的问题和常委会审议意见，重点就加大扶贫规划引导力度，推动贫困地区经济社会更好更快发展；加大对扶贫开发投入力度，建立多渠道扶贫开发投入机制；加大扶贫政策落实力度，健全完善扶贫开发政策保障体系；加强扶贫开发立法，将扶贫开发纳入法制化轨道等问题，提出了意见和建议。根据2012年省人大常委会监督工作安排，为推动中央和省委关于新一轮扶贫开发攻坚重大决策部署的贯彻落实，举全省之力打好扶贫开发攻坚战，推动贫困地区开发建设和贫困人口尽快脱贫致富，今年8月份省人大常委会将组织开展新一轮扶贫开发攻坚情况专题视察，并将视察报告提请省人大常委会审议，推动新一轮扶贫开发工作深入开展，促进我省贫困地区经济社会更好更快发展。

此外，省人大常委会还组织开展了农业产业化经营、气象事业发展、供销合作社服务“三农”、土地承包经营权流转、草原生态保护与建设等情况的专题视察或调研活动，并将《关于视察农业产业化经营情况的报告》、《关于视察我省气象事业发展情况的报告》、《关于我省供销合作社服务“三农”情况的调研报告》提请省人大常委会审议，有针对性地提出了意见和建议。

三、坚持大胆实践、勇于创新，不断深化对人大农业和农村工作规律性的认识，积累了做好人大农业和农村工作的新经验

五年来，省人大常委会在开展农业和农村工作中，从发挥人大的职能作用出发，与时俱进，积极探索，大胆实践，勇于创新，进一步深化了对人大农业和农村工作规律性的认识，积累了一些做好人大农业和农村工作的宝贵经验。

（一）必须坚持以科学发展观为统领，这是做好人大农业和农村工作的根本指导思想。做好人大农业和农村工作，必须自觉地、坚定地贯彻落实科学发展观，始终坚持正确的政治方向，保证党在农村的路线方针政策和国家法律法规的贯彻落实。这就要在深入学习科学发展观的基础上，抓准贯彻落实科学发展观的着力点和切入点，解决主要矛盾，推动工作创新，切实把科学发展观贯穿于依法履行立法、监督等重要职责的全过程。深入贯彻落实科学发展观，要真正体现在增强领导科学发展的能力上，反映在农业和农村立法、监督工作的谋划和部署上，落实到通过依法解决“三农”问题、推动农村改革发展的实效上。

（二）必须坚持围绕中心、服务大局，这是做好人大农业和农村工作的关键所在。人大农业和农村工作是党的“三农”工作的重要组成部分，涉及方方面面。做好人大农业和农村工作，关键一条就是要服从和服务于党的“三农”工作中心，推动中央和省委关于“三农”工作重大决策部署的贯彻落实。坚持围绕中心、服务大局，就是要求必须牢固树立党的观念、大局观念、法治观念、群众观念和发展观念，把中央和省委关于“三农”工作的决策部署与人大农业和农村工作结合起来，紧紧围绕中央和省委关于“三农”工作的决策部署，从人大工作特点出发，充分发挥立法、监督等职能作用，并把是否促进农业稳定发展、农民持续增收、农村和谐稳定作为检验工作成效的重要标准，为促进农业和农村经济社会又好又快发展提供有力支持和保障。

（三）必须坚持以人为本，切实维护广大农民群众的根本利益，这是做好人大农业和农村工作的本质要求。实现好、发展好、落实好最广大人民群众的根本利益，是做好人大工作的出发点和落脚点。在人大农业和农村工作中，要紧紧围绕农村改革发展的重大问题、农民群众普遍关心的热点问题和社会普遍关注的难点问题，通过依法行使各项职权，促进“三农”问题的解决，切实维护广大农民群众的根本利益。要注重转变作风，深入基层、深入农村、深入农民，广泛倾听民声、集中民智、反映民意，使制定的法规、作出的决议决定充分体现农民群众的意愿，

把关系农民群众切身利益的问题作为监督工作的重点，充分发挥人大联系群众的桥梁和纽带作用，使人大农业和农村工作建立在广泛的民情民意基础上，努力取得广大农民满意的效果。

同志们，回顾总结五年来省人大常委会农业和农村工作，取得了一定成绩。这些成绩的取得，离不开各市人大常委会及农委的密切配合、有力帮助，也离不开省政府及有关部门的大力支持！在此，我代表省人大常委会向大家表示衷心感谢！让我们在即将召开的党的十八大和省第八次党代会精神的指引下，以科学发展观为指导，以推进农业和农村法制建设为根本任务，切实增强做好人大农业和农村工作的使命感、责任感，积极有为，开拓奋进，为保障和促进我省农业和农村经济社会又好又快发展，为建设经济强省、和谐河北作出新的更大贡献！

宋长瑞同志在省人大常委会新一轮扶贫开发攻坚情况专题视察活动汇报暨动员会上的讲话

（2012年8月27日）

这次省人大常委会新一轮扶贫开发攻坚情况专题视察活动，是根据省委书记、省人大常委会主任张庆黎同志指示精神和省人大常委会今年监督工作安排，经主任会议研究决定开展的一次重要活动。这次视察的总体要求是，深入贯彻落实科学发展观，围绕推动中央和省委关于新一轮扶贫开发重大决策部署的贯彻落实，坚持突出重点、深入一线、现场视察、注重实效，全面了解新一轮扶贫开发攻坚情况，监督和支持政府及相关部门加强和改进扶贫开发工作，实行倾斜政策，加大扶持力度，举全省之力打好新一轮扶贫开发攻坚战，推动贫困地区开发建设和贫困人口尽快脱贫致富，促进我省新一轮扶贫开发工作深入开展。

按照这次扶贫开发专题视察活动的安排，今天上午我们召开专题视察活动汇报暨动员会，对开展好这次专题视察活动进行动员部署。刚才，曙光秘书长宣读了《省人大常委会关于组织开展新一轮扶贫开发攻坚情况专题视察活动的实施方案》；省发改委、省财政厅、省扶贫办的负责同志从各自职能角度汇报了开展新一轮扶贫开发工作情况，使大家对这次扶贫开发专题视察活动的指导思想、总体要求、重点内容、方法步骤和目前我省新一轮扶贫开发攻坚工作进展情况有了一个基本了解，为开展好这次新一轮扶贫开发专题视察活动打下了一定基础。

下面，我就扎实搞好这次扶贫开发攻坚专题视察活动，确保专题视察活动取得成效，讲几点意见。

一、要认真学习贯彻中央和省委扶贫开发工作会议精神，提高对打好新一轮扶贫开发攻坚战重大意义的认识

消除贫困、改善民生、实现共同富裕，是社会主义的本质要求，是改革开放和社会主义现代化建设的重大任务。多年来，党和国家始终高度重视扶贫开发工作，先后作出了一系列重大决策部署。去年5月中共中央、国务院印发了《中国农村扶贫开发纲要（2011－2020年）》，确定了新一轮扶贫开发的目标任务和重大举措。随后于11月29日召开了中央扶贫开发工作会议，胡锦涛总书记、温家宝总理出席会议并发表重要讲话，总结了我国扶贫开发工作取得的成就和经验，分析了当前和今后一个时期扶贫开发的形势和任务，全面部署了贯彻落实扶贫开发纲要的工作，强调动员全党全社会力量，坚决打好新一轮扶贫开发攻坚战。会议指出，改革开放以来，党和国家正式启动全国范围有计划、有组织的大规模开发式扶贫，不断加大资金投入力度，创新扶贫开发机制，扎实推进扶贫开发工作，取得了举世瞩目的巨大成就，为促进我国经济发展、政治稳定、民族团结、边疆巩固、社会和谐发挥了重要作用。实践充分证明，经过改革开放30多年来的不懈努力，我们成功走出了一条中国特色扶贫开发道路。当前，我国扶贫开发已经从以解决温饱为主要任务的阶段转入巩固温饱成果、加快脱贫致富、改善生态环境、提高发展能力、缩小发展差距的新阶段。同时，我国仍处于并将长期处于社会主义初级阶段，经济社会发展总体水平不高，区域发展不平衡问题突出，制约贫困地区发展的深层次矛盾依然存在，贫困地区特别是集中连片特殊困难地区扶贫开发任务仍然十分艰巨。会议强调，新阶段扶贫开发的总体目标是：稳定实现扶贫对象不愁吃、不愁穿，保障其义务教育、基本医疗和住房。贫困地区农民人均纯收入增长幅度高于全国平均水平，基本公共服务主要领域指标接近全国平均水平，扭转发展差距扩大趋势。要提高扶贫标准，加大投入力度，把集中连片特殊困难地区作为主战场，把稳定解决扶贫对象温饱、尽快实现脱贫致富作为首要任务，坚持政府主导，坚持统筹发展，更加注重转变经济发展方式，更

加注重增强扶贫对象自我发展能力，更加注重基本公共服务均等化，更加注重解决制约发展的突出问题，推动贫困地区经济社会更好更快发展。这些新目标、新任务和新要求，既为做好新阶段扶贫开发工作指明了方向，也吹响了打好新一轮扶贫开发攻坚战的号角。深入推进扶贫开发工作，打好新一轮扶贫开发攻坚战，对维护人民根本利益、巩固党的执政基础、确保国家长治久安、实现全面建设小康社会和社会主义现代化建设宏伟目标，具有极为重大的意义。

从我省情况看，省委、省政府高度重视扶贫开发工作，针对我省贫困人口较多、扶贫开发任务较重的实际，认真贯彻“八七”扶贫攻坚计划和新世纪头10年扶贫开发纲要，坚持党委领导、政府主导，全民动员、合力攻坚，扶贫开发工作取得显著成绩。农村贫困人口由2001年的570万减少到2010年的350万，贫困群众的生活由缺吃少穿到基本解决温饱，各项社会事业由严重滞后到全面进步，贫困地区的面貌发生了明显变化。今年以来，为贯彻落实中央关于新一轮扶贫开发工作的重大决策部署，省委、省政府及时下发了《关于贯彻落实<中国农村扶贫开发纲要（2011-2020）>的实施意见》，并于2月29日在涞水县召开了全省扶贫开发暨环首都扶贫攻坚示范区建设工作会议，省委书记、省人大常委会主任张庆黎，省委副书记、省长张庆伟出席会议并发表了重要讲话，强调各地各部门各单位一定要从全局和战略的高度，不断加深对搞好扶贫开发重大意义的认识，广泛动员起来，迅速行动起来，向贫困宣战，摆开主战场，举全省之力打好新一轮扶贫开发攻坚战，为贫困地区更好更快更大发展，为贫困人民群众创造幸福生活而攻坚克难、不懈奋斗。要深入贯彻落实科学发展观，全面落实中央扶贫开发工作会议和省第八次党代会精神，以贫困村和贫困户为主要对象，以集中连片特困地区为主战场，以改善生产生活条件为基础，以增加农民收入为核心，坚持政府主导、分级负责，坚持集中扶持、重点突破，坚持统筹发展、打造亮点，推动贫困地区经济社会更好更快更大发展。根据中央精神，结合河北实际，提出了我省新一轮扶贫开发的主要目标：到2020年实现贫困地区生产条件有大改变、生活条件有大改善、社会事业有大发展、社保水平有大提高、生态环境有大改观，具备劳动能力的扶贫对象掌握创业本领、走上致富道路，缺乏劳动能力的贫困人口享受农村低保、确保基本生活。具体讲，就是稳定实现扶贫对象的“两不三有”，即：不愁吃、不愁穿、有学上、有医疗、有房住。打好新一轮扶贫开发攻坚战，必须决心要大，措施要实，效果要好。在实践中，要把握好“五个一”：一要突出一个重点。就是改善生产生活条件，为贫困地区经济社会发展打下坚实的基础。二要找准一条路子。就是紧紧瞄准贫困群体，多渠道增加农民收入，使贫困群众走上脱贫致富之路。三要完善一个格局。就是充分发挥专项扶贫、行业扶贫、社会扶贫的作用，巩固和发展“三位一体”大扶贫格局。四要强化一个保障。就是发展社会事业，健全社会保障，创新社会管理，不断提高基本公共服务水平。五要抓住一个关键。就是加强基层组织建设，打造扶贫开发的坚强战斗堡垒，留下永远不走的工作队。强调要按照“一个好的精神状态、一个好的工作作风、一个好的工作业绩”的要求，做到执政为民重视扶贫，以人为本谋划扶贫，统筹城乡推动扶贫，改革开放促进扶贫，求真务实抓好扶贫。努力做到：一定要落实领导责任，一定要强化政策支持，一定要加大资金投入，一定要形成工作合力，一定要紧紧依靠广大人民群众，一定要加强队伍建设，坚定信心，开拓进取，扎实工作，全力打好新一轮扶贫开发攻坚战，向党和人民交上一份满意的答卷！

在全省上下深入推进新一轮扶贫开发过程中，今年7月下旬以来，我省大部地区普降大雨，局部地区持续暴雨，发生了历史上罕见的特大洪涝灾害，给人民群众生命财产造成重大损失，直接经济损失达290.9亿元。在抗洪抢险救灾中，党中央、国务院高度关注，省委、省政府高度重视，各级党委、政府组织领导有力，科学指挥，精心组织，周密安排，协同奋战，夺取了抗洪抢险救灾、恢复重建工作的阶段性胜利。为认真总结前一段抗洪抢险救灾工作，隆重表彰今年“7·21”和10号台风抗洪抢险救灾先进集体和先进个人，安排部署当前和今后一个时期的灾后恢复重建工作，省委、省政府于8月21日召开了河北省抗洪抢险救灾表彰暨灾后重建动员大会，省委书记、省人大常委会主任张庆黎，省委副书记、省长张庆伟出席会议并发表了重要讲话，强调要进一步动员和组织全省方方面面的力量迅速行动起来，全面展开灾后恢复重建工作，巩固救灾成果，全力恢复生产，重建美好家园。会议指出，当前抗洪救灾工作已转入恢复生产、灾后重建阶段。重建美好家园，开启新的生活，是灾区人民的热切期盼，是各级党委、政府义不容辞的政治责任。要深刻认识到，人民群众是我们的衣食父母，救民于水火、解民于危难是共产党人的职责所在，只有尽快搞好灾后恢复重建，让群众重新过上安定幸福的日子，才能践行好以人为本、执政为民的理念。要充分认识到，这次受灾严重的地区主要在山区特别是贫困地区，自身条件差、底子薄、发展滞后，只有全力搞好灾后恢复重建，确保灾区在经济社会发展上不落伍、不掉队，才能加快建设经济强省、和谐河北的进程，全面建成小康社会。要进一步认识到，省第八次党代会以来，我们相继部署开展了一系列重点工作，形成了风清气正、干事创业的良好局面，只有切实搞好灾后恢复重建，把各项事业发展的好势头巩固好，才能为党的十八大胜利召开营造良好氛围。会议强调，搞好灾后恢复重建工作，要深入贯彻落实科学发展观，以学习贯彻胡锦涛总书记在省部级主要领导干部专题研讨班上的重要讲话为动力，以保障受灾群众基本生活为首要任务，以加快基础设施建设为重要前提，以恢复生产为工作重点，坚持科学规划、分步实施，坚持统筹推进、重点突破，坚持又好又快、务实高效，应急性措施突出时效，永久性措施注重科学，把恢复重建与扶贫开发结合起来，与社会主义新农村建设结合起来，一定要把基本生活保障好，一定要把基础设施建设好，一定要把生产经营恢复好，一定要把灾害隐患治理好，一定要把对口援建组织好，坚持以责任、作风、能力为保障，坚决打好灾后恢复重建这场硬仗，确保灾区生产生活秩序尽快恢复，确保灾后恢复重建各项任务如期完成，确保灾区脱贫致富奔小康步伐不因受灾而减缓，夺取灾后恢复重建的全面胜利，让灾区群众满意，让党中央放心，以优异成绩迎接党的十八大胜利召开！

认真学习贯彻中央、省委扶贫开发工作会议和全省抗洪抢险救灾表彰暨灾后重建动员大会精神，进一步提高对打好新一轮扶贫开发攻坚战重大意义的认识，切实增强推动新阶段扶贫开发工作的责任感和使命感，是当前我们所面临的一项重要任务。参加视察的省人大常委会委员、省人大代表和工作人员，应当站在全局和战略的高度，深刻认识打好新一轮扶贫开发攻坚战的重大意义：从坚持以人为本、执政为民的高度，深刻认识推进新阶段扶贫开发的重要性；从缩小城乡区域发展差距、促进全体人民共享改革发展成果、实现共同富裕的高度，深刻认识推进新阶段扶贫开发的必要性；从全面建设小康社会、促进社会和谐、实现国家长治久安的高度，深刻认识推进新阶段扶贫开发的紧迫性。只有这样，才能深刻领会中央和省委扶贫开发工作会议精神，提高对打好新一轮扶贫开发攻坚战重大意义的认识，增强推动新阶段扶贫开发工作开展的自觉性和坚定性，自觉用中央和省委扶贫开发工作会议精神武装头脑、指导工作，促进这次新一轮扶贫开发攻坚情况专题视察活动扎实开展。

二、要充分认识开展新一轮扶贫开发攻坚情况专题视察活动的重要性和必要性

（一）开展扶贫开发专题视察是贯彻落实中央和省委扶贫开发工作会议精神的重要举措。中央和省委扶贫开发工作会议，既为做好新阶段扶贫开发工作指明了方向，也为加强扶贫开发立法、开展对扶贫开发工作监督提出了明确的任务和更高的要求。胡锦涛总书记在讲话中指出："要加快扶贫立法，扎实推进扶贫工作法制化"。推进扶贫工作法制化建设，就要求我们重视和加强扶贫立法、监督工作，通过听取和审议政府工作报告，组织开展专题视察、调研、询问等形式，加强对扶贫开发工作的监督，推动新阶段扶贫开发工作深入开展。我们组织开展这次新一轮扶贫开发攻坚专题视察活动，是贯彻落实中央和省委扶贫开发工作会议精神的重要举措，也是人大工作围绕中心、服务大局，推动中央和省委关于新一轮扶贫开发重大决策部署贯彻落实，监督和支持政府及相关部门加强和改进扶贫开发工作，推动我省打好新一轮扶贫开发攻坚战的迫切需要。

（二）开展扶贫开发专题视察是坚持以人为本、维护人民根本利益的必然要求。实现好、维护好、发展好最广大人民群众的根本利益，是做好人大工作的出发点和落脚点。帮助贫困地区群众吃饱穿暖、脱贫致富，是实践党的宗旨最直接最现实的体现，是人大及其常委会义不容辞的责任。按照国家2300元的新扶贫标准测算，我省贫困人口在870万左右，其中扶贫对象近700万，约占乡村总人口的13%，与10年前相比不降反增。我们组织开展这次新一轮扶贫开发攻坚专题视察活动，是坚持以人为本、维护人民根本利益的必然要求，也是人大及其常委会依法履职、加强监督工作的职责所在。我们要通过这次专题视察活动，全面了解新一轮扶贫开发攻坚情况，监督和支持政府及相关部门加强和改进扶贫开发工作，着力解决好贫困地区群众最关心最直接最现实的利益问题，让贫困地区尽快走上持续快速发展道路，让扶贫对象尽快脱贫致富、过上幸福生活。

（三）开展扶贫开发专题视察是推进建设经济强省、和谐河北宏伟目标实施的迫切需要。省第八次党代会确定了建设经济强省、和谐河北的战略目标，体现了全省人民的共同意志，受到了上上下下、方方面面的广泛拥护和支持。促进贫困地区加快发展，关系全面建设小康社会和社会主义现代化建设大局。实现建设经济强省、和谐河北的宏伟目标，最艰巨最繁重的任务在农村，更在贫困地区。我省贫困人口主要集中在燕山－太行山区、张承坝上地区、黑龙港流域干旱盐碱区和环首都贫困县。这些地区自然条件差，经济基础薄弱，社会事业滞后，已成为建设经济强省、和谐河北的"短板"和"洼地"。没有贫困地区的全面小康，就没有全省的全面小康；没有贫困地区的和谐稳定，就没有全省的和谐稳定。我们组织开展新一轮扶贫开发攻坚专题视察活动，是贯彻落实省第八次党代会精神，推进建设经济强省、和谐河北宏伟目标实施的迫切需要。我们要通过这次专题视察活动，加大对扶贫开发工作监督力度，在全面了解情况、充分肯定成绩、弄清存在问题及其原因的基础上，有针对性地提出有价值、切实可行的意见和建议，督促和支持政府及相关部门采取有效措施加以解决，从而推动扶贫开发工作深入开展，促进贫困地

区如期实现全面建设小康社会的奋斗目标，为实现建设经济强省、和谐河北的宏伟目标作出新的更大贡献。

三、要突出视察重点，加大监督力度，确保这次新一轮扶贫开发攻坚情况专题视察活动取得明显成效

在这次新一轮扶贫开发专题视察活动中，要认真贯彻落实中央和省委扶贫开发工作会议精神，并依据《中国农村扶贫开发纲要（2011－2020年）》和省委《实施意见》，结合我省实际，突出视察重点，加大监督力度，确保这次专题视察活动取得明显成效。这次专题视察的重点内容主要有以下几个方面：

（一）各级政府贯彻落实中央和省委关于新一轮扶贫开发重大决策部署，深入推进扶贫开发工作开展情况。中央和省委明确要求，各级党委和政府要高度重视扶贫开发工作，把扶贫开发列入重要议事日程，摆在更加突出的位置。坚持党政“一把手”负总责，既要抓宏观决策，也要经常深入贫困乡村进行调查研究，因地制宜提出工作措施和办法，并亲自部署和协调落实。各级扶贫开发领导小组和各有关部门要各司其职、密切配合、相互支持，形成推进扶贫开发工作的整体合力。在这次视察活动中，我们要重点了解各地贯彻落实中央和省委扶贫开发工作会议精神，加强对扶贫开发工作领导，强化扶贫开发工作责任，完善扶贫开发工作考核激励机制，深入推进扶贫开发工作的情况；同时重点了解扶贫开发规划执行情况、政策措施落实情况、扶贫资金使用情况、扶贫工作进展情况，督促各级政府及相关部门进一步加强扶贫开发工作，促进新一轮扶贫开发工作深入开展。

（二）坚持开发式扶贫方针，推进贫困地区开发建设和贫困群众脱贫致富的情况。推进开发式扶贫，促进扶贫对象自我发展，是改变贫困地区落后面貌、实现脱贫致富的根本出路。中央和省委强调，推进新阶段扶贫开发工作，要以贫困村和贫困户为主要对象，以集中连片特困地区为主战场，以改善生产生活条件为基础，以增加农民收入为核心，坚持政府主导、集中扶持、统筹发展，重点在加快基础设施建设、大力发展特色产业、提高农民致富本领、完善农村社保体系等方面取得突破，提高贫困地区自我发展能力，加快贫困地区开发建设和贫困群众脱贫致富步伐。在这次专题视察活动中，我们要对新阶段推进开发式扶贫的成果进行视察，重点了解各地加强贫困乡村基础设施建设、改善生产生活条件，大力发展特色产业、促进农民增收，实施“雨露计划”、提高农民就业创业能力，完善农村社保体系、提高基本公共服务水平等情况，肯定成绩，发现问题，提出建议，努力推动贫困地区经济社会更好更快发展。

（三）加大扶贫资金投入力度，落实扶贫开发政策和措施的情况。扶贫资金投入和扶贫政策落实，是贫困地区加快发展和扶贫对象脱贫致富的重要保障。中央和省委明确要求，要强化政策支持，完善扶持贫困地区发展的各项政策措施，形成有利于贫困地区和扶贫对象加快发展的扶贫战略和政策保障体系。要加大资金投入力度，逐步增加中央和地方扶贫开发投入，加大中央和省级财政对贫困地区的一般性转移支付力度，中央财政扶贫资金的新增部分主要用于集中连片特殊困难地区，加大贫困地区基础设施建设、生态环境和民生工程等投入力度。在这次专题视察活动中，我们要重点了解各地扶贫资金投入、金融支持和扶贫开发政策措施的落实情况，及时提出相应的意见和建议，着力解决在资金投入、政策落实等方面存在的突出问题。

（四）积极开展专项扶贫、行业扶贫、社会扶贫，完善扶贫开发模式，创新扶贫开发机制的情况。中央和省委强调，扶贫攻坚是全社会的共同责任。要广泛动员社会各界参与扶贫开发，完善机制，拓宽领域，注重实效，提高水平。扶贫开发实践中探索形成的专项扶贫、行业扶贫、社会扶贫等多方力量、多种举措有机结合和互为支撑的三位一体大扶贫格局，是我国扶贫开发工作的重要创新，要继续坚持、巩固、发展、提高。专项扶贫就是组织实施好易地扶贫搬迁、整村推进、以工代赈、产业扶贫、就业促进、扶贫试点、革命老区建设等工程。行业扶贫就是结合各行业的业务职能，把改善贫困地区发展环境和条件作为本行业发展规划的重要内容，在资金、项目等方面向贫困地区倾斜，确保完成国家和地方政府确定的本行业扶贫任务。社会扶贫就是要开展定点扶贫，动员机关、企业、事业单位和社会各界参与扶贫，帮助贫困地区和扶贫对象加快发展，尽快脱贫致富。在这次专题视察活动中，我们要重点了解各地开展专项扶贫、行业扶贫、社会扶贫的情况和完善扶贫开发模式，创新扶贫开发机制的情况，进一步总结经验、推广典型，不断取得扶贫开发的新成效。

（五）去年省人大常委会对省政府扶贫开发工作报告审议意见的整改落实情况。为加强对扶贫开发工作的监督，促进贫困地区开发建设和贫困群众脱贫致富，去年9月省十一届人大常委会第二十六次会议，听取和审议了《省政府关于农村扶贫开发情况的报告》，同时审议了《省人大常委会农工委关于农村扶贫开发情况的调研报告》，提出了加大扶贫规划引导力度，推动贫困地区经济社会更好更快发展；加大扶贫开发投入力度，建立多渠道扶贫开发投入机制；加大扶贫政策落实力度，健全完善扶贫开发政策保障体系；加强扶贫开发立法，将扶贫开发纳入法制化轨道等意见和建议。在这次专题视察活动中，我们要重

点了解去年省人大常委会对省政府扶贫开发工作报告审议意见的整改落实情况，加强跟踪监督，督促解决扶贫开发中存在的突出问题。

四、精心组织，密切配合，确保专题视察活动顺利开展

这次专题视察是省人大常委会今年开展的一次重要视察活动，省委领导高度重视，社会各界普遍关注。我们要以强烈的责任心和使命感，高度重视这次视察活动，严格按照《实施方案》要求，周密安排，精心组织，密切配合，团结协作，扎实搞好这次专题视察活动，确保专题视察活动顺利开展。

（一）要认真学习领会中央和省委有关扶贫开发的文件精神。为搞好这次专题视察活动，我们为参加视察的省人大常委会组成人员、省人大代表、省直有关部门负责同志和工作人员准备了《新一轮扶贫开发文件汇编》，人手一册。希望大家挤出时间，密切联系实际，加强对中央和省委领导同志重要讲话及新一轮农村扶贫开发纲要、实施意见等有关文件的学习，进一步提高政策法律水平，为搞好这次专题视察活动创造条件。

（二）要改进作风，深入实际，注重增强视察实效。在专题视察活动中，要发扬求真务实的工作作风，围绕这次视察的重点内容，坚持深入基层、深入群众、深入实际，听真话、查实情、求实效。要坚持听取汇报与现场察看相结合，集体座谈与个别走访相结合，监督扶贫开发规划实施与督促政策落实相结合，对面上情况的了解和对重点问题的研究相结合，务必了解真实情况，掌握第一手材料。做到既肯定成绩、总结经验，又弄清存在的主要问题及其原因，认真研究对策，提出有针对性的、切实可行的意见和建议，督促和支持政府及相关部门采取有效措施加以解决，切实增强视察活动的针对性和实效性。

（三）要充分发挥人大代表的重要作用。人大及其常委会既是国家权力机关、民意反映机关，也是人民代表机关。人大代表是各级人大的组成人员，充分发挥人大代表的重要作用，对更好地履行人大及其常委会立法、监督职责，具有重要意义。希望参加这次专题视察活动的省人大常委会委员、省人大代表，要集中时间，集中精力，全身心地投入到专题视察活动中来，珍惜自己的权利，努力做到多听、多看、多问、多记、多动脑，积极建言献策，切实履行好自己的职责，真正做到不辱使命、不负重托，圆满完成好这次扶贫开发专题视察任务。

（四）要加大宣传力度，积极营造扶贫开发的良好氛围。在这次专题视察活动中，要注意充分发挥新闻媒体的舆论引导和宣传作用，加大对扶贫开发宣传和对这次专题视察活动的宣传力度，既要广泛宣传扶贫开发政策、成就、经验和典型事迹，又要积极做好这次专题视察活动的宣传报道工作，及时宣传报道专题视察活动的进展情况和主要成效。通过及时有效地宣传报道，积极营造打好新一轮扶贫开发攻坚战的浓厚氛围，促进我省新一轮扶贫开发工作深入扎实开展。

同志们，打好新一轮扶贫开发攻坚战，是贯彻落实科学发展观的必然要求，是坚持以人为本、执政为民的重要体现，是统筹城乡区域发展、保障和改善民生、缩小发展差距、促进全体人民共享改革发展成果的重大举措，是实现全面建设小康社会奋斗目标、构建社会主义和谐社会的迫切需要。我们要从战略和全局的高度，充分认识深入推进扶贫开发和开展这次专题视察活动的重大意义，以科学发展观为指导，精心组织，密切配合，真抓实干，扎实搞好这次专题视察活动，确保取得明显成效，为建设经济强省、和谐河北作出新的更大贡献！

III 社会经济发展报告

综合篇

全省农村经济综述

2012年，全省各地紧紧抓住农业生产的有利条件，加强农作物田间管理，着力做好以小麦、玉米为主的粮食生产，进一步推进蔬菜产业建设和发展，全面落实林果业生产各项任务，不断增强以肉蛋奶产品为主的畜牧业生产能力，积极促进渔业资源保护和生产发展，全省农林牧渔业生产继续保持稳定发展，生产规模进一步扩大，主要农产品产量持续增长，生产结构得到优化，经营模式不断转变，农村经济取得全面发展。

一、2012年生产状况及特点

2012年，全省农林牧渔业生产实现全面增长，生产结构进一步优化，农业产业化经营水平稳定提升，农村经济发展成效显著。

（一）农林牧渔业持续稳定增长

1.生产规模扩大。全省农林牧渔业总产值和增加值继续保持稳定增长。全年完成农林牧渔业总产值5340.1亿元，比上年增加444.2亿元，按可比价格计算增长4.1%；实现农林牧渔业增加值3186.7亿元，比上年增加280.9亿元，按可比价格计算增长4.0%。

2.增长速度稳中有升。从农林牧渔业总产值增长速度看，近几年基本保持稳定态势，增长速度略有提升。2009—2012年的四年间，全省农林牧渔业总产值分别增长了3.2%、3.5%、3.9%和4.1%。

3.生产结构出现新变化。农林牧渔业生产比重呈现“两升一平两降”的变化特点。其中，农业和林业比重上升，畜牧业和农林牧渔服务业比重下降，渔业比重持平。农业产值比重达到58.0%，比上年提高1.3个百分点；林业产值比重为1.5%，提高0.3个百分点。渔业产值比重为3.3%，与上年持平。畜牧业产值比重为32.7%，下降1.5个百分点；农林牧渔服务业比重为4.5%，下降0.1个百分点。

4.优势产业发展更加突出。全省畜牧、蔬菜、果品三大优势产业实现产值3720.4亿元，占全部农林牧渔业总产值比重达到69.7%，比上年提高1.3个百分点。

（二）粮油作物再获丰收

1.粮食生产实现“九连增”。省委、省政府高度重视粮食生产，集中力量打造4000万亩粮食生产核心区，全力抓好高产创建示范片建设，加大吨粮市、吨粮县创建力度，全面落实农作物良种补贴，积极促进粮食生产发展。全省各地结合自身特点，制定了多种鼓励和促进粮食生产的政策措施，以稳定面积、提高单产为重点，以提高种植技术、加强田间管理为着力点，全力推进粮食生产。在2012年全省各地降水、光照、气温等气象条件普遍有利于农作物生长的情况下，各级党委、政府和农业部门抓住难得机遇，采取有效措施，狠抓工作落实，粮食生产保持稳定发展，实现“九连增”。粮食总产量达到649.3亿斤，比上年增长2.3%。

2.油料等作物生产保持稳定。全省油料产量达到142.8万吨，比上年增长0.7%。从油料生产品种观察，花生、油菜籽、芝麻等传统油料作物产量均出现不同程度下降。胡麻籽、向日葵等油料小品种受市场需求带动，种植面积和产量增长较快。在市场需求带动下，全省甜菜产量增长27.8%，药材产量增长20.5%。

（三）蔬菜生产规模进一步扩大

2012年，全省各地继续把发展蔬菜生产作为调整农业生产结构、增加农民收入的重要着力点，进一步加大生产投入力度，不断扩大蔬菜生产规模，积极推进设施蔬菜生产和基地建设，加强调整蔬菜生产结构，推广先进种植、栽培和管理技术，加快蔬菜生产和营销机制建设，提高生产质量，提升生产效益，蔬菜生产继续保持稳定较快发展。

全省蔬菜播种面积1203.0千公顷，比上年增长3.9%；蔬菜总产量达到7695.1万吨，增长4.2%。其中，设施蔬菜播种面积336.1千公顷，比上年增长3.9%，占全部蔬菜播种面积的比重为27.9%，与上年持平。设施蔬菜产量达到2242.1万吨，增长9.3%，占全部蔬菜总产量的比重为29.1%，比上年提高1.4个百分点。

从生产品种看，大白菜、黄瓜、西红柿产量居前三位，分别为1881.2万吨、923.2万吨和699.5万吨，合计占到蔬菜总产量的45.5%。受市场需求的带动，部分蔬菜品种生产出现快速增长。其中，南瓜产量增长1.8倍，辣椒产量增长23.0%，生姜产量增长22.6%，豇豆产量增长21.4%，蘑菇产量增长15.9%，分别排在各主要蔬菜品种产量增长的前五位。

（四）林业生产超额完成全年任务

2012年，全省各地采取有力措施，加大植树造林工作力度，超额完成全年造林任务。造林面积达到312.4千公顷，比上年增长9.1%，完成全年计划目标的111.5%。其中，人工造林209.0千公顷，比上年增长18.8%；无林地和疏林地新封83.3千公顷，增长19.3%。

（五）果品生产实现较快发展

全省园林水果生产以调整种植结构、提高果品品质、增加生产效益为重点，稳步推进生产发展。全年园林水果产量1286.0万吨，比上年增长6.7%。从分品种情况看，主要生产品种均保持稳定增长。其中，苹果产量311.5万吨，增长6.4%；梨产量445.1万吨，增长9.4%；桃产量157.3万吨，增长3.0%；葡萄产量124.2万吨，增长10.3%。

随着近几年太行山—燕山沿线地区核桃和板栗种植的持续增加，有力地带动了全省食用坚果的生产发展。2012年，全省食用坚果产量达到40.1万吨，比上年增长19.2%。其中，核桃产量12.7万吨，增长30.7%；板栗产量24.4万吨，增长17.1%。

（六）主要畜禽产品生产保持稳定增长

2012年，全省畜牧业在扭转上年滑坡局面后，生产形势持续好转，主要畜禽产品产量均保持稳定增长。全年肉类总产量达到442.9万吨，比上年增长5.9%；禽蛋产量342.6万吨，增长0.8%；奶类产量479.0万吨，增长2.6%。

一是生猪生产持续增长。全年累计出栏生猪3396.7万头，比上年增长5.0%；猪肉产量259.0万吨，增长5.0%。作为全国生猪生产的主产区之一，河北的生猪生产已经形成以规模养殖为主体的格局，对生猪市场波动的抵抗力增强，生猪生产的稳定回升和增长，对满足城乡居民消费需求，保障市场供应，平抑猪肉市场价格，有效抑制通货膨胀预期起到了重要作用。

二是家禽生产保持快速发展。当前，我省的肉禽生产已经步入了良性发展的轨道，以龙头企业放养和回收为主体的产业格局基本形成，订单生产比例较高，生产的专业化和产业化程度较高。在龙头企业和市场价格的有效带动下，全省家禽生产保持较快发展态势，全年累计出栏家禽5.8亿只，比上年增长14.2%；禽肉产量85.1万吨，增长14.2%。禽蛋生产一直以来是河北的优势畜禽生产品种，禽蛋产量多年保持全国前列，是长江以南、特别是华南地区的重要供应基地。2012年，禽蛋产量达到342.6万吨，比上年增长0.8%。年末全省家禽存栏3.9亿只，增长8.0%。家禽养殖规模的持续稳步扩大，为禽蛋和禽肉生产的稳定发展提供了保障。

三是奶牛生产稳定发展。经过近几年的建设和发展，全省奶牛生产已经全部实现小区养殖和规范化管理，牛奶生产的质量和效益不断提高。2012年牛奶产量470.4万吨，比上年增长2.5%。

四是羊类生产出现恢复性增长。受生产环境和市场供需的影响，近几年我省肉羊生产出现小幅波动，2012年，受市场价格高位运行的拉动，全省肉羊生产在上半年出现下降的情况下，下半年逐步得到恢复和发展。全年共出栏肉羊2071.5万只，羊肉产量28.7万吨，均比上年增长1.0%。

（七）渔业生产步伐加快

2012年，全省渔业生产总体保持加快发展态势，水产品产量实现较快增长。全年水产品总产量达到116.3万吨，比上年增长9.0%。由于养殖规模扩大和海洋生态环境的改善，海水养殖产量出现较快增长。海水产品产量达到63.5万吨，增长12.7%。其中，海水养殖产量38.2万吨，增长22.6%。淡水产品生产保持稳定，全年产量52.8万吨，增长4.9%。

（八）农业产业化经营取得新进展

2012年，全省农业产业化经营规模持续扩大，经营水平稳定提升。农业产业化经营总量首次超过5千亿元，达到5394.3亿元，比上年增加637.2亿元，增长13.4%。农业产业化经营率达到61.5%，比上年提高1.5个百分点。全省共有885.4万农户从事农业产业化生产经营，农户参与度达到57.1%，比上年提高3.9个百分点。参与农户户均从农业产业化生产中获得纯收入8515元，增收比率达到43.4%，比上年提高3.0个百分点。

二、主要制约因素

纵观2012年全省农林牧渔业生产形势，在取得稳定发展的同时，仍然存在一些较为突出的影响因素，制约着农业生产的进一步发展。

一是农业生产保障需要进一步完善。各地还普遍存在着农业生产基础设施比较欠缺、农业投入相对不足、农户投资难度加大、农产品流通渠道不畅、农技服务体系不健全、经营带动机制不足等问题，不能适应现代农业发展的需要，制约着农业生产的持续稳定发展。

二是农业科技水平需要进一步提高。主要表现为生产手段传统，新技术推广渠道不畅，应用程度有待提高。生产技术滞后，疫病防控技术落后，各种不明疫病发生后的应对办法有限，治疗手段和专业化的技术人员不足，疫病防控形势始终不容乐观。生产观念落后，劳动者对农业科技的认知程度较低，生产力难以得到充分发挥。生产效率较低，各种科学、高效、环保、便捷的生产资料研发和应用还有待加强，应用范围还有待扩大，应用程度还有待提高。

三是农产品销售流通渠道有待进一步拓展。目前，农业生产的市场化程度不断增强，但受到生产周期的制约，农产品卖难问题时有发生。特别是各地大力发展蔬菜生产以来，由于蔬菜具有保鲜周期短、不易储存的特点，对销售和流通环节提出了更高的要求。各地在发展蔬菜产业的同时，通过农超对接、品牌销售、专业合作社经营等多种方式，不断拓展蔬菜销售领域，优化流通渠道，取得了不同程度的进展，但相当大部分的蔬菜生产户仍然以比较松散的市场销售为主体。随着蔬菜产业的进一步发展，在市场价格和供需快速变动的情况下，销售和流通环节对产业发展的制约愈加凸显，蔬菜销售的稳定性难以保证，直接影响到蔬菜种植户的生产收益，对蔬菜产业的稳定健康发展产生了较大影响。

三、发展建议

2013年，全省各地应以十八大精神和中央、省委“一号”文件为指导，以农业现代化建设为目标，按照创新“区域化布局、产权化配置、合作化组织、产业化经营、标准化生产、社会化服务”的工作要求，把握机遇，突出重点，实现农业生产的持续稳定发展。

（一）创新体制机制建设，培育和壮大市场主体，提高农业经营水平

一是加大对设施农业和规模生产的支持力度，着力提高重点、优势生产领域的生产能力。应继续加大对全省重点区域、优势产业政策扶持，制定配套政策，增强财政资金在规模种养业发展中的支持效应，引导和加强信贷、社会资金的投入方向，破解农业发展的资金瓶颈，培育一批具有市场主体地位的现代农业生产经营组织。

二是加强农产品流通体系建设，为农业生产稳定发展提供市场保障。积极引导和扶持各种形式的蔬菜专业合作社建设和发展，形成规模化生产和一体化流通格局，有效增强市场适应能力。加快培育大型农产品流通企业，规范和畅通农产品流通渠道，降低流通成本。加强农产品订单生产机制建设，创新龙头企业和农产品基地间的联结机制，实现农产品生产的工业化配置。

三是进一步完善各级农技服务体系建设，全面促进农业生产技术的普及和提升。开展多种形式的技术服务联合，引导建立多元化的农技服务组织，有效提高农业生产水平。

（二）优化农业生产结构，加快发展特色农业，提高农业生产效益

一是进一步调整农业生产结构。各地应在总结经验的基础上，以现代农业为目标，以市场需求为导向，以产业规划为依托，不断深化调整思路，细化调整措施。以增加农民收入、改善农民生活为目的，统筹兼顾，科学布局，深入实施特色农业发展战略，不断提升优势产业生产能力和水平。要结合体制机制创新，推进农产品精深加工，拓宽农产品市场供给领域，提高农业生产效益。

二是把特色农业发展作为现代农业建设的重要载体。进一步壮大特色农业生产规模，优化特色农业生产结构，提高特色农业对市场的带动和影响能力。把特色农业建设贯穿现代农业发展的全过程，以特色农业发展促进现代农业进程，以现代农业建设推进特色发展，形成围绕特色搞调整、创新特色促提升、突出特色求发展的现代农业发展局面。

（三）加强合作组织建设，增强龙头带动能力，提高农业产业化质量

一是加强农业合作组织建设和发展。培育新型农业生产经营主体，加快自然人农业向法人农业的转变，通过合作组织这一有效载体，把分散的农业生产有机统一起来，形成农业生产和龙头企业以及农产品市场的有效对接，全面提高农业生产的土地产出率、资源利用率和劳动生产率，提高农产品品质、效益和市场竞争能力。

二是提升龙头企业带动能力和水平。重点是提高龙头企业的农产品加工能力和增值水平，增强龙头企业对农业生产的带动和市场保障能力。要扶持重点优势龙头企业提高加工工艺和装备水平，扩大生产规模，增强技术创新和新产品开发能力，扩大农产品精深加工，提高加工水平和加工效益，充分发挥龙头企业对产业化发展和现代农业建设的带动能力。应通过培育和完善多种形式的农企合作机制，不断增加龙头企业对农业生产的带动规模和数量，在保证和提升龙头企业盈利能力的同时，不断促进和发挥龙头企业对农业生产的长期稳定带动能力。

（河北省统计局农村处　刘海涛）

部　门　篇

农业生产

2012年，全省农业系统以邓小平理论和“三个代表”重要思想为指导，深入贯彻落实科学发展观，在省委、省政府的正确领导下，全面落实“一产抓特色”战略部署，按照“稳增长、抓特色、重科技、保安全、强保障、促增收”的工作总基调，迎难而上，砥砺奋进，在高基数上再夺丰收，在高起点上再创佳绩，粮食生产实现“九连增”，农民收入实现“九连快”，为保障支撑全省经济社会发展、促进经济强省和谐河北建设发挥了重要作用，继续成为全省经济社会发展中的突出亮点。

【主要农产品生产】积极应对特大洪涝、强台风、暴发性虫灾、低温冻害等严重灾害，及时制发各业恢复生产的指导意见，下派专家技术干部驻点包村，指导农民生产自救；争取省级以上救灾资金1.3亿元，紧急采购荞麦、蔬菜等短季作物种子和消毒药品支援灾区，全面开展蔬菜棚室、畜禽圈舍、水产养殖场和基层农技站等水毁设施的恢复重建；迅速打响二点委夜蛾、三代粘虫紧急除治的人民战争，及时调剂资金采购8460台烟雾机用于病虫防控，有效遏制了虫灾暴发势头。经过全系统艰苦努力，全省农业生产在大灾之年避免了大损失，粮油作物和菜篮子产品全面增产，粮食总产649.3亿斤，比上年增加14.8亿斤；油料总产142.8万吨，增长0.7%；蔬菜、肉、蛋、奶、水产品产量分别达到7695.1万吨、442.9万吨、342.6万吨、470.4万吨和116.3万吨，分别增长4.2%、5.9%、0.8%、2.5%和9%；棉花播种面积57.8万公顷，总产56.4万吨。粮食和重要农产品全面均衡增产、产销两旺，有力保障了市场供应，带动了农民增收，全年农民人均纯收入达到8081元，增长13.5%。

【种植业结构调整】认真落实“一产抓特色”战略部署，以品种改良、品质提升、品牌建设为重点，以示范创建为抓手，持续推进特色产业向优势区域聚集，特色产品向规模化、集约化发展。粮食产业，持续打造4000万亩核心区，突出抓好优质小麦、专用玉米、杂交谷子和马铃薯种薯四大特色产业，建设620个国家级万亩高产创建示范片，在部分市县乡推行整建制高产创建试点。邯郸市率先建成吨粮市，藁城、赵县、临漳等37个县建成吨粮县。蔬菜产业，建成77个部级标准园和502个千亩以上省级标准园，在北京社区建设70家直营店，84家合作社对接北京中高端市场，日供蔬菜900吨。省级蔬菜产业服务平台启用，“冀园一品”集体商标成为河北蔬菜名片，新认证“三品一标”产品1203个，总数达到4481个。设施蔬菜播种面积33.6万公顷，增长3.9%；产量2242.1万吨，增长9.3%。棉花产业，建设9个国家级优质棉基地、53个万亩高产创建示范片，对轻简育苗移栽技术进行示范，利用滨海盐碱旱地发展棉花10万亩。中药材产业，启动省级示范园创建活动，成立专家顾问组，出台创建意见和考核办法，集中扶持100个示范园，助推中医药强省建设。

【农业科技推广】抓住中央1号文件聚焦农业科技创新的重大机遇，扎实开展农业科技促进年活动，强化政策导向，优化装备结构，提升支撑能力，为现代农业发展注入强大动力。着力营造政策环境。省政府新设农业技术推广奖，每两年一次对有突出贡献的农技推广人员、项目和团队进行奖励。省财政安排专项资金，启动现代农业产业技术体系河北省创新团队建设，集合农科教优势资源，推动重点产业科技研发、成果转化和技术推广。积极参与百家院所校进河北活动，成功举办中国科协年会“资源高效利用与农业可持续发展”专题论坛。着力强化科技支撑。全年主推优良品种40个、先进技术30项，主要农作物良种覆盖率稳定在97%以上；推广测土配方施肥1.26亿亩、农田节水2900万亩，节本增效60多亿元；建成种畜禽场619个，主要畜禽良种覆盖率进一步提高；加强新型农民培训，完成阳光工程培训17.7万人次，培育科技示范户16.8万户，普训农民600万人次。着力提升装备水平。落实农机购置补贴9.95亿元，新增小麦、玉米联合收获机械1.28万台、大中型拖拉机及配套机具6万多台套，全省农机总动力达到1.05亿千瓦，主要农作物耕种收综合机械化水平达到69.2%，提高2个百分点。

【农业产业化】紧紧围绕“一产抓特色、二产抓提升、三产抓拓展”的发展战略，以“特色主导、项目支撑、龙头带动、园区集聚”为主线，强化工作举措，发挥产业特色，产业化经营水平持续提高。深入推进项目建设年活动，当年建设产业化项目1455个、完成投资860亿元，分别增长23%和18%，138个亿元以上项目竣工投产。认定第五批省级龙头企业454家，新增88家，年销售收入2098亿元，增长29%。30个省级示范园区完成投资207亿元，产值增长21%。全年农业产业化经营总量达到5394.3亿元、增长13.4%，产业化经营率达到61.5%、提高1.5个百分点。

【农业经营体制机制】积极适应农村改革发展的新形势，紧紧围绕转变农业发展方式、促进农村生产力发展，大力推进农业经营体制机制创新和生产关系调整。在巩固完善农村基本经营制度的基础上，按照依法、自愿、有偿的原则，依法推进土地流转，全省农村土地承包经营权流转面积1251.5万亩，占家庭承包耕地总面积的15.1%，提高2.4个百分点，规模经营面积占60.2%。全省农村普遍建立村级集体财富积累机制，村集体“三资”管理进一步规范，全省村集体收益达到19.3亿元，自我发展能力明显增强。全省农民合作社总数发展到32670家，其中种养业农民专业合作社达到2.3万家，直接带动农户300多万户。

【惠农政策落实】积极争取中央和省级农业投资64亿元，比上年增长11.1%。其中，落实小麦、玉米、水稻、棉花良种补贴资金12.36亿元，争取中央和省级两批农机购置补贴资金9.15亿元，与上年比有大幅度增长。利用国家下达的1.825亿元专项资金，采取技物结合方式，指导农民开展麦田“一喷三防”。省政府安排2.65亿元，对77个粮食综合生产能力提高较快的县进行奖励。针对小麦生产换种率低、品种多乱杂等问题，在深入调研论证的基础上，向省政府提出改小麦良种现金补贴为购种补贴的建议。争取康菲19-3溢油事故农业补偿资金6.1亿元，用于对唐山、秦皇岛两市5县区养殖渔民赔偿补偿。落实国家渔业柴油补贴资金5.65亿元。

【五大体系建设】基层农技推广体系，争取国家投资3亿元，用于基层站条件建设和推广能力建设。乡镇农技人员到位率达到91%，提高3个百分点，以人员聘用、岗位定责、绩效考评为重点的运行机制初步建立。动植物疫病防控体系，省级P3兽医实验室建设正式启动，9个市、121个县兽医实验室通过验收；县级水生动物疫病防治站总数达到25个，防治面积218万亩；农业有害生物预警与控制区域站达到55个，专业化防治组织发展到2040个。农产品质量检测体系，省级农产品质检中心投入使用，新争取5个市级、20个县级质检站项目，全省获国家批准的县级质检站总数达到109个，覆盖率79%。全年蔬菜、畜产品和水产品抽检合格率高于全国平均水平。农业信息服务体系，省市县农业信息网络和视频会议系统全部建成投用，省级远程视频诊断系统正式启用，12316热线、短信服务覆盖全省所有乡村。农业综合执法体系，42个县实现种养业综合执法，76个县实现畜牧水产综合执法。积极开展综合执法规范化示范创建活动，55%的县达到建设标准，提高5个百分点。

【绩效和标准化管理工作】坚持两项工作统筹推进、资源共享，构建了科学高效的内部管理体系，机关管理水平和行政效能大大提升。绩效管理体系初步建立。以目标导向、过程控制、动态监督、持续改进为基本理念，积极探索绩效管理有效途径和方式方法。围绕履行职责、依法行政等6个方面，设置评估指标和考核分值，建立一级指标420个、二级指标1893个，涵盖厅属各单位和各项重点工作。先后出台实施方案、管理办法、考核办法等一系列文件，逐级签订计划任务书，细化工作任务，强化过程管理。研究制定了科学合理、简便易行、操作性强的考评方法，制发14套561份考核评估表。标准化管理顺利通过认证。突出过程控制和规范运行，扎实开展动员培训、文件编制、标识设计、内审外审和管理评审等重点工作，形成1本质量手册、19个程序文件、27个处室工作手册、106个工作指导书、47个记录表单，梳理印发221个国家和省制度文件，确定了行业精神、机关精神和机关作风用语，初步建立了较为完整的质量管理体系，并于去年11月顺利通过ISO9000质量管理体系认证。

【农业帮扶工作】积极跟进省委省政府重大决策部署，认真开展驻村帮扶、定点扶贫、对口援疆等工作。基层建设年活动，充分发挥部门职能和技术优势，深入开展“四个一”活动，为每村确定一名农技联络员、谋划一个特色产业、组织一次农民培训、培育一个合作组织；为5010个村编制了“一村一品”特色产业发展规划。我厅选派得力干部对玉田县两个村开展驻村帮扶，驻村工作组在办好省规定十件实事的基础上，谋划实施了一批“自选项目”，大大改善了帮扶村生产生活条件。各市县农业部门按照全省统一部署，扎实开展驻村帮扶活动，取得了明显成效。省农业厅驻燕山口村工作组，秦皇岛市农业局、廊坊市农业局、保定市畜牧水产局、衡水市农牧局驻村工作组，丰宁、怀来等12个县农业（农牧）局驻村工作组被省委评为优秀驻村工作组。定点扶贫，驻万全、平乡扶贫工作组，在摸底调查的基础上，围绕主导产业制定了具体帮扶计划，确定了蔬菜标准园、粮食高产创建、设施养殖、农产品加工、沼气建设等10多个帮扶项目，落实扶持资金近千万元。对口援疆，2010年以来选派两批干部到巴州开展援建工作，圆满完成“农二师河北现代农业研发基地”援建任务，为当地引进农业新品种50多个、新技术20多项。

（河北省农业厅　李思光）

林业生产

【综述】2012年，全省林业系统在国家林业局大力支持和省委、省政府正确领导下，全面贯彻全国林业厅局长会议、省第八次党代会、省委省政府着力改善“两个环境”动员大会和全省林果工作会议精神，按照“增林扩绿，林果并重，改善生态环境，推动经济发展”的总体思路，突出重点，狠抓落实，圆满完成年度各项目标任务。据统计，2012年全省完成造林绿化面积312360公顷，园林水果及食用干果产量1326万吨，林业产业总产值1059亿元。

【造林绿化】2012年全省林业部门紧紧围绕全年工作重点，抓林业重点工程建设，抓义务植树和部门绿化，抓造林责任落实，强化森林抚育经营。按照“集中连片、规模治理”的建设思路，突出抓了10个3万亩以上造林大县（平山县、丰宁县、隆化县、围场县、赤城县、崇礼县、易县、涞水县、武安市、青龙县），10个万亩以上封山育林大县（井陉县、平泉县、滦平县、涿鹿县、蔚县、迁西县、涞源县、阜平县、邢台县、涉县），打造了一批精品工程，在全省造林绿化中发挥了主体和示范作用。全年共完成造林绿化面积312360公顷，完成年计划的112%，与上年同期相比增长9%，其中：人工造林209013公顷，飞播造林20002公顷，新封山育林面积83345公顷，分别完成年计划108%、100%、125%；更新造林3524公顷。

扎实推进京津风沙源治理、退耕还林、三北防护林、太行山绿化等林业重点工程。林业重点工程共完成造林面积165268公顷，占全部造林生产任务的53%，其中：退耕还林工程（含京津工程中的退耕）完成造林面积28961公顷，京津风沙源治理工程完成造林面积66047公顷，三北防护林工程30999公顷、沿海防护林工程23281公顷，太行山绿化工程15980公顷。强化森林抚育经营，认真组织实施中幼林抚育、珍稀树种培育等国家森林经营项目，进一步优化了林地利用结构和林种结构，促进了森林蓄积量稳步增长。

【林果产业】大力发展果品产业，实施标准化示范园区建设，加快发展林下经济，稳步发展林板（纸）产业。以十大果品龙头企业（中国长城葡萄酒有限公司、河北美客多食品集团有限公司、沧州崔尔庄枣业有限公司、晋州市长城经贸有限公司、泊头东方果品有限公司、河北富岗食品有限责任公司、河北养元智汇饮品股份有限公司（六个核桃）、河北绿岭果业有限公司、邯郸永丰果蔬汁有限公司、河北承德露露股份有限公司）为重点，加大政策和资金扶持力度，着力提升果品精深加工、采后分级和冷链贮运能力，成功举办了首届河北省名优果品擂台赛、中国·迁西栗花节暨板栗产业博览会、中国·黄骅冬枣采摘节，对果品产业发展起到了重要推动作用。省政府出台了《关于加快林下经济发展的意见》。林下经济产值达到34亿元。引导农民大力发展林药、林菌、林禽等林下种养业，积极推动林产品精深加工项目建设，重点扶持了衡水巴迈隆和廊坊天华两个投资3亿元以上生产线。积极发展新兴特色产业。培育建设了环省会中高档优质盆花等五大花卉核心产区，开展了创建“十佳”花卉市场活动。大力发展梅花鹿、狐狸、貉等特色动物养殖。2012年全省林业产值达1059亿元，首次突破千亿元，与上年同期相比增长40%。其中：第一产业产值516亿元，第二产业产值497亿元，第三产业产值46亿元，与上年同期相比分别增长26%、62%、53%。其中石家庄、唐山、邢台、廊坊等地林业产业总产值增幅均达到40%以上，廊坊市首次突破200亿元。

【果品生产】2012年省政府出台《关于加快建设果品产业强省的意见》，明确了今后一个时期河北果品产业发展的总体思路、建设目标和政策措施，推进河北由果品大省向果品强省迈进。全省各级林业部门紧紧围绕培育果品特色产业这一主题，通过抓基地、强龙头、拓市场，初步形成了区域化布局、专业化生产、规模化经营、企业化管理、合同化产销的格局。2012年全省园林水果及食用干果产量1326万吨，完成年计划的102%。比2011年增长87万吨，增长7%。其中：园林水果1286万吨，食用坚果40万吨，分别占全部果品产量的97%、3%。园林水果中苹果、梨、葡萄、红枣、桃等主要品种占园林水果的91%，全年梨产量445万吨，位居全国第一。

【资源管护】加强森林防火，制定了《河北省森林防火重点管理县（市、区）实施办法》，完成了省森林防火指挥中心和卫星林火监测系统升级改造。针对春季旱情严重、森林火险等级居高不下的严峻态势，5次召开全省森林防火工作会议进行安排部署。全面实行封山管理，加强航空巡护、卫星监测和地面巡逻，科学组织森林火灾扑救。全年发生森林火灾83起，森林受害面积215.5公顷，同比分别下降23.85%、41.77%，火灾受害率0.06‰，低于0.3‰的控制目标。加大林业有害生物防治力度，划定了69个松材线虫病重点预防区，加强定期普查和定点监测，有效防范了疫情传入。全年美国白蛾等病虫害实施飞机和地面喷药防治作业1270万亩次，林业有害生物成灾面积1.3万亩，成灾率0.17‰，低于4.3‰以下的控制目标。加强野生动植物和湿地保护，武安青崖寨晋升为国家级自然保护区，新建银河山等4个省级自然保护区，林业系统自然保护区达到33个，其中国家级9个，保护区面积达到62.2万公顷。加强对迁徙候鸟的巡查监测力度，全省未发生重大野生动物疫情。加强林地林木管理，编制完成了省级和县级林地保护利用规划。严格执行林木采伐限额制度和征占用林地审核制度，河北省林业司法鉴定中心正式挂牌成立。开展了“绿盾2012”检疫执法、保护森林资源监督检查等专项行动，成功破获了廊坊安次“4·19”滥伐林木案等一批重特大案件，全省查处涉林违法案件6200余起，有效保护了森林资源安全。

【林业改革】林业改革不断深化，开展了集体林权制度主体改革检查验收。全省累计完成明晰产权8266万亩，登记发证7613万亩，分别占总任务的99.7%和91.9%，基本完成了主体改革任务。省委省政府农村工作领导小组出台了《关于推进集体林权制度配套改革的意见》。全省累计建立林权流转服务中心65个，完成林地流转295.5万亩，流转金额5.7亿元，落实林权抵押贷款4.2亿元，河间市、赤城县被列入国家林权制度改革管理服务建设试点范围。国有林场改革试点正式启动，丰宁县国有林场总场和隆化县林管局被列入全国国有林场改革试点单位。完成了《河北省国有林场改革试点方案》，并上报国家林业局。森林保险试点工作正式启动，我省被纳入中央财政森林保险保费补贴范围。省财政将对投保森林保险的林农和林业企业给予至少80%的保费补贴。引导建立林业专业合作组织2315个，参社农民52万户，平山被国家确定为首批农民林业专业合作社典型示范县，迁西喜峰口板栗专业合作社入选“中国50佳农民专业合作社”。

（河北省林业厅　闫香妥）

畜牧业生产

【概况】2012 年，各级畜牧兽医部门以科学发展观总揽全局，深入贯彻省委、省政府和农业部方针政策，突出关键环节，强化各项措施，全省畜牧业稳步健康发展。全年肉、蛋、奶产量分别达到 443 万吨、343 万吨和 479 万吨，同比分别增长 5.9%、0.8%和 2.6%。猪、牛、羊、家禽存栏达到 1915 万头、403.1 万头、1482 万只和 3.85 亿只，同比分别增长 1.58%、0.7%、1.7%和 8.02%，猪、牛、羊、家禽出栏达到 3396.7 万头、340.3 万头、2071.5 万只和 5.79 亿只，同比分别增长 4.97%、0.38%、1.01%和 14.2%。畜牧业产值占全省农林牧渔总产值的比重为 32.7%。

【奶业管理与整顿】全省共有奶牛养殖场区 2233 个，生鲜乳收购站 1852 个，奶牛规模养殖比例继续保持 100%，存栏 300 头以上奶牛养殖场区存栏奶牛占到全省奶牛总量的 96%以上。奶牛生产性能和规模化水平进一步提高，全省泌乳奶牛比例达到 53%以上，平均单产 5.4 吨以上，同比提高 4%。全省推行“四统二分”饲养模式的奶牛规模养殖小区总数达到 751 家，占奶牛小区总数的 57%。加强奶业监管，推广石家庄、唐山奶站网络化视频监控成功经验，保定、衡水等市稳步推进，全省实施网络化视频监控的奶站达到 519 家，占全省奶站总数的 28%，位居全国前列。加强奶业专项整治，出动人员 2800 多人次、车辆 1023 车（次），检查县（市、区）129 个，奶站 1483 个，检查车辆 1351 台，未发先添加违禁物质现象。对全省 164 个规模奶牛场的 6.5 万头奶牛开展 DHI 测定，其中多次测定的 115 个奶牛场平均头牛产奶量 7.45 吨，高出全省平均水平 2 吨，乳脂率 3.62%，乳蛋白率 3.28%，生产性能明显提高。加强生鲜乳生产与销售环节管理，及时调控奶价，制止部分乳品企业抢奶，有效维护奶源市场秩序。

【畜禽养殖标准化示范创建】各级畜牧兽医部门共开展督导检查活动 5843 次，出动人员 2.2 万人次、车辆 5817 辆次，查处违规案件 201 件。开展各类技术培训 778 期，培训 72437 人次。全省新增备案养殖场（区）4905 个，备案畜禽养殖场（区）达到 28389 个，全省规模养殖场总数达到 396033 个。全省生猪、蛋鸡、肉鸡、肉牛、肉羊规模养殖比例分别达到 79%、91%、94%、50%、57%，同比分别提高 2、1、1、2、2 个百分点。畜禽养殖场（区）养殖档案进一步完善和规范，硬件设施和饲养管理水平明显提高。在省级示范场上档升级基础上，创建部级示范场 51 个。全省共有部省级标准化示范场 1013 个，其中部级 209 个，省级 804 个。6 月份在石家庄召开了全省标准化示范创建现场会。全年全省新建存栏万头以上养猪场、存栏 5 万只以上蛋鸡场、年出栏 5 万只以上肉禽场、年出栏 500 头以上肉牛育肥场和年出栏 1000 只以上肉羊场 63 个、46 个、49 个、43 个和 116 个。认真做好畜禽生产的污染治理工作，全省纳入管控范围的 11407 家规模养殖场，有 3032 家粪污处理达到标准，达标率 26.5%。

【畜禽良繁建设】奶牛测定能力达到 8 万头，生猪年测定能力达到 500 头；引进世界顶级奶牛胚胎 211 枚，培育种公牛 49 头，高产母牛数量达到 294 头；引进国外和牛胚胎 900 枚，培育纯种和牛 204 头；在围场、丰宁、张北、赤城等地加大乳肉兼用型牛核心群建设，取得积极进展。种畜禽监管进一步强化，对持有《种畜禽生产经营许可证》的种畜禽场全面清查，对到期未按照规定申办的 29 家种畜禽场予以通报，处罚违规种畜禽场 74 家，种畜禽市场秩序进一步规范。加强质量检验，认真做好种公猪站和种鸡场检验，发现问题及时处理。办理种畜禽进口审核 21 起，办理种畜禽进口审核手续 21 起，引进国外种畜禽 43.1 万头（只）。投资 5000 万元以上种猪和种畜禽场在建项目达到 36 个，供种能力和水平较大提升。坚持公开、公正、公平原则，落实畜牧良种补贴项目资金 8419 万元，未发生问题。

【畜牧产业化工作】滦县伊利乳业投资 6.5 亿元新建年产 30 万吨高端乳制品生产基地、定州伊利乳业投资 4 亿元建设 5.4 万吨冷饮项目、蒙牛集团投资 18 亿元在衡水武强建设的液态奶项目、法国独资南特鸭、六和集团肉种鸡、温氏集团沧州种猪项目等进展顺利。按照《农民专业合作社法》的要求，有计划地发展农民专业合作组织，研究和创新利益联接机制，通过合作组织，把基地和龙头、生产和加工环节有机联结在一起，形成风险共担、利益均沾的利益共同体，保障产业化经营健康发展。产业化实现产值 718 亿元，辐射带动农户 170 万户，同比增长 13%和 12%。成功引进大型龙头企业正邦集团。全省投资在 5000 万元以上在建大型畜禽养殖及加工项目达到 106 个，计划投资 265.6 亿元，其中投资在亿元以上 68 个，计划投资额 232.35 亿元。

【畜产品质量安全监管】全省全年检测畜产品及投入品 737767 批次，其中合格样品 737684 批次，总体合格率 99.9%，其中省级检测畜产品及投入品 11889 批次，畜产品、饲料和兽药合格率分别达到98.7%、99.3%和99.5%。全省未发生重大畜产品质量安全事件。与省公安厅、省商务厅等9厅局联合下发《"瘦肉精"涉案线索移送与案件督办工作机制》，完善行政执法与刑事司法衔接，组织省公安厅、省工商局等8厅局在全省范围内开展"瘦肉精"专项整治联合督查活动，扎实开展节假日专项督导检查和集中监督抽检。全省畜牧兽医系统共出动执法人员53.92万人次，检查各类畜牧投入品及产品经营场所41.65万个次，核查各类违法线索161起，查处了徐水县大王店屠宰点"瘦肉精"阳性案、香河县国东清真肉类加工厂待宰羊肉"瘦肉精"阳性等有影响的案件，畜产品质量安全突发事件多发态势得到有效遏制。75个县经编办批准成立了畜产品（农产品）安全监管机构，占全省的比例达到41.7%，机构职能和人员条件进一步充实和强化。11个市级畜产品检测中心全部开展检测工作，其中10个市级畜产品检测中心通过计量认证，60个县级畜产品（农产品）质检站开展了检测工作。强化标准制定和无公害畜产品产地认定和产品认证，完成无公害畜产品产地认定160个、产品认证58个，全省有效期内的无公害畜产品产地认定和无公害产品认证个数分别达到1591个和383个。成功举办无公害检查员培训一期，培训认证骨干220多人，举办两期无公害畜产品内检员培训，共为各类养殖企业培训内检员600多人，对促进无公害产品认证工作开展发挥了重要作用。追溯体系建设逐步启动，建立以"溯源单"制度为切入点和突破口的生猪、肉牛和肉羊出栏、运输及屠宰环节追溯制度。

【重大动物疫病防控】把防控重大动物疫病摆到重要位置，各级政府高度重视，全省11个设区市政府全部签订防疫责任状，9个设区市以政府名义召开防疫动员会议。扎实做好开展春秋两季集中免疫，确保应免尽免，不留空当，全省口蹄疫、高致病性禽流感、高致病性猪蓝耳病、猪瘟、鸡新城疫应免畜禽免疫密度均达到了100%，免疫抗体合格率达到国家规定标准。全省春防和秋防期间组织免疫小分队个数分别达到4580个和6748个。改进规模场免疫方法，对每个场固定专门驻场监督人员，统一免疫时间，实行每月督查不少于2次、每次执法人员不少于2人、检查记录一式两份的"222监督机制"，各级动监机构共对44163个规模场实行此项监督办法。积极组织5月和8月全省消毒月活动，消毒规模养殖场5.64万个，面积1.65亿平方米，散养户和定点屠宰厂及畜禽交易市场185.8万户，消毒面积7296.7万平方米，有效净化了养殖环境。开展"冬季重大动物疫病防控安全月"活动，各地排查畜禽2763.83万头（只），补免畜禽5515.2万头（只）。完善应急指挥系统，强化应急队伍建设，做好应急物资保障，及时招标采购应急物资，满足了防控工作需要。奶牛场"两病"净化工作成效明显，有1055个奶牛场"两病"达到净化标准，612个达到稳定控制标准。

【动物卫生监督执法】全省产地检疫畜禽1.93亿头（只），其中生猪产地检疫申报受理率和产地检疫率均达到100%。从5月份开始，集中4个月时间对全省所有规模养殖场动物防疫条件进行审核清理，对10244个备案规模养殖场（区）发放《动物防疫条件合格证》。加大病死动物及其产品无害化处理监管力度，集中开展打击经营、加工病死动物及产品违法行动专项整治行动，全省共排查饲养场58648个次、冷库2009个次、肉类批发市场5665个次、屠宰场2808个次，出动执法车辆1.94万辆次、执法人员13.25万人次，责令整改1688次，查处病死动物及其产品60.38吨，罚款214.3万元，有效震慑和打击了不法分子。扎实开展定点屠宰场清理整顿，对不符合动物防疫条件的定点屠宰场限期整改，整改不合格的建议当地政府予以取缔。全省共有合格场542个，全部发放了《动物防疫条件合格证》。严格动物卫生监督证章管理，严格按照"统一订购、统一发放"和"专人、专帐、专库"原则，加强动物卫生监督证章管理，做到了证章标志审批严格、账目清楚、填写规范。

【医政药政工作】4月份在全省开展2012年"执业兽医制度宣传月"活动，在相关媒体进行了大力宣传，印制发放相关宣传资料1万余份。全省2179人参加执业兽医资格考试，执业兽医资格考试圆满完成。4月24日在保定举办"2012年河北省兽医实验室检测技能大比武"活动，采取公平、公正、公开，检测样品双盲编号方法，全省11个设区市、22个县（市、区）33名选手参加比赛，产生了团体奖和个人奖，极大地推动了各地业务学习和培训。完成动物诊疗机构验收510个，顶级乡村兽医7210名。8个市开展了执业兽医注册工作，注册执业兽医师369人、助理执业兽医师备案320人。开展"规范兽药生产经营使用活动"，对兽药生产、经营和使用环节全面检查，发现违法案件及时查处。全省共出动执法人员5800多人次，查处生产经营假劣兽药案件62件、880公斤，货值37.7万元，罚款8.9万元，兽药生产、经营和使用秩序进一步好转。组织得力人员，对省内19家兽药生产企业进行GMP验收，一次通过率100%。推进兽药经营企业GSP建设，吊销兽药经营许可证740个。全省通过GSP验收并核发兽药经营许可证的企业总数达到2430家。认真谋划兽药产业发展思路，制定出台《关于促进兽药产业发展的实施意见（2012—2015）》，明确今后几年兽药产业发展思路和目标。

【饲料产业】4月份通过举办培训、编印宣传手册、印发明白纸等形式，在全省开展新修订的《饲料和饲料添加剂管理条例》宣传月活动，全省共举办培训94期，培训人员5200人次，发放宣传手册6865本，刷写标语2504

条，印制宣传资料 66780 份。积极推进饲料生产全过程质量安全管理，推荐 6 家企业为农业部《饲料质量安全管理规范》示范创建单位，选定 46 家奶牛饲料生产企业作为省级首批试点单位。强化饲料质量安全管理，相继开展了动物源性饲料专项整治、无证生产饲料和饲料添加剂专项整治和植物源性蛋白饲料原料专项整治行动，出动执法人员 1.42 万人次、车辆 2600 多辆次，检查生产经营和使用单位 2.19 万个次，取缔非法窝点 35 个，查处违法案件 15 个，有力打击了不法行为。认真做好年度备案工作，对 37 家不合格企业不予备案，对 17 家不具备生产条件的企业予以注销。全省氯化胆碱产量达到 18 万吨，同比增长 20%，获证宠物饲料生产企业 22 家，产量近 10 万吨，产值近 7 亿元，总产量占全国 60%以上，邢台南和县成为华北最大宠物饲料生产基地。做好秸秆项目县申报工作，共申报国家秸秆养畜示范县 10 个。狠抓秸秆开发利用，完成青贮玉米种植 865 万亩，秸秆转化利用 2203 万吨，秸秆利用率达到 29.5%。对新建饲料和饲料添加剂企业，严格审核审批条件，确保了新上企业硬件合格、软件可靠，管理到位、运行规范。全省饲料产量 1220 万吨，产值 349 亿元，同比分别增长 6.1%和 5.8%，为畜牧业发展提供了可靠保障。年产 30 万吨以上的饲料生产企业 40 多家，其中 10 万吨以上的 25 家。

【草原保护与建设】张家口、承德坝上 9 个县（区、场）草原确权承包和生态补偿工作全面启动，全省 1571.76 万亩草原和 72 万亩人工草场分别享受到禁牧和牧草良种补贴，资金金额 2.75 亿元。争取到国家 7 万亩高产优质苜蓿示范建设项目，资金总额 4200 万元。制定印发《关于半牧区草原确权承包工作指导意见》，在张家口举办草原资源普查、草原确权承包、基本草原划定技术培训班，基本草原划定试点顺利完成，补奖政策涉及的坝上 6 县完成牧户信息统计、承包面积核定及草原资源普查工作；基本草原划定和和草原承包工作有序开展。积极推动半牧区草原监理机构建设，全省 6 个半牧县全部建立健全了草原监理机构，为强化草原监理与执法工作奠定了坚实基础。完成草原虫鼠害防治 699.4 万亩，完成计划的 146.01%，严重危害区域得到全面防治，防效达到 86.1%。依托国家振兴奶业苜蓿发展行动项目，推动平原农区苜蓿种植面积 42 万亩。积极推进京津风沙源治理草地建设，完成工程棚圈建设 72.8 万平方米，围栏封育和基本草场建设 43 万亩，巩固完成人工种草 1 万亩。在隆化县召开全省草原防火演练观摩会，推动各地草原防火标准化建设。全省未发生等级以上草原火灾。

（河北省畜牧兽医局　赵学风）

渔业生产

【概况】2012年，河北省渔业工作认真贯彻落实全国渔业工作会议和全省农业工作会议精神，积极实施渔业“四百工程”战略，不断解放思想、攻坚克难，突出生态、高效、安全，加快推进发展方式转变，积极发展特色水产业，着力推进渔业发展环境和生态环境改善，切实为渔民增收和渔业发展服务，各项工作稳步推进，渔业经济保持了健康持续的发展势头。据统计，2012年全省水产品总产量达到116.3万吨，同比增长9%；渔业总产值达221.4亿元，同比增长12.5%；渔民人均纯收入9639元，同比增长5%。

【产业结构调整】海洋捕捞业，调整作业结构，狠抓海上渔业生产秩序和渔事纠纷隐患排查、应急处置与调处工作，渔船编队生产水平提高，渔损海难事故发生率较去年同期降低13.6%，涉外渔船无严重违规事件发生。水产养殖业，大力推行工厂化、生态养殖、立体混养等标准化健康养殖模式，繁育各类水产苗种达919亿单位，新创建农业部健康养殖示范场15个，省级以上健康养殖示范场达85个（其中国家级59个），示范区总面积达90万亩；高标准建设完成24个“菜篮子”水产品生产建设项目，实施总面积1.58万亩，增产79万公斤，年增产值超过800万元。唐山对虾、秦皇岛海参、昌黎扇贝、黄骅海蟹、胜芳河蟹、中华鳖六大特色品种基本建成省级以上原（良）种场，并列入省名牌培育计划。水产加工流通业，以规模型龙头企业改造升级和水产专业合作社组建为抓手，综合生产能力提高，市场开拓和品牌推介方面取得新进展，唐山“恒行”牌蟹、沧州“渤辰”牌蟹、阜平县“山泉黄”牌中华鳖、石家庄“康态牌”中华鳖4个产品被评为省名牌产品。

【水产品质量安全】加强水产品质量安全监管工作。认真落实全省农产品质量安全专项整治行动的部署，加强关键环节治理，加大水产品质量抽检力度，未发生等级以上水产品质量安全事故。全年组织水产品质量安全抽检994个样品，其中产地水产品抽检831个，合格率99.4%，同比提高0.1个百分点，高于农业部要求的基地合格率目标2.4个百分点，不合格样品追溯查处率达到100%。加强“三品一标”认证工作。新认定无公害产地6处、面积1.54万亩，新认证无公害产品19个、产量1974吨，全省无公害产地覆盖178个生产单位、155.9万亩养殖水域，共86个单位的144个产品获得无公害水产品标识，产量达到17.3万吨。加强水产品质量安全执法工作。全省组织执法检查870次，出动执法人员4216人次，检查苗种生产企业413家，水产养殖企业1876家，处罚违法违规案件6起，处罚金额3.25万元，发出责令整改通知书171份，问题处理率达100%。贝类养殖区域划型、水产养殖病害测报、重水生动物疫病专项监测和水产苗种产地检疫工作有序推进，为水产品质量安全提供了有力保障。

【渔业资源养护】一是继续加大渔业资源增殖放流工作力度。全省各级累计投入财政资金、资源补偿、企业和渔民自筹资金等共计4800多万元，在沿海和内陆各大中水域增殖放流各类水产苗种近54亿单位。二是进一步严格各项渔业资源管理措施。认真落实捕捞许可、伏季休渔、内陆大水面禁渔期（区）等资源养护和管理制度，鲅鱼、鲈鱼苗、对虾亲虾、水生野生动物保护等专项资源管理工作扎实开展。三是深入开展渔业水域生态环境保护工作。积极参加涉海工程环境影响评价评审，加大渔业资源生态补偿（赔偿）金收缴力度。全省落实渔业生态损害补偿资金2529.9万元，其中已用于资源修复的资金495.54万元，增殖放流褐牙鲆苗种400.54万尾。蓬莱19-3油田溢油事件处置基本结束，渔民满意、渔区稳定。四是推进水产种质资源保护区建设。新建平山县柏坡湖、曲周县沙漳河和永年县永年洼等3个国家级水产种质资源保护区。

【渔业科技与推广】围绕全省渔业发展重点，组织实施科研项目20多项，鉴定科技成果4项，获省科技进步奖二等奖1项。推介渔业主导品种6个，主推技术3项。下发2012年农业部农业行业标准制定项目1项，组织制定2012年渔业地方标准2项。做好渔业标准的推广落实工作，组织实施全省渔业标准化示范区项目12项，已建设国家渔业标准化示范县3个，省级渔业标准化示范区45个，示范区池塘养殖总面积达到17.9万亩；工厂化标准化养殖面积25.5万平米。印发2009-2010年度省渔业地方标准1000册，下发全省水产技术推广系统。

【水生野生动物保护】一是严格落实水生野生动物利用特许制度，全年共办理特许许可事项263项，包括驯养繁殖26项、经营利用215项、进出口审核14项、运输证明4项、同意运输函4份。二是开展水生野生动物保护宣传月活动。利用暑期与秦皇岛新澳海底世界、山海关乐岛欢乐海洋公园联合开展以“保护江豚、热爱水生野生动物”为主题的宣传活动，采取张贴宣传画和宣传标语、发放宣传手册等方式，宣传水生野生保护知识。三是继续加强水生野生动物展馆管理工作，做好监督检查，并按规定收取资源保护费，完成了驯养繁殖和经营利用证件的年度审验。

【渔业法制建设】围绕“六五”普法和渔业法制建设要求，以科学发展观为指导，以涉渔法律法规为依据，深入贯彻《国务院依法行政实施纲要》。一是抓宣传培训。通过《中国渔业报》、《河北渔业网》和《河北渔业》杂志撰写行业特写，宣传渔政执法工作经验和做法。努力提高渔政执法人员素质，积极开展涉渔法律法规知识培训，规范电子执法文书制作，提高办案能力和水平。二是抓立法调研。对《河北省人工鱼礁建设管理规定》和《河北省水产局赴韩国专属经济区入渔管理规定(暂行)》进行修订。对《河北省休闲渔业管理办法（征求意见稿）》进行调研和论证，草案已上报省政府法制办。三是抓执法督察。完善省市两级渔政执法督察体系，重点对自收自支渔政执法机构整改、纳入或推进参公管理工作进展情况、伏季休渔执法、渔船管控等部位和环节开展督察行动，强力推进自收自支渔政执法机构整改和渔船监管工作。四是抓行政审批。进一步梳理涉渔行政许可、非行政许可和行政监管事项，明确行政审批事项的实施主体、疏理审批依据、细化审批流程，规范审批手续。五是抓规范化建设。以推进渔业文明执法窗口单位创建、文明渔港创建和休闲渔业示范基地创建为抓手，规范执法行为，完善执法程序，提升综合素质。唐山市乐亭县渔政船检港监站和石家庄鹿泉市渔政管理处被评为全国2012年度渔业文明执法窗口单位；沧州市黄骅南排河渔港被评为全国第二批文明渔港；唐山市友水产养殖服务有限公司、承德市御水庄园渔业示范基地、秦皇岛市海洋牧场增养殖有限公司和秦皇岛冀弘水产养殖观光有限公司四个单位被评为首批全国休闲渔业示范基地。

【渔业综合管理】围绕渔业中心工作，加大项目谋划和跑办力度，促进全省渔港、渔政执法装备、水产原良种场、水生动物疫病防治体系建设进一步加强，全年共争取国家财政、基建项目51项、资金69521万元，比2011年增加2.2亿多元，特别是渔政项目创历年之最，共争取14项。及时完成了2011年度5.65亿元燃油补贴资金发放的审核工作。各级渔业主管部门及其船检港监机构，结合渔业“平安渔业示范县建设”“安全生产月”等活动开展，狠抓渔船检验、渔港监督、安全设施配备、职务船员培训等各项安全管理措施。省级在省船检港监处设立海务科，建立了河北省渔船船位监控指挥系统，首次组织海事突发事件应急演练，使海上安全救助制度化，提高了应急处置能力。全年组织较大抢险救助39次，救助渔民156人、渔船33艘，挽回经济损失1633万余元。渔业互保体系进一步健全，工作再次实现突破，承保渔船2473艘、渔民32043人，实际收取互保费2644.68万元，同比增长20.16%，人均互保金额达11.8万元，为全省渔民群众提供风险保障41.623亿多元。同时积极引导金融资金进入渔业，省渔业互保协会与秦皇岛市商业银行签订战略合作协议，采取给银行提供违约信用担保的形式共为全省188户渔民会员提供2000万元低息商业贷款。

【渔业宣传】全省渔业宣传工作围绕中心，精心策划，展示了河北渔业良好形象。各级渔业行政主管部门，围绕“一产抓特色”，抓住典型经验做法、渔业重大活动、突发应急事件以及重点热点难点问题，加大政务信息采集与报送、新闻宣传报道、“一报两刊”发行工作，通过省委、省政府信息专报渠道、中国渔业报、中国水产、河北渔业等行业报刊以及主流媒体，发布我省渔业信息近500条，其中在中国渔业报刊发稿件90篇，特别是“2012渤海生物资源修复行动启动仪式”活动，在《人民日报》、《中央电视台》、《中央人民广播电台》等国家级新闻媒体刊发稿件30多篇，渔业政务信息工作被农业部渔业局、省委信息宣传中心评为先进单位。河北渔业门户网站规范高效运行，刊发各类信息600多条，客观反映了我省在推进现代渔业建设、强化行业管理和服务等方面卓有成效的工作，充分展现了我省渔业发展取得的成就。

【存在的问题】一是渔业可持续发展面临严峻挑战。随着我省工业化、城镇化进程的加快，港口建设、海洋海岸工程、工业开发征用等侵占养殖水域滩涂、捕捞海域的情况越来越多，渔业生产空间大幅度萎缩，水产品质量提高难度加大，对渔业可持续发展形成了严峻挑战。二是渔业设施装备老化、落后问题突出。捕捞渔船船型小、老旧落后、耗能高，养殖池塘老化、路电网等配套设施不健全、机械化装备水平低，制约着渔业综合生产能力的提高。三是我省渔业产业化程度不高，水产品精深加工发展滞后，规模型龙头企业少，使得我省渔业在激烈的国内外市场竞争中没有明显优势。四是支撑服务体系薄弱。由于各级财政投入相对较少，基础设施建设滞后，渔业科技力量薄弱，不能适应现代渔业发展要求。

（河北省水产局　马志敏）

农民收入与消费

十八大报告提出“实现城乡居民人均收入比2010年翻一番”，这是我们党以人为本执政理念的生动写照。2012年，面对复杂严峻的国际经济形势和国内发展稳定的繁重任务，省委省政府以科学发展为主题，以加快转变经济发展方式为主线，坚持稳中求进的工作总基调，把稳增长、调结构、惠民生放在更加突出的位置，促进农民增收，加大民生改善力度，农民收入登上8000元新台阶，农民生活更加幸福。

【农民收入】2012年，农民收入较快增长，登上8000元新台阶，同比增长13.5%，农民收入呈现全面增长、城乡差距缩小的局面。

（一）农民四项收入全面增长。全省农民人均纯收入8081元，比上年增加962元，增长13.5%，四项收入全面增长。其中，工资性收入增长17.0%，家庭经营纯收入增长8.3%，财产性纯收入增长5.8%，转移性纯收入增长24.8%。

（二）工资性收入成为农民收入的“半壁江山”。农民人均工资性收入4005元，增加581元，增长17.0%，强力支撑农民增收，对全年农民增收的贡献率为60.4%；占农民人均纯收入的比重升至49.6%，比上年提高1.5百分点，接近农民收入的一半，成为农民收入的“半壁江山”。

（三）惠民政策支撑农民转移性收入加快增长。农民人均转移性纯收入603元，增长24.8%，比上年加快1.6个百分点，在农民工资性收入、家庭经营纯收入、财产性纯收入和转移性纯收入中，增速位列第一，且为增长加快的唯一收入，这主要得益于惠民政策力度的加大。据农村住户抽样调查，农民“四补贴”、农村新型养老保险、领取最低生活保障费等惠农政策收入人均216元，增加54元，增长33.3%，对农民收入增长的贡献率为5.6%。

（四）农民收入两年连上两个台阶。2011年，农民收入增加1162元，增长19.5%，达7120元，登上7000元台阶。2012年，农民收入增加962元，增长13.5%，达8081元，登上8000元台阶，农民收入两年连续登上两个台阶。

（五）农民收入连续三年保持两位数增长。2010-2012年，农民人均纯收入分别增长15.7%、19.5%和13.5%，虽然2012年农民收入增速有所减缓，但仍实现了两位数增长，总体分析，农民收入处于较快增长时期。

（六）农民收入增速连续两年快于 GDP。2011-2012年，农民人均纯收入实际增长12.2%和10.7%，GDP 增长11.3%和9.6%，农民收入增速比 GDP 分别快0.9和1.1个百分点，连续两年保持此态势。

（七）农民收入增速连续三年快于城镇居民。2010-2012年，农民人均纯收入分别增长15.7%、19.5%和13.5%，城镇居民人均可支配收入分别增长10.5%、12.5%和12.3%，农民收入增速比城镇居民分别快5.2、7.0和1.2个百分点，连续三年保持此态势。

（八）城乡居民收入差距连续三年缩小。2009-2012年，农民人均纯收入分别为5150元、5958元、7120元和8081元，城镇居民人均可支配收入分别为14718元、16263元、18292元和20543元，城乡居民收入比分别为1：2.86、1：2.73、1：2.57和1：2.54，城乡居民收入差距连续三年保持缩小态势。

【农民生活消费】2012年，农民生活消费支出首次突破5000元，同比增长13.9%，生活消费支出呈现水平提高、结构优化、城乡差距相对趋小的局面。

（一）生活消费支出首次突破5000元。随着农民收入水平的提高，农民生活消费支出同步增加。1995年，农民生活消费支出突破千元，达1104元；2005年，农民生活消费支出首次突破2000元，达2166元；2008年，农民生活消费支出突破3000元，达3126元；2011年，农民生活消费支出突破4000元，达4711元；2012年，农村居民生活消费支出突破5000元，达5364元。

（二）生活消费水平全面提升。农民生活消费支出人均5364元，比上年增加653元，增长13.9%。八类消费支出全面增长，食品消费支出增长15.0%，衣着增长18.7%，居住增长4.3%，家庭设备用品及服务增长10.4%，交通通讯增长16.2%，文化教育娱乐用品及服务增长13.7%，医疗保健增长25.1%，其他商品和服务增长30.7%。

（三）恩格尔系数33.8%。农村居民八类生活消费支出，按所占比重从高到低排列，依次为：食品、居住、交通通讯、医疗保健、衣着、家庭设备用品、文教娱乐、其它商品及服务。食品支出所占比重即恩格尔系数为33.8%，比上年略回升0.3个百分点。

（四）商品性支出成为农村居民生活消费的主体。商品性和服务性消费支出双增长，农民商品性消费支出人均3921元，增长12.5%；服务性支出1444元，增长17.6%。

（五）消费结构不断优化。随着收入的提高，农民消费结构不断优化，用于食品、衣着、居住的基本生存型消费比重62.5%，比上年下降1.3个百分点；用于家庭设备用品、医疗保健、文教娱乐、交通通讯的发展享用型消费支出比重37.5%，上升1.3个百分点。

（六）家庭财产稳定增加。随着农民收入不断增长，农民生活质量提高，固定资产、金融资产等财产积累进一步增加。2012年，农民人均住房价值增长3.9%，生产性固定资产原值增长4.1%，金融资产余额增长14.6%。作为家庭财产的生活耐用消费品也同步增加，农民家庭拥有洗衣机增长2.1%、电冰箱增长5.3%、摩托车增长6.7%、空调器增长12.9%。

（七）农民生活更加现代。随着农民收入的增加和农村基础设施条件的改善，农民生活现代气息越来越浓，高科技产品逐渐融入其中。2012年，农民百户拥有移动电话增长4.1%、计算机增长18.9%、家用汽车增长1.8%，40.4%的电视机接入有线电视网，73.1%的计算机接入互联网。

（八）农民生活环境更好。一是住房面积扩大。农民人均住房面积36.4平方米，比上年增长2.6%。二是住房结构改善。住房面积中，砖木、钢筋混凝土结构面积占95.7%；楼房和砖瓦平房面积占95.4%。三是配套设施日趋完善。农民家庭饮用自来水的户占69.5%，使用水冲式厕所的户占6.9%，住宅外道路为水泥或柏油路面的户占55.1%，使用空调和暖气取暖的户占56.5%，使用沼气、燃气、电等新型能源的户占42.5%。

（九）社会保障程度提高。随着构建社会主义和谐社会进程的加快，农村基本公共服务水平进一步提高，养老、医疗等社会保障实现了制度全覆盖。2012年，参加城镇医疗保险和农村新型医疗保险的人数占98.0%，比上年提高2.2个百分点；参加城镇和农村养老保险的人数占58.1%，提高12.0个百分点；享受最低生活保障的农户占3.2%。农民看病、养老、生活有了充分的保障。

【农民生产投入】2012年，农民生产费用支出人均2856元，同比增加71元，增长2.5%。从投资结构看，短期投资较快增长，长期投资大幅下降。

（一）家庭经营费用支出增长7.1%。农民家庭经营费用支出人均2648元，增加176元，增长7.1%。其中，第一产业生产费用支出人均1976元，增加116元，增长6.2%；非农产业生产费用支出人均672元，增加60元，增长9.8%。

（二）购置生产性固定资产支出下降32.8%。农民购置生产性固定资产支出人均206元，减少101元，下降32.8%。

（国家统计局河北调查总队　赵建炜）

农产品生产者价格

2012年，在部分地区遭遇自然灾害的不利条件下，河北加大生产扶持力度，农业生产得到保障，使得农产品生产者价格运行平稳。据对河北42个县1242个样本调查显示，2012年河北农产品生产者价格指数为100.66，即与上年相比，仅上涨了0.66%。

【农产品生产者价格小幅调整】2011年1-3季度，河北农产品生产者价格呈两位数增长，第4季度涨幅下降后，2012年进行了全年小幅度调整。除第3季度小幅下降1.32%外，其余三个季度均小幅上涨。

农业（种植业）和牧业是影响农产品生产者价格的主要因素。2011年第4季度开始牧业产品价格一路下滑，2012年第3季度触底，第4季度反弹。农业（种植业）产品价格2011年一路下滑，2012年略有反弹。

【农、林、牧、渔业生产者价格涨跌互现】分类看，农业（种植业）、林业、渔业生产者价格较上年有所上涨，涨幅分别为3.14%、6.83%、4.87%，牧业生产者价格则下降，下降幅度为2.65%。

（一）农业（种植业）产品价格涨多降少，粮食、蔬菜、水果等小幅上涨，棉花价格小幅下降。

1.主要粮食品种价格上涨。受国家连年上调粮食最低收购价的政策提振和农业生产成本的不断增加等因素影响，粮食产品生产者价格持续上涨，主要粮食品种小麦价格上涨1.63%，玉米价格上涨5.42%，谷子价格上涨4.34%，粳稻价格上涨5.74%。

下跌的品种为大豆和马铃薯。大豆价格微幅下降0.16%。马铃薯价格下降10.84%。2012年，河北马铃薯价格一直很低，以主产区围场县为例，近年来开展节能减排，围场县关闭了几十家小淀粉加工厂，马铃薯需求量减少。四季度出售马铃薯价格虽有所上升，但是由于连降大雪，气温下降，交通受阻，很少有外来运输马铃薯的车辆。很多农户都在等待第二年春季再出售。

2.蔬菜价格小幅上涨。种植蔬菜的比较收益增加，导致蔬菜种植面积增多（包括大地菜和大棚菜），天气大多适宜，蔬菜供应充足，价格稳定，较上年上涨6.55%。分类看，甘蓝类、叶菜类、葱蒜类、根茎类、瓜菜类蔬菜价格上涨，涨幅分别为33.70%、28.30%、17.28%、11.95%、9.94%；茄果类、豆类、白菜类蔬菜价格下降，降幅分别为6.17%、5.19%、3.08%。分品种看，价格上涨较多的蔬菜品种有白萝卜、西葫芦、菠菜、结球甘蓝、油菜，涨幅分别为114.57%、47.52%、47.38%、45.63%、33.52%，价格下降的蔬菜品种有胡萝卜、西红柿、四季豆、大白菜，降幅分别为22.44%、7.73%、5.19%、3.08%。

3.水果价格小幅上涨。水果价格总体上涨5.08%，其中苹果价格上涨2.91%、葡萄价格上涨0.24%，西瓜价格上涨36.51%。而梨价格下降2.04%，枣价格下降19.85%。

4.棉花价格由降转升。

从价格角度看，自2011年年初开始，棉花价格一路下滑，在2012年第2季度略有回升，第3季度大幅下降。第3季度，是新棉花上市的时候，但由于夏季连续阴雨天气，新棉花质量较差，价格创新低。第4季度，产量减少的棉花供应趋紧，价格回升。

从价格指数角度看，自2011年第4季度棉花价格指数下降以来，连续4个季度下跌，2012年第4季度价格指数首次转正，为104.77。综合全年，棉花价格指数为94.92。

（二）牧业产品价格两降一升。活家禽价格下降3.47%，畜禽产品价格下降7.57%，活牲畜价格上涨1.50%。从品种看，拉动牧业产品下降的品种是猪、鸡和鸡蛋，下降幅度分别为3.05%、3.54%和9.29%。

（三）渔业产品价格全面上涨。河北以淡水养殖为主，受鱼苗和鱼饲料价格上涨影响，其产品全面上涨。淡水鲤鱼上涨3.88%，淡水草鱼上涨8.70%，淡水鲢鱼上涨28.15%，淡水鲫鱼上涨3.26%。

【主要农产品生产者价格变动情况】（一）小麦、玉米价格倒挂转变为螺旋上涨。自农产品生产者价格调查有记载以来，小麦价格一直高于玉米价格。但在2011年第3季度玉米价格超过小麦，出现倒挂现象。因玉米用途越来越广泛，市场需求越来越大，玉米价格强劲上涨。而小麦价格较为平稳。玉米的经济收益好于小麦，种植面积猛增。2012年，玉米再次迎来大丰收，且天气较冷，玉米湿度较大，加之对玉米的需求略显低迷，导致玉米价格显降。受国家政策扶持、种植成本增加和市场刚性需求影响，小麦与玉米价格由倒挂局势转变为了你追我赶的螺旋上升趋势。

（二）猪价格下降，牛、羊价格上涨。由于供大于求，猪肉价格自2011年第4季度一路下降，在2012年第2季度触底，3、4季度反弹，第4季度达到15.51元/公斤。2012年猪价格全年下降3.05%。因养殖成本控制，预计猪价格下降空间不会太大。

牛、羊养殖随着散养的逐渐减少，规模养殖还未上量，其供应量远远低于消费需求。在饲料价格高位运行的情况下，牛、羊的生产周期长，比较效益低，使得规模养殖发展较慢，导致其价格上涨。2012年全年牛、羊价格分别上涨20.45%、13.51%。

（三）肉鸡和鸡蛋价格触底反弹，但总体较去年下降。肉鸡和鸡蛋都经历了“市场价格低-养殖成本高、收益少-养殖少-供应少-供小于求-价格回升”过程。肉鸡价格在2012年第3季度达到最低9.20元/公斤，第4季度反弹到10.60元/公斤。鸡蛋价格从年初开始就一路回升，由第1季度的6.00元/公斤涨至第3季度8.58元/公斤，第4季度小幅调整，达8.45元/公斤。

（国家统计局河北调查总队　李玲萍）

主要农产品中间消耗及效益

2012年，河北省委、省政府认真贯彻落实中央农村工作会议精神，在部分地区遭遇自然灾害的不利因素下，采取强有力的应对措施，加大扶持力度，稳定发展粮食生产、积极调整农业结构，农业生产呈现稳定发展的良好格局，但受农产品价格和农业生产资料价格波动影响，主要农产品中间消耗及效益变动不一，具体如下：

【夏粮中间消耗】小麦。2012年河北平均每亩小麦中间消耗为479.31元，比上年的449.39元（按2012年农产品中间消耗指标口径计算，下同）增加了29.92元，增长6.66%。分项看：由于政府提高了农民的种粮补贴，今年购种籽消耗为35.64元，比上年的42.62元减少了6.98元，下降16.38%；复合肥消耗为121.05元，比上年的113.89元增加了7.16元，增长6.29%，外雇排灌费是7.87元，比上年的5.42元增加了2.45元，增长45.2%；机械作业费是129.76元，比上年的116.32元增加了13.44元，增长11.55%。小麦中间消耗增长原因：一是由于河北省非常重视夏粮生产，全省加大了农业投入力度，使我省2012年夏粮中间消耗增加；二是由于石油价格增长，导致化肥、燃料和外雇机械作业费等增加。但由于河北降水量较高，农户浇地次数减少，导致用电量减少。

2012年全省小麦平均单产为456.18公斤/亩，按其生产者价格平均为每公斤2.13元测算，每亩粳稻的纯收益为492.35元。

【秋粮中间消耗】2012年，4个主要品种的种植成本均呈上升趋势。2012年粳稻、黄玉米、谷子、马铃薯每亩中间消耗分别为511.34元、269.85元、149.70元、450.99元，分别比上年的419.46元、252.57元、149.5元、446.32元增加了91.88元、17.28元、0.2元、4.67元，分别上涨

21.9%，6.84%，0.13%，1.05%。

主要原因如下：一是种子费用上涨；二是石油价格上涨，导致化肥、燃料和外雇机械作业费增长。以粳稻为例，化肥费用由上年的188.36元/亩上涨到221.48元/亩，增加了33.12元/亩，增长17.58%。三是受农资价格上涨，农药费用增加。以谷子为例，农药费用由上年的8.04元/亩增加到14.90元/亩，增加了6.86元/亩，增长85.32%。

2012年全省粳稻平均单产为545.65公斤/亩，按其生产者价格平均为每公斤2.98元测算，每亩粳稻的纯收益为1114.70元，比上年减少367.23元，下降24.78%。玉米平均单产为535.96公斤/亩，按其生产者价格平均为每公斤2.05元测算，每亩玉米的纯收益为828.868元，比上年增加40.83元，增长5.18%。谷子平均单产为193.50公斤/亩，按其生产者价格平均为每公斤2.99元测算，每亩谷子的纯收益为428.865元，比上年减少9.68元，下降2.20%。马铃薯平均单产为1152.43公斤/亩，按其生产者价格平均为每公斤1.08元测算，每亩马铃薯的纯收益为793.6344元，比上年减少458.25元，下降36.6%。

【其他种植业产品中间消耗】2012年细绒棉每亩中间消耗为412.73元，比上年的388.41元增加24.32元，上涨6.26%。

棉花平均单产为219.33公斤/亩，按其生产者价格平均为每公斤7.29元测算，每亩玉米的纯收益为1598.9157元，比上年增长157.72元，增长10.94%。

2012年，雪花梨、鸭梨、葡萄、桃、鲤鱼、草鱼的种植成本呈上升趋势。2012年，以上各品种平均每亩中间消耗分别是1849.80元、1599.55元、2192.90元、1428.34元、9.11元、8.55元。分别比2011年的1040.42元、1031.00元、1668.18元、1181.41元、7.70元和7.68元，上涨、77.79%、55.15%、31.45%、20.90%、18.31%、11.33%。

主要原因如下：一是石油价格上涨，导致化肥、燃料等价格上涨；二是受农资价格上涨，农药费用增加；三是大棚数量增多，导致棚架材料费增加。

2012年花生、红枣、核桃的种植成本分别为409.00元/亩、347.40元/亩、118.15元/亩，分别比2011年的423.40元/亩、359.84元/亩、124.97元/亩下降3.34%、3.46%、5.46%。主要原因在于棚架材料费减少和粗放经营导致的中间消耗费用减少。

【畜牧业中间消耗】我省畜牧业的调查品种主要有：活猪、活牛、活羊、鸡、鸡蛋、牛奶。

2012年，活猪、活牛、活羊、鸡、鸡蛋、牛奶的养殖成本分别为1172.04元/头、2721.75元/头、204.78元/头、17.12元/只、6.44元/公斤、2.12元/公斤，其中，活羊、牛奶的中间消耗比2011年的202.06元/头、1.87元/公斤分别上涨1.35%、13.10%。

主要原因如下：一是饲料价格上涨，导致饲料消耗增加。以活羊为例，饲料消耗由2011年的114.61元/头上涨到131.09元/头，上涨14.38%；二是石油价格上涨，导致燃料、运输等费用增加。三是养殖用药和防疫费用增加。

（国家统计局河北调查总队　张栩丽）

居民消费价格

2012年，在经济增速放缓、前期货币紧缩政策持续作用、猪肉价格周期性回调等多种因素影响下，河北物价上涨势头明显趋缓，价格涨幅明显降低。与上年价格相比，2012年全省居民消费价格总水平（CPI）上涨了2.6%，比全年调控目标低1.4个百分点，比上年涨幅低3.1个百分点。其中7月份 CPI 同比仅涨1.2%，创下2009年12月份以来32个月的新低。

【2012年河北居民消费价格运行特征】（一）总水平涨幅趋缓，食品、居住涨幅回落较多。2012年全省居民消费价格总水平同比上涨2.6%，较上年的5.7%低3.1个百分点，为三年来的最低涨幅。分季度看，除一季度受元旦、春节假日消费影响，同比上涨4.2%，涨幅相对较高外，二、三、四季度分别上涨了2.6%、1.6%和2.0%，涨幅均比较温和。

八大类商品和服务项目价格同比全部呈现上涨态势，其中：衣着、烟酒涨幅升高明显，食品、居住涨幅回落较多。2012年，全省衣着、烟酒类价格同比均涨4.7%，涨幅分别比上年升高3.5和1.4个百分点，在八类商品和服务项目价格中涨幅跃居首位；与此相反，食品类同比上涨了3.8%，涨幅比上年回落8.4个百分点，涨幅位居第三；居住类同比上涨了1.7%，涨幅比上年回落5.2个百分点，位次退至第六；除此之外，家庭设备用品及维修服务类上涨2.8%，医疗保健和个人用品类上涨2.4%，娱乐教育文化用品及服务类上涨0.6%，交通和通信类上涨0.3%，涨幅与上年相比变化不大。

（二）分月走势先高位回落、再筑底回升，全年呈 W 型态势。2012年年初，由于春节和上年错月、涨势延续等多种因素影响，1月份全省居民消费价格总水平同比上涨了5.2%，涨幅为年内最高，之后便一路回落，7月份涨幅降至1.2%，创下32个月以来的单月新低。8-10月，CPI 低位震荡，基本完成筑底，11月 CPI 重拾升势。全年运行轨迹呈 W 型态势。详见下图：

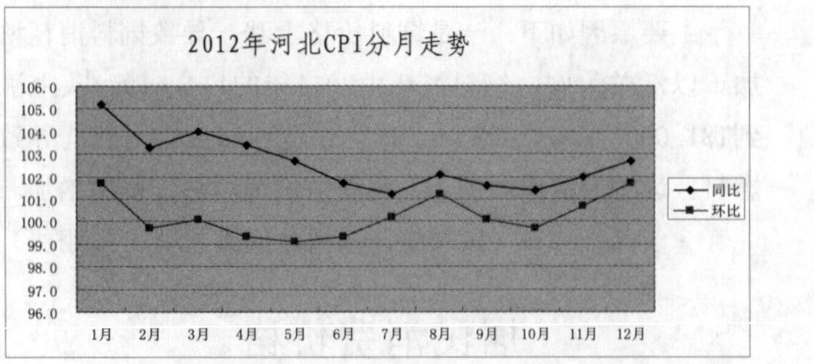

（三）鲜菜涨价成为物价上涨的主要推手。2012年CPI同比上涨的2.6个百分点中，食品类价格上涨影响CPI同比上涨1.19个百分点，影响度为45.9%，仍是当前物价上涨的最大推手；衣着类上涨影响CPI上涨0.43个百分点，影响度为16.7%；居住、医疗保健与个人用品类影响CPI分别上涨0.35和0.25个百分点，影响度依次为13.5%和9.7%；其他几类影响较小。

而食品涨价又主要由于鲜菜价格上涨较多所致。2012年全省鲜菜价格同比上涨了17.1%，影响食品类价格上涨了1.66个百分点，影响整个CPI上涨约0.52个百分点，影响度高达20.1%。

（四）工业、服务项目等非食品价格影响度逐渐增强。除食品和居住外，其它六类商品及服务价格继续保持了2011年以来持续小幅上涨的态势，对总指数的影响度也在逐渐加强。其中，衣着类对CPI的影响度由上年的2.0%上升到今年的16.7%；医疗保健和个人用品影响度由上年的5.6%上升到9.7%；家庭设备用品及维修服务由上年的1.7%上升到5.4%。工业消费品、服务项目等非食品价格影响程度正在逐渐加大。

（五）价格涨幅城市高于农村。2012年城市居民消费价格总水平上涨2.7%，农村上涨2.5%，城市高于农村0.2个百分点，CPI涨幅连续多年农村高于城市的局面首次得以扭转。其中食品类高于农村1.9个百分点；烟酒类高于农村1.6个百分点；家庭设备用品及维修服务、医疗保健及个人用品均高于农村0.3个百分点。

（六）与全国平均水平持平，位居第19位。2012年河北CPI同比上涨2.6%，与全国平均水平持平，在全国31个省（市、区）中，与江苏、重庆并列第19位。与周边省市相比，高于山西（2.5%）、河南（2.5）、山东（2.1%），低于北京（3.3%）、内蒙（3.1%）、辽宁（2.8%）、天津（2.7%）。从商品构成来看，除食品类、居住类价格涨幅比全国分别低1.0和0.4个百分点外，其余六类均高于全国平均水平。

【影响CPI走势的主要因素分析】（一）翘尾影响持续回落，是CPI高位回落的主要原因。受上年价格走势影响，2012年翘尾因素逐月走低，1月份为3.5个百分点，到9月份已回落至1.1个百分点，直至12月份完全消失。1-12月平均，来自于上年涨价的翘尾影响为1.9个百分点，占全省CPI涨幅的73.1%，2012年新涨价因素仅为0.7个百分点，影响度为26.9%。

（二）天气异常导致鲜菜价格大幅上涨，直接推高CPI。八类商品及服务项目虽然呈现全面上涨态势，但除食品外，其他七大类对CPI涨幅的影响均未超过0.5个百分点。CPI上扬的主要动因仍集中来自于包括蔬菜在内的部分食品价格的明显波动。

2012年7、8月份全省长时间持续阴雨天气，阻碍了叶菜的生长，供求关系推动叶菜价格上涨，湿滑的天气加大了外调蔬菜运输的难度，即使国家政策扶持的“绿色通道”依然畅行，但不断上涨的成本油价格致使鲜菜运输成本增加，双重因素导致各地鲜菜价格纷纷上扬。入冬以来，遭遇极寒天气，温度低、光照少使大棚蔬菜生产受到影响。2012年，全省鲜菜价格同比上涨了17.1%，由此拉动总指数上涨0.52个百分点，影响度高达20.1%，为262个基本分类中对CPI影响最大的类别。其中1月、8月、12月环比涨幅均在34%以上，直接导致CPI涨幅出现反弹。

（三）成本上涨导致农产品、工业品价格上涨，助推CPI上升。一是生产资料、劳动力和土地价格刚性上涨助推农产品价格上涨；二是年内成品油价格8次调价，虽然4涨4跌看似平手，但仍高于上年同期价格，全年汽油累计上涨3.1%，柴油累计上涨3.3%；三是随着汽、柴油价格上涨，物流成本持续上升，推动烟酒、衣着、家庭设备用品等工业消费品价格不断上涨，工业品价格对CPI的拉动作用在逐渐增强。继2011年全省工业品价格上涨了2.1%之后，2012年继续小幅上扬，同比上涨2.4%，尤其是9、10、11月份工业品价格环比分别上涨了0.6%、0.3%和0.6%，为近年来少有的涨势。

（四）各行业工资标准不断上升，导致服务项目价格持续走高。伴随着各地最低工资标准的上调，劳动用工成本普遍上升，作为劳动密集型的服务项目价格涨势明显，全省服务项目价格在2011年上涨4.1%的基础上，2012年再次上涨了1.5%，拉动全省CPI上涨了0.4个百分点，影响程度为16.6%，对CPI的推升作用日渐明显。

（国家统计局河北调查总队　朱桂英　谢　蕾）

农业生产资料价格

2012年，河北省农业生产资料价格继续保持了较高的上涨势头，全年同比价格平均涨幅为8.2%。从全年走势情况看：同比涨幅呈现逐月回落态势，但环比涨幅升多降少，年内农业生产资料价格累计上涨了5.2%，调查的十类农资依然呈现全面上涨的态势。

【运行特征】（一）农资同比价格连续9年上涨。河北省农业生产资料价格在2004-2008年连续5年呈现较大幅度的上涨，特别是2008年创下了同比涨幅16.8%的高点。2009年农资价格呈现高位回落，盘整了一年左右的时间，当年同比涨幅仅为0.6%。2010年受原材料上涨、工人工资标准提高等多种因素的影响，农资价格开始再度回升。进入2012年，受上年基期价格偏高影响，同比涨幅逐月回落，但价格依然一路上涨，环比涨幅升多降少，全年同比价格平均涨幅仅低于2008年和2011年，成为2004-2012年连续9年上涨的第三个涨幅高点。9年来，河北农业生产资料价格累计上涨了87.8%。

（二）环比走势升多降少。2011年，河北农资同比价格创下了12.6%的较高涨幅，进入2012年，农资价格继续保持小幅上涨的态势。1-12月份中，有8个月环比呈现上涨态势，尤其是3、4、8月份，环比分别上涨了1.6%、1.0%和1.2%；3个月小幅下降，其中两个月降幅仅为0.1%，1个月降幅为0.2%；1个月持平。年内农业生产资料价格累计上涨了5.2%。

（三）十类农资同比价格全面攀升。其中涨幅在10.0%及以上的有：以种子和农用薄膜为主的其它农资、产品畜、农业生产服务价格，上述三类农资分别比上年上涨了11.1%、10.9%和10.0%；涨幅在7.0%-10.0%之间的有：化学肥料、农药及农药器械、半机械化农具，分别比上年上涨了8.5%、7.3%和7.3%；涨幅在7%以下的有：机械化农具、饲料、农用机油、农用手工工具，同比分别上涨了6.7%、6.5%、6.2%和5.4%。

（四）主要农资价格上涨快。

1.化肥价格先扬后抑，维持高位。由于国际原油、液化气、天然气、煤炭等能源原材料价格持续高位运行，运输费用和劳动力成本进一步加大，以及季节性农业生产需求增加等因素影响，上半年化肥价格持续走高，尽管下半年价格有所回落，但下降幅度较小，化肥价格依然维持在高位。上半年，全省化肥价格同比上涨了11.3%，其中复合肥料价格上涨13.6%，氮肥价格上涨12.0%，钾肥价格上涨8.3%，磷肥价格上涨6.3%；全年来看，化肥价格同比上涨了8.5%，其中复合肥料价格上涨10.6%，氮肥价格上涨8.6%，钾肥价格上涨6.8%，磷肥价格上涨4.8%。

2.饲料、其它农资价格持续上涨。近年来，由于国家逐年提高小麦、稻谷等主要农产品最低收购价，粮食价格长期保持上升态势，直接导致2012年全省饲料价格同比上涨了6.5%，包括农用种子在内的其它农资价格上涨了12.6%。其中1-9月份，全省农用种子价格同比涨幅均在10%以上。

3.农业生产服务价格坚挺，涨幅较大。2012年河北最低工资标准在上年大幅度上调的基础上继续提高，平均上调幅度达到了15%。受此影响，农业用工成本水涨船高，全年农业生产服务价格上涨了10.0%。其中农业用工价格上涨了14.3%，排灌费上涨了11.8%，农业机械作业费上涨了7.6%，农业用电上涨了5.5%。

4.产品畜价格回调，涨势减缓。受生猪生产周期影响，2011年河北产品畜价格大幅波动，创出了历史新高，全年累计涨幅高达53.6%。2012年，随着生猪存栏逐渐恢复，消费市场猪肉价格不断走低，养殖户的养殖积极性受挫，导致仔猪需求减少、价格降低，价格环比自4月份开始，连续6个月均出现下降，同比自7月份开始直至年底均在负值区运行，但由于第一季度同比涨幅较高，致使全年累计依然比上年同期上涨了10.9%。

（五）涨幅高于全国平均水平。2012年，河北农资价格同比涨幅为8.2%，比全国平均水平高出了2.6个百分点，较上年差距（高于全国1.3个百分点）进一步扩大。分类别看，十类农资价格均高于全国平均水平，其中产品畜价格高出全国平均水平6.3个百分点，半机械化农具、其它农资均高出全国平均水平5.2个百分点。

【影响因素】（一）主要农资拉动力大，影响度高。从对农资价格总指数的影响程度看：化学肥料、饲料、农业生产服务、其它农资、产品畜是拉动农资价格持续上涨的主要动力，2012年分别拉动总指数上涨了2.2、1.75、1.07、1.03和0.9个百分点，对总指数的贡献率分别为26.8%、21.3%、13.0%、12.6%和11.0%，涨跌贡献率合计达到了84.7%。详见下表：

2012年河北省农资分类价格同比指数及影响度

项目名称	上年同期=100	对总指数影响（百分点）	涨跌贡献率（%）
农业生产资料价格指数	108.2	8.20	100.0
一、农用手工工具	105.4	0.06	0.8
二、饲料	106.5	1.75	21.3
三、产品畜	110.9	0.90	11.0
四、半机械化农具	107.3	0.08	1.0
五、机械化农具	106.7	0.41	5.0
六、化学肥料	108.5	2.20	26.8
七、农药及农药器械	107.3	0.37	4.5
八、农用机油	106.2	0.33	4.0
九、其他农业生产资料	111.1	1.03	12.6
十、农业生产服务	110.0	1.07	13.0

（二）生产成本提高，导致化肥价格上涨。化肥是最重要的农业生产资料之一，在全省农户购买农资支出中占有较大比重。2012年，受原油、天然气、煤炭等能源价格大幅上涨影响，化肥生产企业的合成氨成本明显提高；国家实施节能减排政策，作为“两高一资”的合成氨及氮肥生产企业成为关注热点，尤其是年产15万吨以下的中小氮肥企业成为地方政府的重点“关限”对象；春耕备播期间，受阶段性供应偏紧和国际市场尿素价格大幅度上涨影响，

国内市场化肥价格快速跟进，从而导致全年化肥价格上涨。

（三）粮食价格长期持续上涨，推升饲料、农用种子价格。由于耕地面积不断减少，而且随着居民生活水平不断提高，直接或间接消费粮食的数量不断增长，再加上国家实施惠农政策，执行主要农产品收购保护价制度，粮食最低收购价格连年提高，导致粮食价格长期持续上涨。粮价上涨，进而推升以玉米、豆粕为主要原料的饲料价格，而农用种子作为特殊的“粮食”，其价格走高实属必然。

（四）劳动力成本大幅增加，农业生产服务价格上扬。有关资料显示，2012年河北省最低工资标准在上年提高25%的基础上，再度提高了15%。伴随着最低工资标准不断上调，劳动用工成本大幅度增加。同期河北省服务项目价格显著上升，专业技术培训费快速上涨。再加上农业劳动力老龄化、农村空巢化，青壮年农业劳动力较为短缺，导致农业用工价格、农业排灌费、机械作业费等明显上涨。以6月份为例，辛集市2011年收割小麦55-60元/亩，2012年上涨到65-70元/亩；梨套袋由55元/工上涨到70元/工；定州市收割小麦由50元/亩上涨到60元/亩，收割蔬菜由50元/工上涨到60元/工；南宫市收割小麦由40元/亩上涨到50元/亩，蘑菇装袋由25元/工上涨到40元/工。

（五）饲料价格攀升，带动产品畜价格上涨。饲料、人工、水电、燃料、防疫等要素价格上升，直接加大了产品畜的生产成本。此外，消费市场猪肉价格经过10个月的调整，于2012年7月份开始进入上行通道，特别是春节临近，猪肉价格有加速上扬之势，结合周期性生产变化，带动产品畜价格上涨。

（六）受政策和成本影响，农用机油、机械化、半机械化农具、农用手工具价格相继上涨。2012年，国家发改委先后8次调整国内成品油价格，其中4次价格调高，4次调低，但是升幅高于降幅，总体上表现为成品油价格上涨，致使全年河北农用机油价格同比上涨了6.2%。而农机具价格上涨，固然存在能源、原材料和人工费上涨的因素，但由于多方面原因，导致利润分配环节增加，加之产品招标过程中监管不到位，同样的产品享受补贴的农机具价格较高，不享受补贴的农机具价格相对较低，致使农机补贴政策在执行过程中受到扭曲，农民没有完整地享受到国家给予的补贴。

（国家统计局河北调查总队　王建辉）

民营经济

2012年，全省各级中小企业主管部门认真贯彻党中央、国务院大力扶持小微企业和省委、省政府加快发展民营经济的决策部署，坚决落实全省民营经济工作会议精神，围绕国家工信部“中小企业服务年”安排部署，大力开展“强服务、解难题、帮企业、保增长”主题活动，积极营造全社会支持服务中小企业、促进发展民营经济的良好环境，进一步加快引导企业转变发展方式、推进结构调整、深化转型升级，民营经济总体保持了平稳增长的发展态势。

【基本情况】2012年，全省民营经济单位总数达247.4万个，比上年同期增加11.4万个，同比增长4.8%，其中民营企业法人单位26.1万个，比上年同期增加1.9万个；从业人员数达1938.1万人，同比增长7.4%，其中民营企业法人单位从业人员915万人，同比增长9.4%。

全省民营经济累计完成增加值17659.4亿元，同比增长15.6%，占全省 GDP 比重为64.8%，比上年提高1.7个百分点；实现营业收入76759.6亿元，同比增长18.4%；上交税金2342.6亿元，同比增长18.4%，占全省全部财政收入比重为67.3%，比上年提高1.8个百分点；完成固定资产投资11333.5亿元，同比增长29.5%，占全社会固定资产投资比重57.5%，比上年提高5.9个百分点；实现出口产品交货值总额1430.4亿元，同比增长15.3%。

2012年，我省民营经济在市场环境及诸多困难情况下保持这样的发展态势实属不易，为全省的经济发展与社会稳定做出了重要贡献。

【主要特点】（一）规模工业企业发挥重要支撑作用。2012年，全省民营规模以上工业企业11018个，比上年增加836个；实现增加值7345亿元，同比增长11.2%，占全部民营经济总量的41.6%；上交税金917.4亿元，同比增长26%，高于全部民营经济7.6个百分点，占全部民营经济比重39.2%。规模以上工业企业支撑着民营经济持续平稳快速发展，2012年，我省民营规上工业行业中，18个行业的增加值、销售产值、营业收入和税金实现了两位数增长，其中食品制造业、服装制造业、医药制造业、家具制造业、塑料制品业、金属制品业、装备制造业等行业主要经济指标同比增幅较高。

规模工业企业较集中的钢铁制造、建材制造、皮革制造、粮油食品加工等产业企业加快推进产能整合，向优势企业和地区集中，规模效益日益显现。2012年，由全国工商联发布的“中国民营企业500强”榜单中，我省25个民营企业上榜，比上年榜单增加5个企业，其中新上榜企业11个；25个民营企业入围“2012中国制造业企业500强”。我省汽车及配件、工程机械等装备制造业拉动作用增强。保定市102家规模以上汽车及零部件企业，实现销售收入912.51亿元，同比增长23.90%。其中长城汽车420亿元，同比增长30.84%，出口同比增长16.06%，居全国第三位。廊坊市五大主导产业同比增长22.4%，对全市工业经济贡献率为70.8%，拉动全市工业经济增长16.3个百分点。

（二）固定资产投资呈高速高质增长。2012年，全省民营企业固定资产投资11333.5亿元，同比增长29.5%；其中民营工业企业固定资产投入6081亿元，同比增长21.3%。全省11个设区市中10个市的民营企业固定资产投资增幅超过30%。民营企业固定资产投入占全省全社会固定资产投入的57.5%，成为全省经济持续发展的强力拉动和重要支撑。民营企业固定资产投资围绕企业转型升级，结构调整，紧抓国家政策重点支持产业、发展较快区域和科技优势性项目，突出县域特色，发挥产业优势，开拓新的领域，开辟新的市场。房地产、煤炭、水泥、玻璃等国家调控的行业，资金加速向其他领域转移，民营企业投向重点以高、精、新的工业项目为主，呈现多元化，包括冶金精加工、精细化工、机械制造、信息产业、装备升级、农产品深加工、清洁循环能源等特色和优势产业。

2012年，全省民营企业投资千万元以上项目达11527个，其中亿元以上项目2236个，11个设区市中，唐山市363个，石家庄、保定、沧州、衡水、邢台和邯郸等6个市均超过200个。保定市总投资14.6亿元的长城技术中心，总投资160亿元的长城汽车扩能，总投资19.1亿元的奥润顺达新型节能门窗生产，投资资金10亿元的河北日新集团新上易拉罐和啤酒瓶托盘等项目，正在按期建设；衡水市投资53.3亿元的乾瑞金属丝网，投资52亿元的金宝钢丝绳有限公司冀中能源矿用设备，投资59亿元的泰纳新材料有限公司氯化聚乙烯改性合成橡胶新材料，广东欧意电器投资12.5亿元新建节能环保太阳能热水器等项目，均顺利施工。民营企业的大项目大投资为经济持续快速发展奠定了良好基础。

（三）小微型企业经济贡献量增大。2012年，全省小微型企业总数增多，增幅加大，经济贡献量持续提高，成为推动全省经济增长和社会稳定的一支重要力量。全省小微型企业数22.7万个，同比增长10.2%，从业人员数606.8万人，同比增长11.3%，完成营业收入23393.3亿元，同比增长22.7%，高于全部民营经济4.3个百分点；上交税金717亿元，同比增长25.8%，高于全部民营经济7.4个百分点。根据国家中小企业生产经营运行监测平台数据统计，全省2760个监测企业中，2012年小微型企业经营状况明显好于中型企业，占全部企业总量比重上升明显。其中，营业收入增长比大中型企业高6.7个百分点，占比38.5%，比上年提高1.2个百分点；上缴税金增长25.5%，比大中型企业高19.6个百分点，占比46.3%，比上年提高4.2个百分点；用电量增长30.1%，比大中型企业高13.7个百分点，占比27.6%，比上年提高2.2个百分点。传统主导行业企业的平稳增长是全省中小企业保持稳中有升的主体力量。煤炭采选业、食品制造业、纺织服装业和金属制品业等行业营业收入分别同比增长50.7%、33.5%、23%和17.5%；黑色金属矿采选业、家具制造业、装备制造业等行业也保持了平稳增长。

全省中小企业公共服务体系助推小微型企业快速成长。一是提供创业场所。切实加快县级创业辅导基地建设，努力解决创业者和小企业用地难题，全省新建创业辅导基地40个，总数达到380个，入驻小微型企业15000家，安置就业39万人；开展了50场次“订单式”服务活动，服务企业4000多家。二是拓展融资渠道。进一步规范省市县三级融资性担保体系建设，全省达到613家，担保能力431亿元；全年与10家金融机构签订了总额4760亿元的支持中小企业合作协议，落实资金6169亿元；省市县三级累计组织对接活动269次，向银行推荐符合信贷政策项目4100余个，解决贷款865亿元。三是扶持产业升级。全年争取国家级中小企业发展和工业企业技改专项资金2.4多亿元，扶持中小微企业项目超过220个；10个设区市和96个县级中小企业发展专项资金情况已足额或超额设立，全省各类中小企业发展资金规模达到16亿元，同比增长15%；组织认定了30个省中小企业公共服务示范平台，评选推荐了7个国家级公共服务示范平台。四是搭建服务平台。努力提升公共技术服务平台建设水平，重新认定了115个省级公共技术服务平台，评选确定了9个省级产业集群公共技术服务示范平台，上报了2个国家级示范平台。组织动员170个公共技术服务平台和2000多名技术服务人员，开展了技术支持小微企业转型升级的“百千万”活动，年内服务中小微企业超过1万家。

（四）县域经济实力显著增强。随着主导产业布局的优化调整，城市工业的不断转移和加速改制，以及大企业（集团）产业的延伸和辐射，全省县域经济发展逐步加快，经济支撑和拉动作用得到稳步提高。县域经济的主体是民营经济，2012年全省135个县（市）民营经济完成增加值合计13558.4亿元，占全省国民经济生产总值的51%，比上年上升0.6个百分点，其中92个县（市）增加值占本区域经济总量的比重超过70%；上缴税金亿元1149.9亿元，同比增长18.6%，占全省全部财政收入的比重达33%。产业集群的快速发展壮大已成为推动县域经济发展的主要模式，全省产业集群依托县域鲜明的区域特色，逐步实现市场分化、错位发展。2012年，省市县三级协调联动，共同抓好百强企业、千家成长型企业和120家重点产业集群帮扶工作，大力实施产业集群示范工程，评定了第二批12个省级示范产业集群。截止2012年底，全省年营业收入5亿元以上产业集群370个，其中超100亿的67个，比上年增加12个；这370个产业集群中的生产企业10.6万个，全部企业数达17.3万个，从业人员472.6万人，完成增加值5701.8亿元，实现营业收入22384.7亿元，上缴税金504亿元。在全省民营企业品牌创建上成果显著，我省民营企业共创中国名牌

26项，占全省总量的53.06%，创驰名商标86件，占全省总量的69.5%，在全国具有较高的知名度；创省名牌产品625项，占总量的70.3%，创省著名商标154项，占总量的71.4%，创中小企业名牌产品592项。2012年，我省组织了60个民营企业争创省著名商标，并评选了200个省级中小企业名牌产品。

农产品加工业是多数县域经济的传统产业，近几年随着深加工的技术、层次和水平大幅提高，实现了从种植到餐桌，从玉米到医药，从饲料到肉食加工，形成许多一条龙产业链，竞争实力逐渐增强，市场占有量不断提升，成为县域经济的支柱产业之一。县域经济的持续快速发展带动了本区域农业、农村逐步走向产业化、工业化，成为现代农村和小城镇建设的重要载体。

（五）部分主导行业经营效益下滑。2012年，我省部分主导行业受国内国际经济不利因素影响，如两个市场供求竞争，原材料、经营成本持续快速上涨和产品销售不畅等，生产经营压力持续增大，利润空间快速压缩，特别是钢铁、焦化、水泥三大行业在国家政策刚性调控和市场需求疲软的双重挤压下，企业经营非常困难，效益明显下滑。

钢铁行业生产经营艰难。2012年，全省规模以上民营钢铁制造业企业完成增加值1678.4亿元，同比增长4%；完成营业收入7465亿元，与上年基本持平；实现利润187亿元，同比下降24%；上缴税金168亿元，同比增长15.3%。邯郸市是钢铁大市，18家规模以上钢铁企业利润同比降低102%，61座高炉停产最多时达21座，46座转炉停产最多时达14条，26条轧材生产线停产6条。钢铁出口呈下降态势，民营钢铁企业产能过剩，品种单一，市场需求不足，在政策调控等诸多因素影响下，处境艰难。

建材行业增速和效益下降。由于国际市场复苏缓慢，国基础建设放缓、房地产持续调控，导致建材需求明显回落，价格大幅下跌，企业效益明显下降。水泥行业强制性压缩产能，熟料最低时190元/吨，每吨下降了140-160元。三季度，水泥开始企稳回升。装饰材料呈低位运行，轻质矿棉板行业销量同比降低了50%，基本无利润；纸面石膏板滞销严重，库存是往年的2-3倍。

纺织行业整体效益继续回落。延续2011年下半年以来的减速、疲软态势，停产减产企业增多，亏损面增加，外销不振，内需不足，纺织业遇到了前所未有的困难。据石家庄市调查，近半小型纺织企业出现停产，大中型纺织企业开工不足，空岗率近40%。如石家庄市晋州纺织企业300多万纱锭，开工率不足一半，库存超出正常时期的3-4倍。下游消费不足，上游价格下滑，订单款式多样化、小批量提高了管理成本。国内外价差不断拉大，我国棉花经历了从每吨18000元到34000元，再下跌到18000元“过山车”式震荡，使纺织企业伤了元气。国内棉价为18853元/吨，高出国际价格5460元/吨。用工成本大幅提高，职工工资每月3000元以上，比印度等东南亚、南亚国家高1倍以上，许多企业无法参与国际竞争，国内市场无法消化，竞争日趋激烈。

化工行业利润空间不断缩小。近两年来，焦化行业受钢铁产能过剩影响较大，焦炭低谷时比2012年初每吨下降500多元，降幅30%，价格出现了成本倒挂。由于运输成本上涨，部分用煤大户直接从国外采购廉价煤，山西煤价出现下跌等因素，致使我省煤炭企业无利可图，小规模企业基本停产。因山西省对国有煤矿企业实施战略性改组，使洗煤企业原煤货源紧张，石家庄市洗煤业产量降低三成。焦化行业一直处于限产状态，限产50%左右，利润下降。化工行业主要产品炭黑、苯系列、硅酸钠、光固化涂料、炭素制品、硝酸盐，受国家宏观经济影响增速减缓，全省化工行业总体经济走势趋稳略有下降，效益缩水，利润下降。

新能源行业被遭遇“严冬”。受美国“双反”、欧盟反倾销的影响，光伏行业经营十分困难。主要是光伏产能严重过剩，企业以降价方式维持生存，太阳能电池片2.36元/瓦，同比下降29.6%，6.5寸硅片5.33元/片，同比下降33.6%。国际市场秩序不稳，制造贸易壁垒，也是重要因素。欧美市场占到中国光伏产品出口量的75-90%。美国商务部对华太阳能光伏产品31.14%-249.96%的惩罚性关税。欧盟委员会对从中国光伏企业进口的硅片、电池、组件启动反补贴调查。光伏企业集体亏损，部分中小企业被迫停产，很多昔日龙头企业面临破产危险，光伏产业发展前景黯淡。

【主要问题】一是企业资本需求增加快，融资难度加大。二是中小企业用工成本增大，盈利空间减小。三是中小企业经营场地不足，征用土地困难。四是小微型企业困难大，政策落实难。

【主要举措】2013年，是贯彻落实党的十八大精神的开局之年，是顺利实现“十二五”规划的关键一年，是加快建设经济强省、和谐河北的重要一年。我们将全面贯彻党的十八大精神，围绕落实省委省政府提出的“工业强省战略”和发展民营经济的决策部署，结合国家工信部“扶持小微企业专项行动”，深入实施“中小企业和民营经济成长计划”，着力优化发展环境、着力完善服务体系、着力提高发展速度、着力提升质量效益，促进全省民营经济、中小企业上规模、优结构、提档次、增贡献，为建设经济强省、和谐河北提供强力支撑。力争到年底，全省民营经济增加值增长15%，占全省GDP的65%左右；上缴税金增长17%，占全省财政收入的66%左右。

（河北省中小企业局　李延军）

农垦经济

【综述】2012年，河北垦区在省委、省政府和农业部的正确领导下，以邓小平理论和“三个代表”重要思想为指导，深入贯彻落实科学发展观，紧紧围绕全年发展目标，不断增强农垦经济发展的活力和动力，发挥农垦在现代农业建设中的示范带动作用，垦区社会事业全面和谐稳定发展，职工生活水平稳步提高，实现了年初确定的预期目标，为全面建成小康社会奠定了良好基础。

农垦经济平稳快速增长，经济总量又跨新台阶。全年实现农垦生产总值333.46亿元，比上年增长16.69%；其中，第一产业增加值36.97亿元，增长0.19%；第二产业增加值192.63亿元，增长10.27%；第三产业增加值103.87亿元，增长40.4%。2012年，人均GDP净增加9454元，达到75472元，比上年增长14.32%。人均纯收入10917元，比上年增长16.83%。

各农场发挥自身优势，特色主导产业对经济发展起到了龙头拉动作用。面对国内、外严峻经济形式和各种自然灾害，各农场发挥自身优势，积极调整产业结构，特色主导产业对经济发展起到了龙头拉动作用。产业结构进一步改善，二产所占比重继续增加。一、二、三产业增加值在农垦生产总值中的比重分别为11.08%、57.77%、31.15%，第一产业比重比上年下降了1.83个百分点，第二产业比重比上年下降了3.36个百分点，第三产业比重比上年上升了5.19个百分点。

【第一产业】2012年，垦区切实贯彻落实惠农强农政策，加快农业科技推广，加强现代农业建设，农业综合生产能力增强。全年实现农林牧渔业总产值81.10亿元，比上年增长13.86%。其中：种植业产值21.77亿元，下降3.19%；林业产值0.64亿元，增长42.22%；牧业产值29.36亿元，增长5.18%；渔业产值22.09亿元，增长58.49%；服务业产值7.23亿元，增长12.26%。

全年农作物总播种面积为97.12千公顷，比上年减少3.3千公顷，下降3.31%。其中：粮食作物播种面积63.80千公顷，比上年减少0.67千公顷，下降1.04%，占农作物总播种面积的65.69%；棉花面积17.76千公顷，减少4.38千公顷，下降19.78%；油料面积1.67千公顷，减少0.45千公顷，下降21.22%；蔬菜、瓜类面积4.36千公顷，增加0.02千公顷，增长0.55%。其他作物9.39千公顷，增加2.13千公顷，增长29.39%。

垦区全年农作物总用种量8576.6吨，其中，杂交水稻123.45吨，杂交玉米689.5吨，棉花575.95吨。种子基地种子播种面积4123公顷，生产量合计9084吨；加工厂7个，加工生产能力25375吨；种子公司8个；年末从业人员413人，其中技术人员69人；种子质量检验室7个，种子检验人员25人。

全年粮食总产为40.29万吨，比上年减少1.76万吨，下降4.19%。为国家提供商品粮35.83万吨，比上年减少1.06万吨，下降2.87%，商品率为88.93%，商品率比上年增长1.2个百分点。

畜牧业继续保持增长趋势。2012年末大牲畜存栏14.96万头。奶牛数量达到13.98万头，增加0.07万头，牛奶总产量46.80万吨，减少1.42万吨，比上年下降2.94%。察北、沽源、大曹庄三个农场牛奶产量分别达到19.72万吨、11.75万吨和6.35万吨，占全垦区牛奶总产量的80.81%。

水产养殖业健康发展。年末水产品养殖面积15617公顷，比上年增长12.62%。养殖面积中淡水8198公顷，海水7419公顷。全年水产品产量104735吨，比上年增加27552吨，增长35.7%。其中：淡水产品产量74519吨，增长9.06%；海水产品产量30216吨，增长241.19%。对虾产量25578吨，比上年增长79.95%。

全年植树造林面积2.81千公顷，其中防护林2.56千公顷。林地面积84.83千公顷。

农业基础设施建设得到加强，农业生产机械化水平进一步提高。年末农业机械总动力1016005千瓦，比上年增长6.81%。农用排灌动力机械12524台，137888千瓦，大中型农用拖拉机3647台，小型拖拉机22843台，联合收割机405台，机动割晒机1064台，机动脱粒机5924台。实际机耕面积83.07千公顷，占年末耕地面积的比重达89.50%，当年机播面积86.09千公顷，占农作物总播种面积的比重达88.64%，机械收获面积59.26千公顷，占农作物总播种面积的61.02%。

现代农业示范建设步伐加快。一是加快现代种养业示范园区建设。以先进适用技术综合集成为手段，以做强龙头企业、做大主导产业、提高农业生产现代化水平和示范带动作用为目标，在柏各庄、芦台、大曹庄、察北、沽源、汉沽、康保、鱼儿山、保定等场建成了10个1000亩以上种植示范园区，其中沽源、汉沽、保定等3个园区达到3000亩以上，柏各庄、大曹庄、察北等4个园区达到1万亩以上。建成了10个畜禽规模养殖示范园区，其中察北、沽源牧场示范园区奶牛存栏在万头以上，带动周边农村养殖奶牛15万头。通过园区示范带动，几年来为周边农村培训农民4万多人次，输出技术30多项，冷冻精液3万多支。二是推广察北奶牛养殖、柏各庄水稻种植、中捷水产养殖三个“全国农垦现代农业示范区”的成功模式，提高农垦新成果展示功能、技术示范推广功能、科研开发辐射功能、科技信息交流功能和人才培训功能。三是做好农垦系统的高产攻关，确定了农垦系统在水稻（柏各庄农场）、马铃薯（察北牧场、沽源牧场）、小麦（大曹庄农场）等优势农作物高产攻关项目为具体承担农场。四是积极探索多种形式现代农业产业建设模式，努力形成多层次和多功能的示范区建设新格局，扩大示范带动的范围和影响。现代农业建设效果明显，示范带动作用得到发挥，垦区现代农业园区建设显现度高，先进技术应用水平明显高于周边农村。大田耕种收机械化水平达到85%，高于全省近20个百分点。垦区奶牛产业化带动强劲，企业龙头带动周边15个县（市）养殖奶牛15万余头，培训农民3万多人次，输出饲养、防病治病技术20多项，农民增加收入3亿多元。重点农区灌溉全部实现喷灌化。垦区还在供应小麦良种、水产工厂化养殖、农业科技和经营管理水平上为农村提供了示范，并通过技术、人才等方面的扶持、帮助，带动了周边地区农业和农村经济的发展。

【第二产业】2012年第二产业实现增加值192.62亿元，比上年增长10.26%，增加值占农垦生产总值的57.77%，其中：制造业增加值148.27亿元；建筑业增加值42.16亿元，比上年增长97.93%。

工业保持较快发展速度。2012年工业企业总数为1035个，其中国有工业企业及规模以上的非国有工业企业177个，销售产值560.93亿元，增长25.2%。乳制品产量达到53.71万吨，比上年增长14.50%。其中液体乳产量49.83万吨，比上年增长11.93%。

2012年实现工业总产值625.52亿元，比上年增长17.51%。国有工业总产值188.82亿元，增长22.78%；轻工业总产值377.88亿元，增长113.03%；规模以上工业企业总产值556.35亿元，下降0.84%。主要工业产品总产值为：农副食品加工业17.99亿元，增长6.01%；食品制造业56.62亿元（主要为乳制品制造业），增长25.54%；纺织业3.44亿元，下降39.22%；纺织服装、鞋、帽制造业4.78亿元，下降67.51%；家俱制造业15.18亿元，增长23.62%；化学原料及化学制品制造业15.26亿元，下降40.15%；造纸及纸制品业7.15亿元，下降19.84%；黑色金属冶炼及压延加工业32.29元，增长82.12%；交通运输设备制造业27.46亿元，增长8.54%；石油化工及炼焦业151.89亿元，下降40.15%。

建筑业稳步发展。建筑企业136个，从业人员9121人。全年实现增加值42.16亿元，增长97.93%，年末固定资产原值2.90亿元，全年施工房屋建筑面积174.72万平方米，房屋竣工面积139.82万平方米。

垦区危房改造工作顺利开展。按照国家和我省部署，2012年垦区危房改造任务8000户，开工8000户，开工率100%。总的看，开工项目建设进展顺利，各项工作正常开展，垦区危房改造工作完成阶段性责任目标。落实中央投资6960万元，省级配套资金6960万元。此外，从2012年保障性安居工程配套供热设施建设中央预算内投资计划争取资金10474万元。争取省国土资源厅落实危房改造用地指标641亩。

【运输业、批发零售贸易业、服务业及出口商品】交通运输业全年完成货运量54520.4万吨，客运量667.9万人次；单位个数4789个，从业人员10154人，营业收入15.72亿元，比上年增长3.49%。

批发零售业、餐饮业、服务业固定资产原值26.03亿元，比上年增长3.62%，营业用房面积44.40万平方米，增长4.94%；营业收入220.96亿元，比上年增长9.84%，其中：批发零售业173.72亿元、餐饮业18.2亿元、服务业29.05亿元，分别比上年增长11.76%、5.81%、1.86%；批发零售业、餐饮业、服务业营业网点数14020个，从业人员4.74万人。

全年出口商品总金额95587万元，比上年增长0.93%。其中：农产品6444万元，增长12.05%；水产品8361万元，下降了11.52%；工业品80782万元，增长1.61%。

【固定资产投资】固定资产投资稳中有升。固定资产投资对垦区经济持续增长起着较强推动作用。2012年全垦区完成固定资产投资总额318.57亿元，比上年增加59.96亿元，增长23.19%。国有固定资产投资56.26亿元，比上年增长19.42%；非国有固定资产投资262.31亿元，比上年增长24.02%。

一、三产业投资额增加显著。第一产业投资27.51亿元，比上年增长66.02%；第二产业投资185.06亿元，比上年增长21.10%；第三产业投资106.01亿元，比上年增长18.83%。一、二、三产业在固定资产投资中比重为8.64：58.09：33.27。

固定资产投资中，自筹资金212287.21亿元，国家预算内资金0.29亿元，国内贷款5.40亿元，利用外资0.01亿元，其他资金25.65亿元。当年新增固定资产150.27亿元。

当年新增生产能力主要有：大中型拖拉机106台，联合收割机4台，输电线路23.5公里；住房14.95万平方米；公路39公里。

【科研、教育、卫生】2012年末全垦区拥有科研单位10个，其中省、地属科研单位1个，场属9个；职工188人，其中科技人员133人。科研经费13259万元；其中国家拨款9402万元，省地局自筹3695万元，企业自筹，162万元。

教育事业健康发展。2012年末全垦区拥有学校109所，教职工4445人，其中教师3803人；在校学生46205人，当年毕业生11262人。其中：成人高等学校1所，普通中等专业学校2所，成人中等专业学校1所，中学16所，职业中学1所，小学88所。

卫生服务体系建设得到加强。2012年末全垦区共有分场以上医疗单位130个，其中：医院37个；从业人员1865

人，其中：医生764人；病床1831张。

【人口、职工、收入与社会保障】年末垦区总人口44.32万人，全年出生人口4460人，出生率为10.06‰；死亡人口2690人，死亡率为6.07‰；自然增长率为3.99‰。

年末全垦区从业人员26.38万人，比上年增长2.29%。其中，第一产业11.09万人，增长0.18%；第二产业8.30万人，增长0.73%；第三产业6.99万人，增长8.04%。

职工生活水平稳步提高。2012年全垦区实现人均纯收入10917元，比上年增长16.83%。垦区危房改造工作自2011年开展以来，职工居住条件得到进一步改善，年末职工实有住房面积1384.83万平方米，增长5.18%，人均住房面积31.25平方米。

【绿色、有机食品、无公害农产品】截止2012年末，我垦区认证了31个绿色、无公害农产品，带动34063个农户。其中：种植业7个，含水稻5个、蔬菜2个；已认证的绿色食品A级面积15308公顷，产量144937吨；已认证的有机食品面积5公顷，产量48吨；已认证的无公害农产品面积6005公顷，产量70048吨。渔业3个，含淡水鱼1个、海水鱼1个、蟹1个；已认证的绿色食品A级面积2500公顷，产量2625吨；已认证的无公害农产品面积2115公顷，产量1356吨。畜牧业18个，其中：生猪6个、肉牛养殖1个、奶牛养殖10个、羊养殖1个；已认证的无公害农产品中，牛奶产量178880吨。加工业2个，均为乳制品，已认证有机食品产量251611吨。

【非国有经济】非国有经济在农垦生产总值中比重继续增加。2012年，非国有经济全年实现农垦生产总值208.55亿元，比上年增长14.71%，占全社会经济总量的62.54%，比上年下降1.08个百分点。其中第一产业增加值13.10亿元，增长27.43%；第二产业增加值133.95亿元，增长17.58%；第三产业增加值61.49亿元，增长6.77%。各产业在非国有经济农垦生产总值中所占比重分别为：6.28%、64.23%、29.49%。

年末非国有经营单位23800个。其中，集体经济80个，个体企业21638个，私营企业2050个、港澳台及外商企业22个。从业人员18.24万人，其中：第一产业4.89万人，第二产业6.42万人，第三产业6.94万人。从业人员收入总额34.08亿元，比上年增长14.71%；人均收入18683元，增长10.8%；全年共实现利税52.83亿元，增长15.65%。

【农业高技能人才培养】以开展“百千万农业干部下基层、解难题、送服务”行动为基础，培养农业高技能人才，服务现代农业建设。开展送科技下场活动，帮助农工解决生产生活中的难题，推进创先争优活动。一是实施农业高技能人才培养“百千万工程”。促进农业技能人才梯次发展，为垦区经济社会发展发挥人才支撑作用。二是围绕农垦重点产业发展和农工生产需要，深入到奶牛养殖小区、蔬菜产业园开展免费赠书、送科技下场活动，提高其生产技术水平。三是围绕提高农工素质促进垦区经济发展这条主线，加强农业科技培训工作。培训内容上突出针对性，培养形式上注重现场教学，根据不同时节，利用农闲时间，组织师资下场，把培训鉴定办到职工家中，办到田间地头，活动期间共培训农工约1.5万人次。

2012年完成承担阳光工程农业职业技能培训任务150人。开展了病虫专业防治员、蔬菜园艺工、食用菌栽培技术等专业的职业技能培训，农业新技术的推广与应用，增强了农户科技富农的信心。

【其他】全垦区33个农牧场中，生产总值超过1亿元的有9个。这9个农牧场共有职工6.68万人，耕地75.17千公顷。2012年实现生产总值328.84亿元，占垦区生产总值的98.63%。其中，农业增加值35.76亿元，工业增加值146.98亿元，利润总额16.14亿元，销售税金9.54亿元。生产总值列前三位的是中捷农场、柏各庄农场、南大港农场，生产总值分别为90.01亿元、87.40亿元、54亿元。

2012年末全垦区拥有大中型工业企业、龙头企业22家，全年完成总产值264.31亿元，销售产值200.34亿元。增加值71.35亿元。年末资产总额102.02亿元，固定资产原值73.10亿元，从业人数2.48万人，实现利税总额13.86亿元。

截止到2012年底，全垦区共有“三资”企业24家。这24家企业投资总额约22.74亿元人民币，其中外方投资总额21.61亿元，我方投资总额1.13亿元。

（河北省农垦局　曹世茹）

农业综合开发

【综述】2012年，省农发办坚持“理财兴农”工作主题和“抓落实、促提升”的总基调，把握“抓好项目、管好资金”两大任务，按照打造“一环两区”、实施“3332”工程的战略布局，以“五个突出”重点发展举措推进各项工作迈上新台阶。2012年，全省农业综合开发共投入财政资金20.17亿元，投入总量达到28.5亿元，吸引银行贷款等社会工商资本47.3亿元。实施土地治理项目建设稳产高产农田132.68万亩，其中高标准农田近80万亩，分别比上年增长12.5%和60%，新增粮食生产能力2.1亿公斤。共安排产业化资金400个，其中财政补助项目104个，贷款贴息项目170个，设施蔬菜项目65个，为改善全省农业基础生产条件和推进现代农业发展发挥了积极作用。

【多方筹措开发资金】坚持把争取上级支持作为推动工作的突破点和着力点，多措并举推动我省农发整体投入再攀新高。全年共争取中央财政资金15.84亿元，比上年增长29.3%，占全国中央财政农发资金总量的5.5%。在国家严格控制开发县数量的情况下，成功申报灵寿、涞水、顺平、涉县、武安等五县列入新进国家农业综合开发县，扩大了我省农发资金分配的基数。安排近2亿元用于项目公开竞争，其中高标准农田项目通过竞争立项多筹集资金2000多万元，可多建设2万亩高标准农田。通过争取增加预算安排、整合蔬菜产业示范县资金、“倒配制”竞争立项等多项措施，圆满解决省级配套资金难题。紧紧抓住国家农发办在我省固安、定兴设立工作联系点的机遇，继2011、2012年后，又争取落实中央资金3000万元，并进入我省资金分配基数。此外，还争取救灾补助资金2100万元。

【打造示范区引领现代农业发展】以创建现代农业综合开发示范区为抓手，示范引领现代农业发展。研究提出并由省政府办公厅转发《关于创建现代农业综合开发示范区的实施意见》。通过全省公开申报、实地考察和现场竞争的方式，确定了2013年第一批12个“现代农业综合开发示范区”建设县。同时，针对各地实际，加强专项工作指导，各“示范区”建设县普遍建立了整体发展规划和年度项目计划，制定了资金整合方案，各项建设工作扎实推进。

【改善农业基础设施条件】一是大力支持规模开发，着力打造粮食生产核心区。按照“两个聚焦”的要求，鼓励集中连片规模开发，突出加强农田水利基本建设，倾心打造粮食生产核心区。2012年土地治理项目计划总投入16.85亿元，其中财政资金14.8亿元，分别比去年增加28.2%和28.4%。工程建设总规模132.68万亩，其中改造中低产田43.38万亩，建设高标准农田78.87万亩，同比去年增长65.4%，共建设高产稳产农田122.25万亩，当年度项目区新增灌溉面积47.08万亩，年新增粮食2.15亿公斤，约100余万农民从中受益，农民收入增加总额4.75亿元，年人均增收460元。

【大力支持农业产业化经营】着眼于产业开发，突出支持特色主导产业发展，全年投向主导产业资金占产业化项目总投资的90%以上。2012年共实施产业化项目400个，投入财政资金6.94亿元，分别比去年增长50.9%和57.7%，带动农民增收超过12万户，户均增收1500多元。2013年产业化财政补助项目资金控制指标下达后，及时组织各地申报项目。同时，积极探索多元化投资方式，按照投资参股有成长潜力的农业龙头企业，实现滚动发展的新路子，继续开展了财政投资参股项目，审查确定唐山蓝猫公司参股项目为2012年度省财政农发资金参股项目，目前正建设实施。

【加大高效节水推广力度】2012年，农田水利工程投资89936万元，占土地治理项目总投资14.8亿元的61%。在抓好地下管道、防渗渠道等田间水利工程建设的同时，突出抓了三方面节水技术措施示范及推广：一是开展膜下滴灌试点，在张北、尚义、万全、康保、博野等5个县推广11000亩。二是开展水肥一体化微喷技术试点，在成安、藁城、雄县、新河、任县等5县推广19000亩。三是出水口接“小白龙”，从增量资金项目起，大力推广出水口配备小白龙、消防带等输水软管，消灭土垄沟。

【着力提高资金使用效益】在源头控制上，完善农发项目预算编制，使项目可研与项目预算有机结合，力争预算编得细、编得准、编得实；在安排使用上，资金投向向粮食主产县、现代农业综合开发示范区、高效节水区域、重点示范县和工作先进地区倾斜，导向性和激励性进一步增强；在制度建设上，修订了《农发资金分配管理办法》等资金管理制度，制定了《农发财政资金支出管理细则》、《农发资金会计核算办法》等多项管理办法，管理的规范性、科学性不断增强。

【全面强化项目建设质量】一是抓前期、打基础。对入项目库的项目严格审核，不合格项目决不入库，进一步强化评审工作，提出“把好四关、考核三率”的工作要求，切实把好项目立项最后一道关口；二是抓标准、促规范。制定下发了土地治理项目《工程建设监理办法》、《管护办法》，产业化经营项目《立项管理暂行办法》等管理办法，使各地项目建设做到了有章可循、有标可依。三是抓重点、求突破。把节水作为项目建设的重要举措，在环京津周边地区综合推广滴灌、微灌、管道加软管灌溉等节水技术，有力推动了我省节水农业发展。

【严格项目资金监督检查】启动了资金项目管理大排查，按照“一个县不漏、一个项目不漏、一个环节不漏”的总体要求，由各设区市、县对所在地所有农发项目进行拉网式排查。省办按照每年1/3的比例，重点对“发现问题县的整改情况、近年来上级检查较少的县、容易发生问题的工作环节和国家、省关注的项目”进行抽查，并形成制度，每年开展，以此发现解决问题，改进完善工作，健全体制机制。修订了开发县管理规定，对开发县实行动态管理，今年对项目推进不力、资金监管不严的丰南区、定州市等7个县（市），实行了末位警示，只安排上年一半的土地项目，并不得参与评先和其他项目竞争。同时，不断完善管理信息系统建设，将整个管理信息系统转入财政内网，梳理、完善了工作需求和流程，增加了“企业管理”、“监督检查”等功能模块，完善了项目影像资料上传功能，增设农业综合开发示范区项目运行版块，系统作用进一步扩大。

（河北省农业开发办公室　庞俊永）

水利建设

【概况】2012年，河北省水利系统着眼实现建设经济强省、和谐河北的奋斗目标，认真贯彻落实党中央和省委省政府新时期治水兴水决策部署，抢抓水利改革发展重大机遇，在“广开源、重节水、强治理、惠民生”上下功夫，着力提高保障防洪安全、供水安全、粮食安全、生态安全的综合能力，水利事业呈现科学发展、和谐发展、跨越发展的良好态势。全省水利总投入达到180多亿元，比2011年增长27%；共解决499.51万农村人口饮水不安全问题，超额完成400万人的年度目标任务；新增节水灌溉面积390万亩，比年度目标任务多150万亩；治理水土流失面积2175平方公里，比年度目标任务多175平方公里；完成45座小（1）型水库除险加固，有147座小（2）型水库正在进行加固改造；新开工建设小水电站3座，投产2座，新增装机2220千瓦。

【水资源管理】1.水资源状况。2012年，河北省平均降水量为598.2mm，比上年增加104.9mm，比多年平均多66.5mm，属偏丰年份；全省水资源总量为245.88亿m^3，比多年平均值多41.19亿m^3。2012年底平原区浅层地下水平均埋深16.10m，与上年同期相比，浅层地下水位平均上升0.34m。深层地下水位平均埋深：沧州56.99m，衡水56.71m，邢台中东部平原57.88m，与上年同期相比，沧州上升0.89m，衡水变化不大，邢台中东部平原下降1.7m。2012年末，省辖大中型水库蓄水38.17亿m^3，比年初增加3.14亿m^3。白洋淀蓄水量3.13亿m^3，比年初增加1.72亿m^3；衡水湖蓄水量1.17亿m^3，比年初增加0.03亿m^3。

2.水资源管理。严格规范水资源论证和取水许可，省级完成新改扩建设项目水资源论证18个，批准取新水量4513万立方米，其中非常规水量1145万立方米，占新水量的25.4%。启动了水资源监控能力建设，成立了项目领导小组和建设办公室，石家庄、承德两个国家级城市水资源实时监控与管理系统试点建设通过验收，启动了张家口市城市水资源实时监控与管理系统建设。开展了漳河、蓟运河、滹沱河、滦河、拒马河等跨省河流水量分配和南水北调供水水量分配。开展水资源执法检查和水资源费征缴工作，配合省人大和水利部开展了水资源执法专项调研和检查。对高耗水行业进行了专项整治，摸清了171家洗车场所、144家洗浴场所、29家游泳场馆、33家高尔夫球场、6家休闲体育公园和部分水上娱乐场所、人造滑雪场的用水情况。对用水户取用水源、计量安装、计划用水、节水型器具、缴纳水资源费、水循环设施建设与利用等情况进行了整治。

3.水资源保护。强力推进北戴河及近岸海域治理工程，投资2.1亿元，清除7条入海河流的污泥、垃圾140万立方米，修建25处河道垃圾拦截工程，新建5个水质自动监测站，圆满完成了省委、省政府下达的治理任务。加大对白洋淀、衡水湖的水生态保护，重点支持石家庄洨河整治。先后下达投资计划20多亿元，有计划地对重点城镇周边的57条中小河流进行治理。

4.节水工作。节水型社会建设深入推进，全省开展节水型社会建设的县（市、区）达到67个，“一提一补”节水激励机制在迁安、博野、任丘、邢台市桥东区得到推广。92家企业开展了水平衡测试。全省万元工业增加值用水量下降了6.7%，农田灌溉水有效利用系数提高到0.658。石家庄市被水利部授予“全国节水型城市”称号。

5.最严格水资源管理制度。积极推进实行最严格水资源管理制度试点工作，河北省政府在全国率先出台了《关于实行最严格水资源管理制度的意见》，印发了《实行最严格水资源管理制度实施方案》；河北省水利厅出台了4个控制指标体系实施方案，省级三条红线指标全面建立，并且分解到了各市。11月18日召开了全省水资源工作会议，对最严格水资源管理制度进行了全面部署。

【水利工程建设】1.工程建设。不断加强水利建设市场行业管理和项目建设规范化管理，全面推进工程建设。45座重点小（Ⅰ）型水库除险加固工程全部完成并通过验收。250座重点小（Ⅱ）型水库开工184座，超额完成年度开工180座的计划目标。双峰寺、东武仕、石河水库建设进展顺利。31个中小河流治理试点项目和56个后续项目除一个项目调整外，其余全面完成或基本完成，达到了水利部的要求。完成初步设计审批的10处51座单体泵站，累计开工8处43座。

2.引黄入冀。2011-2012年度我省位山、潘庄、渠村三线引黄5.78亿立方米，为实施引黄以来引水最多的一年。2012-2013年度位山引黄从11月16日始，到12月31日结束，共引水2.16亿立方米。比计划多引水0.14亿立方米，满足了受水区的需求。

【防汛抗旱】1.防汛工作。一是3月5日，组织召开全省防汛抗旱工作会议，对切实做好迎战大洪水各项准备进行专题安排部署；7月9日，召开了全省防汛调度会，对主汛期工作进行再动员、再部署。二是及时调整省防指人员组成，落实了省政府领导分包河系、省委省政府领导分包设区市的“三位一体”防汛工作责任制，6月下旬，组成11个检查组深入各市进行防汛专项检查，有力地督促和指导了各地防汛准备工作。三是面对汛期5次大的暴雨洪水过程，河北省水利厅积极协调国家防总、海河防总、省防指成员单位、各市县和驻军、武警部队共同抗击暴雨洪水，采取提前预泄、适时调整泄量等措施，在水库承担风险可控的条件下，科学调度洪水，既最大限度地保障下游群众安全转移，又减轻了下游河道防洪压力。共调运省储防汛物资750余万元，转移群众39.8万人次，最大限度地减少了人员伤亡。

2.抗旱工作。全面掌握旱情动态，及时发布旱情信息和旱情简报，为领导指挥抗旱工作和农民科学抗旱提供依据；适时组织抗旱服务组织支援部分地区出现旱情和临时性饮水困难，积极指导各市县广泛动员组织群众开展了大规模的春季抗旱活动。完成了6000万元抗旱应急水源工程建设。全省累计春灌麦田5100万亩次，确保了全省粮食“九连增”，为我省经济社会平稳持续发展提供了有力支撑。

【农田水利】1.农田水利基本建设。全省投入农建资金65.6亿元，农民投劳4300万个工日。新修防渗渠道1450公里，更新机井20650眼，维修旧井22800眼，新修加固小型水源工程11600处。继续开展了“海河杯”竞赛评比活动，评出22个先进县以省政府名义进行了表彰。元氏、张北、卢龙、文安等4县被水利部评为“2011-2012年度全国农田水利基本建设先进单位”。

2.节水灌溉。围绕省委、省政府提出的打造4000万亩粮食生产核心区目标，以78个小农水重点县、43个现代农业县等重点项目为依托，按照科学规划、突出重点、连片治理、整体推进原则，坚持工程建设、制度建设、能力建设同步推进，加快全省节水灌溉工程建设。2012年，全省新增节水灌溉面积390万亩，为历年之最。

3.灌区建设。2011年14处大型灌区续建配套与节水改造项目完成投资2.58亿元，维修改造渠道148公里，新建改建渠系建筑物376座。2012年第一批项目已批复实施，第二批项目正在批复可研和实施方案；5处中型灌区项目已批复实施。

【水土保持】1.水土流失治理。一是争取资金保投入。全年共争取协调投入水土保持资金12.3亿元。其中中央和省投资4.1亿元，比上一年提高78%。京津风沙源治理工程二期10年（2013-2022年）规划已经国务院讨论通过，将投资23亿元用于河北省水土保持项目。二是强化督导保进度。国家治理任务下达后，河北省水利厅立即将任务分解到市、县，加强对项目建设的调度部署，与各项目县签订了承诺书，对工程和资金支付进度较慢的县进行约谈，确保按照要求完成任务。三是加强管理保质量。河北省水利厅联合省发改委、省财政厅先后下发了《关于加强水土保持工程验收工作的通知》、《关于加快国家水土保持重点建设工程施工进度和资金支付的通知》等多个文件，要求各项目县加强工程建设管理。先后两次组织有关人员共300余人进行前期工作培训，提高前期工作水平。严格项目验收，在工程建设中落实工程监理制、资金报账制等管理制度，充分发挥群众的监督作用，保证工程发挥效益。水利部对我省2009-2011年度坡耕地水土流失综合治理试点工程进行总体核查和专项稽察，给予了充分肯定。全年共治理水土流失面积2175平方公里，完成坡耕地治理面积4.4万亩，连续三年超额完成水利部和省政府下达的年度治理任务。

2.水土保持监督管理。一是进一步修改完善《河北省实施〈中华人民共和国水土保持法〉办法》，该办法已列入2013年省政府立法计划。二是组织全省各级水行政主管部门共开展检查2690次、审批水保方案552个、验收水土保持设施185个。对各地2003年至2011年以来761个省批生产建设项目进行排查，制定整改措施。配合海委对唐山市境内的8个大中型生产建设项目进行了水土保持监督检查。配合水利部海河巡视组对承德市两个项目水土保持方案落实情况进行了督查。三是努力开展水土保持监督管理能力建设。启动了第二批水土保持监督管理能力建设活动，制定了《河北省第二批水土保持监督管理能力建设县实施方案》，对全省22个国家监督管理能力建设县和20个省级能力建设县进展情况进行了督导检查。

【农村饮水安全】2012年，继续贯彻落实“以人为本，统筹规划，城乡一体，以适度规模的联村集中供水为主，整县推进与重点工程相结合，集中供水与分散供水相结合，加快建立农村饮水安全保障体系，让农村群众喝上干净水、安全水”的总体思路，以加快饮水安全工程建设，确保农村饮水安全目标任务顺利完成为重点，抓好全省农村饮水工程的建设和运行管理。2012年，全省解决了499.51万农村人口饮水不安全问题，超额完成了省委、省政府明确的年度目标任务。

（河北省水利厅　边文辉）

农业机械

2012年，全省农机系统按照农业部农机化司的总体工作部署和省农业厅党组确定的工作目标，紧紧围绕促进农业稳定发展，保障粮食等主要农产品有效供给，统一思想认识，扎扎实实地抓好工作落实，较好地完成了年初确定的各项工作目标。全省农机化装备水平进一步提高，农机装备结构继续优化，农业机械化事业实现又好又快发展。

【基层农机化管理机构保持稳定】随着政府进一步减轻农民负担、加强公益性服务政策的落实，农机化基层组织继续由经营型向公益服务型转化，经营组织减少、公益型服务机构增加。2012年底，全省共有农机化管理机构1844个，比上年减小20个，略有减少。从业人员4382人，比上年减少124人，科技人员1804人，比上年减少29人，均出现了不同幅度的减少。减少的原因主要是基层农业部门精简或合并造成。教育、培训机构121个，比上年减少3个。农机化推广机构162个，比上年减少2个；农机安全监理机构171，比上年减少3个。农机化作业服务组织4730个，比上年减少188个；其中，拥有农机原值20-50万元的1975个，比上年增加163个；拥有农机原值50万元以上的503个，比上年增加140个；农机专业合作社860个，比上年增加230个。农机户4863234个，比上年增加22272个，从业人员达到4871621人。可以看出在农机购置补贴等惠农强农富农政策的强烈拉动下，服务组织、农机大户均向集中化发展，专业合作社有了较大幅度提升。

【农机总动力持续增加，农机装备结构进一步改善】到2012年底，全省农机总动力达到10553.81万千瓦，比上年增加204.62千万，同比增加1.98%。拖拉机保有量达到167.64，比上年减少12469台，其中大中型拖拉机保有量达到21.37万台，比上年增加15833台，同比增长8%，大中型拖拉机中，80马力以上机型所占比例达到28.6%，较上年增加1.9个百分点；小型拖拉机保有量达到146.27万台，较上年减少2.8万台，数据显示，我们拖拉机逐步向大型化发展。全省联合收割机达到10.14万台，较上年增加1.55万台，稻麦联合收割机达到7.5万台，比上年增加0.35万台。玉米收获机械继续快速增长，达到2.64万台，比上年增长1.2万台，其中自走式玉米收获机2.03万台，比上年增加1.08万台，同比增长113%。在拖拉机增长的基础上，配套农机具也相应增长，大型配套农机具达到40.97万部，配套比继续保持在1：2以上；小型配套农机具达到195.46万部，配套比达到1：1.3，继续呈减少态势。全省农机原值达到576.8亿元，比上年增加36.5亿元，同比增长6.76%；净值达到402.7亿元，比上年增加20.36亿元，同比增长5.33%。

【农机作业水平提高，范围不断拓展】2012年，全省完成机耕面积5402千公顷，比上年增加65.91千公顷，机播面积达到6574千公顷，比上年增加118.8千公顷，机收面积达到4210千公顷，比上年增加491千公顷，机耕、机播、机收分别达到81.4%、74.8%、47.9%，分别同比增长0.7%、1.2%和5.5%，主要农作物耕种收综合机械化水平达到69.4%，比上年增加2.2%。具体来看，全省玉米机收面积达到1326.7千公顷，比上年增加393.7千公顷，同比增加42.2%，玉米机收率达到45.2%，完成机械化免耕播种面积2152.99千公顷，与上年持平；完成保护性耕作面积216.2千公顷，比上年增加60.23千公顷；机械化秸秆还田面积3407.46千公顷，比上年增加141.78千公顷。

【补贴政策拉动农民购机积极性，投入总量继续维持高水平】2012年全省农业机械化总投入为39.46亿元，比上年增加5.56亿元，其中中央财政投入10.5亿元，比上年增加1.39亿元，增长15.5%；地方财政投入1.43亿元，比上年减少0.19亿元，减少9.58%；单位和集体投入3965万元，比上年增加330.63万元；农民个人投入27.28亿元，比上年增加4.38亿元，增加比例为19.1%；可以看出在农机购置补贴政策的强力拉动下，农村个人和集体投入都大幅增加，有效拉动了农村内需发展。总投入中用于基本建设支出5210万元，占总投入的1.3%。农业机械购置支出37.27亿元，占总投入的94.45%。科研、推广费用4532万元，占总投入的1.1%。从以上数字看出，中央惠农政策带动了农民购置农业机械的积极性，促进了机械化的快速发展。但是基本建设投入虽有所增加但仍显不足，科研、推广投入更是逐年占据偏低地位，将可能造成机械化发展后劲不足，需引起重视。而单位和集体投入再次出现下滑趋势，说明我省基层农机化服务组织建设需进一步加大工作支持力度。

【经营效益持续提高，利润率下降】2012年全省农机行业实现总收入221.27亿元，比上年增加2.87亿元，增长1.3%。成本费用124.88亿元，比上年增加5.68亿元，增长4.8%。实现利润96.4亿元，比上年增加12.49亿元，增长14.88%。收入和成本均有不同程度增加，反映出目前，随着各种原材料价格的上涨，农机产品的价格已出现上涨的趋势；但是与此同时，随着农机用油价格的上涨，农机作业成本也逐年提高，成本占收入的比重达到56.4%，比上年增加1.8%，呈逐年增加态势，农机作业成本越来越大。从全年来看，农民人均农机收入达到560元，其中农机户人均纯收入达到4550元。

（河北省农业厅农业机械化管理局　刘　伟）

气象防灾减灾服务

【概况】全省设11个设区市气象局和130个县（市）气象局（局站合一），以及曹妃甸区、曹妃甸工业区、渤海新区3个副处级气象局。全省气象部门现有在编职工2178人。建有5个新一代天气雷达站、2个风廓线雷达站、3个L波段探空雷达站、142个国家级自动气象站、10个国家级无人值守自动气象站、1个海上浮标气象观测站、2601个区域气象观测站、132个自动土壤水分观测站、20个酸雨观测站、1个沙尘暴观测站、11个闪电观测站、30个大气电场观测站、51个地基GPS/MET观测站、35个风能观测站、102个交通气象观测站等。

【气候状况】全省年内平均气温较常年偏低，降水量较常年偏多、日照时数较常年偏少。主要遭受了干旱、暴雨、连阴雨、高温、大风、沙尘、冰雹、大雾、强降雪、雷暴等气象灾害以及引发的局地山洪、地质灾害等次生灾害。其中暴雨、雷暴天气比常年偏多，高温、冰雹、大雾、强降温寒潮天气少于常年，大风、沙尘天气较常年明显偏少。2012年灾情属于“中等偏重”年份。

气温　全省年平均气温为11.7℃，比常年偏低0.1℃，属正常年份。冬季平均气温为-3.7℃，较常年偏低1℃，为2005年以来最低。春季平均气温为13.8℃，比常年偏高0.8℃，属偏高年份。夏季平均气温为24.9℃，与常年值相同，属正常年份。秋季平均气温为11.8℃，比常年偏低0.3℃，属正常年份。

降水　全省年平均降水量为623.5毫米，较常年偏多24%，属偏多年份。冬季平均降水量为2.8毫米，比常年偏少74%。春季平均降水量为68.6毫米，比常年偏少6%，属正常年份。夏季平均降水量为418.0毫米，比常年偏多25%，属偏多年份。秋季平均降水量为134.2毫米，比常年偏多56%，属偏多年份。

日照　全省年平均日照时数为2393.2小时，较常年偏少102.5小时，属偏少年份。冬季平均日照时数472.7小时，较常年偏少48.6小时。春季平均日照时数710.9小时，较常年偏少7.4小时。夏季平均日照时数597.6小时，较常年偏少67.7小时，属偏少年份。秋季平均日照时数611.9小时，较常年偏多21.1小时。

【气象灾害】干旱年内我省以阶段性干旱为主。2011年12月9日至2012年3月15日，我省大部分地区降水持续偏少，23%的县(市)无有效降水，全省平均降水量2.0毫米，比常年同期偏少8成以上，为历史同期第三少雨年。3月下旬，随着大范围降水过程的出现，全省旱情明显缓解。夏秋时节发生的阶段性干旱给我省部分地区农业生产带来严重影响，农作物大面积绝收和大量人员及大牲畜出现临时性饮水困难。2012年全省因旱受灾人口188.94万人，农作物受灾面积218.2千公顷，其中绝收19.87千公顷，直接经济损失8.34亿元。

大风　全省年平均大风日数为每站4.3天，不到常年值的一半，为有气象观测记录以来最少。年内有16天单日大风影响范围超过10个县(市)，其中2天超过20个县(市)。3月23日，101个县(市)出现大风天气，是2012年大风影响范围最广的一天。此次大风造成7300余人受灾，农作物受灾面积300余公顷，直接经济损失1800余万元。

沙尘　年内共出现23个沙尘日，明显少于常年值(130天)。沙尘强度较弱，沙尘暴共出现3个县（市），浮尘出现8个县（市），扬沙30个县（市），均为1981年以来最少。

高温　年内高温日数少，强度较弱。年内高温日数共计33天，较常年(40天)偏少近2成。最长持续高温日数仅8天，出现在馆陶。全省日极端最高气温40.2℃，出现在临漳。高温天气主要集中出现在6月9～13日、6月16～23日、7月10～12日、7月26～29日四个时段。6月17日和7月1日高温范围广，共影响103个县（市）。6月16日～23日我省南部出现持续高温天气，邯郸、邢台南部以及衡水、沧州、石家庄和保定四市的局部共23个县(市)连续高温日数异常偏多，馆陶连续8天出现高温，超过历史极值。

暴雨　年内共出现暴雨天气270个站日，较常年略偏多，强降水过程频繁，时间集中、强度大。其中，盛汛期(7月下旬至8月4日)连续出现6次暴雨天气过程。7月21～22日，我省出现年内强度最大的降雨天气，全省平均降水量50.6毫米，中北部地区26个县(市)超过100毫米。16个县(市)达到极端日降水量标准，其中5个县(市)突破历史极值。其中，保定涞源7月21日降雨量达143.8毫米，为1963年以来最大；廊坊固安7月22日降水量达366.7毫米，突破历史极值。强暴雨引发了自“96·8”以后最为严重的洪涝灾害。8月3～4日，受强台风“达维”影响，秦皇岛、唐山南部和东部、沧州东部出现强降雨天气，雨量普遍在50毫米以上，秦皇岛最大为223.8毫米，超过了8月上旬降水量的历史极值。全年因洪涝和台风造成全省949万人受灾，因灾死亡（失踪）66人，倒塌房屋5.49万间，农作物受灾面积837.93千公顷，部分水利、交通、通信和电力等基础设施被毁，直接经济损失达287.19亿元。

冰雹　共出现28个冰雹日，比常年偏少39%，但灾情较重。全年共出现冰雹53个站日，50%以上发生在6月～7月。2012年风雹对我省造成的损失仅次于洪涝和台风的影响。据民政部门统计，2012年全省544万人次受灾，因灾死亡6人，农作物累计受灾面积473.02千公顷，其中绝收52.22千公顷，倒塌房屋3543间，直接经济损失46.83亿元。

雷暴　共出现143个雷暴日，较常年偏多。单日影响范围在50个县（市）以上的有31天，6月14日的雷暴天气影响范围最广，达105个县（市）。全年共发生雷灾事故74起，造成5人死亡，4人受伤，引起爆炸火灾2起，损伤建筑物8起，直接经济损失169万元。

大雾　共出现148个大雾日，是1971年以来第二个少雾年份。全省大部分地区大雾日数较常年偏少（10天以内），威县较常年偏多19.5天，为全省最高。1月9～11日大雾过程影响我省范围较大，95个县(市)遭受大雾影响，大部分地区能见度不足500米。受大雾天气影响，省内13条高速公路实施了道路管制。京沪高速公路246公里左右南行方向发生5起交通事故，10辆车受到不同程度的损坏，1人死亡。

连阴雨　共出现连阴雨508个站次，比常年偏多33站次，主要出现在6～9月。全省大部分地区连阴雨日数在10天以上，保定的局部超过30天；不足10天的区域主要出现在张家口地区，部分地区少于5天。7月4～8月15日，我省大部分地区出现连阴雨天气，保定东部、石家庄东北部、沧州西部和东部、承德南部连阴雨日数超过10天，顺平19天为全省最多。8月31日～9月8日，47个县(市)出现连阴雨天气，主要集中在中南部地区。期间，全省平均降水量55.3毫米，11个县(市)连续3天无日照。

强降雪　年内出现两次强降雪过程，分别发生在11月3～4日和11月10～11日。11月3～4日，受冷空气和西南暖湿气流的共同影响，我省西北部地区出现暴雪天气。蔚县、丰宁均超过历史日最大降雪量；7县(市)积雪深度超过10厘米，5县(市)超过历史极值，丰宁积雪最深(43厘米)。11月10～11日，受较强冷空气的影响，我省再次出现雨雪天气过程，承德地区出现暴雪。张北和沽源累积积雪深度超过历史同期(11月份)极值，崇礼达到历史极值。

强降温　年内强降温天气频繁，但达到寒潮标准的日数是1971年以来最少的一年。2012年，影响范围超过30个县(市)的寒潮降温过程4次，其中10月16～18日的过程范围最广、强度最大，影响范围为1971年以来同期第六位。此次强降温寒潮天气过程，64个县(市)达到寒潮标准，影响范围为2012年中最大，其中7个县(市)达强寒潮程度。

【气侯对有关行业的影响】水资源年内全省平均降水量为623.5毫米，折合年降水资源量为1184.7亿立方米，较常年偏多228.2亿立方米。折合水资源总量为273.0亿立方米，较常年偏多超过四成。年内冬、春、夏、秋各季降水分别占全年降水量的0.5%、11.0%、67.0%、21.5%。全省大、中型水库共蓄水37.52亿立方米，比去年同期多3.29亿立方米。

农业　冬小麦：全生育期大部分时段光、温、水匹配适宜，气象条件有利于其生长发育，我省夏粮产量实现9连增。播种期水分条件适宜，墒情较好，播种顺利；苗期气温偏高且变化平稳，降水充沛；返青期较常年偏晚6～14天；返青～抽穗期大部分时段气温偏高，热量条件适宜，加快了发育进程，4月下旬出现强降雨，土壤水分得到有效补充。玉米：春玉米生长期间，大部分时段光温水条件适宜，仅部分时段局地出现旱情或渍涝。播种期水热条件均较好，播种顺利；苗期大部分地区光温水比较协调，仅张家口西南部出现阶段性轻旱；拔节期光温适宜，降水不均，张家口东北部和承德中北部春玉米区出现旱情；夏玉米全生育期大部分地区光温水适宜，对玉米生长发育有利，仅唐山、秦皇岛东部部分地区在7月下旬、8月上旬因降水量大且时间集中而出现渍涝，对玉米产生一定不利影响。棉花：整个生育期内，温度条件基本适宜，降水大部分时段能够满足棉花的需求，出现阶段性的多雨、寡照、高湿天气，致使棉花烂铃。烂铃发生严重的区域主要在衡水、沧州、廊坊等北部和东部棉区。设施蔬菜：气候条件对蔬菜的生产除部分时段比较有利外，整体极为不利。冬季早春低温寡照导致保定周边及以南地区近80万亩日光温室果菜不能进行光合作用，不断萎蔫甚至死亡。“7·21”暴雨和“达维”台风暴雨导致蔬菜栽种期和上市期推迟40多天；11月中旬，张家口、承德遭遇特大暴雪，导致近800个蔬菜生产设施坍塌，蔬菜植株被冻死，之后的持续低温，也对北部日光温室蔬菜产量形成不利。

林业　受干旱、大风等气候条件影响，全省共发生森林火灾83起，过火面积2079.14公顷，受害面积215.49公顷。春季，我省气温偏高，大部分时段降水量偏少，张家口、承德地区尤为明显，春初干旱严重。受其影响，全省森林火险等级持续偏高，防火形势极为严峻，3月、4月份森林火灾集中爆发。

畜牧业　全省大部分地区牧草返青情况较好，坝上地区春季返青较去年晚，坝下及南部太行山丘陵区比去年早，牧草长势好于去年，平均草原植被盖度达到62%，平均草群高度19.2厘米，平均鲜草产量3140kg/hm2，牧草鲜草总产量达到2500万吨左右，略高于去年。

交通　2012年暴雨、降雪、雾霾等天气对我省交通行业造成了严重影响。7月21～22日强降雨天气使我省公路设施遭受巨大损失，受灾最严重的地区为保定市的涞源、涞水、易县和承德市的兴隆县。保定市3县干线公路受损历程387公里，损毁严重路段55公里，直接经济损失9132万元；承德兴隆县干线受损3.2公里，损害严重1.9公里。7月下旬至8月初，连续暴雨天气致使秦皇岛9条普通干线公路、80%农村公路、30%场站设施受到严重水毁，部分路段因桥梁坍塌断交，航班停运5班，列车停运47列。11月3～4日，张家口、承德、保定地区出现强降雪，造成京藏高速、京新高速、张石高速等公路关闭3天。11月10～11日，受较强冷空气的影响，张家口、承德、保定地区再次出现降雪天气，多条高速公路实施交通管制。

盐业　年内盐区平均蒸发量1699.4毫米，平均降水量821.1毫米，年内蒸发量小、降雨量大、异常天气和灾害性天气多。与近10年的气象条件比，属极差年份，历史罕见。气候条件对盐区的不利影响主要表现在降雨提前、降雨频繁且降雨量大和灾害性天气影响等。

空气质量　年内全省降雨偏多，大风、沙尘和大雾天气少，气象条件较好。空气质量Ⅱ级以上天数为340天，比2011年增加1天，中度污染天数仅出现6天，无重度污染日，较2011年显著改善，张家口、衡水改善较明显。与2011年相比，1月份我省出现持续大雾天气，Ⅱ级以上的天数减少；2月份雾霾天气少，气象条件有利于污染物的扩散，Ⅱ级以上的天数显著增加；11～12月份冷空气活动较频繁，Ⅱ级以上的天数也有所增加。

地质灾害　年内发生的地质灾害与降雨关系十分密切，6～9月共发生34起，占全年的94.4%，其中29起因降雨诱发，占总数的80.56%。

【气象防灾减灾绩效管理】年初，省政府开展了气象防灾减灾绩效管理试点工作。气象部门按照“过程管理、参与管理、精细管理、科技管理”的思路，扎实开展工作。一是立足地方实际，与各级政府、相关部门协商确定绩效管理重点内容，科学制定了考核指标体系；二是全过程与各设区市政府接触，共同分析和解决问题，同时在网站、气象服务热线、手机短信平台开展了常态化公众满意度调查，并委托省统计局开展定期的公众满意度调查。三是研发了绩效管理系统，实现了采集、预警、考评和统计分析，进一步强化了检查指导和督促。四是编制了气象防灾减灾绩效管理评估报告，帮助责任单位分析解决问题，并作为省委、省政府、组织部、省纪委及相关部门评价被考核单位工作实绩和评先评优的重要参考以及对市级气象防灾减灾工程建设项目投资的重要依据。

【气象灾害防御体系建设】初步形成以气象灾害防御指挥部为核心、气象灾害防御中心为支撑、气象信息服务站和信息员为延伸的气象灾害防御体系。成立了省、市、县三级气象灾害防御指挥部（11个市、133个设有气象局的县）。省级以及南皮、丰南等部分市县成立了气象灾害防御中心。建立了1900个乡镇气象信息服务站和5万余名气象信息员队伍，气象信息服务站乡镇覆盖率达90%以上，实现了村村有气象信息员。省政府出台了《河北省暴雨灾害防御办法》（政府令〔2012〕3号）、《河北省暴雪高温大雾寒潮大风灾害防御办法》（政府令〔2012〕11号），规定了政府和社会气象灾害防御的分工和责任。各地各部门相继出台实施细则，健全了气象灾害防御法规规章制度体系。建立了气象灾害联防制度，明确“发布预警-部门联动-及时转移危险区域群众”的工作流程，建立了气象局长与本级党政主要负责人的信息直通渠道。完善了预警信息发布制度，省政府对水利、安监等9个厅局颁发了突发事件预警信息发布系统应用授权。完善了信息资源共享机制，建立了全民参与制度。

气象灾害防御能力得到强化。一是气象灾害监测预报预警能力稳步提高。全省气象综合观测站网更加完善，各类观测站点县均达到25个。开展了精细化到乡镇的气象要素预报和灾害性天气短时临近预报，预报能力不断提高。与水利、安监等部门合作，将5000余个水库信息、尾矿库信息和地质隐患点加入到VIPS平台，气象服务针对性更强。二是气象灾害预警信息覆盖面显著拓宽。利用短信、大喇叭、电子显示屏、微博等渠道，实现了预警信息乡镇全覆盖。三是气象灾害风险管理能力不断强化。所有市县开展了气象灾情普查和气象灾害风险区划工作，58个县出台了气象灾害防御规划。制订了旅游景区、尾矿库、车站、港口、道路桥梁、社区等公共设施或场所等重点区域的气象灾害防御标准。满城、武安、滦平等部分县已开展了针对农村、乡镇、学校等的气象灾害应急准备认证。四是气象灾害防御组织协调能力不断强化。2012年，省市县三级气象灾害防御指挥部共组织召开322次防御工作会议，发布678份灾害防御通知，全省紧急转移47万人。各市县政府均出台了《气象灾害应急预案》，并与各有关部门的预案进行了对接。对尾矿库、港口、旅游景点等重点领域开展了气象灾害防御检查。五是“六进六有一落实”的气象科普宣传工作有效推进。六是工程性措施建设不断深化。开展了人工影响天气标准化作业点建设，并在农村中小学、幼儿园和雷电灾害易发村开展了防雷工程建设。

【省部合作】8月29日，河北省人民政府与中国气象局在石家庄举行省部合作联席会议，对河北省气象灾害防御指挥部、河北省气象灾害防御中心进行了揭牌，并在河北省气象防灾减灾能力、国家级人工增雨基地和科学实验基地建设、河北省海洋气象监测预警工作、新能源开发利用、基层气象台站基础设施建设、河北省气象事业发展规划重点项目落实等方面达成共识。

【气象防灾减灾服务】天气预报预警服务。准确预报服务了冬末春初全省大范围严重干旱、3月23日大风、4月23～24日春季首场透雨、6月13日高温、6月至7月中旬6次雷雨大风冰雹等强对流天气、7月下旬至8月上旬6次暴雨台风过程、8月22～24日强低温冷冻、10月26～27日大范围强浓雾、11月2～4日罕见特大暴雪和暴雨、12月持续低温降水偏多等49次重要天气过程。全年共发布各种气象灾害预警信号3631次，报送省级各种决策服务材料656期，其中省委省政府领导批示、表扬达81人次。

应急保障气象服务。7月下旬到8月上旬，我省发生“7·21”暴雨、“达维”台风等重大天气过程，部分地区发生历史罕见的特大洪涝灾害，部分村庄严重被毁甚至被夷为平地。气象部门提前成功预报预警，各级政府紧急采取有效措施，避免了重大伤亡。在“4·9”承德森林火灾和“5·5”张家口山火等应急气象服务中，气象部门及时启动应急预案开展应急气象观测、预报、火场遥感监测服务和人工增雨作业。全年启动暴雨等应急预案9次，省级发布短信3.7亿条，避免和减少了重大人员伤亡和财产损失。

公共气象服务。启动省突发公共事件综合预警信息发布系统建设，完善预警信息发布“绿色通道”和连线直播机制，短信发布速率达到1100条/秒，预警信息有效发布率较上年提高12.8%。完善公众气象服务平台，河北天气网总流量较上年同期增加66.37%。电视节目和手机公众气象服务产品更具针对性和实效性。“河北天气”建立了官方微博气象预警信息发布厅、天气志愿者库，官方微博被评为河北十大影响力政务机构微博。滦平等3个县局和4所学校被命名为“全国气象科普教育基地”，丰南建立了开放式气象主题公园。拓展专业气象服务领域，

启动大广、石黄等4条高速公路交通气象服务，牵头开展华北交通气象服务共享平台建设。开发了冀北电力气象服务系统，用电负荷指数平均预报准确率达80%。选派首席预报员进驻秦皇岛，保障了“十八大”前暑期办公。圆满完成中央领导北戴河暑期办公、国际马拉松赛、中国科协第十四届年会等气象服务保障任务。

人工影响天气服务。省政府出台《关于进一步加强人工影响天气工作的实施意见》（冀政办〔2012〕24号）。全省共组织开展飞机人工增雨127架次，飞行308.58小时，

地面作业1010点次，发射火箭弹3200枚，炮弹3387发，燃烧烟条684根，估算增水26.8亿立方米。冀东飞机增雨基地投入使用，形成“一主两副”飞机增雨业务布局。省政府投资2.37亿元用于国家级飞机增雨基地和科学实验基地建设，购买飞机2架，批拨土地139.09亩。全省标准化作业站点达标县达80%。

气象为新农村建设服务。省委省政府继续将“气象服务进农家活动”作为民生工程。19个“三农”专项试点县地方配套资金991.1万元。建立了110个土壤水分自动站，109个特色林果业和设施蔬菜小气候自动观测站，实现农村要素预报预警精细到乡镇。在11市、50个县开展“知农时、懂农事、察农需、接地气”调研，建立了病虫害与农气灾害观测系统和卫星遥感监测农田干旱服务系统，发布冬小麦定量化灌溉预报。关注环京津菜篮子，开展了设施蔬菜灾害防御和全生育期气象信息服务。重视生态环境监测，开展了湿地、农田生态系统监测评估和森林草原火险监测，开展了核桃、鸭梨、葡萄、红果等特色服务，发布有针对性的精细化农业气象预报服务产品。面向生产一线开展了跟踪式农气服务，保障了夏粮“九连增”。

【气候与气候变化】编制《省“十二五”控制温室气体实施方案》（参与）、《河北省气候服务手册》、《加强应对气候变化研究助力河北生态环境改善》等材料，新增《河北省气候变化监测公报》服务产品，在改善生态环境中发挥基础性作用。加强气候可行性论证和风电服务工作，完成风能、太阳能等评估37项。开展迁西板栗等特色农产品气候条件等级认证，与清华大学和风电功率预测供应商建立风电气象服务合作新模式。

【气象业务系统建设】预测预报系统建设。加强了预报预测业务技术系统和流程建设，优化调整了省市县三级天气预报业务流程。开展了大城市精细化预报、地质灾害隐患点精细化预报等业务以及洪涝风险、尾矿库气象致灾风险评估和汛期赤潮灾害气象监测预报服务。加强了首席预报员队伍建设，成立了赤潮预报预警小组和科研小组。加强了预测、预报业务的检验与评估，完善了质量检验评估系统，预报准确率不断提高。我省在第三届全国气象行业天气预报职业技能竞赛中获团体第五名。晴雨预报准确率位居全国第三。

综合观测系统建设。完成《河北省气象观测站网布局规划》（2012-2015年）。新建各类自动气象站735个，气溶胶质量浓度观测系统1个，GPS/MET站6个，观测站（移动）30个，移动车载雷达站2个。完成42个自动土壤水分观测站对比观测和业务化评估。109个自动土壤水分观测站投入业务化运行。顺利完成地面气象观测业务改革调整。地面、高空、雷达、农气、酸雨、辐射、沙尘暴测报质量均继续保持较高水平。219人次获2011年度全国优秀质量测报员称号，继续稳居全国第一。我省在华北区域地面测报竞赛中囊括团体、个人全能、单项所有第一名。作为试点省，圆满完成《国家级地面气象观测站气象探测环境保护方案》编制任务。

信息网络通信系统建设。资料传输上报及时率100%，连续20年保持全国领先地位（A级）。国家级自动气象站实时数据质量控制系统实现业务化运行，与周边7省市和省林业厅实现数据共享，资料应用能力得到提升。

【基层气象机构综合改革】明确“局台（站）分设、政事分开、管办分离”的改革重点，试点探索新型县级气象事业结构。在丰南开展了亮点示范县建设，探索县局多元人力资源保障机制。通过成立市级气象行政执法支队、气象服务中心、气象技术装备保障中心，把县局纪检监察员纳入市气象局一体化管理等举措，建立了统筹集约的业务体系，提高了市气象局对县局的支撑能力。建立了“集约化、一体化”的管理和工作模式，形成“省局提供技术支撑与业务指导，市局强化服务产品研发，县局强化基本业务和精细化服务”的格局。通过一系列改革措施，县局的基本业务水平、气象服务能力、社会管理能力和自我发展能力得到进一步提升。

【气象科技与人才】气象与生态环境重点实验室蝉联省级优秀重点实验室。3项科技成果获省科技进步三等奖，1项获中国仪器仪表学会年度科技成果奖，获计算机软件著作权登记证书及专利各1项。首次获批国家自然基金青年科学基金1项，1项公益性行业专项通过科技部批复，2个项目获国家级项目资助。“京津冀森林火灾遥感监测与精细化火险等级预报预警”等成果在省内外推广应用。中高级职称人员占职工总数56.5%，正研级高工16人，国家级首席预报员2人，国务院政府特殊津贴8人，二级研究员1人。新进毕业生大气科学类达80%。中国气象局干部培训学院河北分院在全国首家挂牌。

【气象法规建设与社会管理】省政府批复2013-2017年气象立法规划。开展了《河北省人工影响天气管理规定》周年督导检查。完善行政执法管理等制度，全面清理了省本级非行政许可审批事项。与安监、消防等部门联合开展“打非治违”专项行动，检查单位119家，下达法律文书205份。

（河北省气象局　石　锋）

农业科研

2012年，省农林科学院认真落实省委省政府“三农”和科技工作总体要求，进一步提升创新能力，全力服务“三农”，在科研成果科技创新、科技服务和产业发展等方面取得了明显成效。

【科研成果】2012年，省农林科学院主持完成的“抗除草剂谷子新种质的创制与利用”成果，在世界上首次创制出能够抗其它作物上除草剂的谷子新种质，获得国家科技进步二等奖；参加完成的“海河平原小麦玉米两熟丰产高效关键技术创新与应用”成果，显著提高了海河平原的粮食产量，获得国家科技进步二等奖。有14项成果获得省级奖励，其中主持完成的“谷子简化栽培育种与配套技术研究及应用”成果，被专家称为是世界谷子生产的一次革命，获得省科技进步一等奖。主持完成的“河北省粮食综合生产能力研究”成果，获得省社会科学一等奖。全年申报专利29项，其中发明26项，授权10项，制定标准14项。新推出的小麦、玉米、棉花、蔬菜、果树等30多个作物新品种，为全省实现粮食生产“九连增”、农民收入“九连快”发挥了重要作用。

【科研平台】通过对3个农业部区域重点实验室、8个国家农作物改良中心（分中心）和区域研究中心、7个省级重点实验室和工程技术研究中心以及农业部产业技术体系试验站、农业部学科群野外观测站和所属试验站的统筹分析，初步提出了以创新实验平台、创新支撑平台和创新服务平台为一体的创新平台体系，使科研平台能够高效地支撑创新工作。承建的“农业部农产品质量安全风险评估实验室（石家庄）”，列入首批建设计划；国家小麦改良中心衡水分中心已通过验收；国家苹果改良中心河北分中心二期建设项目和农业部水稻原原种基地建设项目已经启动。国家棉花改良中心河北分中心的二期、滨海所水稻区域试验站和优质小杂粮原原种扩繁基地建设项目正在积极申请中。省级蔬菜工程技术研究中心已经通过主管部门验收；农业部鹿泉农业环境科学观测实验站获得400万元的经费支持，正在建设中。在新疆和海兴的棉花试验站受到当地政府的高度重视正在积极建设中；新落户的10个农业部区域重点实验室和野外观测站建设项目即将启动。这些平台建成后，将逐步形成以实验室、试验站、野外观测站和成果示范基地为一体的创新平台体系，有力提升综合科技创新能力。

【创新团队】围绕全省农业产业的技术需求，不断优化整合创新团队，扩大学术合作交流，极大地增强了团队的创新能力。省农林科学院现有的15支科技创新团队，均主持和参加了国家、省重大科研项目，取得了一批能够为全省农业生产发挥有力支撑作用的物化型成果，有20多项成果获得国家和省科技奖，同时也带动培养了一批优秀创新团队，2012年植物保护创新团队首席专家马平研究员及其微生物杀菌剂研究室，分别入选农业部农业科研杰出人才和创新团队，大豆油类创新团队首席专家张孟臣研究员和大豆研究室，分别被命名为省“巨人计划”首批创新团队领军人才和创新团队。

【科技服务】2012年，继续实施“三个百千万”科技服务计划。全面启动了5个综合示范基地和25个专业性示范基地建设，按照全省棉花东移战略和科技援疆任务要求，省农林科学院在海兴县和芦台、汉沽农场、新疆库尔勒建立了棉花试验站及成果示范基地，并举行了大型新品种、新技术示范观摩会，得到农民、农业合作社、农业企业和当地政府的普遍好评。在曹妃甸建立了重盐碱地原土绿化综合示范基地，国家海洋局局长称其为我国同类型区域生态修复的典范。在宁晋、深州等地建立起规模化的小麦、玉米成果示范基地。小麦高产示范基地示范了小麦玉米高产高效的生产技术体系，宁晋示范区比对照增产率18.4%、永年示范区增产增产率23.7%。组织和指导有关研究所举办了新疆“棉花新品种及三减三增，高产优质高效栽培技术示范田”现场观摩会、平山县元坊村“太行山优质苹果示范基地现场观摩会”和灵寿“食用菌新品种、新技术观摩大会”，围绕环京津、燕山-太行山、黑龙港片区扶贫攻坚，建立蔬菜、果树示范基地，提供的“套餐”技术，受到省领导高度评价。目前已经形成了大名花生、武安谷子、冀南棉花、平山苹果、迁安板栗、青县蔬菜、灵寿食用菌、深州小麦、滨海绿化等一批有重要影响力的基地，其中在灵寿县的科技服务坚持20年如一日，“八提供、一协助”的科技服务方式得到了省、市、县领导和广大种植户的好评，这些明星基地，扩大了影响。为当地农业产业发展、农民增收发挥了重要作用。河北电视台农民频道、河北人民广播电台、平山县电视台、河北科技报、河北农民报等多家媒体进行了现场会进行了报道。

在我省农业生产关键季节，组织百名专家深入一线开展技术指导，为全省农业产业发展提供了有力技术支撑。选派的驻村帮扶工作组被省委省政府授予优秀驻村工作组称号。植保所在徐水县举行小麦虫害防治技术现场培训，召开了“河北省农技专家巡回指导秋季农作物重大病虫害防控工作会议”，针对河北省秋季农作物重大病虫害的发生规律及防控策略进行了深入讨论和交流。专家组赴清苑县玉米病虫害防治示范基地进行了现场考察指导。滨海所与唐海龙头企业，与三旺食品有限公司、滨海园林绿化工程有限公司分别签署了“共建A级绿色大米与野生蔬菜即食海产品加工生产基地协议书”、“共建曹妃甸新区沿海重盐碱地原土绿化综合示范基地”二项协议。

与腾讯网合作开通了“科技兴农在线”微博互动平台。创办了《农业科技决策咨询》内刊，专家提出的关于粮食、创新体系、杂粮产业、食品产业等问题的建议得到了省委省政府主要领导批示，有的已经被采纳施行。科技服务工作被省全民科学素质工作领导小组授予“公民科技素质教育示范单位”。

【科技合作】2012年国家和省引专家项目5项，中国比利时线虫合作项目按要求完成各项任务，顺利结题，并召开了结题总结会暨学术研讨会，由比方项目主持人比利时农业与渔业研究所所长 MauriceMoens 教授主持，来自12个单位的专家、学者参加了此次会议。“欧洲小麦特异种质资源引进、创新、应用及产业化”项目获得专项资助经费100万元；中国荷兰熊蜂产业化合作项目进入验收准备阶段，荷兰 SBB 授粉蜂公司总经理 Niek 来华，就 PSOM 执行情况和田益生防有限责任公司熊蜂生产存在问题进行了分析讨论，给出了生防公司今后发展的具体建议，并就熊蜂合作项目的结题验收准备工作进行了深入探讨。巴基斯坦四兄弟集团公司共同开展的蔬菜引种试验已获得部分反馈结果；小麦新品种选育研究课题承担的国际挑战计划，对 CIMMYT 提供的145份材料和中国农科院作物所提供的5份材料分别在田间水旱两种条件进行鉴定，筛选出综合性状较好的 GCP 材料42份。我院承担的中国与南非生物质合成油研究前期试验基本完成。2012年我院与西澳大利亚大学联合举办了“第三届中澳小麦遗传育种研讨会”，邀请国内外知名小麦遗传育种专家进行了学术交流，取得了良好反响。

与河北师范大学和工程大学签订了合作协议，院组织统一向河北省工程大学和河北师范大学推荐研究生导师29位，批准聘任27位。与河北师范大学举行了院校层次和研究室层次的两轮科研对接，目前正在组织联合申报国家项目。新与一批国内外科研单位、高校、农民合作组织及龙头企业等签订了产学研合作协议，拓展了开放办院的领域，取得了较好的社会经济效益。院士工作站新增两位在站院士，分别为喻树迅和康少忠先生。刘旭院士因与我院合作成绩突出获“河北省院士突出贡献奖”。当年院士工作站被评为省委组织部评为“先进工作站”，并获5万元运转经费。

【科技产业】通过加强产学研合作，搭建了一批企业主导型的成果转化平台。冀棉经作公司与隆平高科、绿亿公司等合作，积极开拓我省东部和新疆市场，效益稳步增长。肥尔得公司积极开发作物专用肥产品，实行订单式生产，市场份额不断扩大。冀蔬公司在省内外建立了一批示范点，促进了新品种、新技术的转化推广。冀丰种业及参控股公司不断完善管理体系，效益增长了20%。一兽药业获省“诚信企业”称号。农机公司与多家企业开展研发合作，收益稳步增长。昌果种苗公司将大批受到春寒影响的种苗全部销毁，退回订金，坚守信誉，赢得了客户广泛好评。

（河北省农林科学院　阎立波　李坤祥）

农村科技

2012年，认真贯彻落实《中共中央国务院关于加快推进农业科技创新持续增强农产品供给保障能力的若干意见》（中发[2012]1号），按照省委省政府的安排部署，科学谋划，精心组织，突出重点，在粮食丰产科技、农业关键技术创新、农业科技成果转化、科技扶贫、农村科技创新环境等方面取得明显进展，有力推动了我省现代农业发展和社会主义新农村建设。

【农村科技创新创业政策环境明显改善】2012年，以贯彻落实中央一号文件精神为契机，针对我省农业科技发展关键问题，深入调研，积极协调，制定出台了一系列推动农村科技创新的政策，营造了良好的农村科技创新创业政策环境。一是会同省农业厅等单位研究制定了《关于加快农业科技创新推进现代农业发展的实施意见》（冀办发[2012]19号），提出了农业科技创新的方向和目标，明确了重点领域和保障机制。二是研究制定了《河北省农业科技十项重点工作》，安排部署了全省农业科技重点工作，确保中央一号文件落到实处。三是会同省委组织部、省委农工部、省人社厅等九部门，研究制定了《关于进一步促进科技特派员农村科技创业的实施意见》，提出了深入推进科技特派员农村科技创业的指导思想和基本原则，明确了总体目标、主要任务和保障措施，为多部门联合推动科技特派员农村科技创业营造了良好政策环境。四是会同财政、人社、编办等部门，研究制定了《关于大力加强全省县（市）科技工作的意见》，提出了“十二五”期间县市科技工作的思路和总体目标，确定了大力实施科技富民强县行动、推进可持续发展实验区建设、促进科普事业发展等9项重点任务，为改善基层科技工作环境提供了政策保障。五是会同省财政厅，研究制定了《河北省农业科技成果转化资金项目管理办法》，为进一步加强和规范我省农业科技成果转化资金项目管理，提高转化资金的使用效率和效益提供了政策依据。

【粮食科技创新工程深入推进】坚持把提高粮食生产科技支撑能力作为农业科技工作的重点内容，以高产区丰产稳产和中低产田改造为技术创新重点，加强共性关键技术的突破和系统栽培技术体系的集成示范，强化高产示范基地建设，为全省粮食生产实现九连增、保障国家粮食安全提供了重要科技支撑。一是扎实推进粮食丰产科技工程，项目区粮食生产实现了新突破。2012年，藁城核心试验区100亩夏玉米高产攻关田平均亩产达到805.49公斤，首次实现了我省夏玉米亩产800公斤的产量突破。二是联合中科院农业遗传资源中心等单位谋划了渤海粮仓科技工程。工程针对环渤海低平原地区粮食产量低而不稳、淡水资源缺乏、盐碱荒地丰富等现状，集成示范耐盐种质资源筛选、土壤改良、多水源利用、棉田改粮增产等技术体系，大力提高该区域的粮食生产能力。到2017年，我省将建立8-10个1000亩以上的粮食增产核心示范区，在40多个县市示范推广，应用面积达1700万亩，区域实现粮食增产30亿斤，为国家粮食安全提供有力保障。

【农业产业关键技术创新取得新成效】围绕粮食、畜牧、果品、蔬菜四大农业主导产业发展，在农作物高效生产、畜禽健康养殖、果蔬提质增效生产、农产品质量安全、农业装备农用物资、微灌水肥一体化等领域突破了一批共性关键技术，有效推动了我省农业主导产业技术升级。一是选育出一批动植物新品种。围绕贯彻落实省政府《关于加快现代农作物种业发展的实施意见》精神，认真抓好良种科技创新专项的组织实施，重点加强特色种质资源创新、育种技术创新、新品种选育和引进、配套生产技术研究和新品种示范基地建设。2012年，共有44个小麦、玉米、棉花等农作物品种通过省级以上审（鉴）定，有效促进了优良品种的大面积推广，提高了良种覆盖率。二是围绕提高资源利用率、农产品加工增值等方面，加强了关键技术的创新研究和示范应用，共开发示范农业新产品、新工艺171项，累计建立试验示范区超过300个，申请专利66项，制定标准74项，新增产值超过100亿元，科技对产业的支撑和引领作用显著增强。三是畜产品有害物质检测、咸水安全灌溉利用、良种奶牛高效胚胎生产与移植、方便食品精深加工技术等一批重大关键技术创新项目通过验收，解决了制约产业发展的一批关键技术问题，促进了优势产业的技术升级。

【农业科技成果转化进程加快】为加快科技成果在基层转化，着力加强国家富民强县、省级农业科技园区等产业技术示范项目的管理和实施，建设了一批产业技术示范基地，有力带动了县域农业主导产业发展。一是科技富民强县试点县建设成效显著。围绕加速县域特色产业发展，支持各试点县与高等院校、科研机构开展科技合作，强化产业科技示范园区和科技服务体系建设，科技工作对县域农业特色产业发展的支撑和服务能力明显增强。据统计，2012年正在实施的14个试点县项目，引进示范新技术69项，制定示范技术规程10项，特色产业产值达到105.6亿元，有力支持了县域经济社会发展。二是农业科技园区建设进展顺利。2012年，已建成36个省级农业科技园区（含试点），2个国家级农业科技园区，园区核心区共计13.8万亩，拥有各类科技人员622人，培训农民7.6万人次，带动46万农民增收。园区在加快科技成果转化应用、孵化培育农业企业、带动农民规模化生产和产业化经营等方面发挥了重要作用。三是农业科技成果转化专项稳步推进。2012年，正在实施的21个国家农转资金项目，共建立示范基地134个，集成转化新技术、新工艺36项，新增授权专利19项，实现净利润72430万元、缴税2618万元。

【科技扶贫工作取得新进展】围绕落实扶贫攻坚战略，以科技特派员“双百”工程和一村一品致富产业“四个一”科技培训工程为抓手，加大科技扶贫工作力度，有力提高了贫困地区的产业发展技术支撑能力。一是启动实施了科技特派员创新创业“双百”工程，“十二五”期间，将建设100个科技特派员创新创业基地，实施100项科技特派员创新创业项目，进一步提高基层科技服务水平和成果转化能力。已首批启动建设的22个基地，全年共集成示范新品种、新技术107项，支持科技特派员创办企业、组建农村经济合作组织近100个，辐射带动40多万农民增收，有力推动了贫困地区区域经济社会发展。二是组织开展了一村一品致富产业“四个一”科技培训工程。工程以帮扶重点村和集中连片贫困地区为重点，依托科技特派员创新创业基地、科技特派员巡讲经验交流平台、星火科技12396信息服务平台、农村党员远程教育视频制播平台等四类平台开展科技培训。2012年，共组织483名科技特派员深入农村开展科技培训，推广实用技术120项，制作播放科技致富专题片89部，支持农村合作组织94个，培育特色品牌29个，培训农民70万人次，农民科技素质和产业技术水平明显提高。

【农业农村科技显示度明显提升】为推动全省农业农村科技工作开展，加强重大科技成果宣传报道，积极组织参加成果展示交易会，为农业科技工作营造了良好环境。一是充分利用报纸、电台、网络等媒体，在人民日报、科技日报、河北日报等省级以上新闻媒体发布信息、新闻稿件等共计101篇。特别是，在经济日报、新华社等中央媒体对我省优秀科技特派员先进事迹进行了报道，在科技日报头版、河北日报对我省粮食丰产科技工程实施成效进行了报道，有力提高了我省农业科技工作的显示度。二是加强党员远程教育教材制播工作。选择我省农业生产中的先进实用技术成果，按照群众的学习特点、思维习惯和语言特色编写讲稿或脚本，采用群众“喜闻乐见”的形式拍摄制作成专题片。2012年，共有89部专题片在中国教育电视台、全国农村党员干部现代远程教育传播网播出，加速了我省优秀农业科技成果的传播。三是组织参加了赤峰·中国北方农业科技成果博览会和第十九届杨凌农高新科技成果博览会。组织40个高新技术、实用技术项目参加布展与交流，涉及生物肥料、农机装备、特色品种、农产品深加工等多个领域，集中展示了我省一批科技水平高、市场前景好、示范带动能力强的农业科技成果。我省展团获得第十九届杨凌农高新科技成果博览会优秀组织奖和优秀展示奖，4家参展单位获得后稷特别奖和后稷奖。

（河北省科技厅　高振峰）

财政支农

2012年，我省各级财政部门深入贯彻落实省委省政府“一产抓特色”发展战略，围绕中心、服务大局、扎实工作，全省农林水事务支出完成443.6亿元，比上年增长21.2%，在推动强农惠农富农政策有效落实，强化农业、惠及农村、富裕农民中积极发挥职能作用。

【围绕促进粮食增产，着力支持农业综合生产能力建设】投入现代农业项目县和小农水重点县建设资金19.2亿元，支持82个粮食生产县开展农业灌溉和节水项目建设，并以此为平台，整合引导各级各类资金22.6亿元投向农田水利，提高灌溉保障能力。投入4.6亿元，支持南水北调配套、双峰寺水库建设和引黄入冀补淀，增强水资源配置能力。投入4亿元，支持68个应急度汛工程、26个县山洪灾害非工程措施、20个县抗旱服务组织建设和全省小麦“一喷三防”补助，提高农业防灾减灾能力。针对百年不遇的“7·21”特大洪涝灾害、台风袭击、冻害虫灾等自然灾害，按照特事特办、急事急办的原则，及时筹措下达省以上资金4.7亿元，支持抗灾救灾和灾后恢复重建。投入农业技术推广、农业高产创建、农村劳动力培训和基层农技推广体系建设等资金6.2亿元，提高农业科技含量，加快农业技术推广应用。投入5680万元，支持485个农民专业合作组织加快发展，提高经营管理水平和农民进入市场的组织化程度。奖励77个粮食生产先进县2.65亿元，调动地方抓粮、兴粮、增粮积极性。这些措施为2012年我省粮食生产实现“九连增”提供了有力保障。

【围绕促进农业增效，着力支持特色农业发展】筹措资金7.5亿元，支持16个蔬菜产业示范县建设、17个县果树结构调整、全省畜牧业“四个体系”建设和328个蔬菜、水果、畜产品、水产品标准园（场）建设，促进农业优势特色产业加快发展。以引进战略投资项目和创建知名品牌为突破口，投入2.3亿元，支持376个农业产业化企业扩大生产规模和品牌建设，推动农产品市场竞争力的快速提高，促进销售收入超百亿元的农业产业化企业和超千亿元农业产业园区创建。

【围绕促进农村和谐，着力支持农村民生工程】安排3.3亿元，支持2150个村实施幸福乡村计划示范和农村新民居建设，对洪涝重灾区94个村基础设施和公共服务设施恢复重建给予补助。投入3.9亿元，支持24个国有垦区和50个国有林场危房改造和配套基础设施建设。下达农村饮水安全项目建设资金3.8亿元，提高农村饮水安全保障水平。投入8.4亿元，支持人工造林、封山育林、草原保护、水土保持、新能源开发等，促进生态环境积极改善。

【围绕农民增收，着力落实扶贫开发和惠农补贴政策】落实省委省政府“举全省之力打好新一轮扶贫开发攻坚战”的工作部署，研究起草《关于促进贫困地区加快发展的财税政策措施意见》，对贫困地区给予倾斜支持。加大扶贫专项资金投入，省级安排扶贫开发专项资金2.7亿元，比2011年增长1倍；争取到中央扶贫资金10.8亿元，同比增加2.1亿元。继续深入开展“连片开发”、“贫困村互助资金”、“雨露计划实施方式改革”等试点工作，积极探索扶贫资金投入新机制。发放农作物良种、农机购置、水库移民、退耕还林、能繁母猪等惠农补贴44.3亿元，在体现政策导向的同时，促进农民增收实现“九连快”。

【围绕提高科学精细管理水平，加强农业财政资金监管】（一）以统筹促管理，健全资金整合机制。进一步健全和完善部门预算、重点项目和到县支农资金三个整合平台，推进资金整合和统筹使用。在预算编制上，挖掘横向整合潜力，对省级农业财政专项资金进行优化整合，加强预算综合统筹和资金捆绑使用。在预算执行中，加大纵向整合力度，积极发挥省级承上启下的纽带作用，推动项目县自主开展支农资金整合工作。扩大支农资金整合试点范围，安排支农资金整合引导性资金1.3亿元，引导17个试点县整合财政资金4.4亿元，带动社会资金投入10.7亿元。

（二）以规范促管理，健全制度约束机制。坚持“先规范、后运作”的原则，努力做到资金延伸到哪里，制度管理就覆盖到哪里。在原有制度基础上，结合工作实际，又新制定出台《河北省森林植被恢复费征收使用管理暂行办法》、《河北省中央财政补助公益性水利工程维修养护经费使用管理实施细则》、《河北省农村劳动力培训阳光工程项目资金管理暂行办法》等13项制度办法，配合省有关部门联合出台10项具体规定，进一步细化规定、严格措施、规范行为。

（三）以创新促管理，健全预算执行机制。对农业技术推广等经常性项目，探索建立申报项目入库管理、滚动实施的办法。研究完善农业项目绩效管理具体办法，推动省级农口部门全面编制三年滚动预算和绩效预算。加强项目绩效管理，对财政支农资金整合试点县、现代农业项目县、小农水重点县实施绩效评价，探索实施绩效评价结果与资金分配相挂钩的有效落实机制。健全完善沟通协调、责任落实、约束激励等机制，进一步提高支农支出的及时性、均衡性、有效性和安全性。建立和落实支出进度责任制，分部门、分项目落实到人，9次协调调度农口部门，抓好农业专项预算的执行工作，切实加快支出进度。

（四）以公开促管理，健全外部监督机制。积极推动省级农口部门预算公开工作。探索建立项目从申报到实施的公开监督机制。在项目申报前，通过公开媒体公布项目申报条件和申报程序；在项目确定时，推行竞争立项，采取“县级申报、专家评审、公开陈述、全省公示”的评审程序；在项目实施中，对涉及农民切身利益的补贴补助类项目推行公示公告制，确保财政支农资金安全有效运行。

（河北省财政厅　吕　强）

农业信贷

【概况】2012年，该行上下在总行党委和省委省政府的坚强领导下，认真贯彻落实国家大政方针和强农惠农政策，牢牢把握稳中求进的工作总基调，加大支农力度，切实防控风险，狠抓经营管理，加强队伍建设，全行各项工作取得较好成效。

——业务发展稳中见好。累放各项贷款305亿元，年末各项贷款余额达到684.2亿元，比年初增加33.3亿元，较好地发挥了支持全省新农村建设的骨干和支柱作用。

——贷款和客户结构不断优化。调控贷款、政策指导性贷款、农业科技贷款合计净增53.2亿元，增幅达77%；商业性和粮棉油购销贷款继续向大型优质客户集中，AA-级以上占比61.9%，大中型客户占比83.5%，同比均有提升。

——经营绩效持续提升。全年实现利润13.65亿元，创历史新高，超总行下达利润计划0.83亿元，同比增盈0.35亿元。

——队伍建设不断加强。深入学习贯彻党的十八大精神，党的建设、领导班子和员工队伍建设、党风廉政建设、企业文化建设得到加强，干部队伍的凝聚力、战斗力进一步增强。

【信贷支农】围绕全省新农村建设，积极履行职能，加大支农力度，在支持和服务全省新农村建设中，努力实现业务有效发展。一是积极支持粮棉油收储。坚持把支持粮棉油收储作为各项工作的重中之重，在复杂多变的粮棉市场形势下，正确处理业务发展与防控风险的关系，确保了支持粮棉油收购没有出现大的问题。全年累放粮棉油收储贷款210.1亿元，同比多放32.3亿元，较好地发挥了收购资金供应主力军作用。特别在夏粮收购面临形势较为复杂的情况下，针对有关地区小麦市场收购价较低的问题，主动向政府汇报，力促相关地区及时启动了最低收购价预案。累放小麦最低收购价贷款17亿元，占全年小麦贷款投放总量的23%。二是大力支持农业农村基础设施建设。在优先做好存量项目续贷的基础上，围绕水利建设和新农村建设两个重点，采取高端营销、上下联动、专项调度等措施，进一步加大新项目营销力度。坚持项目立项会、限时办贷等制度，努力提高办贷质量和效率。全年累放农业农村基础设施建设等中长期贷款54.4亿元，年末中长期贷款余额319.3亿元，比年初增加10.2亿元。同时，储备较为成熟的项目31个，贷款需求151亿元，为今后业务发展奠定了基础。三是积极支持农业产业化经营和农业科技项目。全年累放农业产业化龙头和加工企业、农业小企业贷款40.6亿元，促进了全省农业产业化经营和农业小企业发展，带动了农民多渠道增收。加大对农业科技的支持力度，农业科技贷款余额达8.4亿元，比年初增加7.8亿元。

【风险防控】始终把防范化解风险放在突出重要位置，不断增强风险意识，坚持防控和清收并重，努力提升发展质量。一是加强风险监测排查。充分利用CM2006和信贷信息核查系统，及时预警、排查、处置各类风险信号。加强对贷款主要行业和大客户的信贷监测，努力防控行业性和大额风险。对除政策性挂账和票据融资客户以外的所有613家客户进行全面风险排查，充分利用排查成果进行客户分类排队，实施差异化信贷策略。开展中长期贷款“亮账”检查，及时发现和消除安全隐患。二是完善风险防控机制。积极为企业搭建“收储对接、工贸对接、产销对接”平台，支持企业既扩大经营又防控风险。调整优化融资性担保机构准入信用等级、监测方式等内容，规范与融资性担保机构业务合作管理。成立法律合规处，加强法律审查和法律咨询，规范合同管理和授权管理。三是狠抓促销收贷。及早明确促销收贷阶段性目标，加强重点调度，定期监测通报，切实防范价格波动带来的信贷风险。在小麦市场行情较为低迷、棉花贷款投放同比较多的情况下，2011年度小麦、棉花收购贷款均提前实现本息“双结零”，玉米收购贷款本息基本结零。四是严防中长期贷款风险。落实工作责任，坚持“逐客户、逐项目”监测，及时下发提示函，督促提前落实收贷收息资金来源，努力防止发生欠贷欠息问题。对出现收贷收息困难的，赴实地开展督导，合力清收，取得明显效果。加大第二还款来源补办力度，按季通报补办情况，已补办担保手续贷款占比85.4%，比年初提高了34.3个百分点。五是大力清收处置不良贷款。采取“一类一策、一企一策、一笔一策”的办法，综合运用现金清收、诉讼清收、重组盘活、以资抵债、减免表外欠息等措施，强力推进不良贷款清收处置工作。累计现金清收不良贷款1861万元，进一步减轻了历史包袱和经营压力。

【业务经营】切实增强经营核算意识，加强业务经营指导，完善经营管理机制，努力提升经营绩效。一是推进存款组织、中间业务、国际业务和投资业务发展。以企业单位和财政资金等低成本存款为重点，积极实施“以贷引存”、“高端营销”、“一揽子”营销策略。各项存款日均余额达173.5亿元，由于组织存款降低经营成本4.3亿元。积极营销咨询顾问、保险代理等中间业务，全年实现中间业务收入2435.6万元。稳步推进国际业务和投资业务开展，成立国际业务处筹备组和投资处筹备组，圆满完成了秦皇岛、保定、衡水和邢台分行开办国际业务网点筹备工作，并通过总行验收。全年完成国际业务结算量1.75亿美元，完成总行下达任务的145.7%，实现手续费和汇差收入201.6万元。作为总行发起设立融资性农业担保公司4家试点行之一，积极做好前期筹备工作，不断拓展业务领域。二是加大收息力度。强化财务收支监测分析，落实收息责任制，积极与财政部门协调，促请其按时拨付了2012年和今年一季度粮食风险基金包干款，以及2012年新增粮食财务挂账利息补贴，确保了财政补贴贷款足额收息。针对今年中长期贷款收息压力较大的实际，强化措施，累计收回利息22.3亿元，占全行实收利息的53%，中长期到期贷款收回率和贷款利息收回率均达到100%。加强对企业特别是重点企业回笼货款的监测和管理，努力做到利息应收尽收。全年各项贷款利息收回率达到95.69%，同比上升1.58个百分点。三是规范财务收支行为。坚持勤俭办行，严格费用支出管理，精打细算，厉行节约。完善财务资源分配办法，合理安排各项财务费用，强化大额开支管理，加强对市级分行费用开支预算审批管理，财务资源使用效率不断提高。四是完善激励机制。根据总行新修订的经营绩效考评体系，结合河北实际，有针对性地修订完善了我行经营绩效考评办法；坚持实施并不断完善专项量化考核，按季考核通报并兑现奖惩；继续与市级分行行长签订经营绩效目标责任书和党风廉政建设及安全保卫责任书，明确管理责任和奖惩措施。坚持开展“进步创新奖”、县级支行“有效发展先进单位”评选等活动，切实激发各级行、各部门努力提升经营绩效的积极性和创造性。

（农业发展银行河北省分行　郭　宁）

农村扶贫

【综述】2012年是我省深入贯彻落实中央扶贫开发工作会议和《中国农村扶贫开发纲要（2011－2020年）》精神，全面部署和推进新十年特别是“十二五”扶贫开发工作的关键一年，也是各级党委、政府高度重视扶贫开发工作，力度不断加大，任务非常繁重的一年。一年来，全省上下按照省委、省政府“举全省之力打好扶贫开发攻坚战”的安排部署，统筹谋划、精心组织，加大投入、强力推进、扎实工作、狠抓落实，扶贫攻坚工作呈现出前所未有的好局面。全年各级共投入各类资金210亿元，其中财政扶贫资金11.17亿元（中央下达我省财政扶贫资金8.47亿元，省投入财政扶贫资金2.7亿元），扶贫贷款贴息资金9450万元，整合行业部门资金、争取信贷资金及群众自筹、社会捐助等198.3亿元。全面启动了3277个重点贫困村的整村推进工作，重点扶持10万个扶贫增收脱贫示范户发展起以设施种养业为重点的稳定增收项目，发挥了示范带动和“领头羊”作用。国务院扶贫办主任范小建对我省部门联动整村推进，实施扶贫开发细胞工程，形成专项扶贫、行业扶贫、社会扶贫三位一体大扶贫格局的做法给予充分肯定。

【领导关怀】2012年12月29日-30日，中共中央总书记、中央军委主席习近平冒着严寒、轻车简从，专程到太行山深处的河北省阜平县看望慰问困难群众，考察扶贫开发工作。习近平说，革命老区和老区人民为中国革命胜利作出了重要贡献，党和人民永远不会忘记。改革开放30多年来，我国人民生活水平总体上发生很大变化。同时，由于我国还处在社会主义初级阶段，还有为数不少的困难群众。全面建成小康社会，最艰巨最繁重的任务在农村、特别是在贫困地区。没有农村的小康，特别是没有贫困地区的小康，就没有全面建成小康社会。习近平总书记这番话，不仅展现了求真务实、心系群众的民生情怀，也道出了扶贫开发在全面建成小康社会大格局中的重要作用，为进一步做好扶贫开发工作指明了方向。

【全面部署新时期扶贫开发工作】2012年2月29日-3月1日，省委、省政府在保定市涞水县召开全省扶贫开发暨环首都扶贫攻坚示范区建设工作会议，印发了《中共河北省委、河北省人民政府关于贯彻落实〈中国农村扶贫开发纲要（2011－2020年）〉的实施意见》，对新十年扶贫开发工作作出了全面部署。确定了扶贫开发片区县和重点县。全省确定了62个扶贫开发片区县和重点县，其中国家连片特困地区县22个、国家扶贫开发重点县23个、省扶贫开发重点县17个，此外还有涉县、宽城、肃宁等3个“十二五”期间继续扶持的县。片区县和重点县是我省新十年扶贫开发的主要工作范围。确定了扶贫开发工作重点村。按照“确实贫困、成方连片、相对集中、村级班子战斗力强”的原则，确定了3277个贫困程度较重、贫困人口相对集中的村庄，作为实施“十二五”扶贫开发整村推进规划的重点村予以扶持。确定了扶贫对象。按照2300元的新扶贫标准，到2011年底，我省尚有农村贫困人口795万，其中扶贫对象561万。

【多方争取加大扶贫资金投入】积极争取国家支持。全年中央共下达我省财政扶贫资金84707万元，其中安排彩票公益金6000万元，支持滦平、涞源、武强、广宗等4个革命老区县开展了整村推进试点。省市县三级进一步加大扶贫资金投入。省财政预算安排配套扶贫资金2.7亿元，比上年增加1倍。有关市及扶贫开发重点县认真落实省委省政府“市、县从2012年起每年拿出地方公共财政预算收入的1%专项用于扶贫开发”的规定，切实加大了本级扶贫资金投入。

【集中连片特困地区扶贫攻坚】进入新阶段，国家将我省22个县纳入了燕山-太行山集中连片特困地区，省委、省政府将我省黑龙港干旱盐碱区的20个县确定为省集中连片特困地区。通过加大投入，扎实推进了片区扶贫攻坚工作。一是在中央新增扶贫资金集中向国家连片特困地区县倾斜的同时，省财政对全省40个国家扶贫开发重点县实行了省级分享增值税、营业税、企业所得税“核定基数、超收全返、一定四年”的激励性财政体制政策。二是按照国家部署，结合我省实际，组织有关市县编制了燕山-太行山区、黑龙港流域干旱盐碱区区域发展与扶贫攻坚规划。其中，燕山-太行山集中连片特困地区区域发展与扶贫攻坚规划已经国务院批复，目前正在按国家要求制定实施规划；黑龙港片区区域发展与扶贫攻坚规划已经省政府常务会议审议同意下发实施。

【环首都扶贫攻坚示范区建设】为切实推动新阶段扶贫攻坚工作，省委、省政府决定将邻近首都的涞水、易县、涞源、赤城、蔚县、沽源、丰宁、滦平、兴隆9个县作为环首都扶贫攻坚示范区，调动多方力量，实施扶贫攻坚，发挥示范作用，力求通过3年努力，打造一道展示扶贫开发成果的靓丽风景线。为此，省扶贫办专门成立了环首都扶贫攻坚示范区建设服务办公室，加强协调指导，推动工作开展。各项工作推进顺利、成效明显。一是省市县村组织编制了环首都扶贫攻坚示范区扶贫攻坚规划；二是加大财政扶贫资金支付。在省财政配套资金重点向环首都扶贫攻坚示范区县倾斜的同时，省财政安排4.5亿元均衡性转移支付资金支持示范区各县建立信贷担保平台，累计向龙头企业和农户发放贷款4亿多元。神华公益基金会捐赠我省的3000万元扶贫资金，全部安排到环首都扶贫攻坚示范区的涞水、赤城、丰宁、滦平4个重点县，每县安排750万元用于改善贫困村的交通条件，项目已基本实施完毕。三是省直相关部门充分发挥职能作用，出台了一系列支持环首都扶贫攻坚示范区建设的政策措施。张家口、承德、保定3市9县把扶贫攻坚摆在突出位置，主要领导亲自谋划部署，亲自协调推动，明确任务目标，加大资金投入，强化攻坚措施，确保了示范区建设的扎实推进。据统计，2012年环首都扶贫攻坚示范区建设共投入资金104.4亿元，建设各类设施大棚2.9万个，种植中药材2.8万亩、林果121.2万亩，建成规模养殖场933个；打井1288眼，修路1525公里；还培育发展产业化扶贫龙头企业94家。一大批兴县富民项目相继实施，为加快发展、增加群众收入奠定了坚实基础。

【全面启动重点村整村推进工作】全面启动了对3277个扶贫开发重点村的扶持工作。“十二五”期间，计划每个贫困村平均投入财政专项扶贫资金不低于100万元，加上整合资金、社会资金、信贷资金、群众自筹等投入达到300万元以上，到2015年，使列入规划的3277个重点村全部达到脱贫致富“十二有”标准。指导各重点村逐村建立了扶贫档案，编制了扶贫开发规划，正在组织实施。

【产业化扶贫】2012年全省继续加大投入，重点支持10万个贫困家庭建设了稳定的增收脱贫项目。全省共投入产业扶贫资金63895万元，其中，投入24855万元，用于发展设施蔬菜产业及张杂谷、中草药、裸地菜等特色增收项目；投入35142万元用于发展设施养殖；投入3898万元，栽植核桃等各类林果64万亩。用于建设增收项目的资金占到财政扶贫资金的75%。黑龙港地区“富民大菜篮”工程、太行山以优质核桃为主的干鲜果品产业带、燕山地区食用菌产业群、张承坝上地区节水错季蔬菜以及黑龙港流域部分县的肉鸡肉鸭养殖等已成为当地重要的增收产业。同时，各地还引进和发展了一批肉鸡肉鸭加工、奶业加工、蔬菜保鲜加工等龙头项目，“龙头＋合作社＋小区＋农户”的产业发展模式进一步巩固和完善。

【社会扶贫工作】省组织141个机关团体、124家企事业单位、82所大专院校、62个经济实力较强的县（市、区）开展了新一轮定点扶贫工作，直接帮扶了62个重点县的716个贫困村。市县也都安排了本级帮扶单位和帮扶干部，实现了贫困村帮扶全覆盖；38名省级领导落实了扶贫联系县和联系村，绝大多数省领导都到扶贫联系点进行了调研和指导工作。积极协调中直单位和部队做好帮扶工作。共有32个中直单位在我省帮扶，覆盖了40个国定重点县，全年共投入帮扶资金8379万元。同时，启动了驻冀部队的定点扶贫工作。

【扶贫培训工作】与省委党校联合举办了全省党政领导干部扶贫专题研讨班，对全省62个扶贫开发重点县党政分管领导及11个市扶贫办主任进行了培训。全年全省各级共举办各类干部培训班683期，培训各类对象1.9万人次，其中培训乡村干部和专业合作社负责人1.2万人次；组织帮扶干部培训班63期、培训1800人次；组织农村实用技术培训12万人次；组织培训贫困青年劳动力2.3万人。

【雨露计划实施方式改革试点】2012年对武强、顺平、灵寿、广宗、围场满族蒙古族自治县等5个试点县的6000多个贫困家庭的子女参加职业教育给予了补贴，每人每学年补贴1500元；经国务院扶贫办批准，新增蔚县为雨露计划实施方式改革试点县。

【科教扶贫】全年共组织科技人员1680人次到扶贫点开展科教扶贫工作，推广农业新技术158项、推广应用种养新品种88个、转化科技成果179项，举办科技培训班381期，培训农民5万余人次，产生经济效益1亿多元。

【扶贫移民搬迁】省政府印发了《河北省易地扶贫搬迁规划（2012-2015）》，计划“十二五”期间对太行山区和燕山山区生存条件恶劣、生活资料匮乏、生产条件艰苦的特困村及特困人口继续实行易地搬迁扶贫，通过建设集中安置小区，从根本上改善特困群众生产生活条件。2012年共启动51个小区建设，预计在2013年6月份全部完成。

【互助金试点工作】2012年国家奖励我省扶贫互助金

试点资金200万元，通过竞争确定张北、故城、武邑、巨鹿等4个县为中央互助资金试点县；省安排试点资金810万元，竞争确定魏县、阜城、崇礼、临城、怀安、涞水、枣强、易县、滦平等9个县为省级互助金试点县。全省互助金试点村达到1161个，为帮助群众发展生产发挥了重要任用。2012年，通过规范提升，全省有895个互助社在民政部门注册，注册率达到77.1%，累计发放借款34772万元。

【扶贫小额贷款项目试点】在中国扶贫基金会的大力支持下，大名、巨鹿、武强、盐山、南皮、曲阳、赤城、丰宁、宽城、兴隆、隆化等11个县被确定为小额信贷扶贫项目试点县。此前，我省已有怀安、尚义、武邑、万全、平泉、承德县、涞源、顺平、唐县、阜城、围场、滦平、青龙、献县、海兴、丰宁等16个县相继建立了小额信贷农户自立服务社，至此，我省开展小额信贷扶贫项目试点县共计达到27个，成为全国沿海省份中小额信贷扶贫项目试点县最多的省份。

【积极开展扶贫救灾工作】2012年7月21日-22日涞水、涞源、易县、兴隆等环首都扶贫攻坚示范区县遭受特大洪涝灾害，造成了重大经济损失。按照省委、省政府安排部署，省扶贫办积极参与救灾工作，先后协调财政部门为受灾严重的涞水等4个县下拨扶贫救灾资金1000万元，用于灾后扶贫项目恢复重建工作，促进了灾后重建工作的顺利开展。

【基层建设年工作】积极参与省委基层建设年活动，发动机关干部捐款3.16万元，为帮扶村小学购置桌椅153套；安排扶贫资金6000万元，用于帮助列入“十二五”扶贫规划的922个下基层帮扶村硬化街道，改善群众的生活条件。同时，派出由厅级领导带队的驻村工作组，深入滦平县三道沟村开展驻村帮扶工作，共整合投入各类建设资金3200万元，重点推进了产业培育、基础设施建设、移民搬迁等28个项目，为帮扶村实现“群众增收、民生改善、生态改观、民风文明”的目标打下了坚实基础。

【困难与问题】我省扶贫开发虽然取得了明显成效，但扶贫开发的任务依然艰巨，特别是随着扶贫标准的大幅度提高、扶贫内涵的进一步深化，工作中还存在一些突出困难和问题，集中表现在：一是贫困人口数量较多，脱贫难度加大。按照国家2300元的新扶贫标准，到2011年底，我省有农村贫困人口795万，其中扶贫对象561万，占农村户籍人口的10.1%。特别是全省62个扶贫开发片区县和重点县、3277个列入“十二五”扶贫开发整村推进规划的重点村，大多分布在张承地区、太行山-燕山深山区和黑龙港流域，这些地方自然条件差、基础设施弱、社会发展程度低，脱贫难度大，是扶贫攻坚的“硬骨头”。尤其是环北京地区，作为首都的重要生态屏障和水源地，大多数地方都是国家限制开发区域，许多生产项目明令禁止，经济发展缓慢，“低收入、高物价”的特点十分明显，相对贫困非常突出。二是扶贫资金投入不足，缺口较大。全省扶贫开发工作会议以后，各地热情高涨，抢抓机遇，加快发展，谋划和实施了一批产业发展和基础设施建设项目，资金投入需求大，普遍感到建设资金严重不足。资金紧缺是当前扶贫攻坚面临的最大“瓶颈”。

三是部分县遭受历史罕见的洪涝灾害，一些在建的产业扶贫项目和基础设施建设损毁严重，受灾面之大、损失之重前所未有，给扶贫攻坚工作增加了新的难度。

（河北省扶贫办公室　耿锋先）

国土资源管理

【概况】截止到2008年12月31日，河北省土地调查总面积 282650791.2亩，与2007年度变更调查总面积完全一致。

按一级地类统计：农用地196237289.5亩，占辖区总面积的69.43%;建设用地26913028.0亩，占辖区总面积的9.52%；未利用地59500473.7亩，占辖区总面积的21.05%。

按二级地类统计：农用地中，耕地94759460.3亩、园地10570449.9亩、林地66332148.5亩、牧草地11979318.4亩、其他农用地12595912.4亩，分别占农用地的48.29%、5.39%、33.80%、6.10%、6.42%；建设用地中，居民点及独立工矿用地23172601.0亩、交通运输用地1806221.5亩、水利设施用地1934205.5亩，分别占建设用地的86.10%、6.71%、7.19%;未利用地中，未利用土地51449408.3亩、其他土地8051065.4亩，分别占未利用地的86.47%、13.53%。

城镇及村庄地籍调查：截止到本统计年度末，全省城市市区应完成面积1518.3462平方公里，已完成1473.8832平方公里，当年变更44.3126平方公里；建制镇城区应完成面积2284.1246平方公里，已完成1718.8946平方公里，当年变更28.4630平方公里；农村居民点应完成面积11817.7154平方公里，已完成8254.6400平方公里，当年变更182.9412平方公里。（注：根据《土地调查条例》第二十五条“全国土地调查成果公布后，县级以上地方人民政府方可逐级依次公布本行政区域的土地调查成果”。国家未公布2009年第二次土地调查及其以后的年度土地变更调查成果，所以我省公布的土地资源概况数据统计时间截止到2008年12月31日）

河北省矿产资源丰富，截至2012年底，河北省已发现矿产132种（亚矿种156），具有查明资源储量的矿产127种，列入《河北省矿产资源储量表》的矿产87种，矿产地1362处，总保有资源储量（矿石量）628亿吨（另有超贫磁铁矿 39.09亿吨、建材矿产6.98亿立方米）。优势（竞争力较强的）矿产有铁矿、钼矿、水泥用灰岩、煤、冶金用白云岩、饰面用石材，其中铁矿87.36亿吨，居全国第3位；钼矿78.54 万吨，居全国第8位；煤199.74亿吨，居全国第13位；水泥用灰岩63.71亿吨，居全国第5位；冶金用白云岩12. 63亿吨，居全国第1位。2012年河北省生产铁矿石4.18亿吨，铁精粉9167.89万吨，进口铁矿1.7亿吨，铁矿自给率为 35.11%，全省成品矿平均价格1065元／吨（干基含税），较 2011年同期下降235元／吨；原煤产量完成20008.70万吨，国有重点煤矿商品煤综合售价535.79元／吨，同比下降88.04元／吨。全省已开发利用矿产地819处，现有各类矿山企业4724家，从业人数32.79万人，年开采矿石总量6.33亿吨，工业总产值达1088.78亿元，形成了以冶金、煤炭、建材、石化为主的矿业经济体系。地质灾害主要有崩塌、滑坡、泥石流、地面塌陷、地裂缝、海水入侵等。

河北省海岸线长487公里，管辖海域面积7000多平方公里。有海岛14个，海岛面积36.35平方公里。河北省沿海地区处于环渤海经济圈的中心地带，海洋生物、港口、原盐、石油、旅游等海洋资源丰富，气候环境适宜，海洋灾害少，是发展海水养殖、盐和盐化工、港口运输、滨海旅游等产业的优良地带，适合进行各种形式的综合开发，具有发展海洋经济的巨大潜力。目前主要海洋产业是滨海旅游业、海洋交通运输业、海洋船舶工业、海洋盐业、海洋化工业以及海洋渔业。

【服务经济】保障发展用地，全年安排新增建设用地计划23.33万亩。共批准新增建设用地22.37万亩，利用存量土地19.9万亩。全面完成了新一轮土地利用总体规划修编，圆满完成了170 个县级土地利用总体规划与二次土地调查成果衔接工作，扩大了允许建设区面积，为今后项目建设和经济发展提供了较大空间；扎实推进找矿突破，圆满完成了历时五年的矿产资源利用现状调查任务，编制发布了河北省找矿突破战略行动实施方案，实行了矿产勘查分区管理，根据地质条件划定了重点勘查区、风险勘查区和一般勘查区，不断调整完善与之配套的矿业权设置政策。一批财政出资勘查项目取得重大找矿突破，向社会发布了2010年以来全省地质找矿成果；积极争取国家围填海指标，有力支持了沿海地区率先发展。对涉及保障性安居工程的用地审批开通“绿色通道”，依法依规优先办理，严格审查上报国土资源部的各项报批材料，确保5503亩保障性安居工程项目及时用地、开工建设。

【保障民生】在征地工作中严格执行土地管理法律法规和政策规定的征地程序和审批权限，落实征地制度，切实维护好农民合法权益；规范征地行为。严格审查市、县国土部门征地报批前依法履行征地告知、土地调查结果确认、依申请组织听证情况；严把征地补偿安置关。征地安置补偿严格执行省政府 141号文确定的区片价标准和落实社保费用的相关规定，不符合规定要求的，一律不予批准征地。加强批后实施监管。征地经依法批准后，通过“征地批后实施信息系统”监管平台加强批后实施监管，及时掌握征地工作进展情况，支付补偿费用，落实安置途径，维护农民合法权益；指导各地结合中央房地产市场调控政策和当地保障性安居工程建设任务，编制国有建设用地供应计划并及时进行调整，达到了保障性安居工程和中小套型商品住房用地不低于住房用地总量70%的政策要求，优先供应保障性安居工程用地，确保保障性安居工程用地应保尽保，优先供应。

【依法行政】精简行政审批事项。按照省政府办公厅《关于印发河北省全面清理省本级非行政许可审批事项实施方案的通知》和《全省国土资源系统集中开展着力改善“两个环境”活动方案》的要求，组织开展了非行政许可审批事项清理工作，对每一项行政审批事项，从依据到条件，从程序到时限，从材料到内容，都进行了认真分析、研究。同时，借鉴广东、广西、贵州、湖北等省经验，对现行行政审批事项进行了全面清理。对不符合国家要求的事项坚决予以取消，对不属于行政审批的事项转变管理方式，对同一项的进行合并，共取消 8项非行政许可审批事项，保留非行政许可审批事项13项。

规范行政处罚行为。研究起草了《土地行政处罚自由裁量权执行标准》、《矿产资源处罚自由裁量权执行标准》。通过细化、量化执法基准，完善执法流程，健全配套制度，避免了行政执法中裁量不当、处理畸轻畸重，同案异罚、宽严失度等情况发生，规范了国土资源行政执法行为。

开展规范性文件清理。按照《河北省规范性文件制定规定》和省政府办公厅《关于印发2012年政府规章规范性文件清理工作实施方案的通知》的要求，对2012年10月31日以前制订发布的现行规范性文件进行了全面清理。对省厅起草、省政府发布的现行8件规章，拟修改《河北省土地复垦实施办法》，其余7件予以保留；对省厅起草、省政府发布的现行36件规范性文件，拟修改2件、废止5件、保留 29件；对省厅制订发布现行的179件规范性文件，拟废止73件、保留106件。

【国土资源规划】土地利用总体规划修编。全面完成土地利用总体规划与二调成果衔接工作，170个县（市、区）及所属乡级规划衔接成果全部完成省级备案，数据库全部报国土资源部备案。通过规划衔接，国土资源部追加河北省40万亩（267平方公里）规划用地规模。

矿产资源规划编制。省级矿产资源规划、11个市级矿产资源规划和有编制任务的59个县级矿产资源规划全部经省政府批准实施新一轮矿产资源规划编制工作全面完成。同时完成了涞源县大湾锌、钼矿、滦南县马城铁矿两个重点矿区专项规划的编制工作。

土地整治规划编制。完成省级土地整治规划编制并通过国土资源部审查。下发《河北省国土资源厅关于加快推进市县级土地整治规划编制工作的通知》，对市、县级土地整治规划编制的任务、重点、进度等都提出了明确要求，市县土地整治规划编制全面开展，部分市县已经完成专题研究和规划文本。

工矿废弃地复垦利用试点。经积极争取，河北省被国土资源部列为工矿废弃地复垦利用试点省，试点单位由国土资源部原来要求的2-3个县，扩大到唐山、承德、沧州和保定4市18个县。试点工作已全面开展，按时完成了工矿废弃地复垦利用试点方案和专项规划的编制，先后通过了国土资源部审查。国土资源部已下达河北省2012年复垦规模2.5万亩，缓解了全省建设用地供需矛盾。

【耕地保护】全面落实耕地保护责任制。全面落实耕地保护行政首长负责制。省、市、县、乡层层落实耕地保护目标责任制，根据土地利用总体规划确定的耕地保有量和基本农田保护面积，提出各设区市政府2012年耕地保有量和基本农田保护面积责任目标，张庆伟省长与11个设区市市长签订《耕地保护目标责任书》，落实各设区市政府耕地保护责任，按时完成了设区市政府耕地保护责任目标履行情况检查；全面开展全省基本农田划定工作，全省137个县（市、区）落实基本农田地块，总面积4165365公顷，完成率76%；156个县（市、区）与村或村小组签订了基本农田保护责任书，完成率86%；82个县（市、区）基本完成数据库建设，完成率45%。

农村土地整治工作。做好太行山前平原农村土地整治示范建设项目立项审查工作，对项目实施情况进行督导，采取上门约谈、巡回督导等形式，全力推动示范建设工作；组织编制了《河北省2012年高标准基本农田建设实施方案》，研究制定高标准基本农田建设工作方案，积极筹措建设资金，全力推进河北省示范建设工作。

耕地占补平衡工作。研究制定了《关于进一步加强用于占补平衡补充耕地指标管理工作的通知》，明确设区市政府是耕地占补平衡第一责任人，规范新增耕地抵顶使用；代省政府办公厅起草了《关于进一步加强耕地占补平衡的通知》，实行“以补定占”，严格项目立项、实施、验收，确保工程质量；做好占补平衡项目核实和考核工作，全省验收核实新增耕地13.10万亩，其中占补平衡补充耕地12.52万亩，实现了“先补后占”和“占补平衡”，是国土资源部耕地占补平衡考核五个综合评价最好的省份之一。

【资源利用】土地节约集约利用。制定下发了《河北省国土资源厅关于印发河北省土地节约集约利用考核实施方案（试行）的通知》，在全省部署开展土地节约利用考核，探索研究节约集约利用考核评价体系；开展河北省建设用地节约集约控制指标体系研究，经过专家多次研究论证和广泛征求意见，下发了《河北省主要项目建设用地控制指标（2012版）》，形成了涵盖商服、工矿仓储、公共服务、交通运输、特殊用地、园区用地6大类、58个主要建设项目用地的控制指标体系，在控制项目建设用地规模、严格项目用地预审、供地和监督检查、节约高效用地等方面有很高的使用价值；全省9个国家级开发区集约利用评价更新成果通过省厅验收，并顺利通过部规划院通过省级审核，101个省级开发区集约利用评价成果全部通过省级审核，报国土资源部备案；经过严格考核，霸州市、正定县、泊头市、崇礼县、滦平县、清河县、景县等7个申报市县通过了达标考核，经国土资源部组织相关专家进行评优考核及实地考核，霸州市、泊头市、崇礼县、滦平县通过各项考核，已审批公示。

规范推进城乡建设用地增减挂钩试点工作。开展城乡建设用地增减挂钩试点清理和网上报备工作，全省共上报整改卷1003宗，核准996余宗项目在线报备，项目区总规模26.63 万亩。全省新民居项目建设中，农村建新区按1:1.2倍归还周转用地，项目实施后，可新增耕地总面积1.34万亩；代省政府办公厅起草下发了《河北省城乡建设用地增减挂钩试点管理暂行办法》，制定了《河北省城乡建设用地增减挂钩试点复垦验收暂行规定》等配套措施，对促进城乡统筹发展提供了政策和措施保障。

加强房地产用地监管。按季度组织土地供应形势分析，指导编撰了《2012年河北省土地市场动态监测分析报告》和《2012年河北省城市地价动态监测报告》，下发《河北省国土资源厅关于运用土地市场动态监测与监管系统促进土地有效供应和加强供后监管的通知》，严格执行异常地块备案等各项政策规定，加强批后监管，巩固调控成果；下发《河北省闲置土地处置专项检查工作方案》，依法依规加快处置闲置土地并形成有效供应。

【地籍管理】农村集体土地所有权确权登记发证。通过加强组织领导，狠抓试点工作，落实配套经费，全省农村集体土地所有权确权登记发证工作已全面完成，按时实现了国家和省预定目标；农村宅基地和集体建设用地使用权确权登记发证工作推进步伐明显加快。在认真总结试点经验的基础上，依据现有法规及规范性文件，出台了《关于农村集体土地确权登记发证的若干意见》、《关于切实加快推进农村集体土地所有权确权登记发证工作的通知》，明确工作完成时限和指标，派出督导组进行全面督导。全年落实省本级专项经费28335.32万元，促进了各项工作落实。

年度土地变更调查工作任务。组织12家有关专业技术单位50多名技术骨干，利用国家下发的遥感影像、疑似建设用地图斑及全省建设用地审批、开发整理资料，对全省175个县级土地变更调查成果，逐块、逐图斑进行了全面内业核查。根据核查结果，组织进行省级数据汇总，按时向国家上报了数据增量包。

宗地统一编码示范区建设。将石家庄鹿泉市和邯郸磁县作为宗地统一代码省级示范区，按照《宗地代码编制规则》要求，采取“双码运行，逐步并轨”的实施方式，注重总结梳理经验，取得了良好的示范效应；指导11个农村集体土地确权登记发证省级试点县（市）组织开展宗地统一编码工作，实现了宗地统一代码编制与农村集体土地确权登记发证工作的有机结合。

【执法监察】土地矿产卫片执法检查。凡不符合土地利用总体规划、不符合产业政策的，依法依规进行拆除复耕。对卫片执法中发现的违法用地采矿行为发现一起，查处一起。全省卫片执法共立案查处土地违法案件7345件，落实行政处分299人，移送司法机关追究刑事责任288人；立案查处矿产违法案件 362件，没收违法所得1037.6万元，罚款451.5万元，行政处分1人，追究刑事责任8人，申请法院强制执行6件。

严厉打击新增违法用地。先后印发《关于严厉打击坚决遏制2012年度新增违法占地问题的紧急通知》、《关于认真做好2012年度违法占地整改工作的通知》、《对严厉打击2012年度新增违法占地工作开展督导检查的通知》，要求各地对省厅下发的245件违法线索进行重点核查；对各市上报的108个重点违法线索进行集中督办。全省共立案查处2012年新增违法占地案件1690件，拆除、没收各类建筑物、构筑物34万平方米，对11起典型案件挂牌督办、公开曝光，效果明显。此项工作走在了全国先进行列，得到国土资源部充分肯定。

“打非治违”专项整治行动。制定“打非治违”专项整治行动方案，期间播出电视节目180期，巡回检查1500余人次，夜间突查80多次，出动车辆2000台次，联合执法50多次，处理各类举报案件150余件，先后排查了600个矿点，有效震慑了非法采矿行为。

“海盾2012”专项执法行动。组织开展围填海专项执法检查，进一步摸清了围填海项目基本情况，完善和建立了海域使用监管档案。组织省海洋执法联合检查组，对唐山、沧州辖区重点项目用海项目开展了专项执法检查，针对检查发现的个别拖欠海域使用金等情况，提出了相应的处理意见。同时，重点对2011年6月以后国家海洋局批复的区域建设用海项目进行了检查。在“海盾2012”专项执法行动中，共立案查处违法占用海域案件8起。

“碧海2012”专项执法行动。按照《河北省“碧海2012”专项执法行动实施方案》，对全省海洋工程项目进行了全面检查；结合开展北戴河海域海洋环境保护专项执法行动，对秦皇岛海域进行了巡航巡查；落实《2012年暑期秦皇岛海洋环境保护执法工作方案》，加大巡航巡查频次。本次专项执法行动共查处海洋环境违法案件14起，结案13起，查处非法采砂案件1起，制止和打击了破坏和影响海洋环境的违法行为。

海岛执法。全面推进“护岛2012”专项执法行动，进一步整顿和规范海岛开发利用秩序。全年集中开展海岛检查 4次，共派出执法人员63人次，行程463海里，及时获取了有关照片和影像资料。开展了全省17个岛屿中的8个面积较大、具有开发保护价值和岛体相对稳定的海岛的命名与标志设置工作。

维权巡航执法。根据国家维权执法工作需要，河北省分别于10月、11月、12月派出三批共8名骨干执法人员，随北海区维权执法编队赴指定海域进行维权巡航执法。期间，参与维权执法的队员与海区和兄弟总队的海监队员一起，加强团结协作，始终坚守岗位，经受住了恶劣海况、船只故障及晕船等带来的种种困难和考验，用实际行动捍卫了国家海洋权益，圆满完成了维权巡航执法任务。

【创新管理】在全国率先建立起体现党政同责的土地执法监管共同责任机制，河北省委办公厅、河北省人民政府办公厅联合印发了 《关于建立国土资源执法监管共同责任机制的意见》，实行党政同责、强化共同监管、明确职责分工、注重协调配合、完善制度机制、严格责任追究，全省基本建立了“党委领导、政府负责、部门协同、公众参与、上下联动”的国土资源管理工作新格局；建立分区管理、分类出让的地质找矿新机制；建立了标准化、绩效、行政监察“三位一体”的国土资源管理新模式；推进海域使用权直接进入建设领域工作；全省改革试点有新进展。城乡建设用地增减挂钩工作取得成效，工矿废弃地复垦利用列入国家试点，在承德、邢台两市开展了省级低丘缓坡开发利用试点，开辟了新的建设用地空间；开展远程网上报批试运行工作，着力增强政务大厅服务功能，规范业务流程，完善管理制度，所有窗口全部接办各类审批事项，做到了有件必接、接件即办、当天上传，工作效率和服务质量有了新的提高。全年政务大厅共受理审批报件5495件，收费46.15亿元，实现零差错。

（河北省国土资源厅　杨淑梅）

粮食工作

2012年，全省粮食系统在各级党委、政府的领导下，紧贴经济社会发展大局，深入学习实践科学发展观，坚持保安全、壮实力、增活力、重民生、求突破的工作主线，认真落实粮食购销政策，不断深化国有粮食企业改革，大力推进粮食产业发展，在支持粮食生产、保障粮食安全、壮大行业实力、保障军需民食、推进执法实践等方面取得了明显成效，全省粮食流通工作呈现平稳健康发展的好势头。

【粮食调控措施得到较好落实】认真组织粮食收购，适时在局部地区启动了小麦最低收购价执行预案，全省各类粮食企业共收购粮食447.6亿斤，比上年增加36.5亿斤，在粮食生产“九连增”的形势下，基本满足了农民售粮要求，有效稳定了粮食价格，保护了种粮农民利益；粮食储备规模进一步增加，新增省级粮食储备规模全部落实到位，信息化管理系统一期工程已开始运行。市级储备品种结构更趋合理，成品粮和小包装食用油储备基本落实。全省有90个县（市、区）建立了县级储备，到年底，省市县三级储备规模创历史最高水平，比国家下达我省地方粮食储备计划高58.6%；粮食应急保障体系进一步健全，适时调整应急网点，健全应急网络，全省粮食价格监测点达到252个，应急储运、加工、供应网点达到1091个；省际间粮食产销合作关系继续扩大，保持了主要粮食品种的供求平衡和粮食市场的基本稳定。

【国有粮食企业三年振兴目标如期实现】2012年是实施国有粮食企业三年振兴工程的收官之年，按照省局提出的“一突出”、“两确保”、“三推进”、“四优良”的工作思路和《关于做好国有粮食企业振兴工程评价工作的通知》要求，各级粮食部门进一步加强工作指导，着力攻坚克难，解决改革发展中的关键问题，争取各项资金1.15亿元，支持骨干企业加快发展，推介了一批成功经验和典型做法，较好发挥了示范引领作用。到年底，全省国有粮食购销企业已经由2011年初的681家整合到322家，企业布局更加优化，一县一企、一企多点的新型购销网络基本形成，国有粮食企业的竞争力、服务力和实力进一步提升，企业经营稳中有进、持续向好，全省国有粮食企业统算销售收入达到221亿元，实现利润1.9亿元。

【粮食产业化发展取得新成效】重点扶持了带动能力强的龙头企业，打造了一批新的知名品牌和高端产品，目前新建、在建和已进入前期准备的粮食产业化项目101个，总投资58.8亿元。全省有109家涉粮加工企业被认定为省级农业产业化龙头企业，7个粮食加工产品被评为“中国名牌”，省粮食产业集团、柏粮集团、今麦郎、佰裕东面业、金沙河面业、三河米业6家企业入选中国百佳粮食企业，省粮食产业集团荣膺“中国十佳粮油集团”。全省粮油加工业年产值实现1100亿元，比上年增长9.8%，利税总额将突破60亿元。

【粮油市场供应保障能力进一步增强】各类粮食企业全年共销售粮食589.4亿斤，比上年增加43.7亿斤，军粮供应连续16年超额完成国家下达计划；围绕确保食品安全，把推广军粮特供、发展城镇大众主食和农村放心粮油工程作为重点，在军粮特供建设上，继续以“应急保障、食品安全”为两大着力点，以军民融合式为发展方向，实施了队伍、质量、基地、产品、网点、信息平台、市场“七大建设”，形成了以省正道公司为龙头、以各市军供站为区域配送中心，拥有145家网点的军粮特供应急保障网络，特供品种达到7大类120余种，全年销售额实现2.5亿元，比上年增加1亿元。在大众主食工程建设上，认真落实全国主食产业化工作会议和有关文件要求，争取省财政资金1000多万元，支持各市的主食产业化项目。石家庄市政府拨出专项资金2000多万元用于主食产业项目，“放心馒头”销售网点达到420个，邢台、廊坊、邯郸和保定的主食工程建设成效显著。在放心粮油进农村工作上，进一步延伸服务网络，改善服务方式，为农民生产生活提供便利。

【粮食依法行政工作扎实有效】加强粮食法规制度建设，修订后的《河北省省级储备粮管理办法》以省政府文件正式印发；粮油经营企业库存量核定办法、行政处罚自由裁量权基准制度、粮食行政复议、粮食行政审批程序等更趋完善和规范，地方粮食政策法规体系初步形成；全面开展执法实践，按照国家粮食局的要求，完成了2012年粮食库存例行检查，开展了夏秋粮食收购专项检查和省级储备粮轮换、政策性粮食销售出库等专项检查。加大粮食执法力度，严肃查处涉粮违规行为，各级粮食部门共组织开展检查6068次，出动检查人员20135人次，检查收购主体20813个次，依法查办涉粮案件618起。开展了粮食流通监督检查示范单位创建活动，博野、平山、丰南三个县区被评为全国粮食流通监督检查示范单位。

【粮食流通基础设施建设取得新进展】2012年由粮食部门主导的各类基础设施在建项目50个，总投资33.7亿元，前期谋划项目60个，计划投资74亿元，其中在建和前期仓储物流项目合计有87个。会同省有关部门争取国家粮食现代物流项目4个，补助资金1400万元；争取国家粮油仓储项目补助资金3500万元，支持了7个粮油仓储项目；粮食质监体系建设有了新进展，隶属于各级粮食部门的粮食检验机构已经达到12家；争取中央预算内投资1360万元，用于市级以上8家质检机构的设备更新，省质检中心技术装备已经达到全国领先水平。农户储粮减损工程有序推进，在完成2011年度8.6万套小粮仓制作、分发的基础上，2012年新增5万套计划任务全部落实到位。

（河北省粮食局　姚辰彦）

农村供销

【综述】2012年，全省供销合作社在全国供销总社和河北省委、省政府的正确领导下，认真贯彻党的十七大、十八大会议精神，全面落实国务院[2009]40号文件和省政府[2010]77号文件精神，紧紧围绕推进城乡经济社会统筹发展，坚持服务“三农”的办社宗旨，按照“进中求快”的工作基调，解放思想，锐意创新，开拓进取，强力推进基层供销社组织体制改革和县城商贸综合体建设“两大重点工程”，进一步深化“两个体系一个中心”建设（农村现代流通服务网络体系、农民合作经济组织服务体系和农村社区综合服务中心），全系统经济运行质量不断提高，实力、活力、竞争力持续增强，在促进农村经济社会发展中发挥了重要作用。全省供销社购进总额835.9亿元，同比增长25.0%，其中，农副产品购进总额158.2亿元，同比增长38.0%；销售总额868.9亿元，同比增长21.2%，其中，消费品零售额288.2亿元，同比增长32.4%，农业生产资料零售额181.9亿元，同比增长18.8%；实现利润总额3.87亿元，同比增长20.4%。

【基层供销社组织体制改革初步完成】坚持“政府主导、农民主体、供销社主办”的指导思想，在2011年“组织发动、抓好试点”的基础上，按合作制原则，以产权为核心，以资本为纽带，以重建和改造为重点，通过实施开放办社，创新体制机制，吸纳专业合作经济组织、农民能人、经营大户以及村“两委”干部和乡镇政府领导广泛参与，全面推进基层社组织体制改革，基本实现了“三年任务、两年完成”的目标任务，改革工作取得了明显成效，主要表现在：一是改革任务初步完成。到2012年底，全省供销合作社新型基层社总数达到1853个，占乡镇总数的94.5%，其中新建883个、改造970个，提前一年完成了新型基层社的建设任务。有过半新型基层供销合作社按验收标准达标，在组织农民专业合作社联合发展、开展综合服务活动、推动农村现代流通网络建设等方面发挥着积极作用。二是夯实供销社组织内涵。新型基层社的建立，解决了供销社合作对象缺位和联合社缺少联合基础的问题，使供销社组织内涵实现了创新，合作本质得到回归。新型基层社的社员中，农民专业合作社6961个，农民社员105万户，辐射带动农民425万户。平均每个新型基层社的农民社员占到88%以上，理事会中农民成员占76%以上，对当地农民合作经济组织的覆盖面达到了90%以上，供销社与农民重新建立起紧密的联系。1853个新型基层供销社，都加入县供销社，成为县供销社成员单位，接受县社的领导和业务指导，挂三块牌子，即供销合作社、专业合作社联合社、农合联乡镇分会（联合会），联合社的组织基础进一步夯实。三是服务能力明显增强。各地新型基层供销社聚合了农村各类社会资源，依托当地主导、特色产业，与区域内有实力的社会资本合作，在多地填补了服务空白，经营服务能力和公益服务能力显著增强。据统计，全系统通过基层社组织体制改革，新带动县域农业主导产业355个，年为农增收32亿元。新型基层社按照“民有、民管、民享”原则建立，通过自我协调，解决了农民生产经营中遇到的缺信息、缺技术、缺资金等问题。四是受到各方充分肯定。原全国总社党组书记、理事会主任杨传堂称赞河北基层社改革“有内容、有特色、有亮点”。省领导张庆黎、赵勇、臧胜业、沈小平和全国总社党组副书记、理事会副主任李春生均给予重要批示，肯定全省基层社组织体制改革工作。已有11个市、100多个县政府的领导对基层社改革做出肯定性批示并，利用新型基层供销合作社，将政府各部门的服务向农村延伸，把新型基层供销社打造成农村公共服务平台。

【县城商贸综合体建设有序推进】坚持“共建、共有、共享”的建设原则，上下级社合力推进，积极寻求战略合作者，强力实施，综合体重点项目建设取得快速发展。一是积极推进重点项目发展。在前期调研和省社与11市政府以及100多个县市区政府签署《战略合作协议书》基础上，认真谋划和积极推进各市重点项目发展，确定综合体项目重点县近50个。新合作集团公司分别与任县、承德县、孟村县、隆化县、阜城县等9个县政府就综合体项目建设签约，其中，沽源县、承德县、隆化县和赵县均已成立项目公司并开工建设。二是加强争取政策支持。省政府出台《关于发挥供销合作社系统优势，推进县城商贸综合体建设的通知》（冀办字[2012]39号），张家口、邯郸市相继制定贯彻落实意见，创造了良好的发展环境。三是积极开展合作与招商工作，分别与河北隆基泰和集团签署合作协议，与河北盐百集团达成合作意向，赴香港参加投资贸易洽谈会，面向港资企业进行专题招商，借力社会资本和技术，共同规划和实施综合体项目。

【“农合联”实体化建设取得重大进展】充分发挥“农合联”的组织、引导、领办作用，以推进实体化建设为重点，围绕基层社组织体制改革工作，通过开展各项活动，完善组织体系，强化服务功能，促进专业合作社增量提质。截至2012年底，全省供销社依托省、市、县级供销社建立“农合联”162家，占供销合作社总数的98%；建立乡镇分会1101个，占全省乡镇总数的55.8%。会员总数达到97800个，带动农民专业合作社7100个，涉农协会1819个，对农民合作经济组织服务覆盖率达到78%，辐射带动农户290万户。加大工作力度，年初下发《关于发挥农合联引领服务作用推动基层社组织体制改革的通知》、《农合联“十二五”规划》等文件，采取措施，促进专业合作社与基层供销社的融合，以实体化建设来助推基层组织体制改革，推进各级农合联工作持续发展。争取取政策支持，各地农合联经过几年的发展，逐步得到各级政府的认可，多市县政府赋予了农合联统领、引领、服务、考核农民合作经济组织的职能，改善了外部生存环境，充实了服务手段。积极推进农民专业合作社联合社发展，成立专业合作社联合社945

个，有效的增强了专业社的发展合力和市场竞争力。组织科技服务，一年来，共进行科技服务活动6000多人次，培训农民20万余人（次），在各种媒体发送信息10万多条，培育省级著名商标29个。组织品牌培育，其中，唐山市农合联帮助农民专业合作社注册农产品品牌26个，总数达198个。组织15家专业合作社入选全国供销系统“农民专业合作社示范社”，4家专业合作社荣获“中国50佳合作社”。组织经贸活动，组织农民专业合作社、农产品经纪人、连锁超市等参加产销衔接活动13次，订单金额2.5亿元。组织农超对接，各级农合联通过积极开展农超对接活动，带动了农民专业合作经济组织和农户，农产品产业链大大延伸。抢抓新农村建设机遇，推进农村社区综合服务中心建设，发展农村综合服务社9454个、农村综合服务中心1037个，有效满足农民生产生活需求。石家庄市农合联还积极探索农业保险、金融担保公司、村镇银行“三位一体”的新型农村金融保险服务体系，解决了农民的后顾之忧。实施“百千万培训工程”，制定全系统三年行业职业技能鉴定工作规划，全省的职业技能工作站、点的总数达到了165个，举办培训认证班9期，认证人员总数805人。

【农副产品经营网络建设扎实推进】着力抓好农副产品经营服务体系建设，利用现代信息技术手段，创新经营方式，积极构建鲜活农产品直销体系，开展“农超对接”、“农企对接”、“农校对接”，在进一步畅通农产品购销渠道、保障市场供应、维护市场秩序、助农增收方面发挥了重要作用。2012年，全系统共实现农副产品购进总额158.2亿元，同比增长38.0%。为了有效解决农副产品“农民卖难、市民买贵”的问题，全省供销社积极搭建鲜活农产品直采直销的便民、惠农新平台。按照国办发[2011]59号文件要求，省社制定《关于推进鲜活农产品流通体系建设的实施意见》，推动全系统鲜活农产品流通体系建设。唐山、秦皇岛、承德、张家口、保定、石家庄、邯郸等市供销社按照“政府主导，供销社主办，市场化运作”的原则，因地制宜采取措施，探索鲜活农产品购销新模式，收到农民、社会和企业都满意的效果。保定市社成立“新合作农产品销售有限公司”，选择32家专业合作社作为“直采基地”，投资建设“生鲜农产品配送中心”，在全市13个社区开设直销店，定制10辆流动售货车，农产品价格低于周边市场15%以上，已成为北京市“高校联采中心”蔬菜直供基地之一；承德市社以供销社两大农副产品交易批发市场为主导，直连市区20个蔬菜直营店，满足了市区近90%的蔬菜供应。全系统的农产品鲜活新体系平均以高出收购价10～20%的幅度收购、以低于市场价10～20%的幅度销售农产品，既使农民增收、又让市民节支，既保障市场供应、又促进价格稳定，既引领一产特色化发展、又带动三产拓展的显著社会效益，凸显了供销合作社的作用，赢得了农民和市民对党和政府的高度赞誉。保定、张家口市社利用这一体系在“7·21”洪灾和“5·4”火灾发生后，及时供应灾民生活与救灾物资，抢运、销售农产品，发挥了积极作用。

【日用消费品经营快速发展】消费品零售总额实现288.2亿元，同比增长32.4%，其中城市零售42.6亿元，同比增长18.5%，县以下农村零售131.3亿元，增长41.2%，农村增幅比城市高22.7个百分点。供销社农村消费品零售额的快速增长与系统大力实施流通网络的改造优化，强化农村日用消费品现代网络经营体系建设密不可分。一是大型连锁经营企业不断崛起，带动连锁经营网络体系向周边扩展。唐山金客隆、张家口新合作元丰商贸连锁有限公司、沧州盐百、廊坊民得利、正定瑞天、石家庄城区社红满楼、武安正和公司等一批县、市级日用消费品连锁企业的发展壮大，在促进供销社横向联合，改造基层社传统网点，推进“农超对接”方面，起到了很好的推动作用。二是新型农村零售终端建设不断推进。目前，全省供销社共有消费品连锁经营企业55家，直营店1617个，加盟店13390个，其中农村直营店1222个，加盟店12876个，连锁销售额达到42.4亿元。三是加快信息化建设，现代流通方式和新型业态不断发展，电子商务重视程度普遍提高。四是加强配送中心建设，全系统拥有消费品连锁配送中心140个。

【农资经营取得新成效】面对产能过剩、成本上涨、国内化肥市场持续低迷的紧迫形势，全省供销社和农资经营企业迎难而上，勇于承担责任，积极采取措施，以提升农资供给保障能力和技术服务水平为重点，着力加强农资现代经营服务网络建设，在保障农资供给、平抑市场价格、惠农助农中作用突出。全系统售给农民的农资额181.9亿元，同比增长18.8%。一是加强领导，积极组织货源。供销社成立农用物资供应协调小组，建立农资供应应急工作机制，完善应急措施；组织农资经营部门走村入户调查分析农资市场供需情况，根据农民用肥需求，及时调剂化肥品种结构，扩大储备。二是严格把关，确保农资质量。严格执行农资产品“三证”制度，落实产品质量承诺制，保证商品货真、质优、价廉；发挥农资流通协会的作用，加强对各农资会员企业经营环节的有效监管，坚决杜绝伪劣农资商品从供销社流入市场。三是连锁配送，夯实网络终端。继续加快现代农资营销网络建设步伐，实施直销、超市、连锁配送等现代流通方式，继续贯彻“规范管理、发挥功能、夯实终端、提升品牌”的网络建设工作要求，重点在提升网络运营质量上下功夫，提高配送效率，减少流通环节，稳价保供，让利于民。全省供销社共有农资经营企业156个，其中连锁企业94家，农资配送中心292个，连锁门店2.1万个，农资经营业务实现了全省乡镇全覆盖，农资销售保持较快增长。农资销售255.5亿元，同比增长

18.7%。四是拓展服务，强化技术指导。开展形式多样的为农服务活动，采取预约订货、联村包户、送货到村到户、延长营业时间、增设供应网点等措施，最大限度方便农民购买。同时广泛开展测土配方施肥、技术咨询、科技讲座等农化服务活动，引导农民合理用肥。河北省农资公司作为我省农资龙头企业在省社的正确领导和大力支持下，全力实施"拓宽思路、强化管理、突出重点、提高效益"的经营思路，实现了良好的经营效益和社会效益，对系统农资供应主渠道地位的进一步巩固发挥了重要作用，公司再次被评为中国服务业企业500强、中国农资流通企业综合竞争力排名第15名、河北省百强企业等。

【盐业专营工作取得新成绩】盐业专营企业坚持以市场为导向，以效益为中心，狠抓各类盐的调运和供应，加强盐业市场监管，加速调整经营结构，大力推进项目建设，探索体制机制改革，强化企业内部管理，不断提升企业经济运行质量，各项工作都取得了新成绩。全年实现销售收入7.99亿元。盐总量调入60.8万吨，其中，食盐33.4万吨，工业盐20.8万吨。一是落实责任，强化监管，盐的购销计划得到有效落实。层层分解国家2012年食盐计划，明确各市县公司目标；省供销社与各市供销社、省公司与各市公司分别签订盐业专营承诺书，强化各级供销社和盐业专营公司责任；开展全省食盐计划和安全大检查，督导落实；组织对全省各食盐代储单位的库存检查，进行省级食盐储备管理信息系统上线安装、调试、录入工作，初步实现全省储备盐信息化管理，确保突发事件期间，储备盐调得出、用得上。二是强化营销，推广绿标，结构调整工作取得新突破。多措并举加大绿标盐和多品种盐的推广力度，实现了全省绿标盐全覆盖的阶段目标。针对国家对食品添加剂的新规定，取消了锌、硒、钙、多元素等多品种盐的销售，加大多品种系列盐的开发力度，增加了雪花盐、晶纯盐、竹盐等8个多品种盐新品种，利用各种节假日的有利时机，提升高端食盐的市场认知度和销售比重，满足了消费者的不同需求。三是高压严打，内外兼修，全省盐业市场秩序基本稳定。通过实施联合执法，举办盐政执法人员培训、强化内部监管、政策法规宣传等措施，打击私盐贩销，确保全省盐业市场秩序稳定。四是谋改革、强管理、重管控，努力提高企业管理工作水平。五是抓主题、重协调、促发展，努力构建和谐盐业企业。

【电子商务有新进展】按照省委、省政府《电子商务"十二五"发展规划》要求，河北省供销社出资成立了河北省农产品电子商务有限公司。农产品电子商务有限公司按照经营性服务与公益性服务兼顾、经济效益与社会效益并重的原则，搭建服务河北现代农业发展的电子商务交易平台——"农交汇"电子商务平台，目前已与全国26个省（市、区）的采购商、物流商、仓储商达成合作意向，交易平台即将上线运营。这标志着省社在利用现代信息技术手段，创新经营方式、拓展服务功能，推进农产品流通现代化，促进现代农业发展中迈出了坚实的一步。全省各地供销社依托当地特色产业积极开展电子商务活动，在减少流通环节，降低流通成本，搞活农产品流通方面取得一定成效。唐山市"农合联"建立了"山水原——中国农副产品网上大集"，自平台正式开通上线以来，通过积极开展农产品网上购销活动，扎实做好唐山地方特色农产品的宣传推广工作，努力打造"山水原"唐山特色农产品网上品牌，已累计销售农产品加工制品近千件，帮助农民销售农产品1500万元。目前，"山水原——中国农副产品网上大集"交易平台已和全市783家农民专业合作社实现了网上农产品对接，网站商品单品登载总量1259种，实现了全省范围内具有地域特色、农产品信息最全、网上交易最权威、物流配送最快速、农民专业合作社最信赖的"一特四最"的良好局面。廊坊市"农合联"建立了"农合商务网"，展示、推介农产品，为进一步组建大型农产品交易平台奠定了基础。

（河北省供销合作总社　夏铭玉　马丽君）

物价管理

2012年，全省物价部门在省委、省政府的领导下，砥砺奋进、开拓进取，加强价格监管和调控，提高政府定价科学性，抑制通涨，为促进我省经济转型跨越发展和社会主义新农村建设等方面发挥了积极的作用。2012年全省CPI上涨2.6%，低于预期调控目标1.4个百分点。

【加强农产品价格调控，稳定农村市场价格】（一）强化价格监测分析预警。密切关注重要商品价格动态，每月对生猪生产情况和生猪养殖成本收益情况进行监测。开展机械作业费及用工情况的调查。完成了小麦、玉米、等主要农产品成本收益情况预测工作和生猪成本直报数据分析工作。坚持按月按季分析价格形势，及时提出价格调控政策建议，为加强和改进宏观调控提供了重要参考。针对3月、8月和12月蔬菜、食用油等农副产品价格出现较大幅度上涨的情况，先后研究下发了《关于加强汛期蔬菜等农产品价格调控监管工作的通知》等五个稳控物价的文件。国庆、中秋双节和十八大期间，及时启动了30种重要农副产品应急价格监测，每日向省政府上报市场价格变动情况。"7·21"特大洪灾发生后，保定、秦皇岛市迅速启动应急预案，及时采取应对措施，确保了灾区市场物价基本稳定。

（二）积极运用价格政策促进农产品生产供应。认真落实国家提高粮食最低收购价格政策，保障种粮合理收益，稳定市场预期，为粮食生产"九连增"发挥了重要作用。研究制定了《缓解生猪市场价格周期性波动调控预案》，根据生猪市场变化及时发布预警信息，为促进生猪生产发挥了重要作用。研究制定了规范农贸市场收费的政策。认真落实鲜活农产品绿色通道政策，落实蔬菜等农副产品生产流通各项价格优惠政策。张家口市康保县为确保蔬菜流通价格信息的公开透明，切实保护农民利益，在农产品收购环节试推明码标价，此项工作得到张庆伟省长、沈小平副省长的肯定。

（三）管理通胀预期。及时发布价格形势分析、重要商品市场价格变化趋势信息，引导各方面理性看待价格变动。这些措施都为实现价格总水平调控预期目标发挥了重要作用。

【推进价格改革，促进农村经济发展】（一）顺利推行居民用电阶梯电价改革。依照法定程序召开听证会，并于7月1日起在全省试行，得到省政府和社会各方面的肯定。方案保证了近90%的居民用户电费不增长，对城乡“低保户”和农村“五保户”家庭每户每月给予15度免费电量，年免费用电金额约1.88亿元。

（二）加大差别电价实施力度。对38家高耗能企业实施差别电价政策，对9家超能耗企业实行惩罚性电价。对全省6家燃煤发电企业执行脱硝加价，加价金额1.43亿元。对脱硫投运率不足100%的燃煤发电机组，实施扣减脱硫电费的措施，扣减金额0.81亿元。

（三）适时推进油运价格改革。按照国家发改委统一部署，8次有升有降（4升4降）调整了成品油价格。研究制定了《河北省道路运输价格管理办法》，建立了道路客运价格与成品油价格联动机制。下发了《关于农村道路客运运价管理有关问题的通知》，将农村道路客运运价下放各设区市实行政府定价管理，由各市在省规定控制运价范围内制定具体运价。随着油价调整，6次启动联动机制调整了燃油附加费标准。

（四）稳步推进水价和环境价格改革。调整了部分水利工程供水和城市供水价格。研究提出了实施农业终端水价改革意见。研究制定了主要污染物排污权有偿使用和交易基准试行价格。

（五）积极推进公立医院医药价格改革。配合县级公立医院综合改革试点，研究制定了11个县级试点公立医院医药价格改革方案。在总体上不增加患者实际医药费用负担的前提下，通过实行药品零差率销售，降低大型医用设备检查费用，合理调整医疗服务价格，促使医药收入比例调整。

【落实惠农价格政策，维护农民利益】（一）清理运输服务收费。根据成本变化，下调了张双铁路货物运输运价，每吨公里降低0.15元，减少相关企业运费支出700万元。取消了铁路货物运输延伸服务中的“发送综合服务”和“到达综合服务”两项收费，明确不得对化肥、农药、磷矿石、粮食、棉花等货物从事铁路运输代理服务并收取代理服务费，每年可降低流通费用6000万元。

（二）出台规范农贸市场收费的政策意见。制定出台了规范农贸市场收费的政策，降低农产品流通成本，将政府参与投资建设农贸市场的摊位费纳入定价范围，实行政府指导价管理，按照保本微利的原则核定收费标准；明确农贸市场除摊位费和代收费外不得收取其他费用，代收税费必须坚持自愿委托原则，严格执行国家规定的标准，不得加收费用。

一是为促进烟叶生产和烟草行业持续、平稳、健康发展，根据国家统一部署，及时下发通知继续较大幅度提高了我省烟叶收购价格，年增加烟农收入约900万元。

二是将我省新增纳入国家级的9个扶贫县农业生产电价，改按贫困县农业生产电价执行，平均降价幅度约0.2元，年减轻农民电费负担约1.2亿元。

三是根据国家发布的《2012年小麦最低收购价执行预案》，密切掌握我省小麦市场价格监测数据，启动了《小麦最低收购价执行预案》，保护了农民种粮利益。

【开展涉农价格检查，优化农村价格秩序】积极落实强农、惠农、富农政策，开展全省涉农价费专项检查。重点对水利水务部门收费、农村基础设施收费、农产品流通收费、农村中小学收费等开展检查；要求各地对不落实国家强农惠农富农政策、自立项目收费、超标准收费、不执行规定价格擅自涨价、隐蔽性乱涨价乱收费、不按规定明码标价、不执行涉农收费公示制度的价格违法、违规行为进行严厉查处。从3月初开始，省局组成六个督导组，对八个市十七个县、市、区进行了督导调研。全省共抽调业务骨干人员1164人，成立涉农收费检查小组410个，对涉农收费的土地、教育、卫生、水利、电力、民政等2500个部门单位进行了检查，查处违法案件687件，违法所得金额1136.19万元，其中退还339.62万元，经济制裁金额1075.13万元。

【围绕农村经济发展，开展价格服务】（一）价格信息服务水平不断提升。坚持做好“主产区主要粮食出售价格和主要化肥购入价的电话询价”周报工作和《应急农产品价格》周报工作，为国家发展改革委及时提供大量来自我省最基层（农本户）的涉农价格情况。“河北物价”及各市价格门户网站服务功能不断加强，服务效果更加明显。

（二）农产品成本调查和分析工作。开展当前农村生产和消费情况调查。围绕稳物价、推改革、强监管，各级物价部门领导带头深入实际调查研究，形成了一批质量较高的调研成果，6篇研究报告荣获中国价格协会价格调研优秀成果奖。编印了《2011年度农产品成本调查资料汇编》，制定了的《河北省农产品成本调查工作考核评比办法实施办法》。

（三）开展全省农产品调查人员的培训工作。6月19日至20日在石家庄举办农产品成本调查工作会，对全省11个设区市及部分县级成本调查工作人员进行了软件操作等方面的培训，重点培养农本调查人员的分析研究能力和严谨的工作作风，提高全省成本系统人员的业务水平。

（河北省物价局　于　哲）

农村计划生育

【综述】2012年在省委、省政府正确领导下，全省各级党委、政府及人口计生部门坚持以科学发展观为统领，把握稳中求进的工作总基调，积极探索，扎实工作，继续稳定低生育水平，推行惠民新举措，强化基本公共服务，促进统筹解决人口问题，全面提升人口计生工作水平，为实现“十二五”时期的目标任务，奠定了坚实基础。

根据省统计局公布数据，2012年全省总人口为7287.51万人，人口自然增长率为6.87‰，圆满完成“总人口控制在7300万人以内，自然增长率控制在7.6‰以内”的年度人口目标。根据2012年度人口和计划生育目标管理责任制考核评估结果，省委、省政府授予石家庄市、邯郸市“2012年度人口和计划生育工作特别奖”；授予承德市、张家口市、秦皇岛市、唐山市、廊坊市、保定市、沧州市、衡水市、邢台市“2012年度完成人口和计划生育责任目标奖”。授予石家庄市裕华区、赞皇县、兴隆县、平泉县、崇礼县、赤城县、抚宁县、滦南县、迁安市、香河县、永清县、定州市、顺平县、东光县、肃宁县、冀州市、衡水市桃城区、清河县、邢台县、邯郸市丛台区、曲周县等21个县（市、区）“2012年度人口和计划生育工作先进县（市、区）奖”。

【主要工作】（一）全省低生育水平继续保持稳定。坚持一把手亲自抓、负总责，严格执行现行生育政策。坚持实行人口计生目标管理责任制，认真落实重点管理、一票否决、追踪奖惩等制度，推动各级党委、政府及有关部门认真履职尽责，齐抓共管，形成了全社会共同参与的工作格局。坚持加强基层基础工作，推行避孕节育措施知情选择，加强孕前型服务管理。坚持依法行政，大力规范社会抚养费征收管理“四在县”制度，深入开展阳光计生行动，不文明执法和基层乱收费专项治理工作收到显著成效。深入推进基层群众自治，全省45%以上的村（居）能够通过群众自治开展计生工作，90%的县（市、区）基本实现“诚信计生”。

（二）扎实推进计生奖励政策落实。一是认真落实各项法定奖励政策。2012年全省重点推进了独生子女父母退休3000元一次性奖励的落实，截至2012年末全省累计落实42.86万人，其中2012年度新增对象全部落实，实现了当年新增对象当年兑现，历史遗留问题落实率达71.68%；累计为农村8.97万名主动退回二胎生育指标夫妻兑现了每人1000元的奖励。全年为140.09万名农村独生子女父母、167.6万名城镇独生子女父母兑现了每人每月10元的奖励，发放奖金3.59亿元；为5.97万名农村独生子女落实了中考、高考加分奖励。

二是稳步推进计划生育奖励扶助、特别扶助和少生快富“三项制度”提标扩面工作。2012年我省将1981年5月至1983年5月期间农村只生育两个女孩的夫妻有条件地纳入农村部分计划生育家庭奖励扶助制度覆盖范围；将独生子女死亡家庭、伤残家庭一次性救助标准由1万元和5000元分别提高到了2万元和1万元；将全省奖扶标准提高到不低于每人每月80元，独生子女伤残和死亡家庭特扶标准分别提高到不低于每人每月110元和135元，三级以上并发症全部纳入特扶。2012年度全省共确认奖扶对象32.2万人，发放资金3.09亿元；确认特扶对象2.16万人，发放特扶金3249万元。全省小额贴息贷款“少生快富”工程项目县扩大至50个贫困县，累计贴息贷款1.6亿元，2.6万户家庭受益。

三是统筹相关政策衔接，继续抓好《关于推动城乡居民社会养老保险对计划生育家庭给予优惠补助的意见》的落实。协调相关部门为计划生育家庭在城镇居民养老保险、新农合、城乡最低生活保障、就业培训、扶贫开发等方面给予减免、优惠和帮助。

（三）基本公共服务不断加强。2012年全省建成了111个县级服务站生物安全Ⅱ级（P2）标准实验室，占全省县级服务站的67%，县级服务站硬件水平明显提高，服务广大计划生育群众能力显著提升。国家免费孕前优生健康项目由15个县扩展到104个县（市、区），其余县（市、区）全部纳入省级试点，实现了国家项目和省级试点全覆盖。其中国家孕前优生项目服务人群70余万人，目标人群覆盖率达到91.4%。全年为农村妇女提供免费生殖健康家庭保健服务近千万人次，农村妇女妇科疾病和乳腺疾病的总体发病率下降为24.76%，直接危害已婚育龄妇女生育、节育、不育的常见病得到有效查治，群众自我保健意识和生殖保健水平显著提高。

（四）统筹解决人口问题取得进展。一是强化出生人口性别比综合治理。全省明确了32个省重点治理县（市、区），实行挂牌管理，严格考核奖惩，各重点治理县都设立了综合治理实体办公室，建立“三级两全包保责任制”，搭建了“出生人口信息监测平台”，分年度量化任务指标，确保了下降任务的完成。以打击“两非”案件为重点，开展了集中整治“两非”专项行动，全省共查处“两非”案件900起，较上一年度增加了40%，初步形成对“两非”的震慑局面。以民俗变革为重点，治标同时从抓治本，开展了婚育新风进万家、关爱女孩、男到女家落户、移风易俗等行动，积极推进社会性别平等。

二是加强流动人口服务管理。深入推进流动人口“一盘棋”机制建设，全省共创建示范点66个。积极推进流动人口计划生育工作基本公共服务均等化，落实流动人口免费技术服务和各项奖励优待政策。

三是深化人口发展战略研究。围绕人口发展态势及人口素质、结构、分布、家庭、贫困问题等方面开展人口与经济社会重大关系研究，形成了系列研究成果22个，为各级党委政府、相关部门提供决策参考和政策建议，为促进全省人口与经济社会和资源环境协调可持续发展提供人口依据。

（河北省人口和计划生育委员会　王时伟）

农村村镇建设

2012年全省村镇规划建设系统认真落实省委、省政府工作部署，坚持科学发展，锐意进取、攻坚克难，较好地完成了农村危房改造、加强基层建设年帮扶三项重点工作、“7·21”洪灾倒损农房恢复重建、污水垃圾处理等村镇规划建设目标任务，为改善农民群众生产生活条件作出了新的贡献。

【村镇规划体系进一步完善】一是完善了村镇规划技术标准。按照基础设施向农村覆盖、公共服务向农村延伸、现代文明向农村辐射以及改善村容村貌的要求，制定了《村庄环境综合整治规划编制导则（试行）》、《幸福乡村规划设计导则（试行）》等技术标准，对村庄环境整治、基础设施和公共服务设施建设、人居环境改善等做了详细规定，有效指导了全省村庄规划编制。二是完成了一批村庄规划编制。全省编制了加强基层建设年活动5010个帮扶村庄的村庄规划或环境综合整治规划，组织推进2240个幸福乡村示范点（新民居示范点）规划编制工作，进一步提高了全省村镇规划覆盖率。三是提高了规划编制水平。通过专家评审、规划评优、网上展示、对村镇规划管理和编制人员培训等举措，不断提高村镇规划编制质量，更加注重历史文化保护、农村传统格局、田园风光保持和有关设施合理设置、人居环境改善等。

【农村危房改造进展顺利】一是全面完成了农村危房改造年度任务。2012年全省改造农村危房12万户（其中建筑节能示范8000户），比2011年多2万户。考虑到我省贫困人口较多和“7·21”洪涝灾害，会同有关部门协调国家追加我省8万户指标（其中建筑节能示范3.7万户），可以与2013年危房改造一起实施。省对农村危房改造的支持力度加强，省级配套资金提高到平均每户2500元（不含“7·21”洪水灾后农房恢复重建），较上年增长一倍还多，明确要求市、县安排配套资金。二是进一步规范危房改造运作。经省政府同意，印发了农村危房改造实施方案，会同有关部门制定了分类补助标准和实施办法，对改造对象确认、建设标准、抗震和节能措施、资金使用管理等，进行了进一步规范。应用信息系统规范、推进农村危房改造工作效果明显，我省就系统应用在全国农村危房改造电视电话会议上作了发言。三是加强指导推动。建立技术人员包村包户制度，加强质量安全巡查，促进质量安全责任制的落实。加强业务指导，通过全省电视电话会议，对省市县乡（镇）2500余名有关人员进行工作部署和政策技术培训。

【全面推动村镇两厂（场）建设】一是推进城乡一体化垃圾处理机制建立。结合帮扶村垃圾处理工作，大力推行“户分类、村收集、乡（镇）转运、县（市）处理”的城乡一体化垃圾处理机制，完善转运设施建设。全省确定推行一体化处理的50个县（市），已有25个基本实现，23个部分实现。二是加快镇污水处理厂建设。推动全省80个镇污水处理厂建设进度，指导各地加快项目建设和谋划，目前已开工或建成67个，开工率达到83.8%。其中，建成17个，在建50个。三是积极申报中央和省专项补助资金。各地积极完善村镇污水处理管网规划、建设手续等项目材料，申报争取中央专项补助资金支持。经审核，56个镇污水管网项目获得中央资金支持3亿元，12个镇污水处理厂和17个城乡一体垃圾处理项目获得省级补助资金2000万元。

【稳步实施历史文化名镇名村保护工程】一是提请省政府公布第三批省级历史文化名镇名村。根据各地申报，专家考核评审，报请省政府公布6个镇、11个村为省级历史文化名镇名村，使我省省级历史文化名镇名村由30个增加到47个。二是实施保护工程。提请省政府办公厅印发了《河北省历史文化名城名镇名村保护工程实施方案》，对历史文化名镇名村的历史建筑修缮、基础设施改造、环境综合整治等工作，作出了具体安排。按照实施方案要求，制定了《历史文化名城名镇名村历史建筑修缮办法》、《历史文化名城名镇名村基础设施改造技术导则》。30个名镇名村深化了保护规划、历史建筑修缮方案；启动历史建筑修缮、基础设施改造、环境综合整治项目共75个。对名镇名村中的历史建筑进行普查，20个镇村建立了较为完善的档案。三是启动传统村落调查。通过调查汇总，向住房城乡建设部申报传统村落187个，其中32个被确定为第一批传统村落。

【圆满完成加强基层建设年活动帮扶村三项重点工作】省委省政府提出了加强基层建设年帮扶活动十件实事，住房和城乡建设系统负责其中“帮扶村村庄规划和环境综合整治规划编制、垃圾处理、农村危房改造”三项。各级村镇规划建设系统克服时间紧、任务重、资金少等种种困难，千方百计督导推进，取得明显实效。5010个帮扶村全部编制了村庄环境综合整治规划，新编、修编村庄规划1920个，有效指导了村庄建设和发展。5010个帮扶村清理了多年积存垃圾740多万立方米，村庄面貌和居住环境明显改善。指导帮扶村建立垃圾处理长效机制，设置垃圾填埋点6600多个、垃圾处理点68600多个、购置垃圾清运车11200多辆、配备清洁员约1.8万人。帮扶村危房改造竣工3.08万户，超额完成年度计划。省厅对三项重点工作进行强力督导。制定了三项工作实施方案，积极协调规划编制资金、垃圾处理资金等支持政策，在全省范围统一调配编制单位，并组织规划成果的抽查、评审，印发新民居图集、危房改造图集及政策问答等共2.1万册。

【强力推进“7·21”洪涝重灾区农房恢复重建工作】为组织涞水、涞源、易县和兴隆4县水损农房恢复重建，保证灾区农民群众安全过冬，省厅第一时间组织省市县200余名业务骨干，夜以继日、逐户审查，负责高效地完成了水损农房调查鉴定，确认救助对象9968户。及时提请省政府印发《关于“7·21”洪涝重灾区因灾倒损住房恢复重建实施方案》，把灾后农房恢复重建列入农村危房改造，实施专门补助政策。重建过程中，组织4个工作组，深入4个洪涝重灾县实行全过程指导和督导。经全省不懈努力，原地恢复重建9031户已按时于2012年底前竣工；异地迁建区重建937户已全部开工建设，计划今年10月份达到入住条件。同时，组织11家甲级规划编制单位，2个月内编制83项重建规划，其中异地迁建区规划14个，村庄规划69个，全部及时批准实施。

虽然我们作了大量工作，村镇规划建设成效也非常明显，但仍然存在很多问题和不足。一是村镇规划质量仍然不高。不论是村庄规划还是环境综合整治规划，普遍存在内容不全、深度不够、缺少特色甚至雷同现象，引导调控作用不明显。二是农村危房改造效果不理想。个别地方维修改造比例过高，而且采用承包给农村包工队统一建设方式组织施工，不能拉动农户投资，造成改造投资少，改造项目少、标准低、效果差。三是历史文化名镇名村保护意识不强。部分名镇名村尚未按照要求开展保护工作，没有建立保护档案、没有开展历史建筑修缮，没有进行核心保护范围环境整治和基础设施建设。四是村镇两厂（场）建设进展仍然较慢。有的地方认识不到位，工作不主动。部分项目的前期工作进展缓慢，手续不全，筹措资金办法不多。五是基础工作薄弱。个别地方情况不明、底数不清，村镇管理机构、人员不落实，管理不到位。这些问题，需要我们在今后的工作中认真解决。

（河北省住房和城乡建设厅　李俊文）

农村经济宏观调控

【2012年农村经济发展形势】2012年，在国家发改委的大力支持和指导下，在省委、省政府的正确领导下，经过各级各涉农部门和广大群众的艰苦努力，河北省农村经济实现了平稳较快发展，为全省经济筑底企稳发挥了可贵的支撑作用。总体上看，全省全年粮食总产实现“九连增”，农业结构进一步优化，畜牧、蔬菜、果品等三大特色主导产业加快发展，农业基础设施和生态环境建设扎实推进，农民收入持续增长。预计全年农林牧渔业增加值增长3.5%，农民人均纯收入增长13%左右。

（一）农业生产稳定发展

1.粮食生产喜获丰收。全省夏粮总产达到1353.1万吨，比上年增加63万吨，增长4.9%，实现夏粮连续九年增产，创历史最好水平。秋粮产量达1893.5万吨，增加10.9万吨，同比增0.58%。全年粮食总产达到3246.6万吨，比上年增加74万吨，增2.33%，实现“九连增”。

2.农业结构进一步优化。畜牧业发展较快，主要畜禽品种实现稳定增长，预计全年全省猪牛羊禽肉产量达到352万吨，比上年同期增长6.8%；禽蛋产量365万吨，增长7.42%；牛奶产量520万吨，增长11.4%。畜牧业龙头企业发展迅猛，全省投资亿元以上的项目达到68个。蔬菜业保持较快增长，质量效益进一步提高。24个示范县建设得到加强，全省建成284个千亩以上的标准园，产业整体素质明显提升。预计全年蔬菜总产可达到7480万吨，同比增加96万吨，增长1.3%。果品业生产提质增效，果农增收显著。预计全年果品总产可达1300万吨。全年畜牧、蔬菜、果品等三大产业产值占全部农林牧渔业产值的比重预计可达69.4%，同比提高1个百分点。

3.产业化经营步伐加快。出台了河北省农业产业化发展规划，认定了石家庄君乐宝乳业有限公司等454家企业为新一批省级农业产业化重点龙头企业，并加大了支持力度。按照“扶优、扶强、扶大”的原则，引导社会资源向100家农业产业化领军企业集聚，带动产业结构优化升级。30个省级农业产业化示范基地作用明显增强，大名、三河、平泉、隆尧4个国家级农业产业化示范区建设稳步推进。省级龙头企业累计拥有中国驰名商标23个、河北著名商标185个、河北名牌103个，品牌竞争力不断增强。预计全年农业产业化经营率达到61.5%，同比提高1.5个百分点。

（二）农村基础设施和生态环境建设扎实推进

1.水利基础设施建设进一步加快。南水北调配套工程、双峰寺水库等重大水利工程建设进展顺利，其中南水北调配套工程廊涿干渠管道安装和主要工程量完成95%以上，近期即可完工；石津干渠石家庄市区段15公里工程已基本完成，结合大型灌区续建配套改造建设的晋州段6.9公里工程正在加紧建设，2013年春灌前完成。双峰寺水库主体工程已开工建设，预计2014年可建成使用。引黄入冀补淀前期工作取得新进展，项目建议书已通过水利部审查。19座大型灌区续建配套和节水改造、规模化高效节水示范工程等水利基础设施建设顺利推进，全省新增节水灌溉面积300多万亩，农业生产条件进一步改善。农村饮水安全工作进展较快，预计全年可解决499.5万农村人口的饮水安全问题。

2.生态环境建设取得新进展。京津风沙源治理、退耕还林、巩固退耕还林成果、三北防护林、太行山绿化、沿海防护林、通道绿化等重点林业生态工程建设顺利推进，各地强化责任落实，强化质量管理，强化资源保护，森林防火工作得到加强。预计全年可完成444万亩造林绿化面积。

（三）扶贫开发成效显著

燕山-太行山片区、黑龙港流域、环首都9县示范区区域发展和扶贫攻坚规划编制工作全面启动，并取得阶段性成果。在国家发改委的有力支持下，全省易地扶贫搬迁试点工作实现零突破，并成为我省贫困地区农民脱贫致富的一条新路径。组织实施了一大批中小型以工代赈扶贫工程，有力支持了“7.21”洪涝灾害恢复重建工程，进一步改善了贫困地区的生产生活条件。

（四）农民收入增长较快

前三季度农民人均现金收入达到7300元，同比增长17%。农民现金收入增长呈现以下三个特点：一是各项现金收入全面增长。工资性收入增长18%以上，家庭经营现金收入增长13%以上，财产性收入增长37%左右，转移性收入增长22%以上。二是我省农民现金收入仍处于较快增长期。前三季度农民现金收入增速比去年同期虽有所回落，但总体上农民现金收入仍处于较快增长期。三是农村改革成为农民增收的新亮点。农业规模化、现代化发展，促使农村土地流转加速，农民转让土地承包经营权收入快速增长。预计全年农民人均纯收入可达8045元，增长13%左右。

尽管我省农村经济发展取得了一定成绩，但仍存在一些不容忽视的困难和问题。一是农业生产风险加大。自然灾害呈多发重发趋势，给农业生产和扶贫攻坚工作增加了新的难度。据统计，6月下旬以来，全省因洪涝和病虫危害造成农业损失99.9亿元。因“7.21”以来的强降雨，全省损坏大中型水库6座，小型水库154座，直接经济损失高达62亿元。二是农民持续增收的难度加大。受经济下行压力影响，农民工资性收入能否保持快速增长存在不确定性；产业转型升级对农民就业技能的要求进一步提高，结构性就业难度进一步加大。农资成本和经营费用持续增高，不断蚕食农民收入的增长空间。三是农产品质量安全压力加大。全社会对绿色环保农产品的需求呈刚性增长，农业生产标准化水平较低，农产品质量安全监督检测体系不完善，保障农产品质量安全工作亟待加强。

【2013年农村经济发展基本思路】（一）指导思想

认真贯彻落实党的“十八大”精神，以加快现代农业发展为目标，以改善农村生产生活条件和增加农民收入为重点，以提高农民组织化程度、构建新型农业经营体系为抓手，积极调整优化农业结构，加强基础设施和生态环境建设，深化农村改革，提高农业科技的支撑和引领作用，推动农业产业化经营，实现全省农业农村经济持续较快增长。

（二）主要预期发展目标

——农林牧渔业增加值增长3.5%；

——粮食总产量达到3275万吨；

——畜牧、蔬菜、果品三大优势产业产值占农林牧渔业总产值

的比重提高1个百分点；

——农业产业化经营率提高1.5个百分点；

——完成造林绿化面积420万亩；

——新增农村饮水安全人口700万人；

——新增节水灌溉面积240万亩；

——治理水土流失面积2000平方公里；

——农民人均纯收入增长9%以上。

（三）工作重点和主要举措

1.强力推进特色农业建设。

（1）夯实粮食生产能力基础。着力搞好全省4000万亩粮食生产核心区工程建设。按照稳定面积、优化品种、提高单产的思路，重点在全省86个粮食生产核心区县，进一步加强高产创建和吨粮田建设，加快推广测土配方施肥、保护性耕作等先进适用技术，示范推广小麦、玉米微喷水肥一体化节水增产高效技术，推进粮食生产全程机械化和农艺管理现代化，尽早建成一批田间设施齐备、服务体系健全、仓储条件配套、区域化、规模化、集中连片的粮食生产基地。

（2）加快畜牧水产业发展步伐。围绕肉类产业保质增量、牛奶产业上档升级和禽蛋产业提质增效三大目标，重点搞好生猪和奶牛标准化规模养殖场建设工程，着力推进“一种三化”（良种普及、规模化养殖、标准化生产、科学化防控），进一步转变畜牧业发展方式，加快实现传统畜牧业向现代畜牧业的转变。积极发展远洋捕捞，提高现代渔业生产能力。2013年全省肉类、禽蛋、奶类和水产品产量分别达到480万吨、400万吨、620万吨和124万吨。

（3）力促蔬菜产业提档升级。以24个蔬菜产业示范县为载体，重点抓好环首都经济圈优质蔬菜生产基地建设，把示范县打造成蔬菜产业提档升级的高标准生产基地

和保障首都农产品需求的绿色有机蔬菜生产基地，带动全省蔬菜产业健康发展。2013年全省建成300个千亩以上的有机蔬菜生产基地，基地蔬菜检测合格率达到98%以上。

（4）力保果品产业提质增效。按照“大宗果品更新品种，名特优稀扩大规模”的思路，加大梨、苹果、葡萄品种改优工作力度，加快发展黄金梨、京东板栗、杏扁、冬枣等名特优稀品种种植面积。本着因地制宜、突出特色、规模经营、强化管理的原则，加快果品生产向适生区集中，推行标准化、规模化生产，培育壮大一批绿色果品生产基地，构筑区域特色果品新格局，促进粗放经营向集约经营转变。2013年全省果品产量达到1400万吨。

（5）进一步提升农业产业化水平。以乳品、肉类、粮油、蔬菜、果品、水产六大农产品加工业为重点，扶持建设一批区域特色明显、产业集中度高、经济效益突出的核心基地县。加快推进以农产品深加工为重点的农村二、三产业发展，着力扶持省级龙头企业做大做强。2013年力争新增国家级和省级品牌50个，农业产业化经营率达到63%。

（6）强化农业科技支撑。充分发挥农技推广体系作用，鼓励农技人员深入村户开展“手把手、面对面”的技术指导和示范带动。充分发挥农技推广补助项目带动能力，建立健全县、乡、村农业科技试验示范网络，加快农业科技成果转化。充分发挥科研院技术优势，加强基层农技人员知识更新，逐步推行“专家＋农业技术人员＋科技示范户＋辐射带动户”的技术服务模式。提高农技推广服务能力。强化服务意识，重点搞好种养殖业病虫、疫情危害预测预警与统防统治，最大限度减少灾害损失。进一步加大农业科技投入，大力推广适生优质良种和节水灌溉、科学施肥、标准化生产等先进技术，为农业生产提供坚实的技术保障。

2.大力加强农业基础设施建设。

（1）抓好水利基础设施建设。着力推进南水北调配套工程建设；全面推进双峰寺水库建设，争取全面完成250座重点、120座一般小型病险水库除险加固工程，加快骨干河道治理工程建设；抓紧开展引黄入冀补淀工程前期工作，力争国家早日立项并开工建设；积极协调推进滨州小开河引黄工程，努力改善全省水利设施条件。

（2）抓好农田水利建设。以小农水重点项目，现代农业规模化节水等项目为依托，以粮食主产县为重点，加快以管道输水和渠道防渗为主的节水灌溉工程建设，推进井灌区全部实现管道化灌溉，在高效设施蔬菜、果品和经济作物种植区大力发展微灌和滴灌，在黑龙港地区大力实施咸淡混浇和管道一体化工程。加快推进大型灌区续建配套和节水改造工程建设，着力抓好一批规模化节水灌溉增效示范工程建设，2013年新增节水灌溉面积240万亩。

（3）加紧完善农产品质量安全体系。组织实施以质量型生产体系、安全监管体系、市场准入体系、质量追溯体系建设为主要内容的农产品绿色提升计划，进一步夯实农产品质量安全工作基础。突出抓好一批县级农产品质量安全检测站建设，推进基层监管队伍建设，争取在“菜篮子”主产县普遍建立起乡级农产品质量安全监管服务机构。支持建立农产品全程质量追溯信息处理平台，在生产企业、农贸市场、配送中心等建立完善信息采集系统，逐步形成产地有准出制度、销地有准入制度、产品有标识和身份证明的全程质量追溯体系。组织开展专项整治行动，坚决打击制售假劣农资、违法添加、使用禁用物质等违法犯罪行为，确保不发生重大农产品质量安全事件。2013年全省新建4个地市级农产品质检中心和17个县级质检站。

（4）抓好民生工程建设。山丘区以打井、建设集水水窖为重点，平原区以规模化集中供水工程为重点，加快农村饮水安全工程建设进度，力争全年解决700万农村人口饮水不安全问题。完成国有林场2964户和国有农牧场5000户的危房改造，切实改善职工住房条件。

（5）抓好农村新民居建设。努力打造“布局合理、设施完善、环境优美、生活便利、安居乐业、文明和谐”的农村新家园。以环首都县区为重点，抓好2000个示范村，从治理“脏、乱、差、散”等实际问题入手，集中精力抓好庭院净化、街道硬化、村庄美化。强化规划引领、产业带动，有序推进人口集中居住、土地集约利用、产业集聚发展，推进农村基本公共服务均等化，促进和带动全省社会主义新农村建设。

3.着力强化生态环境建设。

（1）抓好重点生态工程建设。深入贯彻省委省政府《关于着力改善生态环境的实施意见》，编制完成《河北省京津风沙源治理二期工程建设规划（2013-2022年）》并尽早组织实施，大力抓好巩固退耕还林成果、三北防护林、退耕还林、沿海防护林、太行山绿化等重点生态工程建设，在城镇周边、水库周围、河流两岸、公路两侧等生态区位重要地区，抓紧启动一批以人工造林为主的省市县绿化示范工程。2013年全省完成造林绿化任务420万亩。以国家重点水保工程县、坡耕地水土流失综合治理工程建设为重点，大力推进水土保持工程建设，改善生态环境，全年完成治理水土流失面积2000平方公里。在水土流失严重、干旱少雨、土壤瘠薄、人工造林困难的深远山区，实行更加有力的封禁措施，借助大自然的自我修复能力，尽快恢复林草植被，加快实现“天蓝水净、地绿山青”的生态建设目标。

（2）加强生态资源管护。坚持政府主导，全民参与，充分调动全社会力量，不断加大森林草原防火、病虫害防治、野生动植物保护、湿地及自然保护区等建设力度，提高防灾减灾能力；加强对水源涵养区、水土保持区、饮用水水源保护区、自然保护区、海岸线及湿地等重要生态功能区的空间管制，切实保护好各种生态资源。

（3）坚持统筹施策。高标准建设，将绿化与美化、造林与造景、增绿与致富有机结合，充分利用日渐丰富的生态资源，加快发展乳品、食用菌、生态旅游等生态经济产业，努力实现生态改善、经济发展、农民增收“三赢”。

4.全力打好扶贫攻坚。

（1）强化规划指导。依据国家出台的《燕山—太行山片区区域发展与扶贫攻坚规划》，制定出台河北省实施规划并组织实施。组织实施黑龙港连片特困地区、环首都扶贫攻坚示范区扶贫攻坚规划，为全面完成扶贫攻坚任务奠定基础。强化行业部门的协调联动，把改善丰宁县小坝子等特殊困难乡镇发展环境和条件作为重要内容纳入行业发展规划，在资金、政策等方面给予倾斜。

（2）深入实施“十二五”整村推进规划。围绕发展基础产业、完善基础设施、强化基本服务、加强基层组织建设，以财政资金为引导，强化资金整合力度，确保3000个列入规划重点村贫困群众的基本生产生活条件得到有效改善。

（3）加大以工代赈工程实施力度。以国家以工代赈工程“十二五”规划为指导，实施一批基本农田建设、小型农田水利、乡村道路等农村基础设施项目，增强贫困地区自我发展能力。

（4）合力推进易地扶贫搬迁工程。按照“政府主导、群众自愿、整村搬迁、集中安置”的原则，紧紧瞄准贫困群体，认真贯彻落实易地扶贫搬迁“十二五”规划，扎实做好前期工作，力争搬迁贫困人口15000人，并实现搬得出、稳得住、能致富。

（5）深入开展产业化扶贫。以产业发展为依托，以增加贫困家庭收入为目标，全年扶持10万个增收脱贫示范户，争取人均收入明显高于国家新的扶贫标准，实现“十有”目标。

5.着力深化农村改革。

（1）推动城乡发展一体化。加大统筹城乡发展力度，增强农村发展活力，逐步缩小城乡差距，促进城乡共同繁荣。坚持工业反哺农业、城市支持农村和多予少取放活方针，加大强农惠农富农政策力度，让广大农民平等参与现代化进程、共同分享现代化成果。加快完善城乡发展一体化体制机制，着力在城乡规划、基础设施、公共服务等方面推进一体化，促进城乡要素平等交换和公共资源均衡配置，努力构建以工促农、以城带乡、工农互惠、城乡一体的新型工农、城乡关系。

（2）推进土地承包经营权流转。重点提高规模流转比例，力争全省土地流转率增长1.5个百分点。全面建立县级土地承包纠纷仲裁机构，健全土地承包纠纷仲裁制度，依法开展仲裁业务。

（3）深化林业改革。继续巩固集体林权制度改革成果，稳步推进集体公益林地和国有林业单位经营管理范围内集体林地的明晰产权工作，做好林权证发放的扫尾工作。全面推进集体林权制度配套改革各项工作，加强林权管理服务机构建设，健全森林资源流转制度，健全林业社会化服务体系，完善林业合作组织建设发展的相关政策，鼓励和支持建立农民林业专业合作社、家庭合作林场、股份制林场等林业合作组织。

（4）继续推进农村小型水利产权制度改革。对所有新建农村小型水利工程，明晰所有权、搞活经营权、落实管理权，落实管护主体，逐步建立良性运行和管护机制，确保工程建成后长期发挥效益。

（5）加快农村金融改革。建立和完善政府扶持、多方参与、市场运作的农村信贷担保机制，发展农村保险事业，稳步扩大政策性农业保险，努力扩大覆盖面，增加财政补贴险种，努力降低农业生产风险。

（6）加快发展农民专业合作经济组织。认真贯彻实施《中华人民共和国农民专业合作社法》，引导农民在自愿、平等、互利基础上以土地承包经营权、资金、技术等生产要素入股，组建多种形式的专业合作组织，提高农民组织化程度，增强抵御风险能力。对产业基础好、带动能力强的示范社，加大政策引导和项目支持力度，逐步完善农民专业合作组织体系。充分发挥种粮大户、龙头企业和村两委会带动作用，引导组建一批休闲农业、传统手工、土地股份等特色专业合作组织。2013年，全省种养业农民专业合作社新增2000个。

6.努力促进农民增收。

（1）加强农村劳动力职业技能培训。以市场需求为导向，以提高就业能力为目标，以“实用、实际、实效”为原则，开展多渠道、多层次、多形式的职业技能培训，确保受训人员学有所获、学有所用，快速掌握一门以上实用技能，提升劳动者就业致富能力。

（2）完善农民增收配套政策。坚持和完善农村基本经营制度，依法维护农民土地承包经营权、宅基地使用权、集体收益分配权，壮大集体经济实力，发展多种形式规模经营，构建集约化、专业化、组织化、社会化相结合的新型农业经营体系。改革征地制度，提高农民在土地增值收益中的分配比例。在确权颁证的基础上，有序推进农村宅基地、耕地等资源可抵押、可流转、可置换、可交易，为从事二、三产业的农民缓解资金困难，增强农民创业融资能力。

（3）推动农民实现更高质量的就业。按照劳动者自主就业、市场调节就业、政府促进就业和鼓励创业的方针，实施就业优先战略和更加积极的就业政策。通过大力发展县域实体经济，促进创业带动就业，为农民创造更多、更好的就业机会，增强农村劳动力就业稳定性。健全人力资源市场，完善就业服务体系。健全劳动标准体系和劳动关系协调机制，加强劳动保障监察和争议调解仲裁，构建和谐劳动关系，努力实现居民收入增长和经济发展同步、劳动报酬增长和劳动生产率提高同步。

【几点建议】（一）建议国家加大对我省农村饮水安全工程支持力度

省政府高度重视民生工程建设，确定2013年解决700万农村人口的饮水安全问题。恳请国家在安排农村饮水安全工程投资计划时向我省倾斜，我们将认真落实地方配套资金，确保完成全年任务目标。

（二）建议国家进一步加大我省农产品质量安全检验检测体系建设投入力度

我省农产品质量安全检验检测体系建设，在国家的大力支持下取得了很大成绩，但与现实需求相比，形势仍很严峻。毗邻京津的特殊区位，对我省农产品质量安全提出了更高要求，我省农产品检测能力与布局、风险检测与预警远不适应现实要求。建议国家进一步加大对我省农产品质量安全检验检测体系建设投入力度。

（河北省发展和改革委员会　张国良）

农业和农村法制建设

2012年，我委在省人大常委会和主任会议的领导下，坚持以邓小平理论、“三个代表”重要思想和科学发展观为指导，认真学习贯彻党的十七、十八大和省委八次党代会精神，全面贯彻落实中央一号文件、中央和省委农村工作会议以及省十一届人大五次会议精神，紧紧围绕中央、省委“三农”工作大局和建设经济强省、和谐河北的战略目标，以科学发展为主题，以转变农业发展方式、建设现代农业为主线，以推进农业和农村法制建设为根本任务，依法履行职责，开拓创新，求真务实，扎实做好农业和农村立法、监督等工作，为依法保障和促进农业稳定发展、农民持续增收、农村社会和谐作出了新的贡献。

【坚持科学立法、民主立法，农业和农村立法工作取得新进展】一年来，我委根据省人大常委会立法工作安排，紧密结合农业和农村工作实际，坚持科学立法、民主立法，本着提前介入、突出重点、积极参与的精神，以提高立法质量为重点，深入开展立法调研、修改完善、论证和审查等工作，加快了立法步伐，提高了立法质量，促使农业和农村立法工作取得新进展。

（一）开展农机管理立法，制定出台了《河北省农业机械管理条例》。推进农业机械化事业发展，是实现农业增效、农民增收，加快建设现代农业的重要保证。根据省人大常委会2012年立法计划，我委积极开展了农机管理立法的相关工作。年初收到省政府关于提请审议《河北省农业机械管理条例（草案）》的议案后，于2012年2月9日组织召开了由部分省人大常委会委员、省人大代表、省直有关部门负责同志、有关专家学者参加的条例（草案）论证座谈会，进一步听取了与会人员对条例（草案）的修改意见；随后于2012年2月13日至16日，由省人大常委会农工委领导带队，部分省人大常委会委员、省人大常委会农工委和省农机局有关人员参加，组成农机管理立法调研组，先后赴石家庄、衡水市及所辖部分县（市）进行立法调研，广泛征求了基层干部群众和农机管理人员的意见。在此基础上，依据《农业机械化促进法》，结合我省实际，对条例（草案）进行了认真研究审查，并向省人大常委会提交了审查报告。该条例（草案）经两次常委会审议，于2012年7月27日经省十一届人大常委会第三十一次会议审议通过。为加强农业机械管理，提高农业机械化水平，推进农业现代化发展，提供了法律保障。

（二）开展农村土地承包立法，常委会三审了《河北省农村土地承包条例（草案）》。加强农村土地承包立法，是稳定和完善农村土地承包经营制度，保护农村土地承包当事人合法权益，促进农业和农村经济发展，维护农村社会稳定的需要。省人大常委会在2010年9月、2011年11月先后对条例（草案）初审、二审的基础上，今年5月省十一届人大常委会第三十次会议又对条例（草案）进行了三审。在常委会审议条例（草案）过程中，我委积极配合法制委、法工委做好立法调研、修改完善等工作，并派人参加常委会和统一审议会，认真听取常委会审议意见，及时对条例（草案）提出修改意见和建议，促使条例（草案）进一步健全完善，为常委会审议通过打下了良好基础。

（三）开展气象灾害防御立法，常委会初审了《河北省气象灾害防御条例（草案）》。为加强气象灾害防御，避免和减轻气象灾害造成的损失，保障人民生命财产安全，促进经济社会全面协调可持续发展，我委积极会同省有关部门开展了气象灾害防御立法前期工作。2012年10月底收到省政府关于提请审议《河北省气象灾害防御条例（草案）》的议案后，于2012年10月30日至11月1日，由省人大常委会农工委领导带队，部分省人大常委会委员、省人大常委会农工委和省气象局有关同志参加，组成气象灾害防御立法调研组，先后赴石家庄、衡水市及所辖的行唐、新乐、景县、枣强等县（市）进行立法调研，广泛征求了基层干部群众和气象工作人员对条例（草案）的意见；随后于2012年11月2日组织召开了由部分省人大常委会委员、省直有关部门负责同志、有关专家学者参加的《河北省气象灾害防御条例（草案）》论证座谈会，进一步听取了对条例（草案）的意见。在此基础上，依据《气象法》、《气象灾害防御条例》等法律法规，结合我省实际，对条例（草案）进行了认真研究审查，并向省人大常委会提交了审查报告。该条例（草案）已提请2012年11月22日召开的省十一届人大常委会第三十三次会议初审。

（四）坚持提前介入、积极参与，着力做好农业和农村立法前期准备工作。一是积极参与水土保持立法。加强对起草《水土保持法》实施办法（草案）的指导，及时了解和掌握立法进展情况，派人参加省水利厅召开的《水土保持法》实施办法（草案）专家咨询会，并提出了修改意见和建议。目前该实施办法（草案）已基本成熟，并报省政府法制办审查。二是积极参与草原立法。会同省畜牧兽医局对《草原法》实施办法（草案）进行了认真研究，协助配合崔慧霄等18名省人大代表在省十一届人大五次会议上提出了关于制定《河北省实施〈草原法〉办法》的议案。根据省人大法制委来函要求，对该项立法议案和草原立法的必要性、可行性进行认真研究，就加快立法步伐、提高立法质量提出了建议；同时加强对起草《草原法》实施办法（草案）的指导，及时了解和掌握立法进展情况，为尽快进入立法程序打下了良好基础。三是积极参与农民专业合作社立法。加强对起草《农民专业合作社法》实施办法（草案）的指导，会同省农工办对农民专业合作社立法相关问题进行认真研究，提出了指导意见。

（五）按照全国人大农委要求，对我国粮食法立法提出了相关建议。今年10月中旬，全国人大农业与农村委员会在重庆市召开了粮食法立法座谈会。根据会议内容和要求，我委会同省发改委、农业厅、粮食局等有关部门对我省粮食生产情况和粮食法立法相关问题进行了认真研究，并向会议提交了《关于对我国粮食法立法的思考和建议》的交流材料。省人大常委会副主任黄荣、省人大常委会农工委主任李广恩等同志参加了会议，并在分组会议上作了交流发言。

【坚持围绕中心、突出重点，加大监督力度，农业和农村监督工作取得新成效】一年来，我委根据省人大常委会今年监督工作安排，坚持围绕中心、服务大局，突出重点、注重实效，紧紧围绕打好新一轮扶贫攻坚战、严格水资源管理、贯彻实施农业法、推进义务植树活动开展等监督重点，运用执法检查、专题视察和调研等方式，不断加大监督力度，农业和农村监督工作取得新成效。

（一）围绕贯彻落实中央和省委关于新一轮扶贫开发重大决策部署开展专题视察，推动了我省新一轮扶贫攻坚的深入开展。为认真贯彻落实中央和省委关于新一轮扶贫开发的重大决策部署，举全省之力打好扶贫攻坚战，推动我省新一轮扶贫开发工作深入开展，根据省委书记、省人大常委会主任张庆黎同志指示精神和省人大常委会2012年监督工作安排，省人大常委会组成以宋长瑞副主任为组长，副主任王增力、黄荣为副组长，部分省人大常委会委员、省人大代表和省直有关部门负责同志参加的专题视察组，在听取省发改委、财政厅、扶贫办工作汇报的基础上，于2012年8月27日至9月1日，分三个组赴有扶贫攻坚任务的9个设区市及17个贫困县，对新一轮扶贫开发攻坚情况进行了专题视察。9月下旬，省十一届人大常委会第三十二次会议听取和审议了《省人大常委会视察组关于视察新一轮扶贫开发攻坚情况的报告》。针对视察中发现的问题和常委会审议意见，提出了要充分认识扶贫攻坚的艰巨性、紧迫性，坚持不懈地推动扶贫攻坚不断取得新成效；大力推进产业扶贫，把富民与强县紧密结合；坚持分类攻坚，重点突破；切实解决扶贫开发中存在的突出问题；加强扶贫开发立法，将扶贫开发纳入法制化轨道等意见和建议。之后，以省人大常委会党组名义将视察报告报省委，并以省人大常委会办公厅名义，将常委会审议意见连同视察报告转请省政府研究办理。省委批转了《省人大常委会党组关于视察新一轮扶贫开发攻坚情况的报告》（冀字[2012]22号），确保了常委会审议意见的落实，有力地推动了我省新一轮扶贫开发工作深入开展。

（二）围绕贯彻落实中央和省委关于实行最严格水资源管理制度的决策部署开展执法调研，促进了水资源管理和水法律法规的贯彻实施。为更好地贯彻落实中央和省委关于实行最严格水资源管理制度的重大决策部署，推动《中华人民共和国水法》和《河北省实施〈水法〉办法》的贯彻实施，加大对水资源保护、节约和管理力度，促进水资源可持续利用和经济社会可持续发展，根据省人大常委会2012年监督工作安排，组织部分省人大常委会委员和省人大常委会农工委、省水利厅有关负责同志，组成省人大常委会水资源管理执法调研组，在听取省发改委、财政厅、水利厅、环保厅工作汇报的基础上，于2012年6月下旬，分两个组赴石家庄、廊坊、保定、衡水4个设区市及部分县（市），对依法实行最严格水资源管理制度情况进行了执法调研。9月下旬，省十一届人大常委会第三十二次会议审议了《省人大常委会农工委关于依法实行最严格水资源管理制度情况的调研报告》。针对执法调研中发现的问题和常委会审议意见，提出了要进一步深化认识，强化责任，切实落实政府主要领导对本地水资源管理负总责的要求；进一步深化改革，理顺体制，切实破解水资源管理体制机制障碍；进一步加大投入，健全机制，切实为严格水资源管理和节水型社会建设提供资金保障；进一步完善立法，强化执法，切实提高水资源管理法制建设水平等意见和建议。省人大常委会审议之后，以省人大常委会办公厅名义，及时将常委会审议意见连同执法调研报告转请省政府研究办理，有力地促进了水资源管理和水法律法规的贯彻实施。

（三）围绕推动《农业法》的贯彻实施开展执法检查，促进了农业稳定发展、农民持续增收。为进一步推动《农业法》的贯彻实施，加快转变农业发展方式，着力建设现代农业，提高农业综合生产能力，促进农业和农村经济社会又好又快发展，受全国人大常委会委托，由省人大常委会副主任黄荣同志带队，部分省人大常委会委员、全国人大代表和省人大常委会农工委、省农业厅有关负责同志参加，组成省人大常委会《农业法》执法检查组，在听取省发改委、财政厅、农业厅、科技厅、国土厅等8个部门工作汇报的基础上，于2012年9月17日至22日，先后赴沧州、廊坊、唐山3个设区市及所辖部分县（市），对贯彻实施《农业法》情况进行了执法检查。11月下旬，省十一届人大常委会第三十三次会议审议了《省人大常委会执法检查组关于检查〈农业法〉贯彻实施情况的报告》。根据执法检查中发现的问题和常委会审议意见，提出了要加大种粮补贴和对粮食主产区扶持力度，充分调动广大农民种粮和地方政府抓粮的积极性；加大农田水利设施建设力度，提高农业综合生产能力；加大对农民专业合作社扶持力度，充分发挥农民专业合作社重要作用；加大扶贫攻坚力度，推动新一轮扶贫开发深入开展；加强农业法制建设，不断提高农业执法水平等意见和建议。省人大常委会审议之后，以省人大常委会办公厅名义，及时将常委会审议意见连同执法检查报告转请省政府研究办理，有力地促进了我省农业稳定发展、农民持续增收和《农业法》的贯彻实施。

（四）围绕推动《河北省义务植树条例》的贯彻实施开展执法调研，促进了义务植树和造林绿化工作扎实开展。为进一步推动《河北省义务植树条例》的贯彻实施，增强广大公民的绿化意识，加快国土绿化步伐，改善和保护生态环境，促进生态文明建设和经济社会可持续发展，由省人大常委会副主任黄荣同志带队，部分省人大常委会委员和省人大常委会农工委、省林业厅有关负责同志参加，组成省人大常委会《河北省义务植树条例》执法调研组，在听取省财政厅、林业厅、住建厅、交通厅工作汇报的基础上，于2012年4月9日至13日，分两个组赴石家庄、张家口、邢台、邯郸4个设区市及所辖部分县（市），对贯彻实施《河北省义务植树条例》情况进行了执法调研。5月下旬，省十一届人大常委会第三十次会议审议了《省人大常委会农工委关于贯彻实施〈河北省义务植树条例〉情况的执法调研报告》。针对执法调研中发现的问题和常委会审议意见，提出了强化组织领导，推动义务植树活动扎实开展；加大财政投入力度，为义务植树活动开展提供经费保障；加大政策落实力度，健全完善义务植树政策体系；加强各级绿委会及办事机构建设，充分发挥其职能作用；加大义务植树执法力度，推动《条例》更好地贯彻实施等意见和建议，有力地推动了义务植树和绿化造林工作扎实开展。

（五）积极协助配合全国人大农委开展农业和农村监督工作。一是7月上旬协助配合全国人大常委会委员、全国人大农委主任委员王云龙率领的农田水利建设专题调研组，对衡水市农田水利建设情况进行专题调研。二是7月上旬协助配合全国人大常委会委员、全国人大农委副主任委员孙文盛、尹成杰率领的现代农业建设、发展生态高效农业及农村经营管理体制改革专题调研组，对石家庄、邢台市及部分县开展专题调研。三是受全国人大常委会委托，9月中下旬组织开展了《农业法》执法检查，并按要求将执法检查报告上报了全国人大常委会办公厅。

（河北省人大常委会农业和农村工作委员会　谢增平）

统筹城乡发展

2012年，在省委、省政府的正确领导下，各级各部门认真贯彻落实中央农村工作会议和中央一号文件精神，按照“四化同步”、城乡发展一体化要求，围绕强科技保发展、强生产保供给、强民生保稳定，以改善农民生产生活条件和增加农民收入为首要任务，着力发展特色农业，壮大县域经济，建设幸福乡村，深化农村改革，加快推进社会主义新农村建设。全省农业农村继续保持了持续向好的发展势头，为建设经济强省、和谐河北提供了坚实支撑。

【稳定发展粮食生产】集中力量打造4000万亩粮食生产核心区，积极推进“吨粮市”、“吨粮县”建设，重点抓好620个国家级万亩高产创建示范片。大幅度提高单产和品质，稳步提升粮食产量。积极应对特大洪涝、暴发性虫灾、低温冻害等严重灾害，粮食生产再获丰收，实现“九连增”，总产达649.3亿斤，比上年增加14.8亿斤，为保证国家粮食安全作出了积极贡献。特别是，吨粮市、吨粮县建设成效明显，邯郸市率先建成吨粮市，藁城、赵县、临漳等37个县建成吨粮县。

【着力提升农业特色水平】按照“一产抓特色”的要求，加快农业结构调整，培育壮大特色主导产业，畜牧、蔬菜、果品三大优势产业占农林牧渔业产值比重达69%，产业化经营率达到61.5%。畜牧、蔬菜、果品三大优势产业占农林牧渔业产值比重达68.4%。以提升规模养殖水平为重点，建成部级示范场209家，省级示范场804家，300头以上养殖场区存栏奶牛占比达96%以上。深入推进蔬菜示范县建设，建成77个部级标准园和502个千亩以上省级标准园。加快推进苹果、梨、核桃、红枣、板栗、葡萄、观光采摘等七大优势果品基地建设，全省果品业总产值达550亿元。

【推进农业产业化经营】按照“培植龙头、壮大规模、建立基地、带动农户”的要求，大力发展乳品、肉类、粮油、果品、蔬菜五大农产品加工业，提高农业产加销一体化水平。深入推进产业化项目建设年活动，建设项目1455个、完成投资860亿元，分别增长23%和18%，138个亿元以上项目竣工投产。全省农业产业化经营总量达到5470亿元、增长15%，产业化经营率达到61.5%、提高1.5个百分点。

【多渠道促进农民增收】按照“城乡统筹、三化同步、富民强县”的要求，实施县域经济腾飞计划，大力发展县城经济、现代农业经济、民营经济和劳务经济，全面提升县域综合实力，多渠道促进农民增收。全省农民人均纯收入达到8081元，同比增长13.5%，连续三年超过城镇居民收入增幅，实现了“九连快”。

【大力实施幸福乡村计划】按照规划先行、民居引领、产业带动、农民自愿、特色明显的思路，坚持“山、水、林、田、村”综合整治，加强“水、电、路、讯（邮）、房”基础设施建设，提升“科、教、文、卫、保”公共服务水平，着力打造“布局合理、设施完善，环境优美、生活便利，安居乐业、文明和谐”的幸福乡村。坚持因地制宜、分类指导，对收入水平较高、基础条件较好、已成为中心村的村庄，进行重点建设、配套提升，加快建成幸福乡村示范点；对未来要打造成为中心村的村庄，科学摆布民居和配套设施建设，逐步吸纳周边村庄人口适度集聚；对未来撤并的村庄，立足现有基础和发展条件，能做什么就做什么、什么问题急迫就先解决什么，保障农民群众基本民生。2012年全省总投资321.2亿元，启动2240个示范点，其中1222个基本完成建设任务，全省农村面貌得到较大改善。

【全面开展农村环境综合整治】把农村环境综合整治作为“两个环境”建设的重要内容，在全省农村全面实施三年行动计划，集中治理农村环境脏、乱、差等问题。2013年全面完成“四清四化”（清垃圾、清杂物、清残垣断壁、清庭院，绿化、美化、亮化、净化）整治任务，在此基础上推进“五改”（改路、改水、改厕、改圈、改垃圾处理方式），建立长效机制，推动建设美丽村镇。

【举全省之力开展扶贫攻坚】以燕山-太行山、环首都、黑龙港流域三大片区为主战场，集中力量打好新一轮扶贫攻坚战。共投入财政专项扶贫资金11.6亿元，整合部门资金和撬动信贷资金198亿元，实施了一批基础设施和产业项目，重点扶持10万个扶贫增收示范户每户建设了一个稳定的增收项目。以紧邻首都的9个贫困县和阜平县为重点，组织实施了“七个一”帮扶工程，为每县安排或引进一家央企、一家省属企业、一所省属大学、一个国家级或省级科研院所、一家金融机构、一个省直综合厅局进行对口帮扶，为每县协调设立一个省级开发区。2012年，35万扶贫对象实现了稳定脱贫，贫困地区自我发展能力显著提高。

【深化农村重点领域改革】农民专业合作社加快发展，全省依法在工商行政部门登记的农民专业合作社达32670家，入社成员占全省农户的18%。农村土地流转步伐加快，全省土地承包经营权流转总面积达1251.5万亩，占承包耕地总面积的15.1%，比上年提高2.4个百分点，规模经营面积占60.2%。

【积极推进城乡发展一体化】以加强基层建设年项目帮扶为抓手，进一步加大资源要素向农村配置力度。以5010个帮扶村为重点，以饮水安全、村街道路硬化、村卫生室标准化建设、农村垃圾处理、安全稳定用电、农村通讯通邮、文化体育资源共享工程、农村危房改造、村庄环境综合整治规划和村庄建设规划、发展一村一品致富产业等“十方面实事”，为主要内容，整合涉农资源，启动帮扶项目81685个，总投入资金达76亿元，农民生产生活条件得到显著改善。抓好石家庄、唐山、秦皇岛3个试点市和12个试点县的政策创新，探索统筹城乡发展路径与模式，示范带动全省城乡经济社会一体化发展。

【加强农村工作领导体制建设】积极推动省委一号文件关于“县级党委常委担任或兼任农村工作综合部门的主要领导”要求落实，均由副书记、常委或党员副县（市）长担任县（市）农工机构主要负责人。各级农工机构在原有推进新农村建设的基本职能之外，普遍增加了统筹城乡发展的职能，承担着指导推动农村改革、开展农村环境综合整治等工作，参与农村社会管理、农村基层组织建设等工作。在去年中央农村工作会议上，我省就“健全农村工作领导体制、提高统筹城乡发展能力和水平”做了会议发言，介绍了经验做法。

【组织召开农村重要会议】一是全省农村工作会议。2月14日至15日，全省农村工作会议在石家庄召开，会议传达学习了中央农村工作会议精神和张庆黎同志在1月13日省委常委会上的讲话精神，省委书记张庆黎出席会议并为先进单位颁奖，省委副书记、省农村工作领导小组组长赵勇作主报告，副省长、省农村工作领导小组副组长沈小平作总结讲话。市县党委或政府主要负责同志和省直有关部门负责同志参加会议，60多家大中型工商企业应邀参会。会议表彰了20个推进社会主义新农村建设先进县、10个特色农业建设先进县、5个农村改革先进县、5个农村饮水安全先进县。

二是全省幸福乡村建设暨农村环境综合整治现场观摩会议。9月20日-21日，全省幸福乡村建设暨农村环境综合整治现场观摩会议在邢台召开，赵勇、艾文礼、马兰翠、沈小平、崔江水等省领导出席会议，沈小平同志传达了张庆黎同志关于幸福乡村建设及农村环境综合整治工作的指示精神，赵勇同志作重要讲话，就幸福乡村建设及农村环境综合整治工作做出全面部署，艾文礼同志主持会议。会议现场观摩了邢台市幸福乡村建设和农村环境综合整治情况，会上邢台市等7个单位做了大会发言。

（河北省委农工部　伍建光）

各 市 篇

石家庄市

2012年，全市农业农村工作继续保持良好发展势头，农林牧渔业增加值完成452.2亿元，同比增长3.6%；农民人均纯收入8993元，增长15%，连续两年增幅超过城镇居民收入。

一、农业综合生产能力稳步提高。粮食生产再获丰收，平均亩产462公斤，总产532.1万吨，单产、总产再创历史新高。其中，小麦单产456公斤，总产258万吨；玉米单产511公斤，总产263万吨。11个县（市）达到吨粮县（市）水平。我市被评为全国粮食生产先进市，藁城、赵县、正定三县（市）被评为全国粮食生产先进县（市）。畜牧、蔬菜、果品三大特色产业规模不断壮大，肉、蛋、奶产量分别达79万吨、109万吨、126万吨，分别增长3.6%、2.5%、5.9%，肉、蛋产量居全省首位，奶产量居全省第二；蔬菜产量达1290万吨，增长0.9%，产量居全省第二，设施蔬菜继续保持强劲的发展势头，设施蔬菜发展到124万亩，占蔬菜面积的50.4%，增加10.2个百分点；果品产量48亿斤，增长4.3%，产量居全省第一。

二、农业科技服务和质量监管延伸覆盖。认真贯彻落实中央一号文件精神，在深化基层农技推广体系改革、完善常规科技推广手段的同时，推动农业科技服务体系向基层延伸，在全市启动实施了农村科技信息服务村村通暨新农村大喇叭工程，具备条件的3500个村已全部开通，并且在全市所有行政村，每村设置一名农业技术员，共选聘了4429名，实行农业技术员、农村信息员、农产品质量监管员“三员合一”或“多员合一”，并安排利用三年的时间，对所有村级农技员轮训一遍。以优良品种、配方施肥、水肥一体化为重点，加快农业科技成果转化应用，小麦、玉米良种覆盖率达98%以上，配方施肥应用率达52%，水肥一体化技术示范面积达8000亩。同时，推动农产品质量安全监管网络向基层延伸。在整合市级农产品质量安全监测监管信息平台的基础上，先期在36个农技推广区域站、72个动检分站和120个基层站点建立了农产品质量监测监管网络系统，在1000个重点村建立了农产品质量安全监管工作室，初步构建起市县乡村四级农产品质量安全监管体系框架。在农业部对全国大中城市农产品质量例行监测中，我市蔬菜、畜禽、果品合格率均居前列。

三、农业基础建设加快推进。水利建设加力提速，重点实施了农田水网、农村饮水安全、现代农田水利、“五小”水利等“八大工程”，新建维修各类小型水源工程2525项，完成除险加固小水库15座，整治河道22.5公里，新增改善灌溉面积123万亩，发展节水灌溉面积51万亩，改造中低产田9.3万亩，建设高标准农田14.2万亩，治理水土流失面积194平方公里。生态绿化加快实施，重点推进西山森林公园、滹沱河百里绿色长廊、三环路绿化提档升级、中华大街北延绿化带、307和308国道绿色通道提升改造、西柏坡高速两侧山场绿化等项目建设，继续实施太行山绿化、封山育林、退耕还林等林业工程，完成造林35万亩，植树3500万株，造林面积和植树数量为历年最高，森林覆盖率达到32.21%，增加1.65个百分点。生态环境重点工程进展顺利，洨河综合整治工程按时间节点推进；滹沱河综合整治工程基本完工，共形成水面900万平方米，绿化植树400万株，新建绿地205万平方米，滹沱印记、叶子广场、城市轨迹、古城映像等景观节点全部建成，陆续向市民开放；南水北调配套工程启动实施。农业保障体系不断完善，森林防火、动物防疫、防汛抗旱、病虫害防治、气象灾害防御等工作成效显著，保持了持续稳定的好形势。

四、农村改革不断深化。村级财富积累机制建设深入开展，实施财富积累项目434个，完成投资10.8亿元。18个农村县（市）区99.8%的行政村建立健全了村集体经济组织，注册经济实体965个，全市农村集体经营性收入突破9亿元，正定县被国家农业部命名为全国农村集体“三资”管理示范县。农民专业合作组织发展迅速，达到3865家，数量居全省首位，入社农户53万户，带动农户117万户，约占全市农户总数的66%。农村土地承包经营权流转逐步扩大，流转面积达120.8万亩，占家庭承包耕地总面积的15.4%，比上年增加2.1个百分点，促进了农业规模经营发展。政策性农业保险工作实现历史性突破，小麦、玉米参保面达到种植面积的60%以上。农村产权制度改革试点稳步开展，全市78个村完成了集体资产股份制改造。农技推广体系、水管体制、林权制度等改革深化完善，农村发展活力进一步增强。认真学习和推广“四个覆盖”经验，农村社会管理创新工作取得初步成效。

五、农村民生持续改善。全面推进统筹城乡发展，以“3567”区域和“六个一体化”建设为重点，谋划实施重点项目189个，投资60亿元，同比增长20%，建成了一批涉及民生、群众急需的基础设施和公益项目，包括完成新改建农村公路168公里，新开通城乡公交线路17条；建成农村标准化卫生室4041个；市老年公寓建成投用，建成县级综合性民政事业服务中心17个，建设农村幸福院1100个；

实施农村联村或单村供水工程，解决了436个村、60万人的饮水安全问题；建设农村户用沼气4300户，联户供气项目6处，供气能力达18700户；建成一批农村生活垃圾集中处理和生活污水处理试点；大力开展以“四清四化”、“六改两建”为重点的农村环境综合整治，农村环境面貌进一步改善。农村新民居和幸福乡村建设有序推进，新增省级新民居示范村70个，总数达到740个，数量居全省前列。其中，已开工建设592个，占总数的80%。累计开工住宅楼7080栋，完工6592栋，累计入住3.98万户，改造提升6.7万户，建成了藁城只照、辛集试炮营、西柏坡华润希望小镇、正定塔元庄等一批较高标准的新民居示范村。同时，大力推广栾城县“六村”联创经验，实施幸福乡村建设。全市省级幸福乡村示范点达176个，其中132个村已基本达到“十有”建设标准，建成了栾城北浪头、柳林屯、藁城岗上、晋州西队等一批幸福乡村典型。大力实施扶贫开发，专项扶贫、行业扶贫、社会扶贫三力合一，解决了3.5万贫困农村人口稳定脱贫。社会救助体系不断完善，城乡低保扩面提标，实现应保尽保，城乡居民社会养老保险实现全覆盖，新农合参合率达96.8%，初步形成以城乡低保、五保供养、救灾救济为基础，医疗救助、临时救助为辅助，慈善应急救助为补充的长效救助机制。

（石家庄市人民政府）

唐山市

2012年，唐山市农业农村工作在市委、市政府的正确领导下，认真落实中央和省市关于“三农”工作的决策部署，在工业化、城镇化和农业现代化“三化”互动中，加快转变农业农村发展方式，大力组织实施现代农业十项重点工程，扎实推进新民居建设，不断深化农村配套改革，全市保持了粮食增产、农业增效、农民增收、农村发展的良好势头。全市年内实现第一产业增加值531.65亿元，比上年增长4.2%；农民人均纯收入达到10698元，比上年增长13.1%。

一、粮食生产取得新成绩。年内全市上下克服农业自然灾害频发等不利因素，以改善粮食生产条件为重点，大力加强粮食生产核心区和高标准农田建设，努力提高粮食生产能力，全市粮食生产再获丰收。全年实现粮食总产331.3万吨，同比增长4.2%，粮食生产实现“九连增”。

二、农业结构得到新优化。坚持“一产抓特色”的工作思路，全市奶牛集约化养殖比例达到100%，生猪、家禽规模化养殖比例均达到80%，全年肉、蛋、奶产量分别达到79.2万吨、37.3万吨、192.5万吨，均实现稳定增长。新发展设施蔬菜0.68万公顷，设施蔬菜总面积达到9.33万公顷，比上年增长7.9%；蔬菜总产量达到1612万吨，同比增长4%，蔬菜生产保持全省第一水平。海淡水池塘生态健康养殖面积达到2.47万公顷，实现水产品产量52.1万吨，比上年增长4.1%，占全省总量近44.8%。新发展果树0.62万公顷，实施果品提质增效0.59万公顷，果品生产总面积达到15.25万公顷，产量151.1万吨，产值77.1亿元，产量和产值分别位居全省第二位和第一位。

三、农业产业化经营跨上新台阶。在北京、天津、唐山举办三场农业产业化重点项目招商推介活动，现场签约项目44个。落实项目分包责任制，县乡两级领导干部分包农业产业化重点项目达到237个。积极引导龙头企业上档升级，年内新增省级农业产业化重点龙头企业7家，总数达到41家。全市农业产业化经营率达到66.4%，比上年增长1.8个百分点；农业产业化经营总额达到650亿元，比上年增长7%。各类农民专业合作社发展到1629个，生产经营辐射2881个村，行政村覆盖率达到57.3%，并创建国家级示范社3家、省级示范社41家、市级示范社153家。

四、农业综合生产能力得到新提升。全年投入农田水利建设资金9.73亿元，新增有效灌溉面积940公顷，改善灌溉面积2.67万公顷，改善除涝面积2万公顷，建设节水灌溉面积2.2万公顷，安装用水计量设施4700个，治理水土流失面积100平方公里，解决了282个村、29.57万人饮水不安全问题。市县两级累计投入资金2988.7万元，建设粮食生产核心区21.61万公顷，建成千亩高产示范方45个，完成高标准农田建设3.37万公顷。发放农机补贴资金8965万元，补贴各类机具2.64万台，受益农户7071户，全市小麦生产基本实现全程机械化，玉米、水稻花生生产机械化水平分别达到70%、78%和81%，耕种收综合机械化作业水平达到80%。

五、农业科技支撑能力得到新增强。全市种养两业新品种普及率和新技术推广率达到96%以上。10个现代农业示范园区核心区基本建成并投入使用，引进试验新技术、新品种200多项，带动农户9万多户。开展了“百万农民大培训”等活动，培训农民150万人次，其中实用技术培训30万人次。创新完善81个农技推广区域综合站的管理机制、推广方式和服务模式，落实了区域站每名技术员包1-2个重点村、每村重点联系10-20个示范户的制度，建成区域站科技示范基地688公顷。进一步完善市、县、乡、村四级动植物疫病防控网络，整合组建病虫害专业化防治组织270个，病虫害综合防治覆盖率达到100%。

六、绿色品牌生产迈出新步伐。全年制（修）订农产品生产地方标准39项，初步形成了覆盖种植、畜牧、水产、农产品加工等主导产业生产全过程的标准化体系。在继续深入开展“瘦肉精”专项整治的基础上，加强主要农产品质量安全监管，农产品筛选检测合格率达到99.9%。积极引导农业企业加强农产品品牌建设，“紫玉”牌板栗成功获得中国驰名商标，"品新"牌蔬菜、"升"牌蔬菜等获得河北省名牌产品，全市45%的品牌农产品通过了无公害基地产品认证或绿色食品、有机食品认证。

七、新农村建设实现新突破。深入实施绿色家园创建活动，全市完成植树造林32万亩，森林覆盖率比上年增长1.19%。推进幸福乡村计划建设，实施新民居建设、村庄改造提升、基础薄弱村建设"三大工程"，133个示范点主次街道硬化率分别达到99.7%和85.1%，自来水入户率、有线电视入户率、村庄绿化覆盖率及新农合参合率、新农保参保率分别达到90.9%、73.5%、41.3%、96.5%和92.2%。87个省级新民居建设示范村新建房屋6586套、改造旧房1.1万户。帮扶140个基础条件薄弱村进行新农村帮扶建设，村庄面貌实现较大改观，发展能力得到有效提升。积极推进农村环境综合整治工作，全市共清理垃圾20.9万吨、清理杂物10.1万吨、清理残垣断壁和危房29.5万平方米，清理庭院44.1万个。

八、农村综合改革取得新进展。深化农村产权制度改革，全市农村集体土地所有权、乡镇企业占地及农村宅基地使用权确权分别完成80%、71.3%和79.9%；农村集体林权改革完成登记发证面积21.76万公顷，占任务量的96%；农村房屋确权工作完成确权登记27.3万户，占任务量的17.5%；农村水利设施确权颁证完成29116份，占任务量的22%；确定11个县（市）区为综合改革和单项改革试点单位。加快农业经营制度改革，全市土地经营权流转面积达到8.61万公顷、土地流转率达到17.1%；推进农村资金互助合作社试点工作，完成试点筹建25个，入社农户数4217户，资金总额2.05亿元，累计放款1.13亿元，实现收益141万元。

9、应对自然灾害取得决定性胜利。成功抗击多次强降雨和台风等自然灾害的袭击，取得了抗洪抢险的全面胜利，共安全转移人口12.6万余人，实现无一人因洪灾死亡的目标。积极开展生产自救和恢复重建工作，水毁水利工程的恢复重建工作已全面展开；蔬菜水毁设施完成修复5.2万个、面积0.43万公顷、占应修复任务的100%，重建设施4.5万个、面积0.57万公顷、占应重建任务的96.9%；修复海淡水养殖设施0.8万公顷；畜禽养殖场完成修复圈舍面积22.6万平方米，重建圈舍面积9.4万平方米，补栏畜禽43.3万头（只）。

（唐山市人民政府）

秦皇岛市

2012年，在市委、市政府正确领导下，全市各级农口部门深入贯彻党中央、国务院和省委、省政府对"三农"工作的重大决策部署，全面落实各项惠农政策，强化农业基础地位，农村经济总体保持增长。全年实现农林牧渔业总产值273.95亿元，比上年增长3.0%。受水灾和风雹灾等自然灾害影响，全市粮食、油料等农产品减产。全市粮食作物播种面积14.81万公顷，比上年增长0.2%；总产量80.92万吨，减少9.3%。蔬菜播种面积4.72万公顷，增长4.5%；总产量302.44万吨，增长5.3%。畜牧业生产略有增长，全年肉类总产量33.37万吨，增长1.9%，其中猪肉、牛肉、羊肉产量增幅分别为1.5%、0.3%、0.1%。渔业生产大幅度增长，水产品产量达到27.44万吨，增长31.5%。

一、抗洪抢险工作取得全面胜利。7～8月，秦皇岛市连续经历6次强降雨过程，降雨强度之大、持续时间之长、间隔时间之短历史罕见，造成1983年建市后最为严重的一次自然灾害。全市各级各相关部门迅速行动、紧急应对，投入防暴雨、防台风工作，经受了连续强降雨和特大洪水的考验。整个防汛抢险过程中，全市转移安置群众12.97万人，是全市转移安置群众规模最大的一次，出动部队官兵5500余人、干部群众2.5万余人，动用挖掘机、铲车等大型设备2700余台次，调用市级大批防汛物资编织袋74万条、铅丝35吨、木材100立方米等，抢修堤防6200米、小水库29座、塘坝42座，确保了人民群众生命财产安全，得到国家防总、省委、省政府的充分肯定和高度评价。各级农业部门指导农民增加秋粮播种面积8466.67公顷，毁种农田1.58万公顷，修复蔬菜棚室1466.67公顷；252个规模养殖场得到及时修复，协调调运饲料176吨；重新引进优种畜禽3.1万只，采取及时补栏、抓好疫病防控等有效补救措施；指导滩涂、工厂化养殖企业及时完成排水、清淤、消毒、补苗等灾后补救措施，挽回经济损失17亿元。

二、蓬莱19-3油田溢油事故补偿资金发放工作基本完成。年内，开展补偿资金发放工作，市领导小组办公室邀请海洋、水产方面的专家进行多次研讨论证，多次征求县区意见，制订详细的工作方案，明确责任分工、时间节点和目标要求。全市抽调海洋、渔业主管部门和县乡干部1587名，组成调查审核工作组，对所有沿海养殖户进行走访，全面、准确地掌握渔业损失的基本情况。为全部受损养殖户建立文字及电子档案，按养殖类型、养殖面积、证明材料等进行分类登统。至年底，除昌黎、山海关和秦皇岛经济技术开发区少量有争议和事实不清的养殖户没有发放外，有2913户得到补偿金，占总户数的95.2%，发放补偿金2.92亿元，占总补偿金的95.8%。

三、现代农业发展水平不断提高。抓好标准园创建及百亩方建设，带动蔬菜产业规模化发展和提档升级。申报、创建国家级标准园4个，省级标准园59个；建设百亩示范方52个，建设面积349.33公顷。设施蔬菜面积达到3.6万公顷，比上年增加666.67公顷。至年底，全市肉、蛋、奶产量分别达到33.37万吨、11.19万吨和10.58万吨。全市浅海滩涂养殖总面积4.8万公顷，其中浅海养殖4.47万公顷，滩涂养殖0.33万公顷；工厂化养殖40万立方米，淡水养殖面积0.5万公顷。实施绿色提升计划，提高农产品质量安全监管水平。坚持发展循环农业，农业资源可持续利用能力明显提升。

四、农业生产风险抵抗能力增强。动植物疫病防控体系日趋完善。市、县分设动监所和动物疫控中心，动物防疫监督分站达到42个。组织实施重大动物疫病强制免疫工作，应免畜禽免疫密度达到100%，有效防控高致病性禽流感、高致病性猪蓝耳病、口蹄疫、猪瘟等重点动物疫病的发生。农业有害生物预警与控制区域站项目覆盖4个县，专业化植保组织和人员分别达到238个、960人，施药机械1500多台（套）。全市农作物病虫害有效防治面积104.04万公顷次，完成小麦“一喷三防”工作。开展二点委夜蛾、三代粘虫等重点病虫害的全面监测和专业化防控，有利保障了粮油增产增收。

气象防灾减灾能力不断增强。市政府修订《秦皇岛市气象灾害应急预案》，实施《河北省暴雨灾害防御办法》，出台《秦皇岛市实施〈河北省暴雨灾害防御办法〉细则》，印发市级气象灾害防御规划。发布气象灾害防御相关指令性文件74份。尤其“达维”台风前，启动暴雨灾害防御Ⅱ级命令，提前转移群众3万余人。完成冀东飞机增雨作业基地涉秦建设任务，新建标准化作业点8个，更新增雨火箭架3部。

开展防洪保安工程建设。年内，实施总投资7733万元的石河水库除险加固，总投资6332万元的21座小（一）型病险水库除险加固，总投资1269万元的大、小汤河海堤加固，总投资5743万元的石河、南河中小河流治理及13项应急度汛等工程。同时，投资4228.41万元，对市政雨水系统和部分主要积水点进行系统改造，为安全度汛提供有力保障。

五、为农服务水平增强。开展“农业科技促进年”活动，加强“配餐式”技术集成，进行“套餐式”技术推广，开展“菜单式”技术服务。全市引进农作物新品种123个，优种覆盖率达到98%；规范管理种畜禽场27个，建设标准化改良示范点23个，猪、牛、羊、鸡、水产品良种覆盖率分别达到98%、90%、90%、98%和97%。农业信息网络升级改造工作完成，建设基层农业信息网站402个、市县视频指挥系统4个。实现12万条农业信息多渠道宽领域进村入户。推广肃宁经验，强化规范化管理，至年底，全市经合组织总数达到1612个，占总村数的71%。全市经合组织中，农民专业合作社增加147个，总数达到1096个；各类农业专业协会增加167个，总数达到520个。

六、农民人均收入取得新突破。全市农民人均纯收入8315元，比上年增长12.9%，实现“九连快”。加大农村剩余劳动力转移力度，实施农村劳动力培训阳光工程，确定市农广校、市职业技术培训中心等19家培训机构为阳光工程培训基地，培训专业技术农民1.59万人。完善农民与企业利益联结机制。发展专业合作组织，全市经合组织总数达到1612个，占总村数的71%。其中，农民专业合作社达到1096个，比上年增加147个；各类农业专业协会520个，比上年增加167个。昌黎县嘉诚蔬菜种植专业合作社被农业部评为“国家级示范社”。依托各级农合联、行业协会，举办各类培训班115期，培训会（社）员和农民1.16万人次。开展科技服务活动239次，帮助农民销售农产品11.7亿元，助农增收1.45亿元。全年落实国家农机购置专项补贴资金2750万元，省农机累加补贴资金6.5万元；渔用柴油补贴14901.59万元；畜牧良种补贴1332.2万元。

七、农业产业化发展又有新提高。全市完成农业产业化项目投资22亿元，比上年增长20%。国家、省、市级龙头企业分别达4家、36家和301家，比上年分别增加1家、9家和37家，龙头企业销售收入达260亿元，比上年增长18.7%。全市实施农业产业化标志性项目64个，项目总投资154.2亿元，比上年增长129%。其中，亿元以上项目17个，比上年增加8个；省重点项目13个。开展银企对接服务和招商引资工作，全市新增贷款50家企业，新增贷款额9.8亿元，比上年增45%。会同民生银行启动组建全市农业产业化龙头企业互助合作基金。全市招商引资签约项目8个，协议资金33.9亿元，比上年增长60%；签约项目到位资金8.21亿元，比上年增30%；签约项目完成投资7.1亿元，比上年增长35%。其中卢龙县、山海关区2个正大投资项目，分别计划投资35亿元和19.5亿元，开始实施。推进品牌建设。全市农产品注册商标195个，比上年增加16个。食品企业QS认证率100%，农产品及加工制品创国家名牌5个、河北省名牌18个，创中国驰名商标1个（骊骅牌玉米淀粉）、河北省著名商标40个。成功举办农产品年货大集和河北省第六届（昌黎）特养产品交易大会，组织20余家龙头企业参加河北廊坊农产品交易会，提高了秦皇岛市农产品的市场占有率及品牌影响力。

八、新农村建设工作取得新突破。实施幸福乡村计划。全市80个幸福乡村建设示范点全部完成规划编制，完成投资14.9亿元。植树7万多棵，硬化路面6.6万米，铺设地下管网5.2万米，新建农家书屋51个，安装体育健身器材369套，新建卫生院26个，新建住宅2435套，改建住宅4500余套，入住农民21835人。

推进农村管理体制机制创新。启动农村产权制度系列改革试点，全市土地流转总面积1.87万公顷，占承包经营土地面积的12.1%；林权登记发证面积25.13万公顷，完成总任务的98.46%。林权抵押贷款达到3800万元。

推进山区综合开发示范区建设。全市确定9个重点示范区和27个重点项目，明确建设目标和任务，集中投放财力物力，建成一批交通便捷、规模适中、功能完善的休闲旅游特色乡村和特色项目，带动山区开发示范区建设整体推进。至年底，14个取得明显进展，海港区连峪山庄、山海关区樱桃沟生态绿道、抚宁县山里人家旅游度假村和骊城隆盛综合生态观光园等初具规模。

（秦皇岛市人民政府）

邯郸市

2012年，邯郸市全年农林牧渔业总产值达到672.9亿元，同比增长4.0%；农民人均纯收入8447元，增加1081元，同比增长14.7%。

一、主要工作成效

（一）农业主要生产指标全面完成。粮食播种面积1162.5万亩，亩产481.6公斤，增加31.6公斤，增长7.0%；总产560.1万吨，增加31.7万吨，增长6.0%。粮食生产实现“九连增”，单产、总产增幅均居全省第1位，成功跨入全国百亿斤粮食大市行列。棉花生产，全市棉花播种面积160.6万亩，其中棉田高效种植面积70.3万亩，总产13.34万吨。油料生产，全市油料作物播种面积59.3万亩，其中花生播种面积55.94万亩，总产14.21万吨。蔬菜生产，蔬菜播种面积达13.7万公顷，增加0.4万公顷，增长3.3%；亩产4070.7公斤，增长0.5%；总产838.0万吨，增长3.8%。畜牧水产业生产稳定增长，肉、蛋、奶产量分别达69.3万吨、104.0万吨和23.8万吨，分别增长2.3%、0.1%和2.1%。

（二）“吨粮市”建设胜利收官。全市568.3万亩小麦平均亩产455.2公斤，增加72.4公斤，增长18.9%，全省排位由第六位跃居到第一位；全市505.2万亩夏玉米，预计平均亩产546公斤；全市小麦、玉米两熟产量达到1001.2公斤，“吨粮市”建设目标如期实现。全市建成“吨粮田”900万亩，“超吨粮田”380万亩，“吨粮乡”150个，“吨粮村”3800个。

（三）农业产业化经营势头良好。2012年，全市农业产业化经营总量645.8亿元，经营率62.3%。共实施农业产业化项目272个，总投资668亿元。全年计划完成投资80亿元，实际完成投资95亿元，超计划18.8%。市级以上龙头企业达到410家，其中国家级6家、省级46家，数量均居全省第一位。五得利面粉集团、晨光天然色素、禽蛋批发市场、美科尔黄体素、同和鸡蛋粉、华裕雏鸡等6个单体品种成为全国同行业“老大”。建成了大名县、永年县、魏县三个省级农产品加工示范基地县。入驻园区企业个数达225家，园区内新开工项目10个。大名县和永年县分别被农业部命名为“全国农业产业化示范基地”和“全国农产品加工业示范基地”。

（四）农村改革不断深化。全市214个乡镇建立了农村土地流转服务中心，规范化率达到85%以上。土地流转面积138.12万亩，流转率15.6%，增长2.5个百分点，规模经营面积91万亩，增长30.3%。全市5405个村全部完成村级集体财富积累机制建立工作，已有182个乡镇、4857个村实行了会计委托代理制，占乡、村总数的85%和91%。截至2012年底，农民合作组织4230家，辐射带动农户达到农户总数的65.1%。其中，在工商管理部门注册登记的3520家，行业协会和联合社57个。国家级示范社2家，省级示范社52家，市级示范社191家。

（五）农田水利建设进展顺利。通过努力争取使2个中型灌区列入国家规划，3个县列入全国小农水重点县，3个县列入现代农业县。进一步加大灌区续建配套与节水改造力度，积极推进漳滏河、跃峰渠等4个大型灌区和15个中型灌区续建配套，清淤衬砌渠道32公里，修建闸、桥涵建筑物187座。以小型农田水利重点县项目、现代农业项目、节水示范项目建设为重点，更新机井800眼，铺设地下管道320万米，渠道清淤、衬砌100公里，发展节水灌溉面积42万亩，改善灌溉面积48万亩，完成任务指标的105%、106%。

（六）造林绿化实现提质增量。一年来，全市完成人工造林32.1万亩，新封山育林16.2万亩，绿化道路876.8公里，建设农田林网2.3万亩，绿化治理村庄375个，新发展果树面积7.96万亩，造林总量和质量进一步提高，实现森林覆盖率净增2%。

二、工作举措

（一）创新举措，强化管理，积极稳妥推进幸福乡村建设。一是创造性地提出“新规划、新产业、新民居、新环境、新设施、新风尚、新保障、新农民”等新农村建设“八新”目标，探索实践出了一批具有邯郸地方特色的产业支撑型、村企共建型、市场拉动型等多种新农村建设发展模式。二是用新举措破解新民居建设的资金和土地瓶颈。积极整合新农村建设专项资金、村级道路建设、农村饮水安全、生态家园富民工程等农村各类项目资金，支持新民居示范村建设；组织协调职能部门和企业，对新民居示范村实行“一对一”帮扶。从市级精品示范村中选择20个示范村作为整建制推进新民居建设示范村，在资金、土地等政策方面给予集中支持。全市批复新民居建设周转用地14494亩，已利用周转用地10247亩。

（二）高标准，重技术，强力推进整建制高产创建示范市建设。在全市整建制、大规模推进高产创建，强化农业科技创新和服务，巩固扩大“吨粮市”建设成果，向“超吨粮市”迈进，率先在全省打造小麦生产“千斤市”。一是高标准打造200万亩示范方。依托各类专业合作服务组织，以部级万亩高产创建示范片为重点，强化示范方基础设施建设和高新技术的推广应用，实施“六统一”专业化服务。二是推广“超高产”集成配套技术。引进、示范、推广国内外最先进的粮食增产技术，制定完善“超吨粮田”配套技术体系和操作规程，大面积普及推广粮食集成综合增产技术，全面提高农民科技种田水平，实现高产再高产的新突破。三是强化基层农技服务体系建设。以跨乡镇建设农技推广区域站为重点，扩建基层农技推广区域站和乡级农技推广综合服务站，切实提升我市农技推广的服务水平。四是大力发展粮食产业化经营。培育农业产业化龙头企业，加速粮食产业的转型升级。扶持发展农业专业合作服务组织，增强农民抵抗市场风险能力。加快土地流转和集约化经营，促进规模化生产。

（三）继续推进牧渔业“半壁江山”工程，促进牧渔业健康快速发展。一是推进畜禽标准化规模养殖。以良种引进、圈舍改造和粪污、污水处理为切入点，引导发展以标准化为基础、适度规模为主导、种养结合的养殖场和养殖小区。二是完善良种繁育体系。重点支持原种猪场、祖代种禽场、种羊场建设推广优良种畜禽品种，积极培育具有自主知识产权的优良品种。三是推进畜牧产业化经营。重点培育一批品牌效应大、产业链条长、市场占有率高、带动能力强的龙头企业。新增1-2家销售收入10亿元以上和5-10家年销售收入超亿元的畜牧龙头企业。鼓励和引导养殖加工企业调整产品结构，增强品牌和质量意识，争创知名品牌。支持企业申报无公害、绿色、有机产品和名优产品、地理保护标志、原产地标志等。

（四）抓重点，育龙头，多措并举推进农业产业化经营。一是抓好重点项目。实施“百龙腾飞”工程，重点扶持100家市场潜力大、科技含量高、经营机制活、带动能力强的龙头企业。二是破解资金瓶颈。强力推进农业产业化重点龙头企业上市，促使企业直接融资；组织银行主管信贷副行长和信贷科长及市担保公司到符合条件、有贷款意向的重点龙头企业进行了实地考察并召开银企对接座谈会；鼓励各级担保机构优先服务农业产业化重点龙头企业，支持重点龙头企业联合发起、探索成立全市农业产业化龙头企业担保集团，增强担保实力，扩大银行担保放大的倍数。三是鼓励科技创新。鼓励企业通过科技人员兼职、技术攻关合作、联合组建公司、合作建立科研机构等方式，与科研机构、大专院校开展协作。鼓励企业多层次多渠道引进高端人才，引导企业加强技术工人培训；支持企业将基地农户纳入人才培养范围，加强技术指导服务，提高农民种养技能。四是完善企农利益联结机制。要求市级以上重点龙头企业必须与农户建立签订回收合同等一种以上的联结机制；在申报农业产业化奖补资金时，把是否与农户建立完善的利益联结机制作为首要条件之一；把是否能够确保与农户建立利益共享的关系、带动农民增收作为评优评先的主要依据，真正使企业与农户形成共同发展、利益共享、风险共担的利益共同体。

（邯郸市人民政府）

邢台市

2012年，是我市农业农村工作发生深刻变革、取得明显成效的一年。在市委、市政府“还邢台青山绿水、走生态发展之路”战略思想指引下，广大农业工作者和各级各部门团结一致，克难攻坚，圆满完成了年初确定的各项目标任务，全市农业农村工作呈现出“快、优、实、强”的鲜明特点。

“快”，就是项目建设较快发展，农民收入较快增加。全年谋划投资1000万元以上农业产业化项目225个，其中亿元以上项目88个，项目总投资467.7亿元，共完成年度投资55亿元。建成国家级重点龙头企业5家，新增2家，省级重点龙头企业39家，新增8家，新增龙头企业数列全省前三。全市农业产业化经营率达到62%，粮食总产达到453.2万吨，实现了“九连增”，农民人均纯收入达到6601元，增长13.5%，实现了“九连快”。

“优”，就是园区建设全面推进，产业结构不断优化。按照市政府常务会议通过的全市《现代农业发展规划》，全面启动了“百千万”特色高效农业示范园工程，共建设特色高效农业示范园138个，其中万亩以上24个，5000亩以上41个，一些园区已初具雏形。农业产业结构不断优化，比较效益不断提升，畜牧、蔬菜、果品三大产业占大农业的比重达50.8%，同比提高1.4个百分点。全省18个农产品中国驰名商标中，我市占8个，其中2012年新增3个。

“实”，就是生态建设扎实推进，发展基础不断夯实。水生态系统保护与修复工程全面实施，市区岩溶水明显回升；以造林绿化为重点的生态建设取得扎实成效；农村环境整治不断深化，新民居建设完成投资11亿元。全省春季造林绿化现场会、全省林果工作会、全省推进幸福乡村建设暨农村环境综合整治现场观摩会相继在我市召开。

“强”，就是改革开放不断深化，发展活力显著增强。农村产权制度改革全面启动，集体林权制度主体改革基本完成，土地规模流转进一步规范有序，全市土地流转面积137万亩，流转率达到15%。省委、省政府领导及省直部门多次到我市栾卸、苏营二村专题调研改革工作。全市1.53万个贫困家庭都有了稳定增收项目，3万贫困人口稳定脱贫；农业综合开发治理土地22.64万亩，争取资金额列全省第一。

一、强化科技支撑，确保主要农产品稳定增长。深入推进粮棉高产创建，积极扩大规模，着力提高单产和品质。选择基础条件好、增产潜力大的县乡大力开展整建制创建。大力支持在关键农时、重点区域开展防灾减灾技术指导和生产服务，加快推进农作物病虫害专业化统防统治，完善重大病虫疫情防控。狠抓粮食生产核心区和部级万亩高产创建示范片建设，巩固提高42个部级粮食高产创建示范片。抓好威县、南宫、临西等7个部级棉花高产创建示范片。加快推进区域化布局、标准化生产、规模化种养，提升“菜篮子”产品整体供给保障能力和水平。注重城市农产品应急保障能力建设，坚持保有一定的蔬菜等生鲜食品自给能力。同时，高度关注农产品质量安全，强化农产品质量安全监管综合协调，加强检验监测体系和追溯体系建设。

二、壮大特色产业，促进农业产业结构优化调整。按照“一产抓特色”的要求，围绕做大做强我市畜牧、扩林果、提蔬菜”三大特色产业，集中力量打造一批规划布局合理、生产要素聚集、技术装备先进、经营机制完善的现代农业示范区。加快产业结构调整步伐。在全市启动实施了“百千万”高效农业示范园建设，即各县（市、区）结合农业发展的优势或特色，按照“一县一业、一村一品、多村一品”的思路，以集约、高效、可持续发展的理念，集中进行土地规模流转，通过加大招商引资力度，在各县（市、区）建设一批占地百亩、千亩、万亩规模的农业项目园区，其中，乡镇抓百亩以上、县市区抓千亩以上，市级直接抓万亩以上示范园，每个县市区至少启动一个5000亩以上特色高效农业示范园，通过园区示范带动当地特色农业快速发展，进而推动了当地农业产业结构优化。

三、实施龙头带动，推动农业产业化发展。紧紧围绕畜牧、蔬菜、林果三大主导产业和乳品、肉类、粮油深加工、果蔬、生物质等五大优势农产品加工业，按照培植龙头、壮大规模、建立基地、带动农户的思路，以农业产业化促进农业现代化，推动农业提档、升级、增效。一是在培育龙头上下功夫。按照“谋划一批、储备一批、开工一批、投产一批”的要求，努力打造农副产品生产、加工、销售的完整产业链，抓住山东六和、湖南绝味等龙头企业加大在我市投资的时机，把肉鸭产业从饲料加工、种鸭孵化、规模养殖到屠宰冷藏、熟食加工做成成龙配套的完整产业链。二是在壮大规模上做文章。积极推广东方食品城建设经验，以大型农业品加工项目建设为龙头，谋划了一批高标准的产业园区，培育和壮大产业集群，通过壮大整体规模，带动推进农业产业化发展。宁晋、沙河作为省级示范基地县，高标准农产品加工园区建设步伐加快。三是在建好基地上求突破。围绕肉蛋奶、粮棉油和果蔬林产品生产加工，建设了一批现代化、规模化、标准化的养殖基地、繁育基地、种植基地和生产基地，为产业化经营提供雄厚的原料保障。四是在组织化程度上上水平。进一步规范、完善现有的各类农业合作经济组织，新发展、多发展一批新型农村合作经济组织，以形式多样和民办、民管、民受益为原则，促进了合作经济组织的健康发展。

四、加快生态环境建设，努力构建“山水泉城，魅力邢襄”。加强水资源统一管理和优化配置，加快实施水生态修复工程。重点做好泉城复涌的规划、论证和部分前期工作的启动，关闭市区自备井。依托南水北调配套工程和引黄工程，构建覆盖全市的水网。加快“两引一建”建设步伐。加快建设“一带两沿三环”绿化工程。加强邢台县前南峪、临城蝎子沟国家级森林公园等重要生态保护区的建设管理，做好小流域治理、水土保持、防灾减灾等工作。以项目建设为基本抓手，以项目争资金，以资金争投入，以投入促建设，加大争跑力度，最大程度地争取支持。另一方面，做到全市一盘棋，统筹做好农村水网、路网、电网等基础设施改造，全面提升农村基础设施水平，提高了基础设施对农业发展的后期支撑能力。

五、高度关注民生，启动实施“幸福乡村计划”。围绕建设社会主义新农村实施幸福乡村计划，推动基础设施向农村延伸、公共服务向农村覆盖、现代文明向农村辐射，加快建设农民幸福生活的美好家园。按照“山、水、林、田、村”综合整治的要求，以加强“房、水、路、电、讯（邮）”基础设施建设和提升“文、教、医、保、服”公共服务水平为重点，加快改善农民生产生活条件，着力保障农村民生。一是加大农村新民居建设力度。按照规划先行、产业带动、群众自愿的原则，一手抓积极推进，一手抓巩固提高，扎实有序推进新民居建设。二是推进扶贫开发整体取得进展。三是加快解决农村饮水安全问题。大力推行农村联村集中供水模式，按照统筹城乡发展的要求，城乡联合、多村联合、集中供水，大力发展农村供水事业。解决了25万人饮水安全问题。四是抓好新能源利用。加快乡村沼气服务网点建设与管理，加强对新能源建设难点问题技术攻关。全年发展户用沼气1万个，建立农村沼气服务网点58个。五是开展农村环境综合整治。积极推进连片综合整治和生态示范区建设，加快村屯绿化，推广“户分类、村收集、乡（镇）转运、县（市）集中处理”的农村垃圾处理模式，逐步改善广大农民的生活环境。

（邢台市人民政府）

保定市

2012年，全市认真贯彻落实中央、省一系列关于加快农业生产的精神和各项强农惠农政策，紧紧围绕“粮食增产、农业增效、农民增收”的总体目标，实施政策惠农、科教兴农、项目强农政策，全力推进现代农业建设，全市农业和农村经济保持了持续较快发展，全市完成农业生产总值660.7亿元，同比增长5%，农民人均纯收入达7696元，同比增长15.6%。

主要举措和成效：

一、抓特色夯基础，农业基础地位持续巩固。农业稳，社稷安，抓好农业生产意义重大。一是着力提高粮食生产能力。坚持稳面积、攻单产、提总产，重点抓了13个粮食生产基地县（市）和500万亩粮食生产核心区建设，2012年粮食生产实现“十连增”，总产达到604.5万吨，稳居全省第一，被农业部评为“2012年粮食生产先进市”。定州、定兴、徐水三县（市）荣获全国粮食生产先进县称号。二是着力推进畜牧业“一带六区”养殖基地建设。2012年全市肉类年产量64.5万吨，增长1.8%；禽蛋总产量42万吨，增长0.1%；鲜奶总产量80.3万吨，增长1.5%；水产品总量5.5万吨，增长1.5%。肉、蛋、奶总产量及奶牛存栏均居全省第四位，生猪和肉羊饲养量居全省第二位。三是着力推进林果业八大优质果品基地建设。全市共完成造林50.5万亩(含封山)，完成义务植树1500万株。新发展果树11.11万亩，果品产量达135万吨。四是着力推进“一线三区十大”蔬菜基地建设。设施蔬菜生产保持产销两旺可喜局面，蔬菜种植规模不断扩大，效益稳步提高。全市各类投资达5.73亿元，建成规模千亩以上蔬菜示范园36个，其中新建部级示范园7个，累计达到10个，建设蔬菜专业合作社110个。全市蔬菜播种面积达到272.6万亩，其中设施蔬菜播种面积150.2万亩，总产931.6万吨，增长6.1%，完成产值111.44亿元，实现了历史性突破。

二、抓安全强保障，农业安全水平显著提升。站在“抓安全就是抓发展，就是抓民生，抓安全是政府的责任，不抓安全就是失职”的高度，保障农业安全发展，农产品质量安全状况明显好转。2012年全市共检测农产品样品4147个，其中市农产品质量监督管理站抽检样品1007个，检测项目全年累计达1.34万多项，农药残留合格率达99.8%，高于全国平均水平。全市累计认定基地47个，认证产品153个；认证绿色蔬菜基地9个，认证绿色产品20个。森林防火得到加强，严格落实森林防火责任制，强化森林消防队伍建设和扑火能力建设，实现了省政府提出的“四个确保”的目标。重大动物疫病防控工作成效显著，继续完善重点动物疫病防控工作责任制，建立完善了多层面的责任网络。代表河北省接受并通过农业部“动物卫生监督绩效考核”检查，取得优异成绩，受到了农业部检查组的高度评价和充分肯定。完善动物产品质量检测体系，不断提高监管强度。按照河北省“畜产品质量安全体系建设年”活动要求，进一步完善行政监管、检验检测、综合执法三大体系，全市畜牧水产系统已有24个县（市、区）正式批复成立了动物产品监管机构，共核定编制90人。

三、抓体制增活力，农村体制改革不断深化。基层农技推广体系改革基本完成，全市建立农业区域（综合）站和乡镇站153个，落实农业区域站和乡镇站人员1914人，人员到位率达到88%，农技推广新机制初步形成。农村土地经营权流转步伐加快，县乡两级普遍建立土地流转有形市场，建成县级土地流转机构27个，乡级机构312个；市本级和22个县市均成立了农村土地承包仲裁委员会。全市流转面积131万亩，占承包耕地面积的13.2%；其中规模经营面积（20亩以上）达到69.7万亩。农民专业合作社快速增长，全市累计注册农民专业合作社3489户，其中国家级示范社2家，省级示范社52家，市级示范社41家，现有社员12万余户，辐射农户90万户，覆盖全市4600多个行政村。

四、抓水利强保障，水利基本建设取得新成效。一是重点水利工程建设。完成了总投资5亿元的王快水库和西大洋水库两库连通，大大提高了西大洋水库向市区供水的保障能力。大水系工程中南线和北线工程顺利完工，确保了大水系工程的水源供给。南水北调配套工程，水厂以上输水工程可研报告已经上报，投资3.2亿元的天津干渠征迁工作和投资6亿元的廊涿干渠保定段建设任务，按计划如期全部完成。二是农田基础设施建设。大力实施农村饮水安全工程建设，解决了68.38万人的农村饮水安全问题。完成了投资2.5亿元的小型农田水利基础设施建设，新增节水灌溉面积67.8万亩。三是中小河流综合治理。实施了永定河、唐河、沙河等河道堤防加固及险工治理工程，完成投资2.36亿元，新建及加固堤防180公里，部分河道、堤段的行洪、抗洪标准进一步提高。

五、抓科技强服务，科技保障能力不断增强。大力实施“科技兴农”战略，强化人才支撑，积极搭建为民增收的科技服务平台，不断提升科技服务保障能力。按照“实际、实用、实效”的原则，广泛开展多渠道、多层次的农业技能培训，受训农民普遍掌握1～2门先进实用技术。充分发挥乡镇区域站、科技示范户、合作社和龙头企业等多个主体作用，全面加强社会化服务，加快农业新品种、新技术的推广步伐，不断提高农业科技贡献率。全市沼气池保有量达到44.8万户，年产沼气1.34万立方米，年节能9.56万吨标煤，实现经济效益5.76亿元，受益人口179万。全市累计推广测土配方施肥面积3924.1万亩，亩均减少不合理肥料投入8.2公斤，节肥总量32.18万吨，亩节本增效45.1元，总增效益17.6亿元。2012年秸秆综合利用面积达到1124万亩，秸秆综合利用率达到90%。

六、抓产业强龙头，农业产业化水平进一步提高。坚持把农业产业化作为推进现代农业发展的重要抓手，不断提升农业产业化经营水平，产业化经营率达到63.5%。一是做大做强龙头企业。认真做好龙头企业的认定与监测工作，2012年认定市级以上重点龙头企业292家，其中省级44家，国家级2家，直接带动农户136万。二是大力推进重点项目建设。坚持多上项目、上大项目的工作思路，不断充实、更新农业产业化重点项目库。全市共确定“111行动计划”230个，其中投资亿元以上的重点项目55个，投资5亿元以上的21个，投资10亿元以上的项目10个，总投资额239.3亿元。2012年完成投资66.38亿元，同比增长10%以上，新开工项目50个，竣工项目36个，其中完成亿元以上大项目10个。三是全面强化招商引资工作。签约项目27个，协议引进资金59.86亿元，提前完成年内实现引资额20亿元的任务目标。四是着力加快基地建设和园区建设。围绕乳品、肉类、果品、蔬菜、粮油五大产业，积极发展壮大重点龙头企业集群，大力推进原料生产基地建设，全市规模农产品生产（加工）基地已发展到118个。五是扎实推进“一村一品”专业村建设。全市符合农业部“一村一品”标准的专业村发展到370个，比上年增加1个村，专业村主导产业从业农户13.85万户，户年人均纯收入达到8097元。全市涉农专业乡镇发展到13个，主导产业从业农户达到11.12万户。

七、抓扶贫强攻坚，新一轮扶贫攻坚强势开局。紧紧抓住全省开展环首都扶贫攻坚示范区建设机遇，坚持统筹扶贫攻坚和区域发展、统筹扶贫攻坚和发展县域经济、统筹扶贫攻坚和发展现代农业、统筹扶贫攻坚、发展社会事业“四个统筹”，全面实施“十二五”扶贫规划。2012年，投入专项扶贫资金和社会帮扶资金达到8.04亿元，全市贫困村生产生活条件得到了明显改善，434个贫困村中有106个贫困村、37593户、13.2万人分别达到省定村“十二有”、户“十有”标准，分别占到24%、20%和23%，环首都示范区建设初见成效，实现了率先启动、率先突破。

（保定市人民政府）

张家口市

2012年，全市坚持以科学发展观为指导，深入贯彻党中央、国务院和省委、省政府对“三农”工作的重大决策部署，全面落实各项惠农政策，强化农业基础地位，加大城乡统筹力度，开拓奋进、攻坚克难，以节水、旱作、高效“三型”农业为主攻方向，按照“保粮、强牧、稳菜、优果、壮特”的思路，强势推进，狠抓落实，大力调整农业结构，积极发展设施农业，狠抓重大农业产业化项目建设，在局部遭受较为严重的自然灾害的情况下，全市农业农村经济较快发展，实现了农业增效、农民增收和农村稳定。全市农业增加值205.78亿元，增长4.6%；农民人均纯收入5564元，增长14.6%。

一、粮食生产稳定增长。大力实施粮食高产创建项目，单产继续提高，粮食喜获丰收。全年播种粮食712.99万亩，与去年持平，总产量154.73万吨，粮食单产217公斤/亩。推广杂交谷子40.5万亩，平均亩产达到275.3公斤；播种马铃薯138.7万亩，单产251.9公斤/亩，产量34.93万吨(折粮)。

二、畜牧生产提质增效。新建奶牛养殖场22个，专业村发展到509个。实施了察北蒙牛现代牧场扩建工程、塞北诺干牧业万头牧场等养殖项目。新增奶牛2.53万头，存栏达到40.44万头，增长6.7%；奶产量达到124.33万吨，增长1.5%。新建肉牛规模养殖场8家、肉羊30家、生猪17家、肉鸡15家，养殖基地规模化水平得到提高。赤城北京二商集团生猪养殖加工一体化、蔚县正邦集团百万头生猪现代农业示范园、沽源百万只肉兔生产加工、怀来双大二期工程、康保乾信肉鸡养殖加工一体化、万全百万只肉鸡养殖基地等一批养殖项目全面实施。新增畜牧市级龙头企业28家、总数达到127家。

三、蔬菜产业得到提升。蔬菜种植148.9万亩，产量638.84万吨，产值达到87亿元。张北等5个县被定为“国家级蔬菜产业重点县”，省级蔬菜示范县达到4个，形成了各具特色的蔬菜优势产业带。全市建成了101个设施蔬菜标准园、50个露地蔬菜标准园。蔬菜专业村达到1200多个。设施蔬菜累计达到14万亩。成功举办了2012’中国·张家口坝上蔬菜节，张家口坝上蔬菜产业集团、市蔬菜产业商会正式挂牌运营。“大好河山张家口坝上蔬菜进京物流配送中心”已于9月正式挂牌运营。在北京超市累计建设97个蔬菜直销专柜、118个直销点，进京蔬菜达到220万吨，销售收入42亿元。“坝上蔬菜”品牌在全国各地特别是北京市场的知名度显著提升。全市有机蔬菜认证达到1万亩。

四、林果产业稳步发展。新增果品基地10.16万亩、总面积达到413.4万亩。新发展标准化葡萄种植基地5万亩、累计达到48.18万亩，产量达到38.8万吨。新发展杏扁3.2万亩、达到210万亩，完成杏扁嫁接改造10万亩，杏扁产量达到1.7万吨。新增葡萄、杏扁等市级龙头企业12家、总数达到38家。成功注册区域性“桑洋河谷”葡萄商标，我市又被中国果品流通协会授予“中国海棠之乡”称号。

五、产业化水平持续提高。实施182项农业产业化重点项目，其中亿元以上项目72项，完成投资60亿元。张北博天糖业日处理3500吨甜菜迁址项目、塞北弘基农业马铃薯全粉加工及良种繁育项目、崇礼远大农业综合开发项目、宣化桑干河大峡谷生态项目等一大批项目圆满完成年度投资任务。安排农业综合开发产业化资金3387万元，扶持了30个产业化龙头企业。市级龙头企业发展到309家、省级36家、国家级3家，龙头企业实现销售收入172.32亿元。农民专业合作社发展到2000个。农业产业化经营率达到62%。

六、生态建设成效显著。扎实推进“创森”工作，新增造林面积125.6万亩，完成高速公路生态廊道建设182.3

公里。京冀生态水源保护林二期项目扩大到怀来、赤城、涿鹿、崇礼、沽源5县。全省首个碳汇造林项目-中国绿化基金会1000亩碳汇林落户下花园区。新增省级森林公园1处、省级湿地公园2处。完成小流域治理200平方公里，清水河上游新治理50平方公里、补治50平方公里，累计治理477平方公里。农业综合开发土地治理项目建成高标准生态农业示范田9.69万亩。

七、水利建设实现跨越。实施各类水利项目54个，总投资7.74亿元，较上年增长20%。围绕建设国家级高效农业节水灌溉示范区目标，实施了小农水重点县项目、坝上高效节水现代管理综合示范区项目、规模化节水灌溉增效综合示范项目，全市新增农业节水灌溉31万亩，其中膜下滴灌12万亩。坝上高效节水工程建设实现重大突破，率先建立了工程网、信息网、服务网、监测网和水量分配“四网一分配”高效节水体系，地下水连续多年大幅下降的趋势得到有效遏制。张北县荣获全国农田水利基本建设先进县、省政府“海河杯”竞赛一等奖。坝上高效节水现代管理综合示范区项目通过国家级专家评审，被列入水利部、财政部部级示范项目，总投资达6.4亿元；坝下涿鹿、宣化两县已列入全国第四批小农水重点县，蔚县、阳原被列入全国第五批现代农业示范县。完成50万人饮水工程建设任务，张北石湾子等10座重点小型水库除险加固和万全城西河等3条中小河流治理工程年度建设任务，工程质量和进度位居全省第一，受到上级通报表扬。

八、扶贫开发步伐加快。全市投入各类扶贫资金80亿元，超过了前10年的投入总和，实现了历史性超越。特别是新建各类设施蔬菜棚室14.6万个，建设规模超过了2011年底全市设施棚室留存总和。在建和建成设施养殖小区717个，占2011年底留存总量的80%。全市谋划打造的40条扶贫主导产业带初步成型。投入6.6亿元，在全市农村深入开展以“四清四化”为主要内容的村庄环境综合整治，农村人居环境明显改善。通过一年来的强力攻坚，12个重点县扶贫对象人均纯收入增长达到29%，37.5万贫困人口稳定脱贫，当年脱贫人口是2011年的7.2倍，成为历史上脱贫人数最多的一年。

九、统筹城乡取得进展。列入计划的63个新民居示范村已有57个完成主体工程；年内启动实施的117个幸福乡村，年度建设任务圆满完成。国有林场危旧房改造项目已有638户竣工、469户主体完工。全省供销社第一个商贸综合体项目落户沽源县城，供销社“新网工程”建成农资、农副产品、再生资源等“六大经营网络”服务网点5676个，建立市县乡三级“农合联”57个，为农服务能力进一步增强。

十、发展活力不断增强。集体林权改革已明晰林业产权面积1882.1万亩，占林改总任务的99.7%；确权发证31.56万本，发证面积1789.68万亩，占林改总任务的95%。赤城等森林大县初步建立起了林权流转机制，林权流转83.68万亩。落实坝上半农半牧区草原生态补奖政策，扎实开展了草原确权承包经营，有33.6万户享受补奖机制。新增土地流转面积31万亩、累计达到167万亩，流转率达到16%。

（张家口市人民政府）

承德市

2012年，在市委、市政府正确领导下，全市各级农口部门认真贯彻落实中央、省、市农村工作会议精神，以建设现代农业为总体方向，以农民增收为首要任务，突出重点，开拓创新，攻坚克难，圆满完成全年工作任务。农业产业化经营率64.4%，同比增长2.4个百分点；粮食产量135万吨，比去年减产3.8%；完成第一产业增加值185.2亿元，同比增长4.6%；全市农民人均纯收入5546元，同比增长14.3%。

一、农业结构进一步优化。围绕“一产抓特色”，集中力量打造设施农业、畜牧业、林果业三大主导产业，积极培育中药、休闲观光农业等优势产业。设施农业以蔬菜、食用菌、马铃薯为重点，着力扩大生产规模。设施菜大力推广优型结构日光温室，改造传统温室，新增设施蔬菜播种面积4.09万亩、达到40.34万亩。全市蔬菜播种面积新增6.06万亩、达到126.93万亩，蔬菜总产量达到471万吨，实现产值58.89亿元，同比分别增长6.32%、11.2%。食用菌以平泉为中心，辐射带动其他县区，扩大园区规模，扶持工厂化生产。新增1.43亿盘（袋）、达到5.8亿盘（袋），产量达到55万吨，同比增长28.5%。年加工能力10万吨，出口2.5万吨，创汇2000万美元。马铃薯重点推广和应用大垅机械化栽培技术。种植面积68.35万亩，保持稳定，总产122万吨，同比增长19.3%。畜牧业大力发展肉禽、生猪、肉牛、奶牛产业，按照“一种五化”要求，进一步调结构、转方式，加快发展标准化规模养殖场区建设，产业化、标准化水平显著提高。全市禽出栏0.95亿只，增长6.0%。生猪出栏233万头，增长2.5%。牛存栏80万头、出栏59万头，同比分别增长1.1%和13.5%，其中奶牛存栏9.6万头、同比增长13.4%。肉、蛋、奶产量分别达到42.7万吨、10.7万吨和13.5万吨，同比分别增长3.0%、0.1%和1.5%。林果业以扩基地、强龙头、创品牌为重点，推进果品区域布局优化。完成林果产业基地建设32万亩，超额完成年初任务目标。全市新增标准化生产示范基地20万亩，达到190万亩。花卉生产以平泉百合鲜切花产区、丰宁蝴蝶兰盆花产区为核心，加大栽培生产力度，全市花卉栽培面积比上年度净增0.54万亩，达到4.35万亩，产值达到3.8

亿元。中药产业继续扩大生产基地规模。建设一批千亩示范村，新增人工栽培面积1.33万亩，达到33.38万亩。“热河黄芩”取得了出口免检产品认证。

二、产业化水平持续提升。以发展现代生态农业为基本方向，增投入、上项目、育龙头、建园区、创品牌，多措并举。项目建设扎实推进。全市投资千万元以上农业产业化项目167个，总投资430亿元，完成投资76亿元，同比增长26%。有8个项目列入2012年省重点项目。一大批科技含量较高、产业链条长、二次创业的好项目、大项目进展顺利。龙头企业实力不断提升。实施龙头企业跨越发展行动，龙头企业综合竞争能力明显增强。形成了以4家国家级重点龙头企业为核心，34家省级重点龙头企业为骨干，302家市级重点龙头企业为基础的农业产业化协调发展的格局。全市特色主导产业均有大中型加工龙头企业带动，市级以上龙头企业销售收入达到180亿元，同比增长12%，利税24亿元，同比增长15%。品牌建设步伐加快。鼓励企业开展绿色有机农产品认证和基地认定，胡萝卜、马铃薯、水稻、玉米、山楂等全国绿色食品原料标准化生产基地8个，面积达144.8万亩。新增中国驰名商标1件，新增11件河北省著名商标，12家企业、23种产品，（蔬菜企业9家、20种产品）获得了绿色食品认证。承德安全、绿色、健康农产品在周边市场美誉度不断提高。

三、幸福新村建设扎实推进。今年全市共有111个省级幸福乡村示范点和68个省级新民居示范村，规划建筑面积130万平米，预计总投资28.6亿元，完成投资21.45亿元。已有46个新建村完成主体工程，交付建筑面积96万平方米；改旧村108个，全部完成“五改”任务。基础设施和公共服务水平不断提高。解决了11万农村人口饮水安全问题。硬化连村道路和村内街道107万平米。实现村村通客运班车、宽带网络全覆盖。农村义务教育、新型农村合作医疗全面普及，农村公共服务水平不断提高。增收产业同步推进。把产业发展作为幸福乡村建设的重要内容，与新村建设同规划，同实施。绝大多数示范村都培育发展了畜牧、蔬菜、食用菌、果品、园艺花卉、中药材、农产品加工等特色主导产业，保障了农民收入来源。农村环境明显改善。以清垃圾、清杂物、清残垣断壁、清庭院“四清”为突破口，以净化、绿化、亮化、美化和改路、改水、改厕、改圈、改垃圾处理方式“四化五改”为着力点，按照面上整体推进、重点区域率先突破的路径，累计投资2.3亿元，集中治理农村环境脏、乱、差等问题，农村面貌明显改善。农民整体素质不断提升。通过实施“细胞工程”和“雨露计划”，开展多层次、多种形式的农民职业技能、实用技术培训和科技下乡活动，全市共完成师资培训1.5万人次，普训农民80万人次，培养了一批农村改革发展和农村科技带头人，提高了农民致富和创业能力。

四、新十年扶贫开发迈出坚实步伐。完成了规划编制。高标准编制了全市扶贫发展规划。《燕山-太行山（承德）区域发展与扶贫攻坚规划》共谋划了692个项目，总投资8908亿元，已获国务院批复。《环首都示范区建设规划》共谋划了6大类1275个扶贫开发项目，总投资在100亿元以上。以产业扶贫为核心增强贫困村“造血功能”。采取定产业、定规模、定扶持、定依托、定保障的“五定”措施，引导农村贫困群众参与产业开发，推进产业化扶贫。共扶持产业项目700个，其中养殖业项目368个，种植业项目300个，林果业项目32个。加大贫困户脱贫产业项目扶持力度，全市财政扶贫资金共扶持示范户12600户，每户给予3000—5000元的资金扶持。同时扶持贫困村发展种植园区和养殖小区，目前初具雏形的达到600多个。以科技扶贫为重点提高贫困群众自我发展能力。依托全市17所“雨露计划培训示范基地”，开展农民就业技能订单、定向培训53期，培训3118人，基本实现“培训一人，输出一个，致富一家”。举办推广良种良法等农业实用技术培训班120多期，培训贫困群众1.5万人，为扶贫产业项目建设提供了强大的技术支持。形成全社会共同参与的大扶贫格局。积极争取国家发改委、国家环保部等5个中直机关、省政府办公厅、省交通厅等52个省直机关和企事业单位实施对口帮扶。确定了259个市直党政机关、部门、企业对口帮扶259个贫困村，各县安排672个县直帮扶单位。争取了7位省领导定点联系我市7个县，我市41位市领导、267位县处级领导定点联系贫困村，全市400个贫困村实现了帮扶全覆盖。各级帮扶单位落实帮扶资金（含物折款）5978万元。

五、生态和基础设施建设明显改善。全力搞好造林绿化。在居民居住区、风沙源区、水源涵养区、高速公路及国省干道、河流两侧、旅游沿线和景区景点周边等窗口地带及坝上生态脆弱区，以京津风沙源治理、京冀水源保护林、再造“塞罕坝林场”等项目为重点，加大造林绿化力度。完成造林80.2万亩，补植补造76.5万亩，义务植树912万株。加强林地保护管理。进一步规范和完善林地审核、审批流程，依法行政，加强管理。做好中幼林抚育工作，完成抚育任务43.3万亩。加强有害生物防治工作，抓好监测预报，及时发布病虫情预报，科学指导防控，完成防治面积110.3万亩。严格检疫执法，完成种苗产地检疫4.25万亩，种苗产地检疫率达到98.6%。积极发展沟域经济。出台了《关于加快沟域经济发展的实施意见》，在全市重点筛选20条沟域，在规划编制、开放引资、改革创新、推介宣传等方面持续用力。滦平县兴州河沟域5300亩现代农业园、双滦区陈栅子总投资2亿元休闲旅游园区和隆化茅沟河沟域等多个大项目落地，进展顺利。农田水利基础建设进一步加强。以高效节水项目、现代农业粮食产业项目等国家投资项目为重点，加强节水灌溉、水池水窖等中、小水利工程建设，新建水池、水窖1500个。新增和改善有效灌溉面积14.96万亩，新增节水灌溉面积13.57万亩。以京津风沙源治理、坡耕地水土流失综合治理、小流域治理等项目为重点，共治理水土流失面积600平方公里。解决了33.22万人饮水不安全问题，完成年计划任务的134%。建设围场下湾子、丰宁李家沟门等水电站8座，拦洪蓄洪能力进一步提高。

六、农村综合改革进一步深化。农民专业合作社建设。全市农民专业合作社发展到2360家，入社会员9万人，带动农户22万户。深入实施“规范提升”工程。在稳定数量同时重点提升质量，帮助合作社搞好建章立制，并建立严格的考核机制，促进规范发展。加强合作社市场销售体系建设。支持鼓励农民专业合作社进超市、进社区，建设直销店、交易市场等多模式、多层次的市场销售平台。建立了全省第一家市级农民专业合作社产品展销中心。抓好联合社建设。指导和促进蔬菜、食用菌、马铃薯等行业的合作社加强区域联合与合作，建成食用菌、畜禽养殖2家区域性联合社。加强培训。在指导好各县区基层培训工作的同时，组织了第三届承德农民专业合作社理事长北京培训班，提升合作社经营管理水平。农村土地流转。从完善农村土地流转体系建设、规范土地流转管理和培树土地流转主体及典型等方面入手，强力推进农村土地流转进程。新增农村土地流转面积11.5万亩，累计达到61.6万亩，流转比例14.7%，同比增长2.8个百分点。林业改革。进一步深化集体林权制度改革，林权证登记发证率达到95%。办理林权流转27万亩，流转金额1.2亿元，林权抵押面积3439亩，贷款额798万元。扎实推进国有林场改革，以御道口林场、滦平林场管理处和狮子沟林场等8处林场为基础的林业集团组建工作全面完成。基层农技推广体系改革。农工委协调有关部门进行了专门调研，针对我市农技推广体系现状，采取有效措施突出解决科技人员老化、有编无人、干非所活、积极性不高等问题。除丰宁和双滦区外，其余9个县区基本完成了改革任务。争取基层农技推广专项补助项目资金870万元，基层区域站条件建设项目资金1104万元。

七、农业对外开放和形象宣传成效显著。农业对外开放进一步深化。以京承农业合作为重点，扩大合作范围和领域，开展多层次、宽领域、全方位的对外开放和招商引资对接活动。引进中央企业2家、国家级龙头企业2家投资开展项目建设。全年实施招商引资项目77个，完成投资26亿元，同比增加2.8亿元。组织了“三市一盟农牧业区域合作座谈会”，签署了《农业区域合作框架协议》。参加了“六市合作”论坛，对区域内具有产业优势基础的设施农业产业开展密切合作、共同打造中国北方最大的优质设施农产品生产供应基地达成了共识。明确了“加工在承德、基地扩周边、销售重京津”的发展方向。深入宣传推介承德农业。利用多种形式全方位、立体化集中宣传推介承德农业。开展了承德农业宣传口号及形象标识征集活动，取得良好宣传效果。完成了电视专题片和广告宣传片的制作。进一步加大了户外广告牌以及报刊等对承德农业宣传报道力度。承德农业的知名度和美誉度进一步提高。

八、农村社会管理、基层政权和系统队伍建设进一步加强。农村社会管理进一步创新。深入推进农村社会管理“四个覆盖”，提升农村社会管理能力和水平。进一步完善了党委领导、政府负责、社会协同、公众参与、法治保障的社会管理体制，政府主导、覆盖城乡、可持续的基本服务体系，政社分开、权责明确、依法自治的社会组织体制，源头治理、动态管理、应急处置相结合的社会管理机制。全市新建基层党组织6214个，2132个村成立了村代会，2170个成立了村监会，综治维稳组织实现了全覆盖，农村经合组织产值达33.39亿元，农村信访案件、刑事案件同比下降39.6%和60%。基层政权建设逐步完善。创新农村管理体制机制，积极推动县区权力向乡镇下放，深入推进中心镇和中心村建设，重点培育建设了11个中心镇和18个中心村，促进村镇布局优化和人口集中，促进土地集约节约利用，促进基础设施向中心镇、中心村集中摆布。系统队伍建设进一步加强。各县区全部实现由党委常委担任或兼任农村工作综合部门的主要领导。市委农工委根据工作职能和机构设置实际需要，增加了编制和人员。各县区农工系统也都相应增加了编制和人员，少则增加3个，多则增加8个。营子区农工部更名为农工委，同时挂政府农办牌子。党委农村工作综合部门的综合协调作用得到更好发挥。

2012年全市农业农村工作取得了显著成绩，但工作中仍面临着一些困难和问题。一是市级主导产业不突出。各县区都已经形成了自己的主导产业，但市级的主导产业还没有形成，带动能力不足。二是农村改革还存在很多瓶颈制约。特别是在推进基层推广体系改革调动科技人员积极性、深化农村产权制度改革等方面还比较滞后，需要加强。三是农业农村投入不足。各级政府投入“三农”的财力严重不足，制约“三农”发展。四是领导力量不足。2013年，是全面建成小康社会的第一年，我们将深入贯彻落实好党的十八大精神，进一步加大工作力度，改革创新，锐意进取，为全面建成小康社会目标努力奋斗。

（承德市人民政府）

沧州市

2012年，在市委、市政府的正确领导下，全市认真贯彻落实中央和省关于农业农村工作的各项部署，坚持“三化同步、城乡统筹”，以建设社会主义新农村为统领，以发展现代农业为抓手，以增加农民收入为核心，狠抓产业项目建设、农业基础设施建设和农技推广服务体系建设，深化农村改革，增强农业农村发展活力，推动农村经济社会又好又快发展。开拓进取，扎实苦干，全市农村经济社会得到快速发展。农林牧渔业总产值完成576亿元，同比增长4.2%。第一产业增加值完成318.67亿元，增长4.2%.。农民人均纯收入7514元，比上年增加974元，同比增长14.9%。

一、农业生产稳定增长。全年粮食总产量483.66万吨，比上年下降2.15%；油料总产量9.71万吨，下降0.28%；棉花总产量12.34万吨，下降10.63%；蔬菜产业保持快速发展势头，全年完成蔬菜播种面积185万亩，同比增加5.7%，其中设施蔬菜面积达到90万亩，同比增加5.8%。蔬菜总产量585.76万吨，增长5.38%；畜禽产值不断提高，全市畜牧业产值163亿元，同比增长4.7%，肉类总产量46.73万吨，禽蛋产量33.53万吨，同比分别增长2.5%、0.1%，奶产量10.82万吨，同比负增长3.2%；水产业保持稳定发展，水产品总产量达到12.35万吨，比去年同期增长1.2%；饲料产值不断提高，全年饲料总产量达到130万吨，同比增长4%，实现产值55亿元。农业机械化持续稳步发展。全市农机总动力达到1210万千瓦，同比增长1%，农机原值达到66.5亿元，同比增长5.1%；机耕、机播、机收面积分别达到1100万亩、1540万亩、950万亩，分别增长2.5%、1.9%和10.1%。果品总产达到32亿斤；完成植树造林15.8万亩，林木覆盖率达到24%。

二、调结构，转方式，农业综合生产能力不断提高。按照“一产抓特色”的总体要求，以畜牧、水产、果品、蔬菜等特色农产品为重点，大力调整农业产业结构，狠抓种养基地的上规模、上档次、上水平。开展高产创建活动抓粮食生产，建立400万亩核心区，建设国家粮食高产创建万亩示范方53个，其中小麦21个高产创建万亩示范方，实现总增产小麦7.95万吨，总增效益1.32亿元。强化园区建设抓蔬菜，总面积达185万亩，集中财力物力重点规划和建设五十个市级蔬菜园区，示范带动产品质量提升和效益提高。示范创建抓畜牧，建设备案规模场1115个，新培育国家级示范场4个，累计达到18个；新培育省级示范场44个，累计达到63个；培育市级示范场50个。全市生猪、蛋鸡、肉鸡、肉牛、肉羊、奶牛规模养殖比例分别达到71%、92%、91%、45%、58%和100%，均高于全省平均水平。健康养殖抓水产，加大沿海滩涂开发力度，海水养殖面积达10405公顷，内陆养殖面积5315公顷。以果品结构调整和树体改造为重点，大力推进果品提质增效。重点推广“献王”枣、无核丰、无核3号和金丝4号等品种，开展梨、枣树体改造24.5万亩，嫁接改造4.7万亩。全市新建省级果品科技示范点1个，面积200亩。落实梨树新品种矮化密植项目1000亩，栽植梨树32万株。果品总产达到32亿斤，林业总产值达到48亿元。4月27日省林业厅在泊头市召开全省果品工作会议，泊头市和沧县被评为河北省果品十强县，泊头东方果品公司和沧县崔尔庄红枣市场两家企业被评为河北省林业十大龙头企业。肃宁县被农业部认定为第二批国家现代农业示范区。

三、农业产业化水平不断提高。按照“一二三”工作思路，即突出一个重点(做大做强龙头企业)，打造两大平台（基地和园区），抓住三个关键（上项目、育品牌、拓市场），统筹谋划，细化措施，狠抓落实，协力推进。一是龙头企业建设快速推进。以培育10大集团型企业和50家骨干龙头企业为重点，狠抓龙头企业的扩规提档，全市市级以上农业产业化重点龙头企业发展到446家，比去年增加56家。其中，省级重点龙头企业44家，比去年增加8家；国家级重点龙头企业5家。446家市级以上重点龙头企业资产总额达到178.64亿元，全年实现销售收入322.53亿元，出口创汇3.39亿美元。国欣棉研会居全国棉花种业前3强，全国种业前50强。沧州添望饲料股份有限公司在天津股权交易所成功挂牌交易，实现了我市民营饲料企业直接上市融资的突破。二是项目建设继续保持较好势头。坚持把项目建设作为推动产业化快速发展的主动力和工作重心，突出抓好技术更新改造、延伸产业链条、抢占市场份额等类项目的谋化建设。全市共谋划、新上和续建投资500万元以上项目204个，涉及投资总额213.96亿元。其中，亿元以上项目39个，涉及投资额143.27亿元。全年完成投资67.64亿元，其中固定资产完成投资45.46亿元，分别占全年投资计划的105.8%和107.6%。三是农民专业合作社扩张迅速。全市在工商部门注册的农民专业合作社2488家，比2011年底新增598家，注册资金总额超过29亿元，入社农户21万户，占全市总农户数的14%，合作社辐射带动非社员农户达到56万户。据统计，我市入社农民比当地同行业未入社农民年平均增收20%以上，部分示范社达30%以上。泊头市金马果品专业合作社和肃宁县春蕾甜瓜种植专业合作社，荣获2012年度“全国农民专业合作社示范社”称号；青县司马庄绿豪农业专业合作社的“大司马”蔬菜宴在全国休闲农业创意精品总决赛上，获产品创意银奖。

四、农民生产生活条件持续改善。农民人均纯收入达到7514元，同比增长15.4%，持续高于城市居民收入增速；启动了148个幸福乡村计划示范点和57个新民居建设示范村，总数达到433个；为白洋淀、大浪淀水库、杨埕水库、观州湖水库及运河景观带等处补水1.63亿立方；解决了68.53万人的饮水安全问题，中东部8个县（市、区）基本实现集中供水工程全覆盖；2012年完成项目财政无偿投资达到2.2亿元，比去年增加7000万元，增长达46%。建设高标准农田项目9个，开发面积9.85万亩，总投资13594万元，规模和投资比去年增长了3倍多。改造中低产田6.19万亩，总投资5992万元。改造、新建农资经营网点300个，总量达到2515；日用消费品经营网点300个，总量达到3120个；分别占到全市行政村的半数以上。农副产品购销网点100个，总量达到440个；再生资源经营网点100个，总量达到475个。农村低保补助差额水平由年初的88元提高到了每人每月110.9元，为历年提高幅度最大的一次。农村养老保险制度实现全覆盖。新型农村合作医疗制度进一步完善。2012年全市共有参合农民539.73万人，较2011年提高6万多人，参合率达到95%，五保户、贫困户参合率100%，人均筹资水平达到290元（其中政府补助240元）。全年参合农民共就医1695.52万人次，补偿总费用14.81亿元。

五、农村改革稳步推进。全市耕地流转总面积119.15万亩，占家庭承包面积的11.8%，其中实行适度规模经营的面积73.39万亩，占土地流转面积的61.6%；全市列入改革范围内的248.2万亩规划的集体林地，已全部明晰产权，林权登记发证为241.4万亩，占改革任务的97.3%；青县被列为全省产权制度改革试点县，其产权制度改革方案已获省批复；任丘市城乡统筹三年试点的阶段性任务圆满完成，以中心城镇建设为节点的城乡一体化改革取得积极进展。

六、扶贫开发取得新成效。按照全市新十年（2011-2020）贫困县区域发展与扶贫攻坚规划，争取中央和省市投入扶贫专项资金3.03亿元，完成了375个贫困村整村推进建设任务，帮助8万贫困人口稳定脱贫。贫困地区居民生产生活条件明显改善，社会公益事业稳步发展。

（沧州市人民政府）

廊坊市

2012年，全市上下认真贯彻落实中央、省关于农业农村经济工作的决策部署，紧紧围绕“城郊-都市型农业”的发展定位，以农民增收为核心，以提高农民素质、调整产业布局、完善服务体系、创新经营机制为主线，大力发展现代农业，促进了农业农村经济又好又快发展。全市实现农林牧渔业总产值362.4亿元，比上年增加41.1亿元，增长2.9%(可比价)；农民人均纯收入10447元，比上年增加1345元，增长14.8%，绝对值位居全省第二。

一、成效与特点

（一）粮食生产保持稳定。采取有力措施，克服了病虫害等不利因素对粮食生产的影响，全年粮食播种面积469.9万亩，下降1.5%；总产184.7万吨，下降4.6%，基本保持稳定。

（二）主导产业不断发展壮大。畜牧、蔬菜、林果花木三大主导产业产值达到295.7亿元，占农林牧渔业总产值的81.6%，比上年提高3.4个百分点。全市肉、蛋、奶、水产品产量分别达到35.1万吨、18.6万吨、23.5万吨、3.5万吨，同比基本持平。全市蔬菜播种面积达到163.6万亩，其中设施蔬菜面积100万亩，总产674.6万吨，增长3.7%。全市重点实施了“一环”（环首都）、“一带”（廊沧高速）造林绿化工程，共完成造林绿化面积28万亩。特别是廊沧高速果品采摘观光生态景观带，完成造林面积1.64万亩，其中经济林占54%。

（三）农业产业化水平进一步提升。全市农业产业化经营实现销售收入300亿元，比上年增长11.1%；农业产业化经营率达到66%，比上年增加1个百分点；全市农业产业化重点项目总投资560亿元，年度完成投资98.25亿元，其中总投资50亿元以上的3个，实现零的突破；国家级、省级农业产业化重点龙头企业分别达到5家和39家。2012年2月份，为提高农业企业经营者的资本运营意识，组织召开了全市重点龙头企业资本运作与融资培训会议，并先后4次组织有合作意向企业与天津股权交易所进行对接。禾田牧业、熊氏牧业、池林牧业三家公司在天交所挂牌上市。

（四）园区建设取得长足进展。全市共建成37个规模农业示范园区，其中，农产品加工类12个，绿色种养类8个，循环农业类3个，商务休闲类8个，观光旅游类5个，农产品物流类1个。在37个规模园区中，三河汇福科技产业园、大厂现代农业示范园等10个为市级重点农业示范园区，2012年完成投资9.7亿元，实现销售收入103亿元。

（五）休闲农业迅速崛起。北方国际万果园、中国国际农博园等项目顺利推进，全市休闲农业园发展到80家，接待游客600万人次，年收入2.5亿元。

二、做法和措施

（一）认真落实各项惠农政策，切实加大对“三农”的扶持力度。在全面落实中央、省各项惠农政策的基础上，市、县两级进一步加大了对“三农”的扶持力度，全力推动农业农村经济快速发展。2012年，市、县两级先后出台支持“三农”发展的政策性文件10多个，涉及现代农业、农业科技、农民专业合作社、蔬菜生产、幸福乡村建设等多个方面。全市共发放粮食直补、综合直补、良种补贴、农机购置补贴等各种惠农补贴资金6.91亿元。廊涿干渠、文安县城新防洪圈等重大水利设施，高效节水示范区、中低产田改造、标准粮田建设等基础设施项目顺利推进，带动建成50个千亩蔬菜标准园，发展节水灌溉面积30万亩、设施农业15万亩，极大地改善了农业生产条件，提升了农业的整体素质和效益。

（二）扎实开展农村土地承包经营权流转，大力推动农业规模经营。市委、市政府制定出台了《关于推进农村土地流转加快发展适度规模经营的实施意见》，按照“依法、自愿、有偿”的原则，积极引导农村土地承包经营权有序流转，促进农业规模经营。全市流转农村土地面积66.04万亩，其中转包29.53万亩、出租19.01万亩、转让4.03万亩、互换10.87万亩、其他形式2.63万亩。从流转规模上看，20亩以上规模经营面积26.3万亩，占流转总面积的40%。全市10个县（市、区）、所有乡镇全部建立了农村土地流转平台并开展工作，统一安装了土地流转信息软件和合同文本，建立了土地流转合同档案，流转制度健全，流转程序完善。

（三）积极扶持专业合作社发展，努力提高农民的组织化程度。通过政策引导、项目支持等措施，不断提高合作社的引领带动能力和市场竞争力，充分发挥对农户的联结和组织作用，为农服务、教农学技、带农入市、助农增收。以龙头企业为依托，吸收农户投资入股，兴办加工型合作社；以专业大户、经纪人牵头或依托基层供销社，引导农民组建营销型合作社；以农业、林业、畜牧水产等职能部门为依托，引导农民建立服务型合作社。市、县两级每年拿出1000多万元，用于扶持农民专业合作社发展，增强其示范带动能力。2012年，全市新发展农民专业合作社319家，在工商部门登记注册的农民专业合作社达到1010家，入社成员3.8万户，带动农户18.6万户。目前，全市农民专业合作社拥有“三品”认证农产品数量62个，拥有“普春”、“露华浓”、“翠仙”、“大贺”等注册商标87个。农民专业合作社已经遍布农业生产经营的各个环节，覆盖生产、加工、流通等各个领域，已经成为发展农业农村经济的一支重要带动力量。

(四)狠抓农业技术推广服务，不断提高科技兴农水平。以成果推广、基地辐射为重点，组织实施了技术创新富民、名优产品示范等工程，全年引进推广农业优新品种152个，先进实用技术136项，推广面积达到760万亩次，农村实用技术入户率超过80%，主要农作物良种覆盖率稳定在97%以上。以“四有”科技服务为重点，加大投入力度，切实做到视频电视台有影、期刊报纸有字、热线电台有声、田间地头有人，全年共发布农业技术、购销等信息4万多条，服务覆盖了35%的农村用户。同时，进一步健全完善了基层农技推广体系，全力推进“县管县办”工作，大厂、固安、广阳、霸州和大城5个县（市、区）基本完成改革任务，其他县（市、区）正在积极落实中。

（五）加大农产品质量监管力度，确保农业健康发展。从产地环评、投入品管理、技术指导到市场抽检，全程明确责任，健全机制，强化农产品质量监管。一是以机制保障。进一步落实农产品质量安全责任、健全应急响应制度，从产地、投入品、生产标准到市场、餐桌，全程明确责任、健全机制、强化监管。二是以生产保障。大力开展“三品一标”认证，全市276个农产品获得绿色食品，297个获得无公害农产品；191家畜禽养殖企业通过无公害认证或无公害产地认证。认定无公害水产品产地30个，认定面积1065.8公顷，认证生产单位7个，产品数量8个，农产品地理标志产品2个。三是以农资保障。全年检查农药、兽药、饲料、种子、肥料生产经营单位以及种植基地、养殖场1.5万多次。全市饲料、农药、肥料生产经营企业全部纳入监管，农药残留定量检测合格率100%，兽药监测合格率90.3%，饲料产品违禁药物监测合格率100%。2012年，全市蔬菜产品检测合格率达到98.2%，畜禽产品检测合格率达到99.8%，粮食、水产品、生鲜乳抽检合格率达到100%。

（廊坊市人民政府）

衡水市

2012年，全市上下认真贯彻中央、省农村工作会议和中央1号文件精神，按照“一产抓特色”的要求，稳步提高粮食综合生产能力，加快农业结构调整，着力发展蔬菜、林果、畜牧三大特色优势产业，农业农村经济继续保持良好发展势头。全市第一产业增加值达到189亿元，同比增长3.7%；农民人均纯收入达到6167元，同比增长15.2%，是近年来增幅最快的一年。

一、粮食总产再创新高。以高产创建和“吨粮市”建设为抓手，按照“依靠科技、主攻单产、增加总产”的思路，全面落实国家直补政策，普及推广优良品种和高产集成技术，提高单产总产水平。全市粮食播种面积891.9万亩，总产75.8亿斤，再创历史新高，吨粮田面积达到230万亩，被评为全国粮食生产先进市。

二、农业结构进一步优化。坚持把畜牧业作为农业第一主导产业来抓，扎实推进标准化规模养殖场建设和优质奶源基地建设。全市新建标准化奶牛小区15个，奶牛存栏达到12万头。创建规模养殖场25个。对原有的82个省、部级标准化示范场进行了整改提高，新创建部级示范场4个。肉、蛋、奶总产量分别达到44.6万吨、34.8万吨、22万吨。坚持把培育壮大蔬菜产业作为调整种植业结构、促进农民增收的重要措施，按照“集中连片、形成规模、打造精品”的思路，推动蔬菜生产布局向“一村一品”、“多村一品”转变，抓好蔬菜生产标准园建设，加大生物防治技术推广力度，建成一批“不打农药”的绿色蔬菜生产基地，新增50个温室、大棚专业村，新增设施蔬菜9.1万亩，总面积达到82.6万亩，实现了产量和效益双增。紧紧围绕生态衡水、实现“一人一亩林”建设目标，以马拉松赛道周边绿化、五级通道绿化、环衡水湖绿化和优质果品经济林发展为重点，着力推进造林重大项目建设，全年完成造林面积23.1万亩，造林绿化总面积达到407.3万亩，其中以果品为主的经济林7.1万亩，森林覆盖率达到27.2%。结合特色产业发展，健全和完善农产品安全体系，强化农产品全流程安全监管，实行农产品质量安全追溯，确保让群众吃上安全放心的农产品，提高市场竞争力，蔬菜质量安全例行监测合格率达到98.8%；畜、水产品监测合格率达到100%。

三、农业产业化经营加快推进。围绕发挥农业资源优势，积极实施“双引”行动和“111”项目计划，全市共谋划和建设了127个投资千万元以上的农业产业化重点项目，投资达到126.6亿元，超出计划18%，新引进首农华都、北京二商、湖南唐人神集团等一批农业产业化龙头企业，武强蒙牛集团（衡水）高端奶暨现代牧场项目等28个项目建成投产；在建项目中，投资26.6亿元的衡水巴迈隆木业林板一体化项目等投资力度大，项目建设日新月异，进展态势良好。新增省级重点龙头企业11家，目前拥有国家级重点龙头企业3家、省级重点龙头企业43家、市级重点龙头企业218家，规模以上龙头企业销售收入增长37%。为给企业提供充足的原料供给，加大农产品基地建设力度，各县市区全部建设了5000亩以上特色鲜明、功能多样的现代农业核心区。武强现代农业示范区被农业部批准为国家级现代农业示范区。始终把发展农民专业合作社作为提高农民组织化程度、加快产业化进程的重要手段，通过行政推引、宣传培训、政策促激、规范提高，农民专业合作组织规范化运作水平进一步提高，新增农民专业合作社1593家，总数达到4439家，入社社员33万多户，辐射带动70多万户。全市农业产业化经营总量达到380亿元，同比增长15%以上；全市农业产业化经营率达到58.9%，提高5.5个百分点。

四、农村生产生活条件加快改善。坚持以民生水利为重点，以生态环境治理为突破口，加强农业基础设施建设，农民群众生产生活条件加快改善。结合国家农村人饮安全项目实施，总投资2.2亿元，新建联村供水水厂13座，改扩建31座，解决了42万农村人口饮水安全问题，超额完成人饮安全建设任务。小型农田水利重点县和现代农业项目顺利推进，全市11个县市区全部纳入了全国小农水重点县和现代农业示范县项目，在全省率先实现全国小型农田水利工程重点县全覆盖。全年铺设防渗管道303万米，改善节水灌溉面积40万亩。谋划跑办了以衡水湖综合治理为龙头的一批水利重点项目，共计279个，总投资361亿元。其中《衡水湖综合治理规划》已通过水利部批复。大力推进农业综合开发，治理改造中低产田2.67万亩，建设高标准农田示范工程8.1万亩。圆满完成了衡水湖周边水系、水环境治理工作，为2012衡水湖国际马拉松赛的顺利举办提供了水务保障。同时，抢抓有利时机，大力实施了外流域调水工作，为衡水湖、滏东排河、滏阳新河深槽、滏阳河市区段等多条河流湖泊调水5000多万立方米，为石津灌区农灌引水1.5亿立方米，为景县、阜城、冀州等县农灌引水2300万立方米，全年累计引水2.23亿立方米。

五、农村民生工程扎实推进。围绕构建和谐衡水，认真做好涉及民生的扶贫、各项社会救助和新民居建设工作。全市累计投入省以上财政扶贫资金1.22亿元，突出产业化扶贫，加强社会帮扶，实现5万贫困人口脱贫。以并村联建为基本选择，扎实推进新民居建设，全市新确定新民居示范村62个，新民居示范村总数达到412个，谋划并村联建点达153个，132个开工建设，新增建筑面积95万平米，74个社区实现搬迁入住，入住户达9000户。筛选确定了120个幸福乡村计划示范点，积极强化基础设施，完善服务设施，抓好产业基础配套，不断提升农民群众的幸福指数。认真落实农村低保制度，保障农村低保对象户7.47万户，累计发放农村低保资金1.12亿元，月人均补差95元。按照“村级主办、互助服务、群众参与、政府支持”的模式，大力推进农村互助幸福院建设，全市建成1039个。

六、农村综合改革继续深化。扎实推进农村土地承包管理与经营权流转，全市农村土地承包经营权流转面积达到130.3万亩，占家庭承包耕地总面积的16.6%，较上年提高4.7个百分点；全市4994个村普遍建立了集体财富积累机制，村级经营收入达到3.8亿元。扎实推进基层供销社组织体制改革，全部完成了113个基层社改革任务。

（衡水市人民政府）

Ⅳ 经验选载

统筹谋划 五措并举 扎实推进幸福乡村建设

去年以来，我市认真贯彻落实省委、省政府实施幸福乡村计划的一系列安排部署，紧紧围绕“15字”总要求，统筹推进，重点突破，农村环境面貌得到显著改观，广大农民群众真实感受到幸福乡村建设带来的新变化。在工作推进上，我们重点抓了五个方面：

一、坚持以幸福乡村建设为抓手，着力改善农民居住条件

顺应当前农民群众的期盼和要求，我市确定实施幸福乡村计划，以农村新民居建设为着力点，首先从经济基础好、群众呼声高、村情民情稳的村庄抓起，突出环省会、环县城、环景区、沿国道、沿高速、沿铁路“三环三沿”和产业基地等重点区域，坚持新建与改造相结合，条件成熟一个、申报审批一个、规范建设一个，不搞一刀切、不留后遗症。同时，大力度推进集中供暖、供水、村民活动中心等配套基础和公共服务设施建设。目前，全市740个省级新民居示范村累计开工住宅楼7080栋，完工6592栋，累计入住3.98万户，改造提升6.7万户。藁城只照、辛集试炮营、正定塔元庄、西柏坡华润希望小镇等一批美观宜居的新民居示范村建成投用。

二、坚持以基层建设年活动为载体，着力打好农村环境综合整治攻坚战

我市向451个重点帮扶村派驻了2万余名机关干部，带资金、带项目、带任务定点帮扶，开展了农村环境综合整治大会战。重点推广了栾城县“六村联创”（富裕、美丽、文明、满意、和谐、平安）经验，以“四清四化”、“六改两建”（改路、改水、改厕、改圈、改垃圾处理方式、改农作物废弃物处理方式，建污水处理设施、建垃圾转运和处理设施）为重点，强力实施了垃圾清运、厕所改造、植树绿化等三大工程，完成硬化农村街道1164条，新建安全饮水工程263个，集中清运垃圾16.2万方，粉刷墙面49万平米，植树1107万株，极大改善了农村环境面貌。

三、坚持以统筹城乡发展为统领，着力构建城乡一体的基础设施和公共服务

市财政每年安排3亿多元资金，专项支持农村基础设施和公共服务设施建设，同时整合各项涉农资金，集中捆绑、重点投放。并把统筹城乡工作转化为实实在在的具体项目，抓推进，抓落实。去年共规划建设重点项目189个，投资60亿元。目前，全市实现了村村通公路、通客车，通电视、通电话、通网络；80%的农村完成了电网升级改造，喝上了安全饮用水；一半以上的村庄主街道实现了硬化、绿化、亮化；教育、卫生、文化设施达标率超过90%；养老、医疗、低保等社会保障实现了全覆盖。

四、坚持以帮扶农民增收为核心，着力增加农民收入

在调结构、转方式，促进农业内部增收的基础上，重点实施帮扶农民增收工程，动员组织172个市直部门和单位、180家农业龙头企业、8个实力较强的县（市），对820个贫困村开展了“一对一”结对帮扶，明确了每村帮建一个致富项目、一个集体增收项目、办一件实事，每户帮建一亩经济林、转移一个劳动力“五个一”的帮扶任务。同时，着力加强农民就业培训，健全完善劳务服务网络，促进农民转移就业，去年新增转移就业30万人。全市农民人均纯收入达到8993元，增长15%，连续两年超过城镇居民收入增幅。

五、坚持以创新社会管理为保障，着力构建和谐幸福新农村

我市在深化村级财富积累机制、规范村务公开和民主管理的基础上，探索实践在农民合作社设立党组织、联村和多村并建新型社区设置统一管委会等新型社会管理模式，大力推进便民服务中心建设，农村新型社区普遍建成了“一站式”便民服务中心。同时，创新发展“四个覆盖”

经验，有效促进了农村和谐稳定，去年农村信访量比上年下降了22.6%。

下一步，我们将认真贯彻落实这次全省会议精神，按照“城乡统筹、四化同步”的要求，继续深入推进幸福乡村建设，从根本上改变农村环境面貌。同时，积极推进新型城镇化建设，力争三年内实现主城区与组团县城之间重点区域的率先突破，带动全市幸福乡村建设再上新水平。

（中共石家庄市委　石家庄市人民政府）

加快县域经济发展　提高县域综合实力

唐山市县域经济包括玉田、迁西、滦县、滦南、乐亭5个县和迁安、遵化2个县级市地域内的经济总和。在全国县域经济百强县（市）排名中，迁安市位列第24位，在我省县域经济排名中，7个县（市）全部进入前30强，其中迁安市位列首位。2012年，县域经济地区生产总值实现3339亿元，全部县域财政收入225.5亿元，分别占全市的58.1%和36.2%。

一、加快产业园区建设，促进县域产业聚集

按照产业集约发展、集聚发展和集群发展的要求，我们高标准编制了工业聚集区总体规划和产业发展规划。目前，全市已获批省级工业聚集区13家，总规划面积550平方公里，已建成区面积169平方公里，其中县域省级工业聚集区8家，每个工业聚集区面积都在10平方公里以上。另外，各县（市）都规划建设了一个面积在5000亩以上的现代农业示范园区、面积在500亩以上的农产品加工园区，产业园区已成为县域经济聚集发展的重要平台。

二、支持民营企业二次创业，培育“行业巨人”和“企业航母”

制定出台了《关于鼓励民营企业二次创业转型发展的实施意见》，全面下放项目审批管理权限，放宽市场准入条件，对中小民营企业落实“零成本”注册制度，免收登记类、证照类行政事业性收费，支持有条件的个体工商户转型升级为小微企业。通过落实扶持政策，充分调动了民营企业二次创业的积极性，县域民营经济完成增加值、上缴税金分别占到了县域地区生产总值、全部财政收入的70%和74.7%。制定出台《关于培育“行业巨人”和“企业航母”的实施意见》，支持规模企业与国内行业领军企业开展对标行动，鼓励行业龙头企业实施兼并重组，引导综合竞争力强的企业与国内外行业领军企业集团的产业对接与合资合作。目前，滦县庞大汽贸、迁西津西钢铁等企业入围全国500强，在县域内培育了一批具有自主品牌、具备较高市场占有率和核心竞争力的大型企业集团。

三、加快城镇化进程，大力发展城镇经济

近年来，我们按照城镇“三年大变样”的部署要求，大力推进县（市）城和重点中心镇建设，每个县（市）城扩容10平方公里以上，11个镇被国家六部委核定为国家重点镇。依托县（市）城和重点中心镇，高标准规划建设了一批产业聚集区、特色街区和商贸综合区，扶持发展了现代物流、金融服务、商贸流通、文化旅游等服务性产业，以商住、地产等为重点的县（市）城经济快速发展，有力地促进了以城促产、产城融合的良性发展，县（市）城经济日益成为县域经济发展的重要支撑。

四、扶持农业产业化经营，促进农业增效农民增收

市、县（市）两级连年制定出台扶持农业产业化发展的政策措施，支持龙头企业、规模生产基地、农民合作组织等建设，形成了玉田瘦肉型猪、迁西板栗、滦县花生、滦南水产等县域特色主导产业，市级以上农业产业化重点龙头企业达到259家，国家级、省级重点龙头企业数量分别达到5家和41家，各类农民合作社发展到1629个，农业产业化经营率达到66%。2012年，全市县域第一产业增加值实现316.28亿元，农民人均纯收入达到10500元。

五、强化政策支撑，狠抓招商引

为促进县域经济快速发展，我们围绕破解土地、资金制约瓶颈，制定了一系列扶持政策。利用新一轮土地调规契机，对县域耕地保有量、新增建设用地规模、建设用地布局等进行了优化调整，用足用好城乡建设用地增减挂钩政策，盘活闲置土地、工矿废弃地、未利用地，优先满足县域产业园区、重点项目、城镇建设、农业产业化等用地需求。积极搭建投融资平台，支持企业拓宽融资渠道，鼓励各类金融机构为中小微民营企业提供融资服务。市本级财政拿出专项资金，对中小微民营企业在债券、票据、信托计划、融资券存续期内，给予1%至1.5%的财政贴息，并要求县（市、区）给予配套补贴。对列入培育计划的企业按纳税额及增幅给予一定额度的财政奖励支持，对上市企业给予100-150万元资金奖励。坚持“唐山以外都是外”招商引资发展理念，组织开展多形式、多途径的招商引资活动，实现了招商引资常态化。2012年，全市实际利用外资14亿美元，引进域外资金770亿元，浙江物产北方供应链物流基地、新华联置地、奥特莱斯购物广场等52个与央企、国内500强、世界500强合资合作项目落户唐山。

六、强化环境建设，狠抓督导考核

以开展“两个环境建设”活动为契机，高度重视并加强“发展环境”建设，在领导干部中开展“四帮”（即帮助投资者解放思想、帮助寻找项目、帮助办理具体手续、帮助解决困难）活动，在各职能部门开展优质服务活动，围绕投资和项目建设，营造优良发展环境，打造优质高效的氛围。实施重点项目领导分包责任制，全市每年进行三次重点项目观摩拉练，督导项目建设进度。加大对各县（市）项目建设和资金投入的考核权重，对县域经济发展指标采取“上不封顶、下不保底”考核办法，通过加强督导考核，有力地促进了县域经济的持续快速发展。

（中共唐山市委　唐山市人民政府）

率先启动　率先突破　率先脱贫
强势打造环首都扶贫攻坚示范区

保定是环首都扶贫攻坚的主战场，特别是遭受“7·21”特大洪灾后，我市扶贫攻坚的任务更为艰巨和紧迫。习近平总书记到我市考察慰问时，提出了消除贫困、改善民生、实现共同富裕的明确要求。省委、省政府对保定扶贫工作赋予重任，寄予厚望。一年来，在各级各界的大力支持下，我市扶贫攻坚工作强势开局，强力推进，取得明显成效。

一、大任促大干

特殊区位决定了特殊的担当，环首都扶贫攻坚示范区建设既是全市扶贫开发的重点，更是必须完成的政治任务。在工作目标上，叫响“三争三率先”。全市扶贫工作在全省争先进，环首都三县在全省争一流，阜平县、涞水县在全省争标杆；率先启动、率先突破、率先脱贫。总体上，按照1（阜平）+3（涞水、涞源、易县）+5（曲阳、唐县、顺平、望都、博野）的格局展开工作。在工作把握上，坚持“双提”。提高标准，把人均年收入2300元作为底线，把人均年收入3000元作为目标，决不出现“因提标而返贫”。提前完成，阜平县确保五年稳定脱贫、八年全面建成小康社会，涞水、涞源、易县力争三年脱贫，其他五个贫困县力争2017年前实现脱贫目标。在工作推进上，做到“四个注重”。注重规划引领。邀请国家扶贫办帮助制定了《环首都扶贫攻坚示范区规划》以及县、乡、村、户具体规划。近日，按照总书记嘱托，又进行了一次规划升级，全部落实到村、到户、到人，形成了高标准、全覆盖的规划体系。注重政策创新。坚持先行先试、开拓创新，探索实行了土地流转补贴、小额贷款五户联保、小额贷款政府贴息等优惠政策，最大限度激活“造血”功能。通过政策创新，老百姓不掏一分钱，就能够建成一个投资7万元的蔬菜大棚。注重资金保障。对各类帮扶资金打捆使用、集中投放、严格监管，全市投入扶贫资金8亿多元，相当于上个十年的总和。其中，用于涞涞易三县的资金占到75%。同时，在三县发展8家小额贷款公司，综合解决有钱办事的问题。注重力量整合。结合“7·21”灾后重建，对涞涞易三县实施“七个一”集团帮扶（一所大专院校、一家重点企业、一家医院、一家金融机构、一家科研院所、一名市领导、一个驻军单位），每个县安排3名市级领导分包，其他6县安排帮扶集团对口支援。

二、大干促大建

着眼于彻底改变环首都贫困地区落后面貌，坚持把扶贫攻坚与灾后重建、新农村建设和县域经济发展紧密结合，举全市之力统筹推进，务求长效。加强基础设施建设。涞涞易三县1238个重建项目如期竣工，基础设施达到或超过灾前水平。投资4.9亿元实施了饮水安全、电网升级、交通建设、通信入户、危房改造五大工程，生产生活条件显著改善。全省重点支持阜平县基础设施建设的6大类、27个项目正加紧实施。做强特色产业支撑。涞涞易三县都科学划分了产业片区，并借助示范区建设完成了对部分传统产业的转型升级。全市共培育了设施蔬菜、食用菌、林果等十大特色扶贫产业，实施省、市重点项目44个，总投资近700亿元。新增核桃种植9.8万亩，超过上个十年的总和；新建蔬菜大棚867个，平均每个今年就能收入7万元。增强公共服务能力。在涞涞易三县，集中开展“科教文卫保配套行动”，修缮因灾受损学校212所，新建村卫生室739所，各项社会事业取得突破性进展。在全市，为每个贫困村配备科技特派员；通过“金秋助学”资助2500多名贫困学生走进大学校门；着力提高医疗水平，实现了村卫生室标准化全覆盖。

三、大建促大变

环首都示范区建设不仅带来了全市扶贫攻坚的新变化，还产生了极大的倍数效应。一是激活了自我发展能力。共进行实用技术培训15万人次，有的还邀请山东寿光的“菜把式”进行了手把手传授；新成立农民专业合作社1538个，有效规避了市场风险。二是加快了传统生活方式转变。结合灾后重建，涞涞易三县开工建设了13个异地迁建区，集中安置8334人。大力推进幸福乡村和新民居建设，全市确定幸福乡村示范点140个，新民居建设示范点36个。三是促进了县域经济腾飞。大批项目落户涞涞易，仅涞水就吸引十多家央企投资合作。去年，全市农民人均纯收入增速18%，环首都三县高出1.4个百分点。特别是面临特大洪灾，三个重点县 GDP 增速不降反升，均超过全市平均增速。四是积累了宝贵精神财富。使扶贫攻坚成为历练干部的大熔炉、教育群众的大课堂、推动发展的大操场，干部作风进一步转变，贫困地区群众人心凝聚，保定形象不断优化提升，上级领导和社会各界对保定未来发展充满期待。

下一步，我们将继续巩固扶贫攻坚的阶段性成果，把扶贫到村到户与扶持区域经济发展相结合，把改善基础设施、公共服务与发展产业相结合，把物质扶贫与精神扶贫相结合，把增加经济收入与强化社会保障相结合，以更大作为努力实现贫困地区和困难群众的共同富裕，为建设经济强省、和谐河北作出更大贡献。

（中共保定市委　保定市人民政府）

构建新型农业经营体系　加快现代农业发展

近年来，邯郸市委、市政府深入贯彻实施省委、省政府“一产抓特色”的战略部署，通过政策扶持、产业带动、市场运作、服务跟进，努力构建新型农业经营体系，初步探索出一条集约化、专业化、组织化、社会化相互融合、互为促进的现代农业发展道路。2012年，全市农林牧渔业总产值增长4%，达到672.9亿元；农民人均纯收入增长14.7%，达到8447元。

一、以“吨粮市”建设为抓手，努力提高农业集约化水平

坚持把粮食生产作为发展现代农业的首要任务，近三年来市财政每年投入1亿元、市县累计投入10亿元，专项用于“吨粮市”建设。2012年小麦、玉米两熟平均亩产达到1001.2公斤，总产达到560.1万吨，跃居全国百亿斤粮食生产大市之列，被农业部确定为全国5个整建制推进高产创建试点市（地）之一。一是强化布局优化。实施“以东补西”、“以高促低”农业结构调整计划，大力发展蔬菜、林果和养殖业，打造了九大特色产业链、十二大产业集群。二是强化基础建设。坚持“水、林、田、路”综合配套，有效整合水利、农机、农业开发等设施资源，建成了东部生态水网后续延伸、引黄入邯灌区配套等一批重大工程。三是强化科技支撑。建设了高产示范方超过200万亩，推行“六统一”服务，坚持技术指导零距离，增产技术集成化，技术推广一条龙。四是强化组织推动。实行高产创建责任制，各级领导干部示范田占总播面积的40%。市财政专项列支500万元，对先进单位和个人、种粮大户和科技示范户进行重奖。

二、以农业产业化经营为路径，大力发展农业专业化生产

坚持把农业产业化经营作为带动农民增收致富的重要切入点来抓，2012年农业产业化率达62.3%，较上年提高1.5个百分点，较全省平均水平高0.8个百分点。市级以上龙头企业达到410家，其中国家级6家、省级46家，数量均居全省第一位。一是政策支持。出台了《关于扶持农业产业化快速发展的意见》，制定25项扶持政策，先后引进中法合作养猪、节粮型蛋鸡、肉鸡养殖加工等一批特色项目，六和、雨润、永达等知名企业纷纷落户邯郸。二是龙头带动。实施“百龙腾飞行动”，重点扶持100家市场潜力大、科技含量高、带动能力强的龙头企业，馆陶金凤禽蛋批发、曲周晨光生物科技、大名五得利面粉、邯郸美克尔、广平同和鸡蛋粉成为全国同类企业中规模最大的企业集团。三是品牌引领。引导企业申报无公害产品、绿色食品、有机食品，做好质量认证、农产品地理标志登记等工作，已建成7个国家级、3个省级标准化示范区，创建中国名牌产品3个，省名牌产品54个；中国驰名商标4个，省著名商标98个。四是利益联结。在申报农业产业化奖补资金时，把是否与农户建立完善的利益联结机制作为首要条件之一，使企业与农户形成共同发展、利益共享、风险共担的利益共同体。

三、以农民合作社发展为载体，不断提升农民组织化程度

坚持把农民合作社作为发展现代农业的核心载体来抓，全市农民合作组织发展到4230个，辐射带动农户达到农户总数的65.1%。一是规范管理。市、县、乡三级都成立了农协总会，负责农民合作组织的建设和管理，基本覆盖了农产品生产、加工、流通等各个环节。二是示范带动。通过典型引路，带动合作社规范发展。已建有国家级示范社2家、省级示范社52家、市级示范社191家和县级示范社320家。三是创新模式。县乡两级普遍建立了土地流转服务中心，土地流转面积达到138.12万亩，规模经营面积达91万亩；推动合作社由生产合作向土地合作拓展，由资产合作向资本合作拓展，由专业合作向综合性合作拓展，初步形成了“家庭经营+合作组织+社会化服务”的农业生产形式和“公司+合作社+基地+农户”的新型农业产业化经营模式。四是政策扶持。制定了《关于促进和支持农民专业合作社建设与发展的实施意见》、《财政支持合作社资金管理办法》等一列政策文件，为合作社发展营造良好环境。

四、以多元服务主体培育为重点，全面推进农业社会化服务

坚持公益性服务与经营性服务相结合、专项服务与综合服务相协调，建设了205个基层农技推广区域站和17个乡级农技推广综合服务站，主体粮田的技术普及率和到位率达95%以上，粮食生产科技贡献率达到55%，高出全省6个百分点。一是强化公益性服务。先后与清华大学、中国农大等20多所高校院所建立了长期合作关系，实现县有农技推广中心、乡有农技服务站、村有科技小院、户有技术明白人，被中央电视台专题报道。二是扶持经营性服务。建设村镇社区综合服务中心，推行了“1+X”建设模式，即1个便民超市加若干个带有公益性的服务项目，每年投资2000万元，建设20个便民超市，商品统一采购、配送，提供优质服务。目前，累计建立农资连锁企业20家，发展农资经营网点2873个。三是培育新型农民。连续多年开展“百名专家驻村、千名技术人员包方、培训百万科技示范户”的“百千万”活动，开展全程技术跟踪服务，涌现出种粮能手、种粮大户8000多户。

下一步将以贯彻落实这次会议精神为契机，抓住我市被定位为中原经济区具有重要影响力的中心城市和全国整建制推进粮食高产创建试点市的历史性机遇，进一步强化现代农业基础支撑，完善新型农业经营体系，促进农业农村经济快速发展。

（中共邯郸市委　邯郸市人民政府）

推进城乡发展一体化　加快农村小康建设步伐

做好新时期“三农”工作，是推进城乡发展一体化的重要途径。近年来，我们始终把“三农”工作作为全部工作的重中之重，坚持产城共建，以城带乡，城乡统筹，实现了工业反哺农业、城市支持农村，加快了农村小康建设步伐。

一、注重高端规划引领，绘就城乡一体发展蓝图

一是发展有规划。确立了打造产业高端、空间生态、人文荟萃、近悦远来的现代田园城市的城乡发展总体目标，谋划了建设“三城六园”的县域生产力空间布局。“三城”，即主城区和工业区为一体的工业新城；未来依托首都新机场建设的空港新城；南部温泉带正在起步开发建设的温泉新城。“六园”，即固安工业区、温泉园区、新兴产业示范区、空港产业园区、大清河产业园区和现代农业园区，全县生产力布局进一步优化。围绕总体目标和空间布局，聘请多家国内外知名机构，编制完成了城乡统筹总体规划、县域镇村总体规划等各项规划，为高标准建设提供引领和依据。二是行动有纲领。制定了《城乡发展一体化建设实施意见》和《城乡发展一体化工作推进方案》，确保了城乡发展一体化工作的有序推进。三是执行有刚性。大力推行阳光规划，建立健全规划公示制度；不断加大规划的执行、执法力度，切实做到了“规划即法，执法如山”。

二、注重特色产业发展，筑牢城乡一体发展支撑

一是板块组团，错位发展。将全县划分为北、中、南三大发展板块：北部，大力发展电子信息、高端装备制造、新能源新材料和临空产业、服务外包、总部经济，打造现代工业及高端服务业发展板块。中部，大力发展设施农业、生态农业和高效农业，打造生态产业发展板块；南部，大力发展旅游度假、康体养生、商务会展等现代服务业，打造温泉旅游养生产业发展板块。二是做强园区，集群发展。强化园区的带动作用，做大做强以固安工业区、新兴产业示范区为引领，以温泉园区、空港产业园区、大清河经济开发区、现代农业园区为支点的六大园区，创新“政府主导、多元投入、多点组团”的开发运营模式，加快园区基础设施和配套功能建设，进一步拉动了城乡整体发展。三是放大优势，特色发展。在一产方面，大力发展现代农业，优先发展生态、旅游、观光、体验农业，加快推进绿色有机蔬菜生产基地和休闲观光农业基地建设。截至目前，全县建有省级重点龙头企业3个，市级重点龙头企业24个，农民合作组织199个。在二产方面，大力发展新兴产业，坚持以电子信息、装备制造、新能源新材料、航天科技、生物医药为主导产业，构建了多元化的现代产业体系，吸收了农村富余劳动力就业，带动了农村经济的发展。在三产方面，重点发展总部商务、空港物流、服务外包三大新兴产业，积极推进都市休闲、旅游度假和高端养老等服务业。2012年，全县农民人均纯收入达到9204元，同比增长14.3%。

三、注重生态环境优化，夯实城乡一体发展基础

幸福乡村建设扎实推进。围绕“两线三区”（106国道和廊涿路，固安工业区、老城区周边、牛驼镇及温泉园区），坚持宜建则建、宜改则改、宜联则联的原则，打造幸福乡村示范点，有效推进了城镇化进程。全县共启动54个省级新民居示范点和20个省级幸福乡村示范点，打造了以林城10村联建、独流4村联建为代表的农村组团和以南五里3村联建、北关4村联建为代表的城郊组团的新民居亮点和品牌。林城村被授予“全国生态文化建设先进村”称号。结合基层建设年“项目建设”实施幸福乡村计划，全年43个帮扶村投资6700万元，完成了516个帮扶项目。城乡环境综合整治初显成效。大力推进城乡环境综合整治，在全县全面开展植绿护绿活动，在城区实施绿化美化工

程，在全县加快实施“八横八纵”生态景观带建设。截至目前，县城建成区绿化覆盖率达43.9%，同比增长13.6%，全县森林覆盖率达28.6%，同比增长9%，被省政府正式命名为省级园林县城。在农村全面推行“户清、村集、乡运、县处理”垃圾处理方式，全县各乡镇配置环卫设施、建立保洁队伍，做到了垃圾日产日清；加强环境基础设施建设，投资8000万元，启动了农村生活垃圾填埋场、压缩式垃圾中转站等设施建设，人居环境不断优化。同时，进一步健全环境整治的长效机制，成立了环境整治办公室，完善了《固安县农村环境卫生长效机制建设实施意见》，实现了环境治理的长效发展。

四、注重民生民本改善，共享城乡一体发展成果

2012年，投资12.36亿元重点实施了医、学、路、水、保、养、安、文八大“惠民体系”。医，投入1200多万元建设了280个高标准村级卫生室，城乡基本医疗水平不断提高。学，投资5416万元实施了校园安全工程，促进了城乡教育均衡发展。路，投资4.51亿元，重点实施建设了大广高速固安连接线、牛驼连接线、固东路改造等项目，全县八横五纵的路网体系初见规模。水，累计投资2亿多元，完成了11座农村水厂、1座城区水厂和2个单村供水工程，解决了全县43万人口饮水安全问题，在全省率先实现了城市化供水模式在农村的全覆盖，被省政府授予“安全饮水先进县”荣誉称号。保，社会保险做到了“扩面提标”，城乡低保做到了应保尽保，五保集中供养率稳步提高。养，完善了养老福利事业服务功能，实施了中心敬老院升级工程，启动了社区居家养老服务站建设。安，投入3900万元在城乡重要治安节点安装视频监控设备，进一步增强人民群众的安全感。文，建成村街农家书屋419个，乡镇综合文化站9个，深度挖掘县域屈家营音乐会、固安大剧院等既有资源，加快文化产业发展，进一步提升全县百姓的文化生活水平。

（中共固安县委　固安县人民政府）

深化农村产权制度改革　不断增强农村发展活力

近年来，我市栾卸村坚持以“市场化”为核心，按照“明晰产权、村企分开”的原则，围绕“村民变股东、农村变社区、集体资源资产变资本、群众做主人”目标，稳妥搞好农村产权制度改革，实现了现代工业园区、农业园区与幸福社区联动共荣，社会、自然环境与人的精神面貌和谐巨变。2012年，全村工农业生产总值达14.1亿元，集体经济收入7.8亿元，人均纯收入9162元。

一、对村集体企业实施股份制改造，让村民变股东

改革开放以来，栾卸村相继建成多家集体企业，到1996年已发展成为拥有11家独资和控股企业、年营业收入3.3亿元、利税7200多万元的恒利集团。在集体企业发展壮大的同时，产权不清、村企不分、责权不明、粗放经营等问题越来越突出，严重影响了村民和职工参与支持企业发展的积极性。为激发企业发展活力，1997年，栾卸村提出“以明晰产权为核心、以股份制改造为形式”的改革思路，大刀阔斧对企业进行股份制改造。一是清产核资。整合所有村办企业资产，委托会计事务所对集团及各企业资产进行评估定量。二是招标拍卖。按照抓大放小的原则，将4家净资产不足500万元的小企业向村民拍卖，实现了企业资产向货币形式转换的最大化。三是定向募股。恒利集团55.95%的股份由村集体认购，剩余44.05%的股份向村民和公司员工定向募集，其中40%的股份以1：2的优惠价向全村村民发售。股份认购和产权调整完成后，持有《企业股权证》的全体村民依法享有决策权、管理权和收益权。四是规范经营。按照《公司法》制订了相关章程、条例，公司经营管理步入制度化、规范化轨道，实现了由集体企业向现代股份制企业的转变。通过股权改革，企业建立了产权清晰、流转顺畅的产权关系，目前村民、职工持有资产升值六、七倍，户均分红20多万元，最大限度地让村民共享了改革发展的成果。

二、积极探索房屋产权改革，让农村变社区

实现乡村房屋产权自由流转、变现，是盘活现存资源、深化产权制度改革的重要内容。随着经济的发展和村民收入的增加，栾卸村在推进旧村改造、不断改善人居环境的同时，着力推进房屋产权改革，逐步实现乡村向社区的转变。自1998年始，栾卸村坚持“以人为本、科技为先、建新拆旧、滚动发展”的思路，按照“旧房置换、拆迁补偿、集体补贴”等方式，先后投资2.3亿元，在旧村址上建成了占地26公顷、总面积22.58万平方米的恒利庄园，让村民住上了可与城里人相媲美的现代化新民居。在此基础上，栾卸村将每户持有的宅基地使用证统一换发为《栾卸村房屋所有权证》，迈出了房屋产权改革的第一步。为更好地满足村民搬迁、变现等刚性需求，村集体因势利导，在村委会的指导下逐步建立了房产评估、转让、交易制度，初步实现了房产在村内的自由流通，迈出了房屋产权改革的第二步。2012年，栾卸村以被确定为省级新民居建设示范村为契机，制定了以恒利庄园为中心，与王窑、赵窑、东下河实施联村并建的栾卸新村建设方案，力争把栾卸新村建设成占地77公顷、容纳1万人的农村新型社区，建成后节约土地19.72公顷。下一步，我们将支持栾卸村在政策允许范围内，对房屋产权改革进行进一步探索和实践。

三、全面推进土地产权制度改革，让土地变资本

一是明晰集体土地（承包）经营权。2009年2月，栾卸村经村民讨论、村民代表大会通过等民主程序，出台了《关于集体土地（承包）经营权和集体经济权益分配办法》，将村集体所有的土地按127970份（平均每人44份）的形式确权到全村所有家庭，发给家庭户《栾卸村集体土地（承包）经营权证》，所占股份不再随人口增减而改变，并可在村内转让、抵押、继承、分拆、合并、入股、回收。二是明晰集体土地所有权。2011年以来，栾卸村将居住区和工业区外集体土地、荒山，由村民委员会代表集体行使所有权，改为村各集体经济组织代表集体行使所有权，组建了农业、林业、蔬菜种植三个合作社，依法进行工商注册登记，实行民主管理和经营。三是创新经营方式。对村集体土地（承包）经营权、地上树木、建筑物评估作价，村民以村集体土地（承包）经营权份额，自愿加入农民合作社，并发给合作社成员股权证明。合作社按照各自的管理章程，实行自主经营、独立核算、自负盈亏，收益按股向股民分红。村民持有股份可转让、互换、继承。让村民以持股方式组建合作社，放活了集体土地（承包）经营权，收到了"土地变股权、农户当股东、有地不种地、收益靠分红"的良好效果。

四、稳步推进集体经济产权改革，让群众做主人

经过多年发展，栾卸村集体资产积累达到30亿元规模，但集体经济组织产权主体模糊、决策随意、监督乏力等问题逐渐凸显，特别是集体经济收益分配问题日益突出。为维护村民合法权益，2009年栾卸村对集体经济权益分配进行改革，根据《关于集体土地（承包）经营权和集体经济权益分配办法》，发给每个家庭户《栾卸村集体经济分配权益证》，村民占有集体资产和集体收益，按与所持有的土地（承包）经营权份额进行固定和分配，理顺了村集体与村民、村民与村民之间的权益关系。对集体经济运营及收益情况，通过村务公开向全体村民公布，及时听取群众意见，让群众全程监督，充分保障了广大村民的占有权、收益权和监督权。通过集体经济产权改革，让村民都参与集体资产经营管理，真正成了集体资产主人，调动了群众参与支持集体经济发展的积极性和主动性。

（中共沙河市委　沙河市人民政府）

创新土地流转模式　加快现代农业发展步伐

近年来，我县以优化土地资源配置、提高农业经济效益为目标，在稳定和完善农村土地承包关系基础上，按照"依法、自愿、有偿"原则，积极引导、大胆实践，全力推进土地承包经营权流转工作。目前，全县农村土地流转面积达14万亩，占总耕地面积的17%，有力地提高了农业规模化经营水平。

一、加强引导，在扶持服务上下功夫

发展现代农业，构建集约化、专业化、组织化、社会化相结合的新型农业经营体系，必须加快推进农村土地承包经营权流转，努力提高经营规模化、农民组织化和农业产业化水平。为此，我们把农村土地流转工作纳入农村发展全局和产业富民战略之中，统筹考虑，协调推进。一是强化政策引导。制定出台了《关于规范农村土地流转工作的实施意见》等一系列指导性文件，明确了土地流转工作的指导思想、重点内容、扶持政策和保障措施，为做好农村土地承包经营权流转工作奠定了坚实基础。二是搭建服务平台。建立了县乡两级农村土地流转服务机构，制定了较为完善和详细的工作规范和流转程序，每个村确定一名专职信息员，负责信息搜集和具体流转工作，县乡流转中心无偿向农民提供土地流转信息、统一合同文本，并根据农民要求提供流转合同鉴证等各项服务。三是加强财政扶持。对通过土地流转形成的种植大方、规模园区，由县财政投资进行水、电、路等基础设施建设；对每年成方连片流转土地200亩以上并完成棚室建设的，政府出资每亩补贴500元，仅2012年就落实土地流转补贴近150万元。四是完善调处机制。建立了村镇调解、县级仲裁的农村土地承包纠纷调处机制，及时调解、仲裁土地流转中发生的矛盾纠纷，保障流转双方当事人的合法权益，规范市场秩序，有效促进了农村社会和谐稳定。

二、创新模式，在示范推广上下功夫

按照"先行试点、典型引路、稳步推进"的原则，创新农业现代化经营体制机制，探索了六种土地流转模式。一是土地合作经营模式。引导农民通过加入合作社或其他经济组织，把土地集中起来，实行规模经营，提高产出效益。大鹁鸽留村勃翔农业种植合作社，将社员4000多亩耕地进行成方连片调整，实行统一品种、统一耕种、统一管理、地权分明、公平分配、收获分户的"三统三分"经营模式，不仅解放了大量劳动力，且亩均效益提高200多元。二是专业大户承租经营模式。种植大户通过转包农户耕地或租赁集体、个人耕地，实现土地连方成片、规模经营。盘古乡堤下头村支部书记申明，租赁170多户245亩耕地，投资1700余万元完善道路、水利、温室等基础设施，建成堤下头蔬菜园区，并成立了明杰蔬菜种植合作社，合作社年产值420万元，带动周边发展蔬菜产业4000亩。三是同类农产品生产集聚模式。引导种植同类农产品农户，通过流转土地，相对集中在同一区域生产，形成小规模、大群体的经营格局。曹寺乡58个村中有48个是蔬菜专业村，村民通过流转土地，蔬菜大棚单个面积均在1亩以上，成百上千亩集中种植基地遍布全乡。四是中介或其他经济组织整体招租模式。农户将零散承包地委托流转给中介或其他经济组织统一整合后，整体招标发包。上伍乡周官屯村是运输专业村，80%以上村民从事运输业，2005年该村成立了“土地托管服务社”，将村民意向出租土地登记整合后整体流转，每亩土地租金由几十元提高到500元。五是委托发包方统一进行土地流转模式。村民将承包地委托给村委会，形成集中连片的规模基地，由村民或种植大户进行统一耕作。曹寺乡齐营、罗庄子等4个村村民委托村委会流转土地4500亩，成立蔬菜合作社，从事无公害设施蔬菜种植，促进了蔬菜产业发展。六是土地承包经营权入股模式。农户以土地承包经营权入股从事农业合作化生产，建立起“土地变股权、农民当股东、有地不种地、收益靠分红”的土地流转机制。金牛镇清水白村王恩江组织村民将337亩土地作为股份，成立了青县沧清玉米种植合作社，入社农户245户，入社土地近500亩，农户每年每亩可分红600元。入社农民解放出来到企业打工，年人均增收近1.5万元。

三、规范管理，在提高效益上下功夫

始终把维护农民利益放在第一位，严把事前政府责任关、事中合同约束关、事后矛盾调解关，确保农民权益不受损害，在促进农业增效、农民增收上发挥了积极作用。一是促进了农业结构调整。土地流转集中后，带动了蔬菜业的规模化经营，提高了特色农业的现代化水平。齐营、孙召庄、堤下头等村，以蔬菜特色产业为抓手，计划流转土地近万亩，打造集科研、生产、加工、销售、旅游于一体的“万亩生态观光园”。目前，聘请河北农大完成了“观光园”的规划设计，完成土地流转近6000亩，建设棚室4000余亩，成为我县现代农业发展和促进农民增收的新亮点。二是提高了农业产业化水平。通过土地经营权流转，整合原有分散土地，使其集中到龙头企业、合作组织、种植大户手中，农业的规模化、产业化、机械化水平不断提高。目前，全县共向龙头企业、合作组织流转土地6万多亩，涌现出一大批百亩种养大户，主要农作物机械化耕作率达到70%以上。三是增加了农民收入。土地规模化经营，有效解决了一些地方有地无人种、有人无地种的矛盾，实现了土地向大户集中、农民向城镇转移、产业向特色发展。近年来，全县3万多农村劳动力走向二、三产业，带动户均增收近万元。

（中共青县县委　青县人民政府）

V　农业法规　文件选载

中共河北省委河北省人民政府
关于贯彻落实《中国农村扶贫开发纲要（2011－2020年）》的实施意见

（2012年2月28日）

为全面贯彻落实中共中央、国务院印发的《中国农村扶贫开发纲要（2011－2020年）》（以下简称新《纲要》）精神，做好新阶段扶贫开发工作，加快我省贫困地区发展，促进共同富裕，实现建设经济强省、和谐河北的目标，结合我省实际，提出如下意见：

一、重大意义

消除贫困、改善民生、实现共同富裕，是社会主义的本质要求，是改革开放和社会现代化建设的重大任务，是全党全国各族人民始终不渝的奋斗目标。改革开放以来，按照党中央、国务院的战略部署，我省先后组织实施了《河北省1994—2000年扶贫攻坚计划》和《河北省农村扶贫开发规划（2001－2010年）》，各级党委、政府把扶贫开发作为关系全局的大事，纳入当地经济社会发展规划，全党动员，全民参与，合力攻坚，贫困地区各项事业得到长足发展，生产生活条件明显改善，人民生活水平稳步提高，扶贫开发取得阶段性成效。

但是，由于历史、地理、工作等因素影响，我省扶贫开发任务依然艰巨。截至2010年底，根据我省1500元的扶贫标准，全省农村还有贫困人口560万人。按照国家2300元的扶贫标准，全省农村贫困人口将明显增加。这些贫困人口主要分布在边远高寒、自然条件恶劣的坝上地区，交通不便、信息闭塞的燕山、太行山深山区和干旱缺水、资源匮乏的黑龙港流域。这些地方自然条件差、基础设施弱、社会发育程度低，脱贫难度大。特别是环北京地区，作为首都的重要生态屏障和水源地，大多数地方限制开发，许多生产项目明令禁止，经济发展缓慢，“低收入、高物价”的特点十分明显，相对贫困问题非常突出。要从根本上改变贫困地区的落后状况，实现群众稳定脱贫，必须坚持长期不懈的努力。

新《纲要》的颁发，标志着我国扶贫开发已经从以解决温饱为主要任务的阶段转入了巩固温饱成果、加快脱贫致富、改善生态环境、提高发展能力、缩小发展差距的新阶段。党中央、国务院更加重视扶贫开发，同时也提出了新的更高要求。面对新的形势，扎实做好新阶段扶贫开发工作，对维护人民根本利益、巩固党的执政基础、实现建设经济强省、和谐河北目标具有极为重大的意义。

二、总体要求

（一）指导思想。高举中国特色社会主义伟大旗帜，以邓小平理论和“三个代表”重要思想为指导，深入贯彻落实科学发展观，以贫困村和贫困户为主要对象，以集中连片特困地区为主战场，以改善基本生产生活条件、培育发展特色优势产业、增加群众收入、提高发展能力为工作重点，实行倾斜政策，加大支持力度，举全省之力，打好扶贫硬仗，推动贫困县乡村开发建设和贫困人口尽快脱贫致富，为全面建设小康社会奠定坚实基础。

（二）基本原则。坚持开发式扶贫方针，改善生产生活条件，提高贫困地区和贫困人口的自我发展能力。完善农村社会保障制度，合理确定覆盖范围和救助标准。实行开发扶贫与社会救助有机结合，把社会保障作为解决温饱问题的基本手段，把扶贫开发作为脱贫致富的主要途径，两项工作统筹安排，协调推进。

具体工作中，要把握以下原则：政府主导、分级负责。

实行党政一把手负总责的扶贫开发工作责任制，逐步建立和完善扶贫开发目标考核评价机制，扎实推进扶贫开发各项工作。各级政府要把扶贫开发纳入经济和社会发展总体规划，充分发挥政府投入在扶贫开发中的主体作用，确保扶贫开发资金稳定增长，使贫困人口得到有效扶持。突出重点、分类指导。省要着力支持连片特困地区、特别是环首都贫困地区重点县和重点村。加大对革命老区、民族地区的扶持力度。根据不同区域经济社会发展水平，因地制宜制定扶贫政策，落实扶持措施。开放开发、产业扶贫。创新扶贫机制，拓宽开发途径，制定优惠政策，优化投资环境，鼓励和吸引国内外、省内外不同所有制经济组织到贫困地区投资开发。坚持扶贫进村入户与发展区域特色主导产业相结合，通过扶持产业发展，促进扶贫对象脱贫致富。部门协作、合力推进。各行业部门要根据国家扶贫开发总体要求，结合各自职责，发挥优势，密切协作，在制定政策、编制规划、分配资金、实施项目时向贫困地区倾斜，在非贫困地区实施的项目要兼顾贫困人口利益，形成强大合力。统筹兼顾、协调发展。正确处理扶贫开发和生态环境保护关系，充分发挥贫困地区独特资源优势，加强生态建设和环境保护，实行人口计划生育与扶贫开发工作有机结合，促进经济与人口、资源、环境协调发展。自力更生、社会帮扶。充分发挥贫困地区和扶贫对象的主动性、创造性，调动社会各界参与扶贫开发的积极性，完善帮扶机制，实现共同发展。

三、目标任务

到2015年，确保扶贫对象年人均纯收入增幅高于全省平均水平，贫困地区基本公共服务主要领域指标接近全省平均水平，发展差距扩大趋势得到初步扭转。到2020年，稳定实现扶贫对象不愁吃、不愁穿，保障其义务教育、基本医疗和住房目标，使贫困地区的生产条件有大改变、生活条件有大改善、社会事业有大发展、社会保障水平有大提高、生态环境有大改观，基本公共服务均等化水平明显提高，发展差距进一步缩小。

（一）扶贫对象。将年人均纯收入2300元以下有劳动能力的农村人口作为扶贫开发的主要对象。建立健全贫困识别机制，对贫困人口建档立卡，实行动态管理。搞好农村低保制度与扶贫开发的有效衔接，确保有生产能力和意愿的贫困户得到有效扶持。注重对少数民族、妇女、残疾人和计划生育贫困家庭实行帮扶。经济发展较快的市县，可根据当地实际，制定高于全省的扶贫标准，增加扶贫投入，搞好本区域的扶贫开发。

（二）连片特困地区。燕山、太行山区已列入国家连片特殊困难片区，是新十年国家扶贫攻坚的主战场。要按照整体规划、县为单元、整合资源、集中投入、综合开发、协调发展的原则，以县为基础，制定和实施片区区域发展与扶贫攻坚规划，加强统筹协调，集中实施一批教育、卫生、文化、就业、社会保障等民生工程，大力改善生产生活条件，培育发展一批特色优势产业，加快区域性重要基础设施建设步伐，加强生态建设和环境保护，解决制约发展的瓶颈问题，力争通过有效扶持，从根本上改变面貌。特别是要着力打造环首都扶贫攻坚示范区，选择紧邻北京的丰宁、滦平、兴隆、赤城、沽源、蔚县、涞水、涞源、易县等9个重点县，进行集中扶持，重点突破，探索区域发展与扶贫开发统筹推进的新路子，探索产业扶贫、科技扶贫、人才扶贫、移民扶贫、水利扶贫、生态扶贫、对口扶贫等多措并举的新路子，探索整县、整乡、整村推进与扶贫到户相结合的新路子，探索脱贫致富与社会进步相结合的新路子。同时，根据我省实际，确定以沧州、衡水、邢台、邯郸为重点的黑龙港干旱盐碱区为省连片特困地区，参照国家连片特困地区政策，加大扶持力度，促进快速发展。

（三）重点县和重点村。我省共有62个国家和省定扶贫开发工作重点县，这是组织实施新一轮扶贫攻坚的基本单位。要利用10年时间，对列入规划的6000个扶贫开发重点村分两批进行扶持，即2011－2015年，扶持3000个村；2016－2020年，再扶持3000个村，确保每个扶贫开发重点村稳定脱贫。

四、专项扶贫

（一）坚持整村推进。制定和实施《河北省整村推进“十二五”规划》。按照建设社会主义新农村的要求，以发展特色支柱产业、改善生产生活条件、增强发展能力为重点，整合资源，集中投入，加大工作力度。到2015年，首批重点扶持的3000个重点村达到“十二有”目标：即有群众信任、团结干事的村两委班子，有脱贫致富的好路子，有村庄建设规划，有通村公路，有安全卫生的饮用水，有进村入户的通电条件，有广播电视，有电话线路或信号覆盖，有学校（含联办），有合格的两委办公室，有医务室，有文体活动场所。有关行业部门要各负其责，加强水电路讯沼校医房等基础设施和公益项目建设。各级政府要加强整村推进后续管理，巩固提高扶贫开发成果。

（二）实施产业化扶贫。建立健全带动贫困户增收的利益连结、分享机制。以产业发展为依托，以增加贫困家庭收入、提高其发展能力为重点，每年扶持10万个贫困家庭发展入户增收项目，发挥示范作用。到2015年，力争帮助列入规划的贫困户每户建设一项稳定增收项目，使扶贫对象自我积累、自我发展的能力进一步增强。继续把龙头带动下的养殖业、设施蔬菜（食用菌）、优质果品作为支持发展的重点。到2020年，在重点县基本形成县有龙头带动、村有合作组织、户有增收项目的发展格局，构建起完善的强县富民特色支柱产业体系。坚持把扶贫到户与连片开发、规模发展结合起来，积极打造特色突出、规模经营、持续增收的扶贫产业片区。继续推进太行山优质果品产业带，燕山板栗、食用菌产业片区，张承坝上地区节水错季蔬菜产业建设。大力实施黑龙港地区扶贫开发“富民大菜篮”工程，进一步扩大设施蔬菜、畜牧业的规模，提升质量效益。在有条件的地方，支持引导农民大力发展杂粮产业、中药材种植等，多渠道增加农民收入。通过加快发展，将一批扶贫开发工作重点县建设成产业特色明显的蔬菜（食用菌）大县、肉鸡肉鸭等养殖大县、优质果品大县、杂粮生产大县等，提高贫困地区产业化扶贫水平。大力发展农民专业合作社和各类专业技术协会，充分发挥各种合作组织、农村致富带头人、经纪人在带动农户和协调企业方面的纽带聚合作用，促进企业和贫困户结成利益共同体，实现共同发展。积极扶持贫困村建立农民合作社，鼓励贫困户积极参与。探索创新扶贫项目贷款贴息管理机制，完善小额信贷扶贫到户形式，搞好贫困村互助金试点，帮助扶贫对象参与特色产业开发。加大对扶贫龙头企业的支持力度，积极推行订单农业，鼓励企业在贫困村建立产业基地，为贫困农民提供技术、市场、信息等服务，优先吸纳安置贫困劳动力就业，优先收购贫困农户农副产品。

（三）开展以工代赈。以国家扶贫开发工作重点县为主要对象，以燕山、太行山特困地区为工作重点，以帮助贫困人口增收致富为目标，以农业农村小型基础设施建设为着力点，加大投入力度，引导贫困农民参与工程建设，获得劳务报酬，有效提高贫困地区耕地（草场）质量，稳步增加农田灌溉面积，改善贫困乡村交通条件，治理水土流失，保护生态环境。到2015年，通过实施以工代赈工程，完成基本农田建设100万亩、小型微型农田水利新增和改善灌溉面积200万亩，修建乡村四级公路5000公里，治理小流域500平方公里，建设基本草场15万亩，片区综合治理20万亩；到2020年，项目规模进一步扩大，通过参加以工代赈工程建设获得劳务报酬的农民不断增多，使贫困地区抵御自然灾害的能力大幅提升、农村交通条件得到较大改善、水土流失得到有效治理。

（四）搞好扶贫异地搬迁。制定和实施《河北省扶贫易地搬迁“十二五”规划》。按照政府主导、群众自愿，统筹规划、分类指导，集中力量、稳步推进的要求，继续搞好生态移民和扶贫移民。对燕山、太行山区生存条件恶劣、地质灾害频发和生态保护重点区域的贫困村和贫困人口实行搬迁扶贫，引导搬迁户向小城镇、生活小区和中心村集聚，改善搬迁户的生存与发展条件，着力培育和发展搬迁户的后续产业，提高就业能力，帮助解决生产生活等方面的困难和问题，确保搬得出、稳得住、能发展、可致富。

（五）强化扶贫培训。以提高贫困家庭劳动力就业创业能力为目标，加强贫困地区劳动力转移培训工作。对贫困村初中、高中毕业后未就业、未升学的新生劳动力，以促进就业为核心，通过直接补助，引导和鼓励其继续接受职业教育和技能培训。对有外出就业意愿的劳动力实施转移就业技能培训，鼓励贫困户输出劳务，增加工资性收入。对农村贫困劳动力开展实用技术培训，力争使更多的贫困家庭达到至少有一人掌握一门以上的实用技术。

五、行业扶贫

（一）支持特色产业发展。行业主管部门要加强农、林、牧、渔产业指导，重点围绕乳品、肉类、粮油、蔬菜、果品五大加工业，培育龙头企业，建设示范园区，创建知名品牌，优化产业布局。支持贫困地区合理开发当地资源，发展新兴产业，承接产业转移，调整和提升产业结构，增强内生发展动力。积极引导和支持工商企业到贫困地区投资兴业，带动和帮助贫困农户发展生产，提高生产经营和市场竞争能力。充分利用环首都贫困地区的区位优势和自然生态条件，发展现代休闲农业、生态农业、有机农业和乡村旅游项目。

（二）开展科技扶贫。加大科技支撑力度，切实提高劳动者素质，广泛推广应用先进农业技术，促进贫困地区农业由主要“靠天吃饭”向依靠科技进步转变，促进农业劳动者由传统农民向新型农民转变。贫困地区劳动力进城务工，输出地和输入地要积极开展就业培训，力争使有培训需求的农民工普遍得到一次以上的技能培训，掌握一项适应就业需要的实用技能，逐步提高贫困地区技能型农民工的比例。实施沃土工程、种子工程等，研究集成一批高产、节水、节肥、节药、节种栽培技术，促进粮食生产、蔬菜生产、畜牧业生产、渔业生产协调发展。深化科教扶贫工作，鼓励农业科技人员到贫困地区创业发展，加速农业科技成果转化，推动贫困地区产业升级和结构优化；支持大专院校、科研单位与贫困地区发挥各自优势，建立产学研相结合的中试示范基地；选派一批退居二线的有经验有责任感的老干部、大学生村官、大学生志愿者，同时，抽调部分机关在职年轻干部到贫困村帮助工作，共同解决贫困村人才匮乏问题。

（三）改善生产生活条件。按照“城乡统筹、三化同步”的部署，实施一批基础性、公益性重大项目，加强贫困地区农业农村基础设施建设。加快实施农村饮水安全工程，鼓励有条件的城市供水管网向农村延伸，吸引社会资金和农民投资参与农村饮水工程建设和管理，提高农村饮用水水质和保障水平。加快贫困地区通乡、通村道路建设，积极推进连村道路和乡村公路向较大村民小组和居民点延伸，改善人行便道和田间便道条件。推进贫困村电网改造升级，实现城乡用电同网同价，全面解决无电自然村用电问题，实现户户通电。搞好村庄规划，扩大农村危房改造试点，完成农村困难家庭危房改造，完善农村基本住房保障政策。加强农田水利建设，大力推进贫困地区节水改造和小型农田水利发展，发展高效节水灌溉，扶持修建小微型水利设施，加快中低产田改造，提高耕地质量。到2015年，力争贫困地区基本农田水利设施有较大改善，农村饮水安全问题基本得到解决，保障贫困地区每人一亩基本口粮田；基本实现重点县与地级市之间通一级以上公路、与相邻县之间通二级以上公路，主要乡镇与县城之间通三级以上公路，农村公路的抗灾能力和服务水平得到显著提高；贫困地区农村住房条件明显改善，完成农村贫困家庭危房改造20万户左右。到2020年，贫困地区农田基础设施建设水平、农村饮水安全保障程度和自来水普及率进一步提高，达到每人一亩有效节水灌溉面积；贫困地区基本实现乡乡通三级公路、行政村村村通等级公路、具备条件的自然村全部通公路，彻底改善农村公路路面状况，提高抗灾能力；全部完成贫困地区农村危房改造工作，使群众的居住条件明显改善。

（四）重视能源和生态环境建设。实施农村清洁工程，加强沼气、太阳能、秸秆气化等农村新能源建设。加快贫困地区可再生能源利用，因地制宜发展小水电、太阳能、风能、生物质能，推广应用沼气、节能灶、固体成型燃料、秸秆气化集中供气站等生态能源建设项目，带动改水、改厨、改厕、改圈和秸秆综合利用。加大泥石流、山体滑坡、崩塌等地质灾害防治力度，充分发挥气象防灾减灾在扶贫开发中的作用，建立健全气象预警信息发布系统，重点抓好灾害易发区的监测预警、搬迁避让、工程治理等综合防治措施。优先将贫困地区的生活污水、垃圾处理、畜禽养殖等污染防治工作列为农村环境综合整治的帮扶重点。各级环保、建设部门要积极做好相关技术指导和服务，全面推进贫困地区农村环境综合整治，改善人居环境。

（五）发展教育文化事业。大力推进贫困地区适当集中办学，加快寄宿制学校建设，加大学前教育扶持力度，逐步提高农村义务教育家庭经济困难寄宿生生活补助标准。免除中等职业教育学校家庭经济困难学生和涉农专业学生学费，继续落实国家助学金政策。大力实施农村中小学营养改善工程。加快发展远程继续教育和社区教育。加大对各级各类残疾学生扶助力度。到2015年，贫困地区九年义务教育巩固率达到94%，高中阶段教育毛入学率达到90%；到2020年，基本实现区域内教育均衡发展，普及高中阶段教育。

大力推进贫困地区文化事业发展。普及信息服务，继续推进广播电视村村通、农村电影放映、文化信息资源共享工程、数字图书馆推广工程、公共电子阅览室建设计划和农家书屋等重大文化惠民工程建设，优先实现重点村通有线电视、电话、互联网工程。加快农村邮政网络建设，积极推进电信网、广电网、互联网三网融合工程，支持邮政企业参与“万村千乡市场工程”农家店、配送中心建设。到2015年，基本建成覆盖广泛、城乡均等的广播影视公共服务体系，综合运用多种覆盖方式，改善贫困地区广播电视信号质量，丰富节目内容。到2020年，贫困地区实现广播电视“户户通”，每个重点县至少拥有一座数字影院，每个行政村每月至少放映一场数字电影；行政村全部通宽带；基本实现每个重点县有图书馆、文化馆，乡镇有综合文化站，行政村有文化活动室。

（六）加强公共卫生和人口服务管理。加强贫困地区三级卫生服务网络建设，健全基层医疗卫生服务体系，改善医疗与康复服务设施条件。提高贫困地区新型农村合作医疗和医疗救助保障水平，新型农村合作医疗参合率稳定在90%以上，基本实现门诊统筹全覆盖。加强贫困地区妇幼保健机构能力建设，提高儿童重大疾病保障水平，有效控制重大传染病和地方病。继续实施“万名医师支援农村卫生工程”，组织城市医务人员在农村开展诊疗服务、临床教学、技术培训等多种形式的帮扶活动，不断提高重点县县医院和乡镇卫生院的技术水平和服务能力，加强贫困村卫生室建设。到2015年，争取每个重点县至少有一所县级医院达到二级甲等水平，龙头作用更加突出；每个乡镇有一个标准卫生院、有一支适应农村医疗工作的好队伍（每个乡镇卫生院有一名全科医生）、有一套基本检测设备，枢纽功能更加完善；每个重点村有一个标准化卫生室、有一名具备资格的医生、有一套基本药物保障制度，基础地位更加巩固。到2020年，贫困地区群众获得的公共卫生和基本医疗服务更加均等。

加强贫困地区人口和计划生育工作，稳定低生育水平，促进人口长期均衡健康发展。继续实施农村计划生育家庭奖励扶助、特别扶助和少生快富工程，推动流动人口计划生育基本公共服务均等化。到2015年，重点县人口自然增长率控制在7.13‰以内，妇女总和生育率控制在1.8左右；到2020年，重点县低生育水平持续稳定，逐步实现人口均衡发展。

（七）完善农村社会保障制度。健全农村最低生活保障制度，做到保障标准与全国平均水平同步增长。加快新型农村社会养老保险制度覆盖进度，支持贫困地区加强社会保障服务体系建设。进一步提高农村“五保”供养水平，供养标准达到当地居民平均生活水平，保障“五保”对象衣食住医葬等方面的需求。坚持分散供养与集中供养相结合，加快农村养老机构和服务设施建设，支持贫困地区建立健全养老服务体系，解决广大老年人养老问题。到2015年，贫困地区农村五保集中供养能力达到70%以上，逐步实现养老服务全覆盖，做到需保则保、应保必保。规范农村医疗救助制度，搞好与新型农村合作医疗制度的衔接，不断扩大医疗救助覆盖面，提高医疗救助水平。健全自然灾害应急救助体系，完善受灾群众生活救助政策。加快贫困地区社区建设。完善农民工就业、社会保障和户籍制度改革等政策。

六、社会扶贫

（一）深入开展定点扶贫。继续组织党政机关、企事业单位、群众团体、民主党派、大专院校、科研单位、经济发展较快的县（市、区）开展定点扶贫工作，对重点村实行定点帮扶全覆盖，确保每个列入规划的贫困村都有领导联系、都有单位帮扶、都有干部驻村。非重点县的贫困村由当地党委、政府负责，组织有实力的机关、企业予以帮扶。各帮扶单位要制定帮扶规划，积极筹措资金，选派热心扶贫事业、熟悉农村工作的优秀中青年干部到县到村挂职扶贫。建立帮扶目标责任制，完善考核奖惩机制，确保帮扶村按期脱贫。搞好中直单位、中央企业、驻冀部队、武警部队参与河北定点扶贫的协调服务。

（二）引导非公有制企业参与扶贫开发。鼓励、引导、帮助非公有制企业和其它有志于扶贫事业的社会力量参与扶贫开发。积极为非公有制经济进入贫困地区搭建平台，创造良好政策和社会环境，引导民营企业按照发挥优势、合作开发、互利双赢的原则，自主选定贫困村，通过提供就业岗位、订单收购农产品、共建生产基地、联办合作社、投资入股等方式，与贫困村开展村企共建，帮助贫困地区和贫困农户培育增收产业，提高自我发展能力。

（三）广泛动员社会各界扶贫帮困。以“百家央企进河北”活动为契机，积极争取中央企业对我省贫困地区进行有效帮扶。积极倡导机关党员干部、离退休人员与贫困户“认亲”结对，开展多形式的扶贫帮困活动。大力支持各级团组织和妇联组织开展的“希望工程”、“温暖援助农村贫困单亲母亲”等公益活动。引导社会各界人士和志愿者到贫困地区开展服务，帮助贫困户解难题、谋发展，促进贫困家庭稳定脱贫。继续动员和组织高校毕业生开展“三支一扶”活动，支持高校毕业生到贫困地区建功立业，为推进贫困地区经济社会发展做贡献。

七、政策保障

（一）财政支持。建立财政扶贫资金稳定增长机制。各级政府要把扶贫开发投入列入年度预算，省财政扶贫配套资金2012年要达到3亿元，以后根据国家投入情况逐年增加；各市和重点县从2012年起每年要拿出地方财政一般预算收入的1%专项用于扶贫开发。积极争取国家财政转移支付政策，进一步完善省级财政转移支付制度，加大省级财政一般性转移支付比例，为贫困地区提供更大的财力支持。逐步扩大直接扶持到户资金规模，提高贫困户发展能力。对贫困地区属于国家鼓励发展的内外资投资项目，进口国内不能生产的自用设备，以及按照合同随设备进口的技术和配件、备件等，在政策规定范围内免征关税。企业发生的扶贫等公益性捐赠支出，符合条件的准予在计算应纳税所得额时扣除。

（二）金融服务。认真贯彻国家货币信贷政策，落实国家扶贫贴息贷款、定向费用补贴、涉农贷款税收优惠、增量奖励等有关规定，引导银行业金融机构加大扶贫开发项目的信贷投放力度。做大做强地方金融机构，优化金融网点布局，推进农村信用社改革，大力发展村镇银行、农村资金互助社等新型金融机构，规范有序发展小额贷款公司，努力为贫困地区发展提供方便快捷的金融服务。积极推动贫困地区金融产品和服务方式创新，全面推广惠农卡、小额信用贷款等业务，继续实施残疾人康复扶贫贷款项目，鼓励和支持贫困地区县域法人金融机构将新增可贷资金70%以上留在当地使用，最大限度地满足扶贫对象发展生产的资金需求。积极发展农村保险事业，落实中央财政农业保险保费补贴政策，扩大政策性农业保险覆盖面，推出特色农业保险和小额扶贫保险，促进贫困地区农业生产持续健康稳定发展。积极推进支农金融服务担保体系建设，鼓励地方政府设立“三农”贷款担保基金和贷款风险补偿金，有效解决贫困地区农户和企业融资难担保难问题。加强农村信用体系建设，深化信用县、信用乡镇、信用村、信用户创建活动，严厉打击逃废金融债务行为，为贫困地区发展营造良好的信用环境。

（三）投资倾斜。国家和省大型项目、重点工程和新兴产业要优先向符合条件的贫困地区安排，提高贫困地区重点项目投资补助标准或资本金注入比例，适当提高农村小型基础设施建设补助标准。省在贫困地区兴办的大中型企业，要充分考虑贫困地区的利益，合理确定与当地的利益关系。加大贫困地区基础设施建设、生态环境和民生工程等投入力度，加大村级公路建设、农业综合开发、土地整治、小流域与水土流失治理、农村水电建设等支持力度，尽量安排贫困地区的劳动力参加基础设施项目建设，增加贫困人口的现金收入。国家在贫困地区安排的各类公益性建设项目，取消县以下（含县）资金配套。鼓励社会投资，对省外企业投资贫困地区的特色优势产业项目，在项目核准等方面优先考虑，并给予土地方面的优惠。加大对连片特困地区的投资支持力度，改善扶贫对象基本生产生活条件。继续对南网扶贫重点县农业排灌用电给予电价优惠，同时，积极争取北网扶贫重点县农业排灌用电电价参照南网优惠价格执行。

（四）产业扶持。实行差别化产业扶持政策，重点支持旅游业、特色农业、民族文化产业和生态环保型产业发展，在投资管理上予以优先考虑，在用地、信贷等方面优先给予政策倾斜。省在制定和执行产业政策时，要充分考虑贫困地区的特殊性，引导劳动密集型产业向贫困地区转移，并给予特殊优惠和照顾。完善农村社会化服务体系，着力提高科技支撑和农业服务保障能力。加大特色产品基地和商贸流通体系建设的支持力度。健全贫困地区农村市场体系，通过政策引导、典型示范、项目带动，提升重点县大型农产品批发市场和农贸市场在经营场地、冷链系统、服务设施等方面的档次和水平。积极探索城市大型超市与贫困地区鲜活农产品生产基地的直接对接模式，不断完善以大型流通企业和批发市场为核心，以农贸市场为基础，辐射京津、涵盖城乡、产销衔接的农产品流通网络，推动贫困地区农产品现代流通体系建设。在进出口贸易、企业上市等方面，坚持同等优先原则，重点支持贫困地区产业发展。

（五）土地使用。进一步完善建设用地审批制度，保障重点县重点工程建设用地。以城乡建设用地增减挂钩政策为平台，结合新民居建设，优先满足易地扶贫搬迁和生态移民建房需求。合理安排小城镇和产业聚集区建设用地。加快推进农村集体土地确权登记发证工作，规范农村集体土地流转试点，深化集体林权制度改革，保障农民合法权益。加大土地整治力度，在项目安排上，向有条件的重点县倾斜。在不影响生态环境的前提下，支持贫困地区合理有序地开发利用矿产资源。

（六）生态补偿。继续在贫困地区实施退耕还林、退牧还草、水土保持、防护林体系建设等重点生态修复工程。突出抓好国家重点生态防护林工程建设和重点区域造林绿化。逐步扩大国家和省重点公益林补助范围，并重点向贫困地区倾斜。建立健全区域性生态补偿机制，加大重点生态功能区生态补偿力度。积极争取把环首都贫困地区列入国家生态补偿试点地区，对贫困村具有水土保持和碳汇生态效益的生态林进行生态补偿。探索通过市场机制引导企业进行生态补偿的具体途径。坚持走生态建设与扶贫开发相结合的路子，处理好生态建设与群众利益的关系，做到相互促进、可持续发展。

（七）人才支撑。制定和落实大专院校、科研院所、医疗机构为贫困地区培养人才的鼓励政策。鼓励和引导大中专毕业生以及教育、科技、文化、卫生等行业的专业技术人员到贫困地区就业创业或开展志愿者服务。对长期在贫困地区工作的专业技术人员，在职务提升、职称评定等方面给予优先考虑，鼓励其扎根基层。对定点扶贫的挂职干部要关心爱护，妥善安排他们的工作、生活，充分发挥他们的作用。对帮扶工作成效显著、群众拥护的挂职干部，帮扶期满后优先提拔重用。进一步加大贫困地区干部和农村实用人才培训力度，多渠道、多层次培养造就农村经济社会发展所需的人才。

八、组织领导

（一）落实扶贫开发责任。根据河北实际，建立省负总责、市抓推进、县抓落实的管理体制，完善片为重点、工作到村、扶贫到户的工作机制，实行党政一把手负总责的扶贫开发工作责任制。充分发挥市级党委、政府在扶贫开发中的协调推进作用，扎实推动各项工作。重点县党委、政府要强化责任意识，真正把扶贫开发摆上经济社会发展的重要位置，落实扶贫责任。强化各级扶贫开发领导小组的综合协调职能，加大资源整合力度，抓好各项扶贫开发政策措施落实。各市和重点县扶贫开发领导小组每年要向省扶贫开发领导小组报告工作。建立扶贫开发工作考评机制，把扶贫开发成效作为省委考核市、县党政领导班子的一项内容，实行同序列排队、同类型考核，奖优罚劣。抓好面上贫困人口的扶持工作，鼓励和支持有条件的地方探索解决城镇化进程中的贫困问题。

（二）加强扶贫机构和队伍建设。重点县要加强扶贫机构建设，充实工作队伍，改善工作条件，提高管理水平，使之与扶贫开发任务相适应。扶贫任务重的乡镇要有专人负责扶贫开发工作。贫困地区县级领导干部和县以上扶贫部门干部的培训要纳入各级党政干部培训规划。各级扶贫部门要加强思想、作风、廉政和效能建设，提高执行能力。

（三）加强基层组织建设。充分发挥贫困地区基层党组织的战斗堡垒作用，把扶贫开发与基层组织建设有机结合起来。选好配强村级领导班子，扎实推进贫困地区“领头雁工程”，大力选拔以政治素质好、领富能力强、协调本领强为标准的“一好双强”型村党组织书记，尽快优化贫困地区村党组织书记队伍结构。支持贫困地区创业有成的党员民营企业家、致富能手和外出务工经商人员回村担任村党组织书记；引导县、乡机关退休和企事业单位优秀年轻干部到贫困村任职；鼓励和引导高校毕业生到偏远山区和贫困村工作。同时，加强对贫困地区农村干部的培训教育，采取集中办班、考察学习、挂职锻炼、典型交流等多种形式，努力提高他们的素质能力。大力整顿转化后进村党组织，采取领导干部联系村、部门包村和选派干部驻村等措施，促其转化升级；把扶贫开发与发展壮大集体经济结合起来，增加村级集体财富积累，不断拓宽群众增收致富渠道。对带领群众脱贫致富成绩突出的村干部，按照有关规定和条件优先录为公务员，特别优秀的村支部书记予以提拔重用。

（四）加强扶贫资金管理。财政扶贫资金主要投向连片特困地区、重点县和贫困村，集中用于培育特色优势产业、提高扶贫对象发展能力和改善基本生产生活条件。财政扶贫资金（含以工代赈资金、少数民族发展资金）实行专户管理，封闭运行。要不断创新财政扶贫资金到户扶持机制，采取项目直补、项目覆盖、技能培训、移民搬迁、贷款贴息等方式，使扶贫对象得到直接有效扶持。使用扶贫资金的基础设施建设项目，要确保贫困户优先受益。通过龙头企业、合作组织和专业大户实施的产业扶贫项目，要建立健全带动贫困农户脱贫增收的利益联接机制。建立和完善财政扶贫资金分配和项目管理办法，创新管理使用机制，完善绩效考评制度。积极争取中央安排的试点项目，不断提高项目建设质量和水平。开展村级互助资金试点、扶贫自立社试点，探索多种担保形式，解决贫困群众贷款难问题。健全扶贫资金监管机制。完善报账制、备案制、公开公示制等各项管理制度，切实提高扶贫资金使用效率。加强审计监督，坚决查处挤占挪用、截留和贪污扶贫资金行为，保证资金安全运行。

（五）加强扶贫调研和宣传工作。要深入开展调查研究，不断提高扶贫开发决策水平。把扶贫开发纳入基本省情教育范畴，作为各级领导干部和公务员教育培训的重要内容、学校教育的参考材料。加强扶贫宣传，省主要新闻媒体要免费开办扶贫专栏专题，广泛宣传扶贫开发政策、成就、经验和典型事迹，让群众了解扶贫、关心扶贫、支持扶贫，营造全社会参与扶贫开发的良好氛围。

（六）完善扶贫统计与贫困监测制度。贫困统计监测工作由各级统计部门负责，扶贫部门配合。完善扶贫开发信息系统，开展对连片特困地区的贫困监测。建立健全扶贫开发统计与贫困监测制度，制定切实可行的监测方案，合理设置扶贫统计指标，认真做好相关信息的采集、整理、反馈和发布工作，更加及时客观地反映贫困状况、变化趋势和扶贫开发工作成效，为科学决策提供依据。

（七）加强对《实施意见》落实情况的监督检查。省政府各部门要根据本《实施意见》制定具体帮扶意见和措施。省扶贫办要会同省发展改革委、省财政厅等部门，加强对国家和省定重点县、乡、村扶贫开发规划的编制及实施、项目落实、扶贫资金管理使用等情况的督导检查，定期调度，及时解决存在问题，确保各项扶贫政策措施落到实处。

（冀发〔2012〕5号）

中共河北省委　河北省人民政府
关于着力改善发展环境的实施意见

（2012年10月19日）

为着力解决我省发展环境中的突出问题，增强对内凝聚力和对外吸引力，加快建设经济强省、和谐河北步伐，制定本实施意见。

一、指导思想、基本原则和主要目标

（一）指导思想

深入贯彻落实科学发展观，牢固树立发展环境是第一竞争力的理念，紧紧抓住发展环境中的突出问题和关键环节，坚持软硬环境两手抓、两手都要硬。以提高政府公共服务能力和水平为突破口，以改善政务环境、政策环境、市场环境、法治环境、政治生态环境、社会环境为重点，以提高各级干部综合素质和能力为关键，以加强基础能力建设为支撑，以强化组织领导和监督考核为保障，整体谋划、分步实施，勇于创新、狠抓落实，着力营造“风清气正、开放文明、和谐稳定”的发展环境，为建设经济强省、和谐河北提供坚强保障。

（二）基本原则

1．坚持重点突破与统筹推进相结合。在市场主体、人民群众反映强烈的领域和经济发展最具潜力的地区，凝聚共识、形成合力，坚决突破观念、体制特别是利益的“雷区”，以重点突破带动和活跃全局，推进发展环境的整体改善。

2．坚持集中整治与建章立制相结合。抓住当前最紧迫、最亟需解决的问题，集中时间和精力，组织开展专项治理行动，打好“攻坚战”，并及时把优化发展环境的成果规范化、制度化，形成长效机制。

3．坚持政府主导与全民参与相结合。强化党委、政府在改善发展环境中的第一推动者作用，转变工作作风，加强组织领导，充分调动社会各界积极性，形成人人关注、人人参与的良好局面。

4．坚持正面激励与问责惩戒相结合。进一步健全激励机制，加大对先进单位和个人的奖励和宣传力度，树立学习标杆，发挥引领作用，同时对破坏环境建设的典型案件进行曝光惩处，树立改善发展环境的鲜明导向。

（三）主要目标

1．行政效能明显提升。行政审批事项和程序进一步削减，省、市、县三级行政机关全部实现标准化管理，政务服务中心建设日臻完善，政府公共服务效率和水平大幅提升，政务公开透明和公众参与度增强，各级干部能力和素质明显提高，市场主体和人民群众称心满意。

2．市场秩序明显规范。企业生产经营、项目建设实现零干扰，涉企收费、检查、处罚等制度规范合理5企业负担明显减轻，综合税费水平继续降低；社会诚信体系加快建设，以企业和个人综合信用档案为基础的统一信息共享平台初步形成。

3．法治进程明显加快。促进环境优化的法规规章体系进一步健全，执法能力和水平显著提高，全方位、全覆盖的社会治安防控体系基本建立，社会管理新格局初步形成，强揽工程、强买强卖、欺行霸市等违法行为得到有效遏制，人民群众安居乐业，社会保持安定和谐。

4．基础支撑明显增强。能源资源的保障能力进一步提高，多元立体、快捷高效的综合交通体系基本形成，现代金融、科技教育服务实体经济的水平大幅提高，城市聚集要素、聚集产业、聚集财富的能力不断增强。

5．人文环境明显优化。社会主义核心价值体系建设深入推进，河北特色鲜明、时代精神饱满的文化魅力初步显现，爱国守法、明礼诚信、团结友善、敬业奉献、勤俭自强成为人们的自觉行动，亲商安商富商护商成为全省上下共识，谋发展、抓发展、干事创业的氛围日渐浓厚。

经过3年努力，力争使我省成为全国发展环境一流的省份，经济社会发展实现新跨越，经济总量、综合竞争实力尽快步入全国第一方阵，为建设经济强省、和谐河北奠定坚实基础。

二、主要任务

（一）着力改善政务环境

1.减少和规范行政审批事项。全面清理行政许可和非行政许可审批事项，对没有法律法规规章和国务院规范性文件为依据的事项立即取消。对国家和省已经明确取消的审批事项，任何部门不得以任何借口或形式重新实施，一经发现立即叫停并追究相关部门的责任。对保留和下放的事项编制目录，逐项明确实施主体、办理条件、办理程序、办理时限、收费标准和监督电话，除涉及国家秘密和商业秘密的事项外，都应在各级政府及其部门的办公场所和门户网站上公开。

2．简化行政审批环节。凡可以采取事后监管和间接管理的，一律不设前置审批。在不违反法律和行政法规的前提下，简化环保、土地、规划等前置性文件评审程序在，缩短审批时限。对新设立的企业投资项目，除娱乐场所外，取消工商注册登记时消防、环境影响评价的前置许可条件。对同一项目涉及的不同审批事项，除国家有规定外，都要明确到同一层级。行政机关受理行政许可、非行政许可审批、行政监管事项前，无法律法规依据，不得擅自委托下级机关增加审核环节。

3．提高行政效率和服务质量。建立动态跟踪问效制度，将行政审批事项办理纳入行政效能电子监察系统统一管理，健全行政审批工作经常性、动态性、长效性的监督机制。严格落实限时办结制，2012年底前没有设定时限的事项主管部门必须向社会公开承诺办结时限。建立重大项目审批厅际联席会议制度，协调解决项目前置审批中的问题。实行重大项目全程帮办制，每年从省重点项目、央企合作项目、重大外资项目中，选择一批项目实行省领导分包责任制，其他项目由所在地党委、政府领导分包帮办。

4．加强政务服务中心建设。强化市县两级政务服务中心职能配置、机构设置、管理服务、网络运营、结果考评等方面的标准化建设，严格落实“应进必进、应办必办”要求，建立健全部门领导“周坐班”制、首席代表负责制、一章办结制等运行机制。加快省网上政务服务中心建设，到2013年底省本级实现所有行政许可、非行政许可网上办理和联合审批(不宜网上运行的事项除外)，省市县一体化试点正式运行；到2015年底基本实现省市县三级网上一体化办理和电子监察全覆盖。

5．深化政务公开制度改革。按照机关标准化建设要求，梳理编制行政职权目录和工商登记前置许可目录，明确实施主体、依据和程序并向社会公布。完善重大行政决策程序规则，把公众参与、专家论证、风险评估、合法性审查和集体讨论决定作为必经程序加以规范，增强决策的透明度和公众参与度。推进重点领域事项动态公开和政务互动平台建设，依托电子政务平台，加强县级政府政务公开和政务服务工作。

（二）着力改善政策环境

1．切实放开搞活民间投资。坚持非禁即准、非限即许，对民间资本申请从事未列入《国民经济行业分类》且法律法规和政策未禁止的投资经营项目，任何部门不得设置障碍；每年在交通运输、能源、市政、卫生、教育等领域，发布一批民间资本能够、参与建设的具体项目，并明确民营资本投资比例。坚持内外一致、国民一致，凡给予外来投资企业、国有企业的优惠政策，本地民营企业也能享受。

2．进一步规范收费行为。实行涉企收费目录制，每年公布涉企行政事业性收费项目和标准目录，凡目录之外的收费项目、未取得进企业收费批准通知书和不填写企业收费登记卡的，企业有权拒缴。实行行政事业性收费下限制，凡国家有上下限规定的一律按照下限执行。实行涉企收费一费制，全面推行“一口受理、一章审定、一费缴清”扎口式收费模式。加强经营服务性收费监管，坚决纠正金融、电信、交通、市政等垄断行业违规收费和教育、医疗、流通等领域乱收费行为。

3．放宽企业登记注册条件。放宽企业出资条件，允许公司注册资本分期缴付，注册资本50万元以下的内资有限公司(一人有限公司除外)设立实行零首付登记，允许投资者以非专利技术、债权、股权、采矿权、探矿权、林权、土地使用权等非货币财产评估作价出资设立公司。放宽企业住所登记条件，除法律法规对经营场所有明确规定外，对从事商品生产经营活动、确实无法提交产权证明的，可采取适当方式予以登记。放宽个体工商户登记条件，允许符合条件的个体工商户一人多证，个体工商户转型登记为企业的可继续使用原字号申请企业名称；对从事便民服务行业的无门店的个体工商户，除涉及安全行业及前置审批许可外，免于办理营业执照。

4．优化纳税服务。积极推进国税、地税共享实体办税服务厅、共驻政务服务厅，推行“同城通办”和“一窗通办”服务模式，实现纳税人在当地任一办税服务厅、政务服务厅均可办理涉税事宜。推行网上申报、网上认证、网上报税，实现财税库银横向联网。推行纳税服务承诺制度，在办税服务厅实行“免填单”服务。

5．推进投资贸易便利化。强化银贸、关贸、检贸、信贸对接，搭建全员、全程、全方位、全天候公共服务平台，健全外商投诉、贸易纠纷应对机制。缩短退税时限，加快退税进度。帮助具备条件的区域、企业建立海关特殊监管区域和保税仓库。实行工作日24小时预约报检和“直通放行”等检验检疫制度，推行通关单联网核查，完善进出口商品归类、审检管理办法，加强口岸查验设施建设，提高通关效率。

（三）着力改善市场环境

1．规范行政处罚行为。压缩行政处罚自由裁量空间，尚未制定行政处罚裁量标准的部门，2013年6月底前完成裁量标准制定工作，已制定的进一步细化等级标准和适用条件。禁止拥有行政处罚权的部门下达罚没指标，取消罚没收入、行政事业性收费分成挂钩政策，部门所需工作经费由同级财政予以保障。加大城市管理领域相对集中行政处罚权整合力度，减少多头执法、重复处罚。建立行政处罚预警和整改制度，对轻微违规问题预先警告而不直接处罚，责令限期整改，杜绝以罚代管、重罚轻管现象。

2．切实减轻企业负担。加大企业税费清减力度，严禁征收“探头税”、“过头税”，对法律法规没有明文规定的涉企收费项目一律取消；对现行税收优惠政策逐项进行梳理，找准操作层面上的障碍，用足用好各项税收政策。严格控制涉企评比、检查、达标、庆典等活动，举办与企业有关或专门面向企业的收费培训活动，由主办部门提出申请，报同级政府批准，并不得强制企业参加培训。建立减负案件举报查处机制，加快推进减负工作规范化、法制化进程。

3．实行企业安静生产经营日制度。除安全生产、食品安全、质量安全、环保事务和刑事案件外，政府执法部门每月最后一周才能进入企业。各部门依法开展的涉企检查，必须报同级监察部门批准(纪检监察机关、公检法机关执法办案除外)，多个部门在同一时期对同一企业进行检查的，由同级监察部门协调实行联合检查。

4．加强公共资源交易中心建设。按照交易平台、网络信息、交易规则、运作程序、评标专家库“五统一”的运行模式，将政府投资和使用国有资金的各类工程建设招投标、政府采购、产权交易、国有土地使用权和矿产权出让等交易活动纳入交易市场，2013年6月底前省市县建立公共资源交易中心。

5．严厉打击制假售假行为。完善企业质量信用档案和产品质量信用信息记录，定期发布质量失信“黑名单”。对制假售假和在食品药品中非法添加有毒有害物质的事件，依法从严从重从快查处。充分发挥各类投诉举报平台作用，制定完善并认真落实有奖举报制度。加大知识产权保护力度，促进我省自主品牌的形成和品牌经济的发展。

6．加强社会诚信体系建设。打造诚信政府，对已出台的政策加大督导力度，向投资者承诺的事项坚决兑现.加快社会征信系统建设，依托人民银行征信系统、公安机关户籍管理系统、检察机关行贿犯罪档案查询系统，结合纳税、合同履约、产品质量、环保等方面情况，建立完善企业和个人综合信用档案，大力推动各领域信息互联互通，形成统一信息共享平台。健全惩戒机制，重点针对恶意拖欠和逃废金融债务、逃税骗税、商业欺诈等行为开展企业失信专项治理行动。

（四）着力改善法治环境

1．加强立法工作。全面清理现行的政府规章和规范性文件，对不适应市场经济发展需要、不符合政府职能转变要求的及时修订或废止。抓紧制定和完善加强政府建设、强化市场监管、保护企业权益、创新社会管理等优化发展环境的地方性法规和政府规章，加大规范性文件合法性审查力度。积极推行立法听证制度，广泛征求公众意见，切实提高立法质量。

2．加强执法能力建设。下大力整顿执法队伍，加强对行政执法人员的管理和监督，清退无证执法人员。合理划分执法环节，分解执法权力，加强法律监督，推进司法公正。加大财政投入力度，提高政法机关和行政执法队伍的技术装备水平，保障执法行动顺利开展。严格错案追究和行政问责制，建立典型案件剖析和通报制度。

3．着力为经济发展保驾护航。实行警企常态联系制度，对拥有省级以上名牌产品和驰名商标的企业、利税大户、省重点项目实行警务人员分包制，在重大项目、大型企业设立治安室或警务室，及时发现、解决各类纠纷和案件。严厉打击黑恶势力和欺行霸市、强买强卖等经济违法犯罪，深化商业贿赂专项治理，保障项目建设和企业经营。合理选择执法方式，办理经济犯罪案件依法慎用查封、扣押、冻结账户等强制措施，处理经济纠纷案件尽可能使用调解手段。

（五）着力改善政治生态环境

1．树立干事创业的选人用人导向。在综合考察德能勤绩廉的基础上，把看表现、论实绩作为选用干部的重要导向，对在落实省委省政府决策部署、推动重点工作和重大项目、承担急难险重任务中表现特别优秀、成绩特别突出的干部优先提拔使用。对一心为公、敢闯敢试的改革者，旗帜鲜明地给予鼓励、支持和保护。对不想事、不干事、干不成事的干部诫免谈话，必要时给予组织处理或纪律处分。

2．加大绩效考核力度。探索实施政府绩效管理的有效途径和方法，科学设置管理内容、评估指标和操作规程，注重绩效管理结果运用。将改善发展环境列入各地领导班子和领导干部实绩考核体系并加大考核权重，对成绩突出的给予重用或重奖，对推进工作不力的进行调整。研究制定省直单位处级干部绩效考核和奖惩实施办法，强化日常管理和考核，评模记功、职级晋升、职称评聘、物质奖励向踏实干事、成绩突出的干部倾斜。

3.加强公务员队伍建设。大力实施干部素质提升工程，组织大规模干部轮训，开展自主选学、干部论坛和燕赵大讲堂等活动，有计划安排干部挂职培训和境外培训，着力解决部分公务员能力平庸、业务不精、创新意识不强的问题。深入开展西柏坡精神教育实践活动，进一步完善公务员竞争上岗、交流轮岗办法，健全录用、辞职、辞退、问责等机制，着力解决部分公务员精神不振、消极懈怠、缺乏干事创业热情的问题。深入开展“创先争优”活动，大力整顿政风、行风、作风，着力解决部分公务员纪律涣散、自由散漫、有令不行、有禁不止等问题。

（六）着力改善社会环境

1．加强和创新社会管理。着力构建大维稳格局，将社会稳定评价指数纳入各级党委、政府实绩考核内容，形成维稳压力传导机制和激励约束机制。强化矛盾纠纷源头预防，把社会稳定风险评估作为重大决策出台实施的前置程序和必备条件。健全矛盾调处机制，充分发挥行政复议化解行政争议的主渠道作用，在矛盾纠纷多发领域推进专业调解组织建设，对易引发群体性事件、集体上访以及长期没有得到解决的矛盾纠纷挂牌督办。完善领导干部接访、下访、约访、联系点制度，确保群众合理诉求尽快得到解决。加强社会舆情、新闻舆情、网上舆情的收集研判，积极稳妥地做好社会热点难点问题和突发公共事件舆论引导，巩固壮大健康向上的主流思想舆论。

2．强化社会治安管理。以治安形势复杂的区域、部位、行业、场所为重点，开展联合排查整治，下大力解决影响群众安全感的突出问题。健全领导、排查、研判、整治、考评机制，推动社会治安重点地区排查整治工作常态化、规范化、制度化。充分发挥农村和社区群众工作室作用，在中心村和社区设立警务室、配备治安管理员，探索加强对流动人口、特殊人群、虚拟社会服务管理的有效途径和办法。深入推进平安河北建设，调动全社会力量构建全方位、全覆盖的社会治安防控体系。

3．培育社会文明风尚。以互助、诚信、敬业、孝敬为重点，深入拓展“善行河北”主题道德实践活动，广泛搭建群众参与平台，大力宣传时代楷模，加大道德领域突出问题整治力度，不断健全长效机制，引导广大干部群众从自身做起，从一点一滴做起，大力营造见贤思齐、崇德向善的思想道德环境。

4．提高社会保障水平。扩大社会保险覆盖面，把各类群体纳入相应的制度保障体系，建立完善社会保险关系转移接续制度，到“十二五”末初步实现基本养老、医疗保险人群全覆盖。提高社会保障标准，确保企业退休人员养老金、城乡低保标准和优抚对象补助标准不低于全国平均水平。建立以公租房为主的保障性住房供应体系，完善租赁补贴制度，力争到2015年底保障性住房覆盖面基本达到20％。

5．规范发展社会组织。集中开展行业协会与行政部门脱钩专项整治，清理规范各类协会、学会、研究会等社会组织。严格社会组织准入条件，依法取缔非法社会组织。加强监督管理，对社会组织收取的会员费，登记机关和审计部门严格核查和审计，对强制。企业加入社团、违反政策收取费用和巧立名目套取国家、企业或其他组织及个人资金的社会组织，采取责令整改、停业整顿或撤销等措施。推进社会组织管理改革，把适合社会组织承担的事务性工作和管理服务事项，通过委托、招标、合同外包等方式交给社会组织承担。

（七）着力改善硬件环境

1．强化金融服务支撑。对来冀新设立的分支机构、后台服务中心等金融机构给予补贴，对商业银行新增贷款超出年初计划的按比例给予奖励或财政存款倾斜。支持河北银行、财达证券等地方金融机构做大做强，深化农村信用社改革，加快燕赵财产保险股份有限公司组建步伐，规范发展地方投融资平台，鼓励设立各类股权投资基金，大力发展中小企业信用担保机构和村镇银行、小额贷款公司等金融组织。加强金融票据市场监管和自律，严厉查处无真实贸易背景的虚假票据签发和流转，不准押票、退票、拖延支付、恶意挂失以及变相提高利率、乱收费等；建立票据监测体系并尽早实施，组建河北省金融票据自律组织。

2．强化教育人才支撑。建立高等院校学科专业动态调整机制，大力发展与我省主导产业，战略性新兴产业密切相关的专业。围绕产业园区、重大项目需求，鼓励职业院校与企业建立合作联盟，实行“订单式”培养和“零距离”对接。以京津地区为重点，以重点实验室、重大科技项目、博士后创新实践基地等平台为载体，下大力引进高层次、高技能人才，并督促落实各项优惠政策。加强企业家队伍建设，有计划地对企业经营管理人员进行培训，建立培育和引进企业家的激励机制。

3．强化城市设施支撑。完善市政设施建设标准，加大城市道路、给排水、燃气、供热、绿化等升级改造力度，推行地下综合管沟建设模式。完善城市服务功能，积极推进复合功能区和各类城市综合体，高标准建设一批星级酒店和文化、教育、医疗、体育、养老、儿童活动等大型公共服务设施项目。实施园林城市创建和精细化城市管理工程，提升城市生活舒适度。提升产业园区的聚集能力，在举全省之力抓好曹妃甸区和渤海新区的同时，每个市重点抓2—3个示范园区，每个县集中力量抓1个特色园区，支持基础设施和配套服务体系建设。

4．强化交通运输支撑。着力调整港口功能，集中支持集装箱和散杂货码头建设，对开展集装箱运输业务的企业给予补贴，并免征合法集装箱运输车辆高速公路及其他过路过桥费。围绕构筑东出西联交通格局和环首都、环省会一小时交通圈，推进铁路大通道、快速客运铁路、高速公路等项目建设，以北京新机场建设为切入点加强与首都交通的商效对接。加快机场建设，构建以石家庄机场为中心、设区市为支点、服务全省的支线航空和通用航空运输体系。搞好与重点园区、名胜景区、中心城镇的路网衔接，实施干线公路、县乡公路升级改造工程。根据道路改造升级的实际，适时调整限速标准，提高通达效率。

5．强化能源资源支撑。鼓励优势企业开发利用省外境外能源资源，支持大容量、高参数电源点建设，对小发电机组实行发电量指标和污染物排放指标有偿转让，对风电、太阳能发电、小水电、垃圾发电等新能源上网电价给予支持。实行最严格的水资源管理制度，鼓励节约用水、海水淡化、咸淡混浇、中水回用、雨水利用和生态环境等修复工程建设，按期完成南水北调、引黄入冀等战略性水源工程，提高水资源可持续保障能力。坚持节约集约用地，对项目投资强度严格把关，严禁各类园区和厂区兴建大马路、大广场、大办公楼，用好城乡建设用地增减挂钩和工矿废弃地复垦利用政策。

三、保障措施

（一）加强组织领导。成立由省委书记任第一组长、省长任组长、省委副书记任常务副组长、常务副省长任副组长、省有关部门主要负责同志为成员的改善发展环境工作领导小组，负责研究解决工作中的重大问题。领导小组下设办公室，负责组织协调和监督检查。各级党委和政府作为改善发展环境的实施主体和责任主体，要列入重要议事日程，党政主要领导亲自抓、负总责，本辖区、本部门发生损害发展环境案件隐瞒不报、压案不查、包庇袒护或不按规定处理的视为失职，经发观查实，除依法追究当事人的责任外，追究党政主要负责人的责任。

（二）实施专项行动。2012年开展以优化发展环境为主题的大讨论，增强广大干部群众的紧迫感、危机感，在全社会形成改善发展环境的浓厚氛圈和强大声势。从2013年开始，集中开展三大专项行动：实施“双减双提”行动，减少审批事项和审批环节，提高行政效率和服务质量；实施市场秩序专项治理行动，解决乱收费、乱罚款、检查多、缺诚信和假冒伪劣问题；实施社会治安专项整治行动，严厉打击黑恶势力和违法犯罪，维护社会和谐稳定。

（三）强化监督检查。各级党委、政府组织相关部门组成联合督查组，定期开展优化发展环境专项检查，及时发现问题并督促整改。制定对损害发展环境行为的问责规定，明确界定损害发展环境的行为，规范相关问责事项、问责方式、问责程序。在各类企业和社会各界聘请万名发展环境监督员，对优化发展环境落实情况进行有效监督。完善投诉举报制度，设立发展环境投诉举报中心，对投诉举报线索实行统一管理、快速受理、有诉必查、违规必究；各级纪检监察机关负责投诉举报问题的查处工作，重要投诉举报事项由省纪委(省监察厅)直接查处。

（四）创新民主评议方式。围绕改善发展环境，筛选参评部门，调整评议内容，突出工作整改，实现由综合评议向重点评议转变。定期组织开展企业评部门、下级评上级活动，并通过内部通报或新闻媒体通报评议结果。探索网上评议、问卷调查、无记名投票等形式，调动社会各界参与评议活动。充分发挥评议作用，对评议中排名靠后的单位限期整改，连续3次排名靠后的调整领导班子。

（五）加大宣传力度。把改善发展环境作为当前和今后一个时期的重要任务，整体策划、系列报道，大力宣传改善发展环境的重大意义和我省出台的政策措施，大力宣传各地各部门的新举措和实践中涌现出的先进典型，大力宣传诚义燕赵文化的精髓，着力营造改善发展环境的浓厚氛围。

省有关部门、各设区市要按照本意见制定实施细则或实施方案，年底前全部出台，并在新闻媒体和门户网站上公布。

（冀发〔2012〕19号）

中共河北省委　河北省人民政府关于着力改善生态环境的实施意见

（2012年10月19日）

为深入贯彻落实科学发展观，大力推进生态文明建设，构建资源节约型、环境友好型社会，制定本实施意见。

一、指导思想、基本原则和主要目标

（一）指导思想

以科学发展观为统领，着力推进生产方式和生活方式的根本性变革，把生态文明建设的要求贯穿到建设经济强省、和谐河北的各方面和全过程。实施生态立省战略，坚持在发展中保护、在保护中发展，着力调整产业结构，发展循环经济、绿色经济和低碳经济；强化环境执法，完善体制机制，着力解决影响可持续发展和危害人民群众健康的突出环境问题，探索代价小、效益好、排放低、可持续的环境与发展新道路，加快实现生产转型、天蓝水净、地绿山青的总目标。

（二）基本原则

1.标本兼治，重在治本。坚持不欠新账、多还旧账，改造传统的、发展新兴的、淘汰落后的，加快资源依赖型产业向节能环保型产业转变，加大科技成果推广力度，促进产业结构调整和发展方式转变。

2.突出重点，整体推进。科学统筹地域特点和环境容量，全方位、多层次、宽领域地开展生态环境保护与建设，突出重点流域、重点区域、重点行业和重点企业，典型示范、滚动发展、整体推进。

3.统筹协调，持续改善。坚持改善生态环境与改变城乡面貌、扩大就业、增加群众收入相结合，持续加大生态环境治理和建设力度，努力从治理“脏乱差”向建设“净靓美”转变。

4.改革创新，依法管理。积极推进体制、机制和管理创新，加强对水、土地、能源等资源管控，加大生态环境执法力度，加快解决“违法成本低、守法成本高”的问题。

5.政策引导，公众参与。综合运用法律、经济、行政、舆论等手段，加强政策引导与调控，强化激励约束机制，营造各级各部门齐抓共管、全社会共同参与的良好氛围。

（三）主要目标

1.天蓝气爽。空气质量显著改善，到2015年全省单位生产总值能耗比2010年下降1.8%，二氧化碳、二氧化硫、氮氧化物排放量分别削减18%、12.7%和13.9%；2012年11个设区市、2012年所有县（市、区）建成空气环境质量自动监测站，实施 PM：2.5（细颗粒物）等主要污染因子环境质量监测。

2.水净河畅。水环境质量进一步提高，到2015年全省化学需氧量、氨氮排放量分别比2010年削减9.8%和12.7%；主要河流、湖泊水功能区达标率超过60%；城市集中式饮用水水源地达标率达到100%，地表水国控、省控断面劣五类水质比例小于20%；城镇污水处理率、生活垃圾无害化处理率达到85%；北戴河及相邻地区近岸海域90%以上达到一类海水水质标准。

3.地绿山青。植被覆盖率明显提高，到2015年完成造林1260万亩，森林覆盖率达到31%，森林蓄积量达到1.4亿立方米；50%的“三化”草原得到治理，草原植被覆盖率达到60%以上；治理水土流失面积8000平方公里，受保护地区占国土面积的比例达到12%以上。

4.环境安全。损害群众健康的突出环境问题得到有效解决，到2015年重金属、持久性有机物等污染防治取得初步成效，危险废物、医疗废物、危险化学品实现安全处置，辐射安全得到有效保障。

二、主要任务

（一）加快结构调整，大力推进经济发展方式转变

1.加速产业优化升级。坚持“一产抓特色、二产抓提升、三产抓拓展”的经济发展战略，加大产业产品结构调整力度，形成有利于节能环保的增长机制。积极发展生态

高效农业，加强生态循环农业示范县(区)建设，大力推广节水、节肥、节药、节能技术，提高农业资源利用效率。下大力改造提升传统产业，以钢铁、机械、建材、食品等产业为重点，加大技术改造力度，坚定有序地淘汰落后产能。大力培育发展新能源、电子信息、生物医药、新材料、高端装备制造等战略性新兴产业，扶持发展新型建材、高效照明、节能汽车、环保材料和药剂等节能环保产业，拓展提高金融、物流、旅游等现代服务业，合理扩大规模，积极提高档次和水平。

2. 大力发展循环经济。以提高资源利用率为目标，按照减量化、再利用、资源化的原则，加强规划引导和政策扶持，在生产、流通、消费各环节大力推进循环发展，努力构建消耗低、污染少的现代生产消费体系。以钢铁、电力、石化、造纸等行业为重点，加快新工艺、新技术、新设备推广和应用，促进清洁生产；推广工业固体废弃物、矿山尾矿等综合利用技术，全省工业固体废物综合利用率达到70%以上；完善再生资源回收体系和垃圾分类回收制度，促进废塑料、废旧家电及电子产品、废旧金属等回收利用。推进循环经济示范工程，抓好曹妃甸循环经济示范区、邯郸循环经济示范城市等试点，滚动实施一批示范项目，培育一批绿色龙头企业、生态工业园区，形成资源优化组合、产品互补互供、产业链条延伸的循环经济发展模式。积极倡导绿色、低碳的生活方式与消费模式，减少服务行业一次性用品使用和消费，引导采用可再生、能降解的包装材料，加强餐厨垃圾管理、回收和利用；积极开展节约型机关、企业、社区创建活动。

3. 强力推进节能减排。严格执行能耗、环保标准，强化目标责任考核，重点抓好工业、建筑、交通、公共机构等领域的节能减排。严把节能评估审查关，控制高耗能、产能过剩行业新建项目；开展企业能源管理绩效评价，建立全省统一的工业企业能耗在线监测平台，2013年底前年耗能1万吨标准煤以上的工业企业全部安装在线监测设备；强力推进建筑节能，到2015年新上建筑物全部执行建筑节能强制性标准，可再生能源建筑应用比率达38%。严把环评准入关，把主要污染物排放总量控制指标作为新建、改建和扩建项目环评审批的前置条件，对新建限制类和允许类项目的污染物排放总量实施“减二增一”，对鼓励类项目实施“减一增一”，新建项目未通过环评的一律不得开工；积极推进重点区域战略环评，深入开展重点园区、重点行业规划环评，严格控制“两高”行业发展。扎实推进工程减排，加强城镇和工业园区(聚集区)污水处理厂、中水回用、生活垃圾无害化处理、工业点源污染治理等重点工程建设，完善管网配套设施，确保治污设施有效运行；对全省81条日产千吨以上的新型手法水泥生产线烟气脱硝实行限期治理，2014年全部建成烟气脱硝设施并投入运行，综合脱硝效率达到70%；对装机20万千瓦以上发电机组烟气脱硫旁路实施拆除，2012年底前拆除36%，2014年底前全部拆除，综合脱硫效率提高到90%以上。

（二）深化综合整治，打造宜居环境

1. 综合整治城市环境。积极调整城市功能、规划布局和产业结构，加快污染企业搬迁改造，2015年底城市建成区内不符合功能定位的重点污染企业全部完成搬迁改造。实行城区用煤管制，控制燃煤总量，严格限制高硫份、高灰份煤炭进入；加快淘汰燃煤锅炉，禁止新建燃煤锅炉。加强工业烟尘粉尘、有机废气以及施工扬尘和餐饮业油烟污染治理，规范城市周边矿业开发活动，禁止农作物秸秆焚烧。加强机动车环保标志管理，出台《河北省机动车排气污染防治办法》，制定淘汰“黄标车”相关政策。建设林荫型、景观型、休闲型城镇森林体系，2015年全省城市建成区绿化覆盖率达到41%，绿地率达到36%，人均公园绿地面积达到12平方米。开展治脏、治乱、治噪、治堵行动，重点整治公共场所、主要街道、河道水系、城乡结合部等部位，打造“净、绿、亮、美”生态城市。

2. 全面改善农村环境。落实国家“以奖促治”、“以奖代补”政策，结合新农村建设推动环保基础设施和服务向农村延伸，加强农村生活垃圾和污水处理设施建设，集中连片整治一批环境问题突出的村庄和集镇。推进农业面源污染综合治理，建立农业清洁生产示范区，抓好农村废弃物的资源化利用。推广农牧结合和生态养殖模式，优化养殖业布局和结构，大力发展沼气等新型能源，推动养殖小区和散养户污染物统一收集、统一处置、统一利用。到2015年，全省80%以上的规模化畜禽养殖场和养殖小区配套完善畜禽粪便和污水贮存处理设施。

3. 开展生态示范创建。支持石家庄、承德、秦皇岛等市争创国家环保模范城市，推动重点县(市)创建省环保模范城市。积极推进生态宜居城市建设，加快建设正定新区、北戴河新区、唐山湾生态城、黄骅新城和涿州生态宜居示范基地等生态示范城市。积极培育生态园林城市，2015年各设区城市全部达到国家园林城市标准，所有县级市和60%以上县城达到省级园林城市标准。推行城市阶梯式水价政策，推广应用民用节水器具，开展节水型城市创建活动。开展历史文化名城、名镇、名村保护工程，打造一批风貌建筑、风貌街区和标志性景观。深入推进生态市、县、乡镇、村庄等生态细胞工程建设，鼓励设区城市创建国家级生态文明建设试点，选择有条件的县(市、区)开展省级生态文明建设试点，打造一批城乡统筹、各具特色的生态文明建设精品。

（三）搞好流域治理，实现水复其清

1. 严格保护饮用水水源地。落实《河北省城市集中式饮用水水源地环境保护规划(2008—2020)》，科学划分饮用水水源保护区，加快安全防护和水源涵养等工程建设。开展饮用水水源保护区综合整治和生态监察，加强汇水区工业污染源和有毒、有害污染物防控，取缔饮用水源地保护区内排污口。严格水源保护区新上项目管理，一级保护区内不得新建、改建和扩建与供水设施和保护水源无关的项目，二级保护区内不得新建、改建、扩建排放污染物的项目，准保护区内不得新建扩建对水体污染严重的项目。加强城镇水质监督检测，加快供水设施改造升级，提高城镇供水质量，到2015年，完成水厂改造规模183万立方米/日，供水管网改造1800公里。加强农村饮用水水源地保护，2015年底完成农村饮用水水源地保护区划分工作，严格限制在保护区上游或周边建设化工、造纸、印染等企业。

2.加强重点流域和输水沿线污染防治。龙港运东水系为重点，组织开展消灭流域重度污染攻坚战。制定重点流域或河流水资源开发利用红线、水功能区限制纳污红线，推行取水量、水污染物排放量“双总量”控制。加强排污监测监管，从严控制新增入河排污口，达不到河流生态功能要求的入河排污口一律取缔。以南水北调工程和引黄工程为重点，科学划分输水沿线保护区，严禁排放污水、倾倒垃圾，确保水质安全。

3.深化重点海域湖淀环境治理。实施好河北省“十二五”渤海碧海行动计划，完善陆海统筹污染防治体系，严格审批和监管入海排污口，严格控制高强度开发和围填海活动，加快修复近岸海域生态环境。设立河北省(北戴河)环境监测应急中心，加强近岸海域环境监测与应急。以白洋淀、衡水湖为重点，加强补水、水污染治理、水生态修复以及城市周边湿地保护工程建设，对未建成污水处理厂的工业园区(聚集区)实行涉水项目限批。

4.加大地下水环境保护和污染防治力度。实行区域地下水开采总量和地下水水位“双控制”，重新核定并公布地下水超采区，划定禁采和限采范围，在超采区域内严格控制新增取用地下水，逐步关闭自备井。大力推广节水技术，加强对矿山、造纸等耗水大户的节水改造。加快地下水动态监测站网工程建设，提高水位、水质监测和防控能力。加强对地下水污染防治的监管，严防工业固体废物、垃圾填埋场、矿产资源开发、石化行业生产等重点场所地下水污染，依法严厉打击通过渗坑渗井偷排偷放行。

（四）建设绿色生态系统，再造秀美山川

1.构建生态屏障。一是首都绿色经济圈生态屏障。在张家口、承德、保定、廊坊环首都14县（市、区），加快荒山荒地和平原绿化、环城景观林带、通道绿化、村屯绿化以及森林公园建设，到2015年完成造林410万亩。二是沿海防护林绿色生态屏障。在秦皇岛、唐山、沧州等沿海地区，以北戴河及相邻地区近岸海域环境综合整治和曹妃甸生态工业区绿化为重点，建设以抵御海啸和风暴潮、维护近岸生物多样性为主要目的的基干林带和纵深防护林，加强滩涂和重要湿地保护，到2015年完成造林50万亩。三是坝上防风固沙绿色生态屏障。在张家口、承德坝上地区，实施国家及省水土保持重点建设工程、京津风沙源治理工程，到2015年完成造林绿化90万亩；加快实施张承坝上地区低残次农用林网更新改造工程，增强生态屏障防护功能。四是太行山保土蓄水绿色生态屏障。在石家庄、保定、邢台、邯郸的28个山区县(市、区)大力实施人工造林、封山育林和飞播造林，到2015年完成造林260万亩；继续抓好国家及省水土保持重点建设工程，增强水源涵养能力。五是燕山及冀西北山地水源涵养绿色生态屏障。在张家口、承德、秦皇岛、唐山的31个县(市、区)推进宜林荒山荒地造林、疏林灌丛补植、低质林改造，加快矿山植被恢复，到2015年完成造林400万亩。六是平原多效综合绿色生态屏障。在平原地区实施农田林网、城镇村屯绿化、通道绿化，到2015年完成造林50万亩，构建点线面结合，多林种、多层次的综合绿色生态屏障。

2.恢复草原生态。坚持突出重点、典型引路，组织实施京津风沙源治理、飞播种草等草原生态建设项目，“十二五”期间治理沙化、碱化、退化草原300万亩。进一步强化草原禁牧、休牧、人工种草、补播改良等措施，尽快恢复和提高天然草原功能。扩大高产优质饲料作物种植面积，提高人工饲料供给能力，缓解天然草原放牧压力，实现草畜平衡。建立草原火灾和鼠害、虫害监测预警体系，加强草原防灾减灾基础设施建设和物资储备，提高草原防灾减灾能力。

3.建设绿色廊道。制定实施重点公路、铁路沿线生态建设规划，加快铁路、高速公路、省级以上交通干线及县道、重要乡道两侧绿化。到2015年，重要乡道两侧绿化、城市道路绿化达标率达到70%，各地河湖水系、风景名胜区、公园绿地、自然保护区、名胜古迹等区域基本实现绿道绿廊全面贯通。坚决拆除公路建筑控制区内的违法建筑、临时建筑，严禁乱搭乱建。深入开展“拆除烟囱、改善环境”活动，对违法违规建设的烟囱一律拆除，对符合规定但不能稳定达标排放的烟囱，实施限期治理，治理后仍不达标的一律拆除。强力推进和实施矿山复绿工程，对铁路、高速公路、国道、省道两侧可视范围内的露采矿山，已设采矿权的除由责任人限期治理和恢复生态环境外，还要采取限期关闭和逐步退出等政策性措施；历史遗留的矿山环境问题，要研究制定具体治理行动方案，有计划地实施矿山复绿工程，确保3年内矿山生态环境得到基本治理和恢复。

4.保护生物资源多样性。实施生态环境保护分区、分类管理，明确不同地区的主导生态功能和发展方向。进一步优化自然保护区空间布局，强化管护能力建设，推进规范化管理。规划新建一批自然保护区，对受到严重威胁的典型生态系统、珍稀濒危物种、珍贵海洋生物资源及自然遗迹等实施抢救性保护，到2015年全省保护区面积力争达到80万公顷以上。加强物种资源保护和生物安全管理，进一步开展太行、燕山山脉、渤海沿岸等重点地区物种资源调查，加大对外来有害物种的监测和管控力度。

（五）强化风险防范，保障环境安全

1.搞好重金属污染防治。合理调整涉重金属企业布局，加强监测监管，对重金属污染较重的地区、行业和企业进行集中整治。安全处置堆存铬渣，规范废弃电器电子产品回收，坚决打击废弃铅酸蓄电池非法加工利用。加大农产品产地土壤重金属污染的防控力度，抓好土壤污染现状调查和监测，加强重点区域重金属污染修复示范工作。

2.加强辐射环境监管。严格执行放射源和射线装置辐射安全许可制度，规范管理放射性同位素购买、使用、运输和存放，健全辐射环境质量自动监测网络和重点放射源单位自动监控系统。建立废旧放射源处置保证金制度，确保废旧放射源及时处置。

3.严格危险废物和化学品管理。落实好危险废物和危险化学品产生、转移和处置利用全过程管理制度，健全污染责任终身追究制和行政问责制。搞好污染场地治理与修复，禁止对未经评估和无害化治理的污染场地进行土地流转和利用。对不履行危险废物处置义务的单位，实施危险废物行政代处置。

4.建立健全环境应急处置机制。建设更加高效的环境风险管理和应急救援体系，完善以预防为主的各项制度，实行环境应急分级、动态和全过程管理，依法科学妥善处置环境突发事件。积极探索建立水环境保护流域区域联防联控工作机制，实现信息共享，确保流域区域水环境安全。

三、重点工程

（一）“双三十”节能减排示范工程。新老“双三十”单位全部由省统一调度和考核，考核结果作为对党政领导班子和领导干部综合考评的重要依据，实行问责制和一票否决制，每年一考核、两年一奖惩、五年算总账。年度未完成节能或减排目标任务的单位责令限期整改，并约谈县（市、区）政府主要负责人或企业法定代表人，整改期间实行区域或企业建设项目限(禁)批；连续两年未完成节能或减排目标任务的单位，对县（市、区）党政主要负责人和政府分管负责人、企业法定代表人通报批评，取消年度评先评优资格，实行区域和企业建设项目限（禁）批；连续3年或5年算总账时未完成节能减排目标任务的，县(市、区）党政主要负责人、政府分管负责人引咎辞职，国有企业法定代表人就地免职，民营企业停产整顿。

（二）千家重点企业环境监管工程。把主要污染物排放量占全省工业排放量70％—80％的1000家企业作为监控重点，采取综合措施，深化污染治理。实施清洁生产审核，发布企业名单，公开污染物产生、排放等环境信息，强化减排降耗措施，提高环境绩效。普及在线自动监控，对企业污染治理设施全部安装视频监控，加快污染源监控中心建设，实现省、市、县三级自动监控系统联网；完善监控系统“第三方”运营制度，加强现场检查和运行经费保障，确保正常有效运行。实行环境信用评价，对环境行为评定等级为“好”的企业，支持其申请上市或再融资，优先安排各类专项资金；对环境行为评定等级为“差”的企业，依法实施挂牌督办、限期治理，暂停新建、改建、扩建项目。到2015年，千家重点企业化学需氧量、氨氮排放量减少20％，二氧化硫和氮氧化物排放量减少30％。

（三）农村环境综合整治工程。以开展农村环境连片整治国家试点为契机，结合社会主义新农村、幸福乡村计划和新民居建设，深入推进重点流域和敏感区域重点村镇环境综合整治。全面开展农村“四清四化”和“五改”工作，加快农村污水处理、街道硬化、村庄绿化、排水等基础设施建设，推行“户收集、村集中、镇(乡)运送、县处理”的城乡一体化垃圾处理模式，逐步改善农村居住和生态环境质量。到2013年底，建成幸福乡村计划示范点2000个以上；到2015年底，建成部级农村清洁工程建设示范村100个以上、省级幸福乡村计划示范点5000个以上，50％的县(市)基本建立城乡一体化垃圾处理体系，重点区域生活垃圾和污水处理率达到90％以上。

（四）北戴河近岸海域环境综合整治工程。全面落实《北戴河及相邻地区近岸海域环境综合整治行动计划（2012—2014）》，加强工业污染源治理、农业面源污染防治、入海河流治理、固体废弃物处置、沿海防护林建设、海洋环境保障等工作，建立陆海统筹的污染综合防治体系、协调联动的环境保护组织体系和陆海一体的环境监视、监测、预警和应急系统，形成完善的环境保护和监管运行机制。到2014年，北戴河近岸海域环境质量明显好转，重点区域海洋生态系统基本恢复，近岸海域水质优于Ⅱ类海水水质标准，重点海域水质达到国家工类海水水质标准，环境监管和应急处置能力进一步提升。

（五）洨河流域水环境治理工程。制定和实施汶河综合整治工作实施方案，以污水治理、管网改造、生态恢复为重点，对洨河流域水环境污染进行全面整治。加快流域内污水处理厂升级改造，确保达标排放；取消所有沿河污水直排口，未经污水处理厂处理污水严禁直排汶河；加快五支渠入南泄洪渠汇流口至赵州桥河道清淤清污、滩地绿化项目建设。到2013年6月，洨河流域水污染状况明显改善，监测断面非汛期水质化学需氧量不超过50毫克／升，氨氮不超过5.0毫克／升，色度不超过50，生态环境初步恢复。到“十二五”末，洨河断面水环境功能明显改善，监测断面非汛期水质化学需氧量不超过40毫克／升，氨氮不超过2.0毫克／升，色度不超过30，生态环境持续改善。

（六）以省会为重点的城市气化工程。制定和实施气化工程实施方案，加快建设城区天然气配套设施，重点推进燃气管道县县通、居民生活气化、供热气化电化、公共交通气化、分布式供能示范等工程，提高清洁能源利用水平。按照“应拆尽拆、非拆即改”的原则，以集中供热替代分散燃煤锅炉，具备条件的全部改烧天然气。到2013年底，完成石家庄市内五区和高新区范围内分散燃煤锅炉拆除或置换清洁能源工作，主城区天然气利用量大幅增加，三环路内居民生活气化率达到90%以上，2015年达到95%以上。对其他城市也要安排好气化规划和计划。

四、保障措施

（一）加强组织领导。省委、省政府成立由省长任组长、分管副省长任副组长、省有关部门主要负责同志为成员的改善生态环境领导小组，负责研究解决工作中的重大问题；领导小组下设办公室，具体负责综合调度和协调等工作。各级党委、政府要建立相应的组织领导机构，一把手要亲自抓、负总责。省领导小组办公室要会同有关部门，抓紧细化措施，分解责任，加强督查，确保各项措施落到实处。

（二）层层落实责任。各设区市、县（市、区）、乡（镇）党委、政府和企事业单位以及村支部（总支）、村委会，要结合实际制定落实方案，明确目标任务、政策措施和责任，全力推进落实。省直有关部门要按照职责分工，加强沟通，密切配合，抓好协调督导，形成工作合力。

（三）加大资金投入。拓宽投融资渠道，积极争取国家资金，吸引民间资本和国外资金进入生态环保领域，实现投资主体多元化、运营主体企业化和运行管理市场化。省政府设立生态环境建设专项资金，并确保新增财力不断向生态环境建设倾斜；各级政府要全力保障生态环境建设资金，重点支持大型公共基础设施、重点生态治理工程和环境管理能力建设等。

（四）强化环境执法。完善固体废物污染防治、白洋淀水污染防治、衡水湖水污染防治、辐射污染防治及森林、野生动植物资源保护等地方性法规。对重污染行业和主要流域区域，制定并分阶段实施更加严格的污染物排放标准。在建项目环保设施不达标的，一律不得投产；未按规定申请环保“三同时”验收，长期以试生产名义违法排污的企业，一律停产整顿；不符合产业政策、环保要求的企业，一律不得提供用地、信贷，并责令限期治理或关停取缔；完不成环保目标和节能减排任务的地方和企业，一律暂停审批新建工业项目；对擅自降低环保准入门槛、阻挠干扰环保执法的地方和企业，依法依规严肃查处。进一步加强约谈、挂牌督办、区域限批等措施，完善部门联合执法和重点环保案件移送督办机制，严厉查处环境违法违规案件，依法查办破坏生态环境的刑事犯罪和职务犯罪。

（五）创新政策机制。完善绿色信贷评估机制，严格环保“一票否决”制，未通过环评的项目一律不得发放贷款。建立健全环境污染责任保险制度，逐步扩大保险覆盖面。建立污染物排放权交易和污染物总量指标预算管理制度，制定排污权有偿使用和抵押贷款相关政策。完善差别电价、水价政策，强化污染减排和循环经济项目优先保障措施，严格落实脱硫脱硝电价政策。进一步健全生态补偿机制，逐步提高考核标准，完善补偿金使用管理办法；加强与京津两市的合作，建立省、市间的生态补偿机制。完善节能环保产品消费鼓励政策，推行政府绿色采购；对节能环保、循环发展型企业和项目，在资金、用地等方面给予优惠和倾斜。深化集体林权制度改革，实现山有其主、主有其权、权有其责、责有其利。

（六）依靠科技支撑。建立部门协调通报机制，推动重大科技成果转化。支持生态环境建设的成套装备、配套设备研发和先进制造技术研究，组建千批由骨干企业牵头、科研院所共同参与的产学研联盟，重点研究低温余热利用、建筑废弃物分选及资源化、膜法和热法海水淡化、污泥处理处置等关键共性技术。加快城市空气质量、重点流域、地下水、农产品产地等重点监控点位和自动监测网络建设，建立高度融合的生态环境信息数据中心。全面推进生态环境监察、监测、应急、辐射、固废管理等标准化建设。

（七）扩大公众参与。利用广播、电视、报刊、网络等媒体平台，加大生态文明宣传教育力度，选树先进典型，推广科普知识，增强全社会自觉保护生态环境的意识。将生态文明建设纳入干部教育培训内容，促进广大干部树立科学发展观、正确政绩观和生态文明观，提升推动科学发展的能力。加大信息公开力度，及时向社会公布环境质量、环保行政审批、环保行政执法和企业环保等情况，建立健全公众参与机制，接受媒体和社会的监督。普及环保生态知识，发展壮大志愿者队伍，组织开展形式多样的生态环境公益活动，引导社会各界广泛参与。

（八）严格考核奖惩。省改善生态环境领导小组负责制定改善生态环境专项考核实施办法和年度考核细则，每年组织考核，考核结果作为各级领导班子和领导干部综合考核评价的重要依据。年度考核优秀的，由省委、省政府给予物质奖励；未完成年度考核目标的，向省委、省政府作出书面检查，同时暂停该地区所有新建高耗能项目的核准、审批和新增主要污染物排放建设项目的环评审批。连续3年考核为优秀的县（市、区），对党委、政府主要负责同志记二等功；连续3年考核未完成目标的县（市、区），党委、政府主要负责同志第3年年度综合考核评价不得评为称职及以上等次，并按照有关规定对其进行诫免、调整职务或降免职。年底前各部门要按照本意见制定出台实施细则，省委督查室、省政府督查室要加强督促检查，确保各项工作落实到位。各级纪检监察机关要加强监督检查，对不履行职责或履行职责不到位的单位和人员，依法依纪追究责任。

（冀发〔2012〕19号）

河北省人民政府
关于加快建设果品产业强省的意见

（2012年2月3日）

为加快转变果业发展方式，建设果品产业强省，提出如下意见：

一、充分认识建设果品产业强省的重要意义

我省地貌类型多样、资源丰富，是国际公认的落叶果树最佳适生区。大力发展果品生产，建设果品产业强省，对于优化产业结构、增加农民收入、壮大区域经济、改善生态环境具有十分重要的意义。近年来，各级各有关部门加大投入力度，狠抓结构调整，推进基地建设，发展产业化经营，全省果品产业实现了较快发展。果树种植面积居全国第一位，果品总产量居全国第二位，建成了一批规模大、效益高、品牌亮的特色果品产业带和产业集群。但是，与建设果品产业强省的要求相比，还存在着生产布局分散、高标准基地少，优势果品发展慢、产品结构不合理，组织化程度低、产业链条不完善，投入不足、基础设施建设滞后等问题，制约了整体效益的提高。当前，果品产业正处于由传统果业向现代果业转变的关键时期。各级各有关部门一定要深化认识，采取更加有力措施，全面推进果品产业强省建设。

二、建设果品产业强省的总体要求和原则

（一）总体要求。以提质增效为核心，以增加农民收入为目标，强化规划引导，加大扶持力度；建设规模基地，推进标准生产；发展精深加工，培育知名品牌；完善科技服务，加强质量监管，强力推进果品产业发展方式转变。到2015年，全省果树总面积发展到3000万亩，果品总产量达2000万吨，果品产业总产值达到1000亿元，比2010年翻一番，实现再造一个“河北果品产业”的目标。

（二）基本原则。政府主导、市场运作。充分发挥政府的组织推动作用，同时尊重市场经济规律，依靠市场机制调控和配置资源。因地制宜、分类施策。发挥资源禀赋优势，在浅山丘陵区大力发展果品生产；瞄准市场需求，在城镇周边积极发展观光采摘时令果品生产；着眼提质增效，稳定发展平原地区果品生产。突出特色、扩大规模。立足产业基础，重点抓好苹果、梨、核桃、红枣、板栗、葡萄等优势和特色果品的规模化生产。龙头带动、专业合作。培育壮大龙头企业，扶持发展专业合作经济组织，推进果品产业化经营。科技支撑、集约发展。抓好新品种、新技术、新装备研发推广，完善支撑体系，提高果品产业发展的科技含量。

三、切实抓好优势果品生产基地建设

（一）苹果生产基地。在太行山、燕山浅山丘陵向阳缓坡优势产区，发展高档苹果生产。重点推广增产提质综合技术和矮化密植栽培模式，扩大优质中晚熟品种种植。到2015年，新建苹果基地100万亩，全省苹果总面积达到400万亩，总产量达750万吨以上，优质果率每年增加2个百分点以上。

（二）梨生产基地。在冀中平原沙地优势产区，建设高标准优质梨出口基地。突出抓好品种结构优化，生产方式改革，绿色、有机栽培管理技术综合推广，合理负载，提高梨果品质。到2015年，全省梨总面积稳定在300万亩，总产量达600万吨以上，传统品种与优新品种比例由目前的2：1调整到1：1。

（三）核桃生产基地。在太行山、燕山岗坡次地，发展优质薄皮核桃种植，快速扩大基地规模。着力实施高标准整地，完善水电路配套，推广优良品种，提高基地建设水平。到2015年，新建核桃基地200万亩，全省核桃总面积达到400万亩，总产量达30万吨以上，实现面积翻一番、

产量翻两番。

（四）红枣生产基地。在太行山和黑龙港优势产区，建设高标准红枣生产基地。加快建设烘干设施，大力推广避雨栽培，实施树体改造和品种改良，强化主要病虫害防控，全面提高基地生产管理水平。到2015年，全省红枣总面积稳定在500万亩，总产量达120万吨以上，制干与鲜食品种比例由9：1调整到8：2。

（五）板栗生产基地。在燕山优势产区，建设完善高标准优质板栗出口基地。着重在更新优良品种、改善水利条件、培肥土壤地力、推广丰产技术方面求突破，大幅度提升基地产出能力和出口创汇能力。到2015年，全省板栗总面积稳定在350万亩，板栗总产量达40万吨以上。

（六）葡萄生产基地。在桑洋河谷和冀东滨海优势产区，建设优质葡萄生产基地。适应市场需求，重点发展酒葡萄种植，扩大优质、大粒、无核鲜食葡萄生产，推广早晚熟优良品种。到2015年，新建葡萄基地50万亩，全省葡萄总面积达到150万亩，总产量达150万吨以上。

（七）观光采摘基地。在环京津、环省会、环中心城市和小城镇周边，建设桃、樱桃等一批集生态文化、旅游观光、生活体验于一体的绿色有机果品观光采摘基地，培育果品产业新的增长极。到2015年，建成高标准特色果品观光采摘园1000余个。

四、大力发展果品产业化经营

（一）培育壮大龙头企业。依托优势果品生产基地，加快贮藏、营销、加工龙头企业建设。鼓励龙头企业围绕更新改造、延伸链条、开发新上，谋划建设一批投资亿元以上的大项目。抓住大企业竞相扩张的有利时机，加强战略合作，引进一批重大项目。重点培育浓缩果汁、核桃、葡萄酒、红枣、仁用杏、休闲方便食品等果品产业集群，放大规模效应。力争到2015年，全省年产值超10亿元的省级果品龙头企业达到20家，果品贮藏率达40%以上，加工率达30%以上。

（二）加强专业合作经济组织建设。在主产区大力发展果品专业合作社，推进规模种植，拓宽市场销售，搞好技术服务和物资供应，提高果农组织化程度。加强省级果品行业协会建设，组建主要果品省级协会，积极发展市、县特色果品协会，充分发挥行业协会在行业自律、市场谈判、维护权益等方面的作用。

（三）健全果品市场流通体系。加大基础设施投入，提升现有果品专业批发市场功能，在集中产区新扩建一批专业批发市场。加强经纪人队伍建设，促进果品流通。大力发展冷链贮运、连锁经营、农超对接、电子商务等新型果品营销方式，构建辐射国内外市场的果品营销网络。探索建立果品产销联盟，实现产销有效衔接。

（四）强化品牌培育与经营。引导龙头企业和专业合作经济组织，树立品牌意识，加强质量管理，增加科技投入，积极争创知名品牌。加大无公害果品、绿色食品、有机农产品和地理标志农产品“三品一标”的开发和推进力度，促进标准化、规模化生产，提高果品质量，增强市场公信力。加强品牌宣传，扩大市场知名度，提高品牌贡献能力。

五、着力加强果品产业发展支撑体系建设

（一）良种繁育体系。依托省属大专院校、科研院所和大型骨干苗圃，建设完善优势树种省级种质资源保护及新品种选育基地、优良品种及砧木繁殖基地，在主产区果品重点县（市、区），建立良种苗木繁育基地，加快构建果品良种繁育体系。

（二）病虫害防治体系。建设完善果品主要病虫害防控研究室，提升重大病虫害防治技术研发能力。加强主产区病虫害防治站和乡（镇）测报点建设，提高预测预报的准确性、时效性，强化综合防治手段，严格检疫监管，严防危险性病虫害的传入和蔓延，全面提高基层防控能力。

（三）科技支撑体系。整合现有科研力量，组建省级专家技术服务团队，聘请首席科学家、岗位专家和科技特派员，定期开展技术培训和指导。建设一批优势果品技术创新战略联盟和工程技术中心，瞄准制约产业发展的关键环节和技术瓶颈，开展联合攻关。深化基层林业技术推广体系改革，加快标准化区域站建设，培育多元化服务组织，强化公益性职能，放活经营性服务，为果品生产发展提供有效服务和技术支撑。

（四）质量安全监管体系。科学规划，合理布局，建立健全省、市、县果品质量安全监督检验体系，提升质量安全检测和预测预警水平。完善质量安全标准，建立果品标准生产规范，搞好无公害果品产地认定和产品认证。推进综合执法，提高果品质量监管能力。

六、强化建设果品产业强省的政策措施

（一）加强组织领导。省成立果品产业发展领导小组，省政府分管副省长任组长，省政府分管副秘书长、省林业局局长、省农业厅厅长任副组长，省有关部门负责同志为成员，主要负责统筹协调推进全省果品产业发展，解决工作中遇到的困难和问题。领导小组办公室设在省林业局。各设区市和果品重点县（市、区）也要建立相应的工作制度。

（二）注重规划引导。各地各有关部门要认真谋划研究建设果品产业强省的重大问题，针对果品产业发展的薄

弱环节，集中力量解决关键问题，力争在优势果品基地建设、推进产业化经营、构筑保障支撑体系等方面取得重大进展和明显突破。科学制定规划，将果品产业纳入本地国民经济和社会发展规划，并搞好与省级规划的衔接，明确目标任务，强化措施保障，确保如期完成。

（三）加大扶持力度。落实好国家扶持木本粮油产业和标准果园建设相关政策，加强项目管理，确保建设成效。加大资金扶持力度，重点支持生产示范、良种繁育、产业技术创新、病虫害防治、质量安全监管等，农业产业化资金、农业开发项目资金、扶贫资金逐步向果品产业倾斜。完善鲜活农产品绿色通道政策及税收优惠政策，研究制定果品品牌创建和保护办法。各级金融机构要创新金融产品，增加信贷资金规模，并对龙头企业果品收购资金积极给予支持。加快建立森林保险制度，通过保费补贴等必要的政策手段，引导保险公司、林业企业、林业专业合作组织、林农积极参与森林保险，扩大森林面积，提高林业企业和林农抵御自然灾害的能力。保险监管部门要积极引导保险公司推进果品保险发展，鼓励和支持保险公司开发果品保险新险种，逐步扩大覆盖范围。深化集体林权改革，规范果树用地承包经营权流转，吸引社会资本参与果品生产经营。

（四）营造发展环境。新闻媒体要大力宣传建设果品产业强省的重要意义，营造良好发展氛围。完善果品信息网络，为龙头企业和果农及时提供信息、技术服务。大力培育果品标准化生产示范县，集中扶持建设一批国家和省级标准化示范区、高标准果品生产示范园和科技示范户，广泛推广典型经验，充分发挥示范带动作用。加大执法力度，打击各种欺诈行为，创造公平有序的生产经营环境，保护果品生产经营者的合法权益，促进现代果品产业又好又快发展。

附：1. 良种繁育体系建设
2. 科技支撑体系建设
3. 病虫害防治体系建设
4. 质量安全监管体系建设

良种繁育体系建设

良种繁育体系由省级种质资源保护及新品种选育基地（种质资源圃）、优良品种及砧木繁殖基地（良种采穗圃）、良种苗木繁育基地（良繁圃）三部分组成。加强果树良种引、育、繁、推工作，有利于提高良种覆盖率，优化产业结构，提升产品质量，增加农民收益。

一、建设现状

全省已初步建有苹果、梨品种改良中心和红枣、板栗良种基地，县级以上果树良繁场（圃）达113个，果树良种繁育已具基础。但由于果树种质资源保护利用滞后，良种选育基础条件差，具有自主知识产权新品种少，主要品种依赖国外、省外引进；高标准良种繁育基地少，生产急需的优质良种壮苗供应能力不足。

二、建设目标

建设省级种质资源保护及新品种选育基地，围绕苹果、梨等七大果品基地，突出优势树种，引进、收集、保存国内外优良果树种质资源，筛选、培育适宜我省栽培的果树良种，到2015年，引进果树种质资源200个，选育具有自主知识产权果树优良品种30个。

建设优良品种及砧木繁殖基地，为良种苗木生产提供数量充足、品种纯正、无病虫检疫对象的种条和接穗，到2015年，年提供优良品种接穗1亿根，优良砧木1000万株。

建设良种苗木繁育基地，提高良种壮苗的生产供应能力，繁育推广生产上急需的薄皮核桃、优系富士、无核葡萄等名特优新品种，年生产优质良种壮苗6000万株，到2015年，果树良种普及率达到90%以上。

三、建设内容及投资预算

“十二五”期间，共投资10400万元，其中：省级投资800万元，市、县级投资6600万元，项目承担单位自筹3000万元。

（一）省级种质资源保护及新品种选育基地建设。

总投资2800万元，其中：

1. 省级投资400万元，用于扩建苹果、梨、红枣、板栗4个种质资源保护及新品种选育基地，购置种质资源保护及品种选育仪器设备；引进种质资源，扩大资源贮备；扩建育种、选种试验室，以加快新品种选育步伐。

2. 市级投资800万元，用于新建核桃、葡萄、桃3个省级种质资源保护及新品种选育基地，引进种质资源。

3. 县级投资1600万元，用于新建3个基地的水电路配套基础设施建设。

（二）优良品种及砧木繁殖基地建设。

总投资1600万元，建设优良品种及砧木繁殖基地2000亩，其中：

1. 省级投资400万元，用于引进苹果、梨、核桃、红枣、板栗、葡萄、桃优良品种及砧木；购置大型育苗、起苗等现代化大型设备，建设现代化育苗、苗木贮存设施等。

2. 市级投资400万元，用于基地的生产管理，购置肥料、农药等投入品。

3. 县级投资800万元，用于基地基础设施建设。

（三）良种苗木繁育基地建设。

总投资6000万元，在果品主产区建设良种苗木繁育基地1万亩，其中：

1.市级投资1000万元，用于购置种子、接穗、肥料、农药等。

2.县级投资2000万元，用于基地基础设施建设。

3.项目承担单位自筹3000万元，用于租地、管理用工、购置生产设施等。

科技支撑体系建设

科技支撑体系由产业技术创新体系、技术推广体系、生产示范体系三部分组成，为果品产业发展提供基础性、前瞻性、应急性技术支撑和指导。

一、建设现状

我省有从事果品教学和研究的省属大专院校、专业研究机构7个，国家级专业研发中心4个，从业专业技术研究人员1100多人，专业技术推广机构1600多个。但现有科技人才资源整合力度不够，产学研相脱节，科技成果转化率低，自主创新能力不强，科技人才优势没有得到有效发挥。基层推广机制不健全，经费不足，对果农技术服务不到位，制约着果品产业由大省向强省迈进。

二、建设目标

建设产业技术创新体系，整合资源形成合力，加强共性技术集成，实现关键性技术突破，开展新品种新技术试验示范。到2015年，建立7个优势树种功能研究室，建设区域性综合试验站20个，团队专家达到100人，形成结构合理的技术服务梯队。

建设技术推广体系，深化基层林业技术推广体系改革，构建技术培训、成果转化、信息传播、政策咨询服务平台。到2015年，建设和完善80个县级技术推广站、300个乡级技术推广站，形成完善的技术推广体系。

建设生产示范体系，到2015年，建成基地规模大、产业链条长、经济效益高的省级果品生产示范县50个。

三、建设内容及投资预算

“十二五”期间，全省共投资33600万元，其中，省级投资10800万元，市、县级投资22800万元。

（一）产业技术创新体系建设。

总投资4600万元，其中：

1.省级投资800万元，整合科技资源，组建省级专家服务团队和技术创新联盟，开展技术创新攻关、产业技术指导、科技推广人员培训、生产技术咨询服务等。

2.市级投资1800万元，用于优势树种功能研究室仪器设备等基础设施建设。

3.县级投资2000万元，用于区域性综合试验站基础设施建设。

（二）技术服务体系建设。

总投资9000万元，其中：

1.市级投资2200万元，用于市、县级技术推广站基础设施建设，完善市、县级站服务功能。

2.县级投资6800万元，用于县、乡级技术推广站基础设施建设，加强果农技术培训，搞好技术、政策咨询服务。

（三）生产示范体系建设。

总投资20000万元，其中：

1.省级投资10000万元，用于生产示范县建设高效科技示范园区和高标准外向型果品基地。重点支持引进国内外品种优良、技术先进、生产高效的新品种苗木（接穗），调优果品树种、品种结构；开展设施栽培、生草栽培、矮化密植等新技术、新生产制度的引进、示范与推广，推动全省果品生产向省力化、机械化、高效化的方向发展；支持新型无公害生产投入品推广应用，引导果农开展物理防治和生物防治，减少化学用药，降低环境污染，生产安全、绿色、优质的果品，全面提升全省果品业发展水平。

2.市级投资4300万元，用于示范县果品品牌创建，构建市场体系，提高产业化经营水平。

3.县级投资5700万元，用于新建基地整地、生产管理及水、电、路配套。

病虫害防治体系建设

病虫害防治体系由省级果树病虫害防控试验室，市、县级果树病虫害防治站，乡级果树病虫害测报点组成，主要负责全省果树重点病虫害预测、预报和防治等工作。

一、建设现状

我省初步建有省级果品病虫害防控试验室1个，省级病虫害防治站1个，市级果树病虫害防治站11个，果品主产区县级防治站41个，但还有39个果品主产县没有建立果树病虫害防治机构。当前存在果树病虫害防治体系不完善，建设范围分散、标准低，防控手段落后等问题，难以满足果树病虫害测报和防治的需要。

二、建设目标

按照“预防为主，科学防治”的总体要求，到2015年，实现对果树重大病虫害的有效控制，建成果树病虫害远程监控、诊断和防治系统，实行各级果树病虫害防治机构协调统一、联防联治、责任共担、资源共享，做到主要果树病虫害及时发现、及时报告、及时除治，形成较为完善的果树病虫害防治体系。

三、建设内容及投资预算

“十二五”期间，全省共投资13000万元，用于完善省、市、县、乡四级果树病虫害防控体系建设，其中：省级投资500万元，市、县级投资12500万元。

（一）省级果树病虫害防控试验室建设。

省级投资500万元，用于购置人工气候箱、恒温控湿培养箱、PCR仪、离心机等先进实验室仪器设备350万元；建设省级果树病虫害信息平台和数据库150万元。

（二）市级果树病虫害防治站建设。

市级投资1100万元，每个市级站投资100万元，用于市级果树病虫害防治站新增、更新仪器设备80万元，信息化以及快速反应系统配套建设20万元。

（三）县级果树病虫害防治站建设。

县级投资6400万元，每个县级站投资80万元，用于完善41个县级果树病虫害防站，新建39个果树病虫害防治站，组建专业统防统治队伍，购置检疫检验设备、防治施药器械、野外作业工具等。

（四）乡（镇）果树病虫害测报点建设。

县级投资5000万元，在果品主产区乡（镇）设立500个病虫害测报点。购置监测工具箱、诱捕器、野外调查、信息采集等测报设施和交通工具等。

质量安全监管体系建设

质量安全监管体系由果品质量安全检验检测体系、质量认证体系和综合执法体系组成，具体负责全省果品产地环境认定和产品认证，生产过程监管，果品质量安全检验检测等工作。

一、建设现状

现有省级果品检验检测机构1个，已取得了省级资质认定（计量认证/授权）；市级果品质量安全检验检测机构9个，通过质检部门资质认定1个；县级果品质量安全检验检测机构24个，初步具备了果品农药残留速测的能力。全省有1000万亩果树通过了无公害产地认定，省、市、县均设立了果品质量安全工作管理机构。存在的主要问题是检验检测机构不健全、仪器设备落后、检测能力弱；果品基地通过无公害产地认定比例低，产地环境和生产过程监管任务重，果品质量安全监管队伍人员少、力量薄弱，缺乏必要的经费保障。

二、建设目标

到2015年，省级果品质量安全检测中心能够满足综合性、多功能检验检测要求，达到国内同类实验室先进水平；组建1个省级果品质量安全风险评估预警试验室；11个市级检测机构全部通过质检部门资质认定，80个重点县建立果品检验检测机构，并具备应急检测和市场准入检测能力；建立省、市、县三级果品质检机构联动机制，及时应对风险排查检测、拉网检测、交叉检测等工作。无公害果品产地认定面积达到2000万亩以上；果品质量安全综合执法队伍进一步加强；果品质量安全信息平台和追溯系统基本建立；形成较为完善的省、市、县果品质量安全监管体系，切实承担起全省果品质量安全监管任务。

三、建设内容及投资概算

“十二五”期间，全省共投资20300万元，用于建设和完善省、市、县三级果品质量安全检验检测机构，其中：省级投资1000万元，市、县级投资19300万元。

（一）安全风险评估预警试验室建设。

省级投资500万元，用于购置必要的检验检测设备，开展全省果品质量安全风险评估和预警信息发布，以安全风险评估为核心，实行评估、检测、监控、预警、控制一体化，实现果品质量安全由被动应付型转变为主动保障型。

（二）省级无公害果品产地认定和生产过程监管。

省级投资500万元，开展2000万亩果树无公害产地检测认定每亩补贴0.15元，需资金300万元；开发无公害果品产地认定、产品认证电子出证系统软件和质量安全信息平台及无公害证书工本费100万元；对3000万亩果品产地环境和生产过程进行监管，新增应急处置指挥车、应急通讯、应急检测等先进设备100万元。

（三）市级果品质量安全检验检测中心建设。

市级投资3300万元，每个市级检测机构投资300万元，其中：购置流动检测车、气相色谱仪、大气监测仪等环境采样及检测仪器等大型仪器设备200万元；购置监督检验、例行检测、应急检测和市场准入检测基本设备100万元。

（四）县级果品质量安全检验检测站建设。

县级投资16000万元，用于购置流动检测车及农残速测成套设备、监督检验、例行检测、应急检测和市场准入检测基本设备。

（冀政〔2012〕13号）

河北省人民政府
关于进一步加强环境保护工作的决定

（2012年4月9日）

为深入贯彻落实《国务院关于加强环境保护重点工作的意见》（国发〔2011〕35号），进一步加强环境保护和污染减排，促进经济发展方式转变，提高生态文明建设水平，为建设经济强省、和谐河北提供有力的环境支撑和保障，特作如下决定：

一、充分认识加强环境保护工作的重要性和紧迫性

“十一五”以来，我省环境保护工作从认识到实践发生了重要变化，环境保护优化经济发展的作用逐步显现，污染防治和污染减排成效突出，各项工作取得了积极进展。但由于我省经济发展方式比较粗放，产业结构布局不尽合理，污染防治水平较低，环境监管制度不够完善，环境总体形势依然十分严峻，影响可持续发展和损害群众健康的环境问题仍很突出。各级各部门一定要增强危机意识、忧患意识，坚持在发展中保护、在保护中发展，积极探索环境保护新途径，推动环境保护事业实现更大发展。要把加强环境保护作为加快转变经济发展方式的重大任务，把环境容量和资源承载力作为经济发展的基本前提，以发展的资源代价是否降低、环境质量是否改善作为基本衡量标准，充分发挥环境保护对经济增长的优化和保障作用、对经济转型的倒逼作用，加快转变高投入、高消耗、高排放、难循环、低效率的粗放型增长方式，实现经济发展方式绿色转型。要把加强环境保护作为推进生态文明建设的根本途径，坚持环境保护与经济社会发展相协调，把经济社会活动对环境的损害降低到最小程度，以尽可能小的环境代价支撑更大规模的经济活动，以环境保护的不断加强促进经济社会永续发展，加快资源节约型和环境友好型社会建设。要把加强环境保护作为构建和谐社会的重大民生工程，强化环保为民惠民利民的理念，坚持不欠新账、多还旧账，加大水、空气等污染治理力度，从严控制“两高一资”、低水平重复建设和产能过剩项目异地死灰复燃，集中力量优先解决关系民生的环境问题，严厉惩处环境违法行为，切实维护公众的环境权益，让人民群众喝上干净的水，呼吸上新鲜的空气，吃上放心的食品，在优美宜居的环境中生产生活。

二、指导思想、基本原则和主要目标

（一）指导思想。紧紧围绕科学发展主题和加快转变经济发展方式这个主线，积极适应生态文明建设的新要求，充分发挥环境保护在结构调整、经济转型中的倒逼作用，坚持以人为本和环境优先，不断加强体制机制创新和能力建设，着力削减排污总量，改善环境质量，防范环境风险，走出一条代价小、效益好、排放低、可持续的环保新道路，为建设经济强省、和谐河北打下良好的环境基础。

（二）基本原则。坚持环境优先，在保护中发展，在发展中保护，以环境保护优化经济增长；坚持预防为主，防治结合，全程监控，着力解决影响可持续发展和损害群众健康的突出环境问题；坚持全面推进，重点突破，统筹协调，切实改善重点流域、区域环境质量；坚持改革创新，项目引领，典型示范，努力营造有利于环境保护的体制、政策、市场和社会环境。

（三）主要目标。到“十二五”末，全省化学需氧量、氨氮、二氧化硫、氮氧化物排放总量较2010年分别减少9.8%、12.7%、12.7%、13.9%。城市集中式饮用水水源地达标率稳定达到100%；地表水国控、省控断面劣Ⅴ类水质的比例小于30%，好于Ⅲ类的比例大于30%。设区城市环境空气质量逐年改善，空气污染指数逐年降低。近岸海域水质总体保持稳定，达标率为100%。生态保护水平显著提高，环境安全得到基本保障，初步建立起与社会主义市场经济体制相适应的比较完善的环境政策保障体系、技术支撑体系和监督管理体系。

三、全面提高环境保护监督管理水平

（一）严格环境影响评价制度。着力推进规划环评，凡依法应当进行环境影响评价的重点流域、区域开发和行业发展规划，必须严格履行环境影响评价程序，努力缓解结构性、布局性环境问题。切实严格项目环评，加强涉重金属和危险化学品项目区域的环境风险评估和环境安全距离保障，提高环境准入门槛和建设标准；坚持把主要污染物排放总量控制指标作为新改扩建项目环境影响评价

审批的前置条件。不断强化环评管理，完善集批、管、验于一体的建设项目环评全程监管体系，依法追究各级各有关部门及相关企业的监管失职和环境违法行为。开展“三同时”环境监理试点。

（二）强化环境执法监督管理。持续开展环保专项行动，严厉打击各类环境违法行为。研究制定《河北省环境监察办法》，提升环境监察效能。加强重点污染源的监督检查，强化污染源自动监控设施的应用，推行污染源自动监控设施社会化、专业化运营管理，积极推动污染源自动监控数据应用于排污费征收、行政处罚等环境监督管理，建立监督性监测数据应用于环境执法工作机制，严肃查处重点污染源超标问题。严格执行流域、区域、行业限批、挂牌督办和限期治理制度，省、市、县三级全面开通12369环保热线，加强环境保护的社会监督，开展环境保护廉政执法实践活动。

（三）防范环境隐患和风险。健全以预防为主的环境风险管理制度，实行环境应急分级、动态和全过程管理，强化地方政府环境安全监管责任。完善《河北省突发环境事件应急预案》，加强突发环境事件应急预案建设和管理，积极组织开展环境应急演练。切实加强重金属污染防治，对重点防控的重金属污染地区、行业和企业进行集中治理，合理调整涉重金属企业布局，推进实施重金属治理项目。提升环境监测机构重金属监督性监测能力和涉重金属企业自行监测能力，强化对重金属相关企业的环境监管。开展以化学品生产经营企业为重点的环境风险隐患排查，重点整治海洋、江河湖泊沿岸的化工企业，强化安全保障措施，完善化学品全过程环境管理制度，建立并落实化学品环境污染责任终身追究制和全过程行政问责制。健全环境风险管理联动工作机制，共享相关数据信息，减少人民群众生命财产损失和生态环境损害。

（四）加强辐射环境安全监管。严格执行放射源和射线装置辐射工作安全许可制度，加强放射性同位素使用、运输和存放等环节中的规范管理；健全辐射环境质量自动监测网络和重点放射源单位自动监控系统，对放射源和射线装置实行动态管理。推进建立废旧放射源处置保证金制度，确保废旧放射源及时处置。

四、切实改善重点流域区域环境质量

（一）着力加强主要污染物总量减排。重点抓好新老“双三十”节能减排示范工程、千家重点企业污染防治工程和农村环境综合整治工程，切实发挥示范带动作用。对造纸、印染和化工行业实行化学需氧量和氨氮排放总量控制，着力推进污水、污泥处理处置设施及污水再生利用和垃圾渗滤液处理设施建设。加强城市污水处理厂监控平台建设，提高污水收集率，实行运行和污染物削减评估考核制度，考核结果作为核拨污水处理费的重要依据。对电力行业实行二氧化硫和氮氧化物排放总量控制，加强燃煤电厂脱硫，全面推行燃煤电厂脱硝，新建燃煤机组同步建设脱硫脱硝设施。对钢铁行业实行二氧化硫排放总量控制，强化水泥、石化、煤化工等行业二氧化硫和氮氧化物治理。在重点区域开展大气污染联防联控和煤炭消费总量控制试点。开展机动车尾气氮氧化物治理，强力推进黄标车淘汰。推进污泥无害化处置，制定实施污水处理厂污泥利用处置规划，完善收费标准，改革征收方式。严格执行排污许可证制度，开展排污权有偿使用和交易试点。

（二）不断深化重点流域、区域污染综合防治。科学改进流域跨界断面水质目标考核与财政挂钩的生态补偿机制等考核机制，推进重点流域水质持续改善。实行最严格水资源管理制度，建立水功能区限制纳污控制红线。各级政府要把水功能区限制排污量作为污染减排的参考依据。严格入河排污口监督管理，对排污量已超出水功能区限制排污总量的地区，限制审批新增入河排污口。做好饮用水水源保护区划分和管理工作，加强水源地生态环境整治、恢复和建设。做好地下水污染状况调查、风险评估和修复示范工作。加大对白洋淀、衡水湖等湖泊的保护力度。加强流域合作，保障官厅水库水质安全。严格控制可能导致生态严重失衡的围填海活动，严格审批和监督管理入海排污口，着重做好入海河流污染治理，重点改善渤海及北戴河近岸海域和关联区海域环境质量。落实《环境空气质量标准》（GB3095-2012）要求，按照国家大气污染防治规划，制定大气达标计划，建立京津冀区域大气污染联防联控机制，实施多种污染物协同控制，积极推进新增PM2.5、O3、CO 控制技术研究，建立相应环境监测体系，减煤增气控制燃煤量，强化建筑道路扬尘监管，严格控制机动车尾气污染，提高工业污染治理水平，改善大气环境质量。加强固体废物污染防治，强力推进固体废物（危险废物）处置工程项目建设和危险废物行政代处置，推动《河北省实施〈中华人民共和国固体废物污染环境防治法〉办法》的修订。开展污染场地环境评估和无害化治理工作，禁止未经评估和无害化治理的污染场地进行土地流转和开发利用。进一步做好恶臭、噪声、餐饮油烟污染控制和城市生活垃圾无害化处理工作。深入开展城市环境综合整治和环境保护模范城市创建活动。强化污染企业环境绩效评估，严格上市企业环保核查及后督察。加强重点企业强制性清洁生产审核工作。

（三）积极推进农村环境保护。探索实施农村环境综合整治目标责任制，建立完善相应考核体系，着力推进环境重点流域和敏感区域重点村、镇的环境整治与生态建设。逐步开展农村环境集中连片整治，不断扩大规模治理成效。结合社会主义新农村建设，大力开展村庄绿化，创建生态宜居乡村，为广大村民营造良好的生产生活环境。加强农村地区饮用水水源地环境保护，加快农村生活垃圾、生活污水、农作物秸秆、废旧农膜及畜禽养殖废弃物处理等设施建设，推动环境保护基础设施和服务向农村延伸。完善相关支持鼓励政策，大力发展和推广秸秆综合利用技术；强化对秸秆禁烧工作的监督管理，严格查处重点部位和敏感区域违规焚烧问题。深入开展土壤环境调查，进行土壤污染治理与修复试点示范；积极推进农业清洁生产，建立农业清洁生产示范点。开展农业和农村环境统计，编制全省环境功能区划。加强自然保护区、水源保护区和风景名胜区等重要生态功能区的建设和管理。开展生物多样性监测和生态系统状况评估等基础性工作，加大外来入侵生物的预防与控制工作，保护农村农业生态环境安全。按照“谁开采、谁保护”和“谁破坏、谁治理”的原则，加快推进矿山生态环境恢复和治理。强化水利设施、旅游资源开发和交通基础设施建设中的生态保护。推进生态文明建设试点，创建一批环境优美、生态优良的生态县、生态乡（镇）、生态村，提高生态文明建设水平。

（四）加快环保科技产业发展。加强环保科技创新和攻关，建立环保科技创新联盟，深化科技创新平台建设，实施《海河南系子牙河流域（河北段）水污染控制与水质改善集成技术及综合示范实施方案》科技重大专项。以水和空气污染防治、固体废物处置与回收、在线环境监测仪器仪表为重点，组织开展重大环保技术装备及产品产业化示范工程，打造重点环保产业基地。大力推进污染防治系统工程技术和关键技术装备攻关，积极运用高新技术改造提升传统环保产业。积极支持和发展环保服务业，做大做强环境保护设施专业化和社会化运营服务，规范环境咨询、环境监理、工程技术设计和认证评估等市场准入，加快培育一批专业化品牌企业。

五、着力加强体制机制改革创新

（一）积极创新环境经济政策。各级政府要不断加大污染防治、生态保护、环境监管能力等环保领域的投资力度，进一步增加各级环保能力建设经费安排，确保环境保护投入增加比例高于经济增长水平。深化“以奖促防”、“以奖促治”、“以奖代补”等资金支持机制，强化财政资金的引导作用，增加环境保护专项资金规模。研究制定限制类和淘汰类高耗水企业惩罚性水价，完善鼓励再生水、海洋淡水、微咸水、矿井水和雨水开发利用的价格政策。严格落实高耗能、高污染行业差别电价政策，对污水处理、污泥无害化处理设施、非电力行业脱硫脱硝和垃圾处理设施等鼓励类企业实行政策优惠。完善全省“企业环境保护信用信息系统”基础数据库，建立企业环境行为信用评价制度，构建绿色信贷环境信息网络途径和数据平台。健全环境污染责任保险制度，开展环境污染强制责任保险试点，做好环境污染损害鉴定评估研究。加快建立生态补偿机制和生态补偿专项资金，完善补偿金使用管理办法，扩大生态补偿范围。建立自然保护区资金投入机制，加强自然保护区管理。推进环境经济政策法制化，充分发挥环境经济政策对于环境保护工作的规范和引导作用。

（二）不断增强环境保护能力。着力推进环境保护能力标准化建设，确保到“十二五”末，监测、监察、宣教、信息、辐射和固废管理等全面达到国家环境保护能力建设标准要求。着力加强空气质量、饮用水水源地、重点流域区域、地下水、农产品产地的监控点位和自动监测网络建设，强化污水、垃圾处理设施和重点污染源的自动监控系统建设及运行监管，建立先进的环境监测预警体系。着力提升基层环保队伍业务素质，加大财政支持力度，增加专项资金对县（市、区）级环保业务技能进行免费培训。整合全省环境保护业务专网，搭建全省环境保护综合业务应用平台，加强物联网、遥感、移动通信等技术在环境管理各领域的研发和应用，增强环境信息基础能力、统计汇总能力和业务应用能力。深入开展环境保护宣传教育，实施全民环境宣传教育行动计划，培育壮大环保志愿者队伍，引导和支持公众及社会组织开展环保活动，弘扬环境文化，倡导生态文明，提高全民保护环境的自觉性。

（三）努力健全环境管理体制机制。建立完善行之有效的环境保护综合决策机制和环境管理、考核与评估制度，推动环境与发展综合决策科学化、规范化；建立健全部门、地区之间环保协商与合作制度。完善环境监测和督查体制机制，切实解决专业技术人员不足、经费短缺等长期影响和制约环境监测监察发展的突出问题。加强固体废物（危险废物）监管体系建设，提升处置危险废物和化学品污染的防控能力。拓展资金渠道，将环境监察执法和环境应急能力建设工作纳入各级财政预算支出管理范畴，并逐年提高。加大对高端人才和急需人才的引进和培养力度。加强辐射安全管理工作。设区市环境保护部门和辐射安全监管任务重的县（市）环境保护部门，明确辐射安全监管负责机构，加强应急执法，配备必要的监测、应急装备，提高核与辐射应急能力和水平。加强对开发区、园区及乡（镇）环保工作的监管，提高基层环境管理水平。

（四）着力强化对环境保护的领导和考核。各级政府要把环境保护列入重要议事日程，对本行政区域环境质量负责，坚持一把手亲自抓、负总责。健全与科学发展观相适应的领导干部政绩评价体系，制定生态文明建设的目标指标体系，将资源消耗、环境损失和环境效益纳入领导班子和领导干部政绩考核。对未完成目标任务考核的地方实施区域限批，暂停审批该地除民生工程、节能减排、生态环境保护和基础设施建设以外的项目。对因行政不作为而未按要求完成环境保护任务、未实现环境保护目标的地方政府和部门负责人，要严格行政问责；对违反环境保护法律法规、决策失误造成重大环境污染和生态破坏事故的，或干扰环境保护执法、执法不力造成严重后果的领导干部和公职人员，要依法依规追究相应责任。

（冀政〔2012〕24号）

河北省人民政府
关于支持农业产业化龙头企业发展的实施意见

（2012年12月24日）

为贯彻落实《国务院关于支持农业产业化龙头企业发展的意见》（国发〔2012〕10号）精神，推进全省农业产业化加快发展，做大做强龙头企业，结合实际，现提出如下实施意见：

一、总体要求和基本原则

（一）总体要求。以转变发展方式为主线，以构建现代农业产业体系为主攻方向，以促进农业增效农民增收为中心任务，发挥特色产业优势，创新工作机制，加强政策扶持，强化服务指导，改善发展环境，在项目建设、基地拓展、品牌培育、集群发展和利益联结等方面实现新突破，推动龙头企业集群集聚，全面提高农业产业化经营水平。到2015年，省级农业产业化重点龙头企业达到500家以上，年销售总收入达到3000亿元以上，年销售收入100亿元以上的龙头企业力争达到10家，争取更多的企业进入国家重点龙头企业行列。全省参与农业产业化经营的农户达到1000万户以上。

（二）基本原则。

坚持市场导向。遵循市场经济规律，发挥市场配置资源的基础性作用，依靠市场牵动龙头企业，龙头企业带动原料基地，原料基地辐射农户，促进产加销有效衔接。

坚持突出特色。注重资源禀赋，在特色上做文章，在优质上下功夫，在高效上找出路，因地制宜，分类指导，稳定粮食、提高菜果、做强畜牧，提升加工水平，打造知名品牌，推动产业升级。

坚持项目带动。以项目建设为抓手，大力实施招商引资，开展战略合作，切实发挥投资拉动效应，促进企业上档升级，扩大经营规模，提高市场占有率。

坚持机制创新。健全土地承包经营权流转市场，引导发展适度规模经营，大力发展龙头企业联结农民专业合作社的组织模式，与农户建立紧密的利益联结机制。

二、重点工作

（一）建设原料基地。以粮食核心区、蔬菜示范县、畜牧和果品大县为重点，集中建设规模化、标准化、专业化生产基地。支持龙头企业开展中低产田改造、高标准基本农田、土地整治、粮食生产基地、标准化规模养殖基地、高标准果品基地等项目建设，自建原料生产基地。鼓励龙头企业带动农户发展设施农业和规模养殖，建设粮油高产示范方、园艺标准园、畜禽水产养殖标准示范场、林下经济示范基地，开展多种形式的适度规模经营。发展“一村一品”，支持专业示范村镇建设。着力推行标准化生产，引导龙头企业建立质量管理体系，完善农产品质量安全全程控制和可追溯制度，大力发展无公害农产品、绿色食品、有机农产品，提高农产品质量安全水平。

（二）加快技术创新。坚持以引进消化吸收再创新和集成创新为重点，着力培育核心竞争优势，推进产业进档升级。鼓励龙头企业引进先进适用生产加工设备，淘汰落后贮藏加工设施。支持龙头企业增加科技投入，建立研发机构，承担科技专项，培育科技型龙头企业。鼓励龙头企业申请高新技术企业认定。引导龙头企业与科研院所和重点院校开展合作，组建产业技术创新战略联盟，建立技术转让和推广应用平台。龙头企业要充分发挥农技推广主体作用，为农民开展技术指导、技术培训等服务。

（三）强化企业管理。鼓励龙头企业结合行业特点和经营实际，建立健全生产经营、质量安全、激励约束等制度，提高生产效益。引导龙头企业完善法人治理结构，逐步建立现代企业制度。落实国家促进企业兼并重组的优惠政策，支持龙头企业通过兼并、重组、收购、控股等方式，组建企业集团。严格执行省级龙头企业监测办法，对制度不健全的企业要摘牌出列。到2015年，80%的省级龙头企业要建立现代企业制度。

（四）推动集群发展。加快建设农产品加工园区，重点支持国家级和省级农业产业化示范基地建设，提高农产品加工企业集聚区发展水平。支持园区基础设施建设，搭建园区物流信息、质量检验检测等公共服务平台。引导加工型龙头企业向产业园区集聚，推动上下游企业分工合作，促成一批产业关联度高、功能互补性强的企业集群，增强区域经济发展实力。到2015年，30个示范基地县均要建成一个高标准、有特色的年销售收入30亿元以上的农产品加工园区。

（五）推进项目建设。按照“谋划一批、储备一批、开工一批、投产一批”的要求，建设一批大项目。帮助龙头企业破解资金、技术等瓶颈，制定技改路线，谋划实施技术更新改造项目。支持龙头企业增强创新能力，谋划建设精深加工和企业扩张项目，提高产品附加值和竞争力。引导龙头企业瞄准现实和潜在市场空间，新上一批抢占市场份额项目。“十二五”期间，省产业化办公室每年重点抓10个投资10亿元以上的项目，各设区市抓10个投资5亿元以上的项目，全省每年建成100个亿元以上项目。

（六）开展战略合作。引导龙头企业抓住国内外大企业竞相扩张和产业转移的有利时机，主动寻找战略合作伙伴。组织开展专业招商、小团队招商、园区招商、产业链招商等多种形式的招商活动，吸引战略投资者。围绕发挥当地资源和区位优势，制定优惠政策，着力改善发展环境，确保客商招得来、留得住、合得好。对引进世界500强、国内500强和国家级龙头企业等在我省新建，总投资10亿元以上、按协议完成当年投资的合作项目，省产业化资金一次性奖励300万元至500万元。鼓励有条件、有实力的龙头企业“走出去”，开展境外贸易，参与国际竞争。

（七）加强品牌建设。引导龙头企业增强主体意识、品牌意识、质量意识和创新意识，加大科技研发投入，加快调整产品结构，开拓高端产品市场，确保产品质量安全，加大品牌宣传力度，争创知名品牌。鼓励龙头企业申报驰名商标、著名商标、名牌优质产品、地理标志保护产品等。加强品牌宣传和保护，严厉打击仿冒伪造品牌行为。对获得中国驰名商标的龙头企业，省产业化专项资金给予一次性奖励30万元。到2015年，力争全省农业产业化龙头企业中国驰名商标达到40个。

（八）促进市场流通。加快特色农产品专业批发市场改造升级，建设一批大型农产品流通企业。大力发展“农超对接”，积极开拓京津市场。鼓励龙头企业建立健全营销网络，建设市场信息服务体系。支持龙头企业改善农产品储运、配送等冷链设施。鼓励龙头企业发展连锁店、直营店、配送中心和电子商务，研发和应用农产品物联网，提高流通效率，扩大市场份额。积极为企业搭建展示交易平台，组织龙头企业参加各类产品展览展销活动。帮助龙头企业积极申请国家级和省级支持境内外参展、开拓国际市场等相关政策的扶持资金。

（九）培养引进人才。采取综合措施，培养一批具有世界眼光、经营管理水平高、熟悉农业产业政策、热心服务“三农”的新型龙头企业家。鼓励龙头企业采取多种形式培养业务骨干，提供继续教育机会。帮助龙头企业引进特殊人才和紧缺人才，并享受当地人才引进待遇。鼓励和引导高校毕业生到龙头企业就业，对符合基层就业条件的高校毕业生，按照规定享受学费补偿和国家助学贷款代偿等政策。

（十）完善利益机制。鼓励龙头企业发展订单农业，设立风险基金，开展定向投入、定向服务、定向收购，为农户提供技术、信息、资金、购销等多方面服务。支持龙头企业创办或领办各类专业合作组织，采用合同联结、合作联结、股份联结等形式，与基地农户建立利益关系。引导龙头企业采取股份分红、利润返还等形式让利农户，共享农业产业化发展成果。逐步建立龙头企业社会责任报告制度，鼓励龙头企业积极参与产业扶贫、项目帮扶、“幸福乡村”计划等，为全面建成农村小康社会作出应有贡献。

三、扶持政策

（一）加大资金投入。各级财政要增加对农业产业化的资金投入，“十二五”期间，省级根据财力情况逐步加大对农业产业化项目的支持力度，并随财力增长逐年增加，各市、县要根据财力情况安排农业产业化专项资金。财政专项资金要通过贴息、补助、奖励等形式，重点支持龙头企业扩大生产规模、推进技术改造升级和建设原料生产基地。农业综合开发产业化经营项目资金、“菜篮子”项目资金、农业科技成果转化资金等，要优先支持农业产业化龙头企业，扶贫资金要积极支持对贫困户增收作用明显的农业产业化龙头企业。中小企业发展、工业企业技术改造等各类专项资金，要重点向符合条件的龙头企业倾斜。

（二）落实税收政策。龙头企业取得的具有专项用途的财政性资金，凡符合国家税收有关规定的，可列为不征税收入在计算应纳税所得额时从收入总额中减除。对龙头企业符合条件的固定资产，要按照法律、法规规定，缩短折旧年限或者采取加速折旧的方法折旧。龙头企业直接用于农、林、牧、渔的生产用地免缴土地使用税。龙头企业引进国家鼓励发展的农产品加工项目所需的具有国际先进水平的自用设备，在现行规定范围内免征进口关税。龙头企业采取税收规定的“公司+农户”经营模式从事农、林、牧、渔业项目的生产经营所得，享受企业所得税优惠政策。龙头企业外购农产品，加工后仍属于国家税务总局解释列入农业产品范围内的，继续按照13%的税率征收增值税，销售自产农产品免征增值税。龙头企业提取的风险保障金在实际发生支出时，依法在计算企业所得税前扣除。龙头企业应缴纳的企业所得税中属于地方分享的部分，由财政部门返还。

（三）加强金融支持。金融机构要把龙头企业列为优先支持对象，涉农贷款增速不低于全部贷款增速，增量不低于上年度。政策性银行要加强信贷结构调整，采取授信形式，加大对龙头企业固定资产投资、农产品收购的支持力度。商业银行要创新金融产品和服务方式，发展可循环贷款，实行灵活合理的贷款期限，提高办贷审批效率，合理确定利率。扩大有效抵押担保范围，推广保单、仓单、林权、商标权、知识产权、股权等抵质押贷款。鼓励各类担保机构为龙头企业提供融资担保。探索建立省级农业产业化重点龙头企业贷款风险补偿资金，有条件的市、县要组建农业产业化专业担保机构，并根据财力情况注入相应的资本金。鼓励和支持龙头企业牵头组建担保机构或设立互助担保基金。

（四）拓宽融资渠道。支持龙头企业在境内外多层次资本市场上市融资，优先将符合条件的农业企业纳入上市后备企业资源库，对条件成熟的优先列为年度企业上市重点推进和培育目标，对尚不符合条件的提供资本市场配置资源服务。对省政府批准的拟上市龙头企业，根据相关政策在财力允许的情况下适当予以扶持。企业上市申报材料经中国证监会受理后，当地政府给予一次性补助50万元，企业成功上市后一次性奖励100万元至150万元。鼓励龙头企业通过发行短期融资债券、中期票据、企业债券和中小企业集合债券、集合票据和私募债券等方式筹措发展资金。探索建立省级龙头企业发展基金，引导和鼓励各类股权投资基金支持龙头企业发展，切实增强发展能力。

（五）优化发展环境。着力改善“两个环境”，全面清理涉及龙头企业的各种收费项目，对已明确免收的项目要坚决停止征收，降低过高的收费标准。严禁向龙头企业乱集资、乱摊派、乱收费。落实鲜活农产品运输“绿色通道”政策，降低龙头企业生产经营大宗农产品物流成本。质监部门要简化行政审批手续，对已获得食品生产许可证的省级龙头企业，要做好跟踪服务，对许可证有效期届满需换证的，要提前告知企业，压缩审批时间，确保按期换证。

（六）优先安排用地。龙头企业直接用于或者服务于农业生产的设施用地，按农用地管理。龙头企业新增用地，用于农产品加工、仓储和交易市场建设项目的，其用地指标在土地利用年度计划内统筹优先安排。农业产业化项目在符合国家产业政策、城市规划和土地利用总体规划的前提下，优先办理相关用地手续。涉及土地承包经营权流转的，在维护承包农户权益的前提下，各有关部门要主动为龙头企业做好相关服务。

四、保障措施

（一）加强组织领导。各级各有关部门要切实把发展龙头企业摆上重要工作位置。完善各级农业产业化工作领导小组协商机制，强化统筹协调能力，落实责任分工，形成工作合力。强化各级农业产业化工作职能，明确负责农业产业化工作机构，充实工作人员，保障工作经费。

（二）搞好服务指导。建立全省农业产业化信息统计系统和项目库，健全农业产业化调查分析制度和重点龙头企业认定监测制度，加强行业发展跟踪分析和重点龙头企业动态管理。建立健全主要农产品生产信息收集和发布平台，无偿为龙头企业的生产经营决策提供所需信息。发挥省、市两级龙头企业协会作用，加强行业自律，规范企业行为，提升服务水平。

（三）建立激励机制。认真总结龙头企业带动农户增收致富、发展现代农业好的经验和做法，大力宣传农业产业化发展成就及在推进农业产业化经营方面作出突出贡献的单位和个人。加强舆论引导，按照有关规定给予表彰奖励，营造全社会关心支持农业产业化和龙头企业发展的良好氛围。

（冀政〔2012〕100号）

河北省人民政府办公厅
关于进一步做好减轻农民负担工作的实施意见

（2012年7月23日）

为贯彻落实《国务院办公厅关于进一步做好减轻农民负担工作的意见》（国办发〔2012〕22号）精神，进一步做好我省减轻农民负担工作，防止农民负担反弹，提出如下意见：

一、减轻农民负担工作总体要求

全面贯彻落实科学发展观，以维护农民合法权益为中心，以规范涉农收费和确保强农惠农富农政策落实为重点，以强化监督检查为手段，加强各项制度建设，将农民负担监管领域向农村基础设施建设、农村公共服务、农业社会化服务等方面延伸，严肃查处侵害农民利益和加重农民负担的行为，确保农民负担继续控制在较低水平，促进农村社会和谐稳定。

二、进一步加强涉农收费及价格监管

严格执行涉农收费文件审核制，有关部门出台涉及农民和村集体负担的文件，须征求同级农民负担监管部门意见。全面推进涉农收费和价格“公示制”，及时更新公示内容、创新公示形式，提高涉农收费透明度。对农村义务教育阶段的学校，要坚持学生自愿征订教辅资料的原则，不得突破“一教一辅”；合理控制饭菜价格，不得按学期或年度向就餐学生收取餐费；严禁以赞助、捐助的名义向村级组织摊派教师工资和活动经费。进一步规范农民建房收费，对依法利用农村集体土地新建、翻建自用住房的农民，除收取房屋权属证书工本费外，不得收取其他费用。积极推进农业水价改革，逐步实行终端水价制度，减少供水环节，降低农民水费支出。切实保护农民专业合作组织利益，不得借注册登记或检查的名义向专业合作组织乱收费、乱罚款、乱摊派。加大动态监管和跟踪督查力度，推动落实各项优惠扶持政策，为农民专业合作组织健康发展提供良好环境。

三、落实农民负担专项治理责任制

深入开展农民负担专项治理，重点治理农村义务教育、计划生育、农民建房、婚姻登记和惠农补贴落实等领域的乱收费以及通村公路、社会抚养费、农村基础设施建设和维护等方面向村集体集资摊派等。严格落实专项治理责任制，财政部门负责落实强农惠农富农资金及向村级组织各种补助补贴资金，查处在落实惠农政策中加重农民负担和侵害农民利益的行为；教育部门负责治理义务教育阶段农村中小学校违反规定向学生乱收费的行为；发展改革和物价部门负责加强涉农价格和收费的监督检查；国土资源部门负责治理本系统向农民及村集体乱收费、乱罚款的问题；住房和城乡建设部门负责治理向农民建房乱收费的问题；人口计生部门负责治理超范围、超标准征收社会抚养费和向村集体摊派社会抚养费的问题；民政部门负责治理结婚登记搭车收费和殡葬方面的乱收费、乱罚款的行为；新闻出版部门负责治理向村集体摊派报刊和村集体公费订阅报刊费用超限额问题；工商部门负责治理登记注册农民合作社中乱收费的问题。农民负担监管部门为专项治理牵头部门，负责制定具体治理方案，政府纠风部门负责对专项治理工作进行组织协调和监督检查。

四、建立健全村级组织收费监管长效机制

规范管理村级组织收费，严禁将政府承担的建设和服务费用、部门工作经费转由村级组织承担，严禁有关部门或单位委托村级组织向农民收取费用，严禁村级组织擅自设立项目向农民收费，严禁用押金、违约金、罚款等非法方式管理村务。严格监督农村基础设施建设项目，应由政府投入的，不得向农民和村级组织摊派；需要农民筹资筹劳的，须经同级农民负担监管部门审核，严格按一事一议筹资筹劳规定的程序执行。建立村级组织收费审核制。向村级组织提供有偿服务、培训和其他非行政服务等行为，且需向村集体收取费用、捐款或赞助的，须报送县农民负担监管部门批准。未经批准的项目，村级组织不得在村财务列支。严格执行村级组织公费订阅报刊“限额制”，禁止任何组织和个人向村级组织摊派发行报刊，探索建立主要党报党刊向村级组织免费赠阅制度。

五、强化一事一议筹资筹劳管理

严格执行《河北省人民政府办公厅关于印发河北省村民一事一议筹资筹劳管理办法的通知》（冀政办〔2011〕29号）规定的议事范围和程序，认真落实一事一议筹资筹劳公示制度，及时将筹资筹劳、项目建设、资金使用等情况向村民公示，接受群众监督。严格管理筹集资金，村民筹资实行乡（镇）一事一议筹资专户管理，村集体经济组织内部单独核算、专项用于所议项目的建设。农村集体经济审计部门要全面审计一事一议筹资筹劳项目实施和资金使用情况，并向村民公示审计结果。开展一事一议筹资筹劳监督检查，重点检查民主议事程序、筹资筹劳限额、一事一议项目范围、筹集资金账务管理和档案管理等。对超出一事一议议事范围、违反民主议事程序、加重农民负担、增加村级债务的，要及时予以纠正；对发现的假项目、假筹资、假议事、假账目等，要依法依纪追究有关人员的责任。坚决查处平摊以资代劳款、以自愿名义平摊捐资、乡（镇）统筹使用筹资、县级集中管理筹资款项等行为。

六、认真开展农民负担专项检查

各级政府每年要在本行政区域内组织一次农民负担专项检查，重点检查向农民、村集体和合作经济组织乱收费、乱罚款和摊派治理、一事一议项目及财政奖补落实、强农惠农富农政策落实等情况，并在一定范围内通报检查

结果。对发现的问题要跟踪督办，确保检查取得实效。各有关部门要认真开展自查自纠，切实解决本系统、本部门涉及加重农民负担的问题。省农民负担监管办公室和省政府纠风办对年度检查中发现的突出问题要重点督办，对发现的违法违规违纪问题要严肃查处，对问题较多的县（市、区），要列为省农民负担综合治理县（市、区），责令限期整改。

七、严肃查处侵害农民利益的违规违纪行为

各地要加大对涉及农民利益违规违纪问题的查处力度，对向农民、村级组织、农民专业合作组织违规收取的各种费用和截留、挪用各项补贴、补偿资金的，一律予以退还；对违规使用的农民劳务，按当地工价标准给予农民合理补偿；对擅自出台、设立涉及加重农民负担的文件和收费项目、建设项目，一律予以撤销；对擅自提高的收费标准，一律予以纠正。进一步畅通农民负担信访渠道，加强综合协调，努力解决信访反映的重点难点问题。严格实行农民负担责任追究制度，对违反政策规定，加重农民负担或影响强农惠农富农政策落实的相关责任人，依照有关规定追究责任。

八、切实加强减轻农民负担工作组织领导

各级政府要把减轻农民负担作为落实农村基本政策的主要抓手和具体体现，加强组织领导，层层落实责任，确保农民负担监管工作的顺利开展。完善农民负担监督卡制度，将涉农收费、惠农政策、投诉渠道等内容列入监督卡。落实农民负担监测制度，扩大监测范围，提高监测质量，为政府决策提供科学依据。加强调查研究，及时解决统筹城乡发展中涉及农民负担的新情况、新问题，采取多种宣传形式，加大减轻农民负担相关政策宣传力度，增强农民维护自身合法权益意识。

（冀政办〔2012〕14号）

河北省人民政府办公厅
关于做好当前农业恢复生产和灾后重建工作的通知

（2012年8月24日）

今年入汛以来，“7·21”特大暴雨和10号台风等引发的持续强降雨，农业生产受灾面积大，涉及范围广，灾害损失重，给我省人民群众生命财产造成了重大损失。在省委、省政府的正确领导下，全省抗洪抢险取得了决定性胜利，目前恢复生产和灾后重建工作已全面展开。为切实抓好当前农业恢复生产和灾后重建工作，保障农产品有效供给，确保大灾之年粮食增产、农业增效、农民增收，特作如下通知：

一、尽早修复水毁生产设施

各地要抓住有利时机，紧急行动，采取有效措施，迅速修复水毁生产设施。对受损较轻的蔬菜棚室要抓紧清淤，修复加固墙体、骨架，尽快恢复正常生产；对发生倒塌的要尽快组织重建，合理选址、避开行洪区和下洼地，科学选定棚室类型、增强抗风雨雪灾能力，确保10月底前全部投入冬季生产。畜牧、水产养殖设施受损较轻的，要在做好清淤和消毒防疫的基础上，抓紧对墙体和水坝整修加固，恢复养殖条件；对受损严重的，要因地制宜，按照标准化规模养殖场建设要求，高起点规划、高标准设计、高质量施工，确保年底前完成重建任务。对基层农业技术推广区域（乡镇）站、畜牧兽医、水产和农机技术推广站受损的设施，要摸清底数，根据受灾程度，及时采取修复、加固措施，确保明年6月底前恢复服务条件。

二、抓紧恢复灾区农业生产

根据灾情损失，指导灾区群众尽快恢复蔬菜、畜产品和水产品生产，保证市场供应。在蔬菜生产上，要组织群众对绝收农田及时毁种改种菠菜、香菜等速生蔬菜，弥补受灾损失；边修复受灾棚室、边集中育苗，努力做到早定植、早生产、早受益。在畜牧生产上，要抓住秋季补栏时机，加大优良品种引进力度，搞好选优选配、科学繁育，及时补充仔畜雏禽，加强卫生消毒，抓好畜禽疫病防控，尽快恢复生产能力。在水产养殖上，帮助受灾场户补充当年生产快、见效快的品种，搞好投喂，减轻损失。

三、切实加强大秋作物管理

各地要树立无灾区多增产、轻灾区不减产、重灾区少

减产的思想，切实抓好大秋作物田间管理，努力实现以丰补歉。玉米生产要采取防倒伏、防治病虫、补施攻粒肥和适时晚收措施，切实提高千粒重。棉花生产要推株并垄，摘除烂桃、烂叶，增强通风透光能力，促进棉桃增重。花生生产要通过喷施叶面肥，防止早衰，提高产量。农作物高产创建示范片要充分发挥品种、技术集成优势，精管、细管、巧管，努力创高产，示范带动周边区域均衡增产。

四、及早谋划秋季种麦工作

各地要提前谋划种麦工作，认真落实良种补贴、农机具购置补贴等惠农政策，引导农民种足种好小麦。组织专家研究制定秋季种麦指导意见，筛选推荐优良品种，搞好农民技术培训。提早备足种子、化肥、农药、农机等物资，加强市场监管，维护农民利益。认真落实深松整地、精细播种、播后镇压、浇越冬水、春草秋治等关键技术措施，提高小麦播种质量，确保一播全苗，夯实明年夏粮生产基础。

五、深入开展技术培训服务

各地要结合开展基层建设年活动，继续组织干部和技术人员下基层为农民群众解难题、送服务，广泛开展科技救灾。实行包县、包乡、包村、包场的方式，加强督导、落实措施、明确责任。深入一线，开办不同层次、不同形式、不同内容的技术培训班，提高农民生产自救水平。根据不同地区、不同品种、不同灾情和农民的不同需求，进行分类指导，科学开展救灾和恢复生产工作。

六、加大对受灾群众帮扶力度

省政府安排专项资金，对灾区受损严重的蔬菜棚室、规模养殖场畜禽圈舍、水产养殖场池塘等农业设施修复和重建给予适当补助，提高灾区群众自救能力。有关市、县要按照省、市、县2：1：1的比例，落实农业恢复重建配套资金，制定相应措施，从项目、资金、税收、贷款等方面加大扶持力度。各级各有关部门要把灾区农业恢复重建作为当前最紧迫的任务来抓，在项目审批、资金和物资发放等方面，简化手续，提高效率，帮助受灾群众尽早恢复农业生产。

（办字〔2012〕98号）

河北省人民政府办公厅
转发省财政厅关于创建现代农业综合开发示范区实施意见的通知

（2012年9月13日）

省财政厅制定的《关于创建现代农业综合开发示范区的实施意见》已经省政府同意，现印发给你们，请认真贯彻执行。

关于创建现代农业综合开发示范区的实施意见

（河北省财政厅）

为充分发挥农业综合开发职能，促进农业综合生产能力提升和农民增收，进一步加快我省现代农业建设和发展，依据《河北省现代农业发展规划（2012-2015）》，现就创建现代农业综合开发示范区提出如下实施意见：

一、指导思想

紧紧围绕改善农业生产条件，提高农业综合生产能力，促进农业结构调整和增加农民收入，实现农业可持续发展的总体目标，按照省政府加快现代农业示范区建设的工作要求，进一步转变发展理念，强化物质装备，提升科技水平，完善产业体系，创新经营方式，培养新型农民，建设现代农业发展的先行区，充分发挥典型示范和辐射带动作用，引领传统农业产业改造升级，培育壮大新兴农业产业，加速推进农业现代化建设。

二、基本原则和创建目标

（一）基本原则。

1. 突出综合生产能力提高。紧紧围绕着力改善农业生产基础条件，加快建成一批旱能浇、涝能排的高标准农田，增强抗御自然灾害的能力，进一步优化全省粮食生产布局，提高综合生产能力，提升规模效益。

2. 突出优势产业发展。瞄准当地特色主导产业，培育示范区现代农业建设的发展极和增长点，大力扶持发展蔬菜、畜牧业和农产品深加工等产业，完善产业链条，加速推进现代农业产业体系建设。

3. 突出两类项目结合。着眼于放大两类项目集聚效应，重点扶持当地龙头企业，并围绕龙头企业推进种植基地建设，进一步强化“龙头企业+基地+农户”的利益联结机制，努力提升示范区主导产业的竞争力，实现当地群众受益最大化。

4. 突出建设主体多元化。鼓励农户、农民专业合作社、农业龙头企业和科研推广机构等生产经营单位参与示范区建设，引导创建主体开展多渠道、多形式的联合与合作，结成利益共享、风险共担的共同体，努力形成多方参与、共同推进的良好格局。

（二）创建目标。

1. 总体目标要求。自2013年起，利用3年时间，打造30个万亩以上具有区域特色的现代农业综合开发示范区。实行多渠道投入、高水平规划、高标准设计、高质量建设、高科技支撑、高效益运营，使之成为现代农业生产与新型农业产业培育的样板区、农业科技成果和现代农业装备应用的展示区、农业功能拓展的先行区和农民接受新知识新技术的培训基地，引领项目区现代农业发展，加速农业现代化进程。

2. 主要指标体系。示范区粮食综合生产能力达到亩产超吨粮水平，设施高效农业的土地综合产出率达到亩均万元以上水平，农业灌溉用水有效利用系数达到0.55，耕种收综合机械化水平达到70%以上，科技进步贡献率达到60%；农民产业化组织程度达到60%以上，农民接受技术培训率100%，示范区农民纯收入高于全省农民年平均收入10%以上；示范区林木覆盖率提高2%，农产品质量安全合格率达到98%以上。

3. 主要创建模式。因地制宜创建林路框架完整、取水设备先进的高效节水模式，种植结构优化、科技水平先进的高效农业模式，龙头企业与合作组织与基地、农户紧密相联的产业化发展模式，集约农业、规模生产、有机生态的可持续发展模式。

三、创建条件和重点任务

（一）创建条件。

1. 规划编制科学。示范区建设规划符合我省现代农业发展规划和当地经济社会发展要求，布局合理，选项准确，资源条件和生态环境具有代表性。所规划的项目，符合国家农业综合开发政策及有关规定。

2. 主导产业清晰。示范区的主导产业能够体现当地农产品生产优势与特色，且产业化水平高，产业拉动作用明显。

3. 建设规模合理。示范区建设规模与其生产条件、环境承载能力、技术应用和管理水平相匹配，辐射带动能力强。

4. 基础设施良好。示范区内水、电、路等基础条件配套完善，具备实施标准化、规模化、机械化、无害化安全生产的良好条件，具备一定的管理服务设施。

5. 科技水平先进。示范区具有稳定的技术依托单位，具有一定规模的新品种、新技术的展示示范场所，已培育和带动一批科技示范户、种养大户或农机大户。

6. 运行机制顺畅。示范区建设主体清晰，管理部门明确，已建立科学的组织管理机制、较完善的经营管理机制和社会化服务机制。当地政府重视、支持示范区发展，农民群众参与积极性高，发展环境良好。

（二）重点任务。

1. 首都周边高效特色农业区。突出蔬菜、水果、食用菌和花卉等高效园艺作物生产示范、优质高效畜禽标准化生产示范，积极拓展农业多种功能，努力把示范区建设成为首都“菜篮子”产品生产示范基地，辐射带动周边地区农产品安全生产发展。

2. 河北平原优势农产品主产区。突出粮棉油、畜禽和水产品等优势农产品的生产、加工、贮藏示范和技术培训功能。大力发展优质粮食产业，着力提升畜产品标准化规模养殖，努力把示范区建设成为高产、优质、高效、生态、安全农产品生产的亮点和样板，为提升优势区域粮食等大宗农产品综合生产能力，促进产业优化升级，发挥辐射带动作用。

3. 山区坝上生态区。山区坝上地区是特色产业最突出的地区，在注重生态开发的同时，积极拓展具有区域特色的农产品生产示范功能，努力把示范区建设成为特色农产品生产经营的核心示范区，为推进我省生态特色农产品产业持续高效发展，促进欠发达区域农民增收发挥示范带动作用。

四、立项管理和保障措施

（一）立项方式。

省级现代农业综合开发示范区的立项，实行“示范区所在县申请、市级农发机构同意、省农发办批准”的方式，由示范区所在县的农发办提出申请，由所在市农发机构审核同意后报送省农发办；省农发办组织专家实行竞争立项式评审和审定，并经公示后确定为省级现代农业综合开发示范区。

（二）管理考核。

省农发办负责制定现代农业综合开发示范区管理办法；负责组织示范区申报、竞争、评审、审定和公示等工作；对示范区运行进行年度考核，定期发布现代农业综合开发示范区年度总结报告。

省级现代农业综合开发示范区采取“目标考核、动态管理、能进能退”的管理机制，对考核不合格的撤销其示范区资格，3年内不得申报新的示范区项目。

（三）保障措施。

1.建立稳定的资金投入机制。示范区一经确定，就要按照批准的规划要求编制切实可行的项目预算，并依据预算按年度安排资金投入。示范区实行土地治理和产业化项目资金综合投入，优先安排重点示范项目、高效节水项目和重点科技项目，积极争取和整合“一事一议”及其他农口部门项目资金，形成集中投入、合力开发的态势。对主动整合其他项目，吸引社会民间资本的示范区，优先安排，重点投入。

2.严格农业综合开发各项政策。示范区立项农业综合开发项目，均要严格执行国家办和省办有关政策规定，接受审计、检查和验收。积极落实对种粮大户、土地流转大户的扶持政策，同等条件下优先支持种粮大户和规模经营好的项目。严格执行财政资金管理政策，确保资金安全和发挥效益。

3.加大督导考核力度。示范区实行建管责任制，县级农发办负责组织实施，对招标聘用的物资供应、监理公司、施工单位进行监管，确保示范区的建设质量；市级农发办负责组织示范区质量、运行机制、实施结果的监管，确保示范区建设顺利，效益明显；省级农发办负责确定示范区项目，考核示范区建设效果。

4.加强组织协调。省农发办成立示范区建设工作协调小组，专门负责示范区建设的审定考核、协调落实资金以及协调示范区配套实施的小农水项目、人畜饮水项目、一事一议项目等。各设区市要建立相应的专门工作协调组织，完善工作责任制和责任追究制，确保各项目标任务落到实处。

（办字〔2012〕109号）

河北省人民政府办公厅
关于进一步加强耕地占补平衡工作的通知

（2012年9月18日）

为严格执行建设项目占用耕地“以补定占、先补后占、占补平衡”规定，确保全省建设占用耕地项目补充耕地任务的完成，根据《国土资源部关于提升耕地保护水平全面加强耕地质量建设与管理的通知》（国土资发〔2012〕108号）要求，现就进一步加强我省耕地占补平衡工作通知如下：

一、严格执行土地整治规划

各设区市要根据土地整治规划、年度补充耕地计划和以补定占需要，制定年度补充耕地方案，明确每个项目的位置、规模、新增耕地面积及立项、实施、验收时限，把土地整治规划和年度补充耕地计划落到实处。认真落实以补定占制度，将建设用地指标分配与补充耕地任务落实情况挂钩。自2013年起，安排下一年度建设用地计划时，下达各设区市的建设占用耕地计划不超过该市当年末补充耕地储备量。

二、严格补充耕地项目立项审批

补充耕地项目立项，由县级国土资源部门申请，设区市国土资源局批准。县级国土资源部门要严格按照规定确定项目勘查设计单位，勘查设计费用超过30万元的，须纳入政府公共资源交易市场，以招投标方式确定。勘查设计单位要对项目区进行实地勘查，按照《河北省土地开发整理工程建设标准（试行）》进行项目设计，并对勘查设计成果负责。县级国土资源部门报送的资料要真实可靠，地类和面积与第二次土地调查成果及变更调查成果相一致。县级国土资源部门对报送资料的真实性负责。设区市国土资源局要加强对申报项目的基础审核，全面审定地类和面积、项目选址、项目预算等内容。组织土地、农业、水利、造价等相关专家对项目的可行性和设计的合理性进行科学论证，充分发挥专家辅助决策作用。设区市国土资源局对批准项目的合法性负责。

三、严格按补充耕地项目设计组织施工

实施补充耕地项目，要通过政府公共资源交易市场，以招投标方式确定工程的施工单位和监理单位。县级国土资源部门要与施工单位、监理单位签订正式合同。监理单位要对工程施工实行全程监理。施工现场要设立标志牌，对项目名称、批准单位、设计单位、施工单位、监理单位、建设规模、主要工程、建设工期等进行公告，自觉接受村民监督小组监督。实施补充耕地项目，严格按照项目设计施工，严禁随意变更。因不按设计施工、偷工减料造成工程质量出现问题的，严肃追究施工单位责任，未履行监理职责的，依法追究监理单位责任。

四、确保补充耕地项目工程质量

补充耕地项目竣工，县级国土资源部门自查合格后，要及时向设区市国土资源局申请验收。设区市国土资源局要组织土地、农业、水利、造价、财会等相关专家及项目区所在村村民代表，成立项目验收组，对项目进行验收。项目验收组要对照项目设计，实地勘验项目区，认真核实任务完成、工程达标、资金使用、档案管理和制度落实等情况，出具项目验收报告，并对验收结果负责。

五、切实维护农民合法权益

补充耕地项目要尊重农民意愿，事先征得农民同意，整个过程要让农民知情、参与，主动接受农民监督，切实维护农民合法权益。补充耕地项目通过验收后，要及时纳入年度土地变更调查，及时变更土地利用现状图。县级国土资源部门与农村集体经济组织签订工程设施产权移交协议，明确管护主体及责任，保障各项工程设施正常使用。移交后出现设施破坏或者耕地撂荒的，由管护主体负责。

六、及时把新增耕地纳入储备库

补充耕地项目的立项、实施和验收，要在每个阶段完成后7个工作日内，通过国土资源部农村土地整治监测监管系统完成项目信息报备。设区市国土资源局负责项目立项、验收信息的报备，县级国土资源部门负责项目实施信息的报备。省国土资源厅根据设区市国土资源局的申请，对每个阶段的报备信息进行核实。完成报备、核实并通过国土资源部复核的新增耕地，纳入当地新增耕地储备库，用于建设占用耕地的抵顶。自补充耕地项目通过验收之日起，超过2年后需用新增耕地挂钩抵顶的，设区市国土资源局需重新实地确认新增耕地的数量和质量。在建设用地报批时，要在组卷说明书中对重新实地确认情况予以说明。

七、规范新增耕地抵顶使用

各设区市政府负责行政区域内耕地占补平衡，要充分利用本地后备资源，积极开展补充耕地工作，统筹本市耕地占补平衡。允许跨设区市补充耕地。分批次报批建设项目需跨设区市补充耕地的，由双方国土资源部门签订委托补充耕地协议；单独选址建设项目需跨设区市补充耕地的，经双方国土资源部门协调，由建设单位与补充耕地项目所在地国土资源部门签订委托补充耕地协议。委托补充耕地费用由双方商定，收益按照规定纳入同级财政预算管理。跨设区市委托补充耕地协议报送省国土资源厅备案。各设区市耕地保有量不因跨设区市补充耕地而发生变化。

八、强化行业管理

鼓励社会各界参与补充耕地项目的勘查设计、施工、监理等工作。补充耕地项目中的勘查设计、施工、监理项目，不得转让和转包。企业和个人不得对新增耕地进行转让。占用耕地的建设单位可自行补充耕地。自行补充耕地的，须经补充耕地项目所在地县级国土资源部门同意、设区市国土资源局批准。自行补充耕地单位应自行施工，新增耕地专项用于该建设项目占用耕地的抵顶，严禁转让。结余的新增耕地由市、县收回统一使用。

九、加强廉政建设

严禁弄虚作假、违规运作、暗箱操作，坚决杜绝“条子工程”、“招呼工程”和“关系工程”，严防占补平衡工作中的腐败行为。切实加强补充耕地项目监管，充分发挥监理单位、村民监督小组和社会的监督作用，禁止地类造假和偷工减料，确保工程质量。各级政府及国土资源部门要高度重视占补平衡工作廉政建设，完善监督制度，加强廉政教育，促进占补平衡工作规范有序。相关管理人员要强化廉政意识，严格遵守法律法规和廉政纪律。对在补充耕地项目管理中出现的违法违纪行为，依法追究有关责任人的责任。

（办字〔2012〕111号）

河北省人民政府
关于认定河北省农业产业化重点龙头企业的通知

（2012年5月21日）

根据《河北省农业产业化重点龙头企业认定和监测管理办法》，现认定石家庄君乐宝乳业有限公司等454家企业为河北省农业产业化重点龙头企业（名单附后），有效期为2012年5月至2014年5月。省政府冀政函〔2010〕59号文件公布的河北省农业产业化经营重点龙头企业同时废止。

新认定的省级农业产业化重点龙头企业要加强项目建设，开展战略合作，加快技术进步，强化企业管理，提升企业竞争实力；不断拓展产业链条，密切与农户之间的利益联结纽带，建设标准化生产基地，切实在现代农业建设中发挥作用。各级各有关部门要认真贯彻落实中央和省委、省政府扶持龙头企业发展的优惠政策，加强对龙头企业的支持和保护，帮助解决生产中遇到的困难和问题，为龙头企业发展创造良好的社会环境；加强组织协调，搞好指导服务，形成支持龙头企业发展的强大合力；鼓励龙头企业抓住当前有利时机，加大招商引资力度，努力打造处于行业领先地位的大型龙头企业；引导龙头企业向优势产区集中，形成相互配套、功能互补、联系紧密的龙头企业集群。

附件：

河北省农业产业化重点龙头企业名单

（排名不分先后）

畜牧类

一、奶业类

石家庄君乐宝乳业有限公司
河北天天乳业集团有限公司
元氏县康丰牧业有限公司
中兴农牧有限责任公司
张北县宏冠乳业有限责任公司
涿鹿县新澳牧业有限责任公司
蒙牛乳业（察北）有限公司
张家口察哈尔乳业有限公司
华夏畜牧（三河）有限公司
廊坊市池林奶牛养殖有限公司
廊坊市奥昆食品有限公司
河北宏利达实业有限公司
河北新希望天香乳业有限公司
小洋人生物乳业集团有限公司
河北格林新大陆食品有限公司
河北隆大庄园畜牧有限公司
武邑县茂祥奶牛养殖有限公司
蒙牛乳业（唐山）有限责任公司
蒙牛塞北乳业有限公司
张家口塞北现代牧场有限公司
河北绿奥乳业有限公司
河北新清源实业有限公司
满城县昊宇奶牛养殖有限公司
现代牧业（察北）有限公司
蒙牛乳业（滦南）有限责任公司
三河市富祥奶牛养殖有限公司
涿州市森牛牧业有限公司
邯郸市康诺食品有限公司
衡水武邑县绿牧达生态奶牛养殖专业合作社

二、生猪及肉制品类

唐山双汇食品有限责任公司
河北千喜鹤肉类产业有限公司
河北裕丰京安养殖有限公司
河北凯隆达食品有限公司
河北宏都实业集团有限公司
石家庄双鸽食品有限责任公司

保定市旺盛敏达牧业有限公司
河北龙海养猪有限责任公司
河北明慧养猪集团有限公司
廊坊市京南食品有限公司
抚宁县第一粮库有限责任公司
河北省景县津龙良种猪养殖有限公司
河北中亚养殖发展有限公司
石家庄经济技术开发区长城食品有限公司
安平县浩源养殖有限公司
威县华威牧业有限公司
保定市远方农牧有限公司
滦南县京东种猪养殖有限公司
河北金鹏牧业有限公司
玉田县牧富种猪繁育有限公司
定州市新宗食品有限公司
河北兆江养殖有限公司
河北裕邦食品有限公司
承德博亚农牧发展有限责任公司
丰宁满族自治县丰鑫实业有限公司
滦县宝福现代农牧有限公司
三河市鑫兴肉类有限公司
廊坊市欧华林畜产品有限公司
保定旺顺敏达农牧开发有限公司
满城县东奥牧业有限公司
河北坤保养殖有限公司
润泰（河北）肠衣有限公司
河北吴氏润康牧业股份有限公司
邯郸市康惠畜牧科技有限责任公司
邯郸市福润肉类食品有限公司
承德格林食品有限公司
丰宁满族自治县神州绿色养殖有限责任公司
霸州市双根肉类食品有限公司
武安市智寿源林牧有限公司
磁县华达实业有限公司
故城县润民养殖专业合作社
深州晨光食业有限公司
河北东旺种猪繁育有限公司

三、肉牛类

河北福成五丰食品股份有限公司
大厂回族自治县福华肉类有限公司
沧州伊杰清真肉类食品有限公司
临城县新绿犇牧业有限公司
饶阳县华阳肉类制品有限公司
河北华香清真肉类加工有限责任公司
大厂回族自治县永发油脂肉类加工厂
张北县祥云食品有限公司
唐山法立德清真食品有限公司
盐山县益民养殖服务有限公司
张北县草原绿野食品有限公司
秦皇岛玉洁肉牛养殖有限公司

四、禽类及其制品

秦皇岛正大有限公司
唐山中红三融畜禽有限公司
河北华裕家禽育种有限公司
河北万雉园农牧科技有限公司
廊坊市康达畜禽养殖有限公司
石家庄华牧牧业有限责任公司
河北东风养殖有限公司
泊头市盈丰贸易有限公司
唐山市腾龙畜禽养殖有限公司
河间市新兴鸭业有限公司
河北惠农畜牧科技有限公司
深州市新星火禽业有限公司
河北荣达畜禽有限公司
文安县瑞丰家禽育种有限公司
高碑店市双合盛养殖有限责任公司
河北河欣牧业有限公司
河北省刘美实业有限公司
河北飞龙家禽育种有限公司
石家庄市牧工商开发总公司
怀来双大食品有限公司
承德三融畜牧发展有限公司
河北乐寿鸭业有限责任公司
黄骅市和顺伊城清真肉食有限公司
河北大午农牧集团有限公司
河北隆利达食品有限公司
河北金凯牧业有限责任公司
河北同和生物制品有限公司
张家口市绿色田园禽业科技有限公司
唐山隆义实业（集团）公司
河北正先食品有限公司
行唐县鸿鑫食品有限公司
河北滦平华都食品有限公司
围场满族蒙古族自治县宏远食品有限公司
承德三元金星鸭业有限责任公司
秦皇岛中红三融农牧有限公司
易县兰宝牧业有限公司
吴桥大成养鸡专业合作社
任丘市仁达养殖专业合作社
肥乡县泓昊昌肉鸡养殖有限公司

河北宝泰食品有限公司
衡水西胡牧业有限公司
河北翼龙生物技术有限公司
河北密州香食品有限公司
河北宏博牧业有限公司
临城县宏兴郎农牧发展有限公司

五、羊、兔、皮毛及其他

华斯农业开发股份有限公司
邯郸临英兔业有限公司
河北天龙皮草有限公司
河北康远清真食品有限公司
河北宝誉鑫食品有限公司
衡水顺尧养殖有限责任公司
阳原县兴盛养殖有限公司
青龙满族自治县三泰阳光牧业有限公司
河北富农绒山羊良种养殖有限公司
张家口市龙腾祥云牧业有限公司
沽源金莲川牧业有限公司
赤城县战友农工商科技开发有限公司
昌黎佳朋皮草开发有限公司
秦皇岛市牧羊源食品有限公司
保定中德肠衣有限公司

林（板）果（品）类

一、果品及其加工类

河北怡达食品集团有限公司
河北栗源食品有限公司
河北美客多食品集团有限公司
河北东方绿树食品有限公司
河北承德露露股份有限公司
河北省晋州市长城经贸有限公司
泊头东方果品有限公司
唐山蓝猫饮品集团有限公司
河北迁西板栗集团有限公司
河北晶品果业有限公司
泊头亚丰果品有限公司
河北沛然世纪生物食品有限公司
河北富岗食品有限责任公司
承德哈露食品饮料有限公司
沧州恩际生物制品有限公司
河北长城绿源食品有限公司
河北天华实业有限公司
石家庄神喻王果蔬科技开发有限公司
辛集市裕隆保鲜食品有限责任公司
黄骅市天天食品发展有限公司
承德露美达饮料有限公司
河北华鹏食品有限公司
河北加一食品有限公司
深州市华发果品有限公司
唐山山源食品有限公司
迁西县金地甘栗食品有限公司
河北欧意金土果业发展有限公司
河北绿岭果业有限公司
河北邢州枣业有限公司
涿鹿县果仁食品有限责任公司
河北齐鸣食品有限公司
承德太平洋饮品有限公司
蔚县杏扁经销总公司
承德乐野食品有限公司
承德宇航人高山植物应用技术有限责任公司
河北鹏达食品有限公司
河北鲜鲜农产有限公司
承德神栗食品有限公司
抚宁县国民果品经贸有限公司
迁西县远洋食品有限公司
河北欧亚匡食品集团有限公司
泊头市庞龙果品有限责任公司
河间市中鸿农产品有限公司
河北养元智汇饮品股份有限公司
唐山尚禾谷板栗发展有限公司
河北九维生物科技开发有限公司
河北壹州食品有限公司
河北明光食品有限公司
承德亚欧果仁有限公司
秦皇岛燕山板栗食品有限公司
河北奥胜食品饮料有限公司
河北今明后食品有限公司
保定沃克食品有限公司
保定市佳康食品有限公司
河北沧华园生物食品有限公司
沧州全鑫食品有限公司
泊头市金龙果品有限公司
衡水绿色大地食品有限公司
河北绿蕾农林科技有限公司

二、林板类

河北省冀州市华林板业有限责任公司
河北深州长城木业发展有限公司
青龙满族自治县鑫秋木业有限公司
河北巴迈隆木业有限公司

丰宁宏森木业有限公司

三、葡萄酿酒类

中国长城葡萄酒有限公司

中粮华夏长城葡萄酒有限公司

河北益利葡萄酒有限公司

香格里拉（秦皇岛）葡萄酒有限公司

定州市黄家葡萄酒庄有限公司

怀来德尚葡萄酒业有限公司

河北夏都葡萄酿酒有限公司

四、园艺及花卉

唐山豪门园林有限公司

廊坊金丰农科园有限公司

廊坊市润绿园艺集团有限公司

蔬菜（食用菌）及加工类

河北天露糖业有限公司

晨光生物科技集团股份有限公司

定州市大鹿庄乡农业技术推广协会

河北国宾食品有限公司

河北隆尧金源天然色素有限公司

邯郸市兆辉生物科技有限公司

河北东之星生物科技股份有限公司

河北昌利农业科技开发集团有限公司

秦皇岛市北戴河集发农业综合开发股份有限公司

保定市冰花食品有限公司

涿鹿金世纪经贸有限公司

河北喜奥保健食品有限责任公司

石家庄银河食品有限公司

保定市明花食品有限公司

承德润隆食品有限公司

唐山市丰南区鼎新蔬菜出口加工有限公司

承德绿丰生态农业科技发展有限公司

河北荣珍食用菌股份有限公司

河北佳隆食品有限公司

河北德力食品有限公司

唐山新源生态科技有限公司

石家庄市惠康食品有限公司

唐山尚禾源农业开发有限公司

唐山市平安食品有限责任公司

鸡泽县天下红辣椒有限公司

中绿（河北）食品开发有限公司

秦皇岛长胜农业科技发展有限公司

广平县三农生态有限公司

保定麦可绿色食品有限公司

河北企美农业科技有限公司

河北大洋饮食品有限公司

河北亚雄现代农业有限公司

唐山冀东果菜有限公司

保定新高食品有限公司

唐山三商食品有限公司

唐山广野食品集团有限公司

唐山汇源食品有限公司

承德森源绿色食品有限公司

石家庄吉利食品有限公司

河北家家缘农产品有限公司

河北青沟佳禾食品有限公司

承德金稻田生物科技有限公司

平泉县三棵树食品有限责任公司

秦皇岛市利国冷冻食品有限公司

唐山鼎晨食品有限公司

唐山昌华果汁制造有限公司

张家口弘基农业科技开发有限责任公司

隆尧县旭日食品有限公司

河北红日天然色素有限公司

河北中科天恩食品有限公司

河北国丰农产品贸易有限公司

河北天旭天然色素有限公司

承德曼曼食品有限公司

河北恒都美业农业开发有限公司

保定市大众味业有限公司

鸡泽县湘君府味业有限责任公司

美科尔（河北）生物科技有限公司

河北天赐调料有限公司

秦皇岛鑫马腾祥食品有限公司

秦皇岛市正龙食品有限公司

安平县顺天祥生态农业发展有限公司

河北省大河物流有限公司

粮（棉）油加工类

一、粮食加工

今麦郎食品有限公司

五得利面粉集团有限公司

秦皇岛骊骅淀粉股份有限公司

河北邯雪面粉集团有限公司

邯郸市富硒农产品科技开发有限公司

邢台金沙河面业有限责任公司

河北美佳食品有限公司

河北燕南食品集团有限公司

河北兴柏生物科技有限公司

河北健民淀粉糖业有限公司

秦皇岛鹏远淀粉有限公司
中粮面业（秦皇岛）鹏泰有限公司
玉锋实业集团有限公司
河北赵州利民糖业集团有限公司
河北凯发面业集团有限公司
河北献王工贸集团有限公司
河北永生食品有限公司
统万珍极食品有限公司
河北顶大食品集团有限公司
河北龙飞翔面粉有限公司
河北光牌面业有限公司
河北德瑞淀粉有限公司
河北古船食品有限公司
文博（邯郸）食品有限公司
河北黑马面粉有限责任公司
河北成润港骅粮食物流集团有限公司
固安县参花面粉有限公司
安平县粮食集团
河北同福食品有限公司
河北全维麦面业有限公司
河北省保定市德谊食品有限公司
大城县美萨佳士达食品有限公司
河北鑫合生物化工有限公司
河北博通饼业食品有限公司
阜城县福原食品有限公司
廊坊占祥粮油食品有限公司
固安绿华浓生物保鲜有限公司
石家庄洛杉奇食品有限公司
石家庄今客食品有限公司
张家口玉晶食品有限公司
承德隆泉米业有限责任公司
故城县三豆产销专业合作社
河北高碑店豆豆食品（集团）有限公司
秦皇岛奥泰食品有限公司
大城县齐发农产品加工有限公司
河北巧厨食品有限公司
益海（石家庄）粮油工业有限公司
张家口禾久农业开发集团有限公司
秦皇岛十八里食品有限公司
秦皇岛大天龙食品有限公司
廊坊福豆粮油有限公司
迁安市隆兴农业科技示范场
大城县富迪食品有限公司
望都县龙河工贸有限责任公司
武邑金粮源粮油贸易有限责任公司
饶阳县瑞康百利生物科技有限公司
深州市绿源面粉有限公司
河北广玉淀粉糖业有限公司
邢台平安糖业有限公司
河北柏乡国家粮食储备库
邯郸市誉皓实业有限公司
河北绿坝粮油集团有限公司
张家口新合作元丰商贸连锁有限公司
河北康园香美客食品有限公司
唐山市丰南区白龙面粉有限公司
石家庄市米莎贝尔饮食食品有限公司
文安县绿原食品有限公司
廊坊市东禾农业发展有限公司
河北霸州争荣食品有限公司
河北佳加旺淀粉糖业有限公司
任丘市香城食品酿造有限公司
河北运昌面业有限公司
河北香道食品有限公司
河北益彰食品酿造有限公司
衡水鸿祥面业有限公司
河北佰裕东面业有限公司
邢台依林山庄食品有限公司
河北华统食品有限公司
宁晋县宝丰食品厂

二、饲料类

河北凯特饲料有限公司
河北兴达饲料集团有限公司
河北旺族饲料有限公司
承德避暑山庄企业集团饲料有限公司
河北民旺饲料有限公司
河北望海食品有限责任公司
河北鲲鹏饲料集团有限公司
石家庄广威农牧有限公司
沧州正大生物制品有限责任公司
廊坊宏信饲料科技有限公司
唐山鸿润饲料蛋白有限公司

三、种业

承德永丰种业有限公司
三北种业有限公司
承德裕丰种业有限公司
宣化巡天种业新技术有限责任公司
张家口雪川农业发展有限公司
河北银田种业有限公司
河北治海农业科技有限公司
肃宁县种业有限责任公司

廊坊绿园农资有限公司

四、油料及加工

河北兴龙粮食生化有限公司
河北仓盛兴粮油工贸有限公司
邯郸市名福植物油有限责任公司
河北三利有机食品有限公司
秦皇岛金海粮油工业有限公司
秦皇岛金海食品工业有限公司
三河汇福粮油集团有限公司
永清县海帝威农产品发展有限公司
霸州市津恺食品有限公司
廊坊艳阳粮油食品有限公司
廊坊正张食用油有限公司
霸州市滕泰利尔农产品有限公司
张北顺达油脂有限责任公司
河北欣奇典生物科技有限公司
唐山圣昊农科发展有限公司
河北鑫利粮油有限公司
河北思盼食用油有限公司
河北鼎康粮油有限公司
河北冀源有机粮油食品有限公司

五、棉花加工

河北宏润新型面料有限公司
河北唐龙纺织集团有限公司
河间市国欣农村技术服务总会
沧州华远纺织服饰有限公司
河北力科纺织有限责任公司
冀州市升达棉纺织集团
冀州市常泰农业集团有限责任公司
冀州市鑫盛棉业有限责任公司
衡水盈海棉业有限公司
石家庄常山纺织股份有限公司
河北三利毛纺有限公司
邱县银雪棉业有限责任公司
高阳县硕丰农产有限公司
冀州市华润棉业有限公司

市 场 类

怀来县京西果菜批发市场有限责任公司
张家口市宣化盛发蔬菜水产有限责任公司
平泉县榆树林子蔬菜果品批发市场有限公司
唐山金路通商贸有限公司
乐亭县冀东果菜批发市场
饶阳县瓜菜果品交易市场
邯郸市（馆陶）金凤禽蛋农贸批发市场
沧州崔尔庄枣业有限公司
邯郸市农业科技贸易城有限责任公司
河北美食林商贸集团有限公司
昌黎县鑫钢实业有限公司
河北省粮食产业集团有限公司
廊坊市九天农业工程有限公司
香河中商农产品交易中心有限公司
保定银祥棉业有限公司
大营国际皮草大世界有限公司

水产及加工类

昌黎县禄权水产有限责任公司
秦皇岛市海洋牧场增养殖有限公司
秦皇岛市江鑫水产冷冻有限公司
昌黎县陆氏实业有限责任公司
唐山海都水产食品有限公司
唐山普林海珍养殖有限公司
唐海县十里海养殖场
河北鑫海水产生物技术有限公司

其 他

河北美威中药材有限公司
药都制药集团股份有限公司
河北金木药业集团有限公司
承德绿世界活性炭有限公司
承德御室金丹药业有限公司
阜城县永发糠醛有限公司
领先生物农业股份有限公司
秦皇岛市农夫宝生物有机肥有限公司
河北常山生化药业股份有限公司
三河市香丰肥业有限公司
任丘市恒达农产品科技开发有限公司
安新县顺源羽绒制品有限公司
石家庄金太阳生物有机肥有限公司
河北绿洲药业有限公司
承德康美生物制品有限公司
承德畅达生物科技有限公司
青龙满族自治县羽佳蚕丝有限公司
河北华林酸碱平生物技术有限公司

（冀政函〔2012〕67号）

河北省人民政府
关于合并实施新型农村和城镇居民社会养老保险制度的通知

（2012年5月22日）

为进一步统筹城乡发展，逐步缩小城乡差距，推进公共服务均等化，按照《中华人民共和国社会保险法》有关规定，根据国家有关要求和我省实际，决定合并实施我省新型农村社会养老保险和城镇居民社会养老保险制度。现将有关事宜通知如下：

一、自2012年7月1日起，我省新型农村社会养老保险和城镇居民社会养老保险制度合并实施，合并实施后统称为“河北省城乡居民社会养老保险”。

二、年满16周岁（不含在校学生），不符合职工基本养老保险参保条件的城乡非从业居民，可在户籍地自愿参加城乡居民社会养老保险。

三、城乡居民社会养老保险缴费档次统一设为：每人每年100元、200元、300元、400元、500元、600元、700元、800元、900元、1000元10个档次，参保人自主选择缴费档次。

四、在原新型农村社会养老保险制度实施时，符合领取条件的老年人领取待遇与其子女参保缴费挂钩的有关规定不再执行。原试点县（市、区）中，因此导致未享受基础养老金的符合领取条件的老年人，自合并实施之月起逐月发放基础养老金，之前的基础养老金不再补发。

五、合并机构和账户。将原新型农村社会养老保险和城镇居民社会养老保险经办机构，统一合并为城乡居民社会养老保险经办机构，并将相应的基金收入户、财政专户、支出户合并，基金财务管理和基金会计核算分别按照省财政厅、省人力资源和社会保障厅《关于转发财政部人力资源和社会保障部〈新型农村社会养老保险基金财务管理暂行办法〉的通知》（冀财社〔2011〕35号）和省财政厅《关于转发财政部〈新型农村社会养老保险基金会计核算暂行办法〉的通知》（冀财会〔2011〕21号）执行。

六、缴费补贴和重度残疾人代缴资金省、市、县分担比例，按照《河北省人民政府关于印发河北省省内政府间专款配套资金管理办法（试行）的通知》（冀政函〔2011〕196号）规定执行。

七、各设区市、已经开展试点的县（市、区）要按照本通知要求，制定当地新型农村和城镇居民社会养老保险制度合并实施方案，统筹实施城乡居民社会养老保险。2012年新增试点县（市、区）要按照《河北省人民政府关于开展新型农村社会养老保险试点工作的实施意见》（冀政〔2009〕180号）、《河北省人民政府关于开展城镇居民社会养老保险试点的实施意见》（冀政〔2011〕78号）确定的基本原则、制度模式和政策框架，结合本通知要求，制定本地统一的城乡居民社会养老保险实施办法。

八、各地要严格按照本通知精神，认真组织实施，确保按时实现我省城乡居民社会养老保险制度全覆盖。各县（市、区）合并实施方案和实施办法，要报经设区市新型农村和城镇居民社会养老保险领导小组批准后，于今年6月1日前上报省试点领导小组办公室。开发区（园区、新区）可按照省、市实施意见单独出台具体实施办法并组织实施，也可委托居民户籍所在县（市、区）代管，执行当地的城乡居民社会养老保险政策。

（冀政函〔2012〕68号）

河北省人民政府办公厅
关于印发河北省农村经济发展“十二五”规划的通知

（2012年6月1日）

《河北省农村经济发展“十二五”规划》已经省政府同意，现印发给你们，请结合本地本部门实际，认真贯彻执行。

河北省农村经济发展“十二五”规划

为加快我省现代农业发展步伐，促进农村经济又好又快发展，建设农业强省，实现农村繁荣、城乡协调发展，依据《中共河北省委关于制定国民经济和社会发展第十二个五年规划的建议》和《河北省国民经济和社会发展第十二个五年规划纲要》，制定本规划。

一、现实基础和面临形势

（一）“十一五”时期农村经济发展取得重大成就。“十一五”时期，省委、省政府团结带领全省人民认真贯彻落实党中央、国务院关于加强“三农”工作的各项方针政策，紧紧围绕农业增效、农民增收和农村繁荣这一中心任务，切实加大对“三农”的扶持力度，开拓进取、奋发有为，全面完成了“十一五”规划确定的农业、农村经济发展的各项目标任务，为保持全省经济社会平稳较快发展提供了重要支撑。

1.农业综合生产能力大幅提升，现代农业发展迈出新步伐。农业经济总量持续攀升，2010年全省农林牧渔业增加值达到2563亿元，年均增长4.1%。主要农产品产量持续增长，其中，2010年粮食总产量达到595.2亿斤，实现连续7年增收，畜牧、蔬菜、果品等优势产业健康发展，肉类总产量416.8万吨，奶类总产量449.1万吨，蔬菜总产量7074万吨，果品总产量1140万吨，分别比2005年增长5.4%、28.8%、9.4%和21.9%，畜牧、蔬菜、果品三大优势产业总产值占全省农业总产值比重达到68.1%，比2005年提高1.9个百分点。农业规模化、标准化、组织化程度不断提高，规模养殖场达到13.4万个，设施蔬菜面积达到850万亩，农民专业合作经济组织达到1.53万个，覆盖全省30%的农户。农业产业化经营水平明显提升，农业产业化经营率达到58.6%，比2005年提高9.2个百分点，农产品加工业增加值与农业增加值之比达到1∶1。

2.农村二、三产业快速发展，整体经济实力实现新提升。2010年县域生产总值达到14056.6亿元，年均增长12.5%。县域二、三产业增加值占县域生产总值的比重不断提高，2010年达到84%，比2005年增加2个百分点。区域特色产业加快发展，对县域经济发展的支撑作用不断增强，安平丝网、辛集皮革、河间电缆、清河羊绒、白沟箱包等一大批特色产业集群市场竞争力不断提升。农村第三产业快速发展，市场活力持续增强。“万村千乡市场工程”、“双百市场工程”深入推进，建设标准化农家店39354个、大型农产品批发市场和大型农产品流通企业13个。新型服务业态不断涌现，连锁经营、物流配送、电子商务等现代流通方式不断发展壮大。

3.基础设施和生态建设再上台阶，农村生产生活条件得到新改善。交通、水利、能源、通信等基础设施支撑能力显著增强。南水北调中线、引黄入冀、病险水库除险加固等重点工程进展顺利，节水灌溉工程积极推进，新增节水灌溉面积1084万亩，全省节水灌溉面积接近4000万亩。农业综合开发成效显著，改造中低产田512.5万亩。农村饮水安全工程快速推进，解决了1308.6万农村人口的饮水安全问题。农村99%的行政村实现了村村通油路，沼气用户达到288万户，占农村总户数的19.8%。农村供电保障能力进一步提高，农村居民实现户户通电。环境保护和生态建设得到加强，京津风沙源治理、退耕还林等重大生态工程扎实推进，完成造林绿化面积2279.3万亩，森林覆盖率达到26%，治理水土流失10280平方公里，实现了沙化土地由扩展到缩减的历史性转变。

4.农民收入持续增长，农民生活水平实现新提高。农民人均纯收入由2005年的3483元提高到2010年的5958元，年均增长11.3%。全省农村劳动力5年累计转移374.1万人，从事非农产业的农村劳动力所占比重由2005年的44.7%提高到2010年的51%。农民收入结构不断优化，工资性收入比例由37.2%提高到44.5%。农民消费结构日趋合理，生活质量明显提高，2010年农民人均生活消费支出达到3844.9元，年均增长12.2%。全省扶贫开发成效显著，农村贫困人口累计减少84万人。

5.体制机制不断创新，农村改革实现新突破。农村税费改革取得历史性突破，农业税、农林特产税全部取消，粮食直补、农机购置补贴等强农惠农政策力度不断加大。农村集体林权制度改革快速推进，主体改革任务基本完成，全省累计完成明晰产权8292万亩，占总任务的99.99%。水利管理体制改革不断深化，水资源统一管理成效明显。土地流转制度不断完善，流转面积达到727万亩，占家庭承包地总面积的8.6%。农村金融改革进一步深化，服务“三农”能力进一步增强。统筹城乡发展试点工作扎实推进，城乡良性互动机制初步建立。

6.新农村建设扎实推进，农村发展呈现新局面。农村新民居建设稳步推进，首批1000个示范村新建和改造任务基本完成，第二批2000个示范村建设工作顺利推进。农村义务教育经费保障机制基本建立，农村办学条件和师资力量得到提升。农村医疗卫生条件明显改善，新型农村合作医疗实现全覆盖，农民参合率达到94.5%。新型农村社会养老保险试点进展顺利，农村最低生活保障实现应保尽保。

（二）“十二五”时期面临的机遇和挑战。

展望“十二五”，我省农村经济发展面临新的历史机遇。工业化、城镇化、农业现代化“三化”同步，加快推进，统筹城乡发展力度继续加大，强农惠农政策进一步加强，农村经济发展的政策环境越来越好。京津冀经济一体化深入推进，环首都绿色经济圈加快形成，河北沿海地区快速崛起，冀中南经济区列入国家重点发展区域，为我省农业和农村经济更好地利用国际国内先进要素资源和市场、把发展潜力转化为发展优势带来重大机遇。

“十二五”时期，我省农村经济发展依然面临着严峻挑战。农业、农村基础设施依然薄弱，农村落后面貌仍未改变；农业产业化经营水平较低，农村二、三产业发展不足，实现农民收入持续较快增长任务艰巨；农业生产方式亟待转变，农民组织化程度较低，社会化服务水平亟待提高；农产品质量安全隐患依然存在，从农田到餐桌的全程质量安全保障体系有待健全；资源环境压力较大，水资源紧缺矛盾依然突出。

二、指导思想、基本原则和发展目标

（一）指导思想。

“十二五”时期，我省农村经济发展的指导思想是：以建设农业强省为目标，深入贯彻落实科学发展观，加快转变农村经济发展方式，围绕保障农产品供给、增加农民收入、繁荣农村经济三大任务，深入实施“一产抓特色、二产抓提升、三产抓拓展”的经济发展战略，着力提升农业综合生产能力，着力增强农村二、三产业实力，着力改善农村基础设施和生态环境，着力深化农村改革，加快现代农业发展步伐，推动农村经济实现较快发展、农民收入持续较快增长，为建设经济强省、和谐河北提供有力支撑。

（二）基本原则。

1.坚持“三化”同步。统筹城乡经济社会发展，充分发挥工业化、城镇化对现代农业发展、农村劳动力转移、农村基础设施建设、农村公共服务水平提升的辐射带动作用，促进以工补农、以城带乡，实现工业化、城镇化与农业现代化协调发展。

2.坚持科学发展。以科技进步和加强基础设施建设为重点，切实转变发展方式，大力发展循环经济、绿色经济，促进生产经营的专业化、标准化、规模化和集约化，积极调整产业结构，构建具有河北特色的现代农业产业体系和农村经济体系。

3.坚持保障和改善民生。把维护好、实现好、发展好广大农民群众的根本利益作为出发点和落脚点，把解决农民群众最关心、最迫切的现实问题作为着力点，大力改善农村生产生活条件，拓宽农民增收渠道，让农民得到更多实实在在的利益。

4.坚持发挥比较优势。因地制宜，合理布局，充分利用、科学配置自然资源和经济资源，积极优化农村经济结构和农业产业结构，培育壮大区域特色产业，不断拓展农村经济的发展空间和领域，切实提高整体实力和产业竞争力。

5.坚持体制机制创新。积极探索和健全城乡要素资源配置的体制机制，完善农村基本经营制度，推进农村产权制度改革、农村土地管理制度改革和农村流通体制改革，完善创新农村金融服务，为农村经济又好又快发展不断注入新的动力和活力。

（三）发展目标。

1.农业发展方式明显转变。农业产业结构更加优化，畜牧、蔬菜、果品三大优势产业产值占农林牧渔业总产值的比重稳定提高到70%以上。农业区域布局更加合理，形成小麦、玉米、优质杂粮、棉花、果品、蔬菜、牛奶、生猪、禽蛋、特色水产养殖等十大特色农产品产业带。农业产业化经营总量达到6000亿元，农业产业化经营率达到65%以上。农副产品加工转化率达到45%以上，农产品加工业增加值与农业增加值之比达到1.2：1。农产品质量安全水平明显提升，农业科技进步贡献率达到56%，农民专业合作经济组织达到30000家，辐射带动农户50%以上，新型农业社会化服务体系更加健全。

2.农业综合生产能力明显提升。全省农林牧渔业增加值年均增长3.5%，2015年达到3050亿元。耕地保有量保持在9454万亩，粮食播种面积稳定在9300万亩，粮食综合生产能力力争达到700亿斤。蔬菜播种面积达到2500万亩，总产量达到1亿吨。果树面积发展到3000万亩，果品总产量达到2000万吨。肉、蛋、奶和水产品产量分别达到550万吨、430万吨、1000万吨和180万吨。

3.农村二、三产业实力明显增强。全省农村经济快速发展，到2015年，县域生产总值达到21630亿元以上，年均增长9%，二、三产业增加值达到18900亿元以上，年均增长10%以上。产业集群加快发展，营业收入超100亿元的县域产业集群达到50个，产业集群经济总量占全省县域经济总量的50%以上。县域龙头企业规模进一步扩大，营业收入超50亿元的企业达到20家、超100亿元的企业达到10家，培育省级以上知名品牌100个，驰名商标20个。农村服务业加快发展，城乡一体化流通网络格局基本形成，农家连锁店覆盖80%以上的行政村，商品统一配送率提高到60%以上。村镇银行、小额贷款公司、资金互助社等新型农村金融机构不断增加，每县建立1个农业小额贷款公司。

4.农村基础设施和生态环境明显改善。新增节水灌溉面积1200万亩，农业灌溉水有效利用系数提高到0.67。改造中低产田500万亩，其中新增高产稳产农田300万亩。农机总动力达到1.1亿千瓦，主要农作物耕种收综合机械化水平达到70%以上。实现电信网、广播电视网、互联网"三网融合"，水、电、路、信等设施日趋完善。治理水土流失面积10000平方公里，完成造林绿化面积2100万亩，全省森林覆盖率达到31%。农业资源利用效率和生态修复水平显著提高，地下水超采得到有效遏制。

5.农民收入和生活水平明显提高。农民人均纯收入年均增长8.5%。新型农村合作医疗参合率稳定在95%以上，新型农村社会养老保险实现全覆盖。农村贫困人口减少50%，5年新增转移农村劳动力500万人，农村公共服务体系逐步完善，新民居建设扎实推进，农民生产生活条件得到明显改善。

三、加快转变农业发展方式，提高农业综合生产能力

（一）以特色为主导推进农业结构战略性调整。

坚持"一产抓特色"，把调整优化农业产业结构作为转变农业发展方式的首要任务，把突出特色作为农业产业结构调整的主攻方向，在稳步提高粮食生产能力的基础上，重点发展壮大畜牧、蔬菜、果品三大特色优势产业，积极培育现代种业、花卉、休闲农业等新兴产业，形成粮食生产基础稳固、三大优势产业带动作用突出、新兴产业增长快速、区域布局合理的现代农业发展格局。

1.稳步提高粮食生产能力。建设粮食生产核心区。按照稳定面积、依靠科技、提高单产、增加总产的要求，全面实施国家新增千亿斤粮食生产能力规划项目，加大对产粮大县（市）投入和利益补偿力度，增强核心区对全省粮食生产的支撑能力。着力建设我省4000万亩粮食生产核心区，重点培育邯郸、石家庄、保定3个吨粮市和一批吨粮县，到2015年，力争有2000万亩耕地夏秋两季粮食单产达到1000公斤。加快中低产田改造，完善农业基础设施，搞好田间排灌渠系、农田林网和土地平整等工程，建设高标准粮田。集成应用先进技术，大力发展节水农业，提高粮食生产规模化、集约化、机械化和优质化水平，大幅度提高粮食单产，到2015年，粮食单产由640斤提高到750斤，总产力争达到700亿斤。

实施粮食增产计划。加快推进保定大型商品粮基地等重点工程，实施粮食丰产科技工程，推进良种良法集成配套、农机农艺有效结合，建设一批粮食科技示范区和万亩高产示范方。粮食播种面积稳定在9300万亩，优质专用小麦、优质专用玉米播种面积所占比重分别达到90%和80%以上，综合生产能力稳步提高。

2.做大做强畜牧业。按照"高产、优质、健康、高效、生态、清洁、安全"的要求，突出发展奶牛、生猪和蛋鸡等优势产业，提升肉鸡、肉牛和肉羊等潜力产业，巩固畜牧业在农业中的主导地位。大力实施畜禽良种工程，加快良种繁育基地和标准化示范区建设，推进集中饲养、规模饲养和绿色饲养，到2015年，奶牛、生猪、蛋鸡标准化规模养殖率分别达到100%、80%和90%。完善畜产品质量检测体系和疫病防治体系，强化畜禽生产经营各环节的监督管理和出入省境的检验检疫，提高对突发疫情的应急处理能力。加快优质饲草饲料基地建设，保障饲草饲料安全。到2015年，畜牧业产值占农林牧渔业总产值的比重提高到42%。

3.做大做优蔬菜业。按照"扩规模上设施、壮龙头活机制、创品牌拓市场、提质量增效益、抓示范强带动"的思路，扩大设施菜、错季菜、品牌菜和绿色无公害蔬菜种植面积，提高设施蔬菜和绿色蔬菜比重。实施新一轮"菜篮子"工程，支持24个蔬菜产业示范县上规模、调结构、创品牌，建设绿色有机蔬菜生产基地。实施蔬菜品牌战略，推进蔬菜产业商标注册，大力开展无公害农产品、绿色食品、有机农产品认证和农产品地理标志登记，打造河北蔬菜品牌新形象。到2015年，全省设施菜比重提高到60%以上，京津市场占有率达到50%以上，其中高档蔬菜达到30%以上。

4.做优做特果品业。按照突出特色、适地适树、规模发展的发展方向，加快果品结构调整和生产基地建设步伐。支持赵县、深州市、乐亭县、涉县等76个果品重点县（市）推行品种改良、树体改造、矮化密植栽培等技术和标准化生产，完善水利、果园机械、采后商品化处理等基础设施，高标准建设苹果、梨、葡萄、板栗、核桃、红枣、仁用杏、柿子等八大特色优势果品基地。到2015年，全省果品标准化生产率达到95%以上，优质果率达到85%以上。

5.做优做精水产业。大力发展生态渔业、远洋渔业、特色渔业、品牌渔业，重点建设沿海出口型水产养殖带。加快原良种体系和水产标准化健康养殖示范区建设，重点培育对虾养殖、贝类养殖、龟鳖养殖、名贵鱼养殖、梭子蟹养殖、盐碱地渔业开发、生物饵料养殖加工、休闲渔业等八大基地，打造河北特色渔业品牌。加快渔业基础设施建设，提高渔业安全保障能力。到2015年，水产品总产量达到180万吨。

6.加快发展农业新兴产业。推进现代农作物种业发展，构建以产业为主导、企业为主体、基地为依托、产学研相结合、"育繁推"一体化的现代农作物种业体系，加快培育一批具有突破性的农作物新品种，快速提升我省农作物种业科技创新、企业竞争、供种保障和市场监管等能力。大力发展休闲观光农业和乡村旅游业，以环首都绿色

经济圈为重点，着力打造面向都市的休闲度假基地、观光农业基地、生活体验基地。加快发展森林生态旅游业和渔业生态旅游业，加强野生动物资源繁育利用，创建森林生态旅游精品区、生态观光休闲渔业旅游区。加快发展园艺花卉业，促进园艺花卉业向规模化、现代化发展，逐步形成“两环（环京津、环省会）带动、重点辐射”的发展格局。

7.优化农业区域布局。加快建设优势明显、集中连片、高产稳产的特色农产品产业带。重点建设京山、京广铁路沿线优质专用小麦产业带、优质专用玉米产业带、生猪产业带、禽蛋产业带，环京津、环省会奶牛产业带，黑龙港地区棉花产业带，黑龙港、太行山浅山丘陵和张承地区优质杂粮产业带，燕山、太行山浅山丘陵优质果品产业带，沿海特色水产养殖带，坝上地区错季蔬菜和环首都优质蔬菜产业带等十大特色农产品产业带。围绕构筑环首都绿色经济圈、沿海经济隆起带和冀中南经济区，建设一批特色农产品生产基地。在环首都绿色经济圈建成一批苗木花卉基地、绿色有机蔬菜基地、高档果品基地和休闲农业基地，在沿海地区20个县（市、区）建成一批特色水产品基地和优质果品基地，在冀中南经济区18县（市）建设一批现代农业示范基地。

（二）大力推进农业产业化经营。

1.发展壮大农产品加工龙头企业。按照“培植龙头、壮大基地、带动农户”的思路，以乳品、肉类、粮油、果品、蔬菜五大农产品加工业为重点，抓好一批经营规模大、科技含量高、带动能力强的农产品加工龙头企业，提高产业集中度和核心竞争力。支持重点企业、名牌产品做大做强，以优势产品和知名品牌为纽带，通过收购、兼并、重组等多种形式，实现规模扩张，打造龙头企业“航母舰队”。到2015年，营业收入超50亿元的企业达到20家、超100亿元的企业达到10家；2015年，农业产业化经营总量达到6000亿元，农业产业化经营率达到65%以上。

2.加快农业产业化生产基地建设。按照产业化经营思路，加快推进专业化、规模化、标准化生产基地建设，重点抓好30个农业产业化示范基地县（区），推动“一县一业、一村一品、多村一品”发展，加快培育一批特色明显、竞争力强的专业乡（镇）和专业村。支持农产品加工企业到主产区建立专业化的原料生产基地，培育优势产业龙头型经济模式，确保农产品加工业优质原料供给。围绕十大特色农产品产业带和五大农产品加工业，重点建设一批专业化、规模化、标准化的农产品生产基地。

3.强化龙头企业和农民的利益联接机制。鼓励引导龙头企业采取设立风险资金、利润返还等多种形式，与农户建立稳定的购销关系和合理的利益分配机制，建立完善“龙头企业＋合作组织＋基地＋农户”的产业化经营组织形式，形成以加工企业为龙头、以合作组织为纽带、以产权关系为依托的利益共享、风险共担的利益共同体。

4.大力推进品牌建设。引导支持各类农业产业化龙头企业和合作组织申报无公害产品、绿色食品、有机食品，做好商标注册、质量认证、农产品地理标志登记等工作，做响“河北产”大品牌。“十二五”期间，培育有市场竞争力和影响力知名品牌100个，驰名商标20个，进一步提升河北农产品的知名度和市场占有率。

（三）健全农产品质量安全保障体系。

1.健全农业质量安全标准体系。围绕产地环境、农业投入品、生产过程等关键环节，健全标准体系，加强农业标准推广，加快形成覆盖农产品生产、加工、流通全过程的质量安全标准体系。到2015年，完成制修订地方标准300项，农产品标准化生产率达到90%以上，国家级和省级农业标准化示范区增加100个以上。

2.完善农产品质量认证体系。以“菜篮子”产品为重点，以现代农业示范园、科技示范场、畜禽养殖标准示范场、水产健康养殖场建设为重要载体，强力推进农产品地理标志认定和无公害农产品、绿色食品、有机农产品认证。到2015年，认证无公害农产品3000个以上，有效使用绿色食品标志的企业总数达到100家，有机农产品获证企业达到40家。

3.完善农产品质量安全检测体系。建立健全省、市、县三级全面覆盖的农产品质量安全检验检测体系，指导专业乡村、农民专业合作社、农业企业及各类农产品市场设立自律监测点，实现风险检测、监督检查和自律检测相结合，对主要农产品及重点监管对象逐步实现检测全覆盖。依托“12316”农产品监管信息平台，建设全省农产品质量信息共享平台和预警系统，形成监测、预测、预警一体化快速反应体系，完善应急管理机制，切实保障农产品质量安全。

4.建立农产品质量全程追溯体系。依托农产品“三品一标”认证体系和农产品产销地准出准入制度，建立农产品质量追溯体系。督促全省所有农产品批发市场、农贸市场、超市、配送中心等实施市场准入制度。支持建立农产品全程质量追溯信息处理平台，在农产品生产企业或农民专业合作组织中建立完善农产品全程质量追溯信息采集系统，逐步形成产地有准出制度、销地有准入制度、产品有标识和身份证明，信息可得、成本可算、风险可控的全程质量追溯体系。

5.健全农产品质量监管体系。加强省、市、县、乡、村五级农产品质量安全监管机构和队伍建设，大力推进农产品质量安全法制建设，建立和完善农产品质量安全监管长效机制，强化产前、产中、产后全程监管，确保不发生重大农产品质量安全事件。

（四）构建新型农业社会化服务体系。

1. 大力发展农民专业合作经济组织。引导农民在自愿、平等、互利基础上以土地承包经营权、资金、技术等生产要素入股，组建多种形式的专业合作组织，充分发挥种粮大户、龙头企业和村两委会带动作用，引导组建一大批农产品销售、土地股份等特色专业合作组织。到“十二五”末，全省农民专业合作组织数量达到30000家以上，辐射带动农户50%以上。

引导农民专业合作社规范发展。认真贯彻实施《中华人民共和国农民专业合作社法》，健全规章制度，规范运行机制，提高运行质量。建立健全财务管理制度和盈余分配制度。不断加强合作社成员管理，坚持依法办事、依章理社、入社自愿、退社自由。引导和支持合作社建立健全生产记录制度，统一质量安全标准和生产技术规程，统一农业投入品采购供应，统一产品和基地认证认定，普遍实现标准化生产、品牌化经营。到2015年，比较规范的示范社达到3500家以上。

进一步加大对农民专业合作组织的扶持力度。按照“分类指导、稳步推进”的指导方针，对产业基础好、带动能力强的示范社，加大政策引导和项目支持力度；对有一定产业和基础的合作组织，积极鼓励其发展合作加工、合作购销，提高经营能力；对产业特色明显但合作组织发展滞后的地区，加强指导培育，促进合作组织加快发展。

2. 加强农业公共服务能力建设。改革政府农业服务机构，进一步强化县、乡两级农业服务机构的公益性服务职能，充分发挥其在农业技术推广、动植物疫病防控、农产品质量检测与监管、生态环境建设、信息发布、农民培训等方面的职能作用，推动农业公共服务逐步走上规范化、制度化轨道。支持和引导龙头企业为农民提供技术、农资、产品购销等系列化、专业化服务，实现互利双赢。

3. 加强农业信息服务体系建设。按照城乡信息服务无差异、农业领域信息服务全覆盖的要求，加强新农村热线“12316”农业信息综合服务平台建设，为农民提供直接有效的信息服务。实施全省农业信息化“114工程”（全省农业数据中心，河北农业信息网站群，全省农业视频指挥、农业政务管理、农业科技服务、农业市场信息四大平台），加快推进互联网与电视、电话“三电合一”信息体系建设，重点加强到村、到户、到田间地头的“最后一公里”服务环节，到2015年，完成所有村级信息服务站建设。

（五）加快推进农业科技创新。

“十二五”时期，要坚持科教兴农战略，持续加大农业科技投入，加快农业产业关键技术攻关研究和集成创新，加速农业科技成果转化，加强农业科技培训，推动农业科技跨越发展，为农业增产、农民增收、农村繁荣注入强劲动力。

1. 坚持科技创新驱动。突出农业科技创新方向和领域，重点支持生物技术、良种培育、丰产栽培、精深加工、产品安全、节水灌溉、新型肥药、疫病防控、循环农业等关键领域科技创新，着眼于提高土地产出率、资源利用率、劳动生产率，促进农业技术集成化、劳动过程机械化、生产经营信息化，构建适应现代农业发展要求的技术体系。围绕畜牧、蔬菜、果品三大特色优势产业和区域特色产业发展需求，加强提质增效重大共性关键技术的创新集成和应用，建设一批各具特色的现代农业科技园区和示范基地。提升农产品加工增值技术水平，以农产品贮藏、保鲜、加工、包装等技术和设备研发为重点，开发具有国内和国际先进水平的农产品加工品，培育一批科技型农业产业化龙头企业，带动农产品加工新技术的推广应用。支持企业加强技术研发和升级，鼓励企业承担国家各类科技项目，增强自主创新能力，积极培育以企业为主导的农业产业技术创新战略联盟。着力抓好种业科技创新，加强种质资源收集、保护、鉴定，加快培育一批突破性新品种，建立以企业为主体的商业化育种新机制，着力培育一批“育繁推”一体化大型骨干企业。改善农业科技创新条件，持续加大农业科技投入，确保财政农业科技投入增幅明显高于财政经常性收入增幅。“十二五”末，农业科技进步贡献率提高到56%。

2. 提升农业科技推广能力。加强基层农技推广体系建设，健全乡（镇）或区域性农业技术推广、动植物疫病防控、农产品质量安全监管等公共服务机构，明确公益性定位。切实提高农技推广人员待遇水平，落实工资倾斜和绩效工资政策。鼓励农业科技工作者带资金和项目到基层创业、办实体。加快农业机械化，拓展农机作业领域，提高农机服务水平。扩大农业农村公共气象服务覆盖面，提高农业气象服务和农村气象灾害防御科技水平。引导高等学校、科研院所成为公益性农技推广的重要力量。支持高等学校、科研院所承担农技推广项目，推行推广教授、推广型研究员制度。鼓励高等学校、科研院所建立农业试验示范基地，推行专家大院、校市联建、院县共建等服务模式，集成、熟化、推广农业技术成果。

3. 加强农业科技培训。加快培养农业科技人才，实施创新人才培养计划和农业科研杰出人才培养计划，加快培养农业科技领军人才和创新团队。完善农业科研人才激励机制、自主流动机制，制定以科研质量、创新能力和成果应用为导向的评价标准。广泛开展基层农技推广人员分层分类定期培训，完善职称评定标准。大力培训农村实用人才，以提高科技素质、职业技能、经营能力为核心，大规模开展农村实用人才培训。充分发挥各部门各行业作用，加大各类农村人才培养计划实施力度，扩大培训规模，提高补助标准，大力培育新型职业农民。“十二五”期间，全省完成实用技术普及性培训3000万人次，培养农村实用人才5万人，培育科技示范户30万户。

四、壮大提升农村二、三产业，全面繁荣农村经济

按照“城乡统筹、‘三化’同步、富民强县”的要求，组织实施县域经济腾飞计划，鼓励各县发挥特色优势，抓好立县产业和立县项目，加快发展民营经济，从政策、资金、技术等方面加大支持力度，推动县域经济跨越式发展。

（一）做大做强农村第二产业。

大力发展县域特色产业，引导县域特色产业与农业生产对接，与全省主导产业对接，与城市经济对接，与大企业大集团对接，加快构建结构优化、环境友好、竞争力强的特色主导产业发展新格局。

1.培育壮大县域骨干企业。结合重点产业调整振兴规划的实施，支持县域食品加工、装备制造、生物医药、信息产业、纺织服装等重点行业的龙头企业通过收购、兼并、重组等多种形式，实现规模扩张，形成一批拥有自主知识产权、主业突出、核心竞争力强的大公司和企业集团，提高企业产品层次和市场竞争力，带动县域产业结构调整和升级。引导县域中小企业开展与大企业对接配套活动，推进专业化分工协作，延伸产业链条，提升产业发展水平，尽快形成一批支撑带动作用强的县域骨干企业。

2.推动产业集群发展。围绕产业结构、产品结构和组织结构的优化升级，集中培育发展一批规划科学、主业突出、特色明显、规模大、链条长、竞争力强的产业集群。到2015年，全省培育县域年营业收入超100亿元的产业集群50个，年营业收入超50亿元的产业集群120个，年营业收入超10亿元的产业集群300个，50%规模以上企业进入各类产业集群，产业集群经济总量占全省县域经济总量的比重达到50%以上。

3.加快县城经济建设。按照“园区向城镇集中、企业向园区集中、人口向城镇聚集”的发展思路，提高县城的综合承载能力和吸纳带动能力，把县城打造成县域特色产业聚集中心、商贸物流中心、人口转移居住中心。充分发挥县城中工业聚集区和特色产业园区的重要载体和平台作用，加大政策扶持力度，推动县域企业向园区集中，重点项目向园区投放，创新要素向园区汇集。“十二五”期间，每个县在县城周边规划建设1个以上行业之间关联配套、上下游之间有机链接、吸纳就业充分、聚集效应明显、产业和城镇融合发展的工业聚集区，促进产业集聚、人口集中、基础设施共建共享，加快构筑产业发展与城市发展互促双赢的新格局。

4.强化招商引资。依托现有产业、骨干企业基础，抓好重大项目建设，引进具有引领性、带动性、竞争性强的国内外战略投资者，以纺织服装、食品加工、新型建材等传统优势产业和生物医药、新能源、新材料等新兴产业为重点，开展“园区招商”、“产业链招商”、“以商招商”等，制定和完善产业扶持政策，优化发展环境，吸引外来企业投资兴业，鼓励现有企业自主引进项目、资金和技术。

5.大力发展民营经济。培育壮大市场主体，积极推进全民创业，加大对小型微型企业的政策支持，让更多的农民就近转移就业。不断优化产业结构，提升民营工业发展质量和效益，提高核心竞争力。做大做强民营服务业，到2015年，第三产业比重争取占民营经济总量的三分之一以上。支持营业收入超50亿元民营企业发展，打造一批综合竞争力强的大企业、大集团。到2015年，全省培育年营业收入超50亿元的民营企业（集团）100个以上。

（二）加快发展农村第三产业。

按照“扩大规模、拓宽领域、提升功能、创新业态”的发展思路，支持引导城市三产向农村延伸，做大面向农村的生产性服务业，做优面向农民的生活性服务业，将环首都地区打造成为农村服务业对接首都、特色鲜明的现代产业圈，将沿海地区打造成为农村开放型服务业的先行区，将冀中南地区打造成为城乡互动、产业联动的农村服务业示范基地，构建优势明显、特色突出、充满活力的农村服务业发展新格局。

1.积极发展农村商贸流通业。大力发展现代流通方式，支持城市商贸流通企业将服务范围向农村拓展，构建以城市大型流通企业为龙头，县级重点流通企业为骨干，农家店为基础的农村商品流通网络。继续实施“万村千乡市场工程”和“双百市场工程”，抓好“新农村现代流通网络工程”和农村社区综合服务中心建设。改造提升农产品市场，加快推广连锁经营、物流配送、电子商务等现代流通方式，构建新型、高效的农产品营销网络，重点改造升级200个大型农产品市场，推动200家超市或流通企业与农产品生产基地实现产销对接。

2.加快发展县域现代物流业。大力发展果蔬、肉类、水产品等冷链物流，完善粮食现代物流，引导支持供销社、邮政和大型城市商业企业完善农村物流连锁配送网络，扩大物流规模和品种，加快形成城乡一体化商贸流通网络。打造环首都物流产业带，在涿州、三河、香河、丰宁等环首都一线地区建设一批城市配送型、农产品供给型、空港服务型现代物流园区，使之成为承接北京物流外置的载体，满足北京市场供应的基地。

3.大力发展农村金融业。鼓励城市商业银行增设分支机构，争取在全省各县（市）的覆盖率达到50%。鼓励县级和市级农村信用社联社加快股份制改造，争取40%的县级联社改建成农村商业银行或农村合作银行。加快建设村

镇银行、贷款公司、资金互助社等新型农村金融机构，争取50%以上的县（市）各建成1家以上新型农村金融机构，小额贷款公司发展到300家。积极推动"三农"保险，加快养老、医疗和责任保险发展，扩大覆盖范围，降低农村居民生产和生活风险。

4.积极发展农村文化旅游产业。加快农村特色文化资源挖掘整理，做大做强一批农村文化品牌和县级文化产业园区，发展壮大农村乡土艺术表演团体。依托特色农业园区和旅游资源，大力发展乡村旅游、森林生态旅游、滨海观光旅游、休闲旅游，支持农家乐、采摘园、庄园经济发展。

五、加强基础设施和生态环境建设，提高农业农村可持续发展能力

（一）抓好以农田水利和水资源配置为重点的水利工程建设。

把水利作为基础设施建设的优先领域，把农田水利作为农村基础设施建设的重点任务，加快构建防洪抗旱减灾、水资源合理配置和高效利用、水资源和水生态保护、水利科学发展的现代管理"四大体系"，推动水利实现跨越式发展。

1.大兴农田水利建设。围绕打造4000万亩粮食核心区，突出抓好小型农田水利重点县建设。"十二五"期间，基本完成小型农田水利工程配套改造和67座大型灌排泵站更新改造。强力推进农业综合节水工程建设，大力实施管灌、喷灌、滴灌、渠道防渗、管道输水和咸淡水混浇等节水灌溉工程，抓好19处大型灌区、92处重点中型灌区续建配套和节水改造，到2015年，改善大中型灌区灌溉面积1000万亩。实施现代农业项目县高效节水灌溉示范项目建设，建成万亩以上农业节水示范区32个。在山丘地区因地制宜兴建小水窖、小水池、小塘坝、小泵站、小水渠等"五小水利"工程，合理利用雨水资源。"十二五"期间，新增节水灌溉面积1200万亩。

2.加快南水北调等水资源配置工程建设。加快实施南水北调中线配套工程建设，基本建成"两纵六横十库"供水基本框架，实现南水北调配套工程与主体工程同步建成生效的目标。强力推进引黄入冀补淀工程建设，建成完善的引黄供水配置工程，到2015年，形成年引黄河水15亿立方米的能力，实现引黄入境水量10亿立方米。积极开发利用微咸水、再生水、海水淡化、雨洪资源等非常规水，实现年利用非常规水20亿立方米以上。推进海水淡化实现产业化、规模化生产。加快形成地表水、地下水、外调水和非常规水统筹、水资源多元配置新格局。

3.加快防洪保安骨干工程建设。抓好永定河、大清河等骨干行洪河道综合整治，推进13处蓄滞洪区建设和94座大中型病险水闸除险加固，加快沿海重点堤防、闸坝等防风暴潮海挡工程建设，完成承德双峰寺水库建设，加快张家口乌拉哈达水库等项目前期工作。加快中小河流治理和水库除险加固，"十二五"期间，基本完成124条中小河流的治理任务，完成全部重点小型病险水库除险加固任务。

4.大力实施民生水利工程。切实搞好农村饮水安全工程建设，解决1960万农村人口和368万农村学校师生的饮水安全问题。继续抓好国家、省级水土流失重点治理工程，积极实施山洪地质灾害易发地区的水土流失防治，年治理水土流失面积2000平方公里。积极推进农村水电建设，继续实施小水电代燃料工程，启动水电新农村电气化县试点工程建设，到2015年，新建和改建农村水电站252座，新增和技改装机规模35.8万千瓦。

（二）抓好农村基础设施建设。

1.改善农村交通条件。继续加大县、乡公路改造力度，实施危桥改造，落实农村公路管理养护责任，提高县、乡公路通行能力和通达水平，构建满足建设社会主义新农村要求、农民出行更方便、快捷的农村公路网络。加快乡、村道路建设，推进乡、村道路互通工程，抓好连村道路建设和村内道路硬化。加快建设环首都农村公路对接工程，基本实现环首都县（市、区）农村公路网的对等衔接。"十二五"期间，新改建农村公路2.4万公里。

2.加快实施新一轮农村电网改造升级工程。以提高农村电网供电质量、提高防灾抗灾能力、降低供电损耗为重点，对供电可靠性较低的已改造农村电网和未改造农村电网实施升级改造，推动城乡各类用电同网同价，到2015年，基本建成结构合理、技术先进、供电可靠、节能高效的新型农村电网。

3.扎实推进农村新能源建设。继续实施以"一池三改"、"一池四改"、"一池三改一棚"等技术组合为主要内容的生态家园富民工程，重点发展规模养殖场、养殖小区和联户大中型沼气工程，完善服务网点。到2015年，新建大中型沼气工程400处，秸秆沼气联户供气工程100处，农村户用沼气50万户。加快农村污水、垃圾处理基础设施建设步伐，到2015年，完成环境问题突出村庄的治理工程。

4.加快农村通信、通邮基础设施建设。大力实施"村村通电话工程"、"行政村通宽带工程"和"乡村邮政工程"，加快互联网与电视、电话"三电合一"信息体系建设，推进农村信息化。"十二五"期间，行政村通宽带率达到100%。

（三）深入实施农业综合开发。

1.大规模建设旱涝保收高标准农田。以打造粮食生产

核心区为重点，按照集中连片、规模开发、综合治理的要求，加强中低产田改造与高标准农田建设，完善田间灌溉和除涝体系，建设农业用电设施、农田和田间林网，突出节水工程建设，加强土地治理，着力改善农田基础设施条件，努力提高农业综合生产能力。以农业综合开发项目为载体，建设一批农业科技示范园和万亩高产示范方。“十二五”期间，改造中低产田500万亩，其中新增高产稳产田300万亩。

2.大力实施“沃土工程”。采取平整土地、深耕深松、增施有机肥、保护性耕作、秸秆还田等土壤改良措施，切实增强耕地蓄水保墒保肥能力，稳定提高耕地基础地力和持续产出能力。到2015年，土壤有机质含量提高0.4个百分点。

（四）着力提高农业机械化水平。

1.扩大农机装备规模。全面落实中央农机具购置补贴政策，鼓励和引导农民购置多功能、复式、低耗、高效大中型农机具，改善农机装备水平，提高农机配套率，推进粮食生产全程机械化。到2015年，全省农机总动力达到1.1亿千瓦。

2.优化农机装备结构。重点解决玉米生产关键环节机械化问题，鼓励农民购置玉米收割机和秸秆还田机、深松（耕）机、免耕播种机等农机具，促进玉米收获机械总量快速增加。进一步增加深松联合整地机等大型、高效、联合作业机数量。加强农机、农艺结合，加快推广适宜机械化作业的品种和栽培模式。到2015年，主要农作物耕种收综合机械化水平提高到70%以上，玉米机收水平达到60%以上。

（五）加强农业防灾减灾体系建设。

1.建立健全动植物疫病防控体系。完善省、市、县、乡四级防控体系，建立动植物疫病监测预警系统、省际间动物卫生监督检查系统、综合防控站和先进适用综合防控技术体系，抓好统防统治示范区建设。

2.加强气象基础设施建设。实施气象灾害监测预报预警与应急气象服务、农村气象灾害防御与农业气象服务、人工影响天气、邯郸新一代多普勒天气雷达和基层气象台站基础设施建设工程，充分发挥气象服务的基础性作用。

3.加强森林和草原防火工作。健全各级森林草原防火预防、扑救、保障三大体系，强化森林草原消防队伍与装备建设，抓好重点火险区综合治理，提高火灾应急处置能力，到2015年，省重点林区视频监测覆盖率达到50%以上，森林草原火灾受害面积控制在0.3‰以内。加强山洪、风暴潮等自然灾害的预警预报和防治工作。

（六）加强重点生态工程建设。

1.推进重点造林绿化工程建设。按照“构筑京津绿色屏障，再造河北秀美山川”的总体要求，全面加快京津风沙源治理一期、太行山绿化、“三北”防护林、沿海防护林、平原绿化及退耕还林等重点生态工程建设。大力实施以燕山太行山生态屏障和坝上防风固沙林带、滨海湿地及沿海防护林带、环首都生态带为骨干的“一屏三带”工程，启动实施京津风沙源治理二期工程。突出抓好环首都地区、沿海地区、城镇周围、主要交通干线和主要河渠两侧等重要区域造林绿化。“十二五”期间，完成重点造林工程绿化面积2100万亩。

2.切实巩固退耕还林成果。大力实施《河北省巩固退耕还林成果专项规划》，认真贯彻落实国家巩固退耕还林成果各项政策，围绕“保住树、管好林、见效益、能致富”的目标，抓好基本口粮田、农村能源、生态移民、后续产业发展和退耕农民就业创业转移技能培训、补植补造等建设任务，切实解决退耕农民的长远生计问题。采取林粮、林草、林禽、林畜等立体开发模式，大力发展林下产业，实现以短养长，提高综合效益。

3.全面落实生态功能区划。加强对水源涵养区、水土保持区、饮用水水源保护区、自然保护区、海岸线及湿地等重要生态功能区的空间管制。建立生态补偿机制，提高生态补偿标准，实现下游与上游、开发区域与保护区域、受益地区与受损地区、受益人群与受损人群之间以及自然保护区内外的利益补偿。加强典型自然生态系统及重要湿地的保护和恢复，加快白洋淀、衡水湖等湿地自然保护区恢复建设。规划建设一批森林、湿地及野生动植物类型自然保护区，对受到严重威胁的典型生态系统、珍稀濒危物种、珍贵海洋生物资源以及自然遗迹等，实施抢救性保护。“十二五”期间，新增自然保护区面积220万亩。

（七）加强农业资源和环境保护。

1.保护森林资源。建立合理的森林生态效益补偿机制，切实加强对生态公益林的保护。建立以国家重点生态公益林、地方一般生态公益林和商品林为划分标准的林业分类经营体制，实行分类管理、定向培育。积极调整和优化林种、树种结构，实施全省中幼林抚育工程，加快低质低效林改造。

2.推进生态补水和地下水环境修复工程。大力实施引黄生态补水工程，建立生态应急补水机制。严格控制地下水开采，划定地下水源保护区，限制漏斗区新建机井，加强自备井关停工作，逐步关闭南水北调受水区的城市自备井，减少深层地下水开采量，控制地下水漏斗面积，有效遏制全省水环境恶化的趋势。

3.加快水土流失治理。继续实施国家水土保持重点治理工程，大力推进太行山、永定河、潮白河、滦河等重点治理区的水土保持工程建设。加强流域上游水土保持综合防治体系建设，增强涵养水源和拦沙缓洪功能。加快小流域综合治理、坡改梯专项治理和生态恢复治理步伐。“十二五”期间，完成水土流失治理面积10000平方公里，重点区域水土流失得到有效控制。

4.加大草原建设与保护力度。实施围栏封育、人工种草、补播改良、禁牧休牧轮牧等措施，改造退化草场，恢复草场植被。加强人工饲草基地建设，加快草地退化、沙化、荒漠化治理进程，使重点草原区90%以上的草原得到有效治理。

5.加强农业面源污染治理。采取农田氮磷流失拦截、化肥减施、农药减施替代等措施，减少农田污染。大力推广畜禽粪污无害化利用技术、垃圾污水秸秆综合利用技术、废旧农膜回收加工技术和生物防治技术，实施乡村清洁工程，开展清洁田园、清洁水源和清洁家园行动，推行清洁养殖。开展农业面源污染调查和定点监测，建立健全农业面源污染监测预警体系和执法体系，有效提高农业面源污染防治效果，到2015年，建成80个农业面源污染防治示范区，建立300个农产品产地环境质量定位监控点。

（八）大力发展农业循环经济。

1.加快发展节约型农业。按照“减量化、资源化、再利用”的思路，大力推广节地、节水、节肥、节能新技术，推进形成“资源—产品—废弃物—再生资源”循环农业发展模式。推广测土施肥、旱作农业、免耕栽培、精量播种等技术，建立节水型栽培模式和灌溉制度。积极发展集约生态养殖业，大力推广绿色高效生态畜禽水产养殖技术。

2.加快推进农村资源循环利用。以农村废弃物资源化利用为突破口，加快开发农作物秸秆等为主要原料的生物质燃料、肥料、饲料。抓好农村沼气普及利用，重点发展联户沼气和大中型沼气工程。支持生物质成型燃料产业化，推广秸秆压块炊事采暖炉具30万户。加快循环农业示范区建设，到2015年，建成15个循环农业示范区、30个循环农业示范县。

六、实施幸福乡村计划，切实改善农村民生

（一）加强农村新民居建设。

坚持群众自愿、规划先行、产业带动的原则，分类指导、规范运作，巩固提高已有省级示范村，积极稳妥推进农村新民居建设。优化村镇空间布局，统筹县域镇村体系规划、土地利用规划、村庄建设规划和产业发展规划，引导和促进村镇布局优化、人口相对集中居住，促进土地集约节约利用、产业集聚发展、公共服务水平大幅提升。规范实施农村土地整治和城乡建设用地增减挂钩，充分尊重农民意愿，严格履行民主程序，发挥市场机制作用，引导农村土地集约利用，适当合并分散村庄，鼓励有条件的地方联村并建，挖掘新民居节地潜力。加大财政资金投入力度，重点支持新民居示范村基础设施项目建设。加大农村、国有林场和垦区危旧房改造力度，“十二五”期间，完成50万户农村危房、4.7万户国有林场和垦区危旧房改造任务，基本解决生活困难群众的居住安全问题。

（二）改善农村人居环境。

全面开展农村环境整治工作。深入推进“百乡千村”环境综合整治行动计划，落实“以奖促治”、“以奖代补”政策，加快推进污水和垃圾处理设施建设向县级以下延伸，省级重点镇和现状人口1万人以上的建制镇全部建成污水处理厂。加快建制镇污水管网配套建设，实施雨、污分流。统筹城乡垃圾处理设施建设，县级市、环首都县、沿海县和其他有条件的县要逐步建立“户分类、村收集、镇（乡）转运、县（市）处理”的城乡一体垃圾处理体系。建立健全村庄设施管护、环境保洁、村庄绿化和村容美化等管理制度，有条件的地方要成立专职卫生环境管护和村庄绿化队伍。加强农村环境保护，推广节能减排技术，控制工业污染，治理生活污染，预防农业污染，切实改善农村人居环境，提高广大农民生活质量。到2015年，县（市）污水处理率达到85%以上，生活垃圾处理率达到80%，全面完成环境问题突出村庄的治理工程。

（三）加快推进扶贫攻坚。

以燕山-太行山和黑龙港两大集中连片特殊困难地区特别是环首都扶贫攻坚示范区为重点，采取倾斜政策，加大支持力度，举全省之力推动贫困地区加快发展、脱贫致富。按照新的扶贫标准，增加扶贫开发投入，着力巩固和发展专项扶贫、行业扶贫、社会扶贫“三位一体”大扶贫格局。积极推进产业扶贫，重点发展以设施蔬菜、设施养殖和高效林果为主的家庭增收项目。积极推进科技扶贫，支持大专院校、科研单位与贫困地区开展产学研合作，培育一批科技型扶贫龙头企业，扶持建设一批科技示范村和示范户。继续实施扶贫培训“雨露计划”，加强农村贫困劳动力转移培训和农业实用技术培训，提高培训质量。积极推进移民扶贫，对山区、坝上地区不具备基本生存条件，就地难以脱贫的特困人口，实施易地扶贫搬迁试点工程，引导搬迁户向小城镇、中心村集聚，实现易地脱贫。加大以工代赈扶贫工作力度，改善贫困农村基础设施条件，增加贫困人口劳务收入。积极推动对口扶贫，组织党政机关、企事业单位、大专院校和经济实力较强的县（市、区），对口帮扶扶贫开发工作重点县和重点村及革命老区，广泛动员民营企业、扶贫志愿者通过多种方式参与扶贫开发。“十二五”期间，完成3000个贫困村整体脱贫任务，全省农村贫困人口减少50%，贫困地区农民人均纯收入增幅明显高于全省平均水平。

（四）提高农村社会保障水平。

加快推广新型农村社会养老保险，覆盖人数达到3570万人，实现新型农村社会养老保险制度的全覆盖。提高新型农村合作医疗保障水平，加快推进门诊统筹，新农合参

合率稳定保持在95%以上。新农合人均筹资水平达到全省农村居民人均纯收入的5%或不低于300元，实现门诊统筹全覆盖，政策范围内住院报销比例提高到70%，重大疾病住院报销比例不低于80%。提高农村最低生活保障，完善农村低保水平与全国同步增长机制，实现动态管理下的应保尽保。进一步完善农村五保供养制度，提高供养标准，使其达到当地居民平均生活水平。新建50所综合型民政事业服务中心，改扩建416所敬老院为综合型民政服务中心，农村五保集中供养率达到75%。

七、大力发展劳务经济，拓宽农民增收渠道

（一）促进农村劳动力转移。

促进农村劳动力转移就业。搞好规划、完善服务、整合资源，有组织、成规模、多层次地组织农村富余劳动力向城镇和非农产业转移就业。加强农民技能培训，规范“阳光工程”培训，打造特色培训基地，提高农民转移就业能力。发展特色经济和农村二、三产业，吸纳农村劳动力就地就近就业。提高劳务输出组织化程度，抓好劳务基地建设，搞好供需对接，完善劳务输入地信息沟通和政策协调机制，落实有组织输出劳务的职业介绍机构和劳务派遣企业的补贴政策。加强区域间劳务合作，巩固京津劳务输出市场，扩大与长三角、珠三角等沿海发达地区劳务合作，着力培育一批市场认可、有较高知名度的劳务品牌。

（二）改善农民进城务工环境。

建立城乡一体的就业政策，健全完善进城务工农民的住房、子女接受义务教育、医疗、养老等政策，优化农民工进城务工政策环境。加强农民进城就业服务，公共职业介绍机构开设面向进城务工人员的服务窗口或建立专门的服务场所，免费向进城务工农民开放，提供就业信息、就业政策、维权法律咨询等服务。严格执行劳动合同制度和国家关于劳动合同试用期的规定，加强劳动合同管理和劳动保障监察，及时受理解决劳动合同纠纷和违法用工问题。规范农民工工资管理，严格执行最低工资制度，合理确定并适时调整最低工资标准，建立企业工资集体协商制度，促进农民工工资合理增长。建立农民工工资支付保障制度，加大对拖欠农民工工资用人单位的处罚力度，整顿劳动力市场秩序，打击职业中介领域中各种违法犯罪活动，净化劳动力市场环境。加强劳动监察执法力度，提高企业投资者、经营者的劳动法制意识，提高企业自主化解劳资矛盾的能力。

（三）全面开展全民创业。

鼓励支持农民群众、下岗失业人员、失地农民、返乡农民工和其他组织依法开展有利于发展经济、繁荣市场、增收富民的各种创业活动，符合规定的经营活动，平等享受税收、贴息、担保、贷款、就业服务等优惠政策。扩大市场准入范围，降低准入门槛，重点围绕县域主导产业、农产品加工业、特色农业和农村现代服务业，加强引导和扶持，拓宽创业领域。完善民营经济法律服务组织，建立网上法律咨询平台和服务热线，继续开展“金色阳光行动”，切实维护民营企业合法权益，保护和激发全民创业热情。到“十二五”末，力争全省每万人拥有民营企业个数达到35个。

（四）全方位促进农民增收。

积极拓展农民增收渠道，鼓励和支持农民以市场为导向，调整和优化种养结构，大力发展品质优良、特色鲜明、附加值高的优势农产品，帮助农民增加来自农业内部的收入。大力发展休闲农业、乡村旅游、园艺业和农村服务业，完善农产品市场体系和价格形成机制，落实粮食最低收购价政策，切实提高农民家庭经营性收入水平。进一步完善良种补贴政策，扩大补贴范围，合理确定农机具购置补贴规模，把牧业、林业和抗旱节水机械设备纳入补贴范围，完善农资综合补贴动态调整机制，新增农业补贴向种粮大户、农民专业合作社倾斜，促进农民增加政策性收入。加强农村集体资产管理，依法开发集体资源，盘活集体资产存量。保护农民土地承包经营权流转收益，完善征地补偿制度。拓展农民投融资渠道，完善农村金融服务，创新金融产品和工具，增加农民直接投资收益。

八、保障措施

（一）深化农村改革，增强农村经济发展活力。

稳定和完善农村基本经营制度，在依法自愿有偿和加强服务的基础上，促进土地承包经营权流转，发展多种形式的适度规模经营，培育发展新型农业经营主体。开展土地承包经营权确认登记试点工作，加强土地承包权流转管理和服务，健全农村土地承包经营权流转市场。按照节约用地、保障农民权益的要求，推进农村征地制度改革，积极稳妥地推进农村土地整治，完善农村集体建设用地流转和宅基地管理机制，建设城乡统一的土地市场，促进土地增值收益主要用于农业和农村。进一步巩固完善集体林权制度主体改革成果，推进集体林权制度配套改革，加快国有林区林权制度改革。改革林木采伐管理制度，建立林业产权交易平台，规范林地、林木流转，促进农民增收致富。推进农村产权制度改革，加快农村社区股份制改造，建立健全村级集体财富积累机制，逐步实现农村资源可流转、可置换、可交易，进一步增加农民的财产性收益。改善农村金融服务，积极开展农村金融产品和服务方式创新工作，加大农户小额信用贷款、联保贷款的投放力度，促进农村存款主要投向“三农”。深化农村信用社产权制度改

革，鼓励有条件的地区以县为单位建立社区银行，发展新型农村金融机构和小额贷款公司。健全农业保险制度，不断扩大保险范围和品种。提高县、乡基本财力保障水平，落实村级组织运转经费保障政策，建立村级公益事业建设有效机制。

（二）认真落实惠农政策，加大支农投入力度。

积极调整国民收入分配格局，较大幅度地向“三农”倾斜，保证各级政府对农业投入的增长幅度高于经常性财政收入的增长幅度。认真落实各项支农惠农政策，健全农业补贴制度和农产品价格保护制度。进一步优化农村投资环境，在征地、用水、用电和贴息、补助、参股、担保等方面制定优惠政策，吸引民间资本、社会资本和信贷资本更多地投向农业农村。充分发挥“一事一议”财政奖励补助政策的引导作用，鼓励广大农民为集体公益事业建设投资投劳。加快建立政府支农资金持续增加、农民积极筹资筹劳、社会力量广泛参与的多元化、多渠道投入机制。切实改进农业投资管理方式，提高资金使用效益。完善村级集体财富积累机制，盘活集体资产，增加集体财富，增强集体经济发展活力。

（三）强化项目管理，抓好重点工程建设。

下大力抓好项目谋划，建立健全项目库，扎实做好前期工作，搞好项目建设和管理。按照“职能不变、渠道不乱、各负其责、各记其功”的原则，加大省、市、县三级支农投资整合力度，充分发挥投资效益。进一步拓宽投融资渠道，广泛吸引社会资本投资农业农村建设项目，增强农村经济发展后劲。“十二五”期间，重点抓好粮食增产工程、农业特色优势产业提质增效工程、农村二三产业提升工程、农业产业化工程、农产品质量安全工程、水利建设工程、生态环境工程、农业防灾减灾工程、农业科技创新工程和农村民生工程等十大工程100个重点项目建设，为实现“十二五”农村经济发展目标提供强有力的支撑。

（四）加快农业对外开放步伐，拓展农业发展空间。

充分发挥我省农业农村经济的比较优势，继续搞好中国（廊坊）农产品交易会等经贸洽谈活动，扩大我省农产品影响力。进一步优化投资环境，改善招商方式，加强与国内外知名企业（集团）特别是中央直属企业的战略合作，吸引一大批技术水平高、发展规模大、竞争能力强的大企业、大集团在我省建立生产加工基地。积极引进域外资金、优良品种、先进技术和现代经营管理方法，全面提升我省现代农业发展水平。加强农产品出口基地建设，优化出口产品结构，扩大农产品出口规模。实施“走出去”战略，鼓励和支持我省农业龙头企业直接参与国际农业资源开发，开展跨国经营，拓展我省农村经济发展空间。

（五）加强组织领导，保障规划顺利实施。

各级各有关部门要高度重视规划的组织实施工作，结合实际，认真制定本地本部门和本行业发展规划，搞好上下级规划之间、总体规划与专项规划之间的有效衔接，确保各项工作协调推进。切实加强组织领导，强化协调联动，建立健全目标责任制，采取有效措施，保证规划目标和任务顺利完成，实现全省农业和农村经济又好又快发展。

（冀政办函〔2012〕53号）

河北省人民政府办公厅
关于印发河北省现代农业发展规划（2012—2015年）的通知

（2012年7月12日）

《河北省现代农业发展规划（2012—2015年）》已经省政府同意，现印发给你们，请结合本地本部门实际认真组织实施。

河北省现代农业发展规划（2012-2015年）

为加快我省现代农业建设和发展，依据《全国现代农业发展规划（2011-2015年）》和《河北省国民经济和社会发展第十二个五年规划纲要》精神，编制本规划。

一、现代农业发展形势

“十一五”期间，我省高度重视农业，加快转变农业发展方式，持续增加农业投入，农业综合生产能力和市场竞争力逐步增强，农业现代化水平稳步提升，农民收入持续增长，为现代农业发展奠定了坚实基础。

（一）发展基础。

1. 农业综合生产能力明显增强。我省粮食生产自2005年以来连续增产，2011年总产量达到3172.6万吨，棉花总产量65.3万吨，油料总产量141.8万吨。蔬菜总产量达到7384.3万吨，其中设施蔬菜播种面积32.3万公顷，产量2050.7万吨。肉、蛋、奶产量分别达到418.2万吨、339.8万吨、458.9万吨。水产品产量106.7万吨，水果总产量1612.4万吨，农产品出口15.0亿美元。农业生产结构不断优化，畜牧、蔬菜、果品三大优势产业产值占农林牧渔业总产值比重达68.4%，优势农产品区域布局初步形成。

2. 设施装备和资源环境不断改善。2011年全省农业机械总动力1.03亿千瓦，实际机耕面积533.2万公顷，占农作物播种面积的比重达60.8%；机械收获面积371.5万公顷，占42.3%。农村用电量559.2亿千瓦小时。农田有效灌溉面积达460.2万公顷，有效灌溉率达78%。京津风沙源治理、退耕还林、三北防护林、太行山绿化、平原绿化、沿海防护林等重点工程建设扎实推进，实现了沙化土地由扩展到缩减的历史性转变。启动了农村清洁工程建设，建设完成省部级农村清洁工程示范村79个。加强农村能源环境建设，继续实施农村沼气工程，使用沼气农户达290万户，普及率达到18.9%，大中型沼气工程发展迅速。

3. 科技支撑能力稳步提升。实施农业科技入户和阳光培训工程，科技支撑能力得到稳步提升。建设农业科技进村服务站1.3万个，良繁体系建设，全省主要农作物、畜禽、水产品良种覆盖率分别达到97%、82%和60%以上。连续两年组织农业干部和科技人员1.5万人，下基层9万人次，培训农民1200万人次，解决生产技术难题6.2万个。

4. 产业化经营水平继续提高。2011年农业产业化经营总量达到3600亿元，比2005年增长92.2%，产业化经营率达到60.0%，比2005年提高10.6个百分点。产业集群初步形成，30个示范基地县加工产值达到1680亿元，实现翻番。规划建设加工业园区38个，入园企业1405家。

5. 农民收入大幅提高。“十一五”期间，全省农民人均纯收入连续迈上4000元、5000元两个台阶，由2005年的3482元提高到2011年的7119.7元。

（二）发展机遇。

多年来我省农业农村经济的发展夯实了现代农业建设基础，从政策、区位优势和发展趋势看，我省现代农业面临着难得的发展机遇。

1. 宏观发展环境将更加优化。党的十七大明确提出了“坚持把发展现代农业、繁荣农村经济作为首要任务”，党的十七届五中全会进一步确定了在工业化、城镇化深入发展中同步推进农业现代化的发展战略。京津冀区域经济一体化、河北省环首都经济圈纳入国家“十二五”规划，河北沿海地区发展规划上升为国家战略，冀中南地区被列为国家层面的重点开发区域，为全省现代农业发展提供了更加广阔的空间和优越条件。我省抓住机遇，适时明确“一产抓特色”的现代农业发展路径。

2. 工业化、城镇化推动将更加明显。我省工业化快速发展，信息化水平不断提高，为改造传统农业提供了现代生产要素和管理手段；农村劳动力有序转移、土地流转加快，为农业实现规模化生产、集约化经营创造了有利条件；城市人口增加和生活水平不断提高，以及扩大内需战略的实施，为扩大农产品消费需求、拓展农业功能提供了更为广阔的空间。

3. 物质基础将更加坚实。我省将进一步加大“三农”投入力度和工作力度。“十二五”期间，4000万亩粮食核心区、新增千亿斤粮食生产能力项目、“百龙腾飞工程”、新一轮“菜篮子”工程、蔬菜产业示范县建设、新一轮扶贫攻坚、农业园区建设、规模化养殖等一系列重大项目，将极大地提高我省农业生产物质装备条件和标准化、规模化、产业化水平，发展现代农业的基础将更加坚实。

4. 科技支撑将更加有力。随着农业科技创新和技术推广步伐加快，高新技术成果加速了向农业领域的渗透和扩散，带动了动物疫苗、生物农药、节水工程、农业信息等新兴产业的兴起和发展。低碳技术带动了新材料、新能源的快速发展，拓展了农业功能。科技引领现代农业发展的动力更加强劲。

（三）面临挑战。

1. 农业资源条件和环境约束增强。我省人多地少，水、土等资源供应不足，资源环境约束不断增强。全省人均耕地1.36亩，中低产田占耕地面积的2/3，随着工业化发展和城镇化进程加快，人地矛盾将更加突出。目前，全省人均水资源量307立方米，仅为全国平均的1/7，按目前的生产规模每年缺水70亿方。此外，土壤中有毒有害物质逐年增加、后备资源不足已经制约了全省现代农业的发展。

2. 农业基础设施和物质装备水平偏低。农业基础设施薄弱、物质技术装备水平低，我省田间工程配套率不足20%，目前仍有1600多万亩耕地不具备灌溉条件。农业物质装备水平偏低的状况已向农业产前、产后环节延伸。

3. 农业生产成本不断提高。现代生产要素越来越广泛地渗透到农业生产领域，随着工业化、城镇化的推进，土地、劳动力要素价格上升，农业生产成本提高，高成本导致粮食和农业比较效益下降，种粮口粮化、农业副业化、农民兼业化趋势越来越明显，粮食和农业安全面临的考验越来越严峻。

4. 农业科技创新能力不强。农业科技攻关和自主创新能力不强，农业技术推广不能适应现代农业发展和农民群众的现实需要，我省基层农技推广机构和队伍急待健全和完善，投入不足，科技人员数量不多，科技成果的转化和推广力度不够，保持农业稳定发展面临着加快科技进步的艰巨任务。

5.质量安全监管体系仍不健全。农产品安全生产的基础仍很脆弱，质量安全监管机构不健全，与当前农畜产品质量安全监管工作极不适应，农产品标准体系、检验检测体系和产地认证体系亟待完善，保持农业稳定发展面临着巨大的监管压力。

二、指导思想与发展目标

（一）指导思想。

以加快转变农业发展方式为主线，坚持把提高农业综合生产能力作为发展现代农业的主攻方向，坚持“一产抓特色”，推进资源整合、品种更新和技术集成，以发展农村经济、促进农民增收为中心任务，强化农业科技的引领作用，以促进专业化、标准化、规模化、集约化为重点，着力培育现代农业经营主体，按照强化粮食核心区、提升农畜产品优势区、优化特色农产品生产区、创建现代农业示范园区的建设思路，借助工业化、城镇化的推动作用，调结构、建园区、抓科技、育市场，构建我省现代农业发展新格局。

（二）基本原则。

1.坚持和完善农村基本经营制度。在保持农村土地承包关系稳定并长久不变的前提下，推进农业经营体制机制创新。在切实尊重农民意愿，维护农民利益的前提下，合理有序推动土地流转，促进标准化、规模化生产和产业化经营。

2.坚持因地制宜、突出特色。根据全省各地资源禀赋、区位优势和发展水平，分类规划，因地制宜，确定不同区域的优势产业作为主要发展方向，推动重点地区发展和开发优势特色产业，形成各具特色的现代农业发展新格局。

3.坚持科技引领。综合运用现代农业科技成果、现代农业生产手段和现代经营管理方式，加强新品种、新技术的引进和推广，提升农畜产品的质量、商品率和市场竞争力。研发不同土地规模农户适用的农机具，推进农业机械化进程。

4.坚持政府主导、市场运作。强化政府支持作用，加大强农惠农富农力度，充分发挥农民的主体作用和创新精神，引导和鼓励社会资本投入农业，凝聚各方力量，合力推进现代农业发展。

5.坚持可持续发展。合理开发利用农业资源，建立和完善资源保护与利用制度，加快资源节约型、环境友好型农业生产体系建设，增强对农业资源和生物多样性的管理和保护，加强林业生态保护工程和自然保护区建设，强化污染治理，统筹人与资源、生态和环境的和谐发展，确保社会经济发展的可持续性。

（三）发展目标。

1.总体目标。农业综合生产能力和农产品市场竞争力明显增强，土地生产率和劳动生产率明显提高，农业基础设施和生产条件明显改善，农业组织化程度显著增强，农业可持续发展能力明显提升。基本实现农业生态环境优良化、农业功能多元化、农业设施现代化、农业竞争性产业外向化、农业布局区域化、农业科技化和农业经营主体知识化。逐步形成环京津服务功能强大、高效特色品牌集聚，有河北特色的现代农业发展新框架。

2.具体指标。根据现代农业的内涵和特征，提出农产品供给、农业结构、农业物质装备、农业科技、农业生产经营、农业生产环境、农业产值与农民收入等七大类26个具体指标。

专栏：现代农业发展主要指标

类　别	指　　标	2011年	2015年	年均增长(%)
农产品供给	粮食综合生产能力（万吨）	3172.6	3500	2.49
	粮食播种面积（万亩）	9429	9000	-1.15
	棉花总产量（万吨）	65.3	60	-2.09
	油料总产量（万吨）	141.8	140	-0.32
	蔬菜总产量（万吨）	7384.3	10000	7.88
	肉类总产量（万吨）	418.2	580	8.52
	禽蛋总产量（万吨）	339.8	460	7.87
	奶类总产量（万吨）	466.9	1000	20.97
	水产品总产量（万吨）	106.7	160	10.66
	农产品质量安全抽检总体合格率（%）	97.3	98	[0.7]
农业结构	畜牧业产值占农业总产值比重（%）	34.2	50	[15.8]
	渔业产值占农业总产值比重（%）	3.31	5.33	[2.02]
	农产品加工业产值与农业总产值比	1.2：1	2：1	
农业物质装备	节水灌溉面积（万亩）	4400.5	5248	[847.5]
	农业灌溉用水有效利用系数	0.655	0.67	[0.015]
	农机总动力（亿千瓦）	1.035	1.12	1.99
	耕种收综合机械水平（%）	67.2	72	[4.8]
农业科技	科技进步贡献率（%）	55.6%	56%	[0.4]
	农业劳动力培训阳光培训（万人）	17	65	[48]
农业生产经营组织	农业产业化组织带动农户数量（万户）	848	950	[102]
	奶牛规模化养殖（年存栏100头以上）比重（%）	67.1%	100%	[32.9]
	生猪规模化养殖（年出栏500头以上）比重（%）	40.5%	80%	[39.5]
农业生态环境	农户沼气普及率（%）	20.7	23.4	[2.7]
	农作物秸秆综合利用率（%）	72.1	85	[12.9]
农业产值与农民收入	农林牧渔业增加值(万元)	2905	3050	3.8
	农村居民人均收入（元）	7119.7	8959	5.91

注：括号内为总增长率（量），其余均为年均增长率。

三、重点建设任务

（一）加快构筑现代农业产业体系。按照区域化布局、规模化经营、标准化生产、一体化发展要求，在稳定发展粮食生产的基础上，做大做强蔬菜、畜牧和果品三大产业，拓展农产品保障、原料供给、就业增收、生态保护、观光休闲、文化传承等农业的多种功能，促进农业产业化经营和农业结构优化升级，提高农业整体效益。推行健康养殖方式，加强饲料安全管理，从源头上把好养殖产品质量安全关。重点支持品种优良、特色明显、附加值高的优势农产品，建设一批高标准、上规模的优质农产品生产基地，扶持农业产业化龙头企业发展，落实农业产业化经营的各项政策，加快实施品牌战略，着力培育一批市场占有率高、有河北特色的中国知名品牌。积极打造一批高标准的现代农业示范县、示范园区，逐步形成区域特色，推进现代农业提质升级。

（二）完善现代农业产业技术体系。以科学发展观为指导，以提高农业科技的持续创新能力为核心，以整合资源、联合攻关和创新机制为手段，以粮食生产安全、食品安全和农民持续增收为任务，围绕我省农业优势农产品和特色产业的发展，有效整合农业科技资源，加快培养引进农业科技人才，改善农业科技创新条件，加强基层农技服务体系建设，实现农技推广体系改革与示范县建设全覆盖，切实提高农技推广人员的待遇水平。加快农业机械化，提高农机服务水平。扩大农业农村公共气象覆盖面，建立健全现代农业产业技术体系，及时发现和解决生产中的技术难题，充分发挥技术创新、试验示范、辐射带动的积极作用，为发展现代农业和建设社会主义新农村提供强有力的科技支撑。

（三）改善基础设施和装备条件。加大投入力度，大规模改造中低产田，建设旱涝保收高标准农田。大力开展农田水利建设，增加农田有效灌溉面积，确保农田综合生产能力长期持续稳定提升。改善养殖业生产条件，加速培育一大批设施完备、技术先进、质量安全、环境友好的现代化养殖场。加快实施畜禽良种工程，支持畜禽规模化养殖场（小区）开展标准化改造和建设。加快农业机械化，加强先进适用、安全可靠、节能减排、生产急需的农业机械研发推广，优化农机装备结构。加强农业防灾减灾能力建设，建设一批规模合理、标准适度的防洪和抗旱应急水源工程，提高防汛抗旱减灾能力。

（四）加快现代农业示范区建设。在尽快建成国家级现代农业示范区的基础上，立足资源和区位优势，突出“一产抓特色”，坚持高起点规划、高科技引领、高标准建设，加大政策和资金支持，以环京津区域为先导，紧紧围绕蔬菜、果品、苗木、花卉、水产等特色产业，每县建成一个特色鲜明、功能多样的现代农业示范区，构建一批绿色有机的现代农业基地、独具魅力的农业休闲度假基地、优质天然的生态环保基地，集中力量打造一批规划布局合理、生产要素集聚、科技和设施装备先进、经营机制完善、经济效益和示范带动作用明显的现代农业示范区，引领全省现代农业发展。发挥国有农牧场资金、技术、资源优势，通过政策和资金扶持引导，力争使其在全省率先建成现代农业示范区。

（五）大力发展农业社会化服务体系。构建以公共服务机构为依托、合作经济组织为基础、龙头企业为骨干、其他社会力量为补充，公益性服务和经营性服务相结合、专项服务和综合服务相协调的新型农业社会化服务体系。按照多元化、社会化的发展方向，积极支持和引导多种服务主体的发育，充分发挥产业化龙头企业、农民专业合作社等组织的服务功能。在工业化、城镇化程度较高，都市农业、外向型农业特征明显的地区，扶持和鼓励营利性服务组织发展；在一些特色农业和产业化经营发展较快的地区和行业中，积极引导和扶持提供社会化服务的合作经济组织发展；在欠发达地区、粮食主产区等大宗农产品主产区，公共财政支持的公益性农业服务体系要承担起提供农业服务的基础作用。

（六）增强农产品质量安全保障能力。加强宣传，营造农产品质量安全体系建设的良好环境。增加投入，逐步建立覆盖全省主要农产品种养基地、农产品批发市场的省、市、县、乡四级监测网络。制定安全农产品质量标准，对农产品生产过程中的栽培、农药使用、施肥、灌溉水、采摘（收割）、运输等环节进行规范，逐步建立和完善农产品的市场准入机制，规范农产品的质量管理。积极鼓励和扶持发展无公害、绿色和有机农产品生产。强化农产品质量意识，加大行政执法力度。加强对工业“三废”、生活垃圾、农业面源污染的治理。

（七）提高农业产业化和规模化经营水平。推进农业产业化经营跨越式发展。制定扶持农业产业化龙头企业发展的综合性政策，启动实施农业产业化经营跨越发展行动。依托农产品加工、物流等各类农业园区，选建一批农业产业化示范基地，推进龙头企业集群发展。强化农民专业合作社组织带动能力，加大合作社经营管理人员培训力度，加强合作社辅导员队伍建设。发展多种形式的适度规模经营，在依法自愿有偿和加强服务基础上，完善土地承包经营权流转市场，引导土地承包经营权向生产和经营能手集中，大力培育和发展种养大户、家庭农（牧）场。严格规范管理，支持农民专业合作社及农业产业化龙头企业建立规模化生产基地。实施“一村一品”强村富民工程。

（八）加强农业资源和生态环境保护。加强农业资源保护，继续实行最严格的耕地保护制度，加强耕地质量建设，大力发展节水增效农业，加大水生生物资源养护力度，扩大增殖放流规模，强化水生生态修复和建设。加强农业生态环境治理，鼓励使用生物农药、高效低毒低残留农药和有机肥料，回收再利用农膜和农药包装物，加快规模养殖场粪污处理利用，治理和控制农业面源污染。加快开发以农作物秸秆等为主要原料的肥料、饲料、工业原料和生物质燃料，建立秸秆禁烧和综合利用的长效机制。继续实施农村沼气工程，加大农村清洁工程建设力度，推进农业节能减排，积极发展资源节约型和环境友好型农业，大力推广节地、节水、节种、节肥、节药、节能和循环农业技术，推进形成资源利用最大化、废弃物排放最少化的循环农业方式，增强农业可持续发展能力。

（九）构建现代农产品市场流通网络体系。加大农产品物流设施建设，完善覆盖城乡的农产品流通网络，发展农产品的加工配送中心以及产地、销地农产品批发市场。创新现代农产品流通方式，充分利用现代信息技术手段，发展农产品电子商务等现代交易方式，发挥农产品期货市场引导生产、规避风险的积极作用。提高农产品流通组织化程度，探索建立生产与消费有效衔接、灵活多样的农产品产销模式，降低农产品流通成本，引导和规范农产品物流业的发展，实现农产品稳定均衡供给。协助农业龙头企业构建各种形式物流组织实体，扶持农村营销大户、农村合作经济组织和农民经纪人，支持、鼓励农民开展农产品加工、销售服务和自办购销组织。推进供销社改革，提高我省农产品物流业的创新能力和核心竞争力，增强农产品物流企业的国际竞争力。

（十）加强农业防灾减灾能力建设。贯彻“预防为主、综合防治”，树立“公共植保、绿色植保”的方针和理念，坚持政府支持、市场运作、农民自愿、循序渐进的原则，培养农作物病虫害和草原鼠虫害专业化防治队伍，抓突发性、暴发性重大病虫害的应急防控，确保重大病虫和植物疫情全面实现专业化统防统治。建立农作物病虫害和草原鼠虫害专业化统防统治示范区，建设省植物保护网络服务平台，实施全省农业有害生物绿色防控行动计划，在对有害生物进行有效控制的基础上，减少化学投入品的使用量，提升农作物产品品质。动物疫病预防控制方面，强化政府公共服务职能，加强动物疫病预防控制、监测预警、检疫监督、兽医诊疗、防疫队伍建设以及应急物资保障等配套体系建设，构建符合区域生产实际、适应现代畜牧业发展要求的动物防疫体系，增强重大动物疫情防控能力和整体防治水平；制定行政区域内动物疫病防治规划和重点动物疫病防治计划，建立健全兽医工作长效机制；建设省级动物卫生信息化平台，提高动物卫生监督执法水平；认真履行兽医公共服务和社会管理职责，发挥好兽医社会化服务体系的作用。加强气象基础设施建设，发挥气象为农业生产和农民生活服务的作用。

四、重点建设区域

（一）粮食生产核心区。

1.区域范围与特征。粮食生产核心区主要分布在太行山山前平原区、燕山山前平原区以及海河冲积平原区。该区域自然条件优越，农用地利用水平高，基础设施状况好，农业集约化水平高，单产、总产和商品率较大，粮食种植比较集中。

2.区域布局。86个粮食生产核心县（市、区）：藁城、辛集、临漳、赵县、宁晋、景县、深州、隆尧、故城、无极、晋州、正定、新乐、任县、栾城、肥乡、永年、定兴、任丘、大名、河间、清苑、阜城、枣强、玉田、魏县、南和、乐亭、沧县、馆陶、东光、武邑、徐水、泊头、固安、成安、吴桥、元氏、定州、桃城区、曲周、临西、行唐、滦南、鹿泉、涿州、丰润、深泽、献县、容城、冀州、唐海、肃宁、安国、安平、高碑店、昌黎、柏乡、三河、盐山、望都、香河、青县、丰南、博野、雄县、磁县、平山、广平、饶阳、新河、滦县、遵化、武强、大城、霸州、清河、鸡泽、卢龙、满城、平泉、隆化、宣化县、涿鹿。该区域粮食综合生产能力高，高产创建示范带动作用强，能为保障国家粮食安全、增加农民收入、调整农业结构提供更大的空间，进一步促进现代农业健康快速发展。

（二）蔬菜生产优势区。

1.区域范围与特征。主要分布在环京津各县（市、区）以及农业部认定的蔬菜生产大县。区域内光照充足，无霜期长，大部分地区采用日光温室，冬季基本不用加温，能源消耗成本低；地形地貌多样，南北跨度大，适合发展多种形式的设施农业，满足不同层次、不同季节的市场需求。

2.区域布局。按照资源优势和生产特点，将全省从北向南分别以长城和石德铁路线为界划分为冀北夏秋露地蔬菜优势产区，冀中冬春棚室蔬菜优势产区，冀南春秋大中小棚蔬菜优势产区。重点发展冀北坝上夏秋露地蔬菜；冀中、冀东冬春棚室蔬菜；冀南春秋大中小棚室蔬菜4个优先示范带。冀北地区积极推广网膜拱棚生产，冀东和冀中地区大力发展日光温室生产，冀南地区大力发展大中棚生产。重点抓好省政府确定的固安、三河、永清、安次、定兴、涿州、永年、饶阳、乐亭、崇礼、南和、青县、滦平、藁城、抚宁等24个蔬菜生产示范县和《全国蔬菜产业发展规划（2011-2020年）》确定的我省57个蔬菜大县。

（三）林果生产优势区。

1.区域范围与特征。重点在太行山、燕山山区、平原沙地、黑龙港流域、桑洋河谷和冀东滨海、城镇周围等优势产区的80个果品重点县（市、区）建设苹果、梨、核桃、红枣、板栗、葡萄、观光采摘等七大果品基地。

2.区域布局。80个果品重点县（市、区），包括赵县、辛集、藁城、行唐、赞皇、平山、灵寿、深泽、元氏、鹿泉、兴隆、宽城、平泉、隆化、承德县、丰宁、滦平、涿鹿、怀来、蔚县、宣化县、阳原、怀安、赤城、青龙、卢龙、抚宁、昌黎、山海关区、迁西、遵化、迁安、乐亭、滦县、丰润、滦南、永清、大城、三河、固安、安次区、曲阳、定州、阜平、唐县、顺平、满城、易县、涞源、涞水、沧县、献县、泊头、海兴、盐山、黄骅、青县、河间、南皮、阜城、枣强、武强、深州、武邑、宁晋、临城、新河、沙河、邢台县、内邱、威县、巨鹿、柏乡、魏县、临漳、涉县、武安、磁县、邯郸县、永年。

（四）棉花生产优势区。

1.区域范围与特征。主要集中在黑龙港流域，该区域耕地土层深厚，排水状况好，农用地自然潜力高，为重要的棉花生产基地。

2.区域布局。主要分布在邢台、邯郸、沧州和衡水市。包括：威县、南宫、冀州、东光、邱县、故城、文安、河间、吴桥、广宗、枣强、南皮、景县、深州、成安、临西、曲周、献县、任丘、肥乡、丰南、清河、鸡泽、馆陶、清河、霸州、安次、高阳、辛集、巨鹿、武邑、阜城、新河、平乡等。

（五）油料生产优势区。

1.区域范围与特征。春花生集中产区分布在以廊坊、唐山、秦皇岛市为主的冀东地区；沧州、衡水等黑龙港油料产区稳定发展油用大豆和向日葵；坝上及北部山地油料产区在积极更换抗病高产胡麻品种的同时，大力发展油菜、油葵种植；在冀中南平原河泛区开发利用荒地发展优质花生、芝麻种植。

2.区域布局。花生产业主要分布在：滦县、滦南、迁安、玉田、乐亭、抚宁、昌黎、霸州、香河、永清、固安、文安、大城、大名、饶阳、新乐、平山等县市。油用大豆和向日葵主要分布在：沧县、青县、东光、海兴、盐山、肃宁、南皮、吴桥、献县、孟村、冀州、深州、枣强、武邑、武强、饶阳、安平、故城、景县、阜城。油菜、油葵种植区域主要分布在：沽源、张北、康保、尚义、丰宁、围场。

（六）畜禽养殖产品优势区。

1.区域范围与特征。奶牛产业养殖以石家庄、唐山、保定、张家口4市为主，培育环京津、环省会两大奶牛优势产区；生猪产业以石家庄、衡水、保定、唐山、邯郸等市为主，建设冀中南、冀东两大优势产区；蛋鸡产业以石家庄、保定、邯郸、邢台等市为主，建设冀中、冀南两大优势产区；肉牛产业主要以承德、沧州、廊坊、唐山等市为主建设繁育区和育肥区；养羊产业以秦皇岛、沧州、保定、张家口、廊坊等市为主，建设环京津肉羊养殖圈。

2.区域布局。奶牛产业主要以滦南、滦县、丰润、行唐、张北、察北、正定、宁晋、徐水、栾城、定州、塞北、迁安、无极、丰宁、丰南、藁城、沽源、永清、宣化为主。生猪产业主要以滦南、抚宁、玉田、定州、安平、丰润、武安、迁安、遵化、辛集、大名、定兴、徐水、藁城、永清、正定、易县、深州、三河、滦平为主。蛋鸡产业主要以辛集、馆陶、永年、藁城、正定、栾城、曲周、深州、无极、晋州、新乐、玉田、定州、隆尧、元氏、魏县、大名、临漳、沙河、磁县为主。肉牛产业以隆化、三河、大厂、围场、丰宁、滦县、玉田、盐山、遵化、迁安为主；肉羊产业以卢龙、永清、临漳、青龙、康保、宣化、大名、易县、昌黎、三河为主。

（七）渔业生产优势区。

1.区域范围与特征。该区域包括沿海出口优势水产品、山坝区生态型水产、城市周边休闲型三大水产养殖带。建设以唐山沿海为中心的对虾养殖，以秦皇岛沿海为中心的贝类养殖，以沧州沿海为重点的梭子蟹养殖和盐碱地渔业开发，以唐海、昌黎为重点的河鲀等名贵鱼养殖，以石家庄、保定、邯郸为重点的冷水鱼类和甲鱼养殖，以内陆库、淀为重点的大水面增养殖渔业，以沿海为重点的水产品和生物饵料养殖加工，以大中城市周边为重点的休闲渔业基地。

2.区域布局。沿海渔业主要以山海关、抚宁、昌黎、乐亭、滦南、唐海、丰南、黄骅、中捷、南大港、海兴等为主；山坝区生态型水产养殖主要以迁西、磁县、宽城、平山、灵寿、鹿泉、玉田、阜平、兴隆、丰宁、曲周等。城市周边休闲型渔业主要以任丘、霸州、文安、三河、固安、安新、定兴、涿州、永年、冀州为主，形成对虾养殖基地、贝类养殖基地、梭子蟹养殖和盐碱地渔业开发基地、河鲀等名贵鱼类养殖基地、冷水鱼和甲鱼养殖基地、大水面增养殖渔业基地、生物饵料养殖加工基地、休闲渔业养殖基地（八大产业基地）的特色产业。

（八）环首都城市生态休闲农业区。

1.区域范围与特征。环首都生态休闲农业区域分布于承德、张家口、保定、廊坊四个市，也包括省内大城市周边县区。该区域内旅游、资源、区位三大优势明显，产业基础雄厚，休闲农业产业的客源需求量大、层次高。

2.区域布局。该区域包括环首都经济圈的14个县（市、区）：涿州、涞水、涿鹿、怀来、赤城、丰宁、滦平、三河、大厂、香河、广阳区、安次区、固安、兴隆，同时包括环石家庄、唐山等市的各县（市、区）。发挥环首都优势、放大城市辐射效应，建设休闲度假、观光旅游、绿色有机蔬菜、宜居生活基地，把环首都经济圈打造成风光秀丽的农业生态带和舒适的休闲旅游带。

五、重大工程

（一）旱涝保收高标准农田建设工程。通过土地整治、农业综合开发等工程，完善田间灌排沟渠及机井、农业节水、小型集雨蓄水、积肥设施、机耕道路及桥涵、农田林网等基础设施。开展土地平整，测土配方施肥、土壤有机制提升，落实土壤改良、地力培肥、耕地质量监控等措施，加快先进适用耕作技术推广应用，实施旱作节水农业工程，建成旱涝保收高标准农田4千万亩。

（二）国家新增千亿斤粮食生产能力建设工程。在全省86个产粮大县（市、区）统筹实施水源和渠系工程、田间工程，良种繁育、防灾减灾、仓储物流和粮食加工等工程，逐步建设成为田间设施齐备、服务体系健全、仓储条件配套、区域化、规模化、集中连片的商品粮生产基地。

（三）新一轮"菜篮子"建设工程。加强园艺作物标准园建设，扩大畜禽标准化规模养殖场（小区）和水产标准化健康养殖示范场规模，强化质量安全措施，建成一批规模化、标准化、商品化的果菜生产基地。建设一批国家级重点大型批发市场和区域性产地批发市场，引导建设优质农产品物流配送中心，发展农产品电子商务。

（四）棉油及中药材生产基地建设工程。加强黑龙港流域棉花生产基地建设，开发盐碱滩涂棉花种植新区域，强化冀东、冀中南地区花生生产基地建设，着力改善项目区田间基础设施、良种科研繁育设施，配套购置实验化验仪器设备及农机具等。在十县百村建成具有河北特色的中药材生产示范基地。

（五）现代种业工程。重点建设一批农作物育制种基地，完善农作物品种试验和种子质量检测设施条件，加强南繁基地建设，健全农作物种质资源、畜禽和水产遗传资源保存体系，建设动植物基因信息库，研发生物育种技术，建立转基因生物安全保障体系。支持畜禽育种场、原良种场、种公畜站、新品种培育场建设。建设水产遗传育种中心和原良种场。

（六）渔政渔港建设工程。改扩建或新建一批沿海中心渔港、一级渔港，新增一批渔政执法船和渔政执法快艇，加强渔政执法码头、渔政执法装备和管理信息系统建设，提高执法能力。

（七）动植物保护工程。健全省、市、县三级动物疫病防控体系、动物卫生监督体系和村级防疫员防疫体系。建设四级农作物病虫疫情监测防控体系，加强监测、防控、监管手段能力建设，建成一批统防统治示范县。

（八）农（畜、果品、水）产品质量安全检验检测能力建设工程。提升省级综合（果品）质检中心建设水平，全方位推进市级综合质检中心和县级农（畜、果品、水）产品综合质检站，建设省农（畜、果品、水）产品质量安全监测信息预警平台，到"十二五"末，实现全覆盖。

（九）乡（镇）农业公共服务能力建设工程。在健全乡（镇）或区域性农业技术推广、动植物疫病防控和农产品质量安全监管等公共服务机构基础上，按照整合资源、注重实效、填平补齐、因地制宜、标准适当原则，改善农业技术推广、病虫害防控、农产品检验检测、农民培训等设施设备条件。

（十）农业机械化推进工程。用现代物质条件装备农业的理念，优化农机装备结构，开发专用小型农机具，加大对玉米机收、机械深松、保护性耕作及秸秆综合利用机具的支持力度，加强农机服务体系和服务组织建设，改善农机化技术推广、农机安全监理、农机试验鉴定等公共服务机构设施条件，提高农机综合服务能力。

（十一）农业信息化建设工程。支持各市与重点县建设农业生产经营信息化示范基地和农业综合信息服务平台，建立共享化农业信息综合数据库和网络化信息服务支持系统，开展农业物联网应用示范基地建设。

（十二）农村沼气工程。加快落实户用沼气、养殖小区和联户沼气、大中型和特大型沼气工程建设进度，加强沼气设施维护，切实完善沼气技术创新与技术服务体系建设。

（十三）草原保护与建设工程。加大京津风沙源区草地治理力度，加强草原防火体系和鼠虫害监控体系建设，强化半牧区草原生态保护补助奖励机制政策落实，积极推进草原监理体系建设。

（十四）水域生态环境保护与修复工程。制定和实施水生生物自然保护区、水产种质资源保护区以及人工渔礁建设规划分期分批划定资源保护区20个以上。对已经衰退的重要渔业资源品种和生态荒漠化严重水域，持续实施增殖放流项目，促进水生生物资源恢复，保护自然水域生态平衡。

（十五）新型农村人才培养工程。按照培育新型职业农民的理念，改善农业广播电视学校、农业职业院校、农业技术推广机构、农村实用人才培训基地、农业职业技能鉴定机构的基础设施条件，落实以培训服务能力、服务水平为基本标准的定期评审制度。加强对农民专业合作社、农业龙头企业、农产品加工企业中的经营和管理骨干、农民经纪人、农产品营销大户、种养能手、农机手、农民信息员和涉农企业从业人员的技术培训。

六、保障措施

（一）建立农业投入稳定增长机制。按照总量持续增加、比例稳步提高的要求，不断增加"三农"投入。各级财政每年对农业的总投入增长幅度要高于其财政经常性收入增长幅度。预算内固定资产投资要向重大农业建设工程倾斜。耕地占用税税率提高后，新增收入全部用于农业。严格按照有关规定计提和使用用于农业土地开发的土地出让收入，严格执行新增建设用地土地有偿使用费全部用于耕地开发和土地整理的规定。加快农村金融组织、产品和服务创新，推动发展村镇银行等农村中小金融机构，扶持农业信贷担保组织发展，加快发展农业保险，完善农业保险保费补贴政策。引导社会资本投入农业，积极推动建立城乡要素平等交换关系，鼓励和促进工业与城市资源要素向农业农村配置。进一步加大村级公益事业建设"一事一议"财政奖补力度，调动农民参与农业农村基础设施建设的积极性。通过组织动员和政策引导等多种途径，鼓励各种社会力量与乡村结对帮扶，参与农村产业发展和公共设施建设，努力形成多元化投入新格局。

（二）严格落实各项强农惠农政策。健全农业补贴制度和农产品价格保护制度。继续对种粮农民实施直接补贴和良种补贴、农机具购置补贴，继续把抗旱、节水机械设备纳入补贴范围，研究逐步扩大良种补贴品种和范围，扩大花生良种繁育补贴规模。落实和完善农资综合补贴动态调整机制，新增农业补贴适当向种粮大户、农民专业合作组织倾斜。继续实施小麦最低收购价政策、"菜篮子"产品出口退税政策。坚持把环首都绿色经济圈产业发展、新一轮扶贫攻坚、"菜篮子"、"米袋子"、"后花园"等惠农政策更快速、更直接地落实到基层，充分调动农民生产积极性。

（三）加强现代农业科技和人才支撑。加强农业科技创新体系建设，增加农业科研投入，提高示范基地和区域性农业科研中心的创新能力，鼓励涉农企业成为农业技术创新的主体。加强先进适用技术推广，探索农业科技成果进村入户的机制和办法，加快基层农业技术推广体系改革和建设，积极发挥农业院校和科研单位在技术推广中的作用，促进科技成果转化。加强新型农民培训，发展农村职业技术教育和农村成人教育，开展现代农业生产知识和技能培训，培养一大批科技明白人、流通经纪人和致富带头人。加大对大专院校和中等职业学校农林类专业学生的助学力度，有条件的地方可减免种、养殖专业学生学费，鼓励青年人学农务农，不断强化现代农业的科技和人才支撑。

（四）深化农业农村改革。积极推动种业、农垦等方面改革。加强对国家现代农业示范区、新形势下农村改革试验区工作指导和支持，发挥先行先试作用。统筹城乡产业发展，发展农村服务业和乡镇企业，制定农村二三产业加快发展的鼓励政策，落实和完善有关税收政策。统筹城乡基础设施建设和公共服务，逐步建立城乡统一的公共服务制度。统筹城乡劳动就业，健全城乡平等的就业制度和覆盖城乡的公共就业服务体系，引导农村富余劳动力平稳有序外出务工就业、就地就近转移就业。统筹城乡社会管理，积极稳妥推进户籍制度改革。推进省直接管理县（市）财政体制改革，优先将农业大县纳入改革范围。

（五）提高农业对外开放水平。继续实施农业"引进来，走出去"战略，吸引外资投资农业产业，继续用好国外优惠贷款和赠款，加大引资引智力度，加强农业科技交流与合作，提高农业利用外资水平。鼓励有条件的农业企业到境外建立基地、开拓市场，学习和借鉴国外先进农业科学技术和管理经验，充分利用政府间合作交流平台，加强农产品进出口调控，改进农产品出口信贷、保险、检验检疫和通关服务，加强对大宗农产品进口的调控和管理，保护农民利益，增加农民收入。

（六）大力加强现代农业市场体系建设。努力构建开放统一、竞争有序的市场体系，全面提升农产品市场流通效率，适应现代农业发展需要。加快发展现代流通方式，推行农村连锁经营、电子商务等新型流通业态，支持农资超市和农家店建设，发挥合作社和其他流通主体在农产品购销中的作用，增强农产品购销合同的公正性和约束力，落实鲜活农产品运输绿色通道政策，发挥期货市场作用。加强农产品质量安全监督管理，推行农业标准化生产和管理，依法保护农产品注册商标、地理标志和知名品牌。加强农产品生产、加工和流通环节的全过程监控，抓好源头治理，强化农药、兽药和添加剂的规范使用。

（七）强化农业法制保障。以《中华人民共和国农业法》为基础，紧紧围绕现代农业发展需要，研究制定和完善我省促进农业发展、保障农业产业安全和农产品质量安全等方面的法律法规。深入开展农业普法宣传教育，加强执法培训，夯实依法治农工作基础。全面推进大农业格局下的农业综合执法体系建设，加大投入力度，提高执法装备水平和执法能力；创新工作机制，加强农业综合执法规范化建设，努力打造一支政治素质高、业务能力强、执法水平过硬的执法队伍，为我省现代农业健康发展、维护广大农民和消费者的权益提供有力的法制保障。

（八）加强组织领导。各级各有关部门要围绕规划目标任务，明确职责分工，强化协调配合，履行好经济调节、市场监管、社会管理和公共服务职能，建立健全考核制度，形成一级抓一级、层层抓落实的工作机制，为全省现代农业发展提供全方位的政策、科技、装备、人才和体制支撑，切实提高依法行政管理水平，营造全社会支持现代农业发展的良好氛围，确保规划各项目标任务落到实处，加快我省现代农业的建设进程。

（冀政办函〔2012〕66号）

Ⅵ 统计图

现价农林牧渔业总产值

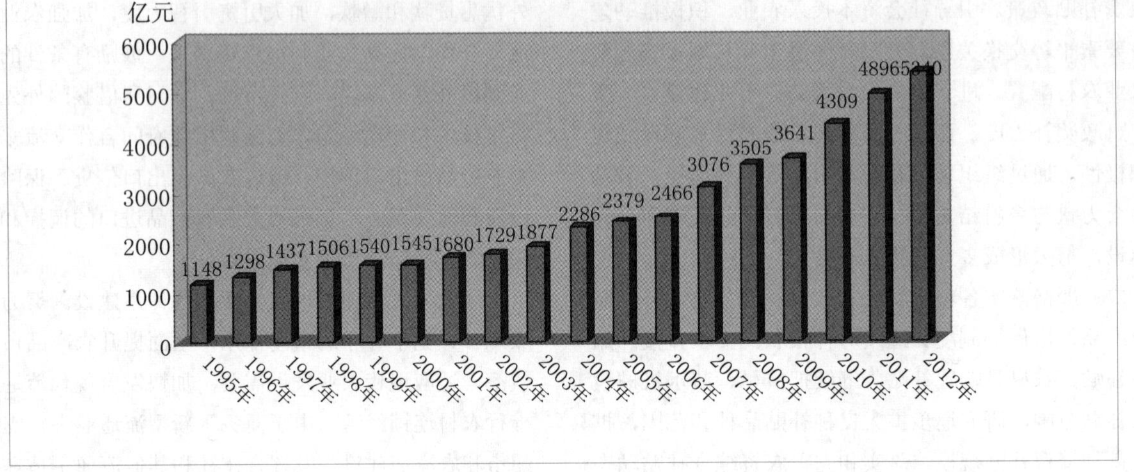

现价农林牧渔业总产值构成

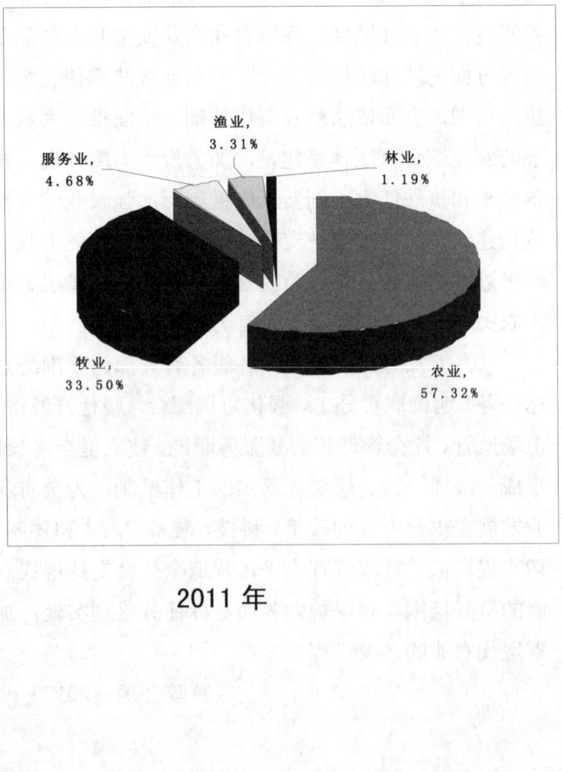

2011 年

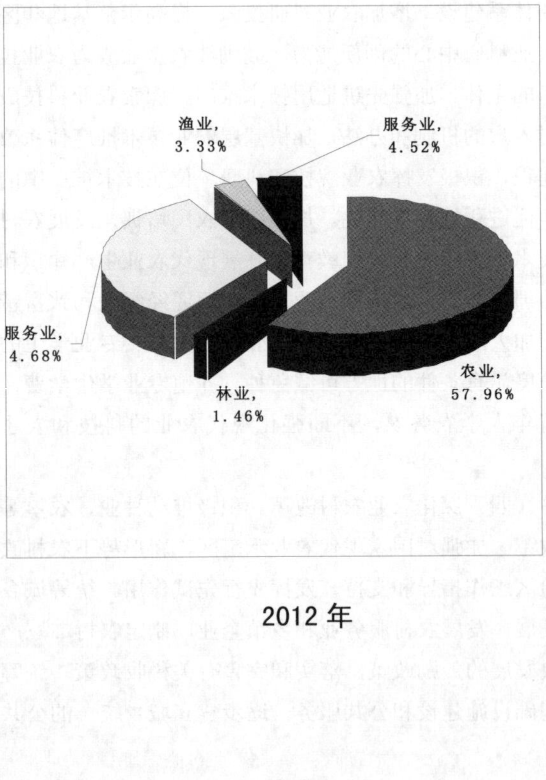

2012 年

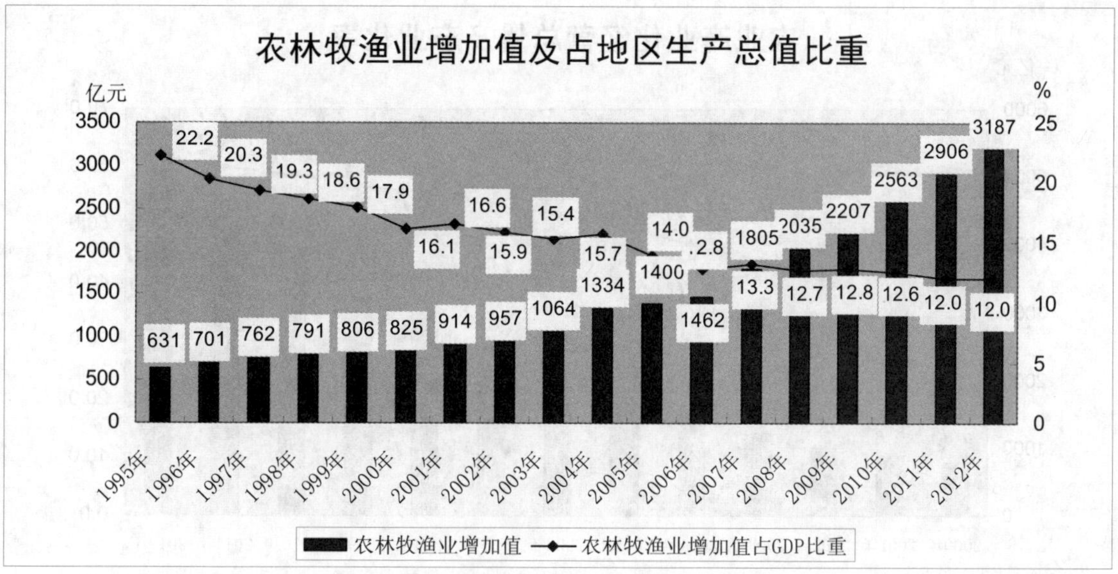

农林牧渔业增加值及占地区生产总值比重

粮食、蔬菜和水果产量

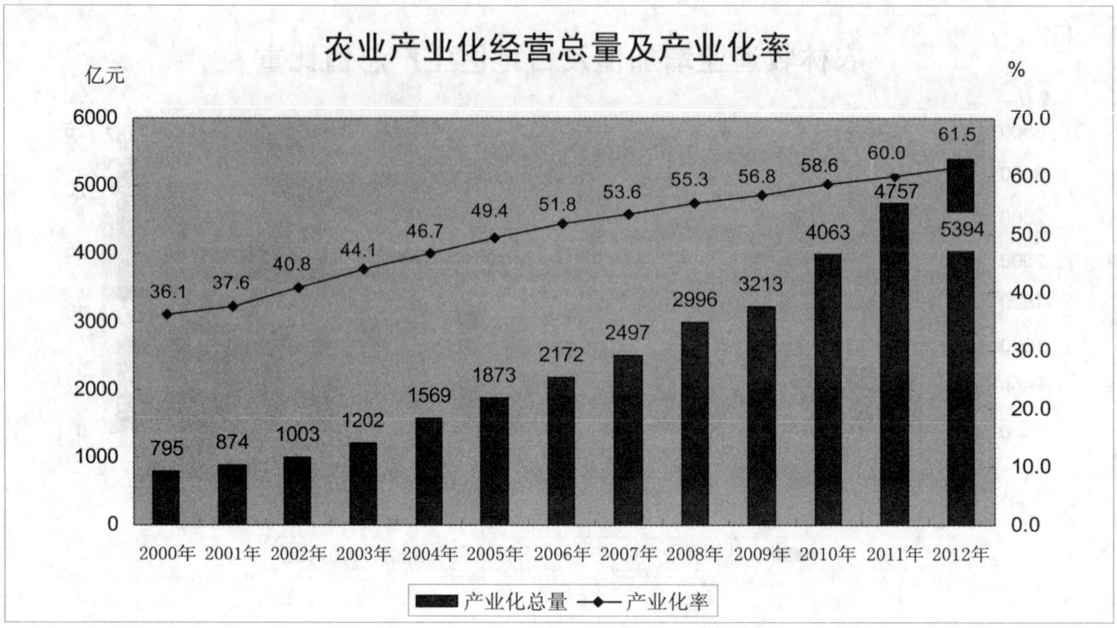
农业产业化经营总量及产业化率
亿元
%
2000年 2001年 2002年 2003年 2004年 2005年 2006年 2007年 2008年 2009年 2010年 2011年 2012年
795 874 1003 1202 1569 1873 2172 2497 2996 3213 4063 4757 5394
36.1 37.6 40.8 44.1 46.7 49.4 51.8 53.6 55.3 56.8 58.6 60.0 61.5
产业化总量
产业化率

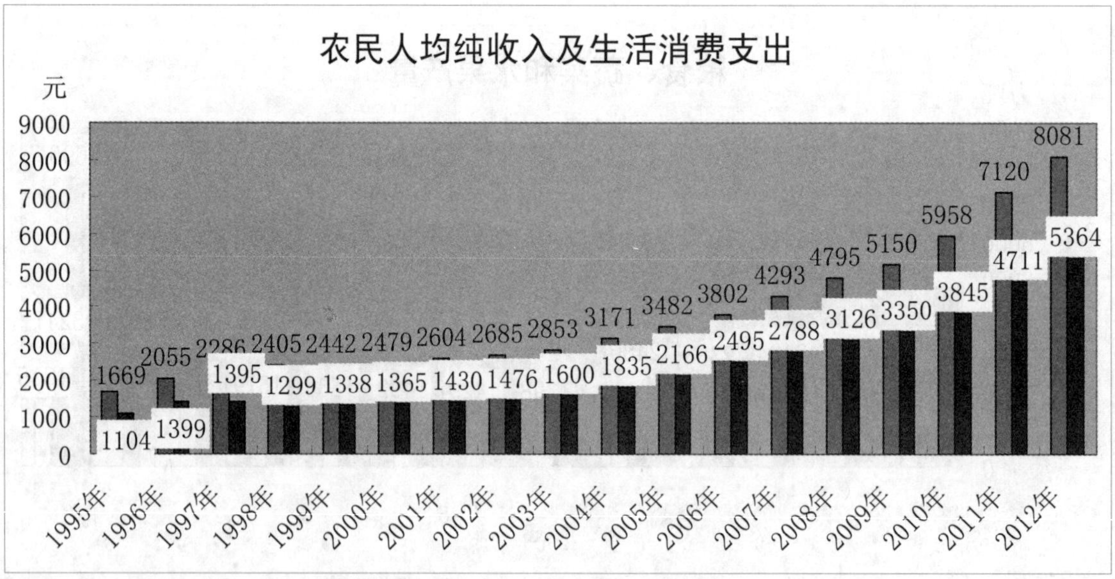
农民人均纯收入及生活消费支出
元
1995年 1996年 1997年 1998年 1999年 2000年 2001年 2002年 2003年 2004年 2005年 2006年 2007年 2008年 2009年 2010年 2011年 2012年
1669 2055 2286 2405 2442 2479 2604 2685 2853 3171 3482 3802 4293 4795 5150 5958 7120 8081
1104 1399 1395 1299 1338 1365 1430 1476 1600 1835 2166 2495 2788 3126 3350 3845 4711 5364

Ⅶ 统计资料

1-1-1 全省行政区划

(2012年底)

单位：个

名称	地级单位数	县级单位数	市辖区	县级市	县	乡镇级单位数	街道办事处	乡数	镇数	居民委员会	村民委员会
全省	**11**	**172**	**37**	**22**	**113**	**2234**	**274**	**940**	**1019**	**3548**	**48728**
石家庄市	1	23	6	5	12	274	54	96	124	576	4370
唐山市	1	14	7	2	5	223	46	47	130	591	4979
秦皇岛市	1	7	3		7	97	22	28	47	174	2265
邯郸市	1	19	4	1	14	242	28	118	96	461	5290
邢台市	1	19	2	2	15	196	23	83	90	373	5019
保定市	1	25	3	4	18	340	28	170	142	445	6207
张家口市	1	17	4		13	233	23	113	96	280	4176
承德市	1	11	3		8	216	11	123	82	161	2485
沧州市	1	16	2	4	10	190	20	87	83	216	5741
廊坊市	1	10	1	2	6	105	15	26	64	171	3212
衡水市	1	11	11	1	2	118	4	49	65	100	4984

1-1-2 全省地表形态分布

(2012年底)

单位：平方公里

地表形态	总面积	占总面积(%)
全省地表总面积	**187693**	**100.00**
山地	70194	37.40
坝上高原	24343	12.97
丘陵	9068	4.83
平原	57223	30.49
盆地	22709	12.10
湖泊洼淀	4156	2.21

1-1-3 总人口、人口自然变动及从业人员

年 份	总 人 口（万人）	#男	出 生 率（‰）	死 亡 率（‰）	自然增长率（‰）	就业人员（万人）	#一产业就业人员	失业人员（万人）
1949	3086.06	1564.23	27.30	12.73	14.57			
1952	3271.95	1652.81	29.17	12.10	17.07			
1957	3670.10	1865.23	29.62	11.30	18.32			
1962	3883.58	1961.29	28.68	9.06	19.62			
1965	4086.96	2084.19	32.93	8.74	24.18			
1970	4549.55	2320.15	26.73	6.49	20.24			
1975	4913.39	2514.52	17.78	7.22	10.56			
1978	5057.47	2595.40	20.88	6.49	14.39	2109.39	1621.61	
1980	5167.62	2650.65	20.47	6.46	14.01	2182.80	1637.42	
1985	5547.52	2851.51	17.10	5.30	11.80	2555.43	1603.36	3.56
1990	6158.88	3147.00	20.46	6.82	13.64	2955.47	1820.51	7.70
1991	6219.73	3167.00	16.61	6.75	9.86	3040.30	1905.27	6.05
1992	6275.33	3212.35	15.33	6.43	8.90	3106.28	1874.64	18.38
1993	6334.09	3239.53	15.43	6.11	9.32	3171.37	1857.14	14.71
1994	6387.71	3263.91	14.93	6.50	8.43	3210.37	1780.48	16.40
1995	6436.51	3265.89	13.93	6.32	7.61	3252.01	1729.29	17.50
1996	6483.67	3309.37	13.85	6.55	7.30	3300.16	1635.17	15.64
1997	6524.58	3327.63	13.11	6.82	6.29	3324.23	1634.03	15.53
1998	6569.30	3343.24	13.01	6.18	6.83	3367.18	1650.22	15.86
1999	6613.66	3356.43	12.99	6.26	6.73	3322.30	1653.25	16.20
2000	6674.27	3397.20	11.30	6.21	5.09	3385.71	1678.12	17.40
2001	6699.13	3383.67	11.16	6.18	4.98	3409.16	1676.34	19.50
2002	6734.60	3419.96	11.53	6.25	5.28	3435.00	1662.59	22.20
2003	6769.44	3453.92	11.43	6.27	5.16	3470.23	1672.26	25.80
2004	6808.75	3479.62	11.98	6.19	5.79	3516.71	1612.85	28.01
2005	6850.83	3441.17	12.84	6.75	6.10	3568.97	1564.72	27.82
2006	6897.86	3485.69	12.86	6.59	6.23	3609.99	1524.89	28.69
2007	6943.19	3528.97	13.33	6.78	6.55	3664.97	1481.52	29.29
2008	6988.82	3562.35	13.04	6.49	6.55	3725.66	1481.37	32.24
2009	7034.40	3582.08	12.93	6.43	6.50	3792.49	1479.22	34.50
2010	7193.60	3647.18	13.22	6.41	6.81	3865.14	1464.21	35.14
2011	7240.51	3742.62	13.02	6.52	6.50	3962.42	1439.63	35.99
2012	7287.51	3693.75	12.88	6.41	6.47	4085.74	1426.27	36.83

注:1999年以后年份就业人员不包括离开本单位仍保留劳动关系的职工。

1-1-4 历年农业基本生产条件

年 份	一、户数、人口、劳动力							
	乡 村 总户数 (万户)	乡 村 总人口 (万人)	乡村从业人 员 (万人)	#农 林 牧渔业	工 业	建筑业	交通运输业、仓储和邮政业	批发、零售业、住宿业和餐饮业
1957	767.53	3322.06	1382.83	1382.83				
1962	836.21	3555.11	1375.24	1375.24				
1965	846.79	3703.83	1456.74	1456.74				
1970	921.07	4156.23	1635.57	1635.57				
1975	985.81	4415.46	1716.84	1617.61	37.40			
1978	1040.77	4490.38	1726.00	1475.43	95.39	11.87		
1980	1075.10	4537.77	1766.59	1542.02	126.25	22.51		
1985	1159.84	4793.36	2059.76	1639.03	167.98	81.15	31.14	35.96
1990	1325.48	5211.59	2360.50	1780.42	220.73	102.01	48.07	53.59
1991	1339.93	5262.34	2417.23	1841.34	217.78	101.37	48.29	55.14
1992	1353.65	5279.09	2470.89	1853.55	237.34	108.64	51.99	60.66
1993	1372.67	5314.02	2511.77	1842.44	253.25	125.45	59.53	68.10
1994	1383.99	5316.97	2542.82	1766.26	294.25	145.64	71.06	90.05
1995	1387.10	5324.29	2573.51	1715.42	325.04	157.83	78.23	98.00
1996	1390.10	5319.26	2583.16	1621.83	365.92	184.06	85.58	116.48
1997	1394.43	5313.76	2613.43	1620.31	380.19	188.14	89.11	122.16
1998	1398.67	5322.46	2635.91	1635.83	380.10	191.51	89.63	125.73
1999	1401.18	5336.29	2654.31	1639.90	382.38	198.06	90.63	129.69
2000	1422.61	5382.39	2707.10	1665.45	388.36	202.47	92.13	135.33
2001	1434.07	5385.64	2717.88	1664.96	390.30	205.74	93.69	137.46
2002	1434.69	5388.84	2731.76	1651.97	403.47	212.53	94.55	141.17
2003	1436.10	5383.04	2748.04	1660.24	441.88	243.73	101.01	162.70
2004	1439.38	5389.87	2771.98	1600.43	481.54	259.35	107.92	183.65
2005	1448.55	5422.28	2805.94	1552.75	518.86	275.22	114.71	202.87
2006	1445.65	5412.04	2817.80	1513.04	545.32	285.43	117.63	211.41
2007	1461.93	5456.94	2846.53	1479.04	576.85	301.50	121.22	218.70
2008	1476.82	5495.58	2894.82	1478.23	597.96	309.50	126.96	227.73
2009	1497.39	5531.18	2944.36	1472.50	623.63	327.11	129.21	235.55
2010	1525.58	5570.20	2976.55	1458.33	640.13	342.13	132.36	242.09
2011	1536.91	5599.62	3003.83	1433.17	657.96	352.33	137.87	251.98
2012	1551.16	5628.36	3023.37	1419.85	670.96	359.83	140.15	256.58

注：乡村从业人员：指乡村人口中16岁以上实际参加生产经营活动并取得实物或货币收入的人员。

1-1-4续1 历年农业基本生产条件

年 份	二、耕地面积(千公顷)					三、农村生产性固定资产(亿元)		
	年末实有耕地面积	水 田	旱 地	#水浇地	有效灌溉面积占耕地面积比重(%)	固定资产原 值	集体所有	农民家庭所 有
1949	7265.79	6.00	7259.79	763.21	10.6			
1952	7616.41	22.99	7593.42	939.85	12.6			
1957	7545.97	64.96	7481.01	1512.59	20.9			
1962	6953.83	71.90	6881.93	1285.41	19.5			
1965	6983.71	85.40	6898.31	1668.87	25.1			
1970	6849.55	93.14	6756.41	2585.17	39.1			
1975	6718.61	73.62	6644.99	3479.60	52.9			
1978	6675.01	104.11	6570.90	3556.06	54.8			
1980	6648.01	132.06	6515.95	3490.19	54.5			
1985	6603.41	131.72	6471.69	3440.98	54.1	131.10	61.24	69.86
1990	6556.03	140.39	6415.64	3618.10	57.3	268.19	109.70	158.49
1991	6549.72	148.14	6401.58	3691.33	58.6	318.14	129.63	188.51
1992	6543.73	146.65	6397.08	3738.99	59.4	377.93	171.83	206.10
1993	6536.05	127.43	6408.62	3803.62	60.1	506.54	247.39	259.15
1994	6524.33	122.01	6402.32	3840.87	60.7	842.93	373.95	468.98
1995	6517.25	126.54	6390.71	3913.47	62.0	1156.23	487.67	668.56
1996	6498.80	137.60	6361.20	4110.55	65.4	1399.23	608.64	790.59
1997	6493.74	141.56	6352.18	4181.01	66.6	1674.91	727.34	947.57
1998	6484.58	142.17	6342.41	4245.87	67.7	1903.27	822.78	1080.49
1999	6478.71	145.65	6333.06	4298.80	68.6	2092.24	888.33	1203.91
2000	6465.96	136.64	6329.32	4345.68	69.3	2285.20	948.75	1336.45
2001	6448.93	110.56	6338.37	4374.83	69.6	2454.38	974.29	1480.09
2002	6125.15	107.33	6017.82	4307.84	72.1	2643.22	989.08	1654.14
2003	5991.27	92.99	5898.28	4311.00	73.5	2909.44	1012.49	1896.95
2004	6000.63	96.27	5904.36	4363.50	74.3	3333.45	1054.78	2278.67
2005	5988.93	103.93	5885.00	4443.82	75.9	3903.96	1168.16	2735.80
2006	5882.52	107.24	5775.28	4462.53	77.7	4349.82	1214.91	3134.91
2007	5893.61	103.99	5789.62	4475.03	77.7	4938.57	1284.17	3654.40
2008	5901.44	107.33	5794.11	4453.18	77.3	5431.64	1311.33	4120.31
2009						6108.22	1424.33	4683.89
2010						6639.29	1548.89	5090.40
2011						7239.06	1627.37	5611.69
2012						7705.84	1678.00	6027.84

注：从2002年起，年末实有耕地面积不包括25°以上坡地，由于进行全国第二次土地调查。2009-2012年年末耕地面积及相关数据未确定（下同）。
有效灌溉面积等于水田加水浇地面积。农村生产性固定资产计价标准：1985年为30元以上，1990年以后为50元以上，使用年限为2年以上。

1-1-4续2 历年农业基本生产条件

年 份	四、农业机械化情况								
	1.农业机械总动力(万千瓦)	2.大中型拖拉机(台)	3.小型拖拉机(万台)	4.大中型拖拉机配套农具(台)	5.小型拖拉机配套农具(万台)	6.农用排灌电动机(万台)	7.农用排灌柴油机(万台)	8.联合收割机(台)	9.农用水泵(万台)
1952		34		156					
1957		1953		4563		0.05	0.16		
1962		4724		16239		3.03	1.11		
1965		5614		15365		6.96	1.13		
1970		6909	0.07	13537		14.50	4.76		
1975	769.04	17017	1.94	33078		31.82	41.09	237	
1978	1083.17	28092	9.10	76803	16.84	40.17	48.60	269	63.87
1980	1253.84	42133	11.06	88589	11.11	46.46	47.09	397	65.28
1985	1993.74	37341	29.04	53091	18.33	62.29	71.12	558	87.01
1990	2822.25	30063	59.39	40962	56.01	75.26	109.00	1624	111.15
1991	2849.53	27737	63.15	40231	64.40	75.64	109.26	2618	114.40
1992	2955.18	28274	65.89	42924	68.21	75.69	89.87	4442	115.53
1993	3188.73	28109	71.17	42196	70.87	77.97	115.23	6057	120.47
1994	3783.74	27889	80.49	43747	76.73	96.13	118.87	9671	126.55
1995	4336.44	29040	91.53	45809	89.69	97.45	125.67	12265	134.87
1996	5137.72	32961	101.20	51395	102.08	115.34	130.43	16277	148.88
1997	5808.66	38414	108.64	59013	113.21	122.14	136.34	25006	165.65
1998	6263.90	45767	116.34	76953	130.30	126.05	136.27	32041	163.04
1999	6622.75	52953	123.12	94202	136.69	126.92	136.64	37756	161.42
2000	7000.39	63624	129.85	108349	156.69	131.23	138.23	41945	163.71
2001	7244.43	66771	132.14	123114	163.99	128.01	135.14	43946	156.75
2002	7451.21	76753	134.94	132318	167.61	130.43	131.83	45808	163.72
2003	7764.54	81165	133.79	143412	170.63	133.60	119.46	50578	162.73
2004	8135.63	89745	139.60	163534	182.54	136.61	128.44	53619	159.65
2005	8487.21	100894	144.68	183516	191.63	139.46	125.84	56015	165.85
2006	8795.77	111080	145.47	205530	227.69	139.87	124.33	60412	164.99
2007	9134.53	114345	148.15	223486	200.55	142.62	123.12	63618	170.51
2008	9525.37	136169	150.05	260496	198.96	145.24	117.94	68595	174.44
2009	9861.37	155153	149.15	320043	199.45	146.93	115.00	72937	171.28
2010	10151.30	172676	150.50	345268	201.04	148.18	113.21	79264	172.09
2011	10349.19	197882	149.10	379647	199.38	148.76	109.36	85926	172.22
2012	10553.81	213733	146.27	409718	195.46	149.88	105.28	101418	172.15

1-1-4续3 历年农业基本生产条件

年份	五、农业现代化项目水平									
	1.机耕地面积（千公顷）	机耕地面积占耕地面积比重（%）	2.机械播种面积（千公顷）	机播面积占总播种面积比重（%）	3.机械收获面积（千公顷）	机收面积占总播种面积比重（%）	4.化肥施用量（折纯）（万吨）	5.农村用电量（亿千瓦小时）	6.旱涝保收面积（千公顷）	7.年末实有机电井（眼）
1952	2.05	0.03					0.48			5
1957	480.45	6.37					3.04	0.11		5786
1962	1321.67	19.01					2.73	1.92		47382
1965	1764.31	25.26					4.65	5.42	806.64	76557
1970	1485.02	21.68					18.52	11.43	1566.41	217105
1975	2740.69	40.79	365.95	3.87	86.14	0.91	36.94	20.12	1933.87	555211
1978	3863.28	57.88	1699.25	18.13	141.74	1.51	65.32	23.84	2008.10	587389
1980	3819.53	57.45	1725.62	19.14	237.32	2.63	74.74	30.77	2041.28	565650
1985	2792.11	42.28	1161.85	13.42	313.37	3.62	110.36	40.93	2225.33	630762
1990	4249.63	64.82	2201.65	25.06	1172.05	13.34	145.21	58.81	2681.20	735470
1991	4424.14	67.55	2468.45	28.00	1375.87	15.61	160.72	65.47	2802.37	748374
1992	4468.44	68.29	2567.01	29.95	1530.05	17.85	163.49	78.20	2833.88	761924
1993	4484.35	68.61	2622.92	30.23	1658.71	19.12	193.57	86.20	2835.53	783925
1994	4485.19	68.75	2618.94	30.28	1752.99	20.27	219.29	101.84	2950.14	784803
1995	4595.89	70.52	2956.26	33.90	1881.15	21.57	220.68	118.51	3081.48	798012
1996	4765.60	73.33	3351.66	37.78	2045.29	23.05	259.28	150.02	3176.99	814821
1997	4924.14	75.83	3865.74	43.65	2323.93	26.24	262.44	161.32	3272.56	828334
1998	5056.51	77.98	4306.06	47.33	2579.49	28.35	270.23	167.37	3389.74	889574
1999	5141.02	79.35	4608.08	50.89	2693.47	29.75	272.41	172.91	3423.18	877442
2000	5072.60	78.45	4550.57	50.43	2688.00	29.79	270.62	180.45	3428.17	880324
2001	4916.85	76.24	4498.87	50.04	2570.34	28.59	273.38	184.07	3461.67	893224
2002	4874.29	79.58	4712.83	52.74	2504.62	28.03	278.80	201.73	3372.52	909821
2003	4740.87	79.13	4672.01	54.08	2312.39	26.77	283.31	216.77	3420.42	918432
2004	4707.93	78.46	4778.86	54.96	2258.13	25.97	289.88	266.58	3455.84	918495
2005	4745.47	79.24	5282.47	60.13	2480.45	28.23	303.39	337.05	3609.66	937207
2006	4768.88	81.07	5354.98	61.45	2623.25	30.10	304.89	388.22	3638.66	943907
2007	4860.07	82.46	5472.76	63.25	2682.37	31.00	311.87	430.14	3733.94	952795
2008	4914.24	83.27	6018.41	69.07	2846.50	32.67	312.40	418.90	3751.87	961710
2009	5251.56	60.48	6183.34	71.22	3147.03	36.25	316.17	486.05	3450.17	960346
2010	5317.10	60.99	6274.51	71.97	3428.52	39.33	322.86	511.81	3568.32	964516
2011	5332.02	60.77	6451.91	73.54	3715.28	42.35	326.28	559.22	3659.75	983695
2012	5401.96	61.48	6592.46	75.03	4209.83	47.91	329.33	593.94	3678.54	1011474

注：从2009年开始，机耕面积按播种面积计算，机耕面积占耕地面积的比重为机耕面积占播种面积的比重。

1-1-5 历年受灾和成灾面积

单位：公顷

年 份	受灾面积	#旱 灾	#水 灾	成灾面积	#旱 灾	#水 灾	成灾率(%)
1949	1127333	91333	956667	715333	26000	531333	63.5
1952	1394000	768667	173333	955333	238000	107333	68.5
1957	1165333	510667	157333	726000	168000	98000	62.3
1962	3198000	1596000	916000	2044667	843333	674000	63.9
1965	2697333	2352667	27333	1624000	1192667	19333	60.2
1970	662000	113333	136000	347333	96667	192667	52.5
1975	1971933	1576933	94933	1048000	865933	45200	53.1
1978	1474413	760440	311873	970187	504920	199367	65.8
1980	2721460	2386353	4547	1976447	1764400	2440	72.6
1985	2570013	847813	619420	1844233	592140	461700	71.8
1990	3095293	217653	244067	1783887	70807	176240	57.6
1991	4006840	2020820	230113	2810840	1534007	172260	70.2
1992	4539525	3118888	134818	3391388	2358550	110190	74.7
1993	4500565	2514422	178834	3136138	1806445	143275	69.7
1994	2923860	1236103	669718	2009858	870743	484989	68.7
1995	2762177	289226	787140	1875069	151565	575190	67.9
1996	2507050	368585	1387067	1708628	216716	1028734	68.2
1997	4044083	3439195	16610	3063959	2684902	12137	75.8
1998	2444726	1030099	139899	1358898	562018	102401	55.6
1999	3617217	3048057	13925	2602177	2269793	10761	71.9
2000	3560282	2974700	114161	2541304	2210543	62783	71.4
2001	2924925	2224193	40795	2063339	1656829	32128	70.5
2002	3696377	2660998	19101	2617448	1959847	14979	70.8
2003	2622015	1316182	105837	1664419	938896	69388	63.5
2004	1543220	391253	110778	797522	198684	61610	51.7
2005	1721821	934146	108803	976022	596169	65277	56.7
2006	1774124	1046985	118614	899864	530335	67098	50.7
2007	1847462	1243650	102746	1170210	876055	84220	63.3
2008	1397714	735875	72775	825872	479858	51673	59.1
2009	1944331	1218240	67906	1301122	928342	31833	66.9
2010	1668172	844652	127120	1058292	640473	58048	63.4
2011	811365	497273	95774	479815	319801	53479	59.1
2012	1107557	338989	456026	758574	236924	310506	68.5

1–1–6 农村基层组织和从业人员

指 标	单 位	2010年	2011年	2012年	2012年比上年增减(%)
一、农村基层组织情况					
乡镇个数	个	1960	1959	1959	
#镇个数	个	1007	1013	1019	0.6
村民委员会	个	48953	48817	48728	-0.2
二、乡村户数、人口、从业人员					
乡村总户数	万户	1525.6	1536.9	1551.2	0.9
乡村人口数	万人	5570.2	5599.6	5628.4	0.5
乡村从业人员	万人	2976.5	3003.8	3023.4	0.7
#男从业人员	万人	1602.5	1621.1	1632.4	0.7
三、乡村从业人员按行业分					
农林牧渔业	万人	1458.3	1433.2	1419.9	-0.9
工 业	万人	640.1	658.0	671.0	2.0
建筑业	万人	342.1	352.3	359.8	2.1
交通运输、仓储和邮电通讯业	万人	132.4	137.9	140.1	1.7
批发零售业、住宿业和餐饮业	万人	242.1	252.0	256.6	1.8
金融业	万人	5.3	5.7	5.8	1.6
其他非农行业	万人	156.2	164.7	170.2	3.3

1–1–7 农业主要资源

指 标	单 位	2010年	2011年	2012年	2012年比上年增减(%)
一、年末耕地面积	千公顷				
水田	千公顷				
旱地	千公顷				
#水浇地	千公顷				
二、森林					
森林面积	千公顷	4875.3	4875.3	4875.3	
森林覆盖率	%	26.00	26.00	26.00	
林木储蓄量	万立方米	12145	12145	12145	
三、草原面积	千公顷	3692.85	3692.85	3692.85	
#已利用面积	千公顷	2252.16	2252.16	2252.16	
四、水文、水利					
水资源总量	亿立方米	138.92	157.29	235.53	49.7
水能资源可开发量	万千瓦	120.6	120.6	120.6	
淡水水域养殖面积	公 顷	74955	75834	77390	2.1
海水养殖面积	公 顷	123810	134264	134682	0.3
海岸线长度	公 里	487	487	487	

1—1—8　主要农用机械年末拥有量及增减

指　　标	单　位	2010年	2011年	2012年	2012年比上年增减(%)
一、农用机械总动力合计	**万千瓦**	**10151.30**	**10349.19**	**10553.81**	**1.98**
柴油发动机动力	万千瓦	8011.62	8165.55	8309.74	1.77
汽油发动机动力	万千瓦	121.57	121.91	136.56	12.02
电动机动力	万千瓦	2018.11	2061.54	2107.35	2.22
其他机械动力	万千瓦		0.19	0.16	-16.49
二、主要农业机械与设备					
大中型农用拖拉机	万　台	17.27	19.79	21.37	8.01
小型农用拖拉机	万　台	150.50	149.10	146.27	-1.90
大中型拖拉机配套农具	万　台	34.53	37.96	40.97	7.92
小型拖拉机配套农具	万　台	201.04	199.38	195.46	-1.96
农用排灌电动机	万　台	148.18	148.76	149.88	0.75
农用排灌柴油机	万　台	113.21	109.36	105.28	-3.73
联合收割机	万　台	7.93	8.59	10.14	18.03
割晒机	台	39881	34567	33780	-2.28
机动脱粒机	万　台	21.78	20.70	21.19	2.34
农用运输车(包括农用机动三轮车)	万　辆	268.19	268.51	269.81	0.48
节水灌溉机械	万　套	4.39	4.51	4.94	9.58
农用水泵	万　台	172.09	172.22	172.15	-0.04

1-1-9 农业机械化、电气化及农田水利建设情况

指 标	单 位	2010年	2011年	2012年	2012年比上年增减(%)
一、农业机械化情况					
当年实际机耕地面积	千公顷	5317.10	5332.02	5401.96	1.31
当年机械播种面积	千公顷	6274.51	6451.91	6592.46	2.18
当年机械收获面积	千公顷	3428.52	3715.28	4209.83	13.31
二、农村电气化情况					
1.中小型水电站	个	135	239	242	1.26
装机容量	千 瓦	63222	379373	381693	0.61
发电量	万千瓦小时	11588.46	42607.25	50475.04	18.47
2.农村用电量	亿千瓦小时	511.81	559.22	593.94	6.21
三、农田水利建设情况					
有效灌溉面积	千公顷	4520.87	4596.61	4603.08	0.14
旱涝保收面积	千公顷	3568.32	3659.75	3678.54	0.51
机电排灌面积	千公顷	4439.14	4502.83	4506.53	0.08
机电井年末到达数	万 眼	96.45	98.37	101.15	2.82

注：2010年，中小型水电站为乡村办水电站。

1-1-10 农用化肥、农药、农膜和柴油使用量

指 标	单 位	2010年	2011年	2012年	2012年比上年增减(%)
一、农用化肥使用量(折纯)	**万 吨**	**322.86**	**326.28**	**329.33**	**0.94**
氮 肥	万 吨	153.07	152.42	151.68	-0.49
磷 肥	万 吨	47.31	47.10	46.58	-1.11
钾 肥	万 吨	26.84	27.05	27.24	0.73
复合肥	万 吨	95.64	99.71	103.83	4.13
二、农药使用量	**万 吨**	**8.46**	**8.30**	**8.48**	**2.20**
三、农用塑料薄膜使用量	**万 吨**	**11.86**	**12.38**	**12.69**	**2.55**
#地膜使用量	万 吨	6.40	6.59	6.82	3.56
地膜覆盖面积	千公顷	1066.13	1096.62	1159.06	5.69
四、农用柴油消耗量	**万 吨**	**298.47**	**279.23**	**290.91**	**4.18**

1—1—11 全省农村固定资产结构

单位：万元

指标	合计	乡级	村级	村以下
一、2010年年末固定资产原值	**100745376**	**8739556**	**7997149**	**84008671**
1.农林牧渔业固定资产	10207139	361163	1323001	8522975
#生产用房屋及建筑物	2756014	183994	474052	2097968
役畜及产品畜	1647627	20534	20794	1606299
大中型铁木农具	1716798	24445	89096	1603257
农林牧渔业机械	3454053	113287	601717	2739049
2.工业固定资产	41919711	6509870	3813238	31596603
#生产用房屋及建筑物	14633755	2125110	1370842	11137803
生产设备	26081759	4213858	2294908	19572993
3.建筑业固定资产	1886269	323851	185853	1376565
4.运输业固定资产	4382267	158856	193860	4029551
5.贸易、饮食、服务业固定资产	3501215	171586	397505	2932124
6.住宅	34352517	491746	756051	33104720
7.其他固定资产	4496258	722484	1327641	2446133
二、2011年年末固定资产原值	**108429995**	**9185099**	**8376633**	**90868263**
1.农林牧渔业固定资产	10728040	289671	1362455	9075914
#生产用房屋及建筑物	2932104	149064	498767	2284273
役畜及产品畜	1691325	8462	22650	1660213
大中型铁木农具	1812679	10418	94914	1707347
农林牧渔业机械	3648995	102924	609567	2936504
2.工业固定资产	46636894	7124984	3952167	35559743
#生产用房屋及建筑物	15974771	2205114	1453385	12316272
生产设备	28914977	4762484	2375797	21776696
3.建筑业固定资产	1998904	322116	197217	1479571
4.运输业固定资产	4503038	151937	202486	4148615
5.贸易、饮食、服务业固定资产	3751772	162061	425102	3164609
6.住宅	36039440	414417	873620	34751403
7.其他固定资产	4771907	719913	1363586	2688408
三、2012年年末固定资产原值	**115582101**	**9752994**	**8440548**	**97388559**
1.农林牧渔业固定资产	11223181	302051	1372096	9549034
#生产用房屋及建筑物	3099371	155016	499880	2444475
役畜及产品畜	1763641	8350	23850	1731441
大中型铁木农具	1891548	10569	91322	1789657
农林牧渔业设备	3798693	105877	620390	3072426
2.工业固定资产	50041015	7574347	3883561	38583107
#生产用房屋及建筑物	17275890	2356145	1460989	13458756
生产设备	30791143	5056615	2307434	23427094
3.建筑业固定资产	2126647	326049	203560	1597038
4.运输业固定资产	4689239	161907	211004	4316328
5.贸易、饮食、服务业固定资产	3988532	173614	414733	3400185
6.住宅	38523719	468978	944596	37110145
7.其他固定资产	4989768	746048	1410998	2832722

1-1-12 历年灌区、水库和节水灌溉情况

项　　目	单　位	1985年	1990年	1995年	2000年	2005年	2010年	2012年
年底万亩以上灌区	处	154	158	163	147	141	140	140
#五十万亩以上	处	4	4	4	5	5	5	5
三十至五十万亩	处	2	2	3	12	13	15	15
灌区有效灌溉面积	千公顷	988.67	1037.75	1070.16	1235.63	1217.73	1250.42	1250.38
#五十万亩以上	千公顷	377.20	379.26	387.36	414.31	414.31	431.17	431.17
三十至五十万亩	千公顷	58.33	58.33	78.63	284.27	306.27	338.06	337.99
水库	座	1169	1173	1169	1107	1096	1063	1073
#大型水库	座	17	17	17	18	18	19	19
中型水库	座	35	35	38	39	39	42	42
小型水库	座	1117	1121	1114	1050	1039	1002	1012
水库总容量	亿立方米	101.84	103.95	104.51	113.57	114.03	115.69	116.69
#大型水库	亿立方米	80.56	82.66	82.75	91.83	92.36	93.06	94.39
中型水库	亿立方米	12.58	12.62	13.09	13.27	13.36	14.67	14.41
小型水库	亿立方米	8.70	8.67	8.67	8.46	8.32	7.97	7.90
水利工程向农业年供水量	亿立方米	150.28	148.14	163.98	170.67	150.69	151.70	149.14
易涝面积	千公顷	1865.05	1865.29	1865.07	1865.07	1870.46	1870.70	1870.70
除涝面积	千公顷	1541.19	1564.95	1616.47	1638.16	1642.67	1648.64	1649.72
占易涝面积比重	%	83	84	86	88	88	89	89
水土流失面积	千公顷	6913.60	6878.20	6978.65	6978.64	7071.62	7125.49	7125.49
水土流失治理面积	千公顷	3567.60	4020.70	4589.00	5407.14	5977.24	6290.31	6411.51
占流失面积比重	%	52	58	65	77	85	89	90
堤防长度	公　里	17572.00	17572.00	20106.00	20258.18	21115.67	21393.84	21390.86
堤防保护耕地面积	千公顷	3191.00	3191.00	2977.12	3106.46	3343.98	3283.87	3256.02
节水灌溉面积	千公顷			1225.94	1978.75	2405.21	2698.83	2971.81
#喷滴灌	千公顷			47.46	371.74	366.61	241.92	250.88

1—1—13 受灾情况

指标	单位	2010年	2011年	2012年	2012年比上年增减(%)
一、受灾面积	**千公顷**	**1668.17**	**811.37**	**1107.56**	**36.5**
旱灾	千公顷	844.65	497.27	338.99	-31.8
水灾	千公顷	127.12	95.77	456.03	376.2
风雹灾	千公顷	149.83	119.93	96.80	-19.2
霜灾	千公顷	252.98	19.14	153.14	699.9
病虫灾	千公顷	118.80	48.09	46.85	-2.5
其他灾	千公顷	174.79	31.16	15.75	-49.5
二、成灾面积	**千公顷**	**1058.29**	**479.82**	**758.57**	**58.1**
旱灾	千公顷	640.47	319.80	236.92	-25.9
水灾	千公顷	58.05	53.48	310.51	480.6
风雹灾	千公顷	86.92	65.18	66.66	2.2
霜灾	千公顷	146.53	14.92	115.83	676.3
病虫灾	千公顷	35.32	18.00	21.86	21.5
其他灾	千公顷	91.00	8.44	6.79	-19.5
三、成灾人口	**万人**	**484.03**	**347.74**	**432.35**	**24.3**
特重灾民	万人	32.40	18.10	25.91	43.1
重灾民	万人	81.76	62.77	80.38	28.1
轻灾民	万人	369.87	266.87	326.06	22.1
四、因灾得到国家救济的人次数	**万人次**	**52.65**	**40.89**	**70.79**	**73.1**
五、因灾缺粮情况					
缺粮数量	万吨	36.95	11.67	24.01	105.7
缺粮人口	万人	160.44	96.26	121.88	26.6
六、因灾损失					
减产粮食	万吨	138.26	96.98	133.70	37.8
减产棉花	万吨	4.15	1.70	2.23	31.2
减产油料	万吨	7.32	3.49	5.31	52.3
死亡人口	人	7	3	28	833.3
死亡大牲畜	头	202	74	5471	7293.2

1-2-1 历年主要农作物播种面积

单位：千公顷

年 份	总播种面积	#粮食作物播种面积	#夏收粮食	谷 物	#小 麦	#稻 谷	#玉 米	豆 类	#大 豆	薯 类
1949	8471.0	7242.9	1621.5		1577.1	38.6	1246.3		632.1	350.2
1952	9071.4	7418.8	1634.1		1586.4	53.5	1129.0		548.9	456.9
1957	9707.9	7983.2	2474.9		2397.0	145.0	1473.7		813.6	481.2
1962	8470.3	7085.5	1795.8		1724.1	57.5	1216.6		535.5	768.1
1965	8615.1	7215.5	1978.7		1851.6	122.2	1457.6		480.0	673.6
1970	8998.8	7670.7	2278.4		2076.1	92.8	1735.6		410.7	694.6
1975	9448.1	8054.1	2954.9		2813.2	73.5	1895.9		241.1	630.3
1978	9370.9	7949.4	2979.2		2854.8	110.2	2236.2		260.0	608.5
1980	9013.9	7487.2	2703.8		2648.9	145.2	2340.9		261.2	473.6
1985	8656.5	6492.7	2367.5		2351.9	127.6	1749.5		300.7	473.9
1990	8786.7	6827.8	2515.0		2508.4	147.7	2040.8		403.5	433.7
1991	8814.8	6798.0	2535.0	5840.2	2528.0	150.3	2055.7	534.0	430.7	423.8
1992	8570.5	6625.9	2550.1	5664.1	2541.8	149.3	1986.9	553.6	419.1	408.2
1993	8676.7	7040.5	2530.4	5788.9	2525.5	126.7	2128.7	825.3	627.8	426.3
1994	8649.3	6801.7	2466.5	5595.8	2455.5	117.8	2103.7	797.9	575.9	408.0
1995	8720.1	6829.5	2515.3	5767.2	2500.6	128.7	2290.8	655.4	481.4	407.0
1996	8872.1	7137.3	2610.4	6068.6	2591.2	141.8	2524.9	637.6	473.4	431.1
1997	8856.9	7099.4	2745.3	6068.4	2720.7	155.3	2425.9	610.2	460.0	420.8
1998	9097.7	7305.7	2793.8	6243.8	2764.0	153.2	2581.0	647.8	496.2	414.1
1999	9055.2	7236.1	2765.8	6230.7	2729.9	154.7	2663.8	584.6	438.1	420.8
2000	9024.4	6918.7	2716.6	5879.1	2678.8	143.9	2478.6	592.2	423.7	447.4
2001	8990.8	6628.9	2629.6	5736.1	2579.8	94.1	2543.4	484.0	379.2	408.8
2002	8935.1	6484.4	2493.2	5625.8	2449.6	111.0	2577.4	452.1	331.3	406.5
2003	8638.5	5944.0	2232.9	5183.5	2192.9	75.6	2488.8	384.0	280.5	376.5
2004	8695.4	6003.4	2200.5	5322.9	2161.5	83.5	2630.6	359.7	274.3	320.8
2005	8785.5	6240.2	2415.4	5611.3	2377.1	87.7	2677.4	333.1	254.9	295.8
2006	8713.9	6271.7	2535.6	5752.2	2504.5	88.7	2799.9	270.0	210.9	249.5
2007	8652.7	6168.2	2443.1	5662.4	2412.4	84.5	2862.6	248.4	188.5	257.5
2008	8713.2	6158.1	2447.2	5648.9	2416.1	81.5	2841.1	249.6	187.6	259.6
2009	8682.5	6216.5	2424.2	5753.0	2394.5	85.1	2950.5	219.3	165.8	244.2
2010	8718.4	6282.2	2455.2	5831.8	2420.3	79.7	3008.6	194.4	147.9	256.0
2011	8773.7	6286.1	2431.6	5836.2	2396.1	83.0	3035.8	179.3	136.1	270.6
2012	8786.5	6302.4	2444.7	5863.4	2410.0	85.9	3049.1	171.7	127.6	267.3

1–2–1续 历年主要农作物播种面积

单位：千公顷

年 份	#棉 花	#油 料	#花 生	#芝 麻	#麻 类	#甜 菜	#烟 叶	#烤 烟	#蔬菜播种面积	#瓜类播种面积
1949	625.4	322.7	232.5	52.5	21.9		4.1	0.3		
1952	978.1	348.8	229.9	45.4	40.0		8.1	1.6		
1957	935.8	358.6	220.5	36.9	40.2		5.0	0.8		
1962	667.8	208.7	80.6	46.7	25.0	1.2	5.2	0.5		
1965	716.5	287.3	142.5	39.4	41.1	0.2	3.7	0.7		
1970	580.8	273.3	123.5	46.2	26.3	2.2	4.0	0.8		
1975	582.3	300.3	137.9	40.4	37.9	11.3	8.5	3.3	210.0	25.3
1978	576.6	300.2	133.1	32.1	30.2	15.2	11.8	6.3	225.4	26.0
1980	548.7	461.0	237.1	52.3	27.8	10.0	5.6	1.0	213.7	36.5
1985	850.3	749.8	331.6	123.3	24.6	11.5	11.5	3.3	263.2	82.7
1990	910.9	543.5	296.2	59.7	9.0	7.7	12.2	7.2	288.5	45.2
1991	955.2	559.1	298.8	57.6	8.5	12.8	14.9	9.5	288.5	50.5
1992	882.1	549.4	304.2	46.5	8.3	7.9	9.2	5.4	306.1	51.8
1993	520.0	556.3	329.1	52.4	8.1	7.7	7.3	3.9	350.1	57.6
1994	685.3	590.2	362.9	49.1	5.8	13.0	5.9	3.6	377.6	53.4
1995	700.5	604.5	371.7	46.4	4.9	11.9	5.5	3.7	408.9	53.0
1996	427.5	601.1	374.1	39.2	4.4	7.2	6.6	5.0	529.4	60.1
1997	377.1	602.7	399.7	27.2	5.6	7.2	8.9	6.9	599.3	54.4
1998	315.7	632.4	425.2	29.8	5.0	8.0	5.7	4.3	667.7	79.8
1999	266.6	635.2	430.5	27.4	3.4	8.0	5.9	4.3	735.6	78.5
2000	307.4	686.4	463.3	25.9	3.0	9.9	5.5	3.7	866.1	87.7
2001	418.5	631.7	494.5	26.1	2.6	9.3	4.1	2.9	925.8	109.7
2002	407.4	642.0	479.8	21.3	3.6	11.6	4.9	3.2	1028.9	104.1
2003	581.4	634.0	489.5	19.2	2.1	11.5	4.7	3.1	1068.5	111.8
2004	669.1	583.6	448.9	16.2	2.1	8.6	4.4	2.9	1082.2	109.3
2005	573.5	559.0	438.8	15.2	2.2	10.5	3.7	2.6	1104.8	105.4
2006	664.1	485.9	377.6	13.0	2.0	13.9	1.9	1.1	1066.7	103.1
2007	680.0	498.3	391.5	11.2	1.5	15.7	1.9	1.1	1075.0	104.8
2008	690.0	516.9	409.9	9.7	0.4	15.7	3.0	2.5	1101.3	102.5
2009	620.0	496.6	389.7	8.6	0.4	12.5	3.0	2.4	1100.9	100.0
2010	581.6	464.4	367.4	7.9	0.3	14.1	2.9	1.9	1138.6	104.1
2011	632.5	453.1	360.2	7.4	0.3	12.5	2.9	2.3	1157.9	105.2
2012	578.3	454.0	354.5	6.8	0.3	14.2	3.2	2.6	1203.0	106.7

1−2−2 历年主要农作物产品产量

年 份	粮 食 总产量 (万吨)	#夏收粮食	谷 物	#小 麦	#稻 谷	#玉 米	豆 类	#大 豆	薯 类	棉 花 总产量 (万吨)
1949	469.5	90.2		86.4	3.1	86.1		30.7	47.5	10.82
1952	772.2	119.3		115.5	9.7	134.7		39.2	95.8	28.14
1957	819.1	167.0		161.7	22.5	207.8		70.7	106.5	30.05
1962	662.8	109.7		104.2	10.5	140.4		33.8	153.4	13.02
1965	964.5	206.0		192.0	27.1	250.7		34.5	159.1	26.07
1970	1272.5	256.5		228.0	36.4	368.1		53.1	210.7	25.28
1975	1543.4	487.4		460.0	36.7	421.1		27.5	199.2	18.30
1978	1687.9	655.2		631.4	54.3	516.6		32.3	163.8	11.71
1980	1522.5	387.9		378.8	83.1	663.2		29.7	125.2	24.72
1985	1966.6	748.2		744.3	78.0	678.9		38.5	144.5	62.86
1990	2276.9	929.8		927.7	91.6	829.2		53.5	138.6	57.08
1991	2268.7	903.8	2072.0	900.4	89.1	906.1	66.1	56.6	130.6	63.43
1992	2185.6	920.6	2009.4	917.9	95.5	834.3	57.2	44.0	119.0	30.60
1993	2380.2	903.6	2136.4	902.1	86.5	965.1	107.8	91.5	136.0	19.24
1994	2523.5	925.5	2263.3	921.7	88.3	1065.2	118.0	98.7	142.2	39.00
1995	2739.0	1065.4	2507.0	1060.3	90.3	1183.4	94.3	78.6	137.7	37.05
1996	2789.5	1146.8	2557.1	1139.1	92.2	1168.4	89.9	73.6	142.5	25.84
1997	2746.7	1341.5	2554.1	1330.7	102.4	1009.5	68.0	58.2	124.6	24.87
1998	2917.5	1265.3	2680.3	1253.6	99.2	1187.2	95.0	76.0	142.2	27.02
1999	2746.3	1294.4	2552.1	1280.5	93.1	1088.0	68.6	56.7	125.6	22.26
2000	2551.1	1219.8	2355.6	1208.0	65.8	994.5	74.5	62.9	121.0	30.01
2001	2491.8	1140.6	2309.0	1122.7	47.2	1059.5	67.1	56.3	115.7	41.93
2002	2435.8	1114.2	2256.2	1099.5	55.7	1035.0	60.6	49.4	119.0	40.19
2003	2387.8	1035.4	2205.9	1018.8	41.1	1073.6	60.6	46.4	121.3	52.20
2004	2480.1	1069.0	2319.4	1053.2	47.3	1157.6	57.6	44.3	103.1	66.54
2005	2598.6	1166.0	2452.9	1150.3	51.6	1193.8	51.2	42.4	94.5	57.72
2006	2780.6	1203.4	2640.2	1189.7	51.2	1348.8	46.9	39.5	93.5	70.02
2007	2841.6	1207.8	2716.0	1193.7	57.6	1421.8	42.8	36.4	82.8	72.47
2008	2905.8	1236.5	2758.5	1221.9	55.6	1442.2	45.9	38.1	101.4	73.73
2009	2910.2	1243.2	2801.8	1229.8	57.5	1465.2	34.9	28.5	73.4	60.46
2010	2975.9	1243.7	2844.3	1230.6	54.2	1508.7	33.5	27.7	98.1	56.95
2011	3172.6	1290.1	3032.3	1276.1	60.2	1639.6	35.7	29.5	104.6	65.34
2012	3246.6	1353.1	3102.7	1337.7	49.8	1649.5	32.5	25.9	111.5	56.44

1－2－2续 历年主要农作物产品产量

年份	油料总产量(万吨)	#花生	#芝麻	麻类总产量(吨)	#黄红麻	甜菜总产量(万吨)	烟叶(吨)	#烤烟	蔬菜总产量(万吨)	瓜类总产量(万吨)
1949	26.36	23.25	1.37	9875		0.01	2455	125		
1952	30.99	25.87	2.00	31420		0.06	9040	1990		
1957	29.47	24.34	1.46	25870		0.05	3845	545		
1962	8.42	5.22	1.75	4825		0.32	2310	225		
1965	17.85	10.66	1.95	16785		0.11	2385	535		
1970	24.18	14.89	2.56	11610		2.15	3975	990		
1975	24.05	15.29	2.33	18630	10030	6.05	6715	2515	523.8	33.0
1978	24.50	17.37	1.26	16615	9130	8.31	10940	6385	550.7	29.7
1980	45.14	35.77	3.23	17785	9720	9.44	5900	1540	531.6	45.9
1985	86.92	58.01	5.14	59890	52305	19.89	20135	5440	921.2	173.1
1990	74.89	57.81	2.74	20148	18158	12.34	22090	11596	1157.0	110.6
1991	72.87	60.18	2.91	19918	18501	22.98	26373	15039	1163.3	129.2
1992	66.31	50.03	1.97	19857	18766	13.35	16285	7985	1281.7	142.4
1993	80.53	69.45	2.86	19033	18068	9.22	13878	6533	1511.7	167.9
1994	106.75	90.13	3.06	12986	11965	13.98	10185	5853	1836.5	181.4
1995	109.86	94.68	2.47	13996	13095	12.36	9427	6513	2148.4	186.6
1996	120.65	100.48	2.22	11575	10805	6.86	16334	9661	2581.8	221.9
1997	117.98	106.79	1.62	14294	12966	7.09	18872	13965	3033.8	215.1
1998	138.82	118.53	2.23	14257	13313	17.08	12488	8302	3587.8	313.6
1999	129.51	117.98	1.85	9042	8535	7.53	12082	7839	3815.4	310.0
2000	146.97	132.59	2.03	7951	7436	11.53	12429	7360	4454.0	341.9
2001	153.81	144.27	1.99	7231	6897	9.90	9356	4062	4892.6	405.0
2002	151.26	140.45	1.64	10271	10060	14.73	11083	5252	5477.2	420.8
2003	163.10	148.14	1.64	6214	5801	22.03	10693	4378	5903.4	473.8
2004	154.32	137.85	1.50	4329	778	20.99	10952	5135	6187.5	469.4
2005	152.73	140.33	1.46	7262	767	42.66	9759	4928	6467.6	479.4
2006	133.78	121.87	1.32	7328	810	56.82	4984	2286	6314.4	460.3
2007	138.09	130.68	1.12	3962	717	53.08	4226	2271	6440.7	475.7
2008	152.59	140.07	1.08	710	617	59.38	6114	3562	6684.6	478.8
2009	143.27	133.99	1.01	745	699	30.73	6650	4082	6742.1	474.6
2010	140.29	129.23	1.05	677	648	48.98	6505	3201	7073.6	500.7
2011	141.78	128.92	1.04	729	688	46.52	6812	4159	7384.3	514.1
2012	142.83	126.94	0.91	780	738	59.43	7019	4550	7695.1	528.9

1-2-3 历年主要农作物单位面积产量

单位：公斤/公顷

年 份	粮食播种面积单产	#小 麦	#稻 谷	#玉 米	#大 豆	#薯 类	棉花播种面积单产
1949	648	548	798	691	487	1355	173
1952	1041	728	1820	1193	714	2096	288
1957	1026	675	1552	1410	869	2214	321
1962	935	605	1818	1154	632	1997	195
1965	1337	1037	2220	1721	719	2362	364
1970	1659	1098	3926	2121	1293	3033	435
1975	1916	1635	4994	2222	1141	3161	314
1978	2123	2212	4928	2310	1245	2693	203
1980	2034	1430	5722	2833	1140	2640	451
1985	3029	3165	6113	3881	1283	3045	739
1990	3335	3698	6201	4063	1326	3196	627
1991	3337	3562	5928	4408	1320	3075	664
1992	3299	3611	6396	4199	1050	2915	347
1993	3381	3572	6834	4534	1458	3190	370
1994	3710	3753	7499	5064	1713	3485	569
1995	4011	4240	7019	5166	1654	3384	529
1996	3908	4396	6501	4628	1555	3307	604
1997	3869	4891	6591	4161	1265	2960	660
1998	3993	4536	6477	4600	1532	3434	856
1999	3795	4691	6017	4085	1295	2985	835
2000	3687	4509	4573	4012	1485	2705	976
2001	3759	4352	5021	4166	1486	2830	1002
2002	3756	4489	5019	4015	1492	2926	986
2003	4017	4646	5433	4314	1655	3223	898
2004	4131	4873	5659	4400	1616	3214	994
2005	4164	4839	5882	4459	1664	3193	1007
2006	4434	4750	5770	4817	1873	3747	1054
2007	4607	4948	6810	4967	1929	3214	1066
2008	4719	5057	6815	5076	2032	3906	1069
2009	4681	5136	6751	4966	1718	3006	975
2010	4737	5085	6805	5015	1873	3831	979
2011	5047	5326	7249	5401	2169	3864	1033
2012	5151	5551	5798	5410	2032	4170	976

1-2-3续 历年主要农作物单位面积产量

单位：公斤/公顷

年 份	油料播种面积单产	#花 生	麻类播种面积单产	甜菜播种面积单产	烟叶播种面积单产	#烤 烟	蔬菜播种面积单产	瓜类播种面积单产
1949	817	721	452		601	391		
1952	888	742	785	14000	1115	1254		
1957	822	679	644	12250	776	717		
1962	403	250	193	2674	448	462		
1965	621	371	408	4800	647	819		
1970	885	545	442	9636	983	1248		
1975	801	509	492	5370	786	756	24938	13052
1978	816	1305	548	5468	930	1013	24435	11400
1980	979	1509	638	9398	1058	1478	24870	12518
1985	1159	1750	2438	17250	1755	1665	34995	20940
1990	1378	1951	2229	16027	1818	1606	40110	24479
1991	1303	2014	2325	18015	1770	1575	40321	25605
1992	1207	1645	2396	16941	1769	1488	41869	27494
1993	1448	2110	2345	12023	1913	1655	43179	29169
1994	1809	2484	2239	10751	1740	1638	48641	33740
1995	1817	2548	2843	10408	1729	1761	52547	35241
1996	2007	2686	2654	9527	2458	1951	48769	36913
1997	1957	2672	2565	9816	2123	2012	50618	39546
1998	2195	2787	2864	21465	2187	1931	53733	39274
1999	2039	2740	2689	9389	2052	1821	52870	39467
2000	2141	2862	2642	11695	2267	1976	51424	38996
2001	2435	2918	2739	10636	2265	1396	53377	36914
2002	2356	2927	2885	12654	2248	1636	53236	40420
2003	2573	3026	2988	19105	2256	1431	55250	42370
2004	2644	3071	2061	24291	2478	1771	57175	42941
2005	2732	3198	3317	40704	2635	1918	58542	45486
2006	2753	3227	3684	40769	2612	2169	59194	44663
2007	2771	3338	2717	33851	2213	2028	59915	45395
2008	2952	3417	1994	37851	2030	1449	60694	46695
2009	2885	3438	354	24540	2224	4082	61240	47466
2010	3021	3517	2212	34813	2206	1659	62127	48105
2011	3129	3579	2202	37246	2339	1815	63775	48857
2012	3146	3581	2241	41911	2211	1725	63966	49547

1-2-4 主要农作物播种面积增减

指　　标	播种面积(千公顷)			
	2010年	2011年	2012年	2012年比上年增减(%)
农作物总播种面积	**8718.4**	**8773.7**	**8786.5**	**0.1**
一、粮食作物	**6282.2**	**6286.1**	**6302.4**	**0.3**
#夏收粮食	2455.2	2431.6	2444.7	0.5
1.谷　物	5831.8	5836.2	5863.4	0.5
#稻　谷	79.7	83.0	85.9	3.5
小　麦	2420.3	2396.1	2410.0	0.6
玉　米	3008.6	3035.8	3049.1	0.4
谷　子	154.8	164.5	151.8	-7.7
高　粱	16.2	14.2	14.0	-1.8
2.豆　类	194.4	179.3	171.7	-4.2
#大　豆	147.9	136.1	127.6	-6.2
3.薯　类	256.0	270.6	267.3	-1.2
#马铃薯	155.0	170.6	166.7	-2.3
二、油　料	**464.4**	**453.1**	**454.0**	**0.2**
#花　生	367.4	360.2	354.5	-1.6
油菜籽	22.0	21.0	19.0	-9.8
芝　麻	7.9	7.4	6.8	-8.3
胡麻籽	41.0	35.4	37.1	4.7
葵花籽	23.8	26.9	34.6	28.6
三、棉　花	**581.6**	**632.5**	**578.3**	**-8.6**
四、麻　类	**0.3**	**0.3**	**0.3**	
#黄红麻	0.3	0.3	0.3	
大麻(线)				
五、甜　菜	**14.1**	**12.5**	**14.2**	**13.5**
六、烟　叶	**2.9**	**2.9**	**3.2**	**9.0**
#烤　烟	1.9	2.3	2.6	15.1
七、药　材	**28.4**	**33.7**	**39.8**	**18.0**
八、蔬　菜	**1138.6**	**1157.9**	**1203.0**	**3.9**
九、瓜果类	**104.1**	**105.2**	**106.7**	**1.4**
十、其他农作物	**101.9**	**89.4**	**84.6**	**-5.3**
#青饲料	64.3	63.1	60.0	-5.0

1-2-5 主要农作物播种面积构成

(以农作物总播种面积为100)

单位：%

指标	2010年	2011年	2012年
农作物总播种面积	**100.00**	**100.00**	**100.00**
一、粮食作物	**72.06**	**71.65**	**71.73**
#夏收粮食	28.16	27.71	27.82
1.谷 物	66.89	66.52	66.73
#稻 谷	0.91	0.95	0.98
小 麦	27.76	27.31	27.43
玉 米	34.51	34.60	34.70
谷 子	1.78	1.87	1.73
高 粱	0.19	0.16	0.16
2.豆 类	2.23	2.04	1.95
#大 豆	1.70	1.55	1.45
3.薯 类	2.94	3.08	3.04
#马铃薯	1.78	1.94	1.90
二、油 料	**5.33**	**5.16**	**5.17**
#花 生	4.21	4.11	4.03
油菜籽	0.25	0.24	0.22
芝 麻	0.09	0.08	0.08
胡麻籽	0.47	0.40	0.42
葵花籽	0.27	0.31	0.39
三、棉 花	**6.67**	**7.21**	**6.58**
四、麻 类			**0.00**
#黄红麻			0.00
大麻(线)			
五、甜 菜	**0.16**	**0.14**	**0.16**
六、烟 叶	**0.03**	**0.03**	**0.04**
#烤 烟	0.02	0.03	0.03
七、药 材	**0.33**	**0.38**	**0.45**
八、蔬 菜	**13.06**	**13.20**	**13.69**
九、瓜果类	**1.19**	**1.20**	**1.21**
十、其他农作物	**1.17**	**1.02**	**0.96**
#青饲料	0.74	0.72	0.68

1-2-6 主要农作物产品产量增减

指　标	总　产　量（万吨）			
	2010年	2011年	2012年	2012年比上年增减(%)
一、粮食作物	**2975.90**	**3172.60**	**3246.60**	**2.3**
#夏收粮食	1243.70	1290.10	1353.11	4.9
1.谷　物	2844.29	3032.31	3102.70	2.3
#稻　谷	54.23	60.18	49.82	-17.2
小　麦	1230.62	1276.12	1337.74	4.8
玉　米	1508.72	1639.64	1649.51	0.6
谷　子	39.29	43.48	40.67	-6.5
高　粱	4.55	5.04	3.83	-24.0
2.豆　类	33.52	35.73	32.45	-9.2
#大　豆	27.69	29.52	25.93	-12.2
3.薯　类	98.09	104.56	111.45	6.6
#马铃薯	44.96	47.93	61.75	28.8
二、油　料	**140.29**	**141.78**	**142.83**	**0.7**
#花　生	129.23	128.92	126.94	-1.5
油菜籽	2.89	3.02	2.97	-1.7
芝　麻	1.05	1.04	0.91	-12.5
胡麻籽	2.71	2.85	3.08	8.1
葵花籽	3.76	5.34	8.32	55.8
三、棉　花	**56.95**	**65.34**	**56.44**	**-13.6**
四、麻　类	**0.07**	**0.07**	**0.08**	**7.0**
#黄红麻	0.06	0.07	0.07	7.3
大麻(线)				
五、甜　菜	**48.98**	**46.52**	**59.43**	**27.8**
六、烟　叶	**0.65**	**0.68**	**0.70**	**3.0**
#烤　烟	0.32	0.42	0.46	9.4
七、蔬　菜	**7073.57**	**7384.30**	**7695.13**	**4.2**
八、瓜果类	**500.70**	**514.08**	**528.86**	**2.9**

1-2-7 主要农作物播种面积单产增减

指 标	每公顷产量(公斤)			
	2010年	2011年	2012年	2012年比上年增减(%)
一、粮食作物	**4737**	**5047**	**5151**	**2.1**
#夏收粮食	5066	5306	5535	4.3
1.谷 物	4877	5196	5292	1.8
#稻 谷	6805	7249	5798	-20.0
小 麦	5085	5326	5551	4.2
玉 米	5015	5401	5410	0.2
谷 子	2538	2644	2680	1.4
高 粱	2803	3547	2746	-22.6
2.豆 类	1724	1992	1889	-5.2
#大 豆	1873	2169	2032	-6.3
3.薯 类	3831	3864	4170	7.9
#马铃薯	2901	2810	3704	31.8
二、油 料	**3021**	**3129**	**3146**	**0.5**
#花 生	3517	3579	3581	0.1
油菜籽	1312	1436	1564	8.9
芝 麻	1341	1403	1338	-4.6
胡麻籽	662	805	832	3.4
葵花籽	1577	1986	2407	21.2
三、棉 花	**979**	**1033**	**976**	**-5.5**
四、麻 类	**2212**	**2202**	**2241**	**1.8**
#黄红麻	2258	2234	2236	0.1
大麻(线)	1500	1800	2333	29.6
五、甜 菜	**34813**	**37246**	**41911**	**12.5**
六、烟 叶	**2206**	**2339**	**2211**	**-5.5**
#烤 烟	1659	1815	1725	-5.0
七、蔬菜	**62127**	**63775**	**63966**	**0.3**
八、瓜类	**48105**	**48857**	**49547**	**1.4**

1-2-8 历年水果及食用坚果产量

单位：吨

年 份	食用坚果产量	#核 桃	#板 栗	园林水果产量	#苹 果	#梨
1949	12005	3947	4497	228090	1338	80849
1952	12989	3880	5692	351161	1897	61517
1957	22969	5962	12078	226090	3256	52619
1962	14030	4780	8701	319229	2503	79072
1965	37170	9519	19784	331610	6580	73089
1970	36635	7102	13667	523832	32743	188355
1975	31185	6257	15261	645190	75250	263840
1978	42932	10688	22234	795113	172303	370708
1980	43625	11895	23340	801200	178060	359985
1985	51335	12391	23801	1601587	467727	738079
1990	50042	12254	26565	1754709	467647	763038
1991	57765	12446	31330	1970854	530998	813950
1992	45574	13313	22534	2266224	619013	885195
1993	52229	14057	27252	2633459	773164	964125
1994	61827	17721	30839	3565009	1002171	1345063
1995	65532	19099	28812	4319652	1255794	1686062
1996	87502	21742	39976	5031989	1566759	1977097
1997	102402	27905	43021	5561208	1751374	2113339
1998	92742	29441	42490	6296892	1930339	2388517
1999	97254	30365	43023	6437654	1871157	2509805
2000	90259	30102	34620	6773066	1806155	2551647
2001	83036	28761	50725	6697927	1845447	2445536
2002	89177	30613	55049	7485270	1965571	2662857
2003	110723	32746	71595	7969744	2002769	2820702
2004	132974	38401	84661	8769525	2142882	3131868
2005	164307	47032	107079	9184789	2202273	3246220
2006	189815	46044	134895	9685262	2357620	3334972
2007	234029	52253	168874	10158050	2478845	3459772
2008	249197	61590	166115	10541293	2615982	3539679
2009	314814	70518	211619	11040692	2767973	3640682
2010	282387	74392	174640	11117252	2724614	3758287
2011	336181	96891	208241	12050753	2926425	4068629
2012	400706	126636	243925	12860377	3114632	4450544

1-2-8续 历年水果及食用坚果产量

单位：吨

年 份	园林水果产量（续）					
	#桃	#葡 萄	#红 枣	#柿 子	#杏	#红 果
1949			82555			
1952			164183			
1957			73243			
1962			134948			
1965			126425			
1970			121811			
1975		10270	153100	64880		
1978	36309	5647	92855	75207		
1980	34585	7585	124400	55955		
1985	48082	25807	139912	102230	24561	16724
1990	178001	80921	122889	57405	25022	31175
1991	233737	100201	129761	50077	28016	41243
1992	290191	128222	125273	82871	28911	50380
1993	325449	164849	151734	84131	29853	84102
1994	478444	223472	213736	100797	39258	91019
1995	499684	293034	212812	153893	39577	107888
1996	538423	304721	215382	151833	56363	127609
1997	576184	361689	284032	188173	67924	136759
1998	649389	404436	359256	221166	70685	166754
1999	713701	447002	353051	241482	80511	123897
2000	735804	523601	441657	246119	120141	96121
2001	868119	580139	419954	225584	109040	117828
2002	1009618	758280	488031	257519	126981	120480
2003	1133773	803418	551313	291535	140877	123716
2004	1223842	840916	666445	323962	156907	156359
2005	1248910	863938	807577	333382	173335	161367
2006	1316853	878417	909161	345685	185692	191765
2007	1370654	946886	910315	394325	185922	252014
2008	1430416	988071	929978	410365	190566	262525
2009	1444854	1050802	1077928	418102	196518	295594
2010	1462150	1075468	1031025	446393	213487	250340
2011	1526760	1125481	1253857	470458	233297	275343
2012	1573161	1241764	1258911	503927	247677	298783

1-2-9 园林水果生产

指　　标	单 位	2010年	2011年	2012年	2012年比上年增减(%)
一、园林水果产量	**吨**	**11117252**	**12050753**	**12860377**	**6.7**
#苹　果	吨	2724614	2926425	3114632	6.4
梨	吨	3758287	4068629	4450544	9.4
桃	吨	1462150	1526760	1573161	3.0
葡　萄	吨	1075468	1125481	1241764	10.3
红　枣	吨	1031025	1253857	1258911	0.4
柿　子	吨	446393	470458	503927	7.1
杏	吨	213487	233297	247677	6.2
红　果	吨	250340	275343	298783	8.5
二、食用坚果产量	**吨**	**282387**	**336181**	**400706**	**19.2**
#核　桃	吨	74392	96891	126636	30.7
板　栗	吨	174640	208241	243925	17.1
三、果园面积	**千公顷**	**1064.40**	**1047.36**	**1051.76**	**0.4**
#苹果园	千公顷	265.41	236.74	235.75	-0.4
梨　园	千公顷	189.21	193.39	193.97	0.3
桃　园	千公顷	85.76	82.64	81.96	-0.8
葡萄园	千公顷	70.37	73.73	76.81	4.2

1-2-10 林　业　生　产

指　　标	单 位	2010年	2011年	2012年	2012年比上年增减(%)
一、营林情况					
(一)当年造林面积	千公顷	283.88	286.42	312.36	9.1
#用材林	千公顷	18.95	24.79	28.81	16.2
经济林	千公顷	14.78	21.44	31.27	45.9
防护林	千公顷	249.14	240.16	251.26	4.6
薪炭林	千公顷			0.40	
(二)当年迹地更新面积	千公顷	4.20	4.02	3.52	-12.3
(三)当年零星四旁植树	万 株	10037	10357	10261	-0.9
(四)当年育苗面积	千公顷	16.12	17.66	19.99	13.2
(五)当年幼林抚育作业面积	千公顷	577.46	537.23	393.45	-26.8
(六)当年成林抚育实际面积	千公顷	375.50	391.41	451.02	15.2
二、木材采伐量	**万立方米**	**71.34**	**71.34**	**74.68**	**4.7**
#村及村以下木材采伐量	万立方米	44.20	45.24	44.66	-1.3
三、花椒产量	**吨**	**12271**	**11513**	**11045**	**-4.1**

1-2-11 历年牲畜存栏头数

单位：万头

年 份	大牲畜年末存栏	牛	马	驴	骡
1949	299.80	146.69	8.65	127.08	17.37
1952	369.92	189.15	12.19	148.91	19.64
1957	346.55	174.66	18.12	136.57	17.17
1962	258.13	142.40	19.48	83.10	13.13
1965	300.65	171.71	24.37	90.32	14.24
1970	366.55	198.52	41.01	102.12	24.66
1975	380.70	165.03	70.91	98.43	44.93
1978	354.70	134.60	79.81	83.07	56.95
1980	341.05	120.71	78.02	78.26	63.88
1985	446.50	155.10	71.95	142.57	76.88
1990	525.22	207.90	56.95	176.71	83.66
1991	528.86	213.38	54.98	176.58	83.92
1992	557.68	248.55	53.24	173.37	82.52
1993	624.13	323.82	50.98	169.57	79.76
1994	755.79	464.99	47.94	165.90	76.96
1995	870.88	579.34	48.68	167.69	75.17
1996	885.85	598.52	49.36	164.23	73.74
1997	860.33	582.96	49.54	158.17	69.66
1998	835.89	563.76	49.03	155.36	67.74
1999	811.94	543.33	48.21	153.61	66.79
2000	774.24	516.73	45.04	149.14	63.33
2001	730.17	487.72	43.31	138.92	60.22
2002	702.92	476.64	40.64	130.04	55.60
2003	685.06	477.87	36.83	121.05	49.31
2004	721.81	528.39	35.53	112.56	45.33
2005	762.63	584.92	33.13	104.11	40.47
2006	613.00	458.93	28.99	90.16	34.92
2007	610.49	474.99	24.92	80.72	29.86
2008	569.75	449.01	22.70	70.65	27.39
2009	536.66	429.11	20.30	62.89	24.36
2010	503.87	404.20	18.85	57.73	23.09
2011	495.72	400.31	18.20	55.80	21.41
2012	498.15	403.10	18.44	55.49	21.12

1-2-11续 历年牲畜存栏头数

单位：万只

年 份	生猪存栏（万头）	羊存栏	山 羊	绵 羊	家禽存栏
1949	346.5	170.3	81.7	88.6	
1952	502.9	306.1	155.6	150.5	
1957	704.4	463.4	263.3	200.1	
1962	524.4	799.7	529.2	270.5	
1965	772.9	573.6	331.1	242.5	
1970	923.8	665.4	391.6	273.8	
1975	1622.8	659.0	382.9	276.1	
1978	1245.7	600.7	346.1	254.6	
1980	1293.4	814.9	461.4	353.5	4210.8
1985	1421.4	721.1	372.8	348.3	10233.0
1990	1494.2	1074.5	562.6	511.9	12838.2
1991	1555.8	995.4	517.9	477.5	15652.7
1992	1632.4	960.6	503.7	456.9	14522.1
1993	1642.0	1002.6	524.1	478.5	19170.3
1994	1792.5	1219.2	642.3	576.9	29870.8
1995	2052.8	1565.7	803.4	762.3	35670.5
1996	2061.2	1654.2	840.1	814.1	44078.6
1997	2097.8	1728.8	872.8	856.0	44971.5
1998	2069.6	1738.8	866.8	872.1	45153.6
1999	2029.2	1719.3	844.9	874.4	45066.2
2000	1959.6	1676.6	801.8	874.8	45515.9
2001	1904.2	1639.5	751.3	888.2	44432.9
2002	1909.9	1572.5	672.9	899.6	47707.8
2003	1926.2	1594.3	664.5	929.8	42212.7
2004	1964.3	1664.5	673.7	990.9	51602.9
2005	1977.5	1679.1	678.3	1000.8	41070.5
2006	1812.8	1552.6	771.5	781.1	37495.5
2007	1907.1	1583.7	785.5	798.2	39106.9
2008	2015.2	1617.0	750.9	866.1	37996.3
2009	1968.0	1565.1	551.4	1013.7	34922.4
2010	1846.0	1408.6	462.2	946.4	33106.4
2011	1885.2	1457.2	467.5	989.7	35668.3
2012	1847.5	1413.5	450.5	963.0	38528.8

1–2–12 历年牲畜出栏及主要畜产品产量

年份	年内出栏肉猪（万头）	年内牛出栏（万头）	年内羊出栏（万只）	家禽出栏（万只）	肉类总产量（万吨）	#猪牛羊肉产量（万吨）	奶类产量（万吨）	#牛奶产量（万吨）	绵羊毛产量（吨）	禽蛋产量（万吨）
1975	584.3		150.5				2.16	1.40	2649	
1978	570.5	4.0	135.7			41.7	2.46	1.82	3652	
1980	716.9	5.4	174.9			52.5	4.51	2.65	5134	
1985	1018.5	15.2	325.9		85.9	81.9	10.05	7.32	7511	33.44
1990	1395.5	45.0	644.4	5246.6	130.1	121.2	14.26	11.18	12634	51.28
1991	1480.8	55.4	678.4	6686.2	142.9	131.1	16.33	13.21	11941	60.60
1992	1607.0	78.0	673.6	7518.4	157.5	144.5	18.62	15.39	11465	68.16
1993	1727.3	138.0	708.8	12278.8	185.8	165.2	21.11	17.49	11182	87.73
1994	2032.5	237.2	903.8	21906.6	246.2	212.1	33.99	28.55	13013	146.59
1995	2409.6	333.3	1200.7	31457.4	310.7	258.8	38.92	32.55	17427	205.29
1996	2454.1	325.8	1392.0	40690.8	315.9	253.1	47.94	40.06	19284	266.63
1997	2564.5	329.0	1470.0	42762.5	332.7	262.5	54.72	46.74	21547	294.02
1998	2620.4	329.3	1491.3	42920.7	339.8	268.1	65.89	55.81	23172	305.61
1999	2666.6	320.7	1493.2	43913.3	343.7	270.5	78.81	68.35	25715	317.76
2000	2675.2	326.3	1511.5	44471.3	342.4	270.0	96.21	84.20	27788	329.35
2001	2699.4	315.5	1502.7	45073.9	347.7	269.7	119.26	107.38	27475	335.53
2002	2757.1	321.2	1609.6	45671.3	356.6	277.1	148.89	136.89	28657	346.88
2003	2853.0	329.5	1591.6	46542.5	365.8	285.3	207.61	197.90	30004	358.56
2004	2991.0	403.2	1615.8	47033.9	378.8	298.7	276.95	266.46	31678	367.24
2005	3145.0	360.4	1695.5	48690.1	395.6	314.2	348.64	340.35	36466	385.18
2006	3246.7	348.8	1726.4	48743.0	406.2	323.5	417.00	407.62	33254	382.30
2007	2964.2	359.7	1789.1	52107.8	398.1	307.6	497.70	489.44	32051	396.45
2008	3230.8	354.1	1946.2	53900.3	421.1	329.1	515.33	504.51	34147	411.00
2009	3332.9	344.3	2059.1	52552.8	426.6	336.8	461.10	451.50	34588	353.20
2010	3222.9	361.2	2143.5	47980.7	416.7	332.6	449.08	439.76	29290	339.08
2011	3235.8	339.0	2050.7	50730.8	418.2	329.5	466.94	458.90	28748	339.84
2012	3396.7	340.3	2071.5	57935.9	442.9	343.0	478.97	470.37	30663	342.56

1-2-13 历年猪、牛、羊、禽出栏率及胴体重

年 份	猪出栏率 (%)	牛出栏率 (%)	羊出栏率 (%)	家禽出栏率 (%)	平均每头猪肉 (公斤)	平均每头牛产肉 (公斤)	平均每只羊产肉 (公斤)	平均每只家禽产肉 (公斤)
1978	41.9	2.8	22.5					
1980	53.0	4.2	24.0					
1985	84.3	11.3	44.9		74.9	122.8	11.4	
1990	94.4	22.2	55.7	45.1	77.2	123.7	12.3	1.11
1991	99.1	26.6	63.1	52.1	78.1	126.9	12.6	1.21
1992	103.3	36.5	67.7	48.0	78.3	127.5	13.0	1.19
1993	105.8	55.5	73.8	84.6	79.1	140.2	13.0	1.25
1994	123.4	73.5	90.2	114.3	80.7	152.6	13.0	1.26
1995	134.4	71.7	98.5	105.3	77.8	163.8	14.0	1.41
1996	119.5	56.2	88.9	114.1	75.8	150.2	13.1	1.39
1997	124.4	55.0	88.9	97.0	75.2	153.7	13.0	1.36
1998	124.9	56.5	86.3	95.4	75.4	155.3	13.1	1.38
1999	128.8	56.9	85.9	97.3	75.5	154.5	13.1	1.38
2000	131.8	60.1	87.9	98.7	75.3	150.1	13.0	1.38
2001	137.8	61.0	89.6	99.0	75.3	148.6	13.0	1.41
2002	144.8	65.9	98.2	102.8	75.4	151.0	12.9	1.42
2003	149.4	69.1	101.2	97.6	75.3	151.4	12.9	1.42
2004	155.3	84.4	101.3	111.4	75.5	128.3	13.2	1.44
2005	160.1	68.2	101.9	94.4	75.7	149.3	13.2	1.38
2006	164.2	59.6	102.8	118.7	76.0	155.0	13.1	1.41
2007	163.5	78.4	115.2	139.0	76.1	160.5	13.6	1.45
2008	169.4	74.5	122.9	137.8	76.1	160.5	13.6	1.45
2009	165.3	76.7	127.3	138.3	76.1	160.6	13.6	1.45
2010	163.8	84.2	137.0	137.4	76.1	160.9	13.7	1.46
2011	175.0	83.0	145.6	153.2	76.2	160.7	13.9	1.47
2012	180.1	85.0	142.2	162.4	76.3	162.5	13.9	1.47

1-2-14　主要牲畜出栏和畜产品产量及增减情况

指　标	单　位	2010年	2011年	2012年	2012年比上年增减(%)
一、牲畜出栏量					
1.大牲畜出栏	万头	412.7	389.3	391.2	0.5
#牛	万头	361.2	339.0	340.3	0.4
2.猪 出 栏	万头	3222.9	3235.8	3396.7	5.0
3.羊 出 栏	万只	2143.5	2050.7	2071.5	1.0
4.家禽出栏	万只	47980.7	50730.8	57935.9	14.2
5.兔 出 栏	万只	2879.2	2932.3	3186.5	8.7
二、肉类总产量	**万吨**	**416.7**	**418.2**	**442.9**	**5.9**
#猪　肉	万吨	245.2	246.6	259.0	5.0
牛　肉	万吨	58.1	54.5	55.3	1.5
羊　肉	万吨	29.3	28.4	28.7	1.0
禽　肉	万吨	69.9	74.5	85.1	14.2
兔　肉	万吨	4.9	4.9	5.2	5.9
三、其他畜产品产量					
1.奶类产量	万吨	449.1	466.9	479.0	2.6
#牛奶	万吨	439.8	458.9	470.4	2.5
2.山羊毛产量	吨	2728	2683	2698	0.6
3.绵羊毛产量	吨	29290	28748	30663	6.7
4.羊绒产量	吨	776	776	810	4.4
5.蜂蜜产量	吨	11152	11582	12062	4.1
6.禽蛋产量	万吨	339.1	339.8	342.6	0.8
7.蚕茧产量	吨	1417	1620	1401	-13.5

1-2-15　牲畜年末存栏头数及增减情况

指　标	单　位	2010年	2011年	2012年	2012年比上年增减(%)
一、大牲畜存栏头数	**万头**	**503.9**	**495.7**	**498.2**	**0.5**
1.牛	万头	404.2	400.3	403.1	0.7
2.马	万头	18.9	18.2	18.4	1.3
3.驴	万头	57.7	55.8	55.5	-0.6
4.骡	万头	23.1	21.4	21.1	-1.4
二、猪	**万头**	**1846.0**	**1885.2**	**1847.5**	**-2.0**
#能繁母猪	万头	184.2	190.6	195.6	2.6
三、羊	**万只**	**1408.6**	**1457.2**	**1413.5**	**-3.0**
1.山　羊	万只	462.2	467.5	450.5	-3.6
2.绵　羊	万只	946.4	989.7	963.0	-2.7
四、家禽	**万只**	**33106.4**	**35668.3**	**38528.8**	**8.0**
五、兔	**万只**	**1342.4**	**1380.0**	**1384.8**	**0.3**

1-2-16 历年水产品产量

单位：吨

年 份	水产品总产量	海水产品	#鱼	#虾蟹类	淡水水域水 产 品	#鱼	#虾蟹类
1949	50184	30158	7081	12934	20026	19251	300
1952	68915	53463	9988	30428	15452	14928	88
1957	96142	68534	19763	37583	27608	26882	82
1962	47030	32568	20632	11025	14462	14014	280
1965	64290	45586	28688	13531	18704	18192	219
1970	72091	64610	30816	29211	7481	6678	7
1975	131128	121457	35029	52722	9671	9146	459
1978	139017	128043	43988	63856	10974	10232	214
1980	97610	86479	41902	38144	11131	9811	643
1985	127495	104529	58578	39276	22966	21464	1489
1990	218553	164880	61762	71295	53673	50912	2722
1991	236885	170474	49575	76677	66411	63058	3267
1992	304522	225432	46186	66614	79090	75036	4026
1993	248766	156160	46215	53513	92606	88512	3544
1994	317334	178948	59445	58376	138386	132267	4833
1995	396070	210215	73868	62853	185855	178218	6330
1996	506930	283038	81682	72035	223892	215806	5317
1997	606110	338322	119981	69949	267788	255759	11192
1998	693317	384917	156073	84556	308400	290273	14679
1999	759566	423429	180402	84302	336137	316480	15356
2000	809496	482032	187944	80707	327464	306535	15084
2001	848887	514411	185570	92362	334476	312911	15942
2002	870571	518440	181557	91831	352131	315759	19720
2003	862715	489702	177773	90483	373013	340328	25936
2004	928218	541332	190417	94519	386886	351315	26843
2005	989461	571808	191613	95057	417653	386333	23696
2006	871418	499047	155456	77803	372371	342458	22504
2007	906437	524303	160388	75141	382134	353175	22909
2008	966400	549250	164631	80317	417150	385537	25009
2009	1004100	553884	151520	78503	450216	415983	26465
2010	1063300	582600	151653	78882	480700	443331	27725
2011	1067131	563281	145094	71757	503850	464896	28464
2012	1163172	634631	141882	81978	528541	484141	33498

1-2-17 水产品产量和养殖面积及增减情况

指　标	单　位	2010年	2011年	2012年	2012年比上年增减(%)
一、水产品总产量	**吨**	**1063300**	**1067131**	**1163172**	**9.0**
1.海水产品产量	吨	582600	563281	634631	12.7
海洋捕捞产量	吨	253292	251761	252570	0.3
海水养殖产量	吨	329308	311520	382061	22.6
按品种分:					
鱼　类	吨	151653	145094	141882	-2.2
虾蟹类	吨	78882	71757	81978	14.2
贝　类	吨	308017	291038	360885	24.0
其　他	吨	44048	55392	49886	-9.9
2.淡水水域产品产量	吨	480700	503850	528541	4.9
淡水水域捕捞产量	吨	92247	99298	97593	-1.7
淡水水域养殖产量	吨	388453	404552	430948	6.5
按品种分:					
鱼　类	吨	443331	464896	484141	4.1
虾蟹类	吨	27725	28464	33498	17.7
贝　类	吨	3886	4019	3786	-5.8
其　他	吨	5758	6471	7116	10.0
二、水产养殖面积	**公顷**	**198765**	**210098**	**212072**	**0.9**
1.海水养殖面积	公顷	123810	134264	134682	0.3
海上养殖	公顷	77046	84508	89090	5.4
滩涂养殖	公顷	27838	27990	26364	-5.8
陆基养殖	公顷	18926	21766	19228	-11.7
2.淡水水域养殖面积	公顷	74955	75834	77390	2.1
池塘养殖	公顷	26995	28266	29646	4.9
湖泊养殖	公顷	4142	4201	4141	-1.4
河沟养殖	公顷	1719	1697	1501	-11.5
水库养殖	公顷	41449	41182	41708	1.3
其他养殖	公顷	650	488	394	-19.3

1-2-18 历年平均每人主要农产品产量

(按年平均人口计算)

年　份	人均耕地总资源(亩/人)	人均常用耕地面积(亩/人)	粮　食(公斤)	棉　花(公斤)	油　料(公斤)	蔬菜产量(公斤)	园林水果(公斤)
1949		3.53	152.14	3.51	8.54		7.39
1952		3.53	238.44	8.69	9.57		10.84
1957		3.12	225.70	8.28	8.12		6.23
1962		2.72	172.64	3.39	2.19		8.31
1965		2.59	238.63	6.45	4.42		8.20
1970		2.28	282.97	5.62	5.38		11.65
1975		2.06	315.78	3.74	4.92	107.11	13.20
1978		1.99	335.72	2.32	4.87	108.38	15.81
1980		1.94	296.42	4.81	8.79	103.50	15.60
1985		1.80	356.43	11.39	15.75	166.96	29.03
1990		1.63	378.23	9.48	12.44	192.19	29.15
1991		1.59	366.55	10.25	11.77	187.95	31.84
1992		1.57	349.83	4.90	10.61	205.15	36.27
1993		1.56	377.53	3.05	12.77	239.78	41.77
1994		1.54	396.71	6.13	16.78	288.72	56.04
1995		1.52	427.17	5.78	17.13	335.05	67.37
1996	1.60	1.51	431.80	4.00	18.68	399.65	77.89
1997	1.59	1.50	422.30	3.82	18.14	466.44	85.50
1998	1.58	1.49	445.62	4.13	21.20	548.01	96.18
1999	1.56	1.47	416.64	3.38	19.65	578.84	97.67
2000	1.55	1.46	383.97	4.52	22.12	670.38	101.94
2001	1.54	1.45	372.65	6.27	23.00	738.99	100.17
2002	1.49	1.37	362.63	5.98	22.52	815.54	111.44
2003	1.44	1.33	353.64	7.73	24.16	874.32	118.03
2004	1.42	1.33	365.30	9.80	22.73	911.39	129.17
2005	1.40	1.32	380.48	8.45	22.36	946.97	134.48
2006	1.38	1.28	404.49	10.19	19.46	918.55	140.89
2007	1.37	1.28	410.60	10.47	19.95	930.66	146.78
2008	1.36	1.27	417.15	10.58	21.91	959.61	151.32
2009			415.05	8.62	20.43	961.56	157.46
2010			418.32	8.01	19.72	994.32	156.27
2011			439.85	9.06	19.66	1023.75	167.07
2012			446.94	7.77	19.66	1059.35	177.04

1-2-18续 历年平均每人主要农产品产量

（按年平均人口计算）

年 份	生猪存栏（头）	肉类总产量（公斤）	#猪牛羊肉（公斤）	禽 蛋（公斤）	奶类产量（公斤）	#牛 奶（公斤）	水 产 品（公斤）
1949	0.11						1.63
1952	0.16						2.13
1957	0.19						2.65
1962	0.14						1.22
1965	0.19						1.59
1970	0.21						1.60
1975	0.33				0.44	0.29	2.68
1978	0.25		8.29		0.48	0.36	2.76
1980	0.25		13.45		0.88	0.52	1.90
1985	0.26	15.57	14.84	6.06	1.82	1.33	2.31
1990	0.25	21.61	20.13	8.52	2.37	1.86	3.64
1991	0.25	23.08	21.19	9.79	2.64	2.13	3.83
1992	0.26	25.21	23.13	10.91	2.98	2.46	4.87
1993	0.26	29.47	26.20	13.91	3.35	2.77	3.95
1994	0.28	38.71	33.34	23.04	5.34	4.49	4.98
1995	0.32	48.46	40.36	32.02	6.07	5.08	6.18
1996	0.32	48.90	39.18	41.27	7.42	6.20	7.85
1997	0.32	51.16	40.36	45.21	8.41	7.19	9.32
1998	0.32	51.90	40.96	46.68	10.06	8.53	10.59
1999	0.31	52.14	41.04	48.21	11.96	10.37	11.52
2000	0.29	51.53	40.64	49.57	14.48	12.67	12.18
2001	0.28	52.00	40.33	50.18	17.84	16.06	12.70
2002	0.28	53.10	41.26	51.64	22.17	20.38	12.96
2003	0.29	54.17	42.25	53.10	30.75	29.31	12.78
2004	0.29	55.79	44.00	54.09	40.79	39.25	13.67
2005	0.29	57.92	46.00	56.40	51.05	49.83	14.49
2006	0.26	59.09	47.06	55.61	60.66	59.30	12.68
2007	0.27	57.53	44.45	57.29	71.92	70.72	13.10
2008	0.29	60.45	47.24	59.00	73.98	72.43	13.87
2009	0.28	60.84	48.04	50.38	65.76	64.40	14.32
2010	0.26	58.58	46.75	47.66	63.13	61.82	14.95
2011	0.26	57.94	45.65	47.09	64.70	63.58	14.79
2012	0.25	60.97	47.22	47.16	65.49	64.75	16.01

1-3-1 全省饲料工业情况

指　标	单位	2010年	2011年	2012年	2012年比上年增减(%)
一、饲料工业企业个数	**个**	**1209**	**1173**	**1196**	**1.96**
#国　有	个	6	5	5	
集　体	个	13	9	8	-11.11
私　营	个	795	775	795	2.58
联　营	个	9	10	10	
股　份	个	309	299	305	2.01
港澳台	个	4	3	3	
外　商	个	12	8	9	12.50
其　他	个	12	15	10	-33.33
二、饲料工业企业职工人数	**人**	**30800**	**41055**	**40616**	**-1.07**
三、饲料工业企业营业收入	**亿元**	**301.68**	**316.98**	**333.50**	**5.21**
饲料工业企业总产值	亿元	315.75	331.72	349.20	5.27
四、饲料企业加工产品产量	**万吨**	**1086.36**	**1150.10**	**1184.91**	**3.03**
1.配合饲料小计	万吨	913.30	967.46	1002.22	3.59
(1)猪　料	万吨	164.51	165.81	174.15	5.03
(2)蛋禽料	万吨	551.84	581.41	586.00	0.79
(3)肉禽料	万吨	94.09	101.65	111.73	9.91
(4)水产料	万吨	41.23	55.23	60.33	9.23
(5)反刍料	万吨	53.83	54.82	60.42	10.22
(6)其　他	万吨	7.80	8.55	9.56	11.81
2.浓缩饲料小计	万吨	160.00	169.01	168.68	-0.19
(1)猪　料	万吨	49.58	55.52	53.81	-3.09
(2)蛋禽料	万吨	81.59	81.78	82.06	0.35
(3)肉禽料	万吨	13.62	15.47	15.72	1.58
(4)水产料	万吨				
(5)反刍料	万吨	13.00	14.04	14.84	5.71
(6)其　他	万吨	2.21	2.20	2.26	2.67
3.添加剂预混合饲料小计	万吨	13.06	13.64	14.00	2.66
(1)猪　料	万吨	4.50	4.87	5.03	3.20
(2)蛋禽料	万吨	6.03	6.11	6.15	0.71
(3)肉禽料	万吨	0.94	1.00	1.00	-0.31
(4)水产料	万吨	0.15	0.15	0.16	8.67
(5)反刍料	万吨	0.90	0.94	1.08	14.83
(6)其　他	万吨	0.54	0.56	0.59	5.43

1—3—2 乡镇企业基本情况

指　标	单位	2010年	2011年	2012年	2012年比上年增减(%)
一、乡镇企业个数	**万个**	**144.2**	**154.3**	**166.9**	**8.2**
集　体	万个	0.4	0.4	0.4	**-1.2**
私营及个体	万个	140.8	150.4	162.0	**7.7**
二、乡镇企业从业人数	**万人**	**1267.8**	**1366.5**	**1476.5**	**8.0**
集　体	万人	24.6	25.6	26.1	2.0
私营及个体	万人	1092.7	1166.4	1245.4	6.8
三、乡镇企业主要财务指标					
营业收入	亿元	33830.7	43473.2	52284.5	20.3
国家税收(实交)	亿元	914.8	1252.8	1560.0	24.5
劳动者报酬	亿元	1351.4	1678.8	2059.9	22.7

1—3—3 历年乡镇企业基本情况

年　份	乡镇企业个数(万个)	乡镇企业从业人数(万人)	乡镇企业增加值(亿元)	乡镇企业营业收入(亿元)	乡镇企业实交国家税金(亿元)
1978	11.8	164.3		37.6	2.3
1980	11.3	188.6		36.8	2.0
1985	116.0	530.6		167.6	7.9
1990	137.0	641.2		574.5	16.1
1991	139.6	656.5		676.9	19.0
1992	145.8	698.5		951.2	24.7
1993	159.7	743.3		1618.3	33.8
1994	178.4	764.6	614.9	2312.5	42.0
1995	179.2	852.0	876.7	3274.2	50.5
1996	181.3	911.5	1416.1	4776.4	63.5
1997	81.2	695.1	1236.3	4709.9	66.0
1998	85.4	750.6	1500.9	5699.9	77.7
1999	97.4	787.5	1763.2	6691.8	89.4
2000	101.3	849.6	2010.2	7629.4	103.1
2001	103.3	868.7	2251.4	8544.9	113.4
2002	105.4	886.2	2566.1	9741.1	130.7
2003	107.5	903.9	2953.6	11213.0	161.4
2004	118.1	914.5	3192.9	11932.3	240.0
2005	124.7	1006.5	3922.9	14693.1	306.2
2006	129.3	1092.4	4672.7	17676.7	394.2
2007	132.5	1140.8	5625.9	20270.9	531.4
2008	135.0	1179.9	6616.1	24838.4	698.9
2009	139.3	1222.0	7449.8	27435.4	744.9
2010	144.2	1267.8	8766.3	33830.7	914.8
2011	154.3	1366.5		43473.2	1252.8
2012	166.9	1476.5		52284.5	1560.0

注：国家乡镇企业局年报要求增加值指标从2011年开始不再统计。

1-3-4 历年农林牧渔业总产值

(按不变价格计算)

单位：万元

年 份	农林牧渔业总产值	农业	#种植业	林业	牧业	渔业	农林牧渔服务业
(按1957年不变价格计算)							
1949	180184	160414	143067	2259	15590	1921	
1952	276429	248413	229976	4128	21228	2660	
1957	307677	273043	254034	7008	24331	3295	
1962	226665	202497	185116	4001	18456	1711	
1965	316859	277629	255519	7067	30218	1945	
1970	394415	344471	316986	10970	36911	2063	
(按1970年不变价格计算)							
1970	538644	465517	433677	16966	53518	2643	
1975	644961	534377	503486	18876	87040	4668	
1978	685638	578756	537142	21615	80213	5054	
1980	687381	567304	532420	18063	98200	3814	
1981	713639	577428	548941	15454	117673	3084	
(按1980年不变价格计算)							
1981	965451	783410	752099	24911	151142	5988	
1985	1499092	1188118	1136301	48833	252570	9571	
1990	1809563	1358777	1262566	51454	374372	24960	
(按1990年不变价格计算)							
1990	3866785	2700871	2543021	116894	909030	139990	
1991	4005989	2758779	2598287	121908	969377	155925	
1992	4040177	2624685	2433605	126490	1069670	219332	
1993	4393400	2868393	2640724	120380	1277913	126714	
1994	5104471	3245456	2999342	126909	1579653	152453	
1995	5710110	3585601	3275738	133792	1801282	189435	
1996	6244990	3728188	3361601	137844	2145537	233421	
1997	6713897	3915014	3480571	145024	2373523	280336	
1998	7238692	4204617	3705008	148058	2577014	309003	
1999	7589684	4296375	3721825	152417	2799615	341277	
2000	8020111	4526321	3892416	149942	2972928	370920	
2001	8445318	4763377	4089170	183017	3112180	386744	
2002	8868986	4953650	4246754	202936	3312898	399502	
	10368416	5210064	5210064	204132	3952010	426910	575300
2003	11018504	5499430	5499430	228033	4231138	424484	635419
2004	11752370	5873088	5873088	213894	4511036	457731	696621
2005	24341854	12032927	12032927	387778	9957063	750095	1213991
2006	25095512	13338640	13338640	388189	9228634	810000	1330049
2007	25617141	14387805	14387805	502403	8499134	764337	1463462
2008	32335656	16996031	16996031	568762	12220756	909995	1640112
2009	36172789	18183875	18183875	624720	14433198	1072496	1858500
2010	37666607	20337909	20337909	403715	13818542	1424679	2018294
2011	44755491	26052575	26052575	531106	14602615	1449986	2119209
2012	50940555	28743771	28743771	619850	17520618	1702086	2354230

注：1.1996—2006年数据按第二次全国农业普查数据进行了调整。2.2002年下边一行数和2003—2012年数据按新分类。
3.从2005年起，农林牧渔业总产值使用可比价格计算。

1-3-5 历年农林牧渔业总产值指数

(上年=100)

年 份	农林牧渔业总产值	农 业	林 业	牧 业	渔 业	农林牧渔服务业
1950	123.0	123.7	127.4	116.2	112.1	
1951	104.2	103.7	114.9	107.6	109.7	
1952	119.7	120.8	124.8	108.8	112.6	
1953	91.1	89.8	113.5	98.9	111.4	
1954	103.1	103.0	105.9	100.3	121.5	
1955	113.0	115.6	104.6	88.9	103.7	
1956	88.5	85.6	133.6	115.1	96.2	
1957	118.6	120.0	101.0	113.0	91.7	
1958	104.6	104.7	124.5	98.3	100.7	
1959	94.8	94.3	101.0	99.0	95.8	
1960	84.4	84.6	84.2	79.0	108.4	
1961	86.7	87.9	66.1	85.3	57.4	
1962	101.5	101.0	81.5	115.7	86.5	
1963	84.9	82.1	81.5	110.8	137.5	
1964	132.5	132.9	186.2	123.5	108.9	
1965	124.3	125.6	116.4	119.6	75.9	
1966	107.1	105.5	147.0	114.7	72.9	
1967	99.6	99.0	84.4	108.8	125.1	
1968	97.1	97.9	100.8	90.5	84.3	
1969	107.9	109.8	123.1	89.1	93.5	
1970	111.3	110.5	100.8	121.4	147.6	
1971	105.7	99.5	90.8	164.7	88.4	
1972	87.3	88.0	94.4	81.2	135.3	
1973	115.2	119.5	116.6	91.1	102.8	
1974	109.3	109.1	93.5	114.7	112.4	
1975	103.1	100.6	118.9	116.3	127.7	
1976	94.4	93.8	105.5	96.2	92.2	
1977	93.5	92.4	95.9	98.6	115.7	
1978	122.1	125.0	113.1	97.2	101.5	
1979	106.9	106.4	86.8	117.7	74.8	
1980	93.8	92.1	96.2	104.0	100.9	

1–3–5续　历年农林牧渔业总产值指数

(上年=100)

年　份	农林牧渔业总产值	农业	林业	牧业	渔业	农林牧渔服务业
1981	103.8	101.8	85.6	119.8	80.9	
1982	117.6	117.2	154.5	113.1	116.6	
1983	117.2	121.7	100.9	97.8	93.1	
1984	109.1	107.7	120.2	115.3	116.6	
1985	103.3	98.6	104.6	131.1	126.2	
1986	98.5	97.0	91.7	106.0	123.2	
1987	104.5	104.3	103.3	105.3	116.9	
1988	107.8	105.6	104.8	117.6	115.4	
1989	103.1	102.5	98.8	105.5	109.4	
1990	105.4	104.4	107.3	107.1	143.7	
1991	103.6	102.1	104.3	106.6	111.4	
1992	100.9	95.1	103.8	110.3	140.7	
1993	108.7	109.3	95.2	119.5	57.8	
1994	116.2	113.1	105.4	123.6	120.3	
1995	111.9	110.5	105.4	114.0	124.3	
1996	109.4	104.0	103.0	119.1	123.2	
1997	107.5	105.0	105.2	110.6	120.1	
1998	107.8	107.4	102.1	108.6	110.2	
1999	104.8	102.2	102.9	108.6	110.4	
2000	105.7	105.4	98.4	106.2	108.7	
2001	105.3	105.2	122.1	104.7	104.3	
2002	105.0	104.0	110.9	106.4	103.3	
2003	106.3	105.6	111.7	107.1	99.4	110.5
2004	106.7	106.8	93.8	106.6	107.8	109.6
2005	106.5	106.0	96.9	107.7	104.1	107.5
2006	105.5	106.0	96.7	104.9	102.0	108.8
2007	103.9	104.2	109.6	102.1	105.1	108.4
2008	105.1	103.7	108.6	106.6	106.9	107.8
2009	103.2	103.3	111.8	102.3	104.4	106.2
2010	103.5	103.8	101.8	102.4	105.8	106.5
2011	103.9	105.5	103.6	101.1	101.8	105.0
2012	104.1	103.6	105.5	104.7	104.1	105.0

注：本表按可比价计算，2003--2012年数据不包括农民家庭兼营商品性工业，包括农林牧渔服务业。

1-3-6 历年农林牧渔业总产值指数

(1952年=100)

年 份	农林牧渔业总产值	农 业	林 业	牧 业	渔 业	农林牧渔服务业
1949	65.2	64.6	54.7	73.4	72.2	
1952	100.0	100.0	100.0	100.0	100.0	
1957	111.3	109.9	169.8	114.6	123.9	
1962	82.0	81.5	96.9	86.9	64.3	
1965	114.6	111.8	171.2	142.3	73.1	
1970	142.7	138.7	265.7	173.9	77.6	
1975	170.8	159.2	295.7	282.8	137.0	
1978	181.6	172.4	338.6	260.6	148.3	
1980	182.1	169.0	282.9	319.0	111.9	
1985	293.5	260.9	474.5	638.9	144.6	
1990	354.3	298.3	500.0	947.0	377.2	
1991	367.1	304.7	521.4	1009.8	420.2	
1992	370.2	289.9	541.0	1114.3	591.0	
1993	402.6	316.8	514.9	1331.3	341.4	
1994	467.7	358.5	542.8	1645.6	410.8	
1995	523.2	396.1	572.3	1876.5	510.5	
1996	572.2	411.8	589.6	2235.1	629.0	
1997	615.2	432.4	620.3	2472.6	755.4	
1998	663.3	464.4	633.3	2684.6	832.7	
1999	695.4	474.6	651.9	2916.5	919.6	
2000	734.9	500.0	641.3	3097.0	999.5	
2001	773.9	526.2	782.8	3243.0	1042.1	
2002	812.8	547.2	868.0	3452.2	1076.5	
2003	864.3	577.5	969.7	3697.3	1070.4	110.5
2004	922.2	616.8	909.5	3941.3	1154.2	121.1
2005	982.1	653.8	881.3	4244.8	1201.5	130.2
2006	1036.1	693.0	852.3	4452.8	1225.5	141.6
2007	1076.5	722.1	934.1	4546.3	1288.0	153.5
2008	1131.4	748.8	1014.4	4846.4	1376.9	165.5
2009	1167.6	773.5	1134.1	4957.8	1437.5	175.8
2010	1208.5	802.9	1154.5	5076.8	1520.9	187.2
2011	1255.0	846.8	1196.3	5134.7	1548.0	196.6
2012	1305.8	877.0	1261.6	5374.0	1610.7	206.4

注：农林牧渔服务业指数以2002年为100。

1—3—7 历年农林牧渔业总产值

(按当年价格计算)　　　　单位：亿元

年　份	农林牧渔业总产值	农　业	林　业	牧　业	渔　业	农林牧渔服务业
1949	20.31	18.08	0.25	1.76	0.22	
1952	29.70	26.69	0.44	2.28	0.29	
1957	30.77	27.31	0.70	2.43	0.33	
1962	31.26	27.93	0.55	2.55	0.24	
1965	45.49	39.86	1.01	4.34	0.28	
1970	59.69	51.59	1.88	5.93	0.29	
1975	72.73	60.26	2.13	9.82	0.53	
1978	75.86	64.03	2.39	8.87	0.56	
1980	97.79	79.86	3.10	14.00	0.83	
1985	167.33	128.65	6.15	31.16	1.37	
1990	357.63	254.77	9.58	83.38	9.90	
1991	377.64	259.28	12.38	94.88	11.10	
1992	419.82	282.47	13.93	108.50	14.92	
1993	511.29	344.52	15.30	139.10	12.37	
1994	796.33	518.27	19.44	238.17	20.45	
1995	1147.83	753.52	23.50	344.18	26.63	
1996	1298.04	801.26	24.80	437.59	34.39	
1997	1437.29	845.18	26.38	523.14	42.59	
1998	1505.91	885.88	27.37	547.57	45.09	
1999	1539.77	879.64	28.14	582.96	49.03	
2000	1544.65	846.72	25.37	613.68	58.88	
2001	1680.33	899.38	34.02	685.77	61.16	
2002	1728.85	918.62	37.49	706.82	65.92	
2003	1877.37	958.30	41.27	721.31	57.72	98.78
2004	2285.56	1135.75	40.02	924.78	72.08	112.93
2005	2379.17	1258.00	40.13	879.38	79.44	122.21
2006	2466.37	1380.45	45.85	832.32	72.75	135.00
2007	3075.77	1639.07	52.37	1146.99	85.14	152.20
2008	3505.23	1760.75	55.89	1410.82	102.77	175.00
2009	3640.93	1958.79	39.69	1350.10	108.38	183.99
2010	4309.42	2470.11	51.26	1443.76	142.47	201.83
2011	4895.88	2775.27	58.78	1674.04	163.58	224.21
2012	5340.11	3095.29	77.88	1747.66	177.74	241.54

注：本表按当年价格计算，2003-2012年数据按新分类、生产者价格计算，不包括农民家庭兼营商品性工业，包括农林牧渔服务业(下同)。

1−3−8 历年农林牧渔业总产值构成

(按当年价格计算)

单位：%

年份	农林牧渔业总产值	农业	林业	牧业	渔业	农林牧渔服务业
1949	100.00	89.03	1.25	8.65	1.07	
1952	100.00	89.87	1.49	7.68	0.96	
1957	100.00	88.74	2.28	7.91	1.07	
1962	100.00	89.34	1.77	8.14	0.75	
1965	100.00	87.62	2.23	9.54	0.61	
1970	100.00	86.42	3.15	9.94	0.49	
1975	100.00	82.85	2.93	13.50	0.72	
1978	100.00	84.41	3.15	11.70	0.74	
1980	100.00	81.66	3.17	14.32	0.85	
1985	100.00	76.88	3.68	18.62	0.82	
1990	100.00	71.24	2.68	23.31	2.77	
1991	100.00	68.66	3.28	25.12	2.94	
1992	100.00	67.28	3.32	25.84	3.55	
1993	100.00	67.38	2.99	27.21	2.42	
1994	100.00	65.08	2.44	29.91	2.57	
1995	100.00	65.65	2.05	29.98	2.32	
1996	100.00	61.73	1.91	33.71	2.65	
1997	100.00	58.80	1.84	36.40	2.96	
1998	100.00	58.83	1.82	36.36	2.99	
1999	100.00	57.13	1.83	37.86	3.18	
2000	100.00	54.82	1.64	39.73	3.81	
2001	100.00	53.53	2.02	40.81	3.64	
2002	100.00	53.14	2.17	40.88	3.81	
2003	100.00	51.05	2.20	38.42	3.07	5.26
2004	100.00	49.69	1.75	40.46	3.16	4.94
2005	100.00	52.87	1.69	36.96	3.34	5.14
2006	100.00	55.97	1.86	33.75	2.95	5.47
2007	100.00	53.29	1.70	37.29	2.77	4.95
2008	100.00	50.23	1.60	40.25	2.93	4.99
2009	100.00	53.80	1.09	37.08	2.98	5.05
2010	100.00	57.32	1.19	33.50	3.31	4.68
2011	100.00	56.69	1.20	34.19	3.34	4.58
2012	100.00	57.96	1.46	32.73	3.33	4.52

注：2003−2012年数据按新分类，不包括农民家庭兼营商品性工业，包括农林牧渔服务业(下同)。

1–3–9 分项农林牧渔业产值及构成

(按当年价格计算)

指　　标	绝　对　数(亿元)		构　　成(%)	
	2011年	2012年	2011年	2012年
农林牧渔业总产值	**4895.88**	**5340.11**	**100.00**	**100.00**
一、农业产值	**2775.27**	**3095.29**	**56.69**	**57.96**
(一)谷物及其他作物	1049.78	1059.06	21.44	19.83
1.谷物	624.63	656.48	12.76	12.29
2.薯类	72.89	83.54	1.49	1.56
3.油料	97.58	100.84	1.99	1.89
4.豆类	15.75	14.33	0.32	0.27
5.棉花	173.88	130.04	3.55	2.44
6.生麻	0.03	0.03		0.00
7.糖类	1.58	2.26	0.03	0.04
8.烟草	0.53	0.58	0.01	0.01
9.其他农作物	62.92	70.96	1.29	1.33
(二)蔬菜、食用菌及花卉盆景园艺	1232.63	1469.36	25.18	27.52
1.蔬菜	1126.67	1333.87	23.01	24.98
2.食用菌	87.83	110.73	1.79	2.07
3.花卉	4.86	6.73	0.10	0.13
4.盆景园艺	13.26	18.03	0.27	0.34
(三)水果、坚果、饮料和香料	463.28	531.22	9.46	9.95
1.水果	411.32	457.61	8.40	8.57
(1)园林水果	351.93	357.97	7.19	6.70
(2)瓜果类	59.39	99.64	1.21	1.87
2.坚果	48.51	70.53	0.99	1.32
3.香料原料	3.46	3.09	0.07	0.06
(四)中草药材	29.57	35.64	0.60	0.67
二、林业产值	**58.78**	**77.88**	**1.20**	**1.46**
(一)林木的培育和种植	43.52	65.20	0.89	1.22
1.育种育苗	5.30	13.49	0.11	0.25
2.造林	13.89	23.99	0.28	0.45
3.抚育和管理	24.33	27.72	0.50	0.52
(二)木材采运	4.28	4.58	0.09	0.09
(三)林产品	10.98	8.10	0.22	0.15
三、牧业产值	**1674.04**	**1747.66**	**34.19**	**32.73**
(一)牲畜饲养	536.72	604.92	10.96	11.33
1.牛的饲养	202.41	238.21	4.13	4.46
2.羊的饲养	166.11	189.88	3.39	3.56
3.其他牲畜饲养	6.64	7.54	0.14	0.14
4.奶产品	155.76	163.58	3.18	3.06
5.毛绒产品	5.81	5.71	0.12	0.11
(二)猪的饲养	550.09	560.46	11.24	10.50
(三)家禽饲养	468.36	454.70	9.57	8.51
1.肉禽	115.43	135.13	2.36	2.53
2.禽蛋	352.93	319.57	7.21	5.98
(四)猎狩和捕捉动物	0.03	0.03		0.00
(五)其他畜牧业	118.84	127.56	2.43	2.39
四、渔业产值	**163.58**	**177.74**	**3.34**	**3.33**
(一)海水产品	97.77	110.00	2.00	2.06
(二)淡水产品	65.80	67.74	1.34	1.27
五、农林牧渔服务业产值	**224.21**	**241.54**	**4.58**	**4.52**

注：本表按新分类、生产者价格计算，不包括农民家庭兼营商品性工业，包括农林牧渔服务业。

1—3—10 历年农林牧渔业增加值及指数

年份	农林牧渔业增加值(亿元)	指数(以上年为100)	年份	农林牧渔业增加值(亿元)	指数(以上年为100)	年份	农林牧渔业增加值(亿元)	指数(以上年为100)
1952	25.23		1973	43.16	111.7	1994	451.91	111.8
1953	24.10	88.3	1974	45.62	105.6	1995	631.34	108.6
1954	25.38	103.1	1975	50.66	110.2	1996	700.94	105.5
1955	28.18	111.6	1976	45.86	91.9	1997	761.76	105.4
1956	25.01	88.0	1977	48.42	106.3	1998	790.60	106.2
1957	26.11	111.3	1978	52.20	110.4	1999	805.97	104.3
1958	27.89	103.9	1979	61.11	104.2	2000	824.55	105.1
1959	27.00	94.7	1980	68.09	97.4	2001	913.82	105.3
1960	23.43	82.1	1981	71.03	105.3	2002	956.84	105.4
1961	23.99	79.8	1982	85.59	119.5	2003	1064.05	106.1
1962	24.07	102.3	1983	102.10	118.7	2004	1333.57	106.7
1963	19.84	83.6	1984	111.46	108.0	2005	1400.00	106.2
1964	27.15	138.1	1985	120.34	102.2	2006	1461.81	105.0
1965	37.20	128.4	1986	123.45	97.4	2007	1804.72	104.0
1966	40.12	107.2	1987	137.66	101.6	2008	2034.59	104.9
1967	40.06	100.0	1988	162.31	101.1	2009	2207.34	103.3
1968	40.35	97.3	1989	196.35	103.7	2010	2562.81	103.5
1969	44.11	108.5	1990	227.89	105.7	2011	2905.74	104.2
1970	46.41	103.0	1991	236.89	102.5	2012	3186.66	104.0
1971	44.06	95.4	1992	257.08	99.4			
1972	38.35	87.9	1993	301.68	104.4			

注：指数按可比价格计算。2003—2012年数据按新分类、生产者价格计算，不包括农民家庭兼营商品性工业，包括农林牧渔服务业(下同)。

1—3—11 农林牧渔业增加值、构成及占产值比重

指标	绝对数(万元)		构成(%)		中间消耗、增加值占产值比重(%)	
	2011年	2012年	2011年	2012年	2011年	2012年
一、农林牧渔业总产值	**48958751**	**53401106**	**100.00**	**100.00**	**100.00**	**100.00**
农业	27752674	30952857	56.69	57.96	100.00	100.00
林业	587770	778810	1.20	1.46	100.00	100.00
牧业	16740403	17476626	34.19	32.73	100.00	100.00
渔业	1635781	1777373	3.34	3.33	100.00	100.00
农林牧渔服务业	2242123	2415440	4.58	4.52	100.00	100.00
二、中间消耗	**19901385**	**21534491**	**100.00**	**100.00**	**40.65**	**40.33**
农业	8984594	10020614	45.15	46.53	32.37	32.37
林业	167074	221416	0.84	1.03	28.43	28.43
牧业	8835307	9223873	44.39	42.83	52.78	52.78
渔业	668911	726811	3.36	3.38	40.89	40.89
农林牧渔服务业	1245499	1341777	6.26	6.23	55.55	55.55
三、农林牧渔业增加值	**29057366**	**31866615**	**100.00**	**100.00**	**59.35**	**59.67**
农业	18768080	20932243	64.59	65.69	67.63	67.63
林业	420696	557394	1.45	1.75	71.57	71.57
牧业	7905096	8252753	27.20	25.90	47.22	47.22
渔业	966870	1050562	3.33	3.29	59.11	59.11
农林牧渔服务业	996624	1073663	3.43	3.37	44.45	44.45

1-3-12 历年农林牧渔业商品产值

单位:亿元

年 份	农林牧渔业商品产值	农 业	林 业	牧 业	渔 业
1987	110.57	73.75	1.98	31.04	3.80
1988	144.97	85.59	2.99	49.60	6.79
1989	173.31	106.26	3.19	56.76	7.10
1990	199.71	127.85	2.85	59.97	9.04
1991	212.78	130.15	4.19	68.23	10.21
1992	244.92	145.60	5.59	80.10	13.63
1993	301.39	179.77	7.24	102.89	11.49
1994	487.46	277.70	9.74	181.16	18.86
1995	714.11	417.00	10.26	262.08	24.77
1996	845.92	454.07	12.64	347.30	31.91
1997	950.42	483.49	13.46	414.27	39.20
1998	1013.48	521.77	13.85	436.96	40.90
1999	1060.90	535.14	13.76	468.12	43.88
2000	1084.35	531.08	11.66	489.55	52.06
2001	1203.96	583.44	17.55	547.45	55.52
2002	1262.29	615.29	18.46	568.43	60.11
2003	1399.47	644.27	18.81	684.34	52.05
2004	1728.80	759.15	20.75	885.06	63.84
2005	1934.80	862.26	23.86	976.03	72.65
2006	1817.08	993.23	29.89	726.78	67.18
2007	2312.00	1187.10	35.92	1010.60	78.38
2008	2605.73	1260.86	36.63	1215.56	92.67
2009	2764.35	1467.40	10.79	1184.59	101.57
2010	3304.70	1881.19	12.76	1275.55	135.20
2011	3788.25	2125.39	17.11	1494.41	151.35
2012	4161.17	2420.11	21.48	1565.91	153.67

1–3–13 历年农林牧渔业商品率

单位：%

年 份	农林牧渔业商品率	农 业	林 业	牧 业	渔 业
1987	55.10	50.56	28.99	71.09	88.58
1988	56.43	49.78	38.09	71.01	93.53
1989	56.45	50.42	36.46	71.02	94.04
1990	55.84	50.18	29.75	71.92	91.31
1991	56.34	50.20	33.84	71.92	91.98
1992	58.34	51.55	40.13	73.82	91.35
1993	58.95	52.18	47.32	73.97	92.89
1994	61.21	53.58	50.10	76.06	93.02
1995	62.21	55.34	43.66	76.15	93.02
1996	65.17	56.67	50.97	79.36	92.81
1997	66.13	57.21	51.01	79.19	92.06
1998	67.30	58.90	50.60	79.80	90.70
1999	68.90	60.84	48.90	80.30	89.50
2000	70.20	62.72	45.97	79.77	88.40
2001	71.64	64.87	51.59	79.81	90.76
2002	73.00	66.98	49.25	80.39	91.17
2003	74.52	67.23	45.59	83.40	90.19
2004	75.64	66.84	51.86	85.29	88.56
2005	77.33	68.54	59.46	86.80	91.45
2006	77.94	71.95	65.19	87.32	92.34
2007	79.08	72.42	68.59	88.11	92.06
2008	78.24	71.61	65.54	86.16	90.17
2009	79.97	74.91	27.20	87.74	93.72
2010	80.45	76.16	24.90	88.35	94.90
2011	81.09	76.58	29.11	89.27	92.52
2012	81.61	78.19	27.58	89.60	86.46

1-3-14　历年农业劳动生产率、土地生产率、投入产出率

单位：元

年　份	每一农村农林牧渔业从业人员创造农林牧渔业总产值	每一农村农林牧渔业从业人员创造农林牧渔业增加值	每公顷耕地创造农林牧渔业总产值	每公顷耕地创造农林牧渔业增加值	农业投入产出率 (%)
1978	510	351	1136	782	220.6
1980	629	438	1479	1024	229.3
1985	1031	741	2534	1822	256.1
1990	2041	1307	5455	3476	175.7
1991	2075	1308	5766	3617	168.3
1992	2261	1392	6416	3929	158.0
1993	2754	1632	7823	4616	143.9
1994	4391	2505	12206	6927	131.2
1995	6558	3627	17612	9687	122.2
1996	7738	4201	19974	10786	117.4
1997	8821	4699	22133	11731	112.8
1998	9202	4856	23223	12192	110.5
1999	9352	4921	23767	12440	109.8
2000	9298	4989	23889	12752	114.5
2001	10091	5488	26056	14170	119.2
2002	10424	5769	28225	15622	123.9
2003	11336	6425	31335	17760	130.8
2004	14019	8180	38089	22224	140.1
2005	15091	8880	39726	23376	143.0
2006	16090	9536	41927	24850	145.5
2007	20559	12063	52188	30622	142.0
2008	23706	13760	59396	34476	138.3
2009	24678	14961			154.0
2010	29408	17489			146.7
2011	33864	20098			146.0
2012	37435	22339			148.0

注：按从业人员年平均人数计算。

1-3-15 历年农村经济在国民经济中的地位

单位：%

年 份	农林牧渔业增加值占地区生产总值比重	乡村人口占总人口比重	农林牧渔业从业人员占全社会从业人员比重	农村消费品零售额占全社会消费品零售额比重	农业各税占全部财政收入比重
1952	62.31		87.44	63.71	44.14
1957	49.92	90.52	89.91	61.20	25.43
1962	49.39	91.54	79.21	63.85	9.40
1965	51.16	90.63	87.60	67.14	8.82
1970	44.52	91.35	89.92	64.65	7.39
1975	38.15	89.87	83.17	63.04	4.56
1978	28.52	88.79	69.95	64.20	3.02
1980	28.43	87.81	74.74	67.82	3.03
1985	30.33	86.41	64.14	61.45	4.27
1990	25.42	84.62	60.24	53.18	4.88
1995	22.16	83.89	52.75	48.87	4.59
1996	20.30	82.04	49.14	49.80	4.81
1997	19.27	81.44	48.74	51.16	4.22
1998	18.58	81.02	48.58	53.02	3.98
1999	17.86	80.69	49.76	53.72	3.26
2000	16.35	80.72	49.56	53.56	3.59
2001	16.56	80.39	49.17	52.92	2.93
2002	15.90	80.02	48.40	52.20	4.69
2003	15.37	79.52	48.19	51.13	5.30
2004	15.73	79.16	45.86	50.82	3.39
2005	13.98	79.15	43.84	53.18	2.16
2006	12.75	78.46	42.24	52.55	1.74
2007	13.26	78.59	40.42	52.10	1.82
2008	12.71	78.63	39.76	52.14	1.87
2009	12.81	78.63	39.00	52.28	2.62
2010	12.57	77.43	37.88	23.73	4.20
2011	11.85	77.34	36.33	23.35	3.66
2012	11.99	77.23	34.91	23.26	3.92

注：1.本表为经普后对历史数据进行调整的数据。
2.农业各税包括耕地占用税、农林特产税、农牧业税和契税。从2006年开始，全部取消农林特产税、农牧业税。
3.从2010年起，社会消费品零售额按销售单位所在地分为城镇和农村。

1-3-16 历年平均每一乡村农林牧渔业从业人员生产的主要农产品

单位：公斤

年 份	粮 食	棉 花	油 料	猪牛羊肉	禽 蛋	水产品
1957	592.34	21.73	21.31			6.95
1962	431.95	9.47	6.12			3.42
1965	662.09	17.90	12.25			4.41
1970	778.02	15.46	14.78			4.41
1975	948.56	11.31	14.87			8.11
1978	1144.01	7.94	16.61	28.26		9.42
1980	933.24	15.15	27.67	34.05		5.98
1985	1199.86	38.35	53.03	49.97	20.44	7.78
1986	1200.19	31.23	37.71	56.06	21.83	9.47
1987	1181.89	38.55	42.40	58.66	22.68	11.04
1988	1229.81	35.07	39.73	65.98	26.77	12.57
1989	1212.90	31.43	32.83	65.67	26.24	12.25
1990	1278.86	32.06	42.06	68.07	28.80	12.28
1991	1232.09	34.45	39.57	71.20	32.91	12.86
1992	1179.14	16.51	35.77	77.96	36.77	16.43
1993	1291.87	10.44	43.71	89.66	47.62	13.50
1994	1428.73	22.08	60.44	120.08	82.98	17.97
1995	1596.69	21.60	64.04	150.86	119.67	23.09
1996	1719.96	15.93	74.39	156.08	164.40	31.26
1997	1695.17	15.35	72.81	162.00	181.46	37.41
1998	1783.49	16.52	84.86	163.92	186.82	42.38
1999	1674.67	13.57	78.98	164.95	193.77	46.32
2000	1531.76	18.02	88.25	162.13	197.75	48.61
2001	1496.61	25.18	92.38	161.96	201.52	50.99
2002	1474.45	24.33	91.56	167.76	209.98	52.70
2003	1438.22	31.44	98.24	171.84	215.97	51.96
2004	1549.63	41.57	96.42	186.66	229.46	58.00
2005	1673.53	37.17	98.36	202.33	248.06	63.72
2006	1837.75	46.27	89.41	213.79	252.67	57.59
2007	1921.21	49.00	94.38	207.97	268.04	61.29
2008	1965.74	49.88	103.23	222.62	278.03	65.38
2009	1976.35	41.06	97.30	228.75	239.87	68.19
2010	2040.62	39.05	96.20	228.06	233.62	72.91
2011	2213.70	45.59	98.93	229.89	237.12	74.46
2012	2286.58	39.75	100.59	241.57	241.29	81.92

注：按年末从业人数计算。

1-3-17 历年农业产业化经营情况

指标	单位	1998年	1999年	2000年	2001年	2002年	2003年	2004年
农业产业化经营总量	亿元	618.5	712.5	795.1	874.3	1003.2	1201.9	1569.3
农业产业化经营率	%	28.4	33.0	36.1	37.6	40.8	44.1	46.7
龙头经营组织个数	个	582	597	604	639	738	882	1022
龙头经营组织销售额	亿元	209.1	267.6	306.7	345.8	406.7	523.1	725.3
龙头企业(集团)个数	个	411	421	471	492	578	706	827
龙头企业销售额	亿元	171.4	232.2	267.8	301.6	359.2	469.4	663.7
专业批发市场个数	个	115	118	103	109	113	116	123
专业批发市场销售额	亿元	32.6	30.5	35.3	40.2	42.3	46.4	55.1
中介服务组织个数	个	56	58	30	38	47	60	72
中介服务组织销售额	亿元	5.2	4.8	3.7	3.9	5.2	7.3	6.5
农产品生产(加工)基地个数	个	343	362	385	393	411	437	455
农产品生产(加工)基地销售产值	亿元	384.2	406.7	463.0	514.6	588.2	668.2	832.7
农产品生产(加工)基地联系农户	万户	431.1	473.9	512.2	549.5	599.5	615.0	650.8
种植业生产基地个数	个	191	210	227	236	239	250	258
种植业生产基地种植面积	千公顷	849.5	949.0	1036.5	1201.1	1245.1	1372.8	1493.8
种植业生产基地销售产值	亿元	160.3	191.9	218.9	250.8	273.0	305.8	370.4
种植业生产基地联系农户数	万户	309.4	340.6	363.7	395.2	424.3	424.5	459.0
养殖业生产基地个数	个	132	133	137	136	149	163	173
养殖业生产基地销售产值	亿元	111.4	121.3	131.8	145.9	172.5	205.1	272.7
养殖业生产基地联系农户数	万户	111.3	122.8	133.2	138.4	158.2	172.5	175.2
生产加工基地个数	个	20	19	21	21	23	24	24
生产加工基地销售产值	亿元	112.5	93.4	112.3	117.9	142.7	157.3	189.6
生产加工基地联系农户数	万户	10.4	10.5	15.3	15.9	17.0	18.0	16.6
农户参与度	%	30.8	33.8	36.0	38.3	41.8	42.8	45.2
参与农户增收比率	%	28.7	28.8	28.7	32.3	33.5	33.9	35.0
农民受益率	%	10.1	10.8	11.9	12.8	14.5	15.1	16.6

1-3-17续 历年农业产业化经营情况

指　标	单 位	2005年	2006年	2007年	2008年	2009年	2010年	2011年	2012年
农业产业化经营总量	亿元	1873.1	2171.8	2496.8	2996.4	3213.3	4062.9	4757.1	5394.3
农业产业化经营率	%	49.4	51.8	53.6	55.3	56.8	58.6	60.0	61.5
龙头经营组织个数	个	1118	1172	1203	1230	1252	1465	1576	1662
龙头经营组织销售额	亿元	907.3	1106.6	1332.2	1562.8	1614.2	2122.5	2424.0	2719.1
龙头企业(集团)个数	个	908	954	989	1016	1030	1218	1307	1338
龙头企业销售额	亿元	832.6	1018.2	1242.4	1460.7	1497.2	1963.6	2235.5	2496.5
专业批发市场个数	个	123	127	125	127	120	129	129	127
专业批发市场销售额	亿元	66.3	76.0	77.6	91.1	105.4	140.9	167.0	199.5
中介服务组织个数	个	87	91	89	87	102	118	140	147
中介服务组织销售额	亿元	8.4	12.4	12.1	11.0	11.6	18.0	21.5	23.1
农产品生产(加工)基地个数	个	469	481	497	505	500	556	590	633
农产品生产(加工)基地销售产值	亿元	955.5	1056.3	1160.0	1417.8	1582.1	1927.1	2313.1	2675.2
农产品生产(加工)基地联系农户	万户	681.6	749.0	753.0	758.3	747.9	798.8	818.3	885.4
种植业生产基地个数	个	261	263	272	274	271	309	322	340
种植业生产基地种植面积	千公顷	1581.8	1705.9	1846.1	1883.6	1964.8	2152.5	2191.6	2097.0
种植业生产基地销售产值	亿元	434.0	487.2	568.7	661.8	774.6	961.1	1118.3	1338.5
种植业生产基地联系农户数	万户	465.1	499.4	497.0	499.4	493.8	535.4	544.4	591.0
养殖业生产基地个数	个	183	191	198	203	202	218	238	259
养殖业生产基地销售产值	亿元	316.5	365.6	388.5	512.1	540.5	643.3	840.5	903.2
养殖业生产基地联系农户数	万户	195.1	227.2	235.3	236.2	231.1	239.4	246.2	260.8
生产加工基地个数	个	25	27	27	28	27	29	30	34
生产加工基地销售产值	亿元	205.0	203.6	202.7	243.9	267.0	322.7	354.3	433.4
生产加工基地联系农户数	万户	21.5	22.4	20.8	22.7	22.9	24.0	27.7	33.6
农户参与度	%	47.1	51.8	51.5	51.3	49.9	52.4	53.2	57.1
参与农户增收比率	%	35.6	35.6	36.2	38.2	40.5	41.3	40.4	43.4
农民受益率	%	16.5	17.5	16.0	16.1	16.5	17.4	15.9	29.0

1-4-1 农民家庭基本情况

指　标	单 位	1995年	2000年	2005年	2010年	2011年	2012年
一、调查户数	**户**	**4200**	**4200**	**4200**	**4200**	**4200**	**4200**
二、调查户人口							
常住人口	人	17883	17267	16465	15554	15392	15189.25
平均每户常住人口	人	4.26	4.11	3.92	3.70	3.66	3.62
平均每户整半劳动力	人	2.73	2.74	2.81	2.76	2.72	2.67
整半劳动力占常住人口比重	%	64.07	66.62	71.67	74.47	74.33	73.82
平均每个劳动力负担人口	人	1.56	1.5	1.40	1.34	1.35	1.35
三、劳动力就业情况							
整半劳动力	人	11457	11503	11801	11583	11441	11213
各业劳动力比重	%		100	100	100.00	100.00	100.00
农林牧渔业	%		72.83	63.90	60.28	51.77	51.75
工　业	%		8.50	11.49	15.51	17.67	18.01
建筑业	%		4.02	5.42	6.97	9.64	9.58
交通运输业、仓储和邮政业	%		1.88	2.64	2.99	3.71	3.78
批发、零售贸易和餐饮业	%		4.51	6.28	6.44	7.59	7.39
其　他	%		8.26	10.27	7.81	9.62	9.49

1-4-2 农民家庭劳动力文化程度状况

指　标	单 位	1995年	2000年	2005年	2010年	2011年	2012年
平均每百个劳动力中							
文盲或半文盲人数	人	7.75	2.68	2.80	1.55	2.47	2.44
小学文化程度人数	人	34.03	25.00	19.21	17.52	19.09	18.22
初中文化程度人数	人	45.77	57.99	59.73	59.74	60.48	60.51
高中文化程度人数	人	11.52	12.30	15.01	16.82	13.05	13.58
中专文化程度人数	人	0.74	1.54	2.13	2.36	2.42	2.48
大专及以上文化程度人数	人	0.19	0.49	1.12	2.02	2.49	2.77

1-4-3 农民家庭平均每百户拥有生产性固定资产

指 标	单位	1995年	2000年	2005年	2010年	2011年	2012年
汽 车	辆	0.76	2.33	3.32	3.82	6.68	6.49
大中型拖拉机	台	0.96	2.03	2.48	2.92	4.40	4.74
小型及手扶拖拉机	台	17.97	34.49	36.43	32.13	28.32	29.43
机动脱粒机	台	7.95	6.30	2.17	2.73	2.71	2.77
收割机	台			2.07	1.76	0.88	1.15
农用动力机械	台			32.04	26.59	13.33	13.98
胶轮大车	辆	22.86	12.34	7.15	6.44	2.90	2.79
农用水泵	台	18.46	25.91	22.99	28.21	21.26	22.40
役 畜	头	43.47	25.04	11.95	8.32	5.95	5.98
产品畜	头	25.64	19.88	60.95	40.26	83.93	82.71

1-4-4 农民家庭平均每户生产性固定资产原值

单位：元

指 标	1995年	2000年	2005年	2010年	2011年	2012年
合 计	**2717.75**	**6328.32**	**9335.54**	**11455.36**	**17437.51**	**17904.83**
1.农 业		4132.77	4646.31	5683.50	7330.64	7640.99
2.林 业			9.05	11.27	2.74	5.26
3.牧 业			1449.07	1417.95	1838.93	1966.35
4.渔 业					15.48	15.48
5.采矿业			14.88	26.19	22.45	29.05
6.制造业	49.18	586.06	1070.92	1354.51	2073.52	2110.30
7.电力煤气与水的生产及供应业				4.76		
8.建筑业		31.57	38.33	158.33	459.29	460.80
9.交通运输业、仓储和邮政业	791.69	1101.14	1356.43	1585.74	2826.53	2837.32
10.批发和零售贸易业			457.83	727.00	1823.48	1796.29
11.住宿和餐饮业			70.19	101.55	165.25	158.57
12.居民服务与其他服务业			123.43	206.44	539.55	533.09
13.教 育			8.33	1.55	43.52	45.90
14.卫生、社会保障和福利业			68.62	102.55	143.48	118.62
15.文化、体育和娱乐业			2.93	2.86	23.10	28.02
16.其 他			19.21	71.16	129.54	158.79

1-4-5 农村居民住房情况

指标	单位	1995年	2000年	2005年	2010年	2011年	2012年
一、年末住房情况							
1.住房面积	平方米/人	21.53	22.87	28.35	32.23	34.11	35.01
#钢筋混凝土结构面积	平方米/人	1.37	2.98	6.11	7.53	9.66	9.72
砖土结构面积	平方米/人	17.71	18.35	21.10	23.57	22.96	23.80
2.住房价值	元/人	2214.37	5292.80	8352.21	11047.80		
二、年内新建(购)住房情况							
1.新建(购)住房面积	平方米/人	0.59	0.94	0.74	0.42	1.06	0.85
#钢筋混凝土结构面积	平方米/人	0.13	0.43	0.38	0.23	0.58	0.57
砖土结构面积	平方米/人	0.43	0.50	0.36	0.17	0.45	0.28
2.新建楼房面积	平方米/人	0.02	0.22	0.13	0.13	0.29	0.28
3.新建(购)住房价值	元/人	111.11	325.17	308.70	312.03		

1-4-6 农民人均纯收入不同收入户所占比重

指标	1995年	2000年	2005年	2010年	2011年	2012年
比重(%)	100.00	100.00	100.00	100.00	100.00	100.00
100元以下的户	0.02	0.50	0.43	0.55	1.02	1.67
100-200元的户	0.17	0.36	0.02	0.10	0.17	0.14
200-300元的户	0.21	0.50	0.10	0.12	0.10	0.07
300-400元的户	0.79	0.81	0.21	0.12	0.12	0.17
400-500元的户	1.21	1.00	0.14	0.24	0.07	0.21
500-600元的户	1.83	0.93	0.38	0.24	0.14	0.12
600-800元的户	8.00	3.05	0.93	0.31	0.24	0.21
800-1000元的户	9.60	4.05	2.17	0.74	0.33	0.31
1000-1200元的户	10.71	5.38	2.60	0.81	0.40	0.67
1200-1300元的户	6.02	2.45	1.83	0.40	0.36	0.07
1300-1500元的户	9.62	5.52	3.55	1.12	0.74	0.67
1500-1700元的户	8.43	5.78	4.52	1.38	1.12	0.76
1700-2000元的户	9.93	9.52	6.36	2.71	1.40	1.38
2000-2500元的户	17.50	17.60	12.93	5.45	3.19	3.48
2500-3000元的户	8.95	12.81	13.29	6.55	3.71	3.33
3000-3500元的户	3.86	9.55	10.74	6.83	4.38	4.10
3500-4000元的户	1.43	6.43	8.67	7.55	5.26	4.33
4000-4500元的户	0.79	4.76	7.29	7.24	6.14	4.45
4500-5000元的户	0.38	3.02	5.26	5.83	5.38	4.29
5000元以上的户	0.55	5.98	18.60	51.71	65.71	69.57

1-4-7 历年农民人均纯收入及指数

年 份	一、收入合计（元）					二、指 数	
		从集体得到的 收 入	从经济联合体得到的收入	家庭经营纯 收 入	其他非生产性收 入	以上年为100	以1978年为100
1954	62.66	2.91		48.54	11.21		
1957	64.43	48.69		1.61	14.13		
1962	90.11	54.72		24.68	10.71		
1965	87.80	54.80		19.90	13.10		
1966	87.75	56.49		19.69	11.57		
1977	83.14	59.61		16.99	6.54		
1978	114.06	84.12		19.56	10.38	37.2	100.0
1979	136.11	98.21		24.01	13.89	19.3	119.3
1980	175.77	104.96		45.16	25.65	29.1	154.1
1985	385.23	34.87	9.31	304.77	36.28	11.7	337.7
1986	407.61	40.33	10.75	319.31	37.22	5.8	357.4
1987	444.40	43.68	11.63	356.52	32.57	9.0	389.6
1988	546.62	49.97	13.20	444.71	38.74	23.0	479.2
1989	589.40	58.30	13.96	472.36	44.78	7.8	516.7
1990	621.67	55.49	11.65	506.86	47.67	5.5	545.0
1991	657.38	69.46	8.06	523.53	56.33	5.7	576.3
1992	682.48	77.86	8.81	530.32	65.49	3.8	598.4

1-4-7续 历年农民人均纯收入及指数

年 份	一、收入合计（元）					二、指 数	
		1.工资性收 入	2.家庭经营纯 收 入	3.转移性收 入	4.财产性收 入	以上年为100	以1978年为100
1993	803.80	220.49	550.08	26.77	6.46	17.8	704.7
1994	1107.25	293.61	753.38	28.68	31.58	37.8	970.8
1995	1668.73	441.23	1149.75	36.83	40.92	50.7	1463.0
1996	2054.95	574.60	1391.21	40.24	48.90	23.1	1801.6
1997	2286.01	762.07	1449.19	38.53	36.22	11.2	2004.2
1998	2405.32	786.79	1520.12	56.32	42.09	5.2	2108.8
1999	2441.50	896.28	1432.37	60.30	52.55	1.5	2140.5
2000	2478.86	949.25	1417.99	59.64	51.98	1.5	2173.3
2001	2603.60	978.38	1501.22	47.99	76.01	5.0	2282.7
2002	2685.16	1043.67	1506.11	57.87	77.51	3.1	2354.2
2003	2853.29	1071.83	1645.17	60.57	75.71	6.3	2501.6
2004	3171.06	1110.92	1887.68	93.42	79.03	11.1	2780.2
2005	3481.64	1293.50	1988.58	105.81	93.74	9.8	3052.5
2006	3801.82	1514.68	2039.64	139.78	107.72	9.2	3333.2
2007	4293.43	1754.33	2249.67	173.64	115.8	12.9	3764.2
2008	4795.46	1979.52	2416.22	281.09	118.63	11.7	4204.3
2009	5149.67	2251.01	2440.44	334.31	123.9	7.4	4514.9
2010	5957.98	2653.42	2729.80	392.31	182.45	15.7	5223.5
2011	7119.69	3423.95	3006.20	483.18	206.36	19.50	6242.1
2012	8081.39	4005.28	3254.57	603.23	218.30	13.51	7085.2

1-4-8 农村居民总收入

单位：元／人

指　　标	2005年	2010年	2011年	2012年	2012年比上年增减(%)
全年总收入	**4985.96**	**8293.86**	**10046.91**	**11189.40**	**11.4**
一、工资性收入	**1293.50**	**2653.42**	**3423.95**	**4005.28**	**17.0**
1.在非企业组织中劳动得到	106.35	220.09	272.65	282.60	3.7
2.在本地企业中劳动得到	463.06	710.86	840.20	2111.88	151.4
3.常住人口外出从业得到	411.06	1065.06	1386.80	1610.80	16.2
4.其　他	313.04	657.41	924.30		
二、家庭经营收入	**3415.40**	**5034.03**	**5824.26**	**6260.39**	**7.5**
1.农业收入	1849.32	2696.13	3162.30	3301.26	4.4
2.林业收入	14.67	42.45	44.02	49.00	11.3
3.牧业收入	744.92	1041.64	1050.68	1121.79	6.8
4.渔业收入	0.05		0.07	2.64	3878.1
5.工业收入	253.84	424.61	390.24	442.43	13.4
6.建筑业收入	19.53	49.91	76.09	71.30	-6.3
7.交通运输和邮电业收入	194.71	252.70	378.92	421.38	11.2
8.批发、零售贸易和餐饮业收入	234.26	393.07	510.39	604.78	18.5
9.社会服务业收入	45.24	69.53	118.92	155.84	31.1
10.其他家庭经营收入	58.86	63.99	92.64	89.96	-2.9
三、转移性、财产性收入	**277.06**	**606.41**	**798.69**	**923.73**	**15.66**

1-4-9 农村居民总支出

单位：元／人

指　　标	2005年	2010年	2011年	2012年	2012年比上年增减(%)
全年总支出	**3711.00**	**6402.90**	**8148.91**	**8927.01**	**9.5**
一、家庭经营费用支出	**1242.76**	**2072.31**	**2472.21**	**2647.81**	**7.1**
1.农业生产	578.16	817.31	1116.15	1139.01	2.0
2.林业生产	3.52	10.17	9.20	10.77	17.0
3.牧业生产	454.56	769.82	734.51	825.95	12.4
4.渔业生产	0.02		0.35	0.09	-75.2
5.工业生产	90.98	212.77	157.05	175.90	12.0
6.建筑业生产	3.43	11.05	28.18	22.17	-21.3
7.交通运输和邮电业	53.33	89.01	159.93	174.71	9.2
8.批发、零售贸易和餐饮业	39.41	124.82	181.55	204.49	12.6
9.社会服务业	8.01	14.72	47.80	64.55	35.0
10.其他家庭经营	11.35	22.64	37.47	30.18	-19.4
二、购置生产性固定资产支出	**95.29**	**119.83**	**307.11**	**206.43**	**-32.8**
三、建、造生产性固定资产雇工支出	**0.65**	**0.93**	**6.38**	**2.21**	**-65.3**
四、税费支出	**25.31**	**25.71**	**28.64**	**27.95**	**-2.4**
五、生活消费支出	**2165.72**	**3844.92**	**4711.16**	**5364.14**	**13.9**
1.食品消费	888.37	1351.41	1579.65	1817.00	15.0
2.衣着消费	155.52	250.92	334.10	396.58	18.7
3.居住消费	398.90	839.66	1090.29	1137.31	4.3
4.家庭设备、用品消费	101.49	218.90	316.90	349.90	10.4
5.医疗保健	134.77	344.25	434.67	543.75	25.1
6.交通通讯消费	221.96	464.80	520.18	604.33	16.2
7.文化教育、娱乐消费	225.79	296.11	315.41	358.49	13.7
8.其他商品和服务消费	38.92	78.87	119.95	156.77	30.7
六、财产性、转移性支出	**181.28**	**339.21**	**623.41**	**678.47**	**8.8**

1-4-10 农村居民纯收入

单位：元／人

指　　标	2005年	2010年	2011年	2012年	2012年比上年增减(%)
全年纯收入	**3481.64**	**5957.98**	**7119.69**	**8081.39**	**13.5**
一、工资性收入	**1293.50**	**2653.42**	**3423.95**	**4005.28**	**17.0**
1.在非企业组织中劳动得到	106.35	220.09	272.65	282.60	3.7
2.在本地企业中劳动得到	463.06	710.86	840.20	2111.88	151.4
3.常住人口外出从业得到	411.06	1065.06	1386.80	1610.80	16.2
4.其他	313.04	657.41	924.30		-100.0
二、家庭经营纯收入	**1988.58**	**2729.80**	**3006.20**	**3254.57**	**8.3**
1.按产业划分					
(1)第一产业	1455.91	2052.76	2227.65	2320.54	4.2
(2)第二产业	154.89	213.65	223.95	256.81	14.7
(3)第三产业	377.77	463.38	554.60	677.21	22.1
2.按行业划分					
(1)农业		1775.23	1910.93	2020.57	5.7
(2)林业		32.08	34.75	38.14	9.8
(3)牧业		245.45	282.54	259.57	-8.1
(4)渔业			-0.58	2.26	493.0
(5)工业		178.06	185.33	217.26	17.2
(6)建筑业		35.59	38.63	39.55	2.4
(7)交通运输和邮电业		132.00	163.72	192.91	17.8
(8)批发、零售贸易和餐饮业		244.36	283.21	355.55	25.5
(9)社会服务业		50.23	60.21	80.85	34.3
(10)其他家庭经营		36.80	47.46	47.91	0.9
三、转移性、财产性纯收入	**199.56**	**574.76**	**689.54**	**821.54**	**19.1**

1-4-11 历年农民人均生活消费支出及构成

单位：元

年 份	合 计	一、生活消费品支出						二、非商品支出
		小 计	食 品	衣 着	燃 料	用品及支出	住 房	
1954	56.86	55.44	39.09	6.46	4.39	2.82	2.68	1.42
1957	58.08	56.36	37.71	7.69	4.32	3.99	2.65	1.72
1962	80.50	76.26	43.55	7.18	10.20	10.18	5.15	4.24
1965	76.50	73.40	51.70	7.90	6.10	4.10	3.60	3.10
1978	95.02	92.95	62.97	13.95	7.30	5.96	2.77	2.07
1980	142.00	138.82	79.61	19.70	8.25	16.83	14.43	3.18
1985	297.72	290.17	148.95	32.25	16.49	42.86	49.62	7.55
1986	333.04	324.28	161.57	35.29	19.09	47.63	60.70	8.76
1987	365.35	355.60	180.34	38.31	17.79	54.13	65.03	9.75
1988	445.68	424.92	209.23	44.84	22.24	67.63	80.98	20.76
1989	495.20	469.75	238.30	47.79	27.53	69.87	86.26	25.45
1990	485.70	456.84	248.64	46.59	27.77	64.66	69.18	28.86
1991	558.23	515.93	267.64	58.39	28.61	82.30	78.99	42.30
1992	579.36	530.33	298.49	56.05	28.54	78.54	68.71	49.03
构成(%)								
1954	100.00	97.50	68.75	11.36	7.72	4.96	4.71	2.50
1957	100.00	97.04	64.93	13.24	7.44	6.87	4.56	2.96
1962	100.00	94.73	54.10	8.92	12.67	12.64	6.40	5.27
1965	100.00	95.95	67.58	10.33	7.97	5.36	4.71	4.05
1978	100.00	97.82	66.27	14.68	7.68	6.27	2.92	2.18
1980	100.00	97.76	56.06	13.88	5.81	11.85	10.16	2.24
1985	100.00	97.46	50.03	10.83	5.54	14.39	16.67	2.54
1986	100.00	97.37	48.51	10.60	5.73	14.30	18.23	2.63
1987	100.00	97.33	49.36	10.49	4.87	14.82	17.80	2.67
1988	100.00	95.34	46.95	10.06	4.99	15.17	18.17	4.66
1989	100.00	94.86	48.12	9.65	5.56	14.11	17.42	5.14
1990	100.00	94.06	51.19	9.59	5.72	13.31	14.24	5.94
1991	100.00	92.42	47.94	10.46	5.13	14.74	14.15	7.58
1992	100.00	91.54	51.52	9.67	4.93	13.56	11.86	8.46

1-4-11续　历年农民人均生活消费支出及构成

单位：元

年　份	合　计	食　品	衣　着	居　住	家庭设备、用品及服务	医疗保健	交通和通　讯	文教娱乐用品及服务	其他商品和服务
1993	696.52	406.72	52.26	96.52	35.97	44.05	11.33	41.12	8.55
1994	779.04	441.66	65.22	109.06	42.85	33.19	18.70	57.12	11.24
1995	1104.30	627.43	89.62	165.41	58.15	40.93	33.47	73.04	16.25
1996	1398.94	729.92	133.58	210.49	77.98	60.08	57.91	106.74	22.24
1997	1394.81	701.37	123.88	221.43	78.63	61.35	56.53	125.91	25.71
1998	1298.54	616.90	111.72	212.10	76.95	64.46	60.43	130.45	25.53
1999	1338.37	584.65	106.22	261.70	81.18	68.72	72.37	136.10	27.43
2000	1365.23	539.33	104.84	322.04	65.41	78.28	84.55	130.71	40.07
2001	1429.81	567.95	106.24	329.39	66.59	81.33	98.89	139.22	40.20
2002	1476.42	574.59	109.18	318.99	68.58	99.14	110.42	156.91	38.60
2003	1600.10	639.10	114.97	311.46	71.65	101.63	149.52	186.48	25.28
2004	1834.92	780.09	127.06	340.88	80.42	176.60	182.56	115.97	31.33
2005	2165.72	888.37	155.52	398.90	101.49	134.77	221.96	225.79	38.92
2006	2495.33	915.50	167.87	531.66	115.84	166.34	285.70	265.38	47.03
2007	2786.77	1025.72	185.68	627.98	140.45	188.06	318.19	243.30	57.40
2008	3125.55	1192.93	203.74	696.14	151.94	219.32	346.73	250.07	64.68
2009	3349.74	1195.65	217.82	796.62	170.40	289.27	350.92	263.53	65.55
2010	3844.92	1351.41	250.92	839.66	218.90	344.25	464.80	296.11	78.87
2011	4711.16	1579.65	334.10	1090.29	316.90	434.67	520.18	315.41	119.95
2012	5364.14	1817.00	396.58	1137.31	349.90	543.75	604.33	358.49	156.77
构成(%)									
1993	100.00	58.39	7.50	13.86	5.16	6.32	1.63	5.90	1.24
1994	100.00	56.69	8.37	14.00	5.50	4.26	2.40	7.33	1.45
1995	100.00	56.82	8.12	14.98	5.27	3.71	3.03	6.61	1.46
1996	100.00	52.18	9.55	15.05	5.57	4.29	4.14	7.63	1.59
1997	100.00	50.28	8.88	15.88	5.64	4.40	4.05	9.03	1.84
1998	100.00	47.51	8.60	16.33	5.93	4.96	4.65	10.05	1.97
1999	100.00	43.68	7.94	19.55	6.07	5.13	5.41	10.17	2.05
2000	100.00	39.50	7.68	23.59	4.79	5.73	6.19	9.57	2.95
2001	100.00	39.72	7.43	23.04	4.66	5.69	6.91	9.74	2.81
2002	100.00	38.92	7.39	21.61	4.65	6.71	7.48	10.63	2.61
2003	100.00	39.94	7.19	19.47	4.48	6.35	9.34	11.65	1.58
2004	100.00	42.51	6.92	18.58	4.38	9.62	9.95	6.32	1.71
2005	100.00	41.02	7.18	18.42	4.69	6.22	10.25	10.43	1.79
2006	100.00	36.69	6.73	21.31	4.64	6.67	11.45	10.64	1.88
2007	100.00	36.81	6.66	22.53	5.04	6.75	11.42	8.73	2.06
2008	100.00	38.17	6.52	22.27	4.86	7.02	11.09	8.00	2.07
2009	100.00	35.69	6.50	23.78	5.09	8.64	10.48	7.87	1.96
2010	100.00	35.15	6.53	21.84	5.69	8.95	12.09	7.70	2.05
2011	100.00	33.53	7.09	23.14	6.73	9.23	11.04	6.69	2.55
2012	100.00	33.87	7.39	21.20	6.52	10.14	11.27	6.68	2.92

1-4-12　农民家庭平均每人主要消费品消费量

指　标	单　位	1990年	1995年	2000年	2005年	2010年	2011年	2012年
粮食(原粮)	公斤	231.05	208.53	213.75	200.84	181.69	167.36	158.00
#细粮	公斤	160.86	155.47	167.73	157.26	143.19	132.08	106.11
食油	公斤	4.19	4.67	5.91	6.75	8.33	8.49	8.84
#植物油	公斤	3.31	3.89	5.32	6.28	8.12	8.30	8.64
蔬菜及菜制品	公斤	148.67	89.04	61.45	57.70	55.38	78.74	71.80
瓜类	公斤				4.15	8.70	11.67	11.60
水果类	公斤	6.63		16.74	12.42	12.41	19.82	23.15
肉禽及其制品	公斤	6.37	5.90	8.06	10.54	10.95	14.69	15.67
#猪肉	公斤	6.03	4.94	6.63	7.15	7.12	8.53	9.27
牛羊肉	公斤	0.34	0.33	0.54	0.84	0.72	0.94	0.90
奶和奶制品	公斤	0.09	0.14	0.22	2.40	3.48	5.50	6.24
蛋类及蛋制品	公斤	2.23	3.69	5.09	6.27	7.26	8.97	10.42
水产品	公斤		1.56	1.79	2.48	2.52	3.32	3.31
#鱼虾	公斤	0.66	1.49	1.71	2.35	2.36	3.08	3.06
食糖	公斤	0.83	0.68	0.59	0.77	0.66	0.97	1.06
酒	公斤	2.89	5.20	6.50	9.16	8.84	11.78	12.05

1-4-13　农民家庭平均每百户耐用消费品年末拥有量

指　标	单位	1990年	1995年	2000年	2005年	2010年	2011年	2012年
大型家具	件	269.48	506.14	186.00	246.57			
洗衣机	台	19.45	36.40	58.86	74.17	86.33	91.67	93.60
电风扇	台	38.16	94.31	150.36	161.00			
电冰箱	台	0.60	6.29	21.74	30.64	50.45		
空调机	台		0.14	1.93	4.48	13.12		
抽油烟机	台		0.19	1.86	3.81	8.05	13.00	14.67
吸尘器	台		0.26	0.36	0.48	0.71	1.00	0.90
自行车	辆	174.02	192.00	185.69	174.38	183.90	165.71	167.71
摩托车	辆	1.40	6.30	34.33	58.17	61.43	57.36	61.19
电话机	部			31.17	76.74	61.45	44.95	45.05
移动电话	部			4.62	37.10	115.36		
彩色电视机	台	6.10	22.52	64.76	102.14	116.55	121.88	121.76
黑白电视机	台	53.64	76.31	51.17	14.60	4.88		
录放像机	台		0.86	3.24	2.83			
收录机	台	17.90	29.05	19.74	11.10			
照相机	架	0.80	1.60	4.17	3.50	4.24	3.57	4.05
家用计算机	台			0.14	1.21	9.69		

1-4-14 历年城乡居民收入与消费水平对比

年份	全省居民收入水平			居民消费水平			
	农民人均纯收（元）	城镇居民人均可支配收入（元）	城乡收入水平对比（农村居民=1）	全省居民（元）	农村居民（元）	城镇居民（元）	城乡消费水平对比（农村居民=1）
1978	114.06	276.24	2.42	165	137	402	2.93
1980	175.77	400.56	2.28	199	164	460	2.80
1981	204.41	402.48	1.97	223	187	481	2.57
1982	238.70	432.84	1.81	236	198	507	2.56
1983	298.07	448.68	1.51	258	221	513	2.32
1984	345.00	519.24	1.51	304	261	569	2.18
1985	385.23	630.72	1.64	366	319	670	2.10
1986	407.61	766.44	1.88	413	356	773	2.17
1987	444.40	855.00	1.92	494	423	917	2.17
1988	546.62	1080.48	1.98	664	557	1300	2.33
1989	589.40	1256.88	2.13	722	583	1557	2.67
1990	621.67	1397.35	2.25	783	605	1592	2.63
1991	657.38	1489.32	2.27	847	675	1839	2.72
1992	682.48	1763.40	2.58	950	729	2182	2.99
1993	803.80	2201.04	2.74	1089	831	2496	3.00
1994	1107.25	3007.68	2.72	1320	1001	3009	3.01
1995	1668.73	3991.72	2.39	1686	1306	3397	2.60
1996	2054.95	4429.66	2.16	1925	1554	3499	2.25
1997	2286.01	4958.67	2.17	2151	1711	3765	2.20
1998	2405.32	5084.64	2.11	2207	1731	3833	2.21
1999	2441.50	5365.03	2.20	2312	1803	3950	2.19
2000	2478.86	5661.16	2.28	2533	1848	4523	2.45
2001	2603.60	5984.82	2.30	2749	1912	4991	2.61
2002	2685.16	6678.73	2.49	3081	1987	5776	2.91
2003	2853.29	7239.12	2.54	3271	2042	6063	2.97
2004	3171.00	7951.30	2.51	3758	2167	7096	2.93
2005	3481.64	9107.10	2.62	4270	2426	7851	3.24
2006	3801.82	10304.60	2.71	4924	2714	8971	3.31
2007	4293.43	11690.50	2.72	5667	3067	10031	3.27
2008	4795.46	13441.1	2.80	6498	3515	10835	3.08
2009	5149.67	14718.3	2.86	7193	3606	12195	3.38
2010	5957.98	16263.4	2.73	8057	3867	13619	3.52
2011	7119.69	18292.2	2.57	9551	4893	15331	3.13
2012	8081.39	20543.4	2.54	10749	5766	16554	2.87

注：可支配收入1995年以前年份为生活费收入。居民消费水平2000年以后数据为按经济普查口径调整后数据。

1−5−1 种植业生产成本收益与劳动生产率

指标	单位	河北粮食		小麦		玉米	
		2011年	2012年	2011年	2012年	2011年	2012年
一、每亩							
主产品产量	公斤	385.33	382.75	429.37	426.52	480.17	491.81
产值合计	元	1101.69	1157.10	920.01	986.27	1075.35	1115.78
主产品产值	元	1072.20	1124.04	902.73	971.10	1045.90	1083.70
副产品产值	元	29.49	33.06	17.28	15.17	29.45	32.08
总成本	元	774.72	870.12	765.85	848.89	639.67	691.07
生产成本	元	561.63	636.45	630.52	697.01	497.81	536.04
物质与服务费用	元	316.09	347.96	431.97	480.69	285.98	308.28
人工成本	元	245.54	288.49	198.55	216.32	211.83	227.76
家庭用工折价	元	214.90	247.92	198.00	216.32	211.47	225.88
雇工费用	元	30.64	40.57	0.55		0.36	1.88
土地成本	元	213.09	233.67	135.33	151.88	141.86	155.03
流转地租金	元	1.14	6.37	2.52	2.43	3.19	2.97
自营地折租	元	211.95	227.30	132.81	149.45	138.67	152.06
净利润	元	326.97	286.98	154.16	137.38	435.68	424.71
现金成本	元	347.87	394.90	435.04	483.12	289.53	313.13
现金收益	元	753.82	762.20	484.97	503.15	785.82	802.65
成本利润率	%	42.20	32.98	20.13	16.18	68.11	61.46
二、每50公斤主产品							
平均出售价格	元	139.13	146.84	105.12	113.84	108.91	110.17
总成本	元	97.84	110.42	87.51	97.98	64.78	68.23
生产成本	元	70.93	80.77	72.04	80.45	50.42	52.93
净利润	元	41.29	36.42	17.61	15.86	44.13	41.94
现金成本	元	43.93	50.11	49.71	55.76	29.32	30.92
现金收益	元	95.20	96.73	55.41	58.08	79.59	79.25
三、附记							
每亩用工数量	日	6.53	6.49	5.67	5.41	6.05	5.68
每亩主产品已出售数量	公斤	202.63	225.41	206.38	210.59	229.23	235.71
每亩主产品已出售产值	元	553.57	676.97	431.92	475.28	496.74	511.23
商品率	%	80.02	82.17	61.85	65.38	93.77	95.08
商品已出售率	%	52.59	58.89	48.07	49.37	47.74	47.93
每亩补贴收入	元	60.29	70.01	51.26	54.20	51.47	57.24
每亩成本外支出	元						

注：1.“河北粮食”为小麦、玉米、稻谷、谷子、大豆简单平均。2.“每亩主产品已出售数量”和“每亩主产品已出售产值”截止当年年底（下同）。

1-5-1续1 种植业生产成本收益与劳动生产率

指 标	单位	粳 稻		谷 子		大 豆	
		2011年	2012年	2011年	2012年	2011年	2012年
一、每亩							
主产品产量	公斤	615.35	596.25	249.54	248.60	152.22	150.57
产值合计	元	1903.72	1908.36	935.26	980.48	674.13	794.64
主产品产值	元	1856.22	1844.30	885.47	930.08	670.70	791.04
副产品产值	元	47.50	64.06	49.79	50.40	3.43	3.60
总成本	元	1443.67	1590.98	584.15	644.65	440.10	574.84
生产成本	元	931.12	1111.61	449.93	506.94	298.59	330.45
物质与服务费用	元	509.08	560.32	197.26	218.74	156.14	171.81
人工成本	元	422.04	551.29	252.67	288.20	142.45	158.64
家庭用工折价	元	269.75	352.76	252.67	285.76	142.45	158.64
雇工费用	元	152.29	198.53		2.44		
土地成本	元	512.55	479.37	134.22	137.71	141.51	244.39
流转地租金	元		26.46				
自营地折租	元	512.55	452.91	134.22	137.71	141.51	244.39
净利润	元	460.05	317.38	351.11	335.83	234.03	219.80
现金成本	元	661.37	785.31	197.26	221.18	156.14	171.81
现金收益	元	1242.35	1123.05	738.00	759.30	517.99	622.83
成本利润率	%	31.87	19.95	60.11	52.09	53.18	38.24
二、每50公斤主产品							
平均出售价格	元	150.83	154.66	177.42	187.06	220.31	262.68
总成本	元	114.38	128.94	110.81	122.99	143.83	190.02
生产成本	元	73.77	90.09	85.35	96.72	97.58	109.24
净利润	元	36.45	25.72	66.61	64.07	76.48	72.66
现金成本	元	52.40	63.64	37.42	42.20	51.03	56.79
现金收益	元	98.43	91.02	140.00	144.86	169.28	205.89
三、附记							
每亩用工数量	日	9.63	10.21	7.22	7.18	4.07	3.97
每亩主产品已出售数量	公斤	421.02	436.99	79.59	135.68	76.94	108.10
每亩主产品已出售产值	元	1267.79	1342.74	238.66	498.25	332.73	557.33
商品率	%	86.70	90.96	82.16	77.80	75.63	81.63
商品已出售率	%	68.42	73.29	31.89	54.58	50.55	71.79
每亩补贴收入	元	86.26	102.36	58.69	58.94	53.75	77.32
每亩成本外支出	元						

1-5-1续2 种植业生产成本收益与劳动生产率

指标	单位	花生		棉花	
		2011年	2012年	2011年	2012年
一、每亩					
主产品产量	公斤	242.91	241.83	78.76	78.57
产值合计	元	1761.25	1774.30	1625.34	1689.20
主产品产值	元	1748.90	1762.17	1369.15	1429.00
副产品产值	元	12.35	12.13	256.19	260.20
总成本	元	1023.16	1155.64	1478.61	1602.98
生产成本	元	833.36	941.17	1227.73	1318.71
物质与服务费用	元	471.44	514.14	375.23	404.71
人工成本	元	361.92	427.03	852.50	914.00
家庭用工折价	元	356.90	409.00	843.08	909.20
雇工费用	元	5.02	18.03	9.42	4.80
土地成本	元	189.80	214.47	250.88	284.27
流转地租金	元	4.85	5.18	2.69	3.58
自营地折租	元	184.95	209.29	248.19	280.69
净利润	元	738.09	618.66	146.73	86.22
现金成本	元	481.31	537.35	387.34	413.09
现金收益	元	1279.94	1236.95	1238.00	1276.11
成本利润率	%	72.14	53.53	9.92	5.38
二、每50公斤主产品					
平均出售价格	元	359.99	364.34	869.19	909.38
总成本	元	209.13	237.30	790.72	862.96
生产成本	元	170.33	193.26	656.56	709.93
净利润	元	150.86	127.04	78.47	46.42
现金成本	元	98.38	110.34	207.14	222.39
现金收益	元	261.61	254.00	662.05	686.99
三、附记					
每亩用工数量	日	10.29	10.55	24.31	22.80
每亩主产品已出售数量	公斤	109.04	137.50	35.37	61.41
每亩主产品已出售产值	元	788.70	1010.73	618.50	1103.22
商品率	%	76.71	75.95	99.32	99.43
商品已出售率	%	44.89	56.86	44.91	78.16
每亩补贴收入	元	55.91	63.60	79.80	88.56
每亩成本外支出	元				

1-5-1续3 种植业生产成本收益与劳动生产率

指　　标	单位	苹果		鸭梨	
		2011年	2012年	2011年	2012年
一、每亩					
主产品产量	公斤	1714.34	1748.96	2788.64	2909.22
产值合计	元	6458.37	6568.72	5496.29	5148.30
主产品产值	元	6452.24	6559.98	5496.29	5148.30
副产品产值	元	6.13	8.74		
总成本	元	2847.51	3031.44	3117.25	3521.59
生产成本	元	2534.00	2641.72	2834.53	3049.25
物质与服务费用	元	1162.10	999.39	1373.95	1516.18
人工成本	元	1371.90	1642.33	1460.58	1533.07
家庭用工折价	元	1027.88	1143.96	1216.22	1310.12
雇工费用	元	344.02	498.37	244.36	222.95
土地成本	元	313.51	389.72	282.72	472.34
流转地租金	元	19.20	62.45	4.15	12.30
自营地折租	元	294.31	327.27	278.57	460.04
净利润	元	3610.86	3537.28	2379.04	1626.71
现金成本	元	1525.32	1560.21	1622.46	1751.43
现金收益	元	4933.05	5008.51	3873.83	3396.87
成本利润率	%	126.81	116.69	76.32	46.19
二、每50公斤主产品					
平均出售价格	元	188.18	187.54	98.55	88.48
总成本	元	82.97	86.55	55.89	60.52
生产成本	元	73.83	75.42	50.82	52.41
净利润	元	105.21	100.99	42.66	27.96
现金成本	元	44.44	44.54	29.09	30.10
现金收益	元	143.74	143.00	69.46	58.38
三、附记					
每亩用工数量	日	35.78	36.24	39.66	37.56
每亩主产品已出售数量	公斤	1586.19	1390.42	2181.79	2787.10
每亩主产品已出售产值	元	5995.16	5083.35	4500.67	4933.81
商品率	%	98.45	98.40	98.74	98.88
商品已出售率	%	92.52	79.50	78.24	95.80
每亩补贴收入	元	27.58	29.37	60.71	75.77
每亩成本外支出	元				

1-5-2 种植业生产费用和用工

指　　标	单位	河北粮食		小　麦		玉　米	
		2011年	2012年	2011年	2012年	2011年	2012年
一、每亩物质与服务费用	**元**	**316.09**	**347.96**	**431.97**	**480.69**	**285.98**	**308.28**
(一)直接费用	元	309.44	341.08	422.51	471.01	279.85	301.02
1.种子费	元	36.75	39.17	60.90	63.86	40.51	44.04
2.化肥费	元	114.13	124.94	147.49	175.57	112.05	118.81
3.农家肥费	元	11.86	9.00	17.71	23.15	8.28	9.92
4.农药费	元	18.70	21.61	11.14	12.23	12.84	13.67
5.农膜费	元	2.09	2.61			0.81	0.53
6.租赁作业费	元	120.31	138.30	181.07	192.02	101.60	109.49
机械作业费	元	69.23	89.59	110.49	120.84	78.10	90.39
排灌费	元	46.06	44.83	70.58	71.18	21.21	17.58
#水费	元	14.98	12.55	2.42	0.40	1.07	
畜力费	元	5.02	3.88			2.29	1.52
7.燃料动力费	元						
8.技术服务费	元	0.31	0.31				
9.工具材料费	元	2.66	2.70	2.14	2.05	2.11	2.46
10.修理维护费	元	2.63	2.44	2.06	2.13	1.65	2.10
11.其他直接费用	元						
(二)间接费用	元	6.65	6.88	9.46	9.68	6.13	7.26
1.固定资产折旧	元	5.71	5.75	5.76	5.70	5.15	5.60
2.保险费	元	0.94	1.13	3.70	3.98	0.98	1.66
3.管理费	元						
4.财务费	元						
5.销售费	元						
二、每亩人工成本	**元**	**245.54**	**288.49**	**198.55**	**216.32**	**211.83**	**227.76**
1.家庭用工折价	元	214.90	247.92	198.00	216.32	211.47	225.88
家庭用工天数	日	6.14	6.20	5.66	5.41	6.04	5.65
劳动日工价	元	35.00	40.00	35.00	40.00	35.00	40.00
2.雇工费用	元	30.64	40.57	0.55		0.36	1.88
雇工天数	日	0.39	0.29	0.01		0.01	0.03
雇工工价	元	79.38	138.93	49.55	58.67	72.60	64.97
三、附记							
1.每亩种子用量	公斤	6.45	6.19	18.18	17.86	2.59	2.47
2.每亩化肥用量(折纯)	公斤	20.43	20.88	29.21	29.90	18.83	19.26
3.每亩农膜用量	公斤	0.15	0.18			0.06	0.04

注："河北粮食"为小麦、玉米、稻谷、谷子、大豆简单平均。

1-5-2续1 种植业生产费用和用工

指　　标	单位	粳稻		谷子		大豆	
		2011年	2012年	2011年	2012年	2011年	2012年
一、每亩物质与服务费用	**元**	**509.08**	**560.32**	**197.26**	**218.74**	**156.14**	**171.81**
(一)直接费用	元	499.67	551.77	194.79	215.84	150.38	165.79
1.种子费	元	37.32	35.63	10.06	14.11	34.96	38.23
2.化肥费	元	180.24	184.61	81.64	96.10	49.35	49.59
3.农家肥费	元	9.78	0.52	20.78	11.03	2.73	0.40
4.农药费	元	58.43	63.86	3.69	8.35	7.38	9.93
5.农膜费	元	9.62	12.52				
6.租赁作业费	元	190.44	243.00	75.55	82.46	52.85	64.56
机械作业费	元	80.76	139.18	46.81	55.10	29.98	42.46
排灌费	元	109.68	103.82	5.94	9.48	22.87	22.10
#水费	元	71.41	62.35				
畜力费	元			22.80	17.88		
7.燃料动力费	元						
8.技术服务费	元	1.53	1.55				
9.工具材料费	元	5.31	4.80	1.71	2.23	2.05	1.96
10.修理维护费	元	7.00	5.28	1.36	1.56	1.06	1.12
11.其他直接费用	元						
(二)间接费用	元	9.41	8.55	2.47	2.90	5.76	6.02
1.固定资产折旧	元	9.41	8.55	2.47	2.90	5.76	6.02
2.保险费	元						
3.管理费	元						
4.财务费	元						
5.销售费	元						
二、每亩人工成本	**元**	**422.04**	**551.29**	**252.67**	**288.20**	**142.45**	**158.64**
1.家庭用工折价	元	269.75	352.76	252.67	285.76	142.45	158.64
家庭用工天数	日	7.71	8.82	7.22	7.14	4.07	3.97
劳动日工价	元	35.00	40.00	35.00	40.00	35.00	40.00
2.雇工费用	元	152.29	198.53		2.44		
雇工天数	日	1.93	1.39		0.04		
雇工工价	元	79.11	143.13	51.69	64.08	55.77	62.51
三、附记							
1.每亩种子用量	公斤	5.48	5.12	1.02	0.84	4.97	4.64
2.每亩化肥用量(折纯)	公斤	29.70	29.51	15.30	18.32	9.08	7.42
3.每亩农膜用量	公斤	0.67	0.86				

1-5-2续2　种植业生产费用和用工

指　　标	单位	花生 2011年	花生 2012年	棉花 2011年	棉花 2012年
一、每亩物质与服务费用	元	**471.44**	**514.14**	**375.23**	**404.71**
(一)直接费用	元	465.12	507.79	368.94	397.88
1.种子费	元	222.39	225.77	41.38	46.31
2.化肥费	元	112.72	116.82	130.46	153.54
3.农家肥费	元	11.91	25.75	5.48	3.36
4.农药费	元	22.18	19.95	67.49	66.54
5.农膜费	元	20.81	23.46	26.78	25.59
6.租赁作业费	元	70.47	91.17	93.78	98.81
机械作业费	元	50.30	71.93	58.01	62.91
排灌费	元	17.87	19.24	35.77	35.90
#水费	元	0.57	0.57	0.28	0.27
畜力费	元	2.30			
7.燃料动力费	元				
8.技术服务费	元				
9.工具材料费	元	2.42	2.31	1.74	1.82
10.修理维护费	元	2.22	2.56	1.83	1.91
11.其他直接费用	元				
(二)间接费用	元	6.32	6.35	6.29	6.83
1.固定资产折旧	元	6.32	6.35	6.29	6.79
2.保险费	元				
3.管理费	元				
4.财务费	元				0.04
5.销售费	元				
二、每亩人工成本	元	**361.92**	**427.03**	**852.50**	**914.00**
1.家庭用工折价	元	356.90	409.00	843.08	909.20
家庭用工天数	日	10.20	10.23	24.09	22.73
劳动日工价	元	35.00	40.00	35.00	40.00
2.雇工费用	元	5.02	18.03	9.42	4.80
雇工天数	日	0.10	0.32	0.22	0.07
雇工工价	元	52.27	56.17	42.61	69.61
三、附记					
1.每亩种子用量	公斤	18.36	17.99		
2.每亩化肥用量(折纯)	公斤	17.90	18.03	21.52	23.17
3.每亩农膜用量	公斤	1.56	1.76	2.15	2.13

1–5–2续3 种植业生产费用和用工

指　标	单位	苹果		鸭梨	
		2011年	2012年	2011年	2012年
一、每亩物质与服务费用	**元**	**1162.10**	999.39	**1373.95**	1516.18
(一)直接费用	元	1102.71	953.35	1342.45	1473.24
1.种子费	元				
2.化肥费	元	383.86	374.02	412.26	547.62
3.农家肥费	元	102.35	126.81	58.01	73.54
4.农药费	元	206.53	184.37	323.03	316.36
5.农膜费	元				
6.租赁作业费	元	100.99	103.98	108.30	136.32
机械作业费	元	35.41	34.62	48.94	73.74
排灌费	元	65.58	69.36	59.36	62.58
#水费	元	0.23	12.69		
畜力费	元				
7.燃料动力费	元		6.21	25.94	19.67
8.技术服务费	元	5.07	3.01		
9.工具材料费	元	291.07	130.47	281.61	368.99
10.修理维护费	元	12.84	10.41	10.80	10.74
11.其他直接费用	元		14.07	123.20	
(二)间接费用	元	59.39	46.04	31.50	42.94
1.固定资产折旧	元	27.43	27.80	19.04	29.26
2.保险费	元				
3.管理费	元			0.41	0.41
4.财务费	元				
5.销售费	元	31.96	18.24	12.05	13.27
二、每亩人工成本	**元**	**1371.90**	1642.33	**1460.58**	1533.07
1.家庭用工折价	元	1027.88	1143.96	1216.22	1310.12
家庭用工天数	日	29.37	28.60	34.75	32.75
劳动日工价	元	35.00	40.00	35.00	40.00
2.雇工费用	元	344.02	498.37	244.36	222.95
雇工天数	日	6.41	7.64	4.91	4.81
雇工工价	元	53.68	65.26	49.78	46.36
三、附记					
1.每亩种子用量	公斤				
2.每亩化肥用量(折纯)	公斤	58.78	59.94	68.62	89.77
3.每亩农膜用量	公斤				

1-5-3 种植业主要品种中间消耗(2012年)

指 标	单位	小 麦	玉 米	稻 谷	谷 子	马铃薯
一、调查县数	**个**	**9**	**14**	**3**	**8**	**5**
调查单位数	个	43	61	23	42	31
调查面积	亩	766.88	569.27	211.30	57.26	274.25
二、每亩面积产量	**公斤**	**456.18**	**535.96**	**545.65**	**193.50**	**1152.43**
三、每亩中间消耗合计	**元**	**479.31**	**269.85**	**511.34**	**149.70**	**450.99**
(一)物质消耗	元	333.30	193.87	407.97	125.45	412.60
#种 子	元	52.78	37.82	47.34	8.34	208.93
饲 料	元		0.35		2.75	13.50
肥 料	元	192.96	112.05	221.48	78.06	142.89
燃 料	元	9.48	5.09	0.88	14.22	9.15
农 膜	元			3.44	0.40	8.42
农 药	元	14.75	13.14	64.73	14.90	6.97
水 费	元		9.77			16.60
电 费	元	63.33	14.73	43.97	4.12	0.88
棚架材料费	元			9.39		
小农具	元		0.37		1.19	1.91
其 它	元		0.57	16.73	1.47	3.35
(二)生产服务支出	元	146.01	75.98	103.37	24.25	38.39
#修理费	元	2.87	1.84	0.38		8.77
外雇运输费	元		0.20			0.82
外雇排灌费	元	7.87	7.73			
外雇机械作业费	元	129.76	61.67	102.99	23.06	22.11
技术咨询费	元					
上交管理费	元					
其它费	元	4.45	4.45	0.00	1.19	6.70

1-5-3续1　种植业主要品种中间消耗(2012年)

指　　标	单位	大　豆	花　生	棉　花	雪花梨
一、调查县数	**个**	**5**	**5**	**5**	**1**
调查单位数	个	30	30	30	8
调查面积	亩	24.25	84.20	250.80	53.82
二、每亩面积产量	**公斤**	**128.22**	**241.24**	**219.33**	**3874.03**
三、每亩中间消耗合计	**元**	**156.97**	**409.00**	**412.73**	**1849.80**
(一)物质消耗	元	119.82	357.02	348.96	1808.80
#种　子	元	30.73	164.45	42.81	
饲　料	元				
肥　料	元	59.10	136.70	158.56	708.29
燃　料	元	9.51	2.22	14.99	68.26
农　膜	元	0.67	24.65	27.39	
农　药	元	10.98	17.04	75.54	711.45
水　费	元		6.53		105.91
电　费	元	7.51	5.44	25.88	
棚架材料费	元				
小农具	元	1.33		3.63	23.93
其　它	元			0.17	190.96
(二)生产服务支出	元	37.15	51.97	63.77	41.00
#修理费	元	2.78	2.07	10.94	41.00
外雇运输费	元				
外雇排灌费	元			10.24	
外雇机械作业费	元	32.37	49.90	42.42	
技术咨询费	元	2.00			
上交管理费	元				
其它费	元				

1-5-3续2 种植业主要品种中间消耗(2012年)

指　　标	单位	鸭　梨	葡　萄	红　枣	核　桃
一、调查县数	**个**	**3**	**3**	**2**	**4**
调查单位数	个	16	23	26	28
调查面积	亩	54.30	100.25	109.00	43.70
二、每亩面积产量	**公斤**	**3282.07**	**1436.61**	**391.32**	**109.17**
三、每亩中间消耗合计	**元**	**1599.55**	**2192.89**	**347.39**	**118.15**
(一)物质消耗	元	1469.69	2192.89	341.36	109.89
#种　子	元				
饲　料	元				
肥　料	元	602.78	1302.26	150.56	71.40
燃　料	元	43.52	38.27	23.85	4.49
农　膜	元		174.35		
农　药	元	352.35	377.52	166.96	31.10
水　费	元	93.43	114.91		2.89
电　费	元				
棚架材料费	元		100.47		
小农具	元	17.80			
其　它	元	359.81	85.12		
(二)生产服务支出	元	129.85		6.03	8.27
#修理费	元	33.19			
外雇运输费	元	4.88			
外雇排灌费	元				
外雇机械作业费	元	5.00		2.62	2.86
技术咨询费	元				
上交管理费	元				
其它费	元	86.79		3.41	5.41

1–5–4 养殖业主要品种中间消耗(2012年)

指标	单位	生猪	活牛	牛奶	鸡蛋	肉鸡	活羊
一、调查县数	个	**5**	**6**	**5**	**6**	**6**	**7**
调查单位数	个	30	36	26	38	34	39
调查数量	头(只)	55732	111			299210	566
二、平均每头(只)毛重	**公斤**	**113.80**	**258.14**			**1.84**	**29.88**
三、每头(只)、公斤中间消耗合计	**元**	**1172.04**	**2721.75**	**2.12**	**6.44**	**17.12**	**204.78**
(一)物质消耗	元	1154.04	2687.88	2.06	6.37	16.97	198.79
#种子	元	241.47	1086.13			2.61	62.75
饲料、饲草	元	887.89	1541.52	1.98	6.24	13.70	131.09
燃料	元	3.40	25.00	0.02	0.01	0.20	
养殖用药	元	11.66	7.40	0.04	0.07	0.40	2.42
水费	元	1.60	7.30		0.04	0.03	2.22
电费	元	6.98	13.79	0.01	0.02	0.04	0.32
小农具	元	0.01	5.26				
其它	元	0.98	1.50	0.02			
(二)生产服务支出	元	18.01	33.87	0.06	0.07	0.15	6.00
#修理费	元	0.05					
外雇运输费	元	0.63	4.30			0.01	
配种费	元	0.29	8.00	0.03			1.57
防疫费	元	15.98	21.58	0.02	0.05	0.11	4.43
技术咨询费	元	0.01					
上交管理费	元	0.09		0.01			
其它费	元	0.74		0.01	0.02	0.03	

1-6-1 历年社会消费品零售总额和商品市场情况

年 份	社会消费品零售总额（亿元）	#农 村	商品市场个数（个）	商品市场成交额（万元）
1949	8.3			
1952	15.8			
1957	26.6			
1962	26.3			
1965	26.6			
1970	32.3			
1975	47.6			
1978	60.3	40.4		
1980	81.2	54.7	1755	92145
1985	169.7	105.3	2470	306217
1990	308.0	163.8	3042	1001656
1991	351.4	178.2	3288	1284924
1992	405.0	197.4	3719	2111297
1993	506.2	252.2	4016	3211271
1994	673.8	333.7	4167	5472010
1995	852.1	416.4	4408	9276794
1996	1022.1	509.0	4549	11415350
1997	1195.0	611.4	4677	13291800
1998	1332.6	706.6	4542	16145443
1999	1458.8	783.6	4705	18284174
2000	1613.9	864.4	4896	21273816
2001	1778.3	941.0	4814	22846478
2002	1968.3	1026.6	4931	25060931
2003	2177.9	1113.5	4899	27644773
2004	2576.4	1369.7	4902	31461722
2005	2969.5	1579.2	4107	33103227
2006	3435.7	1805.4	4195	36702516
2007	4053.8	2112.1	4230	41101031
2008	4991.1	2602.4	4105	46432843
2009	5764.9	3013.9	4014	52090130
2010	6821.8	1618.8	4011	59333439
2011	8035.5	1876.4		
2012	9254.0	2152.6		

注：自2010年起社会消费品零售总额按销售单位所在地分为城镇和乡村。2011年取消了商品市场统计。

1–6–2 历年各种物价总指数

(上年=100)

年 份	全省居民消费价格总指数	城市居民消费价格总指数	农村居民消费价格总指数	全省零售物价总指数	城市零售物价总指数	农村零售物价总指数	农产品生产价格总指数	农业生产资料价格指数
1952		101.2		102.8	101.2	102.8	102.6	111.3
1957		101.2		101.3	101.6	100.6	102.1	99.5
1962		100.1		100.4	100.1	101.8	92.2	100.9
1965		96.5		97.1	96.6	97.6	98.2	96.2
1970		99.7		99.6	99.7	99.5	99.7	99.7
1975		100.0		100.0	100.0	100.0	100.6	99.8
1978		100.2		99.8	100.2	99.8	106.1	99.0
1980		107.2		105.3	107.5	103.7	114.2	101.2
1985	106.8	108.9	105.7	106.8	109.2	105.5	112.2	104.9
1990	100.6	101.2	99.9	99.9	99.9	100.0	102.8	103.5
1991	103.4	106.6	101.6	102.8	106.5	101.3	96.4	101.6
1992	106.1	108.5	103.9	105.2	107.4	103.3	108.6	103.4
1993	113.8	115.5	111.9	110.5	111.7	109.5	111.9	109.6
1994	122.6	124.9	120.0	121.4	123.1	119.5	140.6	117.0
1995	115.2	116.1	114.8	115.8	115.2	116.6	128.5	120.9
1996	107.1	107.6	106.8	106.2	106.0	106.3	99.1	108.0
1997	103.5	103.7	103.4	102.1	102.0	102.1	93.3	104.3
1998	98.4	98.7	98.1	97.7	97.9	97.3	90.1	98.7
1999	98.1	98.7	97.6	97.8	98.0	97.7	86.0	97.5
2000	99.7	100.5	99.1	99.1	99.2	98.9	93.0	101.5
2001	100.5	100.4	100.6	99.8	99.4	100.2	103.3	100.2
2002	99.0	98.6	99.5	99.2	98.8	99.6	98.0	100.4
2003	102.2	102.3	102.0	100.2	100.1	100.4	107.5	99.8
2004	104.3	103.7	104.8	103.2	102.3	104.0	110.1	106.7
2005	101.8	101.4	102.2	101.1	101.0	101.2	102.5	106.8
2006	101.7	101.7	101.7	101.5	101.6	101.5	100.2	101.6
2007	104.7	104.3	105.1	104.1	103.5	104.6	116.2	106.9
2008	106.2	105.2	108.1	106.7	105.4	107.9	109.0	118.6
2009	99.3	98.8	100.3	99.0	98.9	99.1	99.7	100.6
2010	103.1	102.8	103.6	103.1	102.7	103.5	115.1	104.4
2011	105.7	105.3	106.5	105.0	104.7	106.0	110.9	112.6
2012	102.6	102.7	102.5	102.2	102.1	102.3	100.7	108.2

1—6—3 历年各种物价总指数

(1952年=100)

年 份	全省居民消费价格总指数	城市居民消费价格总指数	农村居民消费价格总指数	全省零售物价总指数	城市零售物价总指数	农村零售物价总指数
1957		105.5		106.3	106.3	106.0
1962		117.9		116.8	118.6	114.2
1965		95.1		101.0	93.8	106.7
1970		95.2		100.1	94.4	104.9
1975		95.8		98.3	95.0	101.6
1978		96.7		98.4	96.1	101.6
1980		105.4		105.1	105.0	106.5
1985	109.5	125.8	107.9	122.0	125.1	121.3
1990	175.6	200.1	175.5	194.2	197.1	195.2
1991	181.6	213.3	178.3	199.6	210.0	197.8
1992	192.7	231.4	185.3	210.0	225.5	204.3
1993	219.3	267.3	207.4	232.0	251.9	223.7
1994	268.9	333.9	248.9	281.7	310.1	267.3
1995	309.8	387.7	285.7	326.3	357.1	312.4
1996	331.8	417.2	305.1	346.5	378.5	332.1
1997	343.4	432.6	315.5	353.8	386.1	339.1
1998	337.9	427.0	309.5	345.7	378.0	329.9
1999	331.5	421.4	302.1	338.1	370.4	322.3
2000	330.5	423.5	299.4	335.1	367.4	318.8
2001	332.4	425.2	301.4	334.4	365.2	319.4
2002	329.1	419.2	299.9	331.7	360.8	318.1
2003	336.3	428.8	305.9	332.4	361.2	319.4
2004	350.8	444.7	320.6	343.0	369.5	332.2
2005	357.1	450.9	327.7	346.8	373.2	336.2
2006	373.8	470.5	344.3	360.9	386.2	351.8
2007	391.3	490.9	361.8	375.7	399.6	368.1
2008	415.6	516.4	391.3	401.0	421.3	397.3
2009	412.7	510.3	392.6	396.9	416.5	393.7
2010	425.4	524.7	406.8	409.2	427.7	407.4
2011	449.7	552.5	433.2	429.7	447.9	431.6
2012	461.3	567.3	443.8	439.0	457.4	441.5

注：1.从1994年开始，"零售物价总指数"中不再包括"农业生产资料"。
2.表中全省和农村居民消费价格总指数是以1983年为100。

1–6–4 居民消费价格分类指数

(上年=100)

指标	全省		城市		农村	
	2011年	2012年	2011年	2012年	2011年	2012年
居民消费价格总指数	**105.7**	**102.6**	**105.3**	**102.7**	**106.5**	**102.5**
一、食品	**112.2**	**103.8**	**111.5**	**104.4**	**113.6**	**102.5**
粮食	109.4	102.9	109.5	102.5	109.2	103.6
淀粉	126.9	103.4	124.6	104.0	130.5	102.5
干豆类及豆制品	102.8	99.2	100.7	99.0	107.2	99.6
油脂	110.6	106.3	109.8	106.0	111.7	106.8
肉禽及其制品	125.6	101.1	123.9	103.0	129.0	97.5
蛋	114.7	96.4	115.9	96.8	113.5	96.0
水产品	115.6	104.8	115.2	104.2	116.8	106.3
菜	100.1	114.9	99.2	115.4	102.6	113.8
调味品	103.8	105.4	105.2	106.2	101.5	103.9
糖	109.8	105.9	110.8	106.1	107.8	105.5
茶及饮料	103.8	104.6	104.3	104.1	102.8	105.6
干鲜瓜果	123.9	97.1	123.4	97.0	125.0	97.4
糕点饼干面包	107.8	104.6	108.0	105.1	107.5	103.4
液体乳及乳制品	103.5	102.4	103.4	102.3	103.8	102.6
在外用膳食品	107.0	105.7	106.6	106.4	107.8	104.2
其他食品	108.2	102.7	111.4	101.7	104.8	103.8
二、烟酒及用品	**103.3**	**104.7**	**103.8**	**105.3**	**102.5**	**103.7**
烟草	100.5	101.0	100.5	100.1	100.5	102.3
酒	105.8	108.0	106.7	109.8	104.4	105.1
吸烟饮酒用品						
三、衣着	**101.2**	**104.7**	**101.5**	**103.6**	**100.3**	**107.6**
服装	102.1	104.9	102.6	103.6	100.7	108.4
衣着材料	116.0	103.0	117.2	102.8	113.5	103.4
鞋袜帽	98.1	103.9	97.9	103.2	98.8	105.9
衣着加工服务费	110.4	115.7	112.0	117.9	104.1	106.5
四、家庭设备用品及维修服务	**101.8**	**102.8**	**101.4**	**102.9**	**102.4**	**102.6**
耐用消费品	100.0	101.6	99.6	101.9	100.7	101.3
室内装饰品	102.8	102.2	102.8	101.9	102.8	102.7
床上用品	103.2	102.7	101.1	102.6	107.5	102.8
家庭日用杂品	103.7	104.4	103.8	104.1	103.7	104.8
家庭服务及加工维修服务	106.7	106.8	107.4	107.3	105.3	105.8
五、医疗保健和个人用品	**103.0**	**102.4**	**102.9**	**102.5**	**103.2**	**102.2**
医疗保健	102.4	101.7	102.5	101.8	102.3	101.4
个人用品及服务	104.6	104.3	104.3	104.4	105.2	104.0
六、交通和通信	**100.2**	**100.3**	**99.6**	**100.0**	**101.1**	**100.8**
交通	102.1	102.0	101.4	101.7	103.0	102.4
通信	98.0	98.3	97.7	98.3	98.6	98.5
七、娱乐教育文化用品及服务	**100.5**	**100.6**	**100.7**	**100.6**	**100.0**	**100.6**
文娱用耐用消费品及服务	92.8	94.2	92.6	94.0	93.4	94.7
教育	100.9	101.7	100.9	101.8	100.8	101.6
文化娱乐类	101.8	101.1	101.7	101.0	102.1	101.3
旅游	108.9	102.1	109.2	101.8	105.8	105.0
八、居住	**106.9**	**101.7**	**106.2**	**101.4**	**108.1**	**102.3**
建房及装修材料	105.0	100.9	103.0	100.7	107.0	101.2
住房租金	108.4	102.5	109.0	102.8	106.3	101.7
自有住房	108.5	101.4	108.2	100.9	109.3	102.5
水、电、燃料	104.9	102.8	102.8	103.0	107.5	102.6

1-6-5 商品零售价格分类指数

(上年=100)

指标	全省		城市		农村	
	2011年	2012年	2011年	2012年	2011年	2012年
商品零售价格总指数	**105.0**	**102.2**	**104.7**	**102.1**	**106.0**	**102.3**
一、食品	**112.2**	**104.0**	**111.8**	**104.4**	**113.6**	**102.7**
1.粮食	109.6	102.8	109.7	102.6	109.2	103.5
2.淀粉	126.2	103.7	125.5	104.1	127.9	102.7
3.干豆类及豆制品	102.6	98.9	100.7	98.8	108.1	99.1
4.油脂	110.4	106.4	109.6	106.1	112.3	107.2
5.肉禽及其制品	124.8	101.8	123.8	103.1	127.6	97.9
6.蛋	115.4	96.3	116.3	96.6	113.6	95.6
7.水产品	116.1	104.5	115.8	104.2	117.2	105.8
8.菜	99.5	115.0	98.9	115.4	102.1	113.8
9.调味品	104.3	106.3	105.1	106.7	102.5	105.3
10.糖	110.8	106.3	111.8	106.3	108.6	106.2
11.干鲜瓜果	123.3	96.5	123.2	96.3	123.8	97.5
12.糕点饼干面包	108.9	104.4	109.3	104.6	107.4	103.5
13.液体乳及乳制品	103.3	102.4	103.2	102.4	104.1	102.6
14.在外用膳食品	106.9	105.7	106.7	106.1	107.5	104.3
15.其它食品	110.2	102.7	112.5	102.1	105.6	104.0
二、饮料、烟酒	**103.4**	**104.6**	**103.8**	**105.0**	**102.5**	**103.8**
1.茶及饮料	103.7	104.5	103.8	104.2	103.2	105.6
2.烟草	100.7	100.6	100.8	100.1	100.5	101.7
3.酒	105.8	108.3	106.4	109.6	104.2	105.0
三、服装、鞋帽	**100.9**	**104.0**	**101.1**	**103.2**	**100.2**	**106.9**
1.服装	101.9	104.2	102.3	103.3	100.4	107.1
2.鞋袜帽	98.5	103.5	98.2	102.5	99.5	106.7
3.其它	100.4	108.1	99.9	110.9	101.5	101.0
四、纺织品	**107.3**	**103.1**	**107.2**	**103.0**	**107.5**	**103.5**
1.衣着材料	116.0	103.5	116.7	103.4	113.6	103.7
2.床上用品	104.8	103.0	104.3	102.8	106.1	103.5
五、家用电器及音像器材	**95.9**	**98.0**	**95.3**	**98.1**	**97.9**	**97.7**
1.家庭设备	99.0	101.9	98.7	102.3	99.7	100.5
2.文娱用耐用消费品	91.7	92.5	90.6	92.1	95.2	93.9
3.音像器材	98.1	98.7	97.5	98.5	103.5	100.2

1–6–5续　商品零售价格分类指数

（上年=100）

指　　标	全省		城市		农村	
	2011年	2012年	2011年	2012年	2011年	2012年
六、文化办公用品	**97.4**	**98.4**	**97.3**	**98.2**	**97.6**	**99.1**
七、日用品	**103.4**	**103.4**	**103.1**	**103.2**	**104.3**	**104.1**
1.日用百货	103.1	102.6	102.5	102.3	105.1	103.3
2.日用杂品	103.0	102.7	103.2	102.5	102.4	103.5
3.洗涤用品	105.0	106.4	104.4	106.5	106.6	105.9
4.其它日用品	102.3	101.8	102.5	101.4	101.5	103.3
八、体育娱乐用品	**101.7**	**102.0**	**102.1**	**102.3**	**100.7**	**100.9**
1.体育用品	101.3	102.8	101.4	103.3	100.9	101.4
2.娱乐用品	102.2	101.2	102.7	101.4	100.5	100.3
九、交通、通信用品	**96.3**	**97.3**	**95.9**	**97.0**	**97.7**	**98.3**
1.交通运输机械	98.2	99.2	98.0	99.0	99.1	99.9
2.通信器材	90.3	91.0	89.0	89.8	94.1	94.3
十、家具	**102.2**	**101.9**	**102.3**	**101.9**	**101.8**	**101.9**
十一、化妆品	**102.3**	**103.3**	**102.2**	**103.4**	**102.5**	**103.0**
十二、金银珠宝	**113.7**	**101.5**	**112.1**	**101.6**	**120.8**	**101.2**
十三、中西药品及医疗保健用品	**103.9**	**102.5**	**103.4**	**102.5**	**105.7**	**102.6**
1.医疗器具及用品	102.9	103.6	103.0	103.9	102.1	102.3
2.中药材及中成药	114.2	105.3	113.0	105.5	117.3	104.6
3.西药	100.3	101.7	99.8	101.6	101.9	101.9
4.保健品及器具	102.6	100.8	102.8	100.7	101.8	101.1
十四、书报杂志及电子出版物	**100.8**	**100.9**	**101.0**	**101.1**	**100.3**	**100.2**
1.教材及参考书	100.8	101.6	100.8	102.0	100.7	100.4
2.书报杂志	100.5	100.2	100.7	100.2	100.1	100.0
3.电子音像制品	101.6	100.6	102.1	100.7	99.8	100.2
十五、燃料	**111.6**	**101.0**	**111.5**	**100.3**	**112.0**	**103.4**
1.煤炭及制品	111.3	96.7	111.0	93.8	111.9	102.2
2.石油及制品	111.8	103.2	111.7	102.9	112.2	104.4
十六、建筑材料及五金电料	**105.0**	**100.8**	**104.4**	**100.6**	**106.4**	**101.2**
1.建筑装璜材料	105.5	100.4	104.7	100.2	107.1	100.7
2.五金电料	103.6	102.0	103.5	101.6	104.0	102.9

1-6-6 农业生产资料价格分类指数

(上年=100)

年份	农业生产资料价格指数	一、农用手工工具	二、饲料	三、产品畜	四、半机械化农具	五、机械化农具
1995	120.9	115.1	144.8	123.6	108.9	115.8
1996	108.0	113.5	110.6	97.5	106.9	105.7
1997	104.3	115.8	92.2	143.8	102.5	100.0
1998	98.7	101.2	98.1	95.8	100.2	99.1
1999	97.5	99.3	101.7	82.6	99.9	96.6
2000	101.5	98.8	96.2	113.5	99.1	97.7
2001	100.2	101.2	104.7	104.2	99.0	98.6
2002	100.4	103.0	99.6	103.4	98.2	98.3
2003	99.8	99.8	101.6	101.3	94.8	97.8
2004	106.7	99.6	110.7	124.4	99.7	99.1
2005	106.8	100.5	99.2	106.2	99.9	101.3
2006	101.6	100.8	100.0	83.2	99.9	100.5
2007	106.9	100.1	107.6	140.6	100.4	101.0
2008	118.6	112.2	120.7	135.6	106.2	107.2
2009	100.6	104.9	100.5	89.1	100.8	102.2
2010	104.4	105.0	108.2	105.0	99.9	101.8
2011	112.6	105.1	108.4	153.6	108.2	111.1
2012	108.2	105.4	106.5	110.9	107.3	106.7

1-6-6续 农业生产资料价格分类指数

(上年=100)

年份	六、化学肥料	七、农药及农药械	八、农用机油	九、其他农业生产资料	十、农业生产服务
1995	129.5	119.1	103.8	119.0	
1996	109.9	112.0	107.0	109.2	
1997	92.3	97.5	119.0	99.4	
1998	94.4	96.0	99.7	102.2	
1999	96.6	98.1	101.8	98.5	
2000	95.0	97.7	120.3	97.8	
2001	100.3	96.9	99.7	99.4	
2002	101.6	97.8	98.4	108.0	
2003	100.8	98.5	109.7	85.9	
2004	106.4	102.9	110.8	106.6	
2005	112.0	101.2	116.6	108.6	
2006	101.0	100.4	115.1	107.7	110.4
2007	101.6	100.6	105.1	104.5	108.2
2008	121.2	104.3	116.9	110.9	115.7
2009	101.2	100.7	90.2	100.0	111.2
2010	100.2	97.6	115.2	108.0	103.1
2011	111.8	105.0	113.4	113.0	107.4
2012	108.5	107.3	106.2	111.1	110.0

1–6–7 主要农产品生产价格及指数

指　　标	单　位	2012年生产价格	生产价格指数(以上年为100)	
			2011年	2012年
农产品生产价格指数			**110.86**	**100.66**
一、农业产品			**105.98**	**103.14**
(一)谷　物		2.14	107.66	103.91
稻　谷	元/公斤	2.98	110.02	105.74
小　麦	元/公斤	2.13	102.72	101.63
玉　米	元/公斤	2.05	111.02	105.42
谷　子	元/公斤	2.99	98.47	104.34
高　粱	元/公斤		100.00	
(二)薯　类	元/公斤	1.11	81.17	89.98
马铃薯	元/公斤	1.08	80.50	89.16
(三)油　料	元/公斤	7.25	109.76	106.60
花　生	元/公斤	7.28	110.43	106.75
油菜籽	元/公斤		99.81	
葵花籽	元/公斤	5.17	97.78	103.40
芝　麻	元/公斤		100.00	
(四)豆　类	元/公斤	2.62	102.61	99.68
大　豆	元/公斤	4.32	104.32	99.84
绿　豆	元/公斤	6.00	85.42	95.18
(五)棉　花	元/公斤	7.29	100.63	94.92
籽　棉	元/公斤	7.29	100.63	94.92
(六)蔬菜及食用菌	元/公斤	1.78	107.90	106.72
1.蔬　菜	元/公斤	1.50	107.85	106.55
叶菜类蔬菜	元/公斤	2.38	105.14	128.30
芹　菜	元/公斤	2.35	104.27	114.06
油　菜	元/公斤	3.65	109.09	133.52
菠　菜	元/公斤	2.02	90.15	147.38
白菜类蔬菜	元/公斤	0.41	61.64	96.92
大白菜	元/公斤	0.41	61.64	96.92
甘蓝类蔬菜	元/公斤	1.40	104.96	133.70
结球甘蓝	元/公斤	1.35	103.76	145.63
花椰菜	元/公斤	1.98	108.04	103.24
根茎类蔬菜	元/公斤	0.51	104.37	111.95
白萝卜	元/公斤	0.49	59.98	214.57
胡萝卜	元/公斤	0.51	111.71	77.56
瓜菜类蔬菜	元/公斤	1.77	115.73	109.94
黄　瓜	元/公斤	2.22	113.95	105.08
冬　瓜	元/公斤	0.51	129.10	110.87
西葫芦	元/公斤	1.08	129.42	147.52
豆类蔬菜	元/公斤	2.66	119.35	94.81
四季豆	元/公斤	2.78	119.35	94.81

1–6–7续1 主要农产品生产价格及指数

指　　标	单位	2012年生产价格	生产价格指数(以上年为100)	
			2011年	2012年
茄果类蔬菜	元/公斤	1.99	111.93	93.83
茄　子	元/公斤	1.65	116.34	97.70
青　椒	元/公斤	2.30	105.38	101.32
西红柿	元/公斤	2.42	112.29	92.27
葱蒜类蔬菜	元/公斤	2.20	108.86	117.28
大　葱	元/公斤	1.49	107.02	120.82
蒜　苔	元/公斤		100.00	
蒜　头	元/公斤	6.00	115.53	75.00
韭　菜	元/公斤	3.99	109.10	115.63
2.食用菌	元/公斤	5.65	111.98	121.70
平　菇	元/公斤	4.73	125.03	
金针菇	元/公斤	7.52	114.34	
香　菇	元/公斤	9.73	111.98	121.70
(七)水果及坚果	元/公斤	3.17	105.88	105.17
1.水果（园林水果）	元/公斤	3.03	105.97	105.08
苹　果	元/公斤	3.33	90.14	102.91
红富士苹果	元/公斤	3.35	99.16	101.66
国光苹果	元/公斤	2.70	88.05	103.20
梨	元/公斤	2.15	114.49	97.96
雪花梨	元/公斤	2.02	93.21	106.40
鸭　梨	元/公斤	1.88	122.75	94.68
葡　萄	元/公斤	6.43	104.91	100.24
巨峰葡萄	元/公斤	4.33	105.98	102.28
玫瑰香葡萄	元/公斤	8.72	103.83	99.83
瓜类水果	元/公斤	1.09	105.57	136.51
西　瓜	元/公斤	1.09	112.54	136.51
伊利沙白瓜	元/公斤		103.45	
其他水果	元/公斤	2.47	103.69	99.83
枣	元/公斤	1.76	85.65	80.15
柿　子	元/公斤	0.80	83.07	100.00
桃	元/公斤	2.73	106.05	112.47
杏	元/公斤	2.49	105.45	91.08
草　莓	元/公斤	8.32	139.00	113.34
2.食用坚果	元/公斤	17.31	97.88	113.40
核　桃	元/公斤	21.38	97.51	100.30
栗　子	元/公斤	13.51	98.19	124.54
板　栗	元/公斤	13.51	98.19	124.54
(八)香料原料	元/公斤	27.94	144.21	96.59
调味香料	元/公斤	27.94	144.21	96.59
花椒	元/公斤	27.94	144.21	96.59

1-6-7续2 主要农产品生产价格及指数

指　　标	单　位	2012年生产价格	生产价格指数(以上年为100)	
			2011年	2012年
二、林业产品		**1.71**	**106.96**	**106.83**
(一)育种和育苗		1.67	110.00	106.32
苗木类	元/亩	1.67	110.00	106.32
针叶乔木苗类	元/亩	1.67	110.00	50.61
松树树苗	元/亩	1.67	110.00	50.61
(二)木材采伐产品		613.68	103.75	107.35
1.原　木	元/立方米		104.76	
非针叶原木	元/立方米		104.76	
杨树原木	元/立方米		104.76	
2.薪　材	元/立方米	613.68	79.57	107.35
三、饲养动物及其产品	元/公斤	**7.03**	**116.50**	**97.35**
(一)活牲畜	元/公斤	15.30	126.07	101.50
猪	元/公斤	15.14	129.49	96.95
牛	元/公斤	20.26	112.08	120.45
羊	元/公斤	21.21	116.63	113.51
(二)活家禽	元/公斤	9.66	105.27	96.53
活　鸡	元/公斤	9.66	105.27	96.46
(三)畜禽产品	元/公斤	3.74	107.11	92.43
1.生　奶	元/公斤	3.44	103.92	101.49
2.禽　蛋	元/公斤	7.47	107.70	90.72
鸡　蛋	元/公斤	7.47	107.70	90.71
鸭　蛋	元/公斤	8.24	114.11	111.20
3.动物毛类	元/公斤	11.23	112.05	99.87
绵羊毛	元/公斤	8.52	112.05	95.00
四、渔业产品	元/公斤	**11.20**	**111.62**	**104.87**
(一)海水养殖产品	元/公斤		107.34	
1.海水养殖虾	元/公斤		106.75	
海水养殖中国对虾	元/公斤		104.35	
其他海水养殖海虾	元/公斤		109.14	
2.海水养殖蟹	元/公斤		107.69	
海水养殖梭子蟹	元/公斤		107.69	
3.海水养殖贝类	元/公斤		107.59	
海水养殖扇贝	元/公斤		105.42	
海水养殖蛤	元/公斤		109.73	
(二)淡水养殖产品	元/公斤	11.20	117.51	104.87
养殖淡水鱼	元/公斤	11.20	117.51	104.87
养殖淡水鲤鱼	元/公斤	10.17	117.99	103.88
养殖淡水草鱼	元/公斤	12.74	119.43	108.70
养殖淡水鲢鱼	元/公斤	4.07	114.29	128.15
养殖淡水鲫鱼	元/公斤	10.15	100.00	103.26

1−7−1 石家庄海关出口农副产品及加工品数量

指　标	单 位	2010年	2011年	2012年	2012年比上年增减(%)
肉及杂碎	吨	6597	8075	8406	4.3
牛　肉	吨	138	188	117	-37.9
冻　鸡	吨	347	1528	1964	28.6
水海产品	吨	22056	25584	25385	-0.8
活　鱼	吨	237	278	229	-17.8
冻鱼、冻鱼片	吨	792	660	954	44.6
鲜、冻对虾	吨	30	39		-100.0
冻虾仁	吨	214	169		-100.0
粮　食	吨	69037	71544	63182	-11.7
谷物及谷物粉	吨	3104	6027	10493	74.1
玉米	吨	2	4	15	243.2
淀粉块茎及薯类	吨		668	1091	63.3
豆类	吨		64850	51598	-20.4
蔬　菜	吨	93736	95051	91325	-3.9
鲜或冷藏蔬菜	吨	43518	44038	39708	-9.8
干的食用菌类	吨	126	72	99	38.1
鲜、干水果及坚果	吨	122492	129948	126349	-2.8
橘、橙	吨	275			
苹　果	吨	3832	3154	1345	-57.3
梨	吨	100362	111107		-100.0
果蔬汁	吨	9309	9101	17959	97.3
食用油籽	吨	11522	7660	6605	-13.8
大　豆	吨	936	482	1260	161.2
花生、花生仁	吨	7306	4829	2518	-47.9
食用植物油	吨	3038	2869	1567	-45.4
豆　油	吨	54		26	
烘焙花生	吨	1445	2358	2576	9.2
天然蜂蜜	吨	792	528	305	-42.3
辣椒干	吨	1726	3260		-100.0
猪肉罐头	吨		4		-99.3
番茄酱	吨	56	124	116	-6.7
蘑菇罐头	吨	1669	2463	2777	12.8
啤　酒	万升			40	
肠　衣	吨	3947	4862	5052	4.2
填充用羽毛；羽绒	吨	6	12	3	-74.0
药　材	吨	5726	4239	3381	-20.2
锯　材	立方米	660	1050	1880	79.0
山羊绒	吨	1014	879	963	9.5

1–7–2 石家庄海关出口农副产品及加工品金额

单位：万美元

指　　标	2010年	2011年	2012年	2012年比上年增减(%)
农产品	122770.7	150258.7	149369.8	-0.6
肉及杂碎	10494.3	15905.8	14391.3	-9.5
牛　肉	73.4	93.4	54.4	-41.7
冻　鸡	69.7	389.7	496.4	27.4
水海产品	12073.6	17500.1	17533.8	0.2
活　鱼	255.1	515.4	432.5	-16.1
冻鱼、冻鱼片	364.2	564.3	849.3	50.5
鲜、冻对虾	13.5	22.8		-100.0
冻虾仁	127.4	105.7		-100.0
粮　食	6733.6	7072.6	6214.4	-12.1
谷物及谷物粉	161.1	347.6	533.4	53.5
玉米	0.2	0.5	1.6	239.8
淀粉块茎及薯类		40.1	70.0	74.5
豆类		6684.9	5611.0	-16.1
蔬　菜	8312.9	9555.2	9192.6	-3.8
鲜或冷藏蔬菜	2645.1	2873.8	2614.5	-9.0
干的食用菌类	139.1	77.2	171.0	121.5
鲜、干水果及坚果	9301.6	11321.8	10724.1	-5.3
橘、橙	12.5			
苹　果	307.9	302.6	135.5	-55.2
梨	4934.2	6840.6		-100.0
果蔬汁	892.6	1218.3	2707.3	122.2
食用油籽	1323.3	1087.9	865.7	-20.4
大　豆	84.5	38.4	102.3	166.4
花生、花生仁	872.0	742.3	443.6	-40.2
食用植物油	362.4	488.3	259.6	-46.8
豆　油	7.0		5.2	
烘焙花生	225.0	516.9	671.0	29.8
天然蜂蜜	129.4	90.2	52.9	-41.4
辣椒干	560.7	1092.8		-100.0
猪肉罐头		0.5		-98.0
番茄酱	4.3	9.9	9.7	-1.6
蘑菇罐头	238.2	387.9	431.5	11.3
啤　酒			25.5	
肠　衣	9407.3	14668.8	13061.0	-10.9
填充用羽毛；羽绒	13.9	53.3	16.0	-70.0
药　材	2182.0	2081.8	1911.4	-8.2
锯　材	53.5	100.7	231.8	130.2
山羊绒	6734.6	7349.0	7734.4	5.2

1–7–3 石家庄海关进口农副产品及加工品数量

指　　标	单位	2010年	2011年	2012年	2012年比上年增减(%)
冻　鱼	吨	571	2292	727	-68.3
鲜、干水果及坚果	吨	57441	89057	26092	-70.7
香　蕉	吨	56136	85832	22057	-74.3
粮　食	吨	3089461	2573834	2105945	-18.0
谷物及谷物粉	吨	80383	55310	127410	130.4
小　麦	吨	8732	2520	8641	242.9
大　麦	吨	71651	52790	112719	113.5
稻谷和大米	吨			3975	
大　豆	吨	3002514	2516738	1977162	-21.3
食用植物油	吨	84432	47331	35659	-24.4
橄榄油	吨	11	103	102	-1.0
棕榈油	吨	74722	32148	14800	-53.8
食　糖	吨	2856	4561	5241	14.9
酒　类	千　升	46247	37038	20577	-44.4
啤　酒	千　升	93	145	201	38.3
葡萄酒	千　升	46152	36889	20376	-44.8
饲料用鱼粉	吨	2	977		-100.0
豆饼、豆粕	吨			2520	
天然橡胶(包括胶乳)	吨	6695	11073	30930	179.3
合成橡胶(包括胶乳)	吨	19981	11081	12811	15.6
原　木	立方米	37863	60036	33306	-44.5
锯　材	立方米	125657	55584	9271	-83.3
纸　浆	吨	55648	108014	151007	39.8
羊　毛	吨	3778	1932	2321	20.1
棉　花	吨	68685	82128	81571	-0.7
肥　料	吨		30891	38346	24.3
矿物肥料及化肥	吨		30891	38346	24.3
氮、磷、钾复合肥	吨		9		-100.0
氯化钾	吨		30877	33385	8.2
硫酸钾	吨			4950	

1-7-4 石家庄海关进口农副产品及加工品金额

单位：万美元

指　　标	2010年	2011年	2012年	2012年比上年增减(%)
农产品	216221.1	260679.2	235946.5	-9.5
冻　鱼	60.6	359.4	127.8	-64.4
鲜、干水果及坚果	2826.0	5417.4	2333.3	-56.9
香　蕉	2440.4	4555.6	1091.3	-76.0
粮　食	138385.0	146851.5	118839.8	-19.1
谷物及谷物粉	1799.5	1781.7	3914.0	119.7
小　麦	217.8	107.4	281.5	162.1
大　麦	1581.8	1674.3	3431.2	104.9
稻谷和大米			131.2	
大　豆	136362.9	144976.7	114862.2	-20.8
食用植物油	7101.0	5061.6	3479.1	-31.3
橄榄油	9.2	58.9	48.0	-18.5
棕榈油	6242.3	3397.5	1443.2	-57.5
食　糖	203.7	378.5	377.7	-0.2
酒　类	3784.3	4034.8	3562.2	-11.7
啤　酒	6.6	11.8	13.9	18.0
葡萄酒	3775.4	4015.5	3548.3	-11.6
饲料用鱼粉	1.9	92.6		-100.0
豆饼、豆粕			137.5	
天然橡胶(包括胶乳)	1684.1	3276.4	6403.8	95.9
合成橡胶(包括胶乳)	3250.8	2571.4	2746.6	6.8
原　木	436.3	868.1	540.1	-37.8
锯　材	2515.0	1327.2	550.4	-58.5
纸　浆	7988.9	17261.9	15847.9	-8.2
羊　毛	611.2	387.7	536.6	38.4
棉　花	14339.3	22454.9	18406.8	-18.0
肥　料	0.5	1382.4	1887.3	36.5
矿物肥料及化肥		1382.4	1887.3	36.5
氮、磷、钾复合肥		5.4		
氯化钾		1375.9	1626.9	18.2
硫酸钾			258.6	

1-8-1 河北省农业综合开发情况

指标	单位	完成情况					
		1995年	2000年	2005年	2010年	2011年	2012年
一、投资来源							
总投资	万元	61709.96	62759.00	139201.88	555373.62	233803.40	927434.50
中央财政	万元	11000.00	18120.00	48338.68	87000.00	122556.00	149313.85
地方财政资金	万元	11249.70	18125.70	24169.34	42000.00	61805.30	54067.42
农行专项贷款	万元	10733.90	794.00		229384.90		434329.00
群众自筹资金	万元	28726.36	25519.30	57079.86	203943.74	70551.04	267318.44
其它资金	万元		200.00		365.00	11111.45	23207.96
二、土地治理项目							
1.投入资金	万元	29064.96	39948.00	69911.08	131765.49	131624.71	170335.90
2.开发任务							
中低产田改造	千公顷	94.20	76.33	107.05	56.89	38.66	48.53
生态综合治理	千公顷	7.13			7.7	5.32	18.6
营造防护林	千公顷	20.33	40.60	6.61	6.29	0.20	6.94
草场建设	千公顷	14.07	13.73	1.75	0.39		0.24
农业现代化示范区	千公顷		3.67	0.25			12
优质粮食基地	千公顷		6.00				
高标准农田示范工程	千公顷					31.79	90.01
3.主要工程							
新、续建小型水库（坑塘、拦河坝）	座	49.00	57.00	17.00	3.00	17.00	21.00
开挖疏浚渠道	公里	1734.70	794.20		247.74	1.49	
防渗渠道	公里	425.90	479.59	171.89		163.90	136.91
桥涵闸	座	5107.00	2826.00	4003.00	8174.00	8.00	60.00
地下防渗管道	公里	4861.00	2451.35	5448.00		372.37	
排灌站	座	200.00	48.00	34.00	117.00	94.00	242.00
新打机井	眼	6198.00	3432.00	6682.00	9910.00	72.00	12249.00
修复配套机井	眼	1835.00	1066.00			22	88
喷灌	千公顷		15.50	0.44	1.61	2.28	32278.50
农电线路	公里	1157.00	1119.15			30.99	45.42
机耕路	公里	4262.40	3234.12	3260.00	3282.04	1635.34	2955.58
改良土壤	千公顷	90.47	49.13		48.34	48.60	83.80
良种基地	千公顷	8.23	6.4	0.35			
营造防护林	千公顷	20.33	40.61	6.61	0.07	0.20	6.94
购置农用动力机械	台	338.00	398.00		6.37		
购置配套农机具	台、套	1337.00	1424.00	758.00	53.00		
技术培训人数	万人	148.20	61.93	22.69	21.40	8.58	58135.00
科技示范推广面积	千公顷	111.46	97.98	38.97	31.56	50.78	75.11
种草及草场改良	千公顷	13.14	13.73				0.24
#围栏	公里		105.23				
群众投工	万工日	890.90	881.61	472.9	460.31	21179.74	26487.39

1-8-1续 河北省农业综合开发情况

指　　标	单位	完成情况					
		1995年	2000年	2005年	2010年	2011年	2012年
4.主要效益							
新增灌溉面积	千公顷	44.27	32.08	80	87.71		62.51
改善灌溉面积	千公顷	52.20	42.07		87.71		74.5
新增除涝面积	千公顷	12.20	5.43	18.85	16.1		5.68
改善除涝面积	千公顷	32.00	12.38		16.1		14.19
新增节水灌溉面积	千公顷		77.24	70.25	83.03	71.29	122.81
新增农田林网防护面积	千公顷	136.67	77.08	65.57	67.03	57.05	98.3
增加农机总动力	万千瓦	2.40	3.17	2.04	23		
完善农业服务体系	个	171	151	74	40		
新增粮食生产能力	万公斤	22912.70	21364.30	20719.07	18762.29	16082.42	21137.1
新增棉花生产能力	万公斤	439.20	267.52	708.21	520.56	264.15	481.05
新增油料生产能力	万公斤	1900.10	1784.46	598.25	521.98	371.65	401.3
新增干草生产能力	万公斤	3770.20	4031.00	2218.9	100.3		1096.8
新增农业总产值(现价)	万　元	51784.70	40907.26				
农民新增纯收入总额	万　元		25339.24	31446.26	44823.31	41163.08	48102.57
三、产业化经营项目							
投入资金	万　元	2324.00	8494.00	20327.39	424835.73	102178.69	757900.5
兴建项目	个	26	46	40	175	142	335
种植业	千公顷	0.80	1.67	0.06	13	2	94
水产养殖	千公顷	0.90	1.07				
畜禽养殖	万头、只	28.00	2.52	177.73	45	1036.58	798.24
农副产品加工项目	个	11	16	17	100	26	16
农业生产服务项目	个	2		3	17		
新增总产值	万　元	15108	50590.68	207428.34	710771.1	239672.07	640294.12
增加值	万　元	5103	11301.88	69226.49	224058.2	60615.78	147465.16
农民新增纯收入总额	万　元		12740.22	47877.9	177704		162496.71
四、高新科技示范项目							
投入资金	万　元		1143.70	2964.58			
#技术引进	万　元		122.00	961.58			
技术示范	万　元		245.50	518.56			
技术服务体系建设	万　元		263.30	398.12			
配套设施建设	万　元		496.90	318			

1—9—1 农垦系统国有农牧场基本情况

指　　标	单　位	2000年	2005年	2010年	2011年	2012年	2012年比上年增减(%)
一、农场数	**个**	**30**	**30**	**32**	**33**	**33**	
二、农场人口及职工							
总人口	人	290157	397033	422544	439726	443222	0.8
职工人数	人	94660	85212	71138	68564	64680	-5.7
三、土地总面积	**公顷**	**350720**	**352607**	**354669**	**373572**	**374058**	**0.1**
耕地面积	公顷	90380	80297	89095	92472	92820	0.4
牧草地面积	公顷	99080	70062	77909	91469	91751	0.3
#已利用	公顷	84730	52126	51891	58591	58591	
林地面积	公顷	38330	89785	83774	84531	84826	0.3
水面面积	公顷	47680	48663	36939	36503	37967	4.0
#养殖面积	公顷	10010	15156	13042	12423	12469	0.4
茶果桑园面积	公顷	2880	2913	1964	1913.8	2035.8	6.4
四、农用机械总动力	**千瓦**	**470279**	**508748**	**898694**	**951226**	**1016005**	**6.8**
大中型农用拖拉机	台	991	1046	2586	3177	3647	14.8
小型及手扶拖拉机	台	16109	17147	22672	22702	22843	0.6
联合收割机	台	207	202	348	344	405	17.7
农用化肥施用量	吨	19376	21559	24185	25363	26760	5.5
农场用电量	万千瓦小时	55845	69732	99125	119360	126675	6.1
五、生产总值	**万元**	**323032**	**681963**	**2287295**	**2857631**	**3334649**	**16.7**
#第一产业增加值	万元	90158	174177	322098	368988	369684	0.2
第二产业增加值	万元	131522	324760	1383855	1746928	1926257	10.3
第三产业增加值	万元	101352	183026	581342	741715	1038709	40.4
人均生产总值	元/人	8225	17300	54034	66018	75472	14.3
农林牧渔业总产值(现价)	万元	174796	335053	621483	712263.3	810969	13.9

1-9-1续 农垦系统国有农牧场基本情况

指 标	单 位	2000年	2005年	2010年	2011年	2012年	2012年比上年增减(%)
六、农作物总播种面积	**公 顷**	**94840**	**87903**	**99098**	**100443**	**97123**	**-3.3**
1.粮 食	公 顷	68540	59393	64341	64468	63796	-1.0
#谷 物	公 顷	61350	54083	59771	57475	58103	1.1
#小 麦	公 顷	19710	15975	17504	16576	16810	1.4
稻 谷	公 顷	27010	17962	18145	19805	21050	6.3
2.棉 花	公 顷	3390	21454	19881	22141	17762	-19.8
3.油 料	公 顷	12380	920	2015	2119	1670	-21.2
七、主要农产品产量							
1.粮 食	吨	240341	339161	415799	420485	402931	-4.2
#谷 物	吨	232711	324412	389171	381926	375700	-1.6
#小 麦	吨	50070	54400	75643	74256	73818	-0.6
稻 谷	吨	141569	174670	179027	192513	199981	3.9
2.棉 花	吨	4121	25133	32481	27029	20487	-24.2
3.油 料	吨	3466	983	2626	2430	2039	-16.1
4.鲜 果	吨	17295	21762	16037	13511	20949	55.1
八、林业生产情况							
当年造林面积	公 顷	5417	8011	3110	2579	2808	8.9
林木采伐量	立方米	2420	2758	3636	339	9256	2630.4
九、畜牧业渔业生产							
年末大牲畜存栏	头	36500	82832	137400	149400	149600	0.1
#牛	头	30400	80991	135800	146900	147800	0.6
年末猪存栏	头	90100	199849	273700	290400	288000	-0.8
年末羊存栏	只	51700	102147	54000	66100	70300	6.4
#山 羊	只	14600	8373	4300	5600	2600	-53.6
年末家禽存栏	万 只	137	167.15	219.06	290.07	277.23	-4.4
畜产品产量							
肉类总产量	吨	21210	42800	56021	59520.16	62364	4.8
牛奶产量	吨	68104	208148	473614	482233	467969	-3.0
禽蛋产量	吨	6817	7801	10027	9635.2	10478	8.7
水产品产量	吨	48207	68933	78115	77183	104735	35.7
#养殖产量	吨	39057	61000	71562	70687	80057	13.3

1-9-2 主要农牧场经济指标

指　　标	单　位	柏各庄农　场	芦　台农　场	汉　沽农　场	中捷友谊农场	南大港农　场	大曹庄农　场	察　北农　场	沽　源农　场	御道口牧　场
一、2010年数量										
总人口	人	142617	40420	44766	40400	43944	43001	20951	7886	4012
耕地面积	公顷	26703	7716	5640	5551	6345	5502	6718	7959	2120
农作物总播种面积	公顷	22858	7668	5492	10417	9682	11005	6718	7786	2120
粮食总产量	吨	192113	15513	6537	26928	27878	73347	9308	12083	3218
#小麦	吨	1154			8925	8361	36986			
稻谷	吨	169356	8603	96						
水产品产量	吨	66870	630	5811	3005	1410				
#养殖	吨	60628	630	5530	3005	1380				
农业总产值	万元	263071	37898	58937	35355	30122	39666	82546	40938	6350
二、2011年数量										
总人口	人	156907	40551	44962	40435	44358	43427	20831	6942	4336
耕地面积	公顷	26711	7667	6047	5551	6345	5502	6742	8246	2120
农作物总播种面积	公顷	23438	7440	5999	9979	8629	10579	6742	7908	2120
粮食总产量	吨	196582	9378	3245	22829	28929	73880	7824	19669	6585
#小麦	吨	39		307	9095	5977	36186			
稻谷	吨	185096	6446	31						
水产品产量	吨	66371	612	5541	2928	1410				
#养殖	吨	60176	612	5260	2928	1390				
农业总产值	万元	302219	42923	67791	38621	41318	41595	92503	50884	6622
三、2012年数量										
总人口	人	158902	40674	45069	40487	44699	44039	20836	6978	4495
耕地面积	公顷	26701	7682	6092	5551	6345	5502	6926	8300	2120
农作物总播种面积	公顷	23592	7596	6036	6849	7974	10483	6926	7908	2120
粮食总产量	吨	195595	15183	4808	19871	23335	72508	7538	10892	6368
#小麦	吨	564	392	244	8754	6085	36696	420		
稻谷	吨	188539	10479	48						
水产品产量	吨	93566	628	5761	2997	1510				
#养殖	吨	69190	628	5479	2997	1490				
农业总产值	万元	401499	44491	73954	36391	24627	44309	100826	51413	6914

1–9–2续 主要农牧场经济指标

指　　标	单位	柏各庄农场	芦台农场	汉沽农场	中捷友谊农场	南大港农场	大曹庄农场	察北农场	沽源农场	御道口牧场
一、2010年数量										
生产总值(现价)	万元	746476	225453	188313	603278	195000	83016	115225	88933	8590
第一产业增加值	万元	142260	24010	32436	16909	15935	18353	36000	20807	3190
第二产业增加值	万元	309639	156188	92934	506221	122825	49480	64300	62710	1161
第三产业增加值	万元	294577	45255	62943	80148	56240	15183	14925	5416	4239
人均生产总值	元/人	52341	55778	42066	149326	44375	19306	54997	112773	21411
工业总产值(现价)	万元	542918	524400	303419	1586419	481300	60440	156443	186800	
职工人数	人	33519	4079	3283	7588	7002	2185	1214	2632	1040
利润总额	万元	93871	18323	5372	10280	29065	14121	23602	37487	
外贸出口总额	万元	8568	53837	7423	4500	1710				
二、2011年数量										
生产总值(现价)	万元	859192	263799	223488	720503	360000	119579	140000	123380	10099
第一产业增加值	万元	158000	27065	37324	17418	21900	19062	46000	26085	3535
第二产业增加值	万元	360556	186119	112662	574360	238915	80466	78932	91203	1326
第三产业增加值	万元	340636	50615	73452	128725	99185	20051	15068	6092	5238
人均生产总值	元/人	54758	65054	49706	178188	81158	27536	67208	177730	23291
工业总产值(现价)	万元	570615	650442	393101	2072848	904046	93003	230539	268882	
职工人数	人	32421	4034	2750	7179	7017	2000	1108	2824	526
利润总额	万元	140172	21226	6042	15778	34108	16288	24692	47888	2885
外贸出口总额	万元	14603	63509	10649	4000	1792				
三、2012年数量										
生产总值(现价)	万元	873959	285118	244816	900128	540000	127994	168000	138877	12278
第一产业增加值	万元	154819	28044	41046	19508	12560	20507	50144	28103	2854
第二产业增加值	万元	337834	202044	122662	595265	345266	85627	102588	103865	2388
第三产业增加值	万元	381306	55030	81108	285355	182174	21860	15268	6909	7036
人均生产总值	元/人	55000	70098	54320	222325	120808	29064	80630	199021	27315
工业总产值(现价)	万元	412714	778350	445213	2405393	1270754	117164	291397	337723	
职工人数	人	36473	3918	2731	6032	7218	969	829	2809	1039
利润总额	万元	135848	23442	6584	40977	42719	17827	26768	52200	3146
外贸出口总额	万元	12545	65742	9550	5800	1813				

1-10-1 历年财政收支情况

单位：亿元

年 份	全部财政收入	比上年增长(%)	地方财政一般预算收入	比上年增长(%)	财政支出	比上年增长(%)
1952	4.44	21.4			1.88	68.7
1957	6.69	1.9			5.07	-19.2
1962	10.76	-29.0			5.88	-46.8
1965	12.38	14.3			9.65	-19.6
1970	20.55	37.6			12.13	24.4
1975	30.37	14.3			20.92	5.9
1978	45.10	38.0			32.44	2.9
1980	35.02	-18.3			28.36	-17.1
1985	45.15	15.5			41.66	16.2
1990	81.15	6.6			87.29	12.9
1991	90.66	11.7			91.14	4.4
1992	99.67	9.9			101.19	11.0
1993	144.21	44.7			142.26	40.6
1994	182.16	26.3	95.22		160.84	13.1
1995	214.12	17.5	119.95	26.0	191.18	18.9
1996	258.57	20.8	151.78	26.5	231.90	21.3
1997	297.43	15.0	183.31	20.8	270.46	16.6
1998	341.86	14.9	206.76	12.8	301.55	11.5
1999	367.20	7.4	223.28	8.0	350.80	16.3
2000	397.60	8.3	248.76	11.4	415.54	18.5
2001	448.44	12.8	283.50	14.0	514.18	23.7
2002	544.86	12.6	302.31	14.8	576.59	12.1
2003	634.94	16.5	335.83	15.3	646.74	12.2
2004	778.33	22.6	407.83	43.9	785.56	21.5
2005	1035.20	33.0	515.70	26.5	979.16	24.6
2006	1223.46	18.2	620.53	20.3	1180.36	20.5
2007	1528.90	25.0	789.12	27.2	1506.65	27.6
2008	1824.00	19.3	947.59	20.1	1881.67	24.9
2009	2020.77	10.8	1067.12	12.6	2347.59	24.8
2010	2409.01	19.2	1331.85	24.8	2820.24	20.1
2011	3017.59	25.3	1737.77	30.5	3537.39	25.4
2012	3479.26	15.3	2084.28	19.9	4079.45	15.3

1-10-2 农村集体和农村居民个人固定资产投资额

年 份	全社会固定资产投资总额（万元）	#农村集体单位固定资产投资	占全社会固定资产投资比重（%）	#农村居民个人固定资产投资	占全社会固定资产投资比重（%）
“七五”时期	**8643259**	**1131570**	**13.1**	**2228365**	**25.8**
1986	1312984	132659	10.1	359822	27.4
1987	1520053	192059	12.6	398281	26.2
1988	2108484	375802	17.8	499057	23.7
1989	1929602	277289	14.4	541861	28.1
1990	1772136	153761	8.7	429344	24.2
“八五”时期	**27649417**	**5766951**	**20.9**	**4210837**	**15.2**
1991	2404473	250938	10.4	766958	31.9
1992	3357908	632424	18.8	546134	16.3
1993	5401987	1168929	21.6	630000	11.7
1994	7091874	1533235	21.6	939969	13.3
1995	9393175	2181425	23.2	1327776	14.1
“九五”时期	**79546083**	**20242326**	**25.4**	**8938514**	**11.2**
1996	11876934	3264185	27.5	1435517	12.1
1997	14699903	3987635	27.1	1905761	13.0
1998	16511500	4172899	25.3	1924263	11.7
1999	17985435	4380020	24.4	1756132	9.8
2000	18472311	4437587	24.0	1916841	10.4
“十五”时期	**139663377**	**25790810**	**18.5**	**10671746**	**7.6**
2001	19418957	4507361	23.2	2086309	10.7
2002	20466852	4680000	22.9	2050000	10.0
2003	25158590	5057295	20.1	1994491	7.9
2004	32516504	5601372	17.2	2166461	6.7
2005	42102474	5944782	14.1	2374485	5.6
“十一五”时期	**486474443**	**57526969**	**11.8**	**18654705**	**3.8**
2006	55009984	7734309	14.1	2935796	5.3
2007	68846817	8723906	12.7	3219779	4.7
2008	88665605	10071465	11.4	3956398	4.5
2009	123118505	13998564	11.4	3934497	3.2
2010	150833532	16998725	11.3	4608235	3.1
“十二五”时期					
2011	163893254	16972913	10.4	6090686	3.7
2012	196612832	24055135	12.2	5566535	2.8

注：2006−2010年，农村集体与农村个人分组为农村非农户与农村农户分组，2011年及以后为农村建设项目投资。

1－10－3 农业基本建设投资

年 份	基本建设投资(亿元)	#农业(包括水利业)基本建设投资	#水利基本建设投资	农业基本建设投资占基本建设投资比重(%)	水利基本建设投资占农业基本建设投资比重(%)
“一五”时期	**19.21**	**2.32**		**12.1**	
“二五”时期	**53.01**	**11.70**		**22.1**	
1963－1965年	14.10	4.54		32.2	
“三五”时期	**29.19**	**9.20**		**31.5**	
“四五”时期	**68.05**	**11.69**		**17.2**	
“五五”时期	**124.40**	**16.33**		**13.1**	
“六五”时期	**133.84**	**9.13**		**6.8**	
“七五”时期	**275.14**	**6.33**		**2.3**	
“八五”时期	**871.96**	**25.37**		**2.9**	
“九五”时期	**2617.63**	**123.03**	**68.34**	**4.7**	**55.5**
“十五”时期					
2001	591.87	43.93	16.60	7.4	37.8
2002	597.24	36.64	14.76	6.1	40.3
2003	845.84	42.01	16.69	5.0	39.7
2004	1308.96	61.96	25.77	4.7	41.6
	城镇投资	农林牧渔业投资	水利管理业投资	农林牧渔业占城镇投资比重(%)	水利管理业占城镇投资比重(%)
2005	3378.32	61.21	33.00	1.8	1.0
“十一五”时期	**41029.2772**	**943.19**	**393.01**	**2.3**	**1.0**
2006	4433.99	83.71	57.32	1.9	1.3
2007	5690.31	116.26	55.01	2.0	1.0
2008	7463.77	188.41	60.14	2.5	0.8
2009	10518.54	244.43	112.43	2.3	1.1
2010	12922.66	310.38	108.11	2.4	0.8
	固定资产投资	农林牧渔业投资	水利管理业投资	农林牧渔业占固定资产投资比重(%)	水利管理业占固定资产投资比重(%)
“十二五”时期					
2011	15780.26	590.36	84.87	3.7	0.5
2012	19104.63	651.84	171.68	3.4	0.9

1-11-1 普通中学和普通小学基本情况

指标	单位	合计			#农村		
		2010年	2011年	2012年	2010年	2011年	2012年
一、普通中学							
学校数	所	3264	3132	3000	1456	1059	930
学生数	万人	348.76	338.35		74.89	50.70	
专任教师数	万人	26.06	31.48		6.96	4.73	
二、普通小学							
学校数	所	13563	13274	12898	11084	8612	7963
学生数	万人	511.59	541.09		309.80	251.40	
专任教师数	万人	31.90	32.55		20.84	15.76	

1-11-2 乡镇卫生院、床位和卫生人员

指标	单位	2010年	2011年	2012年
一、乡镇卫生院	**个**	**1962**	**1960**	**1961**
#中心卫生院	个	641	640	641
乡卫生院	个	1321	1320	1320
二、乡镇卫生院床位	**张**	**57097**	**58777**	**59469**
#中心卫生院	张	25349	26044	25879
乡卫生院	张	31748	32733	33590
三、乡镇卫生院卫生机构人员	**人**	**53966**	**55076**	**55355**
#中心卫生院	人	26112	25685	25434
乡卫生院	人	27854	29391	29921
乡镇卫生院卫生技术人员	人	44902	45685	45776
#中心卫生院	人	21623	21452	21049
乡卫生院	人	23279	24233	24727

1-11-3　农村文化机构和农村老年福利机构情况

指　　标	单位	2010年	2011年	2012年
一、乡镇文化站	**个**	**1938**	**1968**	**1979**
二、农村五保供养服务机构	**个**	**1162**	**1256**	**1442**
工作人员数	人	8162	8215	8583
床位数	张	103668	113806	116998
三、年末收养人数	**人**	**87241**	**91705**	**85928**
#老人	人	82399	87857	83074
四、农村最低生活保障资金	**万元**	**161499**	**231941**	**2079912**

1-11-4　农业科技及优质化情况

指　　标	单位	2000年	2005年	2010年	2011年	2012年
农业科技进步贡献率	%	46.7	53.3	55.6	55.1	56.2
主要农作物良种覆盖率	%	97.2	97.0	97.0	97.0	97.0
优质专用小麦面积	万亩	257	1526	2600	2800	2680
优质专用玉米面积	万亩	303	1650	3400	3475	3400

2-1-1 各市总户数、总人口

单位：万户、万人

名 称	年末总户数		年末常住人口	
	2011年	2012年	2011年	2012年
全 省	**2259.53**	**2294.80**	**7240.51**	**7287.51**
石家庄市	281.86	285.88	1027.98	1038.60
唐 山 市	229.04	230.04	762.74	766.85
秦皇岛市	106.71	105.66	300.62	302.16
邯 郸 市	258.81	261.24	923.92	928.64
邢 台 市	220.74	228.47	715.55	718.86
保 定 市	356.58	365.92	1127.23	1135.14
张家口市	179.56	183.06	437.37	439.38
承 德 市	129.77	131.90	348.91	350.63
沧 州 市	230.36	235.80	719.77	724.38
廊 坊 市	129.10	128.53	440.03	443.93
衡 水 市	137.00	138.32	436.39	438.93

注：年末总户数为公安年报数，年末常住人口数为人口变动抽样推算数。

2-1-2 各市人口出生、死亡、自然增长率

单位：‰

名 称	出 生 率		死 亡 率		自然增长率	
	2011年	2012年	2011年	2012年	2011年	2012年
全 省	**13.02**	**12.88**	**6.52**	**6.41**	**6.50**	**6.47**
石家庄市	12.80	12.54	6.13	6.36	6.67	6.18
唐 山 市	10.11	10.68	6.79	6.49	3.32	4.19
秦皇岛市	10.92	10.97	6.46	6.56	4.46	4.41
邯 郸 市	14.48	13.97	6.18	6.11	8.30	7.86
邢 台 市	14.56	14.17	6.60	6.50	7.96	7.67
保 定 市	13.98	13.27	7.01	6.33	6.97	6.94
张家口市	12.49	11.98	7.12	6.89	5.37	5.09
承 德 市	12.91	12.75	6.42	6.03	6.49	6.72
沧 州 市	13.95	13.93	6.47	6.39	7.48	7.54
廊 坊 市	10.76	10.87	5.86	5.90	4.90	4.97
衡 水 市	13.35	13.34	6.57	6.60	6.78	6.74

2-1-3 各市农村基层组织情况

单位：个

名 称	乡镇个数		乡个数		镇个数		村委会个数	
	2011年	2012年	2011年	2012年	2011年	2012年	2011年	2012年
全 省	**1959**	**1959**	**946**	**940**	**1013**	**1019**	**48817**	**48728**
石家庄市	220	220	96	96	124	124	4386	4370
唐山市	177	177	49	47	128	130	5000	4979
秦皇岛市	75	75	28	28	47	47	2265	2265
邯郸市	214	214	118	118	96	96	5303	5290
邢台市	173	173	84	83	89	90	5025	5019
保定市	312	312	170	170	142	142	6207	6207
张家口市	209	209	113	113	96	96	4176	4176
承德市	205	205	125	123	80	82	2516	2485
沧州市	170	170	88	87	82	83	5741	5741
廊坊市	90	90	26	26	64	64	3214	3212
衡水市	114	114	49	49	65	65	4984	4984

2-1-4 各市农村基础设施

单位：个

名 称	自来水受益村数		通汽车村数		通电话村数		通有线电视村数	
	2011年	2012年	2011年	2012年	2011年	2012年	2011年	2012年
全 省	**42748**	**43265**	**48593**	**48552**	**48792**	**48711**	**31726**	**33442**
石家庄市	4017	4041	4386	4370	4385	4369	2859	2946
唐山市	4747	4737	4985	4966	4999	4977	3276	3611
秦皇岛市	1056	1070	2241	2256	2265	2265	1740	1793
邯郸市	4751	4809	5226	5233	5303	5290	3624	3777
邢台市	4917	4932	5022	5016	5024	5018	2241	2681
保定市	4514	4827	6194	6195	6206	6207	2083	2193
张家口市	3126	3205	4101	4103	4155	4163	2326	2408
承德市	1698	1712	2512	2481	2516	2485	2340	2313
沧州市	5737	5741	5741	5741	5741	5741	5694	5701
廊坊市	3208	3207	3208	3212	3214	3212	1556	1706
衡水市	4977	4984	4977	4979	4984	4984	3987	4313

2-1-5 各市乡村户数、人口和劳动力资源

单位：户、人

名称	乡村户数		乡村人口		1.男		2.女	
	2011年	2012年	2011年	2012年	2011年	2012年	2011年	2012年
全省	**15369067**	**15511611**	**55996160**	**56283552**	**28913028**	**29055768**	**27083132**	**27227784**
石家庄市	1784496	1788291	6744563	6766347	3440250	3459804	3304313	3306543
唐山市	1637582	1631396	5423099	5438371	2762510	2768331	2660589	2670040
秦皇岛市	654913	666963	2026410	2038772	1049626	1051480	976784	987292
邯郸市	1823765	1847807	7317060	7390920	3803620	3850597	3513440	3540323
邢台市	1547441	1562051	6083160	6136915	3126176	3154050	2956984	2982865
保定市	2412265	2438836	9337147	9400279	4818034	4849689	4519113	4550590
张家口市	1197265	1230216	3420703	3419401	1814312	1804107	1606391	1615294
承德市	874250	886775	2973719	2980850	1567553	1573016	1406166	1407834
沧州市	1573332	1587325	5805972	5835637	2999714	3017272	2806258	2818365
廊坊市	828809	830134	3203369	3206104	1655089	1651746	1548280	1554358
衡水市	1034949	1041817	3660958	3669956	1876144	1875676	1784814	1794280

2-1-5续 各市乡村户数、人口和劳动力资源

单位：人

名称	乡村劳动力资源		1.男		2.女	
	2011年	2012年	2011年	2012年	2011年	2012年
全省	**32815141**	**33103420**	**17535787**	**17686560**	**15279354**	**15416860**
石家庄市	4028595	4041907	2119795	2126962	1908800	1914945
唐山市	3378487	3364626	1800010	1787439	1578477	1577187
秦皇岛市	1243380	1263828	676326	692370	567054	571458
邯郸市	4114972	4180660	2198538	2229217	1916434	1951443
邢台市	3223864	3252331	1691819	1708344	1532045	1543987
保定市	5733325	5774133	3088219	3096297	2645106	2677836
张家口市	2079571	2100036	1157369	1171243	922202	928793
承德市	1799235	1815483	989444	1000096	809791	815387
沧州市	3410061	3467306	1810751	1852627	1599310	1614679
廊坊市	1797286	1816375	959982	964281	837304	852094
衡水市	2006365	2026735	1043534	1057684	962831	969051

2-1-6 各市乡村从业人员

单位：人

名 称	乡村从业人员		按性别分 男		女	
	2011年	2012年	2011年	2012年	2011年	2012年
全 省	**30038294**	**30233699**	**16211106**	**16323804**	**13827188**	**13909895**
石家庄市	3694823	3692040	1964502	1966763	1730321	1725277
唐 山 市	3025409	3026331	1635287	1631907	1390122	1394424
秦皇岛市	1141895	1157160	629741	643040	512154	514120
邯 郸 市	3782501	3829965	2052228	2072343	1730273	1757622
邢 台 市	2977450	3000794	1567817	1583457	1409633	1417337
保 定 市	5276243	5318847	2831109	2862694	2445134	2456153
张家口市	1857308	1860061	1062089	1060694	795219	799367
承 德 市	1606607	1612319	901118	904733	705489	707586
沧 州 市	3144224	3177401	1699438	1716200	1444786	1461201
廊 坊 市	1638926	1655727	876454	885986	762472	769741
衡 水 市	1892908	1903054	991323	995987	901585	907067

2-1-7 各市分行业乡村从业人员

单位：人

名 称	1.农林牧渔业		2.工业		3.建筑业	
	2011年	2012年	2011年	2012年	2011年	2012年
全 省	**14331681**	**14198510**	**6579614**	**6709632**	**3523311**	**3598312**
石家庄市	1445283	1428504	1055209	1055766	376489	381745
唐 山 市	1242069	1227338	817671	823315	323526	328933
秦皇岛市	702723	699807	126513	133579	152637	158992
邯 郸 市	1823084	1813165	603908	623626	450133	455092
邢 台 市	1408409	1382021	817917	845230	251731	260062
保 定 市	2850621	2818033	885781	897464	820545	851785
张家口市	1216692	1211100	140970	144416	195536	203609
承 德 市	950713	948276	164162	165209	271286	274222
沧 州 市	1057301	1032031	1031904	1067462	337562	337791
廊 坊 市	797357	804729	406127	413323	153593	154513
衡 水 市	837429	833506	529452	540242	190273	191568

2-1-7续1 各市分行业乡村从业人员

单位：人

名 称	4.交通运输、仓储业和邮政业		5.信息传输、计算机服务和软件业		6.批发和零售业		7.住宿和餐饮业	
	2011年	2012年	2011年	2012年	2011年	2012年	2011年	2012年
全 省	**1378667**	**1401450**	**77864**	**83272**	**1880975**	**1908942**	**638804**	**656865**
石家庄市	213828	216418	15141	17183	252048	253344	88534	89514
唐 山 市	184316	186625	5073	5230	208484	211488	52949	52680
秦皇岛市	44670	45003	2322	2497	40357	41189	24680	25477
邯 郸 市	230669	238234	17259	17730	267975	274170	94294	97516
邢 台 市	137380	138168	3306	3598	174596	179319	56322	59433
保 定 市	152433	158563	8220	9125	263517	268875	93729	97544
张家口市	76208	76245	6695	7314	72137	71045	41115	42283
承 德 市	60526	59967	4169	4560	56021	56082	37929	40027
沧 州 市	155948	157720	8738	9296	306181	312849	72489	75820
廊 坊 市	62760	63871	3399	3335	100340	100291	36098	35507
衡 水 市	59929	60636	3542	3404	139319	140290	40665	41064

2-1-7续2 各市分行业乡村从业人员

单位：人

名 称	8.金 融 业		9.房地产业		10.租赁和商务服务业		11.科学研究、技术服务和地质勘查业	
	2011年	2012年	2011年	2012年	2011年	2012年	2011年	2012年
全 省	**57027**	**57962**	**18436**	**20154**	**157788**	**165386**	**17607**	**17631**
石家庄市	13267	13198	3182	3310	35473	35007	5127	5193
唐 山 市	4666	4696	1360	1342	14489	14670	1647	1437
秦皇岛市	1149	1163	469	443	4148	4477	413	412
邯 郸 市	11636	12183	4838	5297	41573	44401	4627	4740
邢 台 市	3180	3327	1252	1459	7354	7533	1144	1143
保 定 市	8126	8145	1750	2069	16386	20815	1160	1131
张家口市	1773	1731	1660	1681	7503	6286	603	527
承 德 市	1108	1190	469	539	3438	3770	319	351
沧 州 市	5384	5475	2207	2594	15390	16064	1546	1709
廊 坊 市	2913	2912	701	840	6561	6686	548	530
衡 水 市	3825	3942	548	580	5473	5677	473	458

2–1–7续3 各市分行业乡村从业人员

单位：人

名 称	12.水利、环境和公共设施管理业		13.居民服务和其他服务业		14.教 育	
	2011年	2012年	2011年	2012年	2011年	2012年
全 省	**35030**	**36961**	**706297**	**724757**	**217445**	**225317**
石家庄市	5888	5982	83722	83496	30452	32093
唐 山 市	2577	2624	94373	93672	20817	20614
秦皇岛市	440	835	26073	27319	3491	3998
邯 郸 市	8842	9300	113912	120104	34114	37678
邢 台 市	2572	2559	55605	57586	25104	26065
保 定 市	3524	3885	88112	93925	28024	28640
张家口市	2791	2640	59988	58099	11088	11170
承 德 市	860	960	31922	32598	8046	8010
沧 州 市	4903	5265	79436	84988	26647	27807
廊 坊 市	1022	1302	31416	31336	15431	15197
衡 水 市	1611	1609	41738	41634	14231	14045

2–1–7续4 各市分行业乡村从业人员

单位：人

名 称	15.卫生、社会保障和社会福利业		16.文化、体育和娱乐业		17.公共管理和社会组织	
	2011年	2012年	2011年	2012年	2011年	2012年
全 省	**154360**	**158559**	**88254**	**93165**	**175134**	**176824**
石家庄市	23962	24137	20990	20936	26228	26214
唐 山 市	16408	16351	6364	6316	28620	29000
秦皇岛市	4705	4676	1606	1757	5499	5536
邯 郸 市	27655	29348	21094	23502	26888	23879
邢 台 市	13022	14314	6668	7120	11888	11857
保 定 市	20213	20313	10552	11249	23550	27286
张家口市	6957	6791	3783	3709	11809	11415
承 德 市	5352	5756	2213	2378	8074	8424
沧 州 市	16882	17471	7434	8156	14272	14903
廊 坊 市	9426	9708	3370	3890	7864	7757
衡 水 市	9778	9694	4180	4152	10442	10553

2–1–8 各市乡村从业人员的文化程度

单位：人

名 称	文盲、半文盲		小学文化程度		初中文化程度	
	2011年	2012年	2011年	2012年	2011年	2012年
全 省	**302778**	**283796**	**7970089**	**7743185**	**14850656**	**14932952**
石家庄市	47861	45822	791721	773250	1776656	1778512
唐 山 市	16273	14328	809452	784709	1490747	1497601
秦皇岛市	8349	8732	304933	293738	580772	585096
邯 郸 市	66305	64328	1004236	958642	1803715	1823443
邢 台 市	15398	14200	759264	741258	1536848	1533884
保 定 市	51886	48310	1578541	1556452	2595323	2615160
张家口市	21676	19560	577823	554627	825798	812030
承 德 市	21745	19986	490560	471672	758262	764585
沧 州 市	13216	11804	765226	735072	1623846	1640582
廊 坊 市	29148	26706	470163	463240	832866	849368
衡 水 市	10921	10020	418170	410525	1025823	1032691

2–1–8续 各市乡村从业人员的文化程度

单位：人

名 称	高中文化程度		中专文化程度		大专及以上文化程度	
	2011年	2012年	2011年	2012年	2011年	2012年
全 省	**5455921**	**5650525**	**965652**	**1055048**	**493198**	**568193**
石家庄市	871666	875438	126238	132125	80681	86893
唐 山 市	509419	520061	129080	132084	70438	77548
秦皇岛市	198106	208232	33477	39867	16258	21495
邯 郸 市	718873	768922	126162	139864	63210	74766
邢 台 市	565153	596207	73164	82793	27623	32452
保 定 市	858236	875136	121252	139576	71005	84213
张家口市	293090	318950	88190	98327	50731	56567
承 德 市	249204	262465	60412	64095	26424	29516
沧 州 市	577596	601752	113714	126601	50626	61590
廊 坊 市	248689	251584	41523	44157	16537	20672
衡 水 市	365889	371778	52440	55559	19665	22481

2–1–9 各市农用机械年末拥有量

单位：千瓦

名　称	一、农用机械总动力		#柴油发动机动力		#汽油发动机动力		#电动机动力	
	2011年	2012年	2011年	2012年	2011年	2012年	2011年	2012年
全　省	**103491900**	**105538084**	**81655472**	**83097394**	**1219077**	**1365596**	**20615435**	**21073494**
石家庄市	19770068	19838214	14446023	14352793	80958	125895	5242671	5359526
唐 山 市	11144196	11485420	8378074	8613321	83690	84704	2682432	2787395
秦皇岛市	2968406	3035852	2255891	2317164	18304	22225	694211	696463
邯 郸 市	14195646	14523869	11446123	11677588	91241	97934	2658282	2748347
邢 台 市	9333656	9549441	7233746	7413921	204902	207660	1895008	1927860
保 定 市	11918817	12173414	10124545	10278853	37594	107013	1756678	1787548
张家口市	2986624	3059636	2518936	2571533	31038	33137	436650	454966
承 德 市	3296155	3490298	2716492	2878289	16681	18712	562982	593297
沧 州 市	11977235	12153330	10170786	10339210	127188	133173	1679261	1680947
廊 坊 市	6777710	6838731	5141437	5189398	50410	48363	1585863	1600970
衡 水 市	9123387	9389879	7223419	7465324	477071	486780	1421397	1436175

2–1–9续1 各市农用机械年末拥有量

单位：台

名　称	二、主要农业机械与设备							
	大中型拖拉机		小型拖拉机		大中型拖拉机配套农具		小型拖拉机配套农具	
	2011年	2012年	2011年	2012年	2011年	2012年	2011年	2012年
全　省	**197882**	**213733**	**1491043**	**1462698**	**379647**	**409718**	**1993752**	**1954575**
石家庄市	28514	30111	173181	168905	58213	59908	166408	154879
唐 山 市	20365	22525	148325	150216	38344	41285	101486	103293
秦皇岛市	4092	4869	49149	49096	4570	5939	22094	22772
邯 郸 市	20857	23804	93936	90963	46829	52316	157290	152945
邢 台 市	21805	25460	224181	217420	35740	38478	286610	282769
保 定 市	29947	30191	134863	130625	48913	52068	145842	139086
张家口市	7835	9284	74101	74764	10215	11600	108883	109322
承 德 市	8724	10341	39592	40833	12615	13309	43168	44336
沧 州 市	25191	25844	251569	248495	54998	58761	536061	534748
廊 坊 市	12284	13079	71105	67090	20186	20899	95159	93353
衡 水 市	18268	18225	231041	224291	49024	55155	330751	317072

2—1—9续2 各市农用机械年末拥有量

单位：台

名称	二、主要农业机械与设备(续1)							
	农用排灌电动机		农用排灌柴油机		联合收割机		割晒机	
	2011年	2012年	2011年	2012年	2011年	2012年	2011年	2012年
全省	**1487619**	**1498780**	**1093616**	**1052771**	**85926**	**101418**	**34567**	**33780**
石家庄市	234325	233274	196659	176409	20347	21727	485	379
唐山市	267207	272801	56962	57542	1881	2231	1313	1601
秦皇岛市	47955	47440	25863	25928	150	166	305	302
邯郸市	216513	219946	145742	141519	12518	14347	1063	479
邢台市	174739	175303	79908	74430	11182	13521	860	768
保定市	153590	155285	110848	106184	14825	17291	148	146
张家口市	17572	18049	3469	3507	379	685	1678	2140
承德市	34073	35064	10639	11013	149	194	63	63
沧州市	146428	145653	289031	286066	10188	12224	25350	24800
廊坊市	91094	91119	43247	42417	4268	5022		
衡水市	104123	104846	131248	127756	10039	14010	3302	3102

2—1—9续3 各市农用机械年末拥有量

单位：台

名称	二、主要农业机械与设备(续2)					
	机动脱粒机		农用运输车		养殖渔船	
	2011年	2012年	2011年	2012年	2011年	2012年
全省	**207052**	**211893**	**2685065**	**2698079**		**4315**
石家庄市	31108	30847	477961	478103		12
唐山市	20475	21340	266769	273013		727
秦皇岛市	5502	6042	103872	104699		2965
邯郸市	32831	33654	439583	438977		4
邢台市	19275	19498	192694	192074		7
保定市	18816	19482	396515	402327		375
张家口市	11014	11018	68135	68739		
承德市	13385	14051	79536	80512		154
沧州市	33692	34260	279691	280861		71
廊坊市	8042	8238	258899	259131		
衡水市	12912	13463	121410	119643		

2–1–9续4　各市农用机械年末拥有量

名　称	二、主要农业机械与设备（续3）					
	捕捞渔船（台）		节水灌溉机械（套）		农用水泵（台）	
	2011年	2012年	2011年	2012年	2011年	2012年
全　省		**7837**	**45048**	**49363**	**1722193**	**1721459**
石家庄市		316	7714	10214	210766	216468
唐山市		2746	10829	10872	292536	294169
秦皇岛市		1967	4769	4833	72137	71415
邯郸市		323	143	159	211865	212350
邢台市		90	730	882	160866	156813
保定市		373	705	713	209392	209828
张家口市		39	1864	3023	19728	19779
承德市		677	5320	5614	54416	56919
沧州市		1167	1971	1934	319564	318920
廊坊市		139	9628	9608	99651	98521
衡水市			1375	1511	71272	66277

2–1–10　各市农业机械化情况

单位：公顷

名　称	机耕面积		机播面积		机收面积	
	2011年	2012年	2011年	2012年	2011年	2012年
全　省	**5332017**	**5401960**	**6451908**	**6592463**	**3715279**	**4209830**
石家庄市	483511	527888	669358	674893	489459	528145
唐山市	524843	516793	515560	535240	219997	248353
秦皇岛市	183873	184014	82890	94116	42250	30136
邯郸市	619241	610555	799665	823485	489002	580573
邢台市	611200	592288	843117	857848	458058	533448
保定市	627306	637386	859289	877098	559625	642641
张家口市	534792	536121	381523	381905	202819	205531
承德市	203672	202824	171238	175986	71241	60000
沧州市	715494	744362	1007383	1041657	575175	660403
廊坊市	306749	314501	354948	355955	180554	208452
衡水市	521336	535228	766937	774280	427099	512148

2-1-11 各市农村电气化情况

名　称	1.中小型水电站数（个）		装机容量（千瓦）		发电量（千瓦时）		2.农村用电量（万千瓦时）	
	2011年	2012年	2011年	2012年	2011年	2012年	2011年	2012年
全　省	**239**	**242**	**379373**	**381693**	**426072500**	**504750400**	**5592151**	**5939386**
石家庄市	56	57	108063	108163	78014100	85164400	747484	784811
唐山市	14	14	28665	28665	41958900	24655400	1419280	1423974
秦皇岛市	6	6	25430	25430	34119000	87590000	231746	233195
邯郸市	62	63	59741	60381	96331200	111987100	535946	592462
邢台市	11	11	9199	9199	4872800	6815000	298194	322478
保定市	48	48	88565	88565	93692500	110977600	413433	473655
张家口市	14	14	13875	13875	13469500	12304200	98043	124127
承德市	28	29	45835	47415	63614500	65256700	157585	166844
沧州市							701757	752283
廊坊市							709277	776588
衡水市							279406	288969

2-1-12 各市农用化肥、农药使用量

单位：吨

名　称	一、农用化肥施用量(按实物量计算)							
	合　计		1.氮　肥		2.磷　肥		3.钾　肥	
	2011年	2012年	2011年	2012年	2011年	2012年	2011年	2012年
全　省	**10901557**	**10937833**	**5414462**	**5366981**	**2532604**	**2501656**	**616873**	**617463**
石家庄市	1713196	1718318	938286	937999	470681	471111	58222	58532
唐山市	1104514	1118406	621338	618589	66814	67749	92020	94652
秦皇岛市	399459	403166	177279	172908	37278	36912	34016	34293
邯郸市	1751432	1768787	740537	734591	589788	591282	89048	89021
邢台市	1210273	1207485	550749	532180	325620	318331	70192	73471
保定市	1499823	1507745	791659	796422	286382	271939	78592	71650
张家口市	368166	364880	194728	187755	84327	80994	21551	21551
承德市	327954	326244	183945	177884	52903	52278	18267	17323
沧州市	1032883	1015301	499567	493150	234762	224939	69252	68107
廊坊市	469786	472151	263998	262681	61766	62408	23818	24924
衡水市	1024071	1035350	452376	452822	322283	323713	61895	63939

2-1-12续1 各市农用化肥、农药使用量

单位：吨

名 称	4.复合肥		二、农用化肥施用量(按折纯法计算)					
			合 计		1.氮 肥		2.磷 肥	
	2011年	2012年	2011年	2012年	2011年	2012年	2011年	2012年
全 省	**2337618**	**2451733**	**3262786**	**3293312**	**1524170**	**1516776**	**471020**	**465790**
石家庄市	246007	250676	486890	488997	269573	269553	81966	82016
唐 山 市	324342	337416	379543	384735	171108	168323	14375	15139
秦皇岛市	150886	159053	143112	145671	52782	51448	6521	6999
邯 郸 市	332059	353893	471673	478968	188343	190434	95533	95337
邢 台 市	263712	283503	352447	353794	146729	142262	60582	59298
保 定 市	343190	367734	461145	468763	222499	225827	60918	57637
张家口市	67560	74580	101306	102996	48722	48423	18390	17409
承 德 市	72839	78759	108001	107950	56430	54521	13175	12984
沧 州 市	229302	229105	319173	316608	160496	159509	48564	46327
廊 坊 市	120204	122138	167130	167921	94441	93861	14722	15389
衡 水 市	187517	194876	272366	276909	113047	112615	56274	57255

2-1-12续2 各市农用化肥、农药使用量

单位：吨

名 称	二、农用化肥施用量(按折纯法计算)(续)				三、农药使用量	
	3.钾 肥		4.复合肥			
	2011年	2012年	2011年	2012年	2011年	2012年
全 省	**270455**	**272440**	**997141**	**1038306**	**83006**	**84831**
石家庄市	27172	27324	108179	110104	13729	13718
唐 山 市	44483	46330	149577	154943	5741	5805
秦皇岛市	16000	16543	67809	70681	5670	5951
邯 郸 市	36531	35804	151266	157393	8040	8487
邢 台 市	31339	32539	113797	119695	11177	11263
保 定 市	34621	32663	143107	152636	11259	11908
张家口市	8671	8980	25523	28184	2600	2924
承 德 市	8240	7720	30156	32725	1330	1395
沧 州 市	26786	26096	83327	84676	11301	10620
廊 坊 市	10739	11236	47228	47435	3057	3161
衡 水 市	25873	27205	77172	79834	9102	9599

2-1-13 各市农用薄膜及柴油消耗量

名 称	农用塑料薄膜使用量（吨）		#地膜使用量（吨）		地膜覆盖面积（公顷）		农用柴油消耗量（吨）	
	2011年	2012年	2011年	2012年	2011年	2012年	2011年	2012年
全 省	**123785**	**126941**	**65900**	**68248**	**1096617**	**1159059**	**2792260**	**2909083**
石家庄市	7299	7346	3145	3195	51767	52887	383209	294950
唐 山 市	11271	11032	6550	6341	109359	108530	263868	397115
秦皇岛市	4511	4888	1973	1959	32942	33195	176648	149917
邯 郸 市	14539	14077	8660	9017	138086	143548	295754	332214
邢 台 市	14607	14424	10141	10055	181693	181870	322458	329182
保 定 市	12685	12844	5193	5187	81025	81643	268384	278735
张家口市	5804	8438	4368	6388	69427	122944	75112	90080
承 德 市	5619	5831	2341	2400	40604	40737	126515	134016
沧 州 市	19302	19189	8463	8273	143657	139765	480876	454733
廊 坊 市	8203	8569	4851	4959	82382	84169	216390	217804
衡 水 市	19945	20303	10215	10474	165675	169771	183046	230337

2-1-14 各市农田水利情况

名 称	有效灌溉面积（公顷）		旱涝保收面积（公顷）		机电排灌面积（公顷）		机电井年末数（眼）	
	2011年	2012年	2011年	2012年	2011年	2012年	2011年	2012年
全 省	**4596607**	**4603083**	**3659754**	**3678542**	**4502834**	**4506532**	**983695**	**1011474**
石家庄市	501124	502840	474664	475990	466614	467800	142251	142964
唐 山 市	498830	490610	424260	419731	537850	528879	140933	139843
秦皇岛市	134440	123280	82950	82940	116350	112330	46049	45549
邯 郸 市	549690	550450	411590	415240	513610	516550	100532	100756
邢 台 市	553180	566530	442030	449483	559190	570350	114637	118763
保 定 市	660510	661590	586860	601120	644140	644500	154172	178524
张家口市	262430	263835	133140	136520	179790	190240	20599	21375
承 德 市	149913	151809	79760	81572	119070	123228	28630	29183
沧 州 市	533450	542379	408210	393646	605660	618435	92396	92342
廊 坊 市	275060	272720	232120	234950	289560	288880	64307	62667
衡 水 市	477980	477040	384170	387350	471000	445340	79189	79508

2-1-15 各市水库、供水和水保情况

名 称	水库座数（座）		水库总库容（万立方米）		水利工程向农业年供水量（亿立方米）	
	2011年	2012年	2011年	2012年	2011年	2012年
全 省	**1074**	**1073**	**1154522.34**	**1166928.41**	**153.61**	**149.14**
石家庄市	240	240	76994.33	76994.33	25.27	25.04
唐 山 市	114	114	92564.45	92564.45	14.89	15.07
秦皇岛市	288	288	62973.40	62973.63	6.22	5.85
邯 郸 市	82	82	36972.00	36972.00	13.67	14.61
邢 台 市	50	49	79271.54	79278.90	17.60	17.18
保 定 市	94	94	321576.00	321576.00	25.01	22.67
张家口市	101	101	70932.05	70007.93	7.64	7.39
承 德 市	101	101	39208.57	39231.17	4.76	5.47
沧 州 市	1	1	10030.00	10030.00	9.89	10.30
廊 坊 市					7.36	6.58
衡 水 市					14.48	12.93
省直单位	3	3	364000.00	377300.00	6.81	6.05

2-1-15续 各市水库、供水和水保情况

名 称	水土流失面积（千公顷）		已治理水土流失面积（千公顷）		治理水土流失面积占水土流失面积比重（%）	
	2011年	2012年	2011年	2012年	2011年	2012年
全 省	**7125.49**	**7125.49**	**6351.47**	**6411.51**	**89.1**	**90.0**
石家庄市	500.29	500.29	364.73	374.61	72.9	74.9
唐 山 市	342.00	342.00	329.21	338.11	96.3	98.9
秦皇岛市	409.01	409.01	406.94	407.00	99.5	99.5
邯 郸 市	280.75	280.75	272.43	285.07	97.0	101.5
邢 台 市	280.74	280.74	292.43	294.42	104.2	104.9
保 定 市	872.60	872.60	741.75	748.71	85.0	85.8
张家口市	1996.62	1996.62	1804.75	1807.94	90.4	90.6
承 德 市	2440.00	2440.00	2137.95	2154.37	87.6	88.3
沧 州 市						
廊 坊 市	3.48	3.48	1.28	1.28	36.8	36.8
衡 水 市						

2-1-16 各市节水灌溉情况

单位：千公顷

名称	节水灌溉面积		#喷滴灌面积		#低压灌溉面积		#渠道防渗面积	
	2011年	2012年	2011年	2012年	2011年	2012年	2011年	2012年
全省	**2829.80**	**2971.81**	**242.84**	**250.88**	**2112.49**	**2284.93**	**259.47**	**274.63**
石家庄市	385.93	416.32	7.83	15.57	266.82	302.09	51.12	52.36
唐山市	285.45	296.56	29.59	32.13	242.28	255.84	4.12	4.17
秦皇岛市	71.36	77.58	7.61	8.11	33.49	38.29	14.96	15.30
邯郸市	278.22	291.58	17.91	17.25	204.89	216.08	33.06	36.22
邢台市	245.50	259.20	31.24	18.40	180.03	207.75	19.97	21.43
保定市	361.28	390.92	14.34	14.37	278.68	312.28	45.30	42.29
张家口市	173.48	188.55	43.34	65.30	61.95	66.17	43.03	56.85
承德市	110.02	112.35	25.48	32.49	49.94	51.00	23.29	20.49
沧州市	386.50	382.82	21.29	16.44	333.23	336.21	3.19	3.28
廊坊市	182.60	191.23	26.93	19.61	154.11	171.62		
衡水市	349.46	364.70	17.28	11.21	307.07	327.60	21.43	22.24

2-1-17 各市灾情情况

单位：公顷

名称	一、受灾面积		1.旱灾		2.水灾		3.风雹灾	
	2011年	2012年	2011年	2012年	2011年	2012年	2011年	2012年
全省	**811365**	**1107557**	**497273**	**338989**	**95774**	**456026**	**119928**	**96804**
石家庄市	74431	68418	58384	50441	3	533	5462	7757
唐山市	55593	119181	6816	111	31577	102255	15927	14086
秦皇岛市	15469	105601	214		12704	104351	2420	1096
邯郸市	69098	49168	26849	12713	252	2947	11726	10625
邢台市	41834	20522	15917	11966			6409	
保定市	21554	37748	7393	2087	140	17944	12135	15622
张家口市	280815	333831	233283	152704	8078	12200	29907	30881
承德市	124725	155356	81268	102063	13181	19707	19633	13300
沧州市	116115	202028	61399	6080	28372	187461	14838	3392
廊坊市	5134	12122	4754	107		8293	47	
衡水市	6597	3582	996	717	1467	335	1424	45

2–1–17续1 各市灾情情况

单位：公顷

名称	一、受灾情况（续）					
	4.霜冻灾		5.病虫灾		6.其他灾	
	2011年	2012年	2011年	2012年	2011年	2012年
全省	**19144**	**153140**	**48085**	**46854**	**31161**	**15744**
石家庄市	1380	700	8727	8161	475	826
唐山市			1273	2727		2
秦皇岛市			131	126		28
邯郸市			14518	12756	15753	10127
邢台市			7208	7190	12300	1366
保定市	95	60	1422	2009	369	26
张家口市	7750	134245	933	2856	864	945
承德市	9656	18135	824	1026	163	1125
沧州市	263		10006	4329	1237	766
廊坊市			333	3722		
衡水市			2710	1952		533

2–1–17续2 各市灾情情况

单位：公顷

名称	二、成灾面积		1.旱灾		2.水灾		3.风雹灾	
	2011年	2012年	2011年	2012年	2011年	2012年	2011年	2012年
全省	**479815**	**758574**	**319801**	**236924**	**53479**	**310506**	**65183**	**66664**
石家庄市	40107	36829	32190	27689		277	3799	5073
唐山市	25659	83590	4299	45	11936	70815	9337	11263
秦皇岛市	11527	77861	141		9819	77512	1440	228
邯郸市	28968	19572	15398	6079	142	1328	2912	2650
邢台市	12959	8936	4942	5171			3906	
保定市	7926	22470	1992	1122	140	13231	5101	7454
张家口市	222782	264589	188847	121318	5537	11391	19674	27198
承德市	76321	108831	48412	71424	7577	11020	12800	10614
沧州市	52686	134953	23222	4014	18292	124525	5938	2180
廊坊市	369	746	237			276		
衡水市	511	197	121	62	36	131	276	4

2-1-17续3 各市灾情情况

单位：公顷

名称	二、成灾面积（续）					
	4.霜冻灾		5.病虫灾		6.其他灾	
	2011年	2012年	2011年	2012年	2011年	2012年
全省	**14920**	**115828**	**17996**	**21865**	**8436**	**6787**
石家庄市	350	250	3421	2846	347	694
唐山市			87	1465		2
秦皇岛市			127	93		28
邯郸市			5144	6270	5372	3245
邢台市			2911	3280	1200	485
保定市	95	60	557	596	41	7
张家口市	7393	101427	836	2655	495	600
承德市	7038	14091	443	706	51	976
沧州市	44		4260	3484	930	750
廊坊市			132	470		
衡水市			78			

2-1-17续4 各市灾情情况

单位：公顷

名称	三、在成灾面积中：1.粮食作物					
	减产3-5成		减产5-8成		减产8成以上	
	2011年	2012年	2011年	2012年	2011年	2012年
全省	**283469**	**335067**	**35457**	**123766**	**14402**	**82088**
石家庄市	25748	19766	3630	3854	1500	1958
唐山市	4661	29047	125	9481	27	14474
秦皇岛市		29732		21841		10798
邯郸市	24068	14829	481	320	160	96
邢台市	7653	4528	1187	1028	439	514
保定市	4662	8350	1210	5157	30	7556
张家口市	135372	121881	17007	42569	6428	19932
承德市	60191	55823	5121	25894	2329	19379
沧州市	20761	50566	6655	13616	3480	7381
廊坊市		400				
衡水市	353	145	41	6	9	

2–1–17续5 各市灾情情况

单位：公顷

名 称	2.经济作物					
	减产3–5成		减产5–8成		减产8成以上	
	2011年	2012年	2011年	2012年	2011年	2012年
全 省	**49161**	**74860**	**6534**	**21554**	**4947**	**18239**
石家庄市	5500	4905	700	101		21
唐 山 市	4869	17557	53	3460	25	5935
秦皇岛市		6798		4321		2727
邯 郸 市	4214	4290	35	20	10	6
邢 台 市	2015	1179	348	285	24	75
保 定 市	323	631	20	163		69
张家口市	25893	24078	2631	7407	1227	4422
承 德 市	1285	2800	60	2388	59	1013
沧 州 市	4990	12576	2658	3409	3595	3971
廊 坊 市						
衡 水 市	72	46	29		7	

2–1–17续6 各市灾情情况

名 称	四、因灾损失情况							
	死亡人口（人）		减产粮食（吨）		减产棉花（吨）		减产油料（吨）	
	2011年	2012年	2011年	2012年	2011年	2012年	2011年	2012年
全 省	**3**	**28**	**969832**	**1336997**	**17009**	**22317**	**34862**	**53121**
石家庄市			60962	49845	68	83	11429	7881
唐 山 市			31024	140635	6731	9214	5088	16847
秦皇岛市		4	14124	205733	22	121	2663	13807
邯 郸 市			49146	49944	1989	1968	314	597
邢 台 市			30858	23255	1967	525	3	2
保 定 市		21	20647	53484	35	39	131	1230
张家口市	2	1	289336	225611			13476	8634
承 德 市	1	2	374453	369597			699	2134
沧 州 市			92158	213440	5611	10033	960	1915
廊 坊 市			4814	4168	57	98		
衡 水 市			2310	1285	529	236	99	74

2-1-17续7 各市灾情情况

名称	四、因灾损失情况(续1)							
	减产烤烟(吨)		死亡大牲畜(头)		牧区死亡羊(只)		倒塌民房(间)	
	2011年	2012年	2011年	2012年	2011年	2012年	2011年	2012年
全　省	**467**	**523**	**74**	**5471**	**74**	**5058**	**1363**	**36401**
石家庄市				60			23	139
唐 山 市				2200				11033
秦皇岛市				334		1457		7730
邯 郸 市				100			102	357
邢 台 市								
保 定 市				2682		1684	58	12420
张家口市	467	523	57	90	20	1896	67	826
承 德 市			15	5	54	21	328	422
沧 州 市			2				785	3474
廊 坊 市								
衡 水 市								

2-1-17续8 各市灾情情况

名称	四、因灾损失情况(续2)		五、成灾人口（人）					
	损坏民房(间)		合　计		1.特重灾民		2.重 灾 民	
	2011年	2012年	2011年	2012年	2011年	2012年	2011年	2012年
全　省	**3981**	**183506**	**3477396**	**4323491**	**180969**	**259119**	**627706**	**803743**
石家庄市	384	175	281638	135528	16000	3778	163410	15983
唐 山 市		59717	14100	385444		5092		14924
秦皇岛市		46407		409936		22094		75991
邯 郸 市	66	307	1163046	938992	51399	16704	105475	68175
邢 台 市			96412	69680	3000	480	39312	23200
保 定 市	12	54001	82644	299361	120	24002	25487	52170
张家口市	844	3018	904699	944280	58289	69794	144492	213934
承 德 市	1133	2724	735712	967523	16740	83375	91931	286903
沧 州 市	1542	17157	198901	172501	35421	33800	57599	52463
廊 坊 市								
衡 水 市			244	246				

2-1-17续9 各市灾情情况

名　称	五、成灾人口(人)(续)		六、因灾缺粮情况				七、得到国家救济的人数(人次)	
	3.轻灾民		缺粮数量(吨)		缺粮人口(人)			
	2011年	2012年	2011年	2012年	2011年	2012年	2011年	2012年
全　省	**2668721**	**3260629**	**116667**	**240093**	**962563**	**1218777**	**408872**	**707906**
石家庄市	102228	115767	4160	6403	71670	74812	62060	76186
唐 山 市	14100	365428		55		463		1454
秦皇岛市		311851		33732		166000		252283
邯 郸 市	1006172	854113	11184	7737	212339	117058	165520	117690
邢 台 市	54100	46000	1894	1118	28112	23700	22106	10321
保 定 市	57037	223189	3057	35152	34167	79872	20408	84973
张家口市	701918	660552	65558	51737	462807	398572	82513	67841
承 德 市	627041	597245	30040	97924	138156	339000	26313	80170
沧 州 市	105881	86238	774	6235	15312	19300	29762	16793
廊 坊 市								
衡 水 市	244	246					190	195

2-1-18 各市农村固定资产结构(2012年)

单位：万元

名　称	年末固定资产原值				1.农林牧渔业固定资产			
	合　计	乡　级	村　级	村以下	合　计	乡　级	村　级	村以下
全　省	**115582101**	**9752994**	**8440548**	**97388559**	**11223181**	**302051**	**1372096**	**9549034**
石家庄市	12401367	645060	1389093	10367214	1404776	42785	203622	1158369
唐 山 市	18921014	4166494	1061717	13692803	1285526	67349	189429	1028748
秦皇岛市	3284830	104140	212009	2968681	258651	5632	29875	223144
邯 郸 市	13553863	701261	1510646	11341956	1278943	35259	178887	1064797
邢 台 市	14598280	443960	536903	13617417	1208016	3710	103239	1101067
保 定 市	14062299	439372	841420	12781507	1459700	7482	172794	1279424
张家口市	3251256	244908	416844	2589504	525546	19254	82436	423856
承 德 市	3814990	309201	292093	3213696	512064	32799	35426	443839
沧 州 市	13840899	1044774	814330	11981795	1273828	24694	116722	1132412
廊 坊 市	7826097	474036	529637	6822424	482544	21845	108609	352090
衡 水 市	10027206	1179788	835856	8011562	1533587	41242	151057	1341288

2-1-18续1　各市农村固定资产结构(2012年)

单位：万元

名　称	1.农林牧渔业固定资产（续1）							
	#生产用房屋及建筑物				#役畜及产品畜			
	合计	乡级	村级	村以下	合计	乡级	村级	村以下
全　省	**3099371**	**155016**	**499880**	**2444475**	**1763641**	**8350**	**23850**	**1731441**
石家庄市	299619	26339	58653	214627	208195	1164	4337	202694
唐山市	457360	35296	71442	350622	239643	135	4907	234601
秦皇岛市	73583	2290	13965	57328	57438		587	56851
邯郸市	396599	15437	89682	291480	169625	5655	3549	160421
邢台市	232822	1513	22899	208410	116023		485	115538
保定市	383095	3434	38249	341412	164375	303	2202	161870
张家口市	170695	8788	33779	128128	155619	928	3950	150741
承德市	187325	17858	20614	148853	173302	47	283	172972
沧州市	335270	13515	33425	288330	195042	66	2282	192694
廊坊市	193844	17279	57425	119140	64858	52	168	64638
衡水市	369159	13267	59747	296145	219521		1100	218421

2-1-18续2　各市农村固定资产结构(2012年)

单位：万元

名　称	1.农林牧渔业固定资产（续2）							
	#大中型铁木农具				#农林牧渔业设备			
	合计	乡级	村级	村以下	合计	乡级	村级	村以下
全　省	**1891548**	**10569**	**91322**	**1789657**	**3798693**	**105877**	**620390**	**3072426**
石家庄市	294141	3762	34398	255981	516996	3008	94642	419346
唐山市	101372	369	5606	95397	453853	27378	84872	341603
秦皇岛市	24902	83	523	24296	99650	3259	13885	82506
邯郸市	312483	1324	13775	297384	324643	12238	63532	248873
邢台市	204502	20	3692	200790	561698	1460	61478	498760
保定市	284277	129	12384	271764	517511	810	70234	446467
张家口市	55500	710	3030	51760	125579	7144	37814	80621
承德市	44269	50	2876	41343	83609	14649	8272	60688
沧州市	239442	77	7562	231803	403196	8079	67194	327923
廊坊市	41729	973	2687	38069	167066	3123	39106	124837
衡水市	288931	3072	4789	281070	544892	24729	79361	440802

2-1-18续3　各市农村固定资产结构(2012年)

单位：万元

名　称	2.工业固定资产				#生产用房屋及建筑物			
	合 计	乡 级	村 级	村以下	合 计	乡 级	村 级	村以下
全　省	**50041015**	**7574347**	**3883561**	**38583107**	**17275890**	**2356145**	**1460989**	**13458756**
石家庄市	4186115	446895	665665	3073555	1318830	148994	257168	912668
唐 山 市	10419523	3725590	405267	6288666	2817507	864465	137086	1815956
秦皇岛市	587368	51807	65875	469686	226696	20963	35235	170498
邯 郸 市	4989904	476380	851030	3662494	1350061	170071	256312	923678
邢 台 市	7006344	322444	249592	6434308	2496310	126742	75399	2294169
保 定 市	4149858	192920	289664	3667274	1630407	62856	111654	1455897
张家口市	597318	114024	76235	407059	194986	39435	31728	123823
承 德 市	1284173	196349	134837	952987	430678	71423	44401	314854
沧 州 市	7545897	856129	401196	6288572	2750709	374907	159820	2215982
廊 坊 市	4629312	258202	259674	4111436	2091613	107450	81238	1902925
衡 水 市	4645203	933607	484526	3227070	1968093	368839	270948	1328306

2-1-18续4　各市农村固定资产结构(2012年)

单位：万元

名　称	2.工业固定资产（续） #生产设备				3.建筑业固定资产			
	合 计	乡 级	村 级	村以下	合 计	乡 级	村 级	村以下
全　省	**30791143**	**5056615**	**2307434**	**23427094**	**2126647**	**326049**	**203560**	**1597038**
石家庄市	2532132	265519	377094	1889519	298227	14082	18261	265884
唐 山 市	7486058	2831672	257642	4396744	351513	114867	27297	209349
秦皇岛市	350532	30266	30043	290223	31486	2226	5712	23548
邯 郸 市	3351573	291571	572945	2487057	286956	43731	43334	199891
邢 台 市	4208057	180797	167191	3860069	167194	6791	15452	144951
保 定 市	2323451	123195	156838	2043418	337464	42818	28870	265776
张家口市	382123	73930	42119	266074	66685	8160	11951	46574
承 德 市	787818	104209	83817	599792	87853	18352	9384	60117
沧 州 市	4323868	469840	234838	3619190	281058	27952	19415	233691
廊 坊 市	2506712	144817	174570	2187325	108895	37706	16401	54788
衡 水 市	2538819	540799	210337	1787683	109316	9364	7483	92469

2-1-18续5 各市农村固定资产结构(2012年)

单位：万元

名称	4.交通运输、仓储和邮政业固定资产				5.贸易、餐饮业和服务业固定资产			
	合计	乡级	村级	村以下	合计	乡级	村级	村以下
全省	**4689239**	**161907**	**211004**	**4316328**	**3988532**	**173614**	**414733**	**3400185**
石家庄市	586315	15895	28569	541851	495227	16673	93706	384848
唐山市	655501	21728	25579	608194	653598	32720	43399	577479
秦皇岛市	183693	1236	8219	174238	118751	3997	10459	104295
邯郸市	643738	21805	35595	586338	400164	17575	47495	335094
邢台市	521884	4869	9514	507501	444343	5500	18709	420134
保定市	577683	11849	41598	524236	586695	15706	31579	539410
张家口市	233188	11401	15040	206747	224359	23555	29193	171611
承德市	245464	2667	5524	237273	114249	5153	10248	98848
沧州市	442770	24119	19827	398824	349522	7499	35108	306915
廊坊市	339993	28913	14976	296104	228754	17153	35398	176203
衡水市	259010	17425	6563	235022	372870	28083	59439	285348

2-1-18续6 各市农村固定资产结构(2012年)

单位：万元

名称	6.住宅				7.其他固定资产			
	合计	乡级	村级	村以下	合计	乡级	村级	村以下
全省	**38523719**	**468978**	**944596**	**37110145**	**4989768**	**746048**	**1410998**	**2832722**
石家庄市	4806358	36630	157951	4611777	624349	72100	221319	330930
唐山市	4886514	77189	167394	4641931	668839	127051	203352	338436
秦皇岛市	1865242	13134	22684	1829424	239639	26108	69185	144346
邯郸市	5342477	41847	153142	5147488	611681	64664	201163	345854
邢台市	4625079	36637	51507	4536935	625420	64009	88890	472521
保定市	6260106	63278	69268	6127560	690793	105319	207647	377827
张家口市	1328935	22394	117141	1189400	275225	46120	84848	144257
承德市	1394049	18841	22498	1352710	177138	35040	74176	67922
沧州市	3445076	33463	120895	3290718	502748	70918	101167	330663
廊坊市	1826017	40488	26685	1758844	210582	69729	67894	72959
衡水市	2743866	85077	35431	2623358	363354	64990	91357	207007

2-2-1 各市粮食作物播种面积和产量

单位：公顷、公斤/公顷、吨

名称	农作物总播种面积		一、粮食作物					
			播种面积		播种单产		总产量	
	2011年	2012年	2011年	2012年	2011年	2012年	2011年	2012年
全省	**8773691**	**8786511**	**6286110**	**6302370**	**5047**	**5151**	**31726000**	**32466000**
石家庄市	1011117	1009493	769860	764563	6907	6959	5317179	5320952
唐山市	803177	803337	488906	490542	6499	6348	3177564	3113878
秦皇岛市	222327	221663	147775	148053	6035	5466	891866	809233
邯郸市	1077526	1071221	782523	775294	6751	7224	5282949	5600800
邢台市	1021302	1019573	718395	718054	6302	6312	4527582	4532144
保定市	1229396	1224448	929792	921505	6611	6560	6146995	6044701
张家口市	693173	700704	479130	475324	3229	3255	1547020	1547341
承德市	368378	379109	288668	291690	4867	4635	1404972	1351905
沧州市	1158690	1151732	902389	898275	5477	5384	4942676	4836584
廊坊市	498784	496030	318185	313293	6087	5896	1936719	1847291
衡水市	854673	852694	595361	594612	6360	6372	3786219	3789080

注：粮、棉全省总数为抽样调查数，分市为上报数，各市之和不等于总数(下同)。

2-2-1续1 各市粮食作物播种面积和产量

单位：公顷、公斤/公顷、吨

名称	#夏收粮食					
	播种面积		播种单产		总产量	
	2011年	2012年	2011年	2012年	2011年	2012年
全省	**2431620**	**2444690**	**5306**	**5535**	**12901000**	**13531100**
石家庄市	381277	378559	6635	6825	2529675	2583667
唐山市	126964	127110	5426	5505	688899	699804
秦皇岛市	15594	15564	5428	5507	84640	85718
邯郸市	381616	379140	6348	6826	2422324	2588199
邢台市	349167	349935	6184	6315	2159330	2209840
保定市	409855	410567	6173	6304	2530103	2588215
张家口市						
承德市						
沧州市	398297	400480	5017	5096	1998173	2041046
廊坊市	94507	91424	5500	5580	519783	510114
衡水市	289558	290282	6186	6315	1791327	1833136

2-2-1续2　各市粮食作物播种面积和产量

单位：公顷、公斤/公顷、吨

名　称	#秋收粮食					
	播种面积		播种单产		总产量	
	2011年	2012年	2011年	2012年	2011年	2012年
全　省	**3854490**	**3857680**	**4884**	**4908**	**18825000**	**18934900**
石家庄市	388583	386004	7174	7091	2787504	2737285
唐山市	361942	363432	6876	6642	2488665	2414074
秦皇岛市	132181	132489	6107	5461	807226	723515
邯郸市	400907	396154	7135	7605	2860625	3012601
邢台市	369228	368119	6414	6309	2368252	2322304
保定市	519937	510938	6956	6765	3616892	3456486
张家口市	479130	475324	3229	3255	1547020	1547341
承德市	288668	291690	4867	4635	1404972	1351905
沧州市	504092	497795	5841	5616	2944503	2795538
廊坊市	223678	221869	6335	6027	1416936	1337177
衡水市	305803	304330	6523	6427	1994892	1955944

2-2-1续3　各市粮食作物播种面积和产量

单位:公顷、公斤/公顷、吨

名　称	(一)谷物合计					
	播种面积		播种单产		总产量	
	2011年	2012年	2011年	2012年	2011年	2012年
全　省	**5836190**	**5863360**	**5196**	**5292**	**30323100**	**31027000**
石家庄市	730976	728226	7123	7155	5206951	5210128
唐山市	456285	458023	6607	6440	3014643	2949473
秦皇岛市	115113	114322	6407	5663	737485	647382
邯郸市	759631	754963	6841	7302	5196573	5512914
邢台市	699664	698950	6366	6374	4454241	4455447
保定市	880249	872182	6678	6609	5878165	5764241
张家口市	351078	352584	3333	3290	1170132	1160142
承德市	229547	234621	5042	4551	1157300	1067759
沧州市	860430	861680	5589	5482	4808640	4723979
廊坊市	298469	295168	6285	6060	1875974	1788661
衡水市	581407	581921	6424	6423	3734782	3737614

2-2-1续4 各市粮食作物播种面积和产量

单位：公顷、公斤/公顷、吨

名称	1.稻谷					
	播种面积		播种单产		总产量	
	2011年	2012年	2011年	2012年	2011年	2012年
全省	**83020**	**85920**	**7249**	**5798**	**601800**	**498200**
石家庄市	403	404	3486	3478	1405	1405
唐山市	51911	53613	9214	9101	478284	487938
秦皇岛市	9555	9517	7617	5497	72785	52314
邯郸市	1902	1785	5777	6046	10988	10793
邢台市						
保定市	1704	1572	6341	6336	10805	9960
张家口市	2343	2206	4947	4766	11591	10513
承德市	17717	17254	7748	7836	137266	135194
沧州市						
廊坊市	17	17	5765	5000	98	85
衡水市						

2-2-1续5 各市粮食作物播种面积和产量

单位:公顷、公斤/公顷、吨

名称	2.小麦					
	播种面积		播种单产		总产量	
	2011年	2012年	2011年	2012年	2011年	2012年
全省	**2396050**	**2409970**	**5326**	**5551**	**12761200**	**13377400**
石家庄市	380421	377771	6643	6833	2527071	2581224
唐山市	116506	116731	5382	5457	627030	636950
秦皇岛市	6681	5706	6239	6303	41681	35963
邯郸市	381328	378852	6349	6828	2421082	2586914
邢台市	348416	349161	6187	6316	2155523	2205440
保定市	400009	400817	6192	6314	2476716	2530953
张家口市						
承德市						
沧州市	398297	400480	5017	5096	1998172	2041046
廊坊市	93517	90433	5517	5602	515980	506629
衡水市	289558	290282	6186	6315	1791327	1833136

2–2–1续6　各市粮食作物播种面积和产量

单位：公顷、公斤/公顷、吨

名　称	(1) 冬小麦					
	播种面积		播种单产		总产量	
	2011年	2012年	2011年	2012年	2011年	2012年
全　省	**2392420**	**2404380**	**5326**	**5559**	**12742100**	**13366700**
石家庄市	380421	377771	6643	6833	2527071	2581224
唐山市	111262	111464	5424	5503	603507	613395
秦皇岛市	6681	5706	6239	6303	41681	35963
邯郸市	381328	378852	6349	6828	2421082	2586914
邢台市	348416	349161	6187	6316	2155523	2205440
保定市	400009	400817	6192	6314	2476716	2530953
张家口市						
承德市						
沧州市	398297	400480	5017	5096	1998172	2041046
廊坊市	93313	90287	5520	5605	515122	506023
衡水市	289558	290282	6186	6315	1791327	1833136

2–2–1续7　各市粮食作物播种面积和产量

单位：公顷、公斤/公顷、吨

名　称	(2) 春小麦					
	播种面积		播种单产		总产量	
	2011年	2012年	2011年	2012年	2011年	2012年
全　省	**3630**	**5590**	**5262**	**1914**	**19100**	**10700**
石家庄市						
唐山市	5244	5267	4486	4472	23523	23555
秦皇岛市						
邯郸市						
邢台市						
保定市						
张家口市						
承德市						
沧州市						
廊坊市	204	146	4206	4151	858	606
衡水市						

2-2-1续8 各市粮食作物播种面积和产量

单位：公顷、公斤/公顷、吨

名 称	3.玉 米					
	播种面积		播种单产		总 产 量	
	2011年	2012年	2011年	2012年	2011年	2012年
全 省	**3035780**	**3049140**	**5401**	**5410**	**16396400**	**16495100**
石家庄市	339912	339912	7816	7667	2656871	2606076
唐 山 市	284379	284379	6669	6373	1896644	1812382
秦皇岛市	90873	90873	6514	5776	591912	524858
邯 郸 市	336812	336812	7765	8190	2615237	2758501
邢 台 市	320622	320622	6775	6625	2172175	2123962
保 定 市	465916	458162	7184	6948	3347349	3183284
张家口市	171639	178618	4952	4941	849986	882614
承 德 市	180857	186231	5188	4650	938311	865927
沧 州 市	452672	452672	6136	5866	2777710	2655165
廊 坊 市	203231	203230	6666	6281	1354779	1276531
衡 水 市	285701	285701	6718	6580	1919357	1879807

2-2-1续9 各市粮食作物播种面积和产量

单位：公顷、公斤/公顷、吨

名 称	4.谷 子					
	播种面积		播种单产		总 产 量	
	2011年	2012年	2011年	2012年	2011年	2012年
全 省	**164460**	**151750**	**2644**	**2680**	**434800**	**406700**
石家庄市	9624	9523	2054	2057	19771	19585
唐 山 市	1958	1861	3184	3408	6234	6343
秦皇岛市	4731	4710	3367	3360	15930	15827
邯 郸 市	38890	36792	3783	4197	147126	154415
邢 台 市	29255	28020	4169	4347	121974	121802
保 定 市	11153	10130	3501	3547	39052	35932
张家口市	49381	39737	3148	2874	155435	114224
承 德 市	12153	11159	3703	3485	45004	38884
沧 州 市	5510	5025	3572	3402	19683	17095
廊 坊 市	214	205	1925	1985	412	407
衡 水 市	5086	4955	3900	4163	19836	20628

2-2-1续10 各市粮食作物播种面积和产量

单位：公顷、公斤/公顷、吨

名称	5.高梁					
	播种面积		播种单产		总产量	
	2011年	2012年	2011年	2012年	2011年	2012年
全省	**14210**	**13950**	**3547**	**2746**	**50400**	**38300**
石家庄市	194	210	3469	3210	673	674
唐山市	1099	1062	4111	3979	4518	4226
秦皇岛市	2922	2822	4715	5020	13777	14166
邯郸市	310	357	3229	3132	1001	1118
邢台市	823	808	4134	4278	3402	3457
保定市	982	1080	3291	3137	3232	3388
张家口市	1116	1102	2554	3081	2850	3395
承德市	1739	1673	4912	4702	8542	7867
沧州市	3770	3240	3349	3077	12626	9970
廊坊市	1079	1072	2281	3449	2461	3697
衡水市	593	519	4189	4380	2484	2273

2-2-1续11 各市粮食作物播种面积和产量

单位：公顷、公斤/公顷、吨

名称	6.大麦					
	播种面积		播种单产		总产量	
	2011年	2012年	2011年	2012年	2011年	2012年
全省	**37**	**34**	**5405**	**4235**	**200**	**144**
石家庄市						
唐山市	37	32	3649	4344	135	139
秦皇岛市						
邯郸市						
邢台市						
保定市						
张家口市						
承德市						
沧州市						
廊坊市		2		2500		5
衡水市						

2-2-1续12　各市粮食作物播种面积和产量

单位：公顷、公斤/公顷、吨

名　称	7.莜　麦					
	播种面积		播种单产		总　产　量	
	2011年	2012年	2011年	2012年	2011年	2012年
全　省	**58559**	**68730**	**620**	**1036**	**36306**	**71184**
石家庄市						
唐 山 市						
秦皇岛市						
邯 郸 市						
邢 台 市						
保 定 市	18	21	1611	524	29	11
张家口市	54219	62735	1084	1057	58751	66290
承 德 市	4322	5976	1360	817	5878	4883
沧 州 市						
廊 坊 市						
衡 水 市						

2-2-1续13　各市粮食作物播种面积和产量

单位：公顷、公斤/公顷、吨

名　称	8.荞　麦					
	播种面积		播种单产		总　产　量	
	2011年	2012年	2011年	2012年	2011年	2012年
全　省	**2000**	**2500**	**650**	**1240**	**1300**	**3100**
石家庄市	45	45	2044	2044	92	92
唐 山 市						
秦皇岛市		15		2400		36
邯 郸 市						
邢 台 市						
保 定 市	5	5	1600	1600	8	8
张家口市	874	1223	1224	1025	1070	1254
承 德 市	1072	1211	1210	491	1297	595
沧 州 市						
廊 坊 市						
衡 水 市						

2-2-1续14 各市粮食作物播种面积和产量

单位：公顷、公斤/公顷、吨

名　称	9.秋收小麦					
	播种面积		播种单产		总产量	
	2011年	2012年	2011年	2012年	2011年	2012年
全　省	**61000**	**53975**	**630**	**1044**	**38430**	**56355**
石家庄市						
唐 山 市						
秦皇岛市						
邯 郸 市						
邢 台 市						
保 定 市						
张家口市	50860	44171	1141	1041	58021	45993
承 德 市	10140	9804	1543	1057	15645	10362
沧 州 市						
廊 坊 市						
衡 水 市						

2-2-1续15 各市粮食作物播种面积和产量

单位：公顷、公斤/公顷、吨

名　称	(二)豆类合计					
	播种面积		播种单产		总产量	
	2011年	2012年	2011年	2012年	2011年	2012年
全　省	**179340**	**171750**	**1992**	**1889**	**357300**	**324500**
石家庄市	15466	15397	1300	1337	20102	20593
唐 山 市	17669	17252	2696	2832	47632	48866
秦皇岛市	11070	11509	2519	2510	27888	28889
邯 郸 市	12857	11487	2288	2700	29414	31010
邢 台 市	11774	11948	2701	2727	31802	32577
保 定 市	14829	14529	2771	2892	41084	42012
张家口市	29336	29861	1032	1224	30272	36557
承 德 市	11190	10347	2886	2768	32289	28637
沧 州 市	33582	28484	2147	1957	72116	55744
廊 坊 市	14572	12961	2220	2294	32352	29731
衡 水 市	9565	8363	2555	2797	24435	23393

2-2-1续16 各市粮食作物播种面积和产量

单位：公顷、公斤/公顷、吨

名　称	#大豆 播种面积		#大豆 播种单产		#大豆 总产量	
	2011年	2012年	2011年	2012年	2011年	2012年
全　省	**136090**	**127600**	**2169**	**2032**	**295200**	**259300**
石家庄市	12795	12809	1269	1311	16237	16794
唐 山 市	12245	11696	2702	2850	33089	33337
秦皇岛市	6921	7046	2463	2304	17047	16237
邯 郸 市	11136	10199	2410	2828	26835	28840
邢 台 市	10536	10613	2766	2825	29142	29983
保 定 市	10073	10216	2854	2910	28752	29728
张家口市	12861	12947	1064	1219	13678	15776
承 德 市	9319	8583	2996	2799	27921	24028
沧 州 市	31135	26275	2190	2012	68195	52877
廊 坊 市	12316	10811	2291	2386	28212	25797
衡 水 市	8363	7269	2638	2895	22058	21043

2-2-1续17 各市粮食作物播种面积和产量

单位：公顷、公斤/公顷、吨

名　称	#绿豆 播种面积		#绿豆 播种单产		#绿豆 总产量	
	2011年	2012年	2011年	2012年	2011年	2012年
全　省	**15130**	**14110**	**1216**	**1269**	**18400**	**17900**
石家庄市	891	761	2022	2025	1802	1541
唐 山 市	343	394	2233	2416	766	952
秦皇岛市	325	315	2055	2076	668	654
邯 郸 市	1560	1191	1522	1678	2375	1998
邢 台 市	1216	1223	2160	2103	2627	2572
保 定 市	1264	1139	2313	2418	2924	2754
张家口市	5998	5728	662	657	3970	3764
承 德 市	655	667	2281	2340	1494	1561
沧 州 市	1502	1393	1534	1357	2304	1890
廊 坊 市	551	434	1158	1260	638	547
衡 水 市	1041	912	1843	2010	1919	1833

2–2–1续18 各市粮食作物播种面积和产量

单位：公顷、公斤/公顷、吨

名　　称	#红　小　豆					
	播种面积		播种单产		总　产　量	
	2011年	2012年	2011年	2012年	2011年	2012年
全　省	**7770**	**7690**	**1274**	**1261**	**9900**	**9700**
石家庄市	697	665	945	1081	659	719
唐 山 市	1623	1636	1527	1770	2479	2895
秦皇岛市	509	540	1864	1967	949	1062
邯 郸 市	144	80	1257	1413	181	113
邢 台 市	17	11	1941	2000	33	22
保 定 市	603	598	2071	2145	1249	1283
张家口市	1987	2279	1041	711	2068	1620
承 德 市	781	756	2361	2308	1844	1745
沧 州 市	519	402	1274	1226	661	493
廊 坊 市	901	625	1176	1498	1060	936
衡 水 市	160	137	2544	2905	407	398

2–2–1续19 各市粮食作物播种面积和产量

单位：公顷、公斤/公顷、吨

名　　称	(三)薯　类　合　计					
	播种面积		播种单产		总　产　量	
	2011年	2012年	2011年	2012年	2011年	2012年
全　省	**270580**	**267260**	**3864**	**4170**	**1045600**	**1114500**
石家庄市	23418	20940	3849	4309	90126	90231
唐 山 市	14952	15267	7711	7568	115289	115539
秦皇岛市	21592	22222	5858	5983	126493	132962
邯 郸 市	10035	8844	5676	6431	56962	56876
邢 台 市	6957	7156	5971	6165	41539	44120
保 定 市	34714	34794	6561	6853	227746	238448
张家口市	98716	92879	3511	3775	346616	350642
承 德 市	47931	46722	4494	5469	215383	255509
沧 州 市	8377	8111	7392	7010	61920	56861
廊 坊 市	5144	5164	5520	5596	28393	28899
衡 水 市	4389	4328	6152	6486	27002	28073

2-2-1续20　各市粮食作物播种面积和产量

单位：公顷、公斤/公顷、吨

名　称	1.马铃薯					
	播种面积		播种单产		总产量	
	2011年	2012年	2011年	2012年	2011年	2012年
全　省	**170590**	**166730**	**2810**	**3704**	**479300**	**617500**
石家庄市	2089	1701	4235	3874	8846	6590
唐山市	7625	7445	7828	7289	59692	54266
秦皇岛市	4931	5482	6053	6418	29847	35184
邯郸市	652	466	4919	5616	3207	2617
邢台市	1158	2463	5311	6743	6150	16609
保定市	11642	11649	5930	6198	69032	72195
张家口市	98060	92440	3521	3779	345316	349310
承德市	46791	45569	4432	5398	207376	245977
沧州市	360	280	10081	6279	3629	1758
廊坊市	256	336	6344	7988	1624	2684
衡水市	722	205	8781	6800	6340	1394

2-2-1续21　各市粮食作物播种面积和产量

单位：公顷、公斤/公顷、吨

名　称	2.甘薯					
	播种面积		播种单产		总产量	
	2011年	2012年	2011年	2012年	2011年	2012年
全　省	**99990**	**100530**	**5664**	**4944**	**566300**	**497000**
石家庄市	21329	19239	3811	4347	81280	83641
唐山市	7327	7822	7588	7833	55597	61273
秦皇岛市	16661	16740	5801	5841	96646	97778
邯郸市	9383	8378	5729	6476	53755	54259
邢台市	5799	4693	6103	5862	35389	27511
保定市	23072	23145	6879	7183	158714	166253
张家口市	656	439	1982	3034	1300	1332
承德市	1140	1153	7024	8267	8007	9532
沧州市	8017	7831	7271	7037	58291	55103
廊坊市	4888	4828	5476	5430	26769	26215
衡水市	3667	4123	5635	6471	20662	26679

2-2-2 各市油料播种面积和产量

单位：公顷、公斤/公顷、吨

名称	油料作物					
	播种面积		播种单产		总产量	
	2011年	2012年	2011年	2012年	2011年	2012年
全　省	**453134**	**454039**	**3129**	**3146**	**1417786**	**1428283**
石家庄市	61205	61077	3514	3524	215067	215236
唐 山 市	77015	75667	3683	3711	283620	280766
秦皇岛市	21624	20419	3347	2826	72385	57711
邯 郸 市	44155	42004	3316	3384	146431	142144
邢 台 市	40644	45406	2983	3132	121243	142208
保 定 市	72675	73032	3807	3833	276649	279943
张家口市	50671	51498	973	1050	49303	54073
承 德 市	7775	8313	1660	1460	12909	12136
沧 州 市	32831	32600	2964	2977	97324	97055
廊 坊 市	15459	14274	2387	2544	36905	36319
衡 水 市	29080	29749	3643	3721	105950	110692

2-2-2续1 各市油料播种面积和产量

单位：公顷、公斤/公顷、吨

名称	#花生					
	播种面积		播种单产		总产量	
	2011年	2012年	2011年	2012年	2011年	2012年
全　省	**360209**	**354533**	**3579**	**3581**	**1289166**	**1269417**
石家庄市	54622	54441	3658	3667	199784	199660
唐 山 市	76843	75498	3688	3715	283367	280506
秦皇岛市	21348	20195	3365	2838	71834	57306
邯 郸 市	36022	34478	3753	3784	135206	130475
邢 台 市	32230	34032	3108	3184	100164	108372
保 定 市	69945	69895	3860	3880	269993	271180
张家口市	1013	812	2292	1853	2322	1505
承 德 市	313	310	3125	3135	978	972
沧 州 市	27154	27373	3257	3242	88429	88750
廊 坊 市	13161	12249	2600	2763	34216	33841
衡 水 市	27558	25250	3733	3836	102873	96850

2-2-2续2 各市油料播种面积和产量

单位：公顷、公斤/公顷、吨

名 称	#油 菜 籽					
	播种面积		播种单产		总 产 量	
	2011年	2012年	2011年	2012年	2011年	2012年
全 省	**21030**	**18978**	**1436**	**1564**	**30203**	**29690**
石家庄市	1987	1917	2119	2167	4210	4154
唐 山 市		1		3000		3
秦皇岛市						
邯 郸 市	7023	6708	1355	1505	9514	10095
邢 台 市	3624	3266	1855	1903	6722	6214
保 定 市	174	247	2730	2526	475	624
张家口市	5270	4394	985	1019	5193	4476
承 德 市	533	413	1231	1080	656	446
沧 州 市	2355	2015	1418	1801	3340	3629
廊 坊 市	64	3	1453	1333	93	4
衡 水 市		14		3214		45

2-2-2续3 各市油料播种面积和产量

单位：公顷、公斤/公顷、吨

名 称	#芝 麻					
	播种面积		播种单产		总 产 量	
	2011年	2012年	2011年	2012年	2011年	2012年
全 省	**7397**	**6785**	**1403**	**1338**	**10375**	**9079**
石家庄市	835	756	1059	1028	884	777
唐 山 市	162	158	1451	1506	235	238
秦皇岛市	91	81	2055	1951	187	158
邯 郸 市	942	528	1472	1403	1387	741
邢 台 市	1253	1210	1672	1660	2095	2009
保 定 市	740	682	1434	1419	1061	968
张家口市						
承 德 市	78	73	2000	1836	156	134
沧 州 市	1661	1579	1449	1251	2407	1975
廊 坊 市	714	797	884	828	631	660
衡 水 市	921	921	1446	1541	1332	1419

2−2−2续4 各市油料播种面积和产量

单位：公顷、公斤/公顷、吨

名 称	#胡 麻 籽					
	播种面积		播种单产		总 产 量	
	2011年	2012年	2011年	2012年	2011年	2012年
全 省	**35439**	**37088**	**805**	**832**	**28535**	**30844**
石家庄市						
唐 山 市						
秦皇岛市						
邯 郸 市	4		1500		6	
邢 台 市						
保 定 市	62	62	1435	1435	89	89
张家口市	31668	32968	809	887	25620	29244
承 德 市	3705	4058	761	372	2820	1511
沧 州 市						
廊 坊 市						
衡 水 市						

2−2−2续5 各市油料播种面积和产量

单位：公顷、公斤/公顷、吨

名 称	#葵 花 籽					
	播种面积		播种单产		总 产 量	
	2011年	2012年	2011年	2012年	2011年	2012年
全 省	**26882**	**34558**	**1986**	**2407**	**53401**	**83173**
石家庄市	3242	3602	2604	2617	8443	9425
唐 山 市	9	10	1778	1900	16	19
秦皇岛市	155	116	1929	1612	299	187
邯 郸 市	83	208	2783	3385	231	704
邢 台 市	3510	6735	3454	3718	12123	25042
保 定 市	504	888	3129	3895	1577	3459
张家口市	12600	13250	1265	1413	15943	18727
承 德 市	2997	3328	2640	2620	7911	8720
沧 州 市	1661	1633	1895	1654	3148	2701
廊 坊 市	1520	1225	1293	1481	1965	1814
衡 水 市	601	3563	2903	3473	1745	12375

2-2-3 各市棉花播种面积和产量

单位：公顷、公斤/公顷、吨

名　称	棉花					
	播种面积		播种单产		总产量	
	2011年	2012年	2011年	2012年	2011年	2012年
全　省	**632540**	**578250**	**1033**	**976**	**653445**	**564404**
石家庄市	11965	11367	1055	1012	12629	11499
唐 山 市	28426	25873	1081	1066	30732	27570
秦皇岛市	2293	2146	1256	1174	2880	2519
邯 郸 市	109865	107078	1311	1246	144038	133433
邢 台 市	182718	172162	1218	1169	222593	201215
保 定 市	28389	27658	1139	1083	32347	29954
张家口市						
承 德 市						
沧 州 市	120863	113655	1142	1086	138055	123386
廊 坊 市	43614	41991	1160	1100	50610	46195
衡 水 市	134385	130978	1215	1155	163291	151251

2-2-4 各市麻类播种面积和产量

单位：公顷、公斤/公顷、吨

名　称	麻类合计					
	播种面积		播种单产		总产量	
	2011年	2012年	2011年	2012年	2011年	2012年
全　省	**331**	**348**	**2202**	**2241**	**729**	**780**
石家庄市						
唐 山 市	311	333	2228	2237	693	745
秦皇岛市						
邯 郸 市	3	3	1333	2000	4	6
邢 台 市						
保 定 市	12	7	750	714	9	5
张家口市	1	1	1000	1000	1	1
承 德 市	4	4	5500	5750	22	23
沧 州 市						
廊 坊 市						
衡 水 市						

2-2-4续1 各市麻类播种面积和产量

单位：公顷、公斤/公顷、吨

名称	#黄红麻					
	播种面积		播种单产		总产量	
	2011年	2012年	2011年	2012年	2011年	2012年
全省	**308**	**330**	**2234**	**2236**	**688**	**738**
石家庄市						
唐山市	308	330	2234	2236	688	738
秦皇岛市						
邯郸市						
邢台市						
保定市						
张家口市						
承德市						
沧州市						
廊坊市						
衡水市						

2-2-4续2 各市麻类播种面积和产量

单位：公顷、公斤/公顷、吨

名称	#青麻					
	播种面积		播种单产		总产量	
	2011年	2012年	2011年	2012年	2011年	2012年
全省	**3**	**3**	**1667**	**2333**	**5**	**7**
石家庄市						
唐山市	3	3	1667	2333	5	7
秦皇岛市						
邯郸市						
邢台市						
保定市						
张家口市						
承德市						
沧州市						
廊坊市						
衡水市						

2-2-4续3 各市麻类播种面积和产量

单位：公顷、公斤/公顷、吨

名　称	#大麻					
	播种面积		播种单产		总产量	
	2011年	2012年	2011年	2012年	2011年	2012年
全　省	**20**	**15**	**1800**	**2333**	**36**	**35**
石家庄市						
唐山市						
秦皇岛市						
邯郸市	3	3	1333	2000	4	6
邢台市						
保定市	12	7	750	714	9	5
张家口市	1	1	1000	1000	1	1
承德市	4	4	5500	5750	22	23
沧州市						
廊坊市						
衡水市						

2-2-5 各市甜菜播种面积和产量

单位：公顷、公斤/公顷、吨

名　称	甜菜					
	播种面积		播种单产		总产量	
	2011年	2012年	2011年	2012年	2011年	2012年
全　省	**12489**	**14180**	**37246**	**41911**	**465164**	**594297**
石家庄市						
唐山市						
秦皇岛市						
邯郸市						
邢台市						
保定市						
张家口市	12468	14179	37236	41908	464254	594217
承德市	21	1	43333	80000	910	80
沧州市						
廊坊市						
衡水市						

2–2–6 各市烟叶播种面积和产量

单位：公顷、公斤/公顷、吨

名称	烟叶合计					
	播种面积		播种单产		总产量	
	2011年	2012年	2011年	2012年	2011年	2012年
全省	**2912**	**3175**	**2339**	**2211**	**6812**	**7019**
石家庄市	533	493	2066	2014	1101	993
唐山市	258	258	6155	6194	1588	1598
秦皇岛市						
邯郸市						
邢台市						
保定市	341	343	2780	2770	948	950
张家口市	1702	1999	1747	1696	2973	3391
承德市	31	31	1806	1742	56	54
沧州市	43	47	3256	596	140	28
廊坊市	4	4	1500	1250	6	5
衡水市						

2–2–6续 各市烟叶播种面积和产量

单位：公顷、公斤/公顷、吨

名称	#烤烟					
	播种面积		播种单产		总产量	
	2011年	2012年	2011年	2012年	2011年	2012年
全省	**2292**	**2637**	**1815**	**1725**	**4159**	**4550**
石家庄市	533	493	2066	2014	1101	993
唐山市						
秦皇岛市						
邯郸市						
邢台市						
保定市	111	111	1396	1396	155	155
张家口市	1605	1986	1721	1699	2763	3374
承德市						
沧州市	43	47	3256	596	140	28
廊坊市						
衡水市						

2–2–7 各市药材及其他农作物播种面积和产量

名　称	药　材							
	播种面积（公顷）		药材产量（吨）		#人参产量（吨）		#甘草产量（吨）	
	2011年	2012年	2011年	2012年	2011年	2012年	2011年	2012年
全　省	**33692**	**39771**	**190053**	**229040**	**25**	**104**	**396**	**307**
石家庄市	1615	1525	23737	19732	20	95	386	288
唐 山 市	70	70	278	700				1
秦皇岛市	780	821	23875	25792				2
邯 郸 市	193	1453	1704	7029				
邢 台 市	13629	14000	36359	40286				
保 定 市	11612	12065	89384	93592				
张家口市	758	2827	1382	13065	5	9	10	16
承 德 市	4523	6733	12747	27632				
沧 州 市	140	176	558	1193				
廊 坊 市	100	100	4	4				
衡 水 市	272	1	25	15				

2–2–7续　各市药材及其他农作物播种面积和产量

名　称	#枸杞产量（吨）		#黄芪产量（吨）		其他农作物播种面积（公顷）		#青　饲　料	
	2011年	2012年	2011年	2012年	2011年	2012年	2011年	2012年
全　省	**38507**	**35764**	**16427**	**18874**	**89398**	**84638**	**63147**	**60013**
石家庄市	3534	661	1912	427	2277	2238	267	329
唐 山 市	7	10	4	457	11768	8415	436	465
秦皇岛市	22560	23007	830	907	3802	2006	27	27
邯 郸 市			315			476		
邢 台 市	12003	11657	30	36	572	471	1	
保 定 市	360	17	11887	7903	5526	7121	77	56
张家口市	15	52	170	2714	53887	50835	53372	50588
承 德 市	3	360	1275	6245	1488	2611	903	803
沧 州 市				181	6104	5772	5671	5352
廊 坊 市			4	4	3879	4571	2393	2393
衡 水 市	25				95	122		

2–2–8 各市蔬菜播种面积和产量

单位：公顷、公斤/公顷、吨

名称	蔬菜(含食用菌)					
	播种面积		播种单产		总产量	
	2011年	2012年	2011年	2012年	2011年	2012年
全省	**1157863**	**1203002**	**63775**	**63966**	**73843022**	**76951323**
石家庄市	153535	158371	79588	79267	12219605	12553613
唐山市	182213	187317	74671	74544	13606006	13963374
秦皇岛市	45216	47234	63547	64030	2873338	3024379
邯郸市	132846	137246	60759	61061	8071550	8380417
邢台市	60301	63635	53586	53873	3231291	3428202
保定市	158088	159885	57709	58269	9123144	9316269
张家口市	89461	99298	64454	64336	5766102	6388392
承德市	65617	69376	48614	50279	3189909	3488138
沧州市	82698	87361	60509	60463	5004008	5282080
廊坊市	105088	109042	61904	61865	6505335	6745882
衡水市	82800	84237	51362	52003	4252734	4380577

2–2–8续1 各市蔬菜播种面积和产量

单位：公顷、公斤/公顷、吨

名称	1.叶菜类					
	播种面积		播种单产		总产量	
	2011年	2012年	2011年	2012年	2011年	2012年
全省	**139361**	**145192**	**54517**	**53836**	**7597504**	**7816587**
石家庄市	26249	28049	68139	67267	1788573	1886764
唐山市	20697	21139	57067	57864	1181110	1223187
秦皇岛市	3815	3417	46123	42639	175961	145699
邯郸市	18100	18610	50552	52859	914995	983711
邢台市	5559	5406	36515	37360	202986	201969
保定市	16782	16657	45213	47738	758765	795169
张家口市	8437	8149	78915	76785	665802	625719
承德市	4914	5676	30684	31610	150783	179419
沧州市	9495	10657	40126	34957	380993	372536
廊坊市	13155	13755	52755	46065	693997	633629
衡水市	12158	13677	56221	56210	683539	768785

2–2–8续2　各市蔬菜播种面积和产量

单位：公顷、公斤/公顷、吨

名　　称	#芹　　菜					
	播种面积		播种单产		总　产　量	
	2011年	2012年	2011年	2012年	2011年	2012年
全　省	**44223**	**45644**	**61705**	**61616**	**2728759**	**2812398**
石家庄市	4840	5052	70505	70778	341246	357568
唐　山　市	8320	8689	58451	60897	486309	529133
秦皇岛市	735	839	56494	55992	41523	46977
邯　郸　市	5617	5720	69636	68930	391148	394280
邢　台　市	1077	788	35430	42609	38158	33576
保　定　市	4526	4837	48889	47577	221271	230132
张家口市	5970	5964	87463	86740	522156	517318
承　德　市	1728	1983	40381	44398	69778	88042
沧　州　市	3364	3493	54078	51930	181920	181392
廊　坊　市	5487	5709	54625	51995	299725	296840
衡　水　市	2559	2570	52960	53362	135525	137140

2–2–8续3　各市蔬菜播种面积和产量

单位：公顷、公斤/公顷、吨

名　　称	#油　　菜					
	播种面积		播种单产		总　产　量	
	2011年	2012年	2011年	2012年	2011年	2012年
全　省	**13822**	**14859**	**48686**	**47664**	**672940**	**708239**
石家庄市	4088	4203	67835	67384	277308	283215
唐　山　市	1354	1507	48688	49829	65923	75092
秦皇岛市	392	469	40773	35938	15983	16855
邯　郸　市	2022	2213	38807	34698	78467	76787
邢　台　市	281	384	37249	30807	10467	11830
保　定　市	1518	1566	40536	43005	61533	67346
张家口市	375	624	51661	50920	19373	31774
承　德　市	654	763	28037	30024	18336	22908
沧　州　市	742	760	33954	31782	25194	24154
廊　坊　市	1463	1447	41090	41352	60115	59837
衡　水　市	933	923	43131	41648	40241	38441

2–2–8续4 各市蔬菜播种面积和产量

单位：公顷、公斤/公顷、吨

名称	#菠菜					
	播种面积		播种单产		总产量	
	2011年	2012年	2011年	2012年	2011年	2012年
全省	**67249**	**69933**	**48524**	**48523**	**3263164**	**3393346**
石家庄市	15998	16414	64340	64492	1029309	1058571
唐山市	8781	8826	49769	53637	437025	473396
秦皇岛市	1483	1684	42382	40346	62852	67942
邯郸市	9832	10123	41392	40755	406968	412560
邢台市	4201	4206	36744	36944	154361	155387
保定市	9046	9567	44170	45994	399564	440021
张家口市	1325	1519	49551	49346	65655	74956
承德市	2444	2783	24099	22504	58898	62628
沧州市	3586	4003	30216	24229	108353	96988
廊坊市	3324	3354	40136	38724	133413	129881
衡水市	7229	7454	56269	56482	406766	421016

2–2–8续5 各市蔬菜播种面积和产量

单位：公顷、公斤/公顷、吨

名称	2.白菜类					
	播种面积		播种单产		总产量	
	2011年	2012年	2011年	2012年	2011年	2012年
全省	**244435**	**246598**	**77135**	**76981**	**18854570**	**18983452**
石家庄市	30136	29721	93003	93750	2802737	2786342
唐山市	33621	35703	90050	88351	3027583	3154410
秦皇岛市	14019	14550	81203	83100	1138389	1209100
邯郸市	19254	19519	71758	69995	1381625	1366238
邢台市	17678	18760	65850	65984	1164089	1237859
保定市	39917	37885	75780	73950	3024911	2801581
张家口市	24587	22953	82563	85644	2029967	1965787
承德市	16923	17838	54084	55486	915259	989760
沧州市	21682	22214	67598	68976	1465664	1532229
廊坊市	15223	16174	77732	75941	1183315	1228267
衡水市	11395	11281	63276	63104	721031	711879

2-2-8续6 各市蔬菜播种面积和产量

单位：公顷、公斤/公顷、吨

名 称	#大白菜					
	播种面积		播种单产		总产量	
	2011年	2012年	2011年	2012年	2011年	2012年
全 省	**241358**	**244695**	**77144**	**76880**	**18619361**	**18812111**
石家庄市	29934	29616	93502	93744	2798882	2776329
唐山市	32406	35645	90012	88407	2916931	3151274
秦皇岛市	13632	14523	83316	83168	1135760	1207847
邯郸市	19172	19486	71691	70045	1374453	1364901
邢台市	17678	18760	65850	65984	1164089	1237856
保定市	39278	37543	76092	74149	2988747	2783763
张家口市	24508	22684	80879	83861	1982182	1902299
承德市	16820	17466	54325	55779	913742	974230
沧州市	21385	22139	67462	69065	1442677	1529026
廊坊市	15220	15722	77744	75266	1183270	1183329
衡水市	11325	11111	63455	63114	718628	701257

2-2-8续7 各市蔬菜播种面积和产量

单位：公顷、公斤/公顷、吨

名 称	3.甘蓝类					
	播种面积		播种单产		总产量	
	2011年	2012年	2011年	2012年	2011年	2012年
全 省	**81439**	**85431**	**66270**	**67617**	**5396931**	**5776567**
石家庄市	9522	9203	88198	90298	839819	831011
唐山市	12292	12572	76084	78683	935226	989208
秦皇岛市	4284	4919	56110	62528	240376	307573
邯郸市	14038	14236	69225	67951	971783	967353
邢台市	2137	1843	53787	57149	114942	105326
保定市	7869	7783	64894	66301	510651	516020
张家口市	14564	17876	63071	64791	918561	1158211
承德市	6713	7014	51996	54417	349047	381678
沧州市	1893	2151	38084	37133	72093	79873
廊坊市	5361	5030	56870	58999	304882	296765
衡水市	2766	2804	50452	51194	139551	143549

2-2-8续8 各市蔬菜播种面积和产量

单位：公顷、公斤/公顷、吨

名称	#卷心（圆白）菜					
	播种面积		播种单产		总产量	
	2011年	2012年	2011年	2012年	2011年	2012年
全省	**81439**	**84347**	**66270**	**67401**	**5396931**	**5685051**
石家庄市	9522	9203	88198	90298	839819	831011
唐山市	12292	12569	76084	78679	935226	988915
秦皇岛市	4284	4187	56110	66099	240376	276757
邯郸市	14038	14236	69225	67951	971783	967353
邢台市	2137	1843	53787	57149	114942	105326
保定市	7869	7735	64894	60376	510651	467007
张家口市	14564	17843	63071	64810	918561	1156411
承德市	6713	7012	51996	54416	349047	381563
沧州市	1893	1920	38084	37617	72093	72224
廊坊市	5361	5030	56870	58997	304882	296755
衡水市	2766	2769	50452	51184	139551	141729

2-2-8续9 各市蔬菜播种面积和产量

单位：公顷、公斤/公顷、吨

名称	4.根茎类					
	播种面积		播种单产		总产量	
	2011年	2012年	2011年	2012年	2011年	2012年
全省	**84903**	**86284**	**60560**	**61687**	**5141742**	**5322573**
石家庄市	10330	10590	78553	81153	811452	859405
唐山市	9272	9447	65920	66459	611212	627837
秦皇岛市	3286	3345	59003	54832	193883	183414
邯郸市	6960	7309	70291	72481	489223	529763
邢台市	2655	2492	41029	45322	108932	112943
保定市	19206	19506	50716	51695	974061	1008371
张家口市	7944	8468	60397	59923	479790	507432
承德市	9415	9243	51173	52109	481795	481645
沧州市	2309	2493	57253	57392	132197	143079
廊坊市	10801	10816	64266	66189	694137	715898
衡水市	2725	2575	60572	59334	165060	152786

2-2-8续10　各市蔬菜播种面积和产量

单位：公顷、公斤/公顷、吨

名　称	#白　萝　卜					
	播种面积		播种单产		总　产　量	
	2011年	2012年	2011年	2012年	2011年	2012年
全　省	**39193**	**40871**	**66148**	**67118**	**2592525**	**2743163**
石家庄市	7221	7488	84031	84632	606786	633727
唐 山 市	3647	4653	71375	70899	260303	329894
秦皇岛市	1613	1663	59388	58382	95793	97090
邯 郸 市	5262	5484	72424	74459	381093	408331
邢 台 市	1843	1923	43028	45900	79300	88266
保 定 市	5134	5220	55472	55909	284793	291846
张家口市	4542	4602	71406	69925	324324	321795
承 德 市	2171	2280	47796	51254	103765	116860
沧 州 市	1541	1732	57670	59070	88870	102309
廊 坊 市	4711	4506	58095	61501	273684	277123
衡 水 市	1508	1320	62211	57517	93814	75922

2-2-8续11　各市蔬菜播种面积和产量

单位：公顷、公斤/公顷、吨

名　称	#胡　萝　卜					
	播种面积		播种单产		总　产　量	
	2011年	2012年	2011年	2012年	2011年	2012年
全　省	**28422**	**28718**	**59854**	**60598**	**1701174**	**1740254**
石家庄市	2874	2843	65956	68777	189557	195532
唐 山 市	2063	1930	65139	65170	134381	125778
秦皇岛市	551	599	55808	60513	30750	36247
邯 郸 市	1365	1521	57116	58185	77963	88499
邢 台 市	612	569	43946	43369	26895	24677
保 定 市	4519	4541	64471	62792	291346	285137
张家口市	3061	3451	45791	49051	140167	169275
承 德 市	7198	6933	52231	52471	375960	363778
沧 州 市	305	318	44102	42321	13451	13458
廊 坊 市	5018	5136	74261	75767	372644	389140
衡 水 市	856	877	56145	55568	48060	48733

2-2-8续12 各市蔬菜播种面积和产量

单位：公顷、公斤/公顷、吨

名称	#生姜					
	播种面积		播种单产		总产量	
	2011年	2012年	2011年	2012年	2011年	2012年
全省	**1727**	**2272**	**60446**	**56315**	**104391**	**127948**
石家庄市	3		40000		120	
唐山市	551	1074	63702	66359	35100	71270
秦皇岛市	1120	1081	60057	46234	67264	49979
邯郸市	24	23	27792	26783	667	616
邢台市						
保定市						
张家口市						
承德市						
沧州市	24	46	35000	59543	840	2739
廊坊市	5	48	80000	69667	400	3344
衡水市						

2-2-8续13 各市蔬菜播种面积和产量

单位：公顷、公斤/公顷、吨

名称	5.瓜菜类					
	播种面积		播种单产		总产量	
	2011年	2012年	2011年	2012年	2011年	2012年
全省	**152401**	**160622**	**70137**	**70647**	**10688956**	**11347518**
石家庄市	19060	20143	84434	81861	1609320	1648918
唐山市	24494	25334	86997	85351	2130907	2162294
秦皇岛市	5090	5566	70760	73474	360167	408957
邯郸市	16062	16586	63449	63263	1019118	1049282
邢台市	5662	5815	49144	50260	278251	292264
保定市	15321	16665	57329	58119	878340	968560
张家口市	2846	3934	60356	57978	171773	228087
承德市	8791	9328	43787	45406	384929	423549
沧州市	19897	21051	84686	86281	1685001	1816297
廊坊市	21087	22112	66367	70025	1399471	1548382
衡水市	14091	14088	54764	56852	771679	800928

2-2-8续14 各市蔬菜播种面积和产量

单位：公顷、公斤/公顷、吨

名　称	#黄　瓜					
	播种面积		播种单产		总　产　量	
	2011年	2012年	2011年	2012年	2011年	2012年
全　省	**121200**	**127444**	**71789**	**72439**	**8700812**	**9231953**
石家庄市	12589	13180	85431	82251	1075489	1084073
唐 山 市	20628	21812	89796	86953	1852314	1896619
秦皇岛市	4385	4860	73793	76750	323582	373004
邯 郸 市	11059	11215	64529	64370	713629	721907
邢 台 市	3721	3888	45894	47526	170772	184783
保 定 市	11983	12845	57107	58276	684312	748552
张家口市	1589	2087	61769	62524	98151	130488
承 德 市	7206	7566	46100	47468	332196	359143
沧 州 市	18571	19552	86636	88991	1608923	1739959
廊 坊 市	18874	19729	66482	70927	1254788	1399312
衡 水 市	10595	10710	55371	55473	586656	594113

2-2-8续15 各市蔬菜播种面积和产量

单位：公顷、公斤/公顷、吨

名　称	#南　瓜					
	播种面积		播种单产		总　产　量	
	2011年	2012年	2011年	2012年	2011年	2012年
全　省	**563**	**1644**	**43012**	**41058**	**24216**	**67499**
石家庄市	65	305	54431	40443	3538	12335
唐 山 市	8	12	48375	45750	387	549
秦皇岛市	21	25	30857	30040	648	751
邯 郸 市	59	337	38390	40493	2265	13646
邢 台 市	25	147	30400	48735	760	7164
保 定 市	15	291	78333	42498	1175	12367
张家口市	26	116	17346	32362	451	3754
承 德 市	94	135	25043	32585	2354	4399
沧 州 市	36	110	55333	42673	1992	4694
廊 坊 市	2	52	42500	33846	85	1760
衡 水 市	212	114	49816	53333	10561	6080

2–2–8续16 各市蔬菜播种面积和产量

单位：公顷、公斤/公顷、吨

名称	#西葫芦					
	播种面积		播种单产		总产量	
	2011年	2012年	2011年	2012年	2011年	2012年
全省	**28056**	**29422**	**60515**	**60204**	**1697797**	**1771334**
石家庄市	5420	5676	74762	75026	405208	425848
唐山市	3813	3484	72766	73675	277456	256684
秦皇岛市	680	678	52616	51764	35779	35096
邯郸市	4852	4949	57899	58684	280927	290428
邢台市	1916	1777	55699	56453	106719	100317
保定市	3136	3315	54998	55616	172474	184368
张家口市	1172	1716	57789	54150	67729	92921
承德市	1417	1571	33307	34344	47196	53954
沧州市	1245	1353	48355	51551	60202	69748
廊坊市	1780	1721	57151	58891	101729	101352
衡水市	2625	3182	54239	50477	142378	160618

2–2–8续17 各市蔬菜播种面积和产量

单位：公顷、公斤/公顷、吨

名称	6.豆类（菜用）					
	播种面积		播种单产		总产量	
	2011年	2012年	2011年	2012年	2011年	2012年
全省	**60999**	**65110**	**43368**	**43221**	**2645383**	**2814088**
石家庄市	7122	7318	50881	51901	362375	379815
唐山市	12738	13537	60391	59552	769261	806159
秦皇岛市	4004	4500	40342	36912	161528	166103
邯郸市	3708	3682	43255	44026	160390	162103
邢台市	2074	2276	30631	30738	63529	69959
保定市	10551	10650	35105	36948	370398	393497
张家口市	7333	8748	32819	33147	240662	289968
承德市	1815	2266	23886	24489	43353	55491
沧州市	2257	2470	39350	40319	88812	99587
廊坊市	5389	5480	41142	41191	221713	225729
衡水市	4008	4183	40759	39607	163362	165677

2-2-8续18 各市蔬菜播种面积和产量

单位：公顷、公斤/公顷、吨

名称	#豇豆					
	播种面积		播种单产		总产量	
	2011年	2012年	2011年	2012年	2011年	2012年
全省	**8868**	**10548**	**42711**	**43597**	**378760**	**459859**
石家庄市	1828	1951	42333	44428	77384	86680
唐山市	561	992	54895	55780	30796	55334
秦皇岛市	247	309	40599	40725	10028	12584
邯郸市	1517	1447	45869	45963	69584	66509
邢台市	564	621	35762	33589	20170	20859
保定市	1103	1383	41864	42823	46176	59224
张家口市	27	13	23926	29923	646	389
承德市	58	72	31483	31639	1826	2278
沧州市	968	1016	41178	41920	39860	42591
廊坊市	725	1421	37713	39651	27342	56344
衡水市	1270	1323	43266	43135	54948	57067

2-2-8续19 各市蔬菜播种面积和产量

单位：公顷、公斤/公顷、吨

名称	#四季豆					
	播种面积		播种单产		总产量	
	2011年	2012年	2011年	2012年	2011年	2012年
全省	**51055**	**53195**	**43311**	**43224**	**2211222**	**2299284**
石家庄市	5293	5297	53843	54401	284991	288161
唐山市	11976	12492	60517	59872	724747	747916
秦皇岛市	3754	4190	40319	36638	151357	153512
邯郸市	2185	2186	41467	41611	90605	90961
邢台市	1509	1652	28704	29718	43314	49094
保定市	8937	8832	34136	35562	305072	314080
张家口市	7145	8206	33300	34859	237928	286056
承德市	1595	1972	21691	22481	34597	44333
沧州市	1265	1450	37115	39225	46951	56876
廊坊市	4663	4058	39338	39351	183434	159685
衡水市	2733	2860	39600	37976	108226	108610

2-2-8续20 各市蔬菜播种面积和产量

单位：公顷、公斤/公顷、吨

名　称	7.茄 果 类					
	播种面积		播种单产		总 产 量	
	2011年	2012年	2011年	2012年	2011年	2012年
全　省	**194738**	**201531**	**58778**	**60181**	**11446266**	**12128283**
石家庄市	23131	24716	73466	74637	1699347	1844720
唐 山 市	34610	35285	75831	74050	2624498	2612852
秦皇岛市	4686	4876	62025	58830	290647	286853
邯 郸 市	20216	21558	58449	58730	1181615	1266102
邢 台 市	12609	13424	50223	50426	633260	676925
保 定 市	27487	29559	53548	55549	1471870	1641983
张家口市	8279	9865	62388	63265	516507	624107
承 德 市	6103	6206	39697	37466	242273	232517
沧 州 市	15933	13393	47726	58718	760418	786407
廊 坊 市	18145	19342	63843	65288	1158427	1262795
衡 水 市	23539	23307	36850	38316	867404	893022

2-2-8续21 各市蔬菜播种面积和产量

单位：公顷、公斤/公顷、吨

名　称	#茄　子					
	播种面积		播种单产		总 产 量	
	2011年	2012年	2011年	2012年	2011年	2012年
全　省	**51962**	**53287**	**55615**	**56550**	**2889857**	**3013403**
石家庄市	7212	7511	72079	72107	519834	541593
唐 山 市	6512	6592	68353	67937	445115	447841
秦皇岛市	1030	956	51208	40971	52744	39168
邯 郸 市	6209	6259	58826	59192	365252	370484
邢 台 市	3167	3202	43326	43368	137212	138863
保 定 市	8354	8660	53630	55648	448023	481912
张家口市	1982	2408	52560	56274	104174	135508
承 德 市	2535	2599	29642	30466	75142	79181
沧 州 市	4291	4500	46986	48008	201619	216036
廊 坊 市	4207	4346	54077	57753	227503	250995
衡 水 市	6463	6254	48467	49860	313239	311822

2-2-8续22 各市蔬菜播种面积和产量

单位：公顷、公斤/公顷、吨

名 称	#辣 椒					
	播种面积		播种单产		总 产 量	
	2011年	2012年	2011年	2012年	2011年	2012年
全 省	**40673**	**45975**	**40742**	**44327**	**1657119**	**2037926**
石家庄市	3965	4672	66594	65080	264044	304054
唐 山 市	6346	7344	61629	62409	391096	458335
秦皇岛市	551	605	38303	32706	21105	19787
邯 郸 市	5725	6876	41284	44202	236351	303931
邢 台 市	2868	3508	40867	38950	117207	136637
保 定 市	5144	5974	32660	40379	168001	241225
张家口市	2143	2582	56639	60500	121377	156212
承 德 市	893	1049	25156	26572	22464	27874
沧 州 市	4667	1957	14512	36390	67727	71216
廊 坊 市	2284	2791	51454	55656	117522	155335
衡 水 市	6087	8617	21394	18953	130225	163320

2-2-8续23 各市蔬菜播种面积和产量

单位：公顷、公斤/公顷、吨

名 称	#西 红 柿					
	播种面积		播种单产		总 产 量	
	2011年	2012年	2011年	2012年	2011年	2012年
全 省	**96851**	**101075**	**68835**	**69211**	**6666728**	**6995467**
石家庄市	11602	12533	76569	79659	888350	998370
唐 山 市	20723	21322	82684	79892	1713461	1703451
秦皇岛市	3103	3309	69834	68848	216694	227817
邯 郸 市	7617	7845	72475	71737	552041	562780
邢 台 市	6574	6713	57627	59795	378841	401402
保 定 市	13690	14877	59623	61045	816233	908173
张家口市	4128	4647	64834	69237	267635	321745
承 德 市	2661	2545	52368	47325	139350	120442
沧 州 市	6858	6925	69003	71767	473220	496989
廊 坊 市	11618	12093	69695	70141	809711	848211
衡 水 市	8277	8266	49679	49127	411192	406087

2–2–8续24 各市蔬菜播种面积和产量

单位：公顷、公斤/公顷、吨

名称	8.葱蒜类					
	播种面积		播种单产		总产量	
	2011年	2012年	2011年	2012年	2011年	2012年
全省	**132539**	**136473**	**55550**	**54924**	**7362599**	**7495639**
石家庄市	17900	18109	73042	72318	1307456	1309615
唐山市	15403	17140	70331	67228	1083315	1152295
秦皇岛市	4124	4213	50255	49294	207253	207674
邯郸市	32495	31586	51913	50946	1686923	1609192
邢台市	7351	7733	51655	51269	379719	396465
保定市	13163	13705	50607	50758	666144	695636
张家口市	5373	6654	38509	37222	206907	247675
承德市	3727	4105	31146	31530	116083	129431
沧州市	8676	8780	43256	44170	375292	387816
廊坊市	14472	14552	51860	53456	750522	777888
衡水市	9855	9896	59156	58807	582985	581952

2–2–8续25 各市蔬菜播种面积和产量

单位：公顷、公斤/公顷、吨

名称	#大葱					
	播种面积		播种单产		总产量	
	2011年	2012年	2011年	2012年	2011年	2012年
全省	**53953**	**54886**	**60761**	**59591**	**3278251**	**3270713**
石家庄市	7057	7446	79736	78710	562698	586074
唐山市	8157	8996	73832	68424	602251	615544
秦皇岛市	1713	1713	47019	43941	80544	75271
邯郸市	6774	5586	70658	68746	478637	384016
邢台市	3885	4122	60864	60212	236458	248194
保定市	7510	7827	55154	54655	414205	427785
张家口市	3355	3575	38690	38110	129805	136244
承德市	2644	2934	34500	34384	91219	100884
沧州市	4304	4257	47323	47337	203678	201512
廊坊市	3939	3962	54773	59785	215752	236869
衡水市	4615	4468	56989	57816	263004	258320

2–2–8续26 各市蔬菜播种面积和产量

单位：公顷、公斤/公顷、吨

名 称	#蒜 头					
	播种面积		播种单产		总 产 量	
	2011年	2012年	2011年	2012年	2011年	2012年
全 省	**31476**	**31692**	**43065**	**44008**	**1355506**	**1394707**
石家庄市	4274	3903	66506	71715	284248	279903
唐 山 市	877	842	32764	31452	28734	26483
秦皇岛市	361	332	43452	43377	15686	14401
邯 郸 市	17050	17079	38995	39407	664862	673034
邢 台 市	677	761	41997	39589	28432	30127
保 定 市	2760	2885	45209	44306	124777	127824
张家口市	1025	1302	21293	36402	21825	47395
承 德 市	409	464	21328	20825	8723	9663
沧 州 市	1086	1028	30290	29931	32895	30769
廊 坊 市	1205	1235	44621	45981	53768	56786
衡 水 市	1752	1861	52258	52833	91556	98322

2–2–8续27 各市蔬菜播种面积和产量

单位：公顷、公斤/公顷、吨

名 称	#韭 菜					
	播种面积		播种单产		总 产 量	
	2011年	2012年	2011年	2012年	2011年	2012年
全 省	**39864**	**42795**	**55195**	**55152**	**2200313**	**2360250**
石家庄市	5513	5706	67114	68915	370000	393227
唐 山 市	6306	7241	70364	69367	443716	502286
秦皇岛市	1859	1988	58258	58061	108301	115426
邯 郸 市	3335	3563	46959	47421	156607	168960
邢 台 市	2789	2849	41172	41468	114829	118143
保 定 市	2689	2993	46930	45921	126196	137443
张家口市	741	1450	46161	35611	34205	51636
承 德 市	652	697	24212	24944	15786	17386
沧 州 市	3256	3479	42329	43258	137824	150496
廊 坊 市	9236	9346	51258	51705	473417	483233
衡 水 市	3488	3483	62911	63742	219432	222014

2–2–8续28 各市蔬菜播种面积和产量

单位：公顷、公斤/公顷、吨

名 称	9.水生菜类					
	播种面积		播种单产		总产量	
	2011年	2012年	2011年	2012年	2011年	2012年
全 省	**317**	**594**	**37817**	**45012**	**11988**	**26737**
石家庄市		25		47000		1175
唐 山 市		207		59420		12300
秦皇岛市	34	66	38000	38636	1292	2550
邯 郸 市	56	65	32089	33138	1797	2154
邢 台 市	137	137	33394	34708	4575	4755
保 定 市	85	88	49929	41602	4244	3661
张家口市						
承 德 市						
沧 州 市	5	6	16000	23667	80	142
廊 坊 市						
衡 水 市						

2–2–8续29 各市蔬菜播种面积和产量

单位：公顷、公斤/公顷、吨

名 称	#莲藕					
	播种面积		播种单产		总产量	
	2011年	2012年	2011年	2012年	2011年	2012年
全 省	**258**	**290**	**39287**	**36448**	**10136**	**10570**
石家庄市						
唐 山 市						
秦皇岛市						
邯 郸 市	56	65	32089	33138	1797	2154
邢 台 市	137	137	33394	34708	4575	4755
保 定 市	65	88	57908	41602	3764	3661
张家口市						
承 德 市						
沧 州 市						
廊 坊 市						
衡 水 市						

2–2–8续30 各市蔬菜播种面积和产量

单位：公顷、公斤/公顷、吨

名称	10.其他蔬菜					
	播种面积		播种单产		总产量	
	2011年	2012年	2011年	2012年	2011年	2012年
全省	**66731**	**75167**	**53653**	**52696**	**3580344**	**3960971**
石家庄市	10085	10497	82436	79075	831368	830050
唐山市	19086	16953	56108	61605	1070872	1044395
秦皇岛市	1874	1782	51892	55718	97245	99290
邯郸市	1957	4095	47422	57386	92805	234994
邢台市	4439	5749	44517	41946	197612	241146
保定市	7707	7387	43714	48731	336903	359977
张家口市	10098	12651	52065	57441	525754	726681
承德市	7216	7700	26643	26559	192258	204503
沧州市	551	4146	28074	9037	15469	37468
廊坊市	1455	1781	64632	29477	94040	52499
衡水市	2263	2426	55686	53573	126018	129968

2–2–8续31 各市蔬菜播种面积和产量

单位：吨

名称	11.食用菌							
	合计		#香菇(干品)		#黑木耳(干品)		#蘑菇(鲜品)	
	2011年	2012年	2011年	2012年	2011年	2012年	2011年	2012年
全省	**1116739**	**1278908**	**51233**	**52917**	**8811**	**7451**	**1039559**	**1204962**
石家庄市	167158	175798	621	420	490	280	166022	175073
唐山市	172022	178437	11470	10424	79	49	153293	167960
秦皇岛市	6597	7166	562	847	15	21	6020	6298
邯郸市	171276	209525	33	2856	1613	1576	169372	200794
邢台市	83396	88591	17	40			83379	88521
保定市	126857	131814	3423	5671	2619	4241	112514	114907
张家口市	10379	14725	25	1000	100		10254	11575
承德市	314129	410145	34831	31501	3880	1272	274666	377297
沧州市	27989	26646					27989	26646
廊坊市	4831	4030	251	158	15	12	4565	3860
衡水市	32105	32031					31485	32031

2–2–9 各市瓜果类播种面积和产量

单位：公顷、公斤/公顷、吨

名称	瓜果类合计					
	播种面积		播种单产		总产量	
	2011年	2012年	2011年	2012年	2011年	2012年
全省	**105222**	**106738**	**48857**	**49547**	**5140816**	**5288582**
石家庄市	10127	9859	55368	54934	560715	541590
唐山市	14210	14862	58738	59274	834662	880929
秦皇岛市	837	984	41121	42852	34418	42166
邯郸市	7941	7667	44262	44416	351483	340535
邢台市	5043	5845	28497	30448	143711	177968
保定市	22961	22832	47843	48685	1098521	1111571
张家口市	5095	4743	32475	32078	165459	152145
承德市	251	350	34618	31109	8689	10888
沧州市	13622	13846	40696	41565	554355	575514
廊坊市	12455	12755	53232	53746	663001	685535
衡水市	12680	12995	57240	59234	725802	769741

2–2–9续1 各市瓜果类播种面积和产量

单位：公顷、公斤/公顷、吨

名称	#西瓜					
	播种面积		播种单产		总产量	
	2011年	2012年	2011年	2012年	2011年	2012年
全省	**74158**	**74188**	**52558**	**53243**	**3897585**	**3950023**
石家庄市	8857	8410	58804	58289	520829	490211
唐山市	6414	6414	59157	60445	379433	387696
秦皇岛市	71	82	74113	78561	5262	6442
邯郸市	5084	4921	49111	49111	249678	241673
邢台市	4579	5359	29488	31235	135024	167387
保定市	14853	14695	56749	57408	842886	843611
张家口市	3194	3031	37900	36568	121054	110839
承德市	79	95	56494	55600	4463	5282
沧州市	10747	10430	42148	43075	452962	449270
廊坊市	8249	8501	59771	60080	493051	510740
衡水市	12031	12250	57596	60153	692943	736872

2-2-9续2 各市瓜果类播种面积和产量

单位：公顷、公斤/公顷、吨

名 称	#甜 瓜					
	播种面积		播种单产		总 产 量	
	2011年	2012年	2011年	2012年	2011年	2012年
全 省	**16904**	**18141**	**44923**	**46756**	**759386**	**848203**
石家庄市	606	830	26129	34866	15834	28939
唐 山 市	6481	7046	63166	63416	409380	446827
秦皇岛市	82	114	47183	49307	3869	5621
邯 郸 市	554	540	35686	38306	19770	20685
邢 台 市	455	474	18741	22004	8527	10430
保 定 市	925	981	37362	38876	34560	38137
张家口市	1557	1281	23644	23066	36813	29547
承 德 市	112	105	30955	31029	3467	3258
沧 州 市	2612	3363	32809	37473	85697	126021
廊 坊 市	2905	2720	38507	39435	111864	107262
衡 水 市	615	687	48138	45817	29605	31476

2-2-9续3 各市瓜果类播种面积和产量

单位：公顷、公斤/公顷、吨

名 称	#草 莓					
	播种面积		播种单产		总 产 量	
	2011年	2012年	2011年	2012年	2011年	2012年
全 省	**12340**	**12350**	**31828**	**32165**	**392754**	**397242**
石家庄市	656	618	36665	36311	24052	22440
唐 山 市	1311	1401	34822	33123	45652	46406
秦皇岛市	684	788	36969	38202	25287	30103
邯 郸 市	2099	1905	34319	34303	72035	65348
邢 台 市	9	10	17778	15100	160	151
保 定 市	7138	7146	30461	31381	217428	224247
张家口市	292	296	17921	16655	5233	4930
承 德 市	60	82	10167	11244	610	922
沧 州 市	10	11	18500	17636	185	194
廊 坊 市	50	50	19860	25600	993	1280
衡 水 市	31	43	36097	28395	1119	1221

2-2-10 各市特种农作物生产

名称	1.花卉种植面积(公顷)		2.鲜切花(万枝)		3.盆栽观赏植物(盆)	
	2011年	2012年	2011年	2012年	2011年	2012年
全省	**10536**	**12083**	**16764**	**21814**	**40217170**	**40675277**
石家庄市	917	928	324	533	8582788	8081362
唐山市	939	979	9434	14059	4988804	6146709
秦皇岛市	268	297	45	62	6446000	6867000
邯郸市	646	566	428	184	1191121	997500
邢台市	225	221	636	539	2336242	2258684
保定市	4780	5770	1119	1204	928591	927610
张家口市	74	73	31	41	583000	360000
承德市	521	1031	2073	2163	2044700	2340919
沧州市	115	131	248	456	4649851	4168933
廊坊市	1980	2009	2419	2547	7856073	7862560
衡水市	71	78	7	26	610000	664000

2-2-10续 各市特种农作物生产

单位：吨

名称	4.香料		#花椒	
	2011年	2012年	2011年	2012年
全省	**11513**	**11045**	**11513**	**11045**
石家庄市	4211	3892	4211	3892
唐山市	73	54	73	54
秦皇岛市	60	52	60	52
邯郸市	6313	6057	6313	6057
邢台市	8	3	8	3
保定市	531	359	531	359
张家口市	7	7	7	7
承德市	310	607	310	607
沧州市				
廊坊市		14		14
衡水市				

2–2–11 各市设施农业生产

名 称	一、设施蔬菜生产				#芹 菜			
	蔬菜种植面积(公顷)		蔬菜产量(吨)		种植面积(公顷)		产量(吨)	
	2011年	2012年	2011年	2012年	2011年	2012年	2011年	2012年
全 省	**323313**	**336066**	**20506949**	**22420994**	**19514**	**20171**	**1083205**	**1212049**
石家庄市	53034	57785	3619639	4518171	1889	2753	104639	208875
唐 山 市	60103	62559	4486682	4684513	4916	5243	279309	309933
秦皇岛市	9775	10872	647898	750309	455	576	28520	35123
邯 郸 市	51277	49671	2877815	3111691	4167	2723	222410	186701
邢 台 市	8324	9445	461476	553798	315	303	15028	14403
保 定 市	27020	26020	1512281	1531400	1689	1631	83149	83403
张家口市	9018	9369	587528	706050	619	900	46111	68101
承 德 市	6552	6158	365697	381432	236	181	9514	8601
沧 州 市	32985	32630	2242792	2381924	1830	1543	116593	101264
廊 坊 市	39913	41461	2566602	2566356	2318	3125	130884	150776
衡 水 市	25312	30096	1138539	1235350	1080	1193	47048	44869

注：设施包括温室、大棚和中小棚。

2–2–11续1 各市设施农业生产

名 称	#油 菜				#菠 菜			
	种植面积(公顷)		产量(吨)		种植面积(公顷)		产量(吨)	
	2011年	2012年	2011年	2012年	2011年	2012年	2011年	2012年
全 省	**6791**	**6962**	**319624**	**349326**	**20135**	**21683**	**939739**	**1153217**
石家庄市	2870	2463	158426	164886	7269	7983	438615	567421
唐 山 市	745	774	36478	35836	2183	2525	117926	145563
秦皇岛市	201	293	7054	10745	343	366	11981	15206
邯 郸 市	788	1270	33287	41640	3501	3334	117739	153743
邢 台 市	49	51	3131	3146	467	477	15237	15870
保 定 市	494	477	16046	23684	1958	1720	69590	79736
张家口市	232	315	13440	19058	316	265	17545	19359
承 德 市	71	100	2664	3748	216	250	7009	8042
沧 州 市	303	155	9400	5252	971	985	23404	26850
廊 坊 市	644	652	24372	27756	1510	1519	55408	53830
衡 水 市	394	412	15326	13575	1401	2259	65285	67597

2-2-11续2 各市设施农业生产

名称	#黄瓜				#西红柿			
	种植面积(公顷)		产量(吨)		种植面积(公顷)		产量(吨)	
	2011年	2012年	2011年	2012年	2011年	2012年	2011年	2012年
全省	**69547**	**69096**	**5055916**	**5238815**	**61872**	**59723**	**4282370**	**4257361**
石家庄市	8431	7491	681084	636274	8873	7317	648043	572257
唐山市	10706	11595	915485	1035568	15625	15261	1266772	1304354
秦皇岛市	2502	2998	230452	293421	1931	1998	144402	155593
邯郸市	8017	5868	503929	332694	4215	3194	296941	219218
邢台市	1390	1402	84162	84168	3540	3847	188367	227392
保定市	4764	4912	287198	285873	7926	8339	520619	537846
张家口市	756	873	46626	67153	1727	2106	119860	162111
承德市	3373	4071	180367	263969	873	982	37877	60453
沧州市	14005	12864	1187842	1166179	5136	4320	379961	326657
廊坊市	9646	10828	650640	784184	5961	6868	389923	422351
衡水市	5957	6194	288131	289332	6065	5491	289605	269129

2-2-11续3 各市设施农业生产

名称	#生姜				#辣椒			
	种植面积(公顷)		产量(吨)		种植面积(公顷)		产量(吨)	
	2011年	2012年	2011年	2012年	2011年	2012年	2011年	2012年
全省	**776**	**528**	**44857**	**38808**	**12159**	**11786**	**711736**	**681477**
石家庄市					3946	2048	254283	140507
唐山市	563	518	35920	38520	3022	3297	209627	225222
秦皇岛市	8	5	345	90	98	185	3518	6040
邯郸市					687	866	32742	43986
邢台市					159	284	7643	11554
保定市					1413	1503	68882	77023
张家口市					616	969	42878	72498
承德市					244	339	6495	10426
沧州市					404	471	14154	18531
廊坊市	5	5	212	198	688	1211	33524	50772
衡水市	200		8380		882	613	37990	24918

2–2–11续4　各市设施农业生产

名　称	二、设施瓜果类生产				#草莓				三、花卉苗木产量(万支)	
	瓜果类种植面积(公顷)		瓜果类产量(吨)		种植面积(公顷)		产　量(吨)			
	2011年	2012年	2011年	2012年	2011年	2012年	2011年	2012年	2011年	2012年
全　省	**42989**	**45816**	**2351938**	**2524533**	**5547**	**6686**	**156686**	**205383**	**3628**	**1993**
石家庄市	6557	6926	357885	381296	439	566	18177	21164	87	124
唐 山 市	7438	7766	504249	504727	299	406	17572	18298	557	262
秦皇岛市	690	828	27473	33793	604	714	23001	28068	323	53
邯 郸 市	2343	1611	112580	70542	731	731	14661	14670	14	25
邢 台 市	481	434	8145	8121					146	97
保 定 市	12896	13596	631262	680824	3403	4170	81165	120639	1109	79
张家口市	141	76	5920	2258	29	32	1408	1492		2
承 德 市	112	84	2773	845	24	52	40	486	126	121
沧 州 市	2754	3465	127301	178208	10	9	185	175	69	16
廊 坊 市	4549	4939	257932	273266	8	6	477	391	1147	1178
衡 水 市	5028	6091	316418	390653					50	36

2–2–11续5　各市设施农业生产

名　称	四、食用菌				#蘑菇（鲜品）				五、其他作物(公顷)	
	种植面积(公顷)		产量(吨)		种植面积(公顷)		产量(吨)			
	2011年	2012年	2011年	2012年	2011年	2012年	2011年	2012年	2011年	2012年
全　省	**11015**	**11944**	**1039585**	**1209854**	**9602**	**9477**	**988040**	**1124253**	**1868**	**2111**
石家庄市	876	816	147339	156021	859	788	146506	153726	679	600
唐 山 市	872	878	172208	176633	812	828	158330	164279	108	288
秦皇岛市	79	93	6539	7112	58	53	5772	6244	822	985
邯 郸 市	1867	2041	168887	206656	1799	1660	166234	188714	104	85
邢 台 市	663	732	76630	82496	649	709	75293	77992	62	
保 定 市	2336	2237	110893	108835	2183	1804	108101	98972	66	14
张家口市	106	154	10190	10765	106	134	10190	10615		134
承 德 市	2954	3836	294834	402749	1881	2480	266038	376786	14	1
沧 州 市	873	756	27802	24714	873	697	27802	23178	4	4
廊 坊 市	28	31	2319	1990	23	27	2192	1864		
衡 水 市	361	297	21944	21883	359	297	21582	21883	9	

2-2-12 各市水果及食用坚果生产

单位：吨

名称	一、园林水果产量		1.苹果		#红富士苹果		#国光苹果	
	2011年	2012年	2011年	2012年	2011年	2012年	2011年	2012年
全省	**12050753**	**12860377**	**2926425**	**3114632**	**1904746**	**1890431**	**250989**	**315202**
石家庄市	2188003	2355838	307756	314862	244837	262291	14970	7966
唐山市	1482420	1462365	495942	486859	323747	228864	6622	33897
秦皇岛市	764830	802715	297821	318657	244258	270200	17978	18913
邯郸市	647291	687774	179472	191293	116326	128288	16572	15403
邢台市	889002	1011499	171946	200431	129103	148454	7254	9168
保定市	1289998	1345234	181844	173414	122202	76278	4656	3391
张家口市	567188	614000	93389	92927	20420	20226	27616	26528
承德市	815050	935442	438135	517448	151110	138827	126335	174203
沧州市	1559793	1606812	148575	151790	112999	119007	12429	11141
廊坊市	575576	595306	151062	155613	99781	108871	9686	6486
衡水市	1271602	1443392	460483	511338	339963	389125	6871	8106

2-2-12续1 各市水果及食用坚果生产

单位：吨

名称	一、园林水果产量(续1)							
	2.梨		#雪花梨		#鸭梨		3.桃	
	2011年	2012年	2011年	2012年	2011年	2012年	2011年	2012年
全省	**4068629**	**4450544**	**845607**	**797070**	**1794191**	**1966434**	**1526760**	**1573161**
石家庄市	1408130	1569663	466092	414205	582165	723077	88596	91039
唐山市	185406	185363	19633	36225	13860	19045	477954	468507
秦皇岛市	93921	102969	11241	10507	3224	2270	142879	147778
邯郸市	204862	229189	17300	28461	156071	158218	140930	140989
邢台市	384784	438345	188808	159097	92132	68254	44889	45502
保定市	212999	212903	31476	25368	57734	51599	284017	313161
张家口市	31478	31799	6008	7182	20961	21874	14045	15142
承德市	102145	132695		7677		2986	11371	11381
沧州市	671381	684910	30349	32885	503953	516477	36438	36599
廊坊市	179587	178914	42213	42033	51063	40864	111355	113776
衡水市	593936	683794	32487	33430	313028	361770	174286	189287

2-2-12续2 各市水果及食用坚果生产

单位：吨

名 称	一、园林水果产量(续2)					
	4.猕 猴 桃		5.葡 萄		6.红 枣	
	2011年	2012年	2011年	2012年	2011年	2012年
全 省	**212**	**805**	**1125481**	**1241764**	**1253857**	**1258911**
石家庄市	92	750	70238	90585	247232	216794
唐 山 市			206452	206835	9156	10173
秦皇岛市			190495	194941	1046	1116
邯 郸 市	50		62096	68537	11410	11280
邢 台 市			73106	84904	86472	94401
保 定 市	70	55	68775	71467	130855	131629
张家口市			347214	388278	17261	17432
承 德 市			3358	3460	2290	3408
沧 州 市			18585	21173	681921	709391
廊 坊 市			72407	80305	44631	45562
衡 水 市			12755	31279	21583	17725

2-2-12续3 各市水果及食用坚果生产

单位：吨

名 称	一、园林水果产量(续3)					
	7.柿 子		8.杏		9.红 果	
	2011年	2012年	2011年	2012年	2011年	2012年
全 省	**470458**	**503927**	**233297**	**247677**	**275343**	**298783**
石家庄市	35168	35882	13469	16014	627	980
唐 山 市	43309	42425	19220	19698	20636	22549
秦皇岛市	787	772	7862	6338	7377	7371
邯 郸 市	25458	22358	8726	8880	470	399
邢 台 市	29039	40037	70491	72480	27828	34635
保 定 市	323441	349147	55432	59865	2675	2656
张家口市			29328	30596	984	1342
承 德 市	9163	9034	12459	12538	213649	227618
沧 州 市	545	635	2130	2171	65	37
廊 坊 市	3487	3576	6520	10280	370	314
衡 水 市	61	61	7660	8817	662	882

2-2-12续4 各市水果及食用坚果生产

单位:吨

名　称	一、园林水果产量(续4)		二、食用坚果产量			
	10.其　他		合　计		#核　桃	
	2011年	2012年	2011年	2012年	2011年	2012年
全　省	**170291**	**170173**	**336181**	**400706**	**96891**	**126636**
石家庄市	16695	19269	38560	39279	31613	33287
唐 山 市	24345	19956	78373	95399	13089	24326
秦皇岛市	22642	22773	28486	33249	3591	3709
邯 郸 市	13817	14849	19937	29006	19024	28106
邢 台 市	447	764	37837	41970	14725	17944
保 定 市	29890	30937	15028	20044	9245	11917
张家口市	33489	36484	18816	18734	769	804
承 德 市	22480	17860	99034	122889	4730	6414
沧 州 市	153	106				
廊 坊 市	6157	6966	110	136	105	129
衡 水 市	176	209				

2-2-12续5 各市水果及食用坚果生产

单位:吨

名　称	二、食用坚果产量(续1)					
	#板　栗		#松　子		#杏　扁	
	2011年	2012年	2011年	2012年	2011年	2012年
全　省	**208241**	**243925**		**3**	**23240**	**24278**
石家庄市	6743	5960			195	32
唐 山 市	63425	70619				
秦皇岛市	24669	29201		3	222	235
邯 郸 市	913	900				
邢 台 市	21919	22839			374	372
保 定 市	1073	1225			2290	3622
张家口市	1	1			16278	17149
承 德 市	89493	113173			3881	2868
沧 州 市						
廊 坊 市	5	7				
衡 水 市						

2-2-12续6 各市水果及食用坚果生产

单位:公顷

名 称	三、年末果园面积					
	合 计		#苹果园		#梨 园	
	2011年	2012年	2011年	2012年	2011年	2012年
全 省	**1047362**	**1051760**	**236743**	**235747**	**193390**	**193967**
石家庄市	165424	162231	17563	15321	49899	48719
唐 山 市	67263	66806	24728	24240	10860	10816
秦皇岛市	45657	45555	22103	21955	7358	7316
邯 郸 市	47208	45619	14390	14218	9445	9339
邢 台 市	74173	78859	17328	20024	18654	19406
保 定 市	129908	132992	12922	11263	11843	11837
张家口市	120370	117256	31455	28356	3177	3102
承 德 市	83381	92021	33187	37752	13309	14581
沧 州 市	175821	172185	15804	15345	30748	30857
廊 坊 市	67208	65080	15323	14359	16252	15729
衡 水 市	70949	73156	31940	32914	21845	22265

2-2-12续7 各市水果及食用坚果生产

单位:公顷

名 称	三、年末果园面积(续1)					
	#桃 园		#猕猴桃园		#葡 萄 园	
	2011年	2012年	2011年	2012年	2011年	2012年
全 省	**82643**	**81964**	**113**	**128**	**73728**	**76811**
石家庄市	4372	3997	103	100	4798	4880
唐 山 市	16353	15963			6517	6400
秦皇岛市	5676	5676			5760	5741
邯 郸 市	9009	8772	5		3881	4250
邢 台 市	2281	2256			7577	7316
保 定 市	16297	17126	5	4	2883	3359
张家口市	2242	2233			30525	32123
承 德 市	1045	1152			884	933
沧 州 市	3313	3333			1998	2083
廊 坊 市	10309	9713			7194	7182
衡 水 市	11746	11743		24	1711	2544

2–2–13 各市林业生产

单位：公顷

名称	一、荒山荒(沙)地造林面积		(一)按造林方式分					
			1.人工造林		2.飞机播种造林		3.无林地和疏林地新封	
	2011年	2012年	2011年	2012年	2011年	2012年	2011年	2012年
全省	**286423**	**312360**	**175906**	**209013**	**40665**	**20002**	**69852**	**83345**
石家庄市	24677	28039	16076	17332			8601	10707
唐山市	18802	21528	14420	15441			4382	6087
秦皇岛市	14901	22807	8234	5867			6667	16940
邯郸市	23752	27580	15752	17377			8000	10203
邢台市	14331	28178	12331	25778			2000	2400
保定市	46729	50962	24063	26495			22666	24467
张家口市	69866	66843	41667	50968	20665	6668	7534	9207
承德市	47581	44674	17579	28006	20000	13334	10002	3334
沧州市	10100	5888	10100	5888				
廊坊市	9213	8676	9213	8676				
衡水市	6471	7185	6471	7185				

2–2–13续1 各市林业生产

单位：公顷

名称	(二)按经济成份分							
	1.公有经济造林		(1)国有经济造林		(2)集体经济造林		2.非公有经济造林	
	2011年	2012年	2011年	2012年	2011年	2012年	2011年	2012年
全省	**125969**	**145827**	**30575**	**33151**	**95394**	**112676**	**160454**	**166533**
石家庄市	6678	11379		609	6678	10770	17999	16660
唐山市	4779	5169	3236	2080	1543	3089	14023	16359
秦皇岛市	8968	18474	4368	12806	4600	5668	5933	4333
邯郸市	4600	15770	1530	5665	3070	10105	19152	11810
邢台市	88	716			88	716	14243	27462
保定市	3332	2352	387	352	2945	2000	43397	48610
张家口市	65646	62343	10280	4131	55366	58212	4220	4500
承德市	30705	28924	9601	6808	21104	22116	16876	15750
沧州市	160	300	160	300			9940	5588
廊坊市	1013	400	1013	400			8200	8276
衡水市							6471	7185

2-2-13续2 各市林业生产

单位：公顷

名称	(三)按林种用途分							
	1.用材林		#速生丰产林		2.经济林		3.防护林	
	2011年	2012年	2011年	2012年	2011年	2012年	2011年	2012年
全省	**24789**	**28806**	**5131**	**3028**	**21437**	**31267**	**240164**	**251258**
石家庄市	1891	1032	887	220	2758	2750	20028	24257
唐山市	2326	2883			2904	4303	13539	13940
秦皇岛市					2197	1040	12704	21767
邯郸市	3709	2577			1262	4471	18781	20532
邢台市	3031	4526	1999		2166	3954	9134	19698
保定市	5822	4332		691	3453	7582	37454	39048
张家口市	81	471	3		2891	1699	66894	64606
承德市	2236	7071			1283	2356	44062	34687
沧州市					8		10092	5888
廊坊市	2046	1380			600	935	6567	6361
衡水市	3647	4534	2242	2117	1915	2177	909	474

2-2-13续3 各市林业生产

单位：公顷

名称	(三)按林种用途分(续1)				二、迹地更新造林		三、低产低效林改造面积	
	4.薪炭林		5.特种用途林					
	2011年	2012年	2011年	2012年	2011年	2012年	2011年	2012年
全省		**402**	**33**	**627**	**4019**	**3524**	**998**	**3633**
石家庄市					55	64		333
唐山市		402	33		219	226		2671
秦皇岛市					248	7		
邯郸市								
邢台市								
保定市					106	127	120	187
张家口市				67	7		3	2
承德市				560	3274	2848	149	286
沧州市								
廊坊市					80	60	726	4
衡水市					30	192		150

2–2–13续4 各市林业生产

单位：公顷

名称	四、当年零星(四旁)植树(万株)		五、年末实有封山(沙)育林面积		六、幼林抚育作业面积		七、幼林抚育实际面积	
	2011年	2012年	2011年	2012年	2011年	2012年	2011年	2012年
全省	**10357**	**10261**	**943059**	**867221**	**537226**	**393450**	**364331**	**252817**
石家庄市	1602	1598	52640	56698	91376	98956	55888	59635
唐山市	945	1212	20158	21719	49058	34406	26092	15339
秦皇岛市	645	650	25186	34473	267	2934	267	2934
邯郸市	1616	1444	17400	16965	67234	19284	56110	19284
邢台市	1132	1206	19799	22667	38534	42095	23873	31645
保定市	1438	1448	56466	63752	31763	24940	17323	15207
张家口市	970	952	406462	311032	100178	64300	83397	45000
承德市	974	895	342615	337582	53569	17583	53039	17572
沧州市	334	355	266	266	5341	4997	4358	3880
廊坊市	408	349	2067	2067	48802	36710	23959	20161
衡水市	293	152			51104	47245	20025	22160

2–2–13续5 各市林业生产

名称	八、成林抚育面积(公顷)				九、抚育改造出材量(立方米)			
			#中、幼龄林抚育面积				#中、幼龄林抚育出材量	
	2011年	2012年	2011年	2012年	2011年	2012年	2011年	2012年
全省	**391409**	**451021**	**277358**	**324210**	**127783**	**152533**	**104718**	**137250**
石家庄市	63899	76237	43076	36616	81	285	81	189
唐山市	62246	60921	19216	29875	2339	1704	1539	1704
秦皇岛市	6234	7177	6234	7177	5181	7356	5181	7356
邯郸市	56884	58916	56884	57369	1510	1456	1510	1456
邢台市	36112	37104	19916	24282	648	105	648	
保定市	35837	37829	33940	35781	6156	5319	5256	4372
张家口市	21715	25042	21715	24841	14482	6438	12528	4797
承德市	24369	53490	22735	48490	88421	129670	71988	117176
沧州市	3204	3536	2965	3123				
廊坊市	35156	42712	20386	22525	666	200	666	200
衡水市	45753	48057	30291	34131	8299		5321	

2-2-13续6 各市林业生产

名　称	十、林木种子采集量(吨)		十一、当年苗木产量(万株)		十二、育苗面积(公顷)		#当年新增育苗面积	
	2011年	2012年	2011年	2012年	2011年	2012年	2011年	2012年
全　省	**2649**	**3205**	**335673**	**277370**	**43933**	**50370**	**17661**	**19988**
石家庄市	519	522	8754	10152	2764	2955	1468	1471
唐 山 市			9473	11227	3628	6172	1909	2695
秦皇岛市	30	29	13025	15360	1788	1921	1127	1265
邯 郸 市	43	63	8107	7312	2410	2917	1634	1927
邢 台 市	51	71	8219	7139	2792	3243	1571	1708
保 定 市			140906	50287	18452	19008	5477	5927
张家口市	776	699	39369	34358	2630	2474	956	602
承 德 市	1230	1821	99056	127387	2073	2682	1398	1798
沧 州 市			3337	3844	1307	1351	526	763
廊 坊 市			3967	8801	3785	4277	556	493
衡 水 市			1461	1504	2304	3370	1039	1339

2-2-13续7 各市林业生产

名　称	十三、年末实有母树林面积(公顷)		十四、年末实有种子园面积(公顷)		十五、木材采伐量(立方米)		#村及村以下木材采伐量	
	2011年	2012年	2011年	2012年	2011年	2012年	2011年	2012年
全　省	**495**	**349**	**796**	**756**	**713398**	**746820**	**452369**	**446603**
石家庄市					37694	31786	37412	31786
唐 山 市					72957	111451	72740	110146
秦皇岛市			40		30808	32077	29959	27537
邯 郸 市					13087	17389	12987	17389
邢 台 市					30366	29097	28926	25277
保 定 市					46609	36744	42875	34635
张家口市	27				43481	54600	24986	14369
承 德 市	468	349	756	756	347884	351024	112571	102997
沧 州 市					18193	13449	17764	13362
廊 坊 市					46386	35728	46386	35728
衡 水 市					25933	33475	25763	33377

2-2-14 各市林业重点工程完成情况

单位：公顷

名　称	林业重点工程完成情况合计		1.退耕还林工程		2.京津风沙源治理工程		3.三北及长江流域防护林建设工程合计	
	2011年	2012年	2011年	2012年	2011年	2012年	2011年	2012年
全　省	**181654**	**165268**	**21587**	**28961**	**85498**	**66047**	**73935**	**70260**
石家庄市	6863	9486	2531	2732			4332	6754
唐 山 市	13182	8447					13182	8447
秦皇岛市	14901	22807					14901	22807
邯 郸 市	4676	8095	1314	3448			3362	4647
邢 台 市	5397	5665	3063	4466			2334	1199
保 定 市	20129	18777	2865	2598			17264	16179
张家口市	51259	39980	6027	5512	45232	34468		
承 德 市	45447	39990	3180	8411	40266	31579	2001	
沧 州 市	9232	5888	606	460			8626	5428
廊 坊 市	8167	4533					7533	4533
衡 水 市	2401	1600	2001	1334			400	266

2-2-14续 各市林业重点工程完成情况

单位：公顷

名　称	3.三北及长江流域防护林建设工程(续)								4.速生丰产用材林基地工程	
	(1)三北防护林五期工程		(2)太行山绿化工程		(3)沿海防护林三期工程		(4)平原绿化			
	2011年	2012年	2011年	2012年	2011年	2012年	2011年	2012年	2011年	2012年
全　省	**42214**	**30999**	**12193**	**15980**	**19528**	**23281**			**634**	
石家庄市	400	266	3932	6488						
唐 山 市	8715	6134			4467	2313				
秦皇岛市	7866	6934			7035	15873				
邯 郸 市			3362	4647						
邢 台 市			2334	1199						
保 定 市	14699	12533	2565	3646						
张家口市										
承 德 市	2001									
沧 州 市	600	333			8026	5095				
廊 坊 市	7533	4533							634	
衡 水 市	400	266								

2-2-15 各市牲畜出栏

单位：百头

名称	一、大牲畜		1.牛		2.马		3.驴	
	2011年	2012年	2011年	2012年	2011年	2012年	2011年	2012年
全省	**38927**	**39121**	**33898**	**34030**	**1038**	**1070**	**2998**	**3030**
石家庄市	6878	6756	6080	6086	172	158	478	423
唐山市	5556	5559	5062	5067	66	62	351	355
秦皇岛市	1997	1998	1892	1894	5	4	93	92
邯郸市	3777	3780	3053	3056	169	171	335	336
邢台市	2315	2294	2088	2090	30	24	175	162
保定市	3217	3230	2957	2960	13	17	235	239
张家口市	4013	4133	3246	3249	130	158	446	491
承德市	5848	5896	5368	5383	227	243	138	143
沧州市	5090	5102	4675	4680	88	96	230	223
廊坊市	5368	5397	4882	4887	72	73	347	367
衡水市	3339	3367	3066	3069	66	64	170	199

注：猪、牛、羊、禽全省总数为畜禽监测数，分市为上报数，各市之和不等于总数(下同)。

2-2-15续1 各市牲畜出栏

单位：百头、百只

名称	4.骡		二、猪		三、羊	
	2011年	2012年	2011年	2012年	2011年	2012年
全省	**993**	**991**	**323582**	**339670**	**205068**	**207150**
石家庄市	148	89	57705	58571	15235	15250
唐山市	77	75	61565	62505	10870	10889
秦皇岛市	7	8	24756	25127	17861	17879
邯郸市	220	217	51561	52334	38184	38222
邢台市	22	18	24830	25202	11373	11384
保定市	12	14	61502	62117	26473	26499
张家口市	191	235	25108	25485	30957	31205
承德市	115	127	22701	23268	12708	12720
沧州市	97	103	24600	25092	22619	22682
廊坊市	67	70	23602	23956	23070	23093
衡水市	37	35	31690	32165	16116	16132

2-2-15续2 各市牲畜出栏

单位：百只

名　称	1.山　羊		2.绵　羊		四、家　禽		五、兔	
	2011年	2012年	2011年	2012年	2011年	2012年	2011年	2012年
全　省	**65706**	**65010**	**139362**	**142140**	**5073079**	**5793590**	**293231**	**318649**
石家庄市	5505	5296	9730	9954	1556260	1618510	59918	54533
唐山市	5130	5134	5740	5755	630356	655570	28306	29165
秦皇岛市	6736	6481	11125	11398	335001	348401	10211	10781
邯郸市	26156	23928	12028	14294	978634	1017779	123225	146197
邢台市	6573	6539	4800	4845	497738	517648	15133	17458
保定市	8835	9000	17638	17499	543376	565111	10144	10739
张家口市	4667	3770	26290	27435	300743	312773	24460	25896
承德市	7499	7408	5209	5312	893907	947541	3927	4620
沧州市	11063	10789	11556	11893	969342	1008116	2559	3643
廊坊市	5273	5274	17797	17819	362603	377107	788	764
衡水市	9938	9848	6178	6284	464325	482898	14560	14853

2-2-16 各市牲畜存栏

单位：百头

名　称	一、大牲畜		(一) 牛		1.肉　牛		2.奶　牛	
	2011年	2012年	2011年	2012年	2011年	2012年	2011年	2012年
全　省	**49572**	**49815**	**40031**	**40310**	**15206**	**15200**	**18866**	**19630**
石家庄市	8939	8781	8203	8092	3744	3634	4211	4235
唐山市	9404	9387	8238	8254	2533	2585	4715	4738
秦皇岛市	2528	2556	2222	2226	1355	1449	581	518
邯郸市	5148	5119	4002	4010	2853	2823	821	849
邢台市	3016	3028	2721	2726	1535	1568	876	902
保定市	5035	5069	4448	4457	1728	1690	2557	2638
张家口市	7801	7911	5936	5948	1744	1688	3791	4044
承德市	8955	8966	7665	7680	6381	6396	663	676
沧州市	6435	6364	5633	5644	4419	4501	328	353
廊坊市	4907	4912	4060	4068	2993	2999	987	992
衡水市	4627	4651	4126	4134	2775	2860	554	565

2-2-16续1 各市牲畜存栏

单位：百头

名　称	一、大牲畜存栏(续)							
	3.役用牛		(二)马		(三)驴		(四)骡	
	2011年	2012年	2011年	2012年	2011年	2012年	2011年	2012年
全　省	**5959**	**5480**	**1820**	**1844**	**5580**	**5549**	**2141**	**2112**
石家庄市	248	223	154	139	469	453	113	97
唐 山 市	990	931	113	110	884	864	169	159
秦皇岛市	286	259	17	24	258	266	31	40
邯 郸 市	328	338	216	218	593	574	337	317
邢 台 市	310	256	40	35	219	230	36	37
保 定 市	163	129	53	78	491	474	43	60
张家口市	401	216	261	276	911	991	693	696
承 德 市	621	608	567	574	381	368	342	344
沧 州 市	886	790	167	151	444	390	191	179
廊 坊 市	80	77	110	110	610	609	127	125
衡 水 市	797	709	122	129	320	330	59	58

2-2-16续2 各市牲畜存栏

单位：百头、百只

名　称	二、猪存栏		#能繁母猪		三、羊存栏		1.山羊存栏	
	2011年	2012年	2011年	2012年	2011年	2012年	2011年	2012年
全　省	**188520**	**184750**	**19064**	**19560**	**145720**	**141350**	**46754**	**45050**
石家庄市	35632	34919	4357	4370	12757	12374	4425	4253
唐 山 市	41519	40689	4976	4991	9010	8740	3719	3669
秦皇岛市	14261	13976	1937	1943	11353	11012	5073	4854
邯 郸 市	34586	33894	3746	3757	34910	33863	22934	20955
邢 台 市	17512	17162	2686	2694	9929	9631	5630	5462
保 定 市	40310	39504	5122	5137	21222	20585	6815	6723
张家口市	14592	14300	1833	1838	18326	17776	2208	1439
承 德 市	15712	15398	1954	1941	9718	9426	5602	5489
沧 州 市	17484	17134	2424	2431	19460	18876	9533	9159
廊 坊 市	15494	15184	1561	1566	18511	17956	4469	4214
衡 水 市	23371	22904	2927	2936	13663	13253	8333	7684

2-2-16续3 各市牲畜存栏

单位：百只

名 称	2.绵羊存栏		四、家禽存栏		五、兔存栏	
	2011年	2012年	2011年	2012年	2011年	2012年
全 省	**98966**	**96300**	**3566828**	**3852880**	**138003**	**138479**
石家庄市	8332	8121	1224124	1240865	31008	27346
唐 山 市	5291	5071	373141	382374	8411	8615
秦皇岛市	6280	6158	175323	179706	3063	3193
邯 郸 市	11976	12908	977984	1002434	54767	58291
邢 台 市	4299	4169	477961	489910	10936	10474
保 定 市	14407	13862	424510	435123	6168	6810
张家口市	16118	16337	199479	204466	9273	9475
承 德 市	4116	3937	269233	275965	2407	1978
沧 州 市	9927	9717	482579	494643	1773	2124
廊 坊 市	14042	13742	253652	259993	479	488
衡 水 市	5330	5569	373374	382708	9718	9685

2-2-17 各市肉类产量

单位：吨

名 称	肉类总产量		1.牛 肉		2.马 肉	
	2011年	2012年	2011年	2012年	2011年	2012年
全 省	**4181762**	**4429107**	**544609**	**553000**	**12101**	**12569**
石家庄市	762293	772791	98107	97253	1944	1867
唐 山 市	700150	713980	82436	82718	777	735
秦皇岛市	327389	333719	29912	30002	50	46
邯 郸 市	677820	693326	47559	47702	1932	1968
邢 台 市	312725	319603	32958	33057	393	309
保 定 市	634065	645413	47373	47468	202	214
张家口市	342155	350205	49956	50106	1522	1882
承 德 市	414262	426538	85180	85436	2719	2919
沧 州 市	455796	467295	75162	75387	1087	1144
廊 坊 市	345295	351451	77977	78211	646	797
衡 水 市	377304	384797	47584	47727	829	688

2-2-17续1 各市肉类产量

单位：吨

名　称	肉类总产量(续1)					
	3.驴　肉		4.骡　肉		5.猪　肉	
	2011年	2012年	2011年	2012年	2011年	2012年
全　省	**25714**	**26321**	**11140**	**11631**	**2466000**	**2590000**
石家庄市	4049	3545	1520	923	438727	444535
唐山市	3179	3188	876	866	472711	479964
秦皇岛市	821	830	84	83	199304	202294
邯郸市	3002	3002	2603	2654	386865	392659
邢台市	1530	1426	250	240	183779	186536
保定市	1923	1985	108	118	461184	468192
张家口市	3801	4333	2154	2830	189818	192665
承德市	1232	1279	1388	1543	170444	173853
沧州市	1890	1948	1195	1201	186205	188998
廊坊市	2934	3130	518	753	178146	180818
衡水市	1353	1655	444	420	237726	241292

2-2-17续2 各市肉类产量

单位：吨

名　称	肉类总产量(续2)					
	6.羊　肉		(1)山羊肉		(2)绵羊肉	
	2011年	2012年	2011年	2012年	2011年	2012年
全　省	**284115**	**287000**	**109313**	**109600**	**174802**	**177400**
石家庄市	20925	20894	6967	6627	13958	14267
唐山市	14859	14873	6495	6454	8364	8419
秦皇岛市	25141	25166	8012	7760	17129	17406
邯郸市	50586	50637	32746	31105	17840	19532
邢台市	15158	15173	8279	8284	6879	6889
保定市	36338	36374	10681	10673	25657	25701
张家口市	43057	43401	6068	4072	36989	39329
承德市	17264	17281	9335	9143	7929	8138
沧州市	30766	30903	14039	13751	16727	17152
廊坊市	31751	31783	6576	6576	25175	25207
衡水市	21166	21187	12021	11860	9145	9327

2-2-17续3 各市肉类产量

单位：吨

名 称	肉类总产量(续3)					
	7.家禽肉		8.兔 肉		9.其他肉	
	2011年	2012年	2011年	2012年	2011年	2012年
全 省	**745100**	**851000**	**49088**	**52000**	**43895**	**45586**
石家庄市	187060	194359	9007	8449	954	966
唐 山 市	120125	126137	4722	5037	465	462
秦皇岛市	48397	50817	1576	1666	22104	22815
邯 郸 市	147207	154567	21614	23632	16452	16505
邢 台 市	75768	79556	2594	3016	295	290
保 定 市	84039	88151	1691	1727	1207	1184
张家口市	45818	48109	4453	4833	1576	2046
承 德 市	135338	143458	650	736	47	33
沧 州 市	158596	166526	351	502	544	686
廊 坊 市	53143	55800	142	119	38	40
衡 水 市	65701	68986	2288	2283	213	559

2-2-18 各市畜产品产量

单位：吨

名 称	一、禽蛋产量		二、奶类产量		#牛 奶		三、山羊毛产量	
	2011年	2012年	2011年	2012年	2011年	2012年	2011年	2012年
全 省	**3398370**	**3425600**	**4669359**	**4789653**	**4588954**	**4703700**	**2683**	**2698**
石家庄市	1063007	1064070	1190059	1207894	1187733	1205541	173	195
唐 山 市	337677	338015	1816206	1843914	1759520	1785913	248	250
秦皇岛市	114610	111892	101825	105780	92650	94040	321	360
邯 郸 市	1038986	1040025	232854	237737	222855	226190	358	362
邢 台 市	458036	458494	265337	269315	265335	269315	102	131
保 定 市	419358	419668	791459	803332	791416	803287	545	504
张家口市	204724	204929	1225217	1243608	1224966	1243340	176	163
承 德 市	107124	107231	132726	134717	132687	134677	466	458
沧 州 市	335013	335348	111825	108249	111825	108249	215	199
廊 坊 市	185995	185837	231010	234521	229131	232567	6	6
衡 水 市	294050	294344	84823	96095	84818	96090	73	70

2-2-18续1 各市畜产品产量

单位：吨

名　　称	四、绵羊毛产量		#细羊毛		#半细羊毛		五、羊绒产量	
	2011年	2012年	2011年	2012年	2011年	2012年	2011年	2012年
全　省	**28748**	**30663**	**4122**	**4757**	**15570**	**17076**	**776**	**810**
石家庄市	2837	2840	174	181	2328	2334	17	19
唐 山 市	1469	1579	339	336	656	877	26	23
秦皇岛市	1614	1714	245	119	1142	1473	93	96
邯 郸 市	3207	3397	809	820	1307	1455	238	235
邢 台 市	957	1087	17	16	531	526	28	34
保 定 市	4286	4194	158	308	3750	3614	169	175
张家口市	6277	7366	929	1184	3873	4493	46	67
承 德 市	1992	1991	756	774	690	767	100	106
沧 州 市	1493	1622	162	524	356	498	23	21
廊 坊 市	2407	2556	8	29	71	70	1	
衡 水 市	2209	2317	525	466	866	969	35	34

2-2-18续2 各市畜产品产量

单位：吨

名　　称	六、蜂蜜产量		七、蚕茧产量		#桑蚕茧		#柞蚕茧	
	2011年	2012年	2011年	2012年	2011年	2012年	2011年	2012年
全　省	**11582**	**12062**	**1620**	**1401**	**920**	**690**	**700**	**711**
石家庄市	2386	2669						
唐 山 市	209	218	15		15			
秦皇岛市	749	648	780	750	80	40	700	710
邯 郸 市	1427	1428						
邢 台 市	1239	1205	569	518	569	518		
保 定 市	1002	1176						
张家口市	275	249						
承 德 市	4077	4233	256	133	256	132		1
沧 州 市	19	46						
廊 坊 市	18	19						
衡 水 市	181	171						

2–2–19 各市畜牧养殖小区情况

单位：个

名 称	养殖小区个数		养猪小区		养鸡小区		#养蛋鸡小区	
	2011年	2012年	2011年	2012年	2011年	2012年	2011年	2012年
全 省	**3535**	**2997**	**459**	**329**	**1065**	**736**	**329**	**222**
石家庄市	454	409	29	18	32	25	32	25
唐 山 市	425	340	37	29	55	35	25	22
秦皇岛市	104	100	16	16	25	24	6	5
邯 郸 市	114	116	14	16	21	21	19	19
邢 台 市	131	116	11	5	34	29	16	9
保 定 市	368	353	53	47	55	52	43	38
张家口市	189	120	4	3	23	4	8	3
承 德 市	1175	1012	163	128	561	360	59	47
沧 州 市	179	194	16	18	124	136	17	15
廊 坊 市	55	41	3	2	22	6	14	3
衡 水 市	341	196	113	47	113	44	90	36

2–2–19续1 各市畜牧养殖小区情况

单位：个

名 称	养牛小区		#养奶牛小区		养羊小区		#养绵羊小区	
	2011年	2012年	2011年	2012年	2011年	2012年	2011年	2012年
全 省	**1795**	**1674**	**1514**	**1351**	**176**	**217**	**113**	**153**
石家庄市	388	363	386	361	4	2	4	2
唐 山 市	333	276	333	276				
秦皇岛市	42	39	42	39	20	20	7	7
邯 郸 市	76	76	75	72	1	1	1	1
邢 台 市	86	81	86	81				
保 定 市	256	250	255	236				
张家口市	152	109	151	109	10	4	9	4
承 德 市	316	339	47	43	131	181	84	130
沧 州 市	36	32	35	28		2		2
廊 坊 市	26	30	25	29	4	3	4	3
衡 水 市	84	79	79	77	6	4	4	4

2-2-19续2 各市畜牧养殖小区情况

单位：万头、万只

名 称	猪存栏		鸡存栏		肉牛存栏	
	2011年	2012年	2011年	2012年	2011年	2012年
全 省	**166.67**	**170.04**	**7465.75**	**6004.12**	**18.40**	**26.77**
石家庄市	2.15	36.12	2844.72	2451.11	1.16	1.16
唐 山 市	2.46	7.91	36.53	189.94		
秦皇岛市	32.14	34.71	372.15	374.20		
邯 郸 市	10.33	10.33	307.34	307.34	3.51	3.51
邢 台 市	16.30	8.42	850.90	480.80	0.17	0.21
保 定 市	5.35	4.47	42.60	162.87	0.76	0.83
张家口市	2.30	3.38	395.00	149.95	0.03	
承 德 市	56.69	43.02	1572.20	1180.60	12.46	19.25
沧 州 市	4.66	5.41	432.60	487.70	0.02	1.59
廊 坊 市	0.80	0.35	98.60	8.50	0.05	0.16
衡 水 市	33.49	15.92	513.12	211.11	0.24	0.06

2-2-19续3 各市畜牧养殖小区情况

单位：万头、万只

名 称	奶牛存栏		羊存栏		猪出栏	
	2011年	2012年	2011年	2012年	2011年	2012年
全 省	**99.00**	**146.90**	**76.22**	**85.78**	**322.59**	**299.79**
石家庄市	2.90	34.80	0.48	2.75	2.76	60.76
唐 山 市	37.05	26.15			9.32	9.25
秦皇岛市	3.55	3.52	25.64	26.01	53.36	56.27
邯 郸 市	8.38	3.05	17.64	17.64	14.88	14.88
邢 台 市	7.77	8.96			24.40	11.88
保 定 市	19.63	21.34			12.08	10.39
张家口市	0.36	30.71	3.63	3.50	3.00	5.22
承 德 市	7.06	6.67	27.75	31.00	94.62	50.91
沧 州 市	2.39	1.98		0.30	5.93	8.36
廊 坊 市	2.67	2.78	0.62	4.23	2.03	0.30
衡 水 市	7.24	6.94	0.46	0.35	100.20	71.58

2-2-19续4 各市畜牧养殖小区情况

单位：万只、万头

名　　称	鸡出栏		肉牛出栏		羊出栏	
	2011年	2012年	2011年	2012年	2011年	2012年
全　　省	**15300.17**	**12729.74**	**20.82**	**34.48**	**117.55**	**116.35**
石家庄市	2779.14	2421.20	1.50	1.49	0.32	3.35
唐 山 市	36.72	655.60				
秦皇岛市	1165.48	1216.92			51.34	52.53
邯 郸 市	196.08	196.08	2.57	2.57	17.69	17.69
邢 台 市	876.50	920.40	0.15	0.22		
保 定 市	31.91	125.85	3.05	3.43		
张家口市	854.00	236.76	0.09		4.23	4.00
承 德 市	6717.06	4719.00	12.90	23.88	41.69	32.92
沧 州 市	2040.10	2026.40	0.04	2.32		0.48
廊 坊 市	220.00	5.20	0.30	0.44	1.45	4.69
衡 水 市	383.19	206.33	0.22	0.13	0.83	0.69

2-2-19续5 各市畜牧养殖小区情况

单位：吨

名　　称	肉产量		蛋产量		奶产量	
	2011年	2012年	2011年	2012年	2011年	2012年
全　　省	**505144**	**480262**	**956482**	**752249**	**3841615**	**3924000**
石家庄市	94773	74754	528021	488414	1049300	1035103
唐 山 市	23055	20351	19560	17943	889100	674182
秦皇岛市	51292	55560	15736	15510	69416	70811
邯 郸 市	61647	61647	63230	63230	105460	105460
邢 台 市	32111	17759	80970	37130	244055	233687
保 定 市	43613	38360	130577	50557	475245	679584
张家口市	1460	1478	14920	7219	583380	644502
承 德 市	131006	143643	39512	44224	140707	156400
沧 州 市	40179	46040	6406	6023	76965	69885
廊 坊 市	6243	12222	25500	5769	78592	105060
衡 水 市	19766	8448	32050	16230	129394	149326

2-2-20 各市特种畜禽饲养存栏情况

单位：头、只

名称	貂		鹿		狐狸	
	2011年	2012年	2011年	2012年	2011年	2012年
全省	**2218911**	**1861226**	**49782**	**19126**	**1781280**	**1099634**
石家庄市	527581	504518	298	294	195202	188059
唐山市	518578	412033	1367	952	361211	308201
秦皇岛市	423435	380128	38922	3403	652537	49435
邯郸市	6522	6522	460	460	8400	8400
邢台市	2170	1870	195	153	2330	3610
保定市	277905	177930	670	500	21180	23700
张家口市	300	5475	2150	2287	11400	11944
承德市	5450	8020	5570	5727	4700	5365
沧州市	241040	153220		5200	350520	327700
廊坊市			50	50	50	220
衡水市	215930	211510	100	100	173750	173000

2-2-20续1 各市特种畜禽饲养存栏情况

单位：头、只

名称	貉		肉鸽		雉(山)鸡	
	2011年	2012年	2011年	2012年	2011年	2012年
全省	**4179525**	**2326768**	**1223480**	**1346062**	**108231**	**106314**
石家庄市	177810	164106	328278	296108		1500
唐山市	1610247	1472549	70210	59700	24800	56936
秦皇岛市	1966880	213621	4290	2203	35966	5949
邯郸市	1692	1692	84700	84700	5000	5000
邢台市	820	2120	212367	302700	10000	12000
保定市	78880	78546	74956	59185	6800	2000
张家口市	35580	45523	7720	2500	7150	6725
承德市	19010	23911	1000	7800	15500	13100
沧州市	174156	210900	122910	163300	2000	2000
廊坊市		150	26349	44666	15	4
衡水市	114450	113650	290700	323200	1000	1100

2-2-20续2 各市特种畜禽饲养存栏情况

单位：头、只

名称	鹌鹑		鸵鸟		獭兔	
	2011年	2012年	2011年	2012年	2011年	2012年
全省	**6399730**	**7337748**	**9447**	**14292**	**3477086**	**3530873**
石家庄市	1537800	1476104	6418	8387	383460	506096
唐山市	80000	196000	18		331010	213145
秦皇岛市	4241970	5100130	2	11	12599	156276
邯郸市	23000	23000	70	467	270900	1254640
邢台市	256200	223000	380	298	484017	271200
保定市	134000	131000	467	3089	1254640	463713
张家口市	1000	6000	362	362	138490	210824
承德市	710	510		18	118500	23899
沧州市	20000				251000	284400
廊坊市	105050	182000	430	360	6600	7000
衡水市		4	1300	1300	225870	139680

2-2-20续3 各市特种畜禽饲养存栏情况

单位：头、只

名称	肉犬		鹧鸪		乌骨鸡	
	2011年	2012年	2011年	2012年	2011年	2012年
全省	**604857**	**529340**	**500**	**2740**	**132516**	**122249**
石家庄市	110320	105762				
唐山市	3900	2950			26600	46500
秦皇岛市	18912	28071			3126	2212
邯郸市	62267	112288			32000	4000
邢台市	28710	75315			330	17000
保定市	112288	18596			4000	140
张家口市	54452	17220	500	2740	5810	1727
承德市	55260	5220			25650	13550
沧州市	44060	43270			23000	25000
廊坊市	45688	52588				120
衡水市	69000	68060			12000	12000

2-2-21 各市特种畜禽饲养出栏情况

单位：头、只

名 称	貂		鹿		狐 狸	
	2011年	2012年	2011年	2012年	2011年	2012年
全 省	**6342588**	**4624680**	**9162**	**30465**	**5328571**	**5009717**
石家庄市	1435782	1364336	192	182	403888	381292
唐 山 市	1233618	894717	882	619	1084518	959290
秦皇岛市	1423133	1285995	1071	1709	2253147	2019134
邯 郸 市	1500	1500	140	140	14000	14000
邢 台 市	2740	7550	118	52	7582	8545
保 定 市	481365	126220	97	10	59750	88965
张家口市		4692	865	988	27320	38291
承 德 市	7200	10010	5642	4150	27080	31270
沧 州 市	702550	433860		22460	996476	1017900
廊 坊 市			10	10	10	40
衡 水 市	1054700	495800	145	145	454800	450990

2-2-21续1 各市特种畜禽饲养出栏情况

单位：头、只

名 称	貉		肉 鸽		雉(山)鸡	
	2011年	2012年	2011年	2012年	2011年	2012年
全 省	**13088622**	**11617949**	**2816611**	**3928371**	**130352**	**133372**
石家庄市	582636	473449	585412	518081		500
唐 山 市	4395487	3897361	193600	151984	57300	66600
秦皇岛市	6954675	6107506	6124	5927	8422	6192
邯 郸 市	10000	10000	232400	232400	20000	20000
邢 台 市	2420	5910	348600	1095100	16000	17000
保 定 市	195360	152580	236110	213250	8100	5000
张家口市	69611	98823	6690	7400	6630	6380
承 德 市	49870	60500	2000	15100	10700	8500
沧 州 市	541483	532100	419280	510500	3200	3200
廊 坊 市			94695	108829		
衡 水 市	287080	279720	691700	1069800		

2-2-21续2 各市特种畜禽饲养出栏情况

单位：头、只

名称	鹌鹑		鸵鸟		獭兔	
	2011年	2012年	2011年	2012年	2011年	2012年
全省	**9984876**	**9482722**	**7667**	**6706**	**10281627**	**10749599**
石家庄市	3436400	3468245	4012	4439	797765	955173
唐山市	82000	26000	15		835860	890020
秦皇岛市	6058640	5492983		2	10145	41650
邯郸市	37000	37000	350	370	453000	4326086
邢台市	227300	204900	1600	299	1247880	638200
保定市	66300	64500	370	336	4326086	1290430
张家口市	2000	6000	120	120	495917	338520
承德市	430	390		10	193918	182200
沧州市	12000				1416716	1624320
廊坊市	62806	182700	200	130	39240	39400
衡水市		4	1000	1000	465100	423600

2-2-21续3 各市特种畜禽饲养出栏情况

单位：头、只

名称	肉犬		鹧鸪		乌骨鸡	
	2011年	2012年	2011年	2012年	2011年	2012年
全省	**1526080**	**1516217**	**2000**	**673**	**160152**	**169282**
石家庄市	78250	77577				
唐山市	2840	2390			45600	64500
秦皇岛市	1229347	1228358			2332	1982
邯郸市	17306	93517			50200	3000
邢台市	24180	37317			500	36200
保定市	93517	17240			3000	400
张家口市	26545	8225	2000	673	4770	12150
承德市	7580	4320			13050	10350
沧州市	27950	26410			29000	30100
廊坊市	6565	8763				
衡水市	12000	12100			11700	10600

2-2-22 各市水产品产量

单位：吨

名称	水产品产量		(一)海水产品产量		鱼类		虾蟹类	
	2011年	2012年	2011年	2012年	2011年	2012年	2011年	2012年
全省	**1067131**	**1163172**	**563281**	**634631**	**145094**	**141882**	**71757**	**81978**
石家庄市	34619	34854						
唐山市	500779	521448	263831	268945	60792	56319	47194	49932
秦皇岛市	208752	274434	201625	267999	11624	17136	4270	6699
邯郸市	52638	55838						
邢台市	4922	6643						
保定市	54030	54945						
张家口市	11450	11970						
承德市	35504	36482						
沧州市	122035	123473	92611	92510	67822	63584	19937	25016
廊坊市	35016	35246	5214	5177	4856	4843	356	331
衡水市	7386	7839						

2-2-22续1 各市水产品产量

单位：吨

名称	贝类		其他海水产品		按生产方式分			
					海洋捕捞产品产量		海水养殖产品产量	
	2011年	2012年	2011年	2012年	2011年	2012年	2011年	2012年
全省	**291038**	**360885**	**55392**	**49886**	**251761**	**252570**	**311520**	**382061**
石家庄市								
唐山市	118835	124494	37010	38200	140413	140531	123418	128414
秦皇岛市	170529	234683	15202	9481	27996	28562	173629	239437
邯郸市								
邢台市								
保定市								
张家口市								
承德市								
沧州市	1674	1708	3178	2202	78138	78300	14473	14210
廊坊市			2	3	5214	5177		
衡水市								

2-2-22续2 各市水产品产量

单位：吨

名称	(二)淡水水域水产品产量		鱼类		虾蟹类		贝类	
	2011年	2012年	2011年	2012年	2011年	2012年	2011年	2012年
全省	**503850**	**528541**	**464896**	**484141**	**28464**	**33498**	**4019**	**3786**
石家庄市	34619	34854	31838	32492	1227	1242	370	
唐山市	236948	252503	216398	226233	20197	24934		
秦皇岛市	7127	6435	6717	5958	310	377		
邯郸市	52638	55838	51276	54303	1297	1451	60	79
邢台市	4922	6643	4855	6539	9	19		
保定市	54030	54945	43397	44425	2357	2427	3584	3702
张家口市	11450	11970	10343	10953	1107	1017		
承德市	35504	36482	35392	36427	107	50	5	5
沧州市	29424	30963	27659	29069	1755	1884		
廊坊市	29802	30069	29725	29985	8	15		
衡水市	7386	7839	7296	7757	90	82		

2-2-22续3 各市水产品产量

单位：吨

名称	其他类		按生产方式分			
			淡水水域捕捞产品产量		淡水水域养殖产品产量	
	2011年	2012年	2011年	2012年	2011年	2012年
全省	**6471**	**7116**	**99298**	**97593**	**404552**	**430948**
石家庄市	1184	1120	10439	10373	24180	24481
唐山市	353	1336	18533	14334	218415	238169
秦皇岛市	100	100	1394	1554	5733	4881
邯郸市	5	5	11773	12701	40865	43137
邢台市	58	85	1228	1919	3694	4724
保定市	4692	4391	34991	35870	19039	19075
张家口市			97	95	11353	11875
承德市			10627	10756	24877	25726
沧州市	10	10	4823	4932	24601	26031
廊坊市	69	69	2989	3105	26813	26964
衡水市			2404	1954	4982	5885

2-2-23 各市水产养殖面积

单位：公顷

名　称	水产养殖面积		(一)海水养殖面积	
	2011年	2012年	2011年	2012年
全　省	**210098**	**212072**	**134264**	**134682**
石家庄市	15546	15390		
唐 山 市	81116	79927	62522	60948
秦皇岛市	67724	69885	61483	63301
邯 郸 市	3035	3082		
邢 台 市	2389	2403		
保 定 市	6402	6485		
张家口市	9737	9737		
承 德 市	5091	5273		
沧 州 市	15110	15757	10259	10433
廊 坊 市	3325	3329		
衡 水 市	623	804		

2-2-23续1 各市水产养殖面积

单位：公顷

名　称	1.海上养殖		2.滩涂养殖		3.陆基养殖	
	2011年	2012年	2011年	2012年	2011年	2012年
全　省	**84508**	**89090**	**27990**	**26364**	**21766**	**19228**
石家庄市						
唐 山 市	26213	29227	24829	22969	11480	8752
秦皇岛市	58295	59863	3161	3395	27	43
邯 郸 市						
邢 台 市						
保 定 市						
张家口市						
承 德 市						
沧 州 市					10259	10433
廊 坊 市						
衡 水 市						

2-2-23续2 各市水产养殖面积

单位：公顷

名　称	(二)淡水水域养殖面积		1.池塘养殖		2.湖泊养殖	
	2011年	2012年	2012年	2012年	2011年	2012年
全　省	**75834**	**77390**	**28266**	**29646**	**4201**	**4141**
石家庄市	15546	15390	834	832		
唐 山 市	18594	18979	16204	16712	310	301
秦皇岛市	6241	6584	362	371		
邯 郸 市	3035	3082	1298	1363	67	67
邢 台 市	2389	2403	376	418		
保 定 市	6402	6485	789	932	1853	1802
张家口市	9737	9737	494	497	1582	1582
承 德 市	5091	5273	342	401	48	48
沧 州 市	4851	5324	3620	3988	341	341
廊 坊 市	3325	3329	3325	3329		
衡 水 市	623	804	622	803		

2-2-23续3 各市水产养殖面积

单位：公顷

名　称	3.河沟养殖		4.水库养殖		5.其他养殖	
	2011年	2012年	2011年	2012年	2011年	2012年
全　省	**1697**	**1501**	**41182**	**41708**	**488**	**394**
石家庄市	100	100	14609	14458	3	
唐 山 市	513	328	1301	1498	266	140
秦皇岛市	130	180	5749	6033		
邯 郸 市	368	380	1301	1271	1	1
邢 台 市	14		1995	1982	4	3
保 定 市	375	330	3228	3228	157	193
张家口市	6	6	7655	7652		
承 德 市		4	4701	4820		
沧 州 市	190	172	643	766	57	57
廊 坊 市						
衡 水 市	1	1				

2-2-24 各市水产品加工企业情况

名　　称	加工企业个数（个）		加工能力（吨/年）		水产冷库（座）	
	2011年	2012年	2011年	2012年	2011年	2012年
全　省	**259**	**252**	**559535**	**520938**	**222**	**221**
石家庄市	1	1	1500	1500	3	3
唐 山 市	112	107	128975	89878	81	83
秦皇岛市	50	48	386820	385320	50	48
邯 郸 市	10	10	7500	7500		
邢 台 市						
保 定 市	8	8		2000	34	33
张家口市	1	1	1000	1000		
承 德 市	2	2	20000	20000	2	2
沧 州 市	75	75	13740	13740	52	52
廊 坊 市						
衡 水 市						

2-2-24续 各市水产品加工企业情况

名　　称	冻结能力（吨／日）		水产加工产量（吨）		#冷冻水产品	
	2011年	2012年	2011年	2012年	2011年	2012年
全　省	**6169**	**6206**	**131000**	**141550**	**54163**	**49339**
石家庄市	18	18	770	770	570	570
唐 山 市	1360	1414	33162	29394	27605	24467
秦皇岛市	1400	1385	21845	36182	15373	14902
邯 郸 市			6643	6954		
邢 台 市						
保 定 市	184	182	650	650	95	95
张家口市			1000	1000	1000	1000
承 德 市	100	100				
沧 州 市	3107	3107	66930	66600	9520	8305
廊 坊 市						
衡 水 市						

2-2-25 各市主要人均指标(2012年)

单位：公斤

名　称	粮食产量	棉花产量	油料产量	蔬菜产量	园林水果产量	肉类产量
全　省	**446.94**	**7.77**	**19.66**	**1059.35**	**177.04**	**60.97**
石家庄市	514.95	1.11	20.83	1214.92	227.99	74.79
唐山市	407.15	3.60	36.71	1825.77	191.21	93.36
秦皇岛市	268.50	0.84	19.15	1003.48	266.34	110.73
邯郸市	604.66	14.41	15.35	904.74	74.25	74.85
邢台市	631.92	28.06	19.83	477.99	141.03	44.56
保定市	534.37	2.65	24.75	823.58	118.92	57.06
张家口市	352.97		12.33	1457.29	140.06	79.89
承德市	386.51		3.47	997.27	267.44	121.95
沧州市	669.82	17.09	13.44	731.51	222.53	64.72
廊坊市	417.96	10.45	8.22	1526.29	134.69	79.52
衡水市	865.76	34.56	25.29	1000.91	329.80	87.92

2-2-25续 各市主要人均指标(2012年)

名　称	#猪牛羊肉产量(公斤)	奶类产量(公斤)	#牛奶产量(公斤)	禽蛋产量(公斤)	水产品产量(公斤)	农民人均纯收入(元)
全　省	**47.22**	**65.94**	**64.75**	**47.16**	**16.01**	**8081**
石家庄市	54.46	116.90	116.67	102.98	3.37	8993
唐山市	75.52	241.10	233.52	44.20	68.18	10698
秦皇岛市	85.42	35.10	31.20	37.13	91.06	8315
邯郸市	53.01	25.67	24.42	112.28	6.03	8447
邢台市	32.73	37.55	37.55	63.93	0.93	6601
保定市	48.80	71.02	71.01	37.10	4.86	7696
张家口市	65.28	283.69	283.62	46.75	2.73	5564
承德市	79.07	38.52	38.50	30.66	10.43	5546
沧州市	40.89	14.99	14.99	46.44	17.10	7514
廊坊市	65.80	53.06	52.62	42.05	7.97	10447
衡水市	70.88	21.96	21.96	67.25	1.79	6167

注:各指标均按年平均人口计算。

2-3-1 2012年各市农林牧渔业总产值(可比价)

单位：万元

名称	农林牧渔业总产值	一、农业产值	(一)谷物及其他作物	(二)蔬菜、食用菌及花卉盆景园艺产品	(三)水果、坚果、饮料和香料
全省	**50940555**	**28743771**	**10590634**	**12900457**	**4903298**
石家庄市	7509167	4014033	1386520	1891133	717820
唐山市	7894495	4451892	1067267	2541497	842728
秦皇岛市	2612605	1082351	328252	385929	324757
邯郸市	6452627	3472586	1684425	1472777	302886
邢台市	3979067	2445979	1535507	499558	315479
保定市	6266920	3758124	1621654	1517571	415761
张家口市	3366216	1566680	560190	702678	295021
承德市	2930870	1480888	418141	681582	346704
沧州市	5577900	2987901	1608093	797500	581343
廊坊市	3305537	1933093	564810	1109859	258421
衡水市	3454151	2103239	1196592	567982	338654

注：有关产值、商品产值、中间消耗、增加值，全省总数为省计算数，分市为上报数，各市之和不等于总数(下同)。

2-3-1续1 2012年各市农林牧渔业总产值(可比价)

单位：万元

名称	(四)中草药材	二、林业产值	(一)林木的培育和种植	(二)竹木采运	(三)林产品
全省	**349382**	**619850**	**493943**	**44932**	**80975**
石家庄市	18560	71242	54494	1907	14841
唐山市	400	56365	49678	6687	
秦皇岛市	43413	42993	22230	1930	18833
邯郸市	12498	46157	45111	1043	3
邢台市	95435	48611	46865	1746	
保定市	203138	66106	63901	2205	
张家口市	8791	75410	61408	5259	8743
承德市	34461	187076	47684	21061	118331
沧州市	965	36984	11113	807	25064
廊坊市	3	31736	22574	2144	7018
衡水市	11	20440	18431	2009	

2-3-1续2　2012年各市农林牧渔业总产值(可比价)

单位：万元

名　称	三、牧业产值	(一)牲畜饲养	(二)猪的饲养	(三)家禽饲养	(四)猎狩和捕捉动物
全　省	**17520618**	**5534545**	**5780872**	**4916486**	**270**
石家庄市	3105940	910341	842837	1215773	
唐 山 市	2459298	1060655	781313	421749	
秦皇岛市	1251056	303293	442989	174993	
邯 郸 市	2576719	564950	889678	1060720	
邢 台 市	1193099	306672	428434	434703	
保 定 市	2213532	648912	931755	462721	
张家口市	1616597	929005	412300	224468	5000
承 德 市	1166206	475612	372288	294752	
沧 州 市	1629529	506768	426564	500197	
廊 坊 市	1236641	580987	407252	236459	
衡 水 市	1161468	308515	514640	321391	

2-3-1续3　2012年各市农林牧渔业总产值(可比价)

单位：万元

名　称	(五)其他畜牧业	四、渔业产值	(一)海水产品	(二)淡水产品	五、农林牧渔服务业
全　省	**1288445**	**1702086**	**1085328**	**616758**	**2354230**
石家庄市	136989	44398		44398	273554
唐 山 市	195581	753451	364172	389279	173489
秦皇岛市	329781	196475	186309	10166	39730
邯 郸 市	61371	62818		62818	294347
邢 台 市	23290	7205		7205	284173
保 定 市	170144	71762		71762	157396
张家口市	45824	14853		14853	92676
承 德 市	23554	36835		36835	59865
沧 州 市	196000	234531	191221	43310	688955
廊 坊 市	11943	46882	10268	36614	57185
衡 水 市	16922	8504		8504	160500

2-3-2 各市农林牧渔业总产值(现价)

单位：万元

名称	农林牧渔业总产值		一、农业产值		(一)谷物及其他作物		1.谷物	
	2011年	2012年	2011年	2012年	2011年	2012年	2011年	2012年
全省	**48958751**	**53401106**	**27752674**	**30952857**	**10497838**	**10590634**	**6246332**	**6564798**
石家庄市	7272965	7874961	3870787	4299282	1365579	1416577	1050112	1090657
唐山市	7574835	8188379	4308097	4747318	1076082	1076839	651884	658562
秦皇岛市	2536512	2739487	1055955	1157599	349887	318799	156145	140544
邯郸市	6206530	6729017	3291093	3773077	1649365	1691119	1057022	1166365
邢台市	3824242	4195398	2350796	2613439	1541892	1607809	905459	942636
保定市	5994036	6607465	3638035	3983417	1645676	1755912	1185150	1206401
张家口市	3216829	3667604	1451091	1786043	555000	556530	246279	252691
承德市	2807001	3173011	1389623	1640010	414822	410927	247545	235918
沧州市	5353072	5755030	2899808	3143466	1605943	1587885	968208	986815
廊坊市	3213022	3624384	1861751	2222014	595946	565925	375015	371007
衡水市	3318734	3606385	2059140	2202375	1225604	1170443	682068	707218

2-3-2续1 各市农林牧渔业总产值(现价)

单位：万元

名称	#小麦		#稻谷		#玉米		2.薯类	
	2011年	2012年	2011年	2012年	2011年	2012年	2011年	2012年
全省	**2670919**	**2849386**	**181744**	**148464**	**3246487**	**3381496**	**728859**	**835420**
石家庄市	518050	549801	424	419	526060	534246	68344	78835
唐山市	128541	135670	144442	148333	375536	371538	79201	84449
秦皇岛市	8545	7660	21981	15590	117198	107596	92897	106999
邯郸市	496322	551013	3318	3216	517817	565493	43600	50246
邢台市	441882	469759			430091	435412	31147	33729
保定市	507727	539093	3263	2968	662775	652573	115251	188613
张家口市		9302	3468	3133	165382	180938	206557	189778
承德市		2207	41454	40288	185786	177515	131667	141406
沧州市	409625	434743			549987	544309	47371	50542
廊坊市	105777	107913	30	25	268246	261689	21731	25044
衡水市	340042	353650			335887	346796	14873	17901

2-3-2续2 各市农林牧渔业总产值(现价)

单位：万元

名 称	3.油 料		#花 生		#油菜籽		4.豆 类	
	2011年	2012年	2011年	2012年	2011年	2012年	2011年	2012年
全 省	**975804**	**1008384**	**912730**	**924136**	**15977**	**16626**	**157474**	**143302**
石家庄市	148776	153698	141447	145352	2227	2326	8958	8980
唐 山 市	184431	204472	184189	204208		2	20698	20214
秦皇岛市	51067	41983	50750	41719			12832	14517
邯 郸 市	102275	101822	95726	94986	5033	5653	13510	13748
邢 台 市	81984	97603	70916	78895	3556	3480	14636	14509
保 定 市	166172	201582	164156	197419	251	349	17446	17626
张家口市	23876	25861	1600	1094	3469	2476	13795	16823
承 德 市	5995	6357	692	708	347	250	14400	12917
沧 州 市	68167	70132	62608	64610	1767	2032	32068	24418
廊 坊 市	25739	26275	24226	24636	17	2	13699	12580
衡 水 市	57390	62727	55290	55567		25	11185	10471

2-3-2续3 各市农林牧渔业总产值(现价)

单位：万元

名 称	#大 豆		5.棉 花		6.生 麻		7.糖 料	
	2011年	2012年	2011年	2012年	2011年	2012年	2011年	2012年
全 省	**129593**	**112018**	**1738817**	**1300387**	**262**	**296**	**15816**	**22583**
石家庄市	7128	7255	33606	26494				
唐 山 市	15883	14402	92196	63521	208	283		
秦皇岛市	7484	7014	6723	5804				
邯 郸 市	11781	12459	383285	307430	1	2		
邢 台 市	12793	12953	458764	463599				
保 定 市	12622	12842	86075	69014		2		
张家口市	6004	6813					17587	22546
承 德 市	12257	10380			8	9	55	3
沧 州 市	29938	22843	367364	284281				
廊 坊 市	12385	11144	134674	105905				
衡 水 市	9683	9091	434517	348482				

2-3-2续4 各市农林牧渔业总产值(现价)

单位：万元

名 称	8.烟 草		9.其他农作物		#饲料作物		(二)蔬菜、食用菌及花卉盆景园艺产品	
	2011年	2012年	2011年	2012年	2011年	2012年	2011年	2012年
全 省	**5253**	**5828**	**629221**	**709636**	**25259**	**27005**	**12326256**	**14693621**
石家庄市	737	794	55046	57119	19	24	1803900	2130691
唐 山 市	794	1416	46670	43922	9	9	2433997	2796562
秦皇岛市			30223	8952	3		366503	429727
邯 郸 市			49672	51506			1365319	1718282
邢 台 市			49902	55733			452551	562737
保 定 市	722	828	74860	71846	17	12	1410138	1586669
张家口市	4162	2714	42744	46117	9010	9029	616154	885457
承 德 市	42	48	15110	14269	68	60	638655	811057
沧 州 市	140	22	122625	171675	5671	5352	735426	933441
廊 坊 市	4	4	25084	25110	2513	2513	1015502	1370652
衡 水 市			25571	23644			531932	687347

2-3-2续5 各市农林牧渔业总产值(现价)

单位：万元

名 称	1.蔬 菜		2.食用菌		3.花 卉		4.盆景园艺	
	2011年	2012年	2011年	2012年	2011年	2012年	2011年	2012年
全 省	**11266734**	**13338709**	**878321**	**1107297**	**48603**	**67295**	**132598**	**180320**
石家庄市	1709577	2020007	91189	103823	3134	6861		
唐 山 市	2275772	2615494	142647	153223	15578	27845		
秦皇岛市	357522	415002	3553	9479	4163	5246	1265	
邯 郸 市	1267186	1569095	96871	148161	1262	1026		
邢 台 市	406927	509857	42862	50376	2762	2504		
保 定 市	1261225	1407693	81851	114084	1928	2502	65134	62390
张家口市	610192	869844	5516	15285	446	328		
承 德 市	291960	369069	344418	436988	2277	5000		
沧 州 市	719270	914574	14358	15055	1798	3812		
廊 坊 市	991502	1242157	3717	3343	6839	9718	13444	115434
衡 水 市	522719	668715	9001	18098	212	534		

2–3–2续6 各市农林牧渔业总产值(现价)

单位：万元

名　称	(三)水果、坚果、饮料和香料		1.水　果		(1)园林水果		#苹　果	
	2011年	2012年	2011年	2012年	2011年	2012年	2011年	2012年
全　省	**4632846**	**5312233**	**4113167**	**4576084**	**3519299**	**3579697**	**1003764**	**1037172**
石家庄市	677581	733136	590174	642927	540404	568077	105560	104849
唐 山 市	797693	873302	653617	685711	516609	502417	170108	189875
秦皇岛市	299764	364106	268196	315506	256756	294374	96203	106113
邯 郸 市	273718	351178	213051	272948	173354	199352	61559	63701
邢 台 市	276274	353496	222101	281952	209135	261004	52100	66744
保 定 市	395359	495605	364401	452203	271604	304843	54553	57747
张家口市	277401	329257	222901	266399	203423	240812	31951	30945
承 德 市	319189	383557	211750	231797	210431	229681	150280	172310
沧 州 市	557907	621047	557907	621047	498755	540443	52447	50546
廊 坊 市	250300	285434	250069	285110	164091	180994	51814	51820
衡 水 市	301560	344574	301560	344574	247442	275431	78743	103802

2–3–2续7 各市农林牧渔业总产值(现价)

单位：万元

名　称	#梨		(2) 瓜果类		2.坚　果		#核　桃	
	2011年	2012年	2011年	2012年	2011年	2012年	2011年	2012年
全　省	**874755**	**956867**	**593868**	**996387**	**485082**	**705289**	**208025**	**270748**
石家庄市	302748	337478	49770	74850	74753	79335	67873	71168
唐 山 市	39862	40038	137008	183294	143857	187440	41885	80276
秦皇岛市	23089	22138	11440	21132	31373	48455	7709	7930
邯 郸 市	44045	49276	39697	73596	41696	61307	40845	60091
邢 台 市	71185	94244	12966	20948	54149	71536	31615	38364
保 定 市	40470	45774	92797	147360	29362	42399	19849	25479
张家口市	6767	6835	19478	25587	54479	62838	1651	1702
承 德 市	21961	28529	1319	2116	106507	150064	10155	13713
沧 州 市	151061	147256	59152	80604				
廊 坊 市	38613	38465	85978	104116	231	285	226	276
衡 水 市	94792	101202	54118	69143				

2-3-2续8 各市农林牧渔业总产值(现价)

单位：万元

名 称	#板 栗		3.香料原料		#花 椒		(四)中草药材	
	2011年	2012年	2011年	2012年	2011年	2012年	2011年	2012年
全 省	**194081**	**329543**	**34597**	**30860**	**34597**	**30860**	**295734**	**356369**
石家庄市	6284	8052	12654	10874	12654	10874	23727	18878
唐 山 市	82453	102398	219	151	219	151	325	615
秦皇岛市	22992	39451	195	145	195	145	39801	44967
邯 郸 市	851	1216	18971	16923	18971	16923	2691	12498
邢 台 市	20429	30855	24	8	24	8	80079	89397
保 定 市	1000	1655	1596	1003	1596	1003	186862	145231
张家口市	1		21	20	21	20	2536	14799
承 德 市	83407	125418	932	1696	932	1696	16957	34469
沧 州 市							532	1093
廊 坊 市	5	9		39		39	3	3
衡 水 市							44	11

2-3-2续9 各市农林牧渔业总产值(现价)

单位：万元

名 称	二、林业产值		(一)林木的培育和种植		1.育种育苗		2.造 林	
	2011年	2012年	2011年	2012年	2011年	2012年	2011年	2012年
全 省	**587770**	**778810**	**435184**	**652004**	**52983**	**134919**	**138899**	**239932**
石家庄市	66753	100302	50503	82710	3633	9929	10920	20508
唐 山 市	46566	58035	42188	51203	5727	8355	10594	15771
秦皇岛市	41666	48186	19090	27191	3472	8539	8086	10138
邯 郸 市	52386	64387	51598	63317	4902	13007	12151	20434
邢 台 市	37629	68939	35807	67156	4713	11529	8745	27256
保 定 市	64036	106750	61239	100538	16431	40007	20443	33294
张家口市	76036	96066	64022	85178	2868	3347	32882	54398
承 德 市	181031	217676	44176	69156	4194	12137	17054	32186
沧 州 市	35718	42453	13062	16565	1578	5150	6868	6094
廊 坊 市	34189	41599	24536	32038	1668	3328	6265	8980
衡 水 市	20237	22852	18681	20800	2572	3314	4400	4886

2-3-2续10 各市农林牧渔业总产值(现价)

单位：万元

名称	3.抚育和管理		(二)木材采运		#村及村以下木材采运		(三)林产品	
	2011年	2012年	2011年	2012年	2011年	2012年	2011年	2012年
全省	**243302**	**277153**	**42804**	**45831**	**27142**	**27407**	**109782**	**80975**
石家庄市	35950	52273	2262	1948	2245	1948	13988	15644
唐山市	25867	27077	4378	6832	4364	6752		
秦皇岛市	7532	8514	1851	1966	1798	1688	20725	19029
邯郸市	34545	29876	785	1066	779	1066	3	4
邢台市	22349	28371	1822	1783	1736	1549		
保定市	24365	27237	2797	2252	2573	2123		3960
张家口市	28272	27433	4549	2636	1499	882	7465	8252
承德市	22928	24833	20873	21518	6754	6314	115982	127002
沧州市	4616	5321	1092	824	1066	819	21564	25064
廊坊市	16603	19730	2785	2191	2785	2191	6868	7370
衡水市	11709	12600	1556	2052	1546	2046		

2-3-2续11 各市农林牧渔业总产值(现价)

单位：万元

名称	三、牧业产值		(一)牲畜饲养		1.牛的饲养		2.羊的饲养	
	2011年	2012年	2011年	2012年	2011年	2012年	2011年	2012年
全省	**16740403**	**17476626**	**5367196**	**6049258**	**2024050**	**2382100**	**1661051**	**1898816**
石家庄市	3030654	3152987	904721	980522	363037	413848	127117	138400
唐山市	2353451	2412403	1022291	1072714	302252	344556	86849	95143
秦皇岛市	1248101	1248404	301008	334013	112971	128792	148125	161519
邯郸市	2530854	2524070	555737	623758	182295	207808	279049	317900
邢台市	1159673	1214733	304897	335398	124674	142120	87010	96282
保定市	2067274	2277772	644937	733179	176562	201280	187946	241040
张家口市	1585751	1673029	903960	998173	193455	220932	260541	301085
承德市	1142571	1216479	473099	530686	320523	366044	96730	107305
沧州市	1555278	1631283	506120	563208	279144	318240	179479	197928
廊坊市	1213401	1258423	578889	637568	291505	332316	202293	217047
衡水市	1112328	1208141	303684	376419	167867	201633	98689	134856

2-3-2续12 各市农林牧渔业总产值(现价)

单位：万元

名称	3.其他牲畜饲养		4.奶产品		#牛奶		5.毛绒产品	
	2011年	2012年	2011年	2012年	2011年	2012年	2011年	2012年
全省	**66370**	**75419**	**1557583**	**1635796**	**1541904**	**1618176**	**58142**	**57127**
石家庄市	11245	9626	399520	415153	399078	414706	3802	3495
唐山市	3643	4285	626886	626244	615832	614354	2661	2486
秦皇岛市	2036	3955	32937	34757	31194	32350	4939	4990
邯郸市	6988	6987	76779	80176	74879	77809	10626	10887
邢台市	2183	2124	89153	92644	89153	92644	1877	2228
保定市	4767	4573	265924	276340	265916	276331	9738	9946
张家口市	20601	30428	415025	430921	414975	430865	12648	9247
承德市	4984	5329	44596	46337	44583	46329	6266	5671
沧州市	7375	7445	37573	37238	37573	37238	2549	2357
廊坊市	5099	5378	77346	80404	76989	80003	2646	2423
衡水市	3226	3545	30410	33056	30409	33055	3492	3329

2-3-2续13 各市农林牧渔业总产值(现价)

单位：万元

名称	#羊毛		#羊绒		(二)猪的饲养		(三)家禽饲养	
	2011年	2012年	2011年	2012年	2011年	2012年	2011年	2012年
全省	**34862**	**32098**	**23280**	**25029**	**5500894**	**5604555**	**4683612**	**4546983**
石家庄市	3326	2908	476	587	830375	937136	1201336	1145827
唐山市	1920	1775	741	711	738780	750060	414696	397230
秦皇岛市	2172	2024	2767	2966	436431	402032	168637	159418
邯郸市	3962	3625	6664	7262	876537	837344	1055276	1001597
邢台市	1177	1177	700	1051	422110	403232	429421	458253
保定市	5378	4538	4359	5408	922530	993872	458714	440576
张家口市	10680	7176	1968	2071	407807	407757	223353	220883
承德市	2766	2395	3500	3275	363216	372288	283744	289382
沧州市	1905	1708	644	649	418200	401472	493141	484551
廊坊市	2645	2423	1		401234	383296	230672	225613
衡水市	2512	2278	980	1051	475350	514640	316407	300167

2-3-2续14　各市农林牧渔业总产值(现价)

单位：万元

名　　称	#肉　禽		#禽　蛋		(四)狩猎和捕捉动物		(五)其他畜牧业	
	2011年	2012年	2011年	2012年	2011年	2012年	2011年	2012年
全　　省	**1154273**	**1351310**	**3529339**	**3195673**	**270**	**270**	**1188431**	**1275560**
石家庄市	334444	349678	866892	796149			94222	89502
唐 山 市	139970	144024	274726	253206			177684	192399
秦皇岛市	69137	75580	99500	83838	700		341325	352941
邯 郸 市	211747	221165	843529	780432			43304	61371
邢 台 市	109576	115519	319845	342734			3245	17850
保 定 市	120267	125464	338447	315112			41093	110145
张家口市	64312	67262	159041	153621	790		49841	46216
承 德 市	195208	207018	88536	82364			22512	24123
沧 州 市	220281	230270	272860	254281			137817	182052
廊 坊 市	81820	86096	148852	139517			2606	11946
衡 水 市	102246	104519	214161	195648			16887	16915

2-3-2续15　各市农林牧渔业总产值(现价)

单位：万元

名　　称	#蚕　茧		#兔		四、渔业产值		(一)海水产品	
	2011年	2012年	2011年	2012年	2011年	2012年	2011年	2012年
全　　省	**1923**	**1489**	**117292**	**127460**	**1635781**	**1777373**	**977744**	**1099987**
石家庄市			8389	7635	44243	42927		
唐 山 市	32		7077	7291	702345	792623	352182	414295
秦皇岛市	307	229	5164	2156	151244	244535	140412	238080
邯 郸 市			18484	36549	59697	65483		
邢 台 市	842	767	1513	3492	6786	6725		
保 定 市			2130	2255	74790	78038		
张家口市			6206	7370	14542	14809		
承 德 市	489	252	746	878	36762	37424		
沧 州 市			403	574	233084	230960	192886	191825
廊 坊 市			114	113	46822	43676	10302	11416
衡 水 市			1974	2014	8040	8504		

2-3-2续16　各市农林牧渔业总产值(现价)

单位：万元

名　称	(一)海水产品（续1）							
	#养　殖		1.鱼　类		2.虾 蟹 类		3.贝　类	
	2011年	2012年	2011年	2012年	2011年	2012年	2011年	2012年
全　省	**404976**	**662215**	**256207**	**240885**	**462790**	**557818**	**192277**	**231512**
石家庄市								
唐 山 市	164748	197814	92764	116924	126831	142564	85145	102470
秦皇岛市	120915	212707	23127	25704	23692	23447	39535	164278
邯 郸 市								
邢 台 市								
保 定 市								
张家口市								
承 德 市								
沧 州 市	30144	29465	87596	119309	101910	69868	1004	1070
廊 坊 市			9294	10450	1006	962		
衡 水 市								

2-3-2续17　各市农林牧渔业总产值(现价)

单位：万元

名　称	4.其 他 类		(二)淡水产品		#养　殖		1.鱼　类	
	2011年	2012年	2011年	2012年	2011年	2012年	2011年	2012年
全　省	**66470**	**69772**	**658037**	**677386**	**528352**	**552309**	**516467**	**482499**
石家庄市			44243	42927	30902	30152	33187	31410
唐 山 市	47442	52337	350163	378328	322775	356851	273921	281829
秦皇岛市	54058	24651	10832	6455	8713	4896	8434	5958
邯 郸 市			59697	65483	46345	50588	55203	58353
邢 台 市			6786	6725	5093	4782	6375	6005
保 定 市			74790	78038	26354	27092	39491	44398
张家口市			14542	14809	14419	14688	11255	11809
承 德 市			36762	37424	25758	26390	36297	37268
沧 州 市	2376	1578	40198	39135	33609	32902	33952	31646
廊 坊 市	2	4	36520	32260	32857	28928	36072	31776
衡 水 市			8040	8504	5423	6385	7756	8246

2–3–2续18 各市农林牧渔业总产值(现价)

单位：万元

名　称	（二）淡水水域水产品（续）						五、农林牧渔服务业	
	2.虾蟹类		3.贝　类		4.其他类			
	2011年	2012年	2011年	2012年	2011年	2012年	2011年	2012年
全　省	**101842**	**147861**	**804**	**833**	**38924**	**46193**	**2242123**	**2415440**
石家庄市	3168	3207	74		7814	8310	260528	279463
唐 山 市	73912	88023			2330	8476	164376	178000
秦皇岛市	1698	377			700	120	39546	40763
邯 郸 市	4449	7076	12	17	33	37	272500	302000
邢 台 市	28	89			383	631	269358	291562
保 定 市	10967	8737	717	814	23615	24089	149901	161488
张家口市	3287	3000					89409	97657
承 德 市	464	155	1	1			57014	61422
沧 州 市	6166	7409			80	80	629184	706868
廊 坊 市	8	15			440	469	56859	58672
衡 水 市	284	258					118989	164513

2–3–3 各市农林牧渔业总产值及构成(2012年)

单位：万元

名　称	农林牧渔业总产值	农　业	林　业	牧　业	渔　业	农林牧渔服务业	农林牧渔业总产值构成(%)				
							农　业	林　业	牧　业	渔　业	农林牧渔服务业
全　省	**53401106**	**30952857**	**778810**	**17476626**	**1777373**	**2415440**	**57.96**	**1.46**	**32.73**	**3.33**	**4.52**
石家庄市	7874961	4299282	100302	3152987	42927	279463	54.59	1.27	40.04	0.55	3.55
唐 山 市	8188379	4747318	58035	2412403	792623	178000	57.98	0.71	29.46	9.68	2.17
秦皇岛市	2739487	1157599	48186	1248404	244535	40763	42.25	1.76	45.57	8.93	1.49
邯 郸 市	6729017	3773077	64387	2524070	65483	302000	56.07	0.96	37.51	0.97	4.49
邢 台 市	4195398	2613439	68939	1214733	6725	291562	62.29	1.64	28.96	0.16	6.95
保 定 市	6607465	3983417	106750	2277772	78038	161488	60.29	1.62	34.47	1.18	2.44
张家口市	3667604	1786043	96066	1673029	14809	97657	48.70	2.62	45.62	0.40	2.66
承 德 市	3173011	1640010	217676	1216479	37424	61422	51.69	6.86	38.34	1.18	1.93
沧 州 市	5755030	3143466	42453	1631283	230960	706868	54.62	0.74	28.35	4.01	12.28
廊 坊 市	3624384	2222014	41599	1258423	43676	58672	61.31	1.15	34.72	1.20	1.62
衡 水 市	3606385	2202375	22852	1208141	8504	164513	61.07	0.63	33.50	0.24	4.56

2–3–4 各市农林牧渔业总产值指数(2012年)

(上年=100)

名 称	农林牧渔业总产值	农业	林业	牧业	渔业	农林牧渔服务业
全 省	**104.1**	**103.6**	**105.5**	**104.7**	**104.1**	**105.0**
石家庄市	103.3	103.7	106.7	102.5	100.4	105.0
唐山市	104.2	103.3	121.0	104.5	107.3	105.5
秦皇岛市	103.0	102.5	103.2	100.2	129.9	100.5
邯郸市	104.0	105.5	88.1	101.8	105.2	108.0
邢台市	104.1	104.1	129.2	102.9	106.2	105.5
保定市	104.6	103.3	103.2	107.1	96.0	105.0
张家口市	104.6	108.0	99.2	102.0	102.1	103.7
承德市	104.4	106.6	103.3	102.1	100.2	105.0
沧州市	104.2	103.0	103.5	104.8	100.6	109.5
廊坊市	102.9	103.8	92.8	101.9	100.1	100.6
衡水市	104.1	102.1	101.0	104.4	105.8	134.9

注：本表按可比价格计算。

2–3–5 各市农林牧渔业商品产值

单位：万元

名 称	农林牧渔业商品产值		一、农业商品产值		(一)谷物及其他作物		1.谷物	
	2011年	2012年	2011年	2012年	2011年	2012年	2011年	2012年
全 省	**37882514**	**41611694**	**21253907**	**24201109**	**6321935**	**6471912**	**3388964**	**3598454**
石家庄市	5214466	5665823	2642085	2971692	655447	680489	498059	516633
唐山市	6426603	7031556	3678570	4109096	738119	734716	375531	381008
秦皇岛市	1989836	2201376	783133	920060	213089	210525	92421	88580
邯郸市	5044996	5504055	2584352	3027166	1149459	1170228	671481	751119
邢台市	2932199	3225441	1811469	2056463	1081944	1154408	565950	612143
保定市	4574446	5008935	2700028	3001490	894843	957195	622465	629975
张家口市	2660295	3027751	1218513	1508988	430202	451092	207437	218135
承德市	2351148	2674405	1122831	1354213	271529	272821	142358	136669
沧州市	3786385	4058458	2090600	2314216	974409	986176	512765	518477
廊坊市	2545772	2916121	1434472	1782468	329745	343984	195074	195778
衡水市	2377434	2605802	1365032	1501924	703888	679018	294629	334445

2–3–5续1 各市农林牧渔业商品产值

单位：万元

名 称	2.薯 类		3.油 料		4.豆 类		5.棉 花	
	2011年	2012年	2011年	2012年	2011年	2012年	2011年	2012年
全 省	**478098**	**603758**	**663410**	**761935**	**102988**	**102619**	**1467562**	**1146161**
石家庄市	43111	50010	89142	92849	4688	3972	19612	16236
唐 山 市	49850	51694	165999	184036	18629	18193	83505	57533
秦皇岛市	76244	87388	29831	24334	7107	8128	3463	
邯 郸 市	23576	27821	80184	80898	9174	9525	345806	280442
邢 台 市	18563	23337	53225	67668	10959	10536	412531	419427
保 定 市	67862	109975	122902	148951	11631	11708	56810	45549
张家口市	162536	154969	17194	22641	9750	14024		
承 德 市	113545	121066	4833	5271	5917	5331		
沧 州 市	23983	43452	52489	61563	19244	23322	324236	281626
廊 坊 市	13620	19478	14475	19358	8006	7002	91466	95647
衡 水 市	8303	10019	39335	42365	8190	7706	348285	279483

2–3–5续2 各市农林牧渔业商品产值

单位：万元

名 称	6.生 麻		7.糖 类		8.烟 草		9.其他农作物	
	2011年	2012年	2011年	2012年	2011年	2012年	2011年	2012年
全 省	**229**	**260**	**15288**	**20474**	**4926**	**5703**	**200470**	**232548**
石家庄市					720	776	115	13
唐 山 市	186	255			755	1345	43664	40652
秦皇岛市							4023	2095
邯 郸 市	1	2					19237	20421
邢 台 市							20716	21297
保 定 市					722	828	12451	10209
张家口市			16998	20440	3836	2712	12451	18171
承 德 市	3	3	55	3	14	15	4804	4463
沧 州 市					140	22	41552	57714
廊 坊 市					3	3	7101	6718
衡 水 市							5146	5000

2–3–5续3 各市农林牧渔业商品产值

单位：万元

名称	(二)蔬菜、食用菌及花卉盆景园艺 2011年	(二)蔬菜、食用菌及花卉盆景园艺 2012年	1.蔬菜 2011年	1.蔬菜 2012年	2.食用菌 2011年	2.食用菌 2012年	3.花卉 2011年	3.花卉 2012年
全省	**10540182**	**12659537**	**9565457**	**11421937**	**824304**	**1046396**	**47728**	**65915**
石家庄市	1391401	1652279	1304567	1549973	83717	95446	3117	6860
唐山市	2168286	2526720	2019663	2352228	133130	146846	15493	27646
秦皇岛市	288625	364163	280124	349881	3538	9441	3933	4841
邯郸市	1228666	1571452	1136603	1429119	90844	141400	1219	933
邢台市	401909	489796	357997	438903	41160	48389	2752	2504
保定市	1256216	1443443	1135346	1291334	76339	105638	1901	2471
张家口市	527265	733676	522216	720437	4611	12915	438	324
承德市	560949	719309	230823	296863	328052	417854	2074	4592
沧州市	597746	758940	584549	743275	11487	12044	1710	3621
廊坊市	890055	1189843	866630	1104397	3159	1936	6822	9710
衡水市	411471	531781	402686	514000	8573	17247	212	534

2–3–5续4 各市农林牧渔业商品产值

单位：万元

名称	4.盆景园艺 2011年	4.盆景园艺 2012年	(三)水果、坚果、饮料和香料 2011年	(三)水果、坚果、饮料和香料 2012年	1.水果 2011年	1.水果 2012年	(1) 园林水果 2011年	(1) 园林水果 2012年
全省	**102693**	**125289**	**4102385**	**4721274**	**3629870**	**4042078**	**3132149**	**3199533**
石家庄市			573250	621221	499644	544500	458758	483358
唐山市			771947	847045	632603	661522	500289	484988
秦皇岛市	1030		241877	300422	214575	256141	204057	236541
邯郸市			203563	273070	150026	201039	117154	136036
邢台市			250320	324693	198281	257183	187399	239549
保定市	42630	44000	364174	457186	339521	421888	254321	286256
张家口市			258583	310494	209553	252720	192660	233026
承德市			273916	329863	176472	191640	175300	189768
沧州市			517913	568135	517913	568135	493069	534281
廊坊市	13444	73800	214671	248639	214452	248336	139048	156534
衡水市			249632	291115	249632	291115	208143	235091

2–3–5续5 各市农林牧渔业商品产值

单位：万元

名称	(2) 瓜果类		2.坚果		3.香料原料		(四)中药材	
	2011年	2012年	2011年	2012年	2011年	2012年	2011年	2012年
全省	**497721**	**842545**	**443219**	**654508**	**29296**	**24688**	**289405**	**348386**
石家庄市	40886	61142	61565	65852	12041	10869	21987	17703
唐山市	132314	176534	139194	185467	150	56	218	615
秦皇岛市	10518	19600	27110	44150	192	131	39542	44950
邯郸市	32872	65003	40615	60335	12922	11696	2664	12416
邢台市	10882	17634	52030	67502	9	8	77296	87566
保定市	85200	135632	23550	34605	1103	693	184795	143666
张家口市	16893	19694	49009	57754	21	20	2463	13726
承德市	1172	1872	96798	137044	646	1179	16437	32220
沧州市	24844	33854					532	965
廊坊市	75404	91802	219	267		36	1	2
衡水市	41489	56024					41	10

2–3–5续6 各市农林牧渔业商品产值

单位：万元

名称	二、林业商品产值		(一)林木的培育和种植		(二)木材采运		(三)林产品	
	2011年	2012年	2011年	2012年	2011年	2012年	2011年	2012年
全省	**171093**	**214811**	**53136**	**111476**	**32689**	**37041**	**85268**	**66294**
石家庄市	5377	12239	3633	9929			1744	2310
唐山市	29388	36178	26377	29700	3011	6478		
秦皇岛市	24442	9716	3076	7320	1669	1774	19697	622
邯郸市	444	612			441	608	3	4
邢台市	5661	9960	4083	8341	1578	1619		
保定市	8028	13840	6041	12234	1987	1606		
张家口市	9043	9752	2542	4528	2358	662	4143	4562
承德市	135555	154676	2068	9178	19634	20246	113853	125252
沧州市	1425	1461	882	1051	543	410		
廊坊市	9567	10338	2274	2945	1799	1497	5494	5896
衡水市	2079	2713	925	1190	1154	1523		

2-3-5续7 各市农林牧渔业商品产值

单位：万元

名　称	三、牧业商品产值		(一)牲畜饲养		1.牛的饲养		2.羊的饲养	
	2011年	2012年	2011年	2012年	2011年	2012年	2011年	2012年
全　省	**14944060**	**15659057**	**4829910**	**5475183**	**1836421**	**2160803**	**1452902**	**1678174**
石家庄市	2532774	2648813	752654	812853	291215	331974	99338	107817
唐 山 市	2060149	2132424	901323	967953	250995	286124	72711	79862
秦皇岛市	1049535	1155854	257494	315451	99057	121453	122184	152742
邯 郸 市	2402793	2413566	489196	555950	176473	203249	225940	261707
邢 台 市	1108760	1152518	294776	321068	120499	134826	83264	91571
保 定 市	1797598	1930226	578620	655783	160672	183165	159754	204884
张家口市	1419219	1495128	813260	894601	171002	190829	215210	269119
承 德 市	1057472	1129586	459174	515192	315993	360920	88437	98073
沧 州 市	1476626	1518576	499317	555533	273506	311812	178710	197080
廊 坊 市	1061320	1085059	517527	569482	270895	304296	174074	189331
衡 水 市	1004580	1095077	273469	339902	150924	181470	89805	122837

2-3-5续8 各市农林牧渔业商品产值

单位：万元

名　称	3.其他牲畜饲养		4.奶　类		5.毛 绒 类		(二)猪的饲养	
	2011年	2012年	2011年	2012年	2011年	2012年	2011年	2012年
全　省	**53176**	**65100**	**1435624**	**1520309**	**51787**	**50797**	**4852889**	**4966196**
石家庄市	4901	4296	353733	365481	3467	3285	657823	748913
唐 山 市	3363	3955	571594	595526	2660	2486	601041	607549
秦皇岛市	1850	3488	29464	32782	4939	4986	354111	374431
邯 郸 市	6369	6438	72106	75967	8308	8589	860339	830244
邢 台 市	1971	1997	87268	90530	1774	2144	403005	385729
保 定 市	4484	4276	244646	254228	9064	9230	802601	864669
张家口市	16266	21658	397000	403219	12092	8676	355667	352778
承 德 市	4917	5258	43720	45410	6107	5531	324514	332453
沧 州 市	7014	7080	37565	37229	2522	2332	418075	401352
廊 坊 市	4088	4337	66165	69385	2305	2133	337682	302097
衡 水 市	2578	2847	28853	31403	1309	1345	436342	473469

2–3–5续9 各市农林牧渔业商品产值

单位：万元

名 称	(三)家禽饲养		1.肉 禽		2.禽 蛋		(四)狩猎和捕捉动物	
	2011年	2012年	2011年	2012年	2011年	2012年	2011年	2012年
全 省	**4276757**	**4174306**	**1040000**	**1234287**	**3236757**	**2940019**	**127**	
石家庄市	1062355	1023256	267734	293085	794621	730171		
唐 山 市	380142	364568	132889	136681	247253	227887		
秦皇岛市	143534	141122	57777	68715	85757	72407	700	
邯 郸 市	1011262	967846	201540	212857	809722	754989		
邢 台 市	408109	432116	102665	109066	305444	323050		
保 定 市	390363	376149	109203	114082	281160	262067		
张家口市	205120	203377	59352	60908	145768	142469		
承 德 市	254402	261058	184124	195644	70278	65414		
沧 州 市	472722	464314	209249	218800	263473	245514		
廊 坊 市	203650	201705	71958	76223	131692	125482		
衡 水 市	279724	266629	89308	90984	190416	175645		

2–3–5续10 各市农林牧渔业商品产值

单位：万元

名 称	(五)其他畜牧业		四、渔业商品产值		(一)海水产品		(二)淡水产品	
	2011年	2012年	2011年	2012年	2011年	2012年	2011年	2012年
全 省	**984377**	**1043372**	**1513454**	**1536717**	**918786**	**922396**	**594668**	**614321**
石家庄市	59942	63791	34230	33079			34230	33079
唐 山 市	177643	192354	658496	753858	343154	399541	315342	354317
秦皇岛市	293696	324850	132726	115746	122747	113590	9979	2156
邯 郸 市	41996	59526	57407	62711			57407	62711
邢 台 市	2870	13605	6309	6500			6309	6500
保 定 市	26014	33625	68792	63379			68792	63379
张家口市	45172	44372	13520	13883			13520	13883
承 德 市	19382	20883	35290	35930			35290	35930
沧 州 市	86512	97377	217734	224205	177667	185204	40067	39001
廊 坊 市	2461	11775	40413	38256	10228	11348	30185	26908
衡 水 市	15045	15077	5743	6088			5743	6088

2-3-6 各市农林牧渔业中间消耗

单位：万元

名称	农林牧渔业中间消耗		(一)农业中间消耗		1.农业物质消耗		(1)用种量	
	2011年	2012年	2011年	2012年	2011年	2012年	2011年	2012年
全省	**19901385**	**21534491**	**8984594**	**10020614**	**7274376**	**8115362**	**1072485**	**1194085**
石家庄市	3122999	3353139	1349743	1499160	1057909	1175020	171417	190393
唐山市	2709527	2902779	1213160	1333047	979992	1076837	231180	254026
秦皇岛市	1137089	1215343	310451	340031	264108	278627	28139	37932
邯郸市	2700434	2890052	1151455	1329528	950818	1097863	129794	149867
邢台市	1635908	1791899	819741	911332	618904	688055	90990	101156
保定市	2563800	2826312	1257375	1376746	939364	1028544	138379	151516
张家口市	1414049	1609834	616632	755102	526421	640845	172729	208866
承德市	1151539	1321434	489147	599483	400628	502025	45184	54151
沧州市	2394706	2563266	1060407	1142051	801146	867872	142693	154578
廊坊市	1470245	1640401	749051	880131	565533	664499	83145	97695
衡水市	1573341	1716075	852890	912220	652253	697626	101882	108969

2-3-6续1 各市农林牧渔业中间消耗

单位：万元

名称	1.农业物质消耗(续1)							
	(2)役畜用饲料、饲草		(3)肥料		(4)燃料		(5)农药	
	2011年	2012年	2011年	2012年	2011年	2012年	2011年	2012年
全省	**56407**	**60425**	**3467562**	**3863484**	**466118**	**505293**	**742451**	**863800**
石家庄市	4030	4476	495356	550192	54125	60116	83684	92948
唐山市	5292	5815	317223	348571	38612	42427	77027	84639
秦皇岛市	2547	3236	116326	114498	20324	26415	32465	42078
邯郸市	8087	9338	490054	565841	34189	39476	61899	71472
邢台市	2460	2735	276251	307117	32789	36452	50004	55591
保定市	3606	3948	421963	462023	47778	52314	76083	83306
张家口市	35234	44996	127781	156741	40123	47758	28355	33661
承德市	13517	15340	180061	234035	25430	29940	34863	42114
沧州市	4373	4737	303305	328567	49158	53252	74708	80930
廊坊市	2247	2640	252430	296604	29962	35250	45692	53688
衡水市	4149	4438	282156	301783	35924	38423	53558	57284

2–3–6续2 各市农林牧渔业中间消耗

单位：万元

名 称	1.农业物质消耗(续2)							
	(6)农用塑料薄膜		(7)用 电 量		(8)小农具购置		(9)办公用品购置	
	2011年	2012年	2011年	2012年	2011年	2012年	2011年	2012年
全 省	**412269**	**476260**	**737692**	**796783**	**91465**	**94399**	**3280**	**3400**
石家庄市	42787	47523	149821	166407	5399	5997	2699	2998
唐 山 市	157289	172832	101136	111130	4705	5173	2548	2799
秦皇岛市	11144	14356	23231	31569	2030	2160	1287	1662
邯 郸 市	45893	52990	83207	96075	9079	10483	343	396
邢 台 市	26230	29161	95092	105717	3280	3646	1638	1821
保 定 市	39370	43108	142932	156501	4743	5193	2467	2701
张家口市	18640	21315	37969	45445	12131	13452	1207	1570
承 德 市	29144	33267	23222	29685	6834	7150	159	178
沧 州 市	58723	63614	142182	154024	12384	13415	9006	9756
廊 坊 市	23970	28164	86890	102095	2996	3521	1498	1760
衡 水 市	32658	34930	100583	107580	3918	4191	1502	1606

2–3–6续3 各市农林牧渔业中间消耗

单位：万元

名 称	(10)其 他		2.生产服务支出		(二)林业中间消耗		1.林业物质消耗	
	2011年	2012年	2011年	2012年	2011年	2012年	2011年	2012年
全 省	**224647**	**257433**	**1710218**	**1905252**	**167074**	**221416**	**129677**	**178004**
石家庄市	48591	53970	291834	324140	13435	20187	9238	13883
唐 山 市	44980	49425	233168	256210	11311	14097	8538	10642
秦皇岛市	26615	4721	46343	61404	10571	13328	9688	11009
邯 郸 市	88273	101925	200637	231665	24453	30808	14311	18030
邢 台 市	40170	44659	200837	223277	25024	45846	20395	37365
保 定 市	62043	67934	318011	348202	24715	41201	20663	34446
张家口市	52252	67041	90211	114257	32828	42612	26050	34280
承 德 市	42214	56165	88519	97458	42180	50719	26804	33071
沧 州 市	4614	4999	259261	274179	12501	14859	10154	12069
廊 坊 市	36703	43082	183518	215632	14032	17060	11436	13904
衡 水 市	35923	38422	200637	214594	6900	7791	5533	6247

2-3-6续4 各市农林牧渔业中间消耗

单位：万元

名　称	1.林业物质消耗(续1)							
	(1)用种量		(2)肥料		(3)燃料		(4)农药	
	2011年	2012年	2011年	2012年	2011年	2012年	2011年	2012年
全　省	**102191**	**144659**	**10630**	**12199**	**4452**	**6124**	**5946**	**6740**
石家庄市	2276	3420	3842	5773	450	676	1550	2330
唐山市	4142	5163	3261	4065	225	280	634	790
秦皇岛市	5455	3812	3228	4970	188	404	341	655
邯郸市	8729	10998	1311	1652	711	895	2120	2671
邢台市	12209	22368	5307	9723	574	1052	1676	3071
保定市	12207	20349	5381	8970	604	1007	1766	2944
张家口市	18531	21811	2550	4249	695	750	1135	4196
承德市	5048	6310	2802	3489	3622	4618	14434	17659
沧州市	6525	7756	1984	2358	164	195	147	175
廊坊市	6848	8325	2975	3617	323	392	940	1143
衡水市	3163	3571	1505	1699	175	198	408	461

2-3-6续5 各市农林牧渔业中间消耗

单位：万元

名　称	1.林业物质消耗(续2)							
	(5)用电量		(6)小农机具购置		(7)办公用品购置		(8)其他	
	2011年	2012年	2011年	2012年	2011年	2012年	2011年	2012年
全　省	**4522**	**6273**	**238**	**287**	**119**	**143**	**1579**	**1579**
石家庄市	206	309	772	1160	30	46	112	169
唐山市	126	157	40	50	30	37	80	100
秦皇岛市	193	494	56	109	35	57	192	508
邯郸市	580	731	196	247	173	218	491	618
邢台市	352	645	71	130	14	26	192	350
保定市	425	708	83	138			197	330
张家口市	748	855	416	363	81	83	1894	1973
承德市	299	349	198	202	120	140	281	304
沧州市	875	1040	343	408	65	77	51	60
廊坊市	197	239	42	51			111	137
衡水市	150	169	39	44	16	18	77	87

2–3–6续6 各市农林牧渔业中间消耗

单位：万元

名称	2.生产服务支出		(三)牧业中间消耗		1.牧业物质消耗		(1)用种量	
	2011年	2012年	2011年	2012年	2011年	2012年	2011年	2012年
全省	**37397**	**43412**	**8835307**	**9223873**	**8514947**	**8888807**	**1415265**	**1501867**
石家庄市	4197	6304	1605944	1670768	1530306	1592074	236877	246438
唐山市	2773	3455	1129656	1157953	890861	913176	150470	154239
秦皇岛市	883	2319	722650	724220	687617	649234	148480	138464
邯郸市	10142	12778	1348409	1334304	1291035	1277530	168048	166290
邢台市	4629	8481	610778	639777	581460	609067	91620	95970
保定市	4052	6755	1172843	1292267	1118812	1232734	170085	187404
张家口市	6778	8332	717725	759164	664080	691870	49785	43303
承德市	15376	17648	577684	626288	544699	592477	185997	196116
沧州市	2347	2790	840297	880893	796067	834526	111668	117063
廊坊市	2596	3156	659097	695331	627460	661955	98865	104300
衡水市	1367	1544	638158	693127	613300	666128	101707	110468

2–3–6续7 各市农林牧渔业中间消耗

单位：万元

名称	1.牧业物质消耗(续1)					
	(2)饲料、饲草		(3)燃料		(4)用电量	
	2011年	2012年	2011年	2012年	2011年	2012年
全省	**6686284**	**6962627**	**226720**	**231649**	**92816**	**95576**
石家庄市	1193538	1241715	12848	13366	35331	36757
唐山市	680835	697890	7255	7437	22047	22599
秦皇岛市	484537	459598	6129	5741	11968	11161
邯郸市	1062855	1051737	19763	19557	19088	18889
邢台市	453805	475351	4886	5118	13437	14075
保定市	875948	965140	9111	10039	25760	28383
张家口市	534192	569199	8404	9427	15136	14834
承德市	339767	376110	3248	4044	1619	1750
沧州市	651406	682876	4228	4432	12690	13303
廊坊市	489709	516631	5273	5563	14500	15297
衡水市	475440	516393	4901	5323	12868	13976

2–3–6续8 各市农林牧渔业中间消耗

单位：万元

名 称	1.牧业物质消耗(续2)				2.生产服务支出	
	(5)畜牧用药品		(6)其 他			
	2011年	2012年	2011年	2012年	2011年	2012年
全 省	**57207**	**59359**	**36655**	**37729**	**320360**	**335066**
石家庄市	40470	42103	11242	11695	75638	78694
唐 山 市	21404	21940	8850	9071	238795	244777
秦皇岛市	23796	22023	12707	12247	35033	74986
邯 郸 市	14848	14692	6433	6365	57374	56774
邢 台 市	12826	13435	4886	5118	29318	30710
保 定 市	28010	30862	9898	10906	54031	59533
张家口市	36097	36888	20466	18219	53645	67294
承 德 市	10325	10506	3743	3951	32985	33811
沧 州 市	9304	9753	6771	7099	44230	46367
廊 坊 市	13841	14602	5272	5562	31637	33376
衡 水 市	12869	13978	5515	5990	24858	26999

2–3–6续9 各市农林牧渔业中间消耗

单位：万元

名 称	(四)渔业中间消耗		1.渔业物质消耗		(1)饲 料		(2)燃 料	
	2011年	2012年	2011年	2012年	2011年	2012年	2011年	2012年
全 省	**668911**	**726811**	**492437**	**546872**	**317128**	**359482**	**44949**	**45896**
石家庄市	19887	19296	16455	15965	9735	9445	1253	1216
唐 山 市	280938	317049	234730	264901	140421	158470	15530	17527
秦皇岛市	66169	109617	46474	76312	17798	37700	11590	13609
邯 郸 市	28967	32332	25923	28935	15330	17111	3702	4132
邢 台 市	3154	3126	2599	2576	1544	1530	190	188
保 定 市	34968	36487	28864	30118	17285	18036	2029	2117
张家口市	7147	7618	5417	5881	4061	4320	117	113
承 德 市	14705	14970	14332	14591	13198	13435	455	463
沧 州 市	116574	115480	90496	87853	23440	22756	59229	57499
廊 坊 市	19825	18347	16336	15118	9694	8972	1189	1101
衡 水 市	4000	4230	3104	3282	2021	2137	197	208

2–3–6续10　各市农林牧渔业中间消耗

单位：万元

名　称	1.渔业物质消耗(续1) (3)用 电 量 2011年	2012年	(4)办公用品购置 2011年	2012年	(5)其　他 2011年	2012年	2.生产服务支出 2011年	2012年
全　省	**8799**	**9269**	**623**	**697**	**120938**	**131528**	**176474**	**179939**
石家庄市	776	753	10	9	4681	4542	3432	3331
唐 山 市	13300	15010	126	141	65353	73753	46208	52148
秦皇岛市	1081	1414	190	295	15815	23294	19695	33305
邯 郸 市	224	250	26	29	6641	7413	3044	3397
邢 台 市	122	121	3	3	740	734	555	550
保 定 市	1354	1413			8196	8552	6104	6369
张家口市	436	439	131	140	672	869	1730	1737
承 德 市	196	202			483	491	373	379
沧 州 市	1807	1754	2719	2640	3301	3204	26078	27627
廊 坊 市	773	716			4680	4329	3489	3229
衡 水 市	140	148	1	1	745	788	896	948

2–3–6续11　各市农林牧渔业中间消耗

单位：万元

名　称	(五)农林牧渔服务业中间消耗 2011年	2012年	1.物质消耗 2011年	2012年	2.生产服务支出 2011年	2012年
全　省	**1245499**	**1341777**	**658031**	**708897**	**587468**	**632880**
石家庄市	133990	143728	121931	130792	12059	12936
唐 山 市	74462	80633	30937	33500	43525	47133
秦皇岛市	27248	28147	16873	17517	10375	10630
邯 郸 市	147150	163080	71295	79013	75855	84067
邢 台 市	177211	191818	124044	134268	53167	57550
保 定 市	73899	79611	33291	35864	40608	43747
张家口市	39717	45338	23595	26910	16122	18428
承 德 市	27823	29974	20595	21972	7228	8002
沧 州 市	364927	409983	316075	355099	48852	54884
廊 坊 市	28240	29532	13900	14471	14340	15061
衡 水 市	71393	98707	49975	69095	21418	29612

2-3-7 各市农林牧渔业增加值

单位：万元

名称	农林牧渔业增加值		1.农业		2.林业	
	2011年	2012年	2011年	2012年	2011年	2012年
全省	**29057366**	**31866615**	**18768080**	**20932243**	**420696**	**557394**
石家庄市	4149966	4521822	2521044	2800122	53318	80115
唐山市	4865308	5285600	3094937	3414271	35255	43938
秦皇岛市	1399423	1524144	745504	817568	31095	34858
邯郸市	3506096	3838965	2139638	2443549	27933	33579
邢台市	2188334	2403499	1531055	1702107	12605	23093
保定市	3430236	3781153	2380660	2606671	39321	65549
张家口市	1802780	2057770	834459	1030941	43208	53454
承德市	1655462	1851577	900476	1040527	138851	166957
沧州市	2958366	3191764	1839401	2001415	23217	27594
廊坊市	1742777	1983983	1112700	1341883	20157	24539
衡水市	1745393	1890310	1206250	1290155	13337	15061

2-3-7续 各市农林牧渔业增加值

单位：万元

名称	3.牧业		4.渔业		5.农林牧渔服务业	
	2011年	2012年	2011年	2012年	2011年	2012年
全省	**7905096**	**8252753**	**966870**	**1050562**	**996624**	**1073663**
石家庄市	1424710	1482219	24356	23631	126538	135735
唐山市	1223795	1254450	421407	475574	89914	97367
秦皇岛市	525451	524184	85075	134918	12298	12616
邯郸市	1182445	1189766	30730	33151	125350	138920
邢台市	548895	574956	3632	3599	92147	99744
保定市	894431	985505	39822	41551	76002	81877
张家口市	868026	913865	7395	7191	49692	52319
承德市	564887	590191	22057	22454	29191	31448
沧州市	714981	750390	116510	115480	264257	296885
廊坊市	554304	563092	26997	25329	28619	29140
衡水市	474170	515014	4040	4274	47596	65806

2–3–8 各市农林牧渔业增加值构成(2012年)

名 称	农林牧渔业增加值构成（以增加值为100）					
	合计	农 业	林 业	牧 业	渔 业	农林牧渔服务业
全 省	**100.00**	**65.69**	**1.75**	**25.90**	**3.29**	**3.37**
石家庄市	100.00	61.93	1.77	32.78	0.52	3.00
唐 山 市	100.00	64.60	0.83	23.73	9.00	1.84
秦皇岛市	100.00	53.64	2.29	34.39	8.85	0.83
邯 郸 市	100.00	63.65	0.88	30.99	0.86	3.62
邢 台 市	100.00	70.82	0.96	23.92	0.15	4.15
保 定 市	100.00	68.94	1.73	26.06	1.10	2.17
张家口市	100.00	50.10	2.60	44.41	0.35	2.54
承 德 市	100.00	56.20	9.02	31.87	1.21	1.70
沧 州 市	100.00	62.71	0.86	23.51	3.62	9.30
廊 坊 市	100.00	67.63	1.24	28.38	1.28	1.47
衡 水 市	100.00	68.25	0.80	27.24	0.23	3.48

2–3–9 各市农林牧渔业增加值指数(2012年)

(上年=100)

名 称	农林牧渔业增加值	农 业	林 业	牧 业	渔 业	农林牧渔服务业
全 省	**104.0**	**103.6**	**105.5**	**104.7**	**104.1**	**105.0**
石家庄市	103.6	103.7	106.7	103.4	100.4	105.0
唐 山 市	104.2	103.5	121.0	104.5	107.3	105.5
秦皇岛市	103.0	102.5	100.0	100.0	127.4	100.0
邯 郸 市	104.2	105.1	86.2	102.7	103.5	108.0
邢 台 市	104.0	104.1	129.2	102.9	106.2	105.5
保 定 市	104.2	103.3	103.2	107.1	96.0	105.0
张家口市	104.6	108.4	96.8	101.7	97.5	99.9
承 德 市	104.6	106.6	103.3	102.1	100.2	105.0
沧 州 市	104.2	103.4	103.5	104.8	100.7	109.5
廊 坊 市	103.0	104.9	92.9	99.8	100.7	99.2
衡 水 市	103.7	102.1	101.0	104.4	105.8	134.9

注：本表按可比价格计算。

2-3-10 各市农林牧渔业中间消耗、增加值占总产值的比重(2012年)

单位：%

名称	农林牧渔业		1.农业		2.林业	
	中间消耗	增加值	中间消耗	增加值	中间消耗	增加值
全省	**40.33**	**59.67**	**32.37**	**67.63**	**28.43**	**71.57**
石家庄市	42.58	57.42	34.87	65.13	20.13	79.87
唐山市	35.45	64.55	28.08	71.92	24.29	75.71
秦皇岛市	44.36	55.64	29.37	70.63	27.66	72.34
邯郸市	42.95	57.05	35.24	64.76	47.85	52.15
邢台市	42.71	57.29	34.87	65.13	66.50	33.50
保定市	42.77	57.23	34.56	65.44	38.60	61.40
张家口市	43.89	56.11	42.28	57.72	44.36	55.64
承德市	41.65	58.35	36.55	63.45	23.30	76.70
沧州市	44.54	55.46	36.33	63.67	35.00	65.00
廊坊市	45.26	54.74	39.61	60.39	41.01	58.99
衡水市	47.58	52.42	41.42	58.58	34.09	65.91

2-3-10续 各市农林牧渔业中间消耗、增加值占总产值的比重(2012年)

单位：%

名称	3.牧业		4.渔业		5.农林牧渔服务业	
	中间消耗	增加值	中间消耗	增加值	中间消耗	增加值
全省	**52.78**	**47.22**	**40.89**	**59.11**	**55.55**	**44.45**
石家庄市	52.99	47.01	44.95	55.05	51.43	48.57
唐山市	48.00	52.00	40.00	60.00	45.30	54.70
秦皇岛市	58.01	41.99	44.83	55.17	69.05	30.95
邯郸市	52.86	47.14	49.37	50.63	54.00	46.00
邢台市	52.67	47.33	46.48	53.52	65.79	34.21
保定市	56.73	43.27	46.76	53.24	49.30	50.70
张家口市	45.38	54.62	51.44	48.56	46.43	53.57
承德市	51.48	48.52	40.00	60.00	48.80	51.20
沧州市	54.00	46.00	50.00	50.00	58.00	42.00
廊坊市	55.25	44.75	42.01	57.99	50.33	49.67
衡水市	57.37	42.63	49.74	50.26	60.00	40.00

注：本表按当年价格计算。

2-3-11 各市农业劳动生产率、投入产出率(2012年)

单位：元

名　　称	每一农村农林牧渔业从业人员创造农林牧渔业总产值	每一农村农林牧渔业从业人员创造农林牧渔业增加值	农业投入产出率(%)
全　省	**37435**	**22339**	**148.0**
石家庄市	54805	31469	134.9
唐 山 市	66319	42809	182.1
秦皇岛市	39065	21734	125.4
邯 郸 市	37011	21115	132.8
邢 台 市	30070	17227	134.1
保 定 市	23312	13341	133.8
张家口市	30213	16952	127.8
承 德 市	33418	19501	140.1
沧 州 市	55090	30553	124.5
廊 坊 市	45246	24767	120.9
衡 水 市	43166	22626	110.2

注：按从业人员年平均人数计算。

2-3-12 各市农村经济比重(2012年)

名　　称	地区生产总值(亿元)	一产业增加值(亿元)	一产业增加值比重(%)	年末常住人口(万人)	乡村人口(万人)	乡村人口比重(%)	社会消费品零售总额(亿元)	乡村零售额(亿元)	乡村零售额比重(%)
全　省	**26575.01**	**3186.66**	**12.0**	**7287.51**	**5628.36**	**77.2**	**9254.0**	**2152.6**	**23.3**
石家庄市	4500.21	452.18	10.0	1038.60	676.63	65.1	1915.8	412.9	21.6
唐 山 市	5861.64	528.56	9.0	766.85	543.84	70.9	1535.0	289.6	18.9
秦皇岛市	1139.37	152.41	13.4	302.16	203.88	67.5	453.8	74.1	16.3
邯 郸 市	3024.29	383.90	12.7	928.64	739.09	79.6	973.7	223.9	23.0
邢 台 市	1532.06	240.35	15.7	718.86	613.69	85.4	624.1	148.8	23.8
保 定 市	2720.90	378.12	13.9	1135.14	940.03	82.8	1174.3	259.2	22.1
张家口市	1233.55	205.78	16.7	439.38	341.94	77.8	439.6	97.0	22.1
承 德 市	1181.92	185.16	15.7	350.63	298.09	85.0	349.7	96.1	27.5
沧 州 市	2812.42	319.18	11.3	724.38	583.56	80.6	788.0	220.1	27.9
廊 坊 市	1794.33	198.40	11.1	443.93	320.61	72.2	568.1	206.0	36.3
衡 水 市	1011.03	189.03	18.7	438.93	367.00	83.6	432.0	124.9	28.9

2–3–13 各市非国有经济基本情况及效益

名称	企业个数(个)		企业从业人数(人)		企业增加值(万元)	
	2011年	2012年	2011年	2012年	2011年	2012年
全省	**2359500**	**2474433**	**18046296**	**19380827**	**152760344**	**176593664**
石家庄市	274346	288282	2756261	2867782	26984931	30084545
唐山市	304144	309838	2090823	2229557	36813346	39289332
秦皇岛市	115998	125467	715402	749252	7186376	7956282
邯郸市	308757	322115	2408141	2589891	17839292	19493090
邢台市	198349	205175	1500970	1611923	9555900	10267130
保定市	261314	272708	2500416	2745702	16921033	18492699
张家口市	158488	177621	907803	974700	6201300	7069300
承德市	160889	177807	804213	868542	7049510	7219000
沧州市	208368	212741	1934297	2030287	15658012	17237366
廊坊市	179920	185433	1516365	1486686	14090193	12303695
衡水市	188927	197246	1141235	1226505	6155262	7001225

2–3–13续 各市非国有经济基本情况及效益

单位：万元

名称	企业营业收入		企业实交税金		固定资产投资	
	2011年	2012年	2011年	2012年	2011年	2012年
全省	**648305901**	**767596221**	**19783425**	**23425536**	**84710815**	**113334523**
石家庄市	106577796	130036219	3032540	3637933	8831168	11681131
唐山市	149469006	163008609	4134303	4744913	11072762	16880122
秦皇岛市	30450745	37543190	2009204	1471864	2340672	3745075
邯郸市	88143251	100285081	1680425	1942315	12835273	17943564
邢台市	45605999	45628305	1044299	1197898	7413139	8637026
保定市	65983934	74743141	1948723	2300406	7791089	13813441
张家口市	22391221	23403894	1009952	1080555	5034411	6018211
承德市	30466266	33812646	1289336	1527236	4326658	5942167
沧州市	71084873	80889329	1603679	1940535	11106985	14283583
廊坊市	66586934	62863685	1984665	2658848	8233158	9040236
衡水市	29275876	34968864	599076	830273	4224680	5349967

注：2011年固定资产投资额为年预算投资500万元以上民营企业投资合计。

2–3–14 各市非国有出口企业情况

名　称	企业单位个数(个)		年末职工人数(人)		出口产品交货值(万元)	
	2011年	2012年	2011年	2012年	2011年	2012年
全　省	**12675**	**11171**	**981183**	**1017594**	**12409958**	**14303597**
石家庄市	840	879	164761	159658	2260970	2636145
唐 山 市	612	322	148603	150737	1289423	1275170
秦皇岛市	239	230	104651	99482	340788	545262
邯 郸 市	113	96	38133	32091	432283	429167
邢 台 市	709	780	56798	63931	834368	854175
保 定 市	5050	4799	158367	190299	2593584	3222541
张家口市	86	121	10445	7954	144654	91098
承 德 市	65	62	11507	11088	68426	86064
沧 州 市	1812	935	116869	125189	1495066	1922952
廊 坊 市	460	456	97484	95909	1696671	1733401
衡 水 市	2689	2491	73565	81256	1253725	1507622

2–3–15 各市非国有经济园区情况

名　称	园区个数(个)		园区内年末实有企业个数(个)		园区内企业年末从业人员数(人)		园区内企业增加值(万元)	
	2011年	2012年	2011年	2012年	2011年	2012年	2011年	2012年
全　省	**395**	**356**	**83767**	**94748**	**2675006**	**3976097**	**36013159**	**40279470**
石家庄市	65	54	13052	6092	507357	370869	5996034	7344786
唐 山 市	19	18	1428	1504	196050	1819252	8884656	7299604
秦皇岛市	16	16	2884	1166	73862	46342	674622	684319
邯 郸 市	79	80	20207	19836	533076	389617	5036862	5749746
邢 台 市	53	49	6681	6640	321879	319712	4116738	5221071
保 定 市	41	36	14576	5372	314226	254755	2697259	3360874
张家口市	20	22	9480	44141	104383	321442	666916	1402129
承 德 市	11	12	643	696	52543	63631	1047425	1217755
沧 州 市	53	38	7044	4214	228108	170980	2608838	3753001
廊 坊 市	20	15	3633	3665	124883	132008	1960385	2007867
衡 水 市	18	16	4139	1422	218639	87489	2323424	2238318

2–3–16 各市乡镇农产品加工企业情况

名 称	企业个数(个)		从业人员(人)		增加值(万元)	
	2011年	2012年	2011年	2012年	2011年	2012年
全 省	**80084**	**85930**	**1360843**	**1491770**	**12335363**	**12876284**
石家庄市	10977	10504	349558	299188	4215793	3849187
唐 山 市	7046	6433	92284	81386	968614	789253
秦皇岛市	2519	2411	38222	43940	695578	762652
邯 郸 市	17595	17383	178406	180182	1092547	1322015
邢 台 市	15117	20891	175955	228729	1431306	1441042
保 定 市	7535	9643	258378	365469	1337248	2024636
张家口市	4058	4475	40058	50504	338799	468714
承 德 市	1881	2035	28995	36576	316568	415112
沧 州 市	4729	4825	80309	92231	770751	583306
廊 坊 市	5409	3625	89608	84825	869072	898125
衡 水 市	3218	3705	29070	28740	299087	357748

2–3–16续 各市乡镇农产品加工企业情况

单位：万元

名 称	营业收入		上缴税金	
	2011年	2012年	2011年	2012年
全 省	**50056335**	**55264000**	**880981**	**1114111**
石家庄市	17357040	15617999	248355	256709
唐 山 市	3616904	2951580	55895	68219
秦皇岛市	2334484	2856885	73908	80441
邯 郸 市	5289369	6719798	46390	62294
邢 台 市	6335835	6512977	109973	168015
保 定 市	5253229	7710139	115032	151596
张家口市	912016	1574659	52603	57007
承 德 市	830332	2079944	59651	109800
沧 州 市	2553428	2443323	25754	45953
廊 坊 市	4324451	5847590	74495	84927
衡 水 市	1249247	1269992	18925	22047

2–4–1 各市扶贫情况

名　称	当年投入扶贫资金总额（万元）		基本解决温饱户数（万户）		解决饮水困难人口（万人）	
	2011年	2012年	2011年	2012年	2011年	2012年
全　省	**76991.8**	**113725.2**	**10.00**	**9.94**	**48.68**	**50.84**
石家庄市	7367.8	6436	0.55	0.51	3.53	3.85
唐山市	15.0	15				
秦皇岛市	2019.5	2195	0.22	0.18	0.13	0.14
邯郸市	6703.9	10003	1.13	1.15	4.45	4.90
邢台市	8826.7	14657	1.50	1.56	3.67	3.99
保定市	9703.0	20324.7	1.52	1.49	2.10	2.31
张家口市	15437.7	20289.5	1.78	1.92	13.50	13.64
承德市	11568.2	17982.7	1.21	1.18	5.57	6.03
沧州市	8273.0	9589	1.20	1.10	14.43	14.57
廊坊市	15.0	15				
衡水市	7062.0	12218.3	0.89	0.85	1.30	1.41

2–4–1续 各市扶贫情况

名　称	解决饮水困难牲畜（万头）		新增基本农田面积（公顷）		新增公路里程（公里）	
	2011年	2012年	2011年	2012年	2011年	2012年
全　省	**31.83**	**36.29**	**4866.14**	**5347.20**	**3047.35**	**3390.80**
石家庄市	0.92	1.10	52.40	58.30	62.10	64.30
唐山市						
秦皇岛市	7.70	8.90	13.50	15.30	21.05	25.00
邯郸市	1.77	2.11	744.20	839.70	305.80	375.60
邢台市	0.41	0.57	654.30	746.50	205.20	234.30
保定市	2.20	2.60	4.14	5.70	474.00	523.70
张家口市	5.21	5.97	2014.00	2196.30	704.00	776.10
承德市	1.86	1.99	693.40	771.60	801.20	867.90
沧州市	4.41	4.83	425.00	440.00	402.50	443.90
廊坊市						
衡水市	7.35	8.22	265.20	273.80	71.50	80.00

2-4-2 各市粮食购销情况

单位：吨

名　　称	纯购进		#省外购进		总销售		#省外销售	
	2011年	2012年	2011年	2012年	2011年	2012年	2011年	2012年
全　　省	**6218821**	**6732264**	**179911**	**77617**	**7280181**	**7624544**	**1441419**	**1733307**
石家庄市	545348	555342		11160	517531	601692	12622	10922
唐 山 市	255646	310019	4761		294607	320091	15845	
秦皇岛市	365792	334032	127018	15921	462948	398152	117459	229230
邯 郸 市	796647	727130	500		1017052	874770	126878	184981
邢 台 市	1105369	1470624	6038		1248178	1486691	164533	194659
保 定 市	390779	509913			395655	503320	36207	37208
张家口市	41790	45414			88256	60494		2000
承 德 市	308559	270402			274204	268311		
沧 州 市	367648	509398			362926	507261	55411	40771
廊 坊 市	490193	462251	34524	45221	592953	525754	128073	138095
衡 水 市	980041	897960	7045	5315	1377456	1486463	771391	850814
省直企业	571009	639779	25		648415	591545	13000	44627

注:以上数据均为全省国有粮食经营企业数据。

2-4-3 各市日照、降水和气温情况

名　　称	日照(小时)		降水(毫米)		平均气温(℃)	
	2011年	2012年	2011年	2012年	2011年	2012年
全　　省	**1820.9-2836.1**	**1669-3092**	**254.5-704.1**	**388.8-600.4**	**8.8-14.3**	**8.9-14.3**
石家庄市	2201.8	2169.5	674.2	516.4	14.3	13.9
唐 山 市	1820.9	2541.7	573.5	590.0	14.3	11.8
秦皇岛市	1993.5	2725.8	570.9	600.4	14.1	11.1
邯 郸 市	2588.7	2066.1	254.5	501.9	9.2	14.3
邢 台 市	2534.3	2121.1	522.8	496.4	8.8	14.3
保 定 市	2525.2	2247.2	637.0	496.1	10.1	13.3
张家口市	2657.7	2779.3	579.3	388.8	12.7	9.2
承 德 市	2703.4	2529.8	704.1	503.5	11.3	8.9
沧 州 市	1968.7	2515.9	441.6	540.7	12.3	13.3
廊 坊 市	2836.1	2407.8	533.2	513.5	13.2	12.3
衡 水 市	2391.4	2392.5	450.7	497.0	13.5	13.3

注：全省数据取自11个市的气象资料。

2-4-4 各市农村计划生育情况

名称	已婚育龄妇女人数(万人)		采取各种节育措施人数(万人)		综合节育率(%)		避孕节育方法构成(%) 男性、女性绝育	
	2011年	2012年	2011年	2012年	2011年	2012年	2011年	2012年
全　省	**1235.5**	**1246.5**	**1125.4**	**1132.8**	**91.1**	**90.9**	**39.4**	**36.8**
石家庄市	151.1	153.6	136.8	138.1	90.5	90.0	37.7	34.5
唐山市	86.0	85.6	77.7	77.7	90.4	90.7	23.4	20.2
秦皇岛市	40.5	40.6	36.7	36.8	90.6	90.5	24.5	21.7
邯郸市	163.9	167.3	148.8	151.4	90.8	90.5	50.5	47.9
邢台市	131.2	130.3	119.5	118.7	91.1	91.1	58.1	57.6
保定市	216.8	218.7	198.7	200.1	91.7	91.5	34.5	31.6
张家口市	71.3	71.8	65.1	65.5	91.3	91.3	33.1	29.8
承德市	64.7	64.4	60.0	59.1	92.7	91.8	29.3	26.2
沧州市	136.8	138.7	124.2	125.9	90.8	90.8	42.9	40.3
廊坊市	86.5	88.0	78.8	79.6	91.1	90.5	37.7	35.0
衡水市	86.7	87.4	79.2	79.8	91.4	91.3	36.8	34.2

2-4-4续 各市农村计划生育情况

名称	避孕节育方法构成(%)(续) 放置宫内节育器		药具		其他		女性初婚晚婚率(%)		全年节育手术数量(万例)	
	2011年	2012年	2011年	2012年	2011年	2012年	2011年	2012年	2011年	2012年
全　省	**54.1**	**56.9**	**5.8**	**5.7**	**0.7**	**0.7**	**38.2**	**43.6**	**94.0**	**94.6**
石家庄市	56.7	60.0	5.2	5.1	0.3	0.4	41.2	49.4	10.7	11.1
唐山市	67.1	70.5	9.0	8.7	0.6	0.6	37.6	44.7	6.1	6.4
秦皇岛市	66.3	68.6	8.5	9.1	0.7	0.7	38.4	45.4	2.7	2.6
邯郸市	44.7	47.8	3.9	3.5	0.9	0.8	37.3	42.9	12.6	12.6
邢台市	38.2	38.8	3.6	3.5	0.1	0.1	32.0	36.5	16.0	16.3
保定市	58.3	61.2	6.9	7.0	0.3	0.3	41.4	44.5	14.2	14.2
张家口市	59.1	63.2	6.7	5.7	1.2	1.3	46.8	52.2	3.0	3.9
承德市	63.0	65.9	6.8	7.1	0.9	0.8	46.7	53.8	3.4	3.6
沧州市	51.5	54.2	4.5	4.5	1.1	1.0	30.9	35.5	15.5	13.7
廊坊市	53.0	55.4	7.0	6.9	2.4	2.6	41.9	47.1	4.4	4.7
衡水市	56.8	59.7	5.6	5.4	0.7	0.7	40.0	43.9	5.4	5.6

注：本表“农村”指全省135个县、市及唐山市丰润区、丰南区、曹妃甸区，廊坊安次区、广阳区，衡水市桃城区

2-5-1 各市主要经济指标排序

名称	农业机械总动力(千瓦)				农村用电量（千瓦时）			
	2011年数量	位次	2012年数量	位次	2011年数量	位次	2012年数量	位次
全省	**103491900**		**105538084**		**5592151**		**5939386**	
石家庄市	19770068	1	19838214	1	747484	2	784811	2
唐山市	11144196	5	11485420	5	1419280	1	1423974	1
秦皇岛市	2968406	11	3035852	11	231746	9	233195	9
邯郸市	14195646	2	14523869	2	535946	5	592462	5
邢台市	9333656	6	9549441	6	298194	7	322478	7
保定市	11918817	4	12173414	3	413433	6	473655	6
张家口市	2986624	10	3059636	10	98043	11	124127	11
承德市	3296155	9	3490298	9	157585	10	166844	10
沧州市	11977235	3	12153330	4	701757	4	752283	4
廊坊市	6777710	8	6838731	8	709277	3	776588	3
衡水市	9123387	7	9389879	7	279406	8	288969	8

2-5-1续1 各市主要经济指标排序

名称	有效灌溉面积(公顷)				粮食总产量（吨）			
	2011年数量	位次	2012年数量	位次	2011年数量	位次	2012年数量	位次
全省	**4596607**		**4603083**		**31726000**		**32466000**	
石家庄市	501124	5	502840	5	5317179	2	5320952	3
唐山市	498830	6	490610	6	3177564	7	3113878	7
秦皇岛市	134440	11	123280	11	891866	11	809233	11
邯郸市	549690	3	550450	3	5282949	3	5600800	2
邢台市	553180	2	566530	2	4527582	5	4532144	5
保定市	660510	1	661590	1	6146995	1	6044701	1
张家口市	262430	9	263835	9	1547020	9	1547341	9
承德市	149913	10	151809	10	1404972	10	1351905	10
沧州市	533450	4	542379	4	4942676	4	4836584	4
廊坊市	275060	8	272720	8	1936719	8	1847291	8
衡水市	477980	7	477040	7	3786219	6	3789080	6

2-5-1续2 各市主要经济指标排序

单位：吨

名 称	棉花总产量				油料总产量			
	2011年数量	位 次	2012年数量	位 次	2011年数量	位 次	2012年数量	位 次
全 省	**653445**		**564404**		**1417786**		**1428283**	
石家庄市	12629	8	11499	8	215067	3	215236	3
唐 山 市	30732	7	27570	7	283620	1	280766	1
秦皇岛市	2880	9	2519	9	72385	8	57711	8
邯 郸 市	144038	3	133433	3	146431	4	142144	5
邢 台 市	222593	1	201215	1	121243	5	142208	4
保 定 市	32347	6	29954	6	276649	2	279943	2
张家口市					49303	9	54073	9
承 德 市					12909	11	12136	11
沧 州 市	138055	4	123386	4	97324	7	97055	7
廊 坊 市	50610	5	46195	5	36905	10	36319	10
衡 水 市	163291	2	151251	2	105950	6	110692	6

2-5-1续3 各市主要经济指标排序

单位：吨

名 称	蔬菜产量				园林水果产量			
	2011年数量	位 次	2012年数量	位 次	2011年数量	位 次	2012年数量	位 次
全 省	**73843022**		**76951323**		**12050753**		**12860377**	
石家庄市	12219605	2	12553613	2	2188003	1	2355838	1
唐 山 市	13606006	1	13963374	1	1482420	3	1462365	3
秦皇岛市	2873338	11	3024379	11	764830	8	802715	8
邯 郸 市	8071550	4	8380417	4	647291	9	687774	9
邢 台 市	3231291	9	3428202	10	889002	6	1011499	6
保 定 市	9123144	3	9316269	3	1289998	4	1345234	5
张家口市	5766102	6	6388392	6	567188	11	614000	10
承 德 市	3189909	10	3488138	9	815050	7	935442	7
沧 州 市	5004008	7	5282080	7	1559793	2	1606812	2
廊 坊 市	6505335	5	6745882	5	575576	10	595306	11
衡 水 市	4252734	8	4380577	8	1271602	5	1443392	4

2–5–1续4 各市主要经济指标排序

单位：吨

名称	肉类产量				禽蛋产量			
	2011年数量	位次	2012年数量	位次	2011年数量	位次	2012年数量	位次
全省	**4181762**		**4429107**		**3398370**		**3425600**	
石家庄市	762293	1	772791	1	1063007	1	1064070	1
唐山市	700150	2	713980	2	337677	5	338015	5
秦皇岛市	327389	10	333719	10	114610	10	111892	10
邯郸市	677820	3	693326	3	1038986	2	1040025	2
邢台市	312725	11	319603	11	458036	3	458494	3
保定市	634065	4	645413	4	419358	4	419668	4
张家口市	342155	9	350205	9	204724	8	204929	8
承德市	414262	6	426538	6	107124	11	107231	11
沧州市	455796	5	467295	5	335013	6	335348	6
廊坊市	345295	8	351451	8	185995	9	185837	9
衡水市	377304	7	384797	7	294050	7	294344	7

2–5–1续5 各市主要经济指标排序

单位：吨

名称	奶类产量				水产品产量			
	2011年数量	位次	2012年数量	位次	2011年数量	位次	2012年数量	位次
全省	**4669359**		**4789653**		**1067131**		**1163172**	
石家庄市	1190059	3	1207894	3	34619	8	34854	8
唐山市	1816206	1	1843914	1	500779	1	521448	1
秦皇岛市	101825	10	105780	10	208752	2	274434	2
邯郸市	232854	6	237737	6	52638	5	55838	4
邢台市	265337	5	269315	5	4922	11	6643	11
保定市	791459	4	803332	4	54030	4	54945	5
张家口市	1225217	2	1243608	2	11450	9	11970	9
承德市	132726	8	134717	8	35504	6	36482	6
沧州市	111825	9	108249	9	122035	3	123473	3
廊坊市	231010	7	234521	7	35016	7	35246	7
衡水市	84823	11	96095	11	7386	10	7839	10

2–5–1续6 各市主要经济指标排序

单位：万元

名　称	农林牧渔业总产值				农林牧渔业增加值			
	2011年数量	位　次	2012年数量	位　次	2011年数量	位　次	2012年数量	位　次
全　省	**48958751**		**53401106**		**29057366**		**31866615**	
石家庄市	7272965	2	7874961	2	4149966	2	4521822	2
唐 山 市	7574835	1	8188379	1	4865308	1	5285600	1
秦皇岛市	2536512	11	2739487	11	1399423	11	1524144	11
邯 郸 市	6206530	3	6729017	3	3506096	3	3838965	3
邢 台 市	3824242	6	4195398	6	2188334	6	2403499	6
保 定 市	5994036	4	6607465	4	3430236	4	3781153	4
张家口市	3216829	8	3667604	7	1802780	7	2057770	7
承 德 市	2807001	10	3173011	10	1655462	10	1851577	10
沧 州 市	5353072	5	5755030	5	2958366	5	3191764	5
廊 坊 市	3213022	9	3624384	8	1742777	9	1983983	8
衡 水 市	3318734	7	3606385	9	1745393	8	1890310	9

2–5–1续7 各市主要经济指标排序

名　称	农业产业化总量(万元)				农村居民人均纯收入(元)			
	2011年数量	位　次	2012年数量	位　次	2011年数量	位　次	2012年数量	位　次
全　省	**47571339**		**53943046**		**7120**		**8081**	
石家庄市	7865858	1	8742008	1	7822	3	8993	3
唐 山 市	6064270	2	6749494	2	9460	1	10698	1
秦皇岛市	2856450	8	3341464	8	7365	5	8315	5
邯 郸 市	5696968	4	6457904	4	7366	4	8447	4
邢 台 市	4402225	5	4911972	5	5814	8	6601	8
保 定 市	5791882	3	6596147	3	6656	6	7696	6
张家口市	2596895	10	2952687	10	4854	11	5564	10
承 德 市	2399960	11	2868594	11	4935	10	5546	11
沧 州 市	4242093	6	4677433	6	6540	7	7514	7
廊 坊 市	3021381	7	3438860	7	9102	2	10447	2
衡 水 市	2633357	9	3206483	9	5355	9	6167	9

2-6-1 各市农业产业化龙头经营组织发展情况

名 称	一、龙头经营组织总数(个)		(一)按组织类型分(个)			
			1.龙头企业带动型		#销售额1亿元以上	
	2011年	2012年	2011年	2012年	2011年	2012年
全 省	**1576**	**1662**	**1307**	**1388**	**416**	**467**
石家庄市	218	215	177	175	78	85
唐 山 市	118	123	100	105	23	26
秦皇岛市	70	76	55	59	15	21
邯 郸 市	158	179	135	156	64	79
邢 台 市	148	151	134	137	45	46
保 定 市	211	224	185	198	53	64
张家口市	180	184	129	133	30	31
承 德 市	131	142	113	124	15	24
沧 州 市	181	198	148	162	61	54
廊 坊 市	51	51	41	41	13	14
衡 水 市	110	119	90	98	19	23

注：龙头企业、专业市场的统计标准为年销售额500万元以上，中介服务组织年服务收入50万元以上(下同)。

2-6-1续1 各市农业产业化龙头经营组织发展情况

名 称	(一)按组织类型分(个)(续)					
	2.专业市场带动型		#成交额1亿元以上		3.中介服务组织带动型	
	2011年	2012年	2011年	2012年	2011年	2012年
全 省	**129**	**127**	**108**	**108**	**140**	**147**
石家庄市	21	21	16	16	20	19
唐 山 市	11	11	8	8	7	7
秦皇岛市	4	4	4	4	11	13
邯 郸 市	16	15	14	13	7	8
邢 台 市	7	7	7	6	7	7
保 定 市	17	17	13	14	9	9
张家口市	6	6	5	5	45	45
承 德 市	8	8	5	5	10	10
沧 州 市	19	18	19	17	14	18
廊 坊 市	6	6	6	6	4	4
衡 水 市	14	14	11	14	6	7

2-6-1续2　各市农业产业化龙头经营组织发展情况

名　　称	(二)按利益联结方式分(个)					
	1.合同关系		#订单关系		年订单额(万元)	年履约订单额(万元)
	2011年	2012年	2011年	2012年	2012年	2012年
全　　省	**941**	**1066**	**941**	**743**	**9079217**	**8156510**
石家庄市	136	134	136	95	1256646	1191462
唐 山 市	89	94	89	83	1039193	819765
秦皇岛市	34	51	34	38	570833	463748
邯 郸 市	145	134	145	99	1235228	1191112
邢 台 市	50	72	50	33	1040175	995711
保 定 市	136	135	136	67	633763	599560
张家口市	139	130	139	112	464535	371924
承 德 市	79	101	79	79	626728	331831
沧 州 市	67	107	67	79	1229011	1222578
廊 坊 市	28	29	28	19	325222	321100
衡 水 市	38	79	38	39	657883	647719

2-6-1续3　各市农业产业化龙头经营组织发展情况

名　　称	(二)按利益联结方式分(个)(续)					
	2.实行利润返还		3.股份分红		4.其他	
	2011年	2012年	2011年	2012年	2011年	2012年
全　　省	**6**	**21**	**16**	**17**	**613**	**558**
石家庄市	1		5	4	76	77
唐 山 市		1		2	29	26
秦皇岛市		1	1		35	24
邯 郸 市	1	4			12	41
邢 台 市				3	98	76
保 定 市	1	1		1	74	87
张家口市	1	6	3	2	37	46
承 德 市					52	41
沧 州 市		5	2	5	112	81
廊 坊 市	1	3	5		17	19
衡 水 市	1				71	40

2–6–1续4 各市农业产业化龙头经营组织发展情况

名 称	二、龙头经营组织按产业类型分(个)							
	合 计		#粮食		#饲料		#油料	
	2011年	2012年	2011年	2012年	2011年	2012年	2011年	2012年
全 省	**1576**	**1662**	**144**	**155**	**84**	**84**	**38**	**42**
石家庄市	218	215	22	23	29	29	4	5
唐 山 市	118	123	6	10	1	1	3	2
秦皇岛市	70	76	20	15				1
邯 郸 市	158	179	12	17	6	10	10	13
邢 台 市	148	151	15	11	14	13	4	4
保 定 市	211	224	13	13	7	7	5	6
张家口市	180	184	22	28	4	4	4	1
承 德 市	131	142	17	17	1	1		2
沧 州 市	181	198	1	3	13	10	1	1
廊 坊 市	51	51	9	10	2	3	1	1
衡 水 市	110	119	7	8	7	6	6	6

2–6–1续5 各市农业产业化龙头经营组织发展情况

名 称	二、龙头经营组织按产业类型分(个)（续1）							
	#糖料		#水果		#蔬菜及食用菌		#棉麻丝	
	2011年	2012年	2011年	2012年	2011年	2012年	2011年	2012年
全 省		**1**	**156**	**154**	**230**	**237**	**45**	**41**
石家庄市			23	23	23	23		
唐 山 市			8	10	20	20	1	1
秦皇岛市			13	9	11	12		
邯 郸 市			6	10	35	34	8	6
邢 台 市			9	8	15	19	5	4
保 定 市			28	28	26	24	1	1
张家口市		1	8	4	39	36		
承 德 市			14	13	21	23		
沧 州 市			39	40	15	16	23	23
廊 坊 市					10	11		
衡 水 市			8	9	15	19	7	6

2-6-1续6 各市农业产业化龙头经营组织发展情况

名 称	二、龙头经营组织按产业类型分(个)(续2)							
	#中药材		#花卉		#猪		#牛	
	2011年	2012年	2011年	2012年	2011年	2012年	2011年	2012年
全 省	**19**	**21**	**9**	**9**	**178**	**192**	**59**	**61**
石家庄市	2	2	2	2	21	22	3	4
唐 山 市			1	1	15	15	5	4
秦皇岛市					4	4		
邯 郸 市	1	1	2	3	21	26	1	2
邢 台 市	4	5			13	12	5	3
保 定 市	8	8	1	1	38	42	10	6
张家口市	1	2	1	1	18	18	2	7
承 德 市	1	2			18	18	13	13
沧 州 市					8	10	10	13
廊 坊 市			2	1	6	7	3	4
衡 水 市	2	1			16	18	7	5

2-6-1续7 各市农业产业化龙头经营组织发展情况

名 称	二、龙头经营组织按产业类型分(个)(续3)							
	#羊		#禽肉		#蛋类		#奶类	
	2011年	2012年	2011年	2012年	2011年	2012年	2011年	2012年
全 省	**23**	**22**	**77**	**89**	**62**	**62**	**98**	**105**
石家庄市	1	1	6	6	12	13	19	18
唐 山 市			7	9	1	1	16	16
秦皇岛市	1	1	2	4	2	3	1	
邯 郸 市	3	3	6	11	10	9	2	2
邢 台 市	2	1	5	6	11	10	4	4
保 定 市	7	4	8	13	12	7	8	16
张家口市	4	3	5	4	1	3	21	16
承 德 市	1	2	5	6	3	3	7	11
沧 州 市	3	4	23	23	4	6	9	7
廊 坊 市			3		1	1	5	3
衡 水 市	1	3	7	6	5	6	6	12

2–6–1续8　各市农业产业化龙头经营组织发展情况

名　　称	二、龙头经营组织按产业类型分(个)（续4）					
	#皮毛类		#水产类		#林业	
	2011年	2012年	2011年	2012年	2011年	2012年
全　省	**40**	**50**	**32**	**36**	**73**	**83**
石家庄市	14	13	3	3	6	5
唐 山 市		1	10	10	11	11
秦皇岛市			6	8	1	4
邯 郸 市	1	1	3	2	12	15
邢 台 市	19	15			11	13
保 定 市	2	2	4	6	5	3
张家口市	3	3			6	4
承 德 市			1	1	20	20
沧 州 市		13	4	6		
廊 坊 市		1			1	5
衡 水 市	1	1	1			3

2–6–1续9　各市农业产业化龙头经营组织发展情况

名　　称	三、龙头经营组织规模							
	（一）从业人员合计（人）		1.龙头企业		2.专业市场		3.中介服务组织	
	2011年	2012年	2011年	2012年	2011年	2012年	2011年	2012年
全　省	**321201**	**437630**	**315047**	**321165**		**110487**	**6154**	**5978**
石家庄市	66945	90964	66442	70050		20442	503	472
唐 山 市	22644	25843	22405	23872		1787	239	184
秦皇岛市	24337	21967	24161	17428		4167	176	372
邯 郸 市	28774	42110	28414	31566		10159	360	385
邢 台 市	37030	40746	35786	39362		1114	1244	270
保 定 市	44213	64859	44045	43250		21367	168	242
张家口市	18854	33958	16789	16801		14824	2065	2333
承 德 市	22870	23651	22324	22832		274	546	545
沧 州 市	28333	32085	27839	28877		2683	494	525
廊 坊 市	12547	12059	12445	11732		183	102	144
衡 水 市	14654	49388	14397	15395		33487	257	506

2-6-1续10 各市农业产业化龙头经营组织发展情况

名称	三、龙头经营组织规模(续1)							
	(二) 固定资产净值合计(万元)		1.龙头企业		2.专业市场		3.中介服务组织	
	2011年	2012年	2011年	2012年	2011年	2012年	2011年	2012年
全　省	**7024304**	**7291799**	**6494559**	**6893440**	**443494**	**315416**	**86251**	**82943**
石家庄市	2127894	2627768	2092019	2594972	32893	30160	2982	2636
唐 山 市	456682	380345	415171	338168	37281	37843	4230	4334
秦皇岛市	491923	356950	478621	343327	8887	8406	4415	5217
邯 郸 市	587200	724182	521172	655758	61890	64247	4138	4177
邢 台 市	685716	664450	652811	630187	30437	31676	2468	2587
保 定 市	691803	647690	584955	598353	85993	32154	20855	17183
张家口市	546864	534900	485936	487434	40440	27244	20488	20222
承 德 市	415943	409700	395832	390549	7941	7762	12170	11389
沧 州 市	520082	462791	405713	403245	106589	50451	7780	9095
廊 坊 市	229253	200444	214793	190072	8740	5749	5720	4623
衡 水 市	270944	282579	247536	261375	22403	19724	1005	1480

2-6-1续11 各市农业产业化龙头经营组织发展情况

单位：户

名称	三、龙头经营组织规模(续2)							
	(三) 带动农户合计(户)		#订单带动农户		1.龙头企业带动农户		#订单带动农户	
	2011年	2012年	2011年	2012年	2011年	2012年	2011年	2012年
全　省	**8484534**	**10531998**	**3610751**	**4779567**	**7982709**	**8389306**	**3373979**	**4299852**
石家庄市	718922	835412	345718	484371	641733	707382	331479	458525
唐 山 市	559707	1029883	307188	483270	538533	592934	302228	391153
秦皇岛市	429366	700977	154743	453135	403574	633479	141188	437771
邯 郸 市	1863596	2532988	946523	1266804	1813402	2045879	921982	1088751
邢 台 市	1020031	991655	362790	334649	1004978	843202	359861	333649
保 定 市	1089911	1260293	339425	479485	1066031	1130517	323844	472053
张家口市	766664	770841	443498	405061	665605	635530	373382	358854
承 德 市	741479	681533	338077	377936	643610	546648	262778	323261
沧 州 市	828365	931448	217301	296551	764366	762345	204817	279586
廊 坊 市	130633	259458	77172	90828	122243	180420	74472	83548
衡 水 市	335860	537510	78316	107477	318634	310970	77948	72701

2–6–1续12 各市农业产业化龙头经营组织发展情况

单位：户

名　称	三、龙头经营组织规模(续3)							
	2.专业市场带动农户		#订单带动农户		3.中介服务组织带动农户		#订单带动农户	
	2011年	2012年	2011年	2012年	2011年	2012年	2011年	2012年
全　省		**1671113**		**311811**	**501825**	**471579**	**236772**	**167904**
石家庄市		72524		16650	77189	55506	14239	9196
唐 山 市		421720		90057	21174	15229	4960	2060
秦皇岛市		42669		200	25792	24829	13555	15164
邯 郸 市		440109		154758	50194	47000	24541	23295
邢 台 市		133997		1000	15053	14456	2929	3587
保 定 市		112292		4000	23880	17484	15581	3432
张家口市		29100			101059	106211	70116	46207
承 德 市		52610		5500	97869	82275	75299	49175
沧 州 市		85935		4950	63999	83168	12484	12015
廊 坊 市		69862			8390	9176	2700	7280
衡 水 市		210295		34696	17226	16245	368	80

2–6–1续13 各市农业产业化龙头经营组织发展情况

名　称	四、龙头经营组织效益							
	(一) 销售总额（万元）		1.龙头企业		2.专业市场		3.中介服务组织	
	2011年	2012年	2011年	2012年	2011年	2012年	2011年	2012年
全　省	**24239685**	**27191268**	**22355083**	**24965139**	**1669850**	**1994763**	**214752**	**231366**
石家庄市	4877834	5308887	4737678	5145478	135448	155664	4708	7745
唐 山 市	1621690	1789954	1474310	1610605	143486	175469	3894	3880
秦皇岛市	1846788	2243908	1824317	2213372	8758	8591	13713	21945
邯 郸 市	2910578	3282470	2691885	3064076	185740	182245	32953	36149
邢 台 市	2618561	2821843	2544962	2740022	56363	65116	17236	16705
保 定 市	2531175	2775177	2204838	2439102	317737	325095	8600	10980
张家口市	1389086	1513405	1266775	1340737	72444	123145	49867	49523
承 德 市	1062024	1280850	983588	1205327	50055	40073	28381	35450
沧 州 市	2632042	2860147	2262913	2338527	341503	485869	27626	35751
廊 坊 市	1567001	1969466	1470700	1856164	85662	101917	10639	11385
衡 水 市	1182906	1345161	893117	1011729	272654	331579	17135	1853

2-6-1续14 各市农业产业化龙头经营组织发展情况

名称	四、龙头经营组织效益（续1）							
	（二）净利润（万元）		1.龙头企业		2.专业市场		3.中介服务组织	
	2011年	2012年	2011年	2012年	2011年	2012年	2011年	2012年
全　省	**2629390**	**2934000**	**1461716**	**1491030**	**1140462**	**1405510**	**27212**	**37460**
石家庄市	464435	488731	397006	413111	66255	74018	1174	1602
唐山市	186501	213517	85106	84230	100809	128727	586	560
秦皇岛市	76203	42775	69876	35905	3181	3030	3146	3840
邯郸市	297672	305103	177261	184560	118050	117909	2361	2634
邢台市	194553	230577	145852	174332	47119	54990	1582	1255
保定市	477097	469961	187511	181352	288842	284743	744	3866
张家口市	159858	142412	125059	84488	30231	52084	4568	5840
承德市	105301	120609	75756	89447	26551	22590	2994	8572
沧州市	382090	548120	116394	142138	258420	398024	7276	7958
廊坊市	30732	38710	15339	21385	15045	16365	348	960
衡水市	254948	333485	66556	80082	185959	253030	2433	373

2-6-1续15 各市农业产业化龙头经营组织发展情况

名称	四、龙头经营组织效益（续2）							
	（三）上交税金（万元）		1.龙头企业		2.专业市场		3.中介服务组织	
	2011年	2012年	2011年	2012年	2011年	2012年	2011年	2012年
全　省	**592374**	**649829**	**532914**	**571618**	**58832**	**77021**	**628**	**1190**
石家庄市	97468	110285	91232	103338	6131	6807	105	140
唐山市	32965	36255	30883	33584	2037	2628	45	43
秦皇岛市	28703	42915	28379	42583	316	324	8	8
邯郸市	37223	47644	27448	39334	9637	8165	138	145
邢台市	41902	48715	40669	47406	1117	1245	116	64
保定市	58616	89879	49745	68329	8854	21036	17	514
张家口市	66836	42133	64612	37942	2205	4169	19	22
承德市	42303	49815	39943	48082	2239	1536	121	197
沧州市	31174	38252	22577	26018	8565	12204	32	30
廊坊市	104140	86076	102243	84846	1897	1230		
衡水市	51044	57860	35183	40156	15834	17677	27	27

2-6-1续16 各市农业产业化龙头经营组织发展情况

名　称	四、龙头经营组织效益（续3）					
	（四）龙头企业出口创汇（万美元）		（五）龙头企业主要农产品原料采购值（万元）		（六）专业市场成交额（万元）	
	2011年	2012年	2011年	2012年	2011年	2012年
全　省	**143591**	**188490**	**11968461**	**14339520**	**13639753**	**14849606**
石家庄市	39631	41689	2162295	2364271	2074973	2317479
唐 山 市	19605	20224	832999	916961	801342	920966
秦皇岛市	24150	56649	1053813	1435718	583239	595455
邯 郸 市	18454	20851	1474980	1678970	2136246	2193166
邢 台 市	5755	6703	1695886	2062314	300927	280985
保 定 市	14316	17931	1158531	1302749	2159977	2434315
张家口市	5485	4446	501296	622979	500080	579868
承 德 市	2099	2713	455304	419007	288386	463822
沧 州 市	11887	14143	1410826	1519169	2883595	2952323
廊 坊 市	152	76	754725	1464028	387423	472799
衡 水 市	2057	3065	467806	553354	1523565	1638428

2-6-1续17 各市农业产业化龙头经营组织发展发展情况

名　称	五、龙头经营组织按产品辐射范围分					
	1.本省内		2.跨省区		3.国外	
	2011年	2012年	2011年	2012年	2011年	2012年
全　省	**312**	**414**	**1086**	**1073**	**178**	**175**
石家庄市	48	73	149	122	21	20
唐 山 市	29	38	61	61	28	24
秦皇岛市	11	18	38	40	21	18
邯 郸 市	18	29	121	137	19	13
邢 台 市	46	43	99	104	3	4
保 定 市	39	54	147	142	25	28
张家口市	50	56	108	105	22	23
承 德 市	12	24	107	104	12	14
沧 州 市	36	51	124	123	21	24
廊 坊 市	10	7	39	41	2	3
衡 水 市	13	21	93	94	4	4

2–6–2 各市农产品生产(加工)基地发展情况

名称	一、农产品生产(加工)基地个数(个)		1.种植业生产基地(包括林果)		2.养殖业生产基地(包括水产)		3.农产品加工基地	
	2011年	2012年	2011年	2012年	2011年	2012年	2011年	2012年
全省	**590**	**633**	**322**	**340**	**238**	**259**	**30**	**34**
石家庄市	71	71	33	33	34	34	4	4
唐山市	61	61	26	26	32	32	3	3
秦皇岛市	34	37	19	19	13	15	2	3
邯郸市	57	70	29	31	26	35	2	4
邢台市	48	51	26	28	20	20	2	3
保定市	118	127	71	78	39	41	8	8
张家口市	38	39	21	22	13	14	4	3
承德市	49	50	31	32	18	18		
沧州市	41	45	22	23	18	20	1	2
廊坊市	31	31	20	20	9	9	2	2
衡水市	42	51	24	28	16	21	2	2

注：农产品生产基地的统计标准为销售产值500万元以上，或种植面积5000亩以上，加工基地的统计标准为销售产值2000万元以上且基地内不够企业标准的个体加工户数达1000户以上，商品率在90%以上。(下同)

2–6–2续1 各市农产品生产(加工)基地发展情况

名称	二、农产品生产(加工)基地规模效益							
	农产品生产(加工)基地产值(万元)		农产品生产(加工)基地销售产值(万元)		农产品生产(加工)基地上交税金(万元)		1.种植业生产基地种植面积(公顷)	
	2011年	2012年	2011年	2012年	2011年	2012年	2011年	2012年
全省	**24112697**	**27849709**	**23130548**	**26751778**	**102533**	**133828**	**2191639**	**2096969**
石家庄市	3106640	3585791	2988024	3433121	12517	17218	206147	204384
唐山市	4592678	5140483	4442580	4959540	6460	7054	343549	330658
秦皇岛市	1033681	1149789	1009662	1097556	2885	2887	145107	93947
邯郸市	2773384	3311411	2683603	3175434	5478	12102	274780	251627
邢台市	1907053	2156897	1783664	2090129	22101	22108	198529	188680
保定市	3448239	3983397	3260707	3820970	9294	9730	266401	239193
张家口市	1273670	1503728	1207809	1439282	11818	20811	131386	128979
承德市	1410654	1665013	1337936	1587744	2878	4073	142546	148449
沧州市	1552436	1879807	1511732	1817286	8803	10079	222945	247889
廊坊市	1510571	1531135	1454380	1469394	12576	11217	97407	93887
衡水市	1503691	1942258	1450451	1861322	7723	16549	162842	169276

2-6-2续2 各市农产品生产(加工)基地发展情况

名　　称	二、农产品生产(加工)基地规模效益(续1)					
	种植业产值		种植业销售产值		种植业上交税金	
	2011年	2012年	2011年	2012年	2011年	2012年
全　　省	**11688274**	**13970241**	**11182642**	**13385385**	**27637**	**32710**
石家庄市	1432613	1777262	1374678	1711759	4187	4603
唐 山 市	2397956	2824124	2305297	2714031	1442	1738
秦皇岛市	431237	481567	417731	462842	1000	875
邯 郸 市	1480660	1680935	1433581	1598293	3059	6336
邢 台 市	645947	779357	622031	756701	512	106
保 定 市	1395172	1747262	1309029	1663343	1339	1336
张家口市	615207	780673	579608	752895	5727	5987
承 德 市	811225	1000547	763932	942387	731	939
沧 州 市	1102710	1148632	1073627	1118784	8459	8458
廊 坊 市	686435	858390	648758	811903	1092	282
衡 水 市	689112	891492	654370	852447	89	2050

2-6-2续3 各市农产品生产(加工)基地发展情况

名　　称	二、农产品生产(加工)基地规模效益(续2)					
	2.养殖业生产基地养殖业产值		养殖业销售产值		养殖业上交税金	
	2011年	2012年	2011年	2012年	2011年	2012年
全　　省	**8713948**	**9407009**	**8404620**	**9032066**	**21580**	**27047**
石家庄市	1328627	1356416	1278065	1283974	1540	1612
唐 山 市	2008512	2127758	1952171	2059128	4184	4457
秦皇岛市	590218	649726	580221	616971	1692	1778
邯 郸 市	1145903	1265969	1104741	1215332	2181	4386
邢 台 市	390686	424661	377057	409805	1213	1271
保 定 市	1117176	1199507	1062455	1145705	1224	1424
张家口市	517544	564309	491455	536602	4545	4345
承 德 市	599429	664466	574004	645357	2147	3134
沧 州 市	445770	463455	434362	449391	244	158
廊 坊 市	188638	162199	182834	157156	2610	1210
衡 水 市	381445	528543	367255	512645	[illegible]	3272

2–6–2续4　各市农产品生产(加工)基地发展情况

名　称	二、农产品生产(加工)基地规模效益(续3)							
	水产养殖面积(公顷)		3.农产品加工基地加工业产值		加工业销售产值		加工业上交税金	
	2011年	2012年	2011年	2012年	2011年	2012年	2011年	2012年
全　省	**37881**	**48873**	**3710475**	**4472459**	**3543286**	**4334327**	**53316**	**74071**
石家庄市		23	345400	452113	335281	437388	6790	11003
唐 山 市	7664	43434	186210	188601	185112	186381	834	859
秦皇岛市	27570		12226	18496	11710	17743	193	234
邯 郸 市	828	839	146821	364507	145281	361809	238	1380
邢 台 市			870420	952879	784576	923623	20376	20731
保 定 市		1980	935891	1036628	889223	1011922	6731	6970
张家口市			140919	158746	136746	149785	1546	10479
承 德 市	1819	1817						
沧 州 市		780	3956	267720	3743	249111	100	1463
廊 坊 市			635498	510546	622788	500335	8874	9725
衡 水 市			433134	522223	428826	496230	7634	11227

2–6–2续5　各市农产品生产(加工)基地发展情况

名　称	三、农产品生产(加工)基地带动农户数(户)		#订单带动农户数		1.种植业生产基地带动农户数		#订单带动农户数	
	2011年	2012年	2011年	2012年	2011年	2012年	2011年	2012年
全　省	**8182542**	**8854136**	**1120879**	**1477972**	**5444188**	**5910324**	**818336**	**1084892**
石家庄市	727958	729917	68766	69396	454806	449746	38303	39062
唐 山 市	1261491	1220675	206509	194181	699973	688156	143007	141239
秦皇岛市	529621	545733	9106	13711	414011	408861	7845	12658
邯 郸 市	1089312	1167638	431464	435373	709395	714514	321451	286447
邢 台 市	641142	839927	10320	247282	486559	666803	5796	228302
保 定 市	1264841	1349882	103957	130386	877840	920709	66929	86745
张家口市	713727	790981	120325	124520	353356	422072	99689	103136
承 德 市	742718	820644	111951	103164	487772	554477	95009	86040
沧 州 市	502685	620652	27734	68083	404323	476808	14253	36613
廊 坊 市	244466	228726	2362	1864	201390	196910	2081	1650
衡 水 市	464581	539361	28385	90012	354763	411268	23973	63000

2-6-2续6 各市农产品生产(加工)基地发展情况

名 称	三、农产品生产(加工)基地带动农户数(户)(续1)					
	2.养殖业生产基地带动农户数		#订单带动农户数		3.农产品加工基地带动农户数	
	2011年	2012年	2011年	2012年	2011年	2012年
全　省	**2461529**	**2607706**	**257529**	**310442**	**276825**	**336106**
石家庄市	254403	260708	29663	29534	18749	19463
唐 山 市	541808	513763	63302	51986	19710	18756
秦皇岛市	102919	123243	1261	758	12691	13629
邯 郸 市	351048	395424	90305	109488	28869	57700
邢 台 市	127065	141033	4524	18980	27518	32091
保 定 市	359564	394515	29271	34638	27437	34658
张家口市	253671	289709	4156	5134	106700	79200
承 德 市	254946	266167	16942	17124		
沧 州 市	95962	97474	13481	31470	2400	46370
廊 坊 市	24260	20772	212	214	18816	11044
衡 水 市	95883	104898	4412	11116	13935	23195

2-6-2续7 各市农产品生产(加工)基地发展情况

名 称	三、农产品生产(加工)基地带动农户数(户)(续2)		四、基地带动农户的户均纯收入(元)		#从产业化中经营中得到的户均纯收入	
	#农产品加工基地订单带动农户数					
	2011年	2012年	2011年	2012年	2011年	2012年
全　省	**45014**	**82638**	**19159**	**19607**	**7743**	**8515**
石家庄市	800	800	25783	25590	10868	11860
唐 山 市	200	956	23455	25173	10040	10754
秦皇岛市		295	11698	12990	3992	4498
邯 郸 市	19708	39438	21696	21629	7774	8360
邢 台 市			19126	17118	7897	7251
保 定 市	7757	9003	16014	16308	6836	7178
张家口市	16480	16250	8757	10759	4912	6789
承 德 市			16040	17217	7280	8686
沧 州 市			21610	19856	7113	7712
廊 坊 市	69		26566	22680	9446	10236
衡 水 市		15896	22705	28376	7945	11097

2-6-3　各市农业产业化统计监测情况

名　　称	农业产业化总量(万元)		产业化经营率(%)		农副产品转化率(%)		农副产品加工增值率(%)	
	2011年	2012年	2011年	2012年	2011年	2012年	2011年	2012年
全　　省	**47571339**	**53943046**	**60.0**	**61.5**	**38.2**	**39.9**	**86.8**	**74.1**
石家庄市	7865858	8742008	63.0	64.2	36.5	38.0	119.1	117.6
唐 山 市	6064270	6749494	64.6	66.4	56.2	58.3	77.0	75.6
秦皇岛市	2856450	3341464	65.0	66.8	39.3	39.4	73.1	54.2
邯 郸 市	5696968	6457904	60.8	62.3	40.9	41.8	82.5	82.5
邢 台 市	4402225	4911972	60.9	61.9	26.1	27.8	50.1	32.9
保 定 市	5791882	6596147	61.5	63.5	39.6	42.5	90.3	87.2
张家口市	2596895	2952687	54.8	55.4	33.3	35.2	152.7	115.2
承 德 市	2399960	2868594	62.0	64.4	47.7	50.0	116.0	187.7
沧 州 市	4242093	4677433	52.5	52.8	28.2	27.2	60.4	53.9
廊 坊 市	3021381	3438860	55.9	56.4	25.9	26.7	94.9	26.8
衡 水 市	2633357	3206483	53.4	58.9	30.8	37.9	90.9	82.8

2-6-3续　各市农业产业化统计监测情况

名　　称	农副产品商品率(%)		农民人均纯收入增长率(%)		农户参与度(%)		参与农户增收比率(%)		农民受益率(%)	
	2011年	2012年	2011年	2012年	2011年	2012年	2011年	2012年	2011年	2012年
全　　省	**81.4**	**81.6**	**19.5**	**13.5**	**53.2**	**57.1**	**40.4**	**43.4**	**15.9**	**29.0**
石家庄市	74.4	74.6	18.9	15.0	40.8	40.8	42.2	46.3	15.0	34.9
唐 山 市	86.7	87.8	13.8	13.1	77.0	74.8	42.8	42.7	24.7	30.2
秦皇岛市	79.7	81.6	18.5	12.9	80.9	81.8	34.1	34.6	14.2	17.7
邯 郸 市	85.0	85.6	21.1	14.7	59.7	63.2	35.8	38.7	15.7	24.7
邢 台 市	82.5	82.6	17.1	13.5	41.4	53.8	41.3	42.4	14.3	28.0
保 定 市	78.3	77.7	22.2	15.6	52.4	55.3	42.7	44.0	13.9	24.2
张家口市	85.1	84.8	17.8	14.6	59.6	64.3	56.1	63.1	21.1	43.9
承 德 市	85.5	85.9	12.6	12.4	85.0	92.5	45.4	50.5	36.8	46.6
沧 州 市	80.2	80.4	18.3	14.9	32.0	39.1	32.9	38.8	9.4	27.9
廊 坊 市	80.7	81.8	19.9	14.8	29.5	27.6	35.6	45.1	7.9	25.4
衡 水 市	74.3	75.7	22.5	15.2	44.9	51.8	35.0	39.1	18.8	51.1

3-1 县(市、区)国民经济主要指标(2012)(1-1)

县(市、区)	一、基本情况					
	行政区域土地面积(平方公里)	乡镇个数(个)	村民委员会个数(个)	#自来水受益的村	#通电话的村	#通有线电视的村
石家庄市						
井陉县	1381	17	318	280	317	237
正定县	468	8	154	154	154	154
栾城县	320	7	173	173	173	101
行唐县	1025	15	330	267	330	298
灵寿县	1066	15	279	206	279	117
高邑县	222	5	107	107	107	107
深泽县	296	6	125	125	125	110
赞皇县	1210	11	212	135	212	55
无极县	524	11	213	213	213	213
平山县	2648	23	717	690	717	274
元氏县	675	15	208	157	208	146
赵　县	674	11	281	281	281	192
辛集市	951	15	344	344	344	311
藁城市	836	14	239	239	239	234
晋州市	619	10	224	224	224	98
新乐市	524	11	160	160	160	60
鹿泉市	603	12	208	208	208	161
唐山市						
开平区	251	6	123	123	123	122
丰南区	1312	15	466	466	466	257
丰润区	1290	23	566	560	566	369
曹妃甸区	1199	3	13	13	13	13
滦　县	1027	12	504	450	504	225
滦南县	1482	16	589	589	589	284
乐亭县	1417	14	530	530	530	418
迁西县	1439	17	417	281	417	408
玉田县	1165	20	420	420	420	188
遵化市	1509	25	622	622	622	622
迁安市	1208	17	458	414	458	458
秦皇岛市						
青龙满族自治县	3510	25	396	208	396	389
昌黎县	1212	16	418	183	418	395
抚宁县	1619	11	556	268	556	391
卢龙县	961	12	548	112	548	281
邯郸市						
邯郸县	440	10	224	216	224	99
临漳县	744	14	425	425	425	198
成安县	482	9	234	234	234	198
大名县	1053	20	651	444	651	409
涉　县	1509	17	308	263	308	300
磁　县	1015	19	358	253	358	256
肥乡县	503	9	265	265	265	265
永年县	898	20	429	429	429	331
邱　县	449	7	218	218	218	189
鸡泽县	336	7	169	169	169	160
广平县	320	7	169	164	169	35
馆陶县	456	8	277	277	277	277
魏　县	864	21	541	541	541	480
曲周县	667	10	338	338	338	230
武安市	1806	22	502	391	502	225

3-1 县(市、区)国民经济主要指标(2012)(1-2)

县(市、区)	一、基本情况					
	行政区域土地面积(平方公里)	乡镇个数(个)	村民委员会个数(个)	#自来水受益的村	#通电话的村	#通有线电视的村
邢台市						
邢台县	1848	16	519	514	519	298
临城县	797	8	220	181	220	140
内丘县	788	9	309	302	309	19
柏乡县	268	6	121	121	121	121
隆尧县	749	12	276	276	276	209
任　县	431	8	134	134	134	80
南和县	405	8	218	218	218	183
宁晋县	1032	14	346	346	346	136
巨鹿县	631	10	255	255	255	230
新河县	366	6	169	169	169	60
广宗县	504	8	213	208	213	42
平乡县	406	7	246	246	246	93
威　县	1012	16	522	512	522	308
清河县	500	6	305	305	305	77
临西县	542	9	299	299	299	299
南宫市	861	11	440	440	440	110
沙河市	859	8	242	221	241	100
保定市						
满城县	630	11	183	183	183	108
清苑县	867	18	266	256	266	164
涞水县	1658	15	284	145	284	24
阜平县	2495	13	209	209	209	152
徐水县	723	14	304	279	304	170
定兴县	714	16	274	68	274	12
唐　县	1417	20	345	217	345	203
高阳县	495	9	170	170	170	13
容城县	314	8	127	127	127	37
涞源县	2448	17	285	260	285	127
望都县	370	8	142	141	142	22
安新县	724	12	207	207	207	43
易　县	2534	27	469	297	469	84
曲阳县	1084	18	367	127	367	135
蠡　县	652	13	232	232	232	79
顺平县	708	10	237	205	237	70
博野县	331	7	133	133	133	24
雄　县	524	9	223	218	223	38
涿州市	742	11	404	251	404	35
定州市	1274	22	485	436	485	405
安国市	486	10	198	195	198	21
高碑店市	618	9	409	232	409	58
张家口市						
宣化县	2057	13	305	299	305	205
张北县	3863	18	366	189	366	99
康保县	3365	15	326	161	326	72
沽源县	3388	14	233	68	228	143
尚义县	2601	14	172	159	167	172
蔚　县	3198	22	547	357	547	348
阳原县	1849	14	301	200	301	109
怀安县	1706	11	273	245	272	156
万全县	1162	11	171	162	171	159

3-1 县(市、区)国民经济主要指标(2012)(1-3)

县(市、区)	一、基本情况					
	行政区域土地面积(平方公里)	乡镇个数(个)	村民委员会个数(个)	#自来水受益的村	#通电话的村	#通有线电视的村
怀来县	1801	17	279	268	277	195
涿鹿县	2802	17	373	368	373	257
赤城县	5287	18	440	343	440	136
崇礼县	2324	10	211	207	211	188
承德市						
承德县	3648	23	378	269	378	372
兴隆县	3123	20	290	122	290	208
平泉县	3294	19	260	173	260	260
滦平县	2993	20	200	109	200	198
隆化县	5473	25	362	228	362	352
丰宁满族自治县	8765	26	309	284	309	266
宽城满族自治县	1936	18	205	150	205	195
围场满族蒙古族自治县	9220	37	312	245	312	311
沧州市						
沧　县	1520	19	515	515	515	515
青　县	968	10	345	345	345	345
东光县	711	9	447	447	447	447
海兴县	919	7	197	197	197	197
盐山县	795	12	450	450	450	450
肃宁县	516	9	253	253	253	253
南皮县	790	9	312	312	312	312
吴桥县	583	10	473	473	473	473
献　县	1173	18	500	500	500	500
孟村回族自治县	387	6	126	126	126	89
泊头市	1007	12	657	657	657	657
任丘市	1012	15	413	413	413	413
黄骅市	1545	10	327	327	327	327
河间市	1333	20	615	615	615	615
廊坊市						
安次区	595	8	284	284	284	205
广阳区	350	4	151	151	151	151
固安县	697	9	419	419	419	38
永清县	774	10	386	381	386	162
香河县	458	9	300	300	300	116
大城县	910	10	394	394	394	164
文安县	1038	13	383	383	383	318
大厂回族自治县	176	5	105	105	105	105
霸州市	801	12	375	375	375	282
三河市	634	10	395	395	395	145
衡水市						
桃城区	603	5	280	280	280	237
枣强县	905	11	553	553	553	536
武邑县	832	9	545	545	545	429
武强县	443	6	238	238	238	226
饶阳县	572	7	197	197	197	85
安平县	496	8	230	230	230	208
故城县	941	13	538	538	538	538
景　县	1188	16	848	848	848	522
阜城县	695	10	610	610	610	587
冀州市	877	10	382	382	382	382
深州市	1245	17	465	465	465	465

3–1 县(市、区)国民经济主要指标(2012)(2–1)

县(市、区)	二、人口与就业					
	年末总人口(万人)	乡村人口(万人)	年末总户数(户)	乡村总户数(户)	年末乡村从业人员(人)	#农林牧渔业从业人员
石家庄市						
井陉县	33.0	28.7	108575	83152	148408	62269
正定县	48.2	39.2	126414	99823	223520	69517
栾城县	33.2	30.3	88997	73981	166803	44079
行唐县	45.6	38.1	143116	106749	186938	81035
灵寿县	33.9	27.5	102290	72223	137399	81357
高邑县	19.3	16.8	52958	44212	97067	47070
深泽县	25.9	22.7	85967	61727	128112	49424
赞皇县	26.6	21.7	87398	60655	126268	48866
无极县	52.1	45.0	143655	116850	248724	116344
平山县	49.1	42.6	159552	116110	235682	152831
元氏县	43.1	39.1	99055	98424	242122	160740
赵　县	59.6	49.6	152414	125657	288713	102260
辛集市	63.1	55.1	209726	153364	301538	97736
藁城市	80.7	73.3	217538	188256	393153	80870
晋州市	54.8	47.6	154608	124026	259869	91235
新乐市	50.4	42.0	134677	105119	224214	51621
鹿泉市	39.7	34.6	117019	94450	169732	70071
唐山市						
开平区	24.3	16.7	83143	56062	80697	26044
丰南区	52.9	45.8	150606	128408	257480	100617
丰润区	91.5	71.8	270497	220605	431272	224984
曹妃甸区	20.2	14.9	65880	49032	86441	41571
滦　县	55.7	50.3	161474	149896	283978	129528
滦南县	57.1	52.9	168307	154143	287795	177935
乐亭县	49.3	43.1	160006	141195	262405	114851
迁西县	38.9	34.4	112399	100620	186629	80850
玉田县	68.4	57.3	201076	162339	331491	87160
遵化市	74.0	66.6	229945	196142	330319	105237
迁安市	73.6	52.8	237450	154365	292862	63440
秦皇岛市						
青龙满族自治县	55.7	50.0	178200	139599	281521	159409
昌黎县	56.2	46.2	224984	169904	268011	166147
抚宁县	49.6	41.4	185513	132348	222734	150457
卢龙县	42.3	37.7	151852	122321	224074	151629
邯郸市						
邯郸县	38.5	31.6	85614	77799	157544	71557
临漳县	70.6	60.8	172862	142350	377002	261271
成安县	43.8	34.9	115087	85411	194006	69141
大名县	90.0	68.9	218550	158508	358623	282738
涉　县	41.0	36.1	148828	117496	190302	61483
磁　县	64.7	56.3	203164	142407	285166	77661
肥乡县	38.1	33.7	90112	81668	186067	66906
永年县	105.3	82.0	259664	201775	436785	145554
邱　县	24.7	20.3	66455	50844	106792	60240
鸡泽县	30.4	28.6	72107	60906	124635	30306
广平县	28.9	24.7	69564	54611	136157	71664
馆陶县	34.6	27.7	83389	68091	148131	79669
魏　县	97.6	86.1	225749	189545	362576	266227
曲周县	46.9	42.4	116815	95589	220054	74555
武安市	80.0	69.4	235611	229168	368587	129658

3-1 县(市、区)国民经济主要指标(2012)(2-2)

县(市、区)	二、人口与就业					
	年末总人口(万人)	乡村人口(万人)	年末总户数(户)	乡村总户数(户)	年末乡村从业人员(人)	#农林牧渔业从业人员
邢台市						
邢台县	34.0	32.1	123177	97199	165229	52847
临城县	21.3	18.2	79130	46806	86437	62295
内丘县	28.0	23.9	86426	61968	119969	64014
柏乡县	20.0	17.8	67411	44208	86695	45596
隆尧县	53.2	49.0	155561	115720	224357	82837
任　县	36.0	31.2	111695	73995	152217	58513
南和县	36.2	33.5	108513	81444	163700	78924
宁晋县	76.1	66.7	236357	167147	338812	169134
巨鹿县	40.5	37.6	127960	107058	195125	117252
新河县	17.4	15.5	59490	44485	71437	41942
广宗县	31.6	28.5	97993	73248	143329	64169
平乡县	33.7	28.8	90387	65994	138487	45972
威　县	60.7	54.8	182164	142454	280476	159293
清河县	41.3	35.4	114013	83765	154636	34701
临西县	38.0	29.1	101618	74831	145761	65844
南宫市	48.0	43.5	128128	109329	205803	102162
沙河市	42.3	35.8	119123	87952	159375	69104
保定市						
满城县	39.6	33.5	122326	87445	184232	111505
清苑县	66.8	60.0	174710	150901	344156	199861
涞水县	35.3	31.8	148544	90765	181568	118886
阜平县	22.4	19.1	84010	55215	86950	60404
徐水县	59.7	54.0	192370	146071	297106	163130
定兴县	58.9	54.0	167902	132487	322972	164173
唐　县	59.0	52.4	181344	133135	264586	162166
高阳县	34.3	29.5	105014	75170	173649	72370
容城县	27.0	22.2	84048	53399	128195	46773
涞源县	28.3	23.8	100659	71799	125198	85301
望都县	27.0	22.8	79834	59058	127787	87853
安新县	44.9	42.2	142421	116375	246305	134469
易　县	57.4	51.3	192370	141718	260582	160749
曲阳县	62.1	53.9	186238	134311	263172	163407
蠡　县	53.5	48.1	145726	115000	268224	149498
顺平县	31.6	28.3	103728	75573	156824	107832
博野县	27.1	19.1	79327	50662	148771	61614
雄　县	38.4	32.1	120366	84042	196691	94506
涿州市	65.0	43.9	240994	115652	249560	148806
定州市	122.1	107.2	338888	270129	636096	196310
安国市	41.3	33.8	144358	88667	208257	100391
高碑店市	56.6	41.9	162215	98608	235142	135336
张家口市						
宣化县	28.5	26.8	115142	94844	151107	89611
张北县	36.5	27.1	147912	99616	179762	107036
康保县	27.9	24.9	111977	85950	133400	90355
沽源县	22.4	19.9	94310	75492	132845	105858
尚义县	19.4	16.1	76565	56922	90410	58775
蔚　县	49.8	46.0	174275	160048	194412	139302
阳原县	27.9	23.9	108474	86354	118178	71236
怀安县	24.7	21.7	98341	74484	128060	75337
万全县	22.9	19.4	86124	69172	102434	66280

3-1 县(市、区)国民经济主要指标(2012)(2-3)

县(市、区)	二、人口与就业					
	年末总人口（万人）	乡村人口（万人）	年末总户数（户）	乡村总户数（户）	年末乡村从业人员（人）	#农林牧渔业从业人员
怀来县	35.7	28.0	137470	99827	167394	103237
涿鹿县	35.2	28.5	146206	103714	159351	116474
赤城县	29.8	26.9	124885	99473	116632	80272
崇礼县	12.5	10.3	51373	38449	60693	40473
承德市						
承德县	42.1	38.2	144554	113154	212781	129659
兴隆县	32.8	29.0	117003	83154	153594	100091
平泉县	47.7	41.4	163789	120214	215881	112852
滦平县	32.1	27.2	114738	83124	150072	68776
隆化县	44.3	37.9	148305	110945	226402	142777
丰宁满族自治县	40.2	33.9	148766	108911	181210	112337
宽城满族自治县	25.2	21.5	78267	64650	107484	52321
围场满族蒙古族自治县	53.6	46.5	183260	129648	239326	178912
沧州市						
沧　县	70.0	66.5	185781	177491	378234	81787
青　县	41.9	33.7	135479	96458	202773	58448
东光县	37.3	32.7	119645	94309	161525	67190
海兴县	23.7	18.7	83493	55771	103123	63394
盐山县	46.5	40.3	145277	102892	215598	95711
肃宁县	35.1	31.0	118016	85150	196632	61936
南皮县	38.5	32.0	116894	88503	179790	101493
吴桥县	28.7	23.5	116784	69591	146853	60024
献　县	62.3	53.7	181606	137458	275112	106006
孟村回族自治县	22.1	18.0	73328	44364	90037	36377
泊头市	61.2	49.5	199388	151490	269114	69998
任丘市	85.3	60.1	325638	158592	293276	61697
黄骅市	46.5	38.4	126928	100574	182863	36314
河间市	83.0	71.2	235067	186838	409137	93751
廊坊市						
安次区	35.2	26.8	103625	69717	150393	92189
广阳区	40.3	13.8	109430	34550	79052	51500
固安县	45.0	36.2	136625	89047	181957	142216
永清县	39.5	32.6	106948	82778	179849	114410
香河县	33.1	28.0	112283	78715	137016	54878
大城县	49.8	42.2	173370	111243	208990	110572
文安县	50.6	42.9	144046	112634	221285	79652
大厂回族自治县	12.4	9.5	52278	30645	44206	16805
霸州市	63.1	49.5	174133	121655	260784	72670
三河市	58.0	34.9	160783	89189	169614	62192
衡水市						
桃城区	42.5	17.4	125601	50169	93287	27014
枣强县	40.2	33.9	123721	106489	171083	90165
武邑县	32.9	29.8	103035	74879	148828	73583
武强县	21.9	19.5	67280	52560	100899	58597
饶阳县	29.0	25.5	83877	72073	153223	54448
安平县	33.1	28.4	99318	82275	147715	44621
故城县	51.5	43.0	157990	110548	212384	109940
景　县	54.3	45.9	161664	119370	225579	101447
阜城县	35.3	33.5	122757	101059	175745	75878
冀州市	34.6	29.9	122563	93288	148949	69566
深州市	57.1	53.2	185289	160199	286050	112169

3–1 县(市、区)国民经济主要指标(2012年)(3–1)

县(市、区)	三、综合经济						
	(一)地区生产总值(万元)	第一产业增加值	农业增加值	林业增加值	牧业增加值	渔业增加值	农林牧渔服务业增加值
石家庄市							
井陉县	1300798	110061	39759	10242	55460	1045	3555
正定县	2194772	285489	157047	231	121332	1043	5836
栾城县	1553495	294840	150245	1867	135986	5	6737
行唐县	1050820	214719	102681	3178	104300	1660	2900
灵寿县	787652	140819	76887	5498	51872	5035	1527
高邑县	630161	104272	83071	679	18336		2186
深泽县	760826	136692	97158	1071	35755	241	2467
赞皇县	773585	134560	67561	9112	56524	474	889
无极县	1400964	232952	124407	445	103539	65	4496
平山县	2052263	180502	100628	18822	42215	12464	6373
元氏县	1483105	215048	122478	2903	81385	784	7498
赵　县	1756820	323912	235301	805	78822	4	8980
辛集市	3415778	448819	276309	1462	163606	16	7426
藁城市	4753244	628469	455460	880	164449	6	7674
晋州市	2009307	267291	183686	794	77005		5806
新乐市	1560814	258943	154188	916	96547	10	7282
鹿泉市	2900051	209756	136178	2680	60368	4677	5853
唐山市							
开平区	1624392	45090	13540	527	27879	1964	1180
丰南区	5899528	384804	263595	2955	42904	64233	11117
丰润区	5884728	526982	312978	3450	195260	4860	10434
曹妃甸区	3561219	215168	57564	1848	28733	98760	28263
滦　县	3609312	374683	194418	4807	168050	2833	4575
滦南县	3001769	754496	401383	4693	240660	93465	14295
乐亭县	2896520	713622	469397	3191	122068	115295	3671
迁西县	3900239	220496	120703	18172	39187	27090	15344
玉田县	3082993	574663	415848	1675	148774	3143	5223
遵化市	5198179	383944	248829	5470	118026	3390	8229
迁安市	9009168	381716	239755	4969	121488	369	15135
秦皇岛市							
青龙满族自治县	1127640	218925	94123	12983	110060	1519	240
昌黎县	1750193	636621	245504	4111	295555	84923	6528
抚宁县	1491766	424287	238321	9644	141533	26941	7848
卢龙县	939686	254457	171973	3106	77628	1320	430
邯郸市							
邯郸县	2039806	127693	58800	1751	66431	257	454
临漳县	1004269	273139	176549	1680	87353	12	7545
成安县	1200463	240724	125896	858	66973	8	46989
大名县	1180569	309703	195635	834	97005	237	15992
涉　县	2484577	96311	46562	8847	38447	1541	914
磁　县	2251479	202956	105666	2399	72535	20190	2166
肥乡县	730018	207674	144924	1867	50139	19	10725
永年县	2499727	763606	607047	2161	136973	6690	10735
邱　县	615804	150868	93925	1765	43807	97	11274
鸡泽县	768677	173147	125153	700	43826	28	3440
广平县	731179	125089	80000	1180	38851	23	5035
馆陶县	821823	219969	83608	1440	113440	25	21456
魏　县	1201299	236007	141528	1723	85206	79	7471
曲周县	1041223	254979	135903	1457	92475	2407	22737
武安市	5804439	182449	96060	4884	79793	608	1104

3-1 县(市、区)国民经济主要指标(2012年)(3-2)

县(市、区)	三、综合经济						
	(一)地区生产总值(万元)	第一产业增加值	农业增加值	林业增加值	牧业增加值	渔业增加值	农林牧渔服务业增加值
邢台市							
邢台县	1233983	100398	75628	4252	19494	789	235
临城县	570503	78194	49118	1406	26149	1260	261
内丘县	834645	82925	47467	4105	30733	7	613
柏乡县	250146	69460	54276	610	14203		371
隆尧县	897172	207493	166735	705	37503		2550
任　县	337783	97830	78283	950	15437	18	3142
南和县	360518	132543	95733	2799	30910		3101
宁晋县	1540006	279734	204326	2544	70031	229	2604
巨鹿县	455086	117817	93954	1306	21968	6	583
新河县	222964	52820	40106	1330	10739	297	348
广宗县	336904	128637	88481	820	26492		12844
平乡县	370777	93351	68141	2269	20693	107	2141
威　县	490333	222756	147834	1612	51374	184	21752
清河县	1086141	85652	60471	1158	8860	327	14836
临西县	502439	114419	58622	2366	33381	75	19975
南宫市	787599	147395	112993	1671	31714	177	840
沙河市	2047245	60605	25324	2390	28993	140	3758
保定市							
满城县	817504	170809	131698	2467	34451	379	1814
清苑县	1043494	267632	218439	1544	44206	72	3371
涞水县	438748	103146	54659	8155	35345	413	4574
阜平县	277256	66681	33923	4877	10473	16882	526
徐水县	1394796	252184	164340	1246	77221	165	9212
定兴县	858352	259955	156559	703	94477	1377	6839
唐　县	611521	154579	91310	4811	56500	977	981
高阳县	970573	89146	75785	337	8580	150	4294
容城县	533007	98041	55565	431	39270	989	1786
涞源县	609378	37766	22012	3583	11750	252	169
望都县	477842	155129	118346	1627	34453	38	665
安新县	692231	92037	53281	544	9970	24445	3797
易　县	827526	218046	112820	6821	93619	3695	1091
曲阳县	574304	102104	55953	1111	39255	2894	2891
蠡　县	778511	137211	107610	639	21290		7672
顺平县	424880	139687	119822	2275	16607	153	830
博野县	378205	111581	88483	1262	15992		5844
雄　县	759635	101615	83578	1070	14723	267	1977
涿州市	2075326	198966	130432	3980	56654	642	7258
定州市	2397006	659814	452726	11899	187350	131	7708
安国市	926853	207096	172217	1051	29806		4022
高碑店市	1176400	143681	98179	782	39582	78	5060
张家口市							
宣化县	720312	198413	78202	4161	112925	271	2854
张北县	668306	186908	104277	3680	81229	-150	-2128
康保县	376203	170293	88670	1230	78335	37	2021
沽源县	319634	133501	55921	1557	71521	3312	1190
尚义县	286962	85233	54456	1796	25629	53	3299
蔚　县	934813	139505	57535	2016	76046	397	3511
阳原县	509904	101829	20771	1654	73836	387	5181
怀安县	576345	106504	55851	1992	45532	225	2904
万全县	483063	111891	46493	2479	56982		5937

3-1 县(市、区)国民经济主要指标(2012年)(3-3)

县(市、区)	三、综合经济						
	(一)地区生产总值(万元)	第一产业增加值	农业增加值	林业增加值	牧业增加值	渔业增加值	农林牧渔服务业增加值
怀来县	1121085	154075	89378	4669	53594	3314	3120
涿鹿县	712003	233926	124928	6225	96670	449	5654
赤城县	649502	175958	88494	10528	67026	475	9435
崇礼县	338871	71916	49960	6435	15256		265
承德市							
承德县	1052077	213508	98113	23456	87893	359	3687
兴隆县	824096	160693	129833	2952	23419	1372	3117
平泉县	1222928	340266	290989	11236	36370	862	809
滦平县	1226026	200114	66489	27984	99342	557	5742
隆化县	982295	240643	95068	17653	123961	257	3704
丰宁满族自治县	789116	192122	64529	19381	101130	3900	3182
宽城满族自治县	2043322	150158	94468	13011	27119	11043	4517
围场满族蒙古族自治县	795786	318544	179651	40361	95014	891	2627
沧州市							
沧　县	2015587	269362	177579	7145	73998	153	10487
青　县	1450000	418493	375311	1063	37920	349	3850
东光县	1200093	236205	108686	311	31570	215	95423
海兴县	306366	62654	26461	619	14734	18275	2565
盐山县	1085000	137978	81129	1752	53154	251	1692
肃宁县	1202000	225169	152143	164	68682		4180
南皮县	755008	185067	124109	430	35938	275	24315
吴桥县	612229	257338	110738	685	58643	67	87205
献　县	1442236	282878	184890	383	78178	3421	16006
孟村回族自治县	743963	71402	26590	432	42336	33	2011
泊头市	1600988	201682	157352	692	36127	305	7206
任丘市	5436342	185065	130684	390	29897	12614	11480
黄骅市	2340150	257919	105777	1093	77732	62932	10385
河间市	2301312	229196	168678	667	38655	344	20852
廊坊市							
安次区	1039360	108887	82424	2379	18345	668	5071
广阳区	1394714	121783	87049	3650	25702	367	5015
固安县	936309	283941	227383	825	55336	203	194
永清县	730783	314998	197158	7530	109067	242	1001
香河县	1303225	202028	172911	1515	23884	1438	2280
大城县	930730	153797	85472	4221	59450	394	4260
文安县	1472718	140851	81845	2045	41178	11789	3994
大厂回族自治县	693666	111366	40996	489	68169	1414	298
霸州市	3204402	186674	138410	1903	39220	3391	3750
三河市	4251348	353217	189070	1784	152846	5717	3800
衡水市							
桃城区	1636825	162511	102958	1515	56099	351	1588
枣强县	773799	182043	138874	888	37306	37	4938
武邑县	711003	215934	152045	845	61829	113	1102
武强县	454399	105994	69332	1540	32378	87	2657
饶阳县	448937	153305	103143	2172	45327		2663
安平县	891521	128863	60055	636	64972	136	3064
故城县	843992	262046	186548	1083	72032	747	1636
景　县	1204883	228980	157597	2738	41626	43	26976
阜城县	537742	137774	99279	1226	34375	38	2856
冀州市	792848	137162	117525	3638	14280	986	733
深州市	1195555	310569	230881	3688	75131	172	697

3-1 县(市、区)国民经济主要指标(2012年)(4-1)

县(市、区)	三、综合经济(续)						
	第二产业增加值	#工业增加值	第三产业增加值	(二)全部财政收入(万元)	#公共财政预算收入	公共财政预算支出(万元)	年末居民储蓄存款余额(万元)
石家庄市							
井陉县	656131	590257	534606	117798	48889	104130	817042
正定县	1024405	926830	884878	130936	81036	159227	1765025
栾城县	884090	804760	374565	112516	57985	114520	756934
行唐县	594150	562651	241951	35596	19789	120061	699885
灵寿县	452941	410309	193892	35310	20025	111733	621350
高邑县	370698	316435	155191	38075	20456	73260	399471
深泽县	474255	411059	149879	36611	24421	79297	643797
赞皇县	495808	449401	143217	41285	19257	102247	379686
无极县	761123	719577	406889	55511	29429	102845	956281
平山县	1421604	1351798	450157	183647	95602	212192	963966
元氏县	824366	768041	443691	86021	37811	124806	697945
赵县	1109242	1062742	323666	55151	30009	140668	744525
辛集市	2199553	2114062	767406	162004	84901	180846	1993059
藁城市	3178946	3080999	945829	1004675	145523	244332	1492950
晋州市	1092930	1032643	649086	90958	55344	146054	1305811
新乐市	886723	805855	415148	59028	40088	116061	798884
鹿泉市	1717572	1595639	972723	208036	109058	179053	1288824
唐山市							
开平区	1076314	1039314	502988	230844	62219	111918	955510
丰南区	3894618	3789618	1620106	533381	230304	385110	2317103
丰润区	3978663	3424663	1379083	500465	158951	294085	3220661
曹妃甸区	2432838	2216238	913213	504870	245945	521054	954016
滦县	2186110	2077110	1048519	290000	122767	207990	1303199
滦南县	1143063	906263	1104210	150022	89880	201926	1170374
乐亭县	1037805	860505	1145093	152735	81295	227126	1376807
迁西县	2492109	2367105	1187634	300097	103690	211791	1484172
玉田县	1483130	1388130	1025200	170200	83742	206447	1786709
遵化市	2782179	2597679	2032056	281003	144156	270309	2506184
迁安市	5972803	5749803	2654649	910496	390400	532668	3747301
秦皇岛市							
青龙满族自治县	559830	510830	348885	187068	73481	226186	781601
昌黎县	691922	632922	421650	133588	69157	181483	1411718
抚宁县	558864	502864	508615	103211	54034	151429	1337435
卢龙县	326252	285752	358977	62117	34413	157005	839701
邯郸市							
邯郸县	953379	849453	958734	168856	63070	150923	589820
临漳县	378052	296083	353078	30009	18604	135902	446404
成安县	634481	573386	325258	60586	31578	125448	292311
大名县	485333	426853	385533	31836	20140	180870	658862
涉县	1691396	1559189	696870	201376	128759	190340	720891
磁县	1143815	1054962	904708	287508	160833	276289	735856
肥乡县	321530	241784	200814	40038	24086	110454	298066
永年县	1076700	1008222	659421	184868	106427	244043	1227989
邱县	264180	221964	200756	20132	12675	82616	246572
鸡泽县	382008	341623	213522	26734	13893	84171	267528
广平县	387849	337568	218241	27387	17383	88460	255793
馆陶县	407301	354635	194553	36027	22732	108083	247753
魏县	402605	299335	562687	56692	39455	181406	572964
曲周县	519523	466784	266721	38000	22077	114591	438961
武安市	3883623	3809373	1738367	653402	313608	482737	2658089

3-1 县(市、区)国民经济主要指标(2012年)(4-2)

县(市、区)	三、综合经济(续)						
	第二产业增加值	#工业增加值	第三产业增加值	(二)全部财政收入(万元)	#公共财政预算收入	公共财政预算支出(万元)	年末居民储蓄存款余额(万元)
邢台市							
邢台县	936520	887932	197065	112019	53952	127201	854949
临城县	393856	368322	98453	45309	22093	86694	469614
内丘县	534588	491543	217132	76089	32473	85638	623743
柏乡县	121764	110032	58922	17000	9003	60260	235780
隆尧县	365628	329076	324051	66266	28957	106749	648188
任 县	128804	111422	111149	31087	20008	94486	353416
南和县	113289	95474	114686	32806	21872	91458	416295
宁晋县	868006	807027	392266	111336	57437	164081	1144836
巨鹿县	203519	171737	133750	33339	19923	108155	555970
新河县	100760	83445	69384	13306	8108	65725	325107
广宗县	127502	108764	80765	14168	6432	71916	221453
平乡县	150002	131498	127424	34026	19430	100621	498006
威 县	146169	110741	121408	31435	19590	121240	562800
清河县	615108	580746	385381	77029	36062	122558	836682
临西县	204630	183570	183390	33239	18898	98054	376966
南宫市	384409	348336	255795	41138	23276	122763	804873
沙河市	1372191	1309106	614449	215020	89003	178361	1314597
保定市							
满城县	432519	400858	214176	56581	25755	103353	884760
清苑县	509810	436809	266052	60078	27265	142874	935728
涞水县	108112	58980	227490	38088	25063	151373	594468
阜平县	64089	40057	146486	20001	16238	83458	444544
徐水县	759658	710917	382954	121133	66367	158143	1143538
定兴县	368579	312388	229818	62442	25698	123052	780120
唐 县	273846	170664	183096	38673	18706	130031	973985
高阳县	673875	643052	207552	70263	39594	102065	808933
容城县	310742	287692	124224	39153	25784	73565	572906
涞源县	366559	353524	205053	125316	69343	183292	502731
望都县	197938	143000	124775	29746	20504	75365	530443
安新县	433852	397444	166342	45872	22587	101607	720011
易 县	331747	251659	277733	48030	30167	163969	869217
曲阳县	229679	201247	242521	38044	22696	130089	730081
蠡 县	441633	423483	199667	45168	24028	127300	997174
顺平县	183120	140328	102073	31190	15666	83290	463802
博野县	157444	138321	109180	25870	12880	65197	380154
雄 县	496982	450361	161038	53841	30021	83557	662092
涿州市	793359	533704	1083001	246294	154407	198929	1996317
定州市	1217262	913460	519930	242121	133480	300513	2062764
安国市	450296	418342	269461	57807	30200	102089	904472
高碑店市	722651	604158	310068	109488	61521	139412	1821998
张家口市							
宣化县	275189	235611	246710	73009	31701	109750	612382
张北县	314969	204370	166429	82218	48968	178307	409705
康保县	100079	70161	105831	20082	12524	108233	184842
沽源县	94282	65726	91851	23000	17354	108353	184665
尚义县	119417	103022	82312	19347	9800	94715	181070
蔚 县	395497	348648	399811	93782	46482	170225	981794
阳原县	116798	89649	291277	35394	22342	106548	421183
怀安县	177487	150648	292354	60848	25168	99416	400719
万全县	185958	159258	185214	54059	27200	96423	377428

3-1 县(市、区)国民经济主要指标(2012年)(4-3)

县(市、区)	三、综合经济(续)						
	第二产业增加值	#工业增加值	第三产业增加值	(二)全部财政收入(万元)	#公共财政预算收入	公共财政预算支出(万元)	年末居民储蓄存款余额(万元)
怀来县	348755	191671	618255	155015	91974	158742	881347
涿鹿县	196078	138376	281999	57234	33521	147922	602357
赤城县	319639	288010	153905	103999	52838	146422	484579
崇礼县	191003	157321	75952	61800	30386	86065	204765
承德市							
承德县	547994	511837	290575	150943	64370	175473	736654
兴隆县	432720	399720	230683	81000	37822	168258	687783
平泉县	547821	482507	334841	169987	71540	215254	908388
滦平县	702082	644053	323830	200986	57647	174949	583010
隆化县	499942	430588	241710	119976	49410	193728	628682
丰宁满族自治县	347781	285812	249213	100038	40216	208199	594132
宽城满族自治县	1429676	1378239	463488	250083	65721	175820	803291
围场满族蒙古族自治县	232727	180000	244515	50893	28421	204142	600526
沧州市							
沧　县	926669	813350	819556	160821	61799	147233	1007741
青　县	600093	550108	431414	106036	45771	132325	948492
东光县	444602	400143	519286	84500	39448	124634	829558
海兴县	134970	91918	108742	40095	21715	83075	282722
盐山县	735934	690951	211088	72812	39813	137079	526158
肃宁县	490954	421776	485877	150008	74154	132033	848615
南皮县	290738	237662	279203	80003	35889	121868	576549
吴桥县	103594	84190	251297	35004	22921	93948	561581
献　县	735873	673537	423485	64335	38547	144338	922701
孟村回族自治县	454998	424680	217563	61175	25970	85434	342484
泊头市	837772	744615	561534	106788	56500	151634	1387069
任丘市	3801552	3682455	1449725	965386	196335	249505	2932914
黄骅市	1010481	908537	1071750	220019	94534	220858	1354722
河间市	984231	856553	1087885	130281	77294	199191	1823264
廊坊市							
安次区	602075	518313	328398	150200	51886	123280	
广阳区	509272	236250	763659	388900	120451	92590	
固安县	382820	292559	269548	193800	120654	207652	1000034
永清县	289151	240396	126634	94702	51130	147538	607557
香河县	674003	591368	427194	219520	145000	200978	1537799
大城县	590349	497024	186584	76116	39387	135444	1174717
文安县	973637	898099	358230	117829	60247	168552	1308659
大厂回族自治县	386704	300482	195596	100080	56279	102989	499171
霸州市	2181434	1985079	836294	336924	167891	255493	2045981
三河市	2508343	2145688	1389788	695000	432480	505252	2731629
衡水市							
桃城区	867710	800130	606604	271218	69432	118839	3174199
枣强县	411275	381747	180481	58728	25883	120252	1182285
武邑县	348818	311300	146251	45066	23538	100708	630048
武强县	231945	200597	116460	23506	13938	81827	425515
饶阳县	178037	149256	117595	20081	12489	83389	523274
安平县	480072	440527	282586	67626	30009	103821	880423
故城县	309434	261053	272512	58000	27492	126000	844733
景　县	703229	638703	272674	76277	32372	133328	1291090
阜城县	299560	276001	100408	25080	13581	88516	685773
冀州市	437424	406065	218262	60006	33777	134347	1039387
深州市	609080	567594	275906	58890	28515	136650	944620

3-1 县(市、区)国民经济主要指标(2012年)(5-1)

县(市、区)	四、农 业					
	年末农业机械总 动 力(千瓦)	大中型拖拉机(台)	小型拖拉机(包括手扶拖拉机)(台)	机耕地面积(公顷)	机械播种面积(公顷)	机械收获面积(公顷)
石家庄市						
井陉县	46.4	552	19749	12300	9000	6400
正定县	144.5	1937	7346	29770	46340	33310
栾城县	61.6	1418	5662	19500	31400	29700
行唐县	136.4	1997	5524	38450	45480	25400
灵寿县	55.6	1212	7959	17330	13680	9910
高邑县	44.3	800	8800	16600	18400	10100
深泽县	63.7	984	2146	13571	26269	20453
赞皇县	46.5	1947	16689	16174	21622	12880
无极县	96.8	1852	11235	33090	45983	37857
平山县	98.3	1410	9833	16420	20440	9370
元氏县	63.2	1379	13066	33967	40534	37332
赵 县	258.4	1568	8468	71307	58768	60265
辛集市	197.7	1757	16880	57749	89789	62781
藁城市	224.8	4930	5287	33469	64511	54006
晋州市	137.2	1554	17329	39333	46586	42093
新乐市	232.5	2859	4200	43005	43005	32533
鹿泉市	63.3	1418	7391	19658	33280	26493
唐山市						
开平区	16.2	684	2094	8976	8418	4531
丰南区	84.9	2346	5409	38351	48810	26163
丰润区	129.1	3455	19010	70335	83048	39032
曹妃甸区	48.9	1130	9904	25853	21168	22496
滦 县	91.1	1783	10711	45800	56200	20800
滦南县	131.5	2518	31554	66669	75981	43585
乐亭县	112.0	796	25461	76462	42132	15561
迁西县	37.4	434	2388	9780	5630	
玉田县	118.0	1958	18373	90149	85273	46836
遵化市	140.4	2398	14712	40514	49847	10266
迁安市	204.8	3295	8286	21844	37510	11233
秦皇岛市						
青龙满族自治县	30.0	545	2260	23368	5054	
昌黎县	90.4	2141	28551	76200	70660	16866
抚宁县	71.1	713	8829	37600	5210	2120
卢龙县	98.3	860	8206	38776	10926	10840
邯郸市						
邯郸县	65.5	1134	2322	27583	32500	27000
临漳县	109.6	3025	4870	45970	65170	52870
成安县	76.6	1235	3464	35999	48332	27199
大名县	99.2	1957	6239	87300	102300	93000
涉 县	56.3	822	24250	15340	9030	9210
磁 县	181.6	2197	7244	48900	67830	38290
肥乡县	72.1	1684	1460	39700	66200	38000
永年县	158.4	2219	3820	58600	71300	49684
邱 县	43.4	708	5503	33320	42770	14750
鸡泽县	34.3	855	1856	24099	34517	26398
广平县	38.8	1184	1877	18217	26990	20526
馆陶县	75.6	1795	1553	27000	40000	38500
魏 县	118.5	2055	6120	48360	89376	63666
曲周县	92.9	1464	5930	52500	76033	45440
武安市	207.2	950	10911	35930	34600	24250

3–1 县(市、区)国民经济主要指标(2011年)(5–2)

县(市、区)	四、农业					
	年末农业机械总动力（千瓦）	大中型拖拉机（台）	小型拖拉机（包括手扶拖拉机）（台）	机耕地面积（公顷）	机械播种面积（公顷）	机械收获面积（公顷）
邢台市						
邢台县	30.9	753	11555	20457	21671	18107
临城县	24.5	927	10145	16340	23130	16050
内丘县	25.7	1212	8993	19213	24884	23089
柏乡县	30.8	959	7890	15608	24077	17781
隆尧县	90.9	3252	16763	39660	75110	60000
任　县	55.5	1721	12750	24800	51100	38506
南和县	53.6	1354	5318	21800	40467	31135
宁晋县	106.9	2652	39249	60901	109340	88515
巨鹿县	64.0	2507	16980	32861	48511	19910
新河县	33.1	1410	10000	25560	35800	25500
广宗县	29.1	897	4189	33198	39505	12000
平乡县	35.3	1040	9000	27400	44200	24500
威　县	77.3	782	10300	73060	71928	14700
清河县	54.2	1211	6375	30256	46075	29893
临西县	56.5	1001	6035	38767	58434	42783
南宫市	86.9	1404	18635	73000	78000	24267
沙河市	56.4	1050	10301	18610	28070	15590
保定市						
满城县	50.5	988	2620	13700	25600	17250
清苑县	82.7	3607	3827	46868	69900	49620
涞水县	27.9	895	4089	19000	26100	20400
阜平县	29.4	59	402	2000	3000	200
徐水县	88.4	1521	8100	43164	60600	50020
定兴县	58.2	1659	7209	44000	67600	47000
唐　县	53.1	3631	2991	19333	19333	17360
高阳县	21.0	913	1720	31880	34840	18970
容城县	50.5	1209	5098	22960	31960	23560
涞源县	19.2	291	2315	18830	7800	430
望都县	37.4	1405	12000	19670	28833	25666
安新县	50.4	1022	10600	32785	46199	42650
易　县	28.6	847	3502	25287	28614	18811
曲阳县	52.8	584	6073	28864	33690	18660
蠡　县	60.5	2215	3787	25245	47626	30467
顺平县	41.5	582	2900	16000	23000	16000
博野县	36.7	1050	3220	21960	30400	19840
雄　县	31.5	704	6035	27885	39015	27410
涿州市	50.6	1117	9000	30360	51610	43040
定州市	210.6	2749	20226	71106	95880	78360
安国市	66.3	1012	9402	30000	35667	23400
高碑店市	38.7	1126	4000	32989	48056	35966
张家口市						
宣化县	18.1	677	2719	32000	31000	4500
张北县	36.5	966	13271	83333	77333	32666
康保县	30.9	468	11978	88480	82200	69933
沽源县	46.8	1056	25406	73833	73000	61667
尚义县	9.2	300	3091	39400	23555	8700
蔚　县	32.6	875	2161	56100	43900	4500
阳原县	12.1	256	1782	22000	3340	5020
怀安县	11.2	242	825	31060	4300	1900
万全县	11.6	280	2099	22660	11100	333

3-1 县(市、区)国民经济主要指标(2012年)(5-3)

县(市、区)	四、农业					
	年末农业机械总动力(千瓦)	大中型拖拉机(台)	小型拖拉机(包括手扶拖拉机)(台)	机耕地面积(公顷)	机械播种面积(公顷)	机械收获面积(公顷)
怀来县	26.2	533	2997	12000	6000	1050
涿鹿县	22.1	1984	1633	18480	6700	2060
赤城县	23.5	500	3550	27467	3753	1077
崇礼县	8.9	678	941	7300	1400	300
承德市						
承德县	29.2	801	783	22667	17000	1000
兴隆县	26.7	112	939	10000	3000	
平泉县	45.5	875	4861	14660	26670	
滦平县	39.7	1080	3749	19330	15500	1050
隆化县	49.9	1201	3934	30000	17333	3333
丰宁满族自治县	50.8	2703	9921	54186	55133	26217
宽城满族自治县	18.9	199	778	6800	1500	
围场满族蒙古族自治县	65.5	3097	14370	39150	37350	28400
沧州市						
沧　县	143.9	3077	37730	90696	117469	69201
青　县	89.2	1527	6839	81488	75000	55870
东光县	53.5	1359	4675	45800	62670	29270
海兴县	37.1	677	12373	30755	41195	27125
盐山县	55.4	947	7410	46700	58700	40700
肃宁县	66.6	908	8500	25005	45056	37680
南皮县	91.3	2784	18900	38900	66700	42240
吴桥县	57.6	1678	7921	47105	63746	34734
献　县	81.9	2419	13510	63000	95600	62900
孟村回族自治县	31.1	760	4034	18712	34683	24944
泊头市	130.4	2000	50470	38833	76333	40667
任丘市	100.9	1218	16870	75544	83480	50390
黄骅市	111.0	1591	18162	52400	83800	63700
河间市	133.3	2637	32307	68200	111800	62380
廊坊市						
安次区	20.0	716	1461	22200	25300	8600
广阳区	21.4	567	2400	18230	17300	10000
固安县	108.0	2462	7000	46000	46000	33260
永清县	108.2	1137	4961	33300	35470	22470
香河县	48.0	1385	3510	24690	28890	20900
大城县	74.9	1727	17300	45860	55126	25400
文安县	76.7	1295	18540	42550	51587	25754
大厂回族自治县	27.5	688	1530	9472	13986	8892
霸州市	109.9	1879	5805	42130	41120	27500
三河市	87.6	1121	4503	27870	38200	24500
衡水市						
桃城区	52.1	1440	8700	26386	40000	19000
枣强县	37.8	1275	9450	60500	81000	43430
武邑县	48.9	1878	10264	63867	63867	49333
武强县	53.0	830	12800	31366	49624	29333
饶阳县	78.7	846	9939	25135	43591	30192
安平县	48.1	1207	8780	24268	48790	33000
故城县	142.9	2121	42380	52600	75760	57700
景　县	108.6	2289	36000	70792	114265	69016
阜城县	70.8	2650	11360	50625	65100	40667
冀州市	73.2	1279	31000	47364	64532	33127
深州市	215.5	1730	43580	72574	118000	94080

3–1 县(市、区)国民经济主要指标(2012年)(6–1)

县(市、区)	四、农　业（续1）					
	化肥使用量(按折纯法计算)(吨)	农药使用量(吨)	地膜使用量(吨)	农村用电量(千瓦小时)	有效灌溉面积(公顷)	旱涝保收面积(公顷)
石家庄市						
井陉县	11411	183	28	18130	12000	8640
正定县	45011	510	262	17277	29890	29890
栾城县	16341	282	71	14857	24680	24680
行唐县	25079	565	220	23730	28270	26270
灵寿县	10083	150	45	26641	18490	9150
高邑县	11690	307	67	12183	16110	16110
深泽县	15685	249	33	25398	19600	19600
赞皇县	12800	415	152	37892	11120	3500
无极县	28740	584	125	44450	35192	35192
平山县	14456	210	138	15278	17670	14170
元氏县	33872	551	382	20912	27130	27130
赵　县	58121	2116	77	46845	48150	48150
辛集市	63600	3558	585	35591	55796	55796
藁城市	58612	614	338	99466	54440	54440
晋州市	32739	1014	38	230857	40740	40740
新乐市	22917	619	483	29354	27500	27500
鹿泉市	15565	701	55	44725	23760	23760
唐山市						
开平区	3761	21	17	20449	5800	5550
丰南区	33215	828	884	577705	48760	48460
丰润区	49385	500	387	62194	58320	55060
曹妃甸区	10630	667	109	32667	16300	9950
滦　县	44642	523	632	24949	47600	39330
滦南县	41940	663	1026	27739	71370	55680
乐亭县	74789	1133	651	12649	62550	55500
迁西县	17060	84	83	26144	11950	7080
玉田县	49701	415	792	141909	63840	63840
遵化市	33152	541	694	197757	38970	29591
迁安市	15588	124	432	265807	40110	30360
秦皇岛市						
青龙满族自治县	20024	1226	11	12295	14540	8400
昌黎县	52142	2144	993	163539	50650	36000
抚宁县	22705	1346	526	27268	20330	16300
卢龙县	40170	985	298	13765	29780	15990
邯郸市						
邯郸县	21583	247	92	23775	19050	19000
临漳县	48102	554	198	11340	48900	39270
成安县	43826	254	1317	23064	35000	35000
大名县	46632	1155	478	17315	66070	49530
涉　县	7923	376	44	8200	5670	4540
磁　县	26714	175	346	89070	32880	21850
肥乡县	39843	558	1229	12127	38470	25490
永年县	56048	1335	859	77156	56220	37000
邱　县	23053	566	1618	3302	27600	23560
鸡泽县	19905	612	656	19605	23560	18190
广平县	16875	778	406	8185	22180	22000
馆陶县	23816	275	420	12765	28740	25640
魏　县	28353	439	93	13371	54070	35500
曲周县	47684	573	934	25944	41540	29300
武安市	19735	339	302	234401	37630	19750

3-1 县(市、区)国民经济主要指标(2012年)(6-2)

县(市、区)	四、农业(续1)					
	化肥使用量(按折纯法计算)(吨)	农药使用量(吨)	地膜使用量(吨)	农村用电量(千瓦小时)	有效灌溉面积(公顷)	旱涝保收面积(公顷)
邢台市						
邢台县	13233	699	63	18361	19450	18730
临城县	8628	211	15	5306	9910	9900
内丘县	8268	209	7	7817	19790	11193
柏乡县	14070	165	42	6352	18840	18840
隆尧县	42463	912	363	47383	49500	23500
任　县	16242	497	212	29497	30190	24500
南和县	16662	834	300	13734	28640	27000
宁晋县	44298	1468	346	34567	66910	60670
巨鹿县	14598	450	656	14444	31520	25000
新河县	6587	526	300	7667	21780	4040
广宗县	13399	747	1286	7495	23120	16720
平乡县	18072	148	428	20843	23120	16750
威　县	34685	1339	2376	10774	67520	63600
清河县	20803	728	778	26142	33750	33750
临西县	27194	441	725	12151	33780	29300
南宫市	25444	1198	2106	15287	47200	29510
沙河市	11068	262	7	20276	20390	16110
保定市						
满城县	12763	697	295	21429	19285	18995
清苑县	45991	1220	1100	26062	58150	58150
涞水县	8428	184	111	12796	12820	10700
阜平县	5182	133		3691	5240	2700
徐水县	30701	993	100	31337	39440	39310
定兴县	36261	847	326	18983	46450	27100
唐　县	23346	288	33	11693	18330	16000
高阳县	12078	405	430	24558	27500	26800
容城县	9528	58	24	9354	20670	19920
涞源县	4371	42	6	2600	6080	5070
望都县	18956	263	52	7724	22920	22920
安新县	11529	561	282	28337	25340	23700
易　县	20092	956	87	13418	23570	15000
曲阳县	12294	620	17	4780	18970	9800
蠡　县	21290	244	611	24028	43390	41560
顺平县	16360	612	200	22417	18530	17280
博野县	19211	578	98	27089	21600	21600
雄　县	11470	471	99	65109	18940	15000
涿州市	24741	449	251	47440	46200	46200
定州市	70932	1350	377	26060	82600	82600
安国市	22376	265	54	6582	32910	32910
高碑店市	16079	207	420	15317	38025	33635
张家口市						
宣化县	8708	60	297	32758	27840	14440
张北县	7342	124	539	6400	26195	9360
康保县	4296	95	74	2852	15810	
沽源县	5581	146	332	3892	22630	5370
尚义县	4281	100	127	1902	13230	3160
蔚　县	10660	320	718	7287	28410	17450
阳原县	9592	248	155	5173	21420	12960
怀安县	10603	71	2901	10438	19110	11200
万全县	4759	93	493	6617	19410	11610

3-1 县(市、区)国民经济主要指标(2012年)(6-3)

县(市、区)	四、农　业（续1）					
	化肥使用量(按折纯法计算)(吨)	农药使用量(吨)	地膜使用量(吨)	农村用电量(千瓦小时)	有效灌溉面积(公顷)	旱涝保收面积(公顷)
怀来县	13255	505	72	13850	20110	13070
涿鹿县	16312	807	122	12399	16560	14210
赤城县	2887	164	170	3965	8280	5000
崇礼县	2007	32	220	2335	7620	5700
承德市						
承德县	13998	171	18	13670	15207	7300
兴隆县	8328	299	29	10984	5930	5000
平泉县	19395	91	180	14600	21620	17730
滦平县	9499	172	36	31962	15020	11180
隆化县	16244	73	59	7497	28770	14890
丰宁满族自治县	11874	87	104	8816	26842	15623
宽城满族自治县	5929	48	11	60486	3880	1966
围场满族蒙古族自治县	18611	418	1940	10274	28050	2730
沧州市						
沧　县	40270	1331	315	82004	53840	33760
青　县	21919	410	849	65407	34453	23995
东光县	22845	2076	1331	31801	46090	
海兴县	9509	200	216	10309	12720	7080
盐山县	11252	598	375	13106	31000	31000
肃宁县	24581	865	327	40035	36490	35251
南皮县	15670	671	993	21499	33040	16940
吴桥县	21973	334	899	11499	36700	28620
献　县	27035	310	688	68614	53230	53230
孟村回族自治县	9446	230	50	70143	13794	12130
泊头市	30524	1182	135	65295	47162	37730
任丘市	31741	281	351	94161	49860	39200
黄骅市	15498	1408	222	58053	20950	6180
河间市	29980	589	1341	100800	63480	63480
廊坊市						
安次区	5918	105	586	4606	16750	9320
广阳区	7778	135	178	9190	14390	10490
固安县	25148	1091	882	16244	39520	26710
永清县	21307	260	1108	15576	32930	30000
香河县	20811	190	115	17497	23320	22590
大城县	11272	249	510	39140	31280	28000
文安县	14421	248	818	117106	35330	32470
大厂回族自治县	4809	59	6	7316	9020	7310
霸州市	26709	244	633	500475	39000	38860
三河市	29301	546	116	46272	29470	27490
衡水市						
桃城区	9147	385	434	46534	28440	23590
枣强县	19827	823	1403	22342	53800	40880
武邑县	17804	553	723	16669	44200	35850
武强县	7720	102	219	14753	23030	13290
饶阳县	19547	158	964	17873	34820	20620
安平县	14580	358	216	27330	31590	29440
故城县	39249	962	2021	20646	41660	27620
景　县	35359	987	1113	15235	71700	66640
阜城县	20151	819	678	19620	36380	33460
冀州市	27640	1375	1769	29392	47900	41600
深州市	63427	2980	813	49449	63520	54360

3-1 县(市、区)国民经济主要指标(2012年)(7-1)

县(市、区)	四、农 业(续2)					
	(二)农作物总播种面积(公顷)	粮食播种面积(公顷)	#稻谷播种面积	#小麦播种面积	#玉米播种面积	#大豆播种面积
石家庄市						
井陉县	32165	25289	21	8446	12261	1152
正定县	55943	42324		21065	20043	983
栾城县	48470	34422		17731	16430	177
行唐县	59952	46078	30	20167	19469	538
灵寿县	36287	30001	26	12450	13966	108
高邑县	31396	22171		11050	10503	128
深泽县	35153	27317		12662	12998	952
赞皇县	35257	25999		11867	11667	540
无极县	65240	49062		25667	20317	
平山县	46494	36312	327	16432	15524	519
元氏县	63040	53133		26866	22334	867
赵 县	85843	71474		39386	31878	
辛集市	102706	76843		41273	32040	1445
藁城市	109282	71433		35612	33283	1727
晋州市	61995	52145		25594	21497	2290
新乐市	64926	44503		24280	18934	573
鹿泉市	48309	35439		16986	16478	752
唐山市						
开平区	8976	6369	48	1157	5117	22
丰南区	83351	38844	8813	10739	18927	292
丰润区	98811	66036	87	21773	42370	436
曹妃甸区	25853	23254	21511	122	1267	24
滦 县	71723	44976	637	9376	31840	1102
滦南县	121841	68723	14101	17619	31610	2322
乐亭县	92177	50514	6554	9401	27673	1646
迁西县	18066	13635			10242	850
玉田县	125757	87507	243	28481	51775	1602
遵化市	64440	43515	12	9134	31344	1430
迁安市	60325	35908	199	6979	24737	1770
秦皇岛市						
青龙满族自治县	33539	27988	173		17509	2063
昌黎县	77388	52726	3833	5364	34266	1912
抚宁县	49744	23003	2723		14536	1271
卢龙县	43075	33842	701	134	18233	1009
邯郸市						
邯郸县	40601	35676		16178	16782	630
临漳县	92390	77689		37642	36581	1405
成安县	63147	38033		21017	14818	313
大名县	130961	98825		57001	41412	372
涉 县	25798	22863	617	8914	7044	1332
磁 县	71937	60020	118	26324	26000	985
肥乡县	72178	45686		23845	19967	743
永年县	129411	70722	288	33716	33974	925
邱 县	44090	12837		8432	4075	140
鸡泽县	45890	28732		16687	10812	80
广平县	39764	30677		15824	12850	479
馆陶县	56374	38693		20570	16663	1025
魏 县	95590	84929		42669	40476	664
曲周县	76273	54983		27962	26819	4
武安市	64960	56313		14568	19908	800

3-1 县(市、区)国民经济主要指标(2012年)(7-2)

县(市、区)	四、农业（续2）					
	(二)农作物总播种面积(公顷)	粮食播种面积(公顷)	#稻谷播种面积	#小麦播种面积	#玉米播种面积	#大豆播种面积
邢台市						
邢台县	39359	30229		11659	15123	654
临城县	31238	26013		10464	12653	433
内丘县	47773	34933		15598	16179	559
柏乡县	32353	28053		14490	12528	560
隆尧县	94352	77333		39847	33399	1865
任　县	54712	47783		24700	21798	706
南和县	54039	44800		22565	21415	140
宁晋县	121603	105333		53383	49899	1223
巨鹿县	61088	30867		16067	12776	166
新河县	37505	29133		14467	12793	286
广宗县	41553	12360		5127	4807	526
平乡县	47449	33903		17553	14803	166
威　县	89389	28933		14114	7379	492
清河县	47148	33515		16933	16137	302
临西县	58682	47467		24267	21620	584
南宫市	87327	41600		18874	13627	1272
沙河市	34469	30000		11455	15617	601
保定市						
满城县	38275	27996		12714	13157	220
清苑县	98085	67230		32027	33087	569
涞水县	32425	26078		9455	13936	418
阜平县	14022	12359		1150	6460	383
徐水县	72771	59466		28570	29788	402
定兴县	84624	69314		33402	33102	684
唐　县	44405	35983	269	14009	15755	432
高阳县	39554	26054		11290	13890	690
容城县	34987	30322		14228	15132	399
涞源县	21696	19491	101	120	14493	845
望都县	41305	33948		18083	15104	239
安新县	48599	40334	568	20327	19370	33
易　县	52568	42652	23	12907	23472	507
曲阳县	39930	34412	160	9046	17856	577
蠡　县	60495	41196		18287	20354	881
顺平县	31424	23362	89	9957	11236	204
博野县	39120	27154		12794	13402	442
雄　县	44256	38417		14091	20565	742
涿州市	72814	54284	362	22570	28437	711
定州市	160433	99302		52119	43422	329
安国市	57040	38394		20057	18337	
高碑店市	66263	51095		22959	26011	399
张家口市						
宣化县	44274	36765			23451	1514
张北县	100984	49771				338
康保县	95536	65702			731	308
沽源县	82011	44550			1195	
尚义县	41464	25554			4785	533
蔚　县	73502	59418	582		30116	2137
阳原县	49106	41173	14		21905	2905
怀安县	37640	28896	660		19048	1172
万全县	24212	20098	189		16467	210

3-1 县(市、区)国民经济主要指标(2012年)(7-3)

县(市、区)	四、农业(续2)					
	(二)农作物总播种面积(公顷)	粮食播种面积(公顷)	#稻谷播种面积	#小麦播种面积	#玉米播种面积	#大豆播种面积
怀来县	31035	25239	428		21392	702
涿鹿县	31590	27069	333		17333	592
赤城县	39156	26604			12319	1181
崇礼县	17364	8534			1657	1150
承德市						
承德县	36642	29179	698		24776	1410
兴隆县	10868	9554	45		7342	840
平泉县	51060	43461	282		36410	1790
滦平县	27658	19678	691		16650	1117
隆化县	58825	43268	14808		24129	1279
丰宁满族自治县	74670	55683	78		34363	727
宽城满族自治县	19815	14083	180		10933	696
围场满族蒙古族自治县	88162	68778	411		24722	474
沧州市						
沧　县	122621	113668		46042	60442	5563
青　县	90194	57059		16987	38978	739
东光县	64584	40647		20230	19918	67
海兴县	42625	34900		16659	16395	975
盐山县	71532	64056		30660	29294	1561
肃宁县	54569	42106		20020	21384	434
南皮县	69623	49403		24637	24156	203
吴桥县	68694	48828		24873	23749	30
献　县	109403	76425		34332	35731	3335
孟村回族自治县	35674	34005		16013	17236	255
泊头市	77346	72567		32177	38557	1396
任丘市	97889	75373		32618	37948	1987
黄骅市	92582	76989		38331	30321	5334
河间市	127505	90043		36454	47587	3661
廊坊市						
安次区	34288	18387		1201	13964	1636
广阳区	27712	13327		4781	7572	220
固安县	79323	43716		19827	21670	815
永清县	61767	27746		6039	19522	1341
香河县	40376	27269		11528	15674	17
大城县	61283	49012		6733	39847	1333
文安县	63461	46171	17	10684	31365	3082
大厂回族自治县	16651	13696		5323	8338	
霸州市	57432	35963		8777	23738	1797
三河市	53737	38006		15540	21540	570
衡水市						
桃城区	40015	27217		13936	12899	97
枣强县	81105	54645		25156	22138	1610
武邑县	77250	50618		25333	23927	490
武强县	49624	40815		18642	22092	32
饶阳县	65076	36921		17762	18456	280
安平县	49673	42382		20736	20507	691
故城县	92947	53085		26683	25215	793
景　县	119715	90225		44549	43100	1705
阜城县	71175	54549		25287	27839	653
冀州市	73202	37134		18583	17057	321
深州市	119441	95775		48146	46700	594

3-1 县(市、区)国民经济主要指标(2012年)(8-1)

县(市、区)	四、农业（续3）						
	油料播种面积(公顷)	棉花播种面积(公顷)	糖料播种面积(公顷)	蔬菜播种面积(公顷)	粮食总产量(吨)	#稻谷产量	#小麦产量
石家庄市							
井陉县	2713	154		3945	112702	142	38134
正定县	4556	301		8231	334882		157988
栾城县	180	32		11834	275282		133514
行唐县	7031	667		4456	316247	111	130077
灵寿县	2513	237		2964	147858	106	61067
高邑县	1245	95		7405	163838		74588
深泽县	1703	558		5389	206454		90027
赞皇县	6840	107		1990	127134		58208
无极县	4645	370		10612	357357		183647
平山县	3747	673		5042	206651	1046	103522
元氏县	2833	553		5696	342878		171271
赵　县	883	60		12258	561808		299528
辛集市	7917	6756		11053	562916		292832
藁城市	1982	219		35296	566457		271031
晋州市	3075	60		6652	371477		182357
新乐市	8000	169		8304	331195		169353
鹿泉市	1132	212		11175	211464		103190
唐山市							
开平区	1071	3		1510	39298	204	6395
丰南区	6296	8600		28991	260575	78420	57206
丰润区	9110	1473		21011	414488	715	120769
曹妃甸区	263	696		1448	213184	203305	842
滦　县	14928	188		10449	312787	3705	52440
滦南县	13341	901		29031	450629	130366	100903
乐亭县	2605	1438		31589	272966	54961	56072
迁西县	1990	258		1027	90732		
玉田县	1156	2260		33130	526499	1752	150632
遵化市	11107	82		9343	260347	119	47776
迁安市	11490	88		12446	200606	1386	32755
秦皇岛市							
青龙满族自治县	666			4122	135079	1116	
昌黎县	9979	303		13684	266476	21179	34069
抚宁县	4477	655		19463	127234	17914	
卢龙县	4144	1187		3819	236646	5026	773
邯郸市							
邯郸县	1091	2291		1443	258246		111629
临漳县	1866	2660		9408	607456		269871
成安县	1025	16765		5100	292198		150680
大名县	21552	2921		7630	742063		399295
涉　县	331	37		1215	109896	3240	37991
磁　县	2777	3475		5210	379987	745	163472
肥乡县	1031	13132		11524	351245		168824
永年县	1482	3737		53394	552582	2070	241509
邱　县	600	26490		3220	92956		57548
鸡泽县	275	6725		10158	208135		116642
广平县	1290	5320		1797	227561		110372
馆陶县	3761	5730		8002	294977		145386
魏　县	1983	2641		5440	634203		296976
曲周县	830	11414		8824	431514		198550
武安市	1875	3075		2547	315392		79760

3–1 县(市、区)国民经济主要指标(2012年)(8–2)

县(市、区)	四、农业(续3)						
	油料播种面积(公顷)	棉花播种面积(公顷)	糖料播种面积(公顷)	蔬菜播种面积(公顷)	粮食总产量(吨)	#稻谷产量	#小麦产量
邢台市							
邢台县	4446	1585		3058	145708		58891
临城县	3176	552		1396	116338		50071
内丘县	6476	849		1636	181816		83552
柏乡县	1325	400		2526	210404		106545
隆尧县	3183	5333		8496	550925		277933
任县	403	1496		4869	358415		185325
南和县	657	1107		7475	288957		147238
宁晋县	1975	6345		7906	750400		384919
巨鹿县	3794	12869		2504	176640		93401
新河县	1335	6360		617	164102		79582
广宗县	4371	19682		2249	65100		28764
平乡县	3977	4342		4716	228850		103354
威县	1342	52775		6079	161014		77232
清河县	1068	11949		489	251394		123494
临西县	358	10007		540	320467		145618
南宫市	3848	35081		6060	217295		98633
沙河市	2710	682		1042	136429		52629
保定市							
满城县	834	431		5583	173484		79715
清苑县	5034	2149		14575	472003		210696
涞水县	2882	61		2717	141366		55303
阜平县	430			1216	66390		6348
徐水县	1396	81		10986	407052		182788
定兴县	4300	380		9950	519738		214574
唐县	1599	1222		5243	211439	1090	80702
高阳县	1998	6400		4772	165545		66555
容城县	1351	200		2648	214208		90747
涞源县	200			1908	69055	710	482
望都县	1369	377		4865	262856		123492
安新县	214	6043		1035	241297	4145	122755
易县	4394	457		4934	230726	136	79297
曲阳县	2530	287		2474	202557	818	52715
蠡县	4713	4699		8480	253072		109844
顺平县	1460	115		4957	127447	408	58333
博野县	2630	1822		6611	199779		84536
雄县	1601	464		3429	252412		86026
涿州市	4597			11922	324867	2653	134503
定州市	15925	1018		36629	727046		347621
安国市	4797	733		3638	279507		133177
高碑店市	7672	642		6235	362305		146210
张家口市							
宣化县	1706			4783	213398		
张北县	10975		8527	11492	93938		
康保县	6704		2524	11728	129608		
沽源县	8714		1162	16227	111138		
尚义县	5561		1786	7243	44134		
蔚县	4269		20	5019	122887	1698	
阳原县	4651			2139	82608	23	
怀安县	1893			5807	126212	4184	
万全县	855			2464	130533	1248	

3-1 县(市、区)国民经济主要指标(2012年)(8-3)

县(市、区)	四、农业（续3）						
	油料播种面积(公顷)	棉花播种面积(公顷)	糖料播种面积(公顷)	蔬菜播种面积(公顷)	粮食总产量(吨)	#稻谷产量	#小麦产量
怀来县	1099			4154	104610	1713	
涿鹿县	1133			3343	181940	1647	
赤城县	2320		60	9357	80006		
崇礼县	577			8032	24134		
承德市							
承德县	115			7147	179219	5028	
兴隆县	127			1096	35341	152	
平泉县	162		1	6393	300162	1955	
滦平县	85			7293	81931	4033	
隆化县	2105			11492	320573	118521	
丰宁满族自治县	4480			13946	59190	332	
宽城满族自治县	174			2007	63800	1363	
围场满族蒙古族自治县	1045			16636	265202	3435	
沧州市							
沧县	794	4373		3189	527181		209585
青县	559	2820		26924	296215		79452
东光县	671	20798		2032	288390		135536
海兴县	1545	4757		667	111202		53816
盐山县	1338	3266		2431	267063		132050
肃宁县	2289	866		9263	266495		122563
南皮县	862	13382		4310	303633		146109
吴桥县	321	13335		4348	365474		171791
献县	7878	14400		9180	421473		189345
孟村回族自治县	803	576		245	165445		69138
泊头市	229	2451		2023	440136		176554
任丘市	2748	9985		8725	455117		188447
黄骅市	1710	4093		3817	300645		119976
河间市	10841	15230		9110	544383		213019
廊坊市							
安次区	2731	7577		3662	82838		4984
广阳区	1208	784		10777	64703		26505
固安县	2807	567		27793	262074		117854
永清县	4092	5178		22498	168175		33225
香河县	65	100		12811	168427		67622
大城县	800	4372		3622	279976		32998
文安县	547	13300		2272	279692	85	52776
大厂回族自治县	27	23		2794	88233		32627
霸州市	1820	9908		9142	211462		47667
三河市	177	182		13671	241711		90371
衡水市							
桃城区	906	5319		6241	202451		93441
枣强县	2075	19540		4453	351858		161011
武邑县	3005	11765		9304	307072		153518
武强县	1310	3362		3648	252382		113530
饶阳县	3811	2589		20623	229212		110302
安平县	2465	1911		2693	256821		128180
故城县	2634	22969		12490	330989		164541
景县	3134	20181		5235	603698		298166
阜城县	350	8032		3564	316743		140988
冀州市	2635	26237		7082	221405		113449
深州市	7274	7766		8162	646514		322383

3-1 县(市、区)国民经济主要指标(2012年)(9-1)

县(市、区)	四、农　业(续4)					
	#玉米产量	#大豆产量	油料产量(吨)	棉花产量(吨)	糖料产量(吨)	蔬菜产量(吨)
石家庄市						
井陉县	64370	841	6140	121		207994
正定县	171668	2709	19850	239		840837
栾城县	140969	354	595	18		1168277
行唐县	166752	671	22535	430		313072
灵寿县	76673	143	5180	163		190142
高邑县	86650	250	4676	108		488128
深泽县	109963	1736	6514	533		413359
赞皇县	63527	452	15984	68		123236
无极县	166091		16627	242		790630
平山县	95240	714	9133	618		232245
元氏县	157455	748	7622	608		418442
赵　县	261081		3891	53		967996
辛集市	259043	2045	36493	7317		993584
藁城市	288064	1702	9438	405		2851991
晋州市	176060	2794	9655	50		491305
新乐市	156490	839	36835	158		804765
鹿泉市	102823	661	3901	224		892858
唐山市						
开平区	32197	73	3618	8		95289
丰南区	123916	701	20281	9987		1941177
丰润区	278940	1302	37907	1464		1381190
曹妃甸区	7062	95	762	647		73585
滦　县	241123	2656	57440	279		766830
滦南县	199598	7757	53438	946		2006223
乐亭县	132549	4298	10322	1051		2551501
迁西县	73577	3105	6205	288		91246
玉田县	334866	2754	3246	2288		2887506
遵化市	196610	3682	45256	86		737500
迁安市	146020	6309	35464	116		935461
秦皇岛市						
青龙满族自治县	93742	4726	2097			245024
昌黎县	174874	2993	27283	246		1045003
抚宁县	84406	3009	12097	608		1075744
卢龙县	146526	3379	13696	1664		317129
邯郸市						
邯郸县	138480	1350	1911	2641		65245
临漳县	320882	4974	5522	3105		533434
成安县	129973	1189	4575	23626		323263
大名县	341684	831	81529	2763		351777
涉　县	42276	2772	666	31		78229
磁　县	189540	2596	5096	3960		284083
肥乡县	172666	2600	3246	17759		748826
永年县	297619	3386	4747	4097		3614215
邱　县	33637	588	2475	34007		189372
鸡泽县	89361	184	1006	8137		548695
广平县	107940	1202	4420	6059		125401
馆陶县	143828	3885	16248	6770		469800
魏　县	328898	1474	4611	2557		305939
曲周县	231715	12	3262	13811		534792
武安市	135878	1060	2588	3415		111313

3-1 县(市、区)国民经济主要指标(2012年)(9-2)

县(市、区)	四、农　业（续4）					
	#玉米产量	#大豆产量	油料产量（吨）	棉花产量（吨）	糖料产量（吨）	蔬菜产量（吨）
邢台市						
邢台县	74718	1243	13378	1204		195082
临城县	59098	590	6555	309		70055
内丘县	89733	1274	14338	891		85283
柏乡县	99916	1989	4728	367		179701
隆尧县	253702	6887	13664	5767		615446
任　县	168174	2260	1373	1656		301950
南和县	138314	438	2473	2030		454845
宁晋县	357935	3359	6726	5616		402110
巨鹿县	75957	794	11200	15148		83459
新河县	78189	634	3537	6902		21001
广宗县	24107	1834	16596	24580		87033
平乡县	118350	356	14295	4550		175708
威　县	39861	1765	5838	65910		307887
清河县	126566	590	3298	13722		17170
临西县	168536	1533	1369	11099		27506
南宫市	75954	3513	15292	40253		258959
沙河市	75609	797	4918	324		47900
保定市						
满城县	81994	547	2771	484		274949
清苑县	246938	2071	20417	2264		868029
涞水县	75589	898	10381	58		126609
阜平县	35059	688	1214			35037
徐水县	218763	826	5608	91		773690
定兴县	279894	2710	17769	485		535342
唐　县	104393	1430	4149	1047		259701
高阳县	96271	1550	7554	7456		206214
容城县	118071	1724	5491	212		169684
涞源县	53695	1514	340			58724
望都县	132032	900	6895	330		328646
安新县	114027	83	659	7317		61376
易　县	122765	1090	14028	595		266572
曲阳县	113699	1420	7316	378		131837
蠡　县	133040	2179	15553	4229		426480
顺平县	58535	1132	4790	91		245527
博野县	109690	1949	11638	1855		457103
雄　县	131918	2670	5021	512		170663
涿州市	175255	1886	13374			587209
定州市	353549	1049	68213	1114		2499101
安国市	146330		20369	719		191689
高碑店市	206750	1115	31875	631		373260
张家口市						
宣化县	165437	2247	2604			328311
张北县		328	10692		351981	903354
康保县	3638	492	8795		120726	1069066
沽源县			5260		49142	1034166
尚义县	10764	438	4997		69158	589219
蔚　县	82500	1582	2763		900	200268
阳原县	62653	2047	6457			85832
怀安县	85661	1802	3926			210460
万全县	117950	683	1663			123773

3-1 县(市、区)国民经济主要指标(2012年)(9-3)

县(市、区)	四、农　业（续4）					
			油料产量	棉花产量	糖料产量	蔬菜产量
	#玉米产量	#大豆产量	(吨)	(吨)	(吨)	(吨)
怀来县	95871	885	1381			143831
涿鹿县	140497	2008	2047			220503
赤城县	34835	1189	1940		1710	431000
崇礼县	5642	1802	701			510207
承德市						
承德县	159215	4473	321			286677
兴隆县	27524	2398	421			39427
平泉县	266286	5919	398		80	512081
滦平县	69458	2781	187			401100
隆化县	183680	3851	6601			429491
丰宁满族自治县	11788	897	1799			642918
宽城满族自治县	53381	1979	480			133200
围场满族蒙古族自治县	53245	807	1866			841423
沧州市						
沧　县	303361	10231	1666	3774		183795
青　县	213163	1780	1300	2533		1999344
东光县	149636	237	2002	24191		105636
海兴县	53914	1037	2024	3915		26316
盐山县	122703	2510	1299	2351		180114
肃宁县	141679	1107	8527	1099		627759
南皮县	154559	508	2820	14714		315991
吴桥县	192442	133	1153	14437		224132
献　县	208066	8302	27197	18260		384394
孟村回族自治县	94131	513	1724	627		12987
泊头市	255449	3594	377	3094		90814
任丘市	251237	3926	5662	9788		433800
黄骅市	157134	8491	3348	4160		215978
河间市	309266	9020	37935	17671		425572
廊坊市						
安次区	71103	2461	4703	8827		213038
广阳区	36384	748	3348	708		597023
固安县	135212	2447	9381	493		1598190
永清县	127337	2738	9888	4625		1662762
香河县	100442	44	159	60		790713
大城县	237152	3866	1644	6383		174571
文安县	215633	7249	1005	15002		144287
大厂回族自治县	55331		37	24		201382
霸州市	149623	4520	5737	9928		541981
三河市	148314	1724	417	145		821935
衡水市						
桃城区	107384	208	2650	5585		461512
枣强县	157368	4980	7569	26232		188785
武邑县	148335	1176	10356	13271		599782
武强县	138515	67	4111	4110		187028
饶阳县	115747	716	13521	2718		829840
安平县	124585	1633	8135	2060		129888
故城县	162068	2747	10211	28183		960579
景　县	296100	4918	11118	23006		254382
阜城县	169414	2155	1095	8554		220046
冀州市	103175	908	8879	25837		207175
深州市	320829	1528	32623	10293		296044

3-1 县(市、区)国民经济主要指标(2012年)(10-1)

县(市、区)	四、农业（续5）						
	水果产量（含果用瓜）(吨)	#园林水果产量	食用坚果产量(吨)	肉类总产量(吨)	#猪牛羊肉产量	奶类产量(吨)	禽蛋产量(吨)
石家庄市							
井陉县	34376	34376	1453	25648	19860	10780	30820
正定县	38115	10413	1	80338	56000	112160	127570
栾城县	14686	468		57595	34266	125794	105940
行唐县	131982	111572	583	38402	32403	288750	32503
灵寿县	13972	11132	7006	30712	26300	46975	18461
高邑县	34183	3992		13139	8320	7788	14580
深泽县	109944	101214	4	22911	19293	42428	17870
赞皇县	122756	118393	14776	26713	22890		19020
无极县	56991	17867		54066	38514	95100	73810
平山县	66872	54629	12214	21708	17871	14273	13074
元氏县	49718	13463	1343	44189	33485	80000	51790
赵　县	590924	525000		47791	36297	38580	59655
辛集市	455404	453533		84758	57973	60300	162557
藁城市	213914	194467	720	85452	56942	96176	148060
晋州市	622487	620245		47359	33706	20475	70567
新乐市	267365	30010		56303	39491	91648	74420
鹿泉市	55854	42836	1119	28349	22482	68100	36810
唐山市							
开平区	2336	1332	26	10707	8859	21438	5100
丰南区	54937	25210		47832	38065	95880	17693
丰润区	106647	85615	797	90032	70467	408647	60100
曹妃甸区	15579	6884		24937	18571	2650	5700
滦　县	158238	99657	348	57035	45814	408791	27200
滦南县	363351	115360		120560	97579	515042	34300
乐亭县	947091	599201		37912	25141	66167	21080
迁西县	38847	36894	47857	22802	18104	20653	8390
玉田县	161999	69919	276	110156	98360	22154	79000
遵化市	261339	237107	26090	78426	70361	19500	25491
迁安市	170558	150026	19991	84770	68222	145019	37100
秦皇岛市							
青龙满族自治县	193720	193000	12000	68155	52907	1330	9863
昌黎县	258882	228927	14	75872	49020	43274	27472
抚宁县	174518	170888	19923	107897	89693	20648	22551
卢龙县	185736	184722	1276	64371	53239	24627	39435
邯郸市							
邯郸县	47613	43623	6	33532	25899	36715	45473
临漳县	153003	111968	58	54083	35908	11885	49396
成安县	120694	42600		33740	24996	19982	40891
大名县	31226	30010		73939	60808	4845	67825
涉　县	34794	34794	16432	23038	15882		25492
磁　县	45424	25602	200	37929	27978	22238	62102
肥乡县	80034	34000		36232	27839	20710	37942
永年县	48277	43994	15	72856	42863	59660	202204
邱　县	77449	26000		22809	12717	1066	51177
鸡泽县	5100	5100		26584	18290	6661	42132
广平县	60749	26331		15625	12114	2092	19709
馆陶县	41385	31000		53532	30423	6137	190941
魏　县	221573	194383	20	62932	36813	1362	57914
曲周县	23959	14000		48218	27859	19982	107270
武安市	32644	20284	12200	68998	64496	3464	25137

3-1 县(市、区)国民经济主要指标(2012年)(10-2)

县(市、区)	四、农 业(续5)						
	水果产量(含果用瓜)(吨)	#园林水果产量	食用坚果产量(吨)	肉类总产量(吨)	#猪牛羊肉产量	奶类产量(吨)	禽蛋产量(吨)
邢台市							
邢台县	114812	113753	20028	15619	12366		16035
临城县	16613	15088	13912	17192	12004		38654
内丘县	23178	22478	4300	24567	21984	155	15874
柏乡县	57906	54292	10	14721	10169	2551	39058
隆尧县	40350	40220	7	35716	22863	12780	62115
任　县	11488	7822	35	10676	6729		26884
南和县	4468	4468		19501	13436	11800	40625
宁晋县	376962	375395		36296	33181	147233	20896
巨鹿县	134112	79510		13988	9679	6837	10887
新河县	116318	114991		6098	4669	8200	7908
广宗县	60323	7920		17143	11574		8693
平乡县	20139	10869	2	11936	7713	5500	15362
威　县	87240	77460	10	25999	18773		33139
清河县	41265	35600		5732	3313	1600	9476
临西县	19460	7178		17101	11379	1800	29700
南宫市	47488	28955		22529	19483		17182
沙河市	9051	8459	3401	15601	7741	1517	50037
保定市							
满城县	256109	150851	4	22966	20039	33135	36799
清苑县	503153	35000		25788	17884	76374	46285
涞水县	60797	41800	2300	22252	20847	7648	3398
阜平县	95627	95120	3500	7306	6845	7260	4064
徐水县	62403	21560		57549	50469	118991	20311
定兴县	51934	27789	37	66359	52545	30346	30675
唐　县	64816	55268	4960	31067	29279	14985	22690
高阳县	27850	14979	21	6124	5583	13470	6235
容城县	27239	2113		28744	27082	15552	8860
涞源县	8205	7445	5266	6891	6386		3463
望都县	44621	15500		17718	14802	50024	18792
安新县	54060	5641		8846	5358	7310	18162
易　县	194032	191600	3400	61852	57705	6773	19126
曲阳县	92385	88913	97	23636	21697	50464	11383
蠡　县	81645	30000		7968	5907	12071	11949
顺平县	345423	290205		12155	11611	8378	3874
博野县	58127	29930	70	13173	11771	3447	6942
雄　县	48642	31900		12173	9546	1563	4672
涿州市	127665	28688	1	39123	28244	29777	12067
定州市	126828	109790	210	102007	87769	205985	73589
安国市	33988	30000	20	23150	20755	12477	19112
高碑店市	54573	21901	135	35439	27750	17595	27121
张家口市							
宣化县	58012	12227	2096	54580	46964	103842	39070
张北县				19484	19084	206582	1851
康保县	1664	78	216	28362	26722	103246	3305
沽源县	29	29		9584	9028	111476	1343
尚义县	218	152		12162	11679	5283	2419
蔚　县	21661	11407	6335	33979	29473	23548	32106
阳原县	18063	8384	312	25081	15962	10121	41880
怀安县	41056	9080	1390	21775	19806	32935	1815
万全县	30016	4051	313	20300	17339	51237	5598

3−1 县(市、区)国民经济主要指标(2012年)(10−3)

县(市、区)	四、农 业（续5）						
	水果产量（含果用瓜）（吨）	#园林水果产量	食用坚果产量（吨）	肉类总产量（吨）	#猪牛羊肉产量	奶类产量（吨）	禽蛋产量（吨）
怀来县	246080	241940	2415	31077	13013	87281	8556
涿鹿县	313697	312189	4632	42023	35083	111319	38041
赤城县	13165	5365	200	27957	23234	9100	4433
崇礼县	9187	3500	51	6185	4344	32792	2068
承德市							
承德县	157122	156806	2587	98281	31586	191	22219
兴隆县	308778	308778	87536	19806	15744	1726	8457
平泉县	165885	165635	3380	22284	19108	745	15930
滦平县	21360	17520	1110	94545	42783	9537	8904
隆化县	36318	32920	68	61325	57781	4232	9031
丰宁满族自治县	12130	12130	680	47172	40928	82006	17304
宽城满族自治县	61353	61000	27020	21360	19625	6055	6052
围场满族蒙古族自治县	180685	178000	82	54291	43082	29833	14452
沧州市							
沧 县	392166	378552		42814	31946	11375	38584
青 县	167687	55578		23123	15288	42030	32743
东光县	31641	10645		18977	15423	2925	15376
海兴县	33298	7229		9767	6825	1380	4769
盐山县	68466	46330		45158	41253		15745
肃宁县	79104	77505		27410	9287	3650	22247
南皮县	123822	74257		16801	13807		10261
吴桥县	95776	15298		30255	23274	1290	18665
献 县	252792	172337		53676	41401	13000	58228
孟村回族自治县	23181	21250		35182	8561		5143
泊头市	604581	602335		28987	20680	985	42892
任丘市	58643	25716		42908	12239	6098	17181
黄骅市	136521	84584		47418	33910	6225	23376
河间市	105066	31200		31363	16393	276	21746
廊坊市							
安次区	138429	45046		13800	8865	13258	19582
广阳区	158266	48009		13070	10673	23856	10320
固安县	286204	94500		43274	40675	20216	11803
永清县	274126	141940		70777	64918	59380	14426
香河县	30663	29400	40	18968	11596	6871	25000
大城县	112493	63460		38567	24123	17686	32834
文安县	80332	38958		19433	14169	1243	22491
大厂回族自治县	10502	3996		31190	29965		5428
霸州市	72808	42700		22312	17213	3262	13888
三河市	117018	87297	96	80060	68615	88749	30065
衡水市							
桃城区	44594	31250		31806	26439	13575	13319
枣强县	85460	75616		21533	18712	4559	6830
武邑县	186039	51720		36823	27207	8594	26499
武强县	34291	7010		16528	10272	18587	22440
饶阳县	150292	92636		26403	21078	18000	34556
安平县	42306	32000		68230	65669	4221	16138
故城县	183483	51446		49616	31123	13422	52905
景 县	71082	28900		35840	30383	4586	24980
阜城县	508389	199248		16709	12854	1801	18633
冀州市	103239	98000		13762	10778	2160	15285
深州市	798274	771112		59264	49029	6420	59135

3-1 县(市、区)国民经济主要指标(2012年)(11-1)

县(市、区)	四、农业(续6)						
	当年出栏肉猪头数(百头)	当年羊出栏只数(百只)	当年牛出栏头数(百头)	年末猪存栏头数(百头)	年末羊存栏只数(百只)	年末牛存栏头数(百头)	水产品产量(吨)
石家庄市							
井陉县	1426	1439	442	870	1162	542	600
正定县	5681	508	761	3526	429	959	1600
栾城县	3494	529	459	1910	420	614	8
行唐县	2730	620	685	1690	570	923	2000
灵寿县	2921	622	205	1660	496	387	8210
高邑县	1019	243	22	606	175	32	
深泽县	2163	1013	90	1168	739	139	111
赞皇县	1315	562	762	834	513	750	1000
无极县	3479	1550	625	2185	1205	841	21
平山县	1990	699	109	1350	672	230	13730
元氏县	2954	1711	549	1820	1320	679	1095
赵　县	4310	745	157	2346	515	194	
辛集市	7067	1514	135	3846	1506	382	41
藁城市	5985	1615	576	3212	1084	660	50
晋州市	3837	1201	176	2764	947	143	
新乐市	4730	199	204	3240	164	321	21
鹿泉市	2686	378	96	1309	312	251	6270
唐山市							
开平区	810	348	178	410	120	87	6711
丰南区	4725	322	171	2600	187	389	72321
丰润区	8460	822	315	4380	880	1060	7358
曹妃甸区	2450	33	2	1476	18	13	122856
滦　县	3720	1053	1008	2500	830	1155	3647
滦南县	10910	552	497	6800	694	1480	85651
乐亭县	2620	1425	172	1650	1253	302	158520
迁西县	1670	2403	126	850	1370	195	38830
玉田县	10710	763	932	8950	930	1320	5341
遵化市	7150	1800	815	4800	1400	943	3555
迁安市	7135	1055	765	4500	810	1000	592
秦皇岛市							
青龙满族自治县	4609	5460	361	1766	3057	217	1500
昌黎县	3936	4236	639	2911	2934	773	97708
抚宁县	10382	1776	347	5205	1888	572	56120
卢龙县	4801	6093	427	2806	2835	503	1875
邯郸市							
邯郸县	3000	1464	88	1237	825	119	432
临漳县	3058	5565	352	1882	3536	220	24
成安县	2441	2845	189	1710	3096	117	11
大名县	6321	4606	467	4295	3920	824	500
涉　县	1528	1271	179	1102	1480	346	2527
磁　县	3133	1537	156	2421	1792	249	32750
肥乡县	2758	2978	205	1758	2502	253	33
永年县	4331	3831	339	3393	3735	577	10844
邱　县	988	2813	101	746	2651	122	113
鸡泽县	1896	1642	121	1045	1499	97	77
广平县	1335	1100	41	666	523	35	51
馆陶县	3390	1507	203	2239	1147	156	23
魏　县	4132	3314	91	3170	4044	128	102
曲周县	2588	2702	303	2073	2278	329	5100
武安市	8211	338	158	4524	324	351	1450

3–1 县(市、区)国民经济主要指标(2012年)(11–2)

县(市、区)	四、农 业（续6）						
	当年出栏肉猪头数（百头）	当年羊出栏只数（百只）	当年牛出栏头数（百头）	年末猪存栏头数（百头）	年末羊存栏只数（百只）	年末牛存栏头数（百头）	水产品产量（吨）
邢台市							
邢台县	1280	807	119	488	679	77	1058
临城县	1091	683	198	748	318	247	2100
内丘县	2734	150	82	1559	52	94	17
柏乡县	1337	92	16	657	117	20	
隆尧县	2607	770	125	1722	652	121	
任　县	826	382	8	558	378	6	50
南和县	1673	175	47	1331	88	54	
宁晋县	4129	508	202	2413	534	492	47
巨鹿县	916	424	141	1123	554	317	58
新河县	279	244	141	216	276	164	472
广宗县	1122	820	161	706	745	148	
平乡县	719	518	101	598	471	84	230
威　县	1750	1961	190	1794	1714	176	260
清河县	317	329	24	376	340	35	497
临西县	792	1361	213	363	873	160	150
南宫市	1923	1431	212	1409	1292	213	337
沙河市	780	617	68	555	450	56	498
保定市							
满城县	2573	536	35	2018	864	171	600
清苑县	2191	503	45	1073	527	290	95
涞水县	2161	2108	118	1428	1596	129	427
阜平县	598	511	40	546	534	134	6600
徐水县	5969	515	288	4739	510	544	310
定兴县	6156	2207	147	4315	2067	225	350
唐　县	2985	3814	81	2535	2677	205	1652
高阳县	678	262	7	530	276	39	200
容城县	3415	328	54	1723	221	70	1457
涞源县	580	1033	51	414	1480	132	519
望都县	1786	585	51	853	299	123	73
安新县	619	223	22	515	216	34	31850
易　县	5411	4262	742	2171	1342	536	5820
曲阳县	2121	1460	184	988	756	310	2900
蠡　县	702	306	17	548	367	51	
顺平县	1311	445	71	539	732	90	80
博野县	1415	574	23	1116	242	26	
雄　县	1116	685	11	624	485	21	580
涿州市	3279	1572	56	2382	1353	152	1080
定州市	10019	2573	650	5543	2062	663	127
安国市	2500	562	55	1621	446	47	
高碑店市	3118	1243	155	2209	1334	172	225
张家口市							
宣化县	4499	4828	393	2416	2047	512	480
张北县	1109	1898	515	471	1655	803	250
康保县	1811	4995	380	877	3049	761	86
沽源县	397	1522	249	355	1188	540	2500
尚义县	770	1456	244	460	789	185	149
蔚　县	2593	3877	313	1228	1940	243	660
阳原县	1465	2119	125	1031	1958	138	550
怀安县	2346	1021	41	1348	709	139	315
万全县	1850	862	137	1306	761	306	4

3-1 县(市、区)国民经济主要指标(2012年)(11-3)

县(市、区)	四、农 业(续6)						
	当年出栏肉猪头数(百头)	当年羊出栏只数(百只)	当年牛出栏头数(百头)	年末猪存栏头数(百头)	年末羊存栏只数(百只)	年末牛存栏头数(百头)	水产品产量(吨)
怀来县	1380	910	89	826	757	292	5370
涿鹿县	3774	3861	99	2153	1162	354	504
赤城县	1648	2528	471	778	1317	418	832
崇礼县	365	272	78	216	45	191	10
承德市							
承德县	3168	1127	403	1978	1028	546	1134
兴隆县	1727	1095	89	977	653	59	5500
平泉县	1533	1403	357	1001	1261	542	1150
滦平县	5200	1159	158	2537	781	201	1400
隆化县	3473	3012	1737	2630	1415	2745	610
丰宁满族自治县	2451	1764	1256	1754	755	1432	4850
宽城满族自治县	2307	1159	57	1707	1302	56	18050
围场满族蒙古族自治县	2683	1805	1310	2156	2005	2076	2518
沧州市							
沧　县	2296	2597	677	1280	1858	604	255
青　县	1131	1741	278	764	1462	413	509
东光县	1014	1410	372	495	1040	425	776
海兴县	617	520	101	485	412	156	6621
盐山县	3049	2322	830	2038	2366	1388	355
肃宁县	1107	639	33	779	552	47	
南皮县	893	882	367	512	728	322	550
吴桥县	1652	1490	535	974	1315	635	144
献　县	3909	3210	478	2686	2656	495	6022
孟村回族自治县	372	1187	257	208	822	245	64
泊头市	2072	1551	174	1300	1421	144	677
任丘市	1241	999	84	724	882	91	15200
黄骅市	3660	2413	289	3164	2057	425	78236
河间市	1507	1620	176	1224	1171	208	593
廊坊市							
安次区	1017	576	42	648	473	59	1345
广阳区	1078	516	112	600	435	148	605
固安县	3785	2960	498	2858	2605	425	314
永清县	6111	6194	617	3189	4636	523	432
香河县	1208	577	106	804	597	152	2635
大城县	1675	2948	462	881	2224	330	951
文安县	964	2897	174	597	1973	102	9062
大厂回族自治县	1052	930	1308	590	661	617	2622
霸州市	1821	1545	65	1095	1111	40	6780
三河市	5245	3950	1503	3922	3241	1672	10500
衡水市							
桃城区	2083	2273	508	1229	1107	307	757
枣强县	1790	1325	272	659	892	252	66
武邑县	1903	2113	636	1963	1536	971	178
武强县	1030	611	110	764	558	201	122
饶阳县	2623	570	38	1870	588	92	
安平县	8661	319	16	5407	349	44	197
故城县	2836	3460	332	1796	2066	1036	2288
景　县	2950	1050	445	2490	1115	488	105
阜城县	1327	1062	88	1892	1668	203	103
冀州市	1020	732	137	960	381	140	1989
深州市	5420	2123	350	4659	2782	338	254

3–1 县(市、区)国民经济主要指标(2012年)(12–1)

县(市、区)	四、农　业（续7）					
	(三)农林牧渔业总产值（现价）（万元）	农业产值	林业产值	牧业产值	渔业产值	农林牧渔服务业产值
石家庄市						
井陉县	191839	62798	17517	103526	1765	6233
正定县	588190	249877	636	324420	2245	11012
栾城县	536706	259212	3279	260625	8	13582
行唐县	404711	160436	5717	229739	3019	5800
灵寿县	259319	127359	8458	111583	8841	3078
高邑县	183881	138121	793	41667		3300
深泽县	251978	159353	1575	85538	440	5072
赞皇县	225501	112056	11476	99636	928	1405
无极县	447749	210006	885	227654	139	9065
平山县	295808	161881	23620	76415	21868	12024
元氏县	394633	187877	4631	185599	1409	15117
赵　县	549410	363797	1565	164880		19168
辛集市	835775	484755	2675	330617	48	17680
藁城市	1130035	759098	1873	353425	14	15625
晋州市	494779	313702	1248	168420		11409
新乐市	467896	246071	1267	205858	17	14683
鹿泉市	353857	211456	4871	118138	8751	10641
唐山市						
开平区	86618	30288	1375	44424	8094	2437
丰南区	648934	382798	5023	134076	105698	21339
丰润区	857561	422943	5000	404264	7364	17990
曹妃甸区	401499	88553	2325	58523	194730	57368
滦　县	613710	280141	7154	314112	4191	8112
滦南县	1168923	571363	7658	445088	119949	24865
乐亭县	1069603	659091	5917	230360	166893	7342
迁西县	325045	166240	22759	73912	43008	19126
玉田县	1006905	655142	5675	326974	7514	11600
遵化市	650445	379692	5753	242853	5877	16270
迁安市	600722	303104	6351	263189	535	27543
秦皇岛市						
青龙满族自治县	401835	174314	25965	196538	2618	2400
昌黎县	987024	324149	5310	561475	82086	14004
抚宁县	695029	306397	13466	309751	49715	15700
卢龙县	490118	260116	4787	221643	2143	1429
邯郸市						
邯郸县	222914	93481	3498	124334	467	1134
临漳县	498419	289834	3555	190398	26	14606
成安县	461053	239734	1664	125243	12	94400
大名县	594747	310532	2983	248730	517	31985
涉　县	192018	96154	14669	76319	2799	2077
磁　县	363542	164831	4413	148190	40764	5344
肥乡县	456207	284339	2366	129747	32	39723
永年县	1334452	951490	4188	341435	13485	23854
邱　县	293002	143661	3431	100703	112	45095
鸡泽县	300712	188105	1458	99604	80	11465
广平县	210975	132590	1640	62056	55	14634
馆陶县	521944	217858	2628	258127	25	43306
魏　县	460462	278059	3799	162492	137	15975
曲周县	463715	203156	3242	201037	5036	51244
武安市	340650	158182	7182	171244	1414	2628

3−1 县(市、区)国民经济主要指标(2012年)(12−2)

县(市、区)	四、农　业（续7）					
	(三)农林牧渔业总产值（现价）(万元)	农业产值	林业产值	牧业产值	渔业产值	农林牧渔服务业产值
邢台市						
邢台县	193123	126004	12434	52544	1449	692
临城县	154379	74534	3572	73042	2231	1000
内丘县	158773	84455	6598	66382	17	1321
柏乡县	157030	94727	1149	60094		1060
隆尧县	388225	253596	2106	125023		7500
任　县	177537	125148	1550	44620	51	6168
南和县	253003	165160	8483	74860		4500
宁晋县	511007	347080	3694	155191	349	4693
巨鹿县	228025	180682	2669	43936	58	680
新河县	120929	90560	2023	27058	488	800
广宗县	235607	126041	1775	51946		55845
平乡县	169261	118228	3174	42233	274	5352
威　县	472396	293102	5118	93600	298	80278
清河县	183489	99132	1582	20321	633	61821
临西县	222706	108037	3652	70897	170	39950
南宫市	308091	225964	4177	75510	340	2100
沙河市	129929	48701	4346	70715	473	5694
保定市						
满城县	296927	191700	5972	94127	628	4500
清苑县	468100	343098	2744	115385	124	6749
涞水县	186822	92009	14154	71745	614	8300
阜平县	111970	54864	7946	23918	24262	980
徐水县	455399	252483	2118	186482	316	14000
定兴县	461879	261899	998	185127	2597	11258
唐　县	273983	144251	8608	116979	1699	2446
高阳县	152961	116021	610	23836	223	12271
容城县	173278	89476	870	77492	1720	3720
涞源县	74747	41972	7401	24637	417	320
望都县	261305	174587	3165	82191	62	1300
安新县	173525	85376	1454	37616	42279	6800
易　县	397823	181645	10862	197177	6117	2022
曲阳县	198546	94641	5757	88410	4384	5354
蠡　县	255354	178841	1382	59471		15660
顺平县	245031	201380	4377	36905	293	2076
博野县	193976	142473	3161	37662		10680
雄　县	168765	128785	1787	33634	493	4066
涿州市	344860	208356	6197	111743	1159	17405
定州市	1130371	718611	22282	374698	236	14544
安国市	303041	222921	2002	71168		6950
高碑店市	275273	153218	1423	110501	246	9885
张家口市						
宣化县	364809	127754	7233	223845	489	5488
张北县	316585	164449	6010	146126		
康保县	326716	167294	7720	147812	74	3816
沽源县	244715	155318	5926	78370	3312	1789
尚义县	162830	104322	4491	48366	152	5499
蔚　县	255667	106002	3581	138265	795	7024
阳原县	180605	46675	3121	120343	691	9775
怀安县	171724	96397	3768	66687	284	4588
万全县	180471	74989	3999	91907		9576

3-1 县(市、区)国民经济主要指标(2012年)(12-3)

县(市、区)	四、农 业（续7）					
	(三)农林牧渔业总产值（现价）（万元）	农业产值	林业产值	牧业产值	渔业产值	农林牧渔服务业产值
怀来县	290463	168637	9528	99248	7050	6000
涿鹿县	414654	211496	12944	179840	673	9701
赤城县	294540	150904	15378	111260	998	16000
崇礼县	115194	75697	10214	28723		560
承德市						
承德县	364924	134966	28889	192655	1214	7200
兴隆县	286299	212117	6507	56458	5131	6086
平泉县	532066	432344	15807	81063	1272	1580
滦平县	354740	108989	40408	192556	1637	11150
隆化县	416354	167787	25514	215054	649	7350
丰宁满族自治县	327354	99500	25030	190137	6475	6212
宽城满族自治县	241796	131270	17350	63950	20281	8945
围场满族蒙古族自治县	526030	269773	60359	188207	2491	5200
沧州市						
沧　县	465858	267647	10838	162440	256	24677
青　县	628753	510004	1627	105923	579	10620
东光县	454732	162461	593	79321	776	211581
海兴县	123616	44101	1248	30694	38073	9500
盐山县	266600	114541	2438	144757	355	4509
肃宁县	402395	221234	357	170852		9952
南皮县	320801	193920	662	67808	519	57892
吴桥县	472593	161827	1105	99143	144	210374
献　县	542730	299175	736	195444	6335	41040
孟村回族自治县	135405	48835	984	81416	66	4104
泊头市	366696	246312	2198	100353	677	17156
任丘市	353850	215656	631	86798	22245	28520
黄骅市	498904	204787	2313	169052	92632	30120
河间市	433842	277084	940	92037	593	63188
廊坊市						
安次区	183346	116725	3544	51653	1480	9944
广阳区	201945	138142	4821	49266	716	9000
固安县	568848	422780	2663	142431	586	388
永清县	661644	408492	8461	241655	536	2500
香河县	330737	254772	2701	66469	2315	4480
大城县	297993	143122	8263	136613	1085	8910
文安县	248342	139116	3937	81518	15573	8198
大厂回族自治县	187505	62671	1118	120458	2656	602
霸州市	316974	231610	3353	67730	6781	7500
三河市	627065	304586	2739	300643	11947	7150
衡水市						
桃城区	271736	154503	2238	111023	798	3174
枣强县	312642	216143	1722	82532	67	12178
武邑县	378213	242806	2322	130057	234	2794
武强县	188889	112098	3184	68494	163	4950
饶阳县	314715	206285	4203	97472		6755
安平县	266732	94446	1273	160821	256	9936
故城县	461023	294205	1605	157391	2242	5580
景　县	430850	255312	4566	124784	107	46081
阜城县	289016	219940	2422	58301	103	8250
冀州市	249563	191614	5930	48534	2075	1410
深州市	631541	428722	6681	191865	293	3980

3–1 县(市、区)国民经济主要指标(2012年)(13–1)

县(市、区)	五、规模以上工业企业			六、交通运输、邮电通讯、能源			
	工业企业数(个)	工业总产值(现价)(万元)	工业企业从业人员年平均数(人)	公路里程(公里)	固定电话用户(户)	移动电话用户(户)	全社会用电量(万千瓦时)
石家庄市							
井陉县	57	1909036	14958	1023	39212	180000	72588
正定县	112	4043803	26532	1117	70125	354000	388401
栾城县	147	2846957	29846	545	42556	250949	137601
行唐县	67	1539661	11274	1209	28000	216000	47218
灵寿县	62	1347394	8541	992	19204	151546	112800
高邑县	58	1079231	14784	659	20968	57889	86143
深泽县	63	1478680	14502	389	23576	203721	60597
赞皇县	60	1564543	11505	764	12501	154068	72870
无极县	98	2583276	18557	640	56084	226000	104441
平山县	44	5565184	28275	2668	26134	92193	360299
元氏县	68	2346870	10601	823	34629	236654	157845
赵　县	112	4573914	22290	640	24832	370900	133252
辛集市	264	7211452	176078	1066	83326	291366	315564
藁城市	375	14038083	97614	1287	83669	460150	298640
晋州市	207	4004454	51794	758	60593	337895	232457
新乐市	132	3150819	38075	848	40303	338139	138541
鹿泉市	217	5761780	46014	971	57466	340021	289282
唐山市							
开平区	58	3841356	23301	367	38752	82425	338911
丰南区	147	14978526	86471	2216	102300	562000	825333
丰润区	134	12737667	69983	1622	164447	934412	385349
曹妃甸区	63	7085914	50537	830	62586	256702	47837
滦　县	62	5370909	33634	1187	158023	477847	461371
滦南县	54	2080591	18009	1424	50010	429255	187824
乐亭县	36	2367454	14076	1512	59556	344067	252423
迁西县	130	6153127	23043	1200	72300	311000	466819
玉田县	148	3981646	31915	2314	126288	403826	363698
遵化市	122	6230747	40898	1466	140000	672000	466158
迁安市	152	15896323	107525	3139	134616	738456	1037469
秦皇岛市							
青龙满族自治县	51	937844	8350	2593	55651	379380	128152
昌黎县	39	1975113	23041	1903	92373	364870	351772
抚宁县	51	1815132	18782	1987	84657	447573	289439
卢龙县	32	919481	8580	1596	64999	270757	126250
邯郸市							
邯郸县	37	2344048	10770	820	61776	158703	193563
临漳县	42	605086	5615	1730	32146	261050	57011
成安县	49	2094988	10735	1054	20151	210000	70072
大名县	58	1741562	7612	1735	69986	338179	57457
涉　县	38	5517287	15469	2027	136122	280679	317635
磁　县	62	1767490	12808	1993	60156	612442	91739
肥乡县	39	856324	7225	1024	20644	230320	30852
永年县	108	3299190	20148	1108	68200	559927	206348
邱　县	39	882215	7943	592	13278	148916	39875
鸡泽县	58	1589951	20463	940	36382	190896	39034
广平县	36	1414723	10778	407	10512	69137	26016
馆陶县	42	1336801	7919	845	24350	202578	37719
魏　县	50	1144261	6960	1707	116385	687053	68386
曲周县	51	1525015	8893	977	21213	336695	51081
武安市	90	12419689	68725	1321	135005	613200	919927

3-1 县(市、区)国民经济主要指标(2012年)(13-2)

县(市、区)	五、规模以上工业企业			六、交通运输、邮电通讯、能源			
	工业企业数(个)	工业总产值(现价)(万元)	工业企业从业人员年平均数(人)	公路里程(公里)	固定电话用户(户)	移动电话用户(户)	全社会用电量(万千瓦时)
邢台市							
邢台县	33	3126003	15432	1632	40519	138415	180949
临城县	55	1204533	8064	759	25838	107000	65255
内丘县	20	1915439	11046	831	47500	142100	109221
柏乡县	27	211572	4164	350	17332	106737	33948
隆尧县	56	1525600	21994	984	64836	321000	121432
任　县	32	245851	5277	561	31500	196500	55885
南和县	23	345104	5111	537	28851	182476	44246
宁晋县	141	3068400	42600	1797	110415	503671	168095
巨鹿县	42	616228	10073	1035	69188	204282	50588
新河县	28	212600	2700	486	29430	23900	23088
广宗县	36	275257	5367	628	10820	58932	33561
平乡县	47	352907	6346	802	29218	143675	52582
威　县	52	374300	6300	1492	20806	243684	49394
清河县	100	1007700	11997	825	46639	155489	77716
临西县	43	375487	7366	817	28899	158520	38434
南宫市	70	1134843	14851	899	51098	132816	66544
沙河市	84	3132823	29411	1553	128807	426286	165495
保定市							
满城县	91	1377673	17322	736	49962	352962	141086
清苑县	79	2179050	15468	1050	59497	443834	119005
涞水县	30	184675	6265	1260	46340	194367	46608
阜平县	19	83112	1180	1769	25011	145341	23399
徐水县	64	2219511	26923	1408	75203	386801	101512
定兴县	50	951141	18664	802	59601	347417	58016
唐　县	42	436158	6269	950	53378	364781	65203
高阳县	83	2025888	40785	480	55468	316353	101919
容城县	58	747392	10589	309	32045	179037	46688
涞源县	44	832171	7587	1465	26524	221172	52248
望都县	21	329162	4504	567	33741	189388	36995
安新县	71	1944511	6539	552	57322	342838	102728
易　县	49	1243222	10572	1598	65358	338897	68082
曲阳县	44	281597	7042	1086	57691	403437	80736
蠡　县	97	1512777	21152	760	61223	403417	102608
顺平县	41	500154	5917	820	29280	202096	55403
博野县	28	467360	4465	417	25368	175619	35881
雄　县	116	1622017	8172	566	58079	316373	128854
涿州市	78	2190852	34075	995	123815	789882	140816
定州市	119	3372497	21781	1822	626650	813140	130199
安国市	71	1612353	11093	641	63350	263762	50989
高碑店市	40	1496820	14965	929	82479	448175	117634
张家口市							
宣化县	34	580913	4762	1094	116684	188000	74810
张北县	30	429331	3353	2619	23371	159822	25092
康保县	13	93400	2190	2478	10276	81168	11118
沽源县	8	75619	887	1543	12500	111200	13666
尚义县	10	167609	1530	1018	13000	75500	11581
蔚　县	12	575952	16559	1858	40207	57974	61746
阳原县	11	90604	2140	1178	28000	138000	24808
怀安县	29	352227	3076	1474	12000	130000	64471
万全县	31	348115	5009	991	19870	168876	43859

3–1 县(市、区)国民经济主要指标(2012年)(13–3)

县(市、区)	五、规模以上工业企业			六、交通运输、邮电通讯、能源			
	工业企业数(个)	工业总产值(现价)(万元)	工业企业从业人员年平均数(人)	公路里程(公里)	固定电话用户(户)	移动电话用户(户)	全社会用电量(万千瓦时)
怀来县	27	431790	5698	1172	43000	256910	50703
涿鹿县	29	300052	8387	1071	49700	199000	62600
赤城县	33	570071	6149	1596	20818	153537	77301
崇礼县	21	341205	3244	1008	8300	65866	34500
承德市							
承德县	59	1339439	12623	2498	30929	271746	119231
兴隆县	64	1321258	12062	2668	31830	155000	106255
平泉县	62	1287075	15023	1969	35739	305222	134280
滦平县	39	1749711	10504	2000	28900	217000	159348
隆化县	51	888739	6070	2522	35482	251500	96224
丰宁满族自治县	35	653901	5975	2478	25466	256124	73574
宽城满族自治县	38	4167993	34231	1387	27258	165304	301419
围场满族蒙古族自治县	24	258658	2564	2720	41000	337000	45153
沧州市							
沧　县	148	2658100	19031	1945	183698	375499	98255
青　县	97	2207300	16000	919	75020	328300	73147
东光县	85	887350	11795	1187	48796	229456	145040
海兴县	21	141991	4070	704	21940	145000	20267
盐山县	105	3786000	26000	1076	67260	199600	47612
肃宁县	71	1381775	11309	566	47931	244812	49091
南皮县	68	551348	11396	854	39308	299329	48175
吴桥县	22	297863	3621	958	59331	163281	30075
献　县	147	3206822	23327	1494	74892	363262	76532
孟村回族自治县	114	1210500	10100	549	43018	94887	77445
泊头市	214	2366308	23997	1003	80439	444700	77228
任丘市	223	8735559	70842	1782	217057	728000	373054
黄骅市	90	2579172	23977	1698	119138	595664	97231
河间市	184	2510494	14838	1275	101284	510585	126922
廊坊市							
安次区	44	1970135	43742	722			162862
广阳区	23	1197185	7012	543			
固安县	52	850885	8233	1023	71861	308559	73190
永清县	58	649232	7930	1001	55417	249723	75057
香河县	149	2689700	21055	892	88798	325875	93199
大城县	89	1039242	8759	1075	91161	353258	127486
文安县	101	3188290	18204	1505	103586	485002	250180
大厂回族自治县	45	1263454	9548	369	31565	109540	70553
霸州市	177	9044515	37716	1208	132529	674556	518628
三河市	191	6972897	44181	1156	156523	659349	229397
衡水市							
桃城区	83	2943743	18637	640	132729	825020	281218
枣强县	108	913196	8387	1149	71842	273553	54112
武邑县	48	931062	10256	1150	39433	187372	155936
武强县	66	617382	7410	659	29491	147526	40095
饶阳县	62	465103	7575	666	37378	183596	39476
安平县	123	899449	10928	742	68393	292853	116535
故城县	79	749492	7959	964	72513	295519	54125
景　县	88	1732164	11773	1544	76117	309033	137772
阜城县	69	661045	7529	1156	42712	193198	37222
冀州市	76	1087111	14912	1133	73991	251951	93918
深州市	86	1349982	14106	1524	65877	341949	139468

3-1 县(市、区)国民经济主要指标(2012年)(14-1)

县(市、区)	七、贸易、外经			八、全社会固定资产投资额(万元)	九、文教、卫生、科技		
	社会消费品零售总额(万元)	出口总额(万美元)	当年实际使用外资额(万美元)		普通中学数(所)	小学数(所)	普通中学专任教师数(人)
石家庄市							
井陉县	315766	6528	2863	1616739	13	52	1484
正定县	833470	43128	4500	1565662	21	108	3776
栾城县	543937	21000	11725	1242447	13	50	1329
行唐县	424308	420	2800	1001322	19	85	1350
灵寿县	288869	3553	1224	680579	21	85	1443
高邑县	233453	2000	800	435908	8	67	1045
深泽县	295666	9200	1160	461678	9	30	631
赞皇县	294656	36057	1200	863155	8	76	654
无极县	815506	517	1375	818212	19	88	1108
平山县	391086	4410	2050	1294993	24	135	1977
元氏县	369343	12488	2600	1282056	14	46	1890
赵　县	787580	3465	500	918833	29	71	2781
辛集市	1830306	62931	1050	1726835	33	98	2673
藁城市	1225186	20486	12933	2232545	30	107	3046
晋州市	799025	29384	2910	1540043	22	159	1873
新乐市	732695	5188	2600	1341807	29	81	1765
鹿泉市	859022	884	6439	2108060	14	61	1767
唐山市							
开平区	532513	26796	5601	833870	8	21	918
丰南区	1258588	41490	20783	2208197	19	64	1471
丰润区	1333504	46960	6583	1400179	35	146	3194
曹妃甸区	444061	28528	1402	6171298	7	27	764
滦　县	964191	3380	1000	1906752	32	104	3405
滦南县	1143598	38170	990	1503489	28	110	2779
乐亭县	950214	10521	4239	981446	30	104	2165
迁西县	681319	19961	12122	1420215	23	90	2487
玉田县	902660	11529	6394	1731299	27	120	2689
遵化市	1382229	12400	6619	1828928	36	108	3052
迁安市	1600000	4725	1592	3794606	37	129	3293
秦皇岛市							
青龙满族自治县	251443	1350	3016	772666	22	62	1223
昌黎县	453172	17608	4018	871440	27	120	2008
抚宁县	464505	14637	7586	727935	33	82	2181
卢龙县	274064	710	1200	486601	28	104	1940
邯郸市							
邯郸县	393715	2056	4570	1641288	16	90	1417
临漳县	298773	820	2274	930299	28	125	1679
成安县	305427	1913	3270	999319	18	115	1471
大名县	495756	70	2370	1108201	29	204	2407
涉　县	537277	4086	3185	1814309	15	70	1521
磁　县	656644	3280	7704	1642646	35	152	2158
肥乡县	212403	1565	2076	658833	11	78	987
永年县	933197	7207.1	3380	1671812	36	315	3293
邱　县	142003	2287.9	2377	431364	12	79	903
鸡泽县	194043	3800	2055	789629	5	86	877
广平县	216537	984	3137	717505	15	41	762
馆陶县	223000	642	2558	787003	19	71	1397
魏　县	548668	1369	3190	1163922	39	248	2445
曲周县	410254	5130.6	2430	905667	23	126	1674
武安市	1073870	28469	7552	2203098	34	124	3338

3–1 县(市、区)国民经济主要指标(2012年)(14–2)

县(市、区)	七、贸易、外经 社会消费品零售总额(万元)	出口总额(万美元)	当年实际使用外资额(万美元)	八、全社会固定资产投资额(万元)	九、文教、卫生、科技 普通中学数(所)	小学数(所)	普通中学专任教师数(人)
邢台市							
邢台县	69470	1948	3139	647539	9	63	1585
临城县	166877	56	1125	401397	10	33	754
内丘县	250402	677	3998	720596	9	38	783
柏乡县	133973	436	755	213331	5	33	528
隆尧县	375507	4613	7950	575805	12	135	781
任县	240429	1353	909	348326	12	72	1117
南和县	213721	593	755	399612	10	74	924
宁晋县	610965	15822	3354	1448009	27	238	2195
巨鹿县	287548	6085	910	546218	5	114	1295
新河县	134703	1425	478	222977	7	67	922
广宗县	128886	6539	761	372521	9	106	442
平乡县	199241	6846.4	1005	425471	16	73	758
威县	259948	385.7	1424	433207	24	122	1711
清河县	527344	11223	2609	889483	20	63	1271
临西县	247178	2663	1100	456428	7	69	572
南宫市	358175	7782	1635	744617	14	81	1753
沙河市	504190	12462.6	3442	1412775	28	105	2395
保定市							
满城县	371806	3367		438105	16	95	1042
清苑县	462596	9448	1228	772162	24	132	1549
涞水县	205094	656		639247	16	55	1247
阜平县	124502	39		348527	17	89	850
徐水县	556668	24883		913571	18	98	1833
定兴县	326645	960		758337	12	108	1874
唐县	216352	2619		451974	34	151	1858
高阳县	363601	24756	10	546485	13	93	841
容城县	281098	14783	5	393853	11	60	819
涞源县	116203		49	464157	11	193	908
望都县	139984	1339	16	372591	11	27	1092
安新县	321912	6657		562568	18	106	1213
易县	301344	3113		795200	13	45	1476
曲阳县	270961	1052		176450	30	139	1987
蠡县	441001	15090		343923	15	135	1639
顺平县	190538	7200	60	556072	13	109	905
博野县	155914	2369	300	303633	9	71	903
雄县	334932	5372		552007	17	115	1113
涿州市	953240	35302	2319	1548373	22	86	2238
定州市	1018557	24000	9379	1579706	39	254	3911
安国市	504590	1494		964679	10	92	1340
高碑店市	404436	10803	150	717163	20	96	1540
张家口市							
宣化县	215287			685018	11	68	677
张北县	193301	234	11093	1201704	9	31	1379
康保县	142778	1071		485844	7	21	563
沽源县	112023			452194	9	20	742
尚义县	83957		1232	381915	4	18	431
蔚县	294957	243	7	568644	14	58	1491
阳原县	198025	2544		290131	20	67	739
怀安县	163450			648006	8	36	2362
万全县	178746	1944		581365	7	25	539

3-1 县(市、区)国民经济主要指标(2012年)(14-3)

县(市、区)	七、贸易、外经			八、全社会固定资产投资额(万元)	九、文教、卫生、科技		
	社会消费品零售总额(万元)	出口总额(万美元)	当年实际使用外资额(万美元)		普通中学数(所)	小学数(所)	普通中学专任教师数(人)
怀来县	369865	590	1541	738718	10	87	1397
涿鹿县	269290	149		757354	10	108	1171
赤城县	154755			551115	12	22	711
崇礼县	72159		10438	474147	3	22	360
承德市							
承德县	332062	1694	114	1072650	12	58	1059
兴隆县	323898	696	12	970418	15	70	1055
平泉县	368132	3695	2743	1160833	15	47	1277
滦平县	277096	2301	1235	1100471	10	121	1095
隆化县	267451	471		856715	13	68	1296
丰宁满族自治县	266621	90	10	1052815	16	64	1333
宽城满族自治县	266170	274	5	1150563	4	48	631
围场满族蒙古族自治县	292292	352	6508	700000	15	64	1395
沧州市							
沧　县	685555	5539	1622	1396564	39	189	2411
青　县	431894	16377	1700	1100514	18	98	1441
东光县	265103	8417	1065	770000	11	56	853
海兴县	94837	2963	930	292167	9	83	558
盐山县	312616	9621	1000	1044594	17	78	1048
肃宁县	273295	20511	1140	1116638	15	60	1064
南皮县	209565	4409	1194	794931	15	82	1096
吴桥县	172399	1900	1218	601000	10	42	885
献　县	308359	11635.5	3706	1151295	24	110	1558
孟村回族自治县	178346	14619	920	648307	6	53	542
泊头市	649207	11800	2110	1185772	17	74	1888
任丘市	1273996	20100	4040	1300043	56	155	3807
黄骅市	681295	24425.6	43	1514151	28	95	1766
河间市	1089487	8054	2246	1174952	32	163	2227
廊坊市							
安次区	145587	65146	5953	1104859	9	65	859
广阳区	1081041	3115	2045	1049636	8	61	655
固安县	320398	3533	205	945619	17	76	1389
永清县	291081	4559	1258	813977	17	93	1331
香河县	717034	8125	4367	1018488	15	67	1438
大城县	428059	1837		937626	33	74	1896
文安县	519847	7054	35	1509239	21	137	1446
大厂回族自治县	132605	9916	3416	715600	4	13	549
霸州市	848077	67924	2542	1775585	23	131	2335
三河市	1020757	12820	18507	2861177	17	64	2250
衡水市							
桃城区	948591	34074	4845	1077761	19	44	3223
枣强县	250418	55007	1500	568056	13	84	1655
武邑县	270781	4377	849	367222	15	75	1503
武强县	178481	5346	701	168625	9	22	817
饶阳县	234022	1113		299815	10	72	909
安平县	361728	44456	2130	464893	7	110	868
故城县	372295	80581	1400	738107	21	102	1635
景　县	477195	6671	2200	934625	27	94	1957
阜城县	188608	4564	910	282526	13	73	1257
冀州市	331491	4099	2100	641039	15	36	2232
深州市	481685	9110	1160	867149	34	190	1597

3-1 县(市、区)国民经济主要指标(2012年)(15-1)

县(市、区)	九、文教、卫生、科技(续) 小学专任教师数(人)	普通中学在校学生数(人)	小学在校学生数(人)	农业技术人员(人)	医院、卫生院数(所)	医院、卫生院床位数(床)	医院、卫生院卫生技术人员数(人)
石家庄市							
井陉县	1851	17392	20906	203	19	1052	759
正定县	2518	52924	33350	4514	29	1613	1535
栾城县	1629	12877	20968	91	18	1739	815
行唐县	2120	21147	42796	523	17	1124	1181
灵寿县	1641	16944	29833	2020	17	823	954
高邑县	1055	9177	14306	453	7	478	284
深泽县	1027	10306	12249	397	13	680	700
赞皇县	1329	7273	27309	2331	13	788	520
无极县	2261	11304	35205	690	13	968	650
平山县	2276	21048	32283	982	28	1273	1273
元氏县	2320	24084	38466	281	21	1213	1122
赵　县	2348	35207	39466	1126	13	1585	1258
辛集市	2816	34035	39514	293	29	1599	1528
藁城市	3669	31271	46643	877	17	1903	1563
晋州市	1887	20456	31671	2300	15	972	1015
新乐市	1667	27248	40327	5530	15	1692	1485
鹿泉市	1631	18512	27255	399	21	1256	1137
唐山市							
开平区	1007	6869	14960	103	13	967	717
丰南区	1641	15636	36381	397	23	1525	1756
丰润区	3022	36149	56664	262	43	3448	3638
曹妃甸区	900	8152	11515	313	12	745	646
滦　县	2177	27612	37643	1066	16	1680	1683
滦南县	2366	29576	36472	532	25	1822	1558
乐亭县	2127	22676	27488	1018	18	1370	944
迁西县	2337	20769	31361	820	21	1470	1060
玉田县	2687	28261	46321	840	34	2461	1972
遵化市	3028	27480	59969	447	40	2300	2554
迁安市	3045	35618	49369	905	27	3294	3223
秦皇岛市							
青龙满族自治县	2281	10915	35482	331	27	1546	1406
昌黎县	2300	23914	32449	620	26	2123	2011
抚宁县	2185	20549	28450	600	17	1340	1172
卢龙县	2076	21784	25333	558	16	1101	790
邯郸市							
邯郸县	2334	17231	42183	206	19	1261	902
临漳县	2336	22994	70324	229	16	973	694
成安县	1979	18644	51993	755	17	840	945
大名县	3518	33713	106543	93	27	2032	829
涉　县	1699	20652	31677	736	24	1543	873
磁　县	2939	26127	60990	290	28	1720	1257
肥乡县	1691	16128	43697	67	12	1020	640
永年县	4878	56014	98911	488	27	2184	2037
邱　县	1490	10485	30556	200	9	640	506
鸡泽县	2041	12212	40249	138	9	618	519
广平县	1434	10353	28891	100	13	735	602
馆陶县	1899	16401	48482	137	12	1157	994
魏　县	3166	33657	64710	2297	27	2075	1710
曲周县	2446	25277	64080	514	12	936	739
武安市	4169	46803	74815	321	40	2465	2165

3-1 县(市、区)国民经济主要指标(2012年)(15-2)

县(市、区)	九、文教、卫生、科技(续)						
	小学专任教师数（人）	普通中学在校学生数（人）	小学在校学生数（人）	农业技术人员（人）	医院、卫生院数（所）	医院、卫生院床位数（床）	医院、卫生院卫生技术人员数（人）
邢台市							
邢台县	1530	13813	20481	486	23	1552	1298
临城县	676	13314	19771	139	10	668	642
内丘县	1347	17279	23082	100	11	971	617
柏乡县	1020	8197	17026	112	8	392	431
隆尧县	2598	13267	40508	314	16	1149	1119
任　县	1701	14369	32068	190	11	814	521
南和县	1281	14446	31910	645	11	588	591
宁晋县	2863	22430	45331	246	22	1276	1176
巨鹿县	1871	23904	27504	797	15	1176	749
新河县	746	5210	10549	341	9	567	420
广宗县	1338	8349	29035	785	16	633	685
平乡县	1611	14089	35813	268	12	971	685
威　县	2388	23251	49301	2236	18	1950	1086
清河县	2058	13931	31850	77	10	1150	1393
临西县	2199	14780	37452	2086	15	1055	597
南宫市	2062	20862	31857	1571	17	884	789
沙河市	2654	30807	42215	376	21	1115	1110
保定市							
满城县	1758	10253	34107	96	17	1396	1142
清苑县	2151	14121	47051	423	20	876	844
涞水县	1618	16820	19498	42	19	722	735
阜平县	802	12369	18756	271	15	465	473
徐水县	1799	27812	37920	80	17	1267	1452
定兴县	3153	25601	36631	1678	18	880	714
唐　县	2182	26326	48071	195	26	1556	1057
高阳县	1441	12867	29070	135	16	896	926
容城县	1147	9156	18392	120	11	921	582
涞源县	1221	11625	22930	400	20	727	807
望都县	1127	10552	17330	103	17	723	679
安新县	2220	13400	31429	182	16	717	714
易　县	2647	27379	46536	215	30	1630	954
曲阳县	2498	18509	64748	42	24	1718	1315
蠡　县	2027	18121	40314	574	15	765	896
顺平县	1107	10627	23595	67	12	912	671
博野县	1024	8619	16467	140	9	619	628
雄　县	1619	11945	34381	55	13	780	656
涿州市	1747	22633	36350	140	22	2275	2284
定州市	4307	60940	103564	496	29	2115	2267
安国市	1912	16431	28360	1262	13	832	882
高碑店市	1580	20162	33224	198	26	1300	1614
张家口市							
宣化县	915	9198	16384	194	17	958	544
张北县	1486	21715	20011	30	24	1396	871
康保县	978	7573	11480	204	17	405	434
沽源县	1032	7372	10066	342	17	542	325
尚义县	806	6959	9595	45	17	593	285
蔚　县	2285	18099	40760	94	26	917	777
阳原县	1155	9110	22256	84	16	626	501
怀安县	1154	7099	14127	48	13	478	431
万全县	1074	7938	14909	205	13	751	563

3-1 县(市、区)国民经济主要指标(2012年)(15-3)

县(市、区)	九、文教、卫生、科技(续)						
	小学专任教师数(人)	普通中学在校学生数(人)	小学在校学生数(人)	农业技术人员(人)	医院、卫生院数(所)	医院、卫生院床位数(床)	医院、卫生院卫生技术人员数(人)
怀来县	1317	17431	22458	245	22	1214	773
涿鹿县	1812	15627	21308	2725	24	947	623
赤城县	1096	9739	17936	111	20	768	404
崇礼县	594	3759	7220	72	12	340	231
承德市							
承德县	1396	15563	24235	229	25	1505	1083
兴隆县	1537	11035	22980	361	26	1329	1102
平泉县	2175	24056	32276	966	23	1411	839
滦平县	1323	14960	21324	753	24	1010	1138
隆化县	1985	17441	31097	849	28	1096	1104
丰宁满族自治县	1616	20769	23942	375	29	1372	1026
宽城满族自治县	1407	8773	18475	430	21	1198	676
围场满族蒙古族自治县	1613	24730	37994	621	44	1571	1105
沧州市							
沧　县	3598	28083	47783	418	23	1286	1079
青　县	1990	19271	28622	1397	15	975	1160
东光县	2027	10585	24132	70	12	1089	1119
海兴县	1152	7501	16997	155	11	494	510
盐山县	1980	13369	35471	240	18	1115	1010
肃宁县	1415	11502	24715	583	14	920	865
南皮县	1985	14361	27816	219	14	1228	935
吴桥县	1505	10966	17160	674	14	988	743
献　县	3119	26334	50325	1870	24	1438	1147
孟村回族自治县	1134	8868	17640	267	8	459	332
泊头市	3098	22424	45403	460	20	984	1508
任丘市	3493	30353	66929	2522	48	3189	3697
黄骅市	3090	23285	35193	831	25	2561	2444
河间市	3702	24181	62234	3259	30	1569	1487
廊坊市							
安次区	1732	14804	21719	38	11	402	377
广阳区	1427	8790	25668	22	33	3682	3741
固安县	2077	15515	26544	162	11	687	781
永清县	1752	20205	25832	63	12	664	654
香河县	1658	15063	20536	146	18	1387	1436
大城县	3547	23008	43438	56	13	1190	1417
文安县	2699	20146	50859	131	15	1327	833
大厂回族自治县	411	5814	6401	99	7	401	454
霸州市	3329	32078	57025	73	19	1834	2060
三河市	2298	32405	43331	234	45	3801	3663
衡水市							
桃城区	1840	49026	40551	163	37	3726	4525
枣强县	1650	16915	31037	151	15	703	563
武邑县	1273	26773	25647	137	11	701	624
武强县	940	9051	14774	72	10	502	382
饶阳县	1230	7787	13735	122	22	1046	758
安平县	1943	9398	22504	119	22	1019	936
故城县	2096	23740	42723	281	23	1470	1262
景　县	2281	22812	41766	740	23	1285	1194
阜城县	1582	15760	30005	130	12	649	594
冀州市	1257	23865	22837	193	14	965	732
深州市	2188	18891	31070	227	22	1186	1125

3-1 县(市、区)国民经济主要指标（2012年）（16-1）

县(市、区)	十、人民生活、社会保障					
	城镇在岗职工平均人数(人)	城镇在岗职工工资总额(万元)	农村居民人均纯收入(元)	农村居民人均生活消费支出(元)	各种社会福利收养性单位床位数(床)	参加农村新型合作医疗的人数(人)
石家庄市						
井陉县	27073	86918.9	7968	5774	1180	265741
正定县	26042	92437.5	10996	8030	1810	341521
栾城县	23742	78741.8	10619	7890	650	292239
行唐县	14114	37784.8	4038	3616	602	341069
灵寿县	14864	41549.1	3804	4180	1085	267831
高邑县	10742	27621.8	8346	3393	230	147770
深泽县	6972	17533.8	7586	6137	436	205710
赞皇县	16382	39660.7	3780	2573	850	201325
无极县	14697	41434.7	9097	4974	868	435498
平山县	19703	71389.5	4714	4391	2093	409113
元氏县	17359	47489.6	8819	3141	678	353896
赵　县	14775	41258.6	9079	6733	860	464081
辛集市	26997	79336.2	10073	6710	1303	489308
藁城市	35083	132358.8	11714	4749	2532	666587
晋州市	19645	57305.2	11555	4657	1052	436169
新乐市	17286	52652.5	10059	4794	1440	376311
鹿泉市	34246	135662.4	11245	5761	1860	329395
唐山市						
开平区	28148	110604.5	10282	8011		88075
丰南区	77340	301682.1	10378	7841	1184	390722
丰润区	77094	336188.3	10269	9381	1394	664095
曹妃甸区	76285	281971.5	11618	6848	290	120861
滦　县	42101	157167.3	10297	9960	2112	442735
滦南县	31745	111277.6	8920	7268	1984	456794
乐亭县	23877	85615.6	10458	6294	2970	399889
迁西县	28122	106209.1	10502	7543	1188	302463
玉田县	31990	125198.1	10122	7165	1440	565779
遵化市	36972	139531.1	10087	6749	1748	574833
迁安市	79824	370691.7	14468	11398	3650	492119
秦皇岛市						
青龙满族自治县	15681	57026.7	5108	4825	499	468871
昌黎县	23795	73325.9	9445	7290	440	406509
抚宁县	39343	136030.2	8691	6588	953	389052
卢龙县	15247	51587.4	8068	5495	700	361088
邯郸市						
邯郸县	14295	50519.8	9428	5391	258	310005
临漳县	14889	42092.1	8759	3838	949	533907
成安县	9326	27253.2	8705	3818	963	341111
大名县	17911	53150.5	6423	4538	568	678308
涉　县	33704	112984.1	6667	6295	500	327826
磁　县	28186	124366.2	9625	4049	1876	543542
肥乡县	9938	29025.3	8560	3734	1190	329216
永年县	29665	87335	9578	3339	457	790450
邱　县	9254	26723.9	7750	3063	1000	197217
鸡泽县	8327	27599.3	8609	2763	256	220588
广平县	12959	38823.7	7622	3052	1023	238245
馆陶县	15062	39020.8	6908	2775	1020	253269
魏　县	16465	43083.9	6882	5640	3081	698412
曲周县	13722	39231.9	8575	2274	740	391295
武安市	41311	181006.4	9534	5383	1390	654170

3-1 县(市、区)国民经济主要指标（2012年）（16-2）

县(市、区)	十、人民生活、社会保障					
	城镇在岗职工平均人数(人)	城镇在岗职工工资总额(万元)	农村居民人均纯收入(元)	农村居民人均生活消费支出(元)	各种社会福利收养性单位床位数(床)	参加农村新型合作医疗的人数(人)
邢台市						
邢台县	22594	74960	8492	4681	1641	300304
临城县	9809	30659.8	4530	2967	495	172719
内丘县	17785	53635.3	6420	3960	925	236503
柏乡县	7619	22540.7	6790	3347	866	160910
隆尧县	16526	45804.1	7690	4280	1882	459804
任　县	12253	38907.5	6674	4535	700	296957
南和县	10957	36556	7298	5739	2069	300404
宁晋县	38489	119897.5	8233	3862	1586	633159
巨鹿县	10744	31801.3	4492	2923	2259	320688
新河县	5634	16135.5	4694	3525	516	137435
广宗县	8089	21912.2	4166	3439	635	248400
平乡县	10974	34238.9	4948	2983	1691	261755
威　县	12600	33548.2	4741	4827	1031	471055
清河县	18128	58518.7	8436	4195	662	332088
临西县	10014	28046.4	7260	3738	1250	288704
南宫市	18475	56964.8	6753	3607	925	368840
沙河市	26904	93826.2	8547	3435	1999	316690
保定市						
满城县	24682	74519.9	8769	6662	168	314168
清苑县	30506	99624.6	9315	4954	772	523015
涞水县	17650	49989.9	5077	4213	520	246803
阜平县	9596	27818.4	3262	3436	500	159448
徐水县	34968	118133.4	8899	5858	426	467319
定兴县	34863	98035.7	8401	4034	388	441533
唐　县	29563	98082.6	3698	3864	382	457920
高阳县	21485	78453.9	9433	6269	580	236806
容城县	14376	39075	9926	5394	750	198798
涞源县	14970	49955.4	3079	3726	120	206585
望都县	15029	45797.4	6704	4266	312	212795
安新县	14034	38825.6	8551	4509		353335
易　县	32424	100158.6	4643	4712	218	400865
曲阳县	21857	55725.1	3308	2719	723	487100
蠡　县	16938	44667.8	8348	3277	900	379049
顺平县	13548	36279.5	3283	3061	600	232639
博野县	9013	26398.9	6786	5690	586	191476
雄　县	12415	38300.9	9101	8658	915	264751
涿州市	69150	336104.1	10588	8178	310	397907
定州市	75357	242825.3	8385	6323	200	941103
安国市	18950	51877.3	9278	3439	315	326625
高碑店市	44805	164883.7	8594	4604	366	357385
张家口市						
宣化县	15370	48326.6	6316	3309	850	211667
张北县	14743	58273.9	4814	3459	1311	280522
康保县	12071	35970.5	4564	3396	806	215598
沽源县	8107	25455.3	4499	3818	660	178577
尚义县	10633	31232.4	4484	4590	740	131520
蔚　县	34528	138626.2	4809	4935	325	384973
阳原县	12608	34353.8	4569	3974	1050	191965
怀安县	16296	42734.2	5367	4657	760	155070
万全县	14293	39795.6	4922	5303	664	170614

3-1 县(市、区)国民经济主要指标（2012年）（16-3）

县(市、区)	十、人民生活、社会保障					
	城镇在岗职工平均人数（人）	城镇在岗职工工资总额（万元）	农村居民人均纯收入（元）	农村居民人均生活消费支出（元）	各种社会福利收养性单位床位数（床）	参加农村新型合作医疗的人数（人）
怀来县	20080	72610.9	8986	2212	898	257452
涿鹿县	22786	72639.2	6455	2289	1526	271912
赤城县	13361	44689	4711	4476	1200	231305
崇礼县	11032	32629.8	5145	5137	781	91109
承德市						
承德县	19019	63430.9	5608	5449	1390	301955
兴隆县	16900	56154.2	6251	3811	763	234870
平泉县	27817	96807.2	6324	6095	2220	352561
滦平县	14600	48584.8	4871	8331	3680	250950
隆化县	20056	64093.2	4552	4107	2800	332314
丰宁满族自治县	23896	76925.3	4021	3900	2095	312954
宽城满族自治县	16658	64204.1	6716	5022	1162	192681
围场满族蒙古族自治县	17465	58149.2	3887	5938	1790	399102
沧州市						
沧　县	24003	87524	8850	5662	375	583035
青　县	18205	76499.3	9288	5189	248	324599
东光县	16514	50333	6810	8798	461	297869
海兴县	12473	35590.6	4030	2877	116	166227
盐山县	20074	64654.8	5369	3716	227	376419
肃宁县	14171	51088.7	7730	4615	620	290637
南皮县	13657	45437.2	5447	4344	300	312640
吴桥县	13985	38907.4	7387	4245	217	226714
献　县	17477	57715.9	6059	4934	974	509410
孟村回族自治县	11389	40872.3	6290	5883	140	163973
泊头市	24963	80143.8	7713	5132	502	427955
任丘市	91548	493073	9837	6549	607	543319
黄骅市	32735	120263.2	9958	6110	762	344739
河间市	25628	79230.4	8796	5697	860	667725
廊坊市						
安次区	52749	205832.9	10159	8820	576	250696
广阳区	73460	403093.3	10074	7189	150	133442
固安县	20047	69855.2	9204	4036	808	322580
永清县	17697	58300	9035	5065	689	314325
香河县	24979	96224.6	11722	5203	499	237579
大城县	20925	64905.9	8994	5044	750	386482
文安县	19620	58326.4	10511	6835	940	400079
大厂回族自治县	15207	64118.7	11203	8378	200	88017
霸州市	35152	154188.4	11108	7559	1480	482274
三河市	73545	320000.9	11989	9101	560	322676
衡水市						
桃城区	70190	297071.1	8393	6441	2584	182880
枣强县	17423	53181.4	5939	5144	1005	300267
武邑县	21259	59048.9	4348	3173	1194	244045
武强县	12880	36841.3	4099	4371	560	167827
饶阳县	12659	37512.8	3796	4484	719	241462
安平县	17902	52403.4	8582	4010	840	250962
故城县	20229	61398.4	5884	5437	360	394275
景　县	19287	54475.2	7859	6436	1305	417058
阜城县	12493	34012.1	3988	2527	1586	274941
冀州市	20789	59633.1	7602	6253	1450	293556
深州市	26967	78858.7	7921	3189	1033	474846

3-2 各县(市)粮食总产量排序(2012年)

单位：吨

县(市)	粮食总产量	位次	县(市)	粮食总产量	位次	县(市)	粮食总产量	位次
宁晋县	750400	1	平泉县	300162	46	涿鹿县	181940	91
大名县	742063	2	青　县	296215	47	内丘县	181816	92
定州市	727046	3	馆陶县	294977	48	承德县	179219	93
深州市	646514	4	成安县	292198	49	巨鹿县	176640	94
魏　县	634203	5	南和县	288957	50	满城县	173484	95
临漳县	607456	6	东光县	288390	51	香河县	168427	96
景　县	603698	7	大城县	279976	52	永清县	168175	97
藁城市	566457	8	文安县	279692	53	高阳县	165545	98
辛集市	562916	9	安国市	279507	54	孟村回族自治县	165445	99
赵　县	561808	10	栾城县	275282	55	新河县	164102	100
永年县	552582	11	乐亭县	272966	56	高邑县	163838	101
隆尧县	550925	12	盐山县	267063	57	威　县	161014	102
河间市	544383	13	肃宁县	266495	58	灵寿县	147858	103
沧　县	527181	14	昌黎县	266476	59	邢台县	145708	104
玉田县	526499	15	围场满族蒙古族自治县	265202	60	涞水县	141366	105
定兴县	519738	16	望都县	262856	61	沙河市	136429	106
清苑县	472003	17	固安县	262074	62	青龙满族自治县	135079	107
任丘市	455117	18	遵化市	260347	63	万全县	130533	108
滦南县	450629	19	邯郸县	258246	64	康保县	129608	109
泊头市	440136	20	安平县	256821	65	顺平县	127447	110
曲周县	431514	21	蠡　县	253072	66	抚宁县	127234	111
献　县	421473	22	雄　县	252412	67	赞皇县	127134	112
徐水县	407052	23	武强县	252382	68	怀安县	126212	113
磁　县	379987	24	清河县	251394	69	蔚　县	122887	114
晋州市	371477	25	三河市	241711	70	临城县	116338	115
吴桥县	365474	26	安新县	241297	71	井陉县	112702	116
高碑店市	362305	27	卢龙县	236646	72	海兴县	111202	117
任　县	358415	28	易　县	230726	73	沽源县	111138	118
无极县	357357	29	饶阳县	229212	74	涉　县	109896	119
枣强县	351858	30	平乡县	228850	75	怀来县	104610	120
肥乡县	351245	31	广平县	227561	76	张北县	93938	121
元氏县	342878	32	冀州市	221405	77	邱　县	92956	122
正定县	334882	33	南宫市	217295	78	迁西县	90732	123
新乐市	331195	34	容城县	214208	79	大厂回族自治县	88233	124
故城县	330989	35	宣化县	213398	80	阳原县	82608	125
涿州市	324867	36	鹿泉市	211464	81	滦平县	81931	126
隆化县	320573	37	霸州市	211462	82	赤城县	80006	127
临西县	320467	38	唐　县	211439	83	涞源县	69055	128
阜城县	316743	39	柏乡县	210404	84	阜平县	66390	129
行唐县	316247	40	鸡泽县	208135	85	广宗县	65100	130
武安市	315392	41	平山县	206651	86	宽城满族自治县	63800	131
滦　县	312787	42	深泽县	206454	87	丰宁满族自治县	59190	132
武邑县	307072	43	曲阳县	202557	88	尚义县	44134	133
南皮县	303633	44	迁安市	200606	89	兴隆县	35341	134
黄骅市	300645	45	博野县	199779	90	崇礼县	24134	135

3-3　各县(市)棉花总产量排序(2012年)

单位：吨

县(市)	棉花总产量	位次	县(市)	棉花总产量	位次	县(市)	棉花总产量	位次
威　县	65910	1	蠡　县	4229	38	深泽县	533	75
南宫市	40253	2	黄骅市	4160	39	雄　县	512	76
邱　县	34007	3	武强县	4110	40	固安县	493	77
故城县	28183	4	永年县	4097	41	定兴县	485	78
枣强县	26232	5	磁　县	3960	42	满城县	484	79
冀州市	25837	6	海兴县	3915	43	行唐县	430	80
广宗县	24580	7	沧　县	3774	44	藁城市	405	81
东光县	24191	8	武安市	3415	45	曲阳县	378	82
成安县	23626	9	临漳县	3105	46	柏乡县	367	83
景　县	23006	10	泊头市	3094	47	望都县	330	84
献　县	18260	11	大名县	2763	48	沙河市	324	85
肥乡县	17759	12	饶阳县	2718	49	临城县	309	86
河间市	17671	13	邯郸县	2641	50	迁西县	288	87
巨鹿县	15148	14	魏　县	2557	51	滦　县	279	88
文安县	15002	15	青　县	2533	52	昌黎县	246	89
南皮县	14714	16	盐山县	2351	53	无极县	242	90
吴桥县	14437	17	玉田县	2288	54	正定县	239	91
曲周县	13811	18	清苑县	2264	55	鹿泉市	224	92
清河县	13722	19	安平县	2060	56	容城县	212	93
武邑县	13271	20	南和县	2030	57	灵寿县	163	94
临西县	11099	21	博野县	1855	58	新乐市	158	95
深州市	10293	22	卢龙县	1664	59	三河市	145	96
霸州市	9928	23	任　县	1656	60	井陉县	121	97
任丘市	9788	24	邢台县	1204	61	迁安市	116	98
阜城县	8554	25	定州市	1114	62	高邑县	108	99
鸡泽县	8137	26	肃宁县	1099	63	徐水县	91	100
高阳县	7456	27	乐亭县	1051	64	顺平县	91	101
辛集市	7317	28	唐　县	1047	65	遵化市	86	102
安新县	7317	29	滦南县	946	66	赞皇县	68	103
新河县	6902	30	内丘县	891	67	香河县	60	104
馆陶县	6770	31	安国市	719	68	涞水县	58	105
大城县	6383	32	高碑店市	631	69	赵　县	53	106
广平县	6059	33	孟村回族自治县	627	70	晋州市	50	107
隆尧县	5767	34	平山县	618	71	涉　县	31	108
宁晋县	5616	35	元氏县	608	72	大厂回族自治县	24	109
永清县	4625	36	抚宁县	608	73	栾城县	18	110
平乡县	4550	37	易　县	595	74			

3-4 各县(市)油料总产量排序(2012年)

单位：吨

县(市)	油料总产量	位次	县(市)	油料总产量	位次	县(市)	油料总产量	位次
大名县	81529	1	平山县	9133	46	玉田县	3246	91
定州市	68213	2	冀州市	8879	47	肥乡县	3246	92
滦　县	57440	3	康保县	8795	48	南皮县	2820	93
滦南县	53438	4	肃宁县	8527	49	满城县	2771	94
遵化市	45256	5	安平县	8135	50	蔚　县	2763	95
河间市	37935	6	元氏县	7622	51	宣化县	2604	96
新乐市	36835	7	枣强县	7569	52	武安市	2588	97
辛集市	36493	8	高阳县	7554	53	邱　县	2475	98
迁安市	35464	9	曲阳县	7316	54	南和县	2473	99
深州市	32623	10	望都县	6895	55	青龙满族自治县	2097	100
高碑店市	31875	11	宁晋县	6726	56	涿鹿县	2047	101
昌黎县	27283	12	隆化县	6601	57	海兴县	2024	102
献　县	27197	13	临城县	6555	58	东光县	2002	103
行唐县	22535	14	深泽县	6514	59	赤城县	1940	104
清苑县	20417	15	阳原县	6457	60	邯郸县	1911	105
安国市	20369	16	迁西县	6205	61	围场满族蒙古族自治县	1866	106
正定县	19850	17	井陉县	6140	62	丰宁满族自治县	1799	107
定兴县	17769	18	威　县	5838	63	孟村回族自治县	1724	108
无极县	16627	19	霸州市	5737	64	沧　县	1666	109
广宗县	16596	20	任丘市	5662	65	万全县	1663	110
馆陶县	16248	21	徐水县	5608	66	大城县	1644	111
赞皇县	15984	22	临漳县	5522	67	怀来县	1381	112
蠡　县	15553	23	容城县	5491	68	任　县	1373	113
南宫市	15292	24	沽源县	5260	69	临西县	1369	114
内丘县	14338	25	灵寿县	5180	70	青　县	1300	115
平乡县	14295	26	磁　县	5096	71	盐山县	1299	116
易　县	14028	27	雄　县	5021	72	阜平县	1214	117
卢龙县	13696	28	尚义县	4997	73	吴桥县	1153	118
隆尧县	13664	29	沙河市	4918	74	阜城县	1095	119
饶阳县	13521	30	顺平县	4790	75	鸡泽县	1006	120
邢台县	13378	31	永年县	4747	76	文安县	1005	121
涿州市	13374	32	柏乡县	4728	77	崇礼县	701	122
抚宁县	12097	33	高邑县	4676	78	涉　县	666	123
博野县	11638	34	魏　县	4611	79	安新县	659	124
巨鹿县	11200	35	成安县	4575	80	栾城县	595	125
景　县	11118	36	广平县	4420	81	宽城满族自治县	480	126
张北县	10692	37	唐　县	4149	82	兴隆县	421	127
涞水县	10381	38	武强县	4111	83	三河市	417	128
武邑县	10356	39	怀安县	3926	84	平泉县	398	129
乐亭县	10322	40	鹿泉市	3901	85	泊头市	377	130
故城县	10211	41	赵　县	3891	86	涞源县	340	131
永清县	9888	42	新河县	3537	87	承德县	321	132
晋州市	9655	43	黄骅市	3348	88	滦平县	187	133
藁城市	9438	44	清河县	3298	89	香河县	159	134
固安县	9381	45	曲周县	3262	90	大厂回族自治县	37	135

3–5 各县(市)蔬菜总产量排序(2012年)

单位：吨

县(市)	蔬菜总产量	位次	县(市)	蔬菜总产量	位次	县(市)	蔬菜总产量	位次
永年县	3614215	1	晋州市	491305	46	大厂回族自治县	201382	91
玉田县	2887506	2	高邑县	488128	47	蔚　县	200268	92
藁城市	2851991	3	馆陶县	469800	48	邢台县	195082	93
乐亭县	2551501	4	博野县	457103	49	安国市	191689	94
定州市	2499101	5	南和县	454845	50	灵寿县	190142	95
滦南县	2006223	6	任丘市	433800	51	邱　县	189372	96
青　县	1999344	7	赤城县	431000	52	枣强县	188785	97
永清县	1662762	8	隆化县	429491	53	武强县	187028	98
固安县	1598190	9	蠡　县	426480	54	沧　县	183795	99
栾城县	1168277	10	河间市	425572	55	盐山县	180114	100
抚宁县	1075744	11	元氏县	418442	56	柏乡县	179701	101
康保县	1069066	12	深泽县	413359	57	平乡县	175708	102
昌黎县	1045003	13	宁晋县	402110	58	大城县	174571	103
沽源县	1034166	14	滦平县	401100	59	雄　县	170663	104
辛集市	993584	15	献　县	384394	60	容城县	169684	105
赵　县	967996	16	高碑店市	373260	61	文安县	144287	106
故城县	960579	17	大名县	351777	62	怀来县	143831	107
迁安市	935461	18	望都县	328646	63	宽城满族自治县	133200	108
张北县	903354	19	宣化县	328311	64	曲阳县	131837	109
鹿泉市	892858	20	成安县	323263	65	安平县	129888	110
清苑县	868029	21	卢龙县	317129	66	涞水县	126609	111
围场满族蒙古族自治县	841423	22	南皮县	315991	67	广平县	125401	112
正定县	840837	23	行唐县	313072	68	万全县	123773	113
饶阳县	829840	24	威　县	307887	69	赞皇县	123236	114
三河市	821935	25	魏　县	305939	70	武安市	111313	115
新乐市	804765	26	任　县	301950	71	东光县	105636	116
香河县	790713	27	深州市	296044	72	迁西县	91246	117
无极县	790630	28	承德县	286677	73	泊头市	90814	118
徐水县	773690	29	磁　县	284083	74	广宗县	87033	119
滦　县	766830	30	满城县	274949	75	阳原县	85832	120
肥乡县	748826	31	易　县	266572	76	内丘县	85283	121
遵化市	737500	32	唐　县	259701	77	巨鹿县	83459	122
丰宁满族自治县	642918	33	南宫市	258959	78	涉　县	78229	123
肃宁县	627759	34	景　县	254382	79	临城县	70055	124
隆尧县	615446	35	顺平县	245527	80	邯郸县	65245	125
武邑县	599782	36	青龙满族自治县	245024	81	安新县	61376	126
尚义县	589219	37	平山县	232245	82	涞源县	58724	127
涿州市	587209	38	吴桥县	224132	83	沙河市	47900	128
鸡泽县	548695	39	涿鹿县	220503	84	兴隆县	39427	129
霸州市	541981	40	阜城县	220046	85	阜平县	35037	130
定兴县	535342	41	黄骅市	215978	86	临西县	27506	131
曲周县	534792	42	怀安县	210460	87	海兴县	26316	132
临漳县	533434	43	井陉县	207994	88	新河县	21001	133
平泉县	512081	44	冀州市	207175	89	清河县	17170	134
崇礼县	510207	45	高阳县	206214	90	孟村回族自治县	12987	135

3-6 各县(市)园林水果产量排序(2012年)

单位：吨

县(市)	园林水果产量	位次	县(市)	园林水果产量	位次	县(市)	园林水果产量	位次
深州市	771112	1	巨鹿县	79510	45	广平县	26331	89
晋州市	620245	2	肃宁县	77505	46	邱　县	26000	90
泊头市	602335	3	威　县	77460	47	任丘市	25716	91
乐亭县	599201	4	枣强县	75616	48	磁　县	25602	92
赵　县	525000	5	南皮县	74257	49	内丘县	22478	93
辛集市	453533	6	玉田县	69919	50	高碑店市	21901	94
沧　县	378552	7	大城县	63460	51	徐水县	21560	95
宁晋县	375395	8	宽城满族自治县	61000	52	孟村回族自治县	21250	96
涿鹿县	312189	9	青　县	55578	53	武安市	20284	97
兴隆县	308778	10	唐　县	55268	54	无极县	17867	98
顺平县	290205	11	平山县	54629	55	滦平县	17520	99
怀来县	241940	12	柏乡县	54292	56	望都县	15500	100
遵化市	237107	13	武邑县	51720	57	吴桥县	15298	101
昌黎县	228927	14	故城县	51446	58	临城县	15088	102
阜城县	199248	15	盐山县	46330	59	高阳县	14979	103
藁城市	194467	16	永年县	43994	60	曲周县	14000	104
魏　县	194383	17	邯郸县	43623	61	元氏县	13463	105
青龙满族自治县	193000	18	鹿泉市	42836	62	宣化县	12227	106
易　县	191600	19	霸州市	42700	63	丰宁满族自治县	12130	107
卢龙县	184722	20	成安县	42600	64	蔚　县	11407	108
围场满族蒙古族自治县	178000	21	涞水县	41800	65	灵寿县	11132	109
献　县	172337	22	隆尧县	40220	66	平乡县	10869	110
抚宁县	170888	23	文安县	38958	67	东光县	10645	111
平泉县	165635	24	迁西县	36894	68	正定县	10413	112
承德县	156806	25	清河县	35600	69	怀安县	9080	113
满城县	150851	26	清苑县	35000	70	沙河市	8459	114
迁安市	150026	27	涉　县	34794	71	阳原县	8384	115
永清县	141940	28	井陉县	34376	72	广宗县	7920	116
赞皇县	118393	29	肥乡县	34000	73	任　县	7822	117
滦南县	115360	30	隆化县	32920	74	涞源县	7445	118
新河县	114991	31	安平县	32000	75	海兴县	7229	119
邢台县	113753	32	雄　县	31900	76	临西县	7178	120
临漳县	111968	33	河间市	31200	77	武强县	7010	121
行唐县	111572	34	馆陶县	31000	78	安新县	5641	122
定州市	109790	35	新乐市	30010	79	赤城县	5365	123
深泽县	101214	36	大名县	30010	80	鸡泽县	5100	124
滦　县	99657	37	蠡　县	30000	81	南和县	4468	125
冀州市	98000	38	安国市	30000	82	万全县	4051	126
阜平县	95120	39	博野县	29930	83	大厂回族自治县	3996	127
固安县	94500	40	香河县	29400	84	高邑县	3992	128
饶阳县	92636	41	南宫市	28955	85	崇礼县	3500	129
曲阳县	88913	42	景　县	28900	86	容城县	2113	130
三河市	87297	43	涿州市	28688	87	栾城县	468	131
黄骅市	84584	44	定兴县	27789	88	尚义县	152	132

3–7 各县(市)肉类总产量排序(2012年)

单位：吨

县(市)	肉类总产量	位次	县(市)	肉类总产量	位次	县(市)	肉类总产量	位次
滦南县	120560	1	沧　县	42814	46	南宫市	22529	91
玉田县	110156	2	涿鹿县	42023	47	霸州市	22312	92
抚宁县	107897	3	涿州市	39123	48	平泉县	22284	93
定州市	102007	4	大城县	38567	49	涞水县	22252	94
承德县	98281	5	行唐县	38402	50	怀安县	21775	95
滦平县	94545	6	磁　县	37929	51	平山县	21708	96
藁城市	85452	7	乐亭县	37912	52	枣强县	21533	97
迁安市	84770	8	武邑县	36823	53	宽城满族自治县	21360	98
辛集市	84758	9	宁晋县	36296	54	万全县	20300	99
正定县	80338	10	肥乡县	36232	55	兴隆县	19806	100
三河市	80060	11	景　县	35840	56	南和县	19501	101
遵化市	78426	12	隆尧县	35716	57	张北县	19484	102
昌黎县	75872	13	高碑店市	35439	58	文安县	19433	103
大名县	73939	14	孟村回族自治县	35182	59	东光县	18977	104
永年县	72856	15	蔚　县	33979	60	香河县	18968	105
永清县	70777	16	成安县	33740	61	望都县	17718	106
武安市	68998	17	邯郸县	33532	62	临城县	17192	107
安平县	68230	18	河间市	31363	63	广宗县	17143	108
青龙满族自治县	68155	19	大厂回族自治县	31190	64	临西县	17101	109
定兴县	66359	20	怀来县	31077	65	南皮县	16801	110
卢龙县	64371	21	唐　县	31067	66	阜城县	16709	111
魏　县	62932	22	灵寿县	30712	67	武强县	16528	112
易　县	61852	23	吴桥县	30255	68	广平县	15625	113
隆化县	61325	24	泊头市	28987	69	邢台县	15619	114
深州市	59264	25	容城县	28744	70	沙河市	15601	115
栾城县	57595	26	康保县	28362	71	柏乡县	14721	116
徐水县	57549	27	鹿泉市	28349	72	巨鹿县	13988	117
滦　县	57035	28	赤城县	27957	73	冀州市	13762	118
新乐市	56303	29	肃宁县	27410	74	博野县	13173	119
宣化县	54580	30	赞皇县	26713	75	高邑县	13139	120
围场满族蒙古族自治县	54291	31	鸡泽县	26584	76	雄　县	12173	121
临漳县	54083	32	饶阳县	26403	77	尚义县	12162	122
无极县	54066	33	威　县	25999	78	顺平县	12155	123
献　县	53676	34	清苑县	25788	79	平乡县	11936	124
馆陶县	53532	35	井陉县	25648	80	任　县	10676	125
故城县	49616	36	阳原县	25081	81	海兴县	9767	126
曲周县	48218	37	内丘县	24567	82	沽源县	9584	127
赵　县	47791	38	曲阳县	23636	83	安新县	8846	128
黄骅市	47418	39	安国市	23150	84	蠡　县	7968	129
晋州市	47359	40	青　县	23123	85	阜平县	7306	130
丰宁满族自治县	47172	41	涉　县	23038	86	涞源县	6891	131
盐山县	45158	42	满城县	22966	87	崇礼县	6185	132
元氏县	44189	43	深泽县	22911	88	高阳县	6124	133
固安县	43274	44	邱　县	22809	89	新河县	6098	134
任丘市	42908	45	迁西县	22802	90	清河县	5732	135

3-8 各县(市)禽蛋产量排序(2012年)

单位：吨

县(市)	禽蛋产量	位次	县(市)	禽蛋产量	位次	县(市)	禽蛋产量	位次
永年县	202204	1	青　县	32743	46	盐山县	15745	91
馆陶县	190941	2	行唐县	32503	47	东光县	15376	92
辛集市	162557	3	蔚　县	32106	48	平乡县	15362	93
藁城市	148060	4	井陉县	30820	49	冀州市	15285	94
正定县	127570	5	定兴县	30675	50	高邑县	14580	95
曲周县	107270	6	三河市	30065	51	围场满族蒙古族自治县	14452	96
栾城县	105940	7	临西县	29700	52	永清县	14426	97
玉田县	79000	8	昌黎县	27472	53	霸州市	13888	98
新乐市	74420	9	滦　县	27200	54	平山县	13074	99
无极县	73810	10	高碑店市	27121	55	涿州市	12067	100
定州市	73589	11	任　县	26884	56	蠡　县	11949	101
晋州市	70567	12	武邑县	26499	57	固安县	11803	102
大名县	67825	13	涉　县	25492	58	曲阳县	11383	103
隆尧县	62115	14	遵化市	25491	59	巨鹿县	10887	104
磁　县	62102	15	武安市	25137	60	南皮县	10261	105
赵　县	59655	16	香河县	25000	61	青龙满族自治县	9863	106
深州市	59135	17	景　县	24980	62	清河县	9476	107
献　县	58228	18	黄骅市	23376	63	隆化县	9031	108
魏　县	57914	19	唐　县	22690	64	滦平县	8904	109
故城县	52905	20	抚宁县	22551	65	容城县	8860	110
元氏县	51790	21	文安县	22491	66	广宗县	8693	111
邱　县	51177	22	武强县	22440	67	怀来县	8556	112
沙河市	50037	23	肃宁县	22247	68	兴隆县	8457	113
临漳县	49396	24	承德县	22219	69	迁西县	8390	114
清苑县	46285	25	河间市	21746	70	新河县	7908	115
邯郸县	45473	26	乐亭县	21080	71	博野县	6942	116
泊头市	42892	27	宁晋县	20896	72	枣强县	6830	117
鸡泽县	42132	28	徐水县	20311	73	高阳县	6235	118
阳原县	41880	29	广平县	19709	74	宽城满族自治县	6052	119
成安县	40891	30	易　县	19126	75	万全县	5598	120
南和县	40625	31	安国市	19112	76	大厂回族自治县	5428	121
卢龙县	39435	32	赞皇县	19020	77	孟村回族自治县	5143	122
宣化县	39070	33	望都县	18792	78	海兴县	4769	123
柏乡县	39058	34	吴桥县	18665	79	雄　县	4672	124
临城县	38654	35	阜城县	18633	80	赤城县	4433	125
沧　县	38584	36	灵寿县	18461	81	阜平县	4064	126
涿鹿县	38041	37	安新县	18162	82	顺平县	3874	127
肥乡县	37942	38	深泽县	17870	83	涞源县	3463	128
迁安市	37100	39	丰宁满族自治县	17304	84	涞水县	3398	129
鹿泉市	36810	40	南宫市	17182	85	康保县	3305	130
满城县	36799	41	任丘市	17181	86	尚义县	2419	131
饶阳县	34556	42	安平县	16138	87	崇礼县	2068	132
滦南县	34300	43	邢台县	16035	88	张北县	1851	133
威　县	33139	44	平泉县	15930	89	怀安县	1815	134
大城县	32834	45	内丘县	15874	90	沽源县	1343	135

3-9 各县(市)奶类产量排序(2012年)

单位：吨

县(市)	奶类产量	位次	县(市)	奶类产量	位次	县(市)	奶类产量	位次
滦南县	515042	1	涿州市	29777	42	巨鹿县	6837	83
滦　县	408791	2	卢龙县	24627	43	易　县	6773	84
行唐县	288750	3	蔚　县	23548	44	鸡泽县	6661	85
张北县	206582	4	磁　县	22238	45	深州市	6420	86
定州市	205985	5	玉田县	22154	46	黄骅市	6225	87
宁晋县	147233	6	肥乡县	20710	47	馆陶县	6137	88
迁安市	145019	7	迁西县	20653	48	任丘市	6098	89
栾城县	125794	8	抚宁县	20648	49	宽城满族自治县	6055	90
徐水县	118991	9	晋州市	20475	50	平乡县	5500	91
正定县	112160	10	固安县	20216	51	尚义县	5283	92
沽源县	111476	11	成安县	19982	52	大名县	4845	93
涿鹿县	111319	12	曲周县	19982	53	景　县	4586	94
宣化县	103842	13	遵化市	19500	54	枣强县	4559	95
康保县	103246	14	武强县	18587	55	隆化县	4232	96
藁城市	96176	15	饶阳县	18000	56	安平县	4221	97
无极县	95100	16	大城县	17686	57	肃宁县	3650	98
新乐市	91648	17	高碑店市	17595	58	武安市	3464	99
三河市	88749	18	容城县	15552	59	博野县	3447	100
怀来县	87281	19	唐　县	14985	60	霸州市	3262	101
丰宁满族自治县	82006	20	平山县	14273	61	东光县	2925	102
元氏县	80000	21	高阳县	13470	62	柏乡县	2551	103
清苑县	76374	22	故城县	13422	63	冀州市	2160	104
鹿泉市	68100	23	献　县	13000	64	广平县	2092	105
乐亭县	66167	24	隆尧县	12780	65	阜城县	1801	106
辛集市	60300	25	安国市	12477	66	临西县	1800	107
永年县	59660	26	蠡　县	12071	67	兴隆县	1726	108
永清县	59380	27	临漳县	11885	68	清河县	1600	109
万全县	51237	28	南和县	11800	69	雄　县	1563	110
曲阳县	50464	29	沧　县	11375	70	沙河市	1517	111
望都县	50024	30	井陉县	10780	71	海兴县	1380	112
灵寿县	46975	31	阳原县	10121	72	魏　县	1362	113
昌黎县	43274	32	滦平县	9537	73	青龙满族自治县	1330	114
深泽县	42428	33	赤城县	9100	74	吴桥县	1290	115
青　县	42030	34	武邑县	8594	75	文安县	1243	116
赵　县	38580	35	顺平县	8378	76	邱　县	1066	117
邯郸县	36715	36	新河县	8200	77	泊头市	985	118
满城县	33135	37	高邑县	7788	78	平泉县	745	119
怀安县	32935	38	涞水县	7648	79	河间市	276	120
崇礼县	32792	39	安新县	7310	80	承德县	191	121
定兴县	30346	40	阜平县	7260	81	内丘县	155	122
围场满族蒙古族自治县	29833	41	香河县	6871	82			

3-10 各县(市)水产品产量排序(2012年)

单位：吨

县(市)	水产品产量	位次	县(市)	水产品产量	位次	县(市)	水产品产量	位次
乐亭县	158520	1	青龙满族自治县	1500	42	沧　县	255	83
昌黎县	97708	2	容城县	1457	43	深州市	254	84
滦南县	85651	3	武安市	1450	44	张北县	250	85
黄骅市	78236	4	滦平县	1400	45	平乡县	230	86
抚宁县	56120	5	平泉县	1150	46	高碑店市	225	87
迁西县	38830	6	承德县	1134	47	高阳县	200	88
磁　县	32750	7	元氏县	1095	48	安平县	197	89
安新县	31850	8	涿州市	1080	49	武邑县	178	90
宽城满族自治县	18050	9	邢台县	1058	50	临西县	150	91
任丘市	15200	10	赞皇县	1000	51	尚义县	149	92
平山县	13730	11	大城县	951	52	吴桥县	144	93
永年县	10844	12	赤城县	832	53	定州市	127	94
三河市	10500	13	东光县	776	54	武强县	122	95
文安县	9062	14	泊头市	677	55	邱　县	113	96
灵寿县	8210	15	蔚　县	660	56	深泽县	111	97
霸州市	6780	16	隆化县	610	57	景　县	105	98
海兴县	6621	17	井陉县	600	58	阜城县	103	99
阜平县	6600	18	满城县	600	59	魏　县	102	100
鹿泉市	6270	19	河间市	593	60	清苑县	95	101
献　县	6022	20	迁安市	592	61	康保县	86	102
易　县	5820	21	雄　县	580	62	顺平县	80	103
兴隆县	5500	22	阳原县	550	63	鸡泽县	77	104
怀来县	5370	23	南皮县	550	64	望都县	73	105
玉田县	5341	24	涞源县	519	65	枣强县	66	106
曲周县	5100	25	青　县	509	66	孟村回族自治县	64	107
丰宁满族自治县	4850	26	涿鹿县	504	67	巨鹿县	58	108
滦　县	3647	27	大名县	500	68	广平县	51	109
遵化市	3555	28	沙河市	498	69	藁城市	50	110
曲阳县	2900	29	清河县	497	70	任　县	50	111
香河县	2635	30	宣化县	480	71	宁晋县	47	112
大厂回族自治县	2622	31	新河县	472	72	辛集市	41	113
涉　县	2527	32	邯郸县	432	73	肥乡县	33	114
围场满族蒙古族自治县	2518	33	永清县	432	74	临漳县	24	115
沽源县	2500	34	涞水县	427	75	馆陶县	23	116
故城县	2288	35	盐山县	355	76	无极县	21	117
临城县	2100	36	定兴县	350	77	新乐市	21	118
行唐县	2000	37	南宫市	337	78	内丘县	17	119
冀州市	1989	38	怀安县	315	79	成安县	11	120
卢龙县	1875	39	固安县	314	80	崇礼县	10	121
唐　县	1652	40	徐水县	310	81	栾城县	8	122
正定县	1600	41	威　县	260	82	万全县	4	123

3-11 各县(市)农林牧渔业总产值排序(2012年)

单位：万元

县(市)	农林牧渔业总产值	位次	县(市)	农林牧渔业总产值	位次	县(市)	农林牧渔业总产值	位次
永年县	1334452	1	景　县	430850	46	蔚　县	255667	91
滦南县	1168923	2	隆化县	416354	47	蠡　县	255354	92
定州市	1130371	3	涿鹿县	414654	48	南和县	253003	93
藁城市	1130035	4	行唐县	404711	49	深泽县	251978	94
乐亭县	1069603	5	肃宁县	402395	50	冀州市	249563	95
玉田县	1006905	6	青龙满族自治县	401835	51	文安县	248342	96
昌黎县	987024	7	易　县	397823	52	顺平县	245031	97
辛集市	835775	8	元氏县	394633	53	沽源县	244715	98
抚宁县	695029	9	隆尧县	388225	54	宽城满族自治县	241796	99
永清县	661644	10	武邑县	378213	55	广宗县	235607	100
遵化市	650445	11	泊头市	366696	56	巨鹿县	228025	101
深州市	631541	12	承德县	364924	57	赞皇县	225501	102
青　县	628753	13	宣化县	364809	58	邯郸县	222914	103
三河市	627065	14	磁　县	363542	59	临西县	222706	104
滦　县	613710	15	滦平县	354740	60	广平县	210975	105
迁安市	600722	16	鹿泉市	353857	61	曲阳县	198546	106
大名县	594747	17	任丘市	353850	62	博野县	193976	107
正定县	588190	18	涿州市	344860	63	邢台县	193123	108
固安县	568848	19	武安市	340650	64	涉　县	192018	109
赵　县	549410	20	香河县	330737	65	井陉县	191839	110
献　县	542730	21	丰宁满族自治县	327354	66	武强县	188889	111
栾城县	536706	22	康保县	326716	67	大厂回族自治县	187505	112
平泉县	532066	23	迁西县	325045	68	涞水县	186822	113
围场满族蒙古族自治县	526030	24	南皮县	320801	69	高邑县	183881	114
馆陶县	521944	25	霸州市	316974	70	清河县	183489	115
宁晋县	511007	26	张北县	316585	71	阳原县	180605	116
黄骅市	498904	27	饶阳县	314715	72	万全县	180471	117
临漳县	498419	28	枣强县	312642	73	任　县	177537	118
晋州市	494779	29	南宫市	308091	74	安新县	173525	119
卢龙县	490118	30	安国市	303041	75	容城县	173278	120
吴桥县	472593	31	鸡泽县	300712	76	怀安县	171724	121
威　县	472396	32	大城县	297993	77	平乡县	169261	122
清苑县	468100	33	满城县	296927	78	雄　县	168765	123
新乐市	467896	34	平山县	295808	79	尚义县	162830	124
沧　县	465858	35	赤城县	294540	80	内丘县	158773	125
曲周县	463715	36	邱　县	293002	81	柏乡县	157030	126
定兴县	461879	37	怀来县	290463	82	临城县	154379	127
成安县	461053	38	阜城县	289016	83	高阳县	152961	128
故城县	461023	39	兴隆县	286299	84	孟村回族自治县	135405	129
魏　县	460462	40	高碑店市	275273	85	沙河市	129929	130
肥乡县	456207	41	唐　县	273983	86	海兴县	123616	131
徐水县	455399	42	安平县	266732	87	新河县	120929	132
东光县	454732	43	盐山县	266600	88	崇礼县	115194	133
无极县	447749	44	望都县	261305	89	阜平县	111970	134
河间市	433842	45	灵寿县	259319	90	涞源县	74747	135

3–12 各县(市)农林牧渔业增加值排序(2012年)

单位：万元

县(市)	农林牧渔业增加值	位次	县(市)	农林牧渔业增加值	位次	县(市)	农林牧渔业增加值	位次
永年县	763606	1	肃宁县	225169	46	蔚　县	139505	91
滦南县	754496	2	威　县	222756	47	盐山县	137978	92
乐亭县	713622	3	迁西县	220496	48	阜城县	137774	93
定州市	659814	4	馆陶县	219969	49	蠡　县	137211	94
藁城市	628469	5	青龙满族自治县	218925	50	冀州市	137162	95
昌黎县	598360	6	易　县	218046	51	深泽县	136692	96
玉田县	574663	7	武邑县	215934	52	赞皇县	134560	97
辛集市	448819	8	元氏县	215048	53	沽源县	133501	98
青　县	418493	9	行唐县	214719	54	南和县	132543	99
抚宁县	398526	10	承德县	213508	55	安平县	128863	100
遵化市	383944	11	鹿泉市	209756	56	广宗县	128637	101
迁安市	381716	12	肥乡县	207674	57	邯郸县	127693	102
滦　县	374683	13	隆尧县	207493	58	广平县	125089	103
三河市	353217	14	安国市	207096	59	巨鹿县	117817	104
平泉县	340266	15	磁　县	202956	60	临西县	114419	105
赵　县	323912	16	香河县	202028	61	万全县	111891	106
围场满族蒙古族自治县	318544	17	泊头市	201682	62	博野县	111581	107
永清县	314998	18	滦平县	200114	63	大厂回族自治县	111366	108
深州市	310569	19	涿州市	198966	64	井陉县	110061	109
大名县	309703	20	宣化县	198413	65	怀安县	106504	110
栾城县	294840	21	丰宁满族自治县	192122	66	武强县	105994	111
正定县	285489	22	张北县	186908	67	高邑县	104272	112
固安县	283941	23	霸州市	186674	68	涞水县	103146	113
献　县	282878	24	南皮县	185067	69	曲阳县	102104	114
宁晋县	279734	25	任丘市	185065	70	阳原县	101829	115
临漳县	273139	26	武安市	182449	71	雄　县	101615	116
沧　县	269362	27	枣强县	182043	72	邢台县	100398	117
清苑县	267632	28	平山县	180502	73	容城县	98041	118
晋州市	267291	29	赤城县	175958	74	任　县	97830	119
故城县	262046	30	鸡泽县	173147	75	涉　县	96311	120
定兴县	259955	31	满城县	170809	76	平乡县	93351	121
新乐市	258943	32	康保县	170293	77	安新县	92037	122
黄骅市	257919	33	兴隆县	160693	78	高阳县	89146	123
吴桥县	257338	34	望都县	155129	79	清河县	85652	124
曲周县	254979	35	唐　县	154579	80	尚义县	85233	125
卢龙县	254457	36	怀来县	154075	81	内丘县	82925	126
徐水县	252184	37	大城县	153797	82	临城县	78194	127
成安县	240724	38	饶阳县	153305	83	崇礼县	71916	128
隆化县	240643	39	邱　县	150868	84	孟村回族自治县	71402	129
东光县	236205	40	宽城满族自治县	150158	85	柏乡县	69460	130
魏　县	236007	41	南宫市	147395	86	阜平县	66681	131
涿鹿县	233926	42	高碑店市	143681	87	海兴县	62654	132
无极县	232952	43	文安县	140851	88	沙河市	60605	133
河间市	229196	44	灵寿县	140819	89	新河县	52820	134
景　县	228980	45	顺平县	139687	90	涞源县	37766	135

3-13 各县(市)农民人均纯收入排序(2012年)

单位：元

县(市)	农民人均纯收入	位次	县(市)	农民人均纯收入	位次	县(市)	农民人均纯收入	位次
迁安市	14468	1	成安县	8705	46	孟村回族自治县	6290	91
三河市	11989	2	抚宁县	8691	47	兴隆县	6251	92
香河县	11722	3	鸡泽县	8609	48	献　县	6059	93
藁城市	11714	4	高碑店	8594	49	枣强县	5939	94
晋州市	11555	5	安平县	8582	50	故城县	5884	95
鹿泉市	11245	6	曲周县	8575	51	承德县	5608	96
大厂回族自治县	11203	7	肥乡县	8560	52	南皮县	5447	97
霸州市	11108	8	安新县	8551	53	盐山县	5369	98
正定县	10996	9	沙河市	8547	54	怀安县	5367	99
栾城县	10619	10	邢台县	8492	55	崇礼县	5145	100
涿州市	10588	11	清河县	8436	56	青龙满族自治县	5108	101
文安县	10511	12	定兴县	8401	57	涞水县	5077	102
迁西县	10502	13	定州市	8385	58	平乡县	4948	103
乐亭县	10458	14	蠡　县	8348	59	万全县	4922	104
滦　县	10297	15	高邑县	8346	60	滦平县	4871	105
玉田县	10122	16	宁晋县	8233	61	张北县	4814	106
遵化市	10087	17	卢龙县	8068	62	蔚县	4809	107
辛集市	10073	18	井陉县	7968	63	威　县	4741	108
新乐市	10059	19	深州市	7921	64	平山县	4714	109
黄骅市	9958	20	景　县	7859	65	赤城县	4711	110
容　城	9926	21	邱　县	7750	66	新河县	4694	111
任丘市	9837	22	肃宁县	7730	67	易　县	4643	112
磁　县	9625	23	泊头市	7713	68	阳原县	4569	113
永年县	9578	24	隆尧县	7690	69	康保县	4564	114
武安市	9534	25	广平县	7622	70	隆化县	4552	115
昌黎县	9445	26	冀州市	7602	71	临城县	4530	116
高阳县	9433	27	深泽县	7586	72	沽源县	4499	117
邯郸县	9428	28	吴桥县	7387	73	巨鹿县	4492	118
清苑县	9315	29	南和县	7298	74	尚义县	4484	119
青　县	9288	30	临西县	7260	75	武邑县	4348	120
安国市	9278	31	馆陶县	6908	76	广宗县	4166	121
固安县	9204	32	魏　县	6882	77	武强县	4099	122
雄　县	9101	33	东光县	6810	78	行唐县	4038	123
无极县	9097	34	柏乡县	6790	79	海兴县	4030	124
赵　县	9079	35	博野县	6786	80	丰宁满族自治县	4021	125
永清县	9035	36	南宫市	6753	81	阜城县	3988	126
大城县	8994	37	宽城满族自治县	6716	82	围场满族蒙古族自治县	3887	127
怀来县	8986	38	望都县	6704	83	灵寿县	3804	128
滦南县	8920	39	任　县	6674	84	饶阳县	3796	129
徐水县	8899	40	涉　县	6667	85	赞皇县	3780	130
沧　县	8850	41	涿鹿县	6455	86	唐　县	3698	131
元氏县	8819	42	大名县	6423	87	曲阳县	3308	132
河间市	8796	43	内邱县	6420	88	顺平县	3283	133
满城县	8769	44	平泉县	6324	89	阜平县	3262	134
临漳县	8759	45	宣化县	6316	90	涞源县	3079	135

3-14 各县(市)年末城乡居民储蓄存款余额排序(2012年)

单位：万元

县(市)	年末居民储蓄存款余额	位次	县(市)	年末居民储蓄存款余额	位次	县(市)	年末居民储蓄存款余额	位次
迁安市	3747301	1	平泉县	908388	46	滦平县	583010	91
任丘市	2932914	2	安国市	904472	47	南皮县	576549	92
三河市	2731629	3	满城县	884760	48	魏　县	572964	93
武安市	2658089	4	怀来县	881347	49	容城县	572906	94
遵化市	2506184	5	安平县	880423	50	威　县	562800	95
定州市	2062764	6	易　县	869217	51	吴桥县	561581	96
霸州市	2045981	7	邢台县	854949	52	巨鹿县	555970	97
涿州市	1996317	8	肃宁县	848615	53	望都县	530443	98
辛集市	1993059	9	故城县	844733	54	盐山县	526158	99
河间市	1823264	10	卢龙县	839701	55	饶阳县	523274	100
高碑店市	1821998	11	清河县	836682	56	涞源县	502731	101
玉田县	1786709	12	东光县	829558	57	大厂回族自治县	499171	102
正定县	1765025	13	井陉县	817042	58	平乡县	498006	103
香河县	1537799	14	高阳县	808933	59	赤城县	484579	104
藁城市	1492950	15	南宫市	804873	60	临城县	469614	105
迁西县	1484172	16	宽城满族自治县	803291	61	顺平县	463802	106
昌黎县	1411718	17	新乐市	798884	62	临漳县	446404	107
泊头市	1387069	18	青龙满族自治县	781601	63	阜平县	444544	108
乐亭县	1376807	19	定兴县	780120	64	曲周县	438961	109
黄骅市	1354722	20	栾城县	756934	65	武强县	425515	110
抚宁县	1337435	21	赵　县	744525	66	阳原县	421183	111
沙河市	1314597	22	承德县	736654	67	南和县	416295	112
文安县	1308659	23	磁　县	735856	68	张北县	409705	113
晋州市	1305811	24	曲阳县	730081	69	怀安县	400719	114
滦　县	1303199	25	涉　县	720891	70	高邑县	399471	115
景　县	1291090	26	安新县	720011	71	博野县	380154	116
鹿泉市	1288824	27	行唐县	699885	72	赞皇县	379686	117
永年县	1227989	28	元氏县	697945	73	万全县	377428	118
枣强县	1182285	29	兴隆县	687783	74	临西县	376966	119
大城县	1174717	30	阜城县	685773	75	任　县	353416	120
滦南县	1170374	31	雄　县	662092	76	孟村回族自治县	342484	121
宁晋县	1144836	32	大名县	658862	77	新河县	325107	122
徐水县	1143538	33	隆尧县	648188	78	肥乡县	298066	123
冀州市	1039387	34	深泽县	643797	79	成安县	292311	124
沧　县	1007741	35	武邑县	630048	80	海兴县	282722	125
固安县	1000034	36	隆化县	628682	81	鸡泽县	267528	126
蠡　县	997174	37	内丘县	623743	82	广平县	255793	127
蔚　县	981794	38	灵寿县	621350	83	馆陶县	247753	128
唐　县	973985	39	宣化县	612382	84	邱　县	246572	129
平山县	963966	40	永清县	607557	85	柏乡县	235780	130
无极县	956281	41	涿鹿县	602357	86	广宗县	221453	131
青　县	948492	42	围场满族蒙古族自治县	600526	87	崇礼县	204765	132
深州市	944620	43	涞水县	594468	88	康保县	184842	133
清苑县	935728	44	丰宁满族自治县	594132	89	沽源县	184665	134
献　县	922701	45	邯郸县	589820	90	尚义县	181070	135

3–15 各县(市)生产总值排序(2012年)

单位：万元

县(市)	生产总值	位次	县(市)	生产总值	位次	县(市)	生产总值	位次
迁安市	9009168	1	平泉县	1222928	46	南皮县	755008	91
武安市	5804439	2	景　县	1204883	47	孟村回族自治县	743963	92
任丘市	5436342	3	肃宁县	1202000	48	广平县	731179	93
遵化市	5198179	4	魏　县	1201299	49	永清县	730783	94
藁城市	4753244	5	成安县	1200463	50	肥乡县	730018	95
三河市	4251348	6	东光县	1200093	51	宣化县	720312	96
迁西县	3900239	7	深州市	1195555	52	涿鹿县	712003	97
滦　县	3609312	8	大名县	1180569	53	武邑县	711003	98
辛集市	3415778	9	高碑店市	1176400	54	大厂回族自治县	693666	99
霸州市	3204402	10	青龙满族自治县	1127640	55	安新县	692231	100
玉田县	3082993	11	怀来县	1121085	56	张北县	668306	101
滦南县	3001769	12	清河县	1086141	57	赤城县	649502	102
鹿泉市	2900051	13	盐山县	1085000	58	高邑县	630161	103
乐亭县	2896520	14	承德县	1052077	59	邱　县	615804	104
永年县	2499727	15	行唐县	1050820	60	吴桥县	612229	105
涉　县	2484577	16	清苑县	1043494	61	唐　县	611521	106
定州市	2397006	17	曲周县	1041223	62	涞源县	609378	107
黄骅市	2340150	18	临漳县	1004269	63	怀安县	576345	108
河间市	2301312	19	隆化县	982295	64	曲阳县	574304	109
磁　县	2251479	20	高阳县	970573	65	临城县	570503	110
正定县	2194772	21	卢龙县	939686	66	阜城县	537742	111
涿州市	2075326	22	固安县	936309	67	容城县	533007	112
平山县	2052263	23	蔚　县	934813	68	阳原县	509904	113
沙河市	2047245	24	大城县	930730	69	临西县	502439	114
宽城满族自治县	2043322	25	安国市	926853	70	威　县	490333	115
邯郸县	2039806	26	隆尧县	897172	71	万全县	483063	116
沧　县	2015587	27	安平县	891521	72	望都县	477842	117
晋州市	2009307	28	定兴县	858352	73	巨鹿县	455086	118
赵　县	1756820	29	故城县	843992	74	武强县	454399	119
昌黎县	1750193	30	内丘县	834645	75	饶阳县	448937	120
泊头市	1600988	31	易　县	827526	76	涞水县	438748	121
新乐市	1560814	32	兴隆县	824096	77	顺平县	424880	122
栾城县	1553495	33	馆陶县	821823	78	博野县	378205	123
宁晋县	1540006	34	满城县	817504	79	康保县	376203	124
抚宁县	1491766	35	围场满满族蒙古族自治县	795786	80	平乡县	370777	125
元氏县	1483105	36	冀州市	792848	81	南和县	360518	126
文安县	1472718	37	丰宁满族自治县	789116	82	崇礼县	338871	127
青　县	1450000	38	灵寿县	787652	83	任　县	337783	128
献　县	1442236	39	南宫市	787599	84	广宗县	336904	129
无极县	1400964	40	蠡　县	778511	85	沽源县	319634	130
徐水县	1394796	41	枣强县	773799	86	海兴县	306366	131
香河县	1303225	42	赞皇县	773585	87	尚义县	286962	132
井陉县	1300798	43	鸡泽县	768677	88	阜平县	277256	133
邢台县	1233983	44	深泽县	760826	89	柏乡县	250146	134
滦平县	1226026	45	雄　县	759635	90	新河县	222964	135

3-16 各县(市)公共财政预算收入排序(2012年)

单位：万元

县(市)	公共财政预算收入	位次	县(市)	公共财政预算收入	位次	县(市)	公共财政预算收入	位次
三河市	432480	1	抚宁县	54034	46	定兴县	25698	91
迁安市	390400	2	邢台县	53952	47	怀安县	25168	92
武安市	313608	3	赤城县	52838	48	涞水县	25063	93
任丘市	196335	4	永清县	51130	49	深泽县	24421	94
霸州市	167891	5	隆化县	49410	50	肥乡县	24086	95
磁　县	160833	6	张北县	48968	51	蠡　县	24028	96
涿州市	154407	7	井陉县	48889	52	武邑县	23538	97
藁城市	145523	8	蔚　县	46482	53	南宫市	23276	98
香河县	145000	9	青　县	45771	54	吴桥县	22921	99
遵化市	144156	10	丰宁满族自治县	40216	55	馆陶县	22732	100
定州市	133480	11	新乐市	40088	56	曲阳县	22696	101
涉　县	128759	12	盐山县	39813	57	安新县	22587	102
滦　县	122767	13	高阳县	39594	58	阳原县	22342	103
固安县	120654	14	魏　县	39455	59	临城县	22093	104
鹿泉市	109058	15	东光县	39448	60	曲周县	22077	105
永年县	106427	16	大城县	39387	61	南和县	21872	106
迁西县	103690	17	献　县	38547	62	海兴县	21715	107
平山县	95602	18	兴隆县	37822	63	望都县	20504	108
黄骅市	94534	19	元氏县	37811	64	高邑县	20456	109
怀来县	91974	20	清河县	36062	65	大名县	20140	110
滦南县	89880	21	南皮县	35889	66	灵寿县	20025	111
沙河市	89003	22	卢龙县	34413	67	任　县	20008	112
辛集市	84901	23	冀州市	33777	68	巨鹿县	19923	113
玉田县	83742	24	涿鹿县	33521	69	行唐县	19789	114
乐亭县	81295	25	内丘县	32473	70	威　县	19590	115
正定县	81036	26	景　县	32372	71	平乡县	19430	116
河间市	77294	27	宣化县	31701	72	赞皇县	19257	117
肃宁县	74154	28	成安县	31578	73	临西县	18898	118
青龙满族自治县	73481	29	崇礼县	30386	74	唐　县	18706	119
平泉县	71540	30	安国市	30200	75	临漳县	18604	120
涞源县	69343	31	易　县	30167	76	广平县	17383	121
昌黎县	69157	32	雄　县	30021	77	沽源县	17354	122
徐水县	66367	33	赵　县	30009	78	阜平县	16238	123
宽城满族自治县	65721	34	安平县	30009	79	顺平县	15666	124
承德县	64370	35	无极县	29429	80	武强县	13938	125
邯郸县	63070	36	隆尧县	28957	81	鸡泽县	13893	126
沧　县	61799	37	深州市	28515	82	阜城县	13581	127
高碑店市	61521	38	围场满族蒙古族自治县	28421	83	博野县	12880	128
文安县	60247	39	故城县	27492	84	邱　县	12675	129
栾城县	57985	40	清苑县	27265	85	康保县	12524	130
滦平县	57647	41	万全县	27200	86	饶阳县	12489	131
宁晋县	57437	42	孟村回族自治县	25970	87	尚义县	9800	132
泊头市	56500	43	枣强县	25883	88	柏乡县	9003	133
大厂回族自治县	56279	44	容城县	25784	89	新河县	8108	134
晋州市	55344	45	满城县	25755	90	广宗县	6432	135

4-1 乡镇经济主要指标(2012年)

乡镇名称	乡镇总人口(人)	粮食产量(吨)	现价农林牧渔业总产值(万元)	农村居民人均纯收入(元)	企业营业总收入(万元)	财政总收入(万元)
长安区西兆通镇	40929	18125	10731	7280	129171	8210
长安区南村镇	41118	23116	13044	7075	133548	8204
长安区高营镇	20015	2798	8542	8850	282196	20000
桥东区桃园镇	34678	1913	5120	14199	50800	33000
新华区大郭镇	41194	803	7000	11764	97682	9895
新华区赵陵铺镇	51509	480	3070	11737	172377	19000
新华区西三庄乡	32819	265	2940	13600	182980	15200
新华区杜北乡	23919	17790	10800	8720	240000	11266
井陉矿区贾庄镇	24312	7606	9229	11270	630584	9215
井陉矿区凤山镇	14817	2744	2514	10183	250252	8719
井陉矿区横涧乡	13805	2940	3178	11269	248001	5666
裕华区宋营镇	64865	20598	11415	13952	207672	1532
裕华区方村镇	45375	6902	9130	9688	136265	15869
井陉县微水镇	63435	10658	19133	9161	503622	5993
井陉县上安镇	34678	1913	5120	14199	50800	33000
井陉县天长镇	40533	13255	15158	8019	699697	12148
井陉县秀林镇	27366	11642	13441	8123	337835	7265
井陉县南峪镇	14830	4767	7202	8108	365133	1346
井陉县威州镇	27396	12055	20110	8003	409819	2165
井陉县小作镇	18949	7733	11729	8505	523122	1901
井陉县南障城镇	11744	3284	7943	6500	55812	631
井陉县苍岩山镇	9987	3020	10182	6394	52233	456
井陉县测鱼镇	15560	3884	7978	6541	81577	177
井陉县吴家窑乡	13949	5114	10533	7936	257119	786
井陉县北正乡	10018	5111	8557	8259	130678	8264
井陉县于家乡	7378	3444	5985	6440	73052	301
井陉县孙庄乡	16571	6349	11270	6742	57054	1023
井陉县南陉乡	7924	3914	8251	6850	67978	291
井陉县辛庄乡	10060	4303	8950	6526	118341	711
井陉县南王庄乡	10919	5369	11103	6300	47068	3248
正定县正定镇	71612	51288	98577	7995	1648760	15000
正定县新城铺镇	37640	30225	53548	8303	167012	4001
正定县新安镇	38412	33715	69230	7451	403543	2454
正定县南牛乡	46594	38470	57818	7510	487431	2750
正定县南楼乡	55141	53405	90791	6460	115332	794
正定县西平乐乡	22840	21303	33032	6585	174422	1240
正定县北早现乡	38171	34842	61594	7235	274390	3003
正定县曲阳桥乡	51478	41107	61398	7328	489862	618
栾城县栾城镇	77360	38231	72415	10621	729090	7786
栾城县郄马镇	29420	14016	14776	11140	4024	2741
栾城县冶河镇	46685	43289	91409	10757	538580	3315
栾城县窦妪镇	50982	42376	93216	10458	390400	8785
栾城县楼底镇	42342	20995	51688	10760	677209	4381
栾城县南高乡	27012	41948	60874	10118	228900	4554
栾城县柳林屯乡	40998	39660	71633	10618	282300	2832
栾城县西营乡	46155	48783	94408	10378	285400	1802
行唐县龙州镇	71456	27473	27164	5265	367314	3990
行唐县南桥镇	35009	29459	32330	4290	135900	802
行唐县上碑镇	18838	15401	21864	3190	19890	752

4-1续1 乡镇经济主要指标(2012年)

乡镇名称	乡镇总人口(人)	粮食产量(吨)	现价农林牧渔业总产值(万元)	农村居民人均纯收入(元)	企业营业总收入(万元)	财政总收入(万元)
行唐县口头镇	26861	13085	31700	3535	108500	1701
行唐县独羊岗乡	43643	28443	44700	4620	101160	807
行唐县安香乡	45317	32265	32836	3992	100650	946
行唐县只里乡	44208	28725	30864	4576	157890	935
行唐县市同乡	25033	19172	17933	4988	99521	1380
行唐县翟营乡	38574	47631	34058	3580	68900	735
行唐县城寨乡	23276	19479	30502	3362	76400	527
行唐县上方乡	28044	23184	27884	3310	95420	719
行唐县玉亭乡	23950	19897	24630	3140	29860	606
行唐县北河乡	7890	5472	16802	2983	26840	874
行唐县上闫庄乡	6567	2857	7252	2492	36360	830
行唐县九口子乡	17174	3704	24186	3071	24660	1161
灵寿县灵寿镇	61898	17320	38587	3057	373176	6167
灵寿县青同镇	27716	19297	23409	2017	197310	385
灵寿县塔上镇	11810	6526	9481	1490	72310	68
灵寿县陈庄镇	22527	5413	20115	1517	188327	455
灵寿县慈峪镇	35438	15285	17080	2420	219113	1550
灵寿县岔头镇	18417	4409	12095	1769	16919	691
灵寿县三圣院乡	25071	13321	17039	3455	324447	997
灵寿县北洼乡	22229	14012	27931	3250	221605	895
灵寿县牛城乡	23658	10824	16643	2340	42000	294
灵寿县狗台乡	23664	14866	26315	1537	116146	440
灵寿县南寨乡	16971	11080	17881	3306	97159	258
灵寿县南燕川乡	13420	4749	7990	1664	238110	681
灵寿县北谭庄乡	11468	5159	8504	2490	33000	730
灵寿县寨头乡	14117	4179	9811	1543	31800	1808
灵寿县南营乡	10213	1418	6438	1272	51520	213
高邑县高邑镇	53550	28596	34944	8739	18453	6082
高邑县大营镇	32759	41077	40055	8368	123918	2049
高邑县富村镇	38967	30869	34547	8652	500223	6183
高邑县中韩乡	25554	26878	29531	8386	3779	709
高邑县万城乡	42601	36418	44804	7806	132356	5119
深泽县深泽镇	49859	16334	17676	7646	305107	3802
深泽县铁杆镇	42802	49422	71893	7043	319124	2084
深泽县赵八镇	35703	29527	29772	7632	269355	1816
深泽县白庄乡	45289	40498	53501	7500	222909	1161
深泽县留村乡	34827	29984	27241	7520	148214	1001
深泽县桥头乡	50352	40689	51895	7496	396802	2738
赞皇县赞皇镇	64903	32962	32592	4079	270061	10428
赞皇县院头镇	22448	7782	21915	3786	114440	1575
赞皇县西龙门乡	24260	10522	15563	4083	120104	2896
赞皇县南邢郭乡	24995	22739	20605	4984	192663	6817
赞皇县南清河乡	26508	14178	19844	3761	38301	1105
赞皇县西阳泽乡	27694	15774	20576	3890	30346	1300
赞皇县土门乡	14637	3329	11978	4213	120423	1685
赞皇县黄北坪乡	14150	3892	23522	2903	32473	1603
赞皇县嶂石岩乡	7105	1077	12178	2956	14792	1271
赞皇县许亭乡	22647	4689	23318	3225	38830	2511
赞皇县张楞乡	16702	10190	23409	3647	18868	1300

4-1续2 乡镇经济主要指标(2012年)

乡镇名称	乡镇总人口(人)	粮食产量(吨)	现价农林牧渔业总产值(万元)	农村居民人均纯收入(元)	企业营业总收入(万元)	财政总收入(万元)
无极县无极镇	82733	32076	40000	9964	217250	8242
无极县七汲镇	43819	36307	57307	8934	21121	446
无极县张段固镇	44203	31271	32317	10002	328110	10470
无极县北苏镇	58434	43857	40432	9230	76105	1027
无极县郭庄镇	44389	33257	46693	8745	75547	530
无极县大陈镇	33807	25874	42893	8315	12940	265
无极县高头乡	36251	26449	38189	8903	34800	502
无极县郝庄乡	53476	36610	37655	9463	102816	7409
无极县东侯坊乡	52153	42878	41395	9662	147200	3874
无极县里城道乡	44218	28901	43789	8217	15104	1032
无极县南流乡	27181	19877	27087	8118	6495	282
平山县平山镇	116105	38538	58233	5410	612995	26174
平山县东回舍镇	38186	20275	18124	5189	378063	7018
平山县温塘镇	23736	10561	19602	5150	241565	8412
平山县南甸镇	25701	15208	18616	5230	4523424	10509
平山县岗南镇	32982	13891	17857	5050	50149	2528
平山县中古月镇	19618	6637	12404	4210	55710	160
平山县下槐镇	17838	6380	12902	4180	26667	165
平山县孟家庄镇	8487	3191	7175	3710	22660	74
平山县小觉镇	19167	5992	8669	3610	28498	261
平山县蛟潭庄镇	8202	2288	5353	3200	9592	35
平山县西柏坡镇	7109	1634	8331	4350	37643	600
平山县下口镇	9124	1953	4796	4725	53615	869
平山县西大吾乡	22734	12574	17893	5100	52215	328
平山县上三汲乡	23184	14428	15688	5130	51135	139
平山县两河乡	21552	13233	13216	5120	50322	150
平山县东王坡乡	23176	16523	14254	5110	54080	174
平山县苏家庄乡	9404	3522	6291	4092	17405	88
平山县宅北乡	13361	4672	7203	4012	33830	162
平山县北冶乡	18685	5980	8680	3760	11757	128
平山县上观音堂乡	5229	2006	3692	3210	4078	19
平山县杨家桥乡	9742	2879	4958	3310	11139	29
平山县营里乡	11290	3221	6946	3200	16095	31
平山县合河口乡	6223	1065	4926	2980	7182	79
元氏县槐阳镇	43000	34516	44375	9200	470339	2615
元氏县因村镇	31722	34673	36819	9044	144495	1032
元氏县南佐镇	17050	11886	22309	8820	201723	955
元氏县宋曹镇	33800	32057	32159	8890	317273	1265
元氏县南因镇	36372	35624	37335	8947	326830	1413
元氏县姬村镇	27232	25056	27873	8870	313432	1012
元氏县马村乡	34773	39715	41200	9096	431947	1477
元氏县东张乡	37711	28414	34346	9058	241577	1418
元氏县赵同乡	27902	26988	24920	8800	228476	1214
元氏县北褚乡	23372	25495	23249	8796	211939	931
元氏县苏村乡	14945	10102	14308	8648	46621	844
元氏县苏阳乡	23500	10984	17373	8680	153945	1256
元氏县北正乡	13994	6518	13502	8648	60616	574
元氏县前仙乡	10576	6738	7040	8649	67452	551
元氏县黑水河乡	14983	8681	11341	8648	78242	701

4-1续3　乡镇经济主要指标(2012年)

乡镇名称	乡镇总人口(人)	粮食产量(吨)	现价农林牧渔业总产值(万元)	农村居民人均纯收入(元)	企业营业总收入(万元)	财政总收入(万元)
赵县赵州镇	113350	68954	66636	9186	1815368	7496
赵县范庄镇	75608	4259	80281	9116	638285	1230
赵县北王里镇	47892	70321	54102	9136	403459	1047
赵县新寨店镇	32814	52695	39096	9138	506579	3378
赵县韩村镇	51833	72612	59504	9140	219783	529
赵县南柏舍镇	42519	61666	35222	9136	922816	3419
赵县沙河店镇	36026	47068	32292	9136	156146	165
赵县前大章乡	46458	67087	46823	9138	251928	324
赵县谢庄乡	75520	15163	69234	9136	460860	315
赵县高村乡	43408	67089	39433	9136	286520	184
赵县王西章乡	30270	34894	26786	8622	376800	892
辛集市辛集镇	65467	46060	35764	10335	5340732	23445
辛集市旧城镇	44115	24779	102947	10448	415152	2406
辛集市张古庄镇	31800	24507	71443	10321	235988	1070
辛集市位伯镇	38442	43269	39327	10281	387083	2023
辛集市新垒头镇	43625	33918	62853	10240	402374	3457
辛集市新城镇	24145	37935	38378	10005	298189	1903
辛集市南智丘镇	35852	32354	42241	10113	837523	1694
辛集市王口镇	40903	53755	60508	10189	368858	1484
辛集市天宫营乡	31516	31298	40231	10132	195162	1143
辛集市前营乡	35420	30461	76497	10001	173151	408
辛集市马庄乡	27350	46452	58922	10326	169596	762
辛集市和睦井乡	33308	49134	64092	10305	486803	1592
辛集市田家庄乡	50416	53584	64517	10230	786076	2565
辛集市中里厢乡	23693	28139	54178	10217	74905	682
辛集市小辛庄乡	25289	27271	23878	10338	290429	1405
藁城市廉州镇	75282	46687	111018	10262	1898000	18000
藁城市兴安镇	51092	29127	109829	11382	782037	3281
藁城市贾市庄镇	50649	27598	70790	11667	335896	2194
藁城市南营镇	44099	38272	98649	11440	283505	1850
藁城市梅花镇	63081	63110	134985	11773	878700	3346
藁城市岗上镇	35596	29544	71035	11447	47000	3626
藁城市丘头镇	49620	53221	64452	11365	704873	4989
藁城市南董镇	43098	24282	55859	12567	415989	2810
藁城市张家庄镇	54301	42391	63010	10500	566800	2518
藁城市南孟镇	44470	44063	56253	11635	810361	2462
藁城市增村镇	63013	43075	67666	10699	294198	2295
藁城市常安镇	55581	44368	91229	11838	836800	2348
藁城市西关镇	41973	34700	52340	10311	328200	2116
藁城市九门回族乡	44386	33289	59952	11670	702960	2230
晋州市晋州镇	128665	50065	55587	11555	1401680	12023
晋州市总十庄镇	53338	38471	63858	11899	775866	5002
晋州市营里镇	34619	31100	43887	11555	494174	3178
晋州市桃园镇	56153	41178	79619	11555	451334	3961
晋州市东卓宿镇	45817	36526	48995	11800	511780	3792
晋州市马于镇	44422	32241	56295	12380	555945	3741
晋州市小樵镇	61415	43001	39205	11555	632040	2738
晋州市槐树镇	59563	47072	35806	12016	837064	4538
晋州市东里庄镇	50224	37218	62425	11555	567170	5594

4–1续4 乡镇经济主要指标(2012年)

乡镇名称	乡镇总人口(人)	粮食产量(吨)	现价农林牧渔业总产值(万元)	农村居民人均纯收入(元)	企业营业总收入(万元)	财政总收入(万元)
晋州市周家庄乡	13661	14605	6968	9308	51253	1345
新乐市化皮镇	23327	19216	29781	7950	140845	685
新乐市承安镇	79012	46661	52755	7830	328600	2414
新乐市正莫镇	23295	13108	26924	7900	283463	1158
新乐市南大岳镇	22246	14907	31385	7800	160000	630
新乐市杜固镇	33044	19369	30580	8530	341588	1018
新乐市邯邰镇	76552	58928	70575	8000	291411	1699
新乐市东王镇	31527	24464	36676	7820	26640	708
新乐市马头铺镇	44655	37612	43093	9050	464860	2328
新乐市协神乡	41467	40594	46398	7800	508112	2966
新乐市木村乡	21806	13583	30285	8650	343510	1583
新乐市彭家庄乡	21849	19172	31031	7960	360014	810
鹿泉市获鹿镇	64083	11746	22283	8970	1221393	15760
鹿泉市铜冶镇	61673	35446	86467	11293	1305000	21450
鹿泉市寺家庄镇	39826	28262	29358	9302	763099	8010
鹿泉市上庄镇	36357	19979	24165	10068	232301	4693
鹿泉市李村镇	35751	37020	54244	8465	116753	2068
鹿泉市宜安镇	29201	13133	27757	10031	257048	7602
鹿泉市黄壁庄镇	17985	11133	18966	6370	35042	1745
鹿泉市大河镇	43602	32749	64154	9682	1064420	18549
鹿泉市山尹村镇	13252	9249	14818	9054	146217	4939
鹿泉市石井乡	13009	3394	6825	8500	183521	2625
鹿泉市白鹿泉乡	9868	3242	7412	8482	58473	1263
鹿泉市上寨乡	9260	3617	3846	6753	24614	1304
路南区芦台开发区海北镇	27166	7266	27332	10610	257835	795
路南区汉沽管理区汉丰镇	24429	2467	34748	8250	25510	230
路南区女织寨乡	32240	3348	9346	10613	625900	1408
路北区果园乡	79366	3044	21817	11729	579492	3844
古冶区范各庄镇	59301	12515	51342	10518	2467356	50000
古冶区卑家店镇	32888	5886	30317	9972	494015	1385
古冶区王辇庄乡	29703	4092	36221	9209	169461	5869
古冶区习家套乡	14557	2337	18583	8856	36800	725
古冶区大庄坨乡	17645	2160	40689	9982	678018	16974
开平区开平镇	53932	11968	13883	5950	949898	40829
开平区栗园镇	29738	6470	20531	6730	275858	5673
开平区郑庄子镇	19083	3542	7019	7355	1270250	59843
开平区双桥镇	16377	796	8630	6620	20402	1710
开平区洼里镇	20226	8211	18423	7550	156816	5755
开平区越河镇	27193	8311	18132	6594	1222372	18955
丰南区稻地镇	28670	12217	34691	8000	946150	14768
丰南区小集镇	35798	31097	47448	8330	3675684	50082
丰南区黄各庄镇	49645	19371	50048	8500	1025633	47080
丰南区西葛镇	24330	42030	21300	8550	798215	13497
丰南区大新庄镇	56486	42618	79965	7550	191900	5747
丰南区钱营镇	46886	29632	52072	8320	989762	20629
丰南区唐坊镇	18328	6318	33446	7860	340013	5506
丰南区王兰庄镇	38907	7461	44741	7680	180030	4512
丰南区柳树酄镇	29365	25772	40800	9280	280811	2096
丰南区黑沿子镇	22816	7408	87619	8660	89000	5855

4-1续5 乡镇经济主要指标(2012年)

乡镇名称	乡镇总人口(人)	粮食产量(吨)	现价农林牧渔业总产值(万元)	农村居民人均纯收入(元)	企业营业总收入(万元)	财政总收入(万元)
丰南区丰南镇	105938	13747	26000	11900	7768997	234322
丰南区大齐各庄镇	13859	10848	18104	8800	515477	15252
丰南区南孙庄乡	23784	1607	54700	7360	85427	3216
丰南区东田庄乡	17065	2520	40000	8280	99300	2735
丰南区尖字沽乡	16782	5829	17000	7650	72110	2374
丰润区丰润镇	74958	28229	58482	10269	1368699	39809
丰润区老庄子镇	26720	15816	33804	10269	150125	3338
丰润区任各庄镇	28307	18411	42579	10269	450000	6087
丰润区左家坞镇	41001	19415	36974	10269	51280	2518
丰润区泉河头镇	26252	19320	41578	10269	163033	2470
丰润区王官营镇	39742	20636	40481	10269	64850	848
丰润区火石营镇	30155	8953	23201	10269	11950	1660
丰润区韩城镇	51428	17754	59553	10269	262441	16044
丰润区岔河镇	27094	16587	24590	10269	72329	1366
丰润区新军屯镇	38549	30203	50622	10269	75214	8650
丰润区小张各庄镇	15996	13167	18075	10269	618265	1800
丰润区丰登坞镇	40766	35748	50202	10269	342237	3162
丰润区李钊庄镇	23172	14469	35548	10269	685220	4507
丰润区白官屯镇	44481	35678	72653	10269	459700	3701
丰润区石各庄镇	24153	23559	22601	10269	377876	4493
丰润区沙流河镇	36191	25676	47407	10269	299247	3237
丰润区七树庄镇	18885	16030	26945	10269	511100	6771
丰润区杨官林镇	27872	14070	39723	10269	78000	2224
丰润区姜家营乡	15198	6138	9531	10269	56500	3967
丰润区欢喜庄乡	15561	13987	19771	10269	488006	7511
丰润区银城铺乡	32778	6082	11563	10269	3090000	35040
丰润区刘家营乡	13862	5797	8293	10269	52335	3867
丰润区常庄乡	19805	7583	14818	10269	350000	3646
曹妃甸区唐海镇	48581	19820	15787	10214	119716	729
曹妃甸区滨海镇	23042	17435	43038	8790	72000	3954
曹妃甸区柳赞镇	13243	3231	41302	10716	35841	326
滦县滦州镇	100174	24538	43215	10670	1353885	36733
滦县响堂镇	39514	20274	38504	10780	430695	103986
滦县东安各庄镇	63699	30512	54644	10195	797332	7097
滦县雷庄镇	36041	20409	36361	10410	495905	3988
滦县茨榆坨镇	26213	21566	64861	10380	842000	15047
滦县榛子镇	56885	33745	55597	10490	1493400	11524
滦县杨柳庄镇	23451	14514	35792	10360	396220	10125
滦县油榨镇	46087	26436	33471	10480	435451	3637
滦县古马镇	33880	22703	65807	10095	12550	1798
滦县小马庄镇	37172	41632	92349	10130	47500	1532
滦县九百户镇	33937	20403	33430	10405	667805	9637
滦县王店子镇	27060	25322	30907	9715	97226	2084
滦南县奔城镇	113425	28684	67450	8790	816588	13416
滦南县宋道口镇	51566	51553	124334	8959	45000	2956
滦南县长凝镇	34867	29672	46673	9324	213569	3396
滦南县胡各庄镇	36100	34966	44031	9300	1170	2903
滦南县坨里镇	18571	16332	31868	8439	35921	601
滦南县姚王庄镇	17063	5732	91635	16392	35615	534

4-1续6 乡镇经济主要指标(2012年)

乡镇名称	乡镇总人口(人)	粮食产量(吨)	现价农林牧渔业总产值(万元)	农村居民人均纯收入(元)	企业营业总收入(万元)	财政总收入(万元)
滦南县司各庄镇	43673	44588	97483	7275	55132	766
滦南县安各庄镇	25710	20974	54210	8138	36769	635
滦南县扒齿港镇	38569	38959	96584	7156	95468	842
滦南县程庄镇	52968	39653	104472	8210	7457	988
滦南县青坨营镇	28778	23173	98501	8560	26759	772
滦南县柏各庄镇	48207	49779	78558	9667	29304	1217
滦南县南堡镇	15495	7916	69558	9036	75728	7417
滦南县方各庄镇	30485	25714	63514	8193	95600	1327
滦南县东黄坨镇	16990	20173	44241	8890	1220	380
滦南县马城镇	17096	12761	22842	8916	19124	1381
乐亭县乐亭镇	37692	22802	96602	10543	150326	3511
乐亭县汤家河镇	26854	13231	50525	10539	20052	1382
乐亭县胡家坨镇	21419	6437	49248	10541	7609	961
乐亭县王滩镇	47957	43805	96114	10544	10273	8207
乐亭县闫各庄镇	35389	10865	99586	10537	13787	579
乐亭县马头营镇	29632	24062	56903	10546	196	2358
乐亭县新寨镇	25407	10718	51426	10520	7287	1037
乐亭县汀流河镇	26392	11512	77635	10536	952665	997
乐亭县姜各庄镇	49356	27664	150407	10540	68349	1783
乐亭县毛庄镇	32240	32121	71641	10530	42104	1474
乐亭县中堡镇	31942	19098	59147	10543	76874	1721
乐亭县庞各庄乡	21457	3259	90603	10524	9575	1534
乐亭县大相各庄乡	21266	17183	57870	10521	42240	1060
乐亭县古河乡	21643	25717	44320	10523	15771	1818
迁西县兴城镇	52678	15520	39407	10069	155150	25270
迁西县金厂峪镇	17310	2560	15589	10639	68200	11888
迁西县洒河桥镇	19346	1503	24322	9988	87502	15276
迁西县太平寨镇	35214	8180	18366	9466	126581	8336
迁西县罗家屯镇	24918	8409	18515	8715	38400	2816
迁西县东荒峪镇	14451	4169	15021	9910	55576	8094
迁西县新集镇	27495	13720	22174	6608	65680	1222
迁西县三屯营镇	31423	6804	24578	10786	2236360	151206
迁西县滦阳镇	19201	3006	23572	9931	89723	10279
迁西县白庙子乡	18174	5491	13385	9736	96594	11700
迁西县上营乡	11873	2591	12240	10024	65849	6698
迁西县汉儿庄乡	21430	2869	32169	10150	66536	8074
迁西县渔户寨乡	11240	1693	9847	10300	56213	7058
迁西县旧城乡	9258	1452	17100	9142	29660	5021
迁西县尹庄乡	19314	4693	15446	8183	44496	2331
迁西县东莲花院乡	12215	3866	9367	6138	12506	239
迁西县新庄子乡	12355	4205	10189	7495	51438	2699
玉田县玉田镇	118350	37712	148514	8900	630422	18679
玉田县亮甲店镇	40196	44128	54685	5166	358210	4245
玉田县鸦鸿桥镇	55872	36262	69729	8316	228981	8672
玉田县窝洛沽镇	51467	39688	58412	4330	330480	5689
玉田县石臼窝镇	37071	51015	57034	4965	93400	936
玉田县虹桥镇	32021	26717	68290	4965	90612	4816
玉田县散水头镇	27362	25523	40875	6600	427768	3912
玉田县林南仓镇	23778	11485	19853	4560	90535	2875

4-1续7 乡镇经济主要指标(2012年)

乡镇名称	乡镇总人口(人)	粮食产量(吨)	现价农林牧渔业总产值(万元)	农村居民人均纯收入(元)	企业营业总收入(万元)	财政总收入(万元)
玉田县林西镇	30721	29871	42313	5730	125830	2216
玉田县杨家板桥镇	27654	20277	44704	5200	95336	1538
玉田县彩亭桥镇	20162	16905	28724	4469	201040	3631
玉田县孤树镇	26293	19564	34917	5319	323217	5514
玉田县大安镇	30731	25114	63328	4970	88950	1552
玉田县唐自头镇	19408	13314	24863	4500	15860	538
玉田县郭家屯乡	34664	25727	52058	5828	98455	4216
玉田县林头屯乡	22675	12996	34737	4220	59600	567
玉田县杨家套乡	28549	27232	58766	6100	155128	3762
玉田县潮洛窝乡	23354	22413	41747	3929	25833	753
玉田县陈家铺乡	16036	22572	29580	4200	32158	935
玉田县郭家桥乡	18022	17984	33776	5300	45268	1050
遵化市遵化镇	101689	1765	18958	9960	2318418	115270
遵化市堡子店镇	40082	17287	37157	6391	337663	8835
遵化市马兰峪镇	25174	7412	18351	6877	458070	4943
遵化市平安城镇	51671	25773	88926	6720	27210	1497
遵化市东新庄镇	40026	22933	59870	7410	339402	1963
遵化市新店子镇	48855	19162	35793	6720	234140	7219
遵化市党峪镇	28560	7836	28602	5680	87310	2597
遵化市地北头镇	22338	15513	15596	4790	10464	485
遵化市东旧寨镇	23460	11828	22656	3052	171490	1476
遵化市铁厂镇	19118	6401	21157	2160	6085	566
遵化市苏家洼镇	31066	13524	17693	8050	370150	12500
遵化市建明镇	31982	12585	45710	8000	1858914	27443
遵化市石门镇	32648	16789	30961	6800	158345	15220
遵化市西留村乡	25136	6768	13832	7800	419780	5896
遵化市崔家庄乡	20750	6968	19581	8590	612325	14124
遵化市兴旺寨乡	22275	6175	17443	8180	532326	7480
遵化市西下营满族乡	11563	1463	7807	6520	97442	447
遵化市汤泉满族乡	9148	3320	6027	6520	44783	649
遵化市东陵满族乡	23508	8771	26092	6060	17070	1850
遵化市刘备寨乡	22674	19129	45892	6500	4270	260
遵化市团瓢庄乡	28974	17704	30470	5910	76376	3180
遵化市娘娘庄乡	21082	4678	14177	3600	24343	950
遵化市西三里乡	17420	3561	7612	6802	101840	5375
遵化市侯家寨乡	13931	1620	7934	8040	279608	9448
遵化市小厂乡	16531	1382	12148	6600	253664	2743
迁安市夏官营镇	32964	14147	34032	14696	433204	10873
迁安市杨各庄镇	38979	22371	40592	13205	106904	6089
迁安市建昌营镇	45632	15792	50141	13634	355840	4232
迁安市赵店子镇	21662	9467	30147	15473	1652550	37948
迁安市野鸡坨镇	37225	12131	27954	14310	178357	22844
迁安市大崔庄镇	26414	7093	23065	14203	48500	3175
迁安市蔡园镇	25809	5249	18638	18935	2559579	40211
迁安市马兰庄镇	24980	949	3813	20301	1327500	122394
迁安市沙河驿镇	29475	6802	28850	14755	1428562	24604
迁安市木厂口镇	24137	7971	22704	18296	2263080	113120
迁安市扣庄乡	42442	17777	38787	14394	96286	3948
迁安市彭店子乡	22686	11086	25634	14758	207143	4690

4−1续8 乡镇经济主要指标(2012年)

乡镇名称	乡镇总人口(人)	粮食产量(吨)	现价农林牧渔业总产值(万元)	农村居民人均纯收入(元)	企业营业总收入(万元)	财政总收入(万元)
迁安市上射雁庄乡	24551	7388	43948	13825	64500	7081
迁安市闫家店乡	23350	8477	33950	14879	413256	9410
迁安市五重安乡	27158	5860	21497	13949	53668	8044
迁安市大五里乡	18089	3767	27465	15346	482130	11684
迁安市太平庄乡	16370	7078	35563	13932	282969	12119
海港区东港镇	19786	2400	6337	9080	140520	1056
海港区海港镇	26858		370	10399	377120	915
海港区西港镇	22056	1236	5722	8246	186245	1261
海港区海阳镇	18733	1431	9276	9089	231724	1016
海港区北港镇	24929	2597	6929	7345	60466	22630
山海关区第一关镇	15868	230	12000	8254	83370	735
山海关区石河镇	19983	7217	72269	8917	130147	943
山海关区孟姜镇	17436	1659	18900	6995	88590	775
山海关区渤海乡	9301	45	3012	7006	6469	871
北戴河区海滨镇	13404	134	6313	5434	13802	832
北戴河区戴河镇	23189	4407	6261	6589	14727	1399
青龙满族自治县青龙镇	78086	8743	24055	6877	267272	1805
青龙满族自治县祖山镇	23574	7864	16372	5402	47128	1061
青龙满族自治县木头凳镇	33524	7793	53098	4493	18400	914
青龙满族自治县双山子镇	23434	5896	18788	5646	15000	696
青龙满族自治县马圈子镇	25404	5619	14698	5060	23200	1113
青龙满族自治县肖营子镇	34724	8816	37381	6696	75925	904
青龙满族自治县大巫岚镇	35349	8888	19759	5040	337540	650
青龙满族自治县土门子镇	26907	7349	18575	5479	28634	818
青龙满族自治县八道河镇	30507	4399	9287	5334	62313	1122
青龙满族自治县隔河头镇	26853	5903	21788	4439	3350	923
青龙满族自治县娄杖子镇	24412	7473	24809	5425	34145	719
青龙满族自治县凤凰山乡	11262	2976	10994	4167	1620	575
青龙满族自治县龙王庙乡	17181	7062	9723	3774	1610	524
青龙满族自治县三星口乡	14714	4457	13160	4029	6145	697
青龙满族自治县干沟乡	9738	3387	12965	4926	3673	464
青龙满族自治县大石岭乡	12399	3873	10605	5325	985	671
青龙满族自治县官场乡	12780	2715	7350	3820	4312	911
青龙满族自治县茨榆山乡	19460	6506	16111	5153	40020	538
青龙满族自治县平方子乡	11964	2994	10957	4464	6900	638
青龙满族自治县安子岭乡	15673	4407	8376	4217	35670	1008
青龙满族自治县朱杖子乡	15116	4385	5616	5819	19363	661
青龙满族自治县草碾乡	11805	4431	7078	3619	1700	627
青龙满族自治县七道河乡	9560	2459	5687	4625	1500	340
青龙满族自治县三拨子乡	12414	2311	10468	4191	33000	745
青龙满族自治县凉水河乡	20426	4373	13697	5398	110800	876
昌黎县昌黎镇	121489	12277	36673	16026	229088	14099
昌黎县靖安镇	42858	20876	105584	7346	975242	29445
昌黎县安山镇	48114	31048	53717	6400	88904	1135
昌黎县龙家店镇	43687	28142	23467	7318		2035
昌黎县泥井镇	26821	28366	46213	7550	20883	975
昌黎县大蒲河镇	11787	5883	15954	6686	62646	735
昌黎县新集镇	32266	21238	41043	6550	13892	1017
昌黎县刘台庄镇	23418	19452	49480	7945	9880	725

4-1续9 乡镇经济主要指标(2012年)

乡镇名称	乡镇总人口(人)	粮食产量(吨)	现价农林牧渔业总产值(万元)	农村居民人均纯收入(元)	企业营业总收入(万元)	财政总收入(万元)
昌黎县茹荷镇	16131	7522	93949	7650	1500	346
昌黎县朱各庄镇	31558	10625	16536	7679	790719	13213
昌黎县荒佃庄镇	29786	17152	53193	7221	8581	1180
昌黎县团林乡	7022	4467	14555	7865	13341	1222
昌黎县葛条港乡	21730	14980	16777	6208	49232	821
昌黎县马坨店乡	38420	40727	72022	5661	16278	451
昌黎县两山乡	19830	3286	40600	6264	36713	770
昌黎县十里铺乡	13308	435	19415	7980	28228	2029
抚宁县抚宁镇	111679	14596	164779	7077	614229	3479
抚宁县留守营镇	55540	17247	76761	6388	301919	1046
抚宁县榆关镇	37850	16319	53442	6097	314500	1258
抚宁县牛头崖镇	40846	13453	64361	6750	6220	1633
抚宁县石门寨镇	48861	19733	40017	6202	293465	2934
抚宁县台营镇	45535	8244	61225	1371	52816	987
抚宁县大新寨镇	35697	10152	54998	5238	23741	787
抚宁县驻操营镇	24810	8097	34367	5225	94707	1026
抚宁县杜庄镇	23308	5740	8030	5915	1269654	1530
抚宁县茶棚乡	40425	9664	71442	6210	94000	619
抚宁县深河乡	8251	3306	6434	4692	20860	465
卢龙县卢龙镇	70591	25430	28750	8051	40576	5606
卢龙县潘庄镇	26088	16247	15728	7246	35300	1358
卢龙县燕河营镇	35871	21329	32732	7147	23962	1032
卢龙县双望镇	31085	24621	43087	7948	67325	2477
卢龙县刘田各庄镇	45258	20367	69216	7801	54000	2564
卢龙县石门镇	44380	19869	37327	7831	898536	7598
卢龙县下寨乡	21642	14522	16775	7437	18586	2250
卢龙县刘家营乡	17235	9154	13020	7716	155945	2435
卢龙县陈官屯乡	28349	20424	26758	7363	31844	1261
卢龙县印庄乡	28856	23970	34965	7738	47248	1670
卢龙县蛤泊乡	29331	13742	90854	7750	61230	1483
卢龙县木井乡	44719	26971	80906	7729	44171	2028
邯山区马头镇	41012	3224	2210	8349	120391	413
邯山区北张庄镇	27740	10449	6950	9945	614354	4658
邯山区马庄乡	16230	563	4407	11049	697840	310
丛台区苏曹乡	18356		2154	11816	1521655	680
复兴区彭家寨乡	38855	3632	2141	11154	435730	1923
峰峰矿区临水镇	123582	1142	15795	9141	384000	900
峰峰矿区峰峰镇	76959	7161	11337	8791	347700	476
峰峰矿区新坡镇	30380	7028	9165	8237	201300	330
峰峰矿区大社镇	47984	9840	13689	9052	539200	475
峰峰矿区和村镇	66121	6986	15906	8682	716100	750
峰峰矿区义井镇	56007	7338	12308	8865	225116	650
峰峰矿区彭城镇	55671	4232	7847	9271	711200	548
峰峰矿区界城镇	28868	4595	11779	8485	282000	248
峰峰矿区大峪镇	19819	3473	5581	8601	58293	563
邯郸县尚壁镇	33413	17713	20493	5861	107880	2500
邯郸县黄粱梦镇	53972	35122	19672	5080	893202	20065
邯郸县河沙镇镇	42458	55588	38089	3500	439800	6750
邯郸县户村镇	29392	12312	13082	6192	2645659	454

4-1续10 乡镇经济主要指标(2012年)

乡镇名称	乡镇总人口(人)	粮食产量(吨)	现价农林牧渔业总产值(万元)	农村居民人均纯收入(元)	企业营业总收入(万元)	财政总收入(万元)
邯郸县南堡乡	52329	27352	33544	5100	793909	1610
邯郸县南吕固乡	34635	29290	27198	4800	304729	360
邯郸县兼庄乡	31111	10878	6284	9516	826131	18735
邯郸县代召乡	35289	37778	27343	5050	622500	1334
邯郸县康庄乡	28712	14649	16260	5360	538794	752
邯郸县三陵乡	27576	17564	17266	4130	146459	833
临漳县临漳镇	93412	35391	32352	8911	78115	149
临漳县南东坊镇	28990	26174	24079	8103	7022	36
临漳县孙陶集镇	64530	55276	34422	7838	29135	75
临漳县柳园镇	64621	65741	43812	8313	187520	185
临漳县称勾集镇	48323	50807	41085	8319	16600	33
临漳县狄邱乡	30997	33999	33512	8170	87702	80
临漳县张村集乡	59973	65277	50368	7962	140500	140
临漳县西羊羔乡	25916	24637	25729	8652	48560	57
临漳县香菜营乡	31151	31279	41950	8143	58365	38
临漳县杜村集乡	53560	39487	34134	8456	18384	75
临漳县章里集乡	42591	40542	27764	7716	84100	151
临漳县习文乡	35341	35807	34199	7851	131800	65
临漳县砖寨营乡	49513	51584	40705	7485	19000	57
临漳县柏鹤集乡	45575	51455	34308	8285	6205	143
成安县成安镇	79282	26400	60904	8719	870941	16422
成安县商城镇	66005	44208	72445	8719	468375	12903
成安县漳河店镇	41229	30477	52028	8703	143078	2677
成安县李家疃镇	45988	42283	44596	8697	116281	2955
成安县辛义乡	51108	36987	56673	8710	117587	2551
成安县柏寺营乡	26615	22237	34428	8700	115330	1888
成安县道东堡乡	50633	36428	62458	8710	174153	4364
成安县北乡义乡	48226	29839	48647	8699	147560	1946
成安县长巷乡	28880	23339	28874	8720	140252	5727
大名县大名镇	69992	36838	26350	6600	407450	345
大名县杨桥镇	50834	61387	29670	5921	158102	137
大名县万堤镇	37481	42846	29520	5870	6980	140
大名县龙王庙镇	58072	33851	25998	6154	95000	137
大名县束馆镇	43546	32927	34610	5902	18000	116
大名县金滩镇	55775	41304	26344	6240	44232	176
大名县沙圪塔乡	43682	49606	26829	5895	13890	140
大名县王村乡	47270	43372	23706	5925	13944	258
大名县铺上乡	34494	29294	25070	5960	144449	109
大名县黄金堤乡	39305	41730	37703	5872	57104	121
大名县大街乡	45268	50930	30849	5763	299520	218
大名县旧治乡	50267	50742	36711	6235	59685	240
大名县西未庄乡	33638	34656	28323	6199	34700	141
大名县孙甘店乡	42301	25445	25302	6182	82753	100
大名县西付集乡	49908	39451	37580	5949	80790	182
大名县埝头乡	52955	36322	32925	5921	143625	159
大名县北峰乡	37636	21925	28659	5907	42774	158
大名县张集乡	47356	27308	32761	5997	56880	157
大名县红庙乡	40980	30268	24646	5912	221261	149
大名县营镇回族乡	19542	8726	20410	6286	13993	105

4–1续11 乡镇经济主要指标(2012年)

乡镇名称	乡镇总人口(人)	粮食产量(吨)	现价农林牧渔业总产值(万元)	农村居民人均纯收入(元)	企业营业总收入(万元)	财政总收入(万元)
涉县涉城镇	65971	8548	11735	8110	467060	1360
涉县河南店镇	29137	12228	12994	6714	279959	386
涉县索堡镇	23357	11026	21597	6692	124790	263
涉县西戌镇	15898	4945	11678	7555	573395	269
涉县井店镇	41888	7379	9930	8450	1963001	85822
涉县更乐镇	22739	5558	10850	7893	900900	65600
涉县固新镇	23667	6293	10545	4317	53000	270
涉县西达镇	15638	4615	7912	4369	26087	160
涉县偏城镇	13929	6004	9620	3805	137000	157
涉县神头乡	14185	4432	9828	6795	144086	150
涉县辽城乡	19598	7267	9677	5163	119402	150
涉县偏店乡	18007	3947	11662	6754	9187	176
涉县龙虎乡	22059	6671	9170	6790	99730	167
涉县木井乡	17116	4647	12775	7051	99830	159
涉县关防乡	16206	4535	6789	3558	71836	198
涉县合漳乡	19905	5006	7725	3686	106777	210
涉县鹿头乡	16644	6795	17531	6556	93420	223
磁县磁州镇	135352	46771	65309	10590	1599340	27458
磁县高臾镇	40565	28593	24139	10339	133430	320
磁县西光禄镇	24589	20941	14913	10474	206910	469
磁县讲武城镇	51890	48867	35256	9980	262900	692
磁县岳城镇	36547	18097	18331	10606	944800	38940
磁县观台镇	32770	12551	19419	10652	961900	59756
磁县林坦镇	31843	28144	19448	9969	146350	855
磁县白土镇	24687	6039	6210	8634	224000	377
磁县黄沙镇	16319	5976	6045	7950	246940	51181
磁县路村营乡	24685	7862	35408	8131	215790	10543
磁县西固义乡	22556	21336	23470	9212	348760	475
磁县辛庄营乡	24589	14832	12273	10394	78870	186
磁县花官营乡	35474	26030	13473	10201	190320	699
磁县时村营乡	26903	25712	16240	8500	136940	859
磁县南城乡	23987	23596	20276	9266	143520	213
磁县台城乡	25884	23137	12008	10563	196580	2498
磁县陶泉乡	19356	3255	8884	6512	141290	772
磁县都党乡	17655	5093	4597	8936	351110	478
磁县北贾壁乡	30876	7041	6035	3220	155820	248
肥乡县肥乡镇	83630	54577	57890	8756	390092	2745
肥乡县天台山镇	41885	45956	56633	8704	160233	1325
肥乡县大西韩乡	34608	34833	45160	8490	124633	979
肥乡县辛安镇乡	33934	33950	48697	8624	134628	6553
肥乡县毛演堡乡	42055	41676	61503	8494	103337	961
肥乡县元固乡	44608	45864	51260	8520	151323	659
肥乡县屯庄营乡	30835	26732	43658	8450	133896	1146
肥乡县东漳堡乡	35459	34401	45189	8260	102962	603
肥乡县旧店乡	34043	33256	46217	8252	48506	987
永年县临洺关镇	80665	45315	50547	9276	1373474	380
永年县大北汪镇	34358	29186	42644	9268	11246	220
永年县张西堡镇	40092	24298	78011	9175	11387	320
永年县广府镇	43596	14611	99555	9264	145312	320

4-1续12 乡镇经济主要指标(2012年)

乡镇名称	乡镇总人口(人)	粮食产量(吨)	现价农林牧渔业总产值(万元)	农村居民人均纯收入(元)	企业营业总收入(万元)	财政总收入(万元)
永年县南沿村镇	45593	11424	134638	9254	110200	170
永年县永合会镇	35870	12340	27214	7792	35291	205
永年县西苏乡	59231	44532	69071	9280	318235	220
永年县界河店乡	26712	15144	21538	9180	1182599	220
永年县刘营乡	45742	32252	35107	9285	507309	260
永年县刘汉乡	40816	36136	52251	9257	87120	154
永年县正西乡	35198	25680	58070	9208	76938	170
永年县讲武乡	44562	34001	38511	8870	98853	178
永年县曲陌乡	37011	27456	49432	9133	42118	242
永年县辛庄堡乡	39134	46555	54396	8733	19820	210
永年县小龙马乡	46765	43471	94973	9276	79230	350
永年县东杨庄乡	40303	31329	90131	9150	17500	168
永年县小西堡乡	34225	15206	126939	9086	37625	140
永年县西河庄乡	28588	13362	65623	9143	46245	157
永年县姚寨乡	37444	33306	107178	8586	183827	178
永年县西阳城乡	24557	16978	38623	8576	9221	141
邱县新马头镇	48480	11699	76547	6865	375692	1103
邱县邱城镇	32893	11927	46921	7150	2805	590
邱县梁二庄镇	31095	27196	47235	7758	41050	430
邱县香城固镇	31685	16725	39088	6865	18202	300
邱县南辛店乡	23876	17872	33477	6750	60220	168
邱县古城营乡	27994	6391	34964	6720	73996	202
邱县陈村回族乡	6375	1146	14768	7755	15208	150
鸡泽县鸡泽镇	72716	36819	50793	8516	41000	1025
鸡泽县小寨镇	42613	36884	50670	8805	265420	542
鸡泽县双塔镇	36997	25498	39708	8655	85600	301
鸡泽县浮图店乡	54124	44870	44908	8602	93591	520
鸡泽县吴官营乡	29579	22066	34525	8508	138872	91
鸡泽县风正乡	27538	15640	34825	8925	417065	3260
鸡泽县曹庄乡	38286	26358	45283	8650	249981	481
广平县广平镇	70912	35239	33246	6922	668970	1288
广平县平固店镇	37600	38393	32584	6600	493300	360
广平县胜营镇	48164	35651	36123	6555	462960	353
广平县十里铺乡	42133	33337	28883	6695	428238	350
广平县南韩村乡	32966	35925	27516	5170	364220	245
广平县南阳堡乡	30793	23201	27131	4980	321500	199
广平县东张孟乡	26511	25815	25492	4970	61300	255
馆陶县馆陶镇	68621	27033	58108	4734	51600	2812
馆陶县房寨镇	29093	23692	43999	4521	39989	182
馆陶县柴堡镇	47076	42025	56871	5230	31756	570
馆陶县魏僧寨镇	36319	46172	78203	4800	220108	720
馆陶县寿山寺乡	45323	33523	62731	5061	138093	275
馆陶县王桥乡	39422	36320	57892	4600	39500	252
馆陶县南徐村乡	30643	25912	42753	4125	8619	280
馆陶县路桥乡	38898	39528	56908	4540	26680	252
魏县魏城镇	127974	29871	40975	6310	388067	4070
魏县德政镇	26169	14256	20421	5831	48182	1988
魏县北皋镇	77834	52875	31281	5446	53537	1720
魏县双井镇	50201	39518	30275	6004	113635	1830

4-1续13 乡镇经济主要指标(2012年)

乡镇名称	乡镇总人口(人)	粮食产量(吨)	现价农林牧渔业总产值(万元)	农村居民人均纯收入(元)	企业营业总收入(万元)	财政总收入(万元)
魏县牙里镇	62633	41624	24793	5740	165755	1100
魏县车往镇	46086	35722	27082	5710	144692	820
魏县回隆镇	57642	39230	30420	6128	18636	2860
魏县张二庄镇	65572	48520	27038	5350	89779	2910
魏县东代固乡	35733	6806	23158	5900	81924	672
魏县棘针寨乡	27623	13875	24875	4946	98903	1802
魏县沙口集乡	51791	40738	29900	5820	90823	863
魏县野胡拐乡	23993	17456	10366	5566	121081	850
魏县仕望集乡	24315	17982	13580	5230	52791	785
魏县前大磨乡	35775	28239	17014	5202	24552	1140
魏县院堡乡	24824	18921	12690	5660	173242	870
魏县南双庙乡	46684	35826	25321	5189	39648	1182
魏县大辛庄乡	34900	30580	16092	5590	66121	316
魏县大马村乡	21604	19788	13043	4647	43960	172
魏县边马乡	57043	45393	17684	5696	46273	266
魏县北台头乡	28819	25468	9299	5777	65871	660
魏县泊口乡	49242	31515	8222	5736	20669	561
曲周县曲周镇	81555	35133	70669	6843	801218	890
曲周县安寨镇	59935	68627	65194	7080	468300	405
曲周县侯村镇	64019	70833	48930	6950	413380	1100
曲周县河南疃镇	45076	47379	41165	7188	591997	2573
曲周县第四疃镇	41114	42705	35711	7390	369580	1574
曲周县槐桥乡	30262	32868	42927	6600	75247	706
曲周县南里岳乡	34465	41193	36558	6200	278941	793
曲周县白寨乡	56052	51401	68374	7128	460370	950
曲周县大河道乡	24971	20423	26436	6211	193990	856
曲周县依庄乡	31428	20952	27751	5510	98670	458
武安市武安镇	205946	11653	12698	7561	2396350	54014
武安市康二城镇	33120	16886	21733	6679	489360	7300
武安市午汲镇	39717	33734	23649	6051	2546092	47181
武安市磁山镇	76896	12770	7530	7886	2061108	130000
武安市伯延镇	16140	13471	9063	5190	65984	2700
武安市淑村镇	21300	11679	16566	7129	267567	267
武安市大同镇	42715	17391	24100	5950	437727	6800
武安市邑城镇	39445	29799	21262	6098	139130	280
武安市矿山镇	42828	10789	13266	5810	1075368	8330
武安市贺进镇	21588	7132	5449	3450	32911	481
武安市阳邑镇	45217	19701	17132	4870	1756500	800
武安市徘徊镇	24732	17535	26978	4603	42382	377
武安市冶陶镇	18598	7600	5215	4900	304899	8800
武安市上团城乡	33300	12943	7736	7716	191500	32721
武安市北安庄乡	11650	8540	8175	6614	152870	214
武安市北安乐乡	31467	14835	15883	4599	78428	130
武安市西土山乡	47925	20729	19633	7183	1516623	240
武安市西寺庄乡	41775	12438	26352	7668	231084	7411
武安市活水乡	19828	3879	11245	3463	180002	130
武安市石洞乡	19451	13573	10466	5600	180300	320
武安市管陶乡	14280	4316	7941	3258	52000	130
武安市马家庄乡	15517	8419	9855	4030	57989	230

4–1续14 乡镇经济主要指标(2012年)

乡镇名称	乡镇总人口(人)	粮食产量(吨)	现价农林牧渔业总产值(万元)	农村居民人均纯收入(元)	企业营业总收入(万元)	财政总收入(万元)
桥东区东郭村镇	18701	3219	6098	6521	121171	295
桥东区大梁庄乡	15138	1243	2266	5716	147505	392
桥西区南大郭镇	29178	6249	3795	7570	191857	717
桥西区李村镇	34742	13477	7106	7570	186589	526
邢台县东汪镇	33475	7626	1711	4500	425174	6600
邢台县王快镇	34065	10704	7942	4500	470000	11300
邢台县祝村镇	26078	21262	7336	5965	24336	1499
邢台县晏家屯镇	28286	20130	20665	8600	1468165	1500
邢台县南石门镇	47302	21560	22917	8530	1248730	37215
邢台县羊范镇	28508	13250	10838	8757	80194	1999
邢台县皇寺镇	34585	21266	21688	7020	85000	1750
邢台县会宁镇	37456	31700	24195	7150	111176	1616
邢台县西黄村镇	21397	6997	13576	5303	11251	1123
邢台县路罗镇	16849	5030	11123	6600	12810	842
邢台县将军墓镇	14335	2058	6689	7000	46832	2509
邢台县浆水镇	24652	4540	21328	9500	39485	1231
邢台县宋家庄镇	18578	2508	7887	6575	57505	983
邢台县太子井乡	13524	5477	3597	3933	54700	737
邢台县龙泉寺乡	13182	2296	5739	3100	13500	997
邢台县北小庄乡	10202	1771	4796	1600	4300	462
邢台县城计头乡	10063	2770	6900	5510	10179	678
邢台县白岸乡	10481	1845	4807	6000	4260	570
邢台县冀家村乡	10218	2510	5629	5900	24600	608
临城县临城镇	53700	32540	29211	4552	53000	6910
临城县东镇镇	23248	18076	17161	4576	60097	675
临城县西竖镇	18522	5706	27248	4332	45475	253
临城县郝庄镇	14380	4818	11388	4353	20890	2269
临城县黑城乡	26907	18243	19195	4562	42247	3190
临城县鸭鸽营乡	30572	24845	22695	4585	56580	54
临城县石城乡	11500	7556	11657	4298	9540	164
临城县赵庄乡	18517	4554	12042	4560	69949	2255
内丘县内邱镇	61298	32493	24888	7038	210300	11445
内丘县大孟村镇	33583	23566	19656	7021	82550	10549
内丘县金店镇	66181	53501	35171	6822	58537	1145
内丘县官庄镇	31051	30539	19455	6896	48892	859
内丘县柳林镇	22707	12267	14965	5096	6500	337
内丘县五郭店乡	30066	23016	19905	5946	60130	777
内丘县南赛乡	12907	2862	9243	4700	9550	295
内丘县獐么乡	7133	1226	5617	5350	20120	510
内丘县侯家庄乡	15476	2346	9873	5260	16000	662
柏乡县柏乡镇	36793	41013	26297	6982	577047	803
柏乡县固城店镇	38286	43227	30865	6848	230474	404
柏乡县西汪镇	30782	25909	36483	6906	163256	401
柏乡县王家庄乡	17954	22712	15467	6521	90870	190
柏乡县龙华乡	36046	52485	28266	6402	182356	372
柏乡县内步乡	18475	24538	18476	6385	93360	674
隆尧县隆尧镇	96379	57303	53237	6766	100800	5124
隆尧县魏家庄镇	33448	27527	30685	6220	38862	407
隆尧县尹村镇	52239	42826	40348	6690	80000	5428

4-1续15 乡镇经济主要指标(2012年)

乡镇名称	乡镇总人口(人)	粮食产量(吨)	现价农林牧渔业总产值(万元)	农村居民人均纯收入(元)	企业营业总收入(万元)	财政总收入(万元)
隆尧县山口镇	37300	35928	32885	6730	44300	8962
隆尧县莲子镇	43512	45341	21504	6218	1591000	23935
隆尧县固城镇	46107	67174	25687	6590	75233	1339
隆尧县北楼乡	33851	30850	23120	6010	5196	97
隆尧县东良乡	55944	51055	48095	6200	80050	558
隆尧县双碑乡	31093	27789	23038	6500	1500	682
隆尧县牛家桥乡	26823	38082	31245	5898	37010	748
隆尧县千户营乡	38186	56365	31880	6000	7800	22
隆尧县大张庄乡	37125	51525	21944	5866	13060	67
任县任城镇	65249	44417	24689	6759	51570	3570
任县邢家湾镇	42445	50424	19697	6492	271000	1226
任县辛店镇	38360	31256	19841	6153	33700	552
任县西固城乡	42667	46680	27847	5810	72060	675
任县永福庄乡	32350	50739	21205	5800	20000	282
任县大屯乡	49280	54512	22717	5970	14600	1518
任县天口乡	42578	52024	22419	6000	47200	1380
任县骆庄乡	31812	28363	19122	5020	2260	486
南和县和阳镇	61235	31455	33871	7562	98000	2136
南和县贾宋镇	51667	56675	43878	7960	200870	1596
南和县郝桥镇	57780	48926	37059	5795	65244	1854
南和县东三召乡	46224	45940	34910	5200	57125	1468
南和县阎里乡	36820	29082	33770	5795	25623	1376
南和县河郭乡	29610	31906	28430	6580	250000	1385
南和县史召乡	39368	25534	24168	5120	24900	1272
南和县三思乡	34678	19439	16917	4388	13700	1114
宁晋县凤凰镇	138557	74990	51143	8314	3675000	24232
宁晋县河渠镇	68197	67474	33961	7460	202200	1775
宁晋县北河庄镇	53956	59491	40029	6617	181900	460
宁晋县耿庄桥镇	64534	77191	35669	4908	330500	751
宁晋县东汪镇	37000	40226	30670	7213	582500	2925
宁晋县贾家口镇	53224	71117	40843	7598	1123000	11082
宁晋县四芝兰镇	60566	58219	50581	6895	167400	485
宁晋县大陆村镇	49728	49605	31324	7604	465000	2759
宁晋县苏家庄镇	66082	49808	69064	6199	1157000	3634
宁晋县换马店镇	53681	50678	27241	5629	296800	3213
宁晋县侯口乡	27755	53454	22062	7261	269500	1720
宁晋县纪昌庄乡	29125	40353	25978	6751	73550	398
宁晋县唐邱乡	48738	38583	39619	5679	58900	803
宁晋县北鱼乡	9504	18961	11215	5610	16750	139
宁晋县徐家河乡	22857	31739	25182	6105	38610	481
宁晋县大曹庄乡	17386	23539	8826	6310	21650	731
巨鹿县巨鹿镇	84984	27637	57741	4367	562903	7575
巨鹿县王虎寨镇	27684	15825	13626	4383	98250	2619
巨鹿县西郭城镇	14392	10982	9532	4586	290383	3814
巨鹿县官亭镇	37647	22302	15461	3960	48544	836
巨鹿县阎疃镇	33721	12836	24440	3862	16188	2068
巨鹿县小吕寨镇	23962	8619	12348	4360	27825	1016
巨鹿县堤村乡	49349	9141	26933	3980	25162	263
巨鹿县张王疃乡	45219	21469	26656	4380	36464	306

4–1续16 乡镇经济主要指标(2012年)

乡镇名称	乡镇总人口(人)	粮食产量(吨)	现价农林牧渔业总产值(万元)	农村居民人均纯收入(元)	企业营业总收入(万元)	财政总收入(万元)
巨鹿县观寨乡	37938	21536	26927	3575	44940	393
巨鹿县苏家营乡	43353	26293	22380	4230	18283	395
新河县新河镇	44135	32890	21098	5473	209540	458
新河县寻寨镇	28018	27494	18748	3696	33476	313
新河县白神首乡	19193	24574	15398	5315	152453	236
新河县荆家庄乡	26125	46424	18948	5104	102178	281
新河县西流乡	28491	15016	22308	4489	132897	346
新河县仁让里乡	27406	17704	24429	4302	1380	755
广宗县广宗镇	55688	10702	15343	4150	36314	695
广宗县葫芦乡	25422	1862	21488	3960	720	243
广宗县大平台乡	45476	12688	25107	3992	4980	366
广宗县件只乡	31641	9122	16747	3962	935	265
广宗县核桃园乡	39106	12999	26458	4010	7422	308
广宗县东召乡	24433	10608	22148	3995	4608	267
广宗县北塘疃乡	51488	146	81968	4389	24790	451
广宗县冯家寨乡	42431	6973	26348	4700	39550	429
平乡县丰州镇	52073	27172	26852	5366	158572	1560
平乡县平乡镇	39741	39617	25575	4948	108845	894
平乡县河古庙镇	40872	26033	25196	5798	134265	3527
平乡县节固乡	41603	29853	22786	4307	52950	526
平乡县油召乡	48224	49095	26641	4451	104210	557
平乡县田付村乡	29851	27735	20250	4404	42965	486
平乡县寻召乡	36042	29344	21961	4385	62346	680
威县名州镇	43614	6270	31735	2645	88526	611
威县梨元屯镇	32150	6126	29923	2650	5026	421
威县章台镇	38464	18896	33276	2530	38780	426
威县侯贯镇	37368	10799	23246	3155	54984	372
威县七级镇	32245	13175	29978	2686	64269	416
威县方家营乡	27327	7392	24528	2220	6050	260
威县第什营乡	41790	7875	22601	2370	56000	530
威县枣园乡	37575	13209	33276	2560	33015	600
威县固献乡	32990	7667	23530	2510	12300	398
威县贺钊乡	35007	6312	21562	2756	59850	389
威县贺营乡	33396	10210	24760	2280	56140	330
威县张营乡	27910	11711	27883	2150	9500	293
威县常屯乡	33071	11531	32982	2950	24474	395
威县常庄乡	28653	10787	34494	2968	135550	1580
威县高公庄乡	33480	8602	41622	2996	9800	346
威县赵村乡	33301	10452	37000	2600	59850	330
清河县葛仙庄镇	119416	22667	44982	8646	984652	18400
清河县连庄镇	60147	57781	34297	7629	385960	4743
清河县油坊镇	51680	53916	28867	7274	153000	2679
清河县谢炉镇	53560	41587	29098	7073	356000	4727
清河县王官庄镇	60314	35418	22993	7980	370585	11270
清河县坝营镇	45692	40025	23252	7456	128325	4500
临西县临西镇	51677	26054	16375	6720	238900	3133
临西县河西镇	45856	28164	19983	6680	262780	3111
临西县下堡寺镇	38535	14930	31677	6650	100820	2352
临西县尖冢镇	41735	42707	21583	5000	100924	631

4-1续17 乡镇经济主要指标(2012年)

乡镇名称	乡镇总人口(人)	粮食产量(吨)	现价农林牧渔业总产值(万元)	农村居民人均纯收入(元)	企业营业总收入(万元)	财政总收入(万元)
临西县老官寨镇	41989	52509	30171	6600	95780	2127
临西县东枣园乡	28600	21882	16996	4950	80975	1111
临西县吕寨乡	44605	39764	32376	4980	25850	1867
临西县摇鞍镇乡	44985	49570	29955	1640	42730	779
临西县大刘庄乡	41562	44887	23590	6620	134900	1559
南宫市苏村镇	23163	15904	16858	5887	96512	315
南宫市大高村镇	22071	10364	20229	6950	41880	350
南宫市垂杨镇	41834	18272	19239	6971	41569	515
南宫市明化镇	33520	21755	28176	6886	35588	474
南宫市段芦头镇	51624	15791	20121	7060	310671	1387
南宫市紫冢镇	42893	31655	24599	7045	97389	708
南宫市大村乡	26457	15009	18984	5870	6883	279
南宫市南便村乡	32415	17446	19389	5906	8690	468
南宫市大屯乡	23703	11367	19682	6946	17689	364
南宫市王道寨乡	20999	10132	21536	6942	12873	351
南宫市薛吴村乡	35280	16601	34173	6890	21886	484
沙河市沙河城镇	17527	11662	8880	3364	14923	1056
沙河市新城镇	43363	18898	12607	5235	250056	15159
沙河市白塔镇	43580	14130	14537	6588	651500	45415
沙河市十里亭镇	29088	12221	7956	6510	678500	22984
沙河市綦村镇	32025	6329	8337	3802	152000	11968
沙河市留村乡	48950	35233	18421	3980	188900	680
沙河市册井乡	27236	8181	8845	3843	78800	611
沙河市刘石岗乡	24541	14054	10783	4036	50979	559
沙河市柴关乡	17797	5457	7418	2073	8800	1429
沙河市蝉房乡	17594	3691	11944	3744	2460	595
新市区颉庄乡	16834	5310	5021	5300	563074	260
新市区富昌乡	23258	4696	3517	4970	590220	441
新市区韩村乡	10327	1150	1282	5000	417900	456
新市区南奇乡	21875	11556	18673	4101	381510	389
新市区江城乡	34897	21889	23630	4700	783806	780
新市区大马坊乡	18061	8206	8764	6158	120000	1219
北市区韩庄乡	21043	11000	9252	12940	10190	5530
北市区东金庄乡	18546	2324	10672	12940	118000	2950
北市区百楼乡	21180	12699	14072	12940	210000	3585
南市区杨庄乡	12780	1595	5223	10573	2311	444
南市区南大园乡	27012	1698	6430	11862	4593429	1000
南市区焦庄乡	29233	14741	21138	9773	123601	464
南市区五尧乡	23414	12933	16665	9713	205000	2080
满城县满城镇	107943	30068	75977	8515	545000	10539
满城县大册营镇	37398	16298	26181	6689	235350	5466
满城县神星镇	42935	11238	27687	7188	172737	2522
满城县南韩村镇	45975	34589	44316	9490	398992	3160
满城县方顺桥镇	45065	28609	30257	7910	385132	2772
满城县于家庄乡	23748	19621	24644	7870	302100	4119
满城县贤台乡	21745	14127	13869	5430	45005	1000
满城县要庄乡	23870	14532	23060	7954	61280	680
满城县白龙乡	18663	6818	10118	3794	23683	521
满城县石井乡	24213	7013	17591	5936	228558	960

4–1续18 乡镇经济主要指标(2012年)

乡镇名称	乡镇总人口(人)	粮食产量(吨)	现价农林牧渔业总产值(万元)	农村居民人均纯收入(元)	企业营业总收入(万元)	财政总收入(万元)
满城县坨南乡	18960	3631	12093	4643	5324	233
满城县刘家台乡	7197	1067	4988	2855	1710	340
清苑县清苑镇	37544	22988	14283	8607	460000	5309
清苑县冉庄镇	36315	33004	29876	8589	63718	515
清苑县阳城镇	39050	54238	31463	8320	20032	454
清苑县魏村镇	38661	35430	15858	8342	81230	518
清苑县温仁镇	50521	29117	39492	8185	88205	365
清苑县张登镇	38662	9898	34102	8749	65034	650
清苑县大庄镇	23204	9028	29017	8328	128516	354
清苑县臧村镇	32054	28271	25250	8359	35639	499
清苑县白团乡	34706	36937	16862	8180	64359	708
清苑县北店乡	25964	22088	22039	8482	62100	476
清苑县石桥乡	42873	31089	34290	8601	210000	290
清苑县李庄乡	26750	24577	20289	7417	60050	340
清苑县北王力乡	27845	16954	27066	7280	7800	287
清苑县东吕乡	42241	22552	51529	8756	215045	416
清苑县何桥乡	26411	33282	16524	8719	149635	367
清苑县孙村乡	16700	13101	17552	8500	15000	390
清苑县阎庄乡	21200	15561	16187	8960	45230	240
清苑县望亭乡	39304	33888	26421	8735	590000	288
涞水县涞水镇	67172	14986	33804	3727	32400	302
涞水县永阳镇	30766	17267	15666	3510	18050	135
涞水县义安镇	31008	22714	15781	3236	12400	267
涞水县石亭镇	36579	19000	17531	3397	18454	225
涞水县赵各庄镇	23550	1663	4917	1397	900	295
涞水县九龙镇	16129	1348	2148	1650	2918	205
涞水县三坡镇	14500	1020	6593	1760	4500	136
涞水县明义乡	21357	16831	20645	3191	2380	110
涞水县王村乡	22369	12805	10611	3521	12998	224
涞水县东文山乡	16962	7802	5937	3000	7987	220
涞水县娄村满族乡	29318	11569	10791	2688	6583	509
涞水县宋各庄乡	9300	1535	2000	1910	1500	148
涞水县其中口乡	6704	1142	3396	1350	220	76
涞水县龙门乡	10728	987	3966	1480	3300	259
涞水县胡家庄乡	14951	10594	13760	3132	3685	180
阜平县阜平镇	56776	7956	18500	3507	32500	480
阜平县龙泉关镇	8287	4169	3357	1715	2520	95
阜平县平阳镇	26982	8003	10625	2316	15490	125
阜平县城南庄镇	22417	9084	10921	2624	9632	784
阜平县天生桥镇	11172	6286	6182	2020	7630	124
阜平县王林口乡	19653	5998	12736	2430	1129	191
阜平县台峪乡	8203	4000	1783	2152	10000	139
阜平县大台乡	12923	2136	5890	1675	3000	110
阜平县史家寨乡	9626	3385	3481	2088	1026	556
阜平县砂窝乡	12160	6562	5246	2623	13965	820
阜平县吴王口乡	6940	2005	3423	1544	3001	188
阜平县夏庄乡	5943	1854	1420	2124	1056	78
阜平县北果元乡	23358	4952	9101	2537	9760	125
徐水县安肃镇	132203	45945	59487	7800	877666	4670

4-1续19 乡镇经济主要指标(2012年)

乡镇名称	乡镇总人口(人)	粮食产量(吨)	现价农林牧渔业总产值(万元)	农村居民人均纯收入(元)	企业营业总收入(万元)	财政总收入(万元)
徐水县崔庄镇	71374	52114	43542	7820	113271	1710
徐水县大因镇	58547	43446	42773	7210	51400	1106
徐水县遂城镇	49621	45113	37372	7700	173167	969
徐水县高林村镇	45185	39188	66503	7803	366647	2860
徐水县大王店镇	43062	30370	50606	6360	56078	876
徐水县漕河镇	35950	28812	47291	8120	203200	950
徐水县东史端乡	35837	27733	20710	8088	175007	3047
徐水县留村乡	29538	25540	22483	6646	255832	2112
徐水县正村乡	27132	20637	26752	5879	27045	624
徐水县户木乡	25427	24293	18358	6556	16750	333
徐水县瀑河乡	15987	8948	13721	5569	3672	376
徐水县东釜山乡	14004	6578	2464	2600	31079	389
徐水县义联庄乡	9442	2217	4401	1460	12670	359
定兴县定兴镇	96283	34489	31256	9400	526500	1572
定兴县固城镇	52120	58812	56835	8900	59378	338
定兴县贤寓镇	46973	50566	74846	8760	170000	150
定兴县北河镇	22838	18585	16952	8430	42354	292
定兴县天宫寺镇	38509	35538	37855	8032	50632	567
定兴县东落堡乡	26953	29823	31311	8100	25632	101
定兴县高里乡	56400	50551	42931	8500	79541	380
定兴县张家庄乡	21800	22752	22017	8500	23652	208
定兴县姚村乡	20890	25731	16453	8000	26500	248
定兴县肖村乡	26626	28822	21036	8420	4851	130
定兴县柳卓乡	25959	18754	14794	8500	9123	165
定兴县杨村乡	31562	28062	25905	8400	48652	190
定兴县北田乡	39968	34120	38652	8425	50326	601
定兴县北南蔡乡	20913	20803	13155	8142	31268	158
定兴县李郁庄乡	18860	26120	12563	8350	20213	110
定兴县小朱庄乡	33723	36210	23000	8700	37500	198
唐县仁厚镇	41043	20663	24573	6083	28707	1176
唐县王京镇	52904	30968	17726	5648	137200	769
唐县高昌镇	35790	21443	21886	4150	19300	296
唐县北罗镇	51714	21164	12712	4045	31969	115
唐县白合镇	29186	10277	15371	3160	30200	334
唐县军城镇	22756	6417	5781	1640	6820	609
唐县川里镇	8631	2621	1411	1064	20218	551
唐县长古城乡	41454	26702	39257	6225	60650	632
唐县都亭乡	24123	10340	17727	4298	28151	274
唐县南店头乡	22201	11032	12787	4670	21840	402
唐县北店头乡	33510	12715	16211	1645	11236	304
唐县罗庄乡	36586	9352	8155	2486	1322	226
唐县雹水乡	18461	3973	2116	1869	7768	141
唐县大洋乡	25329	3040	6368	1200	8950	91
唐县迷城乡	11693	2309	2016	1469	5290	334
唐县齐家佐乡	26621	9458	9111	1374	6115	372
唐县羊角乡	12292	2535	4091	1221	10792	160
唐县石门乡	8829	2023	3707	1302	4798	442
唐县黄石口乡	17232	3355	2850	1095	8658	294
唐县倒马关乡	4317	1015	949	1212	4730	114

4-1续20 乡镇经济主要指标(2012年)

乡镇名称	乡镇总人口(人)	粮食产量(吨)	现价农林牧渔业总产值(万元)	农村居民人均纯收入(元)	企业营业总收入(万元)	财政总收入(万元)
高阳县高阳镇	64459	8120	5926	8500	1030166	230
高阳县庞口镇	44825	27973	27404	7650	102140	1780
高阳县西演镇	47600	18215	25465	8000	280295	443
高阳县邢家南镇	33937	16929	12404	7880	541200	213
高阳县晋庄乡	33814	26376	16118	8000	373068	342
高阳县蒲口乡	23889	18754	14368	8000	163527	321
高阳县小王果庄乡	29909	18449	10945	7731	198252	332
高阳县龙化乡	29932	17520	22948	6350	67150	265
高阳县庞家佐乡	23194	13209	17323	7100	116760	508
容城县容城镇	68040	44790	40952	9950	409850	2837
容城县小里镇	25752	22340	16940	9500	206600	340
容城县南张镇	43970	41165	31556	9100	200900	500
容城县大河镇	23780	22808	13450	9385	368800	335
容城县晾马台镇	24931	19466	11849	9895	157632	317
容城县八于乡	20680	20524	13666	6800	27050	320
容城县贾光乡	25175	21573	27871	6670	79500	333
容城县平王乡	23982	21542	16994	8988	330054	354
涞源县涞源镇	82500	10175	6460	3110	20700	5335
涞源县银坊镇	14797	2346	6584	2869	20000	114
涞源县走马驿镇	18535	2694	5992	2888	60400	3196
涞源县水堡镇	7941	1888	2859	3001	153850	4330
涞源县王安镇	16141	1584	3506	2960	4300	660
涞源县杨家庄镇	11570	4490	825	3863	250610	11060
涞源县白石山镇	18749	5517	5426	2280	690	2610
涞源县南屯乡	10000	5187	4109	2651	54880	10920
涞源县南马庄乡	10401	656	4142	1759	4607	530
涞源县北石佛乡	19938	10447	8393	2517	5500	280
涞源县金家井乡	13776	7006	5294	1963	2035	105
涞源县留家庄乡	7116	2529	3054	1954	1900	75
涞源县上庄乡	15201	7822	5430	2007	1460	289
涞源县东团堡乡	14920	4375	4133	1696	9500	415
涞源县塔崖驿乡	6569	939	2396	2237	3534	223
涞源县乌龙沟乡	6231	866	1966	2635	39000	1508
涞源县烟煤洞乡	4795	534	1628	2457	8500	175
望都县望都镇	56286	28636	24675	6989	54682	1438
望都县固店镇	30716	37048	39683	7001	130210	417
望都县寺庄乡	35656	35087	27916	5597	16800	260
望都县赵庄乡	27437	30575	28383	5122	76250	527
望都县黑堡乡	30076	29509	27884	6327	89246	370
望都县高岭乡	28275	30337	40908	6314	116902	552
望都县中韩庄乡	30310	47424	36665	6147	36440	433
望都县贾村乡	31018	24240	35191	6482	36500	348
安新县安新镇	45832	14194	17588	7560	267193	5913
安新县大王镇	27732	36881	17138	7100	92032	265
安新县三台镇	32200	24668	11517	7577	382510	2512
安新县端村镇	47525	21562	20038	5816	26040	662
安新县赵北口镇	21703	4764	8026	6003	17000	423
安新县同口镇	33083	18213	11593	6033	209100	328
安新县刘李庄镇	49997	20754	16874	6317	18057	650

4-1续21 乡镇经济主要指标(2012年)

乡镇名称	乡镇总人口(人)	粮食产量(吨)	现价农林牧渔业总产值(万元)	农村居民人均纯收入(元)	企业营业总收入(万元)	财政总收入(万元)
安新县安州镇	38748	27653	20589	7144	352700	1022
安新县老河头镇	42262	24522	10876	7326	493842	9029
安新县圈头乡	28322	332	9890	2876	18200	369
安新县寨里乡	34805	27953	13308	5506	65900	319
安新县芦庄乡	19648	19801	15540	7050	325026	403
易县易州镇	51085	15633	13950	4396	75830	735
易县梁格庄镇	30699	7575	18411	3510	54000	283
易县西陵镇	16386	3300	18071	3602	29800	186
易县裴山镇	36051	22344	21236	3471	33100	309
易县塘湖镇	44626	22942	37247	3106	15860	399
易县狼牙山镇	17126	2747	8962	3130	2996	200
易县良岗镇	12704	1377	5112	2615	8355	130
易县紫荆关镇	20199	2922	21001	2912	21200	277
易县高村镇	35688	20614	29329	4200	71700	301
易县桥头乡	27518	19120	14573	3926	33260	300
易县白马乡	14781	7176	11380	2647	17230	428
易县流井乡	17314	9747	19362	2898	8230	201
易县高陌乡	44874	39592	38840	4069	20730	331
易县大龙华乡	12116	1482	11338	2610	8123	198
易县安格庄乡	10735	1295	4631	2450	3200	140
易县凌云册乡	31067	24298	31854	3353	29490	228
易县西山北乡	21681	7712	13595	3059	12580	334
易县尉都乡	16038	9750	7524	3672	16500	163
易县独乐乡	10003	1682	13686	3595	1000	182
易县七峪乡	2855	1259	2794	2593	9900	35
易县富岗乡	6144	822	2085	3045	53000	105
易县坡仓乡	5866	859	3122	3003	5078	140
易县牛岗乡	5469	769	1597	1818	578	56
易县桥家河乡	4300	753	1796	3656	14000	46
易县甘河净乡	1611	572	1768	2056	3000	105
易县蔡家峪乡	2511	186	1911	2123	265	65
易县南城司乡	13871	4198	5265	3024	3150	80
曲阳县恒州镇	77997	13309	15703	3476	82900	724
曲阳县灵山镇	71863	11997	9385	3418	28410	292
曲阳县燕赵镇	50327	27229	21901	3652	24535	190
曲阳县羊平镇	46053	10551	8262	3447	128600	96
曲阳县文德镇	47596	26722	16433	3713	54000	280
曲阳县路庄子乡	18130	8618	7126	2532	46948	142
曲阳县下河乡	34466	12094	12710	2765	62860	246
曲阳县庄窠乡	13169	3233	3186	2800	6971	171
曲阳县孝墓乡	28718	9459	14249	929	33296	109
曲阳县东旺乡	40401	17046	10792	2336	23076	554
曲阳县晓林乡	41350	15409	21142	3016	31256	195
曲阳县邸村乡	26235	14317	9506	3159	36930	155
曲阳县产德乡	35220	14452	15556	999	19870	100
曲阳县齐村乡	17919	3797	3601	795	12905	158
曲阳县党城乡	24753	4581	7753	2714	27965	120
曲阳县郎家庄乡	25179	5731	3917	894	27660	230
曲阳县范家庄乡	9501	1620	1351	834	1280	68

4-1续22 乡镇经济主要指标(2012年)

乡镇名称	乡镇总人口(人)	粮食产量(吨)	现价农林牧渔业总产值(万元)	农村居民人均纯收入(元)	企业营业总收入(万元)	财政总收入(万元)
曲阳县北台乡	12427	2392	3622	820	9325	151
蠡县蠡吾镇	108645	36733	25901	8245	281000	678
蠡县留史镇	58037	21933	12403	4589	425075	4861
蠡县大百尺镇	61158	33667	18572	4950	184270	2437
蠡县辛兴镇	51077	32323	13261	4230	566440	2200
蠡县北郭丹镇	21428	11138	15079	5080	55120	930
蠡县万安镇	29312	8806	11938	4830	7200	380
蠡县桑园镇	27951	13323	13800	4760	176001	130
蠡县南庄镇	41077	29757	37292	4216	33150	590
蠡县小陈乡	23870	12129	11043	5880	83500	750
蠡县林堡乡	21152	11238	10532	3800	2198	190
蠡县北埝头乡	25343	18980	26138	4001	14000	348
蠡县鲍墟乡	40767	18965	17223	3710	32674	415
蠡县大曲堤乡	25214	4080	19929	8200	30000	488
顺平县蒲阳镇	23194	13209	39287	7100	356274	508
顺平县高于铺镇	53192	38488	34351	3239	342506	195
顺平县腰山镇	37131	19513	30917	2639	86614	280
顺平县蒲上镇	32089	12088	22453	2316	283801	245
顺平县神南镇	12735	2113	5693	1731	7779	120
顺平县白云乡	30410	11204	31560	2165	42593	380
顺平县河口乡	17906	1399	27779	2089	13149	152
顺平县安阳乡	20114	4399	18177	1804	19446	145
顺平县台鱼乡	18635	2483	23441	2111	44407	105
顺平县大悲乡	21542	2943	11372	1823	9399	127
博野县博野镇	69414	38059	43772	7276	39980	3950
博野县小店镇	32938	23004	15327	7189	50670	368
博野县程委镇	45723	41799	48813	6900	70618	552
博野县东墟乡	25733	21594	19272	7040	4302	332
博野县北杨村乡	27743	19376	20216	6000	3492	256
博野县城东乡	31999	23164	19074	6400	6600	324
博野县南小王乡	37212	32783	27502	7223	56730	334
雄县雄州镇	103134	31851	33109	8639	378570	22829
雄县昝岗镇	34677	29309	16373	8260	266049	3847
雄县大营镇	40863	30579	14267	6783	127800	965
雄县龙湾镇	52126	25507	15725	8200	201720	3702
雄县朱各庄镇	36137	22454	21195	8665	261254	3107
雄县米家务镇	37666	34563	23363	6995	161693	1992
雄县北沙口乡	23616	25827	11725	6650	104590	891
雄县双堂乡	23303	26814	21065	3779	21600	262
雄县张岗乡	32307	25508	11943	3837	18450	227
涿州市松林店镇	62550	40287	27493	6322	221481	20739
涿州市码头镇	35680	22773	26884	5489	170057	1107
涿州市东城坊镇	39503	35941	25487	5380	20160	1910
涿州市高官庄镇	27873	22497	24659	5620	13815	335
涿州市东仙坡镇	33125	17304	12236	5880	13110	2145
涿州市百尺竿镇	44058	30232	18106	6267	180135	400
涿州市义和庄乡	38068	27076	51893	6197	35620	215
涿州市林家屯乡	37500	30351	24800	6030	45200	764
涿州市孙庄乡	18070	13302	9012	4591	20350	426

4-1续23 乡镇经济主要指标(2012年)

乡镇名称	乡 镇 总人口 (人)	粮 食 产 量 (吨)	现价农林牧 渔业总产值 (万元)	农村居民 人均纯收入 (元)	企业营业 总 收 入 (万元)	财 政 总收入 (万元)
涿州市豆庄乡	37345	36132	24753	5044	46000	261
涿州市刁窝乡	33218	26348	40979	4668	89710	278
定州市留早镇	48604	63794	63120	5600	7432	461
定州市清风店镇	50600	36054	40259	8700	124055	682
定州市庞村镇	47258	28994	52098	6316	69700	546
定州市砖路镇	55933	39840	41411	5400	260210	455
定州市明月店镇	50011	29423	35107	6660	104895	354
定州市叮咛店镇	54770	50424	77274	6000	480522	421
定州市东亭镇	34609	24348	42828	6000	179972	330
定州市大辛庄镇	30926	2794	53466	8820	27060	425
定州市东旺镇	32396	20525	40604	6580	9560	408
定州市高蓬镇	44155	27487	48829	7919	296000	270
定州市邢邑镇	37280	32347	34050	7435	70100	296
定州市李亲顾镇	52448	36702	49063	9760	390080	5869
定州市子位镇	47167	46081	49649	5630	119461	266
定州市开元镇	50011	26376	44986	5570	161573	465
定州市赵村镇	52297	33858	58990	5220	269223	497
定州市周村镇	52194	33501	4514	7919	44726	383
定州市息冢镇	38159	18545	30674	4899	298459	330
定州市东留春乡	31643	30582	28394	5816	43229	302
定州市号头庄回族乡	38459	39639	66254	5763	138416	385
定州市杨家庄乡	33694	19730	2079	5700	18745	450
定州市大鹿庄乡	47400	21062	3214	5600	28915	480
定州市西城乡	27877	23182	24204	5300	58000	285
安国市祁州镇	63700	23024	28351	6300	48000	715
安国市伍仁桥镇	31498	23497	19327	6200	37120	409
安国市石佛镇	33216	30380	34078	6123	396340	1326
安国市郑章镇	37266	27533	28542	6430	12980	430
安国市大五女镇	24114	20323	23166	6150	470	429
安国市西佛落镇	22561	25440	25620	6478	85230	609
安国市明官店乡	32060	18144	26260	7120	35100	396
安国市南娄底乡	36091	36950	20703	5052	10822	416
安国市西安国城乡	28970	28346	27813	6150	27669	460
安国市北段村乡	23995	28210	30421	6100	65678	361
高碑店市方官镇	46385	48709	26522	6176	250485	135
高碑店市新城镇	53142	36340	42807	5178	244787	475
高碑店市泗庄镇	33180	25971	15313	6320	295605	270
高碑店市白沟镇	139301	16626	13001	14667	16005	28136
高碑店市辛立庄镇	41854	44831	24732	5600	234860	484
高碑店市东马营镇	31047	16933	16256	6691	216934	423
高碑店市肖官营乡	27701	27240	22642	4305	160328	208
高碑店市梁家营乡	24820	21369	25954	5321	224423	369
高碑店市张六庄乡	35600	39616	31013	6074	104927	609
高碑店市辛桥乡	38965	45960	24601	5200	158850	620
桥东区老鸦庄镇	32200	9512	40774	9309	757300	45273
桥东区姚家庄镇	22831	7019	16956	7878	39878	775
桥西区东窑子镇	22000	1177	7385	6635	750	1435
桥西区沈家屯镇	25609	15158	32669	8952	224104	18330
宣化区庞家堡镇	26050	3561	5427	3665	6780	6474

4-1续24 乡镇经济主要指标(2012年)

乡镇名称	乡镇总人口(人)	粮食产量(吨)	现价农林牧渔业总产值(万元)	农村居民人均纯收入(元)	企业营业总收入(万元)	财政总收入(万元)
宣化区河子西乡	16501	8200	9983	8950	41655	11528
宣化区春光乡	14328	2412	7741	11500	27955	52749
宣化区侯家庙乡	11282	7902	11680	8242	40211	472
下花园区花园乡	10140	1815	13171	6500	59940	6180
下花园区辛庄子乡	5369	1600	4572	5838	57120	3673
下花园区定方水乡	9007	3366	10626	4525	10120	2387
下花园区段家堡乡	2256	2127	4052	3904	205	254
宣化县洋河南镇	37465	20841	36782	7105	48674	4772
宣化县深井镇	28036	32871	40269	5230	71939	1041
宣化县崞村镇	19478	13539	45040	5632	42300	770
宣化县沙岭子镇	29652	9508	32663	8703	347800	5607
宣化县姚家房镇	24895	18772	14033	7758	168596	7958
宣化县大仓盖镇	22319	18989	37576	5412	219300	2370
宣化县贾家营镇	22052	22479	30224	7070	252000	4810
宣化县顾家营镇	14040	12693	19365	8151	85474	3236
宣化县赵川镇	32318	22556	33156	7433	275500	5289
宣化县王家湾乡	7544	9323	14168	4296	18050	292
宣化县塔儿村乡	8995	6432	15645	4800	7700	433
宣化县江家屯乡	26180	24750	28171	6500	43850	1727
宣化县东望山乡	16437	13083	19860	5627	155280	3313
宣化县李家堡乡	10757	5212	11102	5200	59200	2523
张北县张北镇	72109	2240	29938	6705	459236	51288
张北县公会镇	16560	10132	13213	2352	2580	378
张北县二台镇	26711	7564	60519	5800	64000	6810
张北县大囫囵镇	18731	6045	28713	4510	815	418
张北县台路沟乡	12285	6489	10777	3824	848	345
张北县油篓沟乡	24700	10962	16566	5500	10880	649
张北县馒头营乡	15969	3640	21934	4370	7240	437
张北县二泉井乡	20331	7865	19963	3100	2500	399
张北县单晶河乡	14645	1827	4535	2518	23	310
张北县大河乡	19318	7073	11026	3500	2434	373
张北县海流图乡	20255	3106	7538	3800	1300	397
张北县两面井乡	17701	6115	9460	2540	2000	325
张北县大西湾乡	14433	4238	14845	3650	54	344
张北县郝家营乡	14802	2298	15171	4793	682	425
张北县白庙滩乡	13756	2259	8780	4600	450	374
张北县小二台乡	16037	4553	11358	4231	1136	411
张北县战海乡	11531	5654	10890	5425	1026	323
张北县三号乡	15316	1789	21150	5928	3912	364
张北县沙沟乡	15822	1535	8536	7583	560	339
张北县宇宙营乡	6230	1421	13143	7114	170	258
康保县康保镇	56742	20225	40113	4533	64500	1595
康保县张纪镇	20522	9375	29057	4617	780	360
康保县土城子镇	16258	6207	25454	4647	702	298
康保县邓油坊镇	16272	5390	17123	4311	270	255
康保县李家地镇	14008	8194	18836	4599	3346	279
康保县照阳河镇	12956	4094	24226	4580	1535	287
康保县屯垦镇	24385	15687	28829	4627	298	396
康保县闫油坊乡	18380	8084	18883	4488	185	273

4-1续25 乡镇经济主要指标(2012年)

乡镇名称	乡镇总人口(人)	粮食产量(吨)	现价农林牧渔业总产值(万元)	农村居民人均纯收入(元)	企业营业总收入(万元)	财政总收入(万元)
康保县丹清河乡	16021	9313	29505	4599	538	329
康保县哈咇嘎乡	12441	5479	15872	4655	760	224
康保县二号卜乡	17473	7631	15707	4627	18	316
康保县芦家营乡	11916	10669	15424	4758	580	237
康保县忠义乡	11417	4992	10533	4505	190	248
康保县处长地乡	12808	7078	15157	4693	2189	266
康保县满德堂乡	15230	5323	20560	4284	813	246
沽源县平定堡镇	28673	16210	24134	3390	27600	420
沽源县小厂镇	14731	11250	14585	5496	150	158
沽源县黄盖淖镇	17149	5190	10258	4044	850	306
沽源县九连城镇	20398	5450	15824	4430	6335	736
沽源县高山堡乡	10438	4162	10508	3789	456	430
沽源县小河子乡	18600	13793	20586	4944	336	394
沽源县二道渠乡	10058	7900	28500	5622	61	210
沽源县大二号回族乡	3048	2510	4582	5010	240	170
沽源县闪电河乡	12906	8773	22584	5665	25	450
沽源县长梁乡	14151	9856	9851	5530	820	146
沽源县丰源店乡	10476	6944	20546	3245		277
沽源县西辛营乡	15930	6162	25159	4400	2153	434
沽源县莲花滩乡	7445	8870	8524	4309	66	324
沽源县白土窑乡	16360	4068	10024	3913	9	418
尚义县南壕堑镇	42846	3497	8972	4899	4284	818
尚义县大青沟镇	20963	5996	21829	3600	735	496
尚义县八道沟镇	15186	3606	14409	4593	700	285
尚义县红土梁镇	12900	2697	7580	3592	1700	350
尚义县小蒜沟镇	11283	3643	5641	5300		501
尚义县三工地镇	9247	2328	2195	2476		229
尚义县满井镇	13302	2859	11380	4038		205
尚义县大营盘乡	8520	4564	23146	4729		148
尚义县大苏计乡	11226	2321	14327	4956	430	121
尚义县石井乡	13878	2129	4754	3598		210
尚义县七甲乡	7450	1693	28159	7012	360	223
尚义县套里庄乡	8895	3007	8206	3600	400	180
尚义县甲石河乡	7654	4541	7978	3819	3000	1395
尚义县下马圈乡	4532	1035	1717	3843	200	180
蔚县蔚州镇	81674	5767	20750	8986	407145	40314
蔚县代王城镇	31357	5560	15639	4280	1280	376
蔚县西合营镇	52762	10390	15348	4536	14000	2239
蔚县吉家庄镇	25285	7895	15204	4190	490	122
蔚县白乐镇	20791	6623	9884	3690	662	93
蔚县暖泉镇	17427	4594	9271	4023	3568	69
蔚县南留庄镇	28710	7638	11958	6042	6600	7147
蔚县北水泉镇	13352	5130	11696	2975	320	39
蔚县桃花镇	21488	9306	20606	5190	650	81
蔚县阳眷镇	18548	3402	10765	4639		19
蔚县宋家庄镇	27469	11518	16396	4804	713	319
蔚县下宫村乡	24873	11013	16331	4608	9100	25
蔚县南杨庄乡	15279	4450	9938	3698	1100	588
蔚县柏树乡	12320	4219	13876	2968	400	21

4-1续26 乡镇经济主要指标(2012年)

乡镇名称	乡镇总人口(人)	粮食产量(吨)	现价农林牧渔业总产值(万元)	农村居民人均纯收入(元)	企业营业总收入(万元)	财政总收入(万元)
蔚县常宁乡	10122	3236	10148	3395	463	33
蔚县涌泉庄乡	24244	5751	6677	5440		21278
蔚县杨庄窠乡	17409	2800	8475	4620	75	1600
蔚县南岭庄乡	13923	4522	7087	3485	2000	114
蔚县陈家洼乡	8720	3160	4266	3063	397	34
蔚县黄梅乡	10626	2450	10817	3585	150	37
蔚县白草村乡	8476	2600	4764	6020	650	18125
蔚县草沟堡乡	13017	863	5389	2213		318
阳原县西城镇	63008	5177	19028	5460	7680	23000
阳原县东城镇	18288	6198	11524	4875	5180	444
阳原县化稍营镇	26162	5700	13600	4559	9004	2945
阳原县揣骨疃镇	26692	9073	16231	5000	55890	1240
阳原县东井集镇	34351	12910	16520	4306	16430	523
阳原县要家庄乡	20943	8553	13205	4851	4600	405
阳原县东坊城堡乡	10288	4995	7242	3380	4980	342
阳原县井儿沟乡	12030	4321	6922	3900	2210	307
阳原县三马坊乡	10419	3580	12203	4572	1000	250
阳原县高墙乡	16814	5002	11803	4328	468	980
阳原县大田洼乡	5774	2079	3262	2840		230
阳原县辛堡乡	13720	5510	19404	3850	8592	302
阳原县马圈堡乡	8996	3289	10945	4715	2122	287
阳原县浮图讲乡	11631	6221	15417	4665	1180	298
怀安县柴沟堡镇	76277	10953	48514	5681	109376	8756
怀安县左卫镇	38356	10089	31988	6080	206646	7480
怀安县头百户镇	16453	9944	12735	5562	72936	549
怀安县怀安城镇	31960	17329	29345	5566	91000	3599
怀安县渡口堡乡	17165	10564	10087	5015	23621	2780
怀安县第六屯乡	10434	11764	7846	5450	14210	3073
怀安县西湾堡乡	8786	7302	1617	5020	5280	2208
怀安县西沙城乡	10674	5333	5009	5400	20135	2501
怀安县太平庄乡	10125	7748	1203	5150	15000	1124
怀安县王虎屯乡	13261	14467	11528	5297	126322	9749
怀安县第三堡乡	13891	20019	11852	5560	10231	2092
万全县孔家庄镇	32067	25855	13599	9050	300000	11633
万全县万全镇	14957	5913	7294	4439	7275	2221
万全县洗马林镇	10213	4898	10438	4287	50000	221
万全县郭磊庄镇	24343	26371	32965	7698	300806	1500
万全县膳房堡乡	12017	2265	5095	4265	22386	195
万全县北新屯乡	9212	3179	4808	4257		191
万全县宣平堡乡	22972	13756	17341	6505	43020	246
万全县高庙堡乡	13526	7023	8371	4426	21250	398
万全县旧堡乡	11271	11850	18355	4421		183
万全县安家堡乡	24970	11676	17470	6670	65343	725
万全县北沙城乡	19541	17747	19834	6310	4036	378
怀来县沙城镇	95749	9053	31821	10790	803279	38332
怀来县北辛堡镇	17773	6300	15662	9410	81000	2177
怀来县新保安镇	24032	4204	11692	9760	133614	5948
怀来县东花园镇	17925	7812	18823	9400	14755	2831
怀来县官厅镇	12196	3409	20547	8480	42600	748

4-1续27 乡镇经济主要指标(2012年)

乡镇名称	乡镇总人口(人)	粮食产量(吨)	现价农林牧渔业总产值(万元)	农村居民人均纯收入(元)	企业营业总收入(万元)	财政总收入(万元)
怀来县桑园镇	27304	8514	63966	10430	27535	881
怀来县存瑞镇	28511	7219	17865	6770	8091	883
怀来县土木镇	23898	12989	34343	9378	15019	11008
怀来县大黄庄镇	18286	6975	23249	8890	2931	232
怀来县西八里镇	21932	8772	16553	9080	86498	3029
怀来县小南辛堡镇	17947	5426	20478	9076	52580	2062
怀来县狼山乡	11541	6655	12439	8850	35909	237
怀来县鸡鸣驿乡	8810	3589	11038	8450	33116	1556
怀来县东八里乡	10765	6758	9668	8403	9540	187
怀来县瑞云观乡	6030	1028	6765	6850	13163	312
怀来县孙庄子乡	4981	3312	4666	4860		223
怀来县王家楼回族乡	8126	2595	8869	5480	85652	780
涿鹿县涿鹿镇	70689	11838	48564	5923	200167	6740
涿鹿县张家堡镇	23962	26252	40282	5632	115638	3830
涿鹿县武家沟镇	16097	15540	12179	6196	63263	393
涿鹿县五堡镇	29256	16180	48415	6009	5351	2289
涿鹿县保岱镇	30444	23365	41721	5420	2353	543
涿鹿县矾山镇	22327	12665	32132	5780	4300	5800
涿鹿县大堡镇	18829	19505	35234	3540	99	435
涿鹿县河东镇	11507	530	5191	1650	31308	357
涿鹿县东小庄镇	32393	23957	61532	6464	3772	574
涿鹿县辉耀镇	12582	7730	14294	3210	939	356
涿鹿县大河南镇	10674	230	6924	1634	45523	291
涿鹿县温泉屯镇	14666	2920	44925	5780	6400	275
涿鹿县蟒石口镇	9678	210	3770	1600	23000	272
涿鹿县栾庄乡	20101	8950	35257	4808	20633	610
涿鹿县黑山寺乡	11451	3673	9402	1950	1068	296
涿鹿县卧佛寺乡	11293	7828	14944	3775	22667	324
涿鹿县谢家堡乡	6112	96	5453	1692	12850	240
赤城县赤城镇	63942	4482	32327	6724	13000	11600
赤城县田家窑镇	19838	5580	13310	5501	209771	5216
赤城县龙关镇	27832	9031	20172	6639	11360	10940
赤城县雕鹗镇	14622	2257	10832	4560	4650	748
赤城县独石口镇	6228	2966	10725	4182	1082	382
赤城县白草镇	11793	5068	14524	4060		374
赤城县龙门所镇	13101	5966	15828	3950	540	447
赤城县后城镇	19178	6250	15642	4203	421	549
赤城县东卯镇	21663	3446	13893	4050	3840	480
赤城县炮梁乡	6868	2717	5363	5215	164000	526
赤城县大海陀乡	9155	3387	15835	4500	14200	492
赤城县镇宁堡乡	11520	5007	14866	4200	21000	515
赤城县马营乡	10536	4585	8711	3780	2300	313
赤城县云州乡	17700	4360	13551	4055	3300	475
赤城县三道川乡	8887	3846	11157	3860	450	374
赤城县东万口乡	14538	3714	14460	4365	308	506
赤城县茨营子乡	10329	3961	11456	3899	405	344
赤城县样田乡	7858	3383	15739	4304	1089	571
崇礼县西湾子镇	31442	1092	13605	5480	148835	8546
崇礼县高家营镇	23763	3102	17606	5353	28000	1306

4-1续28 乡镇经济主要指标(2012年)

乡镇名称	乡镇总人口(人)	粮食产量(吨)	现价农林牧渔业总产值(万元)	农村居民人均纯收入(元)	企业营业总收入(万元)	财政总收入(万元)
崇礼县四台嘴乡	11206	2515	14364	5300	96023	14586
崇礼县红旗营乡	8290	1645	12362	5300	5637	224
崇礼县石窑子乡	8328	2083	11030	5081	145	217
崇礼县驿马图乡	10521	6051	14605	4850	668	256
崇礼县石嘴子乡	9016	3369	13154	5443	9280	280
崇礼县狮子沟乡	7436	1707	5766	5350		225
崇礼县清三营乡	5731	2046	3742	4090		183
崇礼县白旗乡	7754	524	6950	5352	485	236
双桥区水泉沟镇	17790	1801	1489	5883	109303	6335
双桥区狮子沟镇	25343	56	171	7002	4416	2093
双桥区牛圈子沟镇	37684	875	2327	7405	242304	3960
双桥区大石庙镇	24033	2483	9988	5500	158750	5389
双桥区冯营子镇	17424	2797	4747	6820	104580	2909
双桥区双峰寺镇	29304	4390	5906	5495	32500	2206
双桥区上板城镇	37142	14736	9478	3494	86139	2900
双滦区双塔山镇	47575	1553	2478	7226	83269	44720
双滦区滦河镇	41231	329	950	7264	460085	25100
双滦区大庙镇	12967	1938	2479	5889	50148	1236
双滦区偏桥子镇	9405	4172	10129	6389	2828	791
双滦区陈栅子乡	14157	3203	9459	4907	996	708
双滦区西地满族乡	20683	6320	6098	6064	11800	4993
鹰手营子矿区鹰手营子镇	29815	1135	3605	5386	384570	4700
鹰手营子矿区北马圈子镇	13092	175	2300	5252	250025	9900
鹰手营子矿区寿王坟镇	12643	180	2400	4865	124623	5500
鹰手营子矿区汪家庄镇	10543	110	2200	6161	119410	1900
承德县下板城镇	70422	9347	17829	6092	863106	28687
承德县甲山镇	21987	7101	11770	4018	215173	12014
承德县六沟镇	32147	18465	35926	4164	20040	749
承德县三沟镇	22024	11952	21106	3899	24650	1374
承德县头沟镇	26308	10378	19433	4255	147000	7366
承德县高寺台镇	14348	4628	20799	5415	871120	16022
承德县东小白旗乡	9819	4914	6633	2143	620	141
承德县鞍匠乡	16655	6277	14776	3724	2290	220
承德县刘杖子乡	11617	3798	8882	2036	2668	472
承德县新杖子乡	13365	5235	12299	4787	17900	439
承德县孟家院乡	11702	5666	17232	2776	13344	413
承德县大营子乡	9724	3524	9453	1634	220	173
承德县八家乡	10081	3621	9636	2838	36000	2312
承德县上谷乡	21121	13150	18188	2213	68635	386
承德县满杖子乡	9559	3937	9404	2828	2700	122
承德县石灰窑乡	23131	11612	16021	3455	6779	758
承德县五道河乡	9127	2613	10417	1361	26300	147
承德县岔沟乡	16218	13569	26538	1802	135274	22978
承德县岗子满族乡	8649	5714	7185	3060	7141	649
承德县磴上乡	17958	14454	22297	1948	29130	832
承德县两家满族乡	10766	4649	9059	2889	5980	948
承德县三家乡	24082	9886	25924	3304	26297	675
承德县仓子乡	10637	4729	14117	1526	16300	243
兴隆县兴隆镇	70815	2847	35083	6311	180367	26124

4-1续29 乡镇经济主要指标(2012年)

乡镇名称	乡镇总人口(人)	粮食产量(吨)	现价农林牧渔业总产值(万元)	农村居民人均纯收入(元)	企业营业总收入(万元)	财政总收入(万元)
兴隆县半壁山镇	21976	1761	16116	5902	39687	2636
兴隆县挂兰峪镇	13906	1435	17597	6005	32000	500
兴隆县青松岭镇	14656	1847	16488	4808	36180	412
兴隆县六道河镇	18666	1728	11300	5002	53882	506
兴隆县平安堡镇	16019	2405	6168	5200	761667	3192
兴隆县北营房镇	14150	1664	11709	4800	18600	1335
兴隆县孤山子镇	11550	956	16529	7000	122380	4205
兴隆县蓝旗营镇	14725	1316	23019	6200	40316	1289
兴隆县南天门满族乡	7474	1664	9507	4910	35774	308
兴隆县八卦岭满族乡	15040	1178	18055	6551	69105	558
兴隆县陡子峪乡	7038	745	6227	4002	22152	377
兴隆县上石洞乡	3917	571	8650	3502	299	1240
兴隆县雾灵山乡	13736	2201	9033	4506	10750	1221
兴隆县李家营乡	11621	1877	5943	4300	37730	389
兴隆县大杖子乡	17975	3068	15165	4010	911	1255
兴隆县蘑菇峪乡	17494	3276	16460	4000	35809	482
兴隆县三道河乡	16980	1664	26302	5800	53663	382
兴隆县安子岭乡	5741	791	6346	5010	10700	324
兴隆县大水泉乡	14526	2347	10602	4302	48550	501
平泉县平泉镇	99297	19765	35533	6306	882027	31073
平泉县黄土梁子镇	21335	23453	31818	6300	99680	1966
平泉县榆树林子镇	32584	23523	74476	6420	19350	854
平泉县杨树岭镇	33104	25272	31269	6300	103600	3191
平泉县七沟镇	28370	18685	27268	5060	67150	3001
平泉县小寺沟镇	25141	18302	21177	6331	90700	3204
平泉县党坝镇	27235	20326	24248	5520	14135	1822
平泉县卧龙镇	31446	19907	34403	6401	641000	59024
平泉县南五十家子镇	20587	9140	28515	6078	155095	1700
平泉县北五十家子镇	13404	11860	19976	4785	58870	1957
平泉县柠椤树镇	20739	11848	29035	6395	80000	2730
平泉县王土房乡	6506	3082	14214	4582	35252	4813
平泉县柳溪满族乡	12708	9433	21593	5007	48000	2336
平泉县七家岱满族乡	9471	6607	14336	5300	66765	2457
平泉县平房满族蒙古族乡	17626	13307	18361	2068	22140	534
平泉县茅兰沟满族蒙古族乡	19909	23043	23914	4354	22150	769
平泉县台头山乡	21956	20731	33876	4645	9950	360
平泉县松树台乡	18592	13058	27046	4966	20923	930
平泉县道虎沟乡	17395	8820	21008	5000	18000	628
滦平县滦平镇	16808	4597	25453	3586	366314	9410
滦平县长山峪镇	22121	4314	27211	3458	16354	707
滦平县红旗镇	16036	5428	22055	4150	253130	35833
滦平县金沟屯镇	20455	5153	20878	3450	557920	3380
滦平县虎什哈镇	22807	9634	27925	3800	16520	2473
滦平县巴克什营镇	21004	4231	24156	3590	11423	1246
滦平县张百湾镇	25869	8985	29353	3350	265660	17036
滦平县平坊满族乡	7359	1839	12492	2320	12540	672
滦平县安纯沟门满族乡	13362	3339	13747	2950	3240	1512
滦平县付营子乡	18534	4990	24648	3025	15500	657
滦平县小营满族乡	14325	4417	8273	5204	1144219	78987

4-1续30 乡镇经济主要指标(2012年)

乡镇名称	乡镇总人口(人)	粮食产量(吨)	现价农林牧渔业总产值(万元)	农村居民人均纯收入(元)	企业营业总收入(万元)	财政总收入(万元)
滦平县西沟满族乡	7532	3348	11392	2800	7950	575
滦平县邓厂满族乡	2695	1046	4602	2250	4421	422
滦平县五道营子满族乡	4950	1451	8650	2610	2056	351
滦平县马营子满族乡	9773	3243	15221	3170	6648	248
滦平县付家店满族乡	5620	1702	13603	3400	16368	1186
滦平县火斗山乡	15937	3466	19976	3700	16330	2200
滦平县两间房乡	9708	1935	13812	1965	4867	338
滦平县涝洼乡	7364	2734	7710	2750	3600	292
滦平县大屯满族乡	20900	5821	22335	3550	82090	803
隆化县隆化镇	78712	12744	21005	4812	310000	31826
隆化县韩麻营镇	24126	9939	14226	5555	458792	50093
隆化县中关镇	10972	7828	11360	5060	68800	4012
隆化县七家镇	13362	7136	10380	4570	2100	1497
隆化县汤头沟镇	30149	20720	28003	4900	32000	2080
隆化县张三营镇	24830	24045	27511	4500	20760	1361
隆化县唐三营镇	28748	27600	33862	4600	4200	1050
隆化县蓝旗镇	20528	23667	16842	4900	52000	1577
隆化县步古沟镇	17193	14253	18755	4000	3392	697
隆化县郭家屯镇	23014	28416	36562	4420	12694	2065
隆化县荒地乡	18246	14050	14261	4778	600	1060
隆化县章吉营乡	17698	8603	9184	3962	3020	564
隆化县茅荆坝乡	10298	4873	14100	3510	360	1520
隆化县尹家营满族乡	8643	8354	11899	4455	3000	801
隆化县庙子沟蒙古族满族乡	7036	6381	7773	4000	5800	740
隆化县偏坡营满族乡	13344	13081	27949	4848	12630	820
隆化县山湾乡	10705	8655	20003	3742	2460	719
隆化县八达营蒙古族乡	14308	18520	13615	3720	3050	631
隆化县太平庄满族乡	11847	9148	7421	4160	3000	653
隆化县旧屯满族乡	8062	7445	9917	4061	3000	622
隆化县西阿超满族蒙古族乡	10864	6350	10924	3520	9000	583
隆化县白虎沟满族蒙古族乡	8381	6695	9685	3733	1200	584
隆化县碱房乡	7109	8065	10893	4268	1600	757
隆化县韩家店乡	14315	11952	14405	3222	11170	525
隆化县湾沟门乡	10239	12053	14326	3314	2690	697
丰宁满族自治县大阁镇	82862	1282	30635	3850	350000	22991
丰宁满族自治县大滩镇	23204	2907	26360	3450	2500	707
丰宁满族自治县鱼儿山镇	15633	4104	21704	1885	6020	361
丰宁满族自治县土城镇	17756	1016	24186	1800	14300	1078
丰宁满族自治县黄旗镇	15753	2129	11309	1086	2100	829
丰宁满族自治县凤山镇	40313	5850	26313	1525	85000	1428
丰宁满族自治县波罗诺镇	12140	2945	11427	2132	11276	3171
丰宁满族自治县黑山咀镇	21095	1196	11897	1292	12000	1506
丰宁满族自治县天桥镇	9880	1060	4087	1526	15000	1245
丰宁满族自治县万胜永乡	4689	2209	6703	1531	2400	904
丰宁满族自治县四岔口乡	7313	1008	5620	1389	56000	444
丰宁满族自治县苏家店乡	6102	727	5251	1168	1320	356
丰宁满族自治县外沟门乡	6368	659	10571	877	3000	563
丰宁满族自治县草原乡	6824	6793	5982	1342	6720	376
丰宁满族自治县窟窿山乡	4177	493	3280	1722	1800	404

4-1续31 乡镇经济主要指标(2012年)

乡镇名称	乡镇总人口(人)	粮食产量(吨)	现价农林牧渔业总产值(万元)	农村居民人均纯收入(元)	企业营业总收入(万元)	财政总收入(万元)
丰宁满族自治县小坝子乡	5047	541	3402	857	3100	394
丰宁满族自治县五道营乡	9105	519	25651	1206	3950	460
丰宁满族自治县南关蒙古族乡	19261	2365	11034	1301	55010	1569
丰宁满族自治县选将营乡	14247	1942	7298	1260	2700	664
丰宁满族自治县西官营乡	13139	2143	5332	990	5200	668
丰宁满族自治县王营乡	6573	956	6809	1000	5000	702
丰宁满族自治县北头营乡	7596	1552	6724	1027	8100	483
丰宁满族自治县胡麻营乡	17867	2103	7832	3645	89600	20289
丰宁满族自治县石人沟乡	17136	1970	10699	2700	63120	6527
丰宁满族自治县汤河乡	9712	1494	16023	1101	830	516
丰宁满族自治县杨木栅子乡	8514	534	6987	1186	220	87
宽城满族自治县宽城镇	58974	6745	25717	6991	868027	15855
宽城满族自治县龙须门镇	24034	9336	26247	6400	111882	4684
宽城满族自治县峪耳崖镇	26871	5110	11905	7790	679379	55208
宽城满族自治县板城镇	23185	7657	16413	7385	665146	23918
宽城满族自治县汤道河镇	21379	7101	34266	5910	87346	1569
宽城满族自治县饽罗台镇	8250	1184	21389	6820	127250	16221
宽城满族自治县碾子峪镇	16565	2658	11293	7390	406468	37747
宽城满族自治县化皮溜子乡	9682	2636	11010	6790	34515	870
宽城满族自治县塌山乡	6113	1808	11530	5440	18398	352
宽城满族自治县孟子岭乡	7154	1619	10101	6250	40963	432
宽城满族自治县独石沟乡	1474	238	8226	5600	6934	260
宽城满族自治县东大地乡	5904	1629	6872	6712	169945	17601
宽城满族自治县铧尖乡	7530	1480	5928	7370	47985	3905
宽城满族自治县东黄花川乡	5993	2047	4561	6980	80756	12108
宽城满族自治县亮甲台乡	7502	3820	5609	6700	84177	10813
宽城满族自治县苇子沟乡	7731	3191	11889	6062	63712	1894
宽城满族自治县大字沟门乡	5793	2465	5681	5683	25502	1654
宽城满族自治县大石柱子乡	8004	3076	13159	4050	9898	411
围场满族蒙古族自治县围场镇	70442	3873	15865	3801	111456	10489
围场满族蒙古族自治县四合永镇	26896	14038	23316	3600	83556	2915
围场满族蒙古族自治县克勒沟镇	20721	18048	18940	2420	1600	410
围场满族蒙古族自治县棋盘山镇	23421	12523	19275	2530	1400	788
围场满族蒙古族自治县半截塔镇	12616	3740	9402	2200	8002	664
围场满族蒙古族自治县朝阳地镇	19780	20705	21598	2500	6180	615
围场满族蒙古族自治县朝阳湾镇	22402	15929	19014	1485	2476	474
围场满族蒙古族自治县道坝子乡	11270	7157	7545	2116	1840	373
围场满族蒙古族自治县龙头山乡	12305	3278	14071	3038	16565	729
围场满族蒙古族自治县腰站乡	24639	9050	29714	3002	19100	1168
围场满族蒙古族自治县黄土坎乡	15016	4547	18316	1997	1600	349
围场满族蒙古族自治县四道沟乡	8915	550	27215	2035	380	856
围场满族蒙古族自治县兰旗卡伦乡	12630	3280	10337	2200	180	354
围场满族蒙古族自治县银窝沟乡	18590	11589	14994	2450	251	418
围场满族蒙古族自治县新地乡	21474	15069	20031	1850	2400	390
围场满族蒙古族自治县广发永乡	11418	9789	11696	2700	2200	388
围场满族蒙古族自治县育太和乡	8634	6370	9806	2300	1160	281
围场满族蒙古族自治县郭家湾乡	12214	11896	11397	1930	4600	410
围场满族蒙古族自治县杨家湾乡	12567	6888	13662	2690	930	403
围场满族蒙古族自治县大唤起乡	9886	3895	10076	2098	3580	353

4-1续32 乡镇经济主要指标(2012年)

乡镇名称	乡镇总人口(人)	粮食产量(吨)	现价农林牧渔业总产值(万元)	农村居民人均纯收入(元)	企业营业总收入(万元)	财政总收入(万元)
围场满族蒙古族自治县哈里哈乡	11176	3831	7895	1378		407
围场满族蒙古族自治县新拨乡	17565	6966	13580	2760	990	403
围场满族蒙古族自治县张家湾乡	5241	1372	8235	2760	3410	349
围场满族蒙古族自治县宝元栈乡	10712	6343	9177	1750		363
围场满族蒙古族自治县山湾子乡	10487	9197	10349	1500	3624	433
围场满族蒙古族自治县三义永乡	10661	12974	11850	1193	5600	382
围场满族蒙古族自治县姜家店乡	8319	3371	7904	1910	121000	343
围场满族蒙古族自治县下伙房乡	9195	2184	7563	1650	180	333
围场满族蒙古族自治县燕格柏乡	6755	1811	6405	2083	369	316
围场满族蒙古族自治县牌楼乡	11143	4020	6848	1800	1317	499
围场满族蒙古族自治县城子乡	13349	7822	10807	1263	1400	430
围场满族蒙古族自治县老窝铺乡	3777	1759	7311	2260		191
围场满族蒙古族自治县御道口乡	5289	3237	11243	2200	1530	723
围场满族蒙古族自治县石桌子乡	6917	2601	4913	1475	1200	369
围场满族蒙古族自治县大头山乡	12254	4790	8044	1750	940	380
围场满族蒙古族自治县南山嘴乡	5297	3125	5986	1980	585	257
围场满族蒙古族自治县西龙头乡	5212	1241	6299	1850	1580	228
新华区小赵庄乡	32146	9120	5371	8441	365200	2676
运河区小王庄镇	33506	14705	9876	8310	217680	1386
运河区南陈屯乡	42030	11020	12873	9493	266550	1778
沧县旧州镇	22310	28828	18602	7300	650000	6531
沧县兴济镇	48464	40001	20253	6850	381523	3217
沧县杜生镇	42431	28125	42039	7500	415780	2757
沧县崔尔庄镇	58555	37281	40876	6880	312500	2680
沧县薛官屯乡	23074	32276	13347	8399	408600	2449
沧县捷地回族乡	29537	27733	19362	7980	143000	1948
沧县张官屯乡	46613	25077	32189	6050	520300	3112
沧县李天木回族乡	36944	26933	16798	6600	509455	5123
沧县风化店乡	42912	35291	26084	8294	291250	2808
沧县姚官屯乡	34058	28583	16778	7080	528212	4100
沧县杜林回族乡	47703	31431	22418	6578	218741	3736
沧县汪家铺乡	35849	22119	20353	7800	110670	2031
沧县刘家庙乡	27449	24010	18368	5882	150000	1953
沧县仵龙堂乡	30088	23024	24570	6700	143000	3687
沧县大官厅乡	42168	22294	19911	6750	125000	1407
沧县高川乡	33905	19281	25915	7000	203172	1259
沧县黄递铺乡	24789	14828	24651	7100	68488	968
沧县大褚村回族乡	25631	22153	32794	8000	88700	1259
沧县纸房头乡	41967	37913	30550	7090	673986	3161
青县清州镇	104083	25538	93809	9780	1253273	31185
青县金牛镇	41802	36597	19940	9688	1150000	5782
青县新兴镇	36259	37511	61201	6006	56449	771
青县流河镇	35280	35999	66077	6500	229600	1233
青县木门店镇	30653	28156	48889	6000	100975	1800
青县马厂镇	41162	39859	21167	9310	704800	8074
青县上伍乡	21322	18592	23301	6485	168200	1332
青县曹寺乡	41880	39589	169960	6000	97208	1185
青县盘古乡	28986	19152	80871	6050	120000	1992
青县陈嘴乡	17667	13089	23690	5500	40716	744

4-1续33 乡镇经济主要指标(2012年)

乡镇名称	乡镇总人口(人)	粮食产量(吨)	现价农林牧渔业总产值(万元)	农村居民人均纯收入(元)	企业营业总收入(万元)	财政总收入(万元)
东光县东光镇	71733	28319	40225	8280	863660	39258
东光县连镇镇	41746	19015	59003	7891	800548	16276
东光县找王镇	28998	18273	27836	5820	230650	1971
东光县秦村镇	30599	33703	43902	6230	181800	2046
东光县灯明寺镇	31751	32388	45147	5300	78090	2006
东光县南霞口镇	39692	43351	58684	6867	401453	2662
东光县大单镇	48778	43466	57822	6870	572605	2650
东光县龙王李乡	36755	27841	73357	6800	279819	2516
东光县于桥乡	34458	42034	48756	6850	280000	2062
海兴县苏基镇	56552	15270	16270	3634	65500	29822
海兴县辛集镇	21438	9056	8300	3890	61670	2428
海兴县高湾镇	28062	18357	13134	3126	38624	540
海兴县赵毛陶乡	35890	23876	14590	3568	66500	1370
海兴县香坊乡	18293	7802	18100	3850	63225	943
海兴县小山乡	24491	14956	17230	3325	42207	765
海兴县张会亭乡	32567	18664	13451	3760	21320	938
盐山县盐山镇	48040	15202	24051	5400	878699	25860
盐山县望树镇	28926	27961	20028	4378	76510	415
盐山县庆云镇	43512	22543	21883	5312	125400	1793
盐山县韩集镇	39650	20770	20368	5290	174223	4765
盐山县千童镇	27445	14581	18441	5008	77639	491
盐山县圣佛镇	47938	33944	27187	5410	97930	1380
盐山县边务乡	28725	13283	18384	4900	212000	2861
盐山县小营乡	27695	19391	19802	4010	95808	468
盐山县杨集乡	28505	16557	18611	4427	70444	580
盐山县孟店乡	38900	34710	29787	5038	180000	1072
盐山县常庄乡	21059	15611	17230	4920	97660	433
盐山县小庄乡	34791	32510	30828	5236	164805	3928
肃宁县肃宁镇	65561	19508	21160	7892	975205	159531
肃宁县梁家村镇	51272	35004	49226	7810	381176	3184
肃宁县窝北镇	35493	38270	45559	7516	367920	1091
肃宁县尚村镇	34937	30326	39486	7963	1224014	16862
肃宁县万里镇	36278	26628	54129	7584	378679	1113
肃宁县师素乡	38663	40519	41969	7398	416448	2083
肃宁县河北留善寺乡	35524	21028	31745	7530	292687	1922
肃宁县付家佐乡	28670	33468	83779	7410	226286	1762
肃宁县邵庄乡	24490	21744	35342	7500	298138	1891
南皮县南皮镇	61558	28410	25664	8869	1568152	18856
南皮县冯家口镇	45155	43442	36891	6998	599483	9116
南皮县寨子镇	58893	40881	45554	4412	289632	885
南皮县鲍官屯镇	35171	20874	27910	5950	254307	1667
南皮县王寺镇	40542	36766	32080	6280	356268	881
南皮县乌马营镇	27350	41074	21814	7200	700299	9988
南皮县大浪淀乡	33317	22393	28549	5897	494913	2574
南皮县刘八里乡	27439	32296	21814	4877	296470	4314
南皮县潞灌乡	55503	37497	80525	4560	227696	851
吴桥县桑园镇	51727	27558	20278	7387	559150	9851
吴桥县铁城镇	39264	47506	79639	7387	301322	2037
吴桥县于集镇	26410	36391	49185	7387	296158	1467

4-1续34 乡镇经济主要指标(2012年)

乡镇名称	乡镇总人口(人)	粮食产量(吨)	现价农林牧渔业总产值(万元)	农村居民人均纯收入(元)	企业营业总收入(万元)	财政总收入(万元)
吴桥县梁集镇	21288	27775	41434	7387	241122	910
吴桥县安陵镇	24798	47485	49563	7387	206500	1701
吴桥县曹家洼乡	22209	28616	43633	7387	136735	1166
吴桥县宋门乡	26493	38630	52161	7387	331085	2233
吴桥县杨家寺乡	22834	32303	42455	7387	210823	1120
吴桥县沟店铺乡	26454	41113	47254	7387	161209	1031
吴桥县何庄乡	25848	38097	46991	7387	248000	1085
献县乐寿镇	81218	36524	42007	7270	606764	21112
献县淮镇镇	42362	30366	32889	6940	868320	14000
献县郭庄镇	33955	22205	26979	7100	660000	7302
献县河城街镇	46865	32893	33247	8456	680000	14046
献县韩村镇	55111	48704	35552	6125	222198	4930
献县陌南镇	42088	32239	53679	6870	196900	4300
献县陈庄镇	35765	29174	29547	6950	514500	8600
献县徐留高乡	30119	14970	16807	6490	269004	3813
献县商林乡	28362	14490	25722	5850	305236	4350
献县段村乡	28560	21708	33735	5810	204571	3960
献县张村乡	27686	18964	27681	5470	192356	3030
献县临河乡	31315	18407	37243	5480	117304	3300
献县小平王乡	20135	15732	23215	5460	129600	2950
献县十五级乡	28390	19928	23379	6320	446600	4224
献县垒头乡	23438	22985	23559	5500	151200	3715
献县南河头乡	25098	15466	17751	7250	661780	14915
献县西城乡	26498	12719	28609	6248	212832	3356
献县本斋回族乡	15921	12514	31129	6808	320850	3016
孟村回族自治县孟村镇	58752	34125	24057	6980	710000	39127
孟村回族自治县新县镇	31301	38544	31078	5722	202906	1613
孟村回族自治县辛店镇	26672	14200	7103	9808	1301955	14814
孟村回族自治县高寨镇	23052	23229	21324	6527	141886	2839
孟村回族自治县宋庄子乡	31632	35428	35372	5980	170316	1752
孟村回族自治县牛进庄乡	33337	19919	16471	7025	760533	7967
泊头市泊镇	48833	28600	22148	8200	1651620	14458
泊头市交河镇	50455	41071	26585	7887	517241	8826
泊头市齐桥镇	58780	28596	49873	6520	383510	1308
泊头市寺门村镇	35385	47345	22845	7180	470000	3665
泊头市郝村镇	38816	48952	29226	7160	457827	2464
泊头市富镇镇	37067	37487	30032	6500	418000	2915
泊头市文庙镇	41222	23685	26659	7180	286000	1377
泊头市洼里王镇	42348	18616	40263	7100	252196	1648
泊头市王武庄乡	34637	31442	32379	7200	251200	2070
泊头市营子乡	46381	40550	25815	6750	656677	1216
泊头市四营乡	33414	39682	28162	6800	325000	3672
泊头市西辛店乡	44064	54110	32709	5660	118459	233
任丘市出岸镇	35229	31571	24393	7080	540000	2442
任丘市石门桥镇	40958	31834	18904	7417	406000	4090
任丘市吕公堡镇	38861	32827	21144	7517	662737	3403
任丘市长丰镇	44515	35999	23291	7304	655353	2030
任丘市莫州镇	26022	19805	23919	8416	315731	1255
任丘市苟各庄镇	27996	16507	21755	7480	203250	3738

4-1续35 乡镇经济主要指标(2012年)

乡镇名称	乡镇总人口(人)	粮食产量(吨)	现价农林牧渔业总产值(万元)	农村居民人均纯收入(元)	企业营业总收入(万元)	财政总收入(万元)
任丘市梁召镇	41908	35018	31831	7602	567500	3791
任丘市辛中驿镇	37987	27894	19195	7260	746479	4076
任丘市麻家坞镇	37569	34791	24775	6851	412100	3366
任丘市议论堡乡	37791	30973	18296	6850	765780	2646
任丘市青塔乡	29093	26756	16787	6452	517583	1555
任丘市北辛庄乡	30205	20902	19373	7130	677096	5686
任丘市七间房乡	25396	13785	19350	7945	567840	1798
任丘市北汉乡	28465	30590	22342	7904	415570	2424
任丘市于村乡	38497	43047	23039	6077	470250	1918
黄骅市黄骅镇	64314	21231	21317	11862	3323082	159673
黄骅市南排河镇	50624		95188	8503	273805	9017
黄骅市吕桥镇	40196	39035	59251	10880	2397592	20436
黄骅市旧城镇	39417	43723	46140	9981	1306374	12252
黄骅市羊二庄回族乡	52762	30878	37298	9941	482210	22186
黄骅市常郭乡	44962	41886	52841	8451	887801	6328
黄骅市滕庄子乡	39345	34554	39870	9978	456600	10030
黄骅市官庄乡	31518	32698	47196	8959	242130	1806
黄骅市齐家务乡	42558	48196	62107	9972	582996	8261
黄骅市港城开发区新村乡	9687		44511	8567	750	415
黄骅市羊三木乡	9032	8444	6955	9081	129709	8316
河间市瀛州镇	103390	19948	21233	7510	599983	86439
河间市米各庄镇	59659	47000	24941	7500	406344	4693
河间市景和镇	28456	27741	19324	7106	230866	2066
河间市卧佛堂镇	49605	47748	25559	7133	169496	1309
河间市束城镇	51368	40281	27129	7200	228412	4371
河间市留古寺镇	33355	26675	18090	6436	198955	3409
河间市沙河桥镇	43899	22604	22848	6836	299200	2920
河间市故仙乡	38948	29308	25258	6955	275000	4552
河间市黎民居乡	46254	33000	26185	7100	86000	1775
河间市兴村乡	58260	40560	29291	7225	410000	2864
河间市沙洼乡	35910	30000	17823	7380	89210	1209
河间市西九吉乡	32545	11898	27772	7150	209085	1271
河间市北石槽乡	23999	19743	15454	6830	314165	2946
河间市诗经村乡	31877	21930	19692	7215	128996	1383
河间市郭家村乡	28176	20000	17858	7210	146400	919
河间市时村乡	30583	23457	19400	6993	153812	1399
河间市行别营乡	41706	25000	21992	6832	240000	2104
河间市尊祖庄乡	39592	29759	21155	7050	89600	3198
河间市龙华店乡	29455	16730	14654	6815	24986	542
河间市果子洼乡	22495	11001	18184	7278	98184	920
安次区落垡镇	25346	12399	11707	7321	47811	1913
安次区码头镇	49337	15021	25658	7498	136023	2817
安次区葛渔城镇	43123	11095	38965	7300	112415	2514
安次区东沽港镇	38174	7410	22248	8657	781873	13261
安次区杨税务乡	36164	14194	31346	7714	58941	2875
安次区仇庄乡	30452	8630	19257	6652	157300	2338
安次区调河头乡	26628	8511	13226	6923	103034	1564
安次区北史家务乡	27468	5578	20938	9465	57967	2520
广阳区南尖塔镇	27921	2811	24295	9482	476641	3980

4-1续36 乡镇经济主要指标(2012年)

乡镇名称	乡镇总人口(人)	粮食产量(吨)	现价农林牧渔业总产值(万元)	农村居民人均纯收入(元)	企业营业总收入(万元)	财政总收入(万元)
广阳区万庄镇	73850	25217	56953	8690	631266	9728
广阳区九州镇	52630	27743	100291	8150	539179	1678
广阳区北旺乡	31008	8932	20419	8158	586686	2223
固安县固安镇	112613	37516	22376	9045	220832	116036
固安县宫村镇	33125	15823	69715	8816	20549	410
固安县柳泉镇	46520	38000	59180	8828	39602	949
固安县牛驼镇	56177	39620	97430	8621	60014	11822
固安县马庄镇	47865	38951	77441	9232	29000	1111
固安县东湾乡	39517	29672	78628	8833	17725	209
固安县彭村乡	26932	20485	65204	9003	23986	299
固安县渠沟乡	30430	22508	49736	8823	1569	665
固安县礼让店乡	22288	19499	49138	9129	118210	276
永清县永清镇	122738	39255	206276	7933	670822	26751
永清县韩村镇	27756	15016	28792	7685	24801	2921
永清县后奕镇	25343	14379	41214	7454	19208	793
永清县别古庄镇	28494	20015	36185	8216	68000	6502
永清县里澜城镇	28556	14995	33217	6765	75000	3117
永清县管家务回族乡	10906	6108	19814	7788	15100	923
永清县曹家务乡	28605	16576	59514	6530	35669	4049
永清县龙虎庄乡	28453	16281	95548	8220	25000	696
永清县刘街乡	33184	15341	100987	8041	65795	3674
永清县三圣口乡	29180	10209	30548	7454	31000	1061
香河县淑阳镇	82726	14827	22804	11978	2768381	79187
香河县蒋辛屯镇	29120	23810	16524	8452	350353	12227
香河县渠口镇	48182	28227	27406	9466	730302	3819
香河县安头屯镇	26586	14482	36050	8642	242456	1276
香河县安平镇	25584	7027	24913	9638	1291428	24253
香河县刘宋镇	35373	29258	44343	9305	619828	1742
香河县五百户镇	37276	25199	99592	8338	675978	9685
香河县钱旺乡	24804	13003	28013	7978	210286	3467
香河县钳屯乡	21758	12594	31092	10500	331559	13660
大城县平舒镇	73390	23687	23145	6540	865700	764
大城县旺村镇	40372	32500	10500	6484	480000	4700
大城县大尚屯镇	69886	38044	44055	4351	244635	1522
大城县南赵扶镇	44637	38500	30010	4256	167700	2166
大城县留各庄镇	42034	20998	29549	5050	630681	7700
大城县权村镇	40046	27146	32987	6500	139000	2060
大城县里坦镇	26155	19992	42000	4230	56123	850
大城县广安镇	38608	26777	38335	4950	172000	2350
大城县北位乡	45814	20780	11917	4500	27105	768
大城县臧屯乡	46939	31552	35495	4370	113195	1601
文安县文安镇	84300	36575	20925	9120	354532	5192
文安县新镇镇	32632	12214	13827	8184	1167901	16934
文安县苏桥镇	35213	23027	23007	7236	393473	3065
文安县大柳河镇	39041	18043	15665	9450	631202	4049
文安县左各庄镇	25761	5726	8395	10368	840000	10916
文安县滩里镇	31716	4588	20544	8500	680378	4718
文安县史各庄镇	23828	9991	12597	8594	511751	2639
文安县赵各庄镇	45496	19672	17566	8190	298002	3251

4-1续37 乡镇经济主要指标(2012年)

乡镇名称	乡镇总人口(人)	粮食产量(吨)	现价农林牧渔业总产值(万元)	农村居民人均纯收入(元)	企业营业总收入(万元)	财政总收入(万元)
文安县兴隆宫镇	29085	17793	13596	7560	321540	1757
文安县大留镇镇	41901	25078	14130	7994	285480	1635
文安县孙氏镇	62331	54984	31764	6850	434547	2357
文安县德归镇	22341	14168	19638	7077	188299	1701
文安县大围河回族满族乡	32671	18422	20507	7890	246247	3709
大厂回族自治县大厂镇	27515	21402	45934	5882	272187	7339
大厂回族自治县夏垫镇	34056	21897	69632	6920	233465	8751
大厂回族自治县祁各庄镇	22883	20141	30745	5917	22866	2049
大厂回族自治县邵府乡	10599	11593	17020	4550	60031	203
大厂回族自治县陈府乡	12547	13200	18037	4693	21026	861
霸州市霸州镇	151940	34677	52133	8123	278434	30531
霸州市南孟镇	31395	20487	40851	8054	410000	7567
霸州市信安镇	32463	6592	12099	8510	1540000	34692
霸州市堂二里镇	33644	11967	11024	7202	775000	8549
霸州市煎茶铺镇	39260	18915	18000	8096	558000	5865
霸州市胜芳镇	135397	3511	6357	8636	3660362	98574
霸州市杨芬港镇	38265	15288	48436	7390	609370	7900
霸州市岔河集乡	47200	37769	34927	7010	320000	5460
霸州市康仙庄乡	46572	39019	27114	7455	283360	6359
霸州市东杨庄乡	23835	6549	9628	8346	325860	2995
霸州市王庄子乡	33902	6758	10023	8347	102209	3548
霸州市东段乡	46971	9342	19304	7941	1733854	47650
三河市泃阳镇	68414	25974	88239	13279	1393207	73600
三河市李旗庄镇	28740	17437	73146	12380	200317	23101
三河市杨庄镇	30161	25923	47102	11850	114039	2656
三河市皇庄镇	46665	33334	59874	11546	113098	2959
三河市新集镇	48667	35418	39863	9901	99037	2037
三河市段甲岭镇	24604	8720	39741	11498	89543	1587
三河市黄土庄镇	39344	16286	85069	12286	263769	8047
三河市高楼镇	40777	26732	86173	12007	176432	30000
三河市齐心庄镇	25837	23202	36745	9997	98431	11834
三河市燕郊镇	280169	28685	71113	12968	2947831	612412
桃城区郑家河沿镇	42365	52475	69051	8388	1426550	6300
桃城区赵家圈镇	38552	60951	68125	8432	728273	6721
桃城区何家庄乡	23841	4559	5914	8523	1096656	5553
桃城区大麻森乡	28497	47161	36542	8355	1246808	10500
桃城区邓家庄乡	29848	30476	80227	8381	539430	2311
桃城区彭杜村乡	37488	36193	41615	7645	411368	1981
枣强县枣强镇	102689	59449	57004	5953	767652	7850
枣强县恩察镇	15931	16263	15236	5540	29347	127
枣强县大营镇	76986	62526	43716	6318	734465	6022
枣强县嘉会镇	11145	10957	17380	5629	52866	193
枣强县马屯镇	40127	46741	33635	4375	101691	813
枣强县肖张镇	14017	15498	13391	3950	34115	192
枣强县张秀屯乡	33782	27350	27651	4280	19704	330
枣强县新屯乡	34500	37743	32274	5785	82527	620
枣强县王均乡	20408	19937	19679	3960	23600	273
枣强县唐林乡	23166	33423	28355	4688	310100	345
枣强县王常乡	22451	21971	24319	4678	109889	216

4-1续38 乡镇经济主要指标(2012年)

乡镇名称	乡镇总人口(人)	粮食产量(吨)	现价农林牧渔业总产值(万元)	农村居民人均纯收入(元)	企业营业总收入(万元)	财政总收入(万元)
武邑县武邑镇	79394	55074	70394	4480	141343	21255
武邑县清凉店镇	31531	31073	43909	4406	75766	1338
武邑县审坡镇	37195	40939	56133	4420	19881	601
武邑县赵桥镇	38994	35831	37295	4240	78796	1098
武邑县韩庄镇	39961	39667	44655	4332	45415	271
武邑县肖桥头镇	29590	28307	31468	4346	57218	725
武邑县龙店乡	28315	29197	31656	4281	14807	138
武邑县圈头乡	22932	25853	31771	4266	12308	320
武邑县大紫塔乡	21420	21131	30933	4205	11739	382
武强县武强镇	61537	52223	33248	4210	436400	646
武强县街关镇	33575	43487	34377	4199	383589	467
武强县周窝镇	26563	32376	22480	4315	191788	1372
武强县豆村乡	32182	36682	26823	4205	279504	338
武强县北代乡	31323	40720	29906	3360	238665	398
武强县孙庄乡	34107	46894	35769	4320	254760	969
饶阳县饶阳镇	38876	33037	39953	3975	211541	3470
饶阳县大尹村镇	21806	14688	35372	4160	192568	624
饶阳县五公镇	35318	44155	51157	4420	296010	1279
饶阳县大官亭镇	40155	38985	55712	3916	352100	922
饶阳县王同岳乡	29025	28819	34771	3875	85629	2120
饶阳县留楚乡	54277	41669	60046	3431	99620	1069
饶阳县东里满乡	37012	27859	37704	3405	26246	759
安平县安平镇	82869	41479	29814	8880	385100	534
安平县马店镇	54733	43228	30729	8780	305200	341
安平县南王庄镇	35495	30748	40210	8795	248000	232
安平县大何庄乡	36261	30853	29198	8480	124949	448
安平县程油子乡	36831	30458	26824	7804	127028	358
安平县西两洼乡	21727	24252	61766	7717	41138	240
安平县大子文乡	32548	28088	25586	8700	144795	302
安平县东黄城乡	30049	27715	22605	8720	178976	414
故城县郑口镇	106975	49816	53953	5873	546260	10370
故城县夏庄镇	36900	33807	42920	6171	453690	780
故城县青罕镇	27590	14443	30594	5629	140805	810
故城县故城镇	27292	18070	34308	5648	78750	541
故城县武官寨镇	37866	20391	28398	6125	192612	1660
故城县饶阳店镇	33899	29859	41281	5873	86000	3185
故城县军屯镇	17194	16823	21570	5336	158380	706
故城县建国镇	50929	36919	42320	6189	366120	1566
故城县西半屯镇	38530	25332	41160	6039	11000	970
故城县辛庄乡	27898	15293	29229	5960	81893	350
故城县里老乡	18866	19425	26633	6017	118800	422
故城县房庄乡	33956	33301	37973	5961	182460	1446
故城县三朗乡	27120	17510	30683	5727	102580	1250
景县景州镇	59264	47324	31884	9200	1800384	3820
景县龙华镇	42909	42293	37273	8800	420000	1500
景县广川镇	33185	37931	25704	8860	309958	1342
景县王瞳镇	29476	33274	24564	8266	142790	550
景县洚河流镇	26681	33262	23329	8622	332145	937
景县安陵镇	24208	32275	22971	8694	92837	610

4-1续39 乡镇经济主要指标(2012年)

乡镇名称	乡镇总人口(人)	粮食产量(吨)	现价农林牧渔业总产值(万元)	农村居民人均纯收入(元)	企业营业总收入(万元)	财政总收入(万元)
景县杜桥镇	38099	43250	24136	8744	219998	985
景县王谦寺镇	29930	36938	24986	8325	162720	441
景县北留智镇	32497	46113	27767	8656	50900	495
景县留智庙镇	38397	40658	39172	8852	138572	1739
景县刘集乡	27538	35124	26323	8383	65212	516
景县连镇乡	24067	28534	23700	8362	74159	444
景县梁集乡	39451	42976	24867	8303	81570	812
景县温城乡	24965	30461	23085	8419	200901	615
景县后留名府乡	30374	36033	25867	8374	85249	1158
景县青兰乡	35283	37252	25196	8366	55410	641
阜城县阜城镇	43930	27685	39456	4020	158700	2360
阜城县古城镇	42068	28169	37950	4010	172655	1185
阜城县码头镇	42026	37662	32030	4010	81053	651
阜城县霞口镇	31474	22697	31880	4040	151577	2882
阜城县崔家庙镇	42523	69085	35027	4010	184310	1325
阜城县漫河乡	27595	15310	37034	4000	68629	588
阜城县建桥乡	17821	27537	19983	4000	55700	459
阜城县蒋坊乡	25666	20231	21825	3970	61235	803
阜城县大白乡	19602	39562	16877	3900	5069	860
阜城县王集乡	23512	28805	16954	3910	13576	810
冀州市冀州镇	51008	28009	30153	6621	1272450	21289
冀州市魏屯镇	20383	21700	10414	6903	158637	1694
冀州市官道李镇	20213	18445	24275	5952	148900	362
冀州市南午村镇	38138	22402	25279	6110	335890	3056
冀州市周村镇	25737	13474	19378	6310	129260	2287
冀州市码头李镇	32611	30678	28238	5933	104297	398
冀州市西王镇	30364	31642	31377	6068	294817	334
冀州市门庄乡	21586	27222	23833	5860	98065	282
冀州市徐家庄乡	27127	18114	22120	6300	361800	430
冀州市北漳淮乡	22552	12676	21445	6114	136652	278
冀州市小寨乡	34150	18743	23461	6066	151375	466
深州市唐奉镇	40892	15763	58791	7926	208444	3679
深州市深州镇	75425	19405	44525	8231	577142	7534
深州市辰时镇	43644	29237	60483	7250	79600	1345
深州市榆科镇	28509	38820	37211	7750	67189	894
深州市魏桥镇	30465	62106	31119	8018	128132	2450
深州市大堤镇	24420	41437	23335	7802	86196	802
深州市前磨头镇	24661	41390	36981	7100	131610	2626
深州市王家井镇	36347	70048	32674	8200	501346	3357
深州市护驾迟镇	24084	53413	28568	7769	77148	612
深州市大屯镇	26693	58732	30865	7064	60326	1228
深州市兵曹乡	34040	4305	45713	7946	69647	1131
深州市穆村乡	30539	2260	26503	7018	32400	712
深州市东安庄乡	41380	33764	37450	7886	133258	3413
深州市北溪村乡	33670	43661	27859	7013	41646	509
深州市大冯营乡	33049	43601	45403	7224	44747	644
深州市乔屯乡	20044	42079	33307	7736	30000	1008
深州市太古庄乡	22672	46493	30111	7806	44677	550

5–1 各省(市、自治区)农业机械总动力及其位次

单位：万千瓦

地 区	1990年		1995年		2000年		2005年		2010年		2011年		2012年	
	数量	位次	数量	位次	数量	位次	数量	位次	数量	位次	数量	位次	数量	位次
全 国	**28707.7**		**36118.1**		**52573.6**		**68397.8**		**92780.5**		**97734.7**		**102559.0**	
北 京	416.2	24	468.1	24	399.2	26	337.7	27	276.0	30	265.2	30	241.1	30
天 津	439.0	23	532.5	23	593.4	24	611.9	25	587.8	26	583.9	26	568.1	26
河 北	**2822.2**	**1**	**4336.4**	**1**	**7000.4**	**2**	**8487.2**	**2**	**10151.3**	**3**	**10349.2**	**3**	**10553.8**	**3**
山 西	1053.5	10	1359.0	10	1701.3	9	2288.7	7	2809.2	12	2927.3	13	3056.1	13
内蒙古	760.5	16	902.5	16	1350.3	14	1922.0	12	3033.6	11	3172.7	11	3280.6	11
辽 宁	1012.3	14	1016.9	14	1339.8	15	1918.1	13	2248.7	17	2399.9	17	2526.9	16
吉 林	629.0	21	661.4	21	1015.4	19	1471.3	18	2145.0	18	2355.0	18	2554.7	15
黑龙江	1173.4	11	1226.1	11	1613.8	11	2234.0	8	3736.3	8	4097.8	8	4552.9	7
上 海	276.5	29	173.4	29	142.5	30	96.5	31	104.1	31	105.7	31	112.7	31
江 苏	2004.8	4	2227.0	4	2925.3	5	3135.3	6	3937.3	6	4106.1	7	4214.6	8
浙 江	1217.9	7	1641.8	7	1990.1	7	2111.3	10	2427.5	14	2461.2	15	2489.4	18
安 徽	1307.3	5	1836.0	5	2975.9	4	3983.8	4	5409.8	4	5657.1	4	5902.8	4
福 建	587.1	18	757.3	18	873.3	21	1000.0	23	1206.2	23	1250.8	23	1286.8	23
江 西	667.7	20	663.1	20	902.3	20	1781.3	16	3805.0	7	4200.0	6	4599.7	6
山 东	3215.8	2	4016.5	2	7025.2	1	9199.3	1	11629.0	1	12098.3	1	12419.9	1
河 南	2264.0	3	3115.4	3	5780.6	3	7934.2	3	10195.9	2	10515.8	2	10872.7	2
湖 北	1099.6	12	1174.3	12	1414.0	13	2057.4	11	3371.0	9	3571.2	9	3842.2	9
湖 南	1209.1	9	1532.5	9	2209.7	6	3189.9	5	4651.5	5	4935.6	5	5189.2	5
广 东	1278.8	6	1669.6	6	1763.9	8	1782.1	15	2345.3	16	2414.8	16	2496.7	17
广 西	784.2	13	1075.4	13	1467.9	12	1909.7	14	2767.7	13	3033.1	12	3195.9	12
海 南	127.3	28	176.0	28	200.9	29	268.2	29	425.2	27	444.3	27	479.7	27
重 庆					586.5	25	776.0	24	1071.1	24	1140.3	24	1162.0	24
四 川	1259.9	8	1595.8	8	1679.7	10	2181.7	9	3155.1	10	3426.1	10	3694.0	10
贵 州	286.2	25	379.1	25	618.6	23	1011.5	22	1730.3	21	1851.4	21	2106.7	21
云 南	648.8	15	910.7	15	1301.3	16	1666.1	17	2411.1	15	2628.4	14	2874.5	14
西 藏	45.4	30	58.5	30	114.5	31	230.9	30	378.1	29	427.9	29	465.0	28
陕 西	712.0	17	780.5	17	1042.9	18	1406.3	20	2000.0	19	2182.9	19	2350.2	19
甘 肃	568.1	19	748.0	19	1056.9	17	1406.9	19	1977.6	20	2136.5	20	2279.1	20
青 海	126.9	27	188.5	27	256.2	28	327.3	28	421.3	28	430.7	28	435.0	29
宁 夏	191.1	26	241.5	26	380.6	27	555.1	26	729.1	25	768.7	25	787.3	25
新 疆	523.1	22	653.8	22	851.2	22	1116.3	21	1273.6	22	1796.7	22	1968.9	22

注：全国及各省(市、自治区)资料来源于国家统计局(下同)。

5-2 各省(市、自治区)农用化肥施用量(折纯)及其位次

单位：万吨

地区	1990年		1995年		2000年		2005年		2010年		2011年		2012年	
	数量	位次	数量	位次	数量	位次	数量	位次	数量	位次	数量	位次	数量	位次
全　国	**2590.3**		**3593.7**		**4146.4**		**4766.2**		**5561.7**		**5704.2**		**5838.8**	
北　京	14.4	25	18.7	25	17.9	28	14.8	28	13.7	28	13.8	28	13.7	28
天　津	6.9	28	12.2	28	16.6	29	23.3	27	25.5	27	24.4	27	24.5	27
河　北	**145.2**	**7**	**220.7**	**6**	**270.6**	**4**	**303.4**	**4**	**322.9**	**5**	**326.3**	**6**	**329.3**	**6**
山　西	56.6	18	77.1	19	87.0	19	95.7	20	110.4	20	114.6	20	118.3	20
内蒙古	34.5	23	53.7	22	74.8	21	116.7	18	177.2	15	176.9	16	189.0	16
辽　宁	81.4	14	103.1	15	109.8	16	119.9	17	140.1	17	144.6	17	146.9	17
吉　林	84.7	12	101.2	16	112.1	14	138.1	14	182.8	14	195.2	14	206.7	14
黑龙江	76.5	15	108.9	13	121.6	13	150.9	11	214.9	11	228.4	11	240.3	11
上　海	24.8	24	22.8	24	19.3	27	14.4	29	11.8	29	12.0	29	11.0	29
江　苏	221.8	2	292.8	3	335.5	3	340.8	3	341.1	4	337.2	4	331.0	5
浙　江	94.7	10	97.5	17	89.7	18	94.3	21	92.2	21	92.1	23	92.2	23
安　徽	144.5	8	203.3	7	253.2	5	285.7	6	319.8	6	329.7	5	333.5	4
福　建	76.4	16	104.3	14	123.3	12	122.0	16	121.0	19	120.9	19	120.9	19
江　西	83.6	13	112.1	11	106.9	17	129.4	15	137.6	18	140.8	18	141.3	18
山　东	245.5	1	362.3	1	423.2	1	467.6	2	475.3	2	473.6	2	476.3	2
河　南	213.2	3	322.2	2	419.5	2	518.1	1	655.2	1	673.7	1	684.4	1
湖　北	148.6	6	228.4	5	247.1	6	285.8	5	350.8	3	354.9	3	354.9	3
湖　南	126.1	9	167.9	9	182.2	8	209.9	8	236.6	10	242.5	9	249.1	8
广　东	162.4	5	195.7	8	176.2	9	204.6	9	237.3	8	241.3	10	245.4	10
广　西	86.2	11	122.9	10	157.8	10	201.3	10	237.2	9	242.7	8	249.0	9
海　南	12.2	26	17.3	26	26.3	25	37.3	25	46.4	25	47.7	25	45.5	25
重　庆					72.0	22	79.1	22	91.8	22	95.6	21	96.0	22
四　川	192.5	4	244.9	4	212.6	7	220.9	7	248.0	7	251.2	7	253.0	7
贵　州	38.7	21	60.8	21	71.3	23	77.4	23	86.5	23	94.1	22	98.2	21
云　南	55.5	19	88.0	18	112.1	15	142.7	13	184.6	13	200.5	13	210.2	13
西　藏	1.6	30	1.5	30	2.5	31	4.2	31	4.7	31	4.8	31	5.0	31
陕　西	67.9	17	112.0	12	131.2	11	147.3	12	196.8	12	207.3	12	239.8	12
甘　肃	37.5	22	50.9	23	64.5	24	75.9	24	85.3	24	87.2	24	92.1	24
青　海	5.3	29	6.5	29	7.2	30	7.0	30	8.8	30	8.3	30	9.3	30
宁　夏	11.6	27	16.4	27	23.6	26	29.9	26	37.9	26	38.2	26	39.4	26
新　疆	39.5	20	67.8	20	79.2	20	107.8	19	167.6	16	183.7	15	192.7	15

5–3 各省(市、自治区)农村用电量及其位次

单位：亿千瓦时

地区	1990年		1995年		2000年		2005年		2010年		2011年		2012年	
	数量	位次	数量	位次	数量	位次	数量	位次	数量	位次	数量	位次	数量	位次
全　国	**844.5**		**1655.8**		**2421.3**		**4375.70**		**6632.3**		**7139.6**		**7532.2**	
北　京	18.0	16	20.2	23	31.0	19	42.17	19	44.4	24	45.4	25	47.3	26
天　津	16.5	19	32.5	16	35.5	16	55.25	16	51.0	21	51.3	23	51.6	24
河　北	**58.8**	**4**	**118.5**	**5**	**180.4**	**5**	**337.05**	**5**	**511.8**	**4**	**559.2**	**4**	**593.9**	**4**
山　西	25.9	12	46.1	11	53.1	13	66.94	13	81.2	15	86.6	15	95.0	15
内蒙古	11.4	24	16.7	24	21.3	26	29.31	26	48.4	23	52.3	22	55.2	22
辽　宁	47.0	6	81.6	7	103.5	7	183.00	6	359.5	6	366.3	6	373.4	6
吉　林	16.8	18	21.5	20	23.8	25	28.02	27	39.5	27	42.5	27	46.1	27
黑龙江	17.6	17	23.5	19	27.5	23	36.35	22	55.7	20	58.2	20	74.0	18
上　海	32.5	9	52.3	9	73.2	9	124.53	9	195.5	9	204.3	9	209.0	9
江　苏	105.3	1	238.2	1	314.6	2	825.10	1	1472.9	1	1606.8	1	1696.4	1
浙　江	69.4	3	169.2	3	255.3	3	520.57	3	765.1	3	848.0	3	869.9	3
安　徽	23.6	13	37.4	15	45.8	14	63.96	15	107.4	13	117.3	12	128.8	12
福　建	20.4	15	45.7	12	72.4	10	160.58	8	257.5	8	270.6	8	312.9	7
江　西	16.0	20	26.6	17	35.3	17	45.13	17	71.6	16	77.3	16	84.6	16
山　东	75.7	2	147.3	4	200.3	4	346.54	4	439.0	5	456.5	5	465.8	5
河　南	46.9	7	85.1	6	125.8	6	172.15	7	269.4	7	281.8	7	290.0	8
湖　北	27.2	11	47.4	10	60.9	11	70.09	12	109.8	12	112.3	13	112.3	13
湖　南	23.4	14	37.6	14	44.5	15	65.24	14	98.6	14	106.0	14	110.2	14
广　东	56.9	5	186.3	2	405.4	1	766.43	2	1044.3	2	1134.9	2	1187.5	2
广　西	12.6	22	23.6	18	29.6	20	34.31	23	50.2	22	56.2	21	63.3	21
海　南	0.9	29	1.2	29	1.5	30	3.85	29	5.9	29	7.1	29	8.6	29
重　庆					27.9	22	42.89	18	64.8	17	70.4	18	73.8	19
四　川	44.0	8	78.7	8	82.8	8	112.92	10	141.7	10	148.6	10	156.0	11
贵　州	6.1	26	7.9	26	14.2	27	30.23	25	41.7	26	48.0	24	54.5	23
云　南	12.2	23	20.7	22	31.7	18	41.69	20	61.7	19	66.8	19	73.8	20
西　藏	0.1	30	0.2	30	0.3	31	0.64	31	0.8	31	0.9	31	1.0	31
陕　西	29.2	10	44.6	13	59.5	12	88.23	11	121.0	11	131.3	11	156.5	10
甘　肃	14.2	21	21.4	21	29.4	21	33.85	24	42.9	25	45.1	26	47.8	25
青　海	1.5	28	2.0	28	2.3	29	2.99	30	3.8	30	4.1	30	4.5	30
宁　夏	3.9	27	5.6	27	7.9	28	9.25	28	11.0	28	12.0	28	12.8	28
新　疆	10.5	25	16.2	25	24.5	24	36.47	21	64.3	18	71.6	17	75.8	17

5-4 各省(市、自治区)有效灌溉面积及其位次

单位：千公顷

地区	1990年		1995年		2000年		2005年		2010年		2011年		2012年	
	数量	位次	数量	位次	数量	位次	数量	位次	数量	位次	数量	位次	数量	位次
全国	**47403.1**		**49281.2**		**53820.3**		**55029.3**		**60377.9**		**61681.6**		**63036.4**	
北京	335.1	25	323.0	25	328.2	27	181.5	28	211.4	30	209.3	30	207.5	30
天津	345.9	24	354.7	24	353.2	26	355.2	26	344.6	26	338.0	26	337.0	26
河北	**3758.5**	**3**	**4040.0**	**3**	**4482.3**	**3**	**4547.8**	**3**	**4520.9**	**3**	**4596.6**	**3**	**4603.1**	**4**
山西	1134.5	18	1202.0	18	1105.0	20	1088.6	20	1274.2	21	1319.9	19	1319.1	19
内蒙古	1251.5	11	1776.4	11	2371.7	9	2702.2	7	3027.5	8	3072.4	8	3125.2	8
辽宁	1059.3	17	1203.8	17	1440.7	15	1527.1	14	1537.5	16	1588.4	16	1698.8	15
吉林	881.9	21	904.4	21	1315.1	18	1613.7	13	1726.8	14	1807.5	14	1851.9	14
黑龙江	1078.7	19	1094.7	19	2032.0	11	2394.1	10	3875.2	4	4332.7	4	4776.5	3
上海	319.7	26	287.7	26	285.9	28	237.3	27	201.0	31	199.6	31	199.0	31
江苏	3970.9	4	3832.8	4	3900.9	4	3817.7	4	3819.7	5	3817.9	6	3929.7	6
浙江	1477.1	14	1419.0	14	1403.2	17	1417.7	17	1451.0	18	1456.8	18	1471.0	18
安徽	2633.3	5	2933.7	5	3197.2	5	3330.9	5	3519.8	7	3547.7	7	3585.1	7
福建	933.6	20	936.5	20	940.2	22	949.7	22	967.5	23	967.5	23	968.5	23
江西	1836.7	10	1879.7	10	1903.4	12	1831.4	12	1852.4	13	1867.7	13	1907.1	12
山东	4463.7	1	4662.5	1	4824.9	1	4790.0	2	4955.3	2	4986.9	2	5058.1	2
河南	3550.1	2	4044.2	2	4725.3	2	4864.1	1	5081.0	1	5150.4	1	5205.6	1
湖北	2324.3	9	2174.4	9	2072.5	10	2064.6	11	2379.8	11	2455.7	11	2548.9	11
湖南	2676.2	8	2680.0	8	2677.5	7	2690.4	8	2769.2	9	2762.4	9	2715.8	9
广东	1795.1	12	1488.3	12	1478.5	14	1317.8	18	1872.5	12	1873.2	12	1874.4	13
广西	1490.5	13	1472.1	13	1501.6	13	1519.8	15	1523.0	17	1529.2	17	1541.3	17
海南	142.6	28	180.6	28	179.8	30	168.3	30	243.8	28	247.5	28	256.8	27
重庆					624.6	24	618.1	24	685.3	24	692.9	24	703.0	24
四川	2805.9	6	2898.6	6	2469.0	8	2508.3	9	2553.1	10	2600.8	10	2662.7	10
贵州	550.3	23	612.1	23	653.4	23	711.6	23	1131.7	22	1201.2	22	1214.6	22
云南	1054.2	16	1250.0	16	1403.4	16	1485.4	16	1588.4	15	1634.2	15	1677.9	16
西藏	126.4	30	162.1	30	157.0	31	162.6	31	237.0	29	245.3	29	251.0	29
陕西	1263.1	15	1340.0	15	1308.0	19	1298.8	19	1284.9	19	1274.3	21	1277.2	21
甘肃	854.5	22	892.5	22	981.5	21	1030.4	21	1278.4	20	1291.8	20	1297.6	20
青海	171.5	29	177.3	29	211.4	29	176.5	29	251.7	27	251.7	27	251.7	28
宁夏	260.3	27	278.2	27	398.8	25	423.5	25	464.6	25	477.6	25	491.4	25
新疆	2857.7	7	2780.0	7	3094.3	6	3204.3	6	3721.6	6	3884.6	5	4029.1	5

注：2012年数据为初步数据，尚未与2011年全国第一次水利普查数据衔接。

5-5 各省(市、自治区)粮食总产量及其位次

单位：万吨

地区	1990年		1995年		2000年		2005年		2010年		2011年		2012年	
	数量	位次	数量	位次	数量	位次	数量	位次	数量	位次	数量	位次	数量	位次
全国	**44624**		**46661.8**		**46217.5**		**48402.2**		**54647.7**		**57102.8**		**58958.0**	
北京	265	24	259.8	24	144.2	28	94.9	29	115.7	29	121.8	29	113.8	29
天津	189	27	207.5	26	124.1	29	137.5	27	159.7	27	161.8	27	161.8	27
河北	**2277**	**9**	**2739.0**	**5**	**2551.1**	**6**	**2598.6**	**8**	**2975.9**	**7**	**3172.6**	**6**	**3246.6**	**8**
山西	969	19	917.1	20	853.4	22	978.0	20	1085.1	21	1193.0	19	1274.1	17
内蒙古	973	18	1055.4	17	1241.9	15	1662.2	13	2158.2	11	2387.5	11	2528.5	10
辽宁	1495	14	1423.5	15	1140.0	18	1745.8	12	1765.4	13	2035.5	13	2070.5	13
吉林	2046	10	1992.4	10	1638.0	11	2581.2	9	2842.5	9	3171.0	7	3343.0	5
黑龙江	2312	8	2552.1	8	2545.5	7	3092.0	4	5012.8	2	5570.6	1	5761.5	1
上海	239	25	210.4	25	174.0	27	105.4	28	118.4	28	122.0	28	122.4	28
江苏	3231	4	3286.3	4	3106.6	4	2834.6	5	3235.1	4	3307.8	4	3372.5	4
浙江	1586	13	1430.9	14	1217.7	16	814.7	23	770.7	23	781.6	23	769.8	23
安徽	2457	7	2580.7	7	2472.1	8	2605.3	7	3080.5	6	3135.5	8	3289.1	7
福建	880	20	919.9	19	854.7	21	715.2	24	661.9	24	672.8	24	659.3	24
江西	1658	12	1607.4	12	1614.6	12	1757.0	11	1954.7	12	2052.8	12	2084.8	12
山东	3355	2	4246.4	2	3837.7	2	3917.4	2	4335.7	3	4426.3	3	4511.4	3
河南	3304	3	3466.5	3	4101.5	1	4582.0	1	5437.1	1	5542.5	2	5638.6	2
湖北	2475	6	2463.8	9	2218.5	9	2177.4	10	2315.8	10	2388.5	10	2441.8	11
湖南	2651	5	2691.6	6	2767.9	5	2678.6	6	2847.5	8	2939.4	9	3006.5	9
广东	1897	11	1734.8	11	1760.1	10	1395.0	16	1316.5	16	1361.0	16	1396.3	16
广西	1363	15	1508.2	13	1528.5	13	1487.3	15	1412.3	15	1429.9	15	1484.9	15
海南	170	28	201.8	28	199.6	26	153.0	26	180.4	26	188.0	26	199.5	26
重庆					1106.9	20	1168.2	17	1156.1	19	1126.9	20	1138.5	20
四川	4267	1	4365.0	1	3372.0	3	3211.1	3	3222.9	5	3291.6	5	3315.0	6
贵州	721	21	948.9	18	1161.3	17	1152.1	18	1112.3	20	876.9	22	1079.5	22
云南	1057	17	1188.9	16	1467.8	14	1514.9	14	1531.0	14	1673.6	14	1749.1	14
西藏	55	30	70.0	30	96.2	30	93.4	30	91.2	31	93.7	31	94.9	31
陕西	1071	16	913.4	21	1089.1	19	1043.0	19	1164.9	18	1194.7	18	1245.1	19
甘肃	691	22	644.2	23	713.5	24	836.9	22	958.3	22	1014.6	21	1109.7	21
青海	114	29	114.2	29	82.7	31	93.3	31	102.0	30	103.4	30	101.5	30
宁夏	190	26	203.2	27	252.7	25	299.8	25	356.5	25	359.0	25	375.0	25
新疆	666	23	718.5	22	783.7	23	876.6	21	1170.7	17	1224.7	17	1273.0	18

5-6 各省(市、自治区)人均粮食产量及其位次

单位：公斤/人

地区	1990年		1995年		2000年		2005年		2010年		2011年		2012年	
	数量	位次	数量	位次	数量	位次	数量	位次	数量	位次	数量	位次	数量	位次
全　国	**393.1**		**387.3**		**366.1**		**371.26**		**408.7**		**425.2**		**436.5**	
北　京	249.3	27	218.7	29	109.3	31	61.91	30	62.3	30	61.2	30	55.7	30
天　津	217.1	29	221.1	28	126.6	29	132.23	29	126.7	29	122.2	29	116.9	29
河　北	**378.2**	**16**	**427.1**	**9**	**383.9**	**14**	**380.48**	**15**	**418.3**	**11**	**439.8**	**12**	**446.9**	**12**
山　西	340.5	17	299.3	19	262.5	24	292.38	22	310.1	20	333.0	19	353.7	19
内蒙古	454.1	4	464.5	5	524.2	3	698.60	3	882.2	3	964.2	3	1017.2	3
辽　宁	381.2	14	348.9	15	271.1	22	414.84	11	406.1	13	464.9	8	472.1	8
吉　林	837.7	1	771.4	1	608.2	1	953.22	1	1036.3	2	1154.0	2	1215.7	2
黑龙江	655.7	2	692.3	2	608.2	2	811.85	2	1309.3	1	1453.5	1	1502.7	1
上　海	183.3	30	151.9	30	110.6	30	59.44	31	56.1	31	52.5	31	51.8	31
江　苏	485.7	3	466.6	4	424.1	9	380.35	16	415.0	12	419.6	13	426.4	14
浙　江	378.7	15	332.3	17	266.1	23	166.83	27	145.1	27	143.3	27	140.7	27
安　徽	441.0	8	431.3	7	404.5	11	426.98	7	510.0	7	526.2	7	550.2	7
福　建	296.5	22	286.6	21	251.9	26	202.92	24	180.9	26	181.6	26	176.6	26
江　西	441.9	7	398.0	12	385.8	13	408.76	12	439.8	9	459.0	10	463.7	10
山　东	402.9	11	488.8	3	427.3	7	424.86	8	455.2	8	460.7	9	467.0	9
河　南	391.4	13	382.5	14	440.0	6	489.95	5	575.7	4	589.9	4	600.0	4
湖　北	462.7	5	428.8	8	370.8	16	382.47	14	404.7	14	416.1	14	423.3	15
湖　南	436.9	9	422.3	10	426.8	8	424.70	9	438.9	10	446.6	11	454.3	11
广　东	306.7	21	255.9	26	221.2	27	152.18	28	131.2	28	130.0	28	132.4	28
广　西	324.1	19	333.8	16	332.2	19	320.12	20	298.6	23	309.3	22	318.4	21
海　南	260.5	24	281.3	22	257.8	25	185.34	25	208.4	24	215.6	24	226.2	24
重　庆					359.1	17	418.77	10	402.6	15	388.3	17	388.3	17
四　川	396.7	12	387.3	13	399.6	12	392.20	13	397.2	16	409.1	15	411.1	16
贵　州	224.0	28	272.4	23	321.0	20	309.80	21	305.9	22	252.6	23	310.5	23
云　南	286.5	23	299.9	18	346.2	18	341.46	17	334.0	18	362.7	18	376.6	18
西　藏	251.1	26	294.1	20	371.5	15	338.20	18	309.0	21	310.6	21	310.6	22
陕　西	329.1	18	261.2	25	301.6	21	281.22	23	310.4	19	319.6	20	332.2	20
甘　肃	312.0	20	267.5	24	508.7	4	323.59	19	369.1	17	396.2	16	431.6	13
青　海	256.8	25	239.2	27	160.9	28	172.20	26	182.1	25	182.8	25	177.9	25
宁　夏	411.0	10	399.6	11	457.4	5	504.55	4	568.0	5	565.5	5	582.9	5
新　疆	446.7	6	436.4	6	423.7	10	437.83	6	539.5	6	557.9	6	573.2	6

5–7 各省(市、自治区)棉花产量及其位次

单位：万吨

地区	1990年		1995年		2000年		2005年		2010年		2011年		2012年	
	数量	位次	数量	位次	数量	位次	数量	位次	数量	位次	数量	位次	数量	位次
全国	**450.8**		**476.8**		**441.73**		**571.42**		**596.11**		**658.90**		**683.60**	
北京	0.3	18	0.3	18	0.16	18	0.21	17	0.05	22	0.05	22	0.03	23
天津	1.5	14	1.1	16	1.75	15	8.35	12	6.27	13	7.23	11	5.76	12
河北	**57.1**	**3**	**37.0**	**6**	**30.01**	**6**	**57.72**	**4**	**56.95**	**3**	**65.34**	**3**	**56.44**	**3**
山西	11.2	10	9.1	11	4.48	12	10.29	10	6.93	11	6.34	13	4.70	13
内蒙古					0.19	17	0.18	19	0.11	19	0.23	18	0.16	19
辽宁	1.4	15	2.4	14	0.53	16	0.27	16	0.07	21	0.07	21	0.06	21
吉林							0.17	20	0.52	16	1.21	16	0.80	16
黑龙江														
上海	1.2	16	0.4	17	0.12	19	0.18	18	0.35	17	0.48	17	0.38	17
江苏	46.4	6	56.2	4	31.44	4	32.27	7	26.08	7	24.68	7	22.05	8
浙江	6.4	12	6.2	12	2.92	13	2.16	15	2.94	14	3.24	14	2.99	14
安徽	23.6	7	30.1	7	27.40	7	32.46	6	31.60	6	37.80	6	29.40	5
福建					0.01	24	0.00	25	0.01	25	0.01	25	0.01	25
江西	5.7	13	11.9	9	6.80	9	8.72	11	13.08	9	14.29	9	15.22	9
山东	97.5	1	47.1	5	58.99	3	84.63	2	72.41	2	78.46	2	69.85	2
河南	67.6	2	77.0	2	70.38	2	67.70	3	44.72	5	38.24	5	25.69	6
湖北	51.7	4	58.6	3	30.43	5	37.50	5	47.18	4	52.58	4	54.53	4
湖南	12.0	8	22.4	8	15.80	8	19.75	8	22.70	8	22.70	8	25.06	7
广东														
广西			0.1	20	0.09	21	0.09	21	0.21	18	0.23	19	0.22	18
海南														
重庆					0.05	23	0.02	24	0.01	24	0.01	24	0.01	24
四川	11.5	9	11.2	10	5.89	10	2.47	14	1.42	15	1.46	15	1.33	15
贵州	0.1	19	0.1	19	0.11	20	0.06	22	0.10	20	0.10	20	0.12	20
云南	0.1	20	0.1	21	0.05	22	0.02	23	0.04	23	0.04	23	0.05	22
西藏														
陕西	7.8	11	4.0	13	2.74	14	7.78	13	6.92	12	6.74	12	6.72	11
甘肃	0.8	17	2.3	15	5.75	11	11.05	9	7.56	10	7.60	10	8.10	10
青海														
宁夏														
新疆	46.9	5	99.4	1	145.60	1	187.40	1	247.90	1	289.77	1	353.95	1

5-8 各省(市、自治区)人均棉花产量及其位次

单位：公斤/人

地区	1990年		1995年		2000年		2005年		2010年		2011年		2012年	
	数量	位次	数量	位次	数量	位次	数量	位次	数量	位次	数量	位次	数量	位次
全　国	**4.0**		**4.0**		**3.50**		**4.38**		**4.46**		**4.90**		**5.09**	
北　京	0.3	17	0.2	18	0.12	17	0.13	16	0.02	21	0.03	21	0.01	21
天　津	1.8	11	1.2	12	1.79	10	8.03	4	4.97	6	5.46	6	4.35	6
河　北	**9.5**	**4**	**5.8**	**5**	**4.52**	**5**	**8.45**	**3**	**8.01**	**3**	**9.06**	**3**	**7.77**	**3**
山　西	3.9	8	3.0	9	1.38	12	3.08	11	1.98	12	1.77	13	1.31	13
内蒙古					0.08	18	0.07	18	0.05	18	0.09	18	0.06	18
辽　宁	0.3	18	0.6	16	0.13	16	0.06	19	0.02	22	0.02	22	0.01	22
吉　林							0.06	20	0.19	15	0.44	15	0.29	15
黑龙江														
上　海	0.9	15	0.3	17	0.07	19	0.10	17	0.17	17	0.21	16	0.16	17
江　苏	7.0	6	8.0	4	4.29	7	4.33	8	3.35	9	3.13	10	2.80	10
浙　江	1.5	12	1.5	11	0.64	15	0.44	14	0.55	14	0.59	14	0.55	14
安　徽	4.2	7	5.0	7	4.48	6	5.32	7	5.23	5	6.34	5	4.93	5
福　建											0.00	25	0.00	25
江　西	1.5	13	2.9	10	1.63	11	2.03	13	2.94	10	3.19	9	3.40	8
山　东	11.7	2	5.4	6	6.57	3	9.18	2	7.60	4	8.17	4	7.27	4
河　南	8.0	5	8.5	3	7.55	2	7.24	5	4.74	7	4.07	7	2.73	11
湖　北	9.7	3	10.2	2	5.09	4	6.59	6	8.25	2	9.16	2	9.50	2
湖　南	2.0	10	3.5	8	2.44	9	3.13	10	3.50	8	3.45	8	3.81	7
广　东														
广　西					0.02	20	0.02	21	0.04	19	0.05	19	0.05	19
海　南														
重　庆							0.01	23	0.00	24	0.00	24	0.00	24
四　川	1.1	14	1.0	14	0.70	14	0.30	15	0.17	16	0.18	17	0.17	16
贵　州							0.02	22	0.03	20	0.03	20	0.03	20
云　南									0.01	23	0.01	23	0.01	23
西　藏														26
陕　西	2.4	9	1.1	13	0.76	13	2.10	12	1.85	13	1.80	12	1.80	12
甘　肃	0.4	16	1.0	15	4.10	8	4.27	9	2.91	11	2.97	11	3.16	9
青　海														
宁　夏														
新　疆	31.4	1	60.4	1	78.72	1	93.60	1	114.24	1	132.01	1	161.25	1

5–9 各省(市、自治区)油料产量及其位次

单位：万吨

地区	1990年		1995年		2000年		2005年		2010年		2011年		2012年	
	数量	位次	数量	位次	数量	位次	数量	位次	数量	位次	数量	位次	数量	位次
全国	**1613**		**2250.3**		**2954.8**		**3077.14**		**3230.1**		**3306.8**		**3436.8**	
北京	3	29	3.3	30	3.8	30	2.49	30	1.6	30	1.4	30	1.3	30
天津	5	28	4.0	28	3.3	31	1.29	31	0.6	31	0.7	31	0.6	31
河北	**75**	**7**	**109.9**	**8**	**147.0**	**7**	**152.73**	**7**	**140.3**	**8**	**141.8**	**8**	**142.8**	**9**
山西	39	16	22.3	20	44.8	16	21.26	25	17.6	26	18.7	25	19.6	25
内蒙古	69	9	70.2	11	116.4	9	122.17	9	128.1	9	133.9	9	145.1	8
辽宁	17	23	19.8	22	29.6	22	36.84	21	99.6	11	119.8	10	120.9	10
吉林	47	13	25.6	18	39.0	19	54.45	15	70.4	13	69.6	14	80.7	14
黑龙江	17	22	20.1	21	43.8	17	60.59	14	27.5	23	23.3	24	22.5	24
上海	18	21	15.8	25	16.4	26	6.94	28	2.3	29	1.9	29	1.7	29
江苏	112	5	159.5	6	225.6	5	215.99	6	152.0	7	144.1	7	146.9	7
浙江	48	12	50.0	13	57.9	15	50.14	17	39.5	20	39.9	21	38.3	21
安徽	129	4	191.8	3	285.0	4	270.67	4	227.6	5	213.8	6	227.7	5
福建	18	20	23.3	19	25.8	24	27.42	24	26.6	24	27.5	23	28.1	23
江西	55	11	103.6	9	96.7	10	76.12	12	107.6	10	113.6	11	117.1	11
山东	212	1	315.0	1	356.9	2	363.86	2	342.2	2	341.0	2	351.0	2
河南	152	3	298.0	2	392.6	1	449.60	1	540.7	1	532.4	1	569.5	1
湖北	96	6	189.4	4	287.2	3	293.90	3	311.8	3	304.7	3	319.7	3
湖南	72	8	112.0	7	139.3	8	140.98	8	195.3	6	215.3	5	207.8	6
广东	59	10	71.0	10	78.8	11	77.01	11	88.2	12	91.9	12	96.6	12
广西	25	19	45.3	15	58.6	14	63.18	13	45.8	18	50.1	19	54.5	19
海南	5	27	7.3	26	10.1	27	8.53	27	9.5	27	9.9	27	10.4	27
重庆					31.1	21	42.71	19	44.4	19	46.5	20	50.1	20
四川	156	2	170.2	5	193.0	6	232.34	5	268.5	4	278.4	4	287.8	4
贵州	44	14	58.8	12	74.3	12	84.89	10	60.3	16	78.9	13	87.4	13
云南	13	24	19.6	23	27.0	23	36.22	22	34.2	22	60.7	17	62.8	16
西藏	2	30	3.4	29	4.0	29	6.13	29	5.9	28	6.4	28	6.3	28
陕西	34	18	38.2	16	38.8	20	45.35	18	56.1	17	59.0	18	60.3	17
甘肃	34	17	31.7	17	41.7	18	50.31	16	64.1	15	63.5	16	67.0	15
青海	12	25	16.2	24	19.4	25	31.85	23	34.4	21	33.3	22	35.2	22
宁夏	6	26	5.6	27	7.0	28	12.21	26	20.8	25	18.4	26	18.0	26
新疆	39	15	49.4	14	60.1	13	38.94	20	66.6	14	66.8	15	59.0	18

5-10 各省(市、自治区)人均油料产量及其位次

单位：公斤/人

地区	1990年		1995年		2000年		2005年		2010年		2011年		2012年	
	数量	位次	数量	位次	数量	位次	数量	位次	数量	位次	数量	位次	数量	位次
全国	**14.2**		**18.7**		**23.4**		**23.60**		**24.16**		**24.61**		**25.58**	
北京	2.9	30	2.8	30	2.9	31	1.63	30	0.84	30	0.70	30	0.67	30
天津	5.4	26	4.3	29	3.4	30	1.24	31	0.51	31	0.50	31	0.43	31
河北	**12.4**	**17**	**17.1**	**11**	**22.1**	**12**	**22.36**	**10**	**19.72**	**16**	**19.66**	**17**	**19.66**	**17**
山西	13.8	14	7.3	24	13.8	17	6.36	28	5.03	28	5.22	28	5.46	28
内蒙古	32.6	1	30.9	6	49.1	1	51.35	3	52.38	4	54.07	3	58.59	3
辽宁	4.5	27	4.8	28	7.0	28	8.75	24	22.91	14	27.35	11	27.60	11
吉林	19.1	6	9.9	23	14.5	16	20.11	14	25.68	11	25.31	13	29.38	9
黑龙江	4.9	28	5.4	26	11.7	22	15.91	18	7.19	27	6.07	27	5.87	27
上海	13.9	13	11.4	17	10.4	24	3.91	29	1.09	29	0.80	29	0.74	29
江苏	16.9	9	22.6	9	30.8	8	28.98	7	19.49	17	18.28	18	18.64	18
浙江	11.5	19	11.6	16	12.7	21	10.27	23	7.43	25	7.31	26	7.02	26
安徽	23.2	5	32.0	5	46.6	3	44.36	5	37.68	5	35.87	5	38.21	5
福建	6.0	25	7.3	25	7.6	27	7.78	27	7.28	26	7.41	25	7.58	25
江西	14.6	11	25.6	8	23.1	10	17.71	17	24.20	13	25.40	12	26.18	13
山东	25.5	4	36.3	1	39.7	5	39.46	6	35.92	6	35.49	6	36.53	6
河南	18.0	7	32.9	4	42.1	4	48.08	4	57.25	2	56.66	2	60.62	2
湖北	17.9	8	33.0	3	48.0	2	51.63	2	54.49	3	53.08	4	55.68	4
湖南	11.9	18	17.6	10	21.5	13	22.35	11	30.10	10	32.71	8	31.57	8
广东	9.5	21	10.5	21	9.9	26	8.40	25	8.79	23	8.78	24	9.23	24
广西	6.0	24	10.0	22	12.7	19	13.60	20	9.69	22	10.84	23	11.78	23
海南	7.0	23	10.6	20	13.0	18	10.33	22	10.96	21	11.39	22	11.88	22
重庆					10.1	25	15.31	19	15.48	19	16.03	19	17.27	19
四川	14.5	12	15.1	13	22.9	11	28.38	8	33.10	8	34.61	7	35.76	7
贵州	13.6	15	16.9	12	20.6	14	22.83	9	16.59	18	22.71	15	25.17	15
云南	3.6	29	4.9	27	6.4	29	8.16	26	7.47	24	13.17	21	13.62	21
西藏	7.6	22	14.1	14	15.3	15	22.20	12	19.87	15	21.05	16	20.98	16
陕西	10.3	20	10.9	19	10.7	23	12.23	21	14.94	20	15.78	20	16.14	20
甘肃	15.2	10	13.2	15	29.7	9	19.45	15	24.67	12	24.80	14	26.16	14
青海	27.1	2	34.0	2	37.4	6	58.81	1	61.40	1	58.87	1	62.30	1
宁夏	13.5	16	11.0	18	12.7	20	20.55	13	33.21	7	29.00	10	28.41	10
新疆	26.1	3	30.0	7	32.5	7	19.45	16	30.70	9	30.42	9	26.90	12

5-11 各省(市、自治区)蔬菜产量及其位次

单位：万吨

地区	1995年		1999年		2005年		2010年		2011年		2012年	
	数量	位次	数量	位次	数量	位次	数量	位次	数量	位次	数量	位次
全国	**25726.7**		**40513.5**		**56451.49**		**65099.4**		**67929.7**		**70883.1**	
北京	397.3	20	426.8	25	423.89	26	303.0	29	296.9	29	279.9	29
天津	434.2	17	486.1	23	542.74	25	419.3	26	431.3	27	447.7	27
河北	**2148.4**	**2**	**3815.4**	**2**	**6467.61**	**2**	**7073.6**	**2**	**7384.3**	**2**	**7695.1**	**2**
山西	542.9	15	719.6	18	901.54	18	909.1	23	981.9	22	1073.3	22
内蒙古	308.3	25	594.9	19	1009.14	16	1350.9	16	1440.2	15	1476.3	17
辽宁	1268.1	8	1650.8	8	1954.78	10	2668.2	9	2832.5	9	2977.6	9
吉林	530.6	16	822.6	16	832.56	24	1078.7	22	971.4	23	957.5	23
黑龙江	338.1	23	1187.3	12	1153.55	14	723.8	24	789.9	24	866.4	24
上海	244.3	27	337.0	27	409.03	27	398.1	28	408.2	28	406.9	28
江苏	1600.0	6	2727.0	4	3604.69	4	4234.0	4	4586.9	4	4984.6	4
浙江	822.9	12	1127.5	13	1764.60	11	1788.8	12	1815.6	13	1819.8	12
安徽	1006.9	10	1509.2	10	1671.23	12	2137.4	10	2214.0	11	2327.5	11
福建	735.1	14	991.3	15	1402.66	13	1563.3	14	1623.4	14	1673.9	13
江西	809.4	13	1045.1	14	1145.93	15	1115.3	21	1165.7	21	1213.1	21
山东	3694.8	1	6407.3	1	8606.98	1	9030.7	1	9180.9	1	9386.0	1
河南	1660.8	5	3392.4	3	5880.25	3	6624.3	3	6709.7	3	7011.7	3
湖北	1663.4	4	2631.0	5	2916.91	5	3131.5	6	3358.6	6	3506.4	6
湖南	1134.6	9	1564.0	9	2399.05	8	3122.9	7	3337.4	7	3480.9	7
广东	1703.9	3	2109.7	6	2596.02	7	2718.6	8	2851.0	8	2982.7	8
广西	1302.0	7	1367.6	11	2130.59	9	2129.4	11	2246.4	10	2356.7	10
海南	129.7	28	255.2	28	312.16	28	442.4	25	469.1	25	499.0	25
重庆	397.6	19	770.7	17	890.47	19	1309.5	17	1408.0	17	1509.3	16
四川	992.0	11	1942.2	7	2714.29	6	3408.3	5	3573.6	5	3764.7	5
贵州	360.8	22	553.0	20	839.87	23	1202.0	20	1250.1	20	1375.6	20
云南	405.6	18	526.4	21	970.89	17	1255.0	18	1340.0	18	1472.7	18
西藏	9.3	31	17.1	31	42.92	31	58.1	31	60.1	31	65.6	31
陕西	362.9	21	500.1	22	869.93	20	1384.0	15	1432.5	16	1525.6	15
甘肃	327.6	24	460.0	24	866.91	21	1235.5	19	1320.6	19	1460.4	19
青海	38.3	30	56.6	30	84.46	30	141.6	30	144.6	30	158.7	30
宁夏	87.6	29	113.8	29	183.61	29	407.4	27	438.7	26	471.1	26
新疆	269.6	26	406.2	26	862.23	22	1734.4	13	1866.2	12	1656.0	14

5-12 各省(市、自治区)园林水果产量及其位次

单位：万吨

地区	1990年		1995年		2000年		2005年		2010年		2011年		2012年	
	数量	位次	数量	位次	数量	位次	数量	位次	数量	位次	数量	位次	数量	位次
全　国	**1874.42**		**4214.63**		**6225.15**		**8835.50**		**12865.23**		**14083.30**		**15104.44**	
北　京	26.38	19	45.24	19	58.59	21	76.12	22	80.99	22	83.07	22	79.58	24
天　津	10.10	24	19.92	25	28.28	25	27.79	28	31.27	29	32.95	29	30.62	29
河　北	**175.47**	**3**	**431.97**	**2**	**677.31**	**2**	**918.48**	**2**	**1111.73**	**4**	**1205.08**	**3**	**1286.04**	**3**
山　西	40.57	14	102.58	14	204.49	11	245.50	13	408.46	13	555.31	11	606.85	11
内蒙古	6.92	26	18.15	26	21.45	27	22.03	29	37.25	28	46.84	27	55.44	27
辽　宁	111.29	5	219.99	7	249.97	9	329.27	9	521.56	10	574.39	10	632.92	9
吉　林	13.33	23	27.97	22	48.56	22	66.20	23	65.08	24	60.63	25	59.75	25
黑龙江	4.95	28	12.70	27	19.21	29	46.20	25	46.64	26	54.23	26	56.74	26
上　海	9.42	25	21.71	23	22.54	26	33.63	26	44.16	27	40.22	28	48.15	28
江　苏	49.33	13	101.35	15	176.44	12	202.34	15	237.03	19	268.58	19	281.22	19
浙　江	107.01	6	214.62	9	170.37	13	283.69	11	382.49	14	399.42	15	412.68	15
安　徽	26.99	17	52.66	18	110.61	17	151.72	18	235.67	20	241.79	20	261.32	20
福　建	75.78	9	239.33	6	356.44	7	479.36	7	564.48	9	605.93	8	625.82	10
江　西	23.30	20	42.76	20	42.34	23	130.28	20	297.13	17	387.65	16	370.28	16
山　东	246.30	2	717.69	1	966.63	1	1201.48	1	1438.91	1	1488.50	1	1523.82	1
河　南	63.92	10	211.66	10	364.73	5	555.69	6	795.99	6	833.58	6	870.43	6
湖　北	26.89	18	114.70	12	215.68	10	260.79	12	437.13	12	521.78	13	541.72	13
湖　南	56.61	12	116.94	11	150.50	15	243.27	14	460.92	11	529.89	12	553.74	12
广　东	328.58	1	414.51	3	643.52	3	831.69	3	1128.73	3	1205.05	4	1279.09	4
广　西	91.61	7	266.60	5	360.14	6	571.58	5	841.77	5	943.81	5	1030.95	5
海　南	15.28	22	36.05	21	105.52	18	162.53	17	285.36	18	308.17	18	334.63	18
重　庆					81.68	19	128.81	21	202.55	21	220.91	21	250.48	21
四　川	127.06	4	215.32	8	252.57	8	415.76	8	599.57	7	651.95	7	694.33	8
贵　州	16.68	21	20.97	24	31.10	24	51.42	24	69.61	23	79.52	23	90.06	22
云　南	31.97	16	55.71	17	76.95	20	136.63	19	341.64	15	405.39	14	510.72	14
西　藏	0.54	30	0.56	30	0.74	31	0.87	31	0.95	31	0.99	31	0.97	31
陕　西	62.03	11	283.96	4	493.79	4	765.74	4	1238.50	2	1332.68	2	1437.74	2
甘　肃	38.49	15	80.36	16	121.59	16	172.45	16	299.46	16	329.51	17	359.71	17
青　海	2.20	29	2.68	29	2.24	30	1.48	30	1.44	30	1.35	30	1.41	30
宁　夏	5.52	27	11.64	28	19.32	28	31.48	27	64.92	25	72.47	24	80.47	23
新　疆	79.88	8	114.34	13	151.87	14	291.26	10	593.85	8	601.65	9	736.74	7

5–13 各省(市、自治区)肉类总产量及其位次

单位：万吨

地区	1990年		1995年		2000年		2005年		2010年		2011年		2012年	
	数量	位次	数量	位次	数量	位次	数量	位次	数量	位次	数量	位次	数量	位次
全　国	**2857.0**		**4076.4**		**6013.9**		**6938.9**		**7925.8**		**7957.8**		**8387.2**	
北　京	26.8	25	37.6	25	55.9	25	66.69	25	46.3	26	44.4	26	43.2	27
天　津	11.8	28	21.2	27	28.9	28	57.78	27	42.6	27	42.9	27	45.8	26
河　北	**130.1**	**8**	**310.7**	**5**	**342.4**	**5**	**395.56**	**5**	**416.7**	**6**	**418.2**	**6**	**442.9**	**6**
山　西	31.9	23	61.0	22	63.7	23	68.24	24	72.4	24	71.3	25	77.4	25
内蒙古	53.6	18	81.9	19	143.4	17	229.46	15	238.7	15	237.4	15	245.8	15
辽　宁	90.4	13	222.4	10	225.7	11	347.92	8	406.7	7	408.2	7	418.7	7
吉　林	51.8	19	134.5	14	216.3	12	260.15	12	238.9	14	243.9	14	260.0	14
黑龙江	55.9	17	135.8	13	151.6	16	173.51	17	197.9	16	201.2	16	216.2	16
上　海	37.5	22	57.8	23	55.0	26	31.34	28	26.2	29	27.6	29	25.8	30
江　苏	194.0	5	305.9	6	328.0	6	352.34	7	365.8	11	375.9	10	396.5	11
浙　江	96.1	12	121.2	17	117.6	20	165.35	20	175.1	20	176.0	20	180.8	20
安　徽	118.9	9	197.3	12	297.8	8	340.13	9	376.9	10	375.5	11	397.7	10
福　建	74.2	16	126.6	16	137.6	18	165.86	19	180.2	18	183.0	18	200.8	18
江　西	111.7	10	219.4	11	184.4	14	237.10	14	289.9	13	295.6	13	311.1	13
山　东	221.6	2	585.9	2	560.2	1	753.95	1	704.4	1	711.1	1	764.2	1
河　南	134.9	7	333.0	4	502.0	3	685.95	2	638.4	3	641.7	3	677.4	2
湖　北	146.9	6	279.4	8	248.8	10	327.31	10	379.4	9	381.9	9	412.3	8
湖　南	203.5	3	345.5	3	434.7	4	523.45	4	494.8	4	489.5	4	515.3	4
广　东	202.5	4	305.1	7	322.2	7	384.31	6	441.1	5	434.7	5	443.2	5
广　西	104.2	11	250.2	9	276.2	9	242.92	13	387.8	8	391.1	8	411.0	9
海　南	15.1	27	31.9	26	38.0	27	58.21	26	68.5	25	71.6	24	79.5	24
重　庆					153.6	15	177.96	16	192.5	17	196.3	17	201.2	17
四　川	442.8	1	625.7	1	555.5	2	653.55	3	656.6	2	651.2	2	670.2	3
贵　州	74.4	15	105.5	18	123.8	19	167.51	18	179.1	19	180.0	19	190.3	19
云　南	78.6	14	128.2	15	204.9	13	298.60	11	321.4	12	324.4	12	348.7	12
西　藏	8.8	29	11.6	30	14.1	31	21.46	31	25.0	31	26.1	30	25.2	31
陕　西	46.8	20	79.1	20	83.2	22	102.82	22	102.6	22	99.6	22	107.1	22
甘　肃	39.5	21	62.7	21	58.9	24	82.10	23	84.4	23	83.8	23	87.8	23
青　海	15.3	26	18.4	28	20.8	29	25.75	30	28.3	28	28.8	28	30.5	28
宁　夏	6.9	30	12.1	29	18.5	30	26.18	29	25.7	30	25.2	31	26.5	29
新　疆	30.5	24	52.4	24	83.6	21	143.27	21	121.7	21	120.0	21	134.2	21

5-14 各省(市、自治区)猪牛羊肉产量及其位次

单位：万吨

地区	1990年		1995年		2000年		2005年		2010年		2011年		2012年	
	数量	位次	数量	位次	数量	位次	数量	位次	数量	位次	数量	位次	数量	位次
全国	**2513**		**3304.0**		**4743.2**		**5473.5**		**6123.1**		**6093.7**		**6405.9**	
北京	20	25	27.0	24	34.0	25	39.7	27	27.5	27	27.6	28	27.3	28
天津	10	28	16.5	28	22.1	28	44.9	25	32.6	26	32.2	26	33.9	26
河北	**121**	**8**	**258.8**	**5**	**270.0**	**5**	**314.2**	**5**	**332.6**	**5**	**329.5**	**5**	**343.0**	**6**
山西	29	22	56.1	22	57.8	23	62.2	24	63.6	24	62.3	24	67.1	24
内蒙古	50	17	74.0	19	130.2	16	193.6	13	210.8	14	208.3	14	213.7	14
辽宁	79	13	173.9	11	146.2	13	240.6	11	277.9	9	275.8	9	281.3	10
吉林	43	20	96.7	18	132.2	15	163.3	15	166.9	15	169.3	15	181.8	15
黑龙江	46	18	106.5	14	117.7	17	142.3	18	165.7	16	168.0	16	180.2	16
上海	24	24	24.3	25	26.6	26	18.7	31	18.4	31	19.7	31	19.3	31
江苏	158	3	217.8	7	226.6	7	242.1	10	223.9	13	226.8	13	239.9	13
浙江	86	12	102.8	16	93.3	20	130.4	20	134.9	20	138.8	20	142.5	20
安徽	98	10	165.8	12	227.9	6	265.0	8	271.3	10	265.1	10	282.4	9
福建	64	16	106.0	15	109.9	19	138.5	19	150.7	19	150.9	19	160.0	19
江西	103	9	193.4	10	149.6	12	187.7	14	233.4	12	236.9	12	250.5	12
山东	187	2	371.7	2	379.9	4	484.1	3	454.5	3	445.6	3	476.8	3
河南	124	7	295.9	4	437.9	2	588.3	1	516.5	2	513.2	2	537.7	2
湖北	137	6	250.7	6	210.3	10	278.7	6	312.7	6	316.7	6	344.4	5
湖南	190	5	317.4	3	391.4	3	466.8	4	439.3	4	432.5	4	454.7	4
广东	148	4	194.9	9	212.4	9	264.2	9	282.6	8	278.4	8	284.0	8
广西	91	11	204.9	8	219.1	8	206.6	12	258.5	11	257.3	11	269.6	11
海南	12	27	20.9	26	25.8	27	41.3	26	44.6	25	45.7	25	51.7	25
重庆					138.4	14	153.3	17	156.3	18	157.8	18	160.6	18
四川	407	1	553.2	1	459.1	1	562.2	2	546.4	1	537.6	1	549.7	1
贵州	71	15	100.5	17	116.0	18	154.7	16	163.5	17	163.7	17	172.7	17
云南	75	14	120.4	13	191.2	11	276.0	7	285.3	7	287.6	7	309.5	7
西藏	9	29	11.6	29	15.0	31	21.5	30	24.7	29	24.8	29	25.0	29
陕西	45	19	71.6	20	74.2	21	89.6	22	93.7	22	91.4	22	97.8	22
甘肃	38	21	57.7	21	54.3	24	75.7	23	78.0	23	77.4	23	81.2	23
青海	15	26	18.0	27	20.4	29	25.1	28	27.4	28	27.8	27	29.4	27
宁夏	6	30	10.3	30	15.4	30	22.3	29	23.3	30	22.7	30	24.0	30
新疆	28	23	46.0	23	70.5	22	120.3	21	105.5	21	102.7	21	114.3	21

5-15 各省(市、自治区)牛奶产量及其位次

单位：万吨

地 区	1990年		1995年		2000年		2005年		2010年		2011年		2012年	
	数量	位次	数量	位次	数量	位次	数量	位次	数量	位次	数量	位次	数量	位次
全 国	**415.7**		**576.4**		**827.4**		**2753.4**		**3575.6**		**3657.8**		**3743.6**	
北 京	21.7	6	20.6	8	30.3	8	64.2	10	64.1	13	64.0	13	65.1	13
天 津	7.6	17	10.7	15	16.5	15	63.4	11	69.0	12	69.1	12	67.9	12
河 北	**11.2**	**13**	**32.5**	**4**	**84.2**	**2**	**340.3**	**3**	**439.8**	**3**	**458.9**	**3**	**470.4**	**3**
山 西	16.0	8	26.0	6	33.5	7	71.3	9	73.2	10	74.6	10	80.0	10
内蒙古	37.0	2	48.6	2	79.8	3	691.0	1	905.2	1	908.2	1	910.2	1
辽 宁	14.4	9	17.1	12	18.9	14	74.9	8	121.2	8	124.5	8	124.7	8
吉 林	11.7	11	10.2	16	14.3	18	29.4	17	43.5	16	45.2	16	49.1	16
黑龙江	101.7	1	164.6	1	154.3	1	440.2	2	552.5	2	543.1	2	559.9	2
上 海	22.7	5	21.8	7	25.9	10	23.8	19	24.7	19	29.1	18	30.2	18
江 苏	8.7	15	10.0	17	25.5	11	56.6	14	57.3	14	59.2	14	61.3	14
浙 江	11.3	12	9.2	20	11.2	21	26.7	18	20.3	22	19.9	22	19.3	22
安 徽	2.5	25	2.5	26	4.1	27	11.0	26	20.5	21	22.5	21	24.1	21
福 建	4.8	22	6.1	21	9.6	22	19.4	22	15.4	23	15.5	23	15.0	24
江 西	2.2	26	3.2	25	5.6	24	12.5	23	11.4	26	11.8	26	12.6	26
山 东	7.0	19	17.9	10	45.7	5	187.1	4	253.1	5	268.9	5	283.9	5
河 南	2.7	24	5.5	22	16.1	17	104.0	7	290.9	4	306.6	4	316.1	4
湖 北	5.2	21	3.8	24	5.6	26	12.2	24	14.0	25	14.2	25	15.3	23
湖 南	1.1	27	0.8	29	1.1	30	6.9	28	7.8	29	8.1	28	8.5	28
广 东	5.5	20	5.5	23	9.2	23	11.6	25	14.2	24	14.2	24	13.6	25
广 西	0.9	29	0.9	28	1.7	29	5.4	29	8.2	27	8.9	27	9.4	27
海 南	0.1	30	0.1	30			0.1	31	0.2	31	0.2	31	0.2	31
重 庆					5.6	25	8.6	27	8.0	28	8.0	29	7.7	29
四 川	26.4	4	27.7	5	28.5	9	58.6	12	69.8	11	71.2	11	71.7	11
贵 州	1.0	28	1.4	27	1.7	28	3.8	30	4.6	30	4.9	30	5.1	30
云 南	7.3	18	9.5	19	13.0	20	30.9	16	50.4	15	52.4	15	53.7	15
西 藏	12.6	10	14.1	13	16.2	16	21.2	21	23.3	20	23.8	20	25.6	20
陕 西	9.5	14	17.4	11	39.2	6	113.3	6	137.5	6	140.5	6	141.8	6
甘 肃	7.9	16	9.6	18	13.3	19	31.2	15	36.3	17	37.0	17	38.0	17
青 海	20.1	7	20.0	9	20.6	13	23.6	20	26.2	18	27.0	19	27.6	19
宁 夏	4.1	23	14.0	14	23.6	12	57.9	13	84.5	9	96.0	9	103.5	9
新 疆	30.8	3	45.2	3	72.5	4	152.2	5	128.6	7	130.5	7	132.2	7

5-16 各省(市、自治区)禽蛋产量及其位次

单位：万吨

地区	1990年		1995年		2000年		2005年		2010年		2011年		2012年	
	数量	位次	数量	位次	数量	位次	数量	位次	数量	位次	数量	位次	数量	位次
全国	**794.6**		**1676.7**		**2243.3**		**2879.5**		**2762.7**		**2811.4**		**2861.2**	
北京	25.8	11	28.5	17	16.0	23	16.0	24	15.1	24	15.1	24	15.2	24
天津	18.6	15	24.1	19	25.6	19	23.5	21	18.7	23	18.7	23	18.7	23
河北	**51.3**	**5**	**205.3**	**2**	**329.4**	**2**	**385.2**	**2**	**339.1**	**3**	**339.8**	**3**	**342.6**	**3**
山西	15.9	18	36.1	13	40.3	14	56.9	12	70.5	12	71.0	12	74.7	12
内蒙古	12.4	21	18.8	20	24.4	20	46.2	14	50.0	13	52.5	13	54.5	13
辽宁	45.2	7	102.8	5	140.3	5	224.0	4	275.7	4	277.4	4	279.9	4
吉林	25.0	12	48.9	10	80.0	9	100.0	10	95.6	10	95.3	10	100.2	10
黑龙江	30.9	9	79.0	8	75.3	10	102.7	9	105.3	9	105.4	9	108.2	9
上海	15.1	19	14.8	21	16.6	22	8.4	27	6.3	28	6.3	28	5.9	28
江苏	89.7	2	175.3	3	181.4	4	182.0	5	190.6	5	194.9	5	197.2	5
浙江	19.0	13	31.7	15	37.2	15	44.5	15	44.3	15	47.2	15	48.1	15
安徽	32.6	8	51.2	9	107.4	6	122.1	7	119.0	8	119.7	8	122.6	8
福建	12.9	20	27.0	18	40.7	13	43.9	16	26.3	19	25.2	20	25.4	20
江西	16.8	17	33.4	14	33.5	16	42.1	17	42.0	16	44.5	16	45.8	16
山东	124.3	1	317.4	1	366.2	1	441.8	1	384.3	2	401.2	1	402.0	2
河南	59.6	3	140.0	4	270.0	3	375.3	3	388.6	1	390.5	2	404.2	1
湖北	51.9	4	87.9	6	102.6	7	121.3	8	132.6	7	137.0	7	139.4	7
湖南	27.9	10	46.6	11	52.3	11	92.1	11	91.7	11	93.5	11	95.2	11
广东	18.8	14	31.1	16	33.1	17	33.2	19	34.4	18	34.8	18	31.8	18
广西	6.6	24	14.7	22	14.5	24	17.7	23	20.0	22	21.0	22	21.8	22
海南	1.2	28	2.2	28	2.9	29	2.7	29	3.5	29	3.3	29	3.6	29
重庆					27.9	18	39.1	18	37.2	17	37.4	17	40.1	17
四川	47.1	6	79.2	7	99.7	8	157.2	6	144.4	6	144.8	6	146.4	6
贵州	4.5	26	5.8	26	6.5	28	11.1	26	12.5	26	13.7	26	14.7	26
云南	4.9	25	6.9	25	10.6	26	19.0	22	20.8	21	21.7	21	22.1	21
西藏	0.1	30	0.7	30	0.2	31	0.4	31	0.3	31	0.3	31	0.4	31
陕西	18.4	16	40.1	12	42.5	12	48.7	13	47.1	14	50.3	14	51.9	14
甘肃	8.5	22	12.4	23	11.2	25	14.5	25	13.8	25	14.2	25	14.7	25
青海	1.1	29	1.2	29	1.3	30	1.4	30	1.6	30	1.8	30	2.0	30
宁夏	2.2	27	3.9	27	7.6	27	7.8	28	7.2	27	7.3	27	6.2	27
新疆	6.3	23	9.5	24	18.5	21	25.0	20	24.4	20	25.6	19	25.9	19

5–17 各省(市、自治区)水产品产量及其位次

单位：万吨

地区	1990年		1995年		2000年		2005年		2010年		2011年		2012年	
	数量	位次	数量	位次	数量	位次	数量	位次	数量	位次	数量	位次	数量	位次
全国	**1237.02**		**2517.18**		**3706.20**		**4419.90**		**5373.00**		**5603.21**		**5907.68**	
北京	5.16	20	8.05	21	7.50	22	6.43	26	6.34	26	6.12	27	6.38	27
天津	10.83	17	15.35	18	24.22	18	33.81	18	34.49	17	35.21	17	36.50	18
河北	**21.86**	**14**	**39.61**	**14**	**80.95**	**13**	**98.95**	**13**	**106.33**	**13**	**106.71**	**14**	**116.32**	**14**
山西	1.02	26	1.75	27	2.60	28	3.75	28	3.17	28	3.61	28	4.12	28
内蒙古	3.04	22	4.76	22	7.21	23	8.26	23	11.38	22	12.29	22	13.16	23
辽宁	107.36	6	197.86	6	338.46	5	425.34	5	430.38	6	451.47	6	478.63	6
吉林	7.09	19	11.06	19	14.01	21	11.89	21	16.60	21	17.28	21	18.21	21
黑龙江	14.79	16	25.29	16	38.22	15	44.60	16	39.97	16	41.97	16	45.28	16
上海	27.36	12	29.07	15	28.87	17	35.35	17	28.97	19	28.73	19	29.71	20
江苏	118.25	5	219.47	5	308.79	6	388.66	6	460.44	5	475.97	5	493.74	5
浙江	138.98	3	318.07	3	469.51	4	483.77	4	477.95	4	515.81	4	539.58	4
安徽	29.10	11	75.20	11	159.80	9	177.57	10	193.31	11	199.55	11	207.49	11
福建	118.64	4	257.27	4	527.89	3	602.22	3	586.96	3	603.74	3	628.68	3
江西	30.68	10	84.04	10	127.12	11	168.66	11	215.34	9	217.27	9	237.00	9
山东	167.80	2	380.94	1	698.23	1	736.14	1	783.83	1	813.83	1	841.89	1
河南	10.48	18	18.09	17	32.17	16	51.68	15	57.86	15	65.47	15	71.72	15
湖北	70.98	7	150.91	7	234.34	7	318.21	7	353.09	7	356.22	7	388.95	7
湖南	53.01	8	86.28	9	133.21	10	179.22	9	198.00	10	199.94	10	221.44	10
广东	207.66	1	354.34	2	593.19	2	695.23	2	729.03	2	762.53	2	789.50	2
广西	32.35	9	103.37	8	239.86	8	284.19	8	275.51	8	289.23	8	303.87	8
海南	16.75	15	43.25	12	83.06	12	150.01	12	149.48	12	160.24	12	172.73	12
重庆					20.03	19	25.06	19	22.43	20	27.56	20	33.07	19
四川	23.26	13	42.00	13	51.31	14	98.25	14	105.06	14	112.15	13	118.91	13
贵州	2.24	24	3.27	25	6.24	24	9.46	22	8.79	25	10.88	24	13.47	22
云南	4.60	21	8.42	20	16.62	20	23.85	20	29.78	18	34.24	18	40.12	17
西藏	0.02	30	0.13	30	0.18	30	0.01	31	0.05	31	0.04	31	0.04	31
陕西	2.06	25	3.77	24	6.08	25	7.36	25	6.04	27	8.18	26	10.54	26
甘肃	0.36	28	0.76	28	1.41	29	1.57	29	1.23	29	1.29	29	1.33	29
青海	0.34	29	0.24	29	0.12	31	0.09	30	0.16	30	0.33	30	0.45	30
宁夏	1.02	27	1.84	26	3.70	27	5.83	27	9.00	24	10.54	25	12.35	24
新疆	2.32	23	4.44	23	6.01	26	7.93	24	10.11	23	11.16	23	12.17	25

5-18 各省(市、自治区)农林牧渔业总产值及其位次

(按当年现行价格计算)　　单位：亿元

地　区	1990年		1995年		2000年		2005年		2010年		2011年		2012年	
	数量	位次	数量	位次	数量	位次	数量	位次	数量	位次	数量	位次	数量	位次
全　国	**7662**		**20340.86**		**24915.8**		**39450.9**		**69319.8**		**81303.9**		**89453.0**	
北　京	70	24	164.47	26	195.2	27	268.8	26	328.0	26	363.1	26	395.7	26
天　津	55	27	133.25	27	156.3	28	258.4	27	317.3	27	349.5	28	375.6	28
河　北	**358**	**9**	**1147.83**	**6**	**1544.7**	**5**	**2379.2**	**6**	**4309.4**	**3**	**4895.9**	**5**	**5340.1**	**5**
山　西	125	22	299.68	22	322.4	24	483.8	24	1047.8	22	1207.6	22	1304.3	24
内蒙古	157	19	373.59	20	543.2	18	980.2	18	1843.6	18	2204.5	18	2449.3	17
辽　宁	274	11	761.80	12	967.4	12	1671.6	9	3106.5	9	3633.6	9	4062.4	9
吉　林	189	17	490.28	16	609.4	17	1050.5	17	1850.3	16	2275.1	16	2502.0	16
黑龙江	245	14	670.03	14	625.1	16	1294.4	14	2536.3	12	3223.5	12	3952.3	10
上　海	68	26	182.47	25	219.5	26	233.4	28	287.0	29	314.6	29	321.7	29
江　苏	581	4	1686.78	2	1869.7	3	2577.0	3	4297.1	4	5237.4	3	5808.8	3
浙　江	337	10	891.71	10	1062.9	10	1428.3	12	2172.9	14	2534.9	14	2658.7	15
安　徽	371	8	980.26	9	1220.0	7	1666.2	10	2955.4	10	3459.7	10	3728.3	11
福　建	229	15	765.38	11	1037.3	11	1396.1	13	2307.1	13	2730.9	13	3007.4	13
江　西	255	12	631.71	15	760.3	14	1143.0	15	1900.6	15	2207.3	17	2399.3	18
山　东	647	1	1857.48	1	2294.3	1	3741.8	1	6650.9	1	7409.7	1	7945.8	1
河　南	502	5	1304.25	5	1981.5	2	3309.7	2	5734.2	2	6218.6	2	6679.0	2
湖　北	402	6	988.53	8	1125.6	9	1775.6	8	3502.0	8	4252.9	8	4732.1	7
湖　南	397	7	1046.97	7	1221.7	8	2056.2	7	3787.5	6	4508.2	6	4904.1	6
广　东	601	3	1445.48	4	1640.7	4	2447.6	5	3754.9	7	4384.4	7	4656.8	8
广　西	252	13	743.50	13	829.0	13	1448.4	11	2721.0	11	3323.4	11	3490.7	12
海　南	69	25	202.10	24	311.9	25	475.9	25	821.3	25	1002.4	25	1082.1	25
重　庆					412.6	22	662.2	21	1021.1	23	1265.3	21	1402.0	22
四　川	637	2	1520.26	3	1413.3	6	2457.5	4	4081.8	5	4932.7	4	5433.1	4
贵　州	145	21	344.85	21	413.0	21	571.8	22	997.8	24	1165.5	24	1436.6	21
云　南	212	16	474.46	17	680.9	15	1068.6	16	1810.5	19	2306.5	15	2680.2	14
西　藏	17	30	35.90	30	51.2	31	67.7	31	100.8	31	109.4	31	118.3	31
陕　西	170	18	381.65	19	464.9	20	730.7	20	1666.1	20	2058.6	19	2303.2	19
甘　肃	103	23	289.37	23	323.0	23	521.5	23	1057.0	21	1187.8	23	1358.2	23
青　海	25	29	55.10	29	57.0	30	94.0	30	201.3	30	230.8	30	263.9	30
宁　夏	25	28	56.55	28	77.8	29	138.0	29	305.9	28	354.7	27	385.1	27
新　疆	145	20	415.19	18	487.2	19	831.1	19	1846.2	17	1955.4	20	2275.7	20

5–19 各省(市、自治区)农林牧渔业增加值及其位次

单位：亿元

地区	1990年		1995年		2000年		2005年		2010年		2011年		2012年	
	数量	位次	数量	位次	数量	位次	数量	位次	数量	位次	数量	位次	数量	位次
全　国	**5062.00**		**12135.80**		**14944.70**		**22420**		**40533.6**		**47486.1**		**52373.6**	
北　京	43.88	26	73.50	26	78.59	26	98.0	27	124.5	29	136.3	29	**150.2**	**29**
天　津	27.32	28	60.80	27	73.69	28	112.4	26	145.6	27	159.7	27	171.6	28
河　北	**227.89**	**9**	**631.34**	**7**	**824.55**	**6**	**1400.0**	**6**	**2562.8**	**3**	**2905.7**	**5**	**3186.7**	**5**
山　西	80.81	23	168.69	23	179.86	25	262.4	25	554.5	24	641.4	25	698.3	25
内蒙古	112.57	18	260.18	19	350.80	18	589.6	18	1095.3	17	1306.3	17	1448.6	17
辽　宁	168.57	13	392.17	13	503.44	13	882.4	12	1631.1	11	1915.6	11	2155.8	11
吉　林	124.99	17	303.99	16	398.73	16	625.6	17	1050.2	19	1277.4	18	1412.1	18
黑龙江	160.34	15	371.20	15	383.20	17	684.6	15	1302.9	14	1701.5	12	2113.7	12
上　海	34.24	27	59.82	28	76.68	27	90.3	28	114.7	30	124.9	30	127.8	30
江　苏	355.17	3	866.24	2	1048.34	3	1461.5	4	2540.1	4	3064.8	3	3418.3	3
浙　江	225.04	10	549.96	10	630.98	11	892.8	11	1360.6	13	1583.0	14	1667.9	14
安　徽	246.10	8	584.10	9	741.80	8	966.5	9	1729.0	9	2015.3	10	2178.7	9
福　建	147.01	16	464.82	11	640.57	10	841.2	13	1363.7	12	1612.2	13	1776.7	13
江　西	175.96	12	374.64	14	485.14	14	727.4	14	1207.0	15	1391.1	16	1520.2	16
山　东	425.29	1	1010.13	1	1268.57	1	1963.5	1	3588.3	1	3973.8	1	4281.7	1
河　南	325.77	4	762.99	4	1161.58	2	1892.0	2	3258.1	2	3512.2	2	3769.5	2
湖　北	289.45	6	619.77	8	662.30	9	1082.1	8	2147.0	8	2607.4	8	2848.8	7
湖　南	279.09	7	685.30	5	784.92	7	1255.1	7	2325.5	6	2768.0	6	3004.2	6
广　东	384.59	2	864.49	3	986.32	4	1428.3	5	2287.0	7	2665.2	7	2847.3	8
广　西	176.77	11	453.15	12	557.38	12	912.5	10	1675.1	10	2047.2	9	2172.6	10
海　南	45.71	25	128.90	24	192.00	24	300.8	24	539.8	25	659.2	24	711.5	24
重　庆	100.40	21	264.19	18	284.87	20	463.4	20	685.4	21	844.5	21	940.0	21
四　川	321.41	5	662.46	6	945.58	5	1481.1	3	2482.9	5	2983.5	4	3297.2	4
贵　州	100.10	22	227.13	21	271.20	21	362.5	22	625.0	22	726.2	22	891.9	22
云　南	168.13	14	302.69	17	431.80	15	669.8	16	1108.4	16	1411.1	15	1654.6	15
西　藏	14.10	31	23.48	31	36.39	31	48.0	31	68.7	31	74.4	31	80.3	31
陕　西	105.56	19	217.27	22	258.22	22	435.8	21	988.5	20	1220.9	19	1370.2	19
甘　肃	64.06	24	110.65	25	194.10	23	308.1	23	599.3	23	678.7	23	780.5	23
青　海	17.67	29	38.79	29	38.53	30	65.3	30	134.9	28	155.1	28	176.8	27
宁　夏	16.84	30	35.41	30	46.03	29	72.1	29	159.3	26	184.1	26	199.4	26
新　疆	104.09	20	240.71	20	288.18	19	510.0	19	1078.6	18	1139.0	20	1320.6	20

5-20 各省(市、自治区)农民人均纯收入及其位次

单位：元

地区	1990年		1995年		2000年		2005年		2010年		2011年		2012年	
	数量	位次	数量	位次	数量	位次	数量	位次	数量	位次	数量	位次	数量	位次
全 国	**686**		**1577.74**		**2253.4**		**3255**		**5919**		**6977**		**7917**	
北 京	1297	2	3223.65	2	4604.6	2	7346	2	13262	2	14736	2	16476	2
天 津	1069	4	2406.38	6	3622.4	5	5580	4	10075	4	12321	4	14026	4
河 北	**622**	**19**	**1668.73**	**11**	**2478.9**	**9**	**3482**	**10**	**5958**	**12**	**7120**	**12**	**8081**	**12**
山 西	603	21	1208.30	21	1905.6	20	2891	18	4736	22	5601	22	6357	23
内蒙古	607	20	1300.00	19	2038.2	16	2989	17	5530	16	6642	15	7611	15
辽 宁	836	7	1756.50	9	2355.6	10	3690	9	6908	9	8297	9	9384	9
吉 林	804	8	1609.60	12	2022.5	17	3264	11	6237	10	7510	11	8598	11
黑龙江	759	10	1766.27	8	2148.2	14	3221	12	6211	11	7591	10	8604	10
上 海	1907	1	4245.61	1	5590.4	1	8248	1	13978	1	16054	1	17804	1
江 苏	959	6	2456.86	5	3595.1	6	5276	5	9118	5	10805	5	12202	5
浙 江	1099	3	2966.19	3	4253.7	3	6660	3	11303	3	13071	3	14552	3
安 徽	539	26	1302.82	18	1934.6	19	2641	22	5285	18	6232	20	7161	20
福 建	764	9	2048.59	7	3230.5	7	4450	7	7427	7	8779	7	9967	7
江 西	670	15	1537.36	13	2135.3	15	3129	13	5789	14	6892	14	7829	14
山 东	680	13	1715.09	10	2654.4	8	3931	8	6990	8	8342	8	9447	8
河 南	527	28	1231.97	20	1985.5	18	2871	19	5524	17	6604	16	7525	16
湖 北	671	14	1511.22	15	2268.5	11	3099	15	5832	13	6898	13	7852	13
湖 南	664	16	1425.16	17	2197.2	12	3118	14	5622	15	6567	17	7440	17
广 东	1043	5	2699.24	4	3654.5	4	4690	6	7890	6	9372	6	10543	6
广 西	639	18	1446.14	16	1864.5	23	2495	24	4543	25	5231	25	6008	25
海 南	696	11	1519.71	14	2182.3	13	3004	16	5275	20	6446	19	7408	18
重 庆					1892.4	22	2809	20	5277	19	6480	18	7383	19
四 川	558	24	1158.29	23	1903.6	21	2803	21	5087	21	6129	21	7001	21
贵 州	435	29	1086.62	25	1374.2	30	1877	31	3472	30	4145	30	4753	30
云 南	540	25	1010.97	27	1478.6	27	2042	29	3952	28	4722	28	5417	28
西 藏	650	17	1200.31	22	1330.8	31	2078	27	4139	26	4904	27	5719	27
陕 西	530	27	962.89	29	1442.3	28	2052	28	4105	27	5028	26	5763	26
甘 肃	431	30	880.34	30	1428.7	29	1980	30	3425	31	3909	31	4507	31
青 海	560	23	1029.77	26	1490.5	26	2151	26	3863	29	4608	29	5364	29
宁 夏	578	22	998.75	28	1724.3	24	2509	23	4675	23	5410	24	6180	24
新 疆	683	12	1136.45	24	1618.1	25	2482	25	4643	24	5442	23	6394	22

Ⅷ　2012年河北农村工作大事记

一　月

1月28日 今天，农业部部长韩长赋到我省石家庄市、衡水市调研小麦田间管理及春耕备耕工作。省领导张庆黎、赵勇、孙瑞彬、景春华、沈小平分别陪同调研。

二　月

2月1日 下午，省委副书记、省长张庆伟在石家庄会见了国家统计局局长马建堂一行。省委常委、常务副省长杨崇勇一同会见。

今天，副省长沈小平带领省直有关部门负责同志和小麦专家，到定州市调研。

2月2日 下午，副省长沈小平在石家庄会见了北京新发地农产品股份有限公司董事长张玉玺一行。

2月6日 下午，全省“十二五”有线电视“村村通”电视电话会议在省会河北会堂召开。副省长杨汭出席会议并讲话。

2月7日 上午，全省开展加强基层建设年活动动员大会在省会河北会堂召开。省委书记张庆黎出席会议并讲话，省委副书记、省长张庆伟出席会议。省委副书记赵勇作动员讲话，省委常委、组织部长梁滨主持会议。

今天，全省引黄工作领导小组会议在省会召开。省政府党组副书记、顾问张和出席会议并讲话。

2月9日 上午，省委副书记、省长张庆伟到省农林科学院调研。副省长龙庄伟，省长助理、省政府秘书长尹亚力陪同调研。

今天，省人大常委会召开《河北省农业机械管理条例（草案）》论证座谈会，黄荣副主任出席座谈会听取与会人员的意见并讲话。

2月14日 上午，全省农村工作会议在省会河北会堂召开。省委书记张庆黎出席会议并为受表彰单位代表颁奖。省委副书记赵勇出席会议并讲话。省委常委、石家庄市委书记孙瑞彬，省人大常委会副主任宋长瑞，省政府党组副书记、顾问张和，省政协副主席崔江水出席会议并颁奖。省委常委、秘书长景春华宣读了省委、省政府表彰决定。副省长沈小平主持会议。

2月15日 上午，全省农村工作会议在石家庄闭幕。省委副书记赵勇主持闭幕会议。省人大常委会副主任宋长瑞，省政府党组副书记、顾问张和，省政协副主席崔江水出席会议。副省长沈小平作总结讲话。

2月17日 今天，副省长沈小平带领省直有关部门负责同志先后考察了永清县农业企业和固安县小麦春管情况。

2月22日 上午，省委书记张庆黎，省委副书记、省长张庆伟在北京与国土资源部部长徐绍史举行会谈。国土资源部副部长、国家测绘地理信息局局长徐德明，国土资源部副部长胡存智，国土资源部党组成员、国家土地副总督察张德霖；省委常委、秘书长景春华，副省长张杰辉，省长助理、省政府秘书长尹亚力参加会谈。

2月24日 下午，河北省人口和计划生育工作会议在省会召开。省委书记张庆黎出席会议，省委副书记、省长张庆伟讲话，省委副书记赵勇主持会议。省委常委、省委秘书长景春华，省人大常委会副主任马兰翠，省政协副主席王刚，省长助理、省政府秘书长尹亚力出席会议。副省长杨汭作工作报告。

2月29日 今天，全省扶贫开发暨环首都扶贫攻坚示范区建设工作会议在保定市涞水县召开。省委书记、省人大常委会主任张庆黎，省委副书记、省长张庆伟出席会议并讲话。省委副书记赵勇主持会议。省人大常委会副主任宋长瑞，省政协副主席崔江水，省长助理、省政府秘书长尹亚力出席会议。副省长沈小平宣读《表彰决定》。

三　月

3月1日 下午，全省扶贫开发暨环首都扶贫攻坚示范区建设工作会议在保定市涞水县闭幕。省委副书记赵勇出席会议并讲话。省人大常委会副主任宋长瑞，省政协副主席崔江水出席会议。副省长沈小平主持会议。

3月26日 上午，省林业厅在石家庄举行了挂牌仪式。

副省长沈小平、国家林业局总工程师陈凤学出席并为省林业厅揭牌。

3月29日 上午，省长张庆伟到省气象局调研。副省长沈小平，省长助理、省政府秘书长尹亚力陪同调研。

下午，省长张庆伟主持召开省政府第103次常务会议。会议听取了关于全国春季农业生产工作会议精神和我省贯彻落实意见的汇报，并就抓好今年春季农业生产工作进行了安排部署；研究了《河北省人民政府关于进一步加强环境保护工作的决定》，就我省当前和今后一个时期环保工作进行安排部署。会议要求，要坚持以科学发展为主题，以转变农业发展方式为主线，把春季农业生产作为当前农业农村工作的中心任务，千方百计夺取夏粮丰收。会议强调，要按照国务院要求，充分发挥环境保护在结构调整、经济转型中的倒逼作用，坚持以人为本和环保优先，改善环境质量，防范环境风险，努力走出一条代价小、效益好、排放低、可持续的环保新道路，为建设经济强省、和谐河北打下良好的环境基础。会议还研究了其他事项。

3月31日 上午，全省春季农业生产工作电视电话会议在省会河北会堂召开。副省长沈小平出席会议并讲话。

四　月

4月1日 今天，副省长沈小平带领省直有关部门负责同志，就森林草原防火工作到石家庄进行调研。

4月6日 4月5日至今日，副省长沈小平带领省直有关部门负责同志，就春耕生产和森林草原防火工作到秦皇岛调研。

4月9日 上午，承德市鹰手营子矿区梆子沟村发生森林火灾。火灾发生后，省委书记、省人大常委会主任张庆黎指示，要组织优势兵力尽快将火扑灭，确保当地群众和参战人员安全。省委副书记、省长张庆伟亲自研究部署扑火工作，要求成立现场指挥部，调集专业力量，尽快把火扑灭，确保周边设施和人员安全。副省长沈小平就扑火工作提出具体要求，并赶赴现场指挥。

上午，2011年度土地卫片执法检查工作电视电话会议在省会召开。副省长张杰辉出席会议并讲话。

4月11日 上午，省委副书记、省长张庆伟到藁城市检查指导春季农业生产工作。省政府特邀咨询张和，省长助理、省政府秘书长尹亚力等陪同检查。

上午，全省就业和农民工工作电视电话会议在省会河北会堂召开。副省长宋恩华出席会议并讲话。

4月12日 今天，省政府特邀咨询张和考察了廊坊市引黄工程和南水北调配套工程廊涿干渠第三标段建设情况。

今天，副省长沈小平就麦田管理和扶贫开发工作到邯郸市调研。

4月18日 今天，副省长沈小平带领省直有关部门负责同志，就农业节水和农村饮水安全工作到保定调研。

4月13日 4月9日至今日，省人大常委会组织开展贯彻实施《河北省义务植树条例》情况执法调研，黄荣副主任出席汇报座谈会并讲话。调研组先后深入到石家庄、张家口、邢台、邯郸四个市及所辖的栾城、鹿泉、万全、涿鹿、邢台、沙河、内丘、武安、峰峰等9个县（市、区）进行了执法调研。

4月24日 4月23日至今日，中共中央政治局委员、国务院副总理回良玉在我省唐山市丰润区、玉田县、丰南区考察夏粮和春耕生产。他强调，夺取夏粮丰收，实现全年粮食稳定发展目标，对于稳定经济社会发展大局至关重要。各地区、各有关部门要认真贯彻落实今年中央1号文件精神，加大对粮食和农业生产的扶持力度，抓好夏收作物田间管理，引导农民种足种好春播作物，加强技术指导和农资供应，大力推进科学抗灾减灾，确保粮食“九连丰”，力争实现“九连增”。考察期间，回良玉听取了我省农业农村工作汇报，对前一阶段夏粮和春耕生产取得的成绩予以充分肯定。全国供销合作总社理事会主任杨传堂、国务院副秘书长丁学东、国家发改委副主任杜鹰、财政部部长助理胡静林、水利部副部长李国英、农业部副部长余欣荣、国务院研究室副主任黄守宏等参加考察。省委书记、省人大常委会主任张庆黎，省委副书记、省长张庆伟，省委常委、秘书长景春华，副省长沈小平，省长助理、省政府秘书长尹亚力陪同考察。张庆伟主持汇报会，并就我省农业农村经济和春季农业生产情况作了汇报。

今天，全省加强和创新农村社会管理工作现场会在肃宁县召开。省委常委、政法委书记张越出席会议并讲话，副省长宋恩华主持会议。

五　月

5月4日 下午15时，张家口市宣化县洋河南镇殷庄子村发生森林火灾。省委书记、省人大常委会主任张庆黎批示：一定精心组织，全力扑救，一定确保人员安全。省长张庆伟批示：要集中力量，加强组织，保护好人员和设施安全。副省长沈小平在省防火指挥中心，听取情况汇报，分析研判火情，统筹安排调度。

5月7日 今天，省委常委、常务副省长杨崇勇在保定主持召开环首都绿色经济圈建设工作调度会议。

5月8日 今天，省委、省政府在赤城县召开环首都扶贫攻坚示范区建设工作调度会。省委副书记赵勇出席会议并讲话，副省长沈小平主持会议。

5月9日 5月8日至今日，省长张庆伟就开展加强基层建设年活动和搞好扶贫开发工作到丰宁满族自治县进行调研。他强调，要坚持以科学发展为主题，以加快转变经济发展方式为主线，进一步增强紧迫感和使命感，保持实干为民的好作风，找准加快发展的好路子，以饱满的热情、优良的作风，加大扶贫开发工作的推进力度，促进丰宁经济社会实现更好更快更大发展。省长助理、省政府秘书长尹亚力陪同调研。

5月10日 5月8日至今日，国务院南水北调办公室副主任于幼军带领国家有关部委负责同志及科研院所专家，就南水北调中线生态文化旅游产业带建设工作在我省调研。省政府特邀咨询张和陪同。

5月21日 上午，海河防汛抗旱总指挥部在山西省太原市召开工作会议。省委副书记、省长、海河防总总指挥张庆伟出席会议并讲话。水利部副部长周英到会指导工作。北京市副市长夏占义、河北省副省长沈小平、山西省副省长郭迎光、山东省副省长贾万志、北京军区副参谋长武燕生，天津市、河南省有关负责同志参加会议。

5月22日 上午，省科技厅与中国农业机械化科学研究院在涞水县举行签约仪式，签署了“十二五”科技合作协议。副省长龙庄伟出席签约仪式。

今天，国务院医改办调研组到石家庄就我省村医队伍和村卫生室建设进行调研。副省长杨汭出席座谈会并讲话。

5月23日 下午，副省长宋恩华到石家庄机场就落实省政府决策和要求，加快重点项目建设进行调度和现场办公。

5月25日 5月24日至今日，副省长沈小平带领省直有关部门负责同志，就扶贫开发工作在承德市调研。

5月29日 上午，省长张庆伟主持召开省南水北调工程建设委员会第四次全体会议。省政府特邀咨询张和就做好下一阶段南水北调工程建设和引黄入冀补淀工作讲了具体意见。省长助理、省政府秘书长尹亚力出席会议。

5月31日 5月30日至今日，省长张庆伟到衡水市就当前经济运行、县域经济发展、衡水湖保护开发建设等进行调研。他强调，衡水市要进一步解放思想、更新观念，树立大发展、大建设、大开放的理念，牢牢把握稳中求进工作总基调，落实稳增长、调结构的政策措施，努力促进经济实现更好更快更大发展。省长助理、省政府秘书长尹亚力参加调研。

六　月

6月2日 上午，2012渤海生物资源修复放流活动启动仪式在秦皇岛港码头举行。农业部副部长牛盾、副省长沈小平等乘船到指定海域，共同向大海投放苗种。

下午，省政府与国家测绘地理信息局签署合作开展地理国（省）情监测试点协议，同时举行了国家地理信息应急监测车交接仪式。省长张庆伟，副省长张杰辉，国土资源部副部长、国家测绘地理信息局局长徐德明出席签约和交接仪式。省长助理、省政府秘书长尹亚力主持仪式。

6月5日 上午，省委书记张庆黎，省委副书记、省长张庆伟在石家庄会见了中国农业银行党委书记、董事长蒋超良一行。省委常委、秘书长景春华，省长助理、省金融办主任江波；中国农业银行党委委员、副行长郭浩达参加会见。

上午，河北省地理信息局揭牌成立仪式在石家庄举行，副省长张杰辉，国土资源部副部长、国家测绘地理信息局局长徐德明为河北省地理信息局成立揭牌。

6月8日 6月7日至今日，以国家水利部副部长李国英为组长的国务院督导组，到我省张家口市督导粮食稳定增产工作。副省长沈小平陪同考察。

6月12日 上午，省长张庆伟到石家庄市赵县调研检查“三夏”工作。他强调，各地一定要精心组织，加强指导，落实好中央和省各项强农惠农政策措施，保障农资供应，强化农技服务，做好抢收抢种和田间管理工作，毫不松懈地抓好“三夏”生产，全力以赴夺取夏粮丰产丰收。省委常委、石家庄市委书记孙瑞彬，副省长沈小平，省长助理、省政府秘书长尹亚力陪同调研检查。

6月14日 6月13日至今日，副省长沈小平带领省直有关部门负责同志，就经济运行情况到承德调研督导。

6月20日 今天，副省长沈小平带领有关部门负责同志到邢台市就防汛工作和果品业发展进行调研。

6月21日 6月20日至今日，省长张庆伟到张家口市就发展高效农业、新能源产业、工业聚集区、旅游产业等进行调研。省长助理、省政府秘书长尹亚力陪同调研。

6月23日 今天，国务院扶贫办主任范小建到承德市滦平县就扶贫开发工作进行调研。副省长沈小平陪同调研。

6月26日 今天，副省长沈小平带领省直有关部门负责同志到沧州市调研。

6月28日 6月25日至今日，省人大常委会组织开展贯彻实施《水法》实行最严格水资源管理制度情况专题调研。调研组先后深入到石家庄、衡水、保定、廊坊市及所辖的元氏、高邑、桃城、冀州、定兴、易县、霸州7个县（市、区）进行了调研。

七　月

7月1日 上午，省长张庆伟到石家庄岗南水库检查防汛工作。他强调，各级各部门要提高认识、统一思想，强化政治意识、大局意识、责任意识，全力以赴做好防汛各项工作，确保人民群众的生命财产安全。省长助理、省政府秘书长尹亚力陪同检查。

7月4日 今天，副省长沈小平带领省有关部门负责同志到邯郸市调研二点委夜蛾防控和防汛工作。

7月2日至今日，全国人大农委主任委员王云龙率领全国人大农田水利建设情况专题调研组到我省衡水及所辖的冀州市进行调研。省委书记、省人大常委会主任张庆黎在石家庄会见了全国人大调研组一行，省委副书记赵勇，省委常委、秘书长景春华，省人大常委会副主任宋长瑞、黄荣参加会见；省人大常委会副主任黄荣等陪同调研。

7月5日 今天，省委常委、副省长聂辰席带领省水利厅和沧州市负责同志在献县检查子牙河系防汛工作。

7月4日至今日，省政府特邀咨询张和带领省直有关部门负责同志到石家庄、邢台、邯郸就南水北调配套工程建设工作进行调研。

7月2日至今日，全国人大农委副主任委员孙文盛、尹成杰带领全国人大现代农业建设、发展生态高效农业及农村经营管理体制改革专题调研组到我省石家庄、邢台市及所辖的藁城、南宫、临城等县（市）进行调研。省委书记、省人大常委会主任张庆黎在石家庄会见了全国人大调研组一行，省委副书记赵勇，省委常委、秘书长景春华，省人大常委会副主任宋长瑞、黄荣参加会见；省人大常委会副主任王增力等陪同调研。

7月12日 今天，副省长沈小平带领省有关部门负责同志到廊坊、保定就大清河防汛工作进行检查。

7月10日至今2日，全省人大农业和农村工作研讨会在石家庄市平山县召开，全国人大常委会委员、全国人大农委副主任委员刘振伟就农村政策和农业法制建设问题作专题讲座，省人大常委会副主任黄荣出席并讲话。部分省人大常委会组成人员、各设区市人大常委会主管主任和省直有关单位负责同志出席。

7月18日 7月12日至今日，中共中央政治局常委、全国政协主席贾庆林在省委书记、省人大常委会主任张庆黎，省委副书记、省长张庆伟，省政协主席付志方等陪同下，先后来到张家口、邯郸、衡水、沧州、石家庄等地，深入工厂企业、农村乡镇、城市社区和港口码头，与干部群众共商稳增长、惠民生大计。他强调，要牢牢把握稳中求进的工作总基调，把稳增长放在更加重要的位置，广泛凝聚各方面的智慧和力量，充分发挥环京津、沿渤海的优势，推动经济转型升级，促进区域协调发展，努力实现经济平稳较快发展和社会和谐稳定，以优异成绩迎接党的十八大胜利召开。贾庆林还专程参观了西柏坡纪念馆，深切缅怀老一辈无产阶级革命家的丰功伟绩。调研期间，他听取了省委、省政府的工作汇报，对河北经济社会发展取得的成绩给予充分肯定。全国政协常委、人口资源环境委员会主任张维庆；全国政协经济委员会副主任李毅中；全国政协人口资源环境委员会副主任王太华；全国政协民族和宗教委员会副主任赵金铎；全国政协文史和学习委员会副主任刘德旺；全国政协经济委员会副主任李德水；全国政协常委、教科文卫体委员会副主任，中国文联党组副书记、副主席覃志刚；全国政协副秘书长王胜洪；全国政协教科文卫体委员会副主任张秋俭；中办警卫局副局长齐东然等随同调研或出席汇报会。省委常委、政法委书记张越，省委常委、石家庄市委书记孙瑞彬，省委常委、秘书长景春华，省委常委、统战部部长田向利等分别陪同调研。省委、省人大常委会、省政府、省政协领导同志，省军区、武警河北省总队主官，省法院院长、省检察院检察长，省长助理及省直部门主要负责同志参加汇报会。

下午，省长张庆伟在石家庄会见了国家粮食局局长任正晓一行。省长助理、省政府秘书长尹亚力参加会见。

7月21日 下午，省防汛抗旱指挥部召开紧急会议，要求各地要严阵以待、抓住要害、迅速反应、严明纪律，坚决打好防汛、抗洪、抢险这场硬仗。副省长沈小平出席会议并讲话。

7月22日 上午，副省长宋恩华召集有关部门负责同志召开会议，针对21日的强降雨给我省部分地区造成的严重损失，研究调度救灾工作。

今天，副省长杨汭带领省防汛检查组深入廊坊市检查指导防汛工作。

7月23日 上午，省政府与中国华录集团有限公司战略合作协议签字仪式在省会举行。省委常委、常务副省长杨崇勇，中国华录集团董事长陈润生分别代表省政府和华录集团签署协议，副省长宋恩华出席签约仪式并致辞。签约仪式结束后，华录集团向丰宁满族自治县捐赠“饮水思源”工程民生帮扶资金300万元。

上午，副省长沈小平带领省有关部门到廊坊指导抗洪救灾工作。

7月25日 上午，省长张庆伟到保定市涞水县察看灾情，看望慰问受灾群众，指导抗洪救灾工作。省委常委、省军区司令员史鲁泽，省委常委、秘书长景春华，副省长沈小平，省武警总队政委宋兵役，省长助理、省政府秘书长尹亚力和省直有关部门负责同志一同看望。

下午，省政府召开救灾工作专题调度会议，听取当前救灾工作汇报，研究下一步工作举措。副省长宋恩华出席会议并讲话。

7月27日 上午，省政府召开专题会议，研究部署“7·21”洪涝灾区灾后重建工作。省委常委、常务副省长杨崇勇出席会议并讲话。省长助理、省金融办主任江波出席会议。

下午，副省长张杰辉在唐山市检查指导防汛工作。

今天，副省长宋恩华赶赴“7·21”洪涝灾害严重的保定易县、涞源察看灾情，现场指导救灾安置工作。

7月28日 上午，省委书记、省人大常委会主任张庆黎，省委副书记、省长张庆伟在北戴河会见了国家统计局局长马建堂一行。省委常委、秘书长景春华参加会见。

下午，省委常委、常务副省长杨崇勇带领省直有关部门负责同志到保定灾区，就"7·21"洪涝灾区灾后重建工作进行调研。

今天，副省长宋恩华带领省民政厅、省交通运输厅主要负责同志到涞水县对救灾工作进行指导。

今天，我省北部普遍降雨，秦皇岛大部，唐山东北部降大到暴雨。得知汛情后，副省长沈小平立即赶到省防汛指挥部，听取省水利厅、省气象局主要领导关于雨情、水情和汛情的汇报，指导预报、预警和防汛工作。要求有关市政府防范重点水库河道，及时转移群众，确保人民群众的生命财产安全。

7月29日 今天，省长张庆伟到"7·21"洪涝重灾区涞源县检查受灾群众安置、恢复重建等方面的工作，并召开现场办公会，就进一步做好受灾群众安置、搞好后期防汛和洪涝重灾区恢复重建工作进行研究部署。省委常委、常务副省长杨崇勇，副省长宋恩华，省长助理、省政府秘书长尹亚力就做好灾后恢复重建工作讲了具体意见。省有关部门、保定市和受灾县负责人就恢复重建作了工作汇报。

7月30日 上午，省防汛抗旱指挥部指挥长、副省长沈小平在石家庄召开紧急会议，研究落实省委主要负责同志在秦皇岛检查指导防汛抗灾工作时提出的明确要求，安排部署当前防汛工作。

下午，副省长宋恩华主持召开省"7·21"保定洪水灾后重建指挥部第一次会议，就指挥部当前工作进行了研究部署。

7月31日 上午，副省长沈小平主持召开协调会，对暴雨灾害防御工作进行安排部署。

下午，省委常委、副省长聂辰席在北京拜访了海关总署，与海关总署副署长邹志武及国家口岸办负责同志，就我省口岸开放、综合保税区建设工作进行了汇报交流。

八　　月

8月1日 凌晨，省长张庆伟冒雨到秦皇岛市防汛抗旱指挥部检查指导省、市防汛抗灾工作。他强调，要立足防大汛、抢大险、救大灾，密切关注我省主汛期雨情汛情变化，进一步强化部署、落实责任、细化措施，确保全省安全度汛。副省长沈小平在省防汛抗旱指挥部现场指挥。省长助理、省政府秘书长尹亚力陪同检查指导。

8月2日 上午，副省长沈小平到省防汛指挥部紧急指挥调度防汛抗洪工作。

8月3日 下午，省长张庆伟冒雨来到秦皇岛市防汛抗旱指挥部，与省防汛抗旱指挥部进行连线，就防汛、防台风、防风暴潮工作进行部署。副省长沈小平在省防汛抗旱指挥部进行现场调度指挥。省长助理、省政府秘书长尹亚力陪同检查指导。

8月4日 上午，省长张庆伟赶赴昌黎滦河下游，现场指挥防汛抗洪工作。省委常委、省军区司令员史鲁泽，省长助理、省政府秘书长尹亚力陪同现场指挥调度。

8月9日 8月8日至今日，副省长沈小平带领省直有关部门负责同志，在秦皇岛、唐山检查抗洪抢险救灾工作。

8月14日 今天，副省长沈小平带领省政府有关部门负责同志，到承德市兴隆县就水毁水利工程修复工作进行调研。

8月17日 上午，农业部部长韩长赋在廊坊市调研三代粘虫防控工作。副省长沈小平陪同调研。

8月22日 上午，蒙牛集团保定二期工厂和衡水新工厂正式投产。省委书记、省人大常委会主任张庆黎，省委副书记、省长张庆伟在石家庄会见了中粮集团董事长、蒙牛集团董事会主席宁高宁一行。省委副书记赵勇出席保定二期工厂投产仪式并致辞。中粮集团有限公司总裁、蒙牛集团董事长于旭波，蒙牛集团总裁孙伊萍等参加会见并出席投产仪式。省委常委、秘书长景春华，副省长沈小平，省长助理、省政府秘书长尹亚力参加会见。

8月27日，省人大常委会召开新一轮扶贫开发攻坚专题视察汇报暨动员会，听取了省发改委、财政厅、扶贫办等部门的工作汇报，省人大常委会党组副书记、副主任宋长瑞出席会议并作重要讲话，省人大常委会副主任王增力、黄荣，秘书长赵曙光出席会议。

8月28日 下午，省委书记、省人大常委会主任张庆黎，省委副书记、省长张庆伟在石家庄会见了中国气象局党组书记、局长郑国光，副局长于新文一行。省委常委、秘书长景春华，副省长沈小平，省长助理、省政府秘书长尹亚力参加会见。

8月29日 上午，省政府与中国气象局举行共同推进气象为河北省经济社会发展服务省部合作联席会议，河北省气象灾害防御指挥部、河北省气象灾害防御中心同时揭牌。省长张庆伟、中国气象局局长郑国光出席联席会议和揭牌仪式并讲话。副省长沈小平主持，中国气象局副局长于新文，省长助理、省政府秘书长尹亚力出席联席会议和揭牌仪式。

8月31日 今天，省委书记、省人大常委会主任张庆黎，省委副书记、省长张庆伟在石家庄会见了中国商用飞机有限责任公司党委书记、董事长金壮龙一行。中国商用飞机有限责任公司副总经理史坚忠，总会计师田民；省委常委、秘书长景春华，副省长宋恩华、沈小平，省长助理、省政府秘书长尹亚力参加会见。

九　月

9月1日 8月27日至今日，省人大常委会党组副书记、副主任宋长瑞，副主任王增力、黄荣分别带领三个视察组，分赴石家庄、邯郸、邢台、衡水、沧州、秦皇岛、保定、张家口、承德等9个设区市及17个贫困县，对新一轮扶贫开发攻坚情况进行专题视察。

9月7日 9月6日至今日，副省长杨汭到南皮县、吴桥县就扶贫开发和文化工作进行调研。

9月13日 上午，全省农村危房改造工作电视电话会议在省会召开。副省长宋恩华出席会议并讲话。

日前，国务院对唐山市部分行政区划作出调整，决定撤销唐海县，设立唐山市曹妃甸区。

9月18日 上午，河北沿海地区发展规划实施领导小组会议在沧州召开。省委常委、常务副省长杨崇勇出席会议并讲话，省长助理、省金融办主任江波出席会议。

9月19日 9月18日至今日，副省长沈小平到保定市涞源、易县检查指导水毁水利工程重建和农业生产恢复工作。

9月20日 9月14日至今日，省长张庆伟在石家庄市就县域特色产业发展、结构调整、科技创新、品牌建设、食品药品安全等工作进行调研。省委常委、石家庄市委书记孙瑞彬参加调研。省长助理、省政府秘书长尹亚力陪同调研。

9月21日 今天，全省幸福乡村建设暨农村环境综合整治现场观摩会在邢台市举行。省委副书记、省委省政府农村工作领导小组组长赵勇出席会议并讲话。省委常委、宣传部部长艾文礼主持会议。省人大常委会副主任、省总工会主席马兰翠、副省长沈小平、省政协副主席崔江水出席会议。

9月22日 上午，保定“7·21”抗洪救灾纪实摄影展在省博物馆开幕。省委常委、宣传部部长艾文礼在开幕式上致辞。副省长沈小平出席开幕式。

9月17日至今2日，受全国人大常委会委托，黄荣副主任带领省人大常委会农业法执法检查组，在听取省直有关部门汇报的基础上，深入到沧州、廊坊、唐山及所辖的吴桥、肃宁、广阳、永清、迁安、玉田6个县（市、区）对我省贯彻实施《农业法》情况进行了执法检查。

9月24日 9月23日至今日，国务院扶贫办主任范小建到保定市就燕山太行山片区规划及扶贫开发工作进行调研。副省长沈小平陪同调研。

十　月

10月8日 今天，副省长沈小平就秋冬种工作和畜牧业发展到赵县农科所科研基地和石家庄君乐宝乳业有限公司等企业进行调研。

10月12日 10月11日至今日，副省长沈小平带领省直有关部门负责同志到唐山市就造林绿化、林权制度改革和果品产业发展工作进行调研。

10月13日 下午，省长张庆伟在深州市就抓好当前“秋收、秋种、秋管”工作以及县域经济发展等进行调研。

10月16日 上午，省委、省政府召开全省着力改善发展环境、着力改善生态环境动员大会。省委书记、省人大常委会主任张庆黎，省委副书记、省长张庆伟出席会议并讲话。省委副书记赵勇主持会议。省领导付志方、史鲁泽、杨崇勇、臧胜业、张越、孙瑞彬、景春华、田向利、艾文礼、宋长瑞出席会议。

10月9日至今6日，全国人大农委在重庆市召开粮食法立法座谈会，省人大常委会副主任黄荣、省人大常委会农工委主任李广恩等有关同志参加会议，并就粮食法立法问题进行座谈研讨。

10月19日 10月18日至今日，全省林果工作会议在邢台召开。副省长沈小平出席会议并讲话。

10月20日 10月19日至今日，省长张庆伟在邢台市、邯郸市就加快县域经济发展进行调研。省长助理、省政府秘书长尹亚力陪同调研。

10月19日至今日，国务院南水北调办公室副主任于幼军带领国家有关方面负责同志，到我省就南水北调中线邯石段风险项目建设进度进行督导检查，省政府特邀咨询张和陪同。

十一月

11月9日 11月8日至今日，副省长沈小平、省政协副主席武四海带领省直有关部门负责同志，就经济发展、民生改善到唐山调研督导。

11月13日 今天，省政府特邀咨询张和带领省直有关部门负责同志，就南水北调配套工程建设到邯郸、邢台调研。

11月15日 11月14日至今日，副省长沈小平、省政协副主席武四海带领省直有关部门负责同志，就经济发展、改善民生等工作到唐山迁安市调研。

11月28日 今天，国家质检总局副局长杨刚到河北出入境检验检疫局、省质量技术监督局调研。副省长沈小平陪同调研。

11月29日 上午，省长张庆伟到石家庄君乐宝乳业有限公司、河北省建筑科技研发中心调研。副省长宋恩华、沈小平，省长助理、省政府秘书长尹亚力参加调研。

十 二 月

12月13日 近日，《燕山—太行山片区区域发展与扶贫攻坚规划（2011—2020年）》获国务院正式批复，我省张家口、承德、保定三个市的22个县纳入规划，标志着我省环首都区域发展和扶贫攻坚上升为国家战略。

12月24日 下午，全省加强基层建设年活动总结大会在省会召开。省委书记张庆黎出席会议并讲话。省委副书记、省长张庆伟主持会议。省委副书记赵勇宣读省委、省政府表彰决定。省领导付志方、杨崇勇、梁滨、臧胜业、张越、孙瑞彬、景春华、田向利、艾文礼、宋长瑞、沈小平出席会议。

12月26日 12月25日至今日，全省经济工作会议在省会河北会堂召开。省委书记张庆黎、省长张庆伟出席会议并讲话。省委副书记赵勇主持开幕会议。付志方、史鲁泽、梁滨、臧胜业、张越、孙瑞彬、景春华、田向利、艾文礼、宋长瑞出席会议。省委常委、常务副省长杨崇勇作总结讲话。省人大常委会、省政府、省政协领导成员，省军区、武警河北省总队主要负责人，省法院院长、省检察院检察长，省长助理等出席会议。

12月25日至今日，国务院南水北调办公室主任鄂竟平到我省考察南水北调工程建设情况。省政府特邀咨询张和陪同考察。

Ⅸ 附　录

一、农村统计主要指标解释

乡村户数：是指长期（一年以上）居住在乡镇（不包括城关镇）行政管理区域内的住户，还包括居住在城关镇所辖行政村范围内的农村住户。

户口不在本地而在本地居住一年及以上的住户也包括在本地农村住户内；有本地户口，但举家外出谋生一年以上的住户，无论是否保留承包耕地都不包括在本地农村住户范围内。不包括乡村地区内的国有经济的机关、团体、学校、企业、事业单位的集体户。

乡村人口：指乡村地区常住居民户数中的常住人口数，即经常在家或在家居住6个月以上，而且经济和生活与本户连成一体的人口。外出从业人员在外居住时间虽然在6个月以上，但收入主要带回家中，经济与本户连为一体，仍视为家庭常住人口；在家居住，生活和本户连成一体的国家职工、退休人员也为家庭常住人口。但是现役军人、中专及以上（走读生除外）的在校学生、以及常年在外（不包括探亲、看病等）且已有稳定的职业与居住场所的外出从业人员，不应当作家庭常住人口。

乡村从业人员：指乡村人口中16岁以上实际参加生产经营活动并取得实物或货币收入的人员，既包括劳动年龄内经常参加劳动的人口，也包括超过劳动年龄但经常参加劳动的人员。但不包括户口在家的在外学生、现役军人和丧失劳动能力的人，也不包括待业人员和家务劳动者。

年末耕地：指种植农作物的土地，包括熟地，新开发、复垦、整理地，休闲地（含轮歇地、轮作地）；以种植农作物（含蔬菜）为主，间有零星果树、桑树或其他树木的土地；平均每年能保证收获一季的已恳滩地和海涂。耕地中包括南方宽度小于1.0米、北方宽度小于2.0米固定的沟、渠、路和地坎（埂）；临时种植药材、草皮、花卉、苗木等的耕地，以及其他临时改变用途的耕地。

常用耕地：指耕地总资源中专门种植农作物并经常进行耕种、能够正常收获的土地。包括当年实际耕种的熟地；弃耕、休闲不满三年，随时可以复耕的地；开荒利用三年以上的地；南方小于1米、北方小于2米宽的沟、渠、路、田埂。不包括临时种植农作物的坡度在25度以上的陡坡地。

水田：是指筑有田埂（坎），可以经常蓄水，用来种植水稻或莲藕、席草等水生作物的耕地，因天旱暂时没有蓄水而改种旱地作物的，或实行水田和旱地作物轮种的（如水稻和小麦、油菜、蚕豆等轮种），仍计算为水田。

旱地：指除水田以外的耕地，不管有无灌溉设施均包括在内。

水浇地：指旱地中有一定水源和灌溉设施，在一般年景下能够进行正常灌溉的耕地。由于雨水充足在当年暂时没有进行灌溉的水浇地，也应包括在内。没有灌溉设施的引洪淤灌的耕地，不算水浇地。

有效灌溉面积：是指具有一定的水源，地块比较平整，灌溉工程或设备已经配套，在一般年景下，当年能够进行正常灌溉的耕地面积。在一般情况下，有效灌溉面积应等于灌溉工程或设备已经配套，能够进行正常灌溉的水田和水浇地面积之和。

旱涝保收面积：在有效灌溉面积中，灌溉设施齐全，抗灾能力较强，土地肥力较高，遇到较大的旱涝灾害，能保证遇旱能灌，遇涝能排的耕地面积。灌溉设施的抗旱能力和排涝能力，全国各地根据当地的气候执行不同的标准。一般抗旱能力南方在50～100天，北方在30～50天；排涝能力达到5年至10年一遇的标准，防洪一般达到20年一遇的标准。

旱涝保收面积应小于或等于有效灌溉面积。

受灾面积：是指年内因自然灾害（旱灾、水灾、风雹灾、霜冻、病虫害、其他自然灾害）使农作物的产量较常年产量减产一成以上的农作物播种面积。受灾面积不得重复计算，即同一土地如先后遭受几种或几次灾害，按其受害最重的一次统计其面积。

成灾面积：在遭受自然灾害影响的受灾面积中，农作物实际收获量较常年减产三成以上的播种面积。

农用机械总动力合计：是指主要用于农、林、牧、渔业的各种机械动力的总和，包括耕作机械、农用排灌机械、收获机械、植保机械、林业机械、畜牧机械、渔业机械、农产品加工机械、农用运输机械、其他农业机械。按能源又分为柴油、汽油、电力和其他动力。总动力按法定计算单位千瓦计算。（注：1马力=735.5瓦特=0.735千瓦）

农作物总播种面积：是指全年各种农作物播种面积的总和，其计算公式为：

本年农作物总播种面积=上年秋冬播作物面积+本年春播作物面积+本年夏播作物面积

或：本年农作物总播种面积=本年夏收作物播种面积+本年秋收作物播种面积

复种指数：反映耕地利用程度的指标。指年内农作物的总播种面积对耕地面积之比，用百分数表示。复种指数表示耕地在一年内被用来种植农作物的平均次数。计算公式如下：

$$\text{复种指数}=\frac{\text{农作物总播种面积}-\text{绿肥作物播种面积}}{\text{耕地面积}}\times 100\%$$

农作物产量：指本年全社会范围内生产的农产品的产量，不论计划内外，数量多少，耕地上与非耕地上的农作物产量，都应统计在内。各种主要作物产量按国家的统一规定计算。作为粮食的薯类产量按五斤折一斤计算。

园林水果：指在专业性果园、林地及零星种植果树上生产的水果（老口径水果）。不包括瓜果类。

年末果园面积：指年末专业性果园面积，不包括果用瓜种植面积。

造林面积：是指报告期内在荒山、荒地、沙丘等一切可以造林的土地上，采用人工播种、植苗、飞机播种等方法新植的成片乔木林和灌木林，经过检查验收符合“造林技术规程”要求株树，成活率达85%以上的面积。四旁植树如一侧在四行以上，连续面积0.066公倾（一亩）以上，应统计在造林面积内。

在造林面积中，不包括补植面积、治沙种草面积、经济林垦复面积、迹地更新面积和低产林改造面积。

当年（期内）出栏的畜禽数：是指当年（报告期内）农村各种合作经济组织、农民家庭和国有农场、机关、团体、学校、工矿企业、部队等单位以及城镇居民饲养的，已屠宰或出售的全部畜禽。

期初（末）畜禽存栏数：是指本期（报告期）期初（末）农村与城市的全部畜禽存栏数。除科学研究单位专门用于试验研究的牲畜和军马以外，农村各种合作经济组织和国有农场、农民个人、机关团体、学校、工矿企业、部队等单位以及城镇居民饲养的各种畜禽，不分大小、公母、品种、用途，一律包括在内。专业运输组织的运输用牲畜也应包括在内。但商业部门库存的和运输途中的活牲畜不进行统计。

出栏率：是分析饲养牲畜、特别是饲养肉用牲畜向社会提供畜产品数量多少的指标，它反映畜禽周转的快慢，反映饲养产品的经济效果和生产水平。其计算公式为：

$$\text{出栏率}=\frac{\text{出栏头数（包括出售和自宰的）}}{\text{期初头数（可用上期末头数代替）}}\times 100\%$$

肉产量：是指当年出栏并已屠宰的畜禽肉产量。猪、牛、羊、马、驴、骡、骆驼肉产量按屠宰后除去头蹄下水后带骨肉的胴体重计算，兔禽肉产量按屠宰后去毛和内脏后的重量计算。

水产品产量：是指本年度内捕捞的水产品（包括人工养殖并捕获的水产品和捕捞天然生长的水产品）产量。

(1)**海水产品产量**：是指从海洋和海水养殖水域中捕捞的海水产品产量，包括鱼类、虾蟹类、贝类、藻类。

(2)**淡水水域水产品产量**：是指淡水湖泊、水库、河沟和池塘以及其他淡水水域内捕捞的淡水产品产量。包括鱼类、虾蟹类、贝类，不包括淡水水生植物。

(3)**养殖产量**：是指从海水养殖面积和淡水养殖面积中捕捞的产量。

(4)**捕捞产量**：是指捕捞天然生长的水产品产量。

养殖面积：养殖面积是反映养殖生产规模的基本指标。水产品养殖面积是指人工投放鱼、虾、蟹、贝、藻等苗种并经常进行饲养管理的水面面积。

海水养殖面积：是指利用海上、滩涂、陆基放养海带苗、蛏、各种贝类、鱼苗等水产苗种以养殖鱼、虾、贝、藻类等水产品的人工养殖水面面积。在报告期无论是否全部收获或尚未收获其产品，均应统计在海水养殖面积中。但有些滩涂水面不投放鱼种或投放少量鱼苗，只进行一般管理，不统计为养殖面积。

淡水水域养殖面积：是指已放养鱼苗、鱼种等水产品苗种并经常进行人工饲养管理的池塘、湖泊、水库、沟渠的养殖水面面积。淡水水域养殖面积中不应包括稻田养鱼面积。

农林牧渔业总产值：是以货币表现的农林牧渔业的全部产品总量和对农林牧渔业生产活动进行的各种支持性服务活动的价值。它反映一定时期内农林牧渔业生产总规模和总成果，是观察农林牧渔业生产水平和发展速度，研究农林牧渔业内部比例关系、农林牧渔业和工业、农林牧渔业和国家建设、人民生活比例关系的重要指标，同时也是计算农林牧渔业劳动生产率和农林牧渔业增加值的基础资料。

农林牧渔业总产值的统计范围是辖区内各种经济类型、各个系统的全部农林牧渔业生产单位或非农行业单位附属的农林牧渔业生产活动单位。军委系统的农林牧渔业生产（除军马外）也应包括在内，但不包括农业科学试验机构进行的农业生产。

农林牧渔业总产值的核算范围是一定时期内生产的农业、林业、牧业、渔业产品的价值量和对农林牧渔业生产活动进行的各种支持性服务活动的价值的总和。既包括生产部门的产值，也包括农林牧渔服务业产值。

农林牧渔业商品产值：是指农林牧渔业生产单位或生产部门（包括国有、集体、农户）在一定时期内生产的农产品总产量中实际出售的商品量的价值。

农林牧渔业增加值：指农、林、牧、渔及农林牧渔服务业生产货物或提供服务活动而增加的价值，为农林牧渔业现价总产值减去农林牧渔业现价中间投入后的余额。

增加值也叫附加价值或追加价值，是指各单位生产经营的最终成果，即本单位或本行业对社会所作的贡献。从宏观上来说，增加值是计算生产总值的基础，即各部门增加值之和就是生产总值；从微观上来说，增加值能客观反映单位或行业的投入、产出、速度和收入等情况。因此，计算增加值不仅是国民经济宏观管理的需求，也是微观的企业和行业管理的需要。

计算农林牧渔业增加值主要采用二种方法，即生产法（或称正算法）、分配法（或称倒算法或收入法）。

生产法：就是从生产的角度，把农林牧渔业总产出中外购的原料、燃料、动力、其他物耗和劳务中间消耗扣除，余额就是增加值，其公式为：

农林牧渔业增加值=农林牧渔业总产出-农林牧渔业中间消耗（中间物质消耗+生产服务支出）。

它包括新增加的价值和固定资产的转移价值。

分配法：就是从收入的角度，对农业生产单位（或农户）在生产经营和劳务（服务）活动过程中形成的不含中间消耗的各种收入分配之和计算增加值的方法。其公式为：

农林牧渔业增加值=固定资产折旧+劳动者报酬+生产税净额（生产税-生产补贴）+营业盈余。

农村固定资产：是指农村区域范围内各种类型经济组织、家庭生产经营中长期使用并在其使用过程中基本上保持原有实物形态的主要劳动资料、物质资料和集体生活福利设备。如房屋及建筑物、水利设备、役畜及产品畜，大中型铁木农具、农林牧渔机械、工业机械、运输工具、文教卫生电讯体育设备及其他固定资产等。在农村经济调查中称为固定资产的只包含一个特定的范围，同时需具备以下两个条件，即使用年限在二年以上，单位价值在50元以上。在乡村企业及其他部门中，规定单位价值在200元以上，使用年限在一年以上；或企业的主要设备虽低于200元，但使用年限在一年以上，也作为固定资产计算。

固定资产原值：是指在购置或建造固定资产时所发生的全部支出。

农业产业化生产经营总量：是指区域内的农业产业化各类生产经营单位在统计报告期内生产经营的总成果。

农业产业化经营率：是指报告期内某区域的龙头经营组织和主导产业内的“非龙头经营组织”销售收入再加上农产品生产（加工）销售产值之和占其自身与本区域内未经加工转化的农林牧渔业总产值之和的比率。

二、农村统计常用计算公式

(一)人口统计常用指标计算公式

1.人口出生率、死亡率和自然增长率

$$出生率=\frac{年内出生人数}{年内平均人数}\times1000‰$$

$$死亡率=\frac{年内死亡人数}{年内平均人数}\times1000‰$$

$$自然增长率=\frac{年内出生人数-年内死亡人数}{年内平均人数}\times1000‰=出生率-死亡率$$

$$注：年内平均人数=\frac{年初人口+年末人口}{2}$$

2.人口密度

$$人口密度=\frac{某地区总人口数}{某地区土地总面积}$$

(二)土地面积统计常用指标计算公式

1.按农业人口或农业劳动力平均的耕地面积

$$按农业人口平均的耕地面积=\frac{耕地面积}{农业人口}$$

$$按农林牧渔业劳动力平均的耕地面积=\frac{耕地面积}{农林牧渔业劳动力}$$

2.单位耕地产出指标

$$\begin{array}{c}单位耕地面积的产量\\(或产值、增加值)\end{array}=\frac{各种农产品产量(或产值、增加值)}{耕地面积}$$

(三)农作物产量统计常用指标计算公式

1.农作物单位面积产量

$$单产=\frac{总产量}{播种面积}$$

2.粮食耕地单位面积产量

$$粮食耕地单位面积产量=\frac{粮食总产量}{粮食实际占用耕地面积}$$

3.平均每人拥有粮食（油料）

$$平均每人拥有粮食（或油料）=\frac{某地区粮食(或油料)总产量}{该地区年内平均总人口}$$

4.平均每一农林牧渔业从业人员生产粮食

$$平均每一农林牧渔业从业人员生产粮食=\frac{粮食总产量}{农林牧渔业从业人员}$$

（四）林业生产统计常用指标计算公式

1.森林覆盖率

$$森林覆盖率=\frac{年末实有林地面积}{土地总面积}\times 100\%$$

2.补植面积的计算

（1）用实际补植的株数折算补植面积

例：一块地上补植2000株，这块地每公顷造林密度为200株。

补植面积=2000÷200=10（公顷）

（2）根据造林成活率推算补植面积

例：新造幼林100公顷，成活率60%，在该地补植。

补植面积=100×（1-60%）=40公顷

（3）平均每人拥有林地面积

$$平均每人拥有林地面积=\frac{年末实有林地面积}{年末总人口数}$$

（五）牧业生产统计常用指标计算公式

1. 牲畜全年饲养头数

牲畜全年饲养头数=年末存栏头数+年内出售头数+年内自宰自食头数

2. 牲畜全年出栏头数和出栏率

牲畜全年出栏头数=年内出售头数+年内自宰自食头数

$$牲畜全年出栏率=\frac{年内出栏头数}{年初存栏头数}\times100\%$$

3. 牲畜全年净增头数和净增率

牲畜全年净增头数=年内增加头数－年内减少头数=年末存栏头数－年初存栏头数

$$牲畜全年净增率=\frac{全年净增头数}{年初存栏头数}\times100\%=\frac{年末存栏头数-年初存栏头数}{年初存栏头数}\times100\%$$

4. 能繁母畜在牲畜中的比重

$$能繁母畜在牲畜中的比重=\frac{年末能繁母畜头数}{年末实有牲畜头数}\times100\%$$

5. 每头出栏肥猪平均胴体重

$$每头出栏肥猪平均胴体重=\frac{出栏肥猪肉产量}{出栏肥猪头数}$$

（六）农林牧渔业总量统计常用计算公式

1. 农林牧渔业总产值

农林牧渔业总产值=∑（某种农产品当年总产量×该种农产品生产价格）

2. 农业总产值发展速度

报告期可比价产值=报告期现价产值÷报告期农产品生产价格指数（农产品生产价格缩减指数）

或报告期可比价农业总产值=报告期农产品产量×上年同期的农产品生产者价格

农业发展速度=报告期可比价农林牧渔业总产值÷基期现价农林牧渔业总产值×100%

可比价指上年同期的价格，基期为上年同期。

3. 农林牧渔业增加值

农林牧渔业增加值=农林牧渔业总产值-农林牧渔业中间消耗

4. 农业增加值发展速度

报告期可比价增加值=报告期现价产值×增加值率÷报告期农产品生产价格缩减指数

农业发展速度=报告期可比价农林牧渔业增加值÷基期现价农林牧渔业增加值×100%

（七）农业现代化统计常用指标计算公式

1. 机械化

（1）平均每公顷耕地拥有农业机械总动力数

$$平均每公顷耕地拥有农业机械动力=\frac{农业机械总动力（千瓦）}{耕地面积（公顷）}$$

（2）平均每一村拥有拖拉机台数

$$平均每一村拥有拖拉机台数=\frac{拖拉机台数}{村委会个数}$$

（3）耕地机械化程度

$$耕地机械化程度=\frac{实际机耕面积}{总播种面积}\times100\%$$

（4）播种机械化程度

$$播种机械化程度=\frac{实际机械播中面积}{总播种面积}\times100\%$$

（5）收获机械化程度

$$收获机械化程度=\frac{实际机械收获面积}{总播种面积}\times100\%$$

（6）粮食脱粒机械化程度

$$粮食脱粒机械化程度=\frac{机械脱粒粮食数量}{粮食总产量}\times100\%$$

2. 电气化

（1）说明农村用电的普遍程度

$$有电乡（或村）所占比重=\frac{已通电的乡（或村）数}{全部乡（或村）数}\times100\%$$

（2）说明每公顷耕地耗用的电量

$$每公顷耕地电力装备程度=\frac{农村用电量}{耕地面积}$$

3. 化学化

（1）反映化肥施用水平

$$平均每公顷耕地化肥施用量=\frac{化肥施用量（公斤）}{耕地面积（公顷）}$$

（2）化学肥料有效成分含量

氮　　肥

名　称	含氮(N)(%)	名　称	含氮(N)(%)
硫酸铵	20	碳酸氢铵	15～17
氨　水	15～17	硝 酸 铵	33～34
氯化铵	24～25	尿　素	46

磷　　肥

名　称	含五氧化二磷(P_2O_5)(%)	名　称	含五氧化二磷(P_2O_5)(%)
过磷酸钙	12～13	钙美磷肥	12
磷矿粉肥	10～30		

钾 肥

名 称	含氧化钾(K_2O)(%)	名 称	含氧化钾(K_2O)(%)
硫酸钾	48～50	氯化钾	50～60

复 合 肥

名 称	含氮(N)(%)	含磷(P_2O_5)(%)	含钾(K_2O)(%)
磷 酸 铵	11～13	60	～
销 酸 钾	13～15	—	45～46
磷 酸 钾	—	24	27
硝酸钾肥	5	50	22

4.水利化

反映农田水利化程度

$$农田机械化灌溉程度=\frac{机电灌溉面积}{耕地面积}\times 100\%$$

$$农田水利化程度=\frac{有效灌溉面积}{耕地面积}\times 100\%$$

$$旱地水利化程度=\frac{水浇地面积}{旱地面积}\times 100\%$$

$$旱涝保收程度=\frac{旱涝保收面积}{耕地面积}\times 100\%$$

$$每一农业人口拥有有效灌溉面积=\frac{有效灌溉面积}{农业人口}$$

$$每一农业人口拥有旱涝保收田面积=\frac{旱涝保收面积}{农业人口}$$

(八)度量衡公制、市制常用单位比较表

名　称	公　制	市　制
长　度	1公里=1000米 =2市里 =0.621英里 =0.540海里 1米=100厘米 =3市尺 =3.281英尺 1厘米=10毫米 =0.3市寸 1海里=1.852公里 1英里=1.609公里	1里=150丈 =0.5公里 =0.311英里 =0.270海里 1丈=10尺 1尺=10寸 ≈0.33米 =1.094英尺 1寸=10分 ≈3.33厘米
面　积	1平方公里=100公顷 =4平方市里 =1500市亩 1公顷=1000平方米 =15市亩 =2.471英亩 1平方米=10000平方厘米 =9平方市尺 1英亩=0.405公顷 =6.07亩	1平方里=540亩 =0.25平方公里 1亩=60平方丈 =6000平方尺 =0.164英亩 1平方丈=100平方尺
体积容积	1立方米=1000000立方厘米 =27立方市尺 1立方厘米=1000立方毫米 1公升=1000立方厘米 =1000毫升 =1市升 =0.220英加仑	1立方丈=1000立方尺 1立方尺=1000立方寸 1石=10斗 1斗=10升
重　量	1吨=1000公斤 =2000市斤 1公斤=1000克 =2市斤 =2.205英磅 1英磅(常衡)=0.454公斤 =0.907市斤 1普特(俄制)=16.38公斤 =32.78市斤 1盎司(英制，金药制)=31.1035克 =0.62221市两 1克拉=0.2克	1担=100斤 1斤=10两 =0.5公斤 =1.102(英磅) 1两=10钱
其　他	1千瓦=1.36马力	1马力=0.735千瓦

三、符号使用说明

1.“空格”，表示该项统计指标数据为0、缺或无该项统计资料；

2.“#”表示其中项；

3.“*”或“①”，表示本表下有注解。

四、2012年度度河北省农业科技进步奖获奖情况

序号	项目名称	完成单位	完成人	奖种	推荐单位	总评等级
1	玉米优异种质创新及抗逆广适杂交种选育应用	河北农业大学，邯郸市农业科学院，石家庄蠡玉科技开发有限公司，河北工程大学	孙海昆，陈景堂，赵劲霖，丁民伟，贺东刚，焦宏业，黄亚群，史明山，王磊，王业国	科技进步奖	保定市科技局	一等
2	谷子简化栽培的育种与配套技术研究及应用	河北省农林科学院谷子研究所	程汝宏，师志刚，刘正理，夏雪岩，刁现民，陈媛，于晓芳，段美生，相金英，阎立波	科技进步奖	省农林科学院	一等
3	优质抗病丰产大白菜新品种‘油绿3号’的选育与应用	河北农业大学	申书兴，陈雪平，罗双霞，王彦华，张超，张保国，顾爱侠，李晓峰，轩淑欣，冯增林	科技进步奖	省教育厅	一等
4	转基因抗虫棉早衰的生理生态机制及调控技术	河北农业大学，山东棉花研究中心	李存东，董合忠，孙红春，刘连涛，张永江，孔祥强，张淑云，刘贞贞，刘玉春，秦新敏	科技进步奖	保定市科技局	一等
5	枣树重大害虫绿盲蝽蟓和皮暗斑螟综合治理技术	河北农业大学，河北省林业科学研究院	刘孟军，王振亮，韩会智，王文江，郭小军，李开森，张秀红	科技进步奖	保定市科技局	二等
6	克仑特罗等三种β-受体激动剂（瘦肉精）检测技术集成与示范	唐山市畜牧水产品质量监测中心，江西中德生物工程有限公司	郑百芹，李爱军，张建民，葛怀礼，董李学，蒙君丽，苗建民	科技进步奖	唐山市科技局	二等
7	葡萄防雹防鸟网关键技术研究与示范	河北省林业科学研究院	刘俊，李敬川，张东风，王秀芬，张克东，汉瑞峰，赵丽霞	科技进步奖	省林业局	二等
8	高产稳产广适绿豆新品种冀绿7号、冀绿8号选育与应用	河北省农林科学院粮油作物研究所，中国农业科学院作物科学研究所	田静，范保杰，刘长友，曹志敏，王素华，关中波，刘振兴	科技进步奖	省农林科学院	二等

序号	项目名称	完成单位	完成人	奖种	推荐单位	总评等级
9	封闭式循环海水养殖技术开发与产业化示范	河北省海洋与水产科学研究院,河北省水产技术推广站,河北农业大学海洋学院	赵振良,曹杰英,陈力,李全振,齐遵利,杨香菊,张福崇	科技进步奖	省农业厅	二等
10	河北省中低产粮田养分高效利用及培肥技术	河北省农林科学院农业资源环境研究所	贾良良,韩宝文,孙世友,董孝斌,邢素丽,李春杰,孙彦铭	科技进步奖	省农林科学院	二等
11	草畜界面生物学转化增效技术研究	河北省农林科学院农业资源环境研究所,中国农业大学,农业部全国草业产品质量监督检验测试中心,上海交通大学	张英俊,玉柱,刘忠宽,徐春城,罗海玲,李存福,安渊	科技进步奖	省农林科学院	二等
12	甜瓜育种技术创新及唐甜 2 号新品种选育与应用	唐山市农业科学研究院,中国农业科学院农产品加工研究所,北京大学重离子物理研究所	孙逊,任瑞星,唐掌雄,孟晖,巩玲华,李娟,韩晓清	科技进步奖	唐山市科技局	二等
13	皮兔新品种选育技术研究	河北农业大学	谷子林,黄玉亭,刘亚娟,魏忠华,陈赛娟,郑长山,景翠	科技进步奖	保定市科技局	二等
14	2BMSQFY-4 玉米免耕深松全层施肥精量播种机	河北农业大学	张晋国,张焕民,赵金,孙楠,薛世川,李永明,刘俊峰	科技进步奖	省教育厅	二等
15	优质早熟高产大豆品种冀豆 15 选育和应用	河北省农林科学院粮油作物研究所	邸锐,赵青松,赵双进,史晓蕾,张耀斌	科技进步奖	省农林科学院	三等
16	高产 550 公斤氮高效优质强筋冬小麦新品种邯 00-7086	邯郸市农业科学院,河北工程大学	马永安,陈冬梅,刘保华,苏玉环,张桂珍	科技进步奖	邯郸市科技局	三等
17	河北省棉花生态地质地球化学比配与优质施肥技术应用	河北省农林科学院农业资源环境研究所,河北省农林科学院棉花研究所	王丽英,刘孟朝,王树林,张国印,翟彩霞	科技进步奖	省农林科学院	三等
18	高产优质抗病虫转基因棉花新品种邯棉 103、邯 685 选育及应用	邯郸市农业科学院	李世云,杨玉枫,韩永亮,王俊侠,崔红印	科技进步奖	邯郸市科技局	三等

序号	项目名称	完成单位	完成人	奖种	推荐单位	总评等级
19	河北省山地丘陵区土地整理生态工程关键技术及示范	河北省科学院地理科学研究所	赵艳霞,徐全洪,秦彦杰,刘欣,刘芳圆	科技进步奖	省科学院	三等
20	甘蓝雄性胞质不育关键技术研究及应用	邢台市蔬菜种子公司	申志恒,王僧虎,石晓云,孙培田,杨丽梅	科技进步奖	邢台市科技局	三等
21	蛋鸡规模化健康养殖关键技术研究与示范	石家庄华牧牧业有限责任公司,河北省畜牧兽医研究所,河北农业大学	黄仁录,郑长山,赵来兵,陈辉,李丽华	科技进步奖	石家庄市科技局	三等
22	河北省退耕还林工程综合技术研究与示范	河北农业大学	谷建才,陈智卿,张芹,徐敏华,张建华	科技进步奖	省林业局	三等
23	四种兽用违禁药物残留快速检测技术	河北省兽药监察所,河北农业大学	赵彦岭,王萍,王建平,刘怡菲,武英利	科技进步奖	省农业厅	三等
24	仁用杏霜冻害综合防御关键技术	河北农业大学	李彦慧,孟庆瑞,张晓曼,任士福,杨建民	科技进步奖	省林业局	三等
25	蛋鸡标准化生产技术集成示范与推广	河北凯特饲料有限公司	陈虹,侯伟革,杨永涛,石少澜,张建海	科技进步奖	邢台市科技局	三等
26	贝类、虾类深加工关键技术的研究	河北农业大学	刘红英,齐凤生,何伟,张辉,李丽娜	科技进步奖	省教育厅	三等
27	生猪健康养殖与质量追溯技术集成与示范	石家庄市畜牧兽医技术开发中心	赵洪明,强慧勤,王荣申,张涛,惠孝鑫	科技进步奖	石家庄市科技局	三等
28	奶牛精细饲养技术研究与应用	河北省畜牧兽医研究所	孙凤莉,安永福,刘荣昌,李茜,王志忠	科技进步奖	省农业厅	三等
29	耐盐 抗旱 抗盲蝽蟓棉花新品种衡棉 4 号选育及应用	河北省农林科学院旱作农业研究所	吴振良,张志刚,刘丽英,戴茂华,张兰清	科技进步奖	省农林科学院	三等

序号	项目名称	完成单位	完成人	奖种	推荐单位	总评等级
30	多抗优质黄瓜砧木冀砧10号的选育及应用	河北省农林科学院经济作物研究所,乐亭县农业局蔬菜种籽繁育站	韩建会,郄丽娟,齐铁权,苏俊坡,高慧敏	科技进步奖	省农林科学院	三等
31	胶冻样类芽孢杆菌肥料制剂生产工艺及其应用	河北农业大学,河北大学,河北众邦生物技术有限公司	张爱民,朱宝成,郭晓军,赵钢勇,李佳	科技进步奖	保定市科技局	三等
32	基于白洋淀水体质量保护的农作物水肥管理技术研究与应用	河北省农林科学院农业资源环境研究所	茹淑华,张国印,王凌,贾良良,孙世友	科技进步奖	省农林科学院	三等
33	玉米深松精量播种机研制与应用	河北省农业机械化研究所有限公司,中国科学院遗传与发育生物学研究所农业资源研究中心,河北省农机修造服务总站	张西群,王惠新,江光华,胡春胜,冯佐龙	科技进步奖	石家庄市科技局	三等
34	芽球菊苣工厂化周年生产技术研究与应用	河北省农林科学院经济作物研究所	曹岩坡,尹庆珍,代鹏,张立永,戴素英	科技进步奖	省农林科学院	三等
35	抗除草剂谷子新种质的创制与应用	河北省农林科学院谷子研究所,中国农业科学院作物科学研究所,张家口市农业科学院,山西省农业科学院谷子研究所,宣化巡天种业新技术有限责任公司	王天宇,程汝宏,赵治海,石云素,王慧军等	国家科技进步奖		二等(主持完成)
36	小麦-簇毛麦远缘新种质创制及应用	南京、农业、大学、石家庄市农林科学院等	陈佩度,郭进考等	国家技术发明奖		二等(参与完成)
37	林木育苗新技术	中国林业科学研究院林业研究所,河北省林业科学院研究院等		国家科技进步奖		二等(参与完成)

五、2012年度度河北省自然科学奖获奖情况

序号	项目名称	完成人	奖种	推荐单位	总评等级
1	《河北动物志》编研	任国栋(河北大学),曹玉萍(河北大学),宋大祥(河北大学),王所安(河北大学),吴跃峰(河北师范大学)	自然科学奖	省教育厅	二等
2	土壤-根际-植物体系中砷迁移转化规律及调控机制研究	刘文菊(河北农业大学),胡莹(中国科学院生态环境研究中心),赵全利(河北农业大学),薛培英(河北农业大学),张桂银(河北农业大学)	自然科学奖	省教育厅	二等